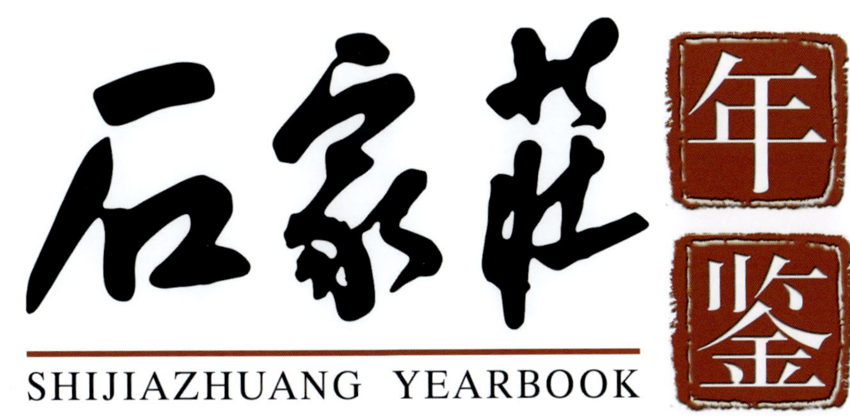

2022 石家庄市地方志编纂委员会 编

河北出版传媒集团
河北人民出版社
石家庄

图书在版编目（CIP）数据

石家庄年鉴．2022 / 石家庄市地方志编纂委员会编
．-- 石家庄 ：河北人民出版社，2022.12
ISBN 978-7-202-16221-7

Ⅰ．①石… Ⅱ．①石… Ⅲ．①石家庄－2022－年鉴
Ⅳ．①Z522.21

中国版本图书馆 CIP 数据核字 (2022) 第 254668 号

书　　名　石家庄年鉴 2022
　　　　　SHIJIAZHUANG NIANJIAN
编　　者　石家庄市地方志编纂委员会

责任编辑　杨永林
责任校对　付敬华
美术编辑　于艳红
策划总监　薛鹏飞
版式设计　壹书传媒
封面设计　王　鹏
翻　　译　杨永林

出版发行　河北出版传媒集团　河北人民出版社
　　　　　（石家庄市友谊北大街 330 号）
印　　刷　山东黄氏印务有限公司
开　　本　889 毫米 ×1194 毫米　1/16
印　　张　38.5
字　　数　1 232 000
版　　次　2022 年 12 月第 1 版　2022 年 12 月第 1 次印刷
书　　号　ISBN 978-7-202-16221-7
定　　价　500.00 元

石家庄市地方志编纂委员会

名誉主任： 张超超　省委常委、市委书记

主　　任： 马宇骏　市委副书记、市长

常务副主任： 刘军志　市委常委、常务副市长

副 主 任： 李瑞峰　市委常委、市委秘书长、市直机关工委书记

李志宏　市人大常委会副主任、市总工会主席

张军卫　市政协副主席

李　清　市委原副书记

郭广生　市政府原副市长

高际永　市委副秘书长、市委办公室主任

宋国宏　市政府秘书长

委　　员： 马建彬　市委宣传部常务副部长、市新闻出版局（版权局）局长

杨少伟　市委组织部副部长兼市委非公经济和社会组织工委书记

李　霞　市委党史研究室主任

于燕红　市社会科学院院长

张立芬　市档案馆馆长

赵建林　市发展和改革委员会主任

赵立芬　市教育局局长

常志卷　市科学技术局局长

戴宝进　市工业和信息化局局长

闫瑞廷　市民政局局长

王旭霞　市财政局局长

梁建林　市人力资源和社会保障局局长

赵路新　市自然资源和规划局党组书记

赵　乐　市生态环境局局长
付庆文　市住房和城乡建设局局长
王勇军　市水利局局长
王溪波　市农业农村局局长
王晓辉　市商务局局长
赵　勇　市投资促进局局长
张　惠　市文化广电和旅游局党组书记兼市委宣传部副部长
崔　芸　市卫生健康委员会主任
暴胜贤　市应急管理局局长
刘国勤　市国有资产监督管理委员会主任
冯素伟　市市场监督管理局局长
任维维　市体育局局长
徐龙蛟　市统计局局长
赵　东　市地方金融监督管理局局长
李玉涛　市行政审批局局长
张颖悟　市税务局局长

《石家庄年鉴》特邀编委

刘月霞（新乐市）
李蕙萍（行唐县）
郝景雷（正定县）
张素钊（市委市政府决咨委）
杨永林（河北人民出版社）
郭　忠（河北人民出版社）
王利利（市委党史研究室）
王金山（市公安局）
米志科（藁城区）
袁剑军（深泽县）
刘　庆（灵寿县）
米秉玺（市一中东校区）
王　颖（河北人民出版社）
卢明刚（市排水管护中心）
刘建伟（市民政局）
马海荣（市工业和信息化局）
段广平（栾城区）
冯建林（赞皇县）
屈海平（赵　县）

《石家庄年鉴》编纂

主　　编：张立芬

副 主 编：付明华　薛鹏飞

《石家庄年鉴》编辑部

主　　任：薛鹏飞

副 主 任：崔海萍

编　　辑：薛鹏飞：图照、专记、信息产业、交通运输·邮政、城乡建设、生态环境、区县（市）、人物、附录、索引

崔海萍：农业农村、工业、商业·旅游、金融、综合经济管理、科学技术、文化

王建峰：开发区·自由贸易试验区、群众团体、法治、军事·外事、社会生活

庄肃新：特载、大事记、市情概览、党政机关、教育、卫生·体育

数字石家庄

行政区域面积 15848 平方千米
常住人口 1120.47 万人，减少 3.68 万人
户籍人口 988.03 万人，增加 1.47 万人
常住人口城镇化率 71.09%，提高 0.91 个百分点

地区生产总值 6490.3 亿元，增长 6.6%
第一产业增加值 504.8 亿元，增长 6.1%
第二产业增加值 2107.1 亿元，增长 3.5%
第三产业增加值 3878.4 亿元，增长 8.2%

一般公共预算收入 681.4 亿元，增长 7.8%
一般公共预算支出 1152.7 亿元，增长 0.9%
固定资产投资（不含农户）下降 6.0%
社会消费品零售总额 2392.48 亿元，增长 5.0%
实际利用外资 19.3 亿美元，增长 5.2%

农林牧渔业总产值 731.08 亿元，增长 7.2%
粮食播种面积 66.55 万公顷，总产量 432.48 万吨
小麦总产量 198.49 万吨，平均单产 6995 千克 / 公顷
玉米总产量 215.12 万吨，平均单产 6539 千克 / 公顷

规模以上工业企业 1923 家，增加 101 家
规模以上工业企业营业收入 5102.8 亿元
规模以上工业企业利润 345.7 亿元
规模以上工业企业增加值增长 4.4%

石家庄机场通航城市 75 个
石家庄机场旅客吞吐量 645.11 万人次
石家庄机场货邮吞吐量 3.33 万吨
铁路营业总里程 556.6 千米
高速铁路营业里程 119.6 千米
铁路客运专线营业里程 148.95 千米
普通铁路营业里程 288.05 千米
铁路客运量 2006.28 万人次
铁路货运量 6668.6 万吨
地铁建成里程 78.2 千米
地铁营运里程 76.5 千米
地铁客运量 9201 万人次
公路通车总里程 19458.94 千米
公路客运量 2.0 亿人次
公路货运量 5.19 亿吨
公交车辆 5115 辆
公交营运总里程 1.57 亿千米
公交客运总量 1.62 亿人次

商品住房上市面积 523 万平方米
商品住房成交面积 580 万平方米
商品住房成交均价 11844 元 / 平方米
存量住房成交面积 223 万平方米
存量住房成交均价 13062 元 / 平方米
住房公积金年度归集 131.41 亿元
住房公积金年度提取 87.97 亿元

建筑业总产值 1955.07 亿元
建筑业利润总额 28.48 亿元
建筑业施工企业 3207 家

接待海内外游客 6709.66 万人次
旅游业总收入 698.3 亿元

对外贸易进出口总值 1481.2 亿元，增长 9.2%
出口总值 857.1 亿元，增长 9.1%
进口总值 624.1 亿元，增长 9.2%

金融机构年末人民币存款余额 17810.18 亿元
金融机构年末人民币贷款余额 14578.68 亿元
金融机构年末人民币住户存款余额 9858.04 亿元
金融机构年末人民币住户贷款余额 5203.33 亿元

森林覆盖率 42.36%
建成区绿地面积 12229.44 公顷
建成区绿地率 39.14%
建成区绿化覆盖率 42.85%
市区一级优良天数 45 天，二级良好天数 195 天

专利授权量 25758 件，国际专利申请量 122 件
发明专利量 11436 件，万人发明专利拥有量 11.01 件
学校（不含高校）4021 所，在校生 210.58 万人
幼儿园 2062 所，在园幼儿 34.39 万人
小学 1398 所，在校学生 92.34 万人
初中 190 所，在校学生 38.39 万人
高级中学 57 所，在校学生 19.24 万人
市域高校 36 所，在校学生 52.62 万人

市属高校 5 所，在校学生 6.18 万人
卫生医疗机构 8503 个，卫生医疗床位 65808 张
执业（助理）医师 42983 人，注册护士 38788 人

城镇居民年人均可支配收入 43024 元
农村居民年人均可支配收入 18676 元
城镇居民年人均消费支出 26906 元
农村居民年人均消费支出 13978 元

城乡居民养老保险参保人数 382.2 万人
城镇职工养老保险参保人数 277.8 万人
城乡居民医疗保险参保人数 986.95 万人
城镇职工医疗保险参保人数 202.08 万人
失业保险参保人数 136.96 万人
工伤保险参保人数 181.6 万人
享受城乡最低生活保障 12.66 万人
城镇新增就业 13.89 万人
城镇登记失业率 3.39%
农村劳动力转移就业 5.9 万人

户籍登记家庭 2905570 户
户籍登记出生人口 72923 人
户籍登记死亡人口 50700 人
户籍登记男性 4954830 人、女性 4925456 人
户籍登记 60 岁以上老人 1952134 人
结婚登记 46180 对，离婚登记 12737 对

城市发展重要指标

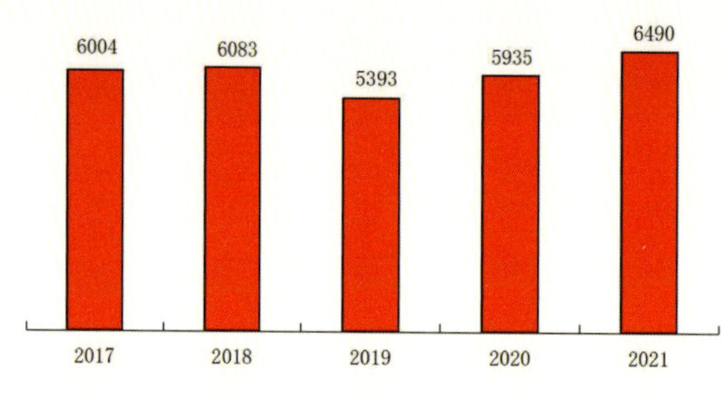

地区生产总值（亿元）

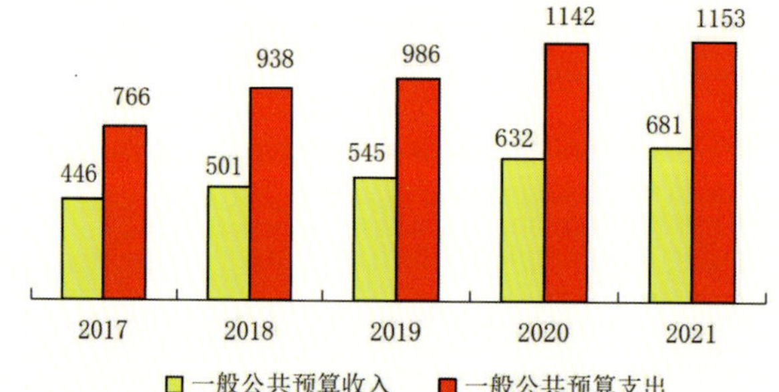

一般公共预算收入和一般公共预算支出（亿元）

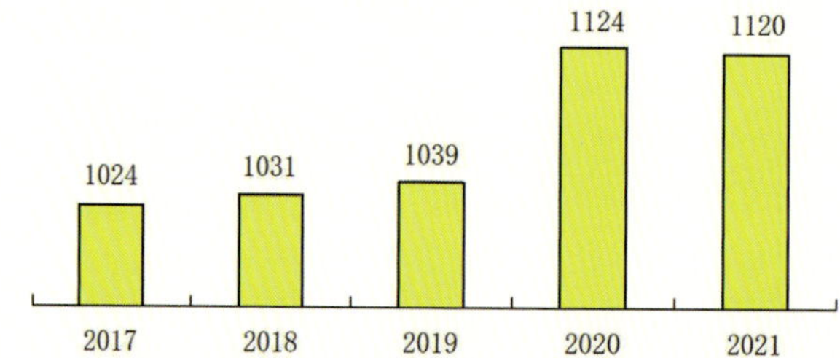

常住人口（万人）

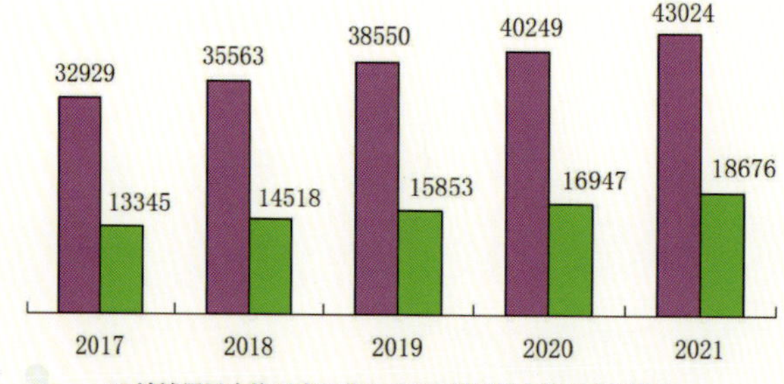

城镇居民人均可支配收入和农村居民人均可支配收入（元）

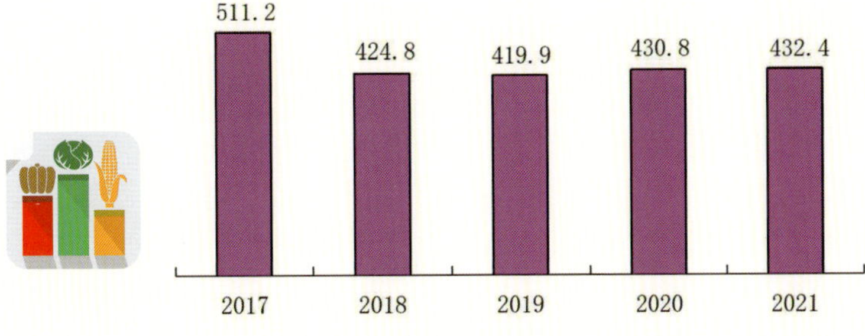

粮食总产量（万吨）

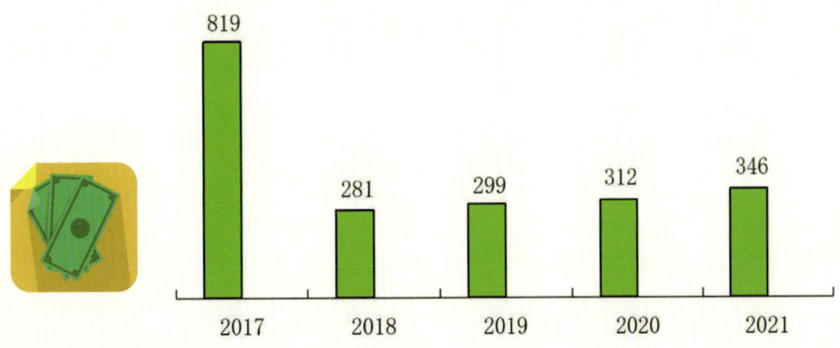

规模以上工业利润（亿元）

对外贸易进出口总值和出口总值（亿元）

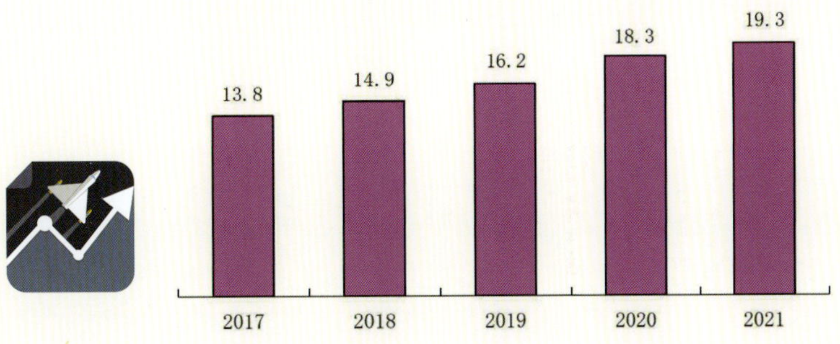

实际利用外资（亿美元）

阅览导读

一、《石家庄年鉴》是一部全面记述石家庄市情的地方综合年鉴。1993 年开始编纂，1993 ～ 1994 年、1995 ～ 1996 年为两年合刊，1997 年起逐年出版，面向国内外公开发行。2019 年起，《石家庄年鉴》由市档案馆负责编纂。

二、本卷年鉴以马克思列宁主义、毛泽东思想、邓小平理论、“三个代表”重要思想、科学发展观、习近平新时代中国特色社会主义思想为指导，主要记载 2021 年度石家庄市自然、政治、经济、军事、文化、科技、教育和人文历史等方面情况，真实展现各行各业取得的成就，客观记述改革和建设中的经验与教训，是各级领导和机构实施决策的重要依据，也是国内外了解石家庄市最准确、最权威的资料性文献。

三、《石家庄年鉴（2022）》为《石家庄年鉴》总第 27 卷，共设有专题图片、特载、专记、大事记、市情概览、开发区・自由贸易试验区、党政机关、群众团体、法治、军事・外事、农业农村、工业、信息产业、商业・旅游、交通运输・邮政、金融、综合经济管理、城乡建设、生态环境、科学技术、教育、文化、卫生・体育、社会生活、区县（市）、人物、附录 27 个栏目。全书编写采用分类编纂法，一般由类目、分目、条目三个部分组成。与 2021 年卷相比较，本卷突出记述新一届市委主要领导调整以后，推进实施国企改革、城市更新、拥河发展战略和全力打造新一代电子信息、生物医药、装备制造、现代食品、现代商贸物流五大千亿级产业集群的决策、部署和行动。条目统一用黑体字加【】表示。记述时间“月”“日”，未标注年份均为 2021 年。货币单位“元”，无专门标注均指人民币。为帮助读者理解内文，部分栏目下面设立“链接”。根据中国人使用计量单位习惯，记述土地面积有的使用“亩”，其余均采用国家规定的法定单位。

四、年鉴组稿采用部门供稿与工作人员采编相结合的方式。市直各部门、各县（市、区）及有关单位均指定专人撰写，并经主管领导审核。

五、本卷年鉴数据一般截至 2021 年 12 月 31 日，个别事情记述上限适当追溯，下限稍有延长，以供读者了解发展脉络。全局性数据以石家庄市统计局提供的数据为准。行政区域面积、常住人口、地区生产总值、财政、外贸数据包含河北省直管辛集市，其他数据依据石家庄市直部门实际管理范围记述。统计资料由石家庄市统计局和市政府部门提供。“特载”全文引用，数据未作改动，其他内文数据均为准确数据。因统计口径原因，有关部门提供的个别数据与统计数据不尽一致，采用时请予注意。

石家庄市国土空间总体规划（2021—2035年）

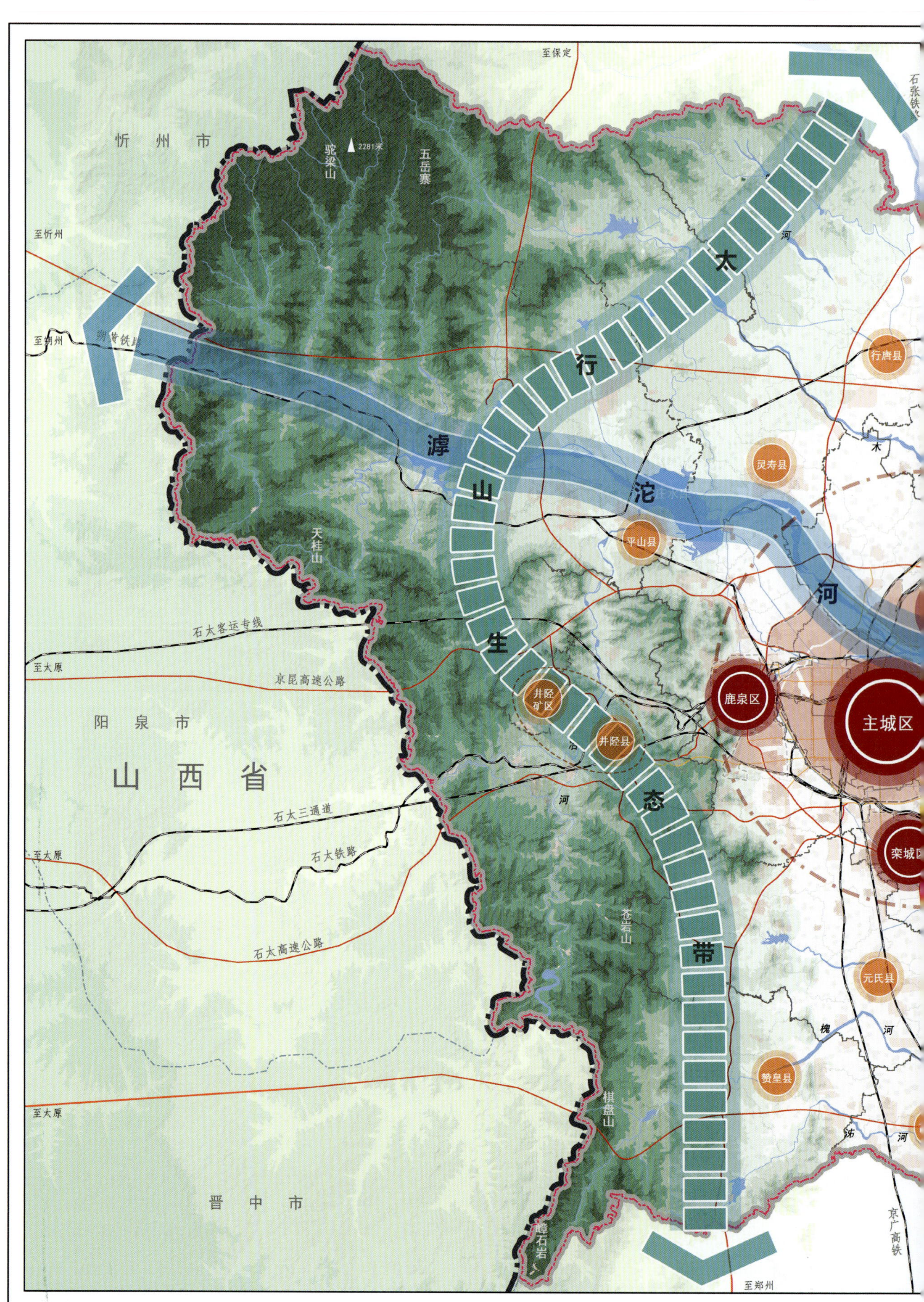

石家庄市人民政府
2022年4月
编制

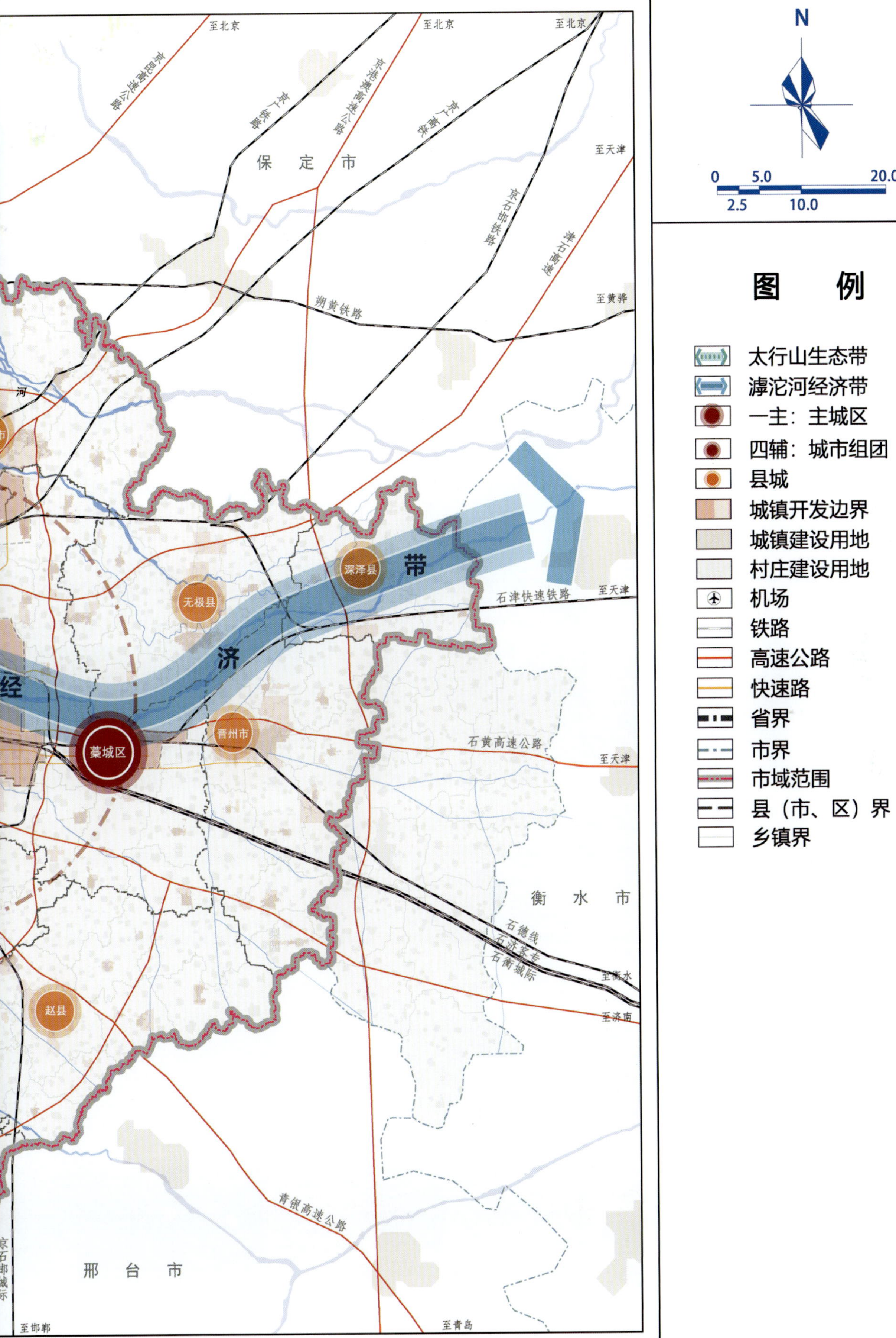

石家庄市自然资源和规划局
中国城市规划设计研究院　石家庄市国土空间规划设计研究院　制图

◆ 正定古城（市住房和城乡建设局提供）

◆ 行唐县城（石超峰 摄）

◆ 灵寿县松阳河湿地公园（胡国秋 摄）

◆ 鹿泉区海山公园（市住房和城乡建设局提供）

◆ 井陉矿区杏花沟生态公园（市住房和城乡建设局提供）

◆ 2021年7月7日，省委常委、市委书记张超超（前排左一）到裕华区调研指导万达广场周边槐岭路、华清街整治提升项目建设 （市委办公室提供）

◆ 2021年9月19日，市长马宇骏（前排中）到鹿泉区君乐宝乳业有限公司调研指导年产5万吨奶粉生产线建设 （市政府办公室提供）

◆ 2021 年 6 月 22 日，市人大常委会主任李雪荣（前排左三）到元氏县调研指导优化营商环境和地下水超采综合治理 （市人大常委会办公室提供）

◆ 2021 年 7 月 2 日，市政协主席张业（前排中）到藁城区增村镇杨马村、小果庄村调研指导农村人居环境整治提升行动 （市政协办公室提供）

◆ 2021 年 5 月 24 日，石家庄市直卫生健康系统庆祝建党 100 周年“团结就是力量”主题歌咏比赛汇演活动举行（市卫生健康委提供）

◆ 2021 年 5 月 29 日，“童心永向党　共绘中国梦”献礼中国共产党建党 100 周年——省会第九届六一百米长卷儿童绘画活动在石家庄解放广场举行（市文化广电和旅游局提供）

◆ 2021 年 6 月 23 日，市总工会在市人民会堂举行全市职工庆祝中国共产党成立 100 周年——“奋斗百年路　坚定跟党走”文艺演出活动（市总工会提供）

◆ 2021年6月28日晚，正定古城灯光秀，庆祝中国共产党成立100周年（武志伟 摄）

◆ 2021年6月29日，“光辉的旗帜——石家庄市庆祝中国共产党成立100周年文艺晚会”在石家庄大剧院演出（市委宣传部提供）

◆ 举办庆祝中国共产党成立100周年主题活动，向少年儿童宣讲“红船精神”（市妇联提供）

◆ 2021年7～12月，石家庄广播电视台策划推出庆祝中国共产党成立100周年大型群众文艺展演活动——“唱支山歌给党听”（石家庄广播电视台提供）

◆ 2021年3月26日，市直机关工委全体党员赴西柏坡开展"传承红色基因 担当时代使命"主题党日活动（市直机关工委提供）

◆ 2021年4～6月，举办石家庄市"学党史党章党规 做合格共产党员"知识竞赛（市委宣传部提供）

◆ 2021年4月27日，中国民生银行石家庄分行在西柏坡举办"学党史 祭英烈"活动（中国民生银行石家庄分行提供）

◆ 2021年5月21日，渤海银行石家庄分行组织党员赴井冈山开展“学习党的历史、弘扬井冈山精神、感悟初心使命、汲取奋斗力量”党史学习教育主题党日活动（渤海银行石家庄分行提供）

◆ 2021年6月4日，市税务局组织党员到西柏坡开展“传承红色基因 担当时代使命”党史学习教育专题活动（孟祥奎 摄）

◆ 2021年6月30日，“践行初心使命 铸就百年辉煌”中国共产党石家庄历史主题展在市博物馆开展（市委宣传部提供）

◆ 2021 年 3 月 16 日，共青团市委、市教育局联合在新华区举办石家庄市第 27 届成人节宣誓仪式（共青团市委提供）

◆ 2021 年 3 月 31 日至 4 月 28 日，由石家庄广播电视台承办的“生命至上 众志成城—石家庄市 2021 年抗击疫情先进事迹报告会”在市委党校举行（石家庄广播电视台提供）

◆ 中航通飞华北飞机工业有限公司入选首批航空工业爱国主义教育基地（中航通飞华北公司提供）

◆ 共青团市委招募选拔435名大学生青年志愿者服务2021中国国际数字经济博览会（共青团市委提供）

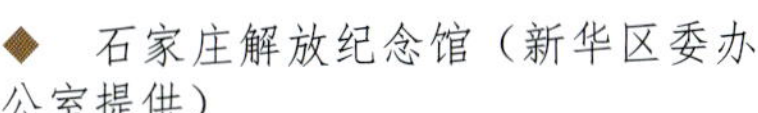

◆ 石家庄解放纪念馆（新华区委办公室提供）

2021中国国际数字经济博览会

2021年9月6～8日，由工业和信息化部、河北省人民政府共同主办的2021中国国际数字经济博览会在石家庄国际会展中心举行。主题为“创新发展与数字经济”。中共中央政治局委员、国务院副总理刘鹤以视频方式出席并致辞。省委书记、省人大常委会主任王东峰，中华全国归国华侨联合会主席万立骏等领导出席开幕式。本届数字经济博览会采用“线下＋线上”形式举行，设立雄安新区、廊坊临空经济区、怀来县3个分会场，同步举办智能雄安论坛、数字临空经济区建设论坛、“中国数坝”峰会、官厅湖“数聚会”等活动（2021中国国际数字经济博览会专题图片均由市工业和信息化局提供）。

◆ 2021中国国际数字经济博览会开幕式

◆ 2021中国国际数字经济博览会重点合作项目签约仪式

◆ 荷兰南荷兰省副省长包珍妮（女）作线上交流发言

◆ 2021 中国国际数字经济博览会会场

工业发展跑出“加速度”

2021年石家庄市委、市政府围绕推动省会高质量发展主题，提出“做优传统产业、做强主导产业、做大新兴产业，推进新一代电子信息、生物医药两大产业率先突破，加快装备制造、现代食品、商贸物流产业快速发展，全力打造5大千亿级产业集群”的宏伟蓝图。至2021年底，石家庄市入统规模以上工业企业达到1923家，同比净增101家；规模以上工业企业营业收入5102.8亿元，同比增长13.3%；实现利润总额345.7亿元，同比增长15.8%。2021年石家庄市规模以上工业营业收入突破5000亿元大关，营业收入增速、利润总额增速均达10%以上，面对世界经济不景气、新冠肺炎疫情的不利影响，石家庄市工业发展跑出“加速度”，取得非常惊喜和优异的好成绩。

◆ 2021年9月29日，市长马宇骏（前排左七）出席2021首届“石家庄企业家日”启动仪式

◆ 2021年9月29日，市企业联合会、市企业家协会为2019～2020年度石家庄市优秀企业家代表颁奖

◆ 2021年6月22日，河北石家庄循环化工园区与中化环境控股有限公司、中化创新（北京）科技研究院有限公司签约石家庄循环化工园区中化环境科技产业园项目

◆ 2021年10月21日，第四届河北国际工业设计周石家庄分会场开幕

◆ 石家庄以岭药业股份有限公司研发生产的专利新药产品

◆ 河北汇康日用品有限公司生产车间

交通运输“大动脉”

2021年石家庄市公路通车总里程达到19458.94千米，路网密度143.4千米/百平方千米。其中，高速公路12条，分别是绕城高速、黄石高速、青银高速、京港澳高速、京昆高速、张石高速公路北出口支线、西柏坡高速、新元高速、阜西高速、石赞高速、津石高速、南绕城高速，总里程830.43千米；普通公路：国道9条，分别是G107、G207、G307、G308、G230、G234、G338、G339、G515，总里程894.43千米；省道37条1008.46千米；县道42条1291.21千米；乡道4770.62千米；村道10663.83千米。2021年全市公路建设完成投资621.9亿元。9月28日起，石家庄市绕城高速公路全部免费通行。

◆ 市区东三环路

◆ 市区南三环路

◆ 市区中华大街北二环立交桥

◆ 津石高速公路正定拐角铺互通

◆ 津石高速公路无极互通

◆ 津石高速公路深泽互通

◆ 2021 年 9 月 28 日，津石高速公路无极收费站开通运营

◆ 2021 年 9 月 28 日，津石高速公路深泽收费站开通运营

空气质量“退后十”

2021 年石家庄市空气污染物中，可吸入颗粒物（PM10）年均值为 84 微克 / 立方米，同比下降 16.83%；细颗粒物（PM2.5）年均值为 46 微克 / 立方米，同比下降 20.69%。2021 年石家庄市空气优良天数达到 240 天，同比增加 35 天，空气优良率 65.8%，同比提高 9.8 个百分点。2021 年石家庄市环境空气质量综合指数为 4.89，同比下降 1.07，降幅达到 17.95%。2021 年石家庄市环境空气质量综合指数排名全国 168 个重点城市倒数第 12 位，PM2.5 年平均值排名全国倒数第 14 位，均实现“退后十”目标任务和历史性突破，扭转了石家庄市空气质量多年排名全国末位的被动局面。

◆ 利用大气污染防治指挥调度平台，开展空气质量远程监控

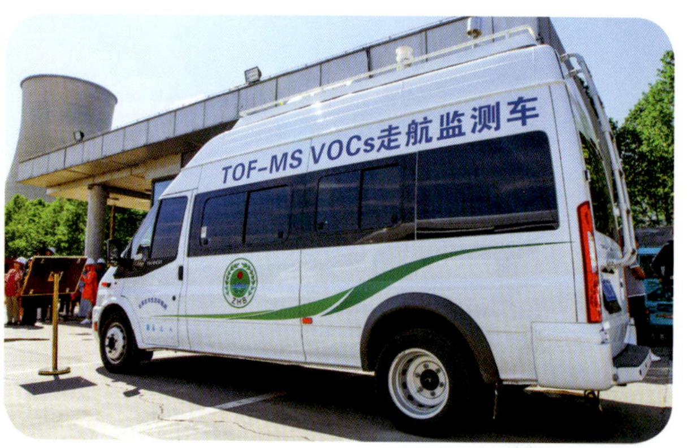

◆ 利用 TOF-MS VOCs 走航监测车，实施重点区域 VOCs 走航监测

◆ 生态环境高架源数据监测

◆ 无人机秸秆禁烧巡查

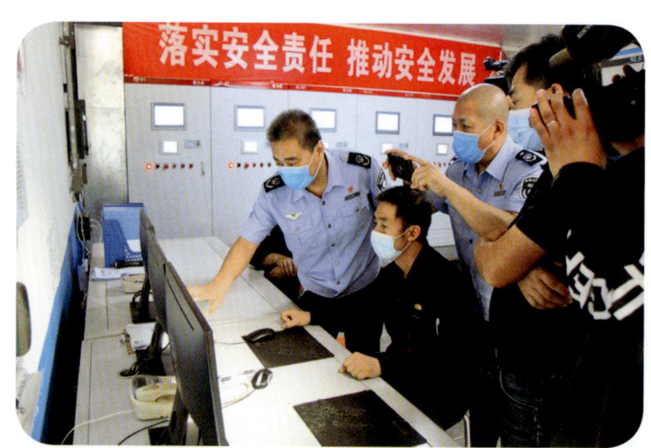

◆ 2021 年 9 月 28 日，市生态环境局工作人员到企业开展执法检查

◆ 2021 年 10 月 12 日，市生态环境局工作人员深入企业，把脉问诊，助力企业绿色发展

◆ 滹沱河经过生态治理修复后，水天一色，美不胜收（2021 年 5 月 25 日摄）

◆ 蔚蓝的天空、金色的斜阳、绚烂的“排骨云”刷屏市民朋友圈（2021 年 12 月 7 日拍摄，地点：市第 42 中学）

◆ “石榴红了主题公园”呈现湛蓝的天空、飘浮的白云、清新的绿色（2021 年 12 月 30 日拍摄）

◆ 初冬，世纪公园云淡风轻，天清气爽（2021 年 12 月 1 日拍摄）

国企改革

2021 年市委、市政府按照先脱钩、再集中监管、再改革重组的“三步走”改革路线图，脱钩划转企业 77 家，新组建企业 5 家，创新形成 7 家大型国有企业集团。至 2021 年底，石家庄市登记入统国有企业资产总额达到 4215.8 亿元，营业收入 395.2 亿元，实现利润总额 2.2 亿元。

◆ 2021 年 9 月 28 日，石家庄国有资本投资运营集团有限责任公司揭牌成立

◆ 2021 年 9 月 28 日，石家庄文化旅游投资集团有限责任公司揭牌成立

◆ 2021年10月13日，石家庄国控城市发展投资集团有限责任公司揭牌成立

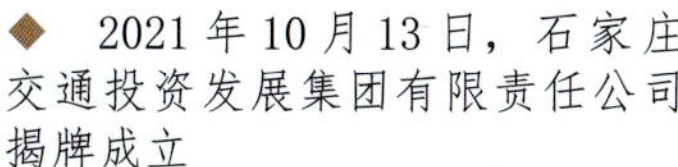
◆ 2021年10月13日，石家庄交通投资发展集团有限责任公司揭牌成立

◆ 2021年10月13日，石家庄水务投资集团有限责任公司揭牌成立

城市更新

2021年石家庄市以加快推进省会高质量发展为主题，以建设现代化、国际化美丽省会城市为目标，采取“拆+美、拆+绿、拆+建、拆+管”方式，践行“还空间于城市、还绿地于人民、还公共配套服务于社会”城市发展理念，倾力提升石家庄形象品质，打造让石家庄人自豪、外地人向往的魅力之城。全年谋划实施城市更新重点项目42个，总投资1687亿元。12月12日，石家庄市18个城市更新重点项目集中开工；12月19日，石家庄市24个城市更新重点项目集中开工。经过实施城市更新，石家庄市区私搭乱建、违章建筑全部拆除，城市变得有序整洁、美丽宜居。

◆ 西清公园（桥西区）

◆ 长安公园（长安区）

◆ 水上公园（新华区）

◆ 世纪公园（裕华区）

◆ 人民广场（长安区）

◆ 民心广场（桥西区）

◆ 石家庄火车北站（新华区）

◆ 长安区谈斜街

◆ 长安区范民街

县城建设

2021年石家庄市委、市政府围绕打造“独具特色、靓丽多彩、山清水秀、宜居宜业”美丽新县城目标，以创建“园林城、森林城、卫生城、洁净城、文明城”为突破口，开展县城建设提质升级三年行动，组织18个县（市、区）实施县城建设重大项目494个，总投资486亿元，年度完成投资257亿元，新建或改造道路136条，完成老旧小区改造262个，开工棚户区住房1576套，创建美丽街区17个，建成室内滑冰场17个，新建停车位22707个，新增公园绿地面积123公顷。2021年井陉县、行唐县、井陉矿区获评省级洁净城，晋州市、高邑县通

◆ 元氏县龙河新区

◆ 赞皇县槐河整治提升项目

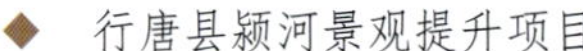

◆ 行唐县颍河景观提升项目

过省级洁净城复核；行唐县、无极县、赞皇县通过国家园林城省级初审，元氏县、深泽县、井陉矿区通过省级园林城复核；井陉县、元氏县获评省级森林城；无极县、赵县获评省级卫生城。至2021年底，全市共有国家级园林县城6个、国家级卫生城7个、省级园林城17个、省级森林城4个、省级卫生城7个、省级洁净城15个、省级文明城15个。12月23日，正定县获得河北省人居环境奖，井陉矿区获得河北省人居环境进步奖（县城建设专题图片均由市住房和城乡建设局提供）。

◆ 灵寿县棚户区改造项目

◆ 正定县人民医院迁建项目

◆ 赵县建成包含博物馆、文化馆、图书馆、会议中心、健身中心、共享大厅于一体的城市综合馆

魅力藁城

藁城区位于石家庄市区东部，距离石家庄市主城区 31 千米。境内拥有台西商代遗址、梅花惨案遗址、耿村民间故事村等，地域特产宫灯、宫面、宫酒入选河北省“燕赵老字号”保护名录。西汉元鼎四年（前 113 年），始置藁城县（蒙古太祖初，始称蘽城县），距今 2100 余年。1989 年 7 月撤县建市，2014 年 9 月撤市设区。总面积 813 平方千米，辖 13 个镇、1 个乡、1 个国家级开发区（石家庄经济技术开发区）、1 个省级开发区、90 个居委会、164

◆ 藁城交通鸟瞰图（刘江勇 摄）

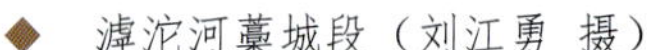

◆ 滹沱河藁城段（刘江勇 摄）

◆ 石济高铁藁城段（李占明 摄）

个村委会，常住人口73.76万人，户籍人口86.63万人，常住人口城镇化率58.18%。2021年藁城区完成地区生产总值512.5亿元，同比增长7.5%；一般公共预算收入34.88亿元，同比增长6.8%；规模以上工业营业收入762.9亿元，同比增长7.6%；规模以上工业利润86.4亿元，同比增长17.3%。2021年藁城区获评全国投资竞争力百强区、全国绿色发展百强区，规模以上工业利润位列石家庄市第一名，粮食、小麦、玉米总产量排名石家庄市第二名。

◆ 人民广场（张宁 摄）

◆ 体育公园（郭继聘 摄）

◆ 四明楼夜景（张亚宾 摄）

千年古县——高邑县

高邑县位于石家庄市南部，距离石家庄市主城区 50 千米。境内拥有中山国房子郡遗址、刘秀登基台、南星书院等历史文化遗迹。公元前 211 年秦统一六国，置鄗县，距今 2200 余年。公元 25 年，东汉光武帝刘秀在高邑城南千秋台登基称帝，诏改鄗县为高邑县。高邑是国家园林县城、国家卫生县城，京广高铁“高邑西站”是石家庄以南、河北省境内唯一县级站点，2012 年 12 月建成投用。石家庄国际陆港设在高邑县，中欧、中亚班列从此开往

◆ 中兴大街

◆ 府前路

◆ 文化路

◆ 刘秀路

欧洲。总面积 222 平方千米，辖 5 个镇、1 个省级经济开发区、5 个居委会、107 个村委会，常住人口 17.74 万人，户籍人口 20.34 万人，常住人口城镇化率 56.88%。2021 年高邑县完成地区生产总值 78.2 亿元，同比增长 6.6%；一般公共预算收入 6.52 亿元，同比增长 8.1%。

◆ 千秋台

◆ 骏马飞腾雕塑

◆ 刘秀公园

◆ 中兴公园

世界500强企业——敬业集团

敬业集团有限公司（简称敬业集团）于1990年成立，是一家以钢铁为主业，下辖总部钢铁、乌兰浩特钢铁、英国钢铁公司和兼营钢材深加工、增材制造3D打印、国际贸易、旅游、酒店等为一体的大型跨国企业集团。主要产品有螺纹钢、中厚板、热卷板、冷轧板、镀锌板、彩涂板、圆钢、异型钢、型钢、线材、钢轨，是全球大型螺纹钢生产基地，国家高强钢筋生产示范企业、国家高新技术企业。地址位于平山县南甸镇。2020年3月9日，敬业集团收购英国第二大钢铁企业——英国钢铁公司；2020年9月11日，敬业集团收购广东泰都钢铁实业股份有限公司。2021年3月9日，敬业集团年产20万吨冷轧彩涂机组投产；12月27日，敬业集团技术中心被国家发展改

◆ 敬业集团厂区

◆ 敬业集团国家企业技术中心

◆ 在建铁路专用线

革委认定为国家级企业技术中心。2021 年敬业集团营业收入 2379.01 亿元，同比增长 6%，营业收入位列石家庄市企业第一名。8 月 2 日，敬业集团入选《财富》杂志发布的 2021 年世界 500 强排行榜，排名第 375 位，这也是石家庄市企业首次入选世界 500 强榜单。2021 年敬业集团在全国 500 强企业排名第 106 位、中国制造业企业 500 强排名第 40 位、全国民营企业 500 强排名第 25 位、全国民营制造业 500 强排名第 14 位，较 2020 年分别提升 60 位次、28 位次、13 位次、7 位次。

◆ 彩涂生产线

◆ 冷轧生产线

◆ 3D 打印中心

◆ 板卷精轧线数控自动喷号技术

中航通飞华北飞机工业有限公司

中航通飞华北飞机工业有限公司（简称中航通飞华北公司）是2012年9月由河北省政府与中国航空工业集团有限公司在石家庄飞机工业有限责任公司基础上共同出资组建的航空制造业公司，注册资本15亿元，地址位于石家庄市栾城区衡井路99号。占地面积1091亩，拥有1200米跑道A1类通用机场1座。主要航空产品有：运五/运五B系列飞机、小鹰500飞机、海鸥300水陆两栖飞机、赛斯纳“凯旋”208B飞机、国王350飞机、工业级无人机等。2021年中航通飞华北飞机工业有限公司生产交付各型飞机整机27架，营业收入5.39亿元，同比增长28.03%。

◆ 海鸥300

◆ 运五B飞机

◆ 赛斯纳208B飞机

◆ 小鹰500

◆ 运五通用无人机（运 5U）

◆ 换装涡桨版运五 B 飞机

◆ 飞机产品部件配套生产

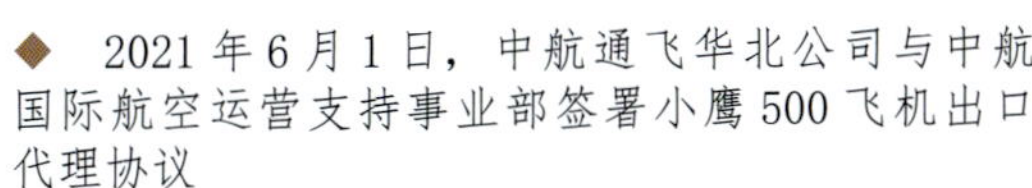

◆ 2021 年 6 月 1 日，中航通飞华北公司与中航国际航空运营支持事业部签署小鹰 500 飞机出口代理协议

◆ 2021 年 11 月 1 日，AG600 飞机发动机短舱及支架完成适航挂签交付

石家庄市人民医院

石家庄市人民医院（市第一医院）始建于 1938 年，是一所集医疗、教学、科研、保健、急救、康复为一体的三级甲等综合医院，是河北医科大学附属医院、西安交通大学医学部附属医院。拥有建华院区、方北路院区、范西路院区 3 个院区。建有 13 个省级重点学科（专科）、14 个市级临床重点专科、22 个市级专业质控中心、9 个国家级住院规范化培训基地，是国家脑卒中防治工程委员会高级卒中中心认证单位、中国胸痛中心认证单位、中国房颤中心认证单位和中国健康促进基金会“血栓防治基地”、“全球超声无创治疗良恶性肿瘤技术临床示范基

◆ 2021 年 1 月 6 日，市人民医院核酸检测队伍整装待发，准备奔赴全市各社区开展新冠肺炎核酸检测

◆ 2021 年 3 月 18 日，市人民医院建华院区经全面消杀检验合格后复诊

◆ 2021 年 5 月 12 日，举办国际护士节庆祝活动

地”、中国—中东欧国家医院合作联盟成员、中国地市级医院急诊专科医联体常务理事单位、国家级综合医院中医示范单位，河北省重症肌无力医院、市肿瘤医院、市第一眼科医院、市脑血管病医院、市心血管病医院在市人民医院挂牌。2021 年市人民医院门急诊量 128.4 万人次，同比增长 8.3%；单日门急诊量最高 7458 人、单日接收住院最高 468 人、单日在院患者最高 2722 人、单日手术量最高 143 台。2021 年市人民医院总收入 21.78 亿元，同比增长 5.48%。

◆ 2021 年 9 月 18 日，举办海峡两岸医药卫生交流协会护理分会第一届学术研讨会

◆ 2021 年 9 月 18 日，市人民医院蒋雄京教授工作室揭牌成立

◆ 2021 年 12 月 20 日，市人民医院范西路院区开诊

石家庄地铁线网图
Route Map Of Shijiazhuang Metro
正定县
新华区
长安区
桥西区
裕华区
滹沱河 HUTUOHE
北
1号线
2号线
3号线
福泽
园博园
商务中心
会展中心
东庄
西庄
汊河大道
南村
石家庄东站
留村
火炬广场
柳辛庄
庄窠·铁道大学
义堂
建和桥
长安公园
裕华路
槐中路
欧韵公园
元村
塔坛
仓丰路留村
南位
嘉华路
西三庄
高柱
柏林庄
市庄
市二中
东里
槐安桥
西三教
石家庄站
汇通路
孙村
塔冢
东王
南王
位同
东二环南路
西仰陵
中仰陵
南豆
太行南大街
乐乡
西王
时光街
长城桥
和平医院
烈士陵园
新百广场
解放广场
平安大街
北国商城
博物院
体育场
北宋
谈固
朝晖桥
白佛
图例
1号线 Line 1
2号线 Line 2
3号线 Line 3
站点及换乘站

石家庄市域图

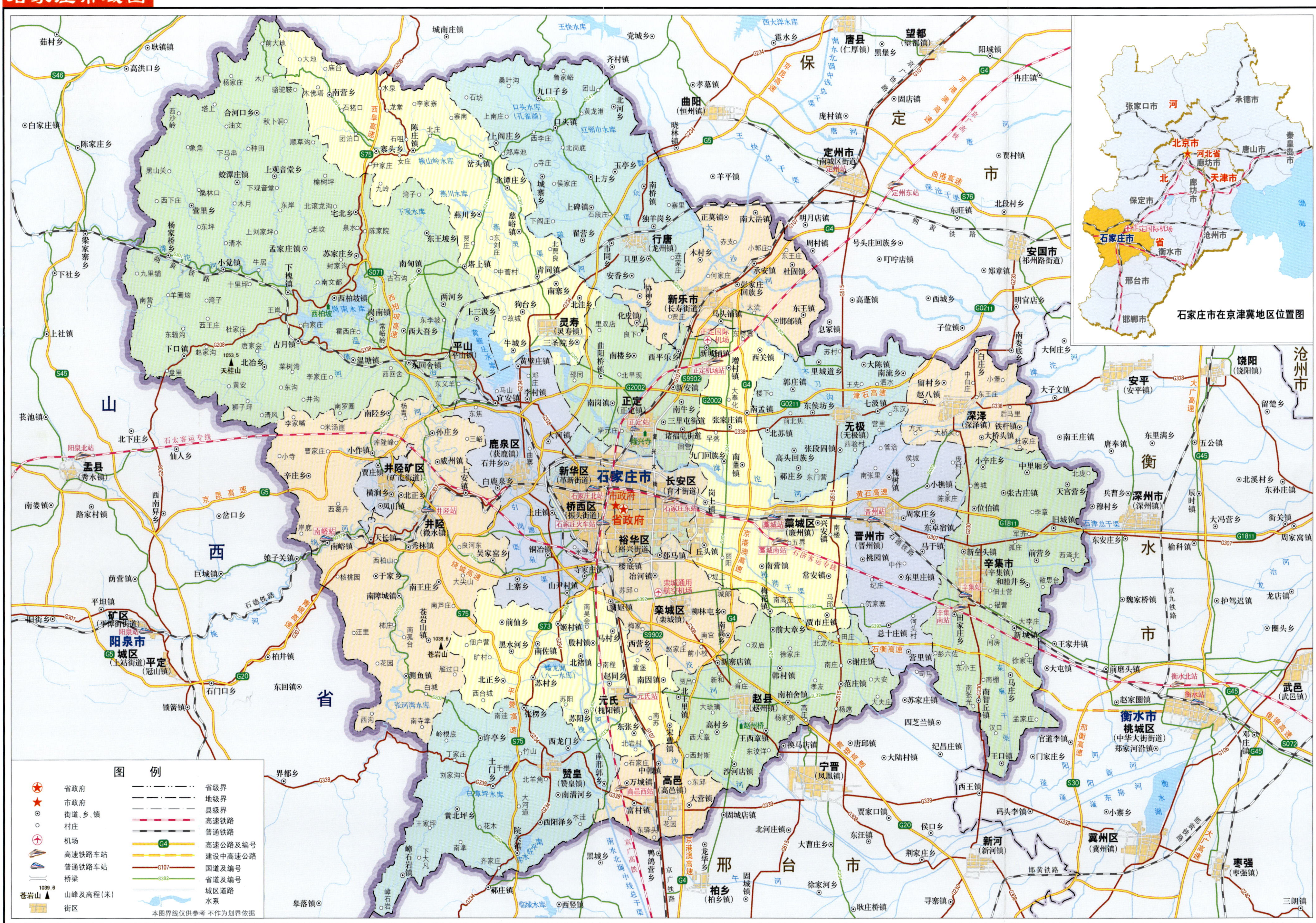

审图号：冀石S（2022）002号

石家庄市勘察测绘设计研究院 编制

石家庄市中心城区图

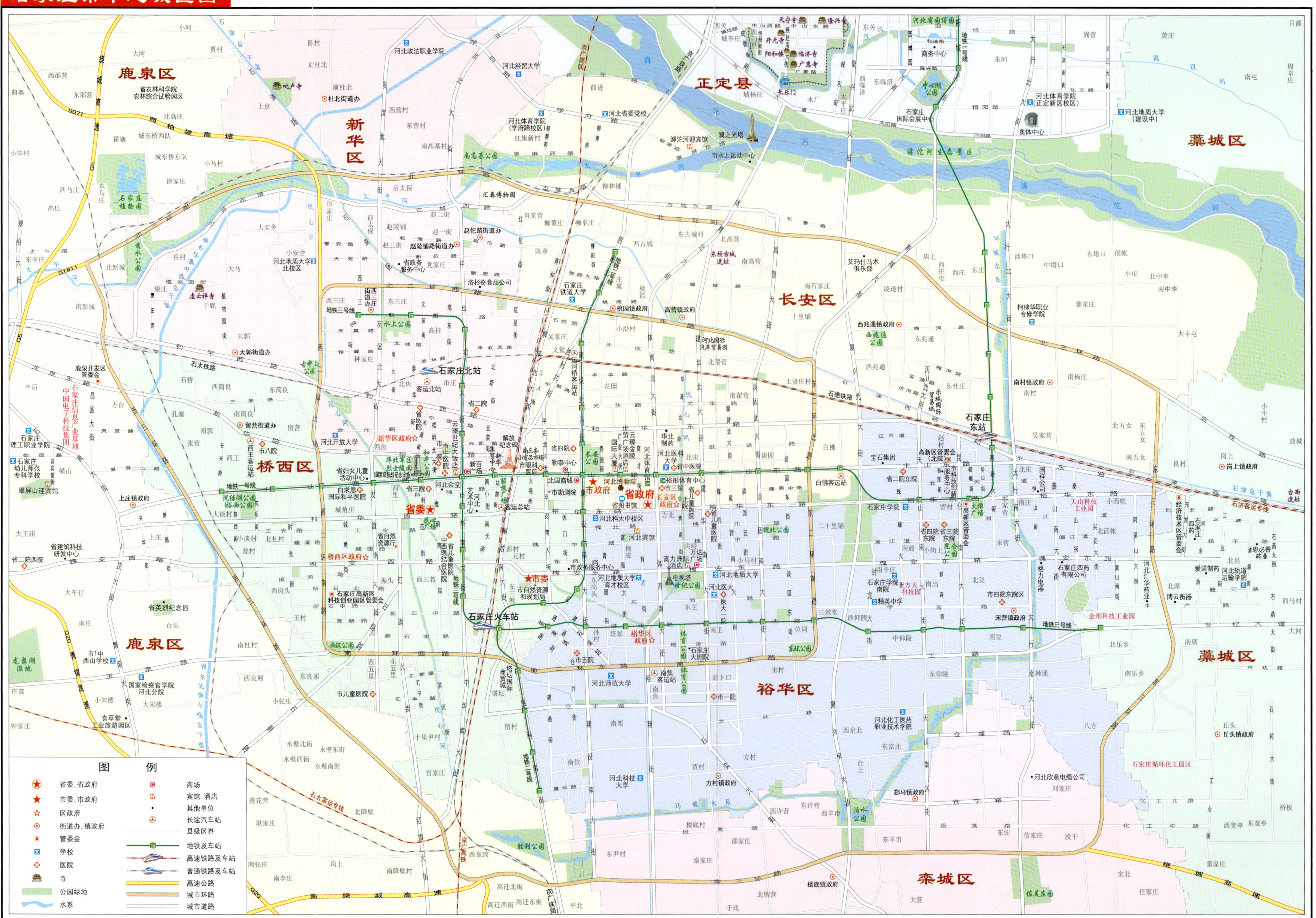

审图号：冀石S（2022）002号

石家庄市勘察测绘设计研究院 编制

目 录

CONTENTS

特 载

Special Reports

专 记

Special Event Record

大 事 记

Chronicles of Events

市情概览
City Overview

开发区·自由贸易试验区
Development Zone & Pilot Free Trade Zone

党政机关

Party and Government Organs

群众团体

Mass Organizations

法 治

Governed by Law

军事·外事

Military & Foreign Affairs

农业农村
Agriculture & Rural Areas

工 业
Industry

信息产业
Information Industry

交通运输·邮政

Transportation & Postal Service

金融

Finance

综合经济管理

Comprehensive Economic Management

城乡建设
Urban and Rural Construction

生态环境
Ecological Environment

科学技术
Science & Technology

教 育
Education

文 化
Culture

卫生·体育
Public Health & Sports

社会生活
Social Life

区县（市）

Districts and Counties (Cities)

人 物

Figures

附 录
Appendix

党代会报告

高举习近平新时代中国特色社会主义思想伟大旗帜 解放思想　担当实干　为加快建设现代化国际化美丽省会城市而努力奋斗

——2021 年 8 月 16 日中共石家庄市委书记张超超在市第十一次党代会上的讲话

各位代表，同志们：

现在，我代表中国共产党石家庄市第十届委员会向大会作报告，请予审议。

中国共产党石家庄市第十一次代表大会，是在全市上下深入学习贯彻习近平总书记在庆祝中国共产党成立100周年大会上的重要讲话精神，意气风发向着全面建成社会主义现代化强国的第二个百年奋斗目标迈进的关键时期，召开的一次承前启后、继往开来的重要会议。

大会的主题是：高举习近平新时代中国特色社会主义思想伟大旗帜，紧密团结在以习近平同志为核心的党中央周围，不忘初心、牢记使命，解放思想、担当实干，奋力闯出一条跨越式发展新路，加快建设现代化、国际化美丽省会城市，当好新时代全面建设现代化经济强省、美丽河北的排头兵和领头雁，努力在全面建成社会主义现代化国家新征程中作出石家庄贡献。

一、过去五年的工作回顾

市第十次党代会以来，在党中央亲切关怀和省委坚强领导下，市委团结带领全市党员干部群众，抢抓机遇、拼搏奋进，省会建设发展各项事业取得了新的成就。

——综合经济实力不断提升。全市地区生产总值年均增长 6.4%，一般公共预算收入年均增长 10.8%，高新技术产业增加值占规模以上工业比重提高至 32.9%，实际利用外资、外贸进出口总值年均增速分别达到 9.9%、10.8%，全面建成小康社会成为生动现实。

——城市载体功能持续完善。国际会展中心、图书馆等场馆建成投用，中央商务区建设有序推进，国家地下综合管廊试点任务圆满完成，正定古城千年古郡、北方雄镇的历史风貌得到有效恢复，地铁 1、2、3 号线开通运营，西阜、平赞、津石等高速公路以及南二环东西延等城市主干道路建成通车，实现国家森林城市、全国文明城市、国家卫生城市“三城同创”。

——改革开放取得积极进展。供给侧结构性改革深入推进，“放管服”改革成效明显，创新能力不断增强，全社会研发经费支出占 GDP 比重提高到 2.87%，中国（河北）自贸试验区正定片区、国家跨境电商综合试验区建设加快推进，中欧班列实现图定化运营，中国国际数字经济博览会永久落户石家庄。

——生态环境质量得到改善。大力开展污染防治攻坚战，强力推进“气代煤、电代煤”和污染工业企业退城搬迁，2020 年底 PM2.5 浓度下降至 58 微克 / 立方米，空气质量明显改善；滹沱河生态修复主体工程全线完工，“母亲河”重现勃勃生机；国家土壤污染防治试点工作通过总体验收，全市森林覆盖率达到 42.2%。

——民生保障水平不断提高。脱贫攻坚取得全面胜利，民生支出不断增加，城乡居民收入稳步增长，市职教园区、市人民医院新院区、市儿童医院等建成投用，公共卫生服务体系不断健全；社会治理扎实推进，扫黑除恶专项斗争、政法队伍教育整顿和平安省会建设取得明显成效。

——民主法治建设深入推进。人大立法、监督等工作取得新成效，正定古城保护条例等一批地方性法规颁布实施；人民政协工作取得新进展，爱国统一战线不断发展壮大，工会、共青团、妇联等群团组织作用得到更好发挥；持续巩固军政军民团结，荣获全国双拥模范城“九连冠”。

——党的建设得到全面加强。深入落实新时代党的建设总要求，扎实开展“不忘初心、牢记使命”主题教育和党史学习教育，圆满完成县乡领导班子换届；认真履行全面从严治党政治责任，持之以恒纠治“四风”，保持惩治腐败高压态势，风清气正的政治生态进一步巩固。

面对突如其来的新冠肺炎疫情，特别是今年年初在我市暴发的疫情，在党中央坚强领导下，在省委、省政府有力指挥下，全市上下同舟共济、众志成城，奋力夺取了疫情防控人民战争、总体战、阻击战的阶段性胜利，有效维护了人民群众生命安全和身体健康，在提升市域应急处置工作水平上，探索了有效做法、积累了宝贵经验。

今年以来，省委、省政府召开了全省推进省会建设发展工作会议，出台了大力支持省会建设和高质量发展的意见，给予省会前所未有的支持，全市上下倍受鼓舞、倍感振奋。我们以迎接和庆祝中国共产党成立100周年为动力，以开展党史学习教育和“四史”宣传教育为契机，认真贯彻党中央重大决策和省委部署要求，抓住重大机遇，激发内生动力，以开展“六个专项行动”为载体，营造了“石家庄在行动”的浓厚氛围，在正本清源、整治顽瘴痼疾中开创了工作新局；在攻坚克难、解决遗留问题中锻炼了干部队伍；在担当实干、倾力为民惠民中凝聚了党心民心，各项事业发展呈现出良好态势。着力推动经济高质量发展，谋划推进新一代电子信息、生物医药两大产业率先突破，为加快构建现代产业体系提供强大支撑；着力提升城乡规划建设管理水平，强力实施城市环境综合整治和私搭乱建、违章建筑专项整治等，一些长期影响省会形象面貌的障碍得到初步解决；着力深化改革开放，蹄疾步稳推动国资国企改革、开发区改革，支持自贸区正定片区、综合保税区扩大对外开放，一些深层次矛盾正在破题攻坚；着力转变干部队伍作风，旗帜鲜明向不担当、不作为、慢作为“亮剑”，广大党员干部干事创业的精气神进一步提振。实践证明，石家庄干部队伍是能干事、会干事、干成事的。这为今后实现跨越式发展奠定了坚实基础。

五年的成绩来之不易，最根本的在于习近平新时代中国特色社会主义思想的科学引领，得益于党中央的坚强领导和省委的关心支持，得益于历届市委和老领导、老同志打下的坚实基础，得益于全市党员干部群众的共同奋斗，得益于各民主党派、工商联、无党派人士和驻石部队、武警官兵、消防救援队伍指战员的拼搏奉献。在此，我代表十届市委，向所有为石家庄发展作出贡献的同志们、朋友们，致以崇高的敬意和衷心的感谢！

在肯定成绩的同时，还要清醒地认识到：我市作为省会城市，综合经济实力还不强，国际化程度还不高，距离成为京津冀世界级城市群重要一极还任重道远；省会形象品位还有差距，空间布局还不合理，一些领域秩序乱象还较突出；公共服务设施建设还有欠账，大气污染治理任务十分艰巨，治理体系和治理能力现代化水平亟待提升；一些干部的思想观念、精神状态、工作标准与肩负的使命责任不相适应；党风廉政建设和反腐败斗争形势依然严峻复杂等。同时，当前全球疫情仍在持续演变，外部环境更趋复杂，国内经济恢复仍然不稳固、不均衡，面临的风险矛盾交织叠加。差距也是潜力，危机孕育新机，只要我们敢于直面困难、迎接挑战，就一定能激活后发优势，实现追赶超越！

二、今后五年的指导思想和奋斗目标

习近平总书记“七一”重要讲话，发出了向第二个百年奋斗目标迈进的动员令，是引领我们走好新的赶考之路、实现中华民族伟大复兴的政治宣言和行动纲领。省委、省政府确立了省会发展的新坐标、新定位。石家庄站在了新的历史起点上，全市上下要认真学习贯彻习近平总书记重要讲话精神，全面落实省委、省政府决策部署，接稳接力棒、跑好接力赛、跑出加速度，努力交出合格答卷，为党和人民争取更大光荣。

今后五年工作的指导思想是：坚持以习近平新时代中国特色社会主义思想为指导，深入贯彻党的十九大和十九届二中、三中、四中、五中全会精神，牢牢把握立足新发展阶段、贯彻新发展理念、构建新发展格局的要求，统筹推进“五位一体”总体布局，协调推进“四个全面”战略布局，坚决贯彻习近平总书记对河北工作的重要指示批示精神，全面落实党中央重大决策和省委部署要求，增强“四个意识”、坚定“四个自信”、做到“两个维护”，坚持和加强党的全面领导，坚持稳中求进工作总基调，以推动高质量发展为主题，以深化供给侧结构性改革为主线，以改革创新为根本动力，以满足人民日益增长的美好生活需要为根本目的，统筹发展和安全，着力增强综合实力，着力提高发展质量，着力提升城市品质，着力改善生态环境，着力保障改善民生，着力优化政治生态，加快建设现代化、国际化美丽省会城市，当好新时代全面建设现代化经济强省、美丽河北的排头兵和领头雁，在全面建成社会主义现代化国家新征程中奋力谱写壮丽的石家庄篇章。

建设现代化、国际化美丽省会城市，是省委、省政府赋予我们的重大使命，更是全市1100多万人民的热切期盼。现代化是提高城市综合竞争力的必由之路，总体要实现产业体系现代化、城市建设现代化、治理体系和治理能力现代化、社会事业现代化、人与自然和谐共生的现代化；国际化是聚集先进资源要素的战略支撑，显著标志是营商环境国际化、功能品质国际化、贸易流通国际化、开放合作国际化；美丽是人民对美好生活向往的愿景追求，主要内涵是自然生态之美、城乡面貌之美、人文和谐之美。

今后五年的奋斗目标是：现代化、国际化美丽省会城市建设迈出坚实步伐，在全省的排头兵地位和领头雁作用更加彰显。

——经济总量过万亿，质量效益大跃升。地区生产总值年均保持两位数增长，在全国城市中位次每年前移一至两位，到2025年力争综合经济实力进入前30名。融入京津冀协同发展取得新成效，创新能力显著提高，打造5个以上千亿级产业集群，现代产业体系基本形成，结构进一步优化，引领带动全省高质量发展的作用更加凸显。

——省会面貌焕新颜，形象品质大跃升。“拥河发展”战略扎实推进，“一主、四辅、一带、多点”的城市空间格局基本形成，生产空间集约高效、生活空间舒适宜居、生态空间山清水秀；城市秩序井然、市容洁净靓丽、建筑精致美观、设施国内一流，现代化、国际化形象品质充分展现，更加宜居宜业宜游，成为以首都为核心的京津冀世界级城市群重要一极。

——改革开放当标杆，发展活力大跃升。重点领域改革取得突破性进展，法治化、国际化、便利化营商环境加快形成。“一带一路”重要节点城市地位更加凸显，自贸区正定片区建设成效显著，更多高端产业、企业和人才在省会集聚，成为全省对外开放的前沿阵地和示范窗口。

——人居环境更美丽，生态文明大跃升。空气质量显著改善，蓝天白云、绿水青山成为常态，城乡环境更加优美，山水林田湖草系统治理成效明显，生态文明制度体系更加健全，生产生活方式更加绿色低碳，自然生态美景永驻石家庄。

——共同富裕迈新步，民生福祉大跃升。居民收入水平和经济发展同步增长，到2025年，城乡居民可支配收入超过全国平均水平，推动共同富裕取得明显的实质性进展。人口保持长期均衡发展，基本公共服务质量和均等化水平不断提高，多层次社会保障体系更加完善，脱贫攻坚成果巩固拓展，乡村振兴全面推进，人民对美好生活的需求得到更好满足。

——治理体系更完善，治理效能大跃升。依法治市深入推进，人民民主更加充分，基层治理体系和治理能力现代化水平显著提升，突发公共事件应急处置和防灾减灾救灾能力明显增强，防范化解重大风险机制更加完善，社会大局安定和谐。

——党的建设走在前，执政能力大跃升。全面从严治党向纵深发展、向基层延伸，各级领导班子更加坚强有力，基层党组织战斗堡垒作用和党员先锋模范作用充分发挥，干部队伍作风素质更加过硬，政治生态更加风清气正。

目标催人奋进，未来前景光明。放眼国际国内发展大势，当今世界正经历百年未有之大变局，以习近平同志为核心的党中央审时度势，科学作出了积极构建以国内大循环为主体、国内国际双循环相互促进的新发展格局的重大战略部署，为我们化危为机、趋利避害指明了方向。置身京津冀协同发展大局，以首都为核心的京津冀世界级城市群、雄安新区规划建设取得重要阶段性成效，为我们对接服务京津、加快自身发展注入了强大动能。审视石家庄所处历史方位，省委、省政府大力支持省会建设和高质量发展，为我们实现跨越发展提供了难得历史机遇；我市拥有良好的区位优势、交通优势、产业优势和红色资源优势，拥有一支高素质的干部队伍，为我们实现新目标、完成新任务提供了坚实可靠的保障。

责任呼唤担当，使命引领未来。建设现代化、国际化美丽省会城市，绝不是轻轻松松、敲锣打鼓就能实现的。我们必须加强党的领导，大力提升各级党组织的政治领导力、思想引领力、群众组织力、社会号召力，充分调动全市上下的积极性、主动性、创造性；必须树牢大局意识，始终胸怀“两个大局”、心系“国之大者”，站在全省乃至全国发展大局看石家庄，站在对历史和人民极端负责的高度干事业；必须增强系统观念，坚持系统谋划、整体推进、分步实施、重点突破，着力固根基、扬优势、补短板、强弱项，实现发展规模、速度、结构、质量、效益、安全相统一；必须大力解放思想，坚决摆脱惯性思维和路径依赖，克服按部就班、四平八稳现象，勇于同强的比、向高的攀、跟快的赛，善于学习借鉴先进经验，敢于走别人没有走过的路，创新突破、开拓进取；必须强化担当实干，始终保持“越是艰险越向前”的英雄气概和“敢教日月换新天”的昂扬斗志，以赶考的姿态前行、用决战的状态实干，努力干出无愧于时代、无愧于人民、无愧于历史的业绩。

只要我们坚定必胜信心，奋力拼搏进取，我们的目标一定会实现，我们的目标也一定能够实现！

三、今后五年的主要任务

社会主义是干出来的，幸福是奋斗出来的。加快建设现代化、国际化美丽省会城市，必须聚焦主要任务，抓住关键环节，奋力开创各项事业发展新局面。

（一）坚定不移把政治建设摆在首位，坚决响应习近平总书记伟大号召奋勇前进

旗帜鲜明讲政治，是我们党的优良传统，也是奋进第二个百年奋斗目标新征程必须坚守的生命线。石家庄是革命的土地、英雄的土地，是“新中国从这里走来”的土地。作为石家庄的党员干部，更应把准政治方向，夯实政治根基，把政治标准和政治要求贯穿到各项事业之中，沿着伟大号召指引的道路砥砺奋进。

1. 坚持政治站位，坚决同以习近平同志为核心的党中央保持高度一致。习近平总书记对石家庄知之深、爱之切，对正定古城保护作出重要指示，为在石家庄举办的首届中国国际数字经济博览会发来贺信，给平山县北庄村全体党员回信，给我们以巨大鼓舞和鞭策。要深刻感悟习近平总书记的亲切关怀和殷殷嘱托，切实转化为维护捍卫核心的自觉行动，知恩感恩、绝对忠诚。要严守党的政治纪律和政治规矩，不断提高政治判断力、政治领悟力和政治执行力，以实际行动增强“四个意识”、坚定“四个自信”、做到“两个维护”，不折不扣落实党中央重大决策和省委部署要求，确保令行禁止、政令畅通。

2. 坚定政治信仰，自觉用习近平新时代中国特色社会主义思想凝心聚魂。理论上清醒，政治上才能坚定。要坚持把学习贯彻习近平新时代中国特色社会主义思想作为重大政治任务，与深入贯彻习近平总书记“七一”重要讲话精神贯通起来，与全面落实习近平总书记对河北工作重要指示批示精神贯通起来，与传承习近平总书记在正定工作时留下的宝贵思想财富、精神财富和实践成果贯通起来，深刻领悟蕴含其中的真理伟力和实践伟力，真正融入血液、注入灵魂。要深化拓展党史学习教育成果，以知促行、知行合一，完善党委常委会和党委（党组）理论学习中心组学习制度，推动理论武装走深走实，将学习成果转化为改革发展的强大动力。

3. 提升政治能力，切实担负起党和人民赋予的政治责任。政治能力是第一能力，第一标准。各级党委（党组）要善于运用政治眼光研判形势、分析问题，牢固树立战略思维、历史思维、辩证思维、创新思维、法治思维、底线思维，认真履行好把方向、管大局、作决策、促改革、保落实的职责。要大力弘扬斗争精神、增强斗争本领，严肃党内政治生活，严格执行民主集中制，不断提升驾驭复杂局面、推动改革发展的能力和水平，更好地担负起历史赋予的新使命。

讲政治关乎省会发展方向与事业成败。只要始终旗帜鲜明讲政治，省会各项事业就一定能沿着正确方向阔步前进！

（二）坚定不移贯彻新发展理念，推进省会高质量发展实现新跨越

发展是解决一切问题的“总钥匙”。在迈向第二个百年奋斗目标的新征程上，要实现弯道超车，必须完整、准确、全面贯彻新发展理念，积极融入京津冀协同发展大局，转变发展方式，兼顾发展质量和速度、总量和人均、整体和单项，实现更高质量、更有效率、更加公平、更可持续、更为安全的发展。

1. 突出产业升级，夯实高质量发展的根基。产业是经济发展的根本。方向明确才能行稳致远。要全面推进产业基础高级化、产业链现代化，科学构建我市现代产业发展的“四梁八柱”。着力做优传统产业，支持钢铁、石化、纺织服装等传统产业向高端化、绿色化、智能化转型，在激烈的市场竞争中占有一席之地；着力做强主导产业，发挥产业发展基金作用，助推主导产业锻长板、补短板，培育壮大更多行业领军企业，在激烈的市场竞争中争夺更多话语权、领导权；着力做大新兴产业，加快先进制造业、数字经济等战略性新兴产业扩规模、上档次，在激烈的市场竞争中占有一定分量；着力发展现代服务业，推动现代物流、文化创意等生产性服务业向专业化和价值链高端延伸，旅游、体育等生活性服务业向高品质和多样化升级，构筑产业发展新优势。走对路子方能事半功倍。坚持有所为有所不为，突出重点、集中资源，在新一代电子信息、生物医药两大产业上率先突破，培育龙头企业，打造千亿级产业集群。充分发挥产业集聚效应和规模优势，强力培育现代食品、商贸物流、装备制造等产业向千亿级产业集群“进军”，以一业兴旺带动百业繁荣。

2. 突出项目建设，筑牢高质量发展的支撑。项目是实现增比进位的关键。必须牢固树立“项目为王”理念，大力实施项目带动战略，形成“谋划一批、储备一批、开工一批、建设一批、达效一批”的良好格局。

千方百计在招商引资上求突破，强化招商激励，拓宽招商渠道，实行专业招商、精准招商、团队招商、以商招商和平台招商，努力让大项目顶天立地、小项目铺天盖地。健全鼓励企业扩大再生产的支持政策，对企业新增投资和新建企业给予奖励，充分调动企业加快发展的积极性。全力以赴在项目推进上求突破，高起点谋划、高标准建设重大项目库，紧盯前期、在建、续建项目持续攻坚，科学调度，强力推进，力促项目建设提速增效、提质增量。集中精力在项目达效上求突破，坚持“以亩产论英雄”，定期组织项目观摩，推动包联帮扶常态化、服务保障精细化、督促指导经常化，全面提升项目的核准落户率、开工竣工率和投产达效率。

3. 突出扩大内需，深挖高质量发展的潜力。扩大内需是应对经济下行压力的必然选择。要聚焦国内特别是京津冀巨大市场，形成需求牵引供给、供给创造需求的更高水平动态平衡。强化流通促动，围绕打造国家级商贸物流中心城市，支持现代商贸物流发展，加快建立县乡村电子商务体系和快递物流配送体系，贯通生产、分配、流通、消费各环节，积极构建现代流通体系，畅通区域经济内循环。强化消费带动，以满足居民个性化、差异化、高品质消费需求为目标，大力促进传统实物消费提档升级，加快发展旅游、健康、养老、教育等消费新模式新业态，打造一批叫得响的特色街区和夜经济品牌，完善“互联网 + 消费”生态体系，引领消费潮流风向标。强化投资拉动，紧盯“两新一重”精准谋划，发挥政府投资撬动作用，鼓励、支持和引导民间资本参与，加快补齐基础设施、市政工程等领域短板，增加投资规模，形成市场主导的投资内生增长机制。

4. 突出园区建设，打造高质量发展的标杆。园区汇聚着全市最高端、最优质的发展资源。要充分发挥园区经济发展主战场、主阵地的作用，科学规划空间布局，进一步明确发展方向、功能定位、主责主业，增强园区综合实力。加速优化整合，以鹿泉经开区、高新区为依托，规划建设新一代电子信息、生物医药两个千亿级产业园区，切实发挥示范带动作用；探索各类开发区整合提升的路径方法，力争每个县（市、区）建设一个实力雄厚、特色鲜明、产业领先的园区，全面提升发展能级和水平。加速集群集聚，积极引导企业和项目入园区，加快从同质化竞争向错位发展转变，形成相对完整的产业链条，力争更多园区进入千亿级行列。加速扩容提质，加大管理体制、人事薪酬制度等改革力度，完善基础配套设施，健全科技创新、投融资、担保、市政等平台，增强园区承载能力，建设“智慧园区”和“低成本园区”，打造转型升级的示范区。加快建设正定数字经济产业园，支持高新区和经开区进入全国第一方阵、有条件的省级开发区升级国家级。

5. 突出科技创新，增强高质量发展的动能。充分发挥省会科研资源优势，下好科技创新先手棋，为高质量发展插上腾飞翅膀。强化创新主体培育，完善创业孵化链条，大力培育高新技术企业和科技型中小企业，实施民营企业提升工程，打造一批“专精特新”中小企业。强化协同创新攻关，积极对接京津雄创新资源，大力引进国内外知名高校、科研院所，统筹推进产学研创新资源共享和科研力量优化配置，支持领军企业组建创新联合体，突破一批“卡脖子”核心技术、推出一批高端产品、建立一批行业标准，带动产业技术水平实现整体提升。强化人才智力支撑，大力实施人才强市战略，优化高等教育和职业教育专业学科设置，提高人才培养质量；实行更加积极、开放、有效的人才政策，探索柔性引进人才新路径，深化“人才绿卡”制度，建立人才“储备库”，打造人才友好型城市，让海内外人才在石家庄创业有机遇、发展有平台、事业有成就、生活有保障。强化体制机制创新，加大科技创新投入，改进科技项目组织管理模式，探索“揭榜挂帅”制度，完善科技成果评价机制，健全容错机制，厚植宽容失败、鼓励创新的土壤。

发展决定着石家庄的未来。只要我们把战略机遇转化为现实发展优势，就一定能够在推动高质量发展上创造新的辉煌！

（三）坚定不移推动省会建设上水平，打造宜居宜业宜游的美丽新家园

建设洁净有序、文明美丽的省会城市，是群众的殷切期盼。要立足以首都为核心的世界级城市群重要区域中心城市的功能定位，尊重城市发展规律，按照“全域统筹、多规合一”思路，科学编制国土空间总体规划，精准划定“三条控制线”，合理布局生产、生活、生态空间，有序推进省会建设，促进大中小城市和小城镇协调联动、特色化发展，确保两到三年城乡面貌实现彻底改善、五年内在全国的影响力大幅增强。

1. 注重创新城市发展理念。人民城市人民建，人民城市为人民。要以对历史、对城市、对人民负责的态度，深入推进以人为核心的新型城镇化，持续优化省会建设发展思路。规范开发秩序，保持坚如磐石的战略定力，彻底断开“土地市场一二级联动”，强化政府对土地资源的调控管理，实现城市发展的社会效益、经济效益、生态效益相统一。持续整治私搭乱建和违章建筑等行为，加大对农村宅基地自建房的管理力度，坚决杜绝城乡建设乱象。优化发展布局，围绕构建“一主、四辅、一带、多点”的城市空间格局，有效解决各类“城市病”，推动城市可持续发展。在二环内做“减法”，强化对新建居住项目容积率上限值2.0的刚性管控，降低住宅和商业开发强度，有序疏解人口和低端低效产业，腾出发展空间。在二环外做“乘法”，实施拥河发展战略，拉开城市发展框架，引导城市新兴功能向滹沱河沿线聚集，促进滹沱河区域生态、产业、文化、景观协同发展，着力打造海河、珠江升级版的高水平生态经济带；实施组团发展战略，强化城市发展的多点支撑，推动组团城区与核心城区差异化定位、一体化发展。共享发展红利，按照“缺什么补什么”要求，不断完善城市载体功能，存量土地优先用于补充文化体育、教育医疗、休闲养老、公园绿化等公共服务设施，真正做到还空间于城市、还绿地于人民、还公共配套服务于社会，不断提高群众居住的舒适度、便利度和安全性。

2.注重提升城市形象品质。省会美丽，群众生活才会美好。优化整体建筑风貌，把城市作为一个完整的艺术品去精雕细琢，实行建筑风貌和容积率挂钩管理，聘请国内外顶级专家团队，对建筑风貌进行优化设计，科学确定建筑布局、造型、格调、色调、高度，切实改变“百米楼群”“水泥森林”现象，进一步提升建筑美感和城市品位。打造靓丽城市名片，坚持“尽力而为、不留遗憾”，高标准推进中央商务区建设，精心打造城市客厅和优美天际线，引进建设一批世界知名品牌连锁酒店、商场和学校，打造更多高端城市地标。实施绿化、美化、亮化、净化工程，推进“四横五纵一环”等主要街道及民心河景观全方位提升，建设一批更高水准的风情街区、商业街区，保护开发正定古城、中国人民银行旧址、正太饭店等历史建筑，构筑鲜明城市符号。

3.注重补齐城市功能短板。树立经营城市理念，打造规范化城建平台，深入实施城市更新行动，逐步完善城市软硬件，让人民群众安居宜居美居乐居。持续提升城市功能，加快推进城中村、老旧小区、棚户区、老旧管网、雨污分流改造和小街小巷整治提升，加快补齐水、电、暖、气、讯等配套设施短板，加强公厕、停车场等基础设施的建设和规范管理；推进防灾减灾救灾体系建设，提高风险防御和应急处置能力。持续完善城市交通，强化高速铁路、城际铁路和以市区为核心的高速路网建设，努力建成连接京津冀主要城市及相邻省会城市的“1.5小时交通圈”，推动石家庄正定国际机场扩容升级，加快推进城区规划路打通和轨道交通建设，着力构建现代综合交通网络体系，巩固省会区域交通枢纽地位。持续强化城市管理，充分运用大数据等技术，加快智慧城市建设，大力提升城市管理精细化程度，提高文明执法水平，强力整治各类城市顽疾和不文明行为，让城市更聪明、更规范、更顺畅。

4.注重推动县城提质升级。建设美丽县城是加快推进新型城镇化的重要载体。开展县城建设攻坚，坚持以“五城创建”为抓手，深入开展风貌特色塑造、公共服务配套、宜居环境打造等行动，努力建设独具特色、靓丽多彩的现代化美丽新县城，力争获得更多国家级县城荣誉称号。推动县域经济跃升，发挥县城对县域经济的龙头带动作用，做大做强各县（市、区）特色产业，不断提高经济发展的质量和效益，早日实现全国百强县“零”的突破。加快城乡融合发展，强化县城综合服务能力，加快公共服务向农村延伸、社会事业向农村覆盖；充分发挥建制镇连接城乡、服务农村的作用，培育一批经济发达镇、工业强镇和商贸重镇，建强城乡一体化发展平台。

5.注重夯实农业农村基础。让农业更强、农村更美、农民更富，是我们实施乡村振兴战略的最高追求。推进巩固拓展脱贫攻坚成果同乡村振兴有效衔接，严格落实“四个不摘”要求，保持帮扶政策的连续性，健全防止返贫动态监测和帮扶机制，坚决防止出现规模性返贫。改善农村人居环境，扎实推进美丽乡村建设，大力实施农村人居环境整治提升五年行动，深化农村厕所革命，加强农村生活垃圾、生活污水处理，有效改善农村生产生活条件。加快农业现代化，坚持质量兴农、绿色兴农、品牌强农，深化农业供给侧结构性改革，坚决抓好粮食生产安全，大力发展现代都市农业和休闲农业，做好农产品精深加工，打造更多“名特优新”品牌，推动一二三产业融合发展。促进农民增收致富，实施产业提升工程，不断发展壮大农村集体经济，着力拓宽就业渠道，提高农民收入水平，确保致富路上一个都不少。

省会建设承载着群众对美好生活的向往。只要我们遵循城市建设发展规律，持续完善城市载体功能，省会一定能成为让石家庄人自豪、外地人向往的魅力之城！

（四）坚定不移用好改革开放“关键一招”，不断增强高质量发展的动力活力

改革开放是省会发展闯出一条新路的制胜法宝。我们必须坚持方向不变、道路不偏、力度不减，坚定不移深化改革、扩大开放，在新征程上实现跨越式发展。

1.以更深层次改革破解省会发展瓶颈。事业发展无止境，深化改革无穷期。要保持改革定力，以改革破除深层次体制机制障碍，释放经济社会中蕴藏的巨大潜力。深化国资国企改革，加快实施国企改革三年行动，按照“脱钩划转、统一监管、改革重组”步骤，深化国有企业战略性重组和专业化整合，组建一批符合我市产业投资和发展方向的大型企业集团，推进国有经济布局优化和结构调整。建设高标准市场体系，深化土地、劳动力、资本等要素市场化配置改革，全面落实市场准入负面清单制度，加快社会信用体系建设，加强知识产权保护，形成高效规范、公平竞争的统一市场，确保投资有效益、企业有钱赚、安全有保障。打造一流营商环境，深化“放管服”改革，实行“证照分离”，实施政务服务事项全流程网办，推进涉企审批减环节、减材料、减时限，全面提升政务服务效能；积极构建亲清新型政商关系，搭建政企沟通平台，健全政商交往正负面清单，引导各级领导干部强化服务企业和项目建设的“店小二”意识，光明正大与企业家交朋友，大力营造亲商、重商、安商的浓厚氛围，让“人人都是营商环境、个个都是城市形象”理念深入人心，真正把石家庄打造成为投资洼地、兴业沃土。

2. 以更高水平开放提升省会国际化水平。坚持以开放促改革、促发展，不断拓展对外开放的领域、空间和层次。让开放更有高度，对标国内一流自贸区，加快推进自贸区正定片区建设，探索更多可复制、可推广的制度创新成果，努力建成具有国际影响力和竞争力的自由贸易园区；坚持以正定国际机场为依托，高标准完善空港区域规划体系，推动与综合保税区等融合发展，打造京津冀区域航空枢纽和物流中心；依托石家庄国际陆港，建设陆港型国家物流枢纽和京津冀中欧班列集结中心，进一步增强链接全球能力。让开放更有广度，充分运用国际国内两个市场、两种资源，深化与“一带一路”沿线国家和地区的贸易往来，深入开展国际产能合作，有序推动我市优势产能走向世界，大力推动国际友城建设，全面提升对外投资和经济合作水平。让开放更有力度，利用好中国国际数字经济博览会、通用航空博览会、旅发大会等会展平台，全方位、多角度开展城市宣传推介和综合营销，大力吸引国内外先进企业、高端要素在石家庄落地生根。让开放更有温度，着眼于提升城市国际化功能，建立与国际通行规则接轨的制度体系，健全国际化教育、医疗等配套设施，打造一批国际化商务载体、生活社区，举办一批有国际影响力的体育文化活动，更好促进国际交流合作。

唯改革者进，唯开放者兴。只要我们坚持改革不停顿、开放不止步，就一定能在增强发展动力、提升国际化水平上迈出坚实步伐！

（五）坚定不移贯彻习近平生态文明思想，让绿色成为美丽省会最靓底色

绿水青山就是金山银山。建设美丽省会，必须树牢生态优先、绿色发展理念，推动生态文明建设实现新进步，让蓝天常在、碧水长流、美丽与发展同行。

1. 坚决打赢生态环境治理攻坚战。良好生态环境是最公平的公共产品、最普惠的民生福祉。突出抓好大气污染防治，坚持科学治污、精准治污、依法治污，加强精细化管理和过程管控，强化区域大气污染联防联控，用非常之举、行非常之力、下非常之功，确保空气质量在全国城市排名稳定“退后十”，并不断巩固和扩大战果，切实解决人民群众的“心肺之患”。一体推进“山水林田湖草”系统治理，扎实推动“三线一单”精准落地，高质量开展国土绿化行动，加强县（市、区）森林城市创建，大力实施矿山生态修复工程；统筹水环境治理、水生态保护、水资源利用，深入推进河流湖库特别是白洋淀上游流域综合治理，持续抓好地下水超采综合治理；积极防治农业面源污染，加强自然保护地管理，全面提升自然生态服务功能，筑牢生态安全屏障。

2. 坚决落实碳达峰碳中和任务。坚持把碳达峰、碳中和纳入生态文明建设整体布局，精准制定方案，科学有序推进，确保如期实现降碳减排目标。持续优化产业结构，大力发展绿色产业，深入推进重点行业和重要领域绿色化改造，提升产业链供应链绿色化水平，建立健全绿色低碳循环发展的经济体系。持续优化能源结构，严格落实能源消费双控制度，大力实施可再生能源替代行动，不断扩大清洁能源使用比例，构建清洁低碳安全高效的能源体系。持续优化交通运输结构，积极推进货运公转铁和海铁联运，加快新能源车辆推广应用，优先发展公共交通，全力打造绿色低碳的综合交通运输体系。

3. 坚决实行最严格的生态环境保护制度。保护生态环境，必须依靠制度、依靠法治。严格落实生态环保责任，压紧压实企业主体责任和政府监管责任，认真执行领导干部自然资源资产离任审计，深入实施河湖长制、林长制，健全完善生态文明绩效考核体系，切实强化刚性约束。加强生态环保监管执法，全面实行排污许可制，加快构建天地一体、上下协同、信息共享的生态环境监测网络，建立健全生态环境损害责任终身追究、生态环境损害赔偿等制度，始终保持打击环境违法的高压态势，坚决让破坏生态环境者付出沉重代价。强化生态文明宣传引导，大力倡导绿色生活、绿色消费，深入实施生活垃圾分类和减量化、资源化，让绿色低碳生活成为新时尚。

人若不负青山，青山定不负人。只要我们走稳走实生态优先、绿色发展之路，石家庄一定会展现天蓝、地绿、水秀的美丽画卷！

（六）坚定不移践行以人民为中心的发展思想，让人民群众的生活更加幸福美好

江山就是人民、人民就是江山。我们要坚持把造福人民作为最高使命，让人民群众获得感成色更足、幸福感更可持续、安全感更有保障。

1. 做好做实基本公共服务。满足群众高品质生活新期待，关键是提供高质量的基本公共服务。推动教育事业优先发展，加快教育事业改革创新步伐，推动学前教育普惠发展、义务教育均衡发展、高中教育特色发展，大力支持驻石高校和职业教育学校高质量发展，切实办好人民满意的教育。推动卫生健康服务优质均衡，深入实施“健康石家庄”战略，深化医药卫生体制改革，鼓励各级各类医院与先进医疗机构合作共建，大力振兴中医药发展；加强医联体建设，推进优质医疗资源下沉，织密市、县、乡、村公共卫生防护网，切实提升应对突发公共卫生事件能力；积极开展丰富多彩的群众性体育健身活动，引导群众通过体育锻炼强身健体。推动养老托幼方便贴心，增强“全生命周期”服务意识，聚焦“一老一小”重点群体，加快建设一批养老服务设施，推进城市社区日间照料站点全覆盖，以及小区适老化改造、托幼试点建设，推行“医康养”一体化、托幼一体化服务，抓好三孩生育政策及配套支持措施落实，促进人口长期均衡发展。推动就业增收持续向好，实施更加积极的就业政策，突出抓好高校毕业生、退役军人、农民工等群体就业创业，不断扩大就业规模、提升就业质量，促进城乡居民收入较快增长。推动住房供应平稳有序，坚持房子是用来住的、不是用来炒的定位，强化房地产项目全过程监管，扎实推进住房租赁市场发展试点工作，稳步增加保障性租赁住房供给，最大限度满足不同层次群体的住房需求。

2. 用心用力办好民生实事。解决群众“急难愁盼”问题，是检验初心使命的“试金石”。要始终把人民放在心中最高位置，围绕解决群众的操心事、烦心事、揪心事，每年滚动实施一批民生工程，稳妥有序化解金融、房地产等领域遗留问题，真正让人民群众看到变化、得到实惠。要常态化开展扫黑除恶斗争，深化政法队伍教育整顿成果，统筹抓好疫情防控、安全生产、森林防火、消防安全、食品药品安全等工作，建设更高水平的平安石家庄，为群众撑起一片安宁和谐的天空。

3. 筑稳筑牢社会保障基石。更加稳定和可持续的社会保障，是群众安居乐业的坚实基础。要坚持尽力而为、量力而行，不断增加民生支出，实施全民参保计划，推动基本养老、医疗、工伤、失业等保险应保尽保，做好困难职工、困难家庭、低收入人群的参保帮扶，切实织牢民生保障网。要着力抓好低保、特困、残疾、优抚等群体救助政策落实，加快实现城乡社会救助均等化，让人民群众感受到党的关怀和温暖。

民之所盼，政之所向。只要我们始终坚持发展为了人民、发展依靠人民、发展成果由人民共享，群众生活一定会越来越美好，也必然赢得群众的一致拥护和支持！

（七）坚定不移加强民主法治建设，大力提升市域社会治理现代化水平

民主法治是激发社会活力、实现社会和谐的重要基础。要保障人民民主权利，纵深推进法治石家庄建设，大力提高基层治理体系和治理能力现代化水平，努力在创建全国市域社会治理现代化试点城市中当好“模范生”。

1. 以民主激发社会治理活力。发展全过程人民民主，支持各级人大及其常委会依法充分履行职能，加强人大代表履职平台建设，保障人大代表依法行使职权；加强人民政协专门协商机构建设，多层次推进协商民主；坚持和完善基层群众自治制度，充分调动各方力量积极参与社会治理。巩固发展爱国统一战线，唱响“团结就是力量”主旋律，发挥各民主党派、工商联、无党派人士的独特优势，做好民族、宗教、侨务、外事、对台等工作，画出最大同心圆；强化工会、共青团、妇联等群团组织的桥梁纽带作用，组织动员广大人民群众坚定不移听党话、跟党走。着力加强军地协同，抓好党管武装工作，推进军民融合深度发展，大力弘扬双拥优良传统，努力争创全国双拥模范城“十连冠”。

2. 以法治夯实社会治理根基。坚持科学立法，着力加强经济发展、城乡建设管理、环境保护等重点领域立法，增强立法的系统性、针对性、有效性，切实以良法保障善治。深化依法治市，全面建设法治政府，用法治给行政权力定规矩、划界限，完善行政决策制度和程序，健全现代公共法律服务体系，严格规范公正文明执法，加强执法司法制约监督制度建设，让人民群众时时处处感受到公平正义。强化法治宣传，大力实施“八五”普法，增强全民法治观念，在全社会形成办事依法、遇事找法、解决问题用法、化解矛盾靠法的良好法治环境。

3. 以党建引领社会治理创新。完善党建引领机制，以提升组织力为重点，强化基层党组织政治功能，建立健全党建引领的社会参与制度、农村和社区小微权力清单制度，以党建带群建，打造人人有责、人人尽责、人人享有的社会治理共同体。全面加强基层治理，学习弘扬新时代“枫桥经验”，坚持自治、法治、德治相结合，畅通规范群众诉求表达、利益协调、权益保障通道，千方百计化解信访积案，做到“新官理旧账”，确保社会和谐稳定。大力推进智慧治理，实施“互联网＋基层治理”，加强社会矛盾纠纷多元化解中心建设，完善“综治中心＋网格化＋信息化”治理体系和智慧防控体系，努力将矛盾纠纷化解在基层、解决在萌芽状态。落细落实总体国家安全观，加强反恐防暴工作，依法管理宗教事务，积极防范化解重大风险，牢牢守住不发生系统性风险的底线，坚决当好首都政治“护城河”。

民主法治彰显公平正义，良法善治绘就美好生活。只要我们坚持以民主凝聚人心力量，以法治护航改革发展，就一定能确保社会既生机勃勃，又井然有序！

（八）坚定不移加强宣传思想文化建设，凝聚起推动省会发展的磅礴力量

宣传思想文化工作事关旗帜道路，事关社会导向。要以先进思想文化凝心聚魂，让主旋律更响亮、正能量更强劲，为建设现代化、国际化美丽省会城市提供精神力量和文化支撑。

1. 切实守牢意识形态前沿阵地。意识形态工作是党的一项极端重要的工作。要坚持党管宣传、党管意识形态、党管媒体，建强学习宣传、文化市场等阵地，加强网络综合治理，推动媒体深度融合发展，大力宣传党的理论和路线方针政策，深刻阐释党中央重大决策和省委、市委工作部署，生动反映人民群众的火热实践和精神风貌。要牢牢把握正确舆论导向，讲好石家庄故事，传播好石家庄声音，面对舆情敢于发声、及时发声、善于发声，旗帜鲜明地反对和抵制各种错误观点，不断增强意识形态领域主导权和话语权。

2. 切实提升社会文明程度。建设现代化、国际化美丽省会城市，既要有高度的物质文明，也要有高度的精神文明。着力培育践行社会主义核心价值观，加强和改进新时代思想政治工作，广泛开展道德实践活动，推动学雷锋志愿服务制度化常态化，持续做好“全国道德模范”“中国好人”“感动省城”等人物评选，在全市营造学习先进、见贤思齐的浓厚氛围。深化群众性精神文明创建活动，积极创建全国文明城市，广泛开展文明县城、文明乡村（镇、社区）、文明单位、文明家庭、文明窗口创建，深入推进新时代文明实践中心建设，全面开展移风易俗行动，大力培育社会文明新风，凝聚社会发展正能量。

3. 切实丰富群众精神文化生活。促进文化产业发展，用足用好西柏坡、正定等红色文化资源，传承历史文脉，推动文化与旅游、科技、金融等产业融合发展，打造一批有实力、有活力的骨干文化企业，推出更多承载着石家庄记忆的文旅产品，引导扩大文化消费。深入实施文化惠民工程，加强文化基础设施建设，优化城乡文化资源配置，扎实做好特色文化资源挖掘、非物质文化遗产保护、文艺精品创作等工作，打造更具影响力的文化品牌，更好满足群众多样化、多层次的精神文化需求。

越是面对大有可为的历史机遇，越是处于爬坡过坎的关键时期，越需要凝聚思想共识。我们要大力弘扬爱国诚信、勤劳淳朴、务实创新、开放包容的文化风尚，切实把思想文化“软实力”转化为省会建设发展的“硬支撑”！

（九）坚定不移推进全面从严治党，为省会建设发展提供坚强政治保证

事业成败，关键在党，关键在人。要牢固树立抓好党建是最大政绩的理念，大力弘扬伟大建党精神，努力把各级党组织建设得更加坚强有力。

1. 坚持严管厚爱，建强干部队伍。认真落实新时期好干部标准，树立正确的选人用人导向，坚持德才兼备、以德为先，坚持五湖四海、任人唯贤，坚持事业为上、公道正派，努力做到人岗相适、人事相宜，真正使选出来的干部组织放心、群众满意、干部服气。要强化干部教育管理，加强思想淬炼、政治历练、实践锻炼、专业训练，注重在急难险重一线培养、考察和识别干部，不断提高各级干部的综合素质和能力。要坚持“三个区分开来”，健全完善容错纠错机制，科学设置考核评价体系，坚决对混日子、不作为的干部打板子、挪位子，为敢担当、勇负责的干部鼓劲撑腰，真正实现干与不干不一样、干多干少不一样、干好干坏不一样。

2. 坚持重心下移，夯实基层基础。基层党组织是党全部工作和战斗力的基础。要牢固树立大抓基层的鲜明导向，全面加强基层组织、基础工作、基本能力建设，持续推动资源力量向基层倾斜，让“最后一公里”成为“最畅一公里”。要统筹推进农村、社区、机关和事业单位、国有企业、高等学校、公立医院、“两新”组织等领域党建工作，持续整顿软弱涣散基层党组织，把基层党组织建设成为宣传党的主张、贯彻党的决定、领导基层治理、团结动员群众、推动改革发展的坚强战斗堡垒，让党旗在基层一线高高飘扬。

3. 坚持改进作风，激发奋斗状

态。作风硬、作风实，才能打赢一个又一个硬仗。要事争一流、勇当先进，切实增强省会意识，自觉定位一流、主动对标先进，坚决克服得过且过、不思进取的惰性思想，实行公开晾晒成绩、公布目标举措等制度，接受公众评判监督，大力营造你追我赶、争先创优的浓厚氛围。要求真务实、真抓实干，坚持带着情怀谋事、扑下身子干事、保持韧劲成事，大兴调查研究之风，建立完善破解疑难问题的“一方案三清单”工作机制，以抓铁有痕、踏石留印的劲头，推动各项部署高质高效落实。要雷厉风行、只争朝夕，坚持说了就算、定了就干、干就干好，探索实行重大任务“项目化管理、工程化推进、专班化落实”的制度机制，以“人一之我十之、人十之我百之”的精神状态，推动省会各项事业不断取得新突破。

4. 坚持从严治党，优化政治生态。作风建设永远在路上，党风廉政建设和反腐败斗争永远在路上，全面从严治党永远在路上。要严格落实各级党委（党组）主体责任、党委（党组）书记第一责任人责任、班子成员“一岗双责”、纪委监委监督责任，做到守土有责、守土负责、守土尽责。要持之以恒正风肃纪反腐，严格落实中央八项规定及其实施细则精神，持续纠治“四风”，特别是形式主义、官僚主义，一体推进不敢腐、不能腐、不想腐，充分发挥巡察利剑作用，加强常态化政治性警示教育，着力营造风清气正的良好政治生态。

征途漫漫，惟有奋斗。石家庄的宏伟蓝图靠每一名党员、每一个人的努力去实现。只要我们心往一处想、劲往一处使，撸起袖子加油干、苦干实干拼命干，持之以恒、久久为功，就一定能够创造省会更加美好的未来！

各位代表、同志们，百年征程风正劲，重任千钧再出发。让我们更加紧密地团结在以习近平同志为核心的党中央周围，在省委的坚强领导下，顽强拼搏、不懈奋斗，加快建设现代化、国际化美丽省会城市，当好新时代全面建设现代化经济强省、美丽河北的排头兵和领头雁，为全面建成社会主义现代化强国、实现中华民族伟大复兴的中国梦作出石家庄新的更大贡献！

市委全会报告

市委十届十二次全会报告

——2021年5月9日中共石家庄市委书记张超超在市委十届十二次全会上的讲话

这次市委全会，已圆满完成了各项议程。全会审议通过了《关于召开中国共产党石家庄市第十一次代表大会的决议》，标志着市第十一次党代会正式进入全面筹备阶段。这次党代会，是在中国共产党成立100周年、实施“十四五”规划开局之年，开启全面建设社会主义现代化国家新征程、向着第二个百年奋斗目标进军的关键时刻，召开的一次十分重要的会议。全市各级党组织和广大党员干部一定要提高政治站位，以高度的政治责任感和强烈的历史使命感，把市第十一次党代会的筹备工作摆上重要议事日程，明确任务、细化措施、压实责任，以良好的精神面貌和工作成效，迎接市第十一次党代会的胜利召开。下面，我代表市委常委会讲几点意见。

第一，要科学研究谋划，集思广益形成好报告。起草形成一个好报告，是开好党代会的一个重要标志，起着凝聚共识、振奋精神、引领发展的关键作用。起草报告过程中，一是突出政治引领。始终坚持以习近平新时代中国特色社会主义思想为指导，大力传承弘扬习近平总书记在正定工作时留下的宝贵思想财富、精神财富和实践成果，深刻领会和准确把握蕴含其中的马克思主义立场、观点和方法，自觉用以武装头脑、指导实践。二是突出“两个维护”。要不折不扣落实党中央重大决策部署，特别是习近平总书记对河北工作的重要指示批示精神，全面贯彻省委、省政府部署要求，紧密联系我市实际，认真研究谋划并提出今后五年工作的指导思想、奋斗目标、主要任务和战略措施，描绘出石家庄未来发展的美好蓝图。三是突出发展主题。围绕“建设现代化、国际化美丽省会城市，当好经济强省、美丽河北排头兵、领头雁”的目标要求，立足新发展阶段，完整、准确、全面贯彻新发展理念，积极服务和融入新发展格局，抓住用好京津冀协同发展、雄安新区规划建设等重大历史性机遇，聚焦短板弱项，发扬特色优势，切实提高报告的针对性、指导性和可操作性。起草过程中，要深入基层一线开展调查研究，广泛征求各级各部门、各民主党派、工商联和无党派人士等方面建议，努力让报告充分反映全市党员意志、体现全市人民意愿。

第二，要坚持正确用人导向，严格把关选出好班子。选举产生好的党代会代表，是党代会圆满成功的基本保证；选举出具有较高领导能力和工作水平的新一届市委、市纪委委员，对于推动我市未来五年高质量发展具有重要意义。要做到政治上激励，坚持“干与不干不一样、干好干坏不一样、干多干少不一样”，加强对综合考核、督导检查等结果的运用，切实把忠诚干净担当、能干事、敢干事、会干事、干成事的党员干部推荐和选举出来。要做到把关上严格，全面落实新时代党的组织路线，坚持好干部标准，严把政治关、品德关、能力关、廉洁关，认真做好代表推荐、考察、资格审查等各个环节工作。同时，要着眼优化班子的整体结构和功能，加大优秀年轻干部选拔力度，为全市发展提供坚强组织保障。

第三，要严明纪律规矩，坚决维护换届好风气。换届风气是一个地方政治生态的“晴雨表”，直接关系换届工作成败。要严格执行换届纪律，坚决贯彻党中央关于换届工作的决策部署和省委有关要求，深刻汲取南充、衡阳、辽宁贿选案的教训，坚决把“十严禁”纪律要求挺在前面，特别是党员领导干部要带头遵守纪律、带头弘扬正气，不买官卖官、不跑官要官、不拉票贿选，自觉接受各方面监督。要严肃查处违规违纪问题，加强对党员干部的教育引导和监督管理，严格落实中央八项规定及其实施细则精神，对拉帮结派、拉票贿选、跑官要官、说情打招呼等不正之风，坚决发现一起、查处一起，绝不姑息，确保换届风清气正。

第四，要加强宣传引导，着力营造舆论好氛围。做好宣传工作是党代会胜利召开的重要条件，也是统一思想、凝聚力量的有效手段。各级各部门要结合庆祝建党100周年系列活动，系统总结市第十次党代会以来取得的成就，全面分析我市未来发展面临的重要机遇，大力报道各条战线涌现出来的先进典型，深入宣传今后五年省会发展的宏伟蓝图。要教育引导全市各级党组织和广大党员干部换届期间思想不散、工作不断，始终凝心聚力谋发展、一心一意干工作，以实际成效迎接市第十一次党代会胜利召开。

组织上派我到石家庄工作，我深感责任重大、使命光荣，肩上的担子沉甸甸。半个月来，通过调研和了解，这种责任感、紧迫感、压力感愈加强烈。我将牢记组织重托，坚持以身作则、率先垂范，带着情怀谋事、扑下身子干事、保持韧劲成事，努力接好接稳接力棒、跑好接力赛、跑出加速度。对于石家庄的发展，好的要继续巩固发扬，以便更好地发挥优势；存在差距和不足的，我也会及时实事求是地指出来，以便补齐短板、补强弱项，这是我作为市委书记的职责所在，也是必须履行的政治责任。目的只有一个，就是为了石家庄更加美好的明天、为了石家庄1100多万人民更好的福祉。当前，全市改革发展稳定的任务十分繁重。借此机会，我强调一下当前需要抓好的几项工作：

一要全力推动党史学习教育走深走实。全市各级党组织要认真学习贯彻习近平总书记关于党史学习教育的重要论述，紧紧围绕“学党史、悟思想、办实事、开新局”，进一步深化党史学习教育，扎实开展“团结就是力量”专题学习教育，切实做到学史明理、学史增信、学史崇德、学史力行，传承红色基因，赓续共产党人的精神血脉。要用足用好我市丰富的红色资源，加快歌舞剧《团结就是力量》等文艺作品排演，抓细抓好省会庆祝建党100周年系列活动筹备工作，精心组织实施、统筹安排部署，把各环节想细致、想周全，以实际行动增强“四个意识”、坚定“四个自信”、做到“两个维护”。

二要坚定不移推动经济高质量发展。发展是解决所有问题的关键，经济建设始终是党的中心工作。作为省会城市，我们的发展在全省举足轻重，一定要走在前、当表率。要坚决克服疫情影响，加强经济运行调度，瞄准一季度经济存在的突出问题，拿出超常举措，确保迎头赶上、争先进位。要持续优化营商环境，牢固树立“项目为王”的理念，把项目建设作为重中之重，更加注重项目投向、投量和投效，大力开展招商引资，切实引进一批大项目、好项目；各级领导干部要当好为项目服务的“店小二”，确保项目尽快落地、达产达效。要围绕做大新兴产业、做优传统产业、做强主导产业，大力发展园区经济，不断增强经济增长内生动力，确保实现“双过半”，完成或超额完成全年目标任务。

三要用心用情用力保障改善民生。认真践行以人民为中心的发展思想，扎实推进省20项民生工程和市10件惠民实事，大力开展“我为群众办实事”实践活动，按照省委要求重点办好10件实事，始终把人民安居乐业、安危冷暖放在心上，切实解决好群众关心的就业、教育、社保、医疗、住房、养老等实际问题，努力让群众得到更多实惠、看到更多变化、有更多获得感。特别是要加快养老院、托幼服务机构建设，解放思想、破解瓶颈，制定任务书、列出时间表，倒排工期、挂图作战，不断满足人民群众对美好生活的需求。要深入开展乡村建设行动，加快完善农村水、电、路、讯等基础设施建设，巩固拓展“厕所革命”成果，不断提高公共服务能力和水平，切实改善农村生产生活条件，推动乡村振兴不断取得新成效。

四要高标准推进城市建设管理。紧紧围绕“城市让生活更美好”的目标，高标准、高质量推进城市建设攻坚提质，着力抓好城市客厅建设、“断头路”打通、地下综合管廊提升、城市园林绿化以及棚户区、城中村改造等重点工程，不断提高城市精细化管理水平，特别是要打造一批精品特色商业街区和风情街区，继续抓好县城建设，不断提高建设标准、提升形象品质、完善载体功能，推动城市规划建设管理上水平。

五要持续推进大气污染防治。要紧盯大气质量“退倒十”目标不动摇，坚持科学治污、精准治污、铁腕治污，突出重点行业、重点区域和“散乱污”企业治理，加强精细化管理和过程管控，加快能源结构调整优化，切实从源头上减少污染排放。要严格落实各项措施，大力提高污染防治能力和水平，对照目标任务一天一天算账，一微克一微克往下抠，加强执法监管，严厉打击偷排偷放、违规排放等行为，出重拳、下狠手，确保空气质量持续改善。

六要全力维护社会安全稳定。要持续巩固来之不易的疫情防控成果，慎终如始抓好常态化疫情防控，有力有序推进新冠疫苗接种，筑牢严密防线、建立免疫屏障，确保防控不松懈、疫情不反弹。要扎实开展信访维稳攻坚行动，全力做好卓达、轻易贷等重点群体稳控工作，坚决做到“北京不去、河北不聚”。要扎实开展“防风险、除隐患、保安全”安全生产大排查大整治行动，着力做好食品药品安全，统筹抓好交通运输、公共安全、防汛救灾、危化品、民爆物品等重点领域安全管控。特别是要深刻吸取近期发生的山火火情教训，进一步压紧压实责任，不折不扣落实各项防范措施，深入开展森林火险隐患排查整治，防止森林火灾再次发生。

七要深化干部队伍作风纪律整治。总体看，全市党员干部的精神状态、工作作风是好的。但是，我们也要深刻认识到，作风建设永远在路上，永远没有休止符，必须常抓不懈、久久为功。要强化责任担当。无论是谁，无论在哪个岗位，都要挑起该挑的担子，担起该担的责任，一级做给一级看，一级带着一级干，层层传导压力，逐级压实责任，真正做到守土有责、守土担责、守土尽责。要狠抓工作落实。始终牢记习近平总书记向全党发出的“社会主义是干出来的”伟大号召，对党中央各项重大决策和省、市委部署要求，必须牢牢抓在手上，只为干得好、怎么干想办法，不为干不好、不愿干找理由，千方百计克服困难，在务实功、求实效上下功夫，确保各项任务落地落实。这里明确两项任务，一是要按季度在新闻媒体上公开公布各县（市、区）主要经济指标包括固定资产投资、项目储备建设等完成情况，传导压力、激发动力；二是要加大考核奖惩的力度，调整完善考核评价体系，实事求是地进行考核评比，更加鲜明地区分档次、拉开差距。好的要给予奖励；差的要严肃约谈，相关单位要及时召开专题民主生活会，深入剖析落后的症结根源，研究制定整改措施。对以上两项工作，有关部门要尽快拿出意见，上会研究后实施。要讲纪律守规矩。这是对党员干部最基本的要求。大家要遵规守纪，自觉按规矩、按程序、按制度办事，严肃会风会纪，严格落实24小时值班值守、领导在岗带班以及领导干部请假报批报备等制度，保持24小时通讯畅通，坚决做到在岗在位在状态、心无旁骛干工作。市纪委监委、市纠风办、市委市政府督查室要进一步强化监督检查、跟踪问效，推动全市干部队伍作风持续好转。

八要驰而不息加强党风廉政建设。各级党委（党组）要认真履行全面从严治党主体责任，党委（党组）书记要严格履行第一责任人责任，班子成员要认真落实“一岗双责”，切实把“严”的要求贯穿管党治党各方面、全过程，一体推进不敢腐、不能腐、不想腐的制度机制，推动全面从严治党向纵深发展、向基层延伸。各级纪委监委要认真履行监督责任，既要抓住“关键少数”，严惩领导干部违纪违法问题，又要聚焦群众身边的腐败，从严查处“四风”问题，不断优化风清气正的良好政治生态。

让我们紧密团结在以习近平同志为核心的党中央周围，坚决贯彻党中央重大决策和省委部署要求，团结带领全市广大党员干部不忘初心、牢记使命，积极进取、奋发作为，高标准、高质量、高效率完成党代会筹备和各项工作任务，确保市第十一次党代会取得圆满成功！

市委十届十三次全会报告

——2021 年 8 月 11 日中共石家庄市委书记张超超在市委十届十三次全会上的讲话

这次市委全会，已经圆满完成了各项议程。全会审议通过了市委《工作报告》和《关于中国共产党石家庄市第十一次代表大会召开时间的决议》，听取了关于代表选举情况和市委委员、候补委员，市纪委委员候选人预备人选提名情况的说明，审查讨论了市纪委《工作报告（讨论稿）》和《党费收缴、使用和管理情况的报告（讨论稿）》，为市第十一次党代会胜利召开奠定了坚实基础。下面，我代表市委常委会，强调几点意见。

一、坚持站位战略全局，充分认识开好市第十一次党代会的重大意义

市第十次党代会以来，十届市委在省委的坚强领导下，团结带领全市各级党组织和广大党员干部群众，真抓实干、攻坚克难，推动各项事业发展取得了新成就。各位市委委员、候补委员和市纪委委员积极参与市委重大决策，全力支持市委常委会工作，为省会建设发展倾注了大量心血、付出了艰苦努力、作出了重要贡献。未来五年，对于石家庄来讲，是一个十分重要的历史时期。这五年，是推动学习贯彻习近平新时代中国特色社会主义思想持续走深走实，向着全面建成社会主义现代化强国的第二个百年奋斗目标迈进，为实现中华民族伟大复兴的中国梦作出石家庄贡献的重要五年；是立足新发展阶段，完整准确全面贯彻新发展理念，构建和融入新发展格局，推动省会实现跨越式发展的关键五年；是全面落实省委、省政府关于大力支持省会建设和高质量发展意见，加快建设现代化、国际化美丽省会城市，当好全面建设现代化经济强省、美丽河北排头兵和领头雁的奋斗五年。我们要在今后五年内完成一系列重大历史使命，任务艰巨、责任重大。开好市第十一次党代会，形成一份好报告、选出一个好班子、开创一个新局面，对于推动省会今后五年乃至更长一个时期的建设发展，具有十分重要的意义。

第一，要通过这次党代会，把全市上下的思想和行动高度统一到党中央和省委决策部署上来。这次党代会的召开，是对我们增强“四个意识”、坚定“四个自信”、做到“两个维护”的一次现实检验。我们一定要旗帜鲜明讲政治，以饱满的政治热情，认真组织筹备好这次党代会。要真正通过这次党代会，进一步动员引导广大党员干部群众，更加紧密地团结在以习近平同志为核心的党中央周围，始终在思想上行动上坚决同以习近平同志为核心的党中央保持高度一致，不断提高政治判断力、政治领悟力、政治执行力，凝心聚力推动习近平新时代中国特色社会主义思想在石家庄落地生根，推动党中央重大决策和省委部署要求在石家庄开花结果，奋力开创省会建设和高质量发展新局面，以实际行动和成效当好首都政治“护城河”排头兵。

第二，要通过这次党代会，切实选出坚强有力的新一届市委领导班子。领导班子是一个地方的领导核心，对事业发展负有全面责任、起着关键作用。党中央和省委对石家庄市委领导班子建设非常关心、寄予厚望。我们要始终坚持党中央集中统一领导，深入贯彻新时代党的建设总要求和新时代党的组织路线，选举产生一个政治过硬、立场坚定的领导集体，一个思想解放、担当实干的领导集体，一个朝气蓬勃、奋发作为的领导集体，为未来五年各项事业发展提供有力组织保障。

第三，要通过这次党代会，广泛汇聚起实现宏伟蓝图团结奋斗的强大力量。这次党代会，将在全面回顾总结过去五年工作的基础上，准确把握国际国内发展大势，根据党中央关于“十四五”发展的重大决策，省委、省政府对省会提出的新坐标、新定位，坚持从我市实际出发，精心谋划未来五年省会改革发展稳定的指导思想、奋斗目标和主要任务。我们要在党代会期间进行充分讨论，进一步统一思想认识、凝聚智慧力量，把今后五年的宏伟蓝图上升为全市上下的共同意志，动员激励全市各级党组织和广大党员干部群众，抢抓重大机遇、激发内生动力，为加快建设现代化、国际化美丽省会城市不懈奋斗。

二、认真贯彻党中央精神和省委要求，高标准高质量抓好党代会筹备工作

这次全会后，距离市第十一次党代会召开还有 5 天的时间。我们必须以高度的政治责任感和强烈的历史使

命感，按照党中央精神和省委有关规定要求，把握时间节点、加强工作调度、强化统筹协调，扎实做好各项筹备工作，确保把市第十一次党代会开成一次高举旗帜、团结鼓劲、求真务实、开拓奋进的大会。

一要做细做实会议准备工作。好的报告是党代会成功的一个标志，近期我们召开了市直有关部门、部分企业、专家学者座谈会，市级老同志座谈会和党外人士座谈会，征求了大家对党代会报告的意见建议。要进一步吸纳各方意见、凝聚全市智慧，以精益求精的态度，将党代会报告修改好、完善好，使党代会报告更加准确精炼，更加符合和贴近省会实际，更好反映全市人民意愿，成为引领全市发展的纲领性文件。要进一步完善会议方案和各项预案，确保会议服务、安保维稳等环节周密细致、万无一失，特别是要把做好疫情防控作为重中之重，全面做好流行病学史筛查、会前健康监测、核酸检测、会场消毒等各项工作，加强会议期间封闭管理，为党代会安全顺利召开奠定坚实基础。

二要严明会议纪律规矩。市纠风办要加强会风会纪监督检查，把严的纪律贯穿到会议的全过程、各方面，教育引导各位代表严格遵守会议纪律、保密纪律、廉洁纪律，按时出席会议、按要求参加讨论，严格执行会议文件管理等规定，认真落实中央八项规定及其实施细则精神，切实以良好的会风会纪，充分展现石家庄党员干部的良好形象。要教育引导各位党代表充分认识党代会选举工作的重要意义，带头执行“十严禁”换届纪律要求，严格按照党章规定和有关要求，认真履行代表职责、正确行使代表权利，绝不允许搞各种形式的非组织活动。同时，要严查违反换届纪律行为和扰乱选举秩序行为，对换届中的违规违纪行为从严处理、决不姑息，着力营造风清气正的换届环境。

三要切实强化宣传氛围营造。在党代会召开之前的这段时间，要全面宣传市第十次党代会以来全市取得的重大成就，深入宣传当前省会建设发展的新变化、新成效，多联系群众身边具体事例，多反映基层百姓切身感受，推动“石家庄在行动”形成强大声势，真正使迎接和召开党代会的过程，成为凝聚人心、鼓舞信心、增强斗志的过程。同时，要认真制定学习宣传工作方案，提前谋划好党代会精神的宣传解读工作，强化正面引导，加强舆情管控，唱响主旋律、传播正能量，大力营造良好的政治氛围、舆论氛围、社会氛围。

三、全力以赴抓好当前重点工作，以优异成绩迎接党代会胜利召开

今年是建党100周年，是“十四五”开局之年。在全市上下的共同努力下，省会各项事业发展取得了新进展、新成效。但是，我们也要清醒地认识到，当前石家庄依然面临着严峻复杂的经济形势和艰巨繁重的改革发展任务。我们一定要深入学习贯彻习近平总书记“七一”重要讲话精神，进一步坚定信心、提振精神，担当实干、加压奋进，推动省会各项工作全面升级加力，切实以新风貌、新作为、新业绩迎接市第十一次党代会的胜利召开。

一要持续抓好党史学习教育和“四史”宣传教育。充分利用西柏坡等红色资源，深入推进理论学习中心组学习和基层宣讲等工作，持续兴起学习贯彻习近平总书记“七一”重要讲话精神热潮，教育引导广大干部群众自觉把学习成果转化为履职尽责、奋勇拼搏的不竭动力，续写石家庄这片红色土地新的时代荣光。

二要持续抓好经济运行调度。对照上半年指标完成情况，在经济运行监测和调度上再发力，从固定资产投资、招商引资和项目建设等关键环节入手，瞄准问题短板，研究务实管用、可操作性强的对策。特别是针对下降幅度大的县（市、区），要加大指导帮扶力度，大干三季度，冲刺四季度，确保完成或超额完成全年目标任务。

三要持续抓好疫情防控。各级各部门要把疫情防控这根弦绷得再紧一些，压实“四方责任”，落实“四早”要求，筑牢“三道防线”，周密细致做好疫情防控各项应急准备，重点抓好四类人群查控，严格落实33类人群常态化核酸检测制度，加快推进疫苗接种，守好守牢“外防输入、内防反弹”关口，确保万无一失。

四要持续抓好“6个专项行动”。巩固拓展前一时期各项工作成果，加强科学统筹、分类施策，深入推进私搭乱建、违章建筑专项整治，扎实做好停车场规范建设管理，以更大力度解决“烂尾楼”问题，推动各项工作向纵深开展。

五要持续抓好民生改善。深入开展“我为群众办实事”实践活动，扎实推进省20项民生工程和10件民生实事，巩固拓展“厕所革命”成果，统筹做好信访维稳、安全生产、消防安全、食品药品安全、防汛救灾等工作。

六要持续抓好基层治理。全面对标党中央、国务院《关于加强基层治理体系和治理能力现代化建设的意见》和省委、省政府《实施意见》，以开展“三基”建设年活动为契机，坚决整治基层党组织功能弱化、党员领导干部缺乏斗争精神、对问题视而不见等现象，大力提升基层治理体系和治理能力现代化水平，让党旗在基层一线高高飘扬。

七要持续强化党风廉政建设。各

级党委（党组）要认真履行全面从严治党主体责任，党委（党组）书记要严格履行第一责任人责任，班子成员要认真落实“一岗双责”，各级纪委监委要认真履行监督责任，一体推进不敢腐、不能腐、不想腐，推动全面从严治党向纵深发展、向基层延伸。

同志们，开好市第十一次党代会意义重大、使命光荣。让我们紧密团结在以习近平同志为核心的党中央周围，坚决贯彻落实省委部署要求，团结带领全市党员干部振奋精神、开拓创新、锐意进取，高标准、高质量完成党代会筹备和各项工作任务，确保市第十一次党代会取得圆满成功！

市委十一届二次全会报告

——2021年10月25日中共石家庄市委书记张超超在市委十一届二次全会上的讲话

此次全会审议通过了《关于召开中国共产党石家庄市代表会议的决议》，决定于2021年10月29日在石家庄召开中国共产党石家庄市代表会议；圈选确定了我市出席中国共产党河北省第十次代表大会代表候选人预备人选。下面，我强调一下当前需要重点抓好的几项工作。

一要科学精准有效抓好疫情防控。近日，我市出现新冠肺炎确诊病例，疫情防控形势严峻复杂。全市上下要坚决克服麻痹思想和松劲情绪，切实把思想和行动高度统一到习近平总书记重要指示和党中央、国务院重大决策上来，统一到省委、省政府部署要求上来，严格按照应急状态工作机制，落实“四早”要求，压实“四方”责任，备足备好各类防疫物资，加强培训练兵，确保召之即来、来之能战、战之能胜，着力打造“外防输入、内防反弹”的坚固防线。要按照“快、准、全、严、实、好”的要求，加强“八支队伍”和“6+1”信息化平台建设，精准做好确诊病例涉及的密接、次密接和相关重点人员隔离管控，确保一人不落、全面覆盖。要坚持按程序、按制度办事，严格执行请示报告制度和信息公开发布制度，主动发声、善于发声、准确发声，及时回应群众关切。要坚持科学精准有效，保持定力、担当担责，切实把疫情防控的常态化管理和应急处置方案落实、落细、落到位，坚决防止慢作为、乱作为、朝令夕改，决不能打乱仗，决不能懒政怠政、推卸责任。要从严加强隔离管控，严格执行“三区两通道”和“一人一间一卫”等隔离要求，严防出现交叉感染。要全力救治患者，坚持中西医并重、多学科协作，严格定点救治医院管理，确保患者生命安全和身体健康，严防发生院感事件。要严格落实十个常态化、30项防控措施，坚持开展33类重点人员核酸检测，持续开展中高风险地区来石返石人员排查，做好涉疫地区风险人群管控，加强进口货物和冷链食品管理，对境外人石返石人员进行全流程闭环管理，严防疫情输入风险。要从严加强景区、宾馆、饭店、学校等重点场所管控，非必要不开会，暂停举办大型聚集性活动，督促医院、商超、农贸市场等重点场所，严格落实测温验码、佩戴口罩、清洁消毒、环境消杀等防控措施。要全面落实首诊负责制和预检分诊制度，发挥好乡镇卫生院、村卫生室等基层医疗机构哨点作用，兜住兜实城乡社区防控“网底”。要扎实推进疫苗接种工作，动员全市群众在符合接种条件的前提下，积极接种“加强针”，加快实现应接尽接，进一步筑牢群体免疫屏障。

二要全力以赴抓好经济运行调度。从三季度情况来看，全市经济持续稳定恢复，回升势头总体巩固拓展，主要指标呈现稳中有进、稳中趋好的态势，多数实现“三季度好于二季度”的目标。但是也要清醒地认识到，与我们的预期目标相比、与实现全年任务还有很大差距，固定资产投资下降仍超过20%，经济形势整体上仍处于全省落后位置，4项经济指标在全省倒二、2项倒三。从各县（市、区）完成情况来看，固定资产投资增速低于全市平均水平的有9个县（市、区），较上半年不升反降的有3个县（区）；规模以上工业增加值增速低于全市平均水平的有7个县（市、区），较上半年不升反降的有8个县（区）；社会消费品零售总额增速低于全市平均水平的有10个县（市、区），较上半年不升反降的有14个县（市、区）。从项目储备情况看，各县（市、区）还不平衡。以上就是全市经济社会发展的主要情况，形势很严峻，任务很艰巨，与省委、省政府提出的当好新时代全面建设经济强省、美丽河北的排头兵和领头雁要求相比，与全市1100多万人民的热切期盼相比，差距还很大。全市各级各部门一定要增强工作责任感、紧迫感和危机感，深入学习贯彻习近平总书记“七一”重要讲话和在承德考察时的重要讲话精神，全面落实全省经济工作推进会精神，深入开展“三重四创五优化”和“三包四帮六保五到位”活动，以超常举措补齐短板、以超强手段狠抓关键、以超优服务营造环境，积极推动各项主要经济指标实现增比进位，大干四季度、争创新业绩，坚决打赢收官战，确保圆满或超额完成全年目标任务。各县（市、区）特别是落后的县（市、区）要知耻后勇、加压奋进，认真对照各项主要经济指标在全市排名和年初设定目标情况，捋清到年底前各项指标还需完成多少、工作短板还有哪些，制定任务清单和攻坚计划，党政主要负责同志要亲自调度，准确掌握运行变化，及时提出应对措施。特别是对重点企业、重点项目持续加大指导帮扶力度，做到真帮扶、真解决问题，确保各项主要经济指标大幅提升，坚决打好翻身仗。市政府要在经济运行监测和调度上更加精准发力，紧盯有效投资、重点项目建设、拉动消费需求等重点领域，一条一条地捋、一项一项地抠，深挖问题症结，强化督促指导。市纪委监委、市委组织部要对主要经济指标在全市落后的进行约谈，并把约谈成效作为年度领导班子和领导干部考核评价的重要依据，强化后续跟踪问效，切实把约谈变成加压奋进的具体行动，严格落实有关奖惩措施，对人岗不相适的坚决予以调整。

三要强力推进大气污染防治。当前，我市大气污染防治形势已经到了破釜沉舟、背水一战的境地，10月20日，因8、9月连续两个月没有完成空气质量改善目标任务，大气污染防治工作问题突出，省大气办公开约谈了我市，特别是马上进入冬季，大气污染防治压力明显增加，我们不能光指望天帮忙，更得人努力！要坚持防治结合、标本兼治原则，聚焦约谈通报的4个方面问题，紧盯重点时段、重点领域和重点任务，持续推进科学治污、精准治污、铁腕治污，着力在夯实责任、加大力度、执法监管上下足功夫，精准落实大气污染“差异化”治理举措。要严格执行生态环境准入负面清单等各项制度，突出重点区域精细化管理和过程管控，重点抓好扬尘污染防治、工业企业达标排放、重型柴油车辆管控、餐饮油烟治理、锅炉集中整治、重污染天气应对等工作，严厉打击偷排偷放、超排超放、应急响应措施不落实等违法违规行为，确保空气质量年底稳定“退后十”。这里强调一点，落实大气污染防治措施要坚持双促进、两不误，既要坚定不移空气质量“退后十”，同时也要坚定不移完成或超额完成全年任务。要坚持重在平常、日常、经常，坚决杜绝形式主义，坚决防止“一刀切”，决不能简单化一关了之、一停了之，确保各项措施常态长效。

四要深入实施城市更新行动。各级各部门要牢固树立“人民城市人民建、建好城市为人民”的理念，坚持在二环内做“减法”、在二环外做“乘法”，大力实施拥河发展战略，拉开城市框架，加快实施石煤机城市更新、8+2互联互通工程、太平河城市片区建设、三环内市政化改造暨片区综合开发等重点工程；要在学习先进城市经验做法的基础上，加快推进1970年代的老旧小区和危旧住房改造提升，切实做到还空间于城市、还绿地于人民、还公共配套服务于社会，尽快将石家庄打造成让石家庄人自豪、让外地人向往的魅力之城。要深入推进“6+1”专项行动，加快推进烂尾楼整治、主街主路、小街小巷及民心河沿岸等改造提升，巩固拓展私搭乱建、违章建筑专项整治成果，加快规划路打通、停车场和公厕新改建等工程建设，努力打造一批精品特色商业街区和风情街区，进一步完善城市载体功能，提升城市形象品质。要对有条件的地方大力实施村改居，加快推进城市化进程。各县（市、区）要与市区同频共振，不能井底观天、自我欣赏、小进即满，积极学习借鉴正定县等地先进经验做法，科学做好县域国土空间规划，优化生产、生活、生态空间布局，进一步加大县城建设力度，努力打造宜居宜业的美丽县城。

五要用心用情用力改善民生。江山就是人民，人民就是江山。要持续深化“我为群众办实事”实践活动，全力推进省20项民生工程和10件民生实事，扎实推进9个“城中村”示范改造、人居环境整治、“厕所革命”和完善公共设施等工作。马上到年底了，很多民生事项都到了交账的时间，一定要加大工作力度，确保按时间节点完成各项工作，及时兑现承诺，让人民群众看到实实在在变化，得到真真正正实惠。要着力解决好就业、教育、医疗、养老、冬季取暖等群众“急难愁盼”问题，特别是要细之又细做好安全取暖工作，严防煤气中毒、燃气爆炸等安全事故。要坚持“新官理旧账”，妥善解决金融、房地产等领域历史遗留问题，扎实开展信访维稳攻坚行动，下大力气化解信访积案，保障好群众的合法权益，坚决做到“北京不去、河北不聚”。要深入开展校园安全专项整顿，统筹抓好社会治安、安全生产、森林防火、扫黑除恶、防灾减灾救灾等各项工作，确保人民群众生命财产安全，为党的十九届六中全会、省第十次党代会顺利召开营造和谐稳定的环境。

六要驰而不息狠抓党风廉政建设。作风建设永远在路上，全面从严治党永远在路上，必须抓常、抓细、抓长、持续努力、久久为功。全市各级党组织要深入开展党史学习教育和“四史”宣传教育，坚决把管党治党的政治责任和主体责任扛在肩上、抓在手上，党委（党组）书记要严格履行第一责任人责任，班子成员要认真落实“一岗双责”，各级纪委监委要认真履行监督责任，推动全面从严治党向纵深发展、向基层延伸。要深入开展思想作风纪律整顿专项行动，广大党员干部特别是各级各部门“一把手”要坚持以上率下、示范引领，牢固树立正确的事业观、权力观、金钱观，坚决杜绝“打招呼”“递条子”等歪风邪气，始终把党的纪律和规矩挺在前面，始终保持健康生活情趣和高尚道德情操，任何时候、任何情况下都不越“红线”、不碰“高压线”，树立党员干部良好形象。

让我们紧密团结在以习近平同志为核心的党中央周围，坚决贯彻党中央重大决策和省委部署要求，团结带领全市广大党员干部解放思想、担当实干，全面做好改革发展稳定工作，以优异成绩迎接省第十次党代会胜利召开！

党史学习教育报告

深入学习“四史” 汲取前进力量 为加快建设现代化国际化美丽省会城市不懈奋斗

——2021年6月25日中共石家庄市委书记张超超在党史学习教育专题党课会上的报告

同志们：

当前，全市上下正按照党中央和省委的决策部署，以饱满的热情深入开展党史学习教育，以“石家庄在行动”的工作干劲庆祝建党100周年。省委党史学习教育第一巡回指导组对石家庄工作高度重视，指导组组长李石、副组长邓建芳以及指导组的其他同志，多次给予有力指导和大力支持。在此，我代表石家庄市委，向省委党史学习教育第一巡回指导组的各位领导和同志们，表示衷心的感谢！

按照中央要求和省委统一部署，各级领导干部要带头讲党课，这是各级领导干部和广大党员接受精神洗礼、加强党性锤炼、统一思想意志、凝聚强大合力的重要过程。6月18日，习近平总书记专程参观“‘不忘初心、牢记使命’中国共产党历史展览”，带领党员领导同志重温入党誓词，强调要铭记奋斗历程，担当历史使命，从党的奋斗历史中汲取前进力量，为我们提供了根本遵循。6月19日，王东峰书记带头向全省广大党员干部群众讲专题党课，提出了明确要求。全市各级领导干部要深入学习贯彻习近平总书记重要指示精神，以开展“四史”宣传教育和“永远跟党走”活动为契机，通过带头讲党课，教育引导全市广大党员干部群众进一步弄清楚中国共产党为什么能、马克思主义为什么行、中国特色社会主义为什么好等基本道理，进一步加深对中国共产党历史的理解和把握，了解掌握新中国史、改革开放史和社会主义发展史，自觉增强“四个意识”，坚定“四个自信”，做到“两个维护”，凝聚起加快建设现代化、国际化美丽省会城市的磅礴力量，当好全面建设经济强省、美丽河北排头兵、领头雁，为实现“两个一百年”奋斗目标和中华民族伟大复兴中国梦作出石家庄贡献。

下面，我围绕深入学习贯彻习近平总书记重要指示精神，落实好党中央和省委决策部署，就认真开展“四史”宣传教育，

结合自己的学习和思考，谈几点体会，与大家交流共勉。

一、要在学习党史中深刻感悟中国共产党的伟大、光荣和正确，坚定不移听党话、感党恩、跟党走

回顾中国近代历史，自1840年鸦片战争以来，西方列强凭着坚船利炮野蛮轰开了中国的大门，使中华民族陷入了内忧外患的悲惨境地，中国人民陷入了水深火热的苦难深渊。为了救亡图存，无数仁人志士开始寻找救国道路。洪秀全发起了太平天国起义，李鸿章倡导了洋务运动，康有为实施了维新变法，孙中山领导了资产阶级民主革命，以及各派系军阀的连年混战，可以说，“城头变幻大王旗，你方唱罢我登场”，都没能改变中国落后挨打的局面。十月革命一声炮响，给中国送来了马克思主义，中国共产党应运而生。中国共产党一经成立，就把实现共产主义作为党的最高理想和最终目标，义无反顾地肩负起实现中华民族伟大复兴的历史使命，谱写了气吞山河的壮丽史诗。从南湖到西柏坡，从瑞金到北京，从井冈山的“星星之火”到全国革命的“燎原之势”，从延安窑洞的兴国之光到缔造“中国梦”的新征程，中华民族迎来了从站起来、富起来到强起来的伟大飞跃，创造了让世界惊叹的“中国奇迹”。

石家庄是革命的土地、英雄的土地，是“新中国从这里走来”的土地。作为石家庄的党员干部，我们倍感骄傲和自豪。党中央在西柏坡时期，面对执政党建设、国家政权建设、经济建设等一系列重大理论和现实问题，进行了艰辛探索和大胆创造，在这里孕育形成了伟大的西柏坡精神。中国共产党为什么“能”，为什么历史和人民选择了中国共产党？我们通过回顾党中央在西柏坡时期的

历史，就能找到答案。

第一，坚持和加强党的全面领导，始终把做到“两个维护”作为首要政治准则。坚持党中央权威和集中统一领导，是马克思主义政党的本质属性，是我们党在长期实践中形成的优良传统和独特优势，是推进新时代党和国家各项事业的根本原则。西柏坡时期，党中央通过一封封电报，指挥数百万大军，步调一致、协同作战，战胜了数量和装备占绝对优势的国民党反动派，靠的就是全党全军坚决听从毛主席、党中央的号令。党中央在西柏坡制定了《关于各中央局、分局、军区、军委分会及前委会向中央请示报告制度的决议》，要求加强请示报告制度，规定凡决定权完全属于中央的事项，中央已有决定的，各地必须严格遵守并正确执行，树立中央权威。党的十八大以来，习近平总书记以马克思主义政治家、思想家、战略家的非凡理论勇气、卓越政治智慧、强烈使命担当，作出一系列重大科学判断，提出一系列具有开创性意义的新理念新思想新战略，从统筹推进“五位一体”总体布局，到协调推进“四个全面”战略布局；从进行具有许多新的历史特点的伟大斗争，到全面建设社会主义现代化国家，展现出大党大国领袖运筹帷幄、指挥若定的领导水平和高超艺术。实践充分证明，有习近平总书记这样的主心骨、领路人、好领袖，是党之幸、国之幸、民族之幸。“两个维护”是具体的，不是抽象的，这就要求在任何时候、任何情况下都要做到政治信仰不变、政治立场不移、政治方向不偏，坚定不移维护和捍卫习近平总书记党中央的核心、全党的核心地位，不折不扣推动习近平总书记重要指示和党中央、省委决策部署在石家庄落地落实，坚决当好首都政治“护城河”排头兵。

第二，坚持为了人民、依靠人民，始终把人民至上作为根本政治立场。人民是历史的创造者，是决定党和国家前途命运的根本力量。人民的支持是我们党不断发展壮大，赢得长征、抗日战争和解放战争，推翻三座大山、建立新中国的根本保证。西柏坡时期，党中央领导了解放区的土改运动，颁布《中国土地法大纲》，让广大农民实现了“耕者有其田”的梦想，极大地调动了广大农民群众参战和生产的积极性。当时，在西柏坡有一首广为传唱的拥军民谣，“最后一碗米，送去做军粮；最后一尺布，送去做军装；最后一条老棉袄，盖在担架上；最后一个亲骨肉，送去上战场”，这些朴实无华的语言，生动记录和描绘了人民群众感恩党、爱戴党、拥护党的具体行动。据统计，淮海战役中参与支援的群众总计达到230多万人，陈毅元帅满怀深情地说：“淮海战役的胜利，是人民群众用小车推出来的”，生动反映了我们党与人民鱼水情深的真实写照。全市广大党员干部要始终坚持人民至上，自觉践行以人民为中心的发展思想，坚持把造福人民、造福一方作为最大政绩和最高使命，切实把“发展为了人民、发展依靠人民、发展成果由人民共享”的要求落实到具体工作中，千方百计解民忧、纾民困、暖民心。要扎实开展“我为群众办实事”实践活动，全力抓好省20项民生工程和10件民生实事，对照人民群众对美好生活的新期待、新需求，以强烈的责任感和使命感，加快补短板、强弱项，全面提升就业、教育、医疗、养老、社保、托幼等公共服务水平，下大力解决群众“急难愁盼”问题，不断增强人民群众的获得感、幸福感和安全感。

第三，坚持敢于斗争、自我革命，始终保持党的先进性和纯洁性。中国共产党的伟大不在于不犯错误，而在于敢于直面问题，无论是在新民主主义革命时期、抗日战争时期、解放战争时期，还是新中国成立后领导建设和发展，都勇于自我革命。特别是党的十八大以来，针对党的建设面临的新情况、新问题，以习近平同志为核心的党中央重典治乱，强力推进正风肃纪反腐，从中央八项规定到纠治“四风”，从“打虎”“拍蝇”“猎狐”到扫黑除恶、打伞破网，充分彰显了党中央坚定不移全面从严治党的鲜明态度和坚强决心。在加强党风廉政建设方面，我们是有深刻教训的，邓沛然、陈晓明严重违纪违法问题在全市造成了恶劣影响。6月23日上午，市委常委班子专门召开了专题民主生活会，坚持以案为鉴、举一反三，吸取教训、强化警示，驰而不息深化党风廉政建设和反腐败斗争，不断净化优化全市政治生态。全市广大党员干部要以开展思想作风纪律整顿专项行动为契机，坚决向不正之风和腐败问题“亮剑”，大力纠治“四风”问题，特别是形式主义、官僚主义，以永远在路上的执着和“刀刃向内”的自我革命精神，推动全面从严治党向纵深发展，持续改进党风政风。

二、要在学习新中国史中深刻感悟党团结带领人民取得的伟大成就，奋力谱写中华民族伟大复兴的石家庄篇章

70多年的新中国史，就是中国共产党团结带领全国各族人民进行革命、建设和改革并取得巨大成就的历史。70多年来，我国的综合国力、科技实力、国防实力、文化影响力、国际影响力都有了大幅提升，在方方面面积累了无比丰富的宝贵经验。当前，我们要加快建设现代化、国际化美丽省会城市，朝着第二个百年奋斗目标奋勇前进，必须从新中国史中汲

取经验和智慧，增强开拓前进的勇气和力量，更好战胜前进征程上的困难和挑战。

第一，发展是解决所有问题的关键，必须把推进高质量发展牢牢抓在手上。从发展是硬道理，到高质量发展是根本要求，发展始终是中国特色社会主义建设的核心问题。旧中国备受列强欺侮，一个非常重要原因就是经济发展落后。新中国成立后，经过几年的探索，1953年中央正式提出了过渡时期总路线，到1956年社会主义改造基本完成，我国社会主义政治制度和经济制度都已确立。从此，党领导全国各族人民大力发展社会生产力，从“一五”计划为我国工业化奠定初步基础，到“十一五”建立起门类齐全的工业体系，到“十三五”时期全面建成小康社会取得决定性成就。1952年，国内生产总值仅679亿元，到2020年突破100万亿元；人均GDP从54美元，突破到超过1万美元，我们的国家经历了从一穷二白到世界第二大经济体的巨大变迁，百姓生活发生了翻天覆地的变化。特别是党的十八大以来，在以习近平同志为核心的党中央坚强领导下，党和国家各项事业取得了历史性成就、发生了历史性变革，我们如期完成了脱贫攻坚目标任务，我国成为第一大工业国、第一大货物贸易国、第一大外汇储备国。今年是“十四五”的开局之年，我们已经踏上了全面建设社会主义现代化国家、向“第二个百年”奋斗目标进军的新征程，石家庄的发展也站在了一个新的起点上。省委、省政府高度重视、大力支持石家庄建设发展，省委常委会、省委专题会、省政府常务会等专门研究关于支持省会建设发展的意见，给了我们很多含金量高的政策措施。待省委、省政府文件正式下发后，我们要及时召开全市会议进行再动员、再部署，进一步统一思想认识、激发工作干劲，同时，举办新闻发布会，全面系统准确解读省委、省政府的支持政策，凝聚起借势发展、乘势而上、聚势而为的强大力量。全市各级党组织和广大党员干部要立足新发展阶段、贯彻新发展理念、构建新发展格局，牢牢抓住发展第一要务，坚持问题导向和目标导向相统一，既要纵向比、看到近年来取得的发展成就，坚定信心和决心；又要横向比、充分认清当前我市人均GDP和居民人均收入还不高、产业体系还不强等发展现状，增强抓发展、谋发展、促发展的责任感、紧迫感。要用足用好省委、省政府对石家庄的支持政策，紧紧围绕“建设现代化、国际化美丽省会城市，当好全面建设经济强省、美丽河北排头兵、领头雁”目标，聚焦把总量做大、把结构调优的双重任务，真正带着情怀谋事、扑下身子干事、保持韧劲成事，激发内生动力，主动担当作为，推动经济总量和质量双提升。要在构建优势明显、竞争力强的现代产业体系上闯出路子。坚持做优传统产业，推动纺织、建材等传统产业在智能化、绿色化发展上下功夫，加快改造升级、提质增效，努力在市场竞争中占有一席之地；坚持做强主导产业，以电子信息、生物医药为重要突破口，努力使其在全国竞争中具有更大话语权；坚持做大新兴产业，确保在未来竞争中占据一定的规模和分量。要高标准、高起点谋划建设滹沱河生态经济带，努力打造新的经济增长极。要在狠抓招商引资、强化项目建设上务求突破。牢固树立“项目为王”理念，依托开发区主战场，大力开展专业招商、精准招商、产业链招商和以商招商，着力引进一批大项目、好项目，不断增强发展后劲。要在优化营商环境、打造兴业沃土上展现作为。积极构建亲清新型政商关系，切实强化为企业发展和项目建设服好务的“店小二”意识，光明正大地与企业家交朋友，多倾听企业家意见建议，及时研究改进措施，搞好配套、做好服务，着力营造亲商、爱商、重商的浓厚氛围，让企业家真正感受到石家庄的温度、力度和便捷度。各级各部门和各级领导干部要一心一意抓发展、心无旁骛干事业，围绕着如何提升产业层级、如何树牢“项目为王”理念、如何优化营商环境，拿出硬招、同向发力，加快推进经济高质量发展。

第二，城市是人民的城市，必须全面提升省会规划建设管理水平。石家庄是我们党解放的第一座大城市，同时，也是我们党领导城市工作的实验田，创造了许多有益经验。客观地讲，纵向与过去相比，石家庄的城市建设取得了长足进步，但是横向与先进城市比，我们也要清醒地认识到，还存在不小差距和许多短板。比如，城市框架还没有拉开，交通路网不够完善，缺乏城市天际线和城市客厅等彰显省会特色的亮点；比如，规划建设的“插花地”、建筑“万花筒”等问题还比较突出，一些建筑外观不够美、颜色不协调、容积率较高等；比如，城市管理还不够精细化，一些路口交通秩序混乱，交通工具五花八门，车辆乱停乱放及闯红灯、逆行等现象屡见不鲜。对此，我们要按照“缺什么补什么”要求，全面提升规划建设管理的能力和水平。要强规划、优设计，立足“努力成为以首都为核心的京津冀世界级城市群重要一极”的定位，统筹生产、生活、生态布局，科学编制完善国土空间规划，规范土地市场，在二环内做“减法”，还空间于城市、还绿地于人民、还公共配套服务于社会；在二环外做“乘法”，拥河发展、拉开框架。要增颜值、提品质，保持韧劲和定力，以对人民、对城市、对历史高度负责的态度，当好城市的管理者和经营者，系统规划、总体考虑、分步实施、重点突破，把城市作为一个整体艺术品去雕琢，精心打造城市客厅、中央商务区和城市优美天际线，建设一批风情街区、商业街区，推进实施主城区“四横五纵一环”主街主路景观提升、小街小巷综合整治，不断提高绿化美化亮化净化水平。要补短板、强弱项，大力开展城市更新行动，强力整治火车站周边环境，优化提升正定机场配套设施，有序推进棚户区、城中村、老旧小区、市政管网改造，以及规划路打通、停车场新扩建等基础设施建设，让石家庄更加宜居、宜业、宜游。

第三，良好生态环境是最普惠的民生福祉，必须着力打造天蓝地绿水秀的美丽省会城市。生态环境保护和经济发展是辩证统一的，治理环境污染倒逼加快绿色发展、高质量发展，绿色发展、高质量发展助力生态环境改善。党的十八大以来，以习近平同志为核心的党中央高度重视生态文明建设，把生态文明建设作为统筹推进“五位一体”总体布局的重要内容，特别是针对近年来雾霾频发的问题，党中央、国务院对大气污染治理进行战略部署，推动大气治理取得了明显成效。对于我市来讲，近年来，在全市上下的共同努力下，空气质量得到了很大改善，但也应清醒认识到，大气污染防治任务特别是空气质量“退后十”的形势严峻、任务艰巨，必须横下一条心常抓不懈。各级各部门和广大党员干部一定要认真践行习近平生态文明思想，深刻理解、科学把握发展和环保之间的辩证关系，把生态环境保护工作牢牢抓在手上，坚持科学治污、精准治污、铁腕治污，实施“差异化”管理、坚决避免“一刀切”，积极调整优化能源结构、产业结构和交通运输结构，加快大气质量“退后十”，确保如期实现碳达峰、碳中和，努力构建发展和环保有机统一、相互促进的局面，让石家庄的天更蓝、水更清、地更绿。

三、要在学习改革开放史中深刻感悟探索积累的宝贵经验，坚定不移把新时代改革开放进行到底

习近平总书记指出：“改革开放是我们党的一次伟大觉醒，正是这个伟大觉醒孕育了我们党从理论到实践的伟大创造。改革开放是中国人民和中华民族发展史上一次伟大革命，正是这个伟大革命推动了中国特色社会主义事业的伟大飞跃。”我们要深刻学习领会改革开放的历史意义、伟大成就和宝贵经验，坚持以改革创新释放发展新动能，以全面开放拓展发展新空间，推动新时代改革开放走得更稳、走得更远、走得更有成效。

一要坚持解放思想、实事求是不动摇。1978 年 12 月 18 日，党的十一届三中全会准确把握国内外形势变化，冲破“左”的错误的严重束缚，作出把党和国家工作中心转移到经济建设上来、实行改革开放的历史性决策，确定了“解放思想、实事求是”的战略方针。40 多年来，我国经济社会发展取得了举世瞩目的成就，关键就是不断解放思想、更新观念，在实践中检验真理、发展真理。当前，世界发展日新月异，我们已经进入了新时代，新形势需要新担当、呼唤新作为。广大党员干部要以深入贯彻全省推进省会建设发展工作会议精神为契机，大力开展“抓住重大机遇、激发内生动力”解放思想大讨论，坚决摒弃主观主义和经验主义，坚决打破惯性思维和路径依赖，决不能身在新时代、思想还在过去时，还按照老思想、老套路办事。要拓宽视野、更新观念，跳出石家庄看石家庄，跳出昨天看今天，切实把解放思想落实到经济社会发展的具体环节上，真正把省委、省政府的关心关怀转化为具体行动，说了算、定了干、干就干好，以“人一之我十之、人十之我百之”的奋斗精神，推动各项工作实现突破性进展。

二要坚持担当作为、真抓实干不动摇。习近平总书记指出：“空谈误国，实干兴邦，当干部就应当实实在在为乡亲们干几件惠及长远的实事。”在正定工作期间，习近平总书记经常骑自行车下乡，跑遍了全县 25 个乡镇 220 个村庄，摸清了底数，掌握了县情，身先士卒带领全县人民一块苦、一块干，作出了发展“半城郊型”经济、打造实景荣国府，以及调整经济结构、发展商品经济、培养致富样板等重大决策。今天，我们要按照省委要求建设现代化国际化美丽省会城市，也绝不是轻轻松松、敲锣打鼓、喊喊口号就能实现的，需要脚踏实地的付出和锲而不舍的努力。我们要大力传承习近平总书记在正定工作时留下的宝贵思想财富、精神财富和实践成果，认真学习习近平总书记一心为民的深厚情怀和务实担当的实干精神，对照王东峰书记在全省专题党课上提出的“四问”要求，经常反思、时刻自省，真正做到在其位、谋其政、尽其责，埋头苦干，真抓实干。说一千道一万，两横一竖是关键，必须得干。组织把我们放到这个位置，必须要有“千钧在肩”的责任感、“时不我待”的紧迫感、“倍加珍惜”的荣誉感，经常想一想在这个岗位上应该做些什么，能给党的事业、给人民留下什么，以实实在在的业绩回报组织信任和人民重托。各级领导干部特别是“一把手”，要带头振奋精神干事业，只要思想不滑坡，办法总比困难多，要坚持行不畏艰、事不避难，多为“办得成”找方法，不为“办不到”找借口，努力推动省会各项工作实现更大突破。要扑下身子抓落实，既当指挥员，又当战斗员，多用“身影”指挥，少用“声音”指挥，做到重要工作亲自部署、重大事项亲自推动、重点环节亲自协调、落实情况亲自督查。如果抓项目的不到现场，管工程的不进工地，抓流通的不去市场，岂不如同“农民种地不下田”，哪有不误工误时的道理？要一着不让加油干，大力发扬钉钉子精神，对看准的事情、议定的事项要坚持出实招、用实劲、求实效，盯住不放、一抓到底，不见成效决不收兵，不达目标决不罢休。要树立鲜明导向，实行公开晾晒成绩，完善考核评价体系，合理拉开奖惩等级，真正实现干与不干不一样、干好干坏不一样、干多干少不一样。

三要坚持敢闯敢试、蹄疾步稳不动摇。我到石家庄已工作了两个月的时间，每天都在思考石家庄如何加快发展，如何在原有的发展基础上，完成好党中央、省委赋予我们的新使命。作为京津冀世界级城市群重要一极，我市面临着标兵渐远、追兵渐近的严峻形势。在“十四五”这么重要的历史阶段，如果再不奋起直追，四平八稳、按部就班，“脚踩西瓜皮滑到哪算哪”，就会错失机遇、越拉越远，发展道路会越走越窄、越来越艰辛。同时，我也对石家庄未来加快发展充满信心，特别是近期，我们通过开展“6个专项行动”，大家干事的劲头和势头起来了，一些工作取得了初步成效，这也充分说明我们石家庄的党员干部是愿干事、能干事的。“人无压力轻飘飘、井无压力不出油”。全市广大领导干部要从自身做起，不等不靠不懈怠，苦干实干拼命干，拼搏进取，攻坚克难，只要是有利于石家庄建设发展的事，只要是有利于增进民生福祉的事，不怕基础差、不怕起步晚，都要大胆去干、勇敢去闯，真正地闯出一条加快发展的新路来。

四要坚持深化改革、鼓励创新不动摇。40多年来，从实行家庭联产承包、乡镇企业异军突起、取消农业税，到农村承包地“三权”分置、实施乡村振兴战略，从兴办经济特区、沿海沿边沿江沿线对外开放到加入世贸组织，从“引进来”到“走出去”，从搞好国营大中小企业、发展个体私营经济到深化国资国企改革、发展混合所有制经济，从传统的计划经济体制到社会主义市场经济体制等，改革开放成为当代中国最显著的特征、最壮丽的景象。石家庄也曾经创造出不少改革创新的好经验、好做法，特别是习近平总书记在正定工作时，大念“人才经”，在《河北日报》发布“人才九条”，亲自向全国发出100多封“求贤信”，不求所有，但求所用，数学家华罗庚、经济学家于光远、眼科专家张晓楼、河北省科学院院长邹仁钧等各领域专家应邀当正定的顾问，为正定发展把脉问诊、出谋划策。实践证明，惟改革者进，惟创新者强，惟改革创新者胜。我们要加快推进国企改革，着力打造科技创新、投融资、担保、市政等平台载体，大力营造尊重企业家、尊重人才、尊重创新的浓厚氛围，不断提升发展动力与活力。

四、要在学习社会主义发展史中深刻感悟中国特色社会主义的旺盛生命力，切实增强道路自信、理论自信、制度自信、文化自信

社会主义500多年的历史，曲折探索，生机蓬勃。习近平总书记指出：“中国特色社会主义，是科学社会主义理论逻辑和中国社会发展历史逻辑的辩证统一，是根植于中国大地、反映中国人民意愿、适应中国和时代发展进步要求的科学社会主义，是全面建成小康社会、加快推进社会主义现代化、实现中华民族伟大复兴的必由之路。”我们要通过学习社会主义发展史，深刻把握中国特色社会主义从艰辛探索、创立发展，到不断完善进程中所蕴含的历史规律，始终坚定对共产主义的信仰，坚定对中国特色社会主义的信念。

第一，要坚定道路自信，确保正确的前进方向不偏移。道路关乎党的命脉、国家前途与民族命运。新中国成立之初，各种唱衰中国的论调就不绝于耳，特别是1980年代末1990年代初，苏联解体、东欧剧变，世界社会主义遭受严重曲折，各式各样的“中国崩溃论”从来没有中断过，但中国非但没有崩溃，反而综合国力与日俱增，人民生活水平不断提高，“风景这边独好”。无可辩驳的事实证明，我们走中国特色社会主义道路是完全正确的。特别是党的十八大以来，在以习近平同志为核心的党中央坚强领导下，脚踏实地、披荆斩棘，推动“中国号”巨轮沿着中国特色社会主义道路破浪前行。近日，中央媒体播发的“宣言”署名文章《社会主义没有辜负中国》《中国没有辜负社会主义》，向世界庄严宣告中国共产党领导中国人民取得的伟大胜利。前不久，阿拉伯国家驻华使节赴西柏坡和正定参加中共党史主题交流活动时，纷纷为河北发展、为石家庄发展点赞，由衷感到中国特色社会主义制度的优越性。广大党员干部一定要保持道路自信，始终坚持、不断发展中国特色社会主义，对任何歪曲和抹黑中国特色社会主义的言行，必须旗帜鲜明、坚决抵制、勇于斗争。

第二，要坚定理论自信，确保用党的创新理论武装头脑。回望过去，我们党自成立之初，就高度重视理论建设，百年来从未停止对理论的探索与创新。从李大钊、陈望道等一大批

革命先驱推动马克思主义在中国的早期传播，到产生毛泽东思想、邓小平理论、“三个代表”重要思想、科学发展观。特别是习近平新时代中国特色社会主义思想，是马克思主义中国化的最新理论成果，从理论和实践结合上系统回答了坚持和发展什么样的中国特色社会主义、怎样坚持和发展中国特色社会主义这个重大时代课题，既讲是什么、为什么，又讲怎么看、怎么办，彰显着真理伟力、实践伟力的光芒，为我们党和国家提供了新时代的思想和精神之魂。全市各级党组织和广大党员干部要坚持把学习习近平新时代中国特色社会主义思想作为首要的、长期的政治任务，反复深入学、及时跟进学、联系实际学，切实掌握贯穿其中的马克思主义立场观点方法，把认识和行动高度统一到习近平新时代中国特色社会主义思想和党中央、省委决策部署上来，做到学思用贯通、知信行统一，以理论水平的持续提高，不断增强抓发展、解难题的实际成效。

第三，要坚定制度自信，确保制度优势更好转化为治理效能。习近平总书记指出：“制度优势是一个国家的最大优势，制度竞争是国家间最根本的竞争。”面对贫困，我们充分发挥中国特色社会主义制度集中力量办大事的优势，一方有难、八方支援，风雨同舟、守望相助，在减贫规模和速度上创造了人类历史上的奇迹；面对突如其来的新冠肺炎疫情，我们以高水平的治理体系和治理能力，取得了疫情防控重大战略成果，疫苗接种速度世人刮目，我国成为2020年世界主要经济体中唯一正增长的国家，而美国、印度等国家直到现在感染人数还居高不下，死亡人数达到数十万人。事实充分证明，社会主义制度优越性在中国得到了充分彰显，中国特色社会主义制度为解决人类问题贡献了中国智慧、提供了中国方案。我们要始终胸怀“两个大局”，从“中国之治”与“西方之乱”的鲜明对比中，深刻认识中国特色社会主义制度的优越性，以更加务实管用的举措，把制度优势转化为治理效能，加快推动治理体系和治理能力现代化。

第四，要坚定文化自信，确保凝聚起奋进新时代的强大力量。习近平总书记指出：“文化自信，是更基础、更广泛、更深厚的自信。”中华民族历经5000多年的发展，有着博大精深、内涵丰富的中华传统文化底蕴，比如“自强不息”的奋斗精神，“精忠报国”的爱国情怀，“舍生取义”的牺牲精神，“革故鼎新”的创新思想等等，一直是中华民族奋发进取的精神动力。我们党经历百年风雨，孕育形成了包含红船精神、长征精神、延安精神、西柏坡精神等在内的党的革命精神谱系，培育形成了以社会主义核心价值观为代表的社会主义先进文化，这些都增强了我们文化自信的强大底气。大家要围绕举旗帜、聚民心、育新人、兴文化、展形象的使命任务，牢牢把握意识形态工作主动权，发挥好我市丰富的红色资源优势，传播好石家庄声音，讲好石家庄故事，切实用文化感召人、鼓舞人，唱响主旋律、凝聚正能量。

当前，“七一”临近，全市上下要统筹抓好党史学习教育、“四史”宣传教育和改革发展稳定各项工作，为庆祝建党100周年营造良好的政治氛围、舆论氛围、社会氛围。一要讲好专题党课，抓好基层宣讲，开好专题组织生活会，从市委常委和市级领导干部做起，教育引导党员、干部和群众学史明理、学史增信、学史崇德、学史力行。二要做好庆祝建党百年系列活动，确保隆重、热烈、安全、稳定。三要扎实做好市县乡换届，确保接稳接力棒、跑好接力赛、跑出加速度。四要扎实推进“六个专项行动”，锚定时限节点、抬高工作标杆，查找不足、总结经验。五要加强经济运行调度，狠抓项目建设，扩大有效投资，促进消费升级，确保上半年时间过半、任务过半，为完成全年目标任务奠定坚实基础。六要持续抓好常态化疫情防控，加快推进疫苗接种，全方位筑牢疫情防控的安全屏障。七要统筹抓好安全生产、信访维稳、食品药品安全、森林防火、防汛等各项工作，确保社会大局和谐稳定。

马上就是“七一”党的生日了，在这里，我代表中共石家庄市委，向为中国革命、建设和改革事业做出重要贡献、为石家庄建设发展倾注心血汗水的老党员和老同志，表示崇高的敬意；向辛勤工作在全市各条战线上的广大共产党员，致以节日的问候！

同志们，同心筑梦学“四史”，乘势而上启新程。让我们更加紧密地团结在以习近平同志为核心的党中央周围，深入开展“四史”宣传教育，切实在学习中筑牢信仰之基、厚植为民情怀、激发担当作为，加快建设现代化、国际化美丽省会城市，当好全面建设经济强省、美丽河北排头兵、领头雁，以优异成绩庆祝建党100周年。

政府工作报告

——2022年1月23日石家庄市人民政府市长马宇骏在石家庄市第十五届人民代表大会第二次会议上的报告

各位代表：

现在，我代表市人民政府向大会报告工作，请予审议，并请市政协委员和列席会议的同志提出意见。

一、回顾2021年，我们在守正出新中破题起势，奠定了加快发展的信心和底气

2021年，是党和国家历史上具有里程碑意义的一年，也是石家庄发展进程中极不平凡的一年。面对新冠肺炎疫情冲击和严峻复杂的宏观形势，我们坚持以习近平新时代中国特色社会主义思想为指导，弘扬伟大建党精神，在省委、省政府和市委的坚强领导下，不忘初心、牢记使命，解放思想、担当实干，统筹疫情防控和经济社会发展，实现“十四五”良好开局，现代化、国际化美丽省会城市建设迈出坚实步伐。

（一）多措并举稳增长，经济运行明显向好。坚持扩内需、畅循环，调结构、促转型，全力以赴落实省委、省政府大力支持省会建设和高质量发展的意见，扎实推进“七个大跃升”，深入开展“6+1”专项行动，营造了“石家庄在行动”的浓厚氛围，在“接力赛”中接稳了“接力棒”、跑出了“加速度”。全年地区生产总值达到6490.3亿元、增长6.6%、高于全省平均增速；一般公共预算收入增长8.1%；居民人均可支配收入达到33555元，同比增长8.4%；进出口总值、实际利用外资分别增长9.2%、5.2%，圆满完成年度目标任务。但固定资产投资和社会消费品零售总额两项指标增速低于预期。

（二）由表及里促蝶变，城市品质明显跃升。坚持在二环内做“减法”、在二环外做“乘法”，重“面子”更重“里子”，大力实施拥河发展战略，启动滹沱河生态经济带太平河城市片区规划设计。交通路网体系不断完善，三环辅道全线贯通，三环内高速公路取消收费，“四横五纵一环”主街主路景观全面提升，1123条小街小巷面貌焕然一新，“8+2”互联互通工程顺利推进，20条城市断头路实现贯通，轨道交通3号线一期东段及二期工程开通运营。彻底断开“土地市场一二级联动”，以立法形式加强对新建住宅容积率2.0的刚性管控。深入推进城市更新，拆除私搭乱建、违章建筑5万多处、1000多万平方米。精心实施民心河沿岸整治提升工程，建成柔性渗水步道34.5千米，让市民从踩下去的每一脚中都能感受到这座城市的温馨变化。升级改造公厕470座，建设全民健身设施1000余处。高铁商务区、石煤机城市更新、东垣古城遗址公园、石家庄北站整体提升等一批重大项目扎实推进，南三条、民族路等特色街区建设取得显著成效。石家庄正在变得更加洁净、秩序、文明、美丽！一个让石家庄人自豪、让外地人向往的魅力城市正向我们走来！

（三）扶优培强夯支撑，产业发展明显加快。坚持做优传统产业、做强主导产业、做大新兴产业，举全市之力推动生物医药、新一代电子信息两大产业率先突破，大力发展装备制造、现代食品、商贸物流产业，全力打造5个以上千亿级产业集群，设立了200亿元的主导产业发展基金和每年10亿元的主导产业专项资金，构建了现代产业体系的“四梁八柱”，打出了一套加快发展的“组合拳”。编制了5大产业发展规划，高新区国际生物医药园、鹿泉区新一代电子信息产业园启动建设，仅用不到一个月时间，高新区就顺利完成了郄马村拆迁工作。强力推进转型发展，成功举办2021中国国际数字经济博览会，规模以上高新技术产业增加值增长11.3%。推动优势传统产业加快升级，争列省重点技术改造项目199项，新增规模以上工业企业279家。县域特色产业集群预计实现营业收入3599亿元，同比增长11.1%。现代服务业提档升级，投入1.38亿元全力扩内需、促消费，提升夜经济，新媒体电商直播示范城市建设取得积极成效。切实增强金融服务实体经济的功能，签署了1.5万亿元的政银企战略合作协议，新增挂牌上市企业21家。现代农业稳步发展，粮食总产达到432万吨，省级农业产业化联合体达到32家。组织了一大批重点项目、城市更新项目集中开工活动，中电科半导体材料、华为栩阳、海康威视等一批优质项目签约落地，掀起了增投资、上

项目的热潮。

（四）改革开放添活力，发展动能明显释放。坚持以刀刃向内、自我革命的态度，集中实施了一批颠覆性、制度性、创新性改革措施，优化发展环境迈出实质性步伐。“放管服”改革加速推进，大力推进“减时、上网、便民”，96%的事项审批时限达到全省第一，审批效率进入全国第一方阵。现场勘验事项由150项减为85项，勘验总时限由937天减为211天，成为全省勘验事项最少、勘验时限最短的城市。大力推动行政审批“全流程网办”，网办事项占比达92.9%。市政工程质量三年保修制度全面推行，彻底解决了年年建、年年修、年年不见好的问题。探索实行招投标“双盲”评审，最大程度减少了行政执法自由裁量权。全面推行“区域评估＋多评合一”“标准地＋承诺制”“开发区＋公司”等园区管理模式改革，提升了园区承载功能，加快了项目建设进程。国企国资改革成效明显，95家国有企业重组整合成“5+2”国有企业架构，大大提升了国有资本配置和运行效率。制定出台了《石家庄市停车场管理办法》，全年规划建设了205个停车场，施划了4.1万个停车泊位，有效促进了停车场管理的规范有序。创新性建立企业家·市长恳谈会、市民·市长恳谈会制度，搭建了长效常态化的沟通对接平台，听取了很多中肯的意见建议，采纳了一批管用的工作举措，解决了一系列实际问题。对外开放持续扩大，制定出台了推进更高水平对外开放的意见，承接北京非首都功能疏解项目28个，自贸试验区正定片区药品进口口岸通过国家评估，国际陆港常态化开行中欧班列212列，规模和效益均实现了翻番。

（五）猛药重典治污染，环境质量明显改善。坚持精准、科学、依法治污，瞄准制约空气质量改善的重点领域、关键部位和薄弱环节，强化落实网格化环境监管等六项机制，从平常、日常、经常抓起，强力整治环境违法行为，实施全天候无缝隙监管。面对基础薄弱、时间紧迫、群众反映强烈等巨大压力，我们以前所未有的措施和力度予以推进，长期困扰全市人民的“心肺之患”得到祛除，摘掉了空气质量全国后十的“黑帽子”。在大气污染防治攻坚战过程中，我们精准把握生态生产生活关系，就是在最艰难的时刻，也没有采取车辆“单双号”限行等类似措施，以对群众生产生活影响最小的治理举措和方式，取得了空气质量历史性突破。全市空气质量综合指数在全国168个重点城市中排名倒数第13位，优良天数比2020年增加35天、达到240天，改善幅度居全国前列。大家切身感受到：石家庄的天更蓝了，空气更通透了，呼吸更顺畅了！统筹实施山水林田湖草沙综合治理，稳步推进矿山治理和生态修复，持续开展地下水超采综合治理，全面完成市域内白洋淀上游水污染治理任务，累计完成营造林71.9万亩。滹沱河生态修复三期工程全面竣工，重现了“清水绿岸、碧波荡漾”的滹沱美景，为市民增添了休闲娱乐的好去处，为城市奠定了拥河发展的好基础。

（六）筑巢引凤增动力，创新生态明显优化。深入实施创新驱动战略，探索建立了关键核心技术联合攻关、中央创新区公共服务、科技成果转化“经纪人”三大机制，打通科技创新成果“研、用、转”通道。创新主体不断壮大，新认定高新技术企业400家，净增科技型中小企业1029家。创新平台提质增效，新增各类省级科技创新平台67家，技术合同成交额完成120亿元。创新人才加速集聚，柔性引进国家级高层次人才306名，发放人才绿卡突破万张，发放人才购租房补贴2亿元。率先出台了《青年发展“十四五”规划》，更多的本地年轻人愿意留在石家庄、更多的外地年轻人愿意落户石家庄，为高质量发展注入了新活力。

（七）科学精准抗疫情，防控能力明显增强。面对突发局部疫情，坚持“外防输入、内防反弹”总方针，第一时间激活应急指挥体系，健全“6+1”信息化系统，落实“四早”要求，压实“四方责任”，筑牢“三道防线”，组建“八支队伍”，强化人文关怀，织密织牢基层防控网络。从“见招拆招”到“从容应对”，从“全城封控”到“围点控源”，特别是在流调溯源、核酸检测、隔离管控、医疗救治等环节，牢牢守住科学精准的底线，不随意扩大防控范围、不延长封控时限、不搞层层加码，最大限度减少了对经济社会发展和人民群众生活的影响，打好打赢了疫情防控的遭遇战、歼灭战。在共克时艰的日子里，全市人民识大体、顾大局，同舟共济、众志成城，以实际行动诠释了伟大抗疫精神，汇聚了加快建设现代化、国际化美丽省会城市的磅礴力量！

（八）用心用情惠民生，社会事业明显进步。坚持以人民为中心的发展思想，省20项民生工程和市10件惠民实事全面完成，“一刻钟便民生活圈”“15分钟健身娱乐休闲圈”不断完善，书写了温暖人心的民生答卷。巩固拓展脱贫攻坚成果，脱贫群众收入稳步提高，生产生活条件持续改善。就业形势总体稳定，全市城镇新增就业13.89万人。社会保障功能不断加强，普通门诊费用跨省异地就医直接结算试点工作加快推进；新增养老床位4400张，城市社区实现日间照料全覆盖。社会事业全面发展，新、改（扩）建中小学、幼儿园19

所，汇华学院与信息工程职业学院合并转设通过国家评估；市人民医院重大疫情救治基地、市第三医院创伤救治中心、无极县医院加快建设，新增婴幼儿照护试点机构48个；冰雪运动蓬勃发展，广泛开展冰雪运动“六进”，全年共组织冰雪赛事活动6700余场，参与冰雪运动人数达到622万人，在省第三届冰雪运动会上，我市斩获63枚金牌，金牌总数位列全省第一。社会治理持续推进，深入化解金融、房地产等重点领域风险，向社会公示了44个“烂尾楼”项目的解决方案和责任领导、责任人，大幅提升了烂尾难题的解决速度和质量；扫黑除恶常态化机制进一步完善，社会大局保持和谐稳定。

一年来，我们认真贯彻全面从严治党战略部署，扎实开展党史学习教育、“四史”宣传教育、“团结就是力量”专题学习教育，坚决捍卫“两个确立”，自觉增强“四个意识”，坚定“四个自信”，做到“两个维护”。深入开展“三重四创五优化”、解放思想大讨论等活动，以“人一之我十之，人十之我百之”的奋斗精神，开拓进取、攻坚克难，全面加强政府自身建设，依法行政水平不断提高，自觉接受人大法律监督、政协民主监督和社会舆论监督的意识不断增强，政府承办的人大代表建议、政协委员提案全部办复。国防动员和“双拥共建”深入开展，退役军人服务保障体系持续完善，民族宗教、外事侨务、安全生产、信访稳定、档案史志、援疆援藏、人防、气象等工作取得新成绩，工会、妇女、青少年、老龄、残疾人、红十字、慈善、关心下一代等事业都有新发展。

各位代表！一年来，在市委的坚强领导下，全市上下同心同德、拼搏竞进，解决了许多长期想解决而没有解决的难题，办成了许多过去想办而没有办成的大事，全市经济社会加快发展、跨越赶超的态势已经形成，大家普遍感到对未来充满希望、充满信心！这是我们最大的收获，也是做好今年工作最大的底气！这些信心和底气来源于各项工作采取的正确战略思路、扎实举措和取得的明显成效；来源于全市人民群众对我们的理解、支持和信任；来源于干部队伍昂扬的精神状态、饱满的工作热情、奋进的拼搏斗志。有了信心，就有精神、就有勇气、就有力量，就一定能创造出经济总量过万亿、弯道超车的业绩，建设现代化、国际化美丽省会城市的目标就一定能够实现！

回想过去的一年，从1月2日藁城出现第一个新冠肺炎病例，一直到2月22日全市都回到低风险地区，有近两个月的时间我们全市封闭、全民抗疫，企业发展、项目建设、社会事业都受到了前所未有的巨大冲击。在这样的情况下，我市取得的成绩，尤其是经济发展速度和总量又上新台阶，为全省作了贡献，这一切真的是来之不易。这是习近平新时代中国特色社会主义思想指引的结果，是省委、省政府关心支持的结果，是市委正确领导的结果，更是全市上下，特别是每一个市民辛勤付出、无私奉献、共同努力的结果。此时此刻，我们不应也不会忘记那些为抗击疫情作出巨大牺牲，甚至献出宝贵生命的英雄们；不应也不会忘记那些终日坚守一线，为城市发展忙碌付出的清洁工人、快递小哥、农民工朋友；不应也不会忘记为这座城市发展作出贡献的每一名市民、每一名志愿者、每一名工作者。在此，我谨代表市人民政府，向全市人民，向人大代表、政协委员，向各民主党派、工商联、人民团体和社会各界人士，向驻石解放军、武警官兵、公安干警和消防救援队伍指战员，向中直、省直驻石单位，向关心支持石家庄发展的国内外朋友，一并致以衷心的感谢和崇高的敬意！

在总结成绩的同时，我们清醒地认识到：发展过程中，还有许多不足需要弥补，还有许多困难需要面对，如扩大投资、提振消费、稳定外贸还需付出更大努力；创新、教育、医疗等资源需要深度激活，高知识高技能人才还不能满足城市发展需要；改革开放仍需加力，发展环境仍需改善，招商引资模式还需不断创新；城市网络体系尚未形成，县域经济还需加快发展；民生领域短板还需加快补齐；干部队伍干事创业的“精气神”距离新形势、新任务、新要求还有差距。对此，我们一定高度重视，采取更积极、更有效的措施，切实加以解决。

二、竞进2022年，我们要锚定奋斗目标，加快高质量发展，努力实现弯道超车、跨越赶超新突破

2022年是党的二十大召开之年，是贯彻省第十次党代会精神的开局之年，也是落实市第十一次党代会决策部署，推动经济总量过万亿、实现弯道超车的支撑之年、关键之年。放眼全球，百年变局与世纪疫情交织，外部环境更趋复杂严峻和不确定。纵观国内，经济发展面临需求收缩、供给冲击、预期转弱三重压力，困难和挑战明显增多。审视石家庄，既面临外部环境趋紧的压力和挑战，也面临跨越发展、弯道超车的难得机遇。必须准确识变、科学应变、主动求变，在格局重塑中抢占先机、争取主动，在区域竞争中奋勇当先、走在前列，不断开创现代化、国际化美丽省会城市建设新局面。

今年政府工作的总体要求是：坚持以习近平新时代中国特色社会主义思想为指导，深入学习宣传贯彻党的十九大和十九届历次全会，以及省第

十次党代会、市第十一次党代会精神，弘扬伟大建党精神，坚持党对经济工作的领导，坚持以经济建设为中心，坚持以人民为中心的发展思想，坚持稳字当头、稳中求进，立足新发展阶段，完整、准确、全面贯彻新发展理念，融入和服务新发展格局，推动高质量发展，坚持以供给侧结构性改革为主线，深入实施创新驱动发展战略，持续深化改革、扩大开放，加快推进城市更新和生态文明建设，统筹疫情防控和经济社会发展，统筹发展和安全，统筹当前和长远，继续做好“六稳”“六保”工作，着力增强综合实力，着力提高发展质量，着力提升城市品质，着力巩固污染治理成果，着力保障改善民生，加快建设现代化、国际化美丽省会城市，当好新时代全面建设现代化经济强省、美丽河北的排头兵和领头雁，努力打造以首都为核心的京津冀世界级城市群重要一极，以优异成绩迎接党的二十大胜利召开。

主要预期目标是：地区生产总值增长8%以上、力争实现两位数增长、总量突破7000亿元，固定资产投资增长8%以上，规模以上工业增加值增长8.5%以上，社会消费品零售总额增长8%以上，进出口总值增长5%以上，实际利用外资增长5%以上，一般公共预算收入增长8%以上，居民人均可支配收入增长8%以上。这些目标的设定，是综合考虑了国内外经济形势、自身发展优势短板和现实需求等因素后，慎重研判提出的，是符合经济发展规律的、也是有政策措施支持的，具有强烈的时代内涵和深远的历史意义。我们一定咬定目标不放松、久久为功谋发展，不仅要确保如期实现这些目标，还要力争完成得更好一些。

各位代表！完成上述目标，实现市第十一次党代会描绘的省会未来五年发展宏伟蓝图，必须靠发展，必须靠高质量发展。随着土地资源、环境容量的约束越来越接近上限，随着初级产品价格上升、国内成本优势减弱，随着碳达峰、碳中和“3060”目标的日益临近，传统的粗放的、依靠资源和低成本劳动力增长的方式已经难以为继，高质量发展必然成为应对和摆脱多重约束的必由之路。我们必须统一思想认识，增强自信自觉，真正让高质量发展成为“主旋律”“新常态”“最强音”。

一是坚定不移贯彻新发展理念，树牢高质量发展思维。高质量发展是贯彻新发展理念的发展，是创新成为第一动力、协调成为内生特点、绿色成为普遍形态、开放成为必由之路、共享成为根本目的的发展。实现经济总量过万亿，必须是在高质量发展基础上的过万亿！决不能以牺牲环境为代价换取一时的发展，决不能因片面追求增长速度而回到粗放发展的老路上，更不能因局部的、眼前的困难而舍弃长远发展目标。

二是坚定不移转变发展方式，践行高质量发展要求。高质量发展的核心是质量第一和效益优先。我市现有产业体系中，有些领域已经接近现代化了，有些还是半现代化的，有些则是低效和过时的，必须下决心腾笼换鸟、除旧布新。对产出效益低、税收贡献少、环境污染重、能源消耗大的产业，坚决去、主动调、加快转，为优质产能腾出市场容量和土地空间。加快引进高端高新产业项目，持续做大优质增量，促进资源集约节约、高效利用，实现经济正向循环。

三是坚定不移推进创新驱动，抓住高质量发展关键。创新是推进高质量发展的第一动力。加快推动以科技创新为核心的全面创新，构建产业创新、金融创新、模式创新、管理创新等多领域互动和多要素联动的综合创新生态体系，提升全要素生产率、劳动生产率、科技贡献率，实现经济发展由要素驱动转向创新驱动，由外延式扩张上升为内涵式发展。

四是坚定不移坚持系统观念，掌握高质量发展方法。坚持统筹协调，强化系统观念，遵循科学规律，处理好整体和局部、规模和结构、速度和质量、当前和长远、发展和安全、城市和农村、经济和环境等方方面面的关系，弹好“钢琴”，在多重目标中寻求动态平衡，实现各领域、各环节、各举措有效衔接、有机贯通，不断提高发展的协调性、平衡性、整体性。

做好今年的工作，关键是把握“稳是前提、进是方向、改是动力”的要求，聚焦“八个新突破”，重点抓好九个方面工作：

（一）聚力科技创新引领，培育壮大发展新动能。实施创新驱动战略，构建全链条创新发展路径，让创新这个最大变量成为高质量发展的最大增量，力争让每一家企业都从创新中获得收益。

加大科技研发投入。聚焦“四个面向”，建立企业研发投入刚性增长机制，年内全社会研发经费投入增长12%以上。突出企业创新主体作用，实施科技领军企业培育行动，鼓励大中型企业建设研发机构，支持大企业联合行业上下游、产学研力量，组建体系化、任务型的技术战略联盟，在产业优势领域精耕细作，提升行业和产品市场竞争力。支持科技型中小企业技术创新，落实研发费用加计扣除比例由75%提高到100%政策。年内新增高新技术企业270家、科技型中小企业200家、科技领军企业5家以上。

完善科技创新机制。推动国家科技政策扎实落地，实施科技体制改革三年攻坚行动。落实关键核心技术联合攻关机制，征集并制定全市企业技术需求清单，面向全球“张榜寻帅”；以生物医药、新一代电子信息两大产业为重点，由产业链“链主”或骨干企业牵头，市、县两级政府共同出资，组建10家以上市级产业技术研究院，取得一批原创性重大科技成果。落实中央创新区建设机制，依托高新区、经开区等重点园区，建设多元主体投入、市场机制运作、面向社会开放、服务中小企业的科技资源共享平台。落实科技成果转化“经纪人”机制，打通科技成果转化的“最后一百米”，年内全市技术合同交易额达到150亿元。深化企业研发人员股权激励改革，激发一线研发人员的积极性和创造性。

加强创新平台建设。依托省会高校资源，以提升科研组织化、体系化能力为突破口，争取更多国家、省基础学科研究中心落地，提升原始创新和自主创新能力。推进优势产业重点实验室、技术创新中心建设，支持现有创新平台提升能级，建成一批支撑重点产业和高新技术产业发展的研发平台。推动“众创空间—孵化器—加速器”建设，构建全链条创新创业服务体系。年内新增市级以上创新平台不少于35家。

提升县域创新能力。瞄准县域经济存在的科技和人才短板，配齐配强基层科技力量，全面深入推行科技特派员制度，构建面向基层的科技创新综合服务体系。大力实施县域创新跃升计划，围绕特色产业积极引进创新资源，争创一批国家级、省级创新型县（市）。力争年内全市县域科技创新能力A类县达到12个、B类县达到9个。

大力培育引进人才。深入实施人才强市战略，推进主导产业人才集聚、高技能人才培养等五大工程，办好首届“海石杯”高层次人才创新创业大赛。深化与重点高校合作交流，全面开展与西北工业大学精准合作，推动沈阳药科大学在石药集团建立“硕士联合培养基地”、西安交大在栾城设立国家技术转移中心石家庄分中心。加大人才培养力度，谋划实施百万青年创新创业计划，在不同行业领域遴选10名院士后备人选重点培养，造就一批世界水平的科技领军人才。

（二）聚力产业优化升级，跑出弯道超车加速度。实施产业蝶变跃升战略，保持制造业占比基本稳定，强龙头、补链条、汇集群，推动经济实现量的合理增长和质的稳步提升，夯实高质量发展基础，尽快在现代产业体系构建上取得实质性突破。

推动两大产业率先突破。用好主导产业发展基金，谋划启动一批产业基础再造工程项目，实施保链稳链工程，快速壮大生物医药和新一代电子信息两大产业整体规模和综合实力。加快高新区国际生物医药园、鹿泉区新一代电子信息产业园建设，谋划实施石药生物制药、mRNA疫苗产业化，积极推进海康威视汽车电子、浙江大华北方总部等一批重大项目，确保两大产业营业收入均增长15%以上，高新技术产业增加值增长12%以上。实施数字赋能提级和企业上云计划，全力推动正定数字经济产业园建设取得实质性进展。

持续壮大三大产业规模。做强装备制造产业，重点打造轨道交通装备、航空装备、新能源汽车等高端产业集群，规模以上装备制造业营业收入增长13%以上；做精现代食品产业，培育发展高端乳制品、绿色厨房食品、现代特色食品及未来食品，年内现代食品产业营业收入增长13%以上；做优现代商贸物流产业，完善物流设施体系，全面提升商贸物流业现代化、国际化、智慧化、绿色化水平，着力建设区域性国际化消费中心城市和要素聚集、功能集成的国家物流枢纽承载城市。

提升现代服务业能级。立足现有基础，推动现代服务业向专业化和价值链高端延伸、向高品质和多样化升级，培育壮大现代金融，加快发展文化创意产业，推进工业设计与制造业深度融合。做大做强旅游业，以建设国家旅游枢纽城市为目标，以西柏坡红色旅游为引领，加强正定古城保护和发展，加快正定古城高等级旅游景区创建，推动全域旅游发展。做大做强城市经济，大力发展总部经济、楼宇经济、创意经济、夜经济，提升城市综合竞争力。全年服务业增加值增长8.5%以上。

加快发展县域特色产业。深入实施县域经济腾飞崛起战略，完善市级领导负责的“特色产业长”制度和差异化高质量发展评价激励制度，努力实现县域经济特色化、特色经济产业化、产业经济集群化。坚持以壮士断腕的决心，大力淘汰低效产能，全面推行以综合效益为导向，环保、用能、装备、安全等标准协同倒逼的低端产能退出机制，坚决让低效低端企业退出或转型，集中力量打造一批县域特色产业集群，全力打好县域经济发展翻身仗。

培育富有竞争力的企业。发展离不开企业，企业好经济就好。推动高质量发展，必须培育一批有核心竞争力的优秀企业。持续实施稳企安商工程，政府公务员要同企业家交朋友，像尊重科学家一样尊重企业家，构建亲清新型政商关系，特别是领导干部要勇于为企业站台背书，大大方方和企业家肩并肩、手挽手，齐心协力为企业产品当好宣传员和推销员，共同把企业做大做强。实施规模以上企业“引育”计划，按照“新进规、小升规、退复规”分类建立“入统”培育库，年内新增规模以上企业200家，新建入统企业60家。深化“千企转型”行动，滚动实施市级重点技术改造项目100项以上。强化“专精特新”企业培育，打造一批专注于细分市场、聚焦主业、创新能力强、成长性好的“小巨人”企业，年内力争新增100家以上。

（三）聚力项目带动战略，打好扩大投资主动仗。牢固树立“项目为王”理念，大力实施项目带动战略，优化投资结构，扩大有效投资，以高质量项目支撑高质量发展。

项目建设再提质。坚持“以亩产论英雄”，开展重点项目建设提质增效行动，定期组织重点项目集中开工、观摩拉练等活动，全面提升项目的核准落户率、开工竣工率和投产达效率。健全项目全生命周期服务体系，建立重大项目推进工作专班，健全精准对接服务机制，形成以项目为中心的工作链，及时协调项目建设中的难点和堵点问题，强化土地、资金、人才要素保障，确保190个重点项目开工建设、38个项目竣工投产。紧盯国家政策“窗口期”，准确把握国家宏观政策，加大专项债跑办力度，聚焦两新一重、旅游康养、城市管网、教育等重点行业领域，超前谋划建设一批打基础、补短板、利长远的基础设施项目。全市重点项目建设完成投资1000亿元以上。

招商引资再加力。坚持招大引强、招高引新，大力招引能够延链、补链、强链的产业项目，各县（市、区）年度引进产业项目占总项目的比重不低于70%。创新招商方式，大力开展基金招商、以商招商、产业链招商，试行驻外招商，建立健全以技术为链条的优质企业招商数据库，探索建立市级招商服务中心，柔性引进一批专业化招商“经纪人”，推动招商方式向专业化、市场化转变。改进招商考核方法，推动考核重点向履约率、资金到位率倾斜，向亩均投资、亩均税收倾斜，树立以实绩论英雄的鲜明导向。持续实施“雁回巢”工程，对回归企业、本地企业扩大再生产的新上项目，完全享受招商引资的各类优惠政策。

产业园区再升级。坚持“房地产开发为产业发展让路，插花式开发为集中开发让路，土地供应优先保障产业所需”，进一步完善园区发展规划，高标准推行“标准地＋承诺制”“开发区＋公司”运营模式，积极引导企业和项目入园区，加速产业集群集聚，力争更多园区进入千亿级行列。深化开发区体制机制改革，探索设立开发区专项发展资金，建立科创、融资、担保、市政“四个平台”，打造具有综合配套服务能力的高水平园区和低成本园区。年内所有省级以上产业园区全部完成区域综合评价共享共用，省级以上开发区营业收入增长10%以上。

（四）聚力城市能级提升，增强美丽家园承载力。围绕形象品质大跃升目标，加快构建“一主四辅一带多点”“拥河发展”的城市空间格局，坚持系统谋划、整体推进、分步实施、重点突破，建设洁净、秩序、文明、美丽的省会城市，打造宜居宜业宜游新家园，以城市高实力高品质高颜值助力全市高质量发展。

提速重点片区开发。高标准完成滹沱河生态经济带太平河城市片区设计方案国际征集工作，力争年内启动实施，打造具有“国际范”的拥河发展起步区、示范区和引领区。加快推动高铁商务区、中央商务区和石家庄北站片区建设改造，完成中央绿色体育公园建设，打造省会新地标。推进城市水系连通规划建设，把滹沱河、太平河、民心河、环城水系等统筹设计、整体考量，打造群众亲水休闲的新乐园。

完善交通路网体系。启动石雄城际铁路、石忻高速公路前期工作，加快石衡高速建设，积极推动国省干线新建改建工程建设。持续推进轨道交通一期剩余工程建设，加快二期建设规划报批，结合新一轮国土空间规划修编，进一步优化城市重点区域轨道交通线网规划。全部打通剩余的36条断头路，进一步完善市区骨架路网和主干道系统。实施二环路与周边道路互联互通、二环三环联通工程，加密与藁城区、栾城区、鹿泉区、正定县和正定空港区域的快速交通路网。坚持适度超前和统一规划设计，分步实施，加速推进复兴大街市政化改造，力争3月份重点工程动工建设，努力把复兴大街片区打造成为省会的交通主干道、城市迎宾路、市民休闲地和靓丽风景线。

大力实施城市更新。严格落实新建住宅容积率2.0的刚性管控措施，彻底断开“土地市场一二级联动”，有序推进石煤机城市更新项目等12项重大工程建设，做成精品工程和示范样板。持续推动“烂尾楼”项目整治，稳步实施1975年以前建设的危旧住房更新、9个城中村改造高品质示范区项目建设，改造老旧小区956个，在全市范围内创建100条精品街道。持续保障饮用水水源安全，应急水源一期工程5月底具备通水条件。加快三环内生活用水自备井关停，推动供水管网建设改造，让更多的市民吃上引江水。持续实施城市美化工程，推进民心河综合整治和提升改造二期工程，谋划新建塔南公园等4座以上综合性公园和10万平方米以上街旁游园。持续进行公厕提升改造，大力推进停车场建设和管理，完成市区内涝积水路段整治，适度超前规划建设文化体育基础设施，推动城市形象品质实现新突破，让人民群众生活更加便利。

全面加强城市管理。城市管理关系城市美誉度和影响力，关乎广大市民的幸福感和获得感，是加快建设现代化、国际化美丽省会城市的基础性工作。着力提升智慧化水平，加快新型智慧城市建设，布局以“云、网、端”为核心的新一代智能化基础设施，强化城市运行数据资源的动态分析，构建以“城市大脑”为核心的管理体系。着力提升精细化水平，全面落实“门前三包”责任制，深入推广“水洗机扫”环卫作业模式和“以克论净”考核，强化施工场地精准管控，加强水、电、暖、气、讯等设施管理，推行生活垃圾分类减量治理，加大对渣土运输、逆行闯灯、占道经营、不合标电动车、不规范围挡等的整治力度，规范城市管理秩序，塑造城市良好形象。着力提升社会化水平，推行政府购买服务，创新城市治理模式，对公共厕所、户外文化体育场地等公益设施和公共事务领域，实行政府出资、专门力量管理，不断提高治理能力。

着力提升市场化水平，牢固树立城市经营理念，全面优化城市资源配置，加大公共资源市场化运作力度，加快推进公共资源“冠名权”“经营权”“广告权”有偿使用，特别是对共享单车、露天广告等占用公共资源的行为，以公开拍卖方式获得使用权，提高市政公共资源使用效率，实现城市公共资源利益最大化。

推动县城提质升级。实施“大县城”发展战略，结合县域国土空间规划编制，科学确定县城规模结构、空间布局和功能定位，着力引导县域优质资源、生产要素和人口向县城集聚，分类推进县城向功能凸显、产业各异、特色鲜明方向发展，增强县城首位度和辐射带动能力。持续实施县城建设提质升级三年行动，加快推进“五城创建”，加强公共服务体系和市政基础设施建设，增加生态绿量，提高美化水平，开展县城环境卫生、交通秩序、广告牌匾整治，大力提升县城的综合功能、居住品质和形象品位，打造独具特色、靓丽多彩的美丽新县城，力争更多县城获得国家级荣誉称号。

（五）聚力现代农业发展，稳住乡村振兴基本盘。实施乡村振兴发展战略，不断改善农村人居环境，绘就“农业高质高效、乡村宜居宜业、农民富裕富足”高质量发展新画卷。

切实保障粮食安全。深入推进“藏粮于地、藏粮于技”战略，落实永久基本农田保护制度，坚决遏制耕地“非农化”、防止“非粮化”，新建高标准农田36万亩。开展粮食高质高效示范创建，落实各项补贴政策，提升种粮积极性。实施种业振兴工程，大力推进种源等农业关键核心技术攻关，培育3～5个在国内叫得响的知名品牌。确保粮食总产保持在84亿斤以上，实现“十九连丰”。

加快发展现代农业。持续深化“四个农业”，实施现代农业园区提升工程，省级现代农业园区达到23家以上。培育壮大龙头企业，加强农业产业化联合体建设，引导龙头企业与合作组织有效对接，确保市级以上龙头企业达到310家以上，产业化联合体达到120家以上。大力发展都市农业、设施农业、休闲农业和生态农业，推进一二三产融合发展，让农民更多分享产业增值收益。

改善农村人居环境。大力开展农村人居环境整治提升专项行动，深入推进厕所革命，基本完成改厕任务，新完成221个村生活污水治理和763个村生活污水无害化处理。健全生活垃圾收运处置长效机制，生活垃圾无害化处理率保持在98%以上。加强农村公路改造建设，推动村容村貌整体提升，新增省级美丽乡村200个，打造具有乡土特色和地域特点的新时代美丽乡村。

扎实推进农村改革。深化农村“三块地”改革，完善农村承包地“三权分置”制度，积极推动土地经营权流转，稳慎推行农村宅基地改革，加大空心村治理力度，盘活利用闲置宅基地，加快推进集体建设用地使用权确权登记发证工作，探索农村集体经营性建设用地入市制度，想方设法提高农民持续性和长久性收入。巩固农村集体产权制度改革成果，发展壮大农村集体经济，年内集体经济收入10万元以上的村达到50%以上。深化农村金融改革，加快农村信用社改革步伐，支持服务乡村振兴。

巩固拓展脱贫攻坚成果同乡村振兴有效衔接。严格落实“四个不摘”要求，健全防止返贫动态监测和帮扶机制，坚决防止发生规模性返贫、因病因灾因意外事故等突发状况返贫致贫。加大对灵寿、平山、行唐、赞皇4个省级乡村振兴重点帮扶县扶持力度，确保脱贫户人均收入增长10%以上，实现脱贫人口收入增速高于当地农民收入平均增速。全面落实“万企兴万村”行动，深化产业、就业、科技帮扶和易地搬迁后续扶持，增加农民工资性收入和经营性收益，确保农村居民人均纯收入增速高于城市居民。积极实施乡村振兴示范区创建，实现环省会都市圈省级乡村振兴示范区全覆盖。

（六）聚力治理成果提升，推进环境质量再改善。围绕生态文明大跃升，统筹污染防治和生产生活，扎实推进碳达峰碳中和，实现生态优先、绿色发展。

巩固污染治理成果。更加突出精准、科学、依法治污，继续严格执行污染治理“六项机制”，加强重点区域、重点领域管控，实施分区分级差异化减排措施，健全完善“白名单”“黑名单”制度，不断扩大正面清单纳入范围和数量，坚决不搞“一刀切”，让自主减排、主动改革转变为企业的自觉行动，推动空气质量保持稳定并持续向好，在加强生态文明建设上实现新突破，让蓝天白云、群星闪烁成为常态。严格落实河湖长制，全面加强河流湖库流域综合治理，确保地表水质量达到国家考核标准。深入推进土壤污染防治，加强重点领域土壤环境监管和建设用地土壤环境联动监管。

系统推进生态修复治理。严格坚守生态保护红线，统筹山水林田湖草沙一体化保护和系统治理。加强地下水超采综合治理，确保年底前实现地下水采补平衡。改善城乡生态环境，依托山地丘陵、河湖湿地和平原林网，打造“依山傍水、拥河抱绿”的城市新生态。全面完成矿山综合治理任务，强力推进井陉县全生命周期绿色矿山建设，率先打造全省样板，加强西部山区生态环境建设，提高优质生态资源保障能力。完善城镇园林体系、交通干线绿廊林带和农田林网建设，全年完成营造林 65 万亩。

稳妥有序推进碳达峰碳中和。严格落实国家和省关于“双碳”工作部署要求，着力调整产业、能源、交通运输和用地结构，推动能耗“双控”向碳排放总量和强度“双控”转变，建设完善碳排放权交易市场。积极构建清洁、低碳、安全、高效的能源体系，开展可再生能源替代行动，大力发展光伏产业，加快以新能源占比逐步提高的新型电力系统建设，减少以煤炭为主的化石能源使用总量，扩大天然气等清洁能源使用比例，增加新能源消纳能力，推动经济社会发展全面绿色低碳转型。年内每万元生产总值能耗完成省定目标任务，每万元生产总值用水量下降到 49.3 立方米以下。

（七）聚力一流发展环境，争创区域竞争新高地。好环境就是竞争力。围绕发展活力大跃升，对标国家营商环境评价指标体系，努力打造国际化、法治化、便利化、市场化的发展环境。让“人人都是发展环境、个个都是城市形象”的理念深入人心，真正把石家庄打造成为投资福地、兴业沃土。

全面提升政务行政效能。深化“放管服”改革，实行“证照分离”，强化“多评合一”“区域评估”等改革举措，建立行政审批承诺补正和容缺受理机制，清理“体外循环”“隐形审批”等行为，更大力度地减环节、减材料、减时限。完善企业注销机制，试行“休眠”制度，免除创新创业后顾之忧。加快“数字政府”建设，推动“掌上石家庄”尽快投入使用，在企业注册、项目审批、人才引进等领域试点“秒批”改革，扩大一网通办范围。不折不扣落实减税降费政策，切实增强市场主体获得感，打造便捷高效的政务环境。

全面保障市场竞争秩序。要尊重市场、敬畏市场，保护市场公平。建设高标准市场体系，深化要素市场化配置改革，制定审慎监管清单，推动“人工智能 + 双随机”事中事后监管，构建风险监管、智慧监管、精准监管“三位一体”的信用监管新模式，探索形成市场主体全生命周期监管链。依法平等保护各类市场主体产权和合法权益，打好国企改革三年行动收官战，建立适应市场竞争发展的现代企业制度，清除招投标和政府采购领域对外地企业设置的隐性门槛和壁垒，更大范围地推行“双盲”评审，打造公平竞争的市场环境。

全面完善法治体系建设。推进优化发展环境法治建设，出台《石家庄市优化营商环境条例》，坚决查处多头执法、野蛮执法、选择性执法和吃拿卡要等违法违规行为。加快知识产权保护体系建设，建立知识产权侵权惩罚性赔偿制度，探索企业合法权益补偿救济机制，支持企业守法合法经营。严控涉企收费，严禁政府部门搞强制摊派、罚款创收，切实降低市场主体负担，打造公正透明的法治环境。

全面增强服务能力供给。树牢服务企业和项目建设的“店小二”意识，办好企业家日系列活动，强化对市场主体纾困帮扶，搭建直通车平台，抓好各项惠企政策解读和精准推送，做实企业包联服务。健全政府守信践诺和失信惩戒机制，畅通发展环境投诉渠道，及时兑现落实各项惠企政策，坚决反对“新官不理旧账”，大力整治政府失信行为，争创社会信用体系建设示范城市。着眼长效机制建设，研究推出一批制度性措施，用服务的全心全意换来企业和群众的称心如意，打造便民利企的服务环境。

（八）聚力扩大对外开放，提高省会经济外向度。深入实施扩大开放发展战略，充分利用国内国际两个市场、两种资源，营造开放型经济环境，以更高水平开放促进更高质量发展。

提升开放载体平台水平。统筹自贸试验区正定片区、正定新区、综合保税区协同发展，力争国际邮件互换局早日通过验收、实现进出境邮件封发交换，推进口岸医药物流中心尽快运营、医药展示交易中心项目尽早建成投用，探索打造生物医药保税研发平台，年内新增市场主体 1000 家以上。完善空港区域规划体系，支持石家庄正定国际机场扩容升级。高标准规划建设石家庄国际陆港，积极申报“一带一路”京津冀中欧班列集结中心示范工程，年内国际班列开行数量达到 500 列以上。

发展高水平开放型经济。坚持高质量引进来和高水平走出去，深度融入京津冀协同发展，主动承接非首都功能疏解和产业项目转移，精准对接“一带一路”，有序推进钢铁、水泥、纺织服装等优势产能开展国际合作，支持企业走出去参股、取得资格认证、收购海外相关企业，建立境外生产基地、营销网络、产品配送中心和售后服务中心。创新利用外资方式，支持本市符合条件的企业通过境外上市引入国际战略投资者，鼓励外资企业通过资产、股权并购，投资我市优势企业。大力推进外贸倍增计划，重点打造1～2个市级跨境电商标杆示范园区、3个以上市级服务贸易聚集区和特色基地。

积极拓展国际交流合作。完善国际友城交往合作机制，不断创新友城交往模式，提升友城数量和交往质量。加快建立与国际通行规则接轨的制度体系，完善国际化标识系统，推进重点领域公共服务国际化，提高城市全球链接能力。精心办好数博会、正博会等会展活动，申办2～3次具有国际影响力的体育、文化、人才、旅游等交流活动，引进国际国内知名展览、会议和机构5～10个，举办万平方米以上的规模展览和大型会议30～50场，不断提高石家庄的国际影响力和知名度。

持续推动消费扩容升级。持续实施扩大内需战略，积极扩大定制消费、绿色消费、智能消费等新兴消费，稳定汽车、家电、成品油等传统消费，培育体验式、沉浸式消费新模式。继续培育一批夜间消费品牌和项目，长安区、桥西区、裕华区、新华区、高新区各打造1个夜经济消费集聚区。提档升级“火车头”等省级步行街，民族路步行街达到国家级试点验收标准，新培育5条市级特色商业示范街。实施“消费品牌”提升行动，加大首店、旗舰店、精品店和国际知名商超引进力度，力争6家知名商场或酒店进驻我市。新建改建15家便民市场、5家社区便民服务中心，打造“一刻钟便民生活圈”。完善县乡村电子商务体系，加快知名电商园区、直播基地和淘宝村镇等建设，推动线上线下消费方式融合发展。完善快递物流配送体系，实现建制村“村村通快递”，打通快递“最后一公里”，让农村的乡亲们也能享受到网上购物的方便与快捷。

（九）聚力人民生活改善，构建共治共享大格局。悠悠万事，民生最大。坚持尽力而为、量力而行，用心用情用力办好省20项民生工程和市10件民生实事，全力推动省会科技、教育、医疗三大资源优势转化为发展优势，用民生温度彰显高质量发展成色。

加快推进教育强市建设。切实做好规范民办义务教育发展和“双减”工作，深化落实“三个全覆盖”，动员社会各界力量，有组织、成体系开展内容丰富、形式多样的非学科类辅导活动，培育管理服务品牌，提升中小学生的综合素质，让孩子们德智体美劳全面发展，让家长们感到放心、得到实惠、找到依靠。持续扩充优质教育资源，启动市第一中学正定校区等5所高中建设。大力提升职业教育和高等教育水平，构建政府、行业、企业和驻石院校协同机制，建设全市校企合作平台，加大应用型技能型人才培养力度；力争国家正式批准建设2所职业类大学，稳步推进河北工业大学创新研究院、东软教育集团软件教育学院建设，加快石家庄学院硕士学位授予权申请、石家庄幼儿师范高等专科学院升本进程，全力支持驻石高校加快发展。努力创造更加公平的受教育机会，让每个人都能平等地通过教育改变自身命运、成就人生梦想。

加快医疗卫生事业发展。深化公立医院改革，启动公立医院高质量发展试点工作。推进医联体提标扩能，着力打造一批医联体示范机构。优化医疗资源供给，确保市人民医院重大疫情救治基地、河北省重症肌无力医院、无极县医院竣工投用，实施树名医、建名科、创名院“三名”工程，在全省率先建设市级电子处方信息共享流转平台，为群众提供更加便捷多样的线上医疗服务。深化乡镇卫生院分级管理，年内打造10个基层医疗卫生服务能力提升示范机构。实施中医药传承创新工程，深化国家中医药综合改革试验市建设，提升中医药服务能力。

完善社会保障服务体系。强化就业优先导向，抓好退役军人、农民工、残疾人等重点群体就业创业，年内城镇新增就业12.5万人。深入实施全民参保计划，努力实现社会保险法定人群应保尽保、应缴尽缴。完善分层分类社会救助体系，强化低保人员、孤儿和事实无人抚养儿童基本生活保障。持续开展交通惠民工程，每周四在市域内实行“绿色出行日免费乘公交”活动。统筹“一老一小”，探索构建日间照料、居家养老“15分钟服务圈”，鼓励养老方式多元化发展。落实三孩生育政策及配套措施，年内新增婴幼儿照护机构30家，新创建普惠性民办园30所、省市级示范性幼儿园20所。加强殡葬设施建设，年底前完成市殡仪馆提升改造，完成市第二殡仪馆、市公益性公墓项目规划选址和土地征收等工作。坚持房住不炒定位，持续改善居住条件，积极主动促进房地产行业良性循环和健康发展。

推动文体事业繁荣发展。深入开展公共文化提升工程和文化惠民工程，积极推动市博物馆新馆建设和市图书馆新馆二期开放，加快东垣古城遗址公园建设。开展体育设施补短板专项行动，加快推进市全民健身中心新馆、足球青训基地建设，在小区、公园、公共场所等见缝插针增设体育健身场地和器材，健全完善“15分钟健身娱乐休闲圈”，今年在市区新建篮球、足球、网球、羽毛球、乒乓球等运动场地200个以上、健身步道70千米以上；积极推动国内、国际高水平赛事落户，大力开展棋牌等智力体育活动，争创全民运动健身模范市。扎实做好冬奥会对口支援工作，为冬奥会的成功举办作出石家庄贡献。

加强常态化疫情防控。坚持“外防输入、内防反弹”总体策略，提升疫情防控的科学性、精准性和信息化水平，严格落实“十个常态化”30项措施，全面巩固疫情防控成果。强化乡镇卫生院、社区卫生服务中心、村卫生室、药店等规范管理，加强基层疾控体系建设，发挥好疫情防控“哨点”作用。持续强化重点人群、重点部位、重点场所防控，牢牢把住疫情防控“入口关”。全力做好疫苗接种工作，筑牢群体免疫屏障。大力改善农村卫生环境，倡导健康文明生活方式。提高疫情应急处置能力，确保一旦发生疫情能够快速、精准、有序、规范、高效处置，最大限度地减少对生产生活秩序的影响，最大程度地保障人民群众生命安全和身体健康。

提高社会治理现代化水平。积极推进全国市域治理现代化试点建设，健全社会矛盾纠纷多元化解协调机制，努力实现治理效能大跃升。持续开展金融、房地产、国资国企等重点领域风险隐患排查整治，瞪大眼睛、发现未病，有效防范化解各类风险。坚持科学判断、系统部署、强化落实、全民动员的原则，扎实做好安全生产、食品药品安全工作，继续强化矿山、危化品、道路交通、燃气、防火、防汛等领域安全整治，常态化开展扫黑除恶斗争，建设更高水平的平安石家庄。加强国防动员、人民防空和后备力量建设，完善退役军人服务保障体系，深化全国双拥模范城创建工作。推进民族、宗教、外事、档案等工作，支持工会、共青团、妇联、侨联、科协、残联、慈善等事业健康发展。

三、持续加强政府自身建设，全力打造以服务为核心的人民政府

政府建设永无止境，永远在路上。我们一定从形势任务、发展需要、能力素质、群众期盼等出发，系统谋划、步步为营，天天有改善、年年有进步，真正建设政治型、法治型、科学型、创新型、改革型、学习型、民本型、服务型、数字型、廉洁型的“十型”政府。人民就是江山，江山就是人民。我们一定紧紧围绕牢树民本意识和服务意识，坚持始终同人民想在一起、干在一起，持之以恒打造科学决策、自我革命、实干担当、高效廉洁的人民政府。

一是把一切为了人民作为政府坚持不懈的追求。政府的一切工作归根到底是为了人民。树立正确工作导向，把群众诉求作为第一目标，时时事事处处关心人民安危冷暖、维护人民切身利益。管理社会事务、制定出台政策，坚持以人民的根本利益为出发点和归宿，通过常态化开展企业家·市长恳谈会、市民·市长恳谈会，吸纳民意、汇聚民智，使政府工作更加符合群众意愿、体现群众需求。把群众满不满意作为检验政府工作的唯一标准，在政府系统深入开展“三个反思”，勇于自我革命、自揭伤疤、自找苦吃。建立并严格执行领导干部定期接听“12345”政务服务便民热线、走进“阳光理政”“行风热线”平台等直接沟通对接制度，对群众反映强烈的问题，现场公开答复、作出承诺，始终把人民群众放在心中最高位置，始终与人民群众同甘苦、共命运。

二是把永不脱离人民作为政府培植于心的自觉。我们将始终牢记自己来自人民，“自己也是百姓”，时刻保持平民化意识，穿“平常衣”、吃“家常饭”、交“草根友”、走“亲民路”，一刻也不脱离人民。政府系统的每名干部都要抽出时间，放下官架子，换角色、入基层，体验当保安、送快递、做保洁、干农活等非公务性的社会角色，体会劳动者的艰辛和光荣。坚决破除官本位思想，破除“审批权力”迷恋，真正让“不靠关系办事”“没人也能办成事”成为常态。旗帜鲜明反对特权车、特权房、特权消费、特权就业等一切特权行为，反对高高在上的衙门作风，让官气越来越远越淡，群众越来越近越亲，让与群众“同围一张圆桌、同坐一条板凳”成为一种习惯。

三是把紧紧依靠人民作为政府一往无前的动力。建设现代化、国际化美丽省会城市需要全市上下共同努力来实现。始终坚持人民主体地位，真心实意地相信和依靠群众，通过榜样引领、正向激励、号召倡议等多种形式，最大限度调动全体市民积极性、主动性、创造性。引导和支持社会组织、专业社会工作、志愿服务健康发展，探索参与经济社会管理的新路径，让“好帮手”有更多用武之地。增强群众的主人翁意识，发挥主观能动性，形成“大家的事情大家做”的思想共识，引导全市人民积极投入到经济发展、社会进步、民生改善、环境保护等各个方面工作中来，让每一名市民自觉投身到“石家庄在行动”中，各尽其才、各尽所能、各尽其责，争做文明秩序的维护者、勤勉敬业的践行者、城市进步的推动者。

各位代表！凝心聚力再启航，砥砺奋进谱华章！让我们更加紧密地团结在以习近平同志为核心的党中央周围，在省委、省政府和市委的正确领导下，紧紧团结和依靠全市人民，顽强拼搏、不懈奋斗，踔厉奋发、笃行不怠，加快建设现代化、国际化美丽省会城市，当好新时代全面建设现代化经济强省、美丽河北的排头兵和领头雁，以优异成绩迎接党的二十大胜利召开！

拥河发展

2021年8月，石家庄市第十一次党代会明确提出，实施拥河发展战略，着力打造滹沱河高水平生态经济带。

编制《滹沱河生态经济带发展规划》 9月23日，省委常委、市委书记张超超主持召开市委专题会议，研究滹沱河生态经济带发展规划。会议提出，以实施拥河发展战略为目标，采取“全域统筹、多规合一”模式，高标准高起点编制《滹沱河生态经济带发展规划》，倾力将滹沱河沿岸打造成为海河升级版的高水平生态经济带。规划结构：“1+1+10”体系，即总体发展规划+总体实施方案+产业发展规划、生态环境保护规划、城市安全与应急防灾体系规划、河道治理管护规划、综合交通系统规划、历史文化保护与旅游融合发展规划、整体景观和城乡建筑风貌规划引导、土地利用实施指导性规划、城乡统筹规划、国土空间规划。规划范围：西起平山县西界，东至深泽县东界，包括平山县、灵寿县、鹿泉区、新华区、长安区、正定县、藁城区、无极县、晋州市、深泽县所辖区域的河道和河道管理线以外5千米范围内及协同区，东西长205千米，总面积2568平方千米，总体划分为上游山区段、中游城区段、下游平原段3个部分。

打造太平河城市片区示范区 2021年市委、市政府立足石家庄实际情况，拓展国际视野，对标雄安新区，选取太平河城市片区作为打造滹沱河生态经济带和实施拥河发展战略的起步区、示范区、引领区。规划确定太平河城市片区示范区地址位于滹沱河城区段南岸与太平河交汇两河三岸区域，南距石家庄市主城区7千米、北二环路3千米；规划范围南至古城东路、西至胜利北街、北至滹沱河河堤、东至体育大街，面积5.53平方千米，其中太平河水面面积70公顷。10月27日，市委副书记、市长马宇骏主持召开市国土空间规划委员会第16次专题会议，审议并原则通过《太平河城市片区设计方案国际征集组织工作方案》，面向全世界公开征集设计团队。11月19日，经最终评审，确定5家联合体作为应征人入选太平河城市片区设计方案编制团队。12月12日，太平河城市片区设计方案中期成果交流会举行。

实施太平河南岸绿道贯通工程 该工程主要打通太平河南岸景观断带，完善和提升基础设施，打造靓丽的滨水绿廊；施工范围西起胜利北街，东至体育大街，全长3.5千米，总面积50公顷。8月29日，省委常委、市委书记张超超到太平河南岸绿带贯通工程现场视察指导，详细察看工程建设进展情况，并提出将太平河南岸绿道贯通工程打造成为城市美丽风景带、百姓亲水休闲的好去处，确保2021年十一国庆节前全面贯通。9月29日，太平河南岸绿道贯通工程完工并对外开放，累计建设景观绿道3500延米、广场铺装3.1万平方米、草坪地被31万平方米，种植各类乔木观赏树木2000余株。至此，太平河沿线17.5千米绿道全线贯通。

（市档案馆）

城市更新

2021年石家庄城市更新以加快推进省会高质量发展为主题，以建设现代化、国际化美丽省会城市为目标，贯彻落实市委、市政府提出的二环内做“减法”、二环外做“乘法”和实施拥河发展战略、拉开城市发展框架的战略部署，以“只争朝夕”的拼搏精神，着力提升石家庄形象品质，打造让石家庄人自豪、外地人向往的魅力之城。

7月13日，石家庄市召开私搭乱建、违章建筑专项整治会议，全面启动拆违工作。市域各行政区立即以最坚决的态度、最迅速的行动、最有力的措施，聚焦问题、强力攻坚，拆除一大批侵占公共空间的违章建筑，解决一大批安全隐患问题，为城市建设和未来发展腾出了宝贵空间。石家庄市在强力推进拆除违章建筑的同时，重点做好“后半篇文章”，全力规划好、建设好拆违后腾出的有用空间，建成一批游园、绿地、文化景观和体育场地。通过“拆＋美、拆＋绿、拆＋建、拆＋管”，城市形象品质实现明显提升，人居环境大幅改善，践行了“还空间于城市、还绿地于人民、还公共配套服务于社会”的城市发展理念。

11月11日，石家庄市城市建设投资中心（市房屋征收中心）更名为市城市更新促进中心（市房屋征收中心），隶属关系由市住房和城乡建设局管理调整为市政府直属事业单位。2021年全市谋划实施城市更新重点项目42个，总投资1687亿元。12月12日，石家庄18个城市更新重点项目集中开工，其中，城中村改造试点项目6个（前太保、高柱、西庄屯、十里尹村、西简良、东京北），集中安置区项目2个（赵三街、南位），集中回迁区项目1个（新华区集中安置区及新华展示中心），1975年以前危旧小区更新改造项目4个（和平路26院、河北医科大学西宿舍、电视机厂、电机厂），其他城市更新项目5个（石煤机项目1个、高铁站桥西区商务区3个、高铁站裕华区商务区1个）。12月19日，石家庄24个城市更新重点项目集中开工。其中，城中村改造试点项目3个（宫家庄、店上、方村），1975年以前危旧小区更新改造项目2个（省体育局宿舍、裕华路与富强大街东南角地块），重点片区城市更新项目2个（石家庄火车北站片区更新改造、拥河发展示范区太平河展示中心），其他城市更新项目1个（金世界），道路、绿化工程16个。

主要城市更新项目 高铁商务片区项目，位于主城区南部，规划范围北至塔北路、东至建设大街、南至塔丰路、西至滨河街，围合区域5.4平方千米；规划总投资545亿元。根据片区规划，该项目坚持“留改拆”并举、以保留利用提升为主，重在修缮改造、补齐城市短板，提升城市功能和活力。拥河发展示范区太平河展示中心项目，位于长安区胜利大街以东，蓝屏路以南，占地面积1.68公顷，其中，道路地0.42公顷，绿化地0.42公顷，实用地0.84公顷；总建筑面积5000平方米；规划总投资165.5亿元。主要用于太平河城市片区规划展示，包括瞭望台、屋顶广场、贵宾接待、会议功能、办公功能、后勤配套等。石煤机项目，北至长安区和平东路，西至建华北大街，东至翟营北大街，南至跃进路，用地面积32.33公顷（包括已建成风貌整治区3.3公顷）；规划总投资60.61亿元。采取保护传承、风貌整治、拆旧建新3种方式改造，严格执行居住项

12月12日，石家庄市2021年城市更新第一批重点项目开工
（新华区委办公室提供）

目容积率 2.0 刚性约束，全面降低城市开发强度，注重工业遗产保护再利用与历史文化传承，在带动产业创新发展的同时，全面提升城市服务功能。火车北站片区改造项目，东至新华区高柱西街，西至泰华街，南至市庄路，北至滨华路，占地面积 85.93 公顷，建筑面积 101 万平方米，涉及 21 个小区、19 个单位、4876 户居民；规划总投资 45 亿元。方村城中村改造高品质示范区项目，位于裕华区建华大街以东，复兴大街以西，方兴路以南，308 国道以北，改造范围占地面积 222.8 公顷，其中，旧村占地面积 135.6 公顷，涉及居民 2360 户、9220 人；规划总投资 192 亿元。

危旧住房更新　11 月 15 日，市政府印发《关于加快市区 1975 年以前危旧住房更新工作的实施意见（试行）》(石政函〔2021〕79 号)。组建成立市危旧住房更新工作领导小组，日常管理工作办公室设在市住房和城乡建设局。更新范围包括长安区、桥西区、新华区、裕华区、藁城区、鹿泉区、栾城区国有土地上 1975 年（含）以前建设的房屋及已鉴定为 D 级的危险住房和存在安全隐患平房。更新方式包括成片改造、加固维修、原址翻建、征收拆除。安置方式包括异地产权调换、原址产权调换、货币补偿 3 种，鼓励房屋所有权人选择政府指定的异地集中安置区安置。至 2021 年底，石家庄主城区 4 区公布 1975 年以前危旧住房更新试点项目 8 个。其中，长安区：河北医科大学西宿舍楼项目、翟东小区项目；桥西区：工农路 16 号院周边项目、电视机厂区域项目；新华区：和平路 26 号院及周边区域改造项目、合作路省直宿舍改造项目；裕华区：河北电机厂宿舍项目、裕华路与富强大街东南角地块项目。

佳农市场启动搬迁拆除　2021 年市委、市政府决定实施石家庄火车站周边区域城市更新改造，桥西区佳农市场位于石家庄火车站周边区域规划的中央绿轴核心位置。佳农市场始建 1995 年，因年代长，市场基础设施老化，存在整体规划布局不合理、建设标准低、档次不高、管理不规范、私搭乱建等问题。7 月 9 日，佳农市场搬迁拆除启动。佳农市场东起金利街汇通路，西至规划东三教街，南起汇通路金利街，北至平安大街金利街，占地面积 10.88 万平方米。佳农市场设有 14 个分市场，经营业态覆盖蔬菜、水果、粮油、干鲜、调料、肉类、禽蛋、厨具等，经营商户 1000 余户。

（市城市更新促进中心）

国企改革

2021年市委、市政府以国企改革为重点，着眼国际国内经济新形势，主动谋出路、谋发展、谋效益、谋长远，按照先脱钩、再集中监管、再改革重组“三步走”的改革路线图，创新形成7家大型国有企业集团。

统一监管 5月28日，石家庄市委召开专题会议，省委常委、市委书记张超超专题听取全市国资国企改革发展工作汇报。会议提出，要按照政企分开、政资分开、依法依规、有序推进原则，扎实推动市直部门所属经营性国有企业实施脱钩改革，确定凡是经营性国有资产和国有股权（除文化类、金融类企业外）都要纳入市国资委集中统一监管，此举标志全市新一轮国企改革正式启动。5月29日，市政府召开专题会议，听取《国企改革三年行动》《关于进一步深化市级经营性国有资产集中统一监管改革的实施方案》情况汇报，成立国企改革工作专班，制定工作方案，明确工作步骤。6月7日，市“两办”印发《关于进一步深化市级经营性国有资产集中统一监管改革的实施方案》，标志全市经营性国有资产集中统一监管工作进入实质性操作阶段。

国企划转 7月5日，石家庄市政府召开国企改革推进领导小组会议，研究审议第一批脱钩划转企业名单。7月6日，市委常委会听取全市国有企业改革进展情况汇报。会议指出，推进国有企业集中统一监管，是党中央、国务院和省委、省政府的决策部署，是全面深化国有企业改革的重要举措，是一项重大政治任务。全市要把思想统一到党中央、国务院和省委、省政府的决策部署上来，切实按照市委、市政府的安排，增强工作责任感、使命感，勇于担当、主动作为，高质高效完成各项改革任务。7月8日，市国资委接收第一批33家脱钩划转企业。7月9日，市“两办”印发《石家庄市国企改革三年行动实施方案（2020～2022年）》，进一步明确国企改革的目标、时间表和路线图。7月18日，市政府召开国有企业改革推进领导小组会议，研究审议第二批脱钩划转企业名单。会议提出，要坚持问题导向，稳妥有序处理好改革期间遇到的各类突出问题，确保改革有序平稳推进；要加强资产支持力度，以有利于企业更好发展为落脚点，从大局出发考虑问题，在资产划转、手续办理上给予保障；要完善后续配套政策，明确监管权责边界，原主管部门要继续履行好政府所赋予的公共管理职能，继续加强对相关企业的业务指导和管理，做到不放手、不松手、不甩手，坚决避免权责不明、推诿扯皮；要加强退出企业管理，做好人员管理、资产管理等工作，确保职工队伍稳定，防止国有资产流失，有力有序推进国有企业改革到位。7月21日，市国资委接受划转第二批31家国有企业。至此，市国资委监管企业资产总量占市属企业资产总量达到99.68%，标志石家庄市率先实现中央、省提出统一监管比例超90%的目标，提前两个月完成任务。

重组整合 9月13日，中共石家庄市委常委会召开会议，研究通过《石家庄市市属国有企业重组整合总体实施方案》。会议指出，国企重组改革要构建“5+2”企业架构，同时紧盯目标节点，加快组织实施，确保按时高质量完成重组整合任务。要加大资源整合力度，提高管理运行效能、资源配置效率，切实释放重组整合红利；市财政要安排专项资金作为资本金注入五大投资集团，发挥好财政资金“四两拨千斤”作用，助力企业做强做优做大。9月13日，市属国有企业重组整合名称正式对外公布。市属国有企业重组整合按照“同业合并、优化布局、面向市场、清晰定位”原则，聚焦城市建设、交通发展、产业发展、水务农业、文体旅游等方面，新组建5家企业集团，分别为：石家庄国控城市发展投资集团有限责任公司（简称城发投集团）、石家庄交通投资发展集团有限责任公司（简称交投集团）、石家庄国有资本投资运营集团有限责任公司（简称国投集团）、石家庄水务投资集团有限责任公司（简称水投集团）、石家庄文化旅游投资集团有限责任公司（简称旅投集团）。同时，将石家庄常山纺织集团有限责任公司（简称常山纺织集团）、石家庄北国人百集团有限责任公司（简称北人集团）并表到国投集团，但仍保持常山纺织集团、北人集团2家企业运营相对独立性。9月28日，国投集团、旅投集团揭牌成立；10月13日，城发投集团、交投集团、水投集团揭牌成立。至此，石家庄市5家企业集团全部组建完毕，全市国企形成“5+2”市属国有企业架构。

至2021年底，石家庄市登记入统国有企业113户，资产总额4215.8亿元，营业收入395.2亿元，实现利润总额2.2亿元。至2021年底，市国资委监管一级企业7户、二级企业59户、三级及以下企业433户，资产总额3694亿元，营业收入325.1亿元，实现利润总额2.7亿元。石家庄市国企改革以企业的管理、技术、市场等资源整合协同为途径，采取同类业务横向整合、产业链上下游纵向整合的方式实施。通过整合重组，企业国有资产监管制度得到完善，企业集团功能定位和业务布局变得明晰，同质化无序竞争实现根本性转变，彻底解决了企业“小”“散”“弱”问题，“1+1>2”聚集放大效应显现。

（市国资委）

空气质量“退后十”

2021年石家庄市空气质量综合指数为4.89，同比下降1.07，降幅达到18.2%，在全国168个重点城市中，与山东省聊城市并列排名倒数第12位，圆满完成市第十一次党代会提出的“坚决打赢生态环境治理攻坚战，用非常之举、行非常之力、下非常之功，确保空气质量在全国城市排名实现‘退后十’目标”，实现了历史性突破，一举扭转石家庄市空气质量长期排名全国后三位的被动局面，甩掉了空气质量全国排名落后的“黑帽子”。

2021年石家庄市空气质量状况突出特点呈现为“一增、一减、一降、一改善”，其中，“一增”即优良天数（优良率）同比增加，“一减”即重污染天数同比减少，“一降”即主要大气污染物年均浓度同比下降，“一改善”即整体环境空气质量明显改善（2021年石家庄市空气质量主要参数数值参见“生态环境”）。

主要做法 科学研判、高频调度。完善石家庄市大气污染防治指挥调度平台，整合集成工业企业在线监测、秸秆垃圾露天焚烧红外监控等各类数据，优选聘请高水平第三方技术专家团队，每日研判分析、24小时精准调度；重污染天气期间，加密调度、精准溯源，为精准科学治霾提供支撑。严格落实日分析、日会商、预警提示、通报曝光、定期约谈等制度。2021年12月，市政府坚持每晚召开大气污染防治调度会，及时总结分析，查摆通报问题，调整管控指令，做到管控环环相扣、管控面没有遗漏、管控措施全市统筹，有力强化了空气质量“退后十”工作的统一性、一致性、有效性，在整体气象扩散条件劣于常规年份情况下，实现了空气质量综合指数单月排名全国第54位的历史最好成绩，为全年“退后十”目标奠定了坚实基础。大力施治、突出重点。工业企业治理：899家重点工业企业实现在线监测设备联网，11家水泥、27家陶瓷、1家平板玻璃企业完成超低排放改造，6家企业完成退城搬迁。能源领域减排：严控煤炭消费总量，新增涉煤项目做到“零审批”，年度压减煤炭消费总量590万吨，超额完成压减任务；关停华电石热2台20万千瓦、宏源热电2台0.6万千瓦燃煤机组。面源污染管控：落实河北省扬尘污染防治办法，加强各类施工工地监督管理，评定“五星级”工地42家；常态化开展“洗城降尘”行动，精准化开展树木植被保湿、楼顶积尘清理等作业。完成责任主体灭失矿山迹地修复绿化103处，严格管控秸秆露天焚烧，严厉打击违规燃放烟花爆竹，有效降低扬尘污染。移动源管控：以三环路以内高速公路收费站撤销为契机，制定重型车辆三环路外绕行方案，引导过境车辆远端绕行；建设完成石钢公司铁路专用线并具备通车条件；淘汰国三及以下标准营运柴油货车30407辆；400辆新能源渣土车投入运营，渣土清运跨入新能源智能化运输模式。依法监管、铁腕治污。创新实施生态环境分局长异地交流任职机制，明确执法工作“一把手”负责。坚持“白天严管、夜间严查”，实施执法“白转黑”策略，突击检查在线数据造假、污染治理设施不正常运行、第三方运行维护不规范等问题，持续整治有证“散乱污”企业，做到严重环境违法行为依法实施顶格处罚。组建公安环保联合执法专班，开展“退后十”环境执法攻坚专项行动，集中打击一批顶风作案、野蛮施工的典型环境违法案件。

工作亮点 责任落实有力。规范和细化大气污染防治实施措施，印发《石家庄市网格化环境监管“1+4”问责机制（试行）》《石家庄市2021年空气质量“退后十”攻坚考核问责办法》，建立并形成责任落实、追责问责、考核评价等一系列制度，针对性、操作性增强。指挥调度高效。市大气污染防治指挥部办公室与市生态环境局合署办公，集中人力、物力、财力，做到统一调度、统一指挥、统一行动。建成全省领先的大气污染防治指挥调度平台，集融合在线监测、专家团队研判分析、精准溯源、调度指挥为一体，形成24小时指挥调度、定期通报、集体会商、限时反馈等机制。全民广泛参与。搭建生态环境信息和知识传播平台，提高公众参与度。开发“卫蓝天·随手拍”App，方便市民监督举报，及时兑现奖励。常态化在市级媒体平台公开曝光反面典型，有力震慑了生态环境违法行为的发生。2021年石家庄市向全社会公布6批84家企业环境违法典型案件，制作环境违法典型案例专题片2期，增强了公众参与大气污染治理的积极性。

（市生态环境局）

路网高效联通

2021年市委、市政府以“快速提升石家庄形象品质，打造石家庄人自豪、外地人向往的魅力之城”为目标，以解决城市道路与外部道路联通不畅、交通拥堵、道路及沿线绿化美化亮化净化不够等问题为突破口，倾力启动8个交通路网建设项目，实现三环路辅道全线贯通，缓解了市区及周边交通压力，扫除了城市发展道路上的“拦路虎”“绊脚石”。

三环路辅道全线贯通 6月27日，省委常委、市委书记张超超主持召开市委专题会议，研究三环路辅道全线贯通事项。会议提出，要强化时间观念，倒排工期，挂图作战，尽快打通断点，确保9月30日前三环路辅道全线贯通。7月3日，市委、市政府印发《关于落实〈省委省政府关于大力支持省会建设和高质量发展的意见〉的实施方案》，三环路辅道全线贯通作为一项重要内容列入《实施方案》。三环路辅道全线贯通工程总长25.52千米，总投资6.23亿元，施工涉及高营大街（北二环路至古城东路）改建一期工程、307国道复线良村至西古城段改建工程、东三环路辅道贯通工程、南绕城高速公路南三环路辅道剩余工程4个项目、10个断点。9月28日，三环路辅道307国道复线项目最后6千米建成通行，至此，石家庄市域102.3千米三环路辅道全线贯通。

三环路内高速公路免费通行 2021年7月，市委、市政府印发《关于落实〈省委省政府关于大力支持省会建设和高质量发展的意见〉的实施方案》，提出到2021年9月底前，石家庄市区三环路内绕城高速全部取消高速公路通行收费政策。9月28日，石家庄市区三环路外东、南、西、北4个方向新设立4座高速公路收费站正式启用，市区三环路内96.6千米绕城高速公路全部实现免费通行。复兴大街市政化改造。复兴大街原为新元高速公路城区段，市区三环路内高速公路免费通行后，10月20日，新元高速公路城区段更名为复兴大街。复兴大街市政化改造项目北起石家庄北收费站，南至石家庄南收费站，路线总长35.4千米，主、辅路拓宽为双向12车道，其中，主路双向8车道、辅道双向4车道，全线设置立交桥11座，新增匝道出入口16对。复兴大街市政化改造坚持“人民城市人民建，人民城市为人民”的理念，统筹城市、交通、景观、市政配套设施等因素，全方位融入城市长远发展。

城市道路与外部道路互联互通 10月19日，市委召开专题会议，研究通过8个石家庄市区城市道路与外部道路互联互通项目，分别为：石清路、文苑街、党家庄街与北二环连通，新石中路、新石北路跨西二环内外连通，友谊大街跨南二环内外连通，维明大街与南二环连通，北二环东延与国道307辅道连通，石铜路（南二环—南三环）快速连通，三环辅路连接国道307（东三环至良村段）扩建项目。12月19日，石家庄市区二环路与周边道路互联互通工程项目建设正式启动。

（市交通运输局）

古树名木

至2021年底，全市登记建档古树名木35773棵。其中，古树35769棵，名木4棵；一级古树592棵（千年以上古树221棵），二级古树1436棵，三级古树33741棵；古树群235个、34017棵；隶属25科、41属、56种（变种）。从区域看，21个县（市、区）均有古树，主要分布在赵县、鹿泉区、行唐县、灵寿县、平山县、井陉矿区、正定县、井陉县8个县（区）。从生长环境看，有上千棵的集中分布，也有单棵或多棵零星遗存，树种主要为梨树、槐树、侧柏等乡土树种，银杏、青檀、少脉雀梅藤、蜡梅、楸树、鹅耳枥、紫藤、水杉等还有存活，弥足珍贵。2021年石家庄市所有古树名木全部挂牌，一、二级古树设置保护围栏比例达到90%。

灵寿县古茶树

◎主城区古树分布

石家庄主城区共有古树24棵。千年以上古树4棵。其中，槐树2棵，位于桥西区振头一街石邑关帝庙后院、新华区大郭街道于底社区；侧柏2棵，均位于新华区杜北街道上京社区。一级古树10棵，其中，槐树8棵，侧柏2棵。二级古树5棵，其中，槐树3棵，皂荚2棵。三级古树9棵，其中，槐树3棵，侧柏2棵，紫藤2棵，枣树1棵，槐树1棵。

◎重点县（市、区）古树分布

赵县共有古树30502棵。一级古树41棵，二级古树160棵，三级古树30301棵；梨树30476棵，侧柏20棵，槐树5棵，枣树1棵，古梨树群209个。古树品种有雪花梨、鸭梨、桧柏、侧柏、槐树、枣树。古树以梨树最多，呈群状分布，主要分布在范庄镇的南庄、范庄、扬户东门村、杨户西门、小寺庄、常信营、曹庄、杨户北门、西花邱、秀才营、杨户南门11个村和谢庄乡的大东平、董庄、大寺庄、北中马、郜家庄、大郝庄、小东平、谢庄、大马圈、安家庄、小郝庄、南中马、姚家庄、常信二村、田庄、马庄、东王庄17个村。1000株以上村有谢庄乡的大东平村、董庄村、大寺庄村、北中马村、郜家庄村和范庄镇的南庄村、范庄村；谢庄乡大东平村最多，有6832棵；其次是范庄镇南庄村，有5554棵。侧柏主要分布在柏林禅寺内。槐树主要分布在赵州镇石塔村、南三相村、西河村和前大章乡冯家庄村、南白庄村。枣树位于沙河店镇南冯村。

鹿泉区共有古树356棵。一级古树57棵，其中，国槐46棵，皂荚6棵，杜梨1棵，侧柏1棵，桧柏1棵，黑枣1棵，国公山杏1棵。一级古树中，千年以上古树21棵。其中，大河镇3棵，树种：国槐，分别位于贾村、纸房头、杜童；铜冶镇1棵，树种：皂荚，位于西铜冶村；山尹村乡1棵，树种：国槐，位于西郭庄村；鹿泉经济开发区3棵，树种：国槐，位于符家庄村；获鹿镇9棵，树种：国槐，分别是一街2棵，三街3棵，四街2棵，五街1棵，北海山1棵；白鹿泉乡3棵，分别是西胡申村桧柏、枣林村国槐、白鹿泉村侧柏；封龙山1棵，树种：国槐。二级古树48棵，其中，国槐11棵，皂荚6棵，杜梨5棵，侧柏3棵，枣树1棵，文冠树1棵，毛白杨1棵，梨树8棵，合欢1棵，黑枣1棵，栾树1棵，小叶杨1棵，杏树3棵，榆树3棵，蜡梅1棵，桃树1棵。三级古树251棵，其中，国槐13棵，皂荚4棵，杜梨41棵，侧柏1棵，柏树1棵，柿子12棵，梨树62棵，合欢3棵，黑枣4棵，栾树4棵，小叶杨1棵，杏树22棵，榆树46棵，核桃3棵，柳树4棵，桑树5棵，青檀16棵，楸树1棵，香椿2棵，石榴6棵。

行唐县共有古树272棵。单株14棵，群落258棵。单株古树中，一级古树11棵，主要树种为槐树、枣树、侧柏、酸枣、黑枣、柿子、小叶朴、核桃，分布在九口子、口头、龙州、上阎庄、南桥5个乡镇；二级古树2棵，树种为槐树、酸枣；三级古树1棵，树种为核桃。古树群落中，一级古树56棵，树种为枣树，主要分布在九口子乡周家庄村、两岭口村、石槽沟村、神树村；二级古树119棵，树种为枣树；三级古树83棵，树种为枣树、侧柏。一级古树中，千年以上古树7棵。其中，槐树4棵，分别位于九口子乡两岭口村、上庄村、范家庄村和龙州镇北羊同村；枣树1棵，位于九口子乡石槽沟村；酸枣1棵，位于九口子乡西彩庄村。

灵寿县共有古树218棵。一级古树36棵，其中，槐树11棵，侧柏1棵，黄连木1棵，古茶树2棵，柿树1棵，蒙古栎3棵，槲栎1棵，山杨1棵，桑树1棵，板栗14棵。一级古树中，千年以上古树12棵。其中，槐树4棵，岔头镇坡门口村、陈庄镇西村各1棵，狗台乡尹凡同村2棵；侧柏1棵，位于灵寿镇孟托村；流苏（茶树）2棵，南营乡车谷砣村、寨头乡杨树沟村各1棵；黄连木1棵，位于寨头乡杨树沟村；蒙古栎1棵，位于南营乡南寺村；槲栎1棵，位于南营乡南寺村；山杨1棵，位于南营乡漫山村；桑树1棵，位于南营乡南枪杆村。二级古树50棵，其中，槐树5棵，侧柏2棵，毛白杨1棵，板栗21棵，全皮栎3棵，柿树1棵，皂荚2棵，蒙古栎2棵，油松5棵，核桃7棵，桑树1棵。三级古树132棵，其中，槐树10棵，侧柏67棵，皂荚树4棵，核桃18棵，杜梨1棵，黑枣4棵，蒙古栎8棵，板栗7棵，桑树2棵，槲栎1棵，白榆1棵，刺槐2棵，全皮栎1棵，柿树4棵，油松1棵，楸树1棵。

平山县共有古树195棵。主要分布在营里、北冶、蛟潭庄等乡镇，树种以槐树、侧柏为主。一级古树90棵，其中，银杏2棵，冷杉1棵，油松4棵，侧柏18棵，槐树42棵，槲栎4棵，辽东栎1棵，栓皮栎7棵，鹅耳栎2棵，小叶朴2棵，青檀1棵，榆树1棵，核桃1棵，板栗1棵，桑树3棵。一级古树中，千年以上古树16棵。其中，侧柏7棵（上三汲乡林山2棵，平山镇文庙、蛟潭庄镇蛟潭庄村、蛟潭庄镇寨北村、东回舍镇屯头村、杨家桥乡河西头村各1棵）；槐树6棵（岗南镇史家沟村、上观音堂乡上盘松村、上观音堂乡下盘松村、蛟潭庄镇南苍蝇沟村、营里乡水磨头村、北冶乡咂杜村各1棵）；板栗1棵，位于宅北乡南滚龙沟村；栓皮栎1棵，位于杨家桥乡南营村；核桃1棵，位于蛟谭庄镇奶奶庙村。二级古树70棵，其中，云杉1棵，油松7棵，侧柏5棵，杜梨1棵，皂荚1棵，国槐37棵，毛白杨1棵，小叶杨1棵，槲栎2棵，蒙古栎1棵，辽东栎1棵，栓皮栎3棵，核桃5棵，榆树4棵。三级古树35棵，其中，银杏1棵，油松2棵，侧柏6棵，杏树1棵，皂荚1棵，国槐17棵，旱柳2棵，槲栎2棵，核桃3棵。

井陉矿区共有古树66棵。一级古树9棵，其中，槐树7棵，侧柏2棵；二级古树5棵，其中，槐树2棵，梓树1棵，省梅藤1棵，刺槐1棵。一级古树中，千年古树2棵。其中，槐树1棵，位于贾庄镇贾庄村马家巷；侧柏1棵，位于贾庄镇西岗头村清凉山。三级古树52棵，其中，槐树1棵，紫藤3棵，侧柏36棵（古树群33棵），五角枫1棵，银杏2棵，刺槐7棵，黄金树1棵，核桃树1棵。

正定县共有古树65棵。一级古树22棵，二级古树27棵，三级古树16棵。古树品种6个，分别为槐树、刺槐、侧柏、紫藤、榆树、椿树。一级古树中，千年以上古树17棵，其中，槐树7棵，侧柏10棵；1棵槐树位于天宁寺凌霄塔院内西侧，10棵侧柏、6棵槐树位于隆兴寺内。

井陉县共有古树37棵。一级古树16棵，其中，槐树15棵，侧柏1棵。一级古树中，千年以上古树3棵，均为槐树，其中，2棵位于测鱼镇测鱼村，1棵位于天长镇河东村粮台街。二级古树14棵，均为槐树。三级古树7棵，其中，槐树3棵，侧柏2棵，刺槐1棵，石榴树1棵。古树群9个。其中，侧柏古树群6个，树龄平均200年以上；漆树古树群1个，树龄平均120年以上；黄栌树古树群1个，树龄平均250年以上；青檀树古树群1个，树龄平均400年以上。

◎名木

全市共有名木4棵，均为水杉树，位于元氏县前仙乡石板沟村十里庄山场。水杉树被称为活化石。1958年元氏县前仙乡石板沟村林业队队长牛新银到北京市参加全国林业工作会议，带回水杉树苗10棵，栽植在石板沟村十里庄山场。至2021年底，仅存活4棵，平均胸径26.93厘米、树高22.87米，树干挺直，树冠尖塔形，枝叶生长旺盛。

（市档案馆　市林业和草原局）

链接：

古树名木：是指在人类历史发展过程中保存下来年代久远或具有重要科研、历史、文化价值的树木。古树是指树龄在100年以上，其中，100～299年属三级古树，300～499年属二级古树，500年以上属一级古树。名木是指在历史上或社会上有重大影响的中外名人、领袖人物所植或者是具有重要历史、文化、景观与科学价值和具有重要纪念意义的树木。

抗击新冠肺炎疫情

2021 年 1 月 7 日，防疫民警在出入市区裕华高速路口值勤（吕晓晗 摄）

2021 年石家庄市突发新冠肺炎疫情 3 次，累计确诊新冠肺炎患者病例 1101 例，治愈 1100 例，死亡 1 例。其中，第一波疫情为 1 月 2 日藁城区增村镇突发新冠肺炎疫情，确诊 1033 例（含无症状感染者 164 例），死亡 1 例，集中隔离 41266 人，疫情范围波及石家庄市 11 个县（市、区）；第二波疫情为 10 月 23 日深泽县大桥头镇突发新冠肺炎疫情，确诊病例 63 例，排查管控密接者 2713 人、次密者 10444 人、其他人员 13615 人，隔离 18552 人，疫情波及晋州市域；第三波疫情为 12 月 3 日鹿泉区山尹村镇普兴电子工地突发新冠肺炎疫情，确诊病例 5 例，排查管控密接者 621 人、次密者 1966 人、其他人员 4368 人，集中隔离 3188 人，疫情波及鹿泉区山尹村镇 7 个村 3 个小区和元氏县碧桂园小区。至 2021 年底，全市 3 波新冠肺炎疫情累计核酸检测 3528.39 万人份。统筹疫情防控和经济发展，落实疫情发生后 5 小时内发布权威信息机制、24 小时内召开新闻发布会要求。2021 年全市精准判定密接者 15993 人次、次密者 26295 人次，设置封控区 19 个、管控区 233 个，流调各类密接信息 43450 人次，接收和推送省外、省内市际间协查函 11279 份。加强新冠肺炎疫苗接种，全年接种新冠肺炎病毒疫苗 2470.9 万剂次，接种 971.5 万人剂次，全人群接种覆盖率达到 91.3%。2021 年石家庄市发生的 3 波新冠肺炎疫情涉及 14 个地域，分别为长安区、桥西区、新华区、裕华区、藁城区、鹿泉区、高新区、正定县、行唐县、深泽县、无极县、平山县、晋州市、新乐市；井陉矿区、栾城区、井陉县、灵寿县、高邑县、赞皇县、元氏县、赵县 8 个地域没有发生新冠肺炎疫情，实现零病例、零感染目标。从控制新增新冠肺炎病例看，第一波疫情用时 33 天，第二波疫情用时 15 天，第三波疫情用时 3 天，处置速度、效率、效果均实现大幅提升。12 月 22 日，石家庄市住院新冠肺炎确诊病例全部清零。

新冠肺炎疫情期间，北国超市全力做好蔬菜供应（2021 年 1 月 7 日拍摄，北人集团提供）

长安区　1 月 5 日，长安区出现第 1 名新冠肺炎确诊患者和第 1 名新冠肺炎无症状感染者，均为建北街道办事处（简称街道）红珊湾小区居民。疫情重点暴发时间段为1月5日至1月23日。至2021年底，长安区确诊新冠肺炎患者17例、无症状感染者2例；设置隔离点43家，隔离5334人（含藁城区统筹管理人员），未发生交叉感染现象。调查密切接触者991人、次密接人员4290人。3月1日，长安区新冠肺炎患者实现清零，患者救治没有1例死亡。2021年长安区新冠疫苗接种第一针95.87万人剂次，接种率90.48%；第二针95.69万人剂次，接种率91.22%；第三针50.72万人剂次；加强针接种25.99万人剂次，符合人群接种率59.9%。

桥西区 1月5日和1月8日，桥西区分别出现第1例新冠肺炎确诊病例和第1例新冠肺炎无症状感染者，均为汇通街道居民。至2021年底，桥西区确诊新冠肺炎病例6例、无症状感染者2例，没有患者死亡现象。疫情重点暴发时间段为1月9日，出现病例4例。1月10日，桥西区第一次新冠肺炎疫情实现清零；10月24日，桥西区第二次新冠肺炎疫情实现清零。两次疫情排查和管理密接者297人、次密接者1284人。2021年桥西区接种新冠疫苗第一针92.59万人剂次，接种率94.52%；第二针94.2万人剂次，接种率96.17%；第三针69.12万人剂次；加强针接种41.04万人剂次，符合人群接种率89.17%。

新华区 1月7日，新华区发现第1例新冠肺炎确诊病例，患者为赵佗街道居民。2月24日，实现病例清零。至2021年底，新华区共有新冠肺炎确诊病例2例，没有无症状感染者和死亡病例；排查管控密接者190人、次密接者1044人、其他人员3536人。2021年新华区开展全员核酸检测3次，参检238.98万人次，均为阴性。2021年新华区接种新冠肺炎疫苗第一针72.88万人剂次，接种率90.67%；第二针69.62万人剂次，接种率86.8%；第三针35.28万人剂次；3～11岁人群接种8.69万人剂次，接种率98.49%。

裕华区 2021年裕华区发生新冠肺炎疫情2次，报告新冠肺炎确诊病例21例、无症状感染者1例，没有患者死亡病例；排查管控密切接触者513人、次密接者2106人、重点人员2615人。1月8日，市人民医院建华院区报告第1例新冠肺炎确诊病例，患者为裕华区裕兴街道居民；1月21日，市人民医院建华院区报告第1例无症状感染者。疫情重点暴发时段2个，第一阶段为1月8～24日，报告新冠肺炎确诊病例19例、无症状感染者1例，1月24日后，无新增病例报告；第二阶段为10月23～31日，报告新冠肺炎确诊病例2例，10月31日后，无新增病例报告。2021年裕华区开展核酸检测20轮，累计检测26.33万人，均为阴性。2021年裕华区累计接种新冠肺炎疫苗170.09万人剂次，其中，第一针70.12万人剂次，第二针67.51万人剂次，第三针32.45万人剂次，加强针接种12.24万人剂次。3岁以上人群疫苗接种覆盖率达到93.87%。

井陉矿区 2021年井陉矿区没有发生新冠肺炎疫情，实现零病例、零感染目标。选派13名公安人员、50名医护人员支援石家庄市域等地疫情防控。至2021年底，井陉矿区全员核酸检测4次，累计检测29.78万人次；排查管控密切接触者11人、次密接者194人、重点人群256人，核酸检测均为阴性；隔离415人。2021年井陉矿区接种新冠肺炎疫苗第一针69520人剂次，接种率93.16%；第二针68113人剂次，接种率91.28%；第三针45250人剂次；加强针接种28334人剂次，符合人群接种率80.14%。

藁城区 1月2日，藁城区发生新冠肺炎疫情，第1例新冠肺炎确诊病例为增村镇小果庄村人，在河北省医科大学第二附属医院发热门诊就诊时发现核酸检测为阳性。1月4日，藁城区出现第1例新冠肺炎无症状感染者，也为增村镇小果庄村人。1月10日，确诊病例日增峰值最高，达到87例；1月21日后，报告确诊病例逐步下降；2月14日，报告最后1名确诊病例。7月26日，藁城区新冠肺炎确诊病例最后1名患者治愈并康复出院。至2021年底，藁城区确诊新冠肺炎病例720例、无症状感染者139例，死亡1例；排查管控密切接触者6324人、次密接者7182人；消杀居民院落1.6万余户；全员核酸检测1100余万人次。藁城区新冠肺炎疫情防控历时一年时间，经历全域高风险封控、中风险管控、低风险管控、常态化防控4个阶段，设立疫情防控分指挥部18个，制定防控方案26项、重点封控措施32项，设置重点环节19个，编制《疫情防控工作应急预案》《全员核酸检测应急预案》《全员新冠肺炎疫苗接种应急预案》3个预案及重点人群、重点环境《疫情防控指引》，建立流调、转运、隔离、消杀、核酸采样、核酸检测、医疗救治、疫苗接种8支队伍，形成1+N疫情防控体系。2021年藁城区接种新冠肺炎疫苗第一针70.09万人剂次，接种率89%；第二针65.3万人剂次，接种率80%；加强针接种15.01万人剂次。

鹿泉区 12月3日，鹿泉区山尹村镇普兴电子工地突发新冠肺炎疫情，确诊病例5例，疫情波及鹿泉区山尹村镇7个村3个小区和元氏县碧桂园小区。至2021年底，鹿泉区共有新冠肺炎确诊病例5例；排查管控密接者426人、次密接者625

人，涉及29个村、42个小区、6个单位、17个学校。2021年鹿泉区接种新冠肺炎疫苗第一针55.78万人剂次，接种率94.81%；第二针52.84万人剂次，接种率89.82%；加强针接种10.99万人剂次，符合人群接种率73.42%；3岁以上人群接种56.71万人剂次，接种率98.36%。

栾城区 2021年栾城区没有发生新冠肺炎疫情，实现零病例、零感染目标。全年栾城区设置隔离点12个，参与人员196人；组建设立流调、消杀、隔离、救治、采样、检测、社区防控、健康教育8支队伍2721人；排查管控密接者、次密接者733人；核酸检测10551人。加强新冠肺炎疫苗接种，2021年栾城区12周岁以上人群接种率96.52%，3～11岁人群接种率84.93%，加强针符合人群接种率71.22%。

高新区 1月5日，高新区发现第1例新冠肺炎确诊病例。1月6日，第1例新冠肺炎无症状感染者确诊。1月20日起，没有新增新冠肺炎确诊病例和无症状感染者。2月3日，全部患者治愈出院，疫情实现清零。至2021年底，高新区共有新冠肺炎确诊病例13例、无症状感染者5例，无患者死亡病例。排查管控密接者269人、次密接者1563人，隔离3317人。2021年高新区接种新冠肺炎疫苗第一针19万人剂次，接种率82.74%；第二针19.4万人剂次，接种率85.5%；加强针接种76112人剂次，符合人群接种率70.26%；3岁以上人群接种28.52万人剂次，接种率97.96%。

井陉县 2021年井陉县没有发生新冠肺炎疫情，实现零病例、零感染目标。选派548名医护人员支援石家庄市域等地疫情防控和核酸检测。排查管控密切接触者10人、次密者351人，隔离1115人（含藁城区人员）。核酸检测45.8万人次。2021年井陉县接种新冠肺炎疫苗第一针21.78万人剂次，接种率86.76%；第二针21.21万人剂次，接种率84.52%；第三针13.24万人剂次；加强针接种80407人剂次，符合人群接种率49.76%。

正定县 1月5日，正定县确诊第1例新冠肺炎病例，患者为南楼乡孔村人。1月7日，发现第1名新冠肺炎无症状感染者。疫情重点暴发时间段为1月5日至2月10日。4月25日，全部新冠肺炎患者治愈出院，实现病例清零。至2021年底，正定县共有新冠肺炎确诊病例17例、无症状感染者2例。排查管控密切接触者951人、次密者1497人，隔离5008人。支援市域疫情防控，选派7次750人次支援深泽县、7人次支援晋州。完成中国赴南苏丹维和部队官兵342人归国医学观察任务。2021年正定县接种新冠肺炎疫苗136.98万剂次，其中，第一针接种51.94万人剂次，接种率94.55%，第二针接种50.9万人剂次，接种率92.66%，第三针接种34.14万人剂次。

行唐县 1月6日，行唐县第1名新冠肺炎病例在龙州镇滨河小区确诊。2月23日，新冠肺炎确诊病例治愈出院，实现清零。至2021年底，行唐县共有新冠肺炎确诊病例1例，无新冠肺炎无症状感染者和患者死亡病例；设置隔离点9个、隔离634人次；排查管控密接者33人、次密接者148人；管控涉疫接触人员居住小区10个6776人、村庄9个6738人、学校14所21303人；重点人群核酸检测66.89万人次，管理区域全员核酸检测57473人次，结果均为阴性。选派医务人员1500余人次，支援市人民医院、市第四医院、市第五医院及新乐市、藁城区、深泽县疫情防控工作。2021年行唐县接种新冠肺炎疫苗34.11万人剂次，接种率达到90.77%。

灵寿县 2021年灵寿县没有发生新冠肺炎疫情，实现零病例、零感染目标。全年排查管控密接者38人、次密接者686人、重点人员25人、其他人员1166人，集中隔离1322人，居家医学观察1568人。全员核酸检测3次、参检83.06万人次，重点人群核酸检测37.12万人次，全部为阴性。2021年灵寿县接种新冠疫苗第一针28.27万人剂次，接种率75.97%；第二针27.79万人剂次，接种率74.68%；第三针16.3万人剂次；3岁以上人群接种28.27万人剂次，接种率94.03%；加强针接种74834人剂次，符合人群接种率74.97%。

高邑县 2021年高邑县没有发生新冠肺炎疫情，实现零病例、零感染目标。全年排查涉疫人员信息83万余人次，重点人群核酸检测27万人次，排查管控密接者2人、次密接者70人，隔离618人。选派473名医务人员支援市域等地疫情防控。2021年高邑县接种新冠肺炎疫苗第一针16.64万人剂次，接种率95.95%；第二针16.1万人剂次，接种率96.78%；第三针11.31万人剂次；加强针接种80939人剂次，符合人群接种率94.66%；3～11岁人群接种25467人剂次，接种率91.17%。

深泽县 10月23日，深泽县大桥头镇突发新冠肺炎疫情。10月30日，第1例新冠肺炎病例确诊，全县域实行封闭管理。11月4日，深泽县河庄村调整为高风险地区，西河村调整为中风险地区。11月8日，深泽县再无报告确诊病例。11月18日，全县解除封闭管控，恢复正常生产生活秩序。排查管控密接者1876人、次密接者4033人，隔离1314人。2021年深泽县接种新冠肺炎疫苗第一针19.73万人剂次、第二针19.34万人剂次、第三针66213人剂次，加强针接种53747人剂次，其中，3～11岁人群接种第一针23178人剂次、第二针21267人剂次。

赞皇县　2021年赞皇县没有发生新冠肺炎疫情，实现零病例、零感染目标。支援藁城区、深泽县、晋州市疫情防控，选派医务人员816人次、负压救护车43辆次。排查管控密接者2人、次密接者29人、其他人员124人。隔离268人，其中境外返乡人员4人。2021年赞皇县接种新冠肺炎疫苗第一针21.85万人剂次，接种率93.06%；第二针21.09万人剂次，接种率96.49%；第三针42711人剂次；加强针接种66083人剂次，符合人群接种率71.64%；3～11岁人群接种31091人剂次，接种率73.08%。

无极县　1月7日，无极县报告发现第1例新冠肺炎无症状感染者；1月9日，第1例新冠肺炎病例确诊。1月25日起，没有新增确诊病例。2月25日，无极县新冠肺炎病例实现清零。至2021年底，无极县共有新冠肺炎病例5例，其中，确诊病例2例，无症状感染者3例，患者救治无死亡病例发生。排查管控密接者81人、次密接者340人，隔离2259人。2021年无极县接种新冠肺炎疫苗第一针39.75万人剂次，接种率95.66%；第二针38.74万人剂次，接种率93.22%；第三针12.15万人剂次；加强针接种11.58万人剂次，符合人群接种率67.17%。

平山县　1月15日，平山县第1例新冠肺炎病例确诊，患者为平山镇防疫站家属院居民。2月25日，全部新冠肺炎患者治愈出院，病例实现清零。至2021年底，平山县共有新冠肺炎确诊病例5例，没有新冠肺炎无症状感染者和死亡病例。全年核酸检测378.19万人次，其中，5轮全员核酸检测204.25万人次，重点人群检测86.95万人次，隔离点检测4.16万人次，医疗机构检测82.83万人次；排查管控密切接触者184人、次密接者209人，隔离人员2432人。2021年平山县接种新冠肺炎疫苗第一针38.57万人剂次，接种率93.83%；第二针37.34万人剂次，接种率90.83%；加强针接种94223人剂次，符合人群接种率81.56%。

元氏县　2021年元氏县没有发生新冠肺炎疫情，实现零病例、零感染目标。选派医务人员1100余人次，支援藁城区、深泽县疫情防控。全县3次全员核酸检测及重点人员核酸检测140.37万人次，均为阴性。流调1236人，排查管控密接者114人、次密接者472人、其他人员431人，隔离1965人。2021年元氏县接种新冠肺炎疫苗第一针35.54万人剂次，接种率90.49%；第二针34.49万人剂次，接种率87.84%；加强针接种11.03万人剂次，符合人群接种率75.77%。

赵县　2021年赵县没有发生新冠肺炎疫情，实现零病例、零感染目标。组建成立流行病学调查、消毒消杀、隔离观察、医疗救治、核酸采样、核酸检测、社区防控、健康教育队伍8支，设置卫生防疫网格50个。排查管控密接者73人、次密接者344人，隔离73人。全员核酸检测3次，参检137.3人次。2021年赵县接种新冠肺炎疫苗第一针43.2万人剂次，接种率85.49%；第二针42.57万人剂次，接种率84.24%；第三针26.3人剂次；加强针接种14.5人剂次，符合人群接种率80.12%。

晋州市　11月2日，晋州市发现新冠肺炎确诊病例3例，患者分别为小樵镇田村、西曹村、北旺村居民。11月4日新增1例，11月5日新增1例，再无新增病例。至2021年底，晋州市共有新冠肺炎确诊病例5例，没有无症状感染者和死亡病例发生。2022年1月6日，晋州市5名确诊病例治愈出院，疫情实现清零。支持藁城区疫情防控，启用宾馆44家，接纳藁城区小果庄村、刘家佐村隔离人员604名。排查管控密接者189人、次密接者1519人，转运隔离人员2716人次。全员核酸检测3次，参检133.9万人次。2021年晋州市接种新冠肺炎疫苗第一针45.71万人剂次，接种率89.98%；第二针44.29万人剂次，接种率96.9%；第三针10.98万人剂次；加强针接种14.97万人剂次，符合人群接种率45.8%。

新乐市　1月2日，新乐市发现第1例新冠肺炎确诊病例。1月29日起，新乐市再没有新增新冠肺炎确诊病例。2月8日起，新乐市全域调整为低风险地区。至2021年底，新乐市共有新冠肺炎确诊病例61例、无症状感染者10例。全年排查管控重点人群29.5万余人，集中隔离5000余人。全员核酸检测11次，参检466.2万人次。2021年新乐市接种新冠肺炎疫苗第一针43.47万人剂次，接种率94.36%；第二针42.57万人剂次，接种率92.85%；加强针接种61840人剂次，符合人群接种率80.64%。

（市档案馆）

大事记

Chronicles of Events

1月

1日，市区槐安路与西二环互通立交桥一期工程开通试运行。

2日晚，石家庄市藁城区增村镇突发新冠肺炎疫情。

3日，为期4天的中国游泳争霸赛（石家庄站）在河北奥林匹克体育中心落幕。这也是河北奥林匹克体育中心首次承接国家级游泳比赛活动。

4日，市本级不动产登记电子证照启用。

6日，石家庄市在全市范围启动和执行全员新冠肺炎核酸检测、人员及车辆外出管控、学校及幼儿园放假、停止举办大型聚集性群众文化旅游活动等措施，全市经济活动和居民生活近似按下“暂停键”。

6～8日，中共中央政治局委员、国务院副总理孙春兰到河北视察指导疫情防控工作，实地考察了石家庄市藁城区小果庄村、正定县新城铺村、裕华区恒大名都社区、市疾病预防控制中心、市第五医院等，详细了解小区封控、物资保障、交通管控、采样隔离、流调救治等情况，并组织召开地方、部门、专家座谈会和省、市、县三级疫情防控工作视频会议。

8日，市第十四届人大常委会第三十三次会议任命马宇骏为石家庄市副市长、代理市长。

13日晚，中共河北省委批准追认李瑞芝为中国共产党党员。

15～18日，中共中央政治局委员、国务院副总理孙春兰到河北省视察指导新冠肺炎疫情防控工作，实地考察了石家庄市藁城区增村镇杨马村、市内青园街居民社区、市老年养护院、绕城高速口、桥西蔬菜中心批发市场、石家庄幼儿师范高等专科学校隔离点等，听取石家庄市等河北省5个市县疫情防控工作汇报。

24日，中国邮政航空南京—石家庄航班恢复，这也是藁城区突发新冠肺炎疫情后石家庄机场恢复运营的首条货运航线。

29日，石家庄市通告全市，开始有序恢复正常生产生活秩序。

1月，中国石家庄人力资源服务产业园获批国家级产业园。

1月起，石家庄市用人单位全面启用《京津冀集体合同参考文本》。

2月

1日，中国（河北）自由贸易试验区正定片区商标业务受理窗口启动运行。

7日，习近平回信勉励平山县西柏坡镇北庄村全体党员：“把乡亲们更好团结起来、凝聚起来，心往一处想，劲往一处使，让日子过得越来越红火。”

7日，中国共产党石家庄市第十届纪律检查委员会第四次全体会议举行。出席市纪委委员43人，列席17人。会议审议通过陈玉祥代表市纪委常委会所作的《推动新时代纪检监察工作高质量发展，为我市“十四五”开好局起好步，全面建设现代省会、经济强市提供坚强保障》工作报告。

8日，石家庄四药有限公司董事长苏学军在全国就业与社会保障先进民营企业暨关爱员工实现双赢表彰大会上获得“全国关爱员工优秀民营企业家”称号。

18日，高邑县获评2020年全国村庄清洁行动先进县。

22日，省委常委、市委书记邢国辉当选河北省第十三届人大常委会副主任。

22日，石家庄市域省际市际长途客运、餐饮堂食、文化场馆等场所恢复运营。

24日，全市召开党史学习教育动员大会、开展“三重四创五优化”活动暨20项民生工程动员部署会议。

25～26日，政协石家庄市第十三届委员会第五次会议在市人民会堂举行。

26日，张业当选政协石家庄市第十三届委员会主席。

26～27日，市第十四届人民代表大会第六次会议在市人民会堂举行。

27日，李雪荣当选石家庄市第十四届人民代表大会常务委员会主任，马宇骏当选石家庄市市长。

3月

1日，全市正式执行《2020年版药品目录》。

3日，石家庄市新冠肺炎疫情患

者全部治愈，病例全部清零。

4日，鹿泉区、井陉县、栾城区获评2020年全省村庄清洁行动先进县。

8日，石家庄主城区机动车尾号恢复工作日常态化限行。

16～18日，全国人大常委会副委员长、全国妇联主席沈跃跃到平山县梁家沟村调研考察，查看了以岭药业研究院、润石集团妇女创新创业情况，并与女科技工作者、女创业带头人座谈交流。

19日，省委常委、省军区政委李宁，省军区司令员王继平等军地领导到石家庄革命军事馆参观学习和调研指导。

19日，春季入伍首批新兵离石，踏上军旅征程。

21日，省长许勤带领省政府党组和班子成员到革命老区平山县开展体验式党史学习教育，并主持召开省政府党组理论学习中心组学习会。

23日，省委书记、省人大常委会主任王东峰到平山县西柏坡作党史学习教育专题宣讲报告，并围绕党史学习教育、推进乡村振兴到苏庄乡上东裕村和岗南镇曹火星纪念馆调研考察。

31日，石家庄市2021年抗击疫情先进事迹报告会举行。市人民医院重症医学科一病区主任马小宁、裕华区方村镇方村原党支部书记张吉强的女儿张欢欢、市民政局副局长常俊华、藁城区公安局特巡警大队副大队长张月礼、裕华区裕华路街道办事处建南社区党委书记吴玉杰、石家庄广播电视台记者王琳6名来自不同战线的先进典型，结合自身经历向全市做事迹报告。

4月

1日，省委常委、省人大常委会副主任、市委书记邢国辉，市长马宇骏率领市党政代表团到雄安新区学习考察，现场检查雄安新区郊野公园石家庄展园和石家庄林建设。

2日，北人集团与河北地质大学签约新零售联合研究院项目，双方商定以校企联合方式，整合科技、人才、产业资源，开展多领域、多形式合作，加速推动消费市场数字化转型。

6日，地铁3号线一期东段及二期工程建成运营，全长14.9千米。至此，石家庄地铁建成总里程78.2千米，其中营运里程76.5千米。

15日晚，2021年石家庄市夜经济启动仪式在裕华区火车头步行街举行。

17日，石家庄至德国汉堡首趟“冀欧号”中欧班列开通运营。

20日，市政府与中电科第13所、第54所签署加快科技成果转化、推动新一代信息技术产业发展战略合作框架协议。

20日，石家庄人民商场股份有限公司工会联合会成立。

25日，张超超任中共河北省委常委、石家庄市委书记。

27日，石家庄市6人获得“全国五一劳动奖章”，1个集体获得“全国五一劳动奖状”，3个集体获得“全国工人先锋号”。

28日，井陉窑博物馆建成开馆。

30日至5月5日，2021中国·石家庄（正定）国际小商品博览会在石家庄国际会展中心举行。

30日，元氏劳动公园开园，占地面积800亩（53公顷），这也是石家庄市建设完成的首个劳动主题示范公园。

5月

1日，《石家庄市生活垃圾分类管理条例》及新修订的《石家庄市城市市容和环境卫生管理条例》施行。

9日，中国共产党石家庄市第十届委员会第十二次全体会议举行。审议通过《关于召开中国共产党石家庄市第十一次代表大会的决议》，决定2021年8月召开中国共产党石家庄市第十一次代表大会。

10日，教育部批准，石家庄科技工程职业学院更名为河北正定师范高等专科学校。

18日，市委机构编制委员会批复同意市委办公室加挂市档案局牌子。

21日，国家统一医疗保障信息平台系统在石家庄市建成试运行。

21日至6月28日，2021年全市社会科学普及月活动举行。主题为“奋斗百年路，启航新征程”。

22～28日，全市科技活动周举行。

24日，由市档案馆、石家庄广播电视台等单位联合摄制的百集微纪录片《百年记忆——石家庄100个红色档案故事》在石家庄电视台、石家庄地铁电视、无线石家庄等平台播出，每集3～5分钟。

25日，全市脱贫攻坚总结暨巩固拓展成果动员会议召开。

26日，市平安志愿者协会成立。

28日，河北省推进省会建设发展工作会议在石家庄市举行。省委书记王东峰在会议上提出，石家庄市要积极融入以首都为核心的世界级城市群，扎实推动省会建设高质量发展，努力打造现代化、国际化美丽省会城市。

29日，石家庄市扶贫开发办公室更名为石家庄市乡村振兴局。

30日，全市召开领导干部会议，贯彻落实河北省推进省会建设发展工作会议部署。省委常委、市委书记张超超提出：统一思想认识，激发内生动力，凝聚发展合力，加快建设现代化、国际化美丽省会城市，当好全面建设经济强省、美丽河北的排头兵、领头雁。

31 日，《石家庄市第七次全国人口普查公报》对外发布。

31 日，根据国家人口生育政策规定，全市正式执行一对夫妇生育第三个子女政策。

6 月

1 日，河北正定师范高等专科学校在古城正定挂牌。

2 日，新修改《石家庄市出租汽车管理条例》施行。

2 日，中国石家庄人力资源服务产业园开园运行。

3 日，市乡村振兴局挂牌成立。

3 日，应中共中央对外联络部和中共河北省委邀请，20 个阿拉伯国家驻华使节及阿拉伯国家联盟驻华代表处代表到石家庄市，参观西柏坡纪念馆、中共中央旧址，考察正定县塔元庄，参加“共话百年历史　共创美好未来”主题交流活动。

5 日，省生态环境厅、市政府联合在井陉县举办六五环境日主题宣传活动。主题为“人与自然和谐共生”。

7 日，省委常委、市委书记张超超与中国交通建设集团有限公司党委书记、董事长王彤宙一行举行工作座谈，并出席市政府与中交集团战略合作协议签约仪式。

9 日，市政府与中国中铁股份有限公司签署战略合作框架协议。市长马宇骏、中国中铁股份有限公司总裁陈文健出席签约仪式。

11 日，省委常委、市委书记张超超主持召开企业家座谈会。敬业集团、石药集团、远东通信公司、科林电气、北人集团、华清环境科技集团、河北叁陆伍网络科技集团、云际数字直播基地、石家庄四药有限公司、格力电器（石家庄）有限公司、新宇宙电动车集团、京华电子实业有限公司 12 家企业负责人参会，围绕优化营商环境、做大做强企业、助推高质量发展等提出意见建议。

11 日，全国文化科技卫生“三下乡”集中示范活动（河北站）暨河北省第 25 届文化科技卫生“三下乡”集中服务活动在赞皇县举行。主题为“永远跟党走、奋进新征程”。赞皇县在此次“三下乡”集中服务活动中获得省市帮扶项目、资金、物资等价值 7.97 亿元。

19 日，国家能源集团朔黄铁路重载移动闭塞技术发布及开通会在石家庄市举行。该技术填补了国内重载铁路移动闭塞技术领域的空白，实现每列货车平均发车间隔由原来 11 分钟缩短至 7.3 分钟。

25 日，滹沱河生态修复三期工程正式通水，标志长度 109 千米滹沱河生态修复主体工程全线完工。

25 日，第七届石家庄国际糖尿病大会举行。主题为“糖尿病及其并发症临床诊治进展”。来自澳大利亚及国内糖尿病领域专家学者采用澳大利亚、北京、石家庄三地连线和线下相结合形式，作专题报告及典型病例学术讲座。

27 日，白求恩精神教育基地在平山县上卸甲河村挂牌。

28 日，中共中央授予石家庄以岭药业股份有限公司党委、国家电网河北省电力有限公司正定县供电分公司党委、河北华清环境科技股份有限公司党总支 3 个单位“全国先进基层党组织”称号。

28 日，市应急管理综合行政执法支队揭牌成立。

30 日，全市召开领导干部会议，传达《省委、省政府关于大力支持省会建设和高质量发展的意见》精神，安排部署重点工作。

30 日起，石家庄市结婚登记除涉外和涉中国香港、澳门、台湾居民及华侨外，实行辖区通办。

7 月

1 日，由市委宣传部、石家庄日报社、中共石家庄市委党史研究室联合评选的石家庄一百个“红色印记”在《石家庄日报》刊登公布。

1 日，由中共石家庄市委党史研究室编写的《中国共产党石家庄历史百年大事记》在《石家庄日报》刊登，记述范围为 1921 年至 2021 年。

3 日，市委、市政府印发《关于落实〈省委省政府关于大力支持省会建设和高质量发展的意见〉的实施方案》。

9 日，石家庄火车站附近、经营长达 26 年佳农市场启动搬迁拆除。

14 日，巩立姣、常园、孙颖莎、杨晓旭 4 名石家庄籍运动员入选东京奥运会中国体育代表团成员。

15 日，裕华区大型城市综合体“欢乐汇”开业运营。

22 日，中华全国供销合作总社理事会主任梁惠玲到石家庄市栾城区考察农村产权交易中心建设、农民专业合作社土地托管等农业社会化服务。

22 日，石家庄市首票跨境电子商务 B2B 直接出口（9710 模式）货物在正定海关通关，标志跨境电子商务 9710 模式在石家庄市落地实施。

29 日，交通运输部授予晋州市“城乡交通运输一体化示范县”称号。

30 日，北国超市改造首家仓储式门店（原北国超市翟营店）开业，地址位于长安区翟营大街与建明北路交叉口东南角，经营面积 6500 平方米，这也是北国超市试水改造传统大卖场的首家门店。

8 月

1 日，《石家庄市西柏坡红色旅游区保护与管理条例》施行。

1 日，石药控股集团有限公司、华北制药集团有限责任公司、石家庄以岭药业股份有限公司、石家庄四药有限公司、神威药业集团有限公司 5 家医药企业入选 2020 年中国医药工业百强，分别位列第 10 位、第 27 位、第 31 位、第 72 位、第 92 位；石药控股集团有限公司、石家庄四药有限公司 2 家企业入选 2021 年中国医药研发产品线最佳工业企业 30 强。

2 日，敬业集团入选《财富》杂志发布的 2021 年世界 500 强排行榜，排名位列第 375 位，这也是石家庄市企业首次入选世界 500 强榜单。

11 日，中国共产党石家庄市第十届委员会第十三次全体会议在市委党校举行。审议通过《中国共产党石家庄市第十届委员会报告（讨论稿）》《关于中国共产党石家庄市第十一次代表大会召开时间的决议（草案）》。

16 ～ 18 日，中国共产党石家庄市第十一次代表大会在市人民会堂举行。省委常委、市委书记张超超代表中国共产党石家庄市第十届委员会向大会作题为《高举习近平新时代中国特色社会主义思想伟大旗帜 解放思想 担当实干 为加快建设现代化国际化美丽省会城市而努力奋斗》的报告。

18 日，中国共产党石家庄市第十一届委员会第一次全体会议在市委党校举行。选举产生中国共产党石家庄市第十一届委员会常务委员会委员，张超超当选市委书记，马宇骏、詹晓阳当选市委副书记。选举张超超、马宇骏、詹晓阳、陈玉祥、张效春、李克良、赵尔全、刘军志、罗利、王俊红、郭建亭为市委常委。

22 ～ 25 日，政协石家庄市第十四届委员会第一次会议举行。

23 ～ 26 日，市第十五届人民代表大会第一次会议举行。

24 日，市平安志愿者协会成立。

25 日，中国共产党石家庄市第十一届委员会第二次全体会议在市委党校举行。审议通过《关于召开中国共产党石家庄市代表会议的决议》，决定 2021 年 10 月 29 日召开中国共产党石家庄市代表会议。

26 日，市退役军人志愿者协会成立。

8 月，交通运输部、公安部、商务部授予石家庄市“绿色货运配送城市”称号。

9 月

6 ～ 8 日，由工业和信息化部、河北省人民政府共同主办的 2021 中国国际数字经济博览会在石家庄国际会展中心举行。主题为“创新发展与数字经济”。

11 日，河北石家庄无线电管理局更名为河北石家庄无线电监督执法局。

13 日，经市委常委会研究决定，市属 77 家国有企业重组整合为 5 家大型国有企业集团。

14 日，井陉县与深圳优必选公司签署合作协议，共同打造人工智能教育基地和优必选华北总部。

15 日，市登山协会成立。

16 日，河北省首届鲜梨出口产销对接会在晋州市举行。境内外 30 余家鲜梨出口供应商、进口采购商参会，定购鲜梨 2 万吨，签约金额 1 亿元。

24 日，市企业联合会、市企业家协会公布 2021 年石家庄市百强企业名单，敬业集团有限公司以年营业收入 2244 亿元连续稳居百强企业榜首。

28 日，石家庄文化旅游投资集团有限公司、石家庄国有资本投资运营集团有限责任公司揭牌成立。

28 日，津石高速公路无极、深泽收费站开通运营，结束了无极县、深泽县没有高速公路出入口的历史，标志无极县、深泽县正式融入石家庄半小时高速交通圈。

28 日，河北农业大学“教学、科研、生产”三结合基地在市畜产品和兽药饲料质量检测中心（市畜产品质量研究所）揭牌。

9 月，石家庄市入选 21 世纪经济研究院公布的中国专精特新“小巨人”30 强城市，排名位列第 22 位。

9 月，市邮政快递业工会联合会成立。

10 月

9 ～ 11 日，2021 石家庄印刷博览会暨石家庄第十七届印刷机械器材展览会在石家庄国际会展中心举行。主题为“融合创新，智领未来”。

13 日，石家庄交通投资发展集团有限责任公司、石家庄水务投资集团有限责任公司、石家庄国控城市发展投资集团有限责任公司揭牌成立。

18 日，“平山战国中山王墓”入选中国“百年百大考古发现”。

19 日，正定古城街区入选第一批国家级夜间文化和旅游消费集聚区。

25 日，中国共产党石家庄市第十一届委员会第二次全体会议在市委党校举行。审议通过《关于召开中国共产党石家庄市代表会议的决议》，决定 2021 年 10 月 29 日召开中国共产党石家庄市代表会议。

29 日，中国共产党石家庄市代表会议举行，选举 97 人代表石家庄市出席中国共产党河北省第十次代表大会。

29 日，平山县西柏坡镇、井陉矿区贾庄镇贾庄村、井陉县秀林镇南秀林村、正定县新安镇吴兴村、高邑县大营镇中大营村入选第二批全国乡村治理示范村镇。

31 日，新乐市政府与中翰国智科技产业发展有限公司签约北斗高科技产业园项目，总投资 20 亿元。

11 月

1～3 日，全球基础教育研究联盟第六届年会在石家庄外国语教育集团举行。主题为“重新定义学习”。来自中国、美国、加拿大、英国、丹麦、意大利、德国、法国、俄罗斯、卡塔尔、哥斯达黎加、巴西、古巴、日本 14 个国家 28 位教育专家、中小学校长以网络“云”端方式参会。开幕式在线观看人数达到 60.46 万人。

5 日，正定古城街区入选第一批国家级夜间文化和旅游消费集聚区，这也是石家庄市唯一的入选街区。

11 日，市城市建设投资中心（市房屋征收中心）更名为市城市更新促进中心（市房屋征收中心），隶属关系由市住房和城乡建设局管理调整为市政府直属事业单位。

17 日，市委、市政府召开新一代电子信息产业和生物医药产业推进会议暨 2021 年度奖补资金颁奖会议。

18 日，中国科学院地质与地球物理研究所研究员底青云（女，56 岁，石家庄市藁城区人）当选中国科学院院士。

24 日，石家庄市 10 名职工获得第四届“省会十大工匠”称号，10 名职工获得第五届“省会十大最美职工”称号。

26 日，石家庄在武汉举办的 2021 中国文化和旅游高峰论坛上入选“中国康养旅游城市百强榜单”，排名位列第 98 位。

29 日，平山县政府与河北工业职业技术大学签订战略合作框架协议，确定河北工业职业技术大学新校区设在平山县，这也是落户平山县第一所公办本科大学。

12 月

1 日，深圳优必选华北总部及人工智能产业项目在井陉县开工，总投资 3.35 亿元。

3 日，市航空运动协会成立。

4 日，河北省“12・4”国家宪法日主题宣传活动在西柏坡纪念馆举行。

4 日，“石家庄掌上 315”公众服务平台上线运行。

6 日起，私家车每周限行日，驾驶人可凭行车本免费乘坐石家庄地铁列车。

9 日，市冰雪与足球运动推广训练中心揭牌成立。

13 日，石家庄市新华区获得“平安中国建设示范县”称号。

14 日，全市召开电动车综合治理工作动员大会，决定从即日起在石家庄市集中开展为期 6 个月电动车综合治理专项行动。

15～19 日，2021 中国・石家庄第十六届国际动漫博览交易会云展会举行。主题为“科技赋能动漫产业，创意启迪文化价值”。

16 日，市高尔夫球协会成立。

16 日起，石家庄市确定每周星期四为绿色出行日，居民可免费乘坐城市公交车。

18 日，石家庄以岭药业股份有限公司、神威药业集团有限公司 2 家医药企业入选中国中药协会发布的“2021 中成药企业 TOP100”名单，分别位列第 11 位、第 61 位。

19 日，市政府与中国中车集团有限公司签署战略合作框架协议。

20 日，全市经济工作会议在市委党校召开。传达中央经济工作会议、全省经济工作会议精神。总结 2021 年全市经济工作，分析经济形势，部署 2022 年全市经济工作。

22 日，石家庄国际陆港直达老挝万象国际班列开行。这是石家庄市首条至东盟国际线路，也是京津冀首列“中老国际班列”。

22 日，石家庄市 2021 年最后 4 名新冠肺炎确诊病例全部治愈出院转康复观察。至此，全市住院新冠肺炎确诊病例全部清零。

23 日，正定县获得河北省人居环境奖，井陉矿区获得河北省人居环境进步奖。

24 日，石家庄市 14 项遗址考古入选“河北百年百项重要考古发现”。

24 日，河北省爱国卫生运动委员会命名赵县、无极县 2 个县为河北省卫生县城。

24 日，无极北国商城开业，占地面积 1.3 万平方米，这也是北人集团在石家庄县域开设的第 11 个店。

26 日，市政府智库成立。

27 日，石家庄金融法庭挂牌成立。这也是河北首家专门办理金融民商事案件的人民法庭。

28 日，河北地质大学新校区奠基仪式在藁城区九门乡黄庄村举行。

31 日，400 辆新能源渣土车上线运营，标志石家庄市渣土运输跨入新能源时代。

市情概览

City Overview

行政区划

【概况】 石家庄简称“石”，曾称“石门”，是河北省省会，全省政治、经济、科技、金融、文化和信息中心，是国务院批准实行沿海开放政策、金融对外开放及批复确定的中国京津冀地区重要中心城市，也是全国重要的商品集散地和北方重要的大商埠、全国性商贸会展中心城市、中国国际数字经济博览会永久举办地及中国（河北）自由贸易试验区正定片区。西倚太行，北临京畿，地处河北省中南部、环渤海湾经济区，跨华北平原和太行山地两大地貌，拥有红色革命圣地西柏坡和古中山国文化，地理坐标为北纬37°27′～38°47′（误差±1′），东经113°30′～115°20′（误差±1′）之间，是全国粮、菜、肉、蛋、果主产区之一，被国家确定为优质小麦生产基地，素有“北方粮仓”之称。境内京广、石太、石德、京广高铁、石太客运专线、石济客运专线6条铁路干线交会，是中国铁路运输主枢纽城市，被誉为“南北通衢，燕晋咽喉”。石家庄市科技发达，旅游资源丰富，获批国家首批科技创新示范城市、国家半导体照明产业化基地、国家卫星导航产业基地、国家动漫产业发展基地、国家生物医药产业基地，获授全国文明城市、国家森林城市、国家卫生城市、中国优秀旅游城市。东与衡水市接壤，南与邢台市毗连，西与山西省为邻，北与保定市交界，位于首都北京西南方向，距离北京市主城区283千米。石家庄市辖8区13县（市），即长安区、桥西区、新华区、裕华区、井陉矿区、藁城区、鹿泉区、栾城区、井陉县、正定县、行唐县、灵寿县、高邑县、深泽县、赞皇县、无极县、平山县、元氏县、赵县、晋州市、新乐市。拥有2个国家级开发区，即石家庄高新技术产业开发区（1991年3月国务院批准设立）、石家庄经济技术开发区（1992年7月河北省批准设立，2012年10月国务院批准升级为国家级开发区，由藁城区管辖）。另有3个派出机构（石家庄高新技术产业开发区、河北石家庄循环化工园区、河北自由贸易试验区正定片区）行使所在地域行政管理权。至2021年底，石家庄市总面积15848平方千米，其中，8个建置区面积2244平方千米，13个县（市）面积10866平方千米；建有125个镇、76个乡（3个民族乡）、60个街道办事处，967个居委会、3831个行政村；常住总人口1120.47万人，同比减少3.68万人，户籍总人口988.03万人，同比增加1.47万人。2021年石家庄市完成地区生产总值6490.3亿元，同比增长6.6%；一般公共预算收入681.4亿元，同比增长7.8%；实际利用外资19.3亿美元，同比增长5.2%；进出口总值1481.2亿元，同比增长9.2%，其中，出口总值857.1亿元，增长9.1%。2021年石家庄市一般公共预算收入、出口总值、社会消费品零售总额3项经济指标排名全省11个设区市第一名。12月30日，石家庄市鹿泉区、藁城区、栾城区、赞皇县、井陉县、正定县、平山县7个县区获评命名河北省双拥模范城。

（薛鹏飞　庄肃新）

【地理位置】 石家庄市地处中国华北地区、河北省中南部、环渤海湾经济区，跨华北平原和太行山地两大地貌，地理坐标为北纬37°27′～38°47′（误差±1′），东经113°30′～115°20′（误差±1′）之间，南北最长处148.02千米，东西最宽处175.38千米。东与衡水市接壤，南与邢台市毗连，西与山西省为邻，北与保定市交界，位于首都北京西南方向，距离北京市主城区283千米。地理位置优越，境内京广、石太、石德、京广高铁、石太客运专线、石济客运专线6条铁路干线交会，市区建有石家庄站、石家庄北站、石家庄东站3个铁路客运站。区域交通发达，拥有高速公路12条、国道9条、省道33条，主城区至正定国际机场40千米。2021年石家庄市行政区域总面积15848平方千米，其中，主城区面积（长安区、桥西区、新华区、裕华区、高新区）479

平方千米，城区面积（长安区、桥西区、新华区、裕华区、井陉矿区、藁城区、鹿泉区、栾城区、高新区、循环化工园区）2379平方千米，8个建置区面积2244平方千米，13个县（市）面积10866平方千米。

【区划设置】 石家庄市辖8区13县（市），即长安区、桥西区、新华区、裕华区、井陉矿区、藁城区、鹿泉区、栾城区、井陉县、正定县、行唐县、灵寿县、高邑县、深泽县、赞皇县、无极县、平山县、元氏县、赵县、晋州市、新乐市。拥有2个国家级开发区，即石家庄高新技术产业开发区（1991年3月国务院批准设立）、石家庄经济技术开发区（1992年7月河北省批准设立，2012年10月国务院批准升级为国家级开发区，由藁城区管辖，曾称良村经济技术开发区、藁城经济开发区）。2013年6月1日，原石家庄辛集市调整区划设置，划归河北省直接管辖。另有3个派出机构（石家庄高新技术产业开发区、河北石家庄循环化工园区、河北自由贸易试验区正定片区）行使所在地域行政管辖权。2014年9月9日，国务院批复河北省政府关于石家庄市部分行政区划调整的请示（国函〔2014〕122号），同意撤销石家庄市桥东区、藁城市、鹿泉市、栾城县，同时设立石家庄市藁城区、鹿泉区、栾城区。至2021年末，全市共有镇125个、乡76个（3个民族乡），省级以上开发区21个，街道办事处60个，居委会967个、村委会3831个。

（王静）

建置沿革

石家庄市域历史悠久。据《禹贡》记载，夏禹时期为冀州地。春秋时期域内先后建有鲜虞国（都城在今正定新城铺一带）、鼓国（都城在今晋州城西）、肥国（都城在今藁城区城西南城子村一带）。战国时期鲜虞人建立中山国（都城在今平山县城北下三汲一带）。秦始皇统一中国后，全面推行郡县制，属巨鹿郡（郡治今平乡县）。西汉高祖三年（前204），始置恒山郡（郡治今元氏县西北）。汉文帝初，因文帝名恒，讳改恒山郡为常山郡。汉高祖十年（前197），改秦时东垣县（县治今石家庄市东古城）为真定县，并于汉武帝元鼎四年（前113）置真定国（都城在今东古城）。三国时期，为魏地，分别属常山郡、安平郡、赵国、巨鹿郡、中山国。西晋统一后，分别属冀州常山郡（西晋郡治由今元氏县西北移至东古城，东晋郡治由东古城移至今正定镇）、中山国、巨鹿郡、赵国、博陵国。隋代，分别属恒山郡（后改恒州，郡治真定，今正定镇）、赵郡（郡治平棘，今赵州镇）、信都郡（郡治今衡水市冀州区）、高阳郡（郡治今定州市）。五代时期，属河北成德军节度使，域内有镇州（州治今正定镇）、赵州（州治今赵州镇）、定州（州治今定州市）、祁州（州治今无极镇）。宋代，属河北西路（路治今正定镇）。元代，属中书省真定路（路治今正定镇）、保定路（路治今保定市）、广平路（路治今邯郸市永年区）等。明代，属京师正定府（府治今正定镇）、保定府（府治今保定市清苑区）。清代，属直隶省真定府（府治今正定镇，清雍正元年改正定府）、保定府（府治今保定市清苑区）、赵州（州治今赵州镇）、定州（州治初属祁州，雍正十二年改今定州市）。1912年，中华民国成立，仍沿清制。1914年，裁府设道。1925年6月24日，中华民国临时执政命令直隶省建立“石家市”，实行市自治制；8月29日中华民国临时执政又以1273号指令批准将石（家）庄、休门合并，取首尾各一字，更名为石门市，组建石门市政公所，筹建市制。1928年，南京国民政府通令全国，取消所有市政公所，废除原来的“市自制”。至此，建市工作遂告搁浅。1938年1月15日，组建伪石门市政公署筹备处。1939年10月7日，伪中华民国临时政府行政委员会以秘字第1027号指令，正式批准设立石门市。1947年11月12日石门市解放，12月26日石门市更名为石家庄市。1948年9月26日，石家庄市改属华北人民政府领导。1949年1月24日阳泉市划归石家庄市，同年8月又划归山西省；8月1日石家庄市归河北省人民政府领导，为省辖市。1949年石家庄专区初设，辖14县1镇。1958年4月28日，石家庄市由省辖市改为专辖市。1960年5月3日，国务院批准撤销石家庄专区，改为石家庄市。1961年5月，国务院批准恢复石家庄专区建制。石家庄专区辖石家庄市和25个县。1962年6月，国务院批准设立衡水专区，石家庄专区所辖衡水等8县划归衡水专区，此后石家庄专区辖石家庄市和17个县。1967年11月21日，石家庄地区革命委员会成立，专区改称地区。1967年12月20日，石家庄市革命委员会成立。1968年1月29日，河北省会迁至石家庄市。1978年3月11日，石家庄市划为河北省直辖市。1978年7月，石家庄地区革命委员会撤销，成立河北省石家庄地区行政公署。1982年8月12日，撤销石家庄市革命委员会，恢复石家庄市人民政府。1993年6月30日，石家庄地区行政公署与石家庄市人民政府合并，成立新的石家庄市人民政府。

（市档案馆）

名村古镇

【概况】 石家庄市域历史古镇众多，从古迹遗存看，比较突出的有藁城区岗上镇、井陉县天长镇，其他千年以上古镇还有：北齐天保七年（556年）始为城治的高邑县高邑镇、隋开皇十六年（596年）建镇的赞皇县赞皇镇、唐至德元年（756年）筑城的新乐市承安镇等。市域名村主要有藁城区九门村、行唐县故郡村、正定县新城铺村、井陉县于家村、藁城区耿村、正定县塔元庄村等，其中，九门村、新城铺村由县改村，故郡村发现行唐故郡遗址，于家村以石头建筑出名，耿村有耿村的故事，塔元庄村是习近平总书记指导工作和留下足迹的地方。市域名村还有赵县大石桥村、固城村、宋城村、东封斯村、西封斯村、南轮城村、北轮城村，藁城区屯头村、梅花村，井陉县大梁江村，行唐县东安太庄村，高邑县李家庄村，赞皇县许亭村等。

（市档案馆）

【岗上镇】 岗上镇位于石家庄市藁城区，距离藁城区政府10千米、石家庄正定机场30千米，曾获评“全国小城镇建设重点镇”“河北省小城镇建设示范镇”“河北省文明生态村创建先进乡镇”“石家庄市小康镇”。岗上镇历史悠久，早在3400年前，岗上镇先民——朵氏部落就在台西一带沿滹沱河高地筑房垒灶，凿井饮水，种粟栽木，饲畜驮耕，养蚕纺织，冶铜嵌铁，烧陶制漆，造曲酿酒，采药医病，繁衍生息。西汉元鼎四年（前113年）始设稾城县，县治设在岗上镇故城村。主要名人有：清光绪二十四年进士范桂萼，后授翰林院检讨；近代有参加昆明起义的魏益三，抗日名将郝梦龄等；当代有精神文明代表郑梦辰，糖塑非物质文化遗产传承人马青旺，画家汉风、王立国等。境内拥有台西商代遗址、故城古遗址、故献商代遗址等文物古迹。2021年岗上镇辖11个行政村，总面积38平方千米，总人口3.85万人。重视培育精神文明，利用《功德录》涵养村风、民风，形成以德治村管理模式。

（米志科　于俊艳）

【天长镇】 天长镇位于井陉县西部，辖49个行政村，面积102平方千米。汉代出现村落，北朝建天长村。唐代是河北经山西入都城长安的要道，称天长镇，设立天长军，后改天威军。宋熙宁八年（1075年），天长镇由壁垒森严的军城转变为县治所在地，成为政治、经济、文化中心。明洪武九年（1376年）始筑土城，嘉靖九年（1530年）将土城改为石城，立有东、西、南3门，城内东关、西关、南关、北关统称城关。金、元、明、清、民国时，“天长”名曾被“城里”“城关”“井陉城”替代。1958年井陉县城迁至微水，天长改为城关公社，1984年改为城关镇，1988年恢复天长镇。天长镇是国家级历史文化名镇，文物古迹较多，主要有古城墙、井陉古瓷窑遗址、井陉古驿道、天长古城、乏驴岭铁桥等。

（井陉县档案馆）

【九门村】 九门古城始建于战国时代，公元前271年，赵国蔺相如筑九门城，距今2200余年。据《史记》记载：“赵武灵王出九门，为野台，以望齐、中山之境。”“赵惠文王二十八年置城北九门大城，即此也。”因城池设有九个城门，故得名九门。汉初置为九门县。后齐时废除九门县。隋开皇六年（586年）复置九门县，隋炀帝大业初并新市县入九门县。隋恭帝义宁元年（617年）置九门郡，领九门、新市、信义3县。武德元年（618年）改九门为观州。武德五年（622年），废州，省新市、信义2县入九门。唐天宝年间安史之乱，郭子仪、李光弼合兵击溃叛军史思明于九门城南狐子沟——民间称为“狐子沟之战”。五代、宋初九门仍为县。宋开宝六年（973年）废九门县并入藁城。元、明以来，九门从名城大邑降为村落。九门村是藁城区唯一的民族村，也是九门乡政府所在地，总面积12万平方千米。牛羊肉加工贸易、清真特色美食、牛羊养殖在石家庄市域远近闻名。2021年九门村总户数2186户，人口7929人，其中回族6485人。拥有鲜牛羊肉店15家、清真饭店23家、清真熟食店8家，主要回民美食品牌有肖华饭店的烤全羊、老五饭店的新疆烤肉、白家老字号的牛肉炖套皮、张记牛肉罩饼、赵家扒鸡、底家烧鸡等。

（米志科　于俊艳）

【故郡村】 故郡村位于行唐县南桥

镇，南距行唐县城 12 千米。故郡村历史悠久，据《行唐县志》记载，秦始皇二十六年（前 221 年）置南行唐县，治所在故郡村。北魏太和十四年（490 年），行唐城改置唐郡，郡治也设在故郡。故郡村村北发现的行唐故郡遗址在全国出名。2015 年 4 月，河北省文物研究所、中国社会科学院考古研究所、石家庄市文物研究所、行唐县文物保护研究所联合启动行唐故郡遗址调查、勘探及考古挖掘，确定遗址占地面积 50 万平方米，出土金、青铜、铁、陶、玉、贝等珍贵文物 1800 件（组），发现灰坑、墓葬、房址等遗迹 670 余处，水井 60 多眼，其中，考古发现春秋晚期至战国中期具有北方族群特征的贵族墓地、居址和东周城址，填补了早期中山国考古文化和历史研究的空白。2018 年初，行唐故郡遗址被中国社会科学院考古研究所评为“2017 年中国考古六大新发现”之一；2021 年 2 月，被省政府公布为河北省第六批省级文物保护单位。2021 年 12 月，行唐故郡东周遗址入选河北六大考古新发现。2021 年故郡村总户数 1269 户 3668 人，村民以种植业、养殖业为主。

（刘素娟　刘欣）

【新城铺村】 新城铺村位于正定县城东北 17.5 千米，地处正定县、藁城区、新乐市三地交界处，石家庄（正定）国际机场，石家庄综合保税区、正定高铁站坐落在新城铺村域。春秋时期名新市，为鲜虞国都。西汉置新市县。唐武德五年（622 年）废县为新市镇，设伏城驿。宋代改铺，又称四十里铺。明代定名新城铺。清乾隆十九年（1754 年）裁驿，清末废铺，村名沿用。现有新城铺商代遗址、鲜虞国都遗址、古驿站遗址，元文学家苏天爵之墓建在新城铺村西南。2021 年新城铺村总户数 2200 户，居民 3 万多人，是正定县最大的村庄。

（正定县档案馆）

【于家村】 于家村位于井陉县中西部于家乡，因明代著名政治家、民族英雄于谦后裔居住此地，故名于家村，距今 500 年历史。于家村石头建筑出名，全村 6 街 7 巷 18 胡同，纵横交错、结解曲伸，每条街道以乱石铺就，街依房连，房与街齐，规划有序，参差呼应，共有石头房屋 4000 多间、石头街道 3700 多米、石头井窖池 1000 多眼，石梯田 2000 多亩，石头用具 2000 多件，石头碑碣现存 10 多块，是一个名副其实的石头村。于家村较为完整地保留了明清时期的石街石道、石楼石阁、石房石墙、石桌石凳、石碾石磨、石桥石栏、石碑石碣、石井石窑、石笔石砚、石缸石盖、石锤石板、石槽石臼、石洞石龛及许多奇石怪石、景石雅石。身在于家村，满眼都是石头。石头建筑技艺——干碴石墙入选省级非物质文化遗产，村内的清凉阁、四合楼院等石头建筑是井陉古村落的典型标志。于家村是国家级历史文化名村和中国传统村落，1998 年 11 月 1 日，被河北省民俗学会命名为“于家石头民俗村”。至 2021 年底，于家村总户数 400 多户，人口 1600 余人，面积 1 平方千米。

（井陉县档案馆）

【耿村】 耿村位于藁城区常安镇，是闻名中外的故事村，被誉为中国故事第一村。2006 年 5 月 20 日，耿村民间故事被国务院列入第一批国家级非物质文化遗产名录，成为与《梁祝》《白蛇传》《孟姜女》《牛郎织女》四大民间传奇相媲美的中国民间文学宝库中的瑰宝。耿村民风古朴淳厚，全村人都会讲故事，有的人会讲四五百个，有的人讲得少，也有几十个。1987 年 5 月 15 日，开展耿村故事第一次全面普查，至 2021 年底，耿村故事普查总计 11 次，发现故事讲述者 230 余人，命名大中型故事家 67 人，靳景祥被文化部评为“中国民间文化杰出传承人”，靳正新被联合国教科文组织和中国文联授予“中国十大民间故事家”，靳景祥、靳正新、张才才入选国家级非物质文化遗产传承人。围绕耿村故事，出版耿村民间故事集、论文和专著《耿村民间文化大观》3 卷、《耿村一千零一夜》6 卷、《耿村民间文化论稿》《耿村民间故事（理论版）》等著作 20 部。至 2021 年底，耿村总户数 371 户，人口

耿村故事村牌坊　　（刘江勇　摄）

1330人，面积36万平方米。

（米志科　于俊艳）

【塔元庄村】 塔元庄村位于正定县正定镇，地处滹沱河北岸，东距正定县城1.5千米。明代发展成村落，因村平面呈塔形，取名塔元庄。2008年1月，习近平总书记到塔元庄视察新农村建设；2013年7月，习近平到塔元庄调研考察党的群众路线教育实践活动。习近平在视察塔元庄村时提出“农业做成产业化，养老做成市场化，旅游做成规范化，提前实现小康村”的发展要求。2012年和2016年，塔元庄村获评“全国先进村”“中国最美休闲村”“全国民主法治示范村”，村党支部获得“全国创先争优先进基层党组织”“全国先进基层党组织”称号。2021年塔元庄村总户数500户2030人，耕地50.7公顷，河滩地200公顷，村集体经济收入3200万元，村民人均纯收入达到3万元以上，成为石家庄市发展城郊经济的样板村。

（正定县档案馆）

市　标

【概况】 1997年7月根据市人大代表提出的议案以及市政府领导的批示，由市园林局开始着手准备市花市树评选工作，1997年8月正式启动。通过民意测评和专家评审，1997年9月16日初步确定月季和槐树为市花市树。1997年11月，市政府研究同意。1997年12月，市第九届人大常委会第30次会议审议批准，正式确定月季为石家庄市市花，槐树为石家庄市市树。

【市花】 **月季**　属蔷薇科、蔷薇属，系木本落叶灌木，原产中国，已有2000多年的栽培历史，被誉为“花中皇后”；花色艳丽，千姿百态，香味馥郁，品种繁多，露地栽培从春到秋处处可见其绰约丰姿，是美好、友谊、和平的象征。月季适应性强，耐寒抗旱，对土壤要求不高，栽培繁殖容易，管理技术易掌握，易于推广普及。石家庄市月季栽培有悠久的历史，通过引种、繁殖、培育，广泛用于街道、公园、庭院、广场的绿化、美化，同时也是插花、切花、盆景制作的理想植物材料，深受广大市民喜爱。石家庄市区建有月季公园8.7万平方米，市植物园建有月季专类园2.5万平方米。自2003年起，石家庄市举办月季展16届。月季具有极高的观赏价值和经济价值，月季的花、花蕾、叶、根皆可入药，可制作高级香精、香料。月季代表着石家庄人顽强不屈、坚韧不拔的品格，展示出石家庄人奋发图强、不断进取的精神风貌。

【市树】 **国槐**　属豆科槐属，系落叶乔木。国槐原产于中国，栽培历史悠久，抗逆性强，寿命长。石家庄市拥有百年以上古槐133株，其中500年以上一级古槐达到71株，且枝繁叶茂，生机勃勃。国槐树干端直，树冠宽广，展叶早落叶晚，是优良的庭荫树和街道树，其花芳香，又是优良的蜜源植物。国槐性强健，具有很强的萌芽力，耐强修剪，更新能力强，耐寒、耐旱、耐瘠薄，并对二氧化硫、氯气、氯化氢等有毒气体抗性较强，是良好的抗污、滞尘、耐烟毒树种。石家庄市主城区种植国槐街道197条（段），种植数量5.1万株，以国槐用作行道树的街道达121条，是城区街道的主要骨干树种之一。国槐经济价值高，木材坚硬，耐湿，材质优良，可供建筑、家具、造船、雕刻等用，全株可入药，花蕾可作黄色染料，种子可榨油、制皂。国槐在民间是吉祥、幸福、美好的象征，中国人自古以来把它作为吉祥树、幸福树，它也能代表石家庄人顽强不屈、坚韧不拔的品格，展示石家庄人奋发图强、不断进取的精神风貌。

（市园林局）

自然资源

【矿产资源】 石家庄市东部为华北平原，西部为太行山区。西部山区地质结构复杂，成矿条件良好，拥有比较丰富的矿产资源。至2021年底，全市查明资源储量矿产56种，开发主要矿产资源28种。列入《河北省矿产资源储量表》矿产33种，矿产地110处。其中，按矿产大类划分：能源矿产12处，金属矿产35处，非金属矿产63处；按矿产地规模划分：大型25处，中型26处，小型59处。已查明资源储量矿产中，保有资源储量总计 304432.69 万吨。金属矿产包括铁矿、金矿、银矿等，主要分布于平山县、赞皇县、灵寿县；非金属矿产包括水泥用灰岩、电石用灰岩、冶金用白云岩、玻璃用砂岩、制碱用灰岩、建筑石料用灰岩、碎云母等，主要分布于井陉县、鹿泉区、行唐县、灵寿县、赞皇县。石家庄市优势矿产有金、水泥用灰岩、建筑石料用灰岩、冶金用白云岩、电石用灰岩、熔剂用灰岩、玻璃用砂岩、饰面用石材、碎云母 9 种。

【能源资源】 石家庄市能源资源主要有煤炭、石油、天然气等。煤炭资源主要分布在元氏县和井陉矿区，煤种有肥煤、焦煤、无烟煤、气煤等；石油、天然气资源主要分布在晋州市，已探明油田或构造有：河庄油田、河庄西油田、台家庄油气田、南小陈油田、晋 40 断块、赵兰庄构造。截止 2021 年底，光伏发电装机容量 342.47 万千瓦，光伏发电量 27.85 亿千瓦时，光伏装机占比 25.38%。至 2021 年底，全市形成垃圾发电、天然气分布式能源、光伏发电与分布式能源、风电、生物质发电、地热源、污水源、空气源等多样化能源发展利用格局。

（张跃彬　范永斌）

【生物资源】 石家庄市生物资源比较丰富。动物现知陆栖（包括两栖）脊椎动物 223 种，以鸟类最多，其次是兽类，两栖类及爬行类较少。野生动物种类有金钱豹、野猪、狍子、狐狸、狼、松鼠、獾、黑眉锦蛇、豺、黄羊、刺猬、雀鹰、天鹅、灰鹤、啄木鸟、麻雀、猫头鹰、石鸡、家燕、草兔、黑斑蛙、环颈雉、灰喜鹊、斑鸠。其中，国家珍贵稀有动物有金钱豹、斑羚、褐马鸡、天鹅等；褐马鸡为中国特有珍稀动物，仅见于山西省、河北省。畜禽动物十几个品种，地方畜禽品种有深县猪、大马身猪、大尾寒羊、小尾寒羊、河北奶山羊、太行山羊、冀南黄牛、太行牛、太行驴、柴鸡、河北鹅、虎皮黄兔。引进的畜禽品种有牛类：河北西门塔尔牛、南阳牛、荷兰黑白花奶牛、蒙古牛、短角牛、西门塔尔牛、夏洛来牛、海福特牛、利木赞牛、安格斯牛、爱沙尼亚牛、蒙贝利亚牛；马类：蒙古马、伊犁马、苏高血马；驴类：关中驴、渤海驴、泌阳驴；猪类：迪卡猪、冀合白猪、大约克夏猪、长白猪、杜洛克猪、汉普夏猪、北京黑猪、施格猪、PIC 猪、皮特兰猪；羊类：美利奴羊、波尔华斯羊、考力代羊、茨盖羊、新疆细毛羊、萨能奶山羊、边区莱斯特羊、罗莫尼玛须羊、波尔山羊；鸡类：尼克鸡、白洛克鸡、宝万斯鸡、京红鸡、海赛克斯鸡、伊莎鸡、艾维茵鸡、罗曼鸡、爱拨益加鸡、雅康鸡、雅发鸡、海兰系列、京白系列；兔类：青紫兰兔、比利时兔、加利福尼亚兔、黑优兔、安哥拉兔、法国巨型兔、獭兔、丹麦兔、新西兰兔、日本大耳白兔、塞北兔；鸭类：康贝尔鸭、麻鸭、北京鸭；鹅类：石头鹅、朗德鹅。特养品种：梅花鹿、马鹿、蓝狐、银狐、苏乌里貉、白玉蜗牛、散大蜗牛、落地王鸽、白羽鸽、美国牛蛙、七彩山鸡、乌骨鸡、鹌鹑、貂、小香猪、海狸鼠、蝎子、鹧鸪、麝鼠。鱼类资源有 50 多个品种。主要经济鱼类有：鲤、鲢、鳙、草、鲫、鲂、鳊、鲶、泥鳅、黄颡、乌鳢、黄鳝、鲴等。小杂鱼类主要有：白条、棒花、马口、麦穗、鳑鲏、虾虎鱼、翘嘴鲌等，另外还有中华鳖、青虾、蚌、螺、莲藕等。引进发展的鱼类品种主要有：罗非、牛蛙、中华绒螯蟹、淡水白鲳、池沼公鱼、大银鱼、太湖新银鱼、日本白鲫、高背鲫、彭泽鲫、鳜鱼、革胡子鲶、大口鲶、罗氏沼虾、彩虹鲷、虹鳟鱼、金鳟鱼、香鱼、欧洲丁鱼岁、大口胭脂鱼、中国胭脂鱼、加州鲈、鲟鱼、白斑狗鱼、银大麻哈鱼、斑点叉尾鮰鱼、雅鱼等。

石家庄植被属暖温带针阔混交林，植被类型由自然植被和人工植被组成。植被结构复杂，种类繁多，植物资源合计 2500 余种，其中草本植物占 80% 以上。木本植物有 44 科 74 属 144 种，乔木有 26 科 35 属 75 种，灌木有 23 科 34 属 43 种。主要树木分类，阔叶树：杨树、柳树、国槐、刺槐、臭椿、香椿、红椿、合欢、苦楝（井陉县）、漆树、黄连木、白榆、青檀（井陉县）、梧桐、泡桐、杜仲、银杏、椋子木（井陉县）、五角枫、栾树、黄金树、楸树、枫杨、悬铃木。灌木：柽柳、胡枝子、葛藤、紫穗槐、黄栌、锦鸡儿、枸杞、珍珠梅、绣线梅、鼠李、酸枣、沙枣、沙棘、女贞、六道木、丁香、夹竹桃、照山白、荆条、野杜鹃。针叶树：油松、华山松、雪松、云杉、桧柏、圆柏、侧柏、柞树、落叶松、水杉。经济木：苹果、梨、桃、杏、山楂、板栗、李、葡萄、石榴、柿子、核桃、大枣、花椒、桑、猕猴桃。草场分四类：山地草甸类草场，地处深山，处于原始状态，资源很少被利用；山地灌木类草场，草高 40 ～ 70 厘米，盖度 60% ～ 80%；丘陵草丛类草场和低温草甸草场。药用植物资源丰富，有 1039 种，野生药材上百种，人工种植药材 230 多种，另外还有水生芦苇、莲藕等。人工种植牧草：紫花苜蓿、粒粒苋、串叶松香草、冬牧 70 黑麦草、聚合草、沙打旺、苦卖菜、草木栖、鲁梅克斯、克孜连科。天然野生牧草共有 121 个科 1116 种，其中菊科牧草占 135 种，禾本科占 109 种，豆科占 98 种，蔷薇科占 58 种，百合科占 46 种。代表性野生牧草主要有：野豌豆、直立黄芪、达乌里黄芪、野苜蓿、无芒雀麦、隐子草、冰草、披碱草、老芒麦、鹅冠草、早熟禾、胡枝子、山葱、白羊草、青木栖状黄芪、野古草、大油芒、白茅、铁杆蒿、野青茅、狗哇花、棘豆等。

（市林草局）

【水资源】 2020年石家庄市地表水资源量5.97亿立方米，地下水资源量15.63亿立方米，扣除地表水和地下水资源重复计算量，全市水资源总量16.78亿立方米，比2019年增加了5.19亿立方米，比多年均值20.35亿立方米减少3.57亿立方米。

供水量 2020年全市供水量28.42亿立方米，其中地表水供水14.43亿立方米（含引江水），占50.8%；地下水供水量12.62亿立方米，占44.4%；其他供水量1.37亿立方米，占4.8%。

用水量 2020年全市用水量28.42亿立方米，其中，农业用水量14.17亿立方米，占49.9%；工业用水量1.89亿立方米，占6.6%；居民生活用水量4.48亿立方米，占15.8%；生态与环境用水量7.88亿立方米，占27.7%。

地下水动态 人工监测站：2020年底全市平原区地下水平均埋深39.68米，较2019年同期地下水位回升了0.43米。监测点最大埋深高邑城关站66.40米，最小埋深鹿泉区山尹村站2.26米。自动监测站：2020年底全市平原区地下水平均埋深37.97米，较2019年同期地下水位回升了0.11米。监测点最大埋深高邑东富站74.98米，最小埋深鹿泉区大宋楼站3.54米（水资源数据一般滞后两年时间公布，为了帮助读者了解水资源情况，《石家庄年鉴2022》采用2020年数据，也是石家庄市水资源的最新数据）。

（程行）

【土地资源】 石家庄市土地资源类型多样，适宜性广，土地资源比较丰富。光、热、水、土条件适宜，土地利用率和生产率高，但地域差异明显，土地后备资源不足。根据《第三次全国国土调查土地分类》，土地资源采用二级分类，共分12个一级地类，72个二级地类，石家庄市涉及12个一级地类，61个二级地类。石家庄市东部、西部自然和社会经济条件差异明显，按地貌类型和土地利用主导方向，分为西部山区林木地、中部山麓、平原建设用地区和东部平原农业用地区3个分区。石家庄市土壤类型主要有山地草甸土、棕壤、褐土、潮土、盐土、风沙土、新积土、粗骨土、石质土、沼泽土、水稻土11个土类，22个亚类，81个土属，270个土种。至2021年底，全市农用地96.73万公顷，建设用地面积23.67万公顷，未利用地（不含裸岩石砾地）面积10.55万公顷。其中，湿地面积0.62万公顷，湿地是“三调”新增的一级地类。现有耕地43.29万公顷，占农用地的44.76%。

（张跃彬）

居　民

【概况】 至2021年底，石家庄市共有常住人口1120.47万人，同比减少3.68万人，减少0.3%；其中，城镇常住人口796.52万人，同比增加7.64万人，城镇人口占全市常住人口比重（常住人口城镇化率）为71.09%，比上年末提高0.91个百分点。2021年石家庄市主城区（长安区、桥西区、新华区、裕华区、高新区）常住人口391.2万人，占全市常住总人口34.91%；2021年石家庄市城区（长安区、桥西区、新华区、裕华区、井陉矿区、藁城区、鹿泉区、栾城区、高新区、循环化工园区）常住人口575.2万人，占全市常住总人口51.34%。2021年石家庄市常住人口达到70万人以上县（市、区）有5个，分别为：长安区104.90万人、桥西区97.63万人、新华区79.93万人、裕华区78.09万人、藁城区73.76万人。至2021年底，石家庄市共有户籍2905570户，同比增加284户；户籍总人口9880286人，同比增加14688人，人口增长率为0.15%。其中，城镇人口5200217人，占户籍总人口52.6%；乡村人口4680069人，占户籍总人口47.2%。市内4区（长安区、桥西区、新华区、裕华区）户籍总人口2535254人，全部为城镇人口。市属八区1267433户，人口4304393人。其中城镇人口3405355人，乡村人口899038人。市辖十三县（市）1638137户，人口5575893人。其中城镇人口1794862人，农村人口3781031人。2021年全市户籍人口出生72923人，出生率为7.39‰；死亡50700人，死亡率为5.14‰；城镇户籍人口增加50674人，乡村户籍人口减少35986人。至2021年底，全市共有民族成分54个，其中少数民族成分53个（没有塔吉克族、德昂族）。汉族人口1049.03万人，占全市总人口98.87%；少数民族人口11.94万人，占全市总人口1.13%。2021年石家庄市居民宗教信仰主要有佛教、道教、伊斯兰教、天主教、基督教5种。至2021年底，全市共有宗教活动场所527处、宗教教职人员617人（含基督教传道员）、信教群众13.83万人。

【人口性别】 2021年全市户籍总人口中，男性4954830人，占户籍总人口50.15%；女性4925456人，占户籍总人口49.85%；男性比女性多29374人，男女性别比为100.65∶100。

2021年3月13日，市公安局人口管理支队为无户口高考考生特事特办，接到求助当天完成户口补录，保障了考生顺利参考报名。事后，考生家长专门送锦旗表示感谢（闫子昭 摄）

【人口分布】 2021年石家庄市常住人口达到50万人以上县（市、区）有9个，分别为：长安区104.9万人、桥西区97.63万人、新华区79.93万人、裕华区78.09万人、藁城区73.76万人、鹿泉区58.95万人、正定县55.09万人、晋州市50.82万人、赵县50.53万人。2021年全市21个县（市、区）中，户籍人口最多的是藁城区，人口总数866293人，占全市户籍总人口8.77%；其次是长安区、桥西区、裕华区，户籍人口总数分别为682950人、671829人、671566人，占全市户籍总人口分别为6.91%、6.80%和6.79%。户籍人口最少的是井陉矿区，户籍人口85657人，占全市户籍总人口0.87%。

表1 2021年石家庄市户籍人口分布情况一览表

行政区域	年末总户数（户）	年末总人口（人）	城镇人口（人）
石家庄市	2905570	9880286	5200217
长安区	217496	682950	682950
桥西区	205745	671829	671829
新华区	159140	508909	508909
裕华区	199258	671566	671566
井陉矿区	26060	85657	65025
藁城区	235331	866293	443455
鹿泉区	125788	451850	196876
栾城区	98615	365339	164745
井陉县	106125	328043	104603
正定县	127127	516906	274230
行唐县	160651	455964	96032
灵寿县	111536	350613	107012
高邑县	56468	203387	79647

续表

行政区域	年末总户数（户）	年末总人口（人）	城镇人口（人）
深泽县	96313	254493	70540
赞皇县	96208	279740	52603
无极县	157810	534622	113737
平山县	167035	498530	127082
元氏县	109093	445692	151398
赵　县	158422	617773	200094
晋州市	156181	573153	184988
新乐市	135168	516977	232896

【年龄构成】 石家庄市2021年总人口中，17岁以下有2216679人，占22.43%；18～34岁有2121992人，占21.48%；35～59岁有3589481人，占36.33%；60岁以上有1952134人，占19.76%（常住人口数据由市统计局提供，户籍人口数据由市公安局户政部门提供）。

（陈丽　王金山）

【民族】 石家庄市是一个少数民族散居城市。至2021年底，全市共有民族成分54个（没有塔吉克族、德昂族）。其中，汉族人口1049.03万人，占全市总人口98.87%；少数民族人口11.94万人，占全市总人口1.07%。2021年全市少数民族人口较2020年增加702人，同比增长0.59%。少数民族人口中，农村人口43085人，占比36%；城镇人口76292人，占比64%。少数民族人口超万人县（市、区）有7个，分别是：桥西区17977人，无极县16576人，长安区16137人，裕华区15028人，新华区13875人，藁城区12354人，新乐市10025人。少数民族人口超过千人县（市、区）有5个，分别是：正定县5554人，鹿泉区2410人，栾城区1923人，平山县1191人，行唐县1172人。全市有3个民族乡，分别是：藁城区九门回族乡、无极县高头回族乡、新乐市彭家庄回族乡；总人口109349人，其中，少数民族人口28405人，占民族乡总人口25.98%，占全市少数民族人口23.79%。全市少数民族中，回族人口最多，共计59174人，占全市少数民族总人口49.57%；其次是满族，共计40116人，占全市少数民族总人口33.60%；第三为蒙古族，共计7550人，占全市少数民族总人口6.32%。全市千人以上少数民族还有：土家族2089人，占全市少数民族人口1.75%；壮族2051人，占全市少数民族人口1.72%；苗族1546人，占全市少数民族人口1.3%；朝鲜族1092人，占全市少数民族人口0.91%。其他少数民族共计5759人，占全市少数民族人口4.82%（人口数据由市统计局提供，少数民族人口数据由市民宗局提供）。

【宗教】 石家庄市有佛教、道教、伊斯兰教、天主教、基督教5种宗教。至2021年底，全市有宗教活动场所527处、宗教教职人员617人（含基督教传道员）、信教群众13.83万人。

佛教 全市信仰佛教的公民1.53万人，主要分布在高邑、正定、平山、元氏、井陉等县（市、区）。有教职人员194人，佛教活动场所97处。较著名的寺院有：赵县柏林禅寺、正定县临济寺、新华区虚云禅林。市级宗教团体1个（石家庄市佛教协会）。

道教 全市信仰道教公民2055人，主要分布在14个县（市、区）。教职人员66名，宗教活动场所21处。较著名的道观有：桥西区关帝庙、鹿泉区十方院。市级宗教团体1个（石家庄市道教协会）。

伊斯兰教 全市有信仰伊斯兰教的公民1.5万人。主要分布在市内八区和无极、新乐、正定等县（市）区。有清真寺13座，有教职人员25名。市级宗教团体1个（石家庄市伊斯兰教协会）。

天主教 全市有信仰天主教的公民7.9万人，分布在22个县（市、区），开放活动场所185处。教区教职人员72名（不含辛集市）。市级宗教团体1个（石家庄市天主教爱国会）。

基督教 全市有信仰基督教公民2.7万人，分布在22个县（市、区）。教职人员260名，宗教活动场所211处，市级宗教团体2个（石家庄市基督教三自爱国运动委员会、石家庄市基督教协会）。

（孟欣）

风景名胜

【概况】 石家庄市旅游资源丰富，名胜古迹众多，有历史文化名城、故国遗址、古寺名桥、革命圣地等珍贵历史遗存，也有丰富多彩的社会旅游资源，包括商贸会展、民俗民艺、都市风情等旅游景观。拥有全国重点文物保护单位40处，省级文物保护单位107处，县级文物保护单位213处；国家级历史文化名城1座（正定）；国家级森林公园3处（五岳寨、驼梁山、仙台山），省级森林公园18处；国家级风景名胜区3处（苍岩山、嶂石岩、西柏坡—天桂山），省级风景名胜区6处；野生动植物自然保护区4处（平山县驼梁国家级自然保护区、灵寿县漫山省级自然保护区、赞皇县嶂石岩省级自然保护区、井陉县南寺掌省级自然保护区）。至2021年末，石家庄市共有A级景区35处，其中，5A级景区1处，4A级景区25处，3A级景区6处，2A级景区3处。

【纪念馆、陵园】 **革命圣地西柏坡** 位于平山县境内，是国家爱国主义教育基地、国家5A级景区，距离石家庄市主城区80千米。1948年5月至1949年3月中共中央在西柏坡驻扎10个月，召开全国土地会议、中共七届二中全会，指挥三大战役，赢得解放战争决定性胜利。西柏坡依托红色旅游资源优势，开发和培育红色旅游市场，形成中共中央旧址，包括陈列馆、纪念碑、石刻园、五大书记铜像等10多个旅游景点，成为资源丰厚，感染力和震撼力强的独特景区。2021年推荐西柏坡："赶考"出发地、"聂帅救孤"、告别田赋鼎3个故事入选文旅部党史故事。5月，结合建党100周年，精心设计西柏坡纪念馆"重温赶考初心 践行使命担当"主题教育红色精品线路。行程：西柏坡纪念馆主展馆（含西柏坡廉政教育馆）—西柏坡中共中央旧址（含西柏坡国家安全教育馆）—北庄；6月，结合在百年党史上具有重大影响力的"西柏坡精神"，整合、提炼全市具备参观条件的40余处红色旅游景点、革命纪念地、旧址故居等串珠成链，形成各具特色，红色主题鲜明的18条线路，如"胜利之声 信仰高地"线路，行程：西柏坡纪念馆—西柏坡中共中央旧址—西柏坡镇北庄村（《团结就是力量》诞生地）—曹火星纪念馆（《没有共产党就没有新中国》创作者），特色：战火中的歌声格外振奋人心，去西柏坡镇北庄村和曹火星纪念馆，追寻《团结就是力量》《没有共产党就没有新中国》的诞生历程，传承和发扬歌声中的热血澎湃和昂扬斗志。"红色明灯 照亮前程"线路，行程：沕沕水发电厂旧址（4A景区）—天桂山（白毛女艺术陈列馆）（4A景区）—中共中央北方分局历史陈列馆—中央人民广播电台旧址，特色：新中国第一盏明灯在沕沕水发电厂点亮；白毛女艺术陈列馆内，聆听白毛女的故事，进行青少年爱国主义教育；中共中央北方分局历史陈列馆，全面展示了抗战时期的历史；中央人民广播电台旧址，听那一声"新中国成立了"响彻华夏大地。此外还有"永葆初心 逐梦前行""红色村庄 革命足迹""古城风情 新区盛景""红色井陉 砥砺前行"等。

华北军区烈士陵园 位于石家庄市主城区，是新中国兴建较早、规模较大、造型艺术水平较高的烈士陵园之一，国家4A级景区。陵园内长眠着抗日战争时期、解放战争时期无数革命先烈，伟大的国际主义战士白求恩、柯棣华也在其中。陵园自建成以来，受到老一辈无产阶级革命家的关怀和重视，毛泽东、刘少奇、朱德等中央领导曾亲临陵园，凭吊先烈。

【风景区】 **驼梁** 位于平山县境内西北部，国家4A级景区，距离石家庄市主城区150千米，距离山西省五台山45千米，景区面积22平方千米，主峰海拔2281米，是河北省五大高峰之一。驼梁集森林风光、草原风光、山岳风光为一体，自然生态呈现原始状态，以凉、静、野、幽、翠而闻名，是太行山中段生物多样性最丰富、最具代表性的典型区域。森林生态系统发育良好，从山谷到峰顶分布着白桦、松柏、枫树等树种及灌木草本植物，涉及102科、686个高等树种，植被覆盖率达98%。驼梁是国家大型水库——岗南水库、黄壁庄水库和滹沱河的主要水源涵养地，也是阻挡来自西部高原风沙、寒流侵袭石家庄的重要生态屏障。2009年11月驼梁自然保护区晋升为国家级自然保护区。

天桂山 位于平山县境内，国家4A级景区。天桂山既有雄秀交融的天然风光，又具有皇家园林的高贵气质和道家仙山的神秘色彩，是一个寻古探幽的绝佳去处。天桂山是北方珍贵的岩溶地貌区，自然形成众多天然溶洞等奇特景观，山内风光绝佳，景色迷人，是一处远近闻名的道教圣地，有“北武当”之称，至今保存有许多道观。1997年为迎接香港回归祖国，在天桂山百丈危崖上镌刻的“归”字，高97米，宽49米，载入吉尼斯世界纪录。名山巨字，珠联璧合，堪称天下奇观。

苍岩山 位于井陉县境内，国家级重点风景名胜区，国家4A级景区，距离石家庄市主城区50千米。最高处1039.6米，总面积63平方千米。以“一奇、三绝、十六景、七十二景观”名扬海内外，素有“五岳奇秀一揽山，太行群峰唯苍岩”的盛名。1988年被评为国家级重点风景名胜区，1994年被国务院审定为中国历史文化名山。大自然的鬼斧神工使苍岩山中心地带形成奇异的断崖绝壁及优越的生态环境，第73届奥斯卡最佳外语片奖影片《卧虎藏龙》部分外景在苍岩山拍摄。

仙台山 位于井陉县辛庄乡，距离石家庄市主城区50千米。仙台山主峰海拔1195米。山峰奇秀，俨然一尊大佛巍然屹立。树木繁多，自然景色优美，每至汛期，百泉汇合飞流直下，山光水影，宛如银河倒悬，仙朗凌空，故名仙台山。仙台山景观分上、中、下层，最下一层的仙台山牌坊，用太行山南麓独有的大红袍石料建成，风格别致；步石台阶经通天门，攀栏直上通天峡，过一崭，一步一景点，一石一奇观，有卧鹰岩、雀吸岩、如来讲经、蘑菇石、蝴蝶展翅石、青蛙望日等；东西北三面悬空。2016年仙台山在第二届中国森林氧吧论坛上获评“中国森林氧吧”称号。

清凉山 位于井陉矿区西部，距离石家庄市主城区48.5千米。清凉山主要由下古生界灰岩构成，在大地构造上地处井陉县拗陷的西缘，在内外应力长期共同作用下形成温带喀斯特景观，经亿万年风雨侵蚀，使清凉山既有北方山峰雄伟壮观之势，亦有南方山川秀丽险峻之韵。因山势峻峭，古木苍翠，景色秀丽，山腰间多有天然溶洞，清泉长流，夏日置身于此，清风习习，心旷神怡，实为避暑胜地，故名“清凉山”。

嶂石岩 位于赞皇县西南部，距离赞皇县城52千米、石家庄市主城区110千米，国家级重点风景名胜区，国家4A级景区，总面积120平方千米。以奇特、秀丽、多姿、壮观的自然风光著称。由嶂石岩山势造型命名的“嶂石岩地貌”，是和丹霞地貌、张家界地貌并称的国内三大砂岩旅游地貌之一。嶂石岩景区作为嶂石岩地貌的命名地，地貌类型最齐全，特征最突出，素有“百里赤壁，万丈红绫”之称，2003年被评为国家地质公园。景区内有国内最大的天然回音壁，弧形陡壁，高耸云天，体量之大，回音效果之好，堪称一绝，已载入吉尼斯世界纪录。景区内许多山峰海拔高度都在千米以上，是观日出、赏云海的最佳地点。嶂石岩“佛光”也是不难见到的自然奇观。

棋盘山 位于赞皇县城西段里沟，距离赞皇县城27千米、石家庄市主城区77千米，西南距离嶂石岩景区25千米，国家4A级景区。棋盘山是以生态森林景观为主的山岳景区，总面积20平方千米，因主沟段里沟沟掌有棋盘山突兀拔地成名。最高峰卧驼峰为一组山峰，主峰在四相公寨，海拔1342.3米。棋盘山景区幽神隽秀，主格调为松涛、杏雨、古道、奇峰；八大胜景为锁云碧波、杏葩争艳、八仙列阵、段岭古关、棋盘仙迹、危崖隐岫、神驼云卧、翠谷松涛。早春，十里杏花沟盛开，满沟的彩云，满沟的香气；盛夏，到处绿荫滴翠；7～9月阴雨蒙蒙，沟沟流泉处处飞瀑；金秋，枫叶黄栌将棋盘山装点得万紫千红；寒冬，银山雪岭、

嶂石岩 （赞皇县委办公室提供）

雾凇胜景。棋盘山野生动植物品种繁多，山麓、山顶、沟谷皆被乔、灌、藤、草覆盖，植物品种100科601种，野生动物品种39科113种，昆虫类324种。夏季气候宜人，最热月平均气温22.3℃，是一个消夏避暑的胜地。

五岳寨 位于灵寿县西北部深山区，因五座山峰并列耸立，且有五岳之特点而得名。属河北省漫山自然保护区的一部分，总面积88平方千米。五岳寨于2004年被国家旅游局评定为4A级旅游区，2006年被评定为河北省地质公园。景区内山高林密、繁花似锦、群山拱翠、云海波澜且气温湿润凉爽、空气清新，动植物及水资源极为丰富，大小瀑布数百个。海拔2000余米的亚高山草甸可让游人感受到“风吹草低见牛羊”的坝上草原境界。幽险的峰谷景观，浓厚的边塞区域特色，使景区成为集旅游观光、健身疗养、避暑度假、寻奇涉幽、登山探险、科学考察为一体的高品位、多功能自然风景区。

抱犊寨 位于鹿泉区境内，距离石家庄市主城区17千米，国家4A级景区。旧名抱犊山，古名萆山。古代农民抱牛犊上山，养大后让牛耕田，因此得名。抱犊寨不是一个村庄，而是一座集历史人文和自然风光为一体的名山古寨。海拔580米，四周悬崖绝壁，顶部平旷坦夷，有肥沃良田660亩，土层深达66米，异境别开，草木繁茂，恍如世外桃源。曾是汉淮阴侯韩信“背水一战”的古战场，也是著名道人张三丰成道涉足之福地，风光奇异独特，景色宜人，被誉为“天堂之幻觉，人间之福地，兵家之战场，世外之桃花源”的天下奇寨。抱犊寨山体轮廓奇特，远观如一尊巨型卧佛，枕南朝北，眉目毕肖，形象逼真，南北坡各有一条羊肠小道可通。登至山巅，豁然开朗，修建有中国最大山顶门坊——南天门、全国第一座山顶地下石雕五百罗汉堂、全国最大的金漆壁画装饰韩信祠等。景区内“千龙壁”长36米、高13米，体量宏大，雕绘有999条张牙舞爪的金龙，形似喷云吐雾，形态各异。殿堂坐南朝北，分为地上、地下两层。地上是“弥勒殿”，地下是“五百罗汉堂”。地下殿堂，宽敞恢宏，500罗汉井然有序地列于殿中，或坐，或卧，或喜，或怒，或立，或仰，或慈，或厉，体态有别，神情各异；500罗汉为青石所雕，加以彩绘，做工精细，真切动人。

封龙山 又名飞龙山，位于石家庄市主城区西南15千米，鹿泉区城南20千米，元氏县城西北20千米。西倚太行山，东临平原，主峰海拔812米。封龙山自然风光秀丽，以沟深林茂、清泉碧溪、奇峰怪石为胜。封龙山历史文化璀璨，曾有五通汉碑、三大书院、四大禅林、三大石窟、两大道观。早在唐代《十道志》中就被列为河北名山，以封龙山历史文化而论，汉代李躬，唐代郭震、姚敬曾讲学于此山。五代以后，书院文化崛起，真定名士、文学家、史学家、政治家李昉与学者张著在此创办学院。到北宋，见诸记载的河北书院仅有3处，全在封龙山中。元代著名学者、数学家李冶在此著书讲学，金元时著名文学家元好问和教育家张德辉在此讲学授业，人称“龙山三老”。古代名家在此培养出大批杰出人才，使封龙山成为河北古代教育圣地之一。

沕沕水 国家4A级景区，位于平山县西南边缘，距离平山县城45千米，距离石家庄市主城区95千米，景区面积11.5平方千米，海拔800～1100米。沕沕水曾获得国家级风景名胜区、中国最佳生态旅游景区和省级农业旅游示范点称号，景区集自然风光、人文景观和红色旅游于一体，品位高雅、特色鲜明、风情浓郁。早在明清时代，沕沕水即为平山“八大胜景”之一，享有“沕水瀑布天上降”的美誉，拥有典型的喀斯特岩溶泉，半山沕沕涌出，常年湍流，四季不竭，水质洁净甘洌，湖潭星罗棋布，沿绝壁飞落，形成落差93米、45米等多级瀑布，“如白练之经于天，白虹之饮于源”，堪称“燕赵第一瀑”。景区环山叠嶂，怪石嶙峋，灵鹫峰、梦笔峰、神龟望瀑、观音坐莲，鬼斧神工，栩栩如生。装点山谷的数百种野生植物，色彩斑斓，葱郁玲珑；原始森林，夏绿秋红，禽兽争鸣。革命战争年代，沕沕水发电厂出色地完成向革命圣地西柏坡和兵工厂供电使命，为中共中央指挥三大战役、解放全中国立下卓越功勋，被誉为“边区创举”“红色发电厂”。沕沕水盛夏凉爽舒适，严冬人无寒感，季节分明，气候规律变化，形成四时景色。春赏山花，夏看飞瀑，秋观红叶，冬览冰挂，各具魅力，胜似仙境。

藤龙山 国家4A级景区，位于平山县东王坡乡北部，距离县城25千米、石家庄主城区50千米，总面积8平方千米。藤龙山是一个集地质景观、森林生态、人文历史为一体的原生态自然风景旅游区，被称为“华北第一藤海”“太行山温带雨林”。景区山险、石奇、水清、树美、林绿、野幽，以红色峡谷地貌、绿色空中草原、华北藤海森林、四季云海称奇。峡谷幽静秀丽，翠峰耸立，流水潺潺，奇石云集，山路旁溪流相伴，沟谷重峦叠嶂，云雾沿山萦绕，给人一种明月出天山、苍茫云海间的感觉。山中冬暖夏凉、降水丰富，是一处修身养性、避暑纳凉、休闲度假的好去处。

荣国府 位于正定县城兴荣路，

国家4A级景区，国内第一座影视拍摄基地。1983年中央电视台筹拍大型电视连续剧《红楼梦》，寻找地方政府共建实景荣国府外景基地。时任中共正定县委书记习近平敏锐地看到商机，与中央电视台联系并达成协议。荣国府根据中国古典文学名著《红楼梦》的内容记述而设计建造，1984年12月兴建，1986年7月建成开放，占地面积55亩。荣国府主要由府、街两个部分组成，府内共有房间212间、游廊102间，分为东、中、西3路，各路均为五进四合院。景区内宁荣街参照乾隆南巡图设计修建，总长200米，由120间房屋组成风貌各异51家店铺，街上房屋错落有致，旗幌招展，牌匾齐全，突出再现了康乾盛世景象。荣国府落成后，36集电视剧《红楼梦》在此拍摄近两个月，取景2000多个镜头。此后《康熙王朝》《谁主沉浮》《海棠依旧》等200余部影视剧也在此拍摄。历经30多年的发展，荣国府已成为集欣赏古典建筑、观赏珍奇花木和影视拍摄、旅游观光、传播红楼文化为一体的旅游景区。

石家庄市风景区还有黑山大峡谷、佛光山、紫云山、秋山、水泉溪、双凤山、蟠龙湖等。

【古迹】 **古城正定** 距离石家庄市主城区13千米，是国家级历史文化名城，历史上正定与保定、北京并称“北方三雄镇”，是河北中部的政治、经济和文化中心。正定城内汇集唐、宋、元、明、清等朝代不同风格的古代建筑，被誉为“中国古代建筑博物馆”。境内现存国家级重点文物保护单位10处，省级重点文物保护单位5处，县级重点文物保护单位23处。驰名中外的隆兴寺是正定最著名的景点，位列全国十大名寺，是国家4A级景区。寺院汇集隋唐以来大量的建筑、壁画、雕塑等艺术珍品，有6处文物堪称“全国之最”，其中最著名的是铜铸千手观音，举高21.3米，是世界古代铜铸佛像中最高大的一尊。隆兴寺内还有堪称宋代建筑孤例的摩尼殿、被鲁迅誉为东方美神的倒坐观音、中国年代最早及体量最大的木制转轮藏、被推崇为隋碑第一的龙藏寺碑、设计巧妙的铜铸毗卢佛等珍贵遗存。古城内临济寺是临济宗的发源地，在佛教界享有盛誉，临济宗在国内广为流传，名扬海外，至今在日本、东南亚、美国都有临济宗信徒，每年春夏之际，来自海内外的广大信徒都前来朝拜祖庭，盛况空前。正定文物众多，同时也是名人的故乡和冠军的摇篮，家喻户晓的三国名将赵云就是正定人，国家乒乓球训练基地建在正定，被称为“中国乒乓运动福地”“冠军的摇篮”。

赵州桥 位于赵县城南，又称安济桥、大石桥，始建于隋开皇十五年至大业元年（595～605），距今1400多年，由隋朝匠师李春建造，是中国现存最早的巨型单孔坦弧敞肩石拱桥，主拱由28道拱券纵向并列砌筑，桥长64.40米、净跨37.02米，宽9.60米，高7.23米，桥身坐落于洨河两侧天然地基上。赵州桥大拱两端各有2个小拱，采用此种形式桥身轻盈，造型精巧，节省石料，减轻桥身重量，更为重要的是可辅助泄洪，减少水流阻力。19世纪中期，欧洲国家才出现敞肩拱桥，晚于中国1200多年。1961年3月4日，赵州桥被国务院确定为第一批全国重点文物保护单位；1991年赵州桥被美国土木工程师学会认定为世界第十二处“国际土木工程历史古迹”。赵州桥开启了“敞肩拱桥”的先河，对中国乃至世界桥梁建筑产生巨大而深远的影响，被公认为世界拱桥鼻祖，被称为“天下第一桥”。

柏林禅寺 位于赵县县城东南角，与赵州桥遥遥相望。始建汉献帝建安年间（196～220），古称观音院，南宋为永安院，金代名柏林禅院，元代起称柏林禅寺。寺内主要建筑有山门韦驮殿、普光明殿、观音殿、无门关（禅堂）、万佛楼等。唐代高僧玄奘法师西行印度取经前，曾在这里学习经文一年多，主研《成实论》；晚唐时，禅宗巨匠从谂禅师在此驻锡40年，大行法化，形成影响深远的“赵州门风”，柏林禅寺因此成为中国禅宗史上一座重要祖庭；金朝末年，临济正宗归云志宣禅师主持法席，柏林禅寺革律为禅；元代，柏林禅寺有圆明月溪禅师、鲁云行兴禅师等，成为燕赵一带佛教中心；明清两朝，中央朝廷管理赵州地区佛教事务机构——僧正司设在柏林寺，柏林禅寺住持兼任僧正司僧正。柏林禅寺屡遭劫难，殿堂和经像荡然无存。1988年柏林禅寺重新进驻僧人时，仅有赵州禅师舍利塔和20余株古柏；1988年5月12日，河北省政府批准柏林禅寺作为宗教场所开放，由河北省佛教协会管理；1992年8月28日，普光明殿落成并举行开光典礼。柏林禅寺内设河北省佛学院、河北禅学研究所，占地面积110亩，被国家宗教事务局认定为在国际国内有重大影响33所寺院之一。2001年6月25日，柏林禅寺被国务院确定为第五批全国重点文物保护单位。

毗卢寺 位于石家庄市新华区上京村东，始建公元8世纪唐天宝年间，距今有1200多年历史。毗卢寺是全国重点文物保护单位，毗卢寺水陆画与甘肃敦煌、北京法海寺、山西永乐宫壁画同为中国最负盛名的宗教壁画，其他3家描绘的是某一教派内容，唯有毗卢寺壁画集佛、道、儒三教于一堂，集三教人物于同一画面，两殿壁画200多平方米，气势壮观、富丽堂皇。毗卢寺明代宗教壁画享誉中外，壁画内容包括佛、道、儒三教人物故事经画122组500多身，线条流畅、色彩艳丽、服饰精美，是中国古代壁画艺术的瑰宝。

伏羲台 位于新乐市北郊2千米处吴家庄村北、何家庄村东，距离石家庄市主城区35千米，遗址总面积1600平方米。史料记载："帝喾巡游此土，见伏羲之圣迹，集四方之民而化导养育之故。而筑台修庙以祀之。"伏羲台是中华民族人文始祖——伏羲氏寓居的地方，距今有六七千年的历史，已形成伏羲台、人祖庙等多处景观为主体的伏羲文化旅游区。伏羲台由三层构成，采用夹沙好土罗叠堆集而成，总高度9.206米。最底层第一层台高2.898米，南北长102.58米，东西宽87.42米；第二层台高2.118米，南北长89.43米，东西宽64.6米；最上边第三层台高4.19米，南北长53.68米，东西最宽处23.8米，最窄处17.9米，呈不等边八角形，名八卦台，又称伏羲画卦台。伏羲台、人祖庙规模宏大，台殿参差，祭祀始祖香烟缭绕，磬盂声祥，每年农历三月十八日为人祖庙会。伏羲台遗址文物遗存丰厚，保存有新石器、商周、汉代、唐代、元代、明代、清代文化遗迹，出土文物170件，其中一、二、三级文物17件。2013年5月伏羲台遗址被国务院公布为全国第七批重点文物保护单位。

古中山国遗址 位于平山县上三汲村和灵寿县故城村一带。中山国故城遗址（中山国都城核心区、中山国王宫所在地）东南距灵寿县城7.5千米，西距平山县城15千米，是河北先秦四大古都之一。公元前507年白狄的一支——鲜虞仿照东周各诸侯国建立国家，地址位于今河北省中部太行山东麓一带，地处赵国北部和燕国南部之间，都城位于顾（今定州市）；公元前380年，桓公徙都灵寿（今灵寿县、平山县交界处），因城中有山得"中山国"名；公元前323年，中山成公之子"嚳"自称"中山王"，与燕、韩、赵、魏诸国王史称"五国相王"；公元前314年，燕国内乱，中山王"嚳"乘机出兵伐燕略地"方数百里，列城数十"，夺得燕国大片土地，跻身诸侯之列，成为中国战国时期仅次于"战国七雄"的"千乘之国"；公元前296年，中山国被赵国灭亡。中山国在灵寿建都84年，先后5位国君定都中山古城。因史料记载甚少，故中山国被称为"神秘王国"。中山国遗址是研究2000多年前战国文化的重要古迹，是石家庄历史文化的重要组成部分，也是中国少数民族和中原汉族文化融合的重要证据。中山国遗址现存宫殿区、居民区、陶器场、冶炼场、遗址10多处，主要遗迹包括：中山王"嚳"墓、古城墙、赵王台、八角井、养鱼池、三教殿等。中山王"嚳"墓是发掘中山国墓葬中最大的一座，墓室平面呈"中"字形，南北各一墓道，通长97米，分地上、地下两部分，地上部分呈"斗"形，地下部分包括椁室、东库、西库和东北库；主室后半周有陪葬墓6座，前面和旁侧有车马坑2座、杂殉坑1座、葬船坑1座；中山王墓多次被盗和破坏，但仍出土大量珍贵文物，包括铜器、铁器、金银器、陶器、玉石器、玛瑙器、骨角器、木漆器等。中山国遗址出土文物1.9万余件，大多为稀世珍宝，创下多项世界文化之最和中国文化之最，其中最有历史价值为"中山王三器"，即中山王方壶、中山王鼎、中山王圆壶。中山国古城遗址1973年发现，1974年10月河北省组建中山国考古队正式开展调查和发掘，1988年中山国古城遗址被国务院公布为第三批全国重点文物保护单位。2017年12月国家文物局决定，位于河北省平山县的中山国考古遗址公园列入第三批国家考古遗址公园立项名单。

石家庄市古迹还有井陉县境内的秦皇古驿道，是古代通往山西入长安的"国道"，历史上秦始皇东巡病故于沙丘，遗体曾经从这条驿道运回咸阳。井陉县于家石头村是明代著名政治家、民族英雄于谦的后裔居所，已建成中国民族文化村，村内建筑全部采用太行山石头为原材料，颇有地方特色。井陉矿区段家楼，占地总面积16万平方米，由旧中国北洋政府总理兼陆军总长段祺瑞投巨资兴建，是至今石家庄市保存基本完好的最大德式建筑群；2013年5月段家楼正丰矿遗址被国务院公布为第七批全国重点文物保护单位。

（姜小青）

气　候

【概况】 石家庄市属于暖温带大陆性季风气候，四季分明，雨热同季，光照充足。2021年石家庄市气候特点呈现为：气温显著偏高，降水异常偏多。全市年平均气温14.6℃，较常年偏高1.0℃，突破历史极值；冬、春、秋季气温偏高，夏季接近常年。全市年平均降水量861.5毫米，较常年偏多74.3%，正定和高邑突破建站以来历史极值；春季降水量偏少，冬、夏和秋季偏多，秋季全市平均降水量及各县（市、区）降水量均突破历史同期极值。气象防灾减灾能力建设，强化精准预报、递进式预警、联防联动、决策叫应，成功应对汛期49次降水天气过程。全年制作发布灾害性天气预警信号104期，气象信息快报133期，专题气象报告123期，重要气象专报9期。24小时一般性降水TS评分57%，为近五年最高，编制《城区防汛气象服务工作应急预案》《气象灾害风险预警服务快报服务规范（试行）》，修订市县级气象信息员管理办法，与市自然资源和规划局签订《关于基层信息员共建共享合作框架协议》。公共气象服务，利用新农村大喇叭试点开展精细到乡镇的天气信息发布。完善城市交通气象服务，开展积水深度预报和灾害性天气对早晚高峰影响预报，发布交通气象服务专报24期。制作主城区杨柳絮飘飞预报防控作业指挥图，京津冀气象部门联合开展杨柳絮飘飞、红叶观赏期预测。市政府印发《关于推进人工影响天气工作高质量发展的实施方案》，着力提升人影四个能力建设，重点推进15项任务。全年作业157点次，发射火箭弹579枚。2021年气象局发表论文9篇，其中国内核心期刊7篇。1篇论文被IPCC6引用。获得软件著作权2项，专利2项。荣获河北省科技进步三等奖。陈静被河北省大气污染防治工作领导小组办公室评为2021年“美丽河北 优秀蓝天卫士”。刘伟荣获2020年度河北省优秀预报员，岳艳霞荣获2020年度河北省优秀气象信息业务人员。

2021年3月21日，市气象局举办“世界气象日”科普宣传活动

表2　　2021年石家庄市主要气象要素一览表

要素	月份	1	2	3	4	5	6	7	8	9	10	11	12	年
降水量（毫米）	累计值	1.2	18.7	26.1	3.3	39.0	33.6	488.3	74.1	150.0	184.1	38.6	6.0	1063.0
	距平	−2.6	12.7	15.8	−22.2	1.7	−24.8	346.9	−65.3	91.0	155.7	21.8	1.8	532.5
气温（℃）	平均值	−0.3	6.6	10.1	15.9	22.0	27.1	27.5	26.0	22.4	13.9	8.8	3.6	15.3
	距平	1.1	4.3	1.1	−0.1	−0.1	0.7	−0.2	−0.2	0.8	−1.0	2.3	3.2	1.0
雨（雪）日	累计值	1	1	6	3	3	11	14	9	14	6	4	2	74
相对湿度	平均值	40	42	61	49	47	54	76	73	80	69	54	49	58
气压（百帕）	平均值	1014.8	1010.6	1009.0	1007.1	996.5	993.7	993.3	996.9	1002.0	1012.8	1011.5	1016.7	1005.4
极大风速（米/秒）	风向	WNW	WSW	NNE	WNW	WNW	SSW	NNE	WNW	WSW	NNE	WNW	WSW	NNE
	风速	20.4	17.9	14.8	21.9	22.4	12.6	23.9	19.1	14.0	11.1	18.5	18.9	23.9

备注：全市平均值为石家庄市16个站平均值，不包括辛集市。距平值为2021年数值与1981～2010年30年的平均值之差。累计值为石家庄市区2021年各月及年要素值合计。极大风速为2021年各月及年瞬时风速的极大值，风向为极大风速对应的风向。

【气温】 全市年平均气温显著偏高。2021年全市年平均气温14.6℃，较常年偏高1.0℃，突破历史极大值，气温显著偏高。正定平均气温15.4℃，为全市最高，高邑和行唐平均气温13.9℃，为全市最低，市区15.3℃。全市冬季平均气温0.6℃，较常年偏高1.2℃；春季平均气温15.4℃，较常年偏高0.5℃；夏季平均气温26.6℃，较常年偏高0.3℃；秋季平均气温14.4℃，较常年偏高0.7℃。

【降水】 全市年平均降水量异常偏多。2021年全市年平均降水量861.5毫米，较常年偏多74.3%，降水异常偏多。降水量分布不均，平山年降水量1069.8毫米，为全市最多，藁城年降水量713.1毫米，为全市最少，市区1063.0毫米，正定和高邑年降水量突破建站以来历史极大值。全市冬季平均降水量19.5毫米，较常年偏多84.0%；春季平均降水量59.1毫米，较常年偏少16.9%；夏季平均降水量406.7毫米，较常年偏多27.7%；秋季平均降水量372.1毫米，较常年偏多3倍，全市平均降水量及各县（市、区）降水量均突破历史同期（秋季）极大值。

【日照】 全市年平均日照时数接近常年。2021年全市年平均日照时数2160.2小时，较常年偏少81.7小时。藁城年日照时数2300.8小时，为全市最多，栾城年日照时数1982.5小时，为全市最少，市区2142.0小时。全市冬季平均日照时数553.8小时，较常年偏多105.8小时，显著偏多；春季平均日照时数580.5小时，较常年偏少112.7小时，显著偏少；夏季平均日照时数553.9小时，较常年偏少38.0小时；秋季平均日照时数476.0小时，较常年偏少39.8小时。

【降雪】 1月5日，受冷空气和暖湿气流共同影响，石家庄市迎来2021年首场降雪。此次降雪过程中，市气象局指挥灵寿县、赞皇县、深泽县、栾城区等10个作业单位开展人工增雪作业，发射火箭弹64枚。至1月5日20时，全市降雪量达到4.4～10.9毫米，平均降雪量7.8毫米；赞皇县降雪量最大，城区达到8.1毫米。

【异常天气】 暴雨 2021年全市出现暴雨70站次，较常年偏多2.4倍，为历史最多。暴雨出现在夏季和秋季。夏季暴雨为28站次，较常年偏多48.1%，主要集中在7月中下旬；秋季暴雨为42站次，较常年偏多25倍，为有气象记录以来秋季最多。7月20～22日16个国家级气象站平均降水量112.1毫米，11站出现暴雨，其中3站达到大暴雨；9月19日12个国家级气象站出现暴雨；10月3～6日我市出现持续性强降水过程，全市平均降水量169.5毫米，5日和6日各有15个国家级气象站降水量达到暴雨。

高温 2021年全市平均高温日数（日最高气温≥35℃）17.3天，较常年偏多2.4%，藁城高温日数29天，为全市最多，平山高温日数6天，为全市最少。全市日最高气温≥38℃，平均日数2.9天，较常年偏少9.4%；未出现40℃以上高温天气。年内影响范围在10个县（市、区）以上的高温天气出现在5月下旬至7月上旬。

雾和霾 2021年全市平均大雾日数17.9天，较常年偏少23.5%。春季大雾日数偏多1.3倍，冬、夏、秋季均偏少。各月中，3月大雾日数偏多4.1倍，为历史同期第二多，其他月均偏少。12月9～12日出现年内影响范围最广、持续时间最长的大雾天气，13个县（市、区）最小能见度不足100米，石家庄和元氏最小能见度仅为27米。2021年全市平均霾日数17.3天，为2013年以来最少，较去年少1.7天，年内影响范围在8个（市、区）以上的霾出现在1～3月和10月。

寒潮降温 2021年全市平均寒潮日数7.0天，较常年偏多2倍，为1972年以来最多。年内1～2月、10～12月寒潮日数较常年偏多；2月出现寒潮43站次，较常年同期偏多11.6倍，为历史同期最多。2月22～24日受强冷空气影响，全市出现寒潮天气，8个县（市、区）达到强寒潮等级，7个县（市、区）达到特强寒潮等级，23日各县（市、区）的平均气温48小时降幅均突破各自历史2月极值。

强对流 2021年全市平均大风日数9.4天，较常年偏多59.3%，为2003年以来最多。冬季大风日数接近常年，春季、夏季和秋季偏多，其中春季大风日数4.8天，较常年偏多1倍。4月15～16日14个县（市、区）出现大风，其中正定极大风速（23.0米/秒）突破建站以来历史最大值。5月6～7日，13个县（市、区）出现大风，赞皇极大风速达到28.8米/秒（11级）。2021年，全市出现冰雹3站次，较常年偏少55.9%，为2012年以来最少。

沙尘 2021年全市平均沙尘日数8.0天，较常年偏多2.2倍，其中春季沙尘日数7.2天，较常年偏多3.2倍，为1989年以来最多。年内沙尘天气主要出现在1月27～28日、3月15～17日、3月28～29日、4月15～16日和5月6～7日。

石家庄市气象局

局　长：于占江

副局长：智利辉　刘军（援疆）
　　　　陈杰

（卢林冬　杨荣珍）

国民经济与社会发展

【概况】 2021年全市实现地区生产总值6490.3亿元，同比增长6.6%。其中，第一产业增加值504.8亿元，增长6.1%；第二产业增加值2107.1亿元，增长3.5%；第三产业增加值3878.4亿元，增长8.2%。三次产业结构比例由2020年8.4∶29.4∶62.2调整为7.8∶32.5∶59.8。2021年市区居民消费价格指数同比上涨0.9%，其中，交通通信类上涨3.8%；衣着类下降0.5%；生活用品及服务类下降0.9%；食品烟酒类上涨0.9%，教育文化和娱乐类上涨1.8%；医疗保健类上涨0.5%；居住类与去年持平。

地区生产总值（亿元）

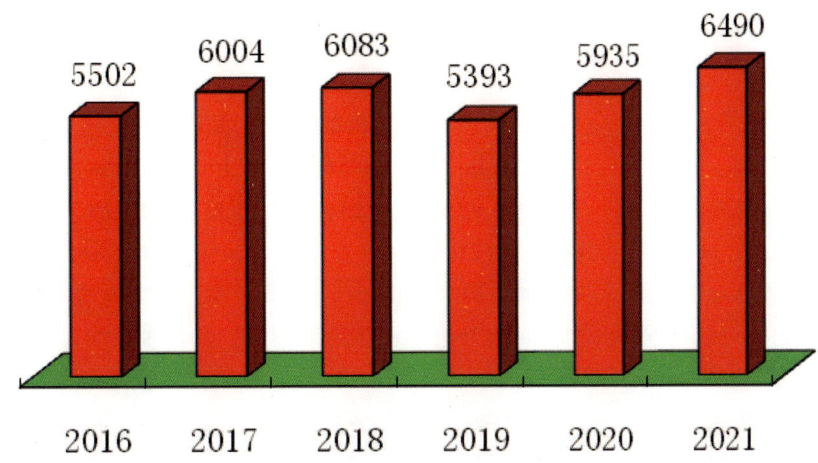

市区居民消费价格指数（%）

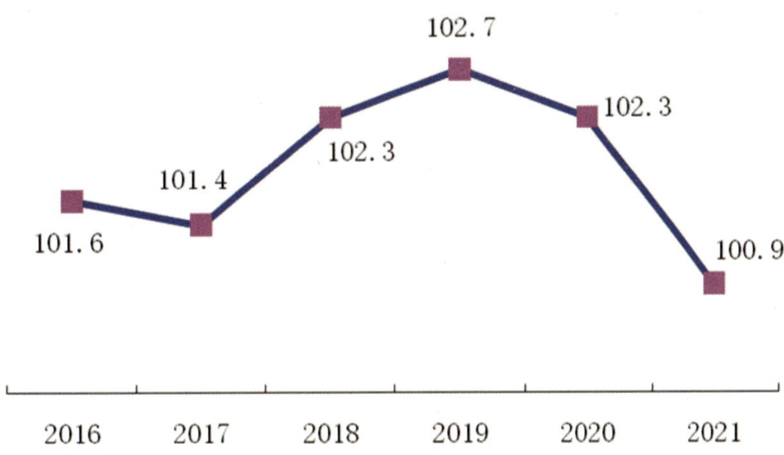

表3　2021年石家庄市区居民消费价格指数一览表

指标	比2020年增长（%）
市区居民消费价格总指数	0.9
食品烟酒	0.9

续表

指标	比2020年增长（%）
衣着	-0.5
居住	—
生活用品及服务	-0.9
交通和通信	3.8
教育文化和娱乐	1.8
医疗保健	0.5

【农业】2021年全市农林牧渔业总产值731.08亿元，同比增长7.2%。其中，农业产值352.47亿元，增长4.9%；林业产值17.15亿元，下降25.7%；牧业产值291.24亿元，增长11.8%；渔业产值3.62亿元，增长0.5%；农林牧渔服务业产值66.59亿元，增长10.6%。农林牧渔业总产值中，农业产值占比48.21%，林业产值占比2.35%，牧业产值占比39.84%，渔业产值占比0.5%，农牧渔产值占比达到88.6%。2021年石家庄市粮食播种面积66.55万公顷，同比增加600公顷；总产量432.42万吨，同比增长0.4%；平均单产6498千克/公顷。其中，小麦播种面积28.38万公顷，总产量198.49万吨，平均单产6995千克/公顷；玉米播种面积32.9万公顷，总产量215.12万吨，平均单产6539千克/公顷；谷子播种面积1.03万公顷，总产量3.05万吨，平均单产2953千克/公顷。小麦主产区为赵县、藁城区、无极县、晋州市、元氏县、新乐市等，玉米主产区为赵县、藁城区、行唐县、新乐市、晋州市等，谷子主产区为行唐县、栾城区、灵寿县、高邑县、平山县、赞皇县、元氏县等。赵县粮食播种面积、总产量、平均亩产均位列石家庄市第一名。蔬菜及食用菌种植面积6.61万公顷，同比增加2100公顷；总产量491.2万吨，同比增长1.6%。其中，食用菌（干湿混合）产量19.1万吨，增长4.6%。豆类种植面积2.6万公顷，总产量6.55万吨，其中，大豆种植面积2.53万公顷，总产量6.45万吨。薯类种植面积1.6万公顷，总产量45.23万吨。西瓜种植面积2167公顷，总产量13.2万吨。油料种植面积2.93万公顷，总产量9.08万吨。果园面积4.83万公顷，其中，苹果园6813公顷，梨园2.79万公顷，桃园2987公顷，葡萄园3147公顷；园林水果总产量180.6万吨，其中，苹果14.8万吨（红富士苹果11.6万吨），梨129.8万吨（雪花梨26.17万吨、鸭梨42.26万吨），桃5.42万吨，葡萄8.62万吨，红枣18.14万吨。中药材种植面积1.01万公顷，总产量5.84万吨。至2021年底，全市牛存栏42.16万头，同比减少600头；奶牛存栏22.83万头，同比增加1.76万头；马存栏5267匹，同比增加942匹；驴存栏1.08万头，同比减少2409头；骡存栏136只，同比减少14只；猪存栏200.65万头，同比增加4.5万头；羊存栏68.47万只，同比增加2.25万只；家禽存栏6005.38万只，同比减少587.71万只；蛋鸡存栏5227.08万只，同比减少543.07万只；兔存栏3.73万只，同比减少2.87万只。至2021年底，全市牛出栏48.03万头，同比增长0.67%；猪出栏402.94万头，同比增长14.96%；羊出栏124.88万只，同比增长8.82%；蛋鸡出栏7144.1万只，同比下降10.34%。肉类总产量50.09万吨，同比增长4.68%。其中，猪肉产量31.55万吨，增长10.72%；牛肉产量7.59万吨，下降0.26%；羊肉产

农林牧渔业总产值（亿元）

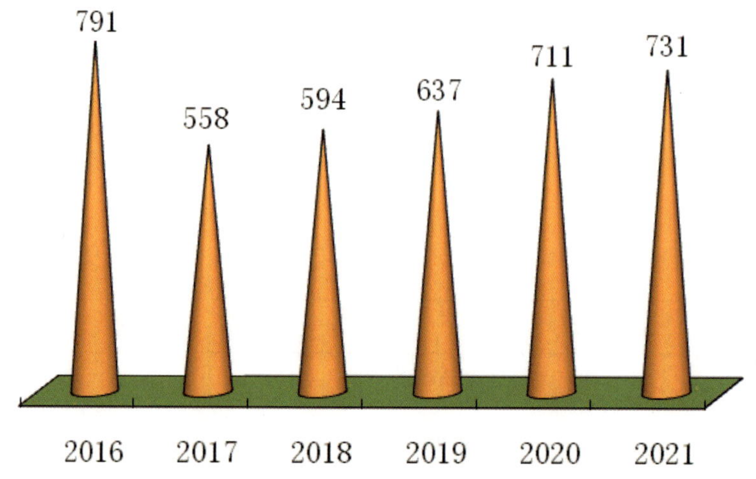

量 1.59 万吨，增长 4.5%；家禽肉产量 9.36 万吨，下降 8.34%；驴肉产量 2077 吨，增长 88.24%；兔肉产量 132 吨，下降 3.8%。牛奶总产量 80.18 万吨，同比增长 4.48%；蜂蜜总产量 2961 吨，同比下降 9.97%；禽蛋总产量 70.35 万吨，同比增长 0.84%；鸡蛋总产量 62.07 万吨，同比下降 0.55%。水产品养殖面积 892 公顷，同比下降 0.22%；总产量 1.76 万吨，同比增长 0.77%。蜂蜜总产量 3289 吨，同比增长 41.1%。至 2021 年末，全市农业机械总动力达到 1188.04 万千瓦，同比增长 1.04%；农业综合机械化水平达到 89.6%，其中，小麦作物综合机械化水平达到 99.97%，玉米作物综合机械化水平达到 98.38%。

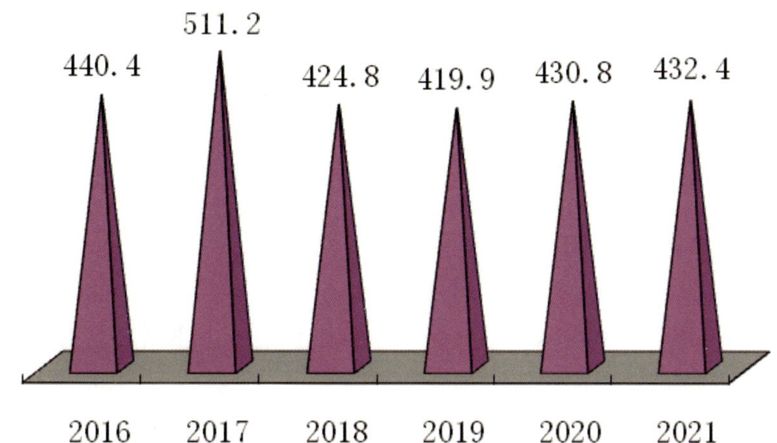

表 4　　2021 年石家庄市主要农产品产量及其增长速度表

产品名称	产量（万吨）	同比增长（%）
粮食	432.42	0.4
油料	9.08	-5.02
蔬菜	491.2	1.6
园林水果	180.6	4.6
肉类总产量（猪牛羊禽）	50.09	4.68
猪肉	31.6	10.7
牛肉	7.59	-0.3
羊肉	1.59	4.5
禽肉	9.36	-8.3
禽蛋	70.35	0.84
牛奶	80.18	4.48
水产品	1.76	0.77

【工业】 2021 年全市共有规模以上工业企业 1923 家，其中，大中型企业 212 家，国有及国有控股企业 131 家；年从业人员平均人数 30.9 万人。规模以上工业投资同比下降 8.6%，工业技术改造投资同比下降 25.9%，高新技术产业投资同比增长 33.9%。规模以上工业增加值同比增长 4.4%，其中，轻工业增加值增长 11.3%，重工业增加值下降 0.1%；规模以上工业高新技术产业增加值同比增长 11.3%，高于规模以上工业增速 6.9 个百分点。2021 年全市规模以上工业企业营业收入 5102.8 亿元，同比增长 13.3%；利润总额 345.7 亿元，同比增长 15.8%；规模以上工业企业营业收入利润率为 6.8%。规模以上大中型企业营业收入 3744.6 亿元，同比增长 15.4%；利润总额 281.8 亿元，同比增长 10.8%。规模以上国有及国有控股企业营业收入 1539.8 亿元，同比增长 3.9%；利润总额 11.2 亿元，同比下降 76.6%。规模以上工业亏损企业 341 家，同比增长 9.6%；亏损

总额61.8亿元，同比增长6.8%；亏损企业资产负债率62.3%，同比下降1个百分点。工业行业主要有医药工业、装备制造业（含电子信息）、食品工业、纺织服装业、石化工业、冶金工业、建材工业七大产业。2021年全市工业七大主导行业营业收入4283.8亿元，同比增长14.5%，占全市规模以上工业营业收入83.9%；实现利润338.9亿元，同比增长34.9%，占全市规模以上工业利润总额98.0%。煤炭开采和洗选业（无行业利润）、石油煤炭及其他燃料加工业、化学原料及化学制品制造业、非金属矿物制品业、黑色金属冶炼及压延加工业、电力热力的生产和供应业六大高耗能工业行业实现利润总额113.9亿元，同比下降7.0%。

规模以上工业利润（亿元）

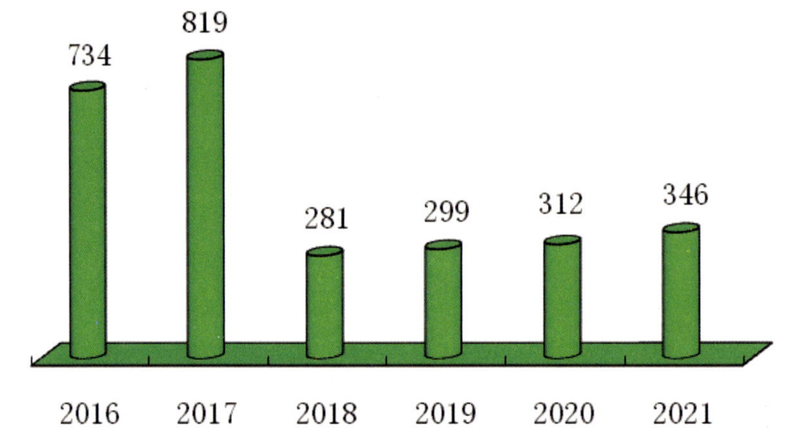

表5　　2021年石家庄市主要工业产品产量及其增长速度表

产品名称	总产量	同比增长（%）
化学药品原药	109554吨	-1.6
化学纤维	159589吨	4.9
水泥	1543.0万吨	-12.7
钢材	1351.9万吨	0.6
交流电动机	269.1万千瓦	27.6
房间空气调节器	303.2万台	-16.9
乳制品	740369吨	-9.7
饮料	728485吨	16.3
布	39075万米	-17.9
服装	1606万件	5.4

【商业和旅游】 2021年全市实现社会消费品零售总额2392.48亿元，同比增长5.0%。其中，城镇2089.7亿元，增长5.0%；乡村302.8亿元，增长4.5%。限额以上企业（单位）消费品零售额853.5亿元，同比增长2.5%。其中，城镇850.8亿元，增长2.5%；乡村2.7亿元，下降0.1%。限额以上批发零售业商品零售额824.8亿元，同比增长2.0%。其中，粮油食品类93.1亿元，下降3.9%；饮料类9.8亿元，下降13.4%；烟酒类22.7亿元，增长8.8%；服装鞋帽针纺织品类85.2亿元，下降9.3%；日用品类25.0亿元，增长0.7%；家用电器和音像器材类32.1亿元，下降3.8%；中西药品类47.6亿元，增长4.4%；通信器材类20.8亿元，增长17.7%；石油及制品类85.0亿元，增长13.5%；汽车类310.0亿元，下降0.4%。2021年石家庄市社会消费品零售总额位列河北省11个设区市第一名，占全省社会消费品零售总额比重17.7%。2021年全市注册登记电子商务企业8790家、电子商务平台及各类网店14.8万家，深泽县获批确定为电子商务进农村综合示范县。至2021年底，石家庄市网店经营者入驻外地电子商务平台63506家，其中，淘宝44526家，京东8532家，1688平台7530家，天猫2914家。2021年全市（包含辛集市）完成对外贸易进出口总值1481.2亿元，同比增长

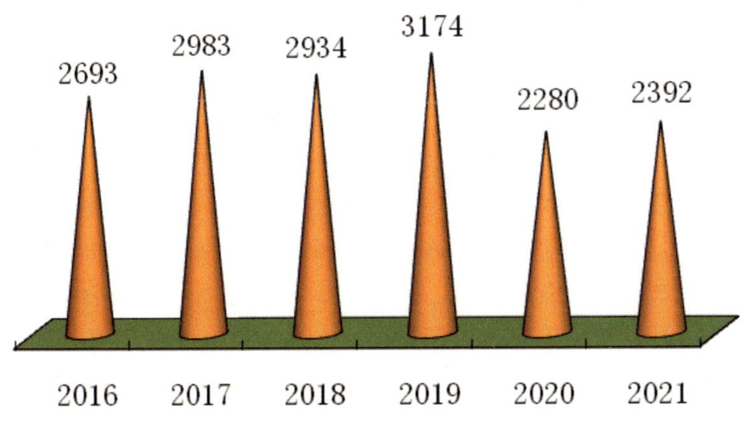

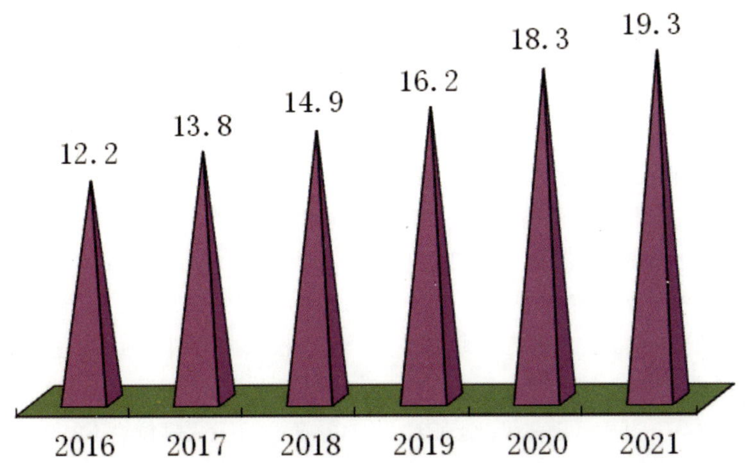

9.2%。其中，出口总值857.1亿元，增长9.1%；进口总值624.1亿元，增长9.2%。进出口总值占全省27.3%，出口总值占全省28.3%，均位列全省设区市第一名。实际利用外资19.3亿美元，同比增长5.2%，其中，外商直接投资19.1亿美元，同比增长5.6%。2021年全市接待海内外游客6709.66万人次，同比增长7.7%；实现旅游业总收入698.3亿元，同比增长2.07%。

【财政和金融】 2021年全市一般公共预算收入681.4亿元，同比增长7.8%。税收收入399.35亿元，同比增长6.3%。其中，增值税133.35亿元，增长7.7%；企业所得税32.76亿元，下降3.2%；个人所得税13.46亿元，增长14.9%；城市维护建设税34.55亿元，增长9.6%；土地增值税55.69亿元，增长22.8%。非税收入254.71亿元，同比增长11.1%。2021年全市一般公共预算支出1152.7亿元，同比增长0.9%。其中，一般公共服务支出124.14亿元，增长9.3%；公共安全支出54.17亿元，下降3.0%；教育支出214.01亿元，增长4.2%；科学技术支出12.98亿元，下降8.9%；文化旅游体育与传媒支出11.85亿元，下降25.6%；社会保障和就业支出126.55亿元，下降0.3%；卫生健康支出120.84亿元，增长28.2%；节能环保支出50.48亿元，下降17.0%；城乡社区支出152.16亿元，增长25.8%。2021年石家庄市财政用于民生支出856.9亿元，占一般公共预算支出比重达到78.2%。至2021年末，全市金融机构本外币各项存款余额17951.71亿元，同比增长8.07%，比年初增加1340.68亿元，其中，住户存款余额9902.17亿元，同比增长12.27%，比年初增加1082.45亿元。至2021年末，全市金融机构本外币各项贷款余额14657.28亿元，同比增长11.42%，比年初增加1502.24亿元，其中，住户本外币贷款余额5203.46亿元，同比增长14.38%，比年初增加654.17亿元。2021年石家庄市金融机构本外币存、贷款余额均位列全省第一。

【科学技术和教育】 2021年石家庄市域单位获得河北省科学技术奖101

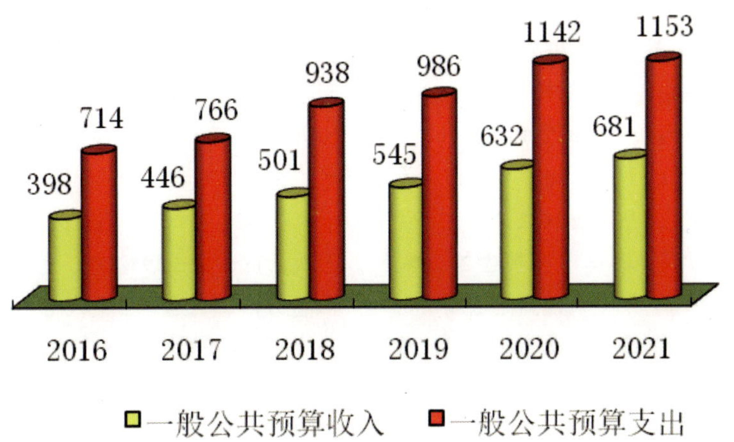

项，其中，河北省自然科学奖5项（二等奖3项、三等奖2项），河北省技术发明奖5项（一等奖1项、二等奖3项、三等奖1项），河北省科学技术进步奖90项（一等奖14项、二等奖39项、三等奖37项），河北省科学技术合作奖1项（获奖者为北京市农林科学院信息技术研究中心赵春江，合作单位为石家庄市农林科学院）。2021年国家科学技术奖项目暂未公布。至2021年底，全市共有高新技术企业2899家，科技型中小企业14596家，省级以上科技创新平台405家，市级技术创新中心246家。2021年全市专利授权量25758件，国际专利申请量122件，有效发明专利拥有量11436件，万人发明专利拥有量11.01件。2021年全市共有各级各类学校4021所（不含高等教育学校），在校生210.58万人，教职工15.53万人，专任教师12.6万人。其中，幼儿园2062所，在园幼儿34.39万人，教职工3.76万人，专任教师2.05万人；小学1398所，在校生92.34万人，教职工4.97万人，专任教师5.14万人；中学406所（初级中学190所、高级中学57所、九年一贯制学校92所、完全中学55所、十二年一贯制学校12所），在校初中生38.39万人、普通高中生19.24万人，教职工5.32万人，初中专任教师2.74万人，普通高中专任教师1.51万人；特教学校23所，在校生2371人，教职工520人，专任教师437人；中等职业学校132所，在校生25.98万人，教职工1.43万人，专任教师1.11万人。2021年全市共有各级各类民办学校1631所，在校生55.34万人，占全市在校生26.28%。中考报名10.7万人，同比增加3500余人；高考报名10.4万人，同比增加5000余人。2021年石家庄市域共有高等教育学校36所，其中，公立本科院校10所、民办本科院校9所，公立专科院校11所、民办专科院校6所；在校生52.62万人；教职工5.74万人。2021年石家庄市共有市属高校5所，其中，本科高校1所（石家庄学院），高职高专院校4所（石家庄职业技术学院、石家庄信息工程职业学院、河北正定师范高等专科学校、石家庄幼儿师范高等专科学校）。石家庄学院在校大学生17196人，教职工1300人，其中，具有高级专业技术职务资格519人、博士235人、硕士871人，“双师双能型”教师535人。石家庄职业技术学院在校大学生12900人，教职工950人，其中，正高级职称65人、博士26人。石家庄信息工程职业学院在校大学生1.9万余人，教职工1200余人，其中，具有高级专业技术职务资格257人、中级专业技术职务资格348人、初级及以下专业技术职务资格213人，博士2人、硕士586人。河北正定师范高等专科学校在校大学生6862人，教职工297人，其中，副高级以上职称72人，研究生学位以上教师156人，国家督学1人。石家庄幼儿师范高等专科学校在校大学生5824人，教职工432人，其中，教授21人、副教授93人，博士、硕士259人。

【城乡交通和生态环境】 2021年全市公路通车总里程达到19458.94千米，路网密度143.4千米/百平方千米。其中，高速公路12条830.43千米，普通国道9条894.43千米，普通省道37条1008.46千米，县道42条1291.21千米，乡道4770.62千米，村道10663.83千米。2021年全市公路客运量2.0亿人次，货运量5.19亿吨；拥有公交车辆5115辆，运营公交线路410条，公交线路长度4293.9千米，公交营运总里程1.57亿千米，客运总量1.62亿人次。2021年石家庄市域共有铁路干线6条、支线2条，铁路营业总里程556.6千米，其中，高速铁路营业里程119.6千米，铁路客运专线营业里程148.95千米，普通铁路营业里程288.05千米；铁路客运量1941.04万人次，铁路货运量6668.6万吨。2021年石家庄机场通航城市75个，旅客吞吐量645.11万人次，同比下降21.4%；货邮吞吐量3.33万吨，同比下降61.5%。2021年石家庄地铁营运里程76.5千米，同比增加14.9千米；客运总量9201万人次，同比增长28.3%。2021年石家庄市环境空气质量一级优良天数45天，二级良好天数195天，三级轻度污染天数83天，四级中度污染天数26天，五级重度污染天数11天，六级严重污染天数5天；空气优良率65.8%，同比提高9.8个百分点；重污染大数比例4.4%，同比下降1.3个百分点。2021年石家庄市环境空气质量综合指数为4.89，同比下降1.07；空气污染贡献率由高至低依次为：臭氧（O_3）123天，可吸入颗粒物（PM10）113天，细颗粒物（PM2.5）73天，二氧化氮（NO_2）6天，颗粒物（可吸入颗粒物和细颗粒物）2天，可吸入颗粒物和二氧化氮2天。

【文化、卫生和体育】 至2021年底，全市共有艺术表演团体20个，艺术表演场所10个，文化馆23个，博物馆（纪念馆）25个，公共图书馆24个，广播电视台18个。市、县、乡、村四级公共文化设施基本实现全覆盖，广播节目综合人口覆盖率、电视节目综合人口覆盖率均为100%。农村电影放映48096场，社区电影放映1000场。市图书馆馆藏书总量193万册，其中古籍16.18万册，孤本《周易传义大全》《湟中牍》等为全国独家收藏。市博物馆馆藏文物总数4535件（套），其中，一级文物

20件（套），二级文物219件（套），三级文物1435件（套）。市美术馆收藏作品1031件（套）。至2021年底，全市共有各级各类医疗卫生机构（含诊所）8503个，其中，医院301个，乡镇卫生院204个，疾病预防控制中心23个，妇幼保健院（所、站）24个，社区卫生服务中心（站）229个，门诊部235个，诊所（医务室）3453个，村卫生室3965个。开放床位65808张。在岗职工115292人，其中，卫生技术人员94598人，执业（助理）医师42983人，注册护士38788人。平均每千人拥有床位6.2张、卫生技术人员8.91人、执业（助理）医师4.05人、注册护士3.66人。2021年石家庄市被国家确定为健康影响评价评估制度建设试点城市，市妇产医院被确定为国家级新生儿保健特色专科建设单位。2021年石家庄市运动员参加省级以上比赛获得金牌367枚、银牌317枚、铜牌316枚，其中，参加第32届东京奥运会获得金牌2枚、第十四全国运动会获得金牌6枚、河北省第三届冰雪运动会获得金牌63枚。审批注册二级裁判员208人、二级运动员635人，石家庄市在河北省及全国注册运动员达到8145人。新增二级社会体育指导员872人，公益社会体育指导员总数达到2.7万人。拥有体育协会354个，其中，市级体育协会53个，县级体育协会301个。群众体育组织登记注册1300个，建成基层健身站点4396个。至2021年底，全市共有体育场地17523个，同比增加792个；总面积2593.12万平方米，同比增加87.42万平方米；人均体育场地面积2.44平方米。

城镇居民人均可支配收入和农村居民人均可支配收入（元）

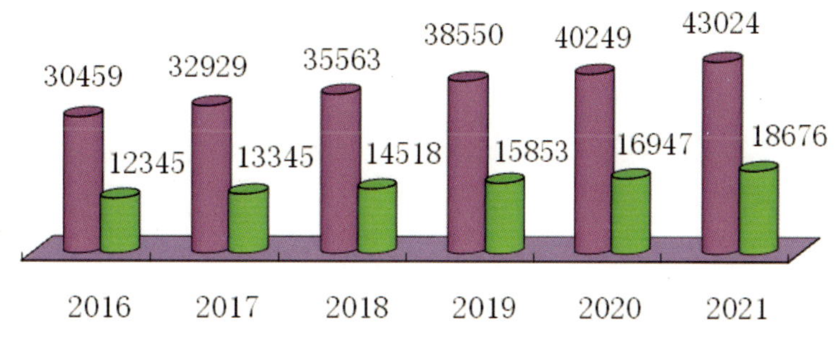

【人民生活和社会保障】 2021年全市居民人均可支配收入33555元，同比增长8.4%。其中，城镇居民人均可支配收入43024元，增长6.9%；农村居民人均可支配收入18676元，增长10.2%。2021年全市居民人均消费支出21879元，同比增长12.7%。其中，城镇居民人均消费支出26906元，增长8.2%；农村居民人均消费支出13978元，增长25.0%。2021年全市城镇新增就业13.89万人，城镇失业人员实现再就业4.99万人，城镇就业困难人员实现再就业1.93万人；农村劳动力转移就业5.9万人；城镇登记失业率3.39%，控制在省下达指标4.5%以内。至2021年末，全市城乡居民养老保险参保382.2万人，同比增加2.7万人；城镇职工养老保险参保277.8万人，同比增加8.4万人；失业保险参保136.96万人，同比增加10.6万人；工伤保险参保181.6万人，同比减少11.0万人。至2021年末，全市基本医疗保险参保986.95万人，同比增加81.99万人。其中，城镇职工基本医疗保险参保202.08万人，同比增加23.77万人；城乡居民基本医疗保险参保734.74万人，同比增加8.09万人；省直单位人员参保43.33万人；外地人员参保6.8万人。2021年全市共有享受城乡最低生活保障（简称低保）对象12.66万人，其中，城市低保对象8436人，农村低保对象11.82万人。

（薛鹏飞　庄肃新）

石家庄高新技术产业开发区

【概况】 石家庄高新技术产业开发区（简称高新区）是1991年3月经国务院批准设立的首批国家级高新区。2005年6月，国家发展和改革委员会（简称发展改革委）审核确定石家庄高新区政策区面积15.53平方千米。2009年10月15日，石家庄市委、市政府决定石家庄高新区托管裕华区宋营镇、栾城县郄马镇。至2021年底，石家庄高新区辖2个街道办事处（长江街道办事处、太行街道办事处），2个镇（宋营镇、郄马镇），23个社区居委会，25个行政村，审核确定政策区面积15.53平方千米，实际管辖面积78.75平方千米，常住人口30.65万人。石家庄高新区是全市高新技术产业的聚集区、对外开放的主导区和创新试验的先导区，地处主城区东部，建有石济铁路客运专线石家庄东站，京港澳、石太、石黄高速公路与辖区相邻，复兴大街纵贯南北，长江大道、黄河大道、湘江道、太行大街等道路联通市县，辐射城乡，距离石家庄机场40千米、石家庄火车站15千米。2021年高新区完成地区生产总值386.24亿元，同比增长8.2%。其中，第一产业增加值3445万元，增长38.0%；第二产业增加值194.69亿元，增长5.1%；第三产业增加值191.2亿元，增长10.9%。一般公共预算收入48.58亿元，同比增长9.7%；一般公共预算支出48.72亿元，同比增长25.8%。固定资产投资同比下降0.7%。拥有规模以上工业企业173家，同比增加19家；规模以上工业营业收入427.0亿元，同比增长6.1%；规模以上工业利润63.7亿元，同比增长132.4%。工业投资同比增长28.4%，规模以上工业增加值同比增长9.4%，规模以上工业高新技术产业增加值同比增长13.4%。社会消费品零售总额163.23亿元，同比增长4.8%。规模以上服务业营业收入398.02亿元，同比增长33.3%。对外贸易进出口总额71.43亿元，同比增长29.51%，其中，出口总额62.75亿元，同比增长28.03%；实际利用外资5.33亿美元，同比增长10.3%。招商引资项目236个，总投资479亿元。2021年石家庄高新区入选“2021中国高新区创新能力百强榜单”，排名位列第15位。

7月27日，2021年石家庄高新区投资环境推介会暨项目对接会举行

【产业项目】 三次产业比例为0.09∶50.41∶49.5。全年谋划实施项目131个，总投资778亿元。其中，新开工项目103个，总投资212.88亿元；列入省、市重点项目29个，总投资257.2亿元；竣工投产项目55个，实现产值88亿元。省、市重点项目中，新开工项目14个，总投资159.8亿元，年度计划投资48.3亿元；续建项目15个，总投资97.4亿元，年度计划投资30.3亿元。谋划、储备重大项目11个，获得债券资金27.6亿元。设立政府参与基金10支，总规

2021 年 12 月 28 日，石家庄高新区签约河北医科大学附属第三医院国家紧急医学救援基地项目

模 127 亿元，撬动社会资本 21.8 亿元。采取以商招商、基金招商、人才招商等方式，招商引进项目 236 个，总投资 479 亿元。与市投资促进局联合，在北京、深圳、南京等地举办招商推介活动 6 场，签约项目 65 个。对接全国百强医药企业，建立生物医药产业项目资源库。7 月 27 日，石家庄高新区（北京）投资环境推介会暨项目对接会在北京举行，参会企业 170 余家，其中，世界 500 强企业 8 家，高新技术企业 86 家，生物医药企业 83 家。抢抓市委、市政府支持生物医药产业率先突破的政策机遇，11 月 6 日，启动石家庄国际生物医药园建设，占地面积 1600 公顷。2021 年高新区新增生物医药类企业 413 家，总数达到 1850 家；规模以上生物医药企业总产值 226.69 亿元，同比增长 22.5%；规模以上生物医药企业完成增加值 65.74 亿元，同比增长 22%。2021 年高新区生物医药产业主营业务收入占全省比重超过 50%，占石家庄市比重超过 70%。至 2021 年底，高新区发展形成以生物医药为主导，新一代信息技术、先进装备制造、现代服务业协同发展的产业格局，其中，以石药集团、以岭药业等为代表的生物医药企业产值占高新区总产值比重达到 43.3%，以中电科 54 所、中电科 13 所等为代表的电子信息企业产值占高新区总产值比重达到 23.4%，以格力电器、博深工具等为代表的先进装备制造企业产值占高新区总产值比重达到 21.8%。

【科技创新】 聚焦关键核心技术和重大科技成果转化，支持企业牵头开展重大科技攻关项目，2021 年高新区企业承担省级重大科技专项 5 项、市级重大科技专项 4 项，获得省、市立项科技计划项目 137 项，争取科技专项资金 7444 万元。实施人才强区战略，新引进院士、“千人计划”等国家级人才 6 名，发放人才绿卡 1331 张。支持优势行业龙头企业、知名高校、科研院所等设立行业创新平台，引进河北工业大学数字经济产业研究院、国家纳米技术及应用中心等新型研发机构。新建省级重点实验室、技术创新中心等研发平台 8 家。新增省级国际科技合作基地 2 家。引进国外智力项目 25 个，其中，省级引智项目 5 个，市级引智项目 20 个。人才城获批省级小型微型企业创业创新示范基地，京津冀协作创新示范园获批市级小型微型企业创业创新基地，创新大厦、国械堂获批市级小型微型企业创业创新示范基地，河北企旺企业管理咨询有限公司获批省级中小企业公共服务平台。承接转化科技成果 52 项，技术合同交易额 27.3 亿元，高新区入选科技部火炬中心企业创新积分制试点。新增市级以上创新平台 6 家，市级以上科技创新平台达到 282 家；先河环保被认定为国家级创新平台。2021 年高新区新认定高新技术企业 370 家，总数达到 1030 家；新认定科技型中小企业 783 家，总数达到 2617 家；高新技术企业、科技型中小企业总量及增量均位居全省首位。加快知识产权运营服务聚集区建设，建成商标品牌指导站 4 个，北方知识产权公共服务平台上线运行。至 2021 年底，高新区共有国家级知识产权示范企业 3 家，国家级知识产权优势企业 7 家；获批马德里国际商标 72 件，获得中国专利金奖 5 项、银奖 2 项、优秀奖 17 项；万人发明专利拥有量 108.39 件，万人高价值专利拥有量 61.37 件。2021 年石家庄高新区在中国生物医药产业园区竞争力位列第 7 名，较 2020 年上升 1 位次。

【企业转型升级】 以生物医药产业为主方向，加快生物制药、医疗器械、大健康产业布局，生物医药企业新增医疗器械注册证书 33 个、临床项目 20 个。实施规模以下企业入统、小企业提升、中企业跨越、大企业扩能“四大工程”，新增“四上”企业 93 家、挂牌上市企业 8 家。发展数字经济，实施数字“百项智改、百企提质”工程和企业上云计划，支持工业企业与腾讯、阿里巴巴等云服务平台对接，云企业数量达到 70 家。申报新一代电子信息技术产业项目，天远科技有限公司、欣诚信息技术有限公司获得省级资金支持。打造“专精特新”企业梯队，建立“专精特新”中小企业培育库。至2021年底，高新区共有省级“专精特新”中小企业71家，形成以“专精特新”小巨人企业为引领、省级“专精特新”企业为主力、“专精特新”示范企业为骨干、“专精特新”培育库企业为后备的培育梯队。以企业—产业集群—创新型产业集群为发展理念，推进石药集团、华药集团、以岭药业、石家庄四药等龙头企业转型升级。石药集团获认国家级产学融合示范基地，诚志永华获评国家级技术创新示范企业，先河环保获评国家级企业技术中心，格力电器获批国家级绿色工厂，智同药谷获评国家级专业孵化器，国家级孵化器实现零的突破。石家庄四药获批河北省工业企业质量标杆，麦特达获批河北省智能制造标杆企业，8家企业获批河北省工业互联网创新发展重点项目，石家庄四药、御芝林、石家庄格力电器获批大数据产业发展试点示范项目，河钢数字技术股份有限公司、河北先河环保科技股份有限公司、河北网星软件有限公司通过CMMI5级认证。轩竹生物科技有限公司确定为独角兽企业培养对象。2家企业认定为省级工程研究中心，5家企业申报省级企业技术中心，13家企业申报市级企业技术中心。至2021年底，高新区共有企业技术中心74家，其中，国家级6家，省级31家；工程实验室35家，其中，国家级7家，省级13家。先控捷联获批省级工业设计中心，先控捷联、金环模具、冀凯机电、瑞鹤医疗4家企业获批市级工业设计中心，至2021年末，高新区省级工业设计中心达到4家。

【京津冀协同发展】 京津冀协同创新示范园一期竣工，占地面积20万平方米；生物医药产业园、生命科学创新园二期、京津冀协同创新示范园二期、先进装备制造产业园等正在建设。对接京津创新资源，打通“产学研用”链条，扩大校地合作，搭建产学研交流合作平台。4月15日，河北工业大学（石家庄）数字经济产业研究院在高新区揭牌成立。借助中国（北京）国际服务贸易交易会、天津第五届世界智能大会、廊坊“5·18”国际经贸洽谈会、中国国际数字经济博览会等平台，宣传推介高新区营商环境。走访中国医药集团、四环医药、轩竹生物、北京英伟达中国总部、中钢研等世界500强和国内央企，与蒙马生物实现签约。专门在北京举办石家庄高新区（北京）投资环境推介会、重点企业交流对接会、独角兽企业合作交流会，签约重点产业项目10个，总投资19.23亿元。9月30日，高新区与北京渼颜空间科技有限公司签约二类、三类医疗器械生产基地项目，总投资3亿元。吸引京津创新创业平台和研发机构落户高新区，与河北工业大学共建（石家庄）数字经济产业研究院、河北工业大学国家大学科技园（京津冀协作创新示范园），首批11个团队入驻高新区10个。2021年高新区引进、转化高校科研院所及京津等地技术成果52项，完成技术合同交易额27.29亿元。

【城区建设】 城区基础设施建设。2021年全区新建公共厕所15座，至2021年底达到58座；新建停车位4761个，89家地上停车场免费对外开放；太行西街（仓盛—文盛）、漓江道（峨嵋—昆仑）、杨信路（台上街—东三环）、文盛路（昆仑—太行）、冲江路（昆仑—太行）、仓岩街（文盛—仓盛）、仓盛东路（太行—八方）、杨信路（台上街—东三环）8条道路建成通车；推进金沙江路11个标段（不含仙台街—天山西街路段）管道施工及路床开挖。棚户区及老旧小区改造。建设村城中村改造项目5个，建成棚户区安置房800套；完成郝家营旧区“串改并”工作，妥善处置28处供热设施隐患，安装室温采集点119个，换热站自动化改造18个。城区综合治理。开展主街主路、小街小巷、私搭乱建、违章建筑等专项整治行动，共整治提升小街小巷55条，拆除私搭乱建72处，142万平方米，清理积存垃圾2.6万立方米，粉刷围墙9000平方米；搭建共享车辆数字化云管理平台，规范共享单车11万余辆，清理破旧、坏损乱堆放单车1.6万余辆，划定非机动车停车线7200米；整治停车场2000余次，张贴告知书6000余份，临时锁车3200余辆，拖离乱停乱放车200辆。城区环境绿化。至2021年底，全区公园达到3个，建成区新增绿地47.3万平方米，绿化率36.2%；建成“2021年度河北省美丽街区”1个，面积1.3平方千米；建成绿色社区7个，分别为想象国际社区、同祥城社区、天然城社区、主语城社区、丽美家园社区、太行佳苑社区、泊水湾社区；实施昆仑公园周边绿化工程，开展花卉种植及绿雕小品，其中，春季种植花卉8000平方米，夏季种植5500平方米，秋季种植8200平方米，冬季全部恢复草坪；治理黄土裸露2.8万余平方米，查处违章渣土运输车辆61辆，违章工地26个，共处罚金30万余元；加强河道巡视巡查，办理农业灌溉井取水许可780眼，关停自备井28眼，处置污水2590万立方米、处置污泥3.19万吨。2021年高新区空气质量综合指数为4.78，同比下降19.3%；PM2.5浓度为45微克/立方米，同比下降22.4%；优良天数226天，同比增加10天；重污染天数15天，同比减少4天。

【社会民生】 全年高新区用于民生

支出35.22亿元，占一般公共预算支出比例72.29%。城镇新增就业4400人，城镇登记失业率3.56%。企业职工养老保险参保单位7238家，参保职工23.34万人，征缴保险费17.89亿元；城乡居民养老保险参保3.38万人；机关事业单位养老保险参保职工2466人，征缴保险费3767.89万元；企业及事业单位工伤保险参保单位8451家，参保职工15.15万人，征缴保险费6650.13万元；失业保险参保单位7623家，参保职工14.37万人，征缴保险费7093.66万元；城镇职工基本医疗保险参保单位5643家，参保职工10.88万人；城乡居民基本医疗保险参保居民12.44万人。2021年城乡低保1564人次，发放低保金86.1767元；全年发放各类民政资金1462.86万元，惠及群众1655户3500余人。开展减负稳岗服务，阻力企业健康发展，政府补贴性培训32157人次，发放惠企补贴约3800万元。支持义务教育建设，新改（扩）建中小学3所，增加小学学位2700个、初中学位1500个，总投资32737万元。推进小西帐配建中学、西仰陵配建小学、北豆配建小学建设进度，缓解学位紧张的压力。发放普惠园保教费补助资金406.19万元，普惠园生均公用经费222.84万元，共计惠及37所幼儿园、8000余名幼儿家庭。维护社会稳定，欠薪案件动态清零，解决各类案件523件，涉及2400余人，涉及金额4200多万元。完善全民健身公共服务体系建设，新增健身路径15条，气膜综合体育馆建成投用；开展冰雪运动进社区及冰雪大篷车活动共计21场次，实现冰雪运动街道、乡镇、社区全覆盖。开展多层次文化惠民活动，组织“彩色周末”文化系列活动、“百年风华 而立高新”主题书画展、非遗宣传展示活动、全民阅读推广及文化艺术培训33场次；发放文化惠民6830张。集聚优质医疗资源，促进医疗服务基础建设，省三院国家医学紧急救援基地项目落户，省四院综合楼主体封顶。推进基本公共服务共建共享，推进与京津基本医疗保险跨省异地就医门（急）诊直接结算定点扩面，实现二级医疗机构异地就医直接结算全覆盖，扩大医疗机构异地结算范围。一家二级医疗机构已经开通异地就医直接结算，接入异地就医门诊费用直接结算系统。优化医联体建设。与市三院建立远程心电及影像会诊系统，完成远程影像诊断1000余人次。推进乡村一体化改革试点工作，东佐、南辛庄、小岗上、南庄4家村卫生室实现“六统一”管理。完善婴幼儿老年人服务机制，2021年高新区新增婴幼儿照护试点1家；新增养老床位252张，年末总床位达到535张，改造提升康复护理型床位60张，新建综合居家养老服务中心2家、社区日间照料站点14家，实现社区日间照料全覆盖。健全残疾人福利事业，完成日中天康复辅助器具综合体产业园建设；通过儿童康复救助审核56人，实施残疾人基本康复服务100人、残疾人辅具适配116人、康复体育进家庭7户、无障碍改造10户。

石家庄高新技术产业开发区

区工委书记：

周立新（女，7月免）

李瑞峰（7月任）

区工委副书记：

杨国芳（5月去世）

区管委会主任：

周立新（女，7月免）

李瑞峰（7月任）

区管委会副主任：

戴宝进（2月免）

张群书　尚二飞

杨文斌（11月任）

区纪工委书记：

梁建坤

（聂红强）

石家庄经济技术开发区

【概况】 石家庄经济技术开发区（简称石家庄经开区）于1992年7月经河北省批准设立，2012年10月国务院批准升级为国家级开发区，由藁城市管辖，曾称良村经济技术开发区、藁城经济开发区。石家庄经开区位于藁城区西部，西邻石家庄高新技术产业开发区，东面、北面与岗上镇接壤，南与丘头镇和石家庄炼油厂区相连。规划总面积26.26平方千米，下辖良村、北邑、北席、西马村北街、西马村南街、南席、塔元庄、内族8个行政村，常住人口12万人。石家庄经开区是河北省唯一由县级管理的国家级经济技术开发区。2013年入选河北骄傲“十大产业名片”之一，2015年入选新华社《瞭望》周刊“最具投资价值开发区”；2017年入选“河北省综合示范试点开发区”，获评“省新型工业化产业示范基地”“省生物医药产业示范产业集群”；2018年被省委、省政府确定为“河北省开放发展十佳开发区”，2019年获评“河北省智能制造示范（园）区”“河北省国际合作重点产业园”；2020年获得“国家绿色工业园区”“国家新型工业化产业示范基地”“国家外贸转型升级基地”“河北省先进开发区”称号。2021年石家庄经开区被认定为“四星级国家新型工业化示范基地”，获评“河北省5A级先进开发区”“河北省能级提升综合示范开发区”。2021年石家庄经开区完成地区生产总值336.6亿元，同比增长11.3%；营业收入2631.86亿元，同比增长26.38%；规模以上工业产值513.21亿元，同比增长11.73%；规模以上工业增加值219.99亿元，同比增长12.56%；税收收入106亿元，同比增长7.56%；固定资产投资91.55亿元，同比增长14.32%；实际利用外资4.21亿美元，同比增长10.1%；对外贸易进出口总值5.31亿美元，同比增长28.9%。2021年石家庄经开区在全国217个国家级经济技术开发区中，综合考评位列第91名，较2020年上升22位次，入选“全国百强经济技术开发区”序列。2021年石家庄经开区在河北省开发区综合排名中，税收收入连续保持全省第一名。至2021年底，石家庄经开区注册企业3954家，其中，工业企业824家，规模以上企业139家，高新技术企业115家、科技型中小企业683家，世界500强参股企业11家、大型央企6家、上市公司21家、中外合资企业18家，培育包括“华药”“石药”“欧意”“石门”“金龙鱼”“青啤”“同福”“香满园”“钻石”“桃李”“可口可乐”等知名品牌，形成以生物医药、装备制造、现代食品、新材料四大主导产业集群和科技金融服务、现代信息技术、现代物流、文体休闲四大新兴产业集群为特色的现代产业发展新格局。

【产业项目】 开展项目建设攻坚行动，发挥石家庄经开区和岗上镇优化整合叠加效应，抽调区、镇、村精干力量，组建4个工作专班，完成石药287、聚力特、三丰纸业、天鹿、丽康源、中福彩、槐安路东延、开发大街南延等重点项目征地200余公顷。树立服务企业、服务项目“店小二”理念，开展“主动服务、靠前服务、上门服务”行动，落实“一对一”帮办、领办机制。2021年石家庄经开区新开工项目43个，总投资108亿元；续建项目38个，总投资170.12亿元；竣工投产项目19个。10月11日，位于石家庄经济技术开发区石药集团欧意药业有限公司、石药集团恩必普药业有限公司、华北制药河北华民药业有限责任公司、石药集团中诺药业（石家庄）有限公司4家企业入选河北省战略性新兴产业创新百强企业。

【招商引资】 落实“精准招商、专业招商、小团队招商、以商招商”要求，出台《生物医药产业专业招商机构组建方案》，建立由园区管委会主导，市场化运作的“招商局+专业团队”工作机制，成立由区招商局和中南集团、河北中宁企业管理有限公司40余名精干力量组成的3支专业招商团队，形成“政府主导、社会联动”招商格局。以企业固定投资增长、地方综合贡献增长、总部落户等为指标，制定有竞争力招商引资优惠政策30条。重点项目、重大外资项目、重大产业项目、创新项目实行“一企一策”“一项一策”支持政策。推行“管委会+公司”模式，成立融资担保公司，搭建政银企合作平台，召开银企对接会议，为企业项目融资2.3亿元。2021年石家庄经开区储备项目196个，洽谈项目137个，新签约项目59个，引进域外资金216亿元。

【园区管理】 改善营商环境。优化行政审批服务流程，推行“一网一门一窗一次”办理，建立审批服务365天“不打烊”工作机制，审批登记事项做到即来即办、联审快办；推行“网上办”“不见面”审批，183项政务服务事项全部开通网上办理，网办率100%；推行虚拟审批、并联审批，实行工程项目虚拟快办、并联即办。制定出台《关于推进企业投资工业项目“标准地+承诺制”改革的实施意见》，率先在全市范围启动项目招商、供地、审批、监管新模式，工程项目建设实现“四证齐发”，2021年园区中福彩、聚力特、翼辰铁机、筑城科研（石墨烯）4个项目做到“拿地即开工”。开展环境影响评价、水土保持评估等9类项目评估评价，最大限度取消、简化审批事项环节。帮扶和支持企业科技创新。全年发放企业扶持资金500多万元，指导企业申请各类奖励资金1.48亿元，帮助企业解决问题200余个；推荐国龙药业、华药华民、一品制药等6家企业申报省、市级技术中心，推荐河冶科技、聚力特、石特阀门等企业申报国家专精特新“小巨人”企业，新增规模以上企业19家、高新技术企业31家、科技型中小企业160家。开展私搭乱建、违章建筑专项整治行动，拆除违章建筑170余处11万平方米。启动城市更新，投资2.11亿元，实施扬子路、赣江路、工业大街、塔东大街等主干道路大修提升工程。落实安全生产管理制度和措施，检查企业730家次，整改处置安全生产隐患380余处。启动智慧园区建设，成立智慧园区建设领导小组，打造服务企业智慧云平台。完善开发公司职能，建立投融资平台、市政建设平台、担保平台、科技创新平台。实施“人才强区”战略，发放人才扶持资金154万元，建成人才公寓一期住房36套，引进急需人才48人，新增人才绿卡持有者223人。

石家庄经济技术开发区

区工委书记：

李宪英（5月免）

吴概球（6月任）

区工委副书记：

吴概球（6月免）

崔永辉（12月任）

区管委会主任：

吴概球

区管委会常务副主任：

崔永辉（12月任）

区管委会副主任：

贾书莉（女）

刘栋侠（3月免）

崔永辉（12月免）

索南项加（12月任）

杨建强（12月任）

（于俊艳　辛少宁）

河北石家庄循环化工园区

【概况】 河北石家庄循环化工园区（简称化工园区）位于石家庄市城区东南方向20千米处，东至藁城区廉州镇、南营镇，南至栾城区郄马镇，西至石家庄高新技术产业开发区，北至石家庄经济技术开发区、藁城区岗上镇，是河北省政府确认的首批省级工业聚集区和循环经济示范园区。2005年12月启动建设，起步区规划面积5.44平方千米，2011年规划面积扩大至10.26平方千米。2012年7月组建成立中共石家庄循环化工园区工作委员会（简称工委）和石家庄循环化工园区管理委员会（简称管委会），级别为副厅级，托管藁城市丘头镇（现藁城区丘头镇），管辖面积56.52平方千米，其中核心产业区面积13.77平方千米。2013年化工园区被确定为河北省实施工业强省战略十大新型工业化基地之一，被评为省级中小企业产业示范集群。2014年化工园区石炼化800万吨油品质量升级项目一次性试车成功。2017年4月1日，化工园区正式更名为河北石家庄循环化工园区。2019年11月14日，化工园区被中国石油和化学工业联合会认定为第二批“中国智慧化工园区试点示范（创建）单位”和“绿色化工园区（创建单位）”。管辖行政村13个，常住总人口5.62万人，户籍人口6.11万人。2021年，园区生产总值完成129.4亿元，同比增长1.1%；一般公共预算收入完成17.93亿元，同比增长5.5%，七项支出完成12.6亿元，占调整预算100%，同比增长51.6%；服务业增加值完成13.9亿元，同比增长8.5%；社会消费品零售总额完成8.3亿元，同比增长8.5%，其中限额以上社会消费品零售总额增长80%；外贸进出口总额完成1.5亿美元，同比增长15.5%；固定资产投资完成6.47亿元，同比增长9.5%；规模以上工业增加值完成108亿元，同比下降5%；实际利用外资实现4800万美元以上（超出市下达任务2800万美元）。2021年循环化工园区通过河北省首批专业化工园区认定，被工信部评为“国家级绿色工业园区”，被应急管理部列为“工业互联网＋危化安全生产”试点建设单位，被中国石化联合会评为“国家级智慧化工园区”试点示范单位；2021年循环化工园区获评“中国领军智慧园区”，在全国化工园区综合排名位列第25位，继续保持“中国化工园区30强”荣誉。

【产业项目】 全年建设项目112个，总投资196.5亿元，其中中宁气体、医用氧等59个项目建成投产；实施技改项目45个，总投资45.4亿元；签约亿元以上项目23个，总投资189.6亿元，其中世界500强企业2家、中国500强企业3家、上市企业1家；引进1家中小微及现代服务企业委托招商平台、33家现代服务业企业；储备项目45个，拟投资336.31亿元。2021年，园区亿元及以上工业类项目5个，省市重点项目5个，其中，省重点项目1个、市重点项目5个，新开工项目2个，续建项目3个。河北华环化工设备制造有限公司搬迁升级改造项目。总投资1.8亿元，年生产特种设备670台，新建机加工车间、下料车间、装配车间、后处理车间、洁净设备生产车间、研发试验车间以及原材料仓库，新增机加工生产线2条、装配生产线4条、洁净设备生产线1条。苯甲酸及下游衍生物合资项目。总投资1.08亿元，改造原石家庄炼化分公司甲苯氧化装置并新建苯甲酸钠生产线及苯甲酸和苯甲酸钠包装线等配套设施。中宁特种气体。总投资2.1亿元，年产5万瓶标准气体，年产3万瓶电子工业气体、3万瓶医疗气体、1万瓶电光源气体，年产2万瓶高纯气体、2000瓶超纯气体。汇彩皮毛染剂。总投资1.13亿元，年产3000吨皮革毛皮专用弱酸性染料及助剂，建设原料库、生产车间、成品库、研发中心等，购置生产设备约30台（套），组建弱酸性染料生产线一条和助剂生产线一条，并配套建设给排水、厂区道路等配套辅助设施。石家庄源海慧泉科技水循环中心项目。总投资7.88亿元，建设新增滤布过滤器、活性膜生物反应器膜组件、反渗透装置等500多台套。新增取水泵站、集水池、滤布滤池、生物处理池、超滤产水池、产品水池、污泥池等水处理构筑物，新建鼓风机房、配电室、值班室、膜车间、综合车间、综合楼、管网等配套辅助设施。

【科技创新】 全年新认定科技型中小企业 29 家；申报高新技术企业 36 家（待批）；新认定市级众创空间 1 家；申报市级技术创新中心 2 家（待批）。支持科技企业创新。落实拨付省市支持资金 328 万元；制定印发《河北石家庄循环化工园区科技创新后补助专项资金管理办法》(〔2021〕-23）和《支持科技创新助力省会高质量发展若干措施》(冀石化园办〔2021〕18 号)，认定符合政策规定、应享受科技创新专项资金支持的企业共计 53 家（比上年增长 23.3%），落实支持资金共计 1177.6 万元（比上年增长 54.5%）。推进科技创新发展，促进园区与国内重点高校科研院所的合作，探索建立科技创新合作平台管理机制及运行服务模式。4 月 27 日，园区与中国化工信息中心签署战略合作框架协议；5 月 13 日，石家庄循环化工研究院与河北科技大学签署共建河北省电子信息固体有机化学品技术创新中心合作协议；7 月 23 日，园区与北京化工大学合作，被授予北化中国工业碳中和研究院副理事长单位并授牌；7 月 23 日，园区与中国化工信息中心、中国循环经济协会合作，被授予中国石油化工循环经济研究院石家庄分院并授牌；8 月 10 日，石家庄循环化工研究院与河北科技大学签署共建河北省电子信息固体有机材料工程研究中心合作协议；9 月 16 日，石家庄循环化工研究院与河北科技大学签订共建国家级化学安全与履约技术研究中心合作协议；10 月，中科院生态环境中心申报“工业废水无害化和资源化国家工程研究中心”并获批，河北石家庄循环化工园区被列为该中心的成果转化基地；10 月 26 日，化学共享试验中心项目建设启动，规划建设总用地面积 10.87 万平方米，建设用地面积 64526 平方米，总建筑面积 73864.89 平方米，包括共享试验、分析检测、技术鉴定与评审、知识产权运营与保护、技术交易与孵化等中心。

【招商引资】 完善招商引资政策，出台《河北石家庄循环化工园区全员招商引资引智工作实施办法》《关于推进河北石家庄循环园区 2021 年招商引资工作的意见》《关于园区中小微企业及现代服务业企业的扶持意见（试行）》(冀石化园办)《关于进一步推进外资企业招商引资工作的实施意见》《关于支持园区外贸企业平稳健康发展的六项措施（暂行）》等支持企业发展优惠政策。全年签约亿元以上产业项目 23 个，总投资 189.6 亿元，其中 10 亿元以上项目 6 个，分别为山阳精工株式会社和奥萨崎医疗科技有限公司共同投资 20 亿元（其中外资约 3000 万美元）的日大健康产业高端孵化园、北京环宇京辉京城气体科技有限公司投资 20 亿元的中关村氢能产业园（一期）、航天建筑设计研究院有限公司（北京）投资 25 亿元的气凝胶智慧示范产业园、环普智慧科技物流有限公司（香港）10 亿元（约 1.5 亿美元）的石普跨境电子商务物流特色小镇项目、黔龙国际集团有限公司投资 50 亿元的数字压缩产业基地项目和京东集团投资 15 亿元的智能产业园亚洲一号项目。5~10 亿元项目 4 个、分别为冀循科技有限公司投资 5 亿元的中科新材料产业园、深圳市风发科技发展有限公司投资 8 亿元的高端智能电机生产制造基地项目、深圳市风发科技发展有限公司投资 8 亿元的高端智能电机生产制造基地项目和江集团投资 7.5 亿元的科创综合体项目。1 ～ 5 亿元项目 13 个、分别为尚澳生物科技有限公司投资 3.3 亿元的年产 7000 吨阿苯达唑原料项目、长晟科技有限公司投资 1 亿元的危险废物收集转运处置工程项目、河北运玖贸易有限公司投资 1.5 亿元的河北运玖科研综合楼“石钢运玖大厦”项目、杭州原创软件有限公司投资 1 亿元的科技研发中心、中宏集团投资 1.9 亿元的科技产业园项目、华旭药业投资 1.8 亿元的催化剂项目、中国石化销售股份有限公司投

2021 年 4 月 28 日，京东城市（河北）数字经济产业园开园暨京东城市（石家庄）创新中心、京东（石家庄）商家服务中心揭牌仪式在河北石家庄循环化工园区举行

资1.5亿元绿岛加油站、盛亿能源有限公司投资1.1亿元的年产50000吨石油添加剂项目、凯秀化工有限公司投资1亿元的10000吨/年纳米氢氧化锌项目、恩赛纳微（北京）材料技术研究院有限公司投资4.5亿元的NCC轻型装配式墙体项目、中南集团投资2亿元的中南京津冀产业大厦项目、海力香料股份有限公司投资5亿元的年产5000吨ODA、1000吨BPDA、1000吨ODPA聚酰亚胺专属电子化学品及副产品2680吨氯化钠、34吨硫酸肼扩建项目、欣昌医药科技有限公司投资1亿元的药品及医疗器械总部基地项目、万道集团投资2.5亿元的综合智慧仓库项目和香江集团投资7.5亿元的科创综合体项目。开展对接洽谈，推介园区项目招商，邀请和接待兄弟园区投资商36批次，初步达成投资合作意向45项。

【**城区建设**】 建设重点项目56个（其中续建项目26个，新开工项目30个），总投资21.03亿元。全年出具项目选址意见及初审意见41个；批复路由39处；核发建设用地规划许可证37件；核发建设工程规划许可证56宗；审批市政管线长度19376米；完成工程项目验收13个。基础设施建设。全年新增道路长度10.59千米，完成北炼路、外环一路、外环二路、阿里山大街、工业西街、规划七街、规划一路、规划六街、现代农业园区内环道路9条道路建设；铺设公共管网，新增中水管道20.7千米，新增雨水管道11千米，新增污水管道14.4千米，新增供暖管道8千米，新增电力管道20.1千米；园区疫情防控临时隔离点占地面积约1.9公顷，建筑面积3023.21平方米。展开绿化工程。完成塔西大街、化工南路、黄山大街、外环二路、清源公园绿化工程，新增绿化面积41万平方米，化工中路被评为省级园林式街道，工业大街被评为市级园林式街道。智慧园区建设。信息化、智能化改造园区供热站，改造完成室温采集装置调试并网上传数据；医院综合楼项目完成产值1.6亿元；建设完成智慧停车场等9个配套项目，全民健身亲水景观生态项目等31个项目投入使用。园区转型升级。完成童家庄村352户拆迁协议签订和搬迁；做好私搭乱建、违章建筑问题摸底排查、整治工作，拆除三环辅路、石炼路、北外环路等各类建筑283处；整治违章建筑797处，总面积17.4万平方米，重点提升地块53个；累计清理占道经营、流动摊点200余家，规范店外经营商铺700余户，清理沿街门店橱窗贴字、贴画150处，清理破损条幅70处。开展非机动车规范管理整治行动，共清理乱停230处；实施农村人居环境整治，清理连茅圈303处、改造厕数4201座、梳理空中蜘蛛网等市电线路16820米、铺设污水管网5249.5米、创建美丽庭院1919户，整修道路21.36万平方米，清理积存垃圾7.6万立方米，建设垃圾分类平台小屋28处，规范设置村街路巷门户等地名标牌1067块。

【**社会民生**】 2021年园区小麦收获面积约1866.7公顷，总粮食产量约1.82万吨。平均单产9753千克/公顷，同比增产19%。玉米收获面积约1400公顷，玉米产量约1.26万吨。平均单产9000千克/公顷，同比增产11%。完善社会保障体系。城乡居民基本养老保险待遇区级补贴标准由原每人每月37.5元提高到65.5元，每人每月达180元。享受城乡居民养老保险人数6600人，全年共发放养老金10694万元；发放失业补助金204人次6.38万元，失业金25人次9.68万元，工伤保险待遇14人次155万元，稳岗返还补贴33家企业3.17万元。职业培训完成社会性培训1448人，补贴性培训1991人，补贴资金390万元。城乡居民医疗保险参保人数46076人，医保电子凭证激活27663人，激活率60.04%，全市排名第二。继续实施国家带量药品集中采购及“两病”门诊保障工作，有效减轻群众看病负担。实施65岁以上老年人体检补贴政策，补贴资金89万元，共有4046名老人享受到免费体检。开展技能培训，完成社会性培训1448人、补贴性培训1991人，补贴资金390万元。提升社会治安防控能力，推动实施“雪亮工程”，完成智慧安防小区建设。维护劳动者合法权益，累计为356名工人追讨工资454万元，拖欠农民工工资案件实现动态清零。重点人群保障。全年共发放困难群众资金240余万元，各类优抚优待资金290余万元。开展八一走访慰问，对120名困难退役军人、重点优抚对象进行走访慰问，发放物资480件，价值3.6万元。新增社区日间照料服务站（点）2个，增强养老服务能力。教育工作。辖区共有中小学13所，教职工532人，在校生5324人。开展学生课后服务、作业管理、手机管理等制度，利用放学后时间组织学生参加兴趣小组活动，形成丘头小学的泥塑、靳庄小学的武术、南乐乡小学的书法等具有学校和地域特点的校园名片；做好小学生营养餐计划，全年投入17万余元，受益学生4028名；加强教师校长队伍建设，提升教师科研能力和教育教学能力，新增石家庄市学科名师4名和骨干教师12名；新审批农村幼儿园3所，新增480个学位，实现1.5千米之内幼儿园全覆盖；做好学校保安招标工作，补充保安力量，投入144万元。医疗卫生健康。完成基层医疗卫生机构改革，实施“十统一”管理，改善就医环境和急诊流程，增设导诊服务力量和项目。加快“互联网＋医疗”发展进程，加强医联体建设，实现分级诊疗，提供信息咨询、远程会诊、公共卫生管理、家庭医生签约、即时结算等多项服务，构建县乡村线上、线下医疗服务新机制。行政执法和信访稳定。严格落实行政执法“三项制度”，提升行政执法部门和执法人员能力和水平；开展医疗机构、校外培训机构、社会组织专项整治工作，查处无证诊所42家，取缔无证培训机构5家，清理“僵尸型”社会组织4家。充分发挥劳动保障监察职能作用，维护劳动者合法权益，开展专项行动3次，检查用人单位20家，受理举报投诉欠薪案件112件，协调解决110件，为356名工人追讨工资454万元。处置回复国家、省、市交办案件83件，办结率100%。创建卫生城市。按照市“三重四创五优化”有关要求，做好重点部位管理工作，开展城乡环境卫生整治行动，坚持开展周五“全民大扫除日”活动共计42次，出动人员915人次，清理各类卫生死角228处；完善居民小区、农贸市场环境卫生保洁制度，抓好病媒生物预防控制，发放鼠药共计75箱，蚊蝇药80箱，沾蟑贴4000余张。

河北石家庄循环化工园区

区工委书记、管委会主任：宋同原

区工委副书记：范书青

区管委会副主任：赵伦　李富兵　周建林

纪工委书记：王光（女）

（潘岳萄）

河北自由贸易试验区正定片区

【概况】 中国（河北）自由贸易试验区正定片区（简称河北自由贸易试验区正定片区或者河北自贸区正定片区）包括正定新区、河北正定高新技术产业开发区、临空经济区（含石家庄综合保税区）3个区域。正定新区于2010年10月批准设立，初称滹沱新区，位于石家庄市滹沱河北岸、正定县城东侧，跨正定县和藁城市（现藁城区）部分区域，起步区规划面积30平方千米。河北正定高新技术产业开发区经河北省政府批准于2014年11月设立，按照省级开发区管理，规划面积29.96平方千米。石家庄综合保税区于2010年10月批准组建，位于河北省省会石家庄北部，属于国家级海关特殊监管区，享受省级开发区政策；与石家庄正定国际机场毗邻，距离石家庄市主城区30千米，批准面积2.86平方千米，实际围网面积2.49平方千米。2014年9月15日，国务院批复同意设立石家庄综合保税区。2015年11月6日，河北省撤销石家庄空港工业园管理机构，组建石家庄综合保税区党工委、管委会，分别为石家庄市委、市政府派出机构。2016年4月28日，石家庄综合保税区通过国家验收，8月31日正式开关运行。2017年2月9日，市委办公厅、市政府办公厅印发《正定县、正定新区“县区合一”管理体制改革实施方案》，确定石家庄综合保税区管理体制不变，委托正定县管理。2019年8月26日，国务院批复设立中国（河北）自由贸易试验区正定片区，地址位于正定县的东部和北部区域，管辖面积33.29平方千米，包括正定新区9.13平方千米、河北正定高新技术产业开发区14.48平方千米、临空经济区9.68平方千米（含石家庄综合保税区2.49平方千米）3个区域，实施范围东至诸福屯西街、河里街、综保区东围网，南至河北大道，西至新元高速、107国道、园博园大街，北至综保区海关巡逻道。2019年8月31日，中国（河北）自由贸易试验区正定片区正式挂牌。2019年10月29日，市委机构编制委员会印发《关于设立中国（河北）自由贸易试验区正定片区管理机构的通知》（石机编〔2019〕44号），批准设立中国（河北）自由贸易试验区正定片区管理委员会，为市政府派出机构，在石家庄综合保税区管理委员会加挂牌子，实行“一套人马、两块牌子”，委托正定县（正定新区）管理。2020年10月8日，国务院办公厅印发《关于同意石家庄综合保税区核减规划面积的复函》（国办函〔2020〕95号），同意石家庄综合保税区核减规划面积，核减后规划面积由2.86平方千米调整为2.49平方千米，管辖范围：东至空港北大街、南至海关巡逻南道、西至机场北大街、北至海关巡逻北路。根据河北自由贸易试验区总体部署，正定片区重点发展临空产业、生物医药、国际物流和高端装备制造等产业，建设航空产业开放发展集聚区、生物医药产业开放创新引领区和综合物流枢纽（也称“两区一枢纽”）。2021年中国（河北）自由贸易试验区正定片区完成进出口总值251亿元，同比增长23.6%，其中，出口贸易额232亿元，进口贸易额19亿元；新增市场主体930家（外资主体14家），同比增长65%；招商引进项目55个（外资项目14个、内资项目41个），总投资110.1亿元；实际利用外资1495万美元。2021年正定新区一般公共预算收入30.98亿元，同比增长31.8%；一般公共预算支出34.59亿元，同比增长17.7%。2021年石家庄综合保税区一般公共预算收入1.03亿元，同比增长26.2%；一般公共预算支出2.26亿元，同比增长69.7%。

链接：

滹沱新区：2009年12月，市委、市政府成立滹沱新区建设领导小组。2010年6月9日，省机构编制委员会印发《关于组建石家庄滹沱新区管理机构的通知》，批准组建滹沱新区党工委和管委会。2010年9月10日，滹沱新区党工委、管委会领导班子成立。2010年9月17日，滹沱新区正式更名为正定新区。

石家庄空港工业园：2010年5月经河北省政府批准筹建，享受省级开发区政策，规划控制面积124平方千米，起步区面积30平方千米。2010年9月，组建成立石家庄空港工业园党工委、管委会，为市委、市政府派出机构，级别正县级。

【招商引资】 以数字经济、现代食品、冷链物流等新兴产业为招商重点，编制完成《中国（河北）自由贸易试验区正定片区鼓励类产业目录》。全年举办招商引资活动30余场，签约引进项目55个，其中，外资项目14个，内资项目41个；总投资110.1亿元。签约重点产业项目主要有：正天飞机维修、腾讯云启、京东智能电子商务、富辉国际产业园、沅旌供应链、北京中普讯通、均和数字云谷、北京和合医学检测、隆基泰和生物医药等。打造法治化营商环境，12月10日，石家庄市、唐山市、廊坊市、雄安新区签约《中国（河北）自由贸易试验区法院司法协作框架协议》。2021年石家庄综合保税区招商签约项目3个，分别为：富辉国际产业园项目、沅旌供应链跨境电子商务项目、正天航空飞机维修基地建设项目；总投资15.3亿元，其中，内资金额13.5亿元，外资金额1.8亿元；新增市场主体77家，其中外资主体9家。

【口岸与物流贸易】 2021年中国（河北）自由贸易试验区正定片区完成进出口总值251亿元，同比增长23.6%，其中，出口贸易额232亿元，进口贸易额19亿元。口岸建设。7月22日，石家庄市首票跨境电子商务B2B直接出口（9710模式）货物在石家庄综合保税区通关。全年钻石口岸完成1247万美元保税加工订单。2021年9月，石家庄综合保税区进口药品口岸通过国家现场评估。2021年11月，经国家税务总局、财政部、海关总署批准同意，石家庄综合保税区开展增值税一般纳税人资格试点。物流贸易。2021年11月，国家发展和改革委员会印发《关于做好“十四五”首批国家物流枢纽建设工作的通知》(发改经贸〔2021〕1697号)，其中石家庄陆港型国家物流枢纽成功入选“十四五”首批国家物流枢纽建设名单。石家庄国际陆港合作企业达到65家。其中，新增物流运输企业18家，货代公司22家，新增网络货运平台企业5家。2021年石家庄国际陆港开行国际班列212列，图定化线路增加至10条，新开通国际班列5条，分别为直达法国巴黎、德国汉堡、芬兰赫尔辛基、老挝万象和越南河内。国际业务范围达40多个国家和地区，其中到发货物20804标箱，货值达39.64亿元，较2020年均实现翻番；国内到发货物34998标箱，总货运量62万吨。7月11日，石家庄国际陆港首次开启海铁联运“全程单”物流新模式。制度创新。承担《河北自由贸易试验区总体方案》改革创新试点任务62项，实施56项；承担制度创新清单243项（共性清单192项，个性清单51项），完成223项。创新形成国家级推广制度创新案例3个，分别为：“生物医药知识产权全链条保护服务”“商事纠纷‘调解+’新模式”“专利侵权纠纷行政裁决新模式”。其中，“生物医药知识产权全链条保护服务”被国务院自由贸易试验区工作部际联席会议简报（2021年第15期）采纳，“商事纠纷‘调解+’新模式”被国际知名机构普华永道《自由贸易试验区简报（第15期）》作为案例借鉴刊发，“专利侵权纠纷行政裁决新模式”被商务部研究院内参《要情参阅》(2021年第17期)采纳；省级推广制度创新案例4个，分别为：“实施资金支持政策‘一门受理、一门兑现’”“打造综合服务平台探索商事纠纷‘调解+’新模式”“创新打造精细化、智能化、个性化税务服务新体系”“积极探索生物医药知识产权全链条保护服务”。其中，“实施资金支持政策‘一门受理、一门兑现’”和“打造综合服务平台探索商事纠纷‘调解+’新模式”作为河北省第二批最佳实践案例向全省推广，“创新打造精细化、智能化、个性化税务服务新体系”和“积极探索生物医药知识产权全链条保护服务”作为河北省第三批最佳实践案例向全省推广。

【园区建设】 全年实施重点项目5个，分别为：产业发展孵化基地项目，占地面积2.3公顷，总投资1.4亿元；口岸医药物流中心项目，占地面积3.5公顷，总投资1.72亿元；石家庄综合保税区跨境电子商务产业园项目，占地面积8.2公顷，总投资3.5亿元；国际光电机电产业园项目，占地面积8公顷，总投资3.1亿元；石家庄综合保税区商品交易展示中心项目，建筑面积9.71万平方米，总投资1.58亿元，1号楼、2号楼建成投用。加快正定新区基础设施建设，实施11条道路工程完工，总长23千米，路网形成“六横四纵”格局；建成地下综合管廊50千米；改建供热管网长度9千米、换热站13座，供热面积达到360万平方米；正定新区智慧中心竣工。重视发挥石家庄综合保税区海关特殊监管区功能。7月2日，河北自贸区正定片区跨境电子商务产业园开始运营；7月22日，石家庄市首票跨境电子商务B2B直接出口（9710模式）货物在石家庄综合保税区通关；2021年9月，石家庄综合保税区进口药品口岸通过国家现场评估；2021年11月，经国家税务总局、财政部、海关总署批准同意，石家庄综合保税区开展增值税一般纳税人资格试点。

中国（河北）自由贸易试验区
正定片区／石家庄综合保税区
管委会主任：陈振居
管委会副主任：夏生华　李卫山

（蔡晓敏）

中国共产党石家庄市委员会

【概况】2021年全市坚持以习近平新时代中国特色社会主义思想为指导，贯彻落实党的十九大和十九届二中、三中、四中、五中、六中全会精神，立足新发展阶段，突出新发展理念，构建新发展格局，推进“五位一体”总体布局和“四个全面”战略部署，增强“四个意识”，坚定“四个自信”，做到“两个维护”，落实习近平总书记对河北工作的重要指示批示精神和省委部署要求，坚持稳中求进工作总基调，以深化供给侧结构性改革为主线，以改革创新为动力，以满足人民日益增长的美好生活需要为出发点，统筹经济发展、疫情防控和社会安全，抢抓省委、省政府大力支持省会高质量发展的重大机遇，全面落实市第十一次党代会提出的宏伟蓝图，当好加快建设经济强省、美丽河北的排头兵和领头雁。

落实党中央重大决策和省委部署要求。全年召开市委常委会会议70次、市委理论学习中心组学习会8次，举办各类培训246期。学习贯彻习近平总书记给平山县北庄村全体党员重要回信精神，开展“团结就是力量”专题学习教育活动；学习贯彻习近平总书记“学史明理、学史增信、学史崇德、学史力行”和“学党史、悟思想、办实事、开新局”指示要求，开展党史学习教育、“四史”宣传教育、“永远跟党走”群众性主题宣传教育活动、“三统筹三扩大四创建”活动和“我为群众办实事”实践活动。全年习近平总书记作出重要批示指示涉及石家庄市事项40项，全部推进落实；省委书记王东峰对石家庄市工作批示要求涉及事项377项，完成264项，确定长期推进103项，正在办理10项。

2021年10月12日，省委常委、市委书记张超超（右三）调研指导太平河畔高端集中安置区建设　　（市委办公室提供）

建设现代化、国际化美丽省会城市。落实市委、市政府提出在二环内做“减法”、二环外做“乘法”和实施拥河发展战略、拉开城市发展框架的战略部署，以“只争朝夕”的拼搏精神，提升石家庄形象品质，打造让石家庄人自豪、外地人向往的魅力之城。聚焦“七个大跃升”目标，推进“6+1”专项行动、城市更新、国企改革、空气质量“退后十”、五大产业集群、高铁站商务区建设等重点任务，全力做好稳增长、促改革、调结构、治污染、惠民生、防风险工作。

抗击新冠肺炎疫情，守护群众生命安全和身体健康。加强组织领导，制定疫情防控应急预案、工作方案。2021年石家庄市突发新冠肺炎疫情3次，累计确诊新冠肺炎患者病例1101例，治愈1100例，死亡1例。从控制新增新冠肺炎病例看，第一波疫情用时33天，第二波疫情用时15天，第三波疫情用时3天，处置速度、效率、效果均实现大幅提升。12月22日，石家庄市住院新冠肺炎确诊病例全部清零。

贯彻新发展理念，推动经济高质

量发展。坚持经济稳中向好、稳中有进的总方针，构建现代产业体系。围绕打造5个以上千亿级产业集群，制定出台发展规划，重点推动新一代电子信息和生物医药产业率先突破发展，设立主导产业发展基金和主导产业专项资金，全年奖补111个项目资金1.1亿元。树立“项目为王”理念，举办全市项目观摩活动2次、集中开工6次，掀起项目建设高潮，省、市重点项目超额完成年度目标任务。

重视污染防治，改善生态环境。2021年石家庄市空气质量综合指数为4.89，同比下降1.07，降幅达到18.2%，在全国168个重点城市中，与山东省聊城市并列排名倒数第12位，圆满完成市第十一次党代会提出的“坚决打赢生态环境治理攻坚战，用非常之举、行非常之力、下非常之功，确保空气质量在全国城市排名实现‘退后十’目标”，实现了历史性突破，一举扭转石家庄市空气质量长期排名全国后三位的被动局面，甩掉了空气质量全国排名落后的“黑帽子”。

全面从严治党，营造良好的政治生态环境。把党的政治建设放在首位，严格执行民主集中制，严肃党内政治生活，严守政治纪律和政治规矩。支持市人大常委会、市政府、市政协和市中级人民法院、市人民检察院履行职能，提升各民主党派、工商联、无党派人士参政议政能力，发挥工会、妇联、共青团等群团组织桥梁纽带作用。抓好领导班子和干部人才队伍建设，完成市、县、乡领导班子换届，成功召开市第十一次党代会，各候选人全部全票当选。全年招录市县乡公务员709名、选调生500名，市委常委会研究市管干部职务任免27批次，涉及677人次。推进党的建设和反腐败斗争，落实中央八项规定及反“四风”要求，查处违反政治纪律问题18件，处分18人，查处“四风”问题186件，处理277人，处分223人。2021年全市政治环境风清气正，干部队伍形成干事创业、斗争昂扬的好局面。

链接：

“三统筹三扩大四创建”活动：“三统筹”即统筹疫情防控和经济社会发展，统筹发展和安全，统筹当前和长远。“三扩大”即扩大投资，扩大消费，扩大就业。“四创建”即创建全国文明城市，创建国家卫生城市，创建国家森林城市，创建美丽乡村。

“七个大跃升”：经济总量过万亿，质量效益大跃升；省会面貌焕新颜，形象品质大跃升；改革开放当标杆，发展活力大跃升；人居环境更美丽，生态文明大跃升；共同富裕迈新步，民生福祉大跃升；治理体系更完善，治理效能大跃升；党的建设走在前，执政能力大跃升。

“6+1”专项行动：思想作风纪律整顿、优化营商环境推动高质量发展、主街主路景观提升、市区小街小巷整治提升、农村人居环境整治提升、解决历史遗留问题；私搭乱建、违章建筑专项整治。

【中共石家庄市委领导及工作部门组成人员】

市委书记：邢国辉（4月免）
张超超（4月任）

副 书 记：邓沛然（1月免）
马宇骏（1月任）
詹晓阳（1月任）

市委常委：邢国辉（4月免）
张超超（4月任）
邓沛然（1月免）
马宇骏（1月任）
詹晓阳（1月任）
李雪荣（1月免）
郭运兴（8月免）
陈玉祥（11月免）
张业 （1月免）
王韶华（1月免）
张效春
李克良（6月任）
韩学军
王厚恩（4月免）
赵尔全（4月任）
刘军志（1月任）
罗利
王俊红（8月任）
郭建亭（女，8月任）

市委秘书长：
罗利 （6月免）
刘军志（6月任）

常务副秘书长：
高际永（11月免）

副秘书长：高际永（分管日常工作，11月任）
李兵英（兼）
邵孟强（兼，5月免）
闫瑞廷（兼，11月任）
刘俊起 赵建海
薄力 （10月免）
窦志刚
韩勇 （11月任）
刘杰 （11月任）

市纪律检查委员会

书 记：陈玉祥（11月免）

常务副书记：
李丛刚（8月免）
李献军（8月任）

副 书 记：梁建林（2月免）
李献军（8月免）
李正昌（2月任）
苏瑞 （女，8月任）

纪委常委：韩秀华（女，5月免）
李正昌（2月免）
苏瑞 （女，8月免）
任志晓 赵晖
张义 （2月任）

程华 （女，8 月任）
方伟宇（8 月任）

市监察委员会
主　　任：陈玉祥（12 月免）
副 主 任：李丛刚（9 月免）
梁建林（4 月免）
李献军
李正昌（4 月任）
苏瑞 （女，9 月任）
监委委员：韩秀华（女，5 月免）
李正昌（4 月免）
任志晓　张延军
赵晖 （9 月任）
张义 （4 月免，9 月任）
杨剑强（6 月任）

市委办公室
主　　任：高际永

市委组织部（市公务员局）
部　　长：张效春
常务副部长：
张忠良（5 月免）
副 部 长：张岩　　兰国良
刘力　　杨少伟

市委宣传部［市精神文明建设委员会办公室、市政府新闻办公室、市新闻出版局（市版权局）］
部　　长：王韶华（3 月免）
郭建亭（6 月任）
常务副部长：
郭纯阳［市新闻出版局（版权局）局长，5 月免］
马建斌［市新闻出版局（版权局）局长，5 月任］
副 部 长：赵俊芳（市文化广电和旅游局党组书记）
王勋涛（市委网信办主任，5 月免）
李刚 （市委网信办主任，5 月任）
樊振宇（市政府新闻办主任）
殷斌

市委统战部［市委台湾工作办公室（市政府台湾事务办公室）、市政府侨务办公室］
部　　长：王韶华（6 月免）
郭建亭（6 月任）
常务副部长：
张明其
副 部 长：李西平　李占领
孙世煦（兼，10 月任）
龚斌　　许燕军
李君苍（10 月免）

市委政法委
书　　记：郭运兴（6 月免）
罗利 （6 月任）
常务副书记：
孟建中（5 月免）
张会革（5 月任）
副 书 记：李骁　　张庆民
周勇
政治部主任：
王存

市委研究室（市委全面深化改革委员会办公室）
主　　任：赵建海（5 月任）
副 主 任：李树行　刘勇

网络安全和信息化委员会办公室（市互联网信息办公室）
主　　任：王勋涛（5 月免）
李刚 （5 月任）
副 主 任：程立　　李建峰
杨伟峰　丁春华

机构编制委员会办公室
主　　任：兰国良（12 月任）
副 主 任：梁猛　　来彦龙

市直机关工委
书　　记：罗利 （6 月免）
刘军志（6 月任）
常务副书记：
戚阿东（5 月免）
权辉 （5 月任）
副 书 记：杨继平
赵占辉（兼纪工委书记，11 月免）
寇彦辰　廖文武

信访局
局　　长：邵孟强（5 月免）
闫瑞廷（5 月任）
副 局 长：张春　　刘旗
黄锁成（11 月免）
王建良　侯建革
刘树贵

市委老干部局
局　　长：张岩 （12 月任）
副 局 长：王树军（12 月免）
李红旗（6 月免）
刘汉华（6 月免）
张海双（6 月任）

市委保密机要局（市国家保密局、市国家密码管理局）
局　　长：丁紫霞（女，5 月免）
刘占 （5 月任）
副 局 长：董寅生
韩洪奎（11 月免）
耿军生

市委市政府督促检查办公室
主　　任：李兵英
副 主 任：李广民　董瑾科
许书军

机关事务管理局
局　　长：窦志刚
副 局 长：王之顺　董立强
张丙珍（10 月免）
王香程

【石家庄市中共第十九次全国代表大会代表】 2021 年全市共有参加中国共产党第十九次全国代表大会（简称中共十九大或党的十九大）代表 3

名。石家庄市中共十九大代表分别为：尹计平，1957年4月出生，1996年2月加入中国共产党，1974年9月参加工作，大专学历，正定县正定镇塔元庄村党支部书记、村委会主任。王红，女，土家族，1972年7月出生，1996年9月加入中国共产党，1990年8月参加工作，在职研究生学历，市政府外事办公室主任、党组书记。杨普，女，1983年1月出生，2005年5月加入中国共产党，2001年3月参加工作，本科学历，高级技师，共青团河北省委兼职副书记、石家庄常山北明科技股份有限公司党群工作部职员。

【石家庄市河北省第十次党代会代表】

2021年全市共有河北省第十次党代会代表97人。石家庄市河北省第十次党代会代表分别为（按姓氏笔画排列）：

万树军　马宇骏（满族）
马建彬　马瑞华（女）
王云肖（女）
王东峰　王旭霞（女）
王建峰　王俊华（女）
王俊红　王彦芳
王晓东　王景峰
王锦山　王溪波
卞韬　（女）
尹计平　田志
付庆文　冯丽朝（女）
冯敬广　宁淑敏（女）
司存喜　邢伟
权辉　（女）
师华华（女）
吕智临
刘丽香（女）
刘荣秀（女）
刘振乾　许尽晖（女）
孙青　（女）
孙立杰　孙晓伟
孙鹏云　李泓　（女）
李强　　李霁
李为军　李红霞（女）
李志辉　李克良
李君涛　李明政
李晓燕（女，满族）
李瑞峰　李献军
吴运涛　宋同原
宋国宏　宋佳玮（女）
张星　　张力峰
张小勇　张方敏（女）
张东凯　张永泽
张会革　张军卫
张国义　张明其
张忠良　张前锋
张效春　张敏周
张超超　陈瑜　（女）
陈玉祥　陈宏锋
陈建权　陈春芳
陈振居　范智飞
周旋　　周文君（女）
郑桦　　封红卷
赵洪　（女）
赵立芬（女）
赵建林　郝俊丽（女）
胡启生　段利勇
贾拴成　高际永
曹铂　　曹琴英（女）
崔芸　（女）
康海潮　康海燕（女）
梁昆　　梁建林
彭勇民　韩旭　（女）
詹晓阳　褚跃飞
魏立华

【石家庄市第十一次党代会代表】

2021年全市共有石家庄市第十一次党代会代表600名。石家庄市第十一次党代会代表分别为（按姓氏笔画排列）：

长安区代表团（30名）

马军　（满族）
王瑛　（女）
王万青（女）
王国生　牛烨茹（女）
卢玉杰　申鑫　（女）
师立强　刘朝晖
闫军堂　李卓
李强　　李会茹（女）
李敬泽　杨会强
杨树平（女）
杨素静（女）
吴妍　（女）
张业　　张凌　（女）
张情　（女）
张亚楠　范志磊
岳红　（女）
庞艳丽（女）
底淑艳（女，回族）
侯会林　袁涛　（女）
樊晨光
穆德英（回族）

桥西区代表团（27名）

王尧（女）
王军　　王永辉
王典巨　白茹　（女）
冯磊　　刘慧　（女）
刘立新（女）
安立辉　孙鹏云
李军　　杨桐
张军　（女）
张静　（女）
张明梅（女）
张朝泽　陈瑜　（女）
底光辉（回族）
郑继延（女）
赵静　（女）
郭运兴　崔海峰
詹鹏　　窦同军
薛萍　（女）
魏秀萍（女）
魏海强

新华区代表团（22名）

王磊　　王志军（女）
冯蕾　（女）
刘莉　（女）
刘玉渭　刘希昌

刘振乾　孙育红（女）
李来兴　李晓明
李聚英（女）
张晓　（女）
张海峰　陈玉祥
周旋　　赵好战
信宝颖（女）
贾超　　柴利莹（女）
党辉　（女）
徐圣银　韩广超

裕华区代表团（18名）

王峰　　王元浩
牛兰柱　刘畅　（女）
刘禹　　杜佳鹏
李庆赟　李雪荣
张东凯　张会芬（女）
张玲雁（女）
尚厦　（女）
周文君（女）
庞宇慧（女）
郝建军　郭晖　（女）
容树春　崔丽菲（女）

井陉矿区代表团（10名）

马进　　马晓燕（女）
王丽君（女）
宁丽敏（女）
齐正进　苏军献
赵鑫　（女）
段利勇　郭贺伟
詹晓阳

藁城区代表团（29名）

马宇骏（满族）
王丹　（女）
王广志　王秀琴（女）
王国刚　王辉兰（女）
王锦山　尤晓东
田学芳（女）
乔亮　　刘兴兴（女）
刘建芳　孙云英（女）
李莎　（女）
李辉　　李咏梅（女）
李登肖　吴志华
吴概球　宋同原
张少冉（女）
张拥军　陈彦强
武雪艳（女）
侯文献　高晓辉
唐改燕（女）
路金刚　蔡云龙

鹿泉区代表团（20名）

于彩霞（女）
王文强　王志国
牛炳英（女）
成传湘　齐向前
杜建云　李争
李为军　李光明
李会强　张文华（女）
张巧芬（女）
张建恩　张超超
梁连忠　葛艳蕊（女）
董之杰　韩勇
谢志芳（女）

栾城区代表团（15名）

马然　（女）
王立珍（女）
司存喜　刘天瑜（女）
孙树永　杜秀果（女）
李克良　吴荣君（女）
张小勇　张建强
张艳国　赵军海
郝永力　韩会国
裴硕磊（女）

井陉县代表团（14名）

王慧娟（女）
左志华（女）
刘丽香（女）
闫立军　李志宏（女）
李国瑞　李海平
何益　　张亚松
张国强　郑桦
胡文茹（女）
高海元　高端庭

正定县代表团（22名）

王立永　王俊红
尹计平　卢润彩（女）
冯重阳（女）
李志敏（女）
杨绍勇　吴郑磊
张静　（女）
张宁宁　陈振居
郑志鹏　赵澎
姜阳　　袁志国
贾金发　曹海锋
崔伟丽（女）
崔敏敏（女）
韩卫民　覃剑玲（女）
潘文昌

行唐县代表团（19名）

马鲁娜（女）
王立　（女）
王欣　（女）
王河夏　刘金国
安志英（女）
宋佳　　陈彦军
郄俊花（女）
周建红　郑巍
胡福东
胡翰涛（满族）
高俊英（女）
崔晨光　梁志彦
韩旭　（女）
楚行宇（满族）
翟立刚

灵寿县代表团（18名）

王书堂　白晓冰
朱任英（女）
许文霞（女）
苏芳　（女）
李刚　　李伟凡
张风岗　张国霞（女）
武利芳　赵丽蓉（女）
秦慧冬　耿喜红
高梁　　梁风斌
彭勇民　韩保来
管云天

高邑县代表团（10名）

万树军　王大雷
王紫涵（女）
石硕　（回族）

李艾洪（女）
李丛刚　谷雪霞（女）
苗润涛　周立新（女）
靳风献

深泽县代表团（11 名）
王建峰　李颖　（女）
何凯军　张亚辉（女）
张效春　陈晓宁
孟胜林　郝英鹏
高文成　康平　（女）
梁勇强

赞皇县代表团（11 名）
宋学恭　张立芬（女）
张敏霞（女）
陈宏锋　封立新
高玉柱　高永阁
曹冬敏（女）
雷玲　（女）
翟立朋　魏革

无极县代表团（17 名）
王志伟　白新立
吕智临　刘炎
刘占红　闫纯锴
李建浅　杨巧哲（女）
吴婷婷（女）
张义涛　张建军
张新乔　范亚雄
赵采芹（女）
贺秀改（女）
郭建亭（女）
翟娜　（女）

平山县代表团（25 名）
卢占军　史岩飞
刘军志　刘俊伟
刘新朝　齐军伟
齐英霞（女）
李洁　（女）
李娜　（女）
李立新　李红旗
肖二拴　宋永佳（女）
张前锋　苑彦刚
范红丽（女）
郄晓燕（女）

封红卷　郝曙光
高成虎　郭建国
康艳军　焦彦虎
强增亮　靳军

元氏县代表团（15 名）
王任国　王建立
王献东　冯立业
戎增谦　刘杰
许尽晖（女）
苏利玲（女）
李志勇　吴海江
宋莲芳（女）
张慧阁（女）
陈晓光　贾玉彬
高永超

赵县代表团（21 名）
王涛　（女）
王彦芳　牛长群
尹娜敏（女）
吕良　（女）
李伟娟（女）
李利波　杨云龙
杨立中　杨旭宁
张文周　孟英芬（女）
孟荣强　赵韶青
郝华伟（女）
顾志英　高磊
高利军　黄晓勇
章海东　葛瑞芳（女）

晋州市代表团（20 名）
于莉　（女）
王林　王月波
王永凤（女）
申允　（女）
刘晓　（女）
刘明轩　李立江
李秀年　杨磊　（女）
张国义　张晓波
罗利　周双芝（女）
赵军会　郭同胜
彭培生　靳彦勋
雷宗奎　翟志伟

新乐市代表团（19 名）
马会敏（女）
牛志会（女）
刘朝龙　严凤　（女）
李庆　李强
李明政　李金永
宋存汉　张军良
张红艳（女）
陈丽娜（女）
房献浩　赵青歌（女）
宫世友　高敏　（女）
姬莉萍（女）
梁昆　韩振清

市直第一代表团（46 名）
于燕红（女）
马建彬　王占峰
邓定　田志
白峰　兰国良
宁淑敏（女）
邢伟　权辉　（女）
任志晓　刘占
刘俊起　闫瑞廷
祁军英（女）
孙世煦　李刚
李杰　李遐　（女）
李霁　李霞　（女）
李西平　李兵英
李献军　杨澜波
何军恒　张岩
张惠　（女）
张占辉　张会革
张明其　张忠良
范文龙　金立兴
孟令川　赵士宗
赵建海　聂保军
贾巧秀（女）
殷实　高楠
高际永　高英敏（女）
盛庆功　窦志刚
魏广军

市直第二代表团（51 名）
于占江（满族）
王红　（女，土家族）
王建立　王建波

王勇军　王雁南（满族）
王溪波　尹勃
付庆文　冯素伟
任维维　刘柱（回族）
刘琼　　刘生彦
刘志魁　刘国勤
刘金文　刘宗奇
苏志超　李玉涛
李占领（女）
李君涛　李宪英
李海峰　李惠林
宋国宏　张子云
张方敏（女）
张科杰　张敏周
张颖悟　陈宝京
陈健敏　金福中
赵东　　赵勇
赵建林　赵俊芳
赵路新　郝平
贾建文　钱学斌
郭建强　曹铂
常志卷　崔芸（女）
盖明力　梁建林
董志明　裴晓青
暴胜贤

市直第三代表团（49名）

王华
王玉立（女，满族）
王玉杰　王光辉
王旭霞（女）
王晓辉（女）
王景峰　王慧桥（女）
尹同舟　卢彦龙
冯丽朝（女）
刘磊（女）
刘士光　刘东辉
刘春东　刘荣秀（女）
刘清国　刘景立
闫杰　　安桂江
孙玉胜　苏建海
李长雷　肖荣智
何伟　　何永利（满族）
宋佳玮（女）
张军　　张占宗
张军卫　张振广
陈楷　　武力军
范建平　范智飞
罗光波　赵继军
赵康彪　胡正海
侯彩慧（女）
高庆洲　郭少旭
黄红蒲（女）
曹肃国　盖丽芳（女）
梁书美（女）
雷惠（女）
褚素乔（女）
魏倍倍

市直第四代表团（49名）

于思贺　马文刚
王强　　王毅
王文利（女）
王世雄　王宏伟
王俊华（女）
刘彦雷　刘晓辉
刘峰涛　安志发
许尊贵　孙晓伟
李泓（女）
李锋　　李少华
李志信　李建勋
李敬考　李瑞峰
吴合利　吴娜娜（女）
吴海明　何丽娟（女）
张燕（女）
张少华　张欣巧（女）
张晓萌（女）
陈洪星　陈联记
周庆　　庞超（女）
郎金国　郎秋洪（女）
赵川　　赵洪（女）
赵玉华（女）
赵立芬（女）
赵国蕊（女）
郝培　　侯俊彦（女）
娄延果　耿文杰
高宏涛　曹琴英（女）
梁媛（女）
梁楠　　戴宝进

解放军、武警代表团（12名）

王爱成　白向飞
刘建峰　杨日民
陈勇　　周阳
赵尔全　侯爱华
贾为朝　曹强
韩卫旭　焦永炜

【中共石家庄市第十一次代表大会】

8月16～18日，中国共产党石家庄市第十一次代表大会在市人民会堂举行。出席会议代表应到600名，实到591名。省委常委、市委书记张超超代表中国共产党石家庄市第十届委员会向大会作题为《高举习近平新时代中国特色社会主义思想伟大旗帜　解放思想　担当实干　为加快建设现代化国际化美丽省会城市而努力奋斗》的报告。会议选举中国共产党石家庄市第十一届委员会委员69名、候补委员13名，选举中国共产党第十一届石家庄市纪律检查委员会委员47名。

◎中共石家庄市第十一届委员会委员

万树军　马宇骏（满族）
马建彬　王建峰
王俊华（女）
王俊红　王彦芳
王勇军　王锦山
王溪波　尹计平
田志　　付庆文
宁淑敏（女）
邢伟　　权辉（女）
吕智临　刘生彦
刘军志　刘丽香（女）
刘春东　刘振乾
许尽晖（女）
孙鹏云　苏志超
李强　　李霁
李为军　李克良
李君涛　李明政
李雪荣　李瑞峰
李献军　宋国宏

张业　　张小勇
张东凯　张会革
张军卫　张国义
张明其　张前锋
张效春　张敏周
张超超　陈玉祥
陈宏锋　罗利
郑巍　　赵尔全
赵立芬（女）
赵建林　赵俊芳
段利勇　贾建文
高际永　郭建亭（女）
曹铂　　曹琴英（女）
常志卷　崔芸　（女）
梁昆　　梁建林
彭勇民　韩旭（女）
詹鹏　　詹晓阳
管云天

◎中共石家庄市第十一届委员会候补委员

刘志魁　李玉涛
李庆赟　李宪英
张惠　（女）
范文龙　周庆
赵勇　　赵士宗
赵继军　赵路新
裴晓青　暴胜贤

◎中共石家庄市第十一届纪律检查委员会委员

马进　　马然　（女）
王红　（女，土家族）
王大雷　王广志
方伟宇　尹勃
戎增谦　任志晓
任维维　刘立志
刘金文　闫立军
苏瑞　（女）
李慧　　李正昌
李占领（女）
李立新　李光明
李伟凡　李晓明
李海峰　李献军
杨云龙　杨会强
杨剑强　宋佳
张义　　张军　（女）
张文迪　张延军
张军良　张新乔
陈玉祥　陈健敏
金福中　赵东
赵晖　　赵军会
郭晖　（女）
郭建强　康平　（女）
盖明力　董志明
程华　（女）
潘文昌　魏革

【中共石家庄市委全会】 5月9日，中国共产党石家庄市第十届委员会第十二次全体会议在市委党校举行。会议由市委常委会主持。出席会议市委委员46名、候补市委委员11名。审议通过《关于召开中国共产党石家庄市第十一次代表大会的决议》，决定2021年8月召开中国共产党石家庄市第十一次代表大会。

8月11日，中国共产党石家庄市第十届委员会第十三次全体会议在市委党校举行。出席会议市委委员46名、候补市委委员12名。审议通过《中国共产党石家庄市第十届委员会报告（讨论稿）》《关于中国共产党石家庄市第十一次代表大会召开时间的决议（草案）》。听取《关于中国共产党石家庄市第十一次代表大会代表选举情况和中国共产党石家庄市第十一届委员会委员、候补委员及中国共产党石家庄市第十一届纪律检查委员会委员候选人预备人选提名情况的说明》。审查《中国共产党石家庄市第十届纪律检查委员会工作报告（讨论稿）》《关于中国共产党石家庄市第十次代表大会以来全市党费收缴、使用和管理情况的报告（讨论稿）》。

8月18日，中国共产党石家庄市第十一届委员会第一次全体会议在市委党校举行。出席会议市委委员69名、候补市委委员13名。选举产生中国共产党石家庄市第十一届委员会常务委员会委员，张超超当选市委书记，马宇骏（满族）、詹晓阳当选市委副书记。选举张超超、马宇骏（满族）、詹晓阳、陈玉祥、张效春、李克良、赵尔全、刘军志、罗利、王俊红、郭建亭（女）为市委常委。审议通过《中国共产党石家庄市第十一届委员会第一次全体会议决议》。

10月25日，中国共产党石家庄市第十一届委员会第二次全体会议在市委党校举行。会议由市委常委会主持。审议通过《关于召开中国共产党石家庄市代表会议的决议》，决定2021年10月29日召开中国共产党石家庄市代表会议。推选确定出席中国共产党河北省第十次代表大会代表候选人预备人选。

【市委常委会会议】 1月6日，十届市委常委会第184次会议举行。研究干部人事问题。

1月8日，十届市委常委会第185次会议举行。研究干部人事问题。

1月17日，十届市委常委会第186次会议举行。研究干部人事问题。

1月21日，十届市委常委会第187次会议举行。传达学习孙春兰副总理批示指示精神、孙春兰副总理在石家庄市视察指导疫情防控工作时的讲话精神及国家、省、市疫情处置联合会商机制会议精神，研究全市贯彻落实意见。听取全市疫情防控、关于关心关爱基层抗疫一线工作人员情况汇报。

1月27日，十届市委常委会第188次会议举行。传达学习习近平总书记关于疫情防控指示批示精神和孙春兰副总理批示要求及1月25日举行的省委常委会扩大会议精神，研究全市贯彻落实意见。传达学习全省开展基督教私设聚会点和各类非法宗教活动专项治理工作会议精神，研究全市贯彻落实意见。研究机构编制调整事宜。

1月28日，十届市委常委会第189次会议举行。传达学习石家庄市新冠肺炎疫情发生后，习近平总书记、李克强总理、孙春兰副总理关于疫情防控的指示批示精神及省委书记王东峰、省长许勤的批示要求，梳理、剖析、研究疫情防控工作。

2月5日，十届市委常委会第190次会议举行。传达学习中央纪委十九届五次全会、省纪委九届六次全会精神，研究全市贯彻落实意见。听取全国、全省统战部长会议及全省政法工作会议精神，研究全市贯彻落实意见。传达学习省长许勤关于加强作风建设的批示指示精神，研究市委常委民主生活会安排及《有效应对疫情助力企业发展若干措施》。

2月7日，十届市委常委会第191次会议举行。传达学习全省组织部长会议主要精神，研究全市贯彻落实意见。听取市纪委工作汇报，研究部署2021年度全市党风廉政建设和反腐败工作。

2月9日，十届市委常委会第192次会议举行。传达学习习近平总书记给平山县西柏坡镇北庄村全体党员的回信及省委书记王东峰赴平山县传达学习习近平总书记回信座谈会讲话精神，研究全市贯彻落实意见。研究《关于加强春节期间疫情防控、做好群众生活和企业复工复产服务保障的通知》《关于深入贯彻落实党的十九届五中全会精神　高质量建设人才强市的实施意见》。

2月13日，十届市委常委会第193次会议举行。传达学习国务院联防联控机制《分析研判当前疫情形势部署做好下一步防控工作的会议纪要》及2月9日举行的省委常委会会议精神，研究全市贯彻落实意见。研究市“两会”事宜。

2月17日，十届市委常委会第194次会议举行。听取关于全市贯彻落实习近平总书记给平山县西柏坡镇北庄村全体党员的回信精神及省委有关会议要求情况的汇报。听取市人大常委会、市政府、市政协、市中级人民法院、市人民检察院党组工作及履行全面从严治党主体责任和关于2021年全市经济社会发展相关指标情况的汇报。

2月23日，十届市委常委会第195次会议举行。传达学习习近平总书记在党史学习教育动员大会上的讲话精神及全省党史学习教育动员大会精神，研究全市贯彻落实意见。传达学习全省开展“三重四创五优化”活动暨20项民生工程动员部署会议主要精神及省委书记王东峰参加省十三届人大四次会议石家庄市代表团审议时的讲话精神，研究全市贯彻落实意见。研究全市统筹疫情防控和经济社会发展工作。

2月28日，十届市委常委会第196次会议举行。传达学习习近平总书记在全国脱贫攻坚总结表彰大会上的讲话精神及省委常委会扩大会议精神，研究全市贯彻落实意见。传达学习全省市县乡领导班子换届工作动员部署会议精神，研究全市贯彻落实意见。研究《中共石家庄市委常委会2021年工作要点》，听取2020年全市政法工作、公安工作和近期信访工作情况汇报。

3月11日，十届市委常委会第197次会议举行。传达学习全国、全省宣传部长会议精神及全省政法队伍教育整顿动员部署会议精神，研究全市贯彻落实意见。听取关于确保实现首季“开门红”及市政府专班工作情况汇报。研究《关于优化调整石家庄市应对新冠病毒肺炎疫情工作领导小组暨成立全市疫情防控工作总指挥部的通知》《2021年石家庄市干部教育培训重点班次安排计划》。听取2020年度河北省关于石家庄市市县考核结果及市纪委工作汇报。研究机构编制调整事宜。

3月24日，十届市委常委会第198次会议举行。传达学习全省巩固拓展脱贫攻坚成果同乡村振兴有效衔接工作会议、全省扶贫开发工作会议精神，研究《关于全面推进乡村振兴加快农业农村现代化的实施意见》。传达学习全省巡视巡察工作会议暨九届省委第十轮巡视动员部署会精神，研究全市贯彻落实意见。听取全市首季“开门红”及市政府专班工作、疫情防控、2020年度市管领导班子和领导干部综合考核暨绩效考核结果的汇报，研究《2021年度县（市、区）、市直部门、市委市政府派出机构领导班子综合考核评价体系和绩效考核评价体系》。

3月31日，十届市委常委会第199次会议举行。研究《各民主党派市委新一届领导班子人事安排建议方案》及干部人事问题。

4月5日，十届市委常委会第200次会议举行。宣布省委有关决定。

4月7日，十届市委常委会第201次会议举行。传达学习省委关于市领导换届有关要求。

4月13日，十届市委常委会第202次会议举行。传达学习省委书记王东峰在新乐市调研检查时的重要讲话精神，研究全市贯彻落实意见。传达学习共青团河北省十五届五次全会精神、全省扫黑除恶专项斗争总结表彰大会精神、全省深化纠正“四风”和作风纪律专项整治工作推进会精神、省总工会十三届四次全会精神和全省对台工作会议精神，研究全市贯彻落实意见。研究《关于学习贯彻〈中国共产党统一战线工作条例〉的通知》《市委党的建设（基层组织建设）工作领导小组2021年工作要点》。

4月21日，十届市委常委会第203次会议举行。传达学习全省人大系统四项联动监督动员会议、省妇联十四届四次常委会和十四届三次执委会议精神，研究全市贯彻落实意见。听取石家庄市关于全省脱贫攻坚总结表彰推荐评选和全市重点工作大督查汇报。研究石家庄外国语教育集团隶属关系调整事宜。

4月24日，十届市委常委会第204次会议举行。研究干部人事问题。

4月26日，十届市委常委会第205次会议举行。宣布省委有关决定。

5月5日，十届市委常委会第206次会议举行。传达学习省委书记王东峰、省长许勤在石家庄市走访慰问时的讲话精神及全省脱贫攻坚总结表彰大会精神，研究全市贯彻落实意见。听取石家庄市庆祝中国共产党成立100周年活动筹备情况汇报。研究市委换届工作事项及《关于市第十五届人大代表名额分配等工作的意见》《拟受省委表彰“两优一先”和优秀基层党组织书记建议名单》。宣布省纪委有关决定。

5月15日，十届市委常委会第207次会议举行。研究干部人事问题。

5月17日，十届市委常委会第208次会议举行。研究《贯彻落实习近平总书记在中央全面依法治国工作会议上的重要讲话精神分工方案》和《关于积极融入京津冀协同发展的实施方案》等16个实施方案及《重点工作目标任务分解方案》。听取全市开展“三重四创五优化”活动情况和全市脱贫攻坚五年工作总结、下一步工作打算及全市宗教工作汇报。研究县（市、区）召开党代会事项及机构编制调整事宜。

5月25日，十届市委常委会第209次会议举行。传达学习省委书记王东峰5月24日在石家庄市调研检查期间的讲话精神，研究全市贯彻落实意见。

5月29日，十届市委常委会第210次会议举行。传达学习河北省推进省会建设发展工作会议精神及全省信访稳定暨安全生产工作会议精神，研究全市贯彻落实意见。听取河北省关于石家庄市2020年度落实全面从严治党“两个责任”和党风廉政建设责任制专项检查反馈意见整改落实情况汇报。研究机构编制调整事宜。听取市纪委有关工作汇报。

6月1日，十届市委常委会第211次会议举行。研究干部人事问题。

6月7日，十届市委常委会第212次会议举行。传达学习习近平总书记5月31日主持召开的中共中央政治局会议精神（“十四五”时期应对人口老龄化政策措施）及6月4日省委常委会扩大会议精神，研究全市贯彻落实意见。传达学习省委意识形态工作安排及《关于当前全省意识形态领域形势的通报》，研究全市贯彻落实意见。研究《石家庄市思想作风纪律整顿专项行动工作方案》《石家庄市优化营商环境推动高质量发展专项行动工作方案》《石家庄市解决历史遗留问题专项行动工作方案》《石家庄市2021年市区小街小巷整治提升专项行动工作方案》《石家庄市主城区主要街道重点街区景观提升专项行动工作方案》《石家庄市农村人居环境整治提升专项行动工作方案》“6个专项行动”工作方案及成立优化营商环境、精准考核2个专项领导小组有关工作。研究《关于全面加强新时代少先队工作的实施意见》《中共石家庄市委深入贯彻落实党中央和省委关于加强对“一把手”和领导班子监督的推进措施》。

6月18日，十届市委常委会第213次会议举行。传达学习习近平总书记关于湖北十堰市张湾区艳湖社区集贸市场燃气爆炸事故的指示和李克强总理的批示精神及省委常委会扩大会议有关精神，研究全市贯彻落实意见。传达学习全省停车管理领域违法违规问题排查整治会议精神，研究全市贯彻落实意见。研究市委常委专题民主生活会安排和《石家庄新客站区域城市更新实施方案》《石家庄市国企改革三年行动实施方案（2020～2022年）》《石家庄市巡游出租汽车经营权管理改革实施意见（试行）》《拟受市委表彰优秀共产党员、优秀党务工作者和先进基层党组织建议名单》及机构编制调整事宜。听取市纪委有关工作汇报。

6月21日，十届市委常委会第214次会议举行。研究干部人事问题。

6月23日，十届市委常委会第215次会议举行。研究干部人事问题。

6月29日上午，十届市委常委会第216次会议举行。研究干部人事问题。听取市纪委有关工作汇报。

6月29日晚，十届市委常委会第217次会议举行。研究《落实省委省政府〈关于大力支持省会建设和高质量发展的意见〉的实施方案）》。

7月2日，十届市委常委会第218次会议举行。传达学习习近平总书记在庆祝中国共产党成立100周年大会上的讲话精神及河北省庆祝中国共产党成立100周年大会、省委常委会（扩大）会议暨省级领导干部党史学习教育专题读书班开班式精神，研究全市贯彻落实意见。研究《关于落实〈省委省政府关于大力支持省会建设和高质量发展的意见〉的实施方案》及机构编制调整事宜。

7月6日，十届市委常委会第219次会议举行。听取全市国有企业改革进展情况汇报。研究《关于支持电子信息材料和生物医药产业率先突破的若干措施（试行）》《关于进一步支持企业改革发展推动构建亲清政商关系的若干措施（试行）》《石家庄市美丽乡村建设行动实施方案（2021～2025年）》。听取第二季度市委常委会会议议定事项落实情况汇报。

7月10日，十届市委常委会第220次会议举行。研究换届人事安排。传达学习省委办公厅、省政府办公厅《关于切实做好强对流天气防范应对工作的紧急通知》，研究全市贯彻落实意见。

7月12日，十届市委常委会第221次会议举行。听取市纪委监委关于桥西区十里尹村自建房问题责任追究情况汇报。

7月17日，十届市委常委会第222次会议举行。听取全市开展“六个专项行动”、石家庄市承办2021中国国际数字经济博览会筹备、全市政法队伍教育整顿“回头看”工作汇报。研究《石家庄市规范停车场管理工作方案》及机构编制调整事宜。

7月24日，十届市委常委会第223次会议举行。传达学习习近平总书记关于防汛救灾工作的指示及国家防汛抗旱总指挥部全体会议、全省防汛工作会议精神，研究全市贯彻落实意见。传达学习全省经济工作推进会暨重点项目投资建设现场会精神，听取全市上半年经济运行及下一步工作措施、全市上半年大气污染治理及下一步工作措施汇报。

7月30日，十届市委常委会第224次会议举行。研究市第十一次党代会、市委十届十三次全会有关事宜及《关于加强全市基层治理体系和治理能力现代化建设的若干措施（试行）》《关于全面推行村级小微权力清单制度的实施意见（试行）》《石家庄市主城区公厕提标、建设和加强管理的实施方案》。听取上半年全市法治政府建设汇报。研究市第十五届人大常委会委员、市第十四届政协常委建议人选事宜。

8月9日，十届市委常委会第225次会议举行。研究石家庄市第十五届人民代表大会第一次会议、政协石家庄市第十四届委员会第一次会议有关事宜及《石家庄市党政机关和国有企事业单位培训疗养机构改革工作方案》。听取2020年度市管企业领导班子和领导干部考核结果、全市重点工作大督查情况汇报。研究市人大常委会副主任、市政府副市长、市人大常委会委员差额人选及政协石家庄市第十四届委员会第一次会议主席团成员、大会秘书长建议人选。

8月10日，十届市委常委会第226次会议举行。研究《房地产领域违规违纪违法行为追责问责暂行办法》。

8月12日，十届市委常委会第227次会议举行。宣布省委有关决定。

8月15日，十届市委常委会第228次会议举行。确定市人民代表大会各代表团团长、副团长名单，听取大会秘书处关于各代表团讨论大会议程（草案）和酝酿大会主席团、秘书长、代表资格审查委员会建议名单情况汇报。

8月18日，十一届市委常委会第1次会议举行。研究《市委常委工作分工》《中共石家庄市委关于进一步加强市委常委会自身建设的意见》。

8月19日，十一届市委常委会第2次会议举行。研究市“两会”有关事宜及《关于加强新时代党外知识分子思想政治工作和无党派代表人士队伍建设的实施意见》。

8月26日，十一届市委常委会第3次会议举行。研究干部人事问题。

8月28日，十一届市委常委会第4次会议举行。传达学习习近平总书记在承德考察调研时的讲话精神及全省领导干部电视电话会议精神、省政府支持省会建设和高质量发展联席会议精神，研究全市贯彻落实意见。研究九届省委第十一轮巡视“回头看”有关事宜。

9月7日，十一届市委常委会第5次会议举行。传达学习习近平总书记在中央党校（国家行政学院）中青年干部培训班开班式上的讲话精神及9月4日省委常委会会议精神、全省人大系统推进四项联动监督暨“6+1”联动监督“回头看”动员部署会精神、省第十次党代会代表选举工作部署会议精神，研究全市贯彻落实意见。研究《石家庄市主导产业发展基金设立方案》《石家庄市主导产业发展基金管理暂行办法》《关于在全市开展法治宣传教育的第八个五年规划（2021～2025年）》《石家庄市法治社会建设实施方案（2021～2025年）》《石家庄市推进教育高质量发展的若干措施》《石家庄市关于市级巡察机构在上下联动中更好发挥作用试点工作实施方案》及机构编制调整事宜。

9月13日，十一届市委常委会第6次会议举行。听取全市开展“六个专项行动”及全市私搭乱建、违章建筑专项整治工作汇报。研究《石家庄市市属国有企业重组整合总体实施方案》《石家庄市市属企业领导人员管理办法》《关于县（市、区）委管理领导人员国有企业领导班子成员调任登记公务员的实施办法》及拟推荐第八届河北省“人民满意的公务员”“人民满意的公务员集体”对象。

9月16日，十一届市委常委会第7次会议举行。研究出席省第十次党代会代表候选人推荐人选。

9月17日，十一届市委常委会第8次会议举行。研究干部人事问题。

9月29日，十一届市委常委会第9次会议举行。传达学习习近平总书记在中央人才工作会议上的讲话精神及全省抓党建促乡村振兴暨基层党建工作会议精神，研究全市贯彻落实意见。传达学习中央关于统计工作有关文件精神及国家统计局关于对河北省开展统计督察的通知要求，研究全市贯彻落实意见。研究《石家庄市新一代电子信息产业发展规划（2021～2025年）》《石家庄市生物医药产业发展规划（2021～2025年）》《石家庄市装备制造业发展规划（2021～2025年）》《石家庄市现代食品产业发展规划（2021～2025年）》《石家庄市现代商贸物流产业发展规划（2021～2025年）》《关于加强新时代检察机关法律监督工作的实施意见》及机构编制调整事宜、石家庄市出席河北省第十次党代会代表候选人初步人选。听取保留市人民医院范西路院区情况汇报。

10月14日，十一届市委常委会第10次会议举行。传达学习《中共中央、国务院关于加快构建新发展格局的意见》和中央有关领导、省委书记王东峰关于平山县敬业集团一辆通勤班车在滹沱河王母桥发生涉水倾覆事故的批示精神及全省安全生产工作视频会议精神，听取事故善后处置情况汇报，研究全市贯彻落实意见。研究《关于推进更高水平对外开放加快现代化、国际化美丽省会城市建设的意见》和机构编制调整事宜（市四大机关秘书长等）、《关于做好市管干部常态化职级晋升工作的有关意见》修改。

10月16日，十一届市委常委会第11次会议举行。研究干部人事问题。

10月23日，十一届市委常委会第12次会议举行。传达学习习近平总书记在10月18日中共中央政治局第三十四次集体学习“推动我国数字经济健康发展”的讲话精神及10月20日省委常委会会议有关精神，研究全市贯彻落实意见。传达学习全国新冠肺炎疫情防控工作电视电话会议、全省新冠肺炎疫情防控工作暨校园安全专项整顿会议、全省经济工作推进会精神、全省高校党的建设工作会议、全省巡察工作调度会暨巡察干部大培训启动会精神，研究全市贯彻落实意见。听取全市巩固拓展脱贫攻坚成果工作汇报。研究《石家庄市城市更新基金设立方案》《石家庄市城市更新基金管理暂行办法》和市委十一届二次全会、市党代会事宜及召开石家庄市红十字会第三次会员代表大会事宜。

10月29日上午，十一届市委常委会第13次会议举行。听取市党代会各代表团讨论选举办法（草案）、推荐监票人和酝酿讨论石家庄市出席河北省第十次党代会代表候选人预备人选名单情况的汇报，表决通过选举办法，确定监票人、总监票人、副总监票人名单及石家庄市出席河北省第十次党代会代表预选候选人名单。

10月29日下午，十一届市委常委会第14次会议举行。听取总监票人关于石家庄市出席河北省第十次党代会代表候选人预选结果的报告，确定候选人名单。

10月29日下午，十一届市委常委会第15次会议举行。听取总监票人关于石家庄市出席河北省第十次党代会代表选举结果的报告。

11月7日，十一届市委常委会第16次会议举行。传达学习国务院联防联控机制召开的全国新冠肺炎疫情防控工作视频会议精神，研究全市统筹疫情防控和经济社会发展。传达学习省委人才工作会议精神，研究全市落实意见。听取全市“六个专项行动”和私搭乱建、违章建筑专项整治及五批“烂尾楼”项目整治进展情况汇报。

11月10日，十一届市委常委会第17次会议举行。研究《关于鼓励工业企业技术改造的若干措施（试行）》《关于支持培育（引进）规模以上工业企业的若干措施》《石家庄市青年发展“十四五”规划（2021～2025年）》及市接待中心等机构编制调整事宜。

11月14日，十一届市委常委会第18次会议举行。传达学习贯彻党的十九届六中全会和省委常委会会议、九届省委第十一轮巡视视频集中反馈会议精神及《省委第五巡视组关于对石家庄市巡视“回头看”的反馈意见》，研究全市贯彻落实意见。传达学习《全国市域社会治理现代化试点工作指引（2021版）》《河北省社会治理现代化“十四五”规划》精神，研究全市贯彻落实意见。听取全市重点工作大督查情况汇报。

11月22日，十一届市委常委会第19次会议举行。传达学习省委九届十四次全会精神，研究全市贯彻落实意见。听取全市信访稳定及安全生产工作情况汇报。研究《关于落实省委省政府加快开发区创新发展提升能级的若干措施的实施方案》《石家庄市易地交流干部工作生活保障办法（试行）》《面向全国公开选拔市属企业总法律顾问工作实施方案》。听取市纪委有关工作汇报。

11月23日，十一届市委常委会第20次会议举行。研究干部人事问题。

11月30日，十一届市委常委会第21次会议举行。传达学习省第十次党代会、省委十届一次全会精神，研究全市贯彻落实意见。研究《关于依法科学精准实施大气污染管控确保持续推进大气环境质量改善的实施意见》《石家庄市商务活动管理办法（试行）》。听取2021年前三季度省对石家庄市、县（市、区）绩效目标测评结果及下一步工作措施的汇报。

12月7日，十一届市委常委会

第22次会议举行。传达学习习近平总书记在中央人大工作会议上的讲话精神及省委人大工作会议精神、第29次全国部分城市关心下一代工作座谈会精神，研究全市贯彻落实意见。研究《石家庄市规范公务员工资津贴补贴实施方案》。

12月13日，十一届市委常委会第23次会议举行。传达学习中央经济工作会议精神及省委常委会扩大会议有关精神，研究全市贯彻落实意见。研究《关于支持现代商贸物流业做大做强的若干措施》《石家庄市人大常委会2022年立法计划（草案）》《关于调整市自然资源和规划局藁城、鹿泉、栾城分局管理体制的实施方案》。听取2021年全市食品安全工作汇报。

12月17日，十一届市委常委会第24次会议举行。传达学习全省经济工作会议精神，研究全市经济工作会议事宜。研究机构编制调整事宜。听取市纪委有关工作汇报。

12月27日，十一届市委常委会第25次会议举行。听取省委巡视“回头看”反馈意见整改进展情况、河北省出席党的二十大代表选举工作部署暨培训会议精神，研究全市贯彻落实意见。研究市委常委党史学习教育专题民主生活会安排及《石家庄市社会治理现代化“十四五”规划》。听取全市五批“烂尾楼”项目整治工作进展情况汇报。

【市委理论学习中心组学习会】 2月5日，市委理论学习中心组学习会举行。集体学习《中共中央政治局召开民主生活会有关会议精神（中共中央政治局召开民主生活会强调　加强政治建设提高政治能力坚守人民情怀不断提高政治判断力政治领悟力政治执行力——中共中央总书记习近平主持会议并发表重要讲话）》。

3月8日，市委理论学习中心组学习会在西柏坡举行。集体学习《习近平总书记在党史学习教育动员大会上的讲话》《习近平给河北省平山县西柏坡镇北庄村全体党员的回信》《习近平论中国共产党历史》《毛泽东邓小平江泽民胡锦涛关于中国共产党历史论述摘编》及习近平总书记在全国脱贫攻坚总结表彰大会上的讲话、习近平总书记在河北省阜平县考察扶贫开发工作时的讲话、习近平总书记在中央政治局第二十七次集体学习时的讲话、习近平总书记在省部级主要领导干部学习贯彻党的十九届五中全会精神专题研讨班上的讲话。

3月24日，市委理论学习中心组学习会举行。集体学习《习近平论中国共产党历史》有关内容摘编、关于“赶考”的重要论述摘编等。围绕“传承西柏坡精神、走好新时代赶考路”，提交书面发言材料。

4月14日，市委理论学习中心组学习会举行。集体学习《习近平总书记关于坚持总体国家安全观重要论述摘编（2020年～2021年）》及理论文章《正确认识和科学把握新时代中国特色大国外交》。

6月25日，市委理论学习中心组学习会举行。集体学习习近平总书记关于党史学习教育和“四史”宣传教育重要论述、习近平总书记在《求是》杂志发表的重要文章、习近平总书记重要文章《以史为镜、以史明志，知史爱党、知史爱国》《学好“四史”永葆初心、永担使命》《用好红色资源、传承好红色基因，把红色江山世世代代传下去》。

9月26日，市委理论学习中心组学习会举行。集体学习习近平总书记在中央财经委员会第十次会议上的重要讲话精神、习近平总书记关于巡视工作的重要论述、习近平总书记在《求是》杂志上发表的重要文章及《中国共产党统一战线工作条例》《中国共产党党徽党旗条例》《中央关于统计重要改革文件及统计法律法规知识摘编》《河北雄安新区条例》，并结合工作实际和个人感悟，谈体会、作交流。

11月17日，市委理论学习中心组学习会举行。集体学习《中国共产党第十九届中央委员会第六次全体会议公报》《中共中央关于党的百年奋斗重大成就和历史经验的决议》、习近平总书记重要文章《坚定理想信念　补足精神之钙》及《中华人民共和国退役军人保障法》《中共河北省委组织部转发〈中共中央组织部关于领导干部及时报告个人有关事项的通知〉的通知》。

11月26日，市委理论学习中心组学习会举行。收听收看省第十次党代会。围绕省委书记王东峰代表九届省委向大会作报告的基本内容、主要观点、总体精神现场发言，开展学习讨论。

【市委全面深化改革委员会会议】 4月7日，市委全面深化改革委员会第十次会议举行。学习贯彻中央全面深化改革委员会第十七次、十八次会议及省委全面深化改革委员会第十三次、十四次会议精神。审议通过《中共石家庄市委全面深化改革委员会2021年工作要点》《2020年度全市全面深化改革工作考核评价结果》《关于进一步推进全市服务业改革开放发展的20项措施》，书面审议《中共石家庄市委全面深化改革委员会2020年工作总结报告》《党的十八届三中全会以来石家庄市全面深化改革总结评估报告》。

7月7日，市委全面深化改革委员会第十一次会议举行。学习贯彻习近平总书记“七一”重要讲话精神和中央全面深化改革委员会第十九次会议及省委全面深化改革委员会第十五次、十六次会议精神。审议通过《石家庄市居住区建筑风貌与容积率联动创新办法》《石家庄市关于加强农业科技社会化服务体系建设的实施意见》《石家庄市进一步规范生态环境保护综合行政执法工作实施方案》《石家庄市深化新时代教育督导体制机制改革的若干措施》。

9 月 26 日，市委全面深化改革委员会第十二次会议举行。学习贯彻中央全面深化改革委员会第二十次、二十一次会议及省委全面深化改革委员会第十七次、十八次会议精神。审议通过《关于新时代推进国有经济布局优化和结构调整的实施方案》《关于建立健全生态产品价值实现机制的实施方案》《关于进一步推进全市生活垃圾分类工作的若干措施》《关于石家庄市深化新时代教育评价改革推进方案》《关于深化体教融合促进青少年健康发展的实施意见》。

12 月 7 日，市委全面深化改革委员会第十三次会议举行。学习贯彻中央全面深化改革委员会第二十二次会议及省委全面深化改革委员会第十九次会议精神，审议通过《石家庄市规范民办义务教育发展专项工作方案》《关于进一步减轻义务教育阶段学生作业负担和校外培训负担的实施方案》《关于推动公立医院高质量发展的实施意见》《关于推进外贸倍增计划的实施意见》。书面审议《党的十九大以来石家庄市重点改革任务“回头看”情况报告》。

【市委办参谋文秘服务】 聚焦建设现代化、国际化美丽省会城市奋斗目标，紧紧围绕市委中心工作，增强政治意识，创新工作理念，提升工作标准，转变工作作风，全面完成中央和省、市委交办各项任务。政务活动服务保障。全年服务保障市委常委会会议、市委理论学习中心组学习会、市委书记专题会议等会议 100 余次，高质量完成 2021 中国国际数字经济博览会、河北省庆祝中国共产党成立 100 周年大会、全省推进乡村全面振兴工作会议、市“两会”、市四大班子领导集体观摩数字经济及新一代电子信息和生物医药产业园规划建设活动、全市经济工作会议等国家、省、市重要会议活动服务保障任务。市第十一次党代会期间，起草完成包括党代会报告等文稿 40 余件，保障党代会开闭幕式和主席团等会议 22 次、市委主要领导出席活动服务保障任务 28 次，印刷和分发文件资料 61 万份。发挥参谋辅政作用。全年完成领导讲话、署名文章、工作汇报、专题报告等各类文稿 1500 余篇，包括市第十一次党代会、市委十一届一次及二次全会、全市优化营商环境工作会议、全市经济工作会议、全市党史学习教育动员大会等重要会议活动综合文字稿件。深入基层一线，开展调查研究，掌握情况，发现问题，全年市委办公室班子成员撰写各类调研报告 20 余篇，形成一批对市委决策具有参考价值的调研成果。严格把关各单位上报市委各类请示、报告事项，全年办理各级党委（党组）向市委请示报告工作事项 558 次，审核修改拟印发文稿 546 份，出具公文审核意见并纠正 57 件。严谨、细致、高效、规范办文，全年办理公文 1.5 万余件，交换传递文件、刊物 21 万余份，办理值班报告、领导干部请假报备 893 期。紧急突发事件信息接报 259 条。协调处理到市委机关来访 51 批次。向中共中央办公厅、省委办公厅上报各类信息 1000 余条。推动中央和省委重大决策部署贯彻落实，全年汇总整理习近平总书记重要指示批示涉及石家庄市 40 项，省委和省政府《关于大力支持省会建设和高质量发展的意见》明确重点任务 45 项；省委书记王东峰 92 次到石家庄市调研提出重点工作 377 项，其中，完成 264 项，取得阶段性成效并长期坚持 103 项，正在按时限推进 10 项。推动市委各项部署要求落地落实，市委主要领导指示批示和市委会议议定事项第一时间逐项开展责任分解，及时抓好督办催办，确保落地落实。重点完成五大产业集群发展、“6+1”专项行动、太平河城市发展示范区、高铁站商务区建设工程、复兴大街市政化改造工程、二环路与周边道路互连互通工程、9 个城中村改造试点项目、“村改居”等 12 项市委关心、群众关注的重点工作及隆基泰和大厦项目、恒印广场项目、石家庄职业技术学院搬迁等重点工作。全年市委主要领导批示交办重点事项 51 件，办结 38 件，正在推进 13 件；市委会议议定重点工作 906 项，督促完成 709 项，正在推进 151 项，长期坚持 46 项。全年办理群众给市委主要领导来信 815 件、各类网民留言事项 3950 余件。2021 年市委办公室被省委办公厅评为“争创人民满意的公务员集体”十佳集体，被人民网评为 2021 年度人民网网上群众工作民心汇聚单位。

（市委办公室）

组织工作

【概况】 2021 年全市组织系统以党员教育、领导班子和干部管理、党组织建设、人才引进等工作为重点，督促各级党组织和党员自觉增强“四个意识”、坚定“四个自信”、做到“两个维护”，突出围绕省会高质量发展、城市更新、抗击新冠肺炎疫情等工作履职尽责。开展领导班子换届考察，4 月 7 日至 4 月底，根据省委统一部署，省委组织部换届考察组到石家庄市开展领导班子换届考察，主要采取谈话调研、民主推荐、民主测评、民主评议、深入考察、集体面谈、综合评价等方式，考察范围为市委、市人大、市政府、市政协领导班子及成员，市纪委领导班子，市法检“两长”，拟提拔人选考察对象。加强干部队伍管理，全年举办市、县干部学习培训246期，参加培训2.2万人次；查核领导干部个人事项2147名，如实填报率达到95.2%。重视干部选拔和培养，2021年全市招录定向选调生220人、常规选调生280名、四级联考招录公务员709名。优化干部结构，落实《关于适应新时代要求建立优秀年轻干部发现培养选拔常态化机制的实施意见》，安排各县（市、区）配备35岁以下正科级干部70名、30岁以下副科级干部257名。发挥党组织和党员在疫情防控中主力军作用，印发《关于组织广大共产党员开展“亮身份、上一线、当先锋”志愿服务活动的通知》，号召党员干部在疫情防控中当先锋、打头阵、作表率。2021年全市组建成立党员志愿服务队8171支，投身抗疫一线党员20.1万名，4.7万名党员为居家群众开展生活物资配送服务。严格党员队伍管理，全年新发展中共党员28129名，至2021年底，石家庄市共有中共党员682610名、基层党组织23375个，其中，党委862个，党总支1329个，党支部21184个。2021年石家庄市3人获得“全国优秀共产党员”称号。

表6　　2017～2021年底石家庄市中共党员数据统计一览表

年度	中共党员总数（名）	新发展中共党员数量（名）
2017	627526	6589
2018	630972	6533
2019	639890	6895
2020	654481	7362
2021	682610	28129

【干部队伍建设】 把习近平新时代中国特色社会主义思想作为市、县党校主课和培训第一课，提倡“实干兴石、舍我其谁”的担当精神，“人一之我十之、人十之我百之”的奋斗姿态，“马上就办、真抓实干”的优良作风。干部教育培训坚持干什么学什么、缺什么补什么原则，注重增强工作本领，提高政治素质、政策水平、工作能力。至2021年底，石家庄市举办市、县干部学习培训246期，参加人数2.2万人次，其中习近平新时代中国特色社会主义思想作为主要党性教育课程占总课时达到70%，举办4期县处级干部学习贯彻习近平新时代中国特色社会主义思想专题培训班，培训干部192人。依托河北干部网络学院，采用“专题网班＋个人自学＋线下研讨”方式，轮训县处级干部2000余名。采取供给侧结构性改革思维，优化领导班子和干部队伍。重视从源头调整干部队伍结构。树立“今天的增量就是明天的存量，抓源头建设就是谋队伍未来”理念，以干部信息管理系统为支撑，针对干部队伍存在的结构性矛盾和问题拟定招录计划，把优秀大学毕业生选调、公务员考录作为补充干部主渠道，全年

2021年6月19日，石家庄市学习贯彻习近平新时代中国特色社会主义思想专题培训班、城市经济发展专题研讨班开班仪式在市委党校举行

（市委组织部提供）

招录定向选调生 220 人，其中，清华大学与北京大学定向选调生 41 名，常规选调生 280 名，四级联考公务员 709 名。优化年轻干部供给。落实《关于适应新时代要求建立优秀年轻干部发现培养选拔常态化机制的实施意见》要求，全年各县（市、区）配备 35 岁以下正科级干部 70 名、30 岁以下副科级干部 257 名。经过递进式历练，一大批高学历高素质的优秀年轻干部脱颖而出。2021 年全市换届选举中，县（市、区）党政班子配备年轻干部 69 人，占比 20.6%；乡镇领导班子配备 35 岁以下干部 1130 人，占比 44.3%。结构性干部配备储备。坚持功能优先，全年县（市、区）党政班子配备女干部 58 人，人大、政府、政协班子配备党外干部 72 人、少数民族干部 7 人。按照 1 ∶ 3 比例，做好女干部、党外干部、少数民族干部储备，打造梯次配备、有序递进的正金字塔形干部队伍结构，全年各县（市、区）储备党外干部正科级人选 61 名、副科级人选 92 名。专业化干部选拔培养。支持市属国有企业改革，综合考虑专业背景、学历层次、年龄结构等因素，全年为新组建成立 5 家市属企业集团择优配备市管干部 33 名；增强市属国有企业抗风险能力，面向全国为 7 家国有企业公开选拔配备总法律顾问；举办自贸区改革创新发展、现代金融先进知识等知识大讲堂 4 期，培训干部 1300 余人次；举办专业能力提升培训 7 期，培训干部 500 余人次；整合优化选调生人才资源，突出经济社会高质量发展需求和石家庄市“紧缺急需”领域，调整交流选调生 57 人。促进干部提高工作标准，鼓励干部跳出石家庄、跳出河北、放眼全国看石家庄，学习先进省会城市做法，把石家庄各项工作做实做细做出彩。发挥考核“指挥棒”作用，完善考核评价指标体系，加大日常考核力度，开展季度考核、半年考核和落后县（市、区）及市直部门主要负责人谈话提醒，注重在急难险重任务一线考察识别干部，营造干与不干不一样、真干假干不一样、用心干与不用心干不一样的用人氛围。重视考核结果运用，全年以市委、市政府文件通报表彰 2020 年度市管优秀领导班子 37 个、市管优秀领导干部 485 人，记三等功 49 人，35 名在“6+1”专项行动等重点工作中表现突出人员获得提拔重用或晋升职级。营造风清气正的政治生态。把从严监督贯穿干部选育管用全过程，全年查核领导干部个人有关事项 2147 名，如实填报率 95.2%，如实填报率连续 3 年大幅提升；开展“一人多证”专项整治、“一报告两评议”和经济责任审计；关口前移，选拔任用科级干部实行全员预审备案，从源头杜绝违规用人现象。

【基层党组织及党员管理】 以补短板、强弱项、扬优势、固根基为内容，开展“三基”建设年活动。村（社区）“两委”换届完成。聚焦“年轻化、高学历、一肩挑、结构优”换届目标，开展“树正气、凝共识、选贤能、谋发展”大讨论，重点整治党组织软弱涣散等“4 类突出问题”，扫清村（社区）换届障碍问题 245 个，培育建立“依法选举示范点”225 个。换届后，全市农村（社区）党组织书记平均年龄由 53 岁下降到 44.94 岁，较换届前下降 8.06 岁，大专以上学历占比由 18.7% 提升到 44.1%；城市社区党组织书记平均年龄 39.9 岁，较换届前下降 4.2 岁，大学本科学历占比达到 50.9%；“一肩挑”比例达到 100%。推动党建引领乡村治理、促进乡村振兴。按照“试点先行、逐步推开”思路，组织县（市、区）创建乡村治理市级示范点 52 个，通过典型示范带动，打造形成一大批充满活力、治理有序的善治乡村；落实“四个一”包联责任制，综合整顿软弱涣散村党组织 162 个；开展“三基建设年”活动，100 件民生实事全部完成；指导新一届村“两委”班子完成“开门一件事”13320 件，解决一大批民生领域“急难愁盼”问题；提升农村政治生活的庄重性严肃性规范性，举办农村党建工作年会，全市参加农村党员 20.6 万名，实施乡村振兴项目 1.7 万件；按照“省级示范培训、市级重点培训、县乡兜底培训”原则，全部轮训村“两委”干部 2.2 万名。举办农村干部研修班，其中 932 名学员实现“一肩挑”，占总数 23%。提升村级组织依法办事意识和能力，推行村级“小微权力清单”制度，涉及 18 个部门 39 项农村“小微权力”逐项明确流程图和政策法规依据。发展壮大村级集体经济，谋划启动村党组织领办合作社做法，确定市级试点片区（村）16 个，辐射带动周边村集体增收致富 238 个。推进 414 个财政扶持村集体经济项目建设，2020 年 271 个财政扶持项目平均年收益 3 万余元，受益人口 49.6 万人；2021 年 143 个项目全部完工。至 2021 年底，全市年收入 5 万元以上村稳定达到 80% 以上。建立村级组织运转经费“三核三审三挂钩”机制，定期核准财政预算、核定拨付进度、核查使用管理，确保资金足额安排、规范支出。打造红色美丽村庄试点村 8 个，建立平山县北庄村党建示范点，北庄村村集体收入由 2020 年的 6.5 万元增加到 120 万元，村民人均收入达到 2 万元，村民获得感幸福感安全感大幅提升。做好 585 个脱贫村、90 个乡村振兴任务重的村、139 个宗教重点村驻村工作队选派管理。压紧压实基层党建责任，开展基层党建述职评议考核，围绕省反馈石家庄市五个

2021 年 6 月 21 日，市直机关工委举行“光荣在党 50 年”纪念章颁发仪式
（市直机关工委提供）

方面基层党建重点难点问题，指导市直有关单位和各县（市、区）实行清单式整改，召开全市抓基层党建述职评议会，安排县（市、区）和市直部门党（工）委书记公开表态承诺。巩固提升共建共治共享城市基层治理新格局。加强党对城市基层治理全面领导，按照城市基层党建“1+5+1”总体布局，重点做好“充实治理力量、完善治理体系、提升治理能力”工作。健全兼职委员制度，建立联席会议制度，推进基层党组织共建资源共享活动共联，实现街道社区党建、单位党建、行业党建互联互动。2021 年全市街道（乡镇）、社区累计吸纳单位行业兼职委员 6299 名，召开党建联席会议 3625 次，议定事项 5880 件，解决人口普查、维护稳定、物业服务等问题 4954 件。打造“红色物业”，按照“四强一高”标准，每季度开展“红色物业”分级分类验收评价活动，“红色物业”成为群众普遍满意的“民心工程”。2021 年石家庄市“红色物业”在疫情防控中参与基层治理作用突显，1459 家“红色物业”帮助居民义务采购生活用品，解决用水、购电、就医、维修等困难问题；312 个保障型小区、79 个无人管理老旧小区通过改造和建立“红色物业”。培育发展“红色社区社会组织”，按照“试点先行、全面推开、巩固提升”思路，全市组建红色社区社会组织 5609 家。开展“红色志愿服务”，用党员示范行动支持城市社区建设，将在职党员打造成为志愿服务的主力军。2021 年全市 1163 个机关企事业单位党组织、65975 名在职党员到社区报到，报到率 98.9%。打造“红色管家”，运用“互联网 + 党建”方式，整合服务热线、网上留言、便民服务等，打造“红色管家”线上服务平台。至 2021 年底，“红色管家”注册用户 10611 人，受理群众诉求 396 件，办结诉求 368 件。推进职业化、专业化社会工作者队伍建设，连续 4 年招聘全日制本科及以上优秀大学毕业生社区工作者 1819 名，35 名优秀社区党组织书记纳入事业编制，符合条件的 645 名社区“两委”专职成员纳入社区工作者队伍管理。重视商务楼宇党建工作，开展商务楼宇党建工作百日攻坚行动，推动各商务楼宇建立党务、政务、社务、服务“四位一体”服务机制，制定“四务”清单，配备“四务”专员，全年 26 个重点楼宇（商圈）成立楼宇联合党组织，建立楼委会、党群活动服务中心。提升党员队伍质量。以打造青年人才成长基地、农村党员培育阵地、“两委”干部选拔平台为定位，建成农村青年人才中心 216 个，吸纳入库人才 5.4 万名，从中发展党员 8125 名，进入村“两委”班子 4931 名，列为村“两委”后备干部 5648 名。党员日常教育管理。以学习习近平新时代中国特色社会主义思想为主要内容，每月印发学习内容清单，组织基层党组织举办“每月一学”“三会一课”活动。发展党员问题专项整治。采取基层党组织自查、部门筛查、集中审查等方式，全面排查全市纳入范围 4.6 万余名党员，发现疑似“带病入党”、弄虚作假、徇私舞弊和严重违反入党程序四类重点问题线索 4310 条，经调查核实，全部做到审慎稳妥认定处理。2021 年全市新增基层党组织 506 个，其中，党委 5 个，党总支 13 个，党支部 488 个；至 2021 年底，全市共有基层党组织 23375 个，其中，党委 862 个，党总支 1329 个，党支部 21184 个。2021 年全市新增中共党员 28129 人，至 2021 年底，全市共有中共党员 682610 人。

【人才引进】 实施人才强市战略，构建人才友好型城市，为建设现代化、国际化美丽省会城市提供人才智力支撑。加强党对人才工作全面领导，健全党委统一领导、组织部门牵头抓总、各有关部门密切配合的人才工作格局；以市委人才工作领导小组名义向换届后新任县（市、区）委书记致信，增强“一把手”抓“第一资源”意识。实施人才工作月考核、季评价、年底述职制度。优化人才环境，落实《人才发展促进条例》，出台《关于高质量建设人才强市的实施意见》，拓展人才绿卡服务对象、提高政策支持标准。全年办理人才绿卡A卡915张、B卡11191张、县（市、区）卡39160张。制定《石家庄市新一代电子信息产业和生物医药产业高端人才奖励工作实施细则》，根据年度应纳税工资薪金收入对财政贡献，给予最高50万元奖励。全年为48名引进的高层次科技创新创业人才资助科研经费1.11亿元。加大人才创新创业金融支持力度，为高层次人才提供最高额度1000万元信用贷款。生物医药、电子信息两大产业人才初步形成集聚效应，占到全市人才总量30.7%。重视引进海外人才，设立“石家庄市清北学子留学海石专项资金”，专门资助列入“海石计划”河北籍清华大学、北京大学应届毕业生赴世界排名前100名国（境）外院校攻读博士学位；吸引海内外优秀人才和优质项目，投入资金848万元，举办首届“海石杯”创新创业大赛；专门为外国人才提供落地、创业、交流等一站式服务，设立海外人才服务站4个。发挥人力资源服务产业园引才聚才作用，按照“一园多区”发展模式，建成全国第20家、全省首家国家级人力资源服务产业园，至2021年底，石家庄人力资源服务产业园入驻人力资源服务机构190家、服务用人单位4.96万家次，实现营业收入27.61亿元；建成县（市、区）人力资源服务工作站12个。搭建市校人才合作平台，开展“携手名校、才智汇石”市校合作专项行动，与重点知名院校合作，吸引河北工业大学国家大学科技园、数字经济产业研究院落地石家庄市；市人民医院与西安交通大学第二附属医院合作，建立“郑强荪教授工作室”；实施科技项目“揭榜挂帅”制度，举办重点企业科研人才需求信息征集活动，征集人才需求2968个，技术需求91个，产学研需求85个；与9所国家“双一流”高校签订共建学生社会实践基地协议，全年224所高校1296名学生到石家庄市开展暑期社会实践活动，提交专利申请17项，发表学术论文29篇，撰写调研报告179篇，帮助企业解决技术难题589个。建立人才协同创新平台，依托福升科技建立石家庄中海科技创新博士研究院，面向中关村等京津人才富集区，吸引聚集高水平科技创新人才；促进创新链产业链人才链融合，依托君乐宝、科林电气等骨干企业，建立省级产业技术研究院35家。打造全天候高层次人才招聘交流平台，开展全天候、常态化、全周期高层次人才云端招聘活动，全年平台上线企业2115家，提供岗位8.8万个，达成引才意向1.8万人；举办石家庄高层次人才云端交流洽谈会和高校巡回招聘活动，提供就业岗位7.1万余个；实施“雁回巢”回归工程，寻访各类优秀人才216名，吸引18个优质项目在石家庄市落地。加强人才工作基础建设，按照编制不少于5名，在各县（市、区）委组织部成立副科级人才服务中心；上线运行电子人才绿卡，提供手机端免费乘坐公交、地铁、就医预约服务，建成人才一体化综合管理服务平台，2021年11月上线至2021年底，平台累计访问199.68万人次，提供绿卡服务22.5万人次。加大人才公寓建设力度，把优化人才住房环境作为聚才留才的重要措施，至2021年底，全市建成投用各类人才保障房8900多套，其中，市级人才公寓1440套，县（市、区）人才公寓2432套，企业自建人才公寓4630套。落实领导联系服务专家制度，全年市、县两级领导班子成员联系服务各类专家人才1224名。提升人才政治待遇，领导班子换届安排86名优秀专家人才担任市级“两代表一委员”职务，面向国家“双一流”建设高校选聘首批“校园引才菁英”30名。

（孙玲燕）

【离退休老干部管理】 至2021年底，全市共有离退休干部99128人，其中，离休干部1510人，退休干部97618人。离休干部中，市本级874人，县（市、区）636人，平均年龄92.2岁。退休干部中，市本级33293人，县（市、区）64325人。至2021年底，全市共有离退休干部党组织501个、离退休干部党员53103人。发挥老干部作用，2021年初石家庄市新冠疫情发生后，全市2000余名老干部参与疫情防控，捐款2万余元；组织离退休老干部参与市、县、乡领导班子集中换届期间纪律监督和思想引导。重视老干部活动阵地建设，至2021年底，全市老干部学习阵地开设专业41个、课程108门，设立班级312个，拥有教师200余名，打造形成重阳讲坛、银龄之声、崇文书画院等校园文化品牌。落实离退休干部政治待遇，为市商务局、市工业和信息化局、市国资委等9个部门所属454名改制破产企业离休干部拨付待遇经费104.15万元，为石家庄市乡镇企业经贸公司等6个困难事业单位解决取暖费4.9万元、交通费2.7万元、一次性抚恤金23.2万元，为193名特困离退休干部拨付帮扶资金50万元。协调市财政局拨付专项资金207.2万元，用于中国共产党建党100周年走访慰问离休干部。推行“离退休干部工作”公众号，关注人数7万余人；创办“石家庄老干部”公众号，关注人数2万余人。推广使用“燕赵红枫”信息管理服务系统，录入离退休干部9.68万人。开展“我看建党百年新成就”专题调研，联合市委党史研究室、市档案馆、石家庄广播电视台，制作“《亲历》——石家庄离退休干部口述红色印记访谈”，并在“无线石家庄”发布。与《燕赵老年报》合作，开辟“回眸百年初心”专栏，采访报道离退休干部抗疫先锋22名。落实中央和省、市委要求，为党龄满50年26名老干部颁发“光荣在党50年”纪念章。2021年市委老干部局被中共中央组织部、人力资源和社会保障部授予全国老干部工作先进集体。

（市委老干部局）

宣传工作

【概况】 2021年全市宣传思想文化工作以宣传习近平新时代中国特色社会主义思想和党的十九大及二中、三中、四中、五中、六中全会精神为主要内容，统筹疫情防控和经济社会发展，突出抓好政治理论学习、意识形态、建党100周年、社会主义核心价值观教育、思想政治研究等工作，主动为全市经济社会平稳发展提供思想保证、精神动力和舆论支持。重视政治理论学习，全年举办市委理论学习中心组学习会8次、研讨交流活动8次，县（处）级以上理论中心组学习活动2400余次。7月10～11日，市级领导干部党史学习教育专题读书班在市委党校举行。落实意识形态责任制，印发《关于当前全市意识形态领域形势的通报》，将意识形态工作纳入十届市委第十一轮巡察县级统筹范围，完成2020年度意识形态工作绩效考核。营造建党百年浓厚氛围，举办党史知识竞赛、党史主题展、主题文艺晚会、“党史电影进基层”等庆祝建党100周年系列活动。用活用好红色资源，创作演出歌舞剧《团结就是力量》、现代京剧《挂云山》、音乐剧《壮士》等文艺宣传作品，出版理论著作《品读西柏坡》弘扬社会主旋律，宣传社会正能量，表彰优秀模范人物，开展社会主义核心价值观教育。2021年石家庄市9人获评“中国好人”，2人获授第八届河北省道德模范，38人获评“时代新人·河北好人”，20人获评第七届石家庄市道德模范，授予事迹突出医务工作者等干部群众198人“石家庄市文明公民标兵”称号，评选“感动省城”十大人物9名个人、3个群体。

【政治理论学习】 开展党委（党组）理论学习中心组学习，把习近平新时代中国特色社会主义思想作为首要学习内容，全年组织举办市委理论学习中心组学习会8次、研讨交流活动8次，县（处）级以上理论中心组举行学习活动2400余次。做好理论宣讲，将学习习近平新时代中国特色社会主义思想与学习宣传贯彻党的十九届六中全会、省第十次党代会、市第十一次党代会精神相结合，组建市委宣讲团和专家宣讲团，采取“大喇叭”“小马扎”等方式，举办基层宣讲活动3万余场，参与群众300余万人次。利用“学习强国”石家庄平台，开设“推荐”“牢记总书记嘱托”“新时代赶考行”“石家庄要闻”“新发展理念”“文明新风”“民生服务”“风采滹沱”8个栏目，从不同角度为全市干部党员群众提供权威、准确、丰富、新颖的学习内容，包括人文历史和风土人情。开展党史学习教育活动，2月24日，全市召开党史学习教育动员大会。6月25日，省委常委、市委书记张超超在党史学习教育专题党课会上作《深入学习“四史”汲取前进力量 为加快建设现代化国际化美丽省会城市不懈奋斗》的报告。以党史学习教育活动为契机，在全市组织开展“学党史、悟思想、办实事、开新局”活动，撰写研讨和体会文章，掀起学习中国共产党史、新中国史、改革开放史、社会主义发展史高潮。宣传习近平新时代中国特色社会主义思想及党的创新理论、生动实践和先进文化知识，举办党建知识答题活动。11月30日，中央党史学习教育宣讲团成员、国务院研究室党组书记、主任黄守宏到正定县塔元庄村调研和宣讲党的十九届六中全会精神。开展党建理论研究，制定《关于加强新时代马克思主义学院建设的实施方案》，修订完善《石家庄市哲学社会科学规划研究课题管理办法》，调动社会科学工作者积极性，撰写形成《在正确党史观指引下学深悟透百年党史思想伟力》等理论

2021年4月23日，《品读西柏坡》出版

文章。

【庆祝中国共产党成立 100 周年】 以庆祝中国共产党建党 100 周年、讴歌石家庄英雄城市为主题，开展挖掘石家庄革命历史、弘扬爱国主义精神、传承红色基因，用好石家庄红色资源，讲好石家庄故事活动。以艺术形式展示中国共产党百年光辉历程、伟大成就和宝贵经验，举办庆祝中国共产党成立 100 周年献礼演出活动。2021 年 4 月，由市委宣传部、省音乐家协会、市委市直机关工委、市文联、市教育局、市总工会、团市委、市妇联 8 个部门联合举办的庆祝中国共产党成立 100 周年群众性歌咏活动暨“团结就是力量”第十八届省会合唱艺术节启动，参与队伍 400 余支、群众 30 余万人。6 月 15 ～ 17 日，第十八届省会合唱艺术节决赛在市人民会堂举行，全市 35 支队伍进入决赛，7 支队伍获得最佳演唱奖，8 支队伍获得最佳风采奖，9 支队伍获得最佳风格奖，11 支队伍获得最佳奉献奖。以诗词作品形式挖掘红色故事，弘扬红色文化。5 月 17 ～ 19 日，中华诗词学会“庆祝建党百年红色之旅河北行”采风创作活动在石家庄举行，来自中华诗词学会、河北省诗词协会及省内各地市诗词协会成员 50 余人参加采风活动，走访正定县、平山县、赵县三地的红色革命圣地、历史文化古迹，包括西柏坡纪念馆、西柏坡中共中央旧址、华北人民政府旧址、人民日报创刊旧址、赵州桥、正定县塔元庄村及荣国府等。《石家庄日报》设立专栏，连续刊载“历史丰碑　红色记忆——石家庄百年百人”，以人物传记形式缅怀和回忆革命先烈。拍摄纪录片《百年记忆——石家庄 100 个红色档案故事》等。开展“庆祝建党 100 周年”系列主题阅读活动，传播红色精神，重温百年奋斗历程。6 月 29 日晚，“光辉的旗帜——石家庄市庆祝中国共产党成立 100 周年文艺晚会”在石家庄大剧院举行，演出分设“信仰的力量”“柏坡颂歌”“相约百年”“旗帜召唤”“奋斗再出发”5 个篇章，综合运用歌曲、舞蹈、朗诵、讲述、情景再现、音乐快板剧等艺术形式，歌颂中国共产党为实现民族独立、人民解放、国家富强、人民幸福的奋斗历程和取得的辉煌成就。策划和引进高雅艺术演出，举办“2021 年石家庄市红色经典演出季”系列活动，演出话剧《运河 1935》、音乐剧《颂歌献给党·中央歌剧院专场音乐会》、儿童舞台剧《红孩子》、《曲唱百年》戏曲名家名段演唱会、舞剧《永不消逝的电波》等。挖掘红色文化，讲好石家庄故事。市京剧团创排现代京剧《挂云山》，入选第九届中国京剧艺术节演出剧目和河北省庆祝中国共产党建党百年优秀剧目。以解读西柏坡精神、赶考精神为内容，市委宣传部组织编纂的图书《品读西柏坡》于 4 月 23 日由学习出版社出版发行。以人民子弟兵“平山团”历史原型为素材，创作和编排舞台音乐剧《壮士》于 7 月 8 日在石家庄大剧场公演。西河大鼓《铃声响起》获得“永远跟党走——石家庄市庆祝中国共产党建党 100 周年曲艺作品征文展演活动”一等奖。

2021 年 6 月 17 日，庆祝中国共产党成立 100 周年群众性歌咏活动暨第十八届省会合唱艺术节“团结就是力量”决赛在市人民会堂举行

【新闻宣传】 宣传市委重大决策部署，全面、及时报告市第十一次党代会等重要会议内容。聚焦全市中心工作，围绕两大产业率先突破、项目建设、“6+1”专项行动等重点任务，利用传统媒体和新媒体，开设“石家庄在行动”等专题专栏，立体式、多角度宣传石家庄建设取得的新成就。以疫情防控为主题，传递市委、市政府部署要求，发布权威信息，深入防疫一线，采访和宣传防疫人员。加大对外宣传力度，对接中央和省级媒体，全年在《人民日报》及新华社、中央人民广播电视总台等中央媒体刊播石家庄市新闻稿件 3670 余篇（条），与《香港商报》合作，设立石家庄专版。加强新闻出版管理，开展“清源 2021”“净网 2021”等专项行动。“石家庄在行动”宣传。采取新闻栏目、新媒体端联动等方式，撰写和发布稿件 2080 篇（条），其中关于 8 个城中村改造报道 128 篇（条）。“我为群众

办实事”实践活动宣传。聚焦河北省确定20项民生工程、石家庄市10件民生实事、526项重点民生项目及群众“急难愁盼”问题，开展主题擂台赛、电视问政、网络问政、帮办“微心愿”等报道活动，营造“民有所呼，我有所应”宣传氛围，中国中央广播电视总台以《河北石家庄：办好惠民实事 提升群众幸福感》、河北电视台以《石家庄：解决百姓“急难愁盼”惠民实事温暖人心》为题报道石家庄市做法。

【社会主义核心价值观教育】 加强新时代公民思想教育，制定出台《新时代加强思想政治工作的意见》。弘扬爱国主义精神，倡导阅读红色经典文学作品。3月24日，由中共石家庄市委宣传部指导，石家庄日报社、市图书馆联合主办的为期一个月“读书传递力量·红色经典诵读”活动举行。传承乡音乡土文化，宣传石家庄元素，扩大燕赵文化、红色西柏坡文化的影响力，激发市民继承传统、为家乡建设增光添彩，帮助青年树立远大的志向和抱负，以昂扬向上的振奋精神鼓舞人心。培育践行社会主义核心价值观，开展全国文明城市、文明村镇、文明校园、文明单位、文明家庭创建活动，在社会实践活动中帮助公民塑造和确立社会主义核心价值观。推进新时代文明实践中心建设，建成县级新时代文明实践中心20个、文明实践所159个、实践站1570个。推进未成年人思想道德建设，举办“童心向党”“五星红旗飘起来”“365百姓故事汇”等活动。增强全民国防意识，举办国防教育活动。宣传先进人物和时代楷模，以身边人、身边事，引导和培育市民养成爱国主义、见义勇为、助人为乐、敬业奉献、孝老爱亲等高尚行为，打造平安、幸福、和谐社会。2021年石家庄市9人获评“中国好人”，2人获授第八届河北省道德模范，38人获评“时代新人·河北好人”，20人获评第七届石家庄市道德模范，授予事迹突出医务工作者等干部群众198人“石家庄市文明公民标兵”称号，评选“感动省城”十大人物9名个人、3个群体。

（市委宣传部）

【石家庄一百个“红色印记”】 5月13日，市委宣传部、石家庄日报社、市委党史研究室联合启动石家庄一百个“红色印记”评选活动。7月1日，石家庄一百个“红色印记”在《石家庄日报》公布，分别为：十大红色旧址、十大红色战役、十大红色景观、十大红色英烈、十大红色人物、十大红色影剧、十大红色歌曲、十大红色名校、十大红色媒体、十大红色企业。

◎十大红色旧址

西柏坡中共中央旧址、华北人民政府旧址、李家庄中共中央统战部旧址、中国人民银行总行旧址、平山中共北方分局旧址、灵寿晋察冀边区政府旧址、平山晋察冀军区司令部旧址、赞皇八路军太行一分区旧址、晋州小樵改编旧址、石家庄309号院

◎十大红色战役

百团大战——正太路破袭战、灵寿陈庄歼灭战、井陉长生口伏击战、深泽宋庄大捷、平山温塘战斗、晋察冀边区反围攻、正定高平地道战、元获战役、正太战役、解放石家庄战役

◎十大红色景观

华北军区烈士陵园、河北英烈纪念园、和平医院白求恩柯棣华纪念馆、“平山团”诞生地纪念碑、藁城梅花惨案纪念馆、石家庄集中营蒙难同胞纪念碑、元氏朝鲜义勇军纪念碑、石家庄解放广场（纪念碑、大石桥、正太饭店）、平山沕沕水发电站、正太铁路樾华亭

◎十大红色英烈

高克谦——石家庄工人运动先锋、张兆丰——创建正定党组织的北方我党军事领袖、郝清玉——北方农民运动的杰出领导者、荣洁义——从行唐走出的黄埔英烈、周建屏——戎马一生的抗日将领、雷烨——牺牲在平山的战地记者、韩增丰——抗日英雄“韩猛子”、挂云山六壮士 英魂浩气传太行、杨岭梅——刘胡兰式的女英雄、李混子——民兵爆炸英雄

◎十大红色人物

沙飞——第一位敌后抗战摄影记者、李狄三——进军西藏的人民功臣、张树义——“荣军旗帜”、栗再温——平山第一位共产党员、韩振纪——从高邑走来的开国中将、孙云鹏——石家庄第一位共产党员、阎金芬——开国劳模《红旗歌》原型、朱琏——石家庄第一位女共产党员、何基沣——打响全面抗战的第一枪、戎冠秀——子弟兵的母亲

◎十大红色影剧

电影《白毛女》、话剧《红旗歌》、话剧《民主青年进行曲》、话剧《不是蝉》、电影《冲破黎明前的黑暗》、电影《白求恩大夫》、电影《虎穴追踪》、电影《地道战》、电影《槐树庄》、电影《解放石家庄》

◎十大红色歌曲

《卖报歌》《抗日军政大学校歌》《华北联大校歌》《歌唱二小放牛郎》《团结就是力量》《没有共产党就没有新中国》《白毛女·北风吹》《中国人民解放军军歌》《英雄赞歌》《学习雷锋好榜样》

◎十大红色名校

抗大二分校（陆军指挥学院前身之一）、晋察冀边区联中（今北京101中学）、鹿泉荣臻子弟学校（今北京八一学校）、井陉华北育才学校、白求恩军医学院、中央团校（今中国青年管理学院）、华北军政大学（国

防大学前身之一）、华北大学（今中国人民大学前身）、马列学院（今中共中央党校）、中央外事学校（今北京外国语大学）

◎十大红色媒体

《晋察冀日报》(《人民日报》前身)、《晋察冀画报》(今《解放军画报》)、《人民日报》、《冀中导报》(《河北日报》前身)、《新华日报》华北版、《石家庄日报》、新华社总社、陕北新华广播电台（今中央人民广播电台）、《中国青年》、《新大众报》（今《工人日报》）

◎十大红色企业

井陉矿务局、正太铁路总机厂（今中车集团石家庄公司）、白楼宾馆（今太行国宾馆）、大兴纱厂（棉七股份公司）、石家庄电业公司、大众商店（人民商场前身）、石家庄酒厂、石家庄烟厂、石家庄新华书店、石家庄制药集团

【纪录片《滹沱记忆》首播】 7月5～9日，由河北广播电视局、河北广播电视台、河北中山国文化研究会、中共石家庄市委宣传部、中共平山县委和县政府等联合摄制的5集大型历史纪录片《滹沱记忆》在中央电视台纪录频道首播。《滹沱记忆》以岗南水库、黄壁庄水库建设和移民搬迁、重建家园为内容，记述了水库建设、搬迁及群众脱困、重生的艰苦历程，讴歌了滹沱河沿岸人民在中国共产党领导下无私奉献、无限忠诚的奋斗精神和老区群众改变落后面貌的坚强意志，富含燕赵人文风情。每集播放时长50分钟。《滹沱记忆》创作历经3年，是继《平山记忆》《中山国》后第三部以平山县为题材的大型纪录片。2021年12月，《滹沱记忆》获得第27届中国纪录片“十佳”作品奖。

【精神文明建设“五个一工程”奖】 9月29日至12月21日，市委宣传部组织举行2019～2021年石家庄市精神文明建设“五个一工程”奖评选活动。广播剧《天路长歌》，电视剧《绝境铸剑》《滹沱筑梦》《烽火滹沱》，电影《吕建江》《我不是葫芦瓢》《幕后人》，戏剧：音乐剧《壮士》、丝弦《大唐魏征》、评剧《墙头马上》、河北梆子《新包公赔情》《西柏坡故事》、歌舞剧《团结就是力量》，歌曲《复兴路上》《湾里庙》《前行》《万里江山》《百年答卷》，图书《齐花坦与河北梆子》《闪耀的红星——红色革命英烈故事系列丛书》《失物旅行箱》《穿越千年赏好诗》《黄金鸟》《建屏长歌——（东）建屏县抗日斗争纪实》24部作品获得“优秀作品奖”；石家庄啸声京剧艺术团创排的现代京剧《初心》《大钊先生》获得“优秀创作主题奖”；卿卫平获评“优秀创作新人奖”。

表7　2019～2021年石家庄市精神文明建设“五个一工程”优秀作品奖

类别	序号	名称	申报地区或单位
广播剧（1部）	1	《天路长歌》	石家庄广播电视台
电视剧（片）（3部）	2	《绝境铸剑》	裕华区委宣传部
	3	《滹沱筑梦》(电视纪录片)	石家庄广播电视台
	4	《烽火滹沱》(电视纪录片)	裕华区委宣传部
歌曲（5首）	5	《复兴路上》	石家庄广播电视台
	6	《湾里庙》	新华区委宣传部
	7	《前行》	新华区委宣传部
	8	《万里江山》	市文联
	9	《百年答卷》	石家庄职业技术学院
电影（3部）	10	《吕建江》	裕华区委宣传部
	11	《我不是葫芦瓢》	裕华区委宣传部
	12	《幕后人》	长安区委宣传部

续表

类别	序号	名称	申报地区或单位
图书（6部）	13	《建屏长歌——（东）建屏县抗日斗争纪实》	鹿泉区委宣传部
	14	《齐花坦与河北梆子》	市文联
	15	《闪耀的红星——红色革命英烈故事系列丛书》	市文联
	16	《失物旅行箱》	市文联
	17	《穿越千年赏好诗》	市文联
	18	《黄金鸟》	市文联
戏剧（6部）	19	音乐剧《壮士》	桥西区委宣传部
	20	丝弦《大唐魏徵》	市文化广电和旅游局
	21	评剧《墙头马上》	市文化广电和旅游局 正定县委宣传部
	22	河北梆子《新包公赔情》	市文化广电和旅游局
	23	歌舞剧《团结就是力量》	市文化广电和旅游局
	24	河北梆子《西柏坡故事》	平山县委宣传部

表8　　2019～2021年石家庄市精神文明建设“五个一工程”优秀创作奖

类别	获奖作品／获奖者
优秀创作主题奖	现代京剧《初心》《大钊先生》
优秀创作新人奖	卿卫平

（市档案馆）

统战工作

【概况】2021年全市统一战线贯彻落实中央、省、市委统战工作会议精神，重点围绕市委中心工作和全市发展大局，主动发挥统一战线广泛联系各社会阶层的作用。增强各民主党派和党外人士、无党派人士的参政议政能力，凝聚共识，汇聚智慧，齐心协力为全市经济社会发展贡献力量。推进民族和谐、宗教稳定，维护社会团结。联络联谊海外华人，为祖国统一和石家庄对外交往献计出策。2021年石家庄市各民主党派共有全国人大代表3人、全国政协委员4人，省人大代表21人、省政协委员54人，市人大代表453人、市政协委员207人。支持各民主党派抓好自身建设，协助各民主党派做好市级组织换届，组织选举各民主党派市委新一届领导班子，6名主委、31名副主委候选人全部全票当选。提升各民主党派参政议政能力，2021年全市各民主党派报送意见建议112篇，在全市“两会”提出提案55件，占比17.2%。加强民族宗教管理，查办处置非法宗教活动33起。团结党外知识分子和新的社会阶层人士，印发《关于加强新时代党外知识分子思想政治工作和无党派代表人士队伍建设的实施意见》；开展“学党史、感党恩、跟党走”主题教育活动，覆盖党外知识分子和新的社会阶层人士3000余人。

【多党合作与政治协商】建立多党政治协商机制，制定《关于2021年度中共石家庄市委同市各民主党派、无党派人士政党协商计划的建议》。确定政治协商形式，规范多党协商议事程序。主动征求各民主党派和社会各阶层人士意见，广泛开展民主协商议事。2月23日，中共石家庄市委召开民主协商会议，邀请各民主党派市委、市工商联负责人和无党派人士代表及市有关人民团体负责人，就拟补选和增补的市人大、市政府、市政协、市检察院有关职务人选开展民主协商。全年市委、市政府召开民主协商会、征求意见会6次，分别就党代会工作报告、政府工作报告及有关人事问题征求各民主党派、工商联和无党派人士的意见建议。培育多党合作政治基础。印发《中共石家庄市委统一战线工作领导小组办公室关于组织引导党外人士学习中共党史的通知》，支持民主党派开展中共党史学习教育和“四史”宣传教育，推动学习教育往深里走、往实里走、往心里走；协助各民主党派制定实施方案，举办培训班6期，组织4200余人次开展学习教育；开展“民主党派机关学习日”活动，由市委统战部主办，确定学习主题，各民主党派市委轮流承办，充分调动民主党派成员的积极性；全年组织集中学习10次，重点学习习近平总书记“七一”重要讲话，中共百年党史，市十一次党代会和市“两会”精神等内容，实化“同心”思想实践教育载体，巩固共同思想政治基础；连续组织开展“学党史、寻红根、跟党走”主题教育活动，共组织600余民主党派成员到西柏坡、李家庄、涉县、城南庄、李大钊纪念馆等地参观学习，重温红色历史，不忘“合作初心”，进一步增强对中国共产党的政治认同、思想认同、理论认同、情感认同，提高学习贯彻习近平新时代中国特色社会主义思想的坚定性和自觉性。加强各民主党派自身建设。有计划、分步骤协助各民主党派做好市级组织换届工作，成功选举出各民主党派市委新一届领导班子，6名主委、31名副主委候选人全部全票当选。在全市机构改革人员编制压缩的情况下，为有关民主党派市委机关增加5个行政编制，进一步壮大民主党派市委机关的工作力量，激发民主党派工作活力；市委统战部2021～2025年指导民主党派以执政党为师，抓好《中国共产党统一战线工作条例》和中共中央“三个文件”以及省委安排部署的贯彻落实；协助民主党派市委全面加强自身建设，出台《石家庄市各民主党派加强自身建设若干问题座谈会纪要》；各民主党派市委借鉴中共石家庄市委党建工作经验，建立健全“1+5”制度，坚持把纪律和规矩挺在最前面，民主党派“五种能力”得到全面提升。支持各民主党派履行职责，引导各民主党派学习领会中共十九届六中全会精神及河北省第十次党代会精神，发挥各党派优势，开展调研，献计出力，全年各民主党派及无党派人士报送意见建议112篇，编印《党外人士建言》7期。撰写具有较大影响的调研报告、提案、建议有《关于推进“碳达峰、碳中和”目标实现的建议》《坚定不移走生态优先绿色低碳高质量发展道路》《新时代加强高职院校劳动教育的思考》《推进农业与地矿跨领域合作 助力现代农业高质量发展》《引导企业组建创新联合体助力我省全链条科技成果转化》《关于进一步提升行政审批效能的建议》《关于加大科技投入推进科技强市的建议》《关于加快我市生物医药产业发展步伐，形成领头效应的建议》《以低碳农业助力我省碳达峰碳中和》《关于打造京津冀绿电供给基地助力实现碳达峰、碳中和的建议》《关于及早启动碳汇研究，绘制我省实现碳中和目标路线图的建议》，按照建言反馈制度要求，及时将领导批示和采纳情况向有关党派和建言人进行反馈，增强民主党派参政议政、民主监督的积极性；在今年的“两会”上，全市各民主党派共提出提案55件，占17.2%，

【支持非公经济发展】 重视非公经济人士思想教育，引导非公经济人士把思想和行动统一到中央决策部署上来，引导非公有制经济持续健康发展。举办专题学习、培训、讲座。举办《2021年两会精神解读》专题讲座和十九届六中全会精神专题学习，市联直属商会负责人及民营企业家代表共计90余人次参加培训，联合市工商联组织石家庄市青年企业家50余人共同学习习近平总书记七一重要讲话精神；组织召开民营经济统战工作联席会议2次，对全市支持民营企业发展的政策措施进行详细解读；联合市工商联与市税务局共同举办“专精特新”企业送温暖暨便民办税春风行动税企座谈会，举办“大数据监控下税收风险防范和应对培训”，邀请石家庄市第一税务分局重点税源管理队队长；河北省税务局所得税专家授课，60余家民营企业参加培训。工商联自身建设。严格按政策和程序协助市工商联开展换届工作，通过市工商联（总商会）第十六次代表大会决议，选举产生市工商联（总商会）新一届领导班子。联合策划推出“百年征程”原创系列报道“跟党一起创业”，推出“万企兴万村”专题报道系列活动，46名企业家在燕赵晚报等媒体集中展示，彰显全市企业及企业家的社会责任感，用榜样的力量激发民营企业家坚定跟党走的信心信念，助推石家庄市现代化建设再上新台阶。

【港澳台侨事务】 加强联络，促进交流。成功举办国台办重点交流项目——第五届京津冀台中学生教育发展论坛；通过“云端”方式，京津冀台四地50余所优秀中学的600余名师生参加交流活动；接待中华海联会来石考察调研1次；资助建设海联新农村卫生室2所；联合侨联举办“亲情中华·为你讲故事”网上秋令营活动1次，96名西班牙华裔青少年、85名英国华裔青少年参加。2021～2025年参与举办石台交流活动。全力举办“来自春天的故事”——2021冀台社区帮扶交流会，通过社区签订互助协议的形式，不断厚植冀台基层民间交流基础；协助举

办“海峡共明月·云端唱经典”——第三届冀台经典音乐交流会，交流效果显著；组织冀台媒体开展“最美河北乡村行”联合采访活动，充分展示全市发展成就。开展系列活动。坚持“四个一”活动，持续推动侨法宣传，形成多形式、深层次、广覆盖的侨法宣传体系；开展“温暖台企”系列活动；2021～2025年开展“进台企、话亲情、助发展”活动，坚持“一企一策”“一事一办”，为台资企业解难题办实事，成效明显。加强组织建设。70余家侨企加入市侨商会，成立或恢复侨联组织7个；加强思想引领和政策解读，组织台属联谊会人员开展“学党史、明事理、话统一”学习教育活动，邀请台胞台属中的全国人大代表和市政协委员对全国“两会”和市“两会”精神进行宣讲解读，增强台胞台商投资信心。智促省会发展。联合侨联组织21名侨界数字行业企业家代表在藁城举办“创业中华·创新河北”海内外侨商藁城行活动，推动藁城区在互惠合作中实现更大发展，充分发挥交流基地作用；依托交流基地举办冀台联传统文化夜经济——台湾道地美食节、“爱·从心开始”——京津冀台中秋云交流、首届冀台国学文化交流会等活动。依法行政，全面提升工作水平。为18名符合条件的“四侨”考生办理照顾加分手续；为1名退休归侨职工办理生活补贴审批手续；为1名华侨办理归国落户手续；为8人办理华侨、归侨侨眷身份证明；协调处理信访案件2件；为34名归侨发放退休生活补贴；为居留在石家庄市400余名华人华侨实行疫苗接种。走访慰问，保障福祉。开展“暖侨心送温暖”活动，走访慰问贫困归侨侨眷12户，给予困难救济共计2.4万元；对3名有创业能力的归侨侨眷给予资助共计3.6万元；2021～2025年为台胞在大陆学习、创业、就业、生活提供与大陆同胞同等待遇；疫情期间，为台胞新冠疫苗接种开辟绿色通道。加强调研，助推发展。调研侨企20家，解发展状况，帮助侨企解决燃眉之急，助推良性发展。考察调研台资企业解企业生产经营困难，及时帮助解决，台胞台企投诉协调案件解决满意率100%。

（市委统战部）

【石家庄市台湾同胞联谊会】 石家庄市台湾同胞联谊会（简称市台联）于1999年11月19日成立，是居住在石家庄市的台湾各族同胞的爱国民众团体，以团结联络台湾同胞、促进两岸人民交流为目标，为祖国和平统一大业贡献力量，是党和政府联系台湾同胞的桥梁和纽带。至2021年底，石家庄市共有定居台胞75户、196人，同比增加1人；拥有全国人大代表1名：廖海鹰，1960年7月出生，台湾省新竹人，省政协第十二届委员会常委、省台联会长、市台联名誉会长、河北医科大学第二附属医院腺体外科主任医师、教授；省政协委员2名：廖海鹰、陈瑛（女）；市政协委员2人、区政协委员1人。

石家庄市台湾同胞联谊会

会　长：陈瑛　（女）

副会长：张宇慧（女，高山族）

洪立江

秘书长：康然芬（女）

（康然芬）

【石家庄市黄埔军校同学会】 全年石家庄市黄埔军校同学会（简称市黄埔同学会）秉承黄埔同学会的宗旨，以重大节日、会员生日、困难救助、大病应急、临终关怀5项关爱为重点，主要做好走访慰问、听取意见建议、帮助解决困难和问题。市黄埔同学会采用理事会方式管理，理事会闭会期间，由会长、副会长、秘书长组成办公会议，主持会务。至2021年底，市黄埔同学会共有会员3名，年龄最长者98岁，最小者91岁；设会长1人、副会长2人、秘书长1人，秘书长处理日常工作。全年走访慰问市黄埔同学和遗属30余人次，帮助解决实际困难10余件。两次参加省黄埔同学会活动，分别为“温暖相伴 共享春天”黄埔老人关爱行动和“爱·从心开始”——2021京津冀台中秋云交流会活动。

石家庄市黄埔军校同学会

会　长：张连枝

秘书长：王连重

（市黄埔同学会）

政策研究

【概况】 2021年市委研究室、市委全面深化改革委员会办公室（简称市委改革办）以推进省会高质量发展和建设现代化、国际化美丽省会城市为目标，重点围绕市委、市政府中心工作，开展调查研究，推进和做好各项改革工作。参与市第十一次党代会报告起草，制定简报编发方案，完成简报编审。起草《关于市政协十三届五次会议大会发言材料筛选梳理情况及办理意见的报告》，编辑形成发言材料摘编。组织市决策咨询委员会专家委员围绕数字经济、生物医药、电子商务等建议献策，编发《专家建言》4期；起草调查研究报告20篇、《领导参阅》28期，获得市级以上领导批示27人次。做好全面深化改革工作，起草和报送关于石家庄市深化改革工作举措、改革成果等文稿信息，被省级部门以上采用13件。2021年市委研究室编纂的《石家庄决策》被中国文化信息协会期刊信息专业委员评为“全国城市十佳党政期刊”。

【调查研究】 以全市中心工作为重点，主动发挥参谋助手作用，周密做好市委领导调查研究服务，完成《率先做大做强新一代电子信息和生物医药两大产业为经济高质量发展提供有力支撑》的调研报告起草工作。做好“团结就是力量”专题学习教育活动市委常委专题调研服务，辑印专题调研成果汇编，供市委常委交流学习。完成《关于我市营商环境的调查报告》《关于在石浙商外流情况的调研报告》《关于我市养老服务的调研报告》《关于促进石家庄市个体私营经济发展的调研报告》等重点工作调研报告，得到市委、市政府领导的肯定批示，推动相关工作开展。关于在石浙商外流、数字经济、石家庄市营商环境的调研报告等获得市社会科学优秀成果一等奖1篇、二等奖3篇。高质量完成综合文稿，起草《2021年市委常委会工作要点》《关于深入学习贯彻习近平总书记重要讲话和省部级主要领导干部学习贯彻党的十九届五中全会精神专题研讨班的指导意见》等全市重要文件，发挥以文辅政作用。《建设现代化国际化美丽省会城市必须正本清源坚决清除前进道路上的“绊脚石”》以《石家庄日报》评论员文章发表，为省会顺利拆违营造良好舆论环境。《赋能产业转型升级 打造“中国数字新城”》以省委政研室、省委改革办名义在《送阅件》专报刊发，《突出发展主题 保持奋进姿态 坚持系统推进 实现良好开局》以市委、市政府名义在省委政研室《河北发展》刊发，《解放思想 担当实干 加快建设现代化国际化美丽省会城市》《加快产业转型升级 推动经济高质量发展》在省委政研室《政研与决策》刊发。2021～2025年开展专项课题研究，《运用科学思维方法推进全面从严治党向纵深发展的探索与实践》获2021年度市直机关党建课题一等奖；《强化“三基”建设、提升党组织组织力问题研究》和《抓党建促乡村振兴政策问题研究》被列为市2021年党建立项课题；2项调研课题入选市社科联2021年度市社科专家培养项目。

重要调研报告名称

◎关于提升城市消防能力建设的调研报告

◎关于在石浙商外流情况的调研报告

◎关于我市营商环境的调查报告

◎从供给侧发力助推养老服务高质量发展——关于我市养老服务的调研报告

◎关于我市限行外埠车辆入市有关情况的报告

◎关于推动产业转型升级建设全国现代商贸物流中心城市的调研报告

◎推进网格化服务管理 不断提升基层治理效能——关于加强城乡社区网格化服务管理的调研报告

◎关于促进石家庄市个体私营经济发展的调研报告

◎关于我市老旧小区加装电梯的调研报告

◎科学施策差异管控推动园区成为工业领域绿色低碳发展的领头羊——关于在碳达峰碳中和背景下工业园区绿色低碳发展的调研报告

◎补链延链强链 做大做强企业——关于加快我市装备制造业高质量发展的调查与建议

◎咬定万亿目标不放松 奋力决战决胜“十四五”——对合肥、济南、西安、福州、泉州、南通6座新“万亿俱乐部”城市的调查研究

◎赋能产业转型升级 打造“中国数字新城”——关于做强做优做大省会数字经济的调查与建议

◎探索“三堂一榜”深化“三治融合”——鹿泉区获鹿镇党建引领基层治理创新的调查与思考

◎村企合作 共建共享 打造乡村振兴示范样板——塔元庄携手同福集团推进乡村振兴的实践与启示

重要文稿名称

◎关于深入学习贯彻习近平总书记重要讲话和省部级主要领导干部学习贯彻党的十九届五中全会精神专题研讨班的指导意见

◎关于印发市委常委会2021年工作要点的通知

◎关于印发《中共石家庄市委全面深化改革委员会2020年工作总结报告》的通知

◎关于印发《中共石家庄市委全面深化改革委员会2021年全面深化改革工作要点》的通知

◎关于印发《党的十九大以来石家庄市重点改革任务“回头看”情况报告》的通知

◎关于印发《党的十八届三中全会以来石家庄市全面深化改革总结评估报告》的通知

◎建设现代化国际化美丽省会城市必须正本清源坚决清除前进道路上的“绊脚石”

◎突出发展主题 保持奋进姿态 坚持系统推进 实现良好开局

◎解放思想 担当实干 加快建设现代化国际化美丽省会城市

◎加快产业转型升级 推动经济高质量发展

【全面深化改革】 全年市委书记主持召开市委全面深化改革委员会会议4次，精选《石家庄市居住区建筑风貌与容积率联动创新办法》《关于新时代推进国有经济布局优化和结构调整的实施方案》等31项议题提交会议审议，更加突出服务经济社会发展大局和人民群众关心关注的热点问题。加强与省委改革办的汇报沟通和对县（市、区）、市直部门改革工作的分类指导，及时协调解决改革推进

中的难点问题，全市改革工作的系统性、整体性、协同性明显增强。主动承接上级改革任务，聚焦省会热点难点问题，研究起草《市委深改委2021年全面深化改革工作要点》，精心谋划改革任务121项，通过深化改革激发高质量发展内生动力。对标对表党中央决策部署和省委工作要求，高质量起草《党的十八届三中全会以来石家庄市全面深化改革总结评估报告》《党的十九大以来石家庄市重点改革任务“回头看”情况报告》，为做好全市改革工作提供有力指导。加大督导推动力度，组织开展全市年度改革考核，进一步压实改革责任，调动各级各部门推动改革工作的积极性。聚焦重点领域改革事项开展督察和评估工作，协助省委改革办完成中央改革办对石家庄市及正定县有关工作的督察，开展年度改革群众获得感和满意度评估、乡镇和街道审批服务工作落实落地情况调查评估、乡村卫生院一体化管理服务改革调查评估、基层治理改革工作“回头看”等活动。加强改革督察问效，强化台账管理和日常督察检查提醒，确保石家庄市各项改革任务按时高质量推进。加强改革经验总结推广，着力激发基层改革创新活力，组织开展2021年优秀改革创新经验评选活动，调动基层改革工作积极性主动性。开展全方位改革宣传，编发“石家庄改革动态”14期，刊发信息56篇；发布“石家庄改革”微信公众号信息500余篇，阅读量突破90万人次，增加“石家庄在行动”“政策解读”“头条关注”等创新内容，宣传效果更加凸显。挖掘推介基层改革典型经验，向省委改革办报送改革信息80余篇，5篇信息在《河北改革动态》刊发；井陉县矿山治理经验得到省领导肯定性批示，“红色物业”等2项改革典型经验在全省集中复制推广，6项改革典型经验入选《河北省全面深化改革典型案例》，数量全省最多；一大批创新做法在《人民日报》《中国改革报》《改革内参》等媒体刊发。

（赵金辉　康静）

机构编制

【概况】 2021年市委机构编制委员会办公室（简称市委编办）围绕党政机构改革、事业单位改革、开发区自贸区机构调整、县（市、区）机构改革等工作，创新机构编制管理方式，统筹做好机构编制资源配置。加强编制管理，落实《“三定”规定制定和实施办法》《机构编制监督检查工作办法》。开展机构编制监督检查，印发《市直机关事业单位用编进人管理办法》，组织21个县（市、区）及96个市直部门、460个事业单位开展第二次全国机构编制核查。推动机构编制执行情况纳入部门年度绩效考核，印发《机构编制执行情况考核评价办法》。2021年全市设立行政机构和事业单位7个、撤销6个、调整68个，使用行政、事业编制3732个，收回行政、事业编制1945个，动态调整行政、事业编制1389个。

【党政机构改革】 市委编办机关党组织机构调整。3月17日，市委编办印发《关于理顺市委编办机关党组织机构的批复》（石机编办〔2021〕9号），批准市委编办机关党总支（人事处）更名为机关党委（人事处）；设立机关纪委，与机关党委合署办公。市城管综合行政执法局内设机构调整。3月17日，市委编办印发《关于调整市城市管理综合行政执法局内设机构的批复》（石机编办〔2021〕10号），同意市城市管理综合行政执法局将执法监督处更名为内部审计处，并调整职能配置。市委组织部内设机构挂牌。3月19日，市委编办印发《关于市委组织部干部一处加挂组织史资料征编办公室牌子的批复》（石机编办〔2021〕11号），同意市委组织部干部一处加挂组织史资料征编办公室牌子，增设组织史资料征编办公室主任职数1名（正科级）。市机关事务管理局机构编制调整。3月19日，市委编委印发《关于市机关事务管理局设立安全生产监督管理处的批复》（石机编〔2021〕7号），同意市机关事务管理局设立安全生产监督管理处，增加正科级领导职数1名。市水利局机构编制调整。3月19日，市委编委印发《关于市水利局设立政策法规处的批复》（石机编〔2021〕8号），同意市水利局设立政策法规处，增加正科级领导职数1名；将水政水资源处（市节约用水办公室）更名为水资源管理处（市节约用水办公室），不再承担政策法规相关职责。市场监督管理局机构编制调整。3月19日，市委编委印发《关于调整市市场监督管理局机关行政编制的批复》（石机编〔2021〕9号），同意从市市场监督管理局综合保税区分局划转1名行政编制及1名工作人员到市市场监督管理局机关，用于加强消费者投诉受理、维权等工作力量。设立和平综合警务服务站。3月19日，市委编委印发《关于市公安局裕华分局设立和平综合警务服务站的批复》（石机编〔2021〕10号），批准市公安局裕华分局设立和平综合警务服务站。事业单位法人登记职责调整。4月6日，市委编委印发《关于调整事业单位法人登记职责的通知》（石机编〔2021〕13号），明确将市行政审批局承担的事业单位法人登记、变更、注销等相关职责划入市委机构编制委员会办公室，具体工作由事业单位登记管理处（市事业单位登记管理局）承担。市公安局三教堂站治安派出所更名。5

月13日，市委编办印发《关于市公安局轨道交通分局三教堂站治安派出所更名的批复》(石机编办〔2021〕16号)，同意市公安局轨道交通分局三教堂站治安派出所更名为东环南站治安派出所。市委办公室挂牌。5月18日，市委编委印发《关于市委办公室加挂市档案局牌子的批复》(石机编〔2021〕17号)，批准在市委办公室加挂市档案局牌子，明确市档案局局长由1名市委副秘书长兼任。市委组织部挂牌。5月18日，市委编委印发《关于市委组织部加挂市委非公有制经济组织和社会组织工作委员会牌子的批复》(石机编〔2021〕18号)，批准在市委组织部加挂市委非公有制经济组织和社会组织工作委员会牌子。火车站站前委管理职责及机构编制调整。5月29日，市委编委印发《关于调整火车站站前委职责及机构编制的批复》(石机编〔2021〕22号)，明确将火车北站站前区域由新华区政府管理调整为由石家庄火车站站前地区管理委员会管理。设立乡村振兴机构。5月29日，市委编委印发《关于调整市扶贫开发办公室机构设置的通知》(石机编〔2021〕23号)，调整重组市、县两级乡村振兴机构，市级和平山县、赞皇县、行唐县、灵寿县扶贫开发办公室重组为市（县）乡村振兴局；其余17个县（市、区）统一在农业农村局加挂乡村振兴局牌子，在局机关单独设立或在有关科室加挂乡村振兴科牌子。编制并公开权责清单。5月30日，根据市“两办”《关于印发〈石家庄市全面开展政府部门权责清单编制工作方案〉的通知》(石办字〔2020〕38号）要求，市委编办牵头市政府办、市司法局、市行政审批局、市人大法工委等部门，组织政府有关部门和高新区、循环化工园区完成部门权责清单的编制、审核工作。经合法性审查，并报政府第90次常务会议审议通过后，通过市政府门户网站、市机构编制网及政务服务一体化平台对外公开。应急管理综合行政执法改革。6月18日，市委编委印发《关于深化应急管理综合行政执法改革涉及机构编制调整事宜的批复》(石机编〔2021〕47号)，批准撤销市安全生产监察支队，原承担职责划入市应急管理局机关，在市应急管理局加挂“市应急管理综合行政执法支队”牌子。规范市县党政群机关及事业单位内设机构名称。7月25日，根据《中共河北省委机构编制管理规定》(冀发〔2020〕14号）有关规定，市委编委印发《关于规范市县党政群机关及事业单位内设机构名称的通知》(石机编〔2021〕53号)，明确将市直党政群机关（含市委工作机关、市人大常委会机关、市政府工作部门、市政协机关、市监委机关、市群团机关、市民主党派机关)、市委市政府派出机构、市委市政府直属事业单位、部门所属事业单位内设机构名称为“××处”的，统一更名为“××科”；名称为“部、办、室”以及按照有关规定设立的基层党组织等机构名称维持不变。将县（市、区）直党政群机关（含党委工作机关、人大常委会机关、政府工作部门、政协机关、监委机关、群团机关)、党委政府派出机构、党委政府直属事业单位、部门所属事业单位内设机构名称为“××科”的，统一更名为“××股”；名称为“部、办、室”以及按照有关规定设立的基层党组织等机构名称维持不变。修订完善市委网信办“三定”规定。8月4日，市委编委印发《关于调整市委网络安全和信息化委员会办公室（市互联网信息办公室）职能配置、内设机构的通知》(石机编〔2021〕54号)，对市委网信办“三定”规定进行重新修订完善。市地方金融监管局增加执法职责。8月27日，市委编委印发《关于调整市地方金融监管局（市金融办）行政执法职责及机构编制的通知》(石机编〔2021〕58号)，明确市地方金融监管局新增“牵头组织行业主管部门、监管部门等对涉嫌非法集资的单位和个人进行调查认定，依法对非法集资行为进行行政处罚”职责。市委政法委机关及事业单位机构编制调整。9月7日，市委编委印发《关于调整市委政法委机关及所属事业单位机构编制的批复》(石机编〔2021〕61号)，同意市委政法委“舆情工作指导科”加挂“重大涉稳舆情处置科”牌子。市委网信办行政编制调整。9月7日，市委编委印发《关于市委网络安全和信息化委员

2021年6月3日，市乡村振兴局挂牌成立（市乡村振兴局提供）

会办公室（市互联网信息办公室）机关增加行政编制等事宜的批复》（石机编〔2021〕62号），同意市委网信办机关增加行政编制4名，专项用于招录网络管理技术和数据安全专业人才，增加副科级领导职数1名。市审计局增加机动行政编制。9月11日，市委编委印发《关于市审计局机关增加机动行政编制的批复》（石机编〔2021〕64号），同意市审计局机关增加机动行政编制8名，用于引进“双一流”院校审计相关专业人才。调整新型城镇化建设职责。9月13日，市委编委印发《关于调整市发展改革委机关内设机构和职责的批复》（石机编〔2021〕65号），调整规范市发展改革委机关职责。市住建局内设机构更名。9月13日，市委编委印发《关于调整市住房和城乡建设局机关内设机构和职责的通知》（石机编〔2021〕66号），调整规范市住建局职责。市纪委监委高新区纪工委（监察分局）增加行政编制。9月17日，市委编办印发《关于市纪委监委高新区纪工委（监察分局）增加行政编制的通知》（石机编办〔2021〕42号），为石家庄高新区纪工委（监察分局）增加行政编制8名。市退役军人事务局内设机构挂牌。10月8日，市委编办印发《关于市退役军人事务局思想政治和权益维护科加挂信访工作科牌子的批复》（石机编办〔2021〕45号），同意市退役军人事务局思想政治和权益维护科加挂信访工作科牌子，增加副科级领导职数1名。市信访局内设机构调整。10月8日，市委编办印发《关于调整市信访局内设机构和职责的批复》（石机编办〔2021〕46号），同意将市信访局接访一科、接访二科更名为信访一科、信访二科，将案件办理科更名为信访三科，在网上信访科加挂信访保障科牌子。市“四大机关”秘书长及其办公室领导职数调整。10月15日，市委编委印发批复文件（石机编〔2021〕77～80号），对市“四大机关”秘书长及其办公室领导职数进行调整。其中，市委设秘书长1名、副秘书长9名，不再设置常务副秘书长职数。市委办公室设主任1名，由分管日常工作的副秘书长兼任，副主任3名。市人大设秘书长1名、副秘书长6名，不再设置常务副秘书长职数。市人大常委会办公室设主任1名，由分管日常工作的副秘书长兼任，副主任2名。市政府设秘书长1名、副秘书长9名，不再设置常务副秘书长职数。市政府办公室设主任1名，由分管日常工作的副秘书长兼任，副主任3名。市政协设秘书长1名、副秘书长6名（其中，党外副秘书长1名），不再设置常务副秘书长职数。市政协办公室设主任1名，由分管日常工作的副秘书长兼任，副主任2名。市委人才办对外使用市人才工作局名称。10月15日，市委编委印发《关于市委人才工作领导小组办公室对外使用市人才工作局名称的通知》（石机编〔2021〕81号），明确市委人才工作领导小组办公室仍设在市委组织部，对外使用市人才工作局名称。市工商联机关内设机构更名。10月18日，市委编办印发《关于市工商联机关内设机构更名等事宜的批复》（石机编办〔2021〕48号），同意将经济联络科更名为经济联络部；组织宣传科（非公有制经济组织党建指导科）更名为宣传教育部，不再承担指导非公有制经济组织党建相关职责；将会员科更名为会员部，加挂非公有制经济组织党建指导部牌子，承担指导非公有制经济组织党建相关职责。市教育局内设机构更名。11月8日，市委编办印发《关于市教育局内设机构更名的批复》（石机编办〔2021〕56号），同意将市教育局教育督导科（石家庄市人民政府教育督导室）更名为教育督导科（石家庄市人民政府教育督导委员会办公室），承担市人民政府教育督导委员会日常工作。修订完善市计生协机关“三定”规定。11月11日，根据省委编委关于调整省计生协机关“三定”规定有关精神，市委编委印发《关于调整石家庄市计划生育协会机关职能配置、内设机构和人员编制的通知》（石机编〔2021〕103号），对市计生协机关“三定”规定进行重新修订完善。设会长1名，一般由市级领导兼任；常务副会长1名（由市卫生健康委员会主任兼任）、专职副会长1名（副县级），秘书长1名（正科级）；正科级领导职数2名。修订完善市文联机关“三定”规定。11月11日，根据省委编委关于调整省文联机关“三定”规定有关精神，市委编委印发《关于调整石家庄市文学艺术界联合会机关职能配置、内设机构和人员编制的通知》（石机编〔2021〕104号），对市文联机关“三定”规定进行重新修订完善。设党组书记、主席各1名、副主席2名。科级领导职数5名，其中正科级3名、副科级2名。修订完善市科协机关“三定”规定。11月11日，根据省委编委关于调整省科协机关“三定”规定有关精神，市委编委印发《关于调整石家庄市科学技术协会机关职能配置、内设机构和人员编制的通知》（石机编〔2021〕105号），对市科协机关“三定”规定进行重新修订完善。设主席1名、副主席2名、秘书长1名（副县级）；科级领导职数7名，其中，正科级4名、副科级3名。规范市供销社监事会领导职数。11月11日，市委编委印发《关于规范市供销社监事会领导职数的通知》（石机编〔2021〕107号），进一步规范市供销社监事会领导职数和职务层级，明确市供销社监事会设主任1名（副县级）、副主任

2名（正科级）；调整后，市供销社机关核定县级领导职数共6名。调整市红十字会机关领导职数。11月17日，市委编委印发《关于调整市红十字会机关领导职数的批复》（石机编〔2021〕108号），批准将市红十字会“专职副会长”调整为“常务副会长”；增设副会长职数2名（正科级）、秘书长职数1名（正科级，由1名正科级干部兼任）；设专职副监事长1名（正科级，由监事会秘书科科长兼任）。市委研究室增加行政编制。11月19日，市委编委印发《关于市委研究室（市委改革办）增加行政编制的批复》（石机编〔2021〕111号），同意市委研究室增加行政编制3名。市督查办增加行政编制。11月19日，市委编委印发《关于市督查办增加行政编制的批复》（石机编〔2021〕112号），同意市督查办机关增加行政编制3名。市林业局内设机构挂牌。12月28日，市委编办印发《关于市林业局森林资源保护科加挂林长制工作科牌子的批复》（石机编办〔2021〕67号），同意在市林业局森林资源保护科加挂林长制工作科牌子，承担全面推行林长制有关具体工作，核增副科级领导职数1名。市国资委内设机构调整。12月29日，市委编委印发《关于调整市国资委内设机构及职责的批复》（石机编〔2021〕122号），同意市国资委机关增设企业管理与安全生产监督科，核定行政编制4名，科级领导职数1正1副。

【事业单位机构改革】 调整市艺术学校隶属关系。1月27日，市委编委印发《关于调整市艺术学校机构编制事宜的通知》（石机编〔2021〕2号），将石家庄市艺术学校（石家庄学前教育学校）隶属关系由市教育局管理，调整为市文化广电和旅游局管理，在市艺术学校加挂“市艺术研究院”牌子。调整市疾病预防控制中心编制。1月28日，市委编委印发《关于调整市疾病预防控制中心编制的批复》（石机编〔2021〕3号），为市疾病预防控制中心增加财政性资金基本保证编制25名。调整石家庄学前教育学校隶属关系。2月27日，市委编委印发《关于调整石家庄学前教育学校隶属关系等事项的批复》（石机编〔2021〕5号），将石家庄学前教育学校的名称、职能和人员编制从市艺术学校（石家庄学前教育学校）剥离，独立设置，并更名为石家庄幼儿教育中等专业学校，隶属关系调整为由市教育局管理。设立市滹沱河生态工程运维服务中心。3月11日，市委编委印发《关于设立市滹沱河生态工程运维服务中心的通知》（石机编〔2021〕6号），为加强滹沱河生态修复工程的运维工作，设立市滹沱河生态工程运维服务中心。动态调整全市中小学教职工编制。4月6日，市委编委印发《关于重新核定和动态调整全市中小学教职工编制的通知》（石机编〔2021〕12号），对市属和各县（市、区）中小学教职工编制进行重新核定和动态调整，为全市重新核定分配中小学教职工编制91868名。设立市森林草原消防支队。7月2日，市委编委印发《关于全市森林草原消防队伍建设等事宜的通知》（石机编〔2021〕48号），设立市森林草原消防支队，为市应急管理局所属正科级事业单位，将市林业局所属市森林消防扑火大队更名为市森林防火监控中心，规格仍为正科级。同时要求8个森林火险县（区）组建森林草原消防大队，由应急管理局管理。调整高校机构编制事项。9月7日、9月29日、10月14日，市委编委先后印发石机编〔2021〕63号、68号、74号文件，分别将石家庄职业技术学院（石家庄市广播电视大学）更名为石家庄职业技术学院（石家庄开放大学）；为石家庄学院增加财政性资金基本保证事业编制54名；将石家庄科技工程职业学院更名为河北正定师范高等专科学校。设立市精神卫生福利中心。10月14日，市委编委印发《关于设立市精神卫生福利中心的批复》（石机编〔2021〕75号），设立市精神卫生福利中心，为市民政局所属事业单位，规格为正科级，负责全市特殊困难群体精神障碍患者救治、救助和康复等相关服务工作；撤销市聋儿语言听力康复中心，所属职能和剩余2名编制、人员划转至市社会福利院。设立市冰雪与足球运动推广训练中心。10月14日，市委编委印发《关于设立市冰雪与足球运动推广训练中心的批复》（石机编〔2021〕76号），设立市冰雪与足球运动推广训练中心，为市体育局所属正科级事业单位，负责开展冰雪、足球项目业余训练，培养优秀青少年体育人员。设立市城市更新促进中心。11月11日，市委编委印发《关于调整市城市建设投资中心机构编制事宜的批复》（石机编〔2021〕106号），将市城市建设投资中心（市房屋征收中心）更名为市城市更新促进中心（市房屋征收中心），隶属关系由市住建局管理调整为市政府直属事业单位。重新设立市城市更新促进中心。11月12日，市委编委印发《关于重新设立市接待中心的通知》（石机编〔2021〕110号），撤销正县级事业单位市中山国文化保护发展中心和市机关事务管理局所属副县级事业单位市接待中心，重新设立市接待中心，为市委直属事业单位，由市委办公室代管。设立市防贫监测中心。12月17日，市委编委印发《关于设立市防贫监测中心的批复》（石机编〔2021〕118号），设立市防贫监测中心，为市乡村振兴局所属正科级事业单位，负责防贫监测信息平台的建设、运营和维护，为防贫监测有关工作提供服务保障和技术支持。市住房公积金管理中心增设服务部。12月31日，市委编委印发《关于调整住房公积金管理中心机构编制事项的批复》，为中心增加内设机构“高新管理部”。撤销轨道办牌子。11月18日，市委编委印发《关于撤销市铁路建设工程指挥部办公室牌子的通知》，撤销市轨道办加挂的“市铁路建设工程指挥部办公室”和“市铁路建设工程指挥部”牌子。收回市轨道办事业编制。12月31日，市委编委印发《关于核减市轨道交通建设办公室事业编制的通知》（石机编〔2021〕130号），核减市轨道办财政性资金基本保证事业编制2名。

【开发区、自贸区机构调整】 设立石家庄高新技术产业开发区第一实验学校。8月30日，市委编办印发《关于设立石家庄高新技术产业开发区第一实验学校的批复》（石机编办〔2021〕37号），同意在撤销东仰陵小学基础上，设立石家庄高新技术产业开发区第一实验学校，为石家庄高新技术产业开发区管委会社会发展局所属事业单位，公益一类，经费形式为财政性资金基本保证。所需编制由高新区在中小学教职工编制总量内核定。设立石家庄高新技术产业开发区第二实验学校。8月30日，市委编办印发《关于设立石家庄高新技术产业开发区第二实验学校的批复》（石机编办〔2021〕38号），同意在撤销东羊市小学基础上，设立石家庄高新技术产业开发区第二实验学校，为石家庄高新技术产业开发区管委会社会发展局所属事业单位，公益一类，经费形式为财政性资金基本保证。所需编制由高新区在中小学教职工编制总量内核定。

【县（市、区）机构改革】 设立新华区民族路步行街管委会。2月1日，市委编委印发《关于成立新华区民族路步行街管理委员会的批复》（石机编〔2021〕4号），批准设立新华区民族路步行街管理委员会；将区商务局所属市场管理服务中心更名为民族路步行街服务中心，由区商务局管理改由步行街管委会管理，机构规格由正科级调整为副科级。市县乡村振兴机构调整重组。5月29日，市委编委印发批复（石机编〔2021〕23—44号），对市县两级乡村振兴机构进行调整重组，市级和平山县、赞皇县、行唐县、灵寿县扶贫开发办公室重组为市（县）乡村振兴局；其余17个县（市、区）统一在农业农村局加挂乡村振兴局牌子，在局机关单独设立或在有关科室加挂乡村振兴科牌子。市公安局藁城、鹿泉、栾城分局管理体制调整。7月21日，市委编委印发文件（石机编〔2021〕50—52号），将市公安局藁城、鹿泉、栾城分局由三区政府工作部门调整为市公安局派出机关；三区公安分局机关、派出机构及所属事业单位，由藁城区、鹿泉区、栾城区管理调整为市公安局统一管理。调整市自然资源和规划局藁城、鹿泉、栾城分局管理体制。12月15日，市委编委印发文件（石机编〔2021〕113—115号），将市自然资源和规划局藁城、鹿泉、栾城分局由三区政府工作部门调整为市自然资源和规划局派出机构，加挂市林业局藁城、鹿泉、栾城分局牌子，分局局长兼任藁城、鹿泉、栾城三区政府办公室党组成员；三区自然资源和规划分局机关及所属事业单位，由藁城区、鹿泉区、栾城区管理调整为市自然资源和规划局统一管理，其规格、编制、领导职数等暂维持现状。按照“编随事走、人随编走”原则，将三区自然资源和规划分局机关54名行政编制、所属34个事业单位368名事业编制，由区级管理调整为市级管理，分别纳入市直行政、事业编制总量；相应核减藁城、鹿泉、栾城三区行政编制、事业编制总量。将三区自然资源和规划分局机关、所属事业单位工作人员全部划转至市自然资源和规划局统一管理。

（赵磊）

市直机关工委

【概况】 2021年中共石家庄市委市直机关工作委员会（简称市直机关工

2021年5月27日，市直机关工委主办的庆祝中国共产党成立100周年“团结就是力量”歌咏比赛举行

委）以市直机关党的建设为重点，围绕全面从严治党、党组织管理、党员学习教育和作风建设等内容，推进党建工作。全年市直单位完成换届25个，调整审批党委、总支、支部书记37人，专职副书记31人，副书记9人，委员182人，机关纪委书记28人，机关纪委副书记23人，纪委委员83人。至2021年底，市直机关工委管理市直机关基层党委142个、党总支73个、党支部1927个、基层党组织2142个、39967名党员。提升党员政治理论水平，举办“传承红色基因、担当时代使命”专题活动、“永远跟党走”——365百姓故事汇群众宣讲活动、第五届“书香机关 践行梦想”演讲比赛、庆祝中国共产党建党100周年系列活动、“我为群众办实事”主题实践活动、“两优一先”表彰活动和“五好党支部”创建活动。鼓励党员争创先进，2021年市直机关表彰优秀共产党员100名、优秀党务工作者96名、先进基层党组织88个，评选“五好党支部”100个。

表9　　2017～2021年市直机关中共党组织建设情况一览表

年度	基层党委（个）	党总支（个）	党支部（个）	党员（名）
2017	174	116	2104	41295
2018	175	107	2032	43496
2019	179	101	2112	45302
2020	175	100	2229	45639
2021	142	73	1927	39967

【党员学习教育】 坚持把党的政治建设摆在首位，督促各级党组织将党员学习和遵守党章作为基础性经常性工作抓严抓实，严肃党组织党内政治生活，开展党的政治纪律和政治规矩学习教育，增强党员绝对忠诚和干事创业的政治自觉、思想自觉，帮助党员培养忠诚干净担当的政治品质。抓好理论学习。围绕学习贯彻党的十九届六中全会精神和省市党代会精神，以理论中心组学习为龙头，以支部学习会、书记讲党课、党史宣讲、网络答题、专题培训为重点，抓住领导干部“关键少数”，抓好党员干部“绝大多数”，推动学深悟透、走深走实。抓好示范引领。以庆祝中国共产党成立100周年为契机，开展“两优一先”表彰活动，表彰优秀共产党员100名、优秀党务工作者96名、先进基层党组织88个；举办知识竞赛、主题征文、歌咏比赛、演讲比赛、群众宣讲等活动，累计8万人次参加，激发迈进新征程、奋进新时代的精气神。抓实党史学习教育。开展党史学习教育和“四史”宣传教育，以“传承红色基因、担当时代使命”活动为载体，组织机关党员干部4万余人次到西柏坡接受红色教育。广泛开展党史学习教育宣讲，督促指导市直91个单位党组（党委）书记、1565个基层党组织书记讲授专题党课。举办市委党史专家宣讲报告会，组织市直机关党组织专职副书记、理论骨干、理论宣讲员180余人参加，推动学史明理、学史增信、学史崇德、学史力行。3月25日至6月30日，组织市直机关赴西柏坡开展“传承红色基因 担当时代使命”专题活动，推动市直机关党史学习教育高标准高质量开展，通过专题活动，市直机关全体党员思想和心灵受到一次深刻洗礼，进一步凝聚传承红色基因，担当时代使命的思想共识。5月26日，举办市直机关“学党史、守初心、担使命·庆祝建党100周年”书画摄影展览，共展出80多个部门（单位）作品500余幅。5月27日，举办市直机关庆祝中国共产党成立100周年“团结就是力量”歌咏比赛，共有70个市直单位组成48支代表队参加。6月1日至2日，举办石家庄市直机关“学党章党规党史 做合格共产党员”——庆祝中国共产党成立100周年知识竞赛。市政府办公室代表队获得一等奖，市税务局、市园林局代表队获得二等奖，市轨道交通建设办公室、市教育局、市人力资源和社会保障局代表队获得三等奖，市城市管理综合行政执法局、市机关事务管理局代表队获得优秀奖。8月6日，举办市直机关“永远跟党走”——365百姓故事汇群众宣讲活动，来自近40个单位的36名优秀宣讲者参加本次宣讲，市卫生健康委员会王媛媛、市交通运输局范朝、西柏坡纪念馆闫文彦、市税务局李彦平、市城市管理综合行政执法局郭瑜奚、市机关事务管理局孙兴、市民政局冯欢、市文化广电和旅游局鲁楷、市自然资源和规划局王颖、石家庄电视台李浩然获得前十名。9月24日，举办石家庄市直机关第五届“书香机关 践行梦想”演讲

比赛，市总工会马帅获得一等奖，西柏坡纪念馆杨秀娜、国家税务总局石家庄市税务局崔皓月获得二等奖，市纪委监委机关卢畅、市机关事务管理局魏琳、市城市管理综合行政执法局孙奥获得三等奖，市卫生健康委员会张坤、市委办公室韩东、市中级人民法院张彦国、市市场监督管理局张静茹获得优秀奖。

【作风纪律建设】 严格落实中央八项规定精神要求，持之以恒纠治“四风”问题。加强班子建设。严格落实民主集中制，召开书记会43次，坚持集体决策、依法决策，确保决策程序公开、透明、规范；开展中心组学习17次，领导班子先学一步、学深一层，以上率下，带动机关党员干部加强政治理论和业务知识学习；抓实国家安全责任制落实和法治建设工作，开展国家安全教育日宣传教育、党内法规测试、宪法和法律知识考试、普法宣讲等活动，不断提升国防安全意识、法治思维和法治能力。加强队伍建设。以党史学习教育为契机，组织工委全员大学习、大培训；开展“党的故事我来讲”、公文写作培训及读书沙龙、青年干部读书班等特色活动，促进干部练内功、提素质、强本领；坚持党管干部原则和新时代好干部标准，加大优秀干部发现培养使用力度，表现突出的优先晋职晋级，激励干部担当作为；2021年研究干部任免4次，提拔正科实职干部1人、职级晋升2人，推荐一级调研员1人、二级调研员2人，做到公平公正、群众信服。抓作风纪律。采取明察与暗访、普查与抽查相结合等方式，开展督导检查6次，聚焦干部精神状态、工作作风、工作纪律、责任意识等方面，查处3类192个问题，下发督办（提醒）函86个，20人接受提醒谈话、30人接受批评教育、15人被通报批评、12人被取消年度评优评先资格，起到较好的警示教育作用。优化营商环境。结合思想作风纪律整顿专项行动，抓好窗口单位和重点行业开展“履职践诺”活动，并对17个市直部门规范权力运行、服务市场主体等情况进行督导检查，推动行政备案管理规范运行，不断提升群众满意度，助力营商环境进一步优化。

（陈松　张洁）

信　访

【概况】 2021年全市信访系统贯彻落实中央、省、市关于信访工作的决策部署，妥善处理群众反映的热点、难点和困难问题，倾听群众呼声，帮助群众消除后顾之忧。全年市群众工作中心接待办理群众来访2322批次、4483人次，市本级办理信电邮访3267件，群众满意率达到98.76%；按期化解中央和省信访联席办两批交办石家庄市重复信访积案9565件。推进“六无”县、乡、村考核，3月1日，全市信访稳定暨“六无”创建工作会议举行，表彰奖励“六无”考核先进县（市、区）6个、先进乡镇（街道）50个、先进村（居）100个、先进个人194名。落实信访稳定工作责任制，2021年7月，印发《关于进一步落实信访稳定工作责任制的若干措施》，提出18条举措。全年各县（市、区）和市直部门下发信访督办函96期，实施信访工作问责86人次。2021年市信访局获评“河北省人民建议征集工作先进单位”。

【群众信访办理】 全年市本级（市群众工作中心）接待群众来访2322批次、4483人次，市本级办理信电邮访3267件，满意率达到98.76%。全年办理省委第一督查组转交信访件50批5079件，均按期限办理完毕。2021年下半年，全市集中力量办理省委巡视移交属于石家庄市8批5227件信访案件，全部按期办结，办结率100%。建立领导干部接访包联制度，每月第一个周三举行市县乡三级干部集中大接访，市级党政领导每月到市群众工作中心接访约访一次，每天各县（市、区）一名县级领导公开接访，重要敏感时期市级领导和县（市、区）党政主要领导每天接访。6月17日，省委常委、市委书记张超超到市群众工作中心接访约访，与正定县、栾城区信访群众面对面交流，重点接访正定县郭余贤反映征地拆迁、栾城区杨克义反映房地产开发公司拖欠劳务费2件信访问题，并与两地和市直有关部门负责人研究信访事项解决办法。2021年石家庄市组织开展市县乡三级领导干部大接访活动（因疫情影响1月、2月大接访活动未开展）10次，接待群众来访786件、1991人次，落实领导包案776件。

【信访案件化解】 以市“两办”文件印发实施方案，成立专项工作领导小组，抽调精干力量，组成工作专班，实行集中办公、挂图作战，组织各地各有关部门对中央和省信访联席办交办的重复信访积案强力攻坚化解，第一批7294件于6月25日全部按期报结，回流率较低在全省领先，处于倒排第十位，第二批2271件于12月底前在全省率先全部化解到位。7至10月，在全市集中开展为期三个月的“排隐患、化积案、解难题”信访攻坚清仓行动，共梳理筛选469件信访积案，一律交由县级党政主要领导包联，全部按期办结，做法得到中央媒体《法治日报》和国家信访局《人民信访》报道。4月19日，印发《2021年度石家庄市市级党政领导第一批包联化解信访事项工作方案》（石信传〔2021〕31号），集中向各县（市、区）和市直有关部门交办13位市领导直接包联的225件信访案件（其中市委书记、市委副书记各包联20件信访案件），5月底全部办结、化解到位。11月12日，印发《关于认真做好市县领导2021年度第二批包联化解信访事项的通知》（石信传〔2021〕101号），集中向各县（市、区）和市直有关部门交办15位市领导直接包联的260件信访案件（其中市委书记、市委副书记各包联20件信访案件），12月底全部办结、化解到位。

（任非）

政务督查

【概况】 2021年市委市政府督促检查办公室（简称市委市政府督查室）围绕9大方面919大项4643小项督查督办任务，开展督促检查、实地核查、突击暗访、复查回访等2430余次，呈报各类督查报告或情况反馈1280余件，编发《督查通报》37期。查处“四风”典型问题146件，追责问责161人，其中，党纪处分90人，政纪处分27人，通报22人，诫勉谈话31人，组织处理8人，问责党组织7个。以习近平总书记重要指示批示落地见效为重点，督查完成涉及石家庄市工作40项、承德考察重要讲话涉及工作31项、给平山县北庄村党员“重要回信”座谈会涉及任务7项。督办完成省委书记王东峰到石家庄市调研时确定重点工作377项、32期市委常委会议定工作492项、14期市委专题会议定工作101项。创新开展“电视问政”，全年在石家庄电视台播出“电视问政”节目53期，94家单位、313名领导干部接受现场问政，解决解答群众关心关注热点难点问题473件。

【中央和省级政务督查】 全年督办落实习近平总书记重要指示批示涉及石家庄市的40项工作、承德考察重要讲话明确的31项工作、给平山县北庄村“重要回信”座谈会涉及的7项任务，逐一建立工作台账，明确“四个清单”，持续跟踪督办，定期报告进度。2021～2025年做好国务院交办问题核查整改，圆满完成国务院第八次大督查迎查工作，报送的“助企业、稳就业”典型材料得到国务院办公厅通报表扬；承办国务院“互联网＋督查”平台交办问题线索45批次1525条、第八次大督查曝光问题222个，均已按要求调查核实并如期反馈。抓好省委省政府重点工作落实，对省委书记王东峰92次赴石家庄市调研明确的377项重点工作进行持续督办；对省委常委会、专题会涉及全市的224项重点工作进行跟踪督导。对“正定数字产业园建设”“办好数字经济博览会”等4项省政府年度重点工作进行持续督办，一季度一报告；整改落实审计交办事项，对省审计厅18批次278件工作任务进行持续督办；完成“2020年度中央预算执行和其他财政收支审计问题清单”中涉及全市的21个问题的督办整改；针对省生态环境巡视反馈意见落实情况、省大气办暗访发现的问题、重污染天气二级预警措施落实情况、大气综合指数稳定“退后十”等重点工作，持续开展专项督查。

【市级政务督查】 做好市委常委会、专题会议定事项跟踪督办，全年承担32期市委常委会议定的492项重点工作、14期市委专题会议定的101项工作，逐条逐项持续跟踪督办。抓好全市重要会议（文件）决策部署贯彻落实情况的督查，对市委第十二次全会、市第十一次党代会、市“两会”部署的299项工作长期跟踪督办；对6月25日市委理论学习中心组会议确定的14项工作紧盯不放，目前已全部办结。做好市政府主要领导恳谈会议定事项的督办，对市长·企业家（市民代表）恳谈会议定的161项工作进行持续督办，定期向企业家和市民代表反馈进展情况。对外出考察学习进行跟踪督办，对全市64个单位外出考察学习后计划开展的280项工作进行跟踪，推动考察学习成果落地。对太平河城市发展示范区、复兴大街市政化改造、1975年以前建设的老旧小区危旧房屋更新工程等全市12项重点工作，成立工作专班，细化工作方案，辑印工作台账，持续跟踪督办。对2018年以来全市规模以上工业企业培育入统情况进行督查调研，2021～2025年向市政府提出应对举措并持续对各县（市、区）主要经济指标完成和推进情况进行盯办督导，累计发现问题60余个，提出意见建议70余条。重点对完整准确全面贯彻新发展理念、全市主要经济指标及工业运行、新一代电子信息产业、生物医药产业、全市重点项目开工落地、特色商业街区建设、招商引资、开发区（园区）规划建设等开展系列督查及调研活动150余次，发现问题510余个，提出意见建议290余条，50余条被市委市政府纳入决策。以中央商务区建设、城市易积水区域整治、城中村试点改造项目推进工作、集中供热准备工作、“烂尾楼”整治、主城区公厕提标管理等为重点，开展专项督查活动242次，发现问题520余个，提出意见建议130余条。

（市委市政府督查室）

机关事务管理

【概况】 2021年市机关事务管理局以公务用车管理、机关房地产管理、公共机构节能、公务接待为重点，主要完成市委、市政府机关各项服务保障任务。严格公务用车管理，全年市委、市政府机关车队安全行驶48.12万千米，节约汽油1.9万升，公务用车出行实现安全无事故。做好机关房地产登记管理，至2021年底，市机关事务管理局管理党政机关办公用房（含借用）101处，占地面积2650亩，建筑面积105.5万平方米；办理不动产登记证16本，集中保管办公用房权属证185本；出具办公用房大中维修、租用、处置、权属登记等意见267份。倡导公共机构节能，2021年市委、市政府机关大院（东院）用电量923.08万千瓦时，同比增加90.88万千瓦时；全年用水量22.71万吨，同比增加500吨；使用蒸汽量103.6万立方米，与2020年持平。2021年市机关事务管理局接受并完成公务接待任务232次5238人次，接送站（机）581批次3860人次，订购高铁票、飞机票280张，重点完成2021中国国际数字经济博览会、新冠肺炎疫情工作领导小组、国务院大督察、中央环保督察整改工作专班、私搭乱建专班组等集中办公保障任务。

【公务用车管理】 2021年全市党政机关、各县（市、区）、市直各部门、企事业单位车辆编制数为13552辆，实有车辆数12865辆。除涉及国家安全、侦查办案、特种专业技术用车等保密车辆，特殊需要的调研接待、生产经营和业务保障车辆外，全市公务用车全部纳入公务用车信息化管理平台，“三化”率（管理平台化、平台信息化、车辆标识化）100%。全市粘贴公务用车标识626辆，安装定位导航设备2953辆。印发《关于带头践行全民绿色出行切实减少公务车辆使用的通知》《市直部门新成立事业单位车辆编制核定标准》。利用节假日多次组织抽查全市公务用车使用管理情况，全年累计接到有关公车的群众举报电话86起，解答公务用车政策和平台技术问题1560起，逐一进行核实、反馈。市委机关车队共有公务用车48辆，更新公务用车3辆，共有驾驶员44名，全年共计行驶里程27.88万千米，节约汽油7817升；市政府机关车队共有公务用车48辆，更新公务用车3辆，共有驾驶员51名，全年共计行驶里程20.24万千米，节油11275升。全年市委、市政府机关车队保障机关公务用车出行均实现安全无事故目标。

【机关房地产管理】 至2021年底，市机关事务管理局管理党政机关办公用房（含借用）101处，占地面积2650亩，建筑面积105.5万平方米；市直机关行政事业单位租用办公用房13.6万平方米，同比增加3000平方米。实行“红色物业”管理，负责管理水电宿舍区27个，建筑面积20.44万平方米。分别为：中山东路119号院、谈西街宿舍、青园小区宿舍、正东路59号院宿舍、青园街33号院、育才街57号院、正东路73号院、兴凯路72号高层、师范街9号、华安街86号、西建街10号、西建街12号、西建街14号、西建街16号、革新中街20号、革新中街6—12号、维明北大街96号、水源街63号、虹光街31号、新石中路、和平西路506号、永泰街73号、为公里12号、民旺里11号、中华大街92号、兴凯路221号、柏林南区94号。全年市机关事务管理局维修金额51.56万元，主要维修项目包括：中山东路119号高层宿舍院内长廊更换顶梁并重新刷漆，油漆防盗门和木门8个、维修高层宿舍及出租楼外墙漏水6次，烫补房顶3次，总计40平方米、维修二次加压泵房各种设备和高层宿舍高压配电室8次、兴凯路高层2单元补烫房顶610平方米、更换高层宿舍地下室排水泵1台、下水井盖5个、维明北大街96号院路面硬化及下水管道更换、和平路8号楼底商上、下水道维修改造50米、烫房顶90平方米。加强党政机关办公用房物业管理，印发《关于加强和规范市级党政机关办公用房物业服务管理的指导意见》。全年市机关事务管理局办理不动产登记证16本，集中保管办公用房权属证185本；出具办公用房大中维修、租用、处置、权属登记等意见267份。

【公共机构节能】 2021年市委、市政府机关大院（东院）用电量923.08万千瓦时，同比增加90.88万千瓦时。其中，高峰期（6～9月）用电量361.83万千瓦时，同比减少8800千瓦时；低峰期（1～5月、10～12月）用电量561.25万千瓦时，同比增加91.76万千瓦时。2021年市委、市政府机关大院（东院）用水量22.71万吨，同比增加500吨；使用蒸汽量103.6万立方米，与2020年持平。开展节约型和节水型机关创建行动，制定印发《石家庄市“十四五”公共机构节约能源资源工作规划》。

（韩冰　马腾）

档　案

【概况】 2021年市档案馆贯彻落实习近平总书记关于档案工作“四个好”“两个服务”等重要批示精神，以“为党管档、为国守史、为民服务”为宗旨，以推动省会高质量发展、城市更新、新冠肺炎疫情防控等重点工作为档案征集对象，征集“我看建党百年新成就”主题音视频档案资料386GB、市直单位编研成果90册、名人档案57件、图书14册及疫情防控有关的文书、实物、数码照片等档案资料123件。加快新档案馆建

2021 年 6 月 9 日，市档案馆举行馆藏红色档案展览活动

设，内部装修工程基本完工。开展档案查阅服务，实现石家庄市域各级国家综合档案馆馆际民生类和红色档案异地目录查询。2021 年市档案馆接待查档利用 4623 人次，提供档案材料 4946 份。以建党 100 周年为契机，开展红色档案宣传活动。5 月 24 日，市档案馆等单位联合拍摄的《百年记忆——石家庄 100 个红色档案故事》在石家庄电视台等媒体播出，2021 年 11 月获评河北省新媒体影响力“千优作品”。6 月 9 日，市档案馆举办“档案话百年——石家庄市档案馆馆藏红色档案展”。全年新增馆藏档案 89 卷、7113 件。至 2021 年底，市档案馆馆藏档案 61 万卷（件）；档案全宗 459 个；图书资料 17822 套（册）；报纸 80 种、7115 本；声像档案 74987 盒（张），其中照片档案 50276 张；革命历史档案 106 卷、1590 件。市档案馆现存比较珍贵的档案资料有：石家庄解放档案资料和戏曲家奚啸伯、省劳动模范吕毅华、骨髓炎专家谢景龙、小麦专家郭进考等名人档案。2021 年 11 月，市档案馆获评河北省档案工作先进集体。

链接：

市档案馆新馆：地址位于正定县商务中心南面的中心湖西侧，北邻市图书馆，占地面积 2.6 公顷，总建筑面积 3.99 万平方米，库区面积 1.27 万平方米，技术用房面积 4530.43 平方米，展厅（总面积 1463.76 平方米，其中，常设展厅 1 个、面积 540.33 平方米，临时展厅 2 个、面积 598.4 平方米）、会议、贵宾接待、查阅等对外服务用房面积 9176.03 平方米，办公用房面积 2504.54 平方米；初设批复项目投资 34968.3 万元。

【档案征集】 围绕抗击新冠肺炎疫情，开展疫情防控档案征集。1 月 27 日，市档案馆在《石家庄日报》等媒体发布《继续面向全市广泛征集新冠肺炎疫情防控档案资料的公告》，征集与新冠肺炎疫情防控有关的文字、图表、录音、录像、照片、电子、实物等档案资料，主要包括：社会各界及人民群众抗击疫情和奉献爱心、捐款捐物资料，疫情防控一线参战者的日记、请战书、典型事迹材料、宣传片、摄影、书画、音乐、文学作品及手稿，媒体刊登的纪实资料和宣传资料，普及、宣传、解读疫情防控知识的资料、手册、宣传片、视频等，告居民书、出入证、宣传条幅、防护用品等实物，其他反映疫情防控、具有永久保存价值或重大教育意义的文字、图表、照片、音像、视频、实物等资料。全年征集单位和个人关于疫情防控方面的文书、实物、数码照片等档案资料 123 件。2021 年 7 月，以“我看建党百年新成就”为主题，采集石家庄市 12 位不同行业、不同阶层老人口述档案，留存音视频资料 386GB。征集获得市委老干部局制作的“我看建党百年新成就·石家庄篇”系列微视频，包括《救国大业开天辟地》《立国大业改天换地》《富国大业翻天覆地》《强国大业惊天动地》4 个篇章，容量 5.4GB。全年征集市直单位编研成果 90 册，主要有《中国共产党石家庄历史》《石家庄各县解放纪实》《石家庄记忆（1949 ～ 2019）》《石家庄党史故事 100 讲》《石家庄改革开放典型经验实录》《石家庄市革命老区发展史》《光辉的五年（2008 ～ 2012）》《石家庄市古树名木志》等。征集谢景龙、李健等名人档案 57 件，图书 14 册，采集何克钧口述档案 1 件。分 3 次移交入馆文书、实物、数码照片、音视频等档案和图书 20962 件。

【档案宣传】 传播档案文化，宣传档案价值。6 月 9 日是第 14 个国际档案日，市档案馆组织举办“档案话百年——石家庄市档案馆馆藏红色档案展”，采用 143 张档案图片再现了石家庄百年红色历史和发展成就。拍摄《百年记忆——石家庄 100 个红色档案故事》播出。庆祝中国共产党成立 100 周年，发挥档案资政育人作用。5 月 24 日，由市档案馆、石家庄广播电视台等单位联合摄制的百集微纪录片《百年记忆——石家庄 100 个红色档案故事》在石家庄电视台、石家庄地铁电视、无线石家庄及学习强国、抖音和市档案馆网站、微信公众号等平台播出，每集 3～5 分钟。该片以中国共产党在石家庄的创立、发展、壮大百年历史为主线，选取石家庄中共党史上的著名人物、重大事件、石家庄与党中央的关系、石家庄的改革与发展 4 个方面故事，从开发利用角度，深入挖掘红色档案资源，实地走访革命遗址近百处，搜集照片、文件等资料 400 多件，采访拍摄重要见证人、亲历者等 80 余人。全片融合情景再现、三维动画等技术手段，坚持以史实为据、以小见大理念，生动展示了石家庄地域的革命遗址、历史事件和人物故事。《百年记忆——石家庄 100 个红色档案故事》是一部生动、真实记录石家庄百年红色历史的专题片，也是一部爱国主义教育、革命传统教育、理想信念教育和传承红色历史文化题材的纪录片。2021 年纪录片《百年记忆——石家庄 100 个红色档案故事》被省委网信办评选为“新媒体影响力评价和扶持工作千优作品”，被市委网信办评为互联网传播精品重点扶持产品。以读者喜闻乐见、图文并茂形式，编纂出版《百年记忆——石家庄 100 个红色档案故事》一书。发挥档案社会价值，与《石家庄日报》合作，开设“档案话百年——石家庄红色档案故事”栏目，刊登石家庄百年红色档案故事 40 篇。

【档案管理】 开展档案鉴定和划控，成立市档案馆档案开放划控鉴定工作委员会，按照馆藏永久、长期档案分类，6 月至 11 月，共划控档案 2 个全宗（地区劳动局、地区劳人局），1265 卷（107075 件）。其中开放 1163 卷（103089 件），控制 102 卷（3986 件）。摸清珍贵档案底数。对珍贵档案进行清理，共有档案 2045 件（盒），其中名人档案 906 盒；实物档案 508 件；录像带 20 盒（张）、录音磁带 74 盘、印章 537 枚。比较珍贵的有：石家庄解放相关档案资料，戏曲家奚啸伯、省劳模吕毅华、骨髓炎专家谢景龙、小麦专家郭进考等名人档案资料；珍贵的实物档案主要有：清朝嘉庆年间也就是 1819 年嘉庆皇帝的诏书，石家庄市和日本长野市缔结友好城市的纪念品等。完成日常调卷工作。严把档案出库，保护实体卷，全年日常调卷 2259 卷（件），同比 2020 年下降 80%，有效保护实体卷。开展档案接收。向全市各市直单位发《关于对档案数质量情况摸底的函》，通过电话询问，上门交流，摸清应进未进馆档案数质量情况。至 2021 年末，共收到 55 家统计报表，18 家（含新成立、已交和保密单位）档案不用移交；接收征集开发处优盘 1 个（含照片视频资料 19751 个），实物档案 947 件（含图书）；接收方志编纂处书籍 33 册；接收扶贫办（乡村振兴局）档案 89 卷，279 盒。开展档案整理，完成印章整理、实物整理、全宗位置索引标定、珍贵档案整理、照片音像类档案、图书及文书档案。

石家庄市档案馆

馆　长：祁军英（女）

副馆长：付明华

　　　　傅丽娟（女）

　　　　张建伟（11 月免）

　　　　崔亚辉

（薛鹏飞　庄肃新）

地方史志

【概况】 2021 年全市地方史志编纂贯彻落实《地方志工作条例》《河北省地方志工作规定》要求，重点开展综合年鉴编纂、地情资源开发、旧志点校等工作。综合年鉴编纂。2021 年石家庄市应编纂出版地方综合年鉴 22 部，至 2021 年底，石家庄市本级和 21 个县（市、区）综合年鉴编纂出版全部实现“一年一鉴，公开出版”目标要求。12 月 31 日，《石家庄年鉴（2020）》获评第八届全国地方志优秀成果（年鉴类）一等年鉴。地情资源开发。以市委、市政府中心工作为导向，以“记录当代、保存历史、传承文明”为方针，组织编纂和出版反映石家庄市经济、社会、文化等方面发展的地情文献，为挖掘地域历史、发挥资政功能、推动精神文明建设服务。2021 年市档案馆编纂印刷地情文献书籍 2 本，分别为《石家庄年鉴（2021）》市情概览口袋书、《石家庄十三五大事记》。鹿泉区编纂乡镇志、村志、社区志等地情书文献书籍较多。至 2021 年底，鹿泉区 208 个村有 167 个村编纂完成村志 159 部；正在修编乡镇志 10 部、专业志 2 部（《太平河志》《计三渠志》），正在编纂地情书有《鹿泉村情》《鹿泉村情研究》《鹿泉当代人物》《鹿泉文物古迹》《鹿泉民间故事传说》《华北军大在南新城》等。行唐县开展清代康熙、乾隆、同治年间旧志点校，2021 年康熙本《行唐县新志》点校完成。

表 10　　2021 年石家庄市地方志工作机构统计一览表

行政区域	地方志机构名称	级别	从事地方志工作人员数量（名）	备注
石家庄市	市委办史志管理科	正科	3	专职
石家庄市	石家庄市档案馆	正县	12	档案、地方志合并。内设市志编纂科、年鉴编纂科，级别均为正科级
长安区	长安区档案馆	正科	2	档案、地方志合并
桥西区	档案史志管理股	股级	3	专职
新华区	新华区档案馆	正科	2	档案、地方志合并
裕华区	裕华区委办信息股	股级	1	履行地方志职能，非专职
井陉矿区	井陉矿区档案馆	正科	2	档案、地方志合并
藁城区	藁城区地方志编纂中心	股级	4	专职
鹿泉区	鹿泉区史志编纂委员会办公室	正科	3	党史、地方志合并
栾城区	栾城区党史研究中心	正科	2	党史、地方志合并
井陉县	井陉县档案馆 井陉县委党史县志研究中心	正科	1	档案、党史、地方志合并
正定县	正定县档案馆	正科	3	档案、党史、地方志合并
行唐县	行唐县地方志编纂中心	正科	8	专职
灵寿县	灵寿县委办档案史志管理股	股级	6	档案、地方志合并
高邑县	高邑县地方志管理监督科	股级	2	专职
深泽县	深泽县地方志编纂委员会办公室	正科	5	专职
赞皇县	赞皇县地方志办公室	股级	2	专职
无极县	无极县地方志编纂中心	股级	2	专职
平山县	平山县地方志服务中心	股级	2	专职
元氏县	元氏县委办档案史志股	股级	6	属县委办内设机构，人员为临时聘用
赵　县	赵县县委办档案史志股	股级	3	专职
晋州市	晋州市地方志编纂中心	副科	4	专职
新乐市	新乐市地方志编纂中心	正科	5	专职

【综合年鉴】 全年石家庄市域出版综合年鉴 22 部，其中，市本级 1 部，21 个县（市、区）各 1 部。石家庄市综合年鉴全部实现“一年一鉴，公开出版”要求。

表 11　　2021 年石家庄市域综合年鉴出版统计一览表

行政区域	年鉴名称	出版发行单位及书号	出版日期	字数（万字）
石家庄市	《石家庄年鉴（2021）》	河北人民出版社 ISBN978-7-702-05746-9	2021 年 12 月	120.8
长安区	《石家庄市长安年鉴（2021）》	河北人民出版社 ISBN978-7-202-05822-0	2021 年 12 月	52.8

续表

行政区域	年鉴名称	出版发行单位及书号	出版日期	字数（万字）
桥西区	《石家庄市桥西年鉴（2021）》	河北人民出版社 ISBN978-7-202-15659-9	2021 年 8 月	54.5
新华区	《石家庄市新华年鉴（2021）》	河北人民出版社 ISBN978-7-202-05885-5	2021 年 12 月	40.8
裕华区	《石家庄市裕华年鉴（2021）》	河北人民出版社 ISBN978-7-202-15726-8	2021 年 12 月	53.2
井陉矿区	《石家庄市井陉矿区年鉴（2021）》	九州出版社 ISBN978-7-5225-0657-9	2021 年 12 月	41.5
藁城区	《藁城年鉴（2021）》	九州出版社 ISBN978-7-5225-0689-0	2021 年 12 月	85
鹿泉区	《鹿泉年鉴（2021）》	河北人民出版社 ISBN978-7-202-15736-7	2021 年 10 月	64.2
栾城区	《栾城年鉴（2021）》	九州出版社 ISBN978-7-5225-0668-5	2021 年 12 月	70.2
井陉县	《井陉年鉴（2021）》	新华出版社 ISBN978-7-5166-6154-3	2021 年 12 月	67.7
正定县	《正定年鉴（2021）》	河北教育出版社 ISBN978-7-5545-6849-1	2021 年 12 月	84
行唐县	《行唐年鉴（2021）》	河北人民出版社 ISBN978-7-202-05884-8	2021 年 12 月	62.2
灵寿县	《灵寿年鉴（2021）》	河北人民出版社 ISBN978-7-202-15702-2	2021 年 12 月	88.3
高邑县	《高邑年鉴（2021）》	河北人民出版社 ISBN978-7-202-15727-5	2021 年 10 月	62.3
深泽县	《深泽年鉴（2021）》	河北人民出版社 ISBN978-7-202-15348-2	2021 年 12 月	81
赞皇县	《赞皇年鉴（2021）》	河北人民出版社 ISBN978-7-202-06193-0	2021 年 12 月	64.4
无极县	《无极年鉴（2021）》	河北人民出版社 ISBN978-7-202-15724-4	2021 年 9 月	50.7
平山县	《平山年鉴（2021）》	河北人民出版社 ISBN978-7-202-06195-4	2021 年 12 月	48
元氏县	《元氏年鉴（2021）》	河北人民出版社 ISBN978-7-202-15347-5	2021 年 11 月	49
赵　县	《赵县年鉴（2021）》	九州出版社 ISBN978-7-5225-0704-0	2021 年 12 月	49
晋州市	《晋州年鉴（2021）》	河北人民出版社 ISBN978-7-202-15739-8	2021 年 10 月	71.5
新乐市	《新乐年鉴（2021）》	河北人民出版社 ISBN978-7-202-05799-5	2021 年 12 月	81.4

【村志、社区志编纂】《北翟营社区志》出版发行。2021 年 6 月《北翟营社区志》出版发行。编纂单位：石家庄市长安区北翟营社区党委、社区，主编：倪兰花。该志上限尽量追溯各类事物的发端，下限至 2018 年 1 月。采用纲目体，首设概述，次为大事记，中设专志 18 章，后有附录、索引、编后记。该志综合运用述、记、志、传、图、表、录等载体，以志为主。版本 16 开本，共计 14.7 万字。该志从建置沿革、自然环境、人口姓氏、农业、工业、商贸金融、基础设施、新农村建设、北翟营社区党组织、村政务、群众组织、军事、教育、医疗卫生体育、文化艺术、风俗宗教、村民生活、人物等方面客观系统地记载北翟营社区的历史发展与现状。《兴安村志》印制出版。2021 年 7 月印制出版。编纂单位：石家庄市藁城区兴安村党支部、村委会，

主编：程庆波、樊海江，该村志上限为西汉元鼎四年（前113），下限为2021年初。篇目设置采用章节目体，横排门类，纵写史实。全志分18章、77节，彩页配图135幅，正文插图390幅，版本大16开本，共计76万字。该书从建置沿革、自然环境与资源、村域经济、党政建设、文教卫生、村民生活、乡风民俗及社会人文等方面客观系统地记载兴安村的历史发展与现状，重点记述改革开放后兴安村发生的巨大变化及在生态文明村、美丽乡村建设中取得的新成就。*《石家庄市鹿泉区小车行村志》出版发行*。2021年8月出版发行。编纂单位：鹿泉区小车行村志编纂委员会，主编：王孟新，出版发行：河北人民出版社。2015年，石家庄市地方志办公室原主任王孟新策划其事，历时两载完成编修工作。该志详细撰写1949年至2015年中华人民共和国成立之后66年中小车行村的发展历程。上限尽力追溯，下限为2015年底。该志既全面涵盖小车行村状况，又重视村志的特点，在自然环境、人口、姓氏族谱、人物上略多着墨，一般性与特殊性兼顾，把握住该村发展的历史脉络，深刻反映小车行村的状况和与根源。*《玉村村志》出版发行*。2021年10月《玉村村志》出版发行。主编王友爱，副主编王麦生。该志为玉村第一部村志，上限1416年，下限2019年12月。为章、节、目结构，以概述、大事记为统摄，设18章71节，包括政区、自然环境、自然灾害警示图、人口，党组织、农业、乡村建设、乡镇企业、土地经营、城中村改造、教育、文化、民俗风情、家谱、节俗信仰等，全书文字25万字。*《西里村志》出版发行*。2021年10月《西里村志》出版发行。主编白建文，副主编谷明印，张聚峰，王律。该书是西里村第一部村志。该书上线为隋开皇六年（586），下线为2020年，为编、章、节、目结构，以概述、大事记为统摄，共十二编、56章、166节。包括政区概况、自然环境、人口，党组织、军事、农业、乡镇企业、城中村改造、教育、文化、医疗卫生、民俗风情、节俗信仰、人物等。文章后设附录，列有村规民约、光明新语、媒体报道、公司司徽。

【地情书出版】 行唐县、深泽县、藁城区地情书编纂突出，主要出版地情书有《藁城年鉴2021》区情手册、《中国共产党行唐简史》《百年征程铸辉煌》画册、《深泽县革命老区发展史》《图说深泽一百年》等。*《藁城年鉴2021》区情手册编印出版*。2021年12月《藁城年鉴2021》区情手册印制出版。编纂单位：藁城区地方志编纂中心。该书为小32开本，8余万字。简要记述2020年全区自然、经济、文化、社会等方面发展的基本情况，注重体现年度特征和地方特色。手册内容通俗，文字简练，有较强的资料性、知识性和可读性。一册在手，便览区情，为广大读者认识藁城、了解藁城提供一个渠道和窗口，是社会各界人士随身携带、简明实用的小型资料工具书。*《中国共产党行唐简史》发行出版*。2021年5月《中国共产党行唐简史》印制出版。编纂单位：行唐县地方志编纂中心和县委党史研究室。该书以中共行唐地方组织在第一、二次国内革命战争，抗日战争，解放战争，社会主义革命和建设以及改革开放五个时期的重大活动为主线，提纲挈领，紧扣要义，以简洁凝练的笔触概括中共行唐地方组织百年砥砺奋斗的光辉历程以及改革开放以来取得的辉煌成就。*《百年征程铸辉煌》画册发行*。2021年7月《百年征程铸辉煌》画册发行出版。编纂单位：行唐县地方志编纂中心，主编：李慧萍。该书浓缩行唐百年党史，以时为序，分设中共行唐县委建立、创建敌后抗日根据地、2021～2025年支援全国解放战争、社会主义建设在曲折中前进、现代农业生产取得巨大成就、项目建设促进工业发展、精准扶贫顺利出列等21个板块，精选图片200多幅，图文并茂的展示行唐儿女在战争年代前赴后继、义无反顾以及和平年代风雨兼程、开拓奋进的历程，充分讴歌中国共产党的先进性以及中国特色社会主义的优越性。*《深泽县革命老区发展史》出版发行*。2021年8月《深泽县革命老区发展史》出版发行。编纂单位：深泽县老区建设促进会，主编：袁剑军，出版发行：河北人民出版社。全书32.3万字，24彩页收录照片37幅，内文插图55幅。分设星火燎原——中国共产党深泽县地方组织的建立与发展、同仇敌忾——党领导全县人民积极抗日、历史有痕——主要战事和人物、走向复兴——党领导全县人民进行伟大的社会主义建设、让历史告诉未来——为全面建设社会主义现代化国家而奋斗五个板块，该书系统书写深泽县革命老区百年历史，深入挖掘革命老区红色资源，生动展示深泽县人民筚路蓝缕的奋斗史。*《图说深泽一百年——向中国共产党成立100周年献礼》大型画册编印发行*。主编袁剑军，副主编李勇军、刘兰。共收录照片232幅。第一章，“敢教日月换新天”，展现马克思主义在深泽大地广泛传播，深泽县党组织建立，领导全县人民抗击日本侵略者、争取自由解放所进行的艰苦卓绝的斗争和伟大胜利。第二章，“而今迈步从头越”，展现新中国成立后，深泽人民建设家乡的满腔热忱和从无到有、百业俱兴的建设场面。第三章，“千里波涛滚滚来”，展现改革开放后，各项事业蓬勃发展、人民日益富裕的历史进程。第四章，“还看今朝”，展现新时代全面建成小康社会，建设社会主义强国，实现中华民族伟大复兴的光辉成就。

（薛鹏飞　庄肃新）

社会科学

【概况】 石家庄市社会科学院成立于1993年7月，由原石家庄地委、市委讲师团合并组建。1998年加挂“石家庄市委讲师团”牌子。2009年10月，中共石家庄市委常委会研究决定，市社会科学界联合会（简称市社科联）并入市社会科学院（市委讲师团），对外加挂3块牌子。市社会科学院（市委讲师团、市社科联）是市委直属事业单位，也是社会科学综合研究、理论宣传和社团机构。2021年市社会科学院（简称市社科院）贯彻落实中央、省、市宣传思想工作会议精神，围绕中国共产党成立100周年重要历史节点，开展社会科学研究和党的十九届六中全会、党史学习理论宣讲活动，征集和实施社会科学重点课题项目10项、一般课题项目40项，完成课题结项22项，获得优秀等次成果5项。2021年市社会科学院获评“全国城市社科院先进单位”。

【理论宣传普及】 守正创新，构建理论宣讲大格局。基层讲师团建设。开展党史学习教育，选派2名专家加入市委党史宣讲团，深入基层解读宣讲中共十九届六中全会精神；组织理论专家和业务骨干到基层开展“面对面”理论宣讲活动20场次，参与听众5000余人；开办红色社区大讲堂，得到《河北农民报》报道；提升宣讲骨干业务水平，举办2021年石家庄市社科骨干、宣讲骨干培训班和第二届全市党委讲师团系统理论宣讲大赛。社会科学普及。创新运用石家庄电视台、无线石家庄App、石家庄日报App等融媒体平台，扩大受众范围，录制播出《理论之窗》24期、宣讲“微视频”20期、“党史故事天天讲”微视频120期，其中，《学深悟透〈习近平谈治国理政〉第三卷》在“学习强国”总平台“看理论”栏目滚动播出6个月，点击量达到45万人次。拍摄播出社科创新基地专题宣传片5集、“石家庄历史文化故事”短视频4集。社会科学普及月活动。5月21日至6月28日，2021年全市社会科学普及月活动举行。主题为“奋斗百年路，启航新征程”。采用全省同一主题、省市县三级联动、同时实施方式。内容包括5个板块：习近平新时代中国特色社会主义思想宣传活动、“庆祝中国共产党成立100周年”专题宣传教育活动、“立足新发展阶段、贯彻新发展理念、构建新发展格局”专题宣传普及活动、“三重四创五优化”专题宣传普及活动、法律法规专题宣传普及活动。

【社会科学研究】 全年围绕市委、市政府中心工作，征集重点项目课题10项、一般项目课题40项；课题结项22项，获得优秀等次成果5项。围绕市委中心工作，确定重点研究课题7项。编著《石家庄经济发展报告（2021）》，主编：于燕红，副主编：苏瑞翩、刘清云、王歌红。编写“石家庄十四五文化发展改革规划纲要”，举办第一届石家庄市社会科学学术年会暨石家庄市社会科学成果展，受到3万余人关注。编发《石家庄社会科学》期刊6期，开展石家庄市经济社会发展调研项目和石家庄市社科专家培养项目，向市委、市政府报送“社科专家建言”15期，其中12期获得市委、市政府领导肯定性批示。以东垣古城、西柏坡、正定县为研究对象，宣传石家庄市红色文化、历史文化，编著《石家庄城市史》，主编：孟胜林，副主编：于燕红、张丽红，全书文字137万字，分设上、下2卷，上卷8章14节，下卷5章31节。编著《石家庄红色历史文化印记》，主编：苏瑞翩，全书文字16.7万字，设4章46节。其中，第一章：革命星星之火在石家庄大地点燃；第二章：伟大抗战精神激励军民开展全民抗战；第三章：伟大的人民解放战争铸就西柏坡精神；第四章：发扬无私奉献精神支援全国解放战争。开展“百年颂歌——庆祝中国共产党成立100周年”主题征文，收到作品7000余篇。

石家庄市社会科学院

院　长：于燕红（女）

副院长：肖玉良（6月免）

敦盾　　张文舒

（市社会科学院）

党　史

【概况】 2021年中共石家庄市委党史研究室贯彻落实党的十九届六中全会、省第十次党代会、市第十一次党代会精神，严格执行中央、省、市委关于开展党史学习教育的通知及市委《关于在全市开展党史学习教育的推进方案》等部署要求，成立工作专班，重点抓好党史资料征编、党史研究、党史宣传教育等工作。挖掘红色资源，弘扬红色文化，围绕省会高质量发展和建设现代化、国际化美丽省会城市目标任务，编写《中国共产党石家庄简史学习资料》《石家庄党史故事100讲》《石家庄革命遗址图说》《“跟我一起学党史”视频合集（光盘）》等党史宣传教育系列书籍。举办庆祝中国共产党成立100周年党史研究征文活动，从近200篇参选论文中评选优秀论文65篇，并辑印成册。

2021年6月9日，石家庄常山纺织集团党委在西柏坡举行党史学习教育活动（常山纺织集团提供）

2021年市委党史研究室编印的6部专著获评全省党史四十年成就展优秀作品。

【党史编纂】开展党史成果“进机关、进院校、进企业、进军营、进社区、进乡村”六进活动，推出“2021年石家庄党史宣传教育丛书”，针对不同受众群体编写《中国共产党石家庄简史学习资料》《石家庄党史故事100讲》《石家庄革命遗址图说》《“跟我一起学党史”视频合集（光盘）》等教材。深入挖掘红色资源，打造党史精品力作，编写《石家庄记忆（1921.7～1949.9）》《中国共产党石家庄历史大事记（2020年）》等党史书籍。向全市广大党员、干部、群众讲好中共石家庄的历史，发挥好党史资政育人作用。深入总结阐释中国共产党及地方组织奋斗历程、伟大成就和宝贵经验，总结石家庄人民在党的领导下取得的革命、建设和改革开放等经验成就，举办庆祝中国共产党成立100周年党史研究征文活动。从近200篇参选论文中评选出65篇优秀论文，辑印成册。

【“四史”宣传】2月24日，全市召开党史学习教育动员大会。发挥党史部门“以史鉴今、资政育人”职能作用，围绕讲好石家庄红色故事、弘扬红色传统和革命精神主题，创作拍摄“跟我一起学党史”系列短视频35集。短视频突出党史人讲党史的专业性、知识性等特点，采取党史工作者讲述及党史事件亲历者或亲属口述、现场讲解等形式，让更多的人知晓和了解石家庄这片红色热土上曾经发生过的重大党史事件、现存重要革命遗址和革命人物故事等。利用石家庄党史网、石家庄党史微信公众号、石家庄新闻网等传播平台开设“庆祝中国共产党成立100周年”宣传专栏。2021年“跟我一起学党史”系列短视频被中央党史和文献研究院列为2021年度全国党史宣传专项引导项目。市委党史研究室、市委宣传部、市直机关工委联合，以线上线下相结合方式，举办“学党史党章党规、做合格共产党员”知识竞赛活动，达到以赛促学、以学促赛效果。市委党史研究室、市教育局、长城新媒体集团合作，在全市中小学开展“传承红色基因 争做时代新人”网络知识竞赛活动。向“学习强国”石家庄学习平台选送石家庄红色历史文化题目500道。利用《石家庄日报》开辟专栏“跟着专家学党史”，重温石家庄在中国共产党领导下走过的光辉历程，教育引导广大党员干部学党史、知党史、用党史，全年刊登党史理论文章20余期。市委党史研究室、市委宣传部、市委组织部、石家庄日报社等部门合作，在《石家庄日报》开设“历史丰碑 红色记忆——石家庄百年百人”栏目，刊发英烈劳模和典型人物事迹。2021年市委党史研究室编印的《石家庄市革命遗址图说》《党史故事100讲》《石家庄的解放与接管》《改革开放典型经验实录》等6部专著获评全省党史四十年成就展优秀作品。

中共石家庄市委党史研究室
主　任：李霞
副主任：张亚强　刘顺江

（李江江）

党　校

【概况】2021年中共石家庄市委党校（石家庄行政学院、市社会主义学院）以宣传党的十九届六中全会、省第十次党代会、市第十一次党代会精神为重点，贯彻落实《中国共产党党校（行政学院）工作条例》，突出围绕省会高质量发展和建设现代化、国际化美丽省会城市主题，抓好党校教学培训和科研工作。坚持党校姓党和质量立校原则，以教学为重点，采取现场授课与视频直播相结合方式，实现疫情期间不停学目标。发挥干部教育培训主渠道、主阵地作用，全年举办党政干部培训班次18期，参加学习1302人次；7区分校（长安区、新华区、桥西区、裕华区、鹿泉区、井陉矿区、高新区）举办党政干部培训班次14期，参加学习803人次；举办各类社会培训班次34期，参加学习3200人次。围绕重大理论和加快建设现代化、国际化美丽省会城市主题，开展学术研究，出版学术著作2部，撰写理论文章120余篇，其中核心期刊发表3篇；入选决策咨政报告4篇，其中2篇获得市委领导签批；立项课题21项，其中省部级课题4项。

【教学培训】 全年举办党政干部培训班次18期，参加学习1302人次；7区分校（长安区、新华区、桥西区、裕华区、鹿泉区、井陉矿区、高新区）举办党政干部培训班次14期，参加学习803人次；举办各类社会培训班次34期，参加学习3200人次。增强学员党性修养，提升学员用习近平新时代中国特色社会主义思想指导实践、推动工作的能力。全年举办县处级干部学习贯彻习近平新时代中国特色社会主义思想专题培训班4期，培训学员192人次，主要教学内容包括习近平总书记"七一"重要讲话精神、习近平新时代中国特色社会主义思想、党史学习教育、党性教育、能力素质提升、国情省情市情研究等。以提高学员履职能力为主题，举办市直部门科级干部任职培训班1期，培训学员48人次，主要教学内容包括理论教育、党性教育、能力素质、市情研究等。举办农村基层干部乡村振兴专题示范培训班，培训学员100人次；举办2020年度新录用公务员初任培训示范班2期，培训学员259人。围绕党的十九大及二中、三中、四中、五中全会精神和习近平总书记"七一"重要讲话、中央党校最新教材《习近平新时代中国特色社会主义思想基本问题》、党史学习教育等主题，制作习近平新时代中国特色社会主义思想、"七一"重要讲话、党史学习教育、十九届五中全会精神4个教学模块、48个专题教学课程体系。学习贯彻党的十九届六中全会精神，组建教学课题组10个，撰写教学大纲和教案10余万字。打造名师名课，参加全省干部教育培训资源"四个一百"项目创建活动，入选全省"四个一百"精品课11门，分别为《习近平新时代中国特色社会主义思想》《习近平新时代中国特色社会主义经济思想》《坚持和完善共建共治共享的社会治理制度》《弘扬西柏坡精神》《情景教学：同呼吸 心相印——从习近平的正定从政实践看如何做一名让人民满意的好干部》《百年筚路蓝缕 无穷智慧力量》《伟大觉醒 伟大革命》《回顾社会主义五百年历史正确认识社会主义的历史必然性》《提高领导干部运用法治思维和法治方式的能力》《旗帜鲜明加强党的政治建设》《提升全媒体时代网络舆情引导能力》；入选教学案例5个，分别为让群众享受更好的政府服务——杭州上城区政府治理与公共服务标准化的实践探索、以"红色物业"为引领打造市域社会治理新发展格局——石家庄市"红色物业"引领市域社会治理的创新实践、践行生态文明理念 推动高质量发展——石家庄滹沱河生态修复实施与成效、解析渎职犯罪——以"新晃操场埋尸案"为例、精准脱贫案例教学——赞皇县脱贫成果及内生发展动力；入选现场教学点5个，分别为"知之深 爱之切"塔元庄村党性教育、革命圣地西柏坡、中央统战部旧址——李家庄、"红色物业"——基层党建引领社会治理的创新实践、井陉太行"天路"；入选教学名师8人，分别为娄海波、赵冰琴、王丽锟、杨晖、王红英、龙凤英、梁胜文、王舵；特色教学项目《走好新时代赶考路》列入全省特色党性教育项目体系资源库。重视培养师资力量，选派教师进修考察学习86人次。开展全市党校系统教学比赛活动，举办市情与发展报告会6期。开拓教师视野，搭建党政领导干部、知名专家学者和党校教师交流学习平台，邀请市政府研究室、市发展改革委等单位领导及专家到市委党校作报告，形成常态化学习机制。

【教学科研】 加强市情研究。组织召开"全校决策咨询选题说明会"，聘请专家就"如何写好决策咨询报告"对全体教师进行辅导；围绕全市中心工作精心选题，认真研究，报送决策咨政报告4篇，其中《优化我市营商环境亟待解决的三个问题》《关于促进石家庄市个体私营经济发展的调研报告》2篇获得市委领导签批；承担市委、市政府委托研究项目8项，从全市农村公共卫生建设、新型农村集体经济政策支持体系、市域社会治理现代化、乡村振兴战略政策、优化营商环境等方面进行深入研究，为加快建设现代化、国际化美丽省会城市贡献党校智慧力量。强化理论研究。全年共出版学术著作2部，分别为王舵撰写的《新时代网络主流意识形态话语体系建构研究》和孙嘉星撰写的《论中华和合文化的生成条件与时代价值》；完成理论文章120余篇，其中核心期刊3篇，分别为冯荣撰写的《基于算法思维破解基层干部执行力不足的方略》，张于撰写的《组织命运共同体——扁平化趋势下的分布式领导与实践》，赵宇撰写的《驻村第一书记嵌入式治理的困境与优化路径分析》；立项课题21项，其中省部级课题4项。高标准做好"全市党校系统科研项目"立项工作，对县（市、区）委党校45个立项申报，严格评审确定31个。编辑出版《中共石家庄市委党校学报》12期，发行14000余册，共计刊发理论文章121篇，其中设专栏刊发"中国共产党成立100周年"理论文章14篇。《中共石家庄市委党校学报》被中国期刊协会评为"中国共产党建党100周年主题宣传精品期刊"。创刊《科研参阅》，全年编发12期。

省部级课题立项名称

◎《习近平法治思想指导下宪法全面实施的路径研究》——张杰英

◎《新发展格局下的京津冀协同发展》——王利敏

◎《新时代网络主流意识形态话语体系建构研究》——王舵

◎《西柏坡时期我党办学中思想政治工作领先原则的实践价值与新时代启示》——解其斌

省委党校（行政学院）科研协作项目

◎《行政审批制度改革法律问题研究——以石家庄市为例》——刘丽敏

◎《河北省数字乡村建设路径研究》——王利敏

◎《打造现代化省会都市圈加快融入京津冀世界级城市群》——赵冰琴

省社会主义学院课题

◎《中国共产党与民主党派合作关系的演进》——张于

中共石家庄市委党校

校（院）长：张效春

常务副校（院）长：赵士宗

副校（院）长：尹浩　董杰

杨书伟

（贾晓晨）

石家庄市人民代表大会

【概况】2021 年市人民代表大会及其常务委员会贯彻落实党的十九大及十九届历次全会和中共河北省委、石家庄市委的决策部署，坚持党的领导、人民当家作主、依法治国有机统一，履行宪法和法律赋予的职责，全面推进民主法治建设。全年召开市人民代表大会会议 2 次、市人大常委会会议 11 次，审议议题 65 项。依法行使监督职权，听取和审议市“一府一委两院”专项工作报告 20 项，开展视察调研 64 次，专题询问 3 次，执法检查 9 次。推进重点领域立法，制定修订地方性法规 6 部，废止地方性法规 8 部，备案审查规范性文件 21 件。依法决定重大事项，做出决议决定 20 件。依法任免国家机关工作人员，全年任免市级国家机关工作人员 262 名，参加宣誓仪式 244 人次；加强任后监督，5 名法官、5 名检察官接受履职评议。发挥市人大常委会主任与“一府一委两院”负责人联席会议作用。3 月 15 日，市人大常委会组织召开市人大常委会主任与市政府市长、市监察委主任、市法院院长、市检察院检察长联席会议，协调和安排 2021 年市人大常委会主要工作，市长马宇骏建议市人大常委会 2021 年工作计划增加乡村振兴和科技创新等监督内容。6 月 10 ～ 20 日，石家庄市举行县、乡两级人大代表换届选举投票，选举产生县级人大代表 5014 名、乡镇人大代表 12873 名。发挥人大代表主体作用，新建网上人大代表家（站）175 个，安排市人大代表列席市人大常委会会议 68 人次，参加征求意见、现场评审、案件评查、督查问效、电视问政等活动 818 人次，评选市第十四届优秀人大代表 127 名。重视人大代表建议办理，全年交办人大代表建议 640 件，满意和基本满意达 96%。至 2021 年底，全市共有第十三届全国人大代表 12 人、河北省第十三届人大代表 102 人、市第十五届人大代表 635 人。

2021 年 9 月 22 日，市人大常委会主任李雪荣（前排右二）到无极县调研考察经济运行工作　（市人大常委会办公室提供）

【市第十四届人大常委会组成人员及各部门负责人】

主　　任：司存喜（2 月免）

李雪荣（2 月任）

副 主 任：楚行宇（满族）

吴相君　韩保来

李志宏（女）

王丽君（女）

安树国（2 月免）

李志勇（2月任）
秘 书 长：张院生
委　　员：于荣英（女）
马军　（2月免）
马兆芹（女，2月任）
王文晔（女）
付黎音（女）
宁淑敏（女）
邢壮
乔茜　（女，4月免）
任明远（2月任）
刘国清
刘春东（2月任）
刘海云（女）
闫凤利
孙任虎（2月免）
严晋峰（女）
杜娟　（女）
李卫英
李美瑄（女）
李晓华（女）
肖荣智
杨传英（女）
时洪斌　何景利
张玮扬　张忠良
张明其
张慧巧（女）
邵新中　武志永
赵洪　（女）
赵利剑　赵英涛
胡永权　段林国
侯洪彬（2月任）
倪华　（女）
高翠君（女）
郭纯阳　戚阿东
梁立柱（7月免）
程鹏起
解立芳（女）
谭运江　潘卫东
潘明文
常务副秘书长：
赵利剑（6月免）
王占峰（6月任）
副秘书长：潘明文（6月免）
王占峰（6月免）
蒲月英　鲁中欣
赵文生（6月免）
李跃辉（6月任）

研究室
主　　任：赵英涛
副 主 任：王万杰

选举任免代表工作委员会
主　　任：马建彬（6月免）
副 主 任：解立芳（女，12月任）

法制工作委员会
主　　任：时洪斌

监察和司法工作委员会
主　　任：杨传英（女，6月免）
赵文生（6月任）
副 主 任：程胜利

财政经济工作委员会
主　　任：刘国清（6月免）
赵永利（6月任）
副 主 任：董彦国

农业和农村工作委员会
主　　任：侯洪彬
副 主 任：原立华

城乡建设和环境资源工作委员会
主　　任：倪华　（女，6月免）
赵利剑（6月任）
副 主 任：韩建敏

教育科学文化卫生工作委员会
主　　任：严晋峰（女，6月免）
王强　（6月任）
副 主 任：李跃辉（6月免）

民族侨务外事工作委员会
主　　任：马兆芹
副 主 任：王庄丽

社会建设委员会
副主任委员：
谭运江（6月免）

信访办公室
主　　任：潘明文（6月免）
李跃辉（兼，6月任）
副 主 任：张保江
高旭明（6月任）

【市第十五届人大常委会组成人员及各部门负责人】

主　　任：李雪荣
副 主 任：楚行宇（满族，8月免）
韩保来（8月免）
李志宏（女）
王丽君（女，8月免）
吴相君
李志勇
周立新（女，8月任）
杨立中（8月任）
宋存汉（8月任）
刘建芳（8月任）
秘 书 长：张院生（8月免）
李杰　（8月免）
委　　员：马兆芹（女）
马建彬（8月任）
王强　（8月任）
王文利（女，8月任）
石玉忠（8月任）
田志　（8月任）
宁淑敏（女）
邢壮
邢建辉（8月任）
权辉　（女，8月任）
任明远
刘海云（女）
齐承英（8月任）
杜娟　（女）
李跃辉（8月任）
杨晓飞（8月任）
肖荣智　时洪斌
吴恒耀（8月任）
张会革（8月任）
张明其
张海霞（女，8月任）
张慧巧（女）
武志永（8月任）
苗金星（8月任）
尚荣敏（女，8月任）
赵川　（8月任）
赵洪　（女）

赵文生（8 月任）
赵玉斌（8 月任）
赵永利　赵利剑
赵英涛
段成娴（女，8 月任）
段林国（满族）
侯洪彬
高际永（8 月任）
黄超　（8 月任）
程鹏起
释慧憨（8 月任）
蒲月英（女，8 月任）
解立芳（女）

常务副秘书长：
王占峰（12 月免）
副秘书长：王占峰（12 月任）
蒲月英（女）
鲁中欣
李跃辉
崔利锋（12 月任）

办公室

主　　任：王占峰（兼，12 月任）

研究室

主　　任：赵英涛
副 主 任：王万杰

选举任免代表工作委员会

副 主 任：解立芳（女）

法制工作委员会

主　　任：时洪斌

监察和司法工作委员会

主　　任：赵文生
副 主 任：程胜利

财政经济工作委员会

主　　任：赵永利
副 主 任：董彦国

农业和农村工作委员会

主　　任：侯洪彬
副 主 任：原立华

城乡建设和环境资源工作委员会

主　　任：赵利剑
副 主 任：韩建敏

教育科学文化卫生工作委员会

主　　任：王强　（10 月免）
高庆洲（10 月任）

民族侨务外事工作委员会

主　　任：马兆芹
副 主 任：王庄丽

社会建设委员会

副主任委员：
黄超

信访办公室

主　　任：李跃辉（兼）
副 主 任：张保江　高旭明

【石家庄市第十三届全国人大代表】

2021 年罢免石家庄市全国人大代表 1 名，至 2021 年末，全市共有第十三届全国人大代表 12 名。石家庄市第十三届全国人大代表分别为（按姓氏笔画排列）：

乞国艳（女）
邓沛然（2 月罢免）
冯丽朝（女）
冯敬坤（女）
杜彦良　吴相君
张业　　陈春芳
武志永　明海
祝淑钗（女）
靳灵展（女）
魏立华

【石家庄市河北省第十三届人大代表】

2021 年全市共有河北省第十三届人大代表 102 人。石家庄市河北省第十三届人大代表分别为（按姓氏笔画排列）：

于树中
马宇俊（满族，2 月任）
王丹　（女，满族）
王华　　王双廷
王东华　王东峰
王永庭　王志臣
王国发　王昕伟
王俊华（女）
王振平　王晓飞
王海侠（女，满族）
王海燕（女）
王景峰　戈江娜（女）
邓沛然（2 月罢免）
甘金梅（女）
左力鸥　申吉明（女）
田鹏美（女）
白峰
白会彬（回族）
白冰川（回族）
司存喜　边丽英（女）
邢伟　（2 月任）
邢国辉　戎美书（女）
刘书为　刘江敏
刘丽蓉（女）
刘金国　刘保忠
刘彦朝　刘艳红（女）
刘教民　刘瑞领
刘德进（9 月免）
齐明亮　安忠起
李青　（女）
李静　（女）
李文平　李志辉
李拥军　李素敏
李维民　李景辉
李瑜玲（女）
李德进　杨辉素（女）
吴时茂　吴振山
汪克宁　张静　（女）
张霞　（女）
张成锁　张树然
张效春　张惠英（女）
陈士芹（女）
陈日红（蒙古族）
陈玉祥　陈金霞
陈莉娜（女）
陈维旭　陈聪敏（女）
武鸿儒　范京生
范振增　林慧芳（女）
周英　　周爱国
庞连兴　郑建　（女）
孟祥红（女）
赵辉　　赵文海
赵素霞（女）

赵增毅　郝静　（女）
荣润　（女）
侯凤梅（女）
侯俊宏　秦志义
贾凤来　高士涛
高云霄（女）
剧慧存　黄建厅
曹娜　（女）
崔雪琴（女）
董晓航　曾爱民
雷宗奎　裴红霞（女）
翟志海　薛儒　（女）
冀泽海　檀英桃（女）
魏倍倍

【市第十四届人大代表】 2021年市第十四届人民代表大会代表（简称市人大代表）减少14名，其中，辞职13名，罢免1名；选举单位补选市人大代表41名。至2021年8月，全市共有市第十四届人大代表642名。2021年市第十四届人大代表名单为（各代表团按姓氏笔画排列）：

长安区代表团（42人）

马天妍（女）
马同林　王子彬（女，2月免）
王国生　王顺心
邓小梅（女，2月免）
刘敬　（女）
刘翾　（女，满族）
刘卓雄（满族，2月免）
刘荣秀（女）
刘磊磊　安树国
朱增海　许双军（2月任）
许洛　（女）
邢凌霄（女）
何建立　何景利
宋思凝（女）
张军　（2月任）
张琰　张文瑛（女）
李广江（2月免）
李志永　李志勇
李建树（2月任）
李晓华（女，满族）
李鑫东　杜兰萍（女）
杨永君　杨印胜
苏玉峰　谷桂群
武志永　范林生
侯成仁　段海龙
赵川　（2月任）
赵志江　凌青利
郭巍　（女）
郭琳娜（女）
高广　（2月免）
康风雷　黄建厅
曹树池（2月任）
穆德英（回族）

桥西区代表团（45人）

马军　文秀红（女）
牛延君　王罡
王强　王文晔（女）
王廷良　王素娟（女）
冯建　卢丙杰
申亮　任盼志
伍志强　刘东
刘世永　刘春东（2月任）
孙建忠（满族）
孙鹏云　师旭　（2月免）
齐秀丽（女）
吴海明（2月任）
宋国宏　张峰
张焱　（回族）
张书凯　张继春
李青　（女）
李强　李卫英
杜娟　（女）
杨振福　汪克宁（2月免）
肖燕霞（女）
赵宁　（2月任）
侯典龙　段林国（满族）
胡喜祥　耿学军（2月任）
徐丽荣（女）
贾巧秀（女）
郭运兴　高增义
崔业鹏（2月任）
康学富　温颜强
潘卫东　甄勇

新华区代表团（38人）

王强　王阅春（女）
冯素明　卢焱
白海军　白雅平（女）
刘建芳　刘恒义
刘振乾　刘海云（女）
刘谦辉　刘超凡
刘瑞红（女）
吕宝珍（女，朝鲜族）
孙向立（女）
阴亮　何培强
张韩　（回族）
时洪斌　李民生
李亚卿（女）
李江辉　李美瑄（女）
杨凤林　谷守义
罗利　（2月任）
陈玉祥　陈清泉
武晓峰　段记兰
胡永权　袁德海
贾轩　郭少旭
葛瑞芳（女）
蒋文红　韩新民
暴胜贤

裕华区代表团（37人）

王云辉　王丽君（女）
王俊奇　任永杰
刘凤清　孙双岐
曲明　闫凤利
闫志华（回族）
吴文庆　吴亚峰（女）
吴相君　张东凯
张秋英（女）
李锋　（2月任）
李云红（女）
李志信　李洪涛（女）
杨传英（女）
杨学红（女）
芦海英（女）
庞建民　范朝
娄春光（女，满族）
赵文锋（2月免）

赵永梅（女）
班亚东　贾伟宏
高波
曹琴英（女，2 月任）
曹景力　强新志（满族）
蒋国庆　谢暖　（女）
窦志刚　管云天
谭运江　魏兵然

井陉矿区代表团（17 人）

刘连一　张宇新（女）
张明其　张院生
李瑞峰　杨香珍（女）
苏建国　邵新中
孟祥红（女）
范拴虎　段利勇（2 月任）
高际永（2 月任）
黄三平　黄永建
戚阿东　梁立柱
谢敬坦（女）

藁城区代表团（46 人）

马双进（回族）
王玉立（女，满族）
王振国　王锦山（2 月任）
王鹏程　冯亚龙
白建栋（回族）
刘军志（2 月任）
刘晓春　刘新平
米银联（女）
张旭　（女）
张强　　张鹏
张立刚　张国彬
张聚华　李萍　（女）
李玉柱　李更顺
李宝成　李建志
李素丽（女）
李智勇　杨志乾（2 月免）
邱小捷（女）
周红霞（女）
郑娜娜（女）
姚龙山　赵伟国
赵国辰　赵海奎（2 月免）
赵铁英（女）
倪华　（女）

桑卫安　袁丽华（女）
高玉柱　高新城
康君元　梁丽英（女）
龚九春　龚亚平（女）
韩邦庆　韩银杰
解亚静（女）
鲍俊要　蔡双棉（女）
裴红彦（女）

鹿泉区代表团（26 人）

马兆芹（女，2 月任）
王安　（女）
王德庆（2 月免）
王慧桥（女）
白岩　　仵风书
刘丽香（女，2 月任）
刘飒英（女）
邢伟　（2 月任）
邢壮　　张翼　（女，满族）
张双琴　张成锁
张旭午　张效春
李为军　李强
杨国芳　杨彦平（女）
陈君　（女）
陈金端　陈晓明（2 月免）
周育彪　郎金国
赵辉香（女）
梁云凯　梁连忠
韩爱学

栾城区代表团（21 人）

马振峰　王进春
刘明轩　孙秀芝（女）
严晋峰（女）
何俊忠　吴永辉
张华　（女，满族）
张小勇（2 月任）
张书广　张文学
张军廷　李丛刚
杨葆英（女）
杨辉素（女）
陈长江　聂建华（女）
贾二建　脱彦双（女，蒙古族）
韩峰　　彭勇民

井陉县代表团（23 人）

马宏　　马立宁
王永华　王雪庭
卢建芳（女）
刘力刚（7 月免）
刘玉渭　吕义青
成凤敏（女）
许会成　邢国辉
齐伟名　李杰
李计东　杨毓庭
苏志超　侯洪彬
郝志刚　贾海云（女）
徐圣银（2 月任）
栾月琴（女）
韩学军　蒲月英（女）
霍浩　（女）

正定县代表团（30 人）

于雷　　于荣英（女）
王军　　王文利（女，2 月任）
王会杰　王明霞（女，回族）
王彦伟（女）
王彦奇　仝立志
白志慧（女）
任海霞（女）
刘东军　刘贵成（回族）
张业　　张栓平
李芬　（女）
李志宏（女）
李建军　李俊灵（女）
金福中　周庆　（2 月任）
封庆辉　赵岩
贾凤来　贾玉昌
贾湖浩　戚永和（2 月任）
崔庆朝　彭新华
潘明文

行唐县代表团（29 人）

毛建军　王勇
王冠秀　王彦芳
皮君韬　（女）
宇文会娟（女）
米志奇　闫晨霞（女）
宋子辉　张龙
张宏杰　张爱民

李刚　　杨阳
杨立中　金瑞强
封娟　（女）
胡儒钗　赵青　（女）
赵洪　（女）
赵三吨　贾茹　（女）
高华树　崔晨光
曹振国　程鹏起
韩立娟（女）
韩保来　薛蕾　（女）

灵寿县代表团（23人）

卜海燕（女）
马合云　王升
王忠　　冯素伟
兰春英（女）
刘卫平（女）
刘振波　宋存汉
张立军　张学勇
李志鹏　苏志杰
周书慧（女）
周立新（女）
屈伟华　林学文
姜阳　　胡银山
崔拴才　康雪娜（女）
彭志军　魏勇心

高邑县代表团（21人）

万树军　马文敏（女）
马建彬　王惠武
王雁南（满族）
冯俊杰　司存喜
左力鸥　白利刚
任英丰　刘立敏
邢文阁（女）
吴陈秋（女）
张继军　张颖悟（2月任）
肖荣智　陈宏锋
陈增现　郑国强
赵英涛　赵建林（2月任）

深泽县代表团（26人）

王辉　（女）
王广维（2月任）
王东华　王华平（女）
王建峰（2月任）
王韶华　卢明刚
刘玉兰（女）
刘玉田　刘玉龙
张少华　张永生
张英魁　张彦卜
张领民　李向阳
杜国强　陈洪涛（女）
陈铁钢　祝春燕（女）
赵立芬（女，2月任）
赵景坡　袁旭光
袁国良　韩旭　（女，2月任）
谢艳华（女）

赞皇县代表团（20人）

于明志　马惠彩（女）
王涛　　王国军
白峰　　冯立业
孙任虎　张玉秀（女）
张玮扬　杜彦玲（女）
肖向升　范焕持
郝俊丽（女）
宫国恩　秦志义
袁远　　郭忠亮
商丙乾　焦娇娇（女）
裴晓青

无极县代表团（31人）

马俊改（女）
王勇军　王增飞
宁淑敏（女）
白胜芳（女，回族）
乔茜　（女）
刘全江　刘军祥
刘继鑫（满族）
吕智临　孙彦聪（女）
吴战波　张晗
张兰锁　张琳　（女，回族）
李白娃　李素芬（女）
李雪荣　杨彦杰
苏永刚　周建敏
苗立军　姚彦社
郭运章　郭建立
崔峰　　崔拴杰
崔敬宾　梁玉龙
魏广军　魏云辉

平山县代表团（30人）

马宇骏（满族，2月任）
马志彬　马雪年（女）
尤军联（女）
王红　（女，土家族）
王文忠　王军旗
邓沛然（2月罢免）
任建忠　刘国清
刘素军　吕军英
孙伟　　曲海云
吴建敏（女）
张兰锁　张前锋（2月任）
李伟国　李旭阳（2月免）
李锡海　李慧明
范花伟　侯思明（女）
赵亚平　赵美书（女）
赵新朝　郭英英（女）
曹向青（女，满族）
梁乃中　焦习军
董晓航　韩玉涛（女）

元氏县代表团（27人）

孔书彦　王云肖（女）
石吉民　任正国
刘占会　吕洪涛
安波　　许尽晖（女）
闫素粉（女）
宋志涛　张军卫
张庆志　张丽粉（女）
张忠良　张俊校
张海峰　李成林
李锡恒　杨瑞珍（女）
陈文金　周树仁
郑巍　　胡菊林
耿军林　耿丽艳（女）
高天　（女，满族）
崔哲峰

赵县代表团（34人）

门立新　马凤改（女）
王克海　王彦坤（女）
刘生彦　刘须华
朱婷　（女）
米伟动　张军立
张建中　张彦巧（女）

张敏周　张梦尧
李伟存　李志磊
李国英　李建英（女）
李素敏　李淑萍（女）
李清波　杜欣　（女）
杜秀珍　赵石磊
赵立中　秦晓辉
贾锐馨（女）
郭夫鱼　郭建柱
顾英辉　高楠
高志远　高翠君（女）
黄云锁　韩杏军

晋州市代表团（34人）

马玉社　毛全球
王超　　王宇辉
王智森　付黎音（女）
冯彦辉（女）
冯贵全　刘彦辉
刘贵喜　刘爱强
刘瀑　（女）
吕建军　张英肖（女）
张国义（2月任）
张福杰　李月然（女）
李永强　李建辰
李彦涛　李敬绵（女）
杜锁平　杨志辉
陈同钗（女）
郭军考　郭纯阳
郭富余（女）
高立　　游雪立
葛双造　韩占水
楚行宇（满族）
解立芳（女）
潘青凯

新乐市代表团（30人）

马山红（回族）
马建宾（回族）
尹博晓　王中联（女）
王成波　王春生
王素然（女）
田双来　任会杰
邢书芳　张昕
张晨　（女）
张玉敏（女）
张振领　张素英（女）
张智琦　张慧巧（女）
杜振琪　李娟　（女）
李玉峰　李明政
苑彦刚（2月任）
尚吉平　岳振路
赵利剑　赵振良
唐慧琴（女）
郭建亭（女）
焦荣恩（女）
甄忠义

解放军代表团（12人）

王磊　（2月任）
左智明　任明远（2月任）
杜国庭（2月任）
吴长军　张东
陈锋　（2月任）
杨山峰　郝大海
赵尔全（2月任）
姚建华　唐安杰（2月任）

【市第十五届人大代表】 至2021年末，全市共有市第十五届人大代表635名。2021年市第十五届人大代表名单为（各代表团按姓氏笔画排列）：

长安区代表团（44人）

方秋玲（女）
田国欣（女）
邢金常　刘利　（女）
刘明　刘洋
刘翾　（女，满族）
刘向东　刘荣秀（女）
刘素军　刘磊磊
齐立伟　许洛　（女）
许双军　孙王琦（回族）
李平　（女）
李强　　李霁
李志永　李晓华（女，满族）
李鑫东　吴跃金
何建立　何景利
宋思凝（女）
张业　　张军
张琰　　张文瑛（女）
武志永　范林生
赵川　　赵玉斌
赵英涛　赵炼钢
段海龙　聂英海
高健　　高永旺
郭炳慧（女）
曹胜昔（女）
康风雷　鲁志强
穆德英（回族）

桥西区代表团（41人）

门立新　王罡
王强　王世宏（满族）
王素娟（女）
牛延君　卢丙杰
申亮　　付常勇
冯建　　冯磊
朱宏贤（女）
刘隽　（女）
刘凤兰（女）
刘春东　刘洪杰
刘海云（女）
孙建忠（满族）
孙鹏云　杜娟　（女）
杜军平（女）
肖松　　邹德凤（女）
宋国宏　张峰
张焱　（回族）
张永泽　赵英杰
段林国（满族）
贾巧秀（女）
徐丽荣（女）
高帅　　高艳霞（女）
郭运兴　黄永阳（女）
麻永刚　焦楠
温颜强　蒲建伟
詹鹏　　暴谷宇（女）

新华区代表团（35人）

王金龙　王阅春（女）
石玉忠　白海军
冯素明　刘振乾
刘超凡　刘谦辉
刘瑞红（女）

安树国　阴亮
李瑶　（女）
李建军　李美瑄（女）
杨连喜　杨晓飞
何培强　张昕
张韩　（回族）
张军卫　张新棉（女）
陈玉祥　武晓峰
周军山　赵洪　（女）
段记兰　贾轩
徐圣银
殷悦　（女，满族）
黄向华（女）
脱红芳　谢忠局
靳立华（女）
雷振梅（女）
暴胜贤

裕华区代表团（41人）

王为栋　王亚娟（女）
王向东　王俊奇
邢建辉　任永杰
刘禹　刘璞　（女）
刘风清　闫志华（回族）
孙双岐　芦海英（女）
李云红（女）
李红霞（女）
李洪涛（女）
李雪荣　李瑞峰
杨峰　杨壹名
时若栋　吴相君
吴恒耀　吴雪梅（女）
张东凯　张明亮
张秋英（女）
周达　庞建民
赵永梅（女）
娄春光（女，满族）
班亚东　夏强
倪志恒　高波
唐景词（女）
黄超　曹琴英（女）
曹景力　程鹏起
蒲月英（女）
魏兵然

井陉矿区代表团（15人）

王丽君（女）
冯春芝（女）
苏建国　李建义
杨香珍（女）
张宇新（女）
张明其　张峰珍（女）
胡立卫　段利勇
高际永　郭贺伟
黄永建　程晓光
詹晓阳

藁城区代表团（45人）

马宇骏（满族）
王金成　王锦山
石文举（满族）
卢文晓（女）
史建会　白建栋（回族）
刘建芳　刘晓春
刘新平　闫峰
杜萌　（女）
李旭　李彬
李东水　李更顺
李建才　杨红晓（女）
杨淑霞（女）
张强　张力峰
张国彬　张胜青
陈玉联（女）
周平平（女）
周红霞（女）
周建兴　赵伟国
赵国辰　胡良彬
贾秀江　高志猛
曹铂　龚九春
梁丽英（女）
韩邦庆　韩银杰
韩清虎　路芳　（女）
解亚静（女）
褚胜华（回族）
蔡云龙　樊红霞（女）
樊丽丽（女）
籍永彪

鹿泉区代表团（31人）

王博　王俊华（女）
王慧桥（女）
牛睿仪（女）
石向军　刘飒英（女）
邢壮　孙伟
阮亮　齐承英
李争　李为军
张翼　（女，满族）
张超超　邱士勇
杨彦平（女）
陈君　（女）
陈秉克　陈金端
罗勇　范秀霞（女）
周亮　周育彪
赵鹏　段成娴（女）
耿少生　聂聚平
梁云凯　梁连忠
崔金涛　焦香香（女）

栾城区代表团（26人）

王立珍（女）
王永良　王进春
巨重鹤　付庆海
印超　司存喜
刘致良（满族）
刘海朝　李冬梅（女）
李克良　李献军
杨葆英（女）
吴永辉　张小勇
张文学　张书广
张军廷　屈云萍（女）
孟凡森　赵郡　（女）
赵玺玺（女）
袁德海　崔芸　（女）
韩峰　魏芳　（女）

井陉县代表团（22人）

权辉　（女）
刘丽香（女）
刘树伟　许会成
许红阳　许国栋
李杰　李计东
李占飞（女）
李志宏　女）
李佳月（女，满族）
李艳平（女）

李智斌　杨毓庭
张亚松　张领民
郝志刚　侯洪彬
郭计振　韩学军
霍洁　（女）
霍爱民

正定县代表团（33人）
于雷　于荣英（女）
王威　王俊红
王文利（女）
王立永　王振华
仝立志　任冲
任海霞（女）
刘贵成（回族）
许秀丽（女）
杜秀珍　李红　（女）
李跃辉　李建军
吴剑平　何建伟
张文君（女）
张栓平　底雪乔（女，回族）
金福中　赵宁
姜阳　封庆辉
贾凤来　贾玉昌
徐英霞（女）
高林燕（女）
崔庆朝　彭新华
焦波　释慧憨

行唐县代表团（27人）
王冠秀　王勇
王鹏　卢丽芳（女）
皮君韬（女）
许新立　李盼
杨阳　杨挺博
张伟　张科杰
张爱民　范卫卫
范丛娟（女）
金瑞强　郑巍
赵为民　赵青　（女）
赵路新　贾春昌
贾茹　（女）
高英敏（女）
盖彦军　梁志彦
韩立娟（女）
韩旭　（女）
楚行宇（满族）

灵寿县代表团（25人）
马杰　（女）
王忠　王献民
白东风　刘卫平（女）
安卫青（女）
苏志杰　李志鹏
张双英（女）
张学勇　武利芳
武英华　尚利国
罗彦辉　赵文生
胡银山　柳丽强
崔拴才　崔趁欣（女）
康雪娜（女）
彭志军　彭勇民
韩保来　管云天
魏勇心

高邑县代表团（17人）
万树军　马文敏（女）
马建彬　王惠武
白利刚　任英丰
李志锁　肖荣智
吴陈秋（女）
宋丽民　张颖悟
陈增现　苗润涛
周立新（女）
郑国强　常辉芳（女）
梁荣军（女）

深泽县代表团（17人）
王立兵　王建峰
王溪波　邢伟
刘雷　刘玉田
刘玉兰（女）
杜国强　李丽娟（女）
吴运涛　张士友
张效春　陈洪涛（女）
赵立芬（女）
赵景坡　郝英鹏
黄展　（女）

赞皇县代表团（21人）
于明志　马曙强
王国军　王惠娴（女）
仇莎　（女）
白娟炜（女）
邢建锁　李进国
时万里　张会革
陈宏锋　尚荣敏（女）
胡正海　封立新
高玉柱　郝俊丽（女）
宫国恩　耿建民
程然　（女）
裴晓青　薛新义

无极县代表团（30）
马杰　马登坡
王华
白小侠（女，回族）
白峰
白辉娟（女，回族）
付国锋　宁淑敏（女）
李亚军　李素芬（女）
刘炎　刘军祥
刘军强　吕智临
朱军占　朱庆党
张兰锁　张琳　（女，回族）
张海霞（女）
何素华（女）
吴战波　高丽芳（女）
欧阳永跃
郭建立　郭建亭（女）
崔峰　韩增立
程翠联（女）
魏广军　魏云辉

平山县代表团（28人）
马兆芹（女）
马志彬　冯晓宇
曲海云　刘军志
齐丽莎（女）
安力军　孙丽娜（女）
李伟国　李慧明
何军恒　张前锋
武自军　苑彦刚
范召军　范花伟
周梅海　封红卷
赵辉　侯思明（女）
郭英英（女）

曹娜　（女）
曹向青（女，满族）
曹利会　梁乃中
彭丽　（女）
韩玉涛（女）
靳军

元氏县代表团（26人）
王云肖（女）
王月英（女）
王世军　孔书彦
吕洪涛　刘发旗
江平　许尽晖（女）
李成林　李志勇
李星光　时兆芳（女）
吴海江　宋志涛
张忠良　张素国
张海锋　张惠君（女）
陈文命　岳扩旺
赵永利　耿军林
耿丽艳（女）
高天　（女，满族）
常振峰　冀文

赵县代表团（33人）
王红霞（女）
王彦芳　田志
朱婷　（女）
任晓哲　刘生彦
刘须华　米中波
李立波　李志磊
李国永　李国英
李建英（女）
李素敏　李晓宇
李淑萍（女）
李超　李蕾哲
杨立中　张彦巧（女）
张栓波　张慧玲（女）
苗金星　屈超　（女）
赵立中　赵建林
秦晓辉　顾英辉
郭志红（女）
郭建柱　姬会然（女）
黄晓勇　程素起

晋州市代表团（34人）
王林　王彦　（女）
王超　王强
王宇辉　王增占
牛丽霞（女）
冯彦辉（女）
吕建军　刘红　（女）
刘勇　刘明轩
刘贵喜　刘爱强
李永强　李建辰
李彦涛　李敬绵（女）
时洪斌　张静　（女）
张军利　张国义
张晓丹（女）
罗利　赵计辉
茹晓峰　高立
高亚利（女）
郭军考　郭富余（女）
葛双造　程晓艳（女）
游雪立　解立芳（女）

新乐市代表团（32人）
王占峰　王军龙
孔建东　田双来
白云亮　白杏强（回族）
邢书芳　戎美书（女）
阮大春　孙立英（女）
李娟　（女）
李乾　李明政
李瑞军　邹成林
宋存汉　张君
张秀房　张振岭
张慧巧（女）
岳振路　底文卿（女，回族）
赵利剑　赵振良
宫世友　曹会力
康红彦（女）
康曦文（女）
梁昆　董增志
焦荣恩（女）
甄墨

解放军代表团（12人）
王磊　任明远
祁亮　杜国庭
李英超　何峰
张建恩　陈锋
赵尔全　赵建桥
郝大海　唐安杰

【市第十四届人民代表大会第六次会议】 2月26～27日，市第十四届人民代表大会第六次会议（简称市十四届人大六次会议）在市人民会堂举行。出席会议市人大代表593人。表决通过关于石家庄市人民政府工作报告的决议、关于石家庄市国民经济和社会发展第十四个五年规划和二〇三五年远景目标纲要的决议、关于石家庄市2020年国民经济和社会发展计划执行情况与2021年国民经济和社会发展计划的决议、关于石家庄市2020年预算执行情况和2021年预算的决议、关于石家庄市人大常委会工作报告的决议、关于石家庄市中级人民法院工作报告的决议、关于石家庄市人民检察院工作报告的决议。李雪荣当选石家庄市第十四届人民代表大会常务委员会主任，马宇骏当选石家庄市市长，李志勇当选石家庄市第十四届人民代表大会常务委员会副主任，邢伟当选石家庄市人民检察院检察长，马兆芹（女）、任明远、刘春东、侯洪彬当选石家庄市第十四届人民代表大会常务委员会委员。批准李志勇为市第十四届人民代表大会财政经济委员会主任委员。市十四届人大六次会议期间，全市人大代表提交代表建议355件，其中，交由市政府办理348件、市中级人民法院办理5件、市人民检察院办理2件。

【市第十五届人民代表大会第一次会议】 8月23～26日，市第十五届人民代表大会第一次会议举行。出席会议市人大代表619名。听取审议市人民政府工作报告、市人民代表大会常务委员会工作报告、市中级人民法院工作报告、市人民检察院工作报告。选举李雪荣为市第十五届人民代表大会常务委员会主任，李志宏、吴相君、李志勇、周立新、杨立中、宋存汉、刘建芳为市第十五届人民代表大会常务委员会副主任，李杰为市第十五届人民代表大会常务委员会秘书长；选举马宇骏为市长，李克良、张峰珍、郑巍、梁昆、詹鹏、管云天为副市长；选举陈玉祥为市监察委员会主任；选举李霁为市中级人民法院院长；选举邢伟为市人民检察院检察长；选举市第十五届人民代表大会常务委员会委员42名。审议通过市第十五届人民代表大会法制委员会、监察和司法委员会、财政经济委员会、农业和农村委员会、城乡建设和环境资源委员会、教育科学文化卫生委员会、民族侨务外事委员会、社会建设委员会主任委员、副主任委员、委员名单。

【市第十四届人大常委会会议】 1月8日，市第十四届人大常委会第三十三次会议举行。表决通过关于接受邓沛然辞去石家庄市人民政府市长职务请求的决定，决定任命马宇骏为石家庄市副市长、代理市长。

2月3日，市第十四届人大常委会第三十四次会议举行。表决通过关于接受陈晓明辞去石家庄市人民检察院检察长职务请求的决定。表决通过邢伟为石家庄市人民检察院副检察长、代理检察长的决定。

2月15日，市第十四届人大常委会第三十五次会议举行。表决通过关于召开市十四届人大六次会议的决定、市十四届人大六次会议建议议程、市十四届人大六次会议主席团和秘书长建议名单、市十四届人大六次会议主席团第一次会议召集人建议名单、市十四届人大六次会议列席人员名单、市人大常委会工作报告（稿）、关于调整石家庄市第十四届人民代表大会换届选举时间的决定、关于个别代表的代表资格的审查报告、关于接受安树国辞职请求的决定、关于接受2名市人大常委会委员辞职请求的决定、关于增补石家庄市第十四届人民代表大会常务委员会代表资格审查委员会副主任委员的决定及人事任免事项。

2月24日，市第十四届人大常委会第三十六次会议举行。表决通过关于接受李雪荣辞去石家庄市副市长职务请求的决定。

4月28日，市第十四届人大常委会第三十七次会议举行。学习习近平总书记在全国“两会”期间参加有关团组审议时的讲话精神。听取关于《石家庄市出租汽车管理条例修正案（草案）》的说明、关于2020年度环境状况和环境保护目标完成情况的报告及提请任免部分工作人员职务的说明。表决通过关于修改《石家庄市出租汽车管理条例》的决定、关于接受1名市人大常委会委员辞职请求的决定及人事任免事项。

6月18日，市第十四届人大常委会第三十八次会议举行。学习习近平总书记在两院（中国科学院和中国工程院）院士大会、中国科协第十次全国代表大会上的讲话精神及河北省推进省会建设发展工作会议和全市领导干部会议主要精神。听取关于《石家庄市城市居民委员会组织条例修正案（草案）》《石家庄市肉品管理条例修正案（草案）》的说明、关于废止《石家庄市房屋登记条例》等8部地方性法规的决定（草案）的说明、关于检查《中华人民共和国旅游法》《河北省旅游条例》实施情况的报告、关于2020年度国有资产管理情况的报告、关于太行山生态绿化工作情况的报告、关于退役军人事务工作情况的报告和市人大常委会关于提请任免部分工作人员职务的说明、市政府关于提请决定任免部分工作人员职务的说明、市监委关于提请任免部分工作人员职务的说明、市中级人民法院关于提请任免部分工作人员职务的说明、市人民检察院关于提请免去和批准部分工作人员职务的说明。表决通过关于修改《石家庄市城市居民委员会组织条例》《石家庄市肉品管理条例》的决定、关于废止《石家庄市房屋登记条例》等8部地方性法规的决定及相关人事任免事项。

7月2日，市第十四届人大常委会第三十九次会议举行。表决通过关于接受两名副市长辞去副市长职务请求的决定、关于接受白峰辞去市中级人民法院院长职务请求的决定、关于接受1名市人大常委会委员辞去委员职务的决定、关于李霁为市中级人民法院代理院长的决定。

8月13日，市第十四届人大常委会第四十次会议举行。学习习近平总书记在庆祝中国共产党成立100周年大会上的重要讲话精神。审议关于召开市第十五届人民代表大会第一次会议有关事项的报告及关于召开市十五届人大一次会议的决定、建议议程和名单草案，审议通过市人大常委会工作报告（稿）。审议关于市第十五届人民代表大会代表资格的审查报告、关于办理市十四届人大六次会议代表建议情况的报告、关于2021年国民经济和社会发展计划1～6月执行情况的报告、关于2021年1～6月份预算执行情况的报告、关于2020年市本级决算和市总决算情况的报告、关于2020年度市本级预算执行及其他财政收支情况的审计工作报告。审议通过关于批准2020年市本级决算的决议。表决通过关于批准2021年新增政府债券市级预算调整方案的决定。

【市第十五届人大常委会会议】 9月

18日，市第十五届人大常委会第一次会议举行。审议关于“七五”普法工作开展情况和“八五”法治宣传教育规划情况的报告、关于“6+1”联动监督“回头看”和四项联动监督执法检查情况的报告、关于“6+1”联动监督整改落实“回头看”和四项联动监督相关领域工作情况的报告。表决通过《石家庄市人大常委会关于加强电动车规范管理的决定》《石家庄市人大常委会关于开展第八个五年法治宣传教育的决议》及人事任免事项。

10月27日，市第十五届人大常委会第二次会议举行。审议关于开展整治群众反映强烈问题工作情况的报告、关于检查《中华人民共和国水土保持法》和《石家庄市水土保持条例》实施情况的报告、关于检查《中华人民共和国体育法》和《河北省全民健身条例》实施情况的报告、市中级人民法院关于执行工作情况的报告。表决通过《石家庄市人大常委会关于加强新建居住项目容积率管控的决定》及人事任免事项。

12月22日，市第十五届人大常委会第三次会议举行。学习中共十九届六中全会精神、省第十次党代会精神及省委人大工作会议精神。审议关于市第十五届人大一次会议代表建议办理情况的报告、关于《2020年度市本级预算执行和其他财政收支的审计工作报告》中有关问题整改情况的报告。表决通过关于召开市第十五届人大二次会议的决定和《石家庄市爱国卫生条例》《石家庄市养犬管理条例（修订案）》《石家庄市全民健身条例》及关于批准2021年预算调整方案的决定、关于接受陈玉祥辞去市监察委员会主任职务请求的决定等。

【市人大常委会主任会议】 全年市人大常委会召开主任会议23次，研究和讨论议题117项。研究须提交市人大常委会会议各项视察报告、调研报告、执法检查情况报告和人事任免事项及市人民代表大会、市人大常委会会议等重要会议会务筹备。研究市人大常委会四项联动监督工作方案、解决房地产历史遗留问题、电动车综合治理、推动现代商贸物流产业发展、市第十四届人大及其常委会工作总结、举办市人大代表和市县两级人大干部素质提升培训班、石家庄市第十五届人大常委会咨询委员会章程（草案）、市监察委员会开展整治群众反映强烈问题工作情况等事项。研究《石家庄市爱国卫生条例（草案）》《石家庄市养犬管理条例（修订草案）》《石家庄市全民健身条例（草案）》《石家庄市滹沱河保护条例（草案）》《石家庄市出租汽车管理条例修正案（草案）》《〈石家庄市城市居民委员会组织条例修正案（草案）〉和〈石家庄市肉品管理条例修正案（草案）〉》《石家庄市人大常委会关于加强电动车规范管理的决定（草案）》《石家庄市人大常委会关于加强我市新建居住项目容积率管控的决定（草案）》《石家庄市人大常委会关于开展第八个五年法治宣传教育的决议（草案）》及关于废止《石家庄市房屋登记条例》等8部法规的有关事项、关于加强人大对政府债务审查监督的实施意见（征求意见稿）等。听取各委（办、室）2021年工作计划、工作要点、工作总结，2022年主要工作计划，市十四届人大六次会议、市十五届人大一次会议代表议案和建议批评意见及代表建议办理情况，关于评选2020年度优秀市人大代表建议和优秀市第十四届人大代表及先进承办单位的情况汇报等。

【人大代表重点建议】 全年10项12件市人大代表建议被确定为2021年重点建议。分别为：1.关于解决南三条区域内道路交通堵塞的建议（第168号，领衔代表：何景利）。2.关于加强冷链食品监测力度强化食品安全的建议（第80号，领衔代表：刘磊磊）。3.关于促进全市外向型生产企业融入“双循环”新格局的建议（第206号，领衔代表：李刚）。4.关于建设省级西柏坡红色乡村振兴示范区的建议（第269号，领衔代表：焦习军）。5.关于加强渣土运输车辆管理的建议（第195号，领衔代表：武晓峰）。6.关于完善石家庄市水排放系统的建议（第70号，领衔代表：刘海云）。7.关于加强县级疾控系统体系建设及乡村公共卫生人才培养的建议（并案），包括关于加强县级疾控系统体系建设的建议（第36号，领衔代表：马凤改），关于加强石家庄市乡村公共卫生人才培养的建议（第326号，领衔代表：赵永梅）。8.关于解决红色旅游资源保护和建设存在问题的建议（第328号，领衔代表：郭忠亮）。9.关于规范氨水生产行业，消除安全环保隐患的建议（第299号，领衔代表：谭运江）。10.关于提高养老护理人员培训教育水平的建议（并案），包括关于构建养老护理培训平台，开展养老护理教育服务的建议（第49号，领衔代表：段林国），关于提升养老护理人员专业性及职业化的建议（第22号，领衔代表：杨振福）。

【视察、调研、执法检查活动】 全年听取和审议市“一府两院”专项工作报告20项，开展视察调研64次，专题询问3次，执法检查9次。6月21日，省人大常委会执法检查组到石家庄市，开展《中华人民共和国固体废物污染环境防治法》《河北省固体废物污染环境防治条例》《河北省城乡生活垃圾分类管理条例》3个法律法规落实情况执法检查。围绕全市重点工作，集体视察优化营商环境、加快项目建设推动高质量发展、解决房地产历史遗留问题、电动车综合治理、推动现代商贸物流产业发展、三环路辅路贯通工程和绕城高速以内高速公路取消收费、大气污染防治、小街小巷整治提升和违章建筑专项整治工作情况。结合市人大常委会年度议题，开展2020年环境状况和环境保护目标完成、再生资源回收管理、农业生产及农牧产品质量安全、乡村振兴工作、人民防空工作、市政府落实《石家庄市人大常委会关于加强建筑工地信息公开规范管理的决定》、加强中西医结合提高疫病防治能力、消防工作、公共医疗卫生服务建设和滹沱河生态修复、国有资产管理、退役军人事务工作、太行山生态绿化、法院执行工作、安全生产、残疾人康复、义务教育发展和网上代表家站建设运行情况等专题视察活动。执法检查活动涵盖内容主要有：《中华人民共和国体育法》《河北省全民健身条例》《中华人民共和国水土保持法》《石家庄市水土保持条例》《中华人民共和国旅游法》《河北省旅游条例》及“6+1”联动监督“回头看”和四项联动监督等。专题调研活动主要有：全民健身、国有资产管理、滹沱河生态修复三期工程、医疗保障制度改革发展、基层医疗卫生机构传染病预防能力建设、农村集体股份经济合作社开展等。

链接：

四项联动监督：是指优化营商环境、农业结构调整、地下水超采治理、公共医疗卫生服务4个重点领域开展联动监督。

（李勇）

石家庄市人民政府

【**概况**】2021年石家庄市人民政府以习近平新时代中国特色社会主义思想为指导，贯彻落实党的十九大和十九届二中、三中、四中、五中、六中全会精神及中共河北省委、石家庄市委的决策部署，重点围绕市委十届十二次、十三次全会和市第十一次党代会及市委十一届一次、二次全会提出的目标任务，以省会高质量发展、经济总量过万亿和建设现代化、国际化美丽省会城市为目标，聚焦实施拥河发展、国企改革、“6+1”专项行动、城市更新、乡村振兴和改善城乡面貌、优化营商环境、增强市场活力、打造5个以上千亿级产业集群等重点工作，破解经济发展和疫情防控影响因素，实现主要经济指标好于预期、空气质量“退后十”、疫情防控形势总体稳定的好成绩。

2021年6月1日，市长马宇骏（左二）到新华区西苑小区调研指导老旧小区改造项目，与居民互动交流，倾听老百姓诉求（市政府办公室提供）

经济运行保持稳定。2021年全市完成地区生产总值6490.3亿元，同比增长6.6%；一般公共预算收入681.4亿元，同比增长7.8%；实际利用外资19.4亿美元，同比增长4.9%；进出口总值1481.2亿元，同比增长9.2%，其中，出口总值857.1亿元，同比增长9.1%。财政收入、出口总值排名全省11个设区市第一名。农林牧渔业总产值731.1亿元，同比增长7.2%。粮食播种面积66.5万公顷，同比增加0.06公顷；总产量432.42万吨，同比增长0.4%；平均亩产433千克。其中，小麦播种面积28.38万公顷，总产量198.49万吨，平均亩产466千克；玉米播种面积32.9万公顷，总产量215.1万吨，平均亩产436千克。规模以上工业企业1923家，规模以上工业企业总资产6619亿元，营业收入5102.8亿元；利润345.7亿元，同比下降15.8%。市区居民消费价格指数同比上涨0.9%。社会消费品零售总额2501.2亿元，同比下降5.0%。

产业集群优势显现。三次产业结构比例调整为7.8∶32.5∶59.8，第三产业占比下降2.2个百分点。产业结构持续优化，主导产业强势推动，2021年全市七大主导产业营业收入4283.8亿元，同比增长14.5%，占全市规模以上工业营业收入的83.9%；实现利润338.9亿元，同比增长34.9%，占全市规模以上工业利润总额的98.0%。实施省市重点项目352个，总投资3015.4亿元，完成投资1176.86亿元，占年度计划138.94%。

城乡建设快速推进。加快城市更新项目建设，在二环内做“减法”、二环外做“乘法”，大力实施拥河发展战略，拉开城市建设发展框架。2021年全市共谋划开工42个城市更新重点项目，其中城中村改造高品质示范区项目9个，集中安置区项目3个，城市更新项目6个，1975年以前建设的老旧小区危旧房屋更新工程6个，重点片区城市更新项目2个，道路、绿化等工程16个；全市棚户区改造开工10个项目，共5989套，开工任务完成率达到100.03%，基本建成12141套，任务完成率达到104.5%，计划实施老旧小区改造645个，实际改造完工658个，涉及11万户，受益群众34万人。强力推进农村厕所革命、污水治理、垃圾清理、美丽庭院创建等环境改善7项重点工作。全年改造提升户用卫生厕所22.31万座、公厕1828座；无害化厕所普及率达到87.41%。2021年9月15日，石家庄市鹿泉区“坚持五种思维 小村规撬动乡村大治理”的经验做法作为全省唯一一个案例入选第三批全国乡村治理典型案例。

生态环境持续好转。2021～2025年开展科学精准依法治污，1926台燃气锅炉完成低氮改造，3094家涉VOCs企业实行“一厂一策”，47家企业完成超低排放改造，全市历史性实现空气质量“退后十”目标；全市共办理污染环境行政处罚案件1998件，罚款8472.16万元，办理环保法配套办法案件89件，空气二级以上优良天数达到240天，空气优良率65.8%，同比提高9.8个百分点；重污染天数16天，重污染天数比例4.4%，同比下降1.3个百分点；空气质量综合指数为4.89，同比下降1.07。河流水质优良率达到60%以上。栾城区土壤治理与修复试点项目、赵县重点区域耕地污染治理与修复项目完成总体验收。

民生事业稳步发展。2021年全市财政用于民生事项支出856.9亿元，占一般公共预算支出比重78.2%。省20项民生工程和市10件惠民实事全面完成。做好新冠肺炎疫情防控，至2021年底，石家庄市确诊新冠肺炎病例1101例，除1名患者因基础病死亡外，其余全部治愈出院。2021年全市城乡居民人均可支配收入33555元，同比增长8.4%。其中，城镇居民人均可支配收入43024元，增长6.9%；农村居民人均可支配收入18676元，增长10.2%。2021年全市居民人均消费支出21879元，比上年增加2468元，增长12.7%。其中城镇居民人均消费支出为26906元，比上年增加2039元，增长8.2%。农村居民人均消费支出达到13978元，比上年增加2792元，增长25.0%。城镇新增就业13.9万人，城镇登记失业率3.39%，农村劳动力转移就业5.9万人。2021年石家庄市5个县（市、区）获批或复核保留河北省洁净城称号，3个县（区）复核保留河北省园林城称号，2个县获批命名为河北省森林城，2个县获批命名为河北省卫生城，7个县（区）获批命名为河北省双拥模范城。

（薛鹏飞　庄肃新）

【市政府领导及工作部门组成人员】

市　　长：邓沛然（1月免）
　　　　　马宇俊（1月代，2月任）
常务副市长：
　　　　　李雪荣（2月免）
　　　　　李克良（8月任）
副 市 长：马宇骏（1月任，2月免）
　　　　　孟祥红（女，8月免）
　　　　　蒋文红（7月免）
　　　　　姜阳　（8月免）
　　　　　黄三平（7月免）
　　　　　高玉柱（8月免）
　　　　　詹鹏　（8月任）
　　　　　梁昆　（8月任）
　　　　　郑巍　（8月任）
　　　　　张峰珍（8月任）
　　　　　管云天（8月任）
秘 书 长：苏志超（8月免）
　　　　　宋国宏（9月任）
常务副秘书长：
　　　　　王建峰（1月免）
　　　　　常振峰（3月任，5月免）
　　　　　刘国勤（5月任，11月免）
副秘书长：陈会强（7月免）
　　　　　刘国勤（11月任）
　　　　　张峰珍（8月任，8月免）
　　　　　金福中（12月任）
　　　　　刘建立
　　　　　郭彦军
　　　　　徐志峰（10月任）
　　　　　魏战路
　　　　　杨文斌（11月免）
　　　　　盖明力（6月免）
　　　　　左晗伟
　　　　　李富强（1月任）

政府办公室

主　　任：苏志超（8月免）
　　　　　宋国宏（8月任，

11 月免）
刘国勤（11 月任）

发展和改革委员会（粮食和物资储备局、口岸和物流发展办公室）
主　　任（局长）：
赵建林
副 主 任：赵春来　吴书科
刘趁通　曹建宏
李云庆（12 月免）
傅晓靖（9 月免）
王士忠（10 月任）

教育局
局　　长：赵立芬（女）
党组副书记：
马建国（11 月免）
郝进社（6 月免）
副 局 长：马建国　马力
李玉金（11 月任）
熊萍　（11 月任）
李立水（11 月免）

科学技术局（外国专家局）
局　　长：王雁南（6 月免）
常志卷（9 月任）
副 局 长：郝金卓
张志敏（10 月免）
柯旭　（外国专家局局长）

工业和信息化局（市委军民融合发展委员会办公室）
局　　长：刘生彦（10 月免）
戴宝进（12 月任）
副 局 长：徐东　（5 月免）
邢卫建（11 月免）
刘俊德（6 月免）
戴宝进（9 月任，12 月免）
冯文斌
二级巡视员：
徐东　（5 月任，9 月退）

民族宗教事务局
局　　长：李占领（女，10 月免）
孙世煦（10 月任）
副 局 长：王洪河（12 月免）
褚国成（回族）
王凤余　熊国平

公安局
局　　长：黄三平（7 月免）
梁昆　（7 月任，副市长）
常务副局长：
王广维（7 月免）
康海潮（10 月任）
副 局 长：张科杰（10 月免）
李保进（4 月任）
吴志亭（10 月免）
刘子君（10 月免）
张旭照（10 月免）
张岐岗（7 月免）
宋品升（10 月任）
葛涛　（10 月任）
姜俊军（10 月任）
王颖　（10 月任）
政治部主任：
陈英　（12 月免）
特勤局局长：
崔志强
公安交通管理局局长：
马立新（10 月免）
王晓龙（10 月任）

民政局
局　　长：左力鸥（6 月免）
张敏周（6 月任）
副 局 长：聂群英
黄少华
常俊华

司法局
局　　长：郑国良（4 月免）
刘志魁（4 月任）
副 局 长：赵成英（7 月免）
张和起（11 月免）
王一兵
马立新（10 月任）
王书刚（10 月任）
政治部主任：
高新展（4 月任）

财政局
局　　长：王东华（6 月免）
曹铂　（6 月任）
副 局 长：邵卫东
周巧娥（女）
赵明欣

人力资源和社会保障局
局　　长：张忠良（2 月免）
梁建林（2 月任）
副 局 长：徐龙蛟（9 月免）
王建敏
刘子君（10 月任）
张佐礼（6 月任）

自然资源和规划局
党组书记：赵路新
局　　长：李惠林
副 局 长：董志明　杜敏海
李少恒　梁伟
张晓普　滕斌

生态环境局
局　　长：李君涛
副 局 长：李朝亮（9 月免）
邢义科（9 月免）
马玉辰（9 月免）
李哲　　冀平
王建立（11 月任）
康媛媛（11 月任）
刘炜（11 月任）

住房和城乡建设局
局　　长：付庆文
副 局 长：王立新（11 月任）
曹新杰（9 月免）
楚臣　（6 月免）
岳新海　李智强
刘建身（10 月任）
苑志杰（10 月任）

城市管理综合行政执法局（城市管理局）
党组书记：贾建文（10 月免）
薄力　（10 月任，11 月免）
郑巍　（11 月任，副市长）

局　　长：贾建文（10月免）
薄力　（10月任，12月免）
副 局 长：李景再　黄久胜
杨军平　李永青
刘文栋

交通运输局

局　　长：米志奇（6月免）
李宪英（6月任）
副 局 长：闫炳华（6月免）
张立欣（9月免）
张书江　朱增奇
张子云（邮政管理局局长）
二级巡视员：
米志奇（2月任）

水利局

局　　长：谷维真（6月免）
王勇军（6月任）
副 局 长：马福恒　张振军
谢晓彤（女）

农业农村局

局　　长：王溪波
副 局 长：刘军普
陈玉山（9月免）
李茂昌（12月免）
刘芬玲　陈彦良
徐志峰（10月免）
高地动

林业局

党组书记：董志明（6月任）
局　　长：董志明（6月免）
刘军峰（6月任）
副 局 长：刘志刚　贾彬
岳杏娟　温连吉

商务局

局　　长：常志卷（9月免）
王晓辉（9月任）
副 局 长：刘平　　赵磊
王松林（11月免）
杜铁行

投资促进局

局　　长：赵勇
副 局 长：董民　　杨会印
王黎明（2月免）
张建龙（11月任）

文化广电和旅游局（文物局）

党组书记：赵俊芳
局　　长：曹娜　（女，4月任）
副 局 长：刘庆卫　任保山
张蕾　　孙瑞峰
谢占凯（3月免）
王谏　（12月免）
刘寒　（12月免）
张跃新（12月免）
二级巡视员：
李波

卫生健康委员会（爱国卫生运动委员会办公室）

主　　任：崔芸　（女）
党组副书记：
甄继革
张国军
副 主 任：张国军　王金海
张东生
魏建英（女）
市中医药管理局局长：
施文国
市干部保健局局长：
马战国
二级巡视员：
王华平（女）

退役军人事务局

局　　长：李海峰
副 局 长：
杜士海
李红武
李伟
二级巡视员：
吕军英

应急管理局（地震局）

党委书记：暴胜贤
局　　长：王云辉（6月免）
暴胜贤（6月任）
副 局 长：刘军　　王德环
杨卫东（3月免）
李天征（3月免）
宋建昌　扈传淼
刘英杰（6月任）

审计局

局　　长：裴晓青
副 局 长：李强平　尹建明

外事办公室

主　　任：王红　（女）
副 主 任：孟硕　　樊为民
王小平　魏亚钦

国有资产监督管理委员会

主　　任：张军卫
党委副书记：
胡增军（9月免）
习立刚
武力军（9月任）
副 主 任：习立刚　杨剑
林树新　杨建立
刘向东

市场监督管理局（知识产权局）

党组书记：宋国宏（8月免）
冯素伟（8月任）
局　　长：张新峰（6月免）
冯素伟（6月任）
副 局 长：谢艳华　牛学建
孙桂莲（5月免）
路拴增　尹兵辉
韩秀娟　杜瑞行
杜爱朝　李建
王大林（6月免）
王振刚（10月免）
二级巡视员：
张新峰（5月任）

体育局

局　　长：任维维
副 局 长：黄增国（3月免）
乔茜　（3月任）
吴丽艳　宋连军
赵敏生

统计局

局　　长：金福中（12月免）
徐龙蛟（12月任）
副 局 长：王玉洁　温朝中

穆景彦

普查中心主任：

李西林

政府研究室（政府参事室）

主　　任：赵士宗（4 月免）

盖明力（6 月任）

副 主 任：梁德忠　刘礼英

谷鹏

人民防空办公室

主　任：尹勃

副主任：刘金虎　姜辉

蔡忠义　马会云

郭之栋（11 月任）

扶贫开发办公室（2021 年 6 月撤销）

党组书记：赵永利（6 月免）

郭建强（5 月任，6 月免）

主　　任：赵永利（6 月免）

副 主 任：程辉　（6 月免）

陈彦虎（6 月免）

吴俊磊（6 月免）

张端瑞（6 月免）

乡村振兴局（2021 年 6 月组建）

局　　长：刘亚红（女，6 月任）

副 局 长：程辉　（6 月任）

陈彦虎（6 月任）

吴俊磊（6 月任）

张端瑞（6 月任）

地方金融监督管理局（金融工作办公室）

局　　长：赵东

副 局 长：王晓辉（5 月免）

辛裕　（5 月免）

常良　刘建龙

行政审批局（政务服务管理办公室）

党组书记：李雪荣（2 月免）

李克良（9 月任）

局　　长：周树仁（6 月免）

李玉涛（6 月任）

副 局 长：高国欣　王文亭

刘然　（5 月免）

公共资源交易中心主任：

苗杰超

医疗保障局

党组书记：李向阳（1 月任）

局　　长：邓小梅（女，4 月免）

李向阳（4 月任，6 月免）

陈玉联（6 月任）

副 局 长：李利佳　韩新山

蒋桂雨（11 月任）

医保中心主任：

王鑫　（4 月任）

园林局

局　　长：刘金文

副 局 长：冉荣珍　赵素校

姚斌　　崔青凯

数据资源管理局

局　　长：陈健敏

副 局 长：廉晓红（10 月免）

王梅林（3 月免）

陈金海

魏海强（10 月任）

于惠　（女，10 月任）

二级巡视员：

陈健敏（2 月任）

【市政府常务会】 2 月 13 日，市政府第 85 次常务会议举行。研究审议《政府工作报告》《石家庄市国民经济和社会发展第十四个五年规划和二〇三五年远景目标纲要》《关于石家庄市 2020 年国民经济和社会发展计划执行情况与 2021 年国民经济和社会发展计划（草案）的报告》《关于 2020 年预算执行情况和 2021 年预算草案的报告》。听取 2021 年石家庄市拟办民生实事项目汇报。

2 月 21 日，市政府第 86 次常务会议举行。研究审议《关于统筹疫情防控和经济社会发展确保一季度开好局起好步的若干措施》《石家庄市黄庄公寓项目计价实施意见》《石家庄市“奋战一季度加快退后十”攻坚实施方案》《关于进一步推进我市服务业改革开放发展的二十项措施》《大力提升重点产业链供应链稳定性和竞争力行动计划（2020 ～ 2022 年）》《石家庄市滹沱河污水处理厂二期扩容特许经营项目实施方案》《石家庄中央商务区建设和重点产业发展扶持办法》。听取 2020 年度市生态环境保护委员会办公室工作开展情况及 2021 年工作谋划、2021 年全市信息化建设项目计划安排工作汇报。

3 月 15 日，市政府 87 次常务会议举行。研究审议《关于全面推进乡村振兴加快农业农村现代化的实施意见》《关于进一步优化营商环境更好服务市场主体的若干措施》《关于支持商贸服务业健康发展的措施》《关于加快推进企业挂牌上市工作的意见》《石家庄滹沱河生态修复工程（中华大街至藁城城区东）PPP 项目绩效评价工作方案》《石家庄市空气质量综合指数退后十攻坚行动方案》。听取关于为正定县谷泽凡、新乐市马文耀申评烈士的情况汇报。

4 月 7 日，市政府第 88 次常务会议举行。研究审议《石家庄市人民政府 2021 年工作要点》《石家庄市基层医疗机构抓“四早”促常态提能力强保障工作实施方案》《石家庄市高质量发展综合绩效评价实施办法（试行）》《石家庄市美丽乡村建设行动实施方案（2021 ～ 2025 年）》《石家庄市深化新时代教育督导体制机制改革的若干措施》。听取石家庄市未完善手续房地产专项整治（解遗）项目继续执行专项整治（解遗）政策事宜、石家庄市居住区建筑风貌与容积率联动创新办法、长安区环岛豪庭二期项目匹配用地事宜、授权高新区城中村改造审批职能事宜的汇报。

4 月 27 日，市政府第 89 次常务会议举行。学习习近平总书记在“领导人气候峰会”上的重要讲话——《共同构建人与自然生命共同体》。研究审议《关于实现巩固拓展脱贫攻坚成果同乡村振兴有效衔接的实施意见》《2021年城建计划（草案）》《2021年立法工作计划》《石家庄市出租汽车管理条例修正案（草案）》《石家庄市2021年大气污染综合治理工作方案》。听取石家庄市主城区启动联动机制疏导天然气销售价格汇报。

5月19日，市政府第90常务会议举行。研究审议《石家庄市巡游出租汽车经营权管理改革实施意见（试行）》《2021年城建计划（草案）》《石家庄市2021年度落实河长制重点工作推进方案》《石家庄市进一步规范生态环境综合行政执法工作实施方案》。听取市政府部门权责清单编制、关于授权石家庄经济技术开发区行政执法事项的汇报。

5月29日，市政府第91次常务会议举行。研究审议《关于贯彻落实全省支持省会建设发展大会精神 建设现代化国际化美丽省会城市当好经济强省美丽河北排头兵领头雁的实施意见》。

6月10日，市政府第92常务会议举行。学习《中华人民共和国乡村振兴促进法》。研究审议《石家庄市关于加强农业科技社会化服务体系建设的实施意见》《石家庄市国企改革三年行动实施方案（2020～2022年）》《2021年石家庄市法治政府建设工作要点》《石家庄市城市居民委员会组织条例修正案（草案）》《石家庄市肉品管理条例修正案（草案）》。听取石家庄市区域空间生态环境评价暨“三线一单”编制、市第二强制隔离戒毒所监所改建项目资金缺口、关于谈固社区第二社区北区项目商改住和配地事宜的汇报。

6月29日，市政府第93次常务会议举行。研究审议《关于落实〈省委省政府关于支持省会建设发展的意见〉的实施方案》。

7月14日，市政府第94次常务会议举行。研究审议《关于提请市人大常委会作出加强电动车规范管理相关决定的议案》《石家庄市规范停车场管理工作方案》《关于落实〈河北省人民政府办公厅关于进一步推进工程建设项目审批增速提效的实施意见〉的工作方案》《关于推动中国（河北）自由贸易试验区正定片区吸引人才集聚的办法》《石家庄市县城建设提质升级三年行动实施方案（2021～2023年）》《关于推进TOD综合开发保障轨道交通可持续发展的实施意见》《关于全面推行林长制的若干措施》《石家庄市关于深化体教融合促进青少年健康发展的实施意见》《关于持续深化供销合作社综合改革助力全面推进乡村振兴的实施方案》《关于设立“石家庄桥西·金融商务示范区”的情况汇报》《关于进一步发展壮大农村集体经济的实施方案》《石家庄市关于完整准确全面贯彻落实新发展理念的实施意见》。

7月30日，市政府第95次常务会议举行。学习《关于深化统计管理体制改革提高统计数据真实性的意见》《统计违纪违法责任人处分处理建议办法》《防范和惩治统计造假、弄虚作假督察工作规定》。研究并通过《网格化监管“1+4”问责机制》《石家庄市生态环境系统派出分局局长异地任职交流实施办法》《石家庄市生态环境违法典型案件定期曝光工作机制》《石家庄市生态环境违法行为举报奖励办法》《石家庄市污染源自动监控第三方运维监督制约机制》等生态环境保护工作机制及《石家庄市主城区公厕提标、建设和加强管理的实施方案》《关于进一步推进全市生活垃圾分类工作的若干措施》《关于持续深化“证照分离”改革进一步激发市场主体发展活力的实施方案》《新时代推进国有经济布局优化和结构调整行动方案》《关于建立健全生态产品价值实现机制的若干措施》《石家庄·滹沱河生态经济带产业发展规划（2021～2035年）》。听取关于疫情期间酒店租用等费用情况的汇报。

8月1日晚，市政府第96次常务会议举行。研究审议《石家庄市主城区应急水源地调整方案》。

8月18日晚，市政府第97次常务会议举行。听取《政府工作报告》起草情况汇报，研究并原则通过《政府工作报告》。

9月3日，市第十五届人民政府第1次常务会议举行。研究审议《石家庄市主导产业发展基金设立方案》《石家庄市主导产业发展基金管理暂行办法》《关于推动招商引资工作高质量发展的实施方案》《关于建立健全政务数据共享协调机制加快推进数据有序共享的实施意见》《石家庄市推进教育高质量发展的若干措施》《石家庄市深化新时代教育评价改革推进方案》《关于保留市人民医院范西路院区的情况汇报》《石家庄市市政建设工程质量缺陷责任期与保修期管理规定》《石家庄市户外广告设置管理办法》《石家庄市城中村改造试点项目推进方案》及相关政策。

9月12日晚，市政府第2次常务会议举行。研究并原则通过城市更新管理办法。听取“6+1”联动监督整改落实“回头看”和四项联动相关领域工作情况汇报。研究省级以上开发区扩区托管产业园区清单和工业企业“四个一批”清单有关事项。

9月22日，市政府第3次常务会议举行。学习《中华人民共和国行政处罚法》。研究审议《石家庄市停车场管理办法（草案）》《石家庄市推动企业挂牌上市三年行动计划（2021～2023年）》《关于积极应对人口结构变化的实施方案》《关于进一步深化“放管服”改革的实施方案》。听取关于解决鹿泉区、藁城区及循环化工园区建设项目遗留问题、关于赵县谢庄乡撤乡设镇行政区划调整的汇报。

9月28日晚，市政府第4次常务会议举行。研究审议《石家庄市新一代电子信息产业发展规划（2021～2025年）》《石家庄市生物医药产业发展规划（2021～2025年）》《石家庄市装备制造业发展规划（2021～2025年）》《石家庄市现代食品产业发展规划（2021～2025年）》《石家庄市现代商贸物流产业发展规划（2021～2025年）》《石家庄市城市更新基金设立方案》《石家庄市城市更新基金管理暂行办法》。听取全市安全生产工作情况汇报。

10月8日，市政府第5次常务会议举行。学习《中华人民共和国安全生产法》。研究审议《关于鼓励工业企业技术改造的若干措施》《关于支持培育（引进）规模以上工业企业的若干措施》《关于推进外贸倍增计划的实施意见》《关于推进更高水平对外开放加快现代化国际化美丽省会城市建设的意见》。听取石家庄市近期降雨致灾、相关地方性立法工作、巩固拓展脱贫攻坚成果、联邦集团实施托管、加快推进和彻底解决房地产遗留问题情况的汇报。

10月18日，市政府第6次常务会议举行。研究审议《关于深入贯彻落实中央政治局会议精神和省委省政府有关通知精神全力抓好后几个月经济工作的若干措施》《石家庄市规范民办义务教育发展专项工作方案》《关于进一步减轻义务教育阶段学生作业负担和校外培训负担的实施方案》《关于加快实施科技强市行动的实施意见》《关于加强我市新建居住项目容积率管控的决定（草案）》《石家庄市第十五届人民政府工作规则》。听取关于滹沱河河心岛相关资产划转至石家庄旅投集团有关事项的汇报。

11月11日，市政府第7次常务会议举行。研究审议《关于支持现代商贸物流业做大做强的若干措施》《石家庄市全面深化服务贸易创新发展若干政策措施》《关于落实省委省政府加快开发区创新发展提升能级的若干措施的实施方案》《石家庄市市级党政机关商务活动（接待）管理办法（试行）》《关于加快市区1975年以前危旧住房更新工作的实施意见》《关于加快发展保障性租赁住房的实施办法》《石家庄市关于实施主城区排水管网改造工作的方案》。听取石家庄市第六批引进高层次科技创新创业人才工作情况汇报。

11月22日，市政府第8次常务会议举行。研究审议《关于依法科学精准实施大气污染管控持续推进大气环境质量改善的实施意见》《山西省涉我市流域上下游突发水环境事件联防联控相关协议》《石家庄市政府投资管理办法》《石家庄市易地交流干部工作生活保障办法（试行）》《关于推动公立医院高质量发展的实施意见》《关于科学绿化的实施意见》《关于废止部分市政府规章的决定（草案）》。听取全市耕地保护督察有关情况汇报。

12月16日，市政府第9次常务会议举行。传达学习中央和省经济工作会议精神，研究市政府系统贯彻落实意见。

【市长恳谈会】 企业家·市长恳谈会。9月4日，首次企业家·市长恳谈会举行。参会企业市场主体18家，主要包括工业、餐饮、商贸流通、农业等行

2021年10月9日，市政府首次召开市民·市长恳谈会（市政府办公室提供）

2021年11月13日，市政府召开第二次企业家·市长恳谈会（市政府办公室提供）

业，重点解决企业生产经营中存在的困难和问题，推动全市经济创新发展、绿色发展、高质量发展。11 月 13 日，第二次企业家·市长恳谈会举行。重点围绕新一代电子信息产业率先突破主题，探讨产业发展方向、细分领域优势、集群发展路径等对策，研究现阶段石家庄市新一代电子信息产业发展面临的问题和短板。市民·市长恳谈会。10 月 9 日，首次市民·市长恳谈会举行。参会市民 12 位，重点围绕如何把石家庄这座城市建设得更加美好，开展深入交流和面对面座谈。12 月 4 日，第二次市民·市长恳谈会举行。参会市民 24 位，重点围绕疫情防控主题，听取石家庄市疫情防控亲历者和参与者代表发言。

【利民惠民 10 件实事】 2021 年石家庄市委、市政府紧扣“学党史、悟思想、办实事、开新局”的目标要求，贯彻落实“以人民为中心”的发展思想，树牢为民情怀，坚持问题导向，立足群众需求，以“我为群众办实事”实践活动为抓手，用心用情用力解决基层困难事、群众烦心事，大力提升人民群众的获得感幸福感安全感。至 2021 年底，市政府确定的 10 件利民惠民实事全部完成或超额完成目标任务。

表 12　　2021 年石家庄市 10 件利民惠民实事一览表

序号	实事名称	完成情况
1	打通 10 条城区道路	至 2021 年 11 月底，体育大街（贯商路—方村路）、城中路（胜利大街—西城街）、汇明路（红旗大街—中华大街段）、塔北路（建设大街—东王东街）、京广东街北地道、金明街（绵河道—东垣东路）、中营街（水域北路—北二环西延段）、槐河路（天山大街—秦岭中街段）、汇新路（友谊大街—红旗大街）、仓盛路（建设大街—裕翔街）10 条城区道路全部贯通，畅通了交通路网微循环。
2	完成 645 个老旧小区改造和 20 个街区、街道全方位改造提升	至 2021 年 11 月底，石家庄市完成 658 个老旧小区改造任务；创建和打造精品街区、街道 21 个，清理拆除街道沿线两侧违章建筑，统一设计沿街商铺牌匾、墙面及街道两侧绿化设施等，街路及小区更加凸显风貌特色和历史文化内涵。
3	新建或改建 15 家便民市场	至 2021 年 11 月底，长安区、新华区、裕华区、桥西区各建成 3 家，鹿泉区、藁城区、栾城区各建成 1 家，15 家便民市场建设任务全部完成，新建或改建便民市场面积达到 11 万平方米，市区“一刻钟便民生活圈”得到持续完善。
4	新建 30 所普惠性民办幼儿园	至 2021 年 8 月底，石家庄市完成 70 所普惠性民办幼儿园建设任务，超额完成 40 所；新增幼儿普惠学位 1.4 万余个。推动学前教育优质发展，采取改扩增设幼儿园、设立学前教育服务点等方式，全市实现农村地区学前教育全覆盖。
5	建设全民健身场地设施 100 处	至 2021 年底，石家庄市建设社区、村庄全民健身场地设施 1032 处，超额完成 932 处，市区基本形成“15 分钟健身娱乐休闲圈”。
6	建设 50 个高水平国医堂	至 2021 年 9 月底，石家庄市组织 500 名基层临床医师开展“西学中”人才培养活动；选派 50 个专家团队 105 名副高级及以上职称专家下乡出诊 776 人次，建设完成 50 个首席中医专家工作室；举办中医适宜技术推广课程 25 期，培训中医适宜技术骨干 528 人次；探索互联网与中医药服务深度融合，为 50 个高水平国医堂研发并安装中医智慧辅助诊疗系统。
7	新建 10 万平方米街旁游园	至 2021 年 10 月底，石家庄市区新建成枫丹园、绿舟园、谈北园、悦园、和平园、劝学园、青园、织锦园、锦色园、裕园 10 处 11.6 万平方米街旁游园，并在游园建有塑胶跑道、健身器材、太阳能灯、休憩座椅、无障碍通道等便民设施，成为市民休闲、娱乐、锻炼的好去处。
8	持续推进农村生活污水治理	2021 年石家庄市新发现 9 个农村黑臭水体全部整治完毕，农村黑臭水体治理实现动态清零。全年计划实施 176 个村庄生活污水治理项目，至 2021 年底，全市建设完成 1000 个村庄生活污水无害化处理工程、181 个村庄生活污水治理项目，农村群众用水安全得到持续改善。
9	完成滹沱河生态修复三期工程	至 2021 年 6 月底，滹沱河生态修复三期工程全面建成，市域 109 千米滹沱河全线水系实现贯通，“清水绿岸、鱼翔浅底”的滹沱美景重现眼前。
10	实现地铁 3 号线一期东段、二期开通运营	4 月 6 日，石家庄地铁 3 号线一期东段及二期工程建成运营，全长 14.9 千米。至此，石家庄地铁通车总里程达到 76.5 千米。地铁 3 号线一期东段及二期工程建设车站 12 座，较计划提前 20 天完工。

【建议与提案办理】 2021 年全市办理省人大代表建议、政协提案 123 件。其中，省人大代表建议 97 件，主办 82 件，会办 15 件；省政协提案 26 件，主办 20 件，会办 6 件。全年人大代表建议、政协委员提案均按时办结，答复函规范化率 100%，与代表委员沟通走访率 100%，满意率 100%。2021 年市政府系统承办市人大代表建议 626 件、市政协提案 807 件，其中，市十四届人大六次会议代表建议 348 件，市十五届人大一次会

议代表建议 278 件，市政协十三届五次会议提案 432 件，市政协十四届一次会议提案 375 件，满意和基本满意率达到 96%。

【政府办参谋文秘服务】 起草《关于大力支持省会建设和高质量发展的意见（代拟稿）》《石家庄市第十五届人民政府工作规则》等文件。编发《政府快报》107 期。上报国务院办公厅、省政府办公厅信息 1402 条，核发市政府、市政府办公室文件文电 444 件，其中列入文件统计范围 99 件。聚焦重点、难点，抓好综合事项协调，全年重点做好“六个专项行动”、违章建筑私搭乱建专项整治、大气污染防治、空气质量“退后十”攻坚战、疫情防控、突发事故灾害、省 20 项民生工程和市 10 件利民惠民实事等工作。开展市政府公开电话“群众满意度提升年”活动，全年受理群众诉求来电 311.59 万人次，同比增加 142.47 万人次；解决群众诉求事项 301.97 万件，按期办结率 91.13%，同比提高 7.47 个百分点。智能公文交换管理系统投入使用，全年登记办理批示文件 2 万余件，运转文件 10 余万件次，分发传阅文件 4 万余件，没有发生丢、漏、误件问题。做好会议服务保障，全年组织和承办各种会议及活动 355 次、市政府常务会议 25 次；值班值守接报处置突发事件 450 余起，接待市政府门口群众信访 800 余起。办理省交办社会舆情 3 件、自行监测舆情 57 件，答复网民留言 2672 件，反馈率、办理率均达 100%，2021 年石家庄市政府获评“2021 年人民网网民留言办理工作先进单位”。推进政务公开，全年主动公开各类政府信息“政策文件”1122 件、“重大会议”15 件、“重大决策”10 件、“乡村振兴”32 件、“食品药品监管”103 件、“稳岗就业”52 件、“养老服务”1 件、“义务教育”23 件、“涉农补贴”1 件、“公共文化服务”100 件、“社会救助”28 件、政策解读和政策直通车栏目解读文件 91 件；重点领域主动公开各种规划信息 238 件，其中，国民经济发展规划 17 件、国土空间规划 4 件、区域规划 4 件、专项规划 64 件、计划方案 149 件。规范平台信息管理，2021 年石家庄市政务新媒体矩阵平台发布政务微博 40286 篇，其中，各县（市、区）政务微博 19311 篇，政府部门政务微博 20975 篇；发布政务微信 50988 篇，其中，各县（市、区）政务微信 32207 篇，政府部门政务微信 18781 篇。9 条市政府政务服务热线合并，统一名称和标识，实现“一号响应”。2021 年市政府受理群众诉求来电 311.59 万人次，解决群众诉求事项 301.97 万件；市政府网站政府信箱收到网民留言 31627 条（市级部门 17845 条、县级政府 13782 条），其中，咨询类 15531 条、投诉类 15521 条、建言献策类 575 条，处理答复率 100%；办理人民网网民留言 2782 件，被河北省政府评为 2021 年全省政府系统人民网网民留言办理工作优秀单位。

（市政府办公室）

人力资源和劳动就业

【概　况】 2021 年石家庄市城镇新增就业 13.89 万人，完成省下达任务的 111.2%；城镇失业人员实现再就业 4.99 万人，完成省下达任务的 121.2%；城镇就业困难人员实现再就业 1.93 万人，完成省下达任务的 115.4%。农村劳动力转移就业 5.9 万人。城镇登记失业率 3.39%，控制在省下达指标 4.5% 以内。2021 年全市共有离校未就业高校毕业生 1.68 万人，就业率 97.9%。2021 年全市共有农民工 134.3 万人，其中，县内就业 115.3 万人，市内县外就业 15.1 万人，市外省内就业 1 万人，省外就业 2.9 万人。做好人才引进和人力资源服务，全年发放市人才绿卡 A 卡 915 张、B 卡 11191 张、县（市、区）卡 39160 张；设立海外人才服务站 4 家。2021 年石家庄四药有限公司、石家庄职业技术学院、石家庄市京华电子实业有限公司 3 家单位获评首批市级高技能人才培训基地，华药集团张建丽、麦特达电子科技有限公司张志忠、中车石家庄车辆有限公司张志 3 个工作室获评首批市技能大师工作室。

【高校毕业生就业创业】 制定出台《2021 年促进高校毕业生就业创业工作方案》《石家庄市促进 2021 年高校毕业生就业创业十条措施》。开展集中送岗、扶持创业、基层“留人”、“点对点”服务、职业技能提升、兜底帮扶、权益保护、政策宣讲 8 个专项活动。以市高校毕业生公共招聘网为基础，建成集供需对接、线上招聘、人事代理、就业指导等为一体的综合性市级公共服务平台。举办“石家庄高校毕业生秋季就业网络招聘会”线上招聘活动、“京津石（石家庄区域）人才交流会”及创业导师进校园、求职讲座进课堂等活动。落实创业担保贷款政策、一次性创业补贴、场地租金补贴或提供免费场地支持等措施。毕业 5 年内高校毕业生初次创业（不含入驻创业园区和创业孵化基地）、取得营业执照、登记就业、正常运营 6 个月以上的，给予 1 万元一次性创业补贴；毕业 5 年内高校毕业生在农村基层创业，取得营业执照、登记就业、正常运营 6 个月以上的，给予不超过 1 年生活补贴，补贴标准为每人每月 1000 元。符合条件高校毕业生，提供不超过 3 年的社保补贴。符合条件高校毕业生创办小微企业的，提供最高不超过500万元的创业担保贷款。适应互联网+、电子商务发展形势，实施美东创业孵化基地（主园区）转型升级，开展以孵化高校毕业生“主播”为主体，培育运用新媒体、平台赋能、主播带货等方式，打造专业的新型“电商直播”孵化基地。支持高校毕业生参加“三支一扶”活动。面向就业困难高校毕业生，开发设置城乡社区等基层公共就业服务、公共管理和社会服务、卫生防疫等临时公益性岗位，服务期最长不超过2年。建立离校未就业高校毕业生实名清单，本地户籍与外地来石求职全部纳入。做好贫困毕业生就业，重点关注建档立卡脱贫家庭毕业生、零就业家庭毕业生和残疾毕业生就业情况，落实困难高校毕业生求职创业补贴，开展“一对一”援助活动。暂时不能就业的高校毕业生，推荐到就业见习基地实习，发放就业见习补贴。简化高校毕业生就业手续，非公有制单位接收应届高校毕业生，所在地公共就业人才服务机构无须在就业协议书签章。加强用人单位和人力资源服务机构招聘行为监管，规范网络招聘秩序，打击“黑中介”、虚假招聘、乱收费、就业歧视等违法违规行为。加大企业用工行为监督检查，及时查处滥用试用期、拖欠试用期工资、不依法签订劳动合同等行为。全年石家庄市高校毕业生就业局势总体稳定。开展2021届高校毕业生临时性公益性岗位招聘，设置临时公益性岗位542个。12月13～18日，2021年石家庄市创业就业服务高校行活动举行，主题为“聚青春力量、助扬帆启航”，驻石10余所高校大学生参与“创业大讲堂、创业创新典型、创业云微课、创业项目征集、直播带岗”等线上线下活动。至2021年底，全市共有离校未就业高校毕业生1.68万人，就业率达到97.9%。

【劳动就业服务】“春风行动”专项招聘活动。2月18日至3月31日，全市“春风行动”专项招聘活动举行；主题为“春风送岗位、就业暖民心”；招聘期间，采取线上线下方式，举办招聘会243场次（含线下11场次），参加招聘企业3768家（含外省市439家），企业提供招聘岗位95257个（含外省市8922个），达成就业意向18230人。认定第三批石家庄市“双创”示范基地4个。其中，区域示范基地1家：桥西区；企业示范基地3家，分别为石家庄蜂创企业管理有限公司、河北天耕企业管理咨询有限公司、河北帮你创科技有限公司（赞皇县鸿华创业孵化基地）。落实失业保险稳岗返还政策，为1.75万家企业发放补贴9899万元，补贴规模位居全省第一；全年失业补助金审核通过9.44万人，发放补助金3.09亿元，受益率8.2%。扶持脱贫劳动力就业和自主创业，2021年全市脱贫劳动力就业8.13万人，易地扶贫搬迁脱贫人口就业861人，就业帮扶车间吸纳脱贫劳动力279人，返乡入乡创业带动就业5589人，乡村公益性岗位安置人员1.4万人。2021年全市发放创业担保贷款9750万元，直接扶持自主创业597人，带动就业1163人。

（孟东）

【人才强市政策】 优化人才发展环境，印发《关于加强人才支撑引领支持新一代电子信息产业和生物医药产业率先突破的若干措施（试行）》《关于进一步提高人才流动便利度工作实施方案》，出台《石家庄市科技成果转化风险补偿专项资金管理办法》《加强引进人才住房保障工作的实施意见》，制定人才引进措施27项。2月10日，石家庄市印发《关于高质量建设人才强市的实施意见》。主要内容分为5个部分，包含18条具体措施，重点调整吸引人才政策9项。拓展人才绿卡服务对象：新引进与石家庄市产业结合紧密、全国高校学科评估为A类学科的全日制硕士学位毕业生，纳入人才绿卡B卡服务范围。新增8所高校学科（沈阳药科大学药学，黑龙江中医药大学中药学，东北财经大学应用经济学、统计学、工商管理，南京工业大学化学工程与技术，江西财经大学应用经济学、统计学，燕山大学机械工程，广东工业大学控制科学与工程，浙江工业大学化学工程与技术）。提高领军人才支持标准：新引进掌握国际领先技术、生成重大项目并带动新兴产业、为石家庄市做出重大贡献的领军人才或团队，给予项目支持资金额度由1000万元至5000万元调整为1000万元至1亿元。提高博士租房购房补贴标准：引进博士学位研究生，自到石家庄市工作之日起5年内，每月享受房租补助由2000元提高到3000元，在市域内购买首套自用商品住房，给予一次性购房补贴由15万元提高到30万元。调整“市高层次人才支持计划”入选者支持标准：深化和实施全市高层次人才支持计划，3年支持期内，每年给予专项资助费由10万元提高到20万元。加大高技能人才或团队支持力度：新创建市级高技能人才培训基地给予150万元支持，新评定市级技能大师工作室给予10万元支持。石家庄市企事业单位全职引进和培养新获得世界技能大赛金、银、铜奖的团队或个人，分别给予50万元、30万元、10万元支持；获得全国技能大赛金、银、铜奖的团队或个人，分别给予30万元、10万元、5万元支持；全职引进和培养新获得“中华技能大奖”“全国技术能手”的高技能人才，分别给予10万元、5万元支持。创新人才评价方式：激发人才创新活力，完善以创新能力、质量、实效、贡献为导向的人才评价体系。市高层次人才认定以人才所在领域地位、取得的代表性成果、创造的市场价值和享受的薪酬待遇为标准。依托云计算、大数据处理技术，集成行政审批、市场监管、公安、税务、社会保险、教育、科技等部门数据信息，建立高层次人才信息管理系统，引进高层次人才做到第一时间对接、及时跟进服务、持续提供保障。提高重大科技创新平台支持标准：科研院所整体搬迁或来石家庄市建立分支机构，取得重大科研成果并转化为产业项目、引领新兴产业发展的，经认定后给予最高1亿元支持。加强创新创业人才金融支持：设立"石家庄人才贷"，为全市高层次人才提供知识产权质押、股权质押、订单质押等信用贷款，贷款额度最高1000万元。给予高层次人才创业企业信用贷款的商业银行，按照信用贷款年度新增日均余额的3%予以奖励，单一银行奖励最高300万元。引进投资机构，投资种子期、初创期高层次人才企业的投资机构，按单个项目实际投资额的5‰，给予最高300万元资助。完善公积金贷款购房政策：高层次人才使用石家庄市住房公积金贷款，属于市域内购买首套自用商品住房的，在政策范围内给予最大优惠。

（市档案馆）

【人才引进】 打造石家庄人力资源服务产业园。采取"一园多区、一区多能"模式，确定高新园区作为核心园区，桥西园区、正定新区园区为分园区，建成人力资源服务产业园总面积27万平方米。2021年1月，石家庄人力资源服务产业园入选全国第20个国家级人力资源服务产业园，成为全省首家国家级人力资源服务产业园。6月2日，中国石家庄人力资源服务产业园正式开园运行，总面积27万平方米。至2021年底，石家庄人力资源服务产业园营业收入32.69亿元，引进高层次人才140人；入驻服务机构196家、服务用人单位4.96万家，创造就业104.3万人次。2021年石家庄人力资源服务产业园桥西园区入驻企业及合作企业48家，提供就业岗位1万余个，实现营业收入10.5亿元，获评"全国最佳人力资源服务产业园""亚太人力资源服务奖特色产业园"。县（市、区）设立人力资源服务工作站17家。8月12日，藁城区人力资源服务工作站揭牌运营，这也是石家庄市第一家人力资源服务站，主要提供一对一服务、供需求对接会、主题分享会、柔性人才引进、技术成果对接会、政策咨询服务、创业服务7项服务。聚集高层次人才。11月6～12日，采取线上招聘方式举办高层次人才云端交流洽谈会，上线单位534家，提供岗位9227个，接收简历12.9万份，其中，"双一流"建设高校人才48851份，硕士以上人才57860份，初步签订就业协议3910人。分两批为石家庄市事业单位招聘人员5350人，选聘"双一流"建设高校毕业生171名。推进技能人才队伍建设，评选认定首批市级高技能人才培训基地、市级技能大师工作室各3家。2021年全市组织各类人才技能培训32.3万人次，完成年度目标任务258.7%，培训总量位居全省第一名。

（孟东）

【人才公寓】 以优化人才住房环境作为聚才留才的重要措施，突出推进石家庄高新区、鹿泉区高端人才公寓项目建设。至2021年底，全市建成投用各类人才保障住房8900余套，其中，市级人才公寓1440套，县（市、区）人才公寓2432套，企业自建人才公寓4630套。7月9日，石家庄市采取公开摇号方式分配第三批人才公寓500套。分配对象及条件：凡持有人才绿卡（A卡、B卡）人员在长安区、裕华区、桥西区、新华区、高新区、循环化工园区、河北自贸区正定片区（含综合保税区）工作或者办公地点在藁城区、鹿泉区、栾城区、正定县4个县区的市属单位持有人才绿卡人员，且本人及配偶在上述区域无人才公寓、自住用房、未配租公租房。符合条件的绿卡人才以家庭为单位，每人可申请1套人才公寓。人才公寓分配遵循公开、公平、公正和高端优先、按地域、分层次保障原则，A卡人才、B卡博士人才、已婚B卡人才依次优先保障，其他B卡人才采取公开随机摇号分配。第三批市级人才公寓房源为：德贤公馆（裕华区建华大街与塔南路交口）8套，盛世御城（桥西区新石中路以南、新石南路以北、西二环以西）284套，国赫天著（长安区胜利北街275号）208套；德贤公馆每套公寓面积73～92平方米，盛世御城、国赫天著每套公寓面积均为58～83平方米；每套人才公寓配备有床、衣柜、沙发、餐桌、电视、冰箱、洗衣机、热水器、空调。人才公寓A卡人才不缴纳租金，B卡人才租金按照公共租赁住房租金标准执行。至2021年底，全市向持有A卡、B卡人才分配人才公寓累计达到1099套。

（孙玲燕　孟东）

经济研究

【概况】 2021年石家庄市人民政府研究室（简称市政府研究室）以文稿起草，调查研究，智库建设为重点内容，全力做好市政府综合性政策研究、决策咨询工作。文稿起草，全年起草《政府工作报告》3个，市委、市政府文件3个。调查研究，完成各类调研报告23篇，编发《决策参考》8期、《研究动态》5期，编辑出版

《石家庄经济》杂志6期。推进智库建设，承办2021京津冀协同发展参事研讨会，先后7次专题组织专家学者围绕石家庄市长远发展和重大决策开展问计咨询。《石家庄经济》连续14年被评为省会“双十佳”内资出版物。

【文稿起草】 全年起草《政府工作报告》3个，完成年初、换届、年末三个《政府工作报告》，并按要求顺利提交“两会”审议。起草3个市委、市政府文件。按照市委常委会议要求，起草省委、省政府《支持省会建设和高质量发展意见》初稿及石家庄市落实方案；起草市委市政府文件《关于推进更高水平对外开放加快现代化、国际化美丽省会城市建设的意见》；落实市自贸区正定片区推进工作领导小组第八次会议精神和任务分工，调研起草市委市政府文件《关于推动中国（河北）自由贸易试验区正定片区人才集聚的办法》，为自贸区吸引专业人才制定各项优惠政策措施。落实好市政府恳谈会3项制度，创新性制定《企业家·市长恳谈会工作制度》《市民·市长恳谈会工作制度》《可行性建议市民命名工作制度》三个专项常态化制度。并按照市政府主要领导要求，承办4次恳谈会。圆满完成国务院第八次大督查石家庄市综合材料起草任务，谋划推荐的《省会就业政策新突破》获国务院大督查通报表彰。

重要文稿名称

◎《关于大力支持省会建设和高质量发展的意见》

◎《关于我市发展环境情况的调查报告》

◎《关于推动中国（河北）自由贸易试验区正定片区吸引人才集聚的办法》

◎《石家庄市关于优化发展环境推进经济社会跨越式发展指导意见》

◎《新三区尚需维持现状的事项情况说明》

◎《石家庄与部分省会城市发展比较分析》

【调查研究】 全年共完成各类调研成果23项，经领导批示20项，成果转化率90%。聚焦市委市政府重大决策开展调研，按照5个千亿级产业集群的目标，开展现代食品专题调研，撰写《关于我市现代食品产业面临的发展形势及对策建议》，提出分类施策扩规模、加大投入提质量、强化扶持助发展、注重宣传打品牌、完善体系保安全等对策建议，经市委主要领导批示后转化落实。聚焦经济社会发展开展调研，选取西安、合肥、郑州、长沙等先进省会城市，通过分析近十年来的经济发展情况，撰写《石家庄与部分省会城市发展比较分析和思考建议》，充分借鉴先进省会城市的发展经验，分析石家庄市的差距和短板，启示未来发展的路径选择，经市政府主要领导审定后部分吸纳到《政府工作报告》当中。关注疫情防控形势和公共服务短板，在对全市农村进行实地调研，起草《关于我市农村公共服务建设情况的建议》等调研报告。聚焦发展环境开展调研。圆满完成马宇俊市长“团结就是力量”专题学习教育调研课题任务，撰写调研报告《倾力打造优质发展环境加快推进科技成果转化为现实生产力》并得到市长批示；立足前期调研基础，联合第三方机构，对石家庄市发展环境再次开展专题调研，倾听市场主体的呼声和期盼，深挖问题，找准瓶颈制约，形成《石家庄市发展环境调查报告》，得到市政府主要领导肯定性批示。

重要调研报告名称

◎《关于我市农村公共服务建设情况的调研报告》

◎《关于我市现代食品产业面临的发展形势及对策建议》

◎《倾力打造优质发展环境 加快推进科技成果转化为现实生产力》

◎《石家庄与部分省会城市发展比较分析和思考建议》

◎《中共石家庄市委石家庄市人民政府关于推进更高水平对外开放加快现代化、国际化美丽省会城市建设的意见》

◎《马宇骏市长在贯彻落实国务院重大决策部署“回头看”情况汇报会上的发言提纲》

◎《国务院联防联控机制新冠肺炎疫情防控文件汇编》

◎《石家庄市人民政府关于贯彻落实“六稳”“六保”和疫情防控等政策工作开展情况的报告》

◎《关于我市建设中央创新区的思考》

◎《高质量推进石家庄城市更新的六点建议》

◎《郑州市7·20特大水灾对石家庄城市安全的警示》

◎《关于强化重点发力持续推进石家庄农村一二三产业深度融合高质量发展的对策建议》

◎《关于人才共享促进省会构建新发展格局践行新发展理念的调查报告》

◎《挖掘红色高教资源 助推教育高质量发展 为加快我市现代化国际化美丽省会建设提供支撑》

◎《城市化趋势与城市轨道交通规模分析——以石家庄为例》

◎《竞争性用财机制推进城乡公共服务均等化》

◎《务实创新 多措并举 强化农村公共服务建设》

◎《关于参事工作情况的报告》

◎《石家庄市人民政府参事室〈意见〉贯彻落实情况》

◎《石家庄市人民政府参事室关于落实省委省政府〈关于坚持和完善新时代政府参事制度文史馆员制度的

若干措施〉的情况汇报》

◎《石家庄市人民政府参事工作暂行办法》

◎《关于推进更高水平对外开放加快现代化、国际化美丽省会城市建设的意见》

◎《传承红色基因　赓续奋斗精神》

【市政府智库成立】 12月26日，市政府智库成立大会召开，20名特聘专家、首批20名顾问专家获颁聘书。20名特聘专家分别为：中国工程院院士吴以岭、国务院研究室原副主任杨书兵、国务院政府特殊津贴专家肖金成、中国电子科技集团公司原副总经理赵正平、北京大学药学院院长周德敏、中国工程院院士杜彦良、中国国际经济交流中心总经济师陈文玲、中国宏观经济研究院院长王昌林、中国社会科学院经济研究所所长黄群慧、国家发展改革委宏观经济研究院研究员史育龙、全国工程勘察设计大师李晓江、中国传媒大学学术委员会副主任丁俊杰、中国社会科学院财经战略研究院院长助理倪鹏飞、清华大学气候变化与可持续发展研究院常务副院长李政、工业和信息化部电子元器件行业发展研究中心总工程师郭源生、河北省宏观经济研究院副院长高智、河北经贸大学经济研究所所长田学斌、河北省数字经济联合会秘书长边存国、河北省社科院经济研究所所长陈璐、河北科技大学教授仪宏。

【智库调研成果】 以融入京津冀和省会高质量发展为主题，对接国家、省直对口部门，配合开展国务院工业革命固定调研点工作，承办2021京津冀协同发展参事研讨会，7次专题组织专家学者围绕石家庄市长远发展和重大决策开展问计咨询。3月10日，邀请中国社会科学院数量经济与技术经济研究所室王国成和石家庄学院李静、燕建芬等，以人才共享、加快省会发展为主题，到主城区、鹿泉区、正定县调研，形成《关于人才共享促进省会构建新发展格局践行新发展理念的调查报告》。4月6日，邀请南开大学京津冀发展研究院秘书长张贵、南开大学经济与社会发展研究员刘玉海等，以城市更新为主题，到石家庄市区调研，形成《高质量推进石家庄城市更新的六点建议》。4月21日，邀请河北省委党校国际战略研究所副所长冷宣荣，以推进农村地区一二三产业深度融合为主题，到主城区、鹿泉区、平山县调研，形成《关于强化重点发力持续推进石家庄农村一二三产业深度融合高质量发展的对策建议》。9月15日，邀请河北经贸大学赵霞、母爱英，以乳业信息化升级为主题，到鹿泉区石家庄君乐宝股份有限公司调研，形成《开展乳业信息化升级课题调研》。10月13日，邀请石家庄学院李娟、冯宝强等，以挖掘红色高教资源、助推教育高质量发展为主题，到主城区、鹿泉区、灵寿县、行唐县调研，形成《挖掘红色高教资源　助推教育高质量发展　为加快我市现代化国际化美丽省会建设提供支撑》。11月6日，邀请石家庄创天电子科技有限公司总经理陈志熙，以半导体和通信产业为主题，到主城区、鹿泉区调研，形成《从五个维度看石家庄半导体和通信产业的发展》。11月20日，邀请石家庄轨道交通有限公司原总经理韩春素，以城市轨道交通为主题，到主城区调研，形成《城市化趋势与城市轨道交通规模分析——以石家庄为例》。

（陈红勇）

行政审批

【概况】 2021年石家庄市衔接省政府对应国务院取消行政许可事项1项，承接省级行政许可事项78项，下放行政许可事项1项。至2021年底，石家庄市级实施行政许可事项306项；拥有行政审批市级政务服务大厅1个、县级政务服务大厅28个、乡级行政综合服务中心261个、村级综合服务站4781个。重视企业和个人社会信用管理，2021年石家庄市信用信息共享平台归集信用信息14.22亿条，覆盖企业95.3万户、个人1277.62万人，其中，企业信用信息同比增加982.41万条，个人信用信息同比增加8.46亿条。2021年石家庄市行政审批局"加大审批公开力度　护航营商环境"经验做法被国务院办公厅《政务公开工作交流》杂志刊登，"压缩行政审批时限"做法被中国中央广播电视总台"晚间新闻""今日环球"栏目分别报道。3月16日，市行政审批局入选国家标准管理委员会第七批社会管理和公共服务综合标准化试点单位。2021年市行政审批局获评河北省政务服务改革先进集体。

表13　2021年石家庄市衔接省政府对应国务院取消行政审批事项一览表

事项名称	省行政许可通用目录（2021年版）行使层级	取消依据
广告发放登记	市级、县级	依据石政规〔2020〕2号文已取消

表 14　　2021 年石家庄市承接省级下放行政许可事项一览表

序号	事项名称	设定依据	省级下放部门	下放方式	监管措施	市级承接部门	备注
1	地方政府主管的高等学校及其他高等教育机构章程核准	《中华人民共和国高等教育法》第二十七条、第二十九条	省教育厅	委托	委托后，教育部门要通过以下措施加强事中事后监管： 1. 加强省市沟通协调，做好业务指导； 2. 对违法失信行为公示公开，强化信用监管； 3. 强化社会监督，及时受理办理群众举报； 4. 市教育局定期将过程性材料报省教育厅备案	市教育局	
2	外国人来华工作许可	1.《中华人民共和国出境入境管理法》第四十一条； 2.《国务院对确需保留的行政审批项目设定行政许可的决定》附件第 443 项； 3.《国务院审改办关于整合外国人来华工作行政许可意见的函》； 4.《国家外国专家局关于印发外国人来华工作许可服务指南（暂行）的通知》	省科技厅	部分委托	委托后，科技部门要通过以下措施加强事中事后监管： 1. 通过外国人来华工作管理服务系统进行事中事后监管； 2. 加强相关法律法规和政策解读培训	市科技局	除 C 类外
3	建设殡仪馆、火葬场、殡仪服务站、骨灰堂、经营性公墓、农村公益性墓地审批	1.《殡葬管理条例》第三条、第八条、第九条； 2.《河北省建设经营性公墓行政许可程序（试行）》	省民政厅	下放	下放后，民政部门要通过以下措施加强事中事后监管： 1. 完善殡葬设施规划，通过规划对殡葬设施进行总量控制； 2. 开展“双随机、一公开”监管，建立完善殡葬服务企业随机抽查事项清单，增强监管效能； 3. 强化公墓年检制度，对违规建设经营行为完善处罚机制和措施； 4. 推进跨部门联合监管	市行政审批局	
4	律师事务所（分所）设立、变更、注销许可	1.《中华人民共和国律师法》第十八条、第十九条、第二十一条、第二十二条； 2.《律师事务所管理办法》第二十九条	省司法厅	委托	委托后，司法部门要通过以下措施加强事中事后监管： 1. 加强对受委托机关审批工作的监督通过定期或不定期抽检审批案卷的方式，对受委托机关审批工作进行业务指导，及时发现纠正工作中存在的问题； 2. 加强对被核准对象的监督检查通过“双随机、一公开”执法检查、年度考核等方式，对被核准对象提交的材料及有关信息进行事后核实，对发现的问题及时予以纠正，对提交虚假材料骗取行政许可的，依法撤销行政许可决定； 3. 加强诚信体系建设开发使用河北省律师行业诚信信息系统，将提交虚假材料骗取行政许可的申请人列入诚信黑名单，对黑名单人员提出限制性措施，以此提高申请人的社会诚信度	市司法局	
5	律师执业、变更、注销许可	1.《中华人民共和国律师法》第六条、第十条； 2.《律师执业管理办法》第二十条、第二十三条	省司法厅	委托	委托后，司法部门要通过以下措施加强事中事后监管： 1. 加强对受委托机关审批工作的监督通过定期或不定期抽检审批案卷的方式，对受委托机关审批工作进行业务指导，及时发现纠正工作中存在的问题； 2. 加强对被核准对象的监督检查通过“双随机、一公开”执法检查、年度考核等方式，对被核准对象提交的材料及有关信息进行事后核实，对发现的问题及时予以纠正，对提交虚假材料骗取行政许可的，依法撤销行政许可决定； 3. 加强诚信体系建设开发使用河北省律师行业诚信信息系统，将提交虚假材料骗取行政许可的申请人列入诚信黑名单，对黑名单人员提出限制性措施，以此提高申请人的社会诚信度	市司法局	

续表

序号	事项名称	设定依据	省级下放部门	下放方式	监管措施	市级承接部门	备注
6	香港、澳门律师事务所与内地律师事务所联营核准	1.《国务院对确需保留的行政审批项目设定行政许可的决定》附件第 72 项； 2.《香港特别行政区和澳门特别行政区律师事务所与内地律师事务所联营管理办法》第七条	省司法厅	委托	委托后，司法部门要通过以下措施加强事中事后监管： 1. 加强对受委托机关审批工作的监督通过定期或不定期抽检审批案卷的方式，对受委托机关审批工作进行业务指导，及时发现纠正工作中存在的问题； 2. 加强对被核准对象的监督检查通过"双随机、一公开"执法检查、年度考核等方式，对被核准对象提交的材料及有关信息进行事后核实，对发现的问题及时予以纠正，对提交虚假材料骗取行政许可的，依法撤销行政许可决定； 3. 加强诚信体系建设开发使用河北省律师行业诚信信息系统，将提交虚假材料骗取行政许可的申请人列入诚信黑名单，对黑名单人员提出限制性措施，以此提高申请人的社会诚信度	市司法局	
7	港澳台律师事务所驻河北代表机构设立许可	1.《香港、澳门特别行政区律师事务所驻内地代表机构管理办法》第六条； 2.《国务院关于取消和调整一批行政审批项目等事项的决定》附件第 6 项	省司法厅	委托	委托后，司法部门要通过以下措施加强事中事后监管： 1. 加强对受委托机关审批工作的监督通过定期或不定期抽检审批案卷的方式，对受委托机关审批工作进行业务指导，及时发现纠正工作中存在的问题； 2. 加强对被核准对象的监督检查通过"双随机、一公开"执法检查、年度考核等方式，对被核准对象提交的材料及有关信息进行事后核实，对发现的问题及时予以纠正，对提交虚假材料骗取行政许可的，依法撤销行政许可决定； 3. 加强诚信体系建设开发使用河北省律师行业诚信信息系统，将提交虚假材料骗取行政许可的申请人列入诚信黑名单，对黑名单人员提出限制性措施，以此提高申请人的社会诚信度	市司法局	
8	取得国家法律职业资格的台湾居民在大陆申请律师执业审核	《取得国家法律职业资格的台湾居民在大陆从事律师职业管理办法》第六条	省司法厅	委托	委托后，司法部门要通过以下措施加强事中事后监管： 1. 加强对受委托机关审批工作的监督通过定期或不定期抽检审批案卷的方式，对受委托机关审批工作进行业务指导，及时发现纠正工作中存在的问题； 2. 加强对被核准对象的监督检查通过"双随机、一公开"执法检查、年度考核等方式，对被核准对象提交的材料及有关信息进行事后核实，对发现的问题及时予以纠正，对提交虚假材料骗取行政许可的，依法撤销行政许可决定； 3. 加强诚信体系建设开发使用河北省律师行业诚信信息系统，将提交虚假材料骗取行政许可的申请人列入诚信黑名单，对黑名单人员提出限制性措施，以此提高申请人的社会诚信度	市司法局	
9	香港、澳门永久性居民中的中国居民申请在内地从事律师执业	《取得内地法律职业资格的香港特别行政区和澳门特别行政区居民在内地从事律师职业管理办法》第十四条	省司法厅	委托	委托后，司法部门要通过以下措施加强事中事后监管： 1. 加强对受委托机关审批工作的监督通过定期或不定期抽检审批案卷的方式，对受委托机关审批工作进行业务指导，及时发现纠正工作中存在的问题； 2. 加强对被核准对象的监督检查通过"双随机、一公开"执法检查、年度考核等方式，对被核准对象提交的材料及有关信息进行事后核实，对发现的问题及时予以纠正，对提交虚假材料骗取行政许可的，依法撤销行政许可决定； 3. 加强诚信体系建设开发使用河北省律师行业诚信信息系统，将提交虚假材料骗取行政许可的申请人列入诚信黑名单，对黑名单人员提出限制性措施，以此提高申请人的社会诚信度	市司法局	

续表

序号	事项名称	设定依据	省级下放部门	下放方式	监管措施	市级承接部门	备注
10	港澳台律师事务所驻河北代表机构派驻代表执业许可	1.《香港、澳门特别行政区律师事务所驻内地代表机构管理办法》第六条； 2.《国务院关于取消和调整一批行政审批项目等事项的决定》附件第 7 项	省司法厅	委托	委托后，司法部门要通过以下措施加强事中事后监管： 1. 加强对受委托机关审批工作的监督通过定期或不定期抽检审批案卷的方式，对受委托机关审批工作进行业务指导，及时发现纠正工作中存在的问题； 2. 加强对被核准对象的监督检查通过"双随机、一公开"执法检查、年度考核等方式，对被核准对象提交的材料及有关信息进行事后核实，对发现的问题及时予以纠正，对提交虚假材料骗取行政许可的，依法撤销行政许可决定； 3. 加强诚信体系建设开发使用河北省律师行业诚信信息系统，将提交虚假材料骗取行政许可的申请人列入诚信黑名单，对黑名单人员提出限制性措施，以此提高申请人的社会诚信度	市司法局	
11	会计师事务所及其分支机构设立审批	《中华人民共和国注册会计师法》第二十五条、第二十七条	省财政厅	委托	委托后，财政部门要通过以下措施加强事中事后监管： 1. 重点监管开展"双随机、一公开"监管，根据会计师事务所受到处罚情况、其他部门移交线索、群众举报等实施重点监管强化社会监督，依法及时处理投诉举报，引导社会力量参与市场秩序治理； 2. 专项核查结合每年会计师事务所年度基本信息报备工作，对会计师事务所符合执业许可情况开展专项核查发现会计师事务所未持续符合执业许可条件或存在其他问题的，将严格按照相关规定处理； 3. 信用监管依法查处违规经营行为，向社会公布会计师事务所信用状况和受到监管部门处罚情况，对失信主体开展联合惩戒，对作出虚假承诺或承诺内容严重不实的，记入其信用档案	市行政审批局	
12	人力资源服务许可	1.《中华人民共和国就业促进法》第四十条； 2.《人力资源市场暂行条例》第十八条、第二十一条、第二十二条； 3.《国务院对确需保留的行政审批项目设定行政许可的决定》附件第 86 项； 4.《河北省人民政府办公厅关于省政府部门下放一批行政权力事项的通知》附件第 13 项； 5.《河北省人民政府办公厅关于省政府部门再取消下放一批行政权力事项的通知》附件第 6 项； 6.《人力资源社会保障部关于修改部分规章的决定》第三条	省人力资源社会保障厅	部分委托	委托后，人力资源和社会保障部门要通过以下措施加强事中事后监管： 1. 加强政策指导和业务指导培训； 2. 强化"双随机、一公开"监管； 3. 实施信用管理	市行政审批局	除外国公司、企业或其他经济组织外
13	拆迁永久性测量标志或者使永久性测量标志失去使用效能审批	《中华人民共和国测绘法》第四十三条	省自然资源厅	委托	委托后，自然资源部门要通过以下措施加强事中事后监管： 1. 开展"双随机、一公开"监管，依法查处违法违规行为并公开结果； 2. 加强信用监管，完善违规拆迁永久性测量标志、破坏永久性测量标志企业的信用信息和联合惩戒措施	市自然资源和规划局	

续表

序号	事项名称	设定依据	省级下放部门	下放方式	监管措施	市级承接部门	备注
14	城乡规划编制单位资质认定（乙级）	1.《中华人民共和国城乡规划法》第二十四条； 2.《城乡规划编制单位资质管理规定》第八条、第十六条、第十七条、第二十条、第二十一条、第二十五条、第二十六条	省自然资源厅	委托	委托后，自然资源部门要通过以下措施加强事中事后监管： 1. 开展“双随机、一公开”监管，发现违法违规行为的要依法查处并公开结果； 2. 对违反上级国土空间规划、未落实约束性指标和刚性管控要求的机构，实施重点监管； 3. 加强信用监管，向社会公布规划编制企业信用档案，对失信主体开展联合惩戒； 4. 发挥行业协会自律作用	市自然资源和规划局	
15	因科学研究需要进入国家级自然保护区核心区从事科学研究观测、调查活动审批	《中华人民共和国自然保护区条例》第二十七条	省林业和草原局	委托	委托后，林业和草原部门要通过以下措施加强事中事后监管： 1. 加强对委托项目办理的事前事中事后监管，强化对石家庄市的业务指导，明确委托许可工作要求和标准，定期开展委托工作的监督检查； 2. 开展“双随机、一公开”监管，发现违法违规行为的要依法查处并公开结果；畅通投诉举报渠道，依法及时处理投诉举报内容，接受社会监督；加大相关法律法规规章的宣传力度	市行政审批局	
16	进入森林和野生动物类型自然保护区从事科学研究、教学实习、参观考察、拍摄影片、登山等活动审批	《森林和野生动物类型自然保护区管理办法》第十三条	省林业和草原局	委托	委托后，林业和草原部门要通过以下措施加强事中事后监管： 1. 加强对委托项目办理的事前事中事后监管，强化对石家庄市的业务指导，明确委托许可工作要求和标准，定期开展委托工作的监督检查； 2. 开展“双随机、一公开”监管，发现违法违规行为的要依法查处并公开结果；畅通投诉举报渠道，依法及时处理投诉举报内容，接受社会监督；加大相关法律法规规章的宣传力度	市行政审批局	
17	林业植物检疫证书核发	1.《植物检疫条例》第三条、第七条、第八条； 2.《植物检疫条例实施细则（林业部分）》第十二条	省林业和草原局	委托	委托后，林业和草原部门要通过以下措施加强事中事后监管： 1. 加强事中事后监督检查，完善森林植物及其产品的检疫管理机制； 2. 指导石家庄市畅通投诉举报渠道，接受社会监督； 3. 统一规范森林植物及其产品的检疫工作，加大相关法律、法规、规章和有关技术标准的宣传力度	市林业局	
18	省、自治区、直辖市间调运森林植物及其产品的检疫批准	1.《植物检疫条例》第七条、第十条； 2.《河北省政府推进政府职能转变和“放管服”改革协调小组办公室关于做好省政府自行下放一批行政许可事项的通知》附件第4项	省林业和草原局	委托	委托后，林业和草原部门要通过以下措施加强事中事后监管： 1. 加强事中事后监督检查，完善森林植物及其产品的检疫管理机制； 2. 指导石家庄市畅通投诉举报渠道，接受社会监督； 3. 统一规范森林植物及其产品的检疫工作，加大相关法律、法规、规章和有关技术标准的宣传力度	市林业局	
19	林木采伐许可证核发	1.《中华人民共和国森林法》第五十六条、第五十七条； 2.《中华人民共和国森林法实施条例》第三十二条、第三十三条； 3.《河北省人民政府办公厅关于省政府部门自行取消下放一批行政许可事项的通知》附件2第40项	省林业和草原局	委托	委托后，林业和草原部门要通过以下措施加强事中事后监管： 1. 加强对委托事项办理的事前事中事后监管，强化对石家庄市的业务指导，明确委托许可工作要求和标准，定期开展委托工作的监督检查； 2. 开展“双随机、一公开”监管，发现违法违规行为的要依法查处并公开结果；畅通投诉举报渠道，依法及时处理投诉举报内容，接受社会监督；加大相关法律法规规章的宣传力度	市行政审批局	

续表

序号	事项名称	设定依据	省级 下放部门	下放方式	监管措施	市级 承接部门	备注
20	临时占用林地审批	1.《中华人民共和国森林法》第三十八条； 2.《中华人民共和国森林法实施条例》第十七条； 3.《河北省政府推进政府职能转变和“放管服”改革协调小组办公室关于做好省政府自行下放一批行政许可事项的通知》附件第5项	省林业和草原局	下放	下放后，林业和草原部门要通过以下措施加强事中事后监管： 1.加强对下放事项办理的事前事中事后监管，强化对石家庄市的业务指导，明确下放许可工作要求和标准，定期开展下放工作的监督检查； 2.开展“双随机、一公开”监管，发现违法违规行为的要依法查处并公开结果；畅通投诉举报渠道，依法及时处理投诉举报内容，接受社会监督；加大相关法律法规规章的宣传力度	市行政审批局	
21	修筑直接为林业生产经营服务的工程设施占用林地审批	1.《中华人民共和国森林法实施条例》第十八条； 2.《河北省政府推进政府职能转变和“放管服”改革协调小组办公室关于做好省政府自行下放一批行政许可事项的通知》附件第6项	省林业和草原局	下放	下放后，林业和草原部门要通过以下措施加强事中事后监管： 1.加强对下放事项办理的事前事中事后监管，强化对石家庄市的业务指导，明确下放许可工作要求和标准，定期开展下放工作的监督检查； 2.开展“双随机、一公开”监管，发现违法违规行为的要依法查处并公开结果；畅通投诉举报渠道，依法及时处理投诉举报内容，接受社会监督；加大相关法律法规规章的宣传力度	市行政审批局	
22	建筑施工企业资质认定	1.《中华人民共和国建筑法》第十二条、第十三条； 2.《建筑业企业资质标准》； 3.《建筑业企业资质管理规定》第十条； 4.《建筑业企业资质管理规定和资质标准实施意见》	省住房城乡建设厅	委托	委托后，住房和城乡建设部门要通过以下措施加强事中事后监管： 1.审批与监管同步下放，由市行业主管部门或行政审批局实施审批，市行业监管部门承担监管责任； 2.省住房和城乡建设厅对石家庄市许可和批后监管实施情况进行监督检查； 3.开展“双随机、一公开”检查，加强批后动态监管	市行政审批局	
23	二级造价工程师执业资格认定	1.《中华人民共和国建筑法》第十四条； 2.《注册造价工程师管理办法》第四条、第六条、第八条	省住房城乡建设厅	委托	委托后，住房和城乡建设部门要通过以下措施加强事中事后监管： 1.审批与监管同步下放，由市行业主管部门或行政审批局实施审批，市行业监管部门承担监管责任； 2.省住房和城乡建设厅对石家庄市许可和批后监管实施情况进行监督检查； 3.开展“双随机、一公开”检查，加强批后动态监管	市行政审批局	
24	房地产开发企业二级资质核定	1.《中华人民共和国城市房地产管理法第三十条； 2.《城市房地产开发经营管理条例》第八条、第九条； 3.《房地产开发企业资质管理规定》第三条、第六条、第七条、第十四条、第十五条、第十六条、第十七条； 4.《河北省建设厅关于部分下放行政许可事项审批权限的通知》	省住房城乡建设厅	委托	委托后，住房和城乡建设部门要通过以下措施加强事中事后监管： 1.审批与监管同步下放，由市行业主管部门或行政审批局实施审批，市行业监管部门承担监管责任； 2.省住房和城乡建设厅对石家庄市许可和批后监管实施情况进行监督检查； 3.开展“双随机、一公开”检查，加强批后动态监管	市行政审批局	
25	建设工程质量检测机构资质核准	1.《建设工程质量管理条例》第三十一条； 2.《建设工程质量检测管理办法》第三条、第八条、第十一条； 3.《河北省建筑条例》第六条、第四十三条	省住房城乡建设厅	委托	委托后，住房和城乡建设部门要通过以下措施加强事中事后监管： 1.审批与监管同步下放，由市行业主管部门或行政审批局实施审批，市行业监管部门承担监管责任； 2.省住房和城乡建设厅对石家庄市许可和批后监管实施情况进行监督检查； 3.开展“双随机、一公开”检查，加强批后动态监管	市住建局	

续表

序号	事项名称	设定依据	省级下放部门	下放方式	监管措施	市级承接部门	备注
26	建筑施工企业安全生产许可证核发	1.《安全生产许可证条例》第二条、第四条； 2.《建筑施工企业安全生产许可证管理规定》第二条、第三条、第五条、第八条、第九条、第十条； 3.《国务院关于取消和下放一批行政审批项目等事项的决定》附件1第87项； 4.《河北省人民政府办公厅关于做好与省政府公布取消下放行政审批项目等事项衔接落实工作的通知》附件1第16项	省住房城乡建设厅	委托	委托后，住房和城乡建设部门要通过以下措施加强事中事后监管： 1. 审批与监管同步下放，由市行业主管部门或行政审批局实施审批，市行业监管部门承担监管责任； 2. 省住房和城乡建设厅对石家庄市许可和批后监管实施情况进行监督检查； 3. 开展“双随机、一公开”检查，加强批后动态监管	市住建局	
27	建设工程勘察企业资质认定	1.《中华人民共和国建筑法》第十三条； 2.《建设工程勘察设计管理条例》第七条； 3.《建设工程勘察设计资质管理规定》第三条、第九条、第十二条、第十四条、第十五条、第十八条	省住房城乡建设厅	委托	委托后，住房和城乡建设部门要通过以下措施加强事中事后监管： 1. 审批与监管同步下放，由市行业主管部门或行政审批局实施审批，市行业监管部门承担监管责任； 2. 省住房和城乡建设厅对石家庄市许可和批后监管实施情况进行监督检查； 3. 开展“双随机、一公开”检查，加强批后动态监管	市行政审批局	
28	建设工程设计企业资质认定	1.《中华人民共和国建筑法》第十三条； 2.《建设工程勘察设计管理条例》第七条； 3.《建设工程勘察设计资质管理规定》第三条、第九条、第十一条、第十二条、第十三条、第十四条、第十五条、第十八条	省住房城乡建设厅	委托	委托后，住房和城乡建设部门要通过以下措施加强事中事后监管： 1. 审批与监管同步下放，由市行业主管部门或行政审批局实施审批，市行业监管部门承担监管责任； 2. 省住房和城乡建设厅对石家庄市许可和批后监管实施情况进行监督检查； 3. 开展“双随机、一公开”检查，加强批后动态监管	市行政审批局	
29	工程监理企业资质认定	1.《中华人民共和国建筑法》第十三条； 2.《建设工程质量管理条例》第三十四条； 3.《河北省建筑条例》第六条； 4.《工程监理企业资质管理规定》第四条、第十二条、第十三条、第十四条、第十七条、第十八条、第十九条； 5.《关于加强建设工程企业资质申报业绩核查工作的通知》； 6.《河北省建筑装饰装修管理规定》第七条	省住房城乡建设厅	委托	委托后，住房和城乡建设部门要通过以下措施加强事中事后监管： 1. 审批与监管同步下放，由市行业主管部门或行政审批局实施审批，市行业监管部门承担监管责任； 2. 省住房和城乡建设厅对石家庄市许可和批后监管实施情况进行监督检查； 3. 开展“双随机、一公开”检查，加强批后动态监管	市住建局	
30	占用、挖掘公路、公路用地或者使公路改线审批	1.《中华人民共和国公路法》第四十四条； 2.《公路安全保护条例》第二十七条	省交通运输厅	委托	委托后，交通运输部门要通过以下措施加强事中事后监管： 1. 加强政策指导和业务指导培训； 2. 强化“双随机、一公开”监管； 3. 实施信用管理	市行政审批局	
31	在公路增设或改造平面交叉道口审批	1.《中华人民共和国公路法》第五十五条； 2.《公路安全保护条例》第二十七条	省交通运输厅	委托	委托后，交通运输部门要通过以下措施加强事中事后监管： 1. 加强政策指导和业务指导培训； 2. 强化“双随机、一公开”监管； 3. 实施信用管理	市行政审批局	

续表

序号	事项名称	设定依据	省级下放部门	下放方式	监管措施	市级承接部门	备注
32	设置非公路标志审批	1.《中华人民共和国公路法》第五十四条； 2.《公路安全保护条例》第二十七条	省交通运输厅	委托	委托后，交通运输部门要通过以下措施加强事中事后监管： 1. 加强政策指导和业务指导培训； 2. 强化“双随机、一公开”监管； 3. 实施信用管理	市行政审批局	
33	更新采伐护路林审批	《公路安全保护条例》第二十六条	省交通运输厅	委托	委托后，交通运输部门要通过以下措施加强事中事后监管： 1. 加强政策指导和业务指导培训； 2. 强化“双随机、一公开”监管； 3. 实施信用管理	市行政审批局	
34	公路建设项目施工许可	1.《中华人民共和国公路法》第二十五条； 2.《国务院关于取消和调整一批行政审批项目等事项的决定》附件第 24 项	省交通运输厅	委托	委托后，交通运输部门要通过以下措施加强事中事后监管： 1. 加强政策指导和业务指导培训； 2. 强化“双随机、一公开”监管； 3. 实施信用管理	市行政审批局	
35	跨越、穿越公路及在公路用地范围内架设、埋设管线、电缆等设施，或者利用公路桥梁、公路隧道、涵洞铺设电缆等设施许可	1.《中华人民共和国公路法》第四十五条； 2.《公路安全保护条例》第二十七条； 3.《路政管理规定》第八条	省交通运输厅	委托	委托后，交通运输部门要通过以下措施加强事中事后监管： 1. 加强政策指导和业务指导培训； 2. 强化“双随机、一公开”监管； 3. 实施信用管理	市行政审批局	
36	公路建筑控制区内埋设管线、电缆等设施许可	1.《中华人民共和国公路法》第五十六条； 2.《公路安全保护条例》第二十七条； 3.《路政管理规定》第八条	省交通运输厅	委托	委托后，交通运输部门要通过以下措施加强事中事后监管： 1. 加强政策指导和业务指导培训； 2. 强化“双随机、一公开”监管； 3. 实施信用管理	市行政审批局	
37	在公路周边一定范围内因抢险、防汛需要修筑堤坝、压缩或者拓宽河床许可	《中华人民共和国公路法》第四十七条	省交通运输厅	委托	委托后，交通运输部门要通过以下措施加强事中事后监管： 1. 加强政策指导和业务指导培训； 2. 强化“双随机、一公开”监管； 3. 实施信用管理	市行政审批局	
38	收费公路收费站设置审核	《中华人民共和国公路法》第六十四条	省交通运输厅	委托	委托后，交通运输部门要通过以下措施加强事中事后监管： 1. 加强政策指导和业务指导培训； 2. 强化“双随机、一公开”监管； 3. 实施信用管理	市行政审批局	
39	地方铁路运营许可证（含临时运营许可证）的核发	《河北省地方铁路条例》第二十条、第二十一条	省交通运输厅	委托	委托后，交通运输部门要通过以下措施加强事中事后监管： 1. 加强政策指导和业务指导培训； 2. 强化“双随机、一公开”监管； 3. 实施信用管理	市行政审批局	

续表

序号	事项名称	设定依据	省级下放部门	下放方式	监管措施	市级承接部门	备注
40	水利基建项目初步设计文件审批	1.《国务院对确需保留的行政审批项目设定行政许可的决定》附件第172项； 2.《河北省人民政府办公厅关于省政府部门下放一批行政权力事项的通知》附件第21项； 3.《河北省政府推进政府职能转变和“放管服”改革协调小组办公室关于做好省政府自行下放一批行政许可事项的通知》附件第11项	省水利厅	部分下放	下放后，水利部门要通过以下措施加强事中事后监管： 1. 加大对水利基建项目的技术指导，指导地方加强行业技术审查，从严审批项目； 2. 涉及第三方利害关系的，审批前应取得第三方同意意见，同时将第三方正式意见及其他说明文件一并备案； 3. 加大相关法律、法规、规章和有关技术标准的政策指导和业务培训； 4. 强化信用监管	市行政审批局	除利用中央预算内资金的滹沱河干流黄壁庄水库至石衡界段河道治理工程外
41	围垦河道审核	1.《中华人民共和国水法》第四十条； 2.《中华人民共和国防洪法》第二十三条	省水利厅	部分委托	委托后，水利部门要通过以下措施加强事中事后监管： 1. 加强政策指导和业务指导培训； 2. 强化“双随机、一公开”监管； 3. 实施信用管理	市水利局	除滹沱河岗南水库至石衡界段、设区的市边界河段、跨设区的市上下游各10千米河段外
42	河道管理范围内有关活动（不含河道采砂）审批	《中华人民共和国河道管理条例》第二十五条	省水利厅	部分下放	下放后，水利部门要通过以下措施加强事中事后监管： 1. 加强政策指导和业务指导培训； 2. 强化“双随机、一公开”监管； 3. 实施信用管理	市行政审批局	除滹沱河岗南水库至石衡界段、设区的市边界河段、跨设区的市上下游各10千米河段外
43	洪水影响评价审批	1.《中华人民共和国水法》第三十八条； 2.《中华人民共和国防洪法》第二十七条、三十三条； 3.《中华人民共和国河道管理条例》第十一条； 4.《中华人民共和国水文条例》第十四条、第三十条； 5.《国务院关于印发清理规范投资项目报建审批事项实施方案的通知》	省水利厅	部分下放	下放后，水利部门要通过以下措施加强事中事后监管： 1. 石家庄按管理权限，负责所属行政区域内的水工程建设规划同意书的审查；对石家庄区域内由水利部海委审查的水工程建设规划同意书，由石家庄及时报送水利部海委进行审查； 2. 石家庄出具的水工程建设规划同意书需及时向省水利厅备案，对涉及第三方厉害关系的，备案时需将第三方正式意见及其他说明文件一并报送； 3. 加强政策指导和业务培训； 4. 强化“双随机、一公开”监管； 5. 实施信用管理	市行政审批局	除滹沱河、沙河、磁河—木刀沟、泜河跨设区的市河道外

续表

序号	事项名称	设定依据	省级下放部门	下放方式	监管措施	市级承接部门	备注
44	从事饲料、饲料添加剂生产的企业审批	1.《饲料和饲料添加剂管理条例》第十五条； 2.《中华人民共和国农业农村部公告第 20 号》； 3.《国务院关于取消和下放一批行政审批项目的决定》附件第 31 项	省农业农村厅	委托	委托后，农业农村部门要通过以下措施加强事中事后监管： 1. 加强政策指导和业务指导培训； 2. 强化“双随机、一公开”监管； 3. 实施信用管理	市行政审批局	
45	饲料添加剂产品批准文号核发	1.《饲料和饲料添加剂管理条例》第十六条； 2.《国务院关于取消和下放一批行政许可事项的决定》附件第 18 项	省农业农村厅	委托	委托后，农业农村部门要通过以下措施加强事中事后监管： 1. 加强政策指导和业务指导培训； 2. 强化“双随机、一公开”监管； 3. 实施信用管理	市行政审批局	
46	兽药生产许可证核发	1.《中华人民共和国兽药管理条例》第十一条； 2.《农业农村部公告第 293 号》； 3.《农业部公告第 1708 号》； 4.《农业农村部畜牧兽医局关于兽药 GMP 检查验收有关事宜的通知》； 5.《兽药生产质量管理规范检查验收办法》第二条	省农业农村厅	委托	委托后，农业农村部门要通过以下措施加强事中事后监管： 1. 建立健全兽药 GMP 专家库，严格按照《兽药管理条例》《兽药质量管理规范（2020 年修订）》及《兽药 GMP 评定标准（2020 年修订）》等有关法规和标准执行； 2. 选派专家从事兽药 GMP 现场检查验收工作，确保技术审查标准的统一性和审查尺度的一致性，不得降低标准； 3. 依法及时公开许可事项办理情况，并在《兽药生产许可证》核发、换发、变更、补发、吊销、注销等工作办理结束后 5 个工作日内将审批结果和信息，报省农业农村厅、农业农村部畜牧兽医局和兽药 GMP 办公室备案； 4. 建立健全兽药行政许可办理监督机制，切实加强许可事项事前、事中和事后监管； 5. 省农业农村厅将加强兽药生产许可工作的指导、督促和督导检查对涉及地方保护、不严格审查、违规发放许可证的，依法追究责任	市行政审批局	
47	食用菌菌种生产经营许可证核发	1.《中华人民共和国种子法》第三十一条、第九十三条； 2.《食用菌菌种管理办法》第十三条、第十四条	省农业农村厅	委托	委托后，农业农村部门要通过以下措施加强事中事后监管： 1. 加强政策指导和业务指导培训； 2. 强化“双随机、一公开”监管； 3. 实施信用管理	市行政审批局	
48	外商投资、港澳台投资设立娱乐场所从事娱乐场所经营活动审批	1.《娱乐场所管理条例》第九条、第十二条； 2.《娱乐场所管理办法》第九条、第十一条、第十五条、第十七条、第十八条	省文化和旅游厅	委托	委托后，文化和旅游部门要通过以下措施加强事中事后监管： 1. 开展“双随机、一公开”监管，发现违法违规行为要依法查处； 2. 加强信用监管，依法依规对失信主体开展失信惩戒	市行政审批局	
49	考古发掘单位保留少量出土文物作为科研标本许可	《中华人民共和国文物保护法》第三十四条	省文物局	委托	委托后，文物部门要通过以下措施加强事中事后监管： 1. 对受委托行政机关实施行政许可的行为进行监督检查，及时纠正发现的相关违法行为； 2. 对发现举报受委托行政机关违法实施行政许可的，及时核实处理	市行政审批局	
50	文物保护单位原址保护措施审批	《中华人民共和国文物保护法》第二十条	省文物局	委托	委托后，文物部门要通过以下措施加强事中事后监管： 1. 对受委托行政机关实施行政许可的行为进行监督检查，及时纠正发现的相关违法行为； 2. 对发现举报受委托行政机关违法实施行政许可的，及时核实处理	市行政审批局	

续表

序号	事项名称	设定依据	省级下放部门	下放方式	监管措施	市级承接部门	备注
51	母婴保健技术服务机构执业许可	1.《中华人民共和国母婴保健法》第三十二条； 2.《中华人民共和国母婴保健法实施办法》第三十五条； 3.《产前诊断技术管理办法》第十三条； 4.《母婴保健专项技术服务许可及人员资格管理办法》第七条、第十五条	省卫生健康委	委托	委托后，卫生健康部门要通过以下措施加强事中事后监管： 1. 按照属地化管理和“谁审批、谁负责，谁主管、谁监管”的原则，综合运用“双随机、一公开”监管、重点监管、信用监管、“互联网 + 监管”、不良执业行为记录管理、行业监督等方式，加强事中事后监管； 2. 向社会公开本区域办事信息、指南和流程等，公布监督电话或其他监督方式，畅通群众和社会投诉举报渠道，及时受理和处置举报； 3. 完善信用监管机制，让失信人一处违规，处处受限，提高监管效能	市行政审批局	
52	母婴保健服务人员资格认定	1.《中华人民共和国母婴保健法》第三十三条； 2.《中华人民共和国母婴保健法实施办法》第三十五条	省卫生健康委	部分委托	委托后，卫生健康部门要通过以下措施加强事中事后监管： 1. 按照属地化管理和“谁审批、谁负责，谁主管、谁监管”的原则，综合运用“双随机、一公开”监管、重点监管、信用监管、“互联网 + 监管”、不良执业行为记录管理、行业监督等方式，加强事中事后监管； 2. 向社会公开本区域办事信息、指南和流程等，公布监督电话或其他监督方式，畅通群众和社会投诉举报渠道，及时受理和处置举报； 3. 完善信用监管机制，让失信人一处违规，处处受限，提高监管效能	市行政审批局	
53	医疗广告审查	1.《中华人民共和国广告法》第四十六条； 2.《医疗广告管理办法》第三条、第四条、第五条、第八条、第九条； 3.《河北省人民政府办公厅关于省政府部门自行取消下放一批行政许可事项的通知》附件 2 第 46 项	省卫生健康委	委托	委托后，卫生健康部门要通过以下措施加强事中事后监管： 1. 按照属地化管理和“谁审批、谁负责，谁主管、谁监管”的原则，综合运用“双随机、一公开”监管、重点监管、信用监管、“互联网 + 监管”、不良执业行为记录管理、行业监督等方式，加强事中事后监管； 2. 向社会公开本区域办事信息、指南和流程等，公布监督电话或其他监督方式，畅通群众和社会投诉举报渠道，及时受理和处置举报； 3. 完善信用监管机制，让失信人一处违规，处处受限，提高监管效能	市行政审批局	
54	除利用新材料、新工艺和新化学物质生产的涉及饮用水卫生安全的产品卫生许可	1.《中华人民共和国传染病防治法》第二十九条； 2.《国务院关于取消和下放 50 项行政审批项目等事项的决定》附件 2 第 3 项； 3.《国务院对确需保留的行政审批项目设定行政许可的决定》附件第 205 项； 4.《省级涉及饮用水卫生安全产品卫生行政许可规定》第三条、第十三条	省卫生健康委	部分委托	委托后，卫生健康部门要通过以下措施加强事中事后监管： 1. 按照属地化管理和“谁审批、谁负责，谁主管、谁监管”的原则，综合运用“双随机、一公开”监管、重点监管、信用监管、“互联网 + 监管”、不良执业行为记录管理、行业监督等方式，加强事中事后监管； 2. 向社会公开本区域办事信息、指南和流程等，公布监督电话或其他监督方式，畅通群众和社会投诉举报渠道，及时受理和处置举报； 3. 完善信用监管机制，让失信人一处违规，处处受限，提高监管效能	市行政审批局	
55	职业病诊断资格证书核发	1.《中华人民共和国职业病防治法》第四十六条； 2.《职业病诊断与鉴定管理办法》第十六条	省卫生健康委	部分委托	委托后，卫生健康部门要通过以下措施加强事中事后监管： 1. 按照属地化管理和“谁审批、谁负责，谁主管、谁监管”的原则，综合运用“双随机、一公开”监管、重点监管、信用监管、“互联网 + 监管”、不良执业行为记录管理、行业监督等方式，加强事中事后监管； 2. 向社会公开本区域办事信息、指南和流程等，公布监督电话或其他监督方式，畅通群众和社会投诉举报渠道，及时受理和处置举报； 3. 完善信用监管机制，让失信人一处违规，处处受限，提高监管效能	市行政审批局	

续表

序号	事项名称	设定依据	省级下放部门	下放方式	监管措施	市级承接部门	备注
56	医疗机构设置审批（含港澳台）	1.《医疗机构管理条例》第九条、第五十三条； 2.《国务院关于取消和下放50项行政审批项目等事项的决定》附件1第1项； 3.《关于扩大香港和澳门服务提供者在内地设立独资医院地域范围的通知》； 4.《国家卫生计生委关于调整港澳台服务提供者在内地设置独资医院审批权限的通知》； 5.《香港和澳门服务提供者在内地设立独资医院管理暂行办法》第十一条、第十二条、第十三条、第十四条； 6.《医疗机构管理条例实施细则》第十一条； 7.《河北省医疗机构管理实施办法》第六条； 8.《关于进一步改革完善医疗机构、医师审批工作的通知》第五条； 9.《中外合资、合作医疗机构管理暂行办法》； 10.《卫生部关于调整中外合资合作医疗机构审批权限的通知》； 11.《互联网医院管理办法（试行）》第七条； 12.《河北省互联网医院管理办法实施细则（试行）》第六条	省卫生健康委	部分委托	委托后，卫生健康部门要通过以下措施加强事中事后监管： 1.按照属地化管理和“谁审批、谁负责，谁主管、谁监管”的原则，综合运用“双随机、一公开”监管、重点监管、信用监管、“互联网＋监管”、不良执业行为记录管理、行业监督等方式，加强事中事后监管； 2.向社会公开本区域办事信息、指南和流程等，公布监督电话或其他监督方式，畅通群众和社会投诉举报渠道，及时受理和处置举报； 3.完善信用监管机制，让失信人一处违规，处处受限，提高监管效能	市行政审批局	除港澳独资医院、中外合资、合作医疗机构以及省直医疗机构外
57	医疗机构执业登记	1.《医疗机构管理条例》第十五条、第十七条、第二十条、第二十一条、第二十三条； 2.《医疗机构管理条例实施细则》第二十三条、第二十五条、第二十六条、第二十九条、第三十条、第三十四条、第三十七条； 3.《互联网医院管理办法（试行）》第九条、第十条； 4.《河北省医疗机构管理实施办法》第六条、第十二条； 5.《河北省互联网医院管理办法实施细则（试行）》第十一条、第十三条； 6.《卫生部关于对医疗机构血液透析室实行执业登记管理的通知》第一条	省卫生健康委	部分委托	委托后，卫生健康部门要通过以下措施加强事中事后监管： 1.按照属地化管理和“谁审批、谁负责，谁主管、谁监管”的原则，综合运用“双随机、一公开”监管、重点监管、信用监管、“互联网＋监管”、不良执业行为记录管理、行业监督等方式，加强事中事后监管； 2.向社会公开本区域办事信息、指南和流程等，公布监督电话或其他监督方式，畅通群众和社会投诉举报渠道，及时受理和处置举报； 3.完善信用监管机制，让失信人一处违规，处处受限，提高监管效能	市行政审批局	除港澳独资医院、中外合资、合作医疗机构以及省直医疗机构外

续表

序号	事项名称	设定依据	省级下放部门	下放方式	监管措施	市级承接部门	备注
58	外国企业常驻代表机构登记（设立、变更、注销）	1.《外国企业常驻代表机构登记管理条例》第四条、第五条、第二十六条、第三十四条； 2.《国务院关于取消和下放一批行政审批项目等事项的决定》附件 1 第 84 项； 3.《外商投资企业授权登记管理办法》第三条	省市场监管局	下放	下放后，市场监督管理部门要通过以下措施加强事中事后监管： 1. 加强登记注册业务指导，指导石家庄市企业登记机关依法开展外国企业常驻代表机构登记工作； 2. 指导石家庄市开展“双随机、一公开”监管，发现问题依法处理	市市场监管局	
59	外国（地区）企业在中国境内从事生产经营活动核准登记	1.《国务院对确需保留的行政审批项目设定行政许可的决定》附件第 237 项； 2.《外国（地区）企业在中国境内从事生产经营活动登记管理办法》第二条、第三条、第十条、第十一条； 3.《国务院关于取消和下放一批行政审批项目等事项的决定》附件 1 第 85 项； 4.《外商投资企业授权登记管理办法》第三条	省市场监管局	下放	下放后，市场监督管理部门要通过以下措施加强事中事后监管： 1. 加强登记注册业务指导，指导石家庄市企业登记机关依法开展外国（地区）企业在中国境内从事生产经营活动核准登记工作； 2. 指导石家庄市开展“双随机、一公开”监管，发现问题依法处理	市市场监管局	
60	重要工业产品生产许可证核发	《中华人民共和国工业产品生产许可证管理条例》第二条、第三条、第六十八条	省市场监管局	部分委托	委托后，市场监督管理部门要通过以下措施加强事中事后监管： 1. 对食品相关产品行政许可实施告知承诺行政许可制度； 2. 行政许可后 1 个月内完成例行检查工作，对不合格的企业撤销行政许可，并按照规定实施处罚； 3. 做好业务指导，加大监督检查力度； 4. 开展“双随机、一公开”监管，发现违法违规行为要依法查处并公开结果； 5. 对通过投诉举报等渠道反映问题多的企业实施重点监管	市行政审批局	除危险化学品、建筑用钢筋、水泥、广播电视传输设备、人民币鉴别仪、预应力混凝土铁路桥简支梁外
61	企业设立、变更、注销登记	1.《中华人民共和国公司法》第六条； 2.《公司登记管理条例》第三条； 3.《中华人民共和国合伙企业法》第九条； 4.《中华人民共和国个人独资企业法》第九条； 5.《企业法人登记管理条例》第三条； 6.《合伙企业登记管理办法》第二条、第四条、第十一条； 7.《中华人民共和国外商投资法》第三十条； 8.《外商投资法实施条例》第三十七条	省市场监管局	下放	下放后，市场监督管理部门要通过以下措施加强事中事后监管： 1. 加强登记注册业务指导，指导石家庄市企业登记机关依法开展企业登记工作； 2. 指导石家庄市开展“双随机、一公开”监管，发现问题依法处理	市行政审批局	

续表

序号	事项名称	设定依据	省级下放部门	下放方式	监管措施	市级承接部门	备注
62	计量器具型式批准	《中华人民共和国计量法》第十三条	省市场监管局	委托	委托后，市场监督管理部门要通过以下措施加强事中事后监管： 1. 对获证单位开展“双随机、一公开”监管，发现违法违规行为依法查处并公示结果； 2. 对通过投诉举报等渠道反映问题较多的单位实施重点监管； 3. 加强业务指导和技术帮扶	市行政审批局	
63	计量标准器具核准	1.《中华人民共和国计量法》第六条、第七条、第八条； 2.《中华人民共和国计量法实施细则》第八条、第九条、第十条	省市场监管局	委托	委托后，市场监督管理部门要通过以下措施加强事中事后监管： 1. 开展计量技术检定机构“双随机、一公开”监管，发现违法违规行为依法查处并公示结果； 2. 对通过投诉举报等渠道反映问题较多的计量检定机构实施重点监管	市行政审批局	
64	承担国家法定计量检定机构任务授权	《中华人民共和国计量法》第二十条	省市场监管局	下放	下放后，市场监督管理部门要通过以下措施加强事中事后监管： 1. 开展计量技术检定机构“双随机、一公开”监管，发现违法违规行为依法查处并公示结果； 2. 对通过投诉举报等渠道反映问题较多的计量检定机构实施重点监管	市行政审批局	
65	保健食品广告审批	1.《中华人民共和国广告法》第四十六条； 2.《中华人民共和国食品安全法》第七十九条； 3.《药品、医疗器械、保健食品、特殊医学用途配方食品广告审查管理暂行办法》	省市场监管局	委托	委托后，市场监督管理部门要通过以下措施加强事中事后监管： 1. 加大信息公开力度，严格按照相关要求对广告审查相关信息及广告样件进行公示； 2. 对石家庄市广告审查机构批准的保健食品广告开展抽查，发现问题依法处理； 3. 加强业务指导，加大监督检查力度	市行政审批局	
66	特殊医学用途配方食品广告审批	1.《中华人民共和国广告法》第四十六条； 2.《中华人民共和国食品安全法》第七十九条； 3.《药品、医疗器械、保健食品、特殊医学用途配方食品广告审查管理暂行办法》	省市场监管局	下放（后期落实时，省药监局经省政务办同意，改为委托）	下放后，市场监督管理部门要通过以下措施加强事中事后监管： 1. 加大信息公开力度，严格按照相关要求对广告审查相关信息及广告样件进行公示； 2. 对石家庄市广告审查机构批准的特殊医学用途配方食品广告开展抽查，发现问题依法处理； 3. 加强业务指导，加大监督检查力度	市行政审批局	
67	医疗机构配制制剂许可	1.《中华人民共和国药品管理法》第七十四条； 2.《医疗机构制剂配制监督管理办法（试行）》第七条、第十七条、第二十一条、第二十三条、第四十六条	省药品监管局	委托	委托后，药品监督管理部门要通过以下措施加强事中事后监管： 1. 由石家庄市市场监督管理局负责辖区内医疗机构制剂室的日常监管； 2. 省药品监督管理局对石家庄市市场监督管理局进行监督指导； 3. 建立审批和监管信息共享机制； 4. 及时向社会公开许可信息，加强社会监督	市行政审批局	
68	执业药师注册	1.《国务院对确需保留的行政审批项目设定行政许可的决定》附件第355项； 2.《国家药监局 人力资源社会保障部关于印发执业药师职业资格制度规定和执业药师职业资格考试实施办法的通知》第十一条、第十二条	省药品监管局	委托	委托后，药品监督管理部门要通过以下措施加强事中事后监管： 1. 严格执行国家药品监督管理局印发的《执业药师注册管理办法》，加强对委托下放执业药师注册工作的指导和监督； 2. 不定期检查委托下放的执业药师注册工作，发现问题，督促其及时整改； 3. 建立审批和监管信息共享机制； 4. 建立顺畅的沟通协调机制，做好业务指导	市行政审批局	

续表

序号	事项名称	设定依据	省级下放部门	下放方式	监管措施	市级承接部门	备注
69	药品、医疗器械互联网信息服务审批	《互联网信息服务管理办法》第五条、第十七条、第十九条	省药品监管局	委托	委托后，药品监督管理部门要通过以下措施加强事中事后监管： 1. 严格执行国家局药品网络销售相关规章制度，加强药品网络销售监测，提升监管效率； 2. 对各类违法违规网络销售药品行为依法查处、严厉打击； 3. 违法违规行为涉及通信管理等其他部门的，及时移交有关部门处理；涉嫌犯罪的，及时移送公安机关查处； 4. 建立审批和监管信息共享机制； 5. 建立顺畅的沟通协调机制，做好业务指导	市行政审批局	
70	药品广告审批	1.《中华人民共和国广告法》第四十六条； 2.《中华人民共和国药品管理法》第八十九条	省药品监管局	委托	委托后，药品监督管理部门要通过以下措施加强事中事后监管： 1. 严格执行《中华人民共和国广告法》《中华人民共和国行政处罚法》《市场监督管理行政处罚程序暂行规定》《市场监督管理投诉举报处理暂行办法》等法律、法规和规章； 2. 各级市场监管部门对监测到的涉嫌虚假违法广告线索应当及时依法处理； 3. 市场监管部门查处虚假违法广告，既要履行自身行政执法职能，也要注重发挥整治虚假违法广告联席会议各成员单位的作用，强化协同监管； 4. 制定监测工作制度，落实监测专项经费，根据需要建立完善广告监测机构； 5. 建立健全广告监测工作制度和建立健全广告发布预警机制； 6. 法律法规规定需经有关部门审查批准后方可发布的药品广告，依照相关法律规定执行； 7. 建立审批和监管信息共享机制； 8. 及时向社会公开许可信息，加强社会监督	市行政审批局	
71	医疗器械广告审批	1.《中华人民共和国广告法》第四十六条； 2.《医疗器械监督管理条例》第四十五条	省药品监管局	委托	委托后，药品监督管理部门要通过以下措施加强事中事后监管： 1. 严格执行《中华人民共和国广告法》《中华人民共和国行政处罚法》《市场监督管理行政处罚程序暂行规定》《市场监督管理投诉举报处理暂行办法》等法律、法规和规章； 2. 各级市场监管部门对监测到的涉嫌虚假违法广告线索应当及时依法处理； 3. 市场监管部门查处虚假违法广告，既要履行自身行政执法职能，也要注重发挥整治虚假违法广告联席会议各成员单位的作用，强化协同监管； 4. 制定监测工作制度，落实监测专项经费，根据需要建立完善广告监测机构； 5. 建立健全广告监测工作制度，建立健全广告发布预警机制； 6. 法律法规规定需经有关部门审查批准后方可发布的药品广告，依照相关法律、法规规定执行； 7. 建立审批和监管信息共享机制； 8. 及时向社会公开许可信息，加强社会监督	市行政审批局	
72	乡镇设立广播电视站和机关、部队、团体、企业事业单位设立有线广播电视站审批	1.《广播电视管理条例》第十五条； 2.《广播电视站审批管理暂行规定》第三条、第五条	省广播电视局	委托	委托后，广播电视部门要通过以下措施加强事中事后监管： 1. 通过现场检查、非现场监管等方式，密切关注，发现违规现象及时处理； 2. 审批时限为 7 个工作日； 3. 及时将审批结果通报省广播电视局	市文广旅局	
73	广播电视视频点播业务许可证（乙种）审批	1.《国务院对确需保留的行政审批项目设定行政许可的决定》附件第 303 项； 2.《广播电视视频点播业务管理办法》第五条、第六条、第十二条	省广播电视局	委托	委托后，广播电视部门要通过以下措施加强事中事后监管： 1. 通过现场检查、非现场监管等方式，密切关注，发现违规现象及时处理； 2. 审批时限为 7 个工作日； 3. 及时将审批结果通报省广播电视局	市文广旅局	

续表

序号	事项名称	设定依据	省级下放部门	下放方式	监管措施	市级承接部门	备注
74	有线广播电视传输覆盖网工程建设及验收审核	《广播电视管理条例》第十七条、第二十二条	省广播电视局	委托	委托后，广播电视部门要通过以下措施加强事中事后监管： 1. 通过现场检查、非现场监管等方式，密切关注，发现违规现象及时处理； 2. 审批时限为 7 个工作日； 3. 及时将审批结果通报省广播电视局	市行政审批局	
75	区域性有线广播电视传输覆盖网总体规划、建设方案审核	《广播电视管理条例》第二十三条	省广播电视局	委托	委托后，广播电视部门要通过以下措施加强事中事后监管： 1. 通过现场检查、非现场监管等方式，密切关注，发现违规现象及时处理； 2. 审批时限为 7 个工作日； 3. 及时将审批结果通报省广播电视局	市文广旅局	
76	举办区域性广播电视节目交流、交易活动审批	《广播电视管理条例》第四十五条	省广播电视局	委托	委托后，广播电视部门要通过以下措施加强事中事后监管： 1. 通过现场检查、非现场监管等方式，密切关注，发现违规现象及时处理； 2. 审批时限为 7 个工作日； 3. 及时将审批结果通报省广播电视局	市文广旅局	
77	广播电视节目制作经营单位设立审批	1.《广播电视管理条例》第三十一条； 2.《广播电视节目制作经营管理规定》第四条、第八条、第二十七条	省广播电视局	委托	委托后，广播电视部门要通过以下措施加强事中事后监管： 1. 通过现场检查、非现场监管等方式，密切关注，发现违规现象及时处理； 2. 审批时限为 7 个工作日； 3. 及时将审批结果通报省广播电视局	市文广旅局	
78	县级广播电台、电视台变更台名、节目设置范围或节目套数审批	1.《广播电视管理条例》第十三条； 2.《国务院关于取消和下放一批行政许可事项的决定》附件 2 第 3 项	省广播电视局	委托	委托后，广播电视部门要通过以下措施加强事中事后监管： 1. 通过现场检查、非现场监管等方式，密切关注，发现违规现象及时处理； 2. 审批时限为 7 个工作日； 3. 及时将审批结果通报省广播电视局	市文广旅局	

表 15　　2021 年石家庄市承接省政府对应国务院下放行政许可事项一览表

事项名称	省行政许可 通用目录（2020 年版）行使层级	设定依据
劳务派遣经营许可	市级	依据石审改办〔2021〕6 号文，市级权限已下放

【市场主体登记】 2021 年底，全市各类内资市场主体达到 123.5 万户，万人拥有市场主体数量 1163 户，均居全省首位。依托信用平台归集涉企信用信息 7500 万条，生成全市市场主体信用档案 110 万个。

表 16　　2021 年石家庄市市场主体登记情况一览表

项目			2021 年新登记	2021 年期末实有
内资企业	内资企业总数（户）		64169	410785
		私营企业户数	60703	384172
	注册资本（万元）		28573415.09	333904867
		私营企业注册资本（万元）	21547202.25	207068981.2
个体工商户	户数		135449	814988
	资金数额（万元）		1461245.29	8714592.75
农民专业合作社	户数		339	9777
	出资总额（万元）		63724.4	2465576.89

【社会团体登记】 全年新增社会团体 23 家，其中，行业性 10 家、专业性 3 家、学术性 3 家、联合性 7 家；新增注册资金 84 万元。依法申请注销社会团体 2 家，依法撤销社会团体 27 家，社会团体总数达 370 家。

表 17　　2021 年石家庄市社会团体登记情况一览表

序号	信用代码	编号	名称	业务主管单位	业务范围	许可日期
1	51130100MJY9948357	石行审社团许决〔2021〕1 号	石家庄市进出口企业协会	石家庄市商务局	宣传国家政策方针；维护会员权益；组织会员活动；倡导行业间自律，为会员企业提供技术交流、咨询服务；承担政府授权委托的其他工作	2021 年 4 月 2 日
2	51130100MJY9881795	石行审社团许决〔2021〕2 号	石家庄市工业自动化及智能控制系统行业协会	无	开展调研、行业知识普及、行业指导及推广、技术、信息、学术交流、咨询服务、政策宣传、行业自律，政府部门授权的其他工作	2021 年 4 月 22 日
3	51130100MJY980070R	石行审社团许决〔2021〕3 号	石家庄市阜平商会	石家庄市工商业联合会	政治引导、提供服务、反映诉求、维护会员权益、加强诚信自律建设、鼓励、引导会员承担社会责任、完成石家庄工商联和政府有关部门交办事项	2021 年 5 月 14 日
4	51130100MJY978472Q	石行审社团许决〔2021〕4 号	石家庄市机动车驾驶人培训行业协会	无	政策宣传、行业调研、行业自律、行业指导、组织业务交流、承办政府相关职能部门授权委托工作	2021 年 5 月 18 日

续表

序号	信用代码	编号	名称	业务主管单位	业务范围	许可日期
5	51130100MJY975853T	石行审社团许决〔2021〕5号	石家庄市高尔夫球协会	石家庄市体育局	宣传普及高尔夫运动；技术指导与服务；学术研讨、经验交流；配合体育主管部门协调、组织全民健身竞赛活动；经体育主管部门同意，开展人员业务指导和技术培训工作	2021年5月26日
6	51130100MJY968186D	石行审社团许决〔2021〕6号	石家庄市职业技能培训机构行业联合会	无	政策宣传、行业自律、咨询服务、交流推广、承办政府授权委托的其他事项	2021年6月18日
7	51130100MJY9660175	石行审社团许决〔2021〕7号	石家庄市消防工程师协会	石家庄市科学技术协会	消防学术交流；消防知识宣传普及；贯彻国家有关法规、标准和行业政策；推广先进消防技术；开展消防技术信息、技术咨询；反映维护会员的合法权益，开展会员自律管理；承办政府及相关部门授权委托的工作	2021年6月24日
8	51130100MJY964628W	石行审社团许决〔2021〕8号	石家庄市航拍协会	石家庄市科学技术协会	组织航拍摄影、摄像领域学术研究；技术交流；开展航拍业务咨询服务；承办政府及有关部门交办的其他工作	2021年6月28日
9	51130100MJY964636P	石行审社团许决〔2021〕9号	石家庄市清洁服务行业协会	无	业务指导、咨询；技术交流、推广；行业自律；承办政府部门授权委托的其他工作	2021年6月28日
10	51130100MJY9611013	石行审社团许决〔2021〕10号	石家庄市包装饮用水行业协会	无	宣传与咨询服务；行业调研；行业自律；向政府相关部门反映企业的建议和诉求；信息交流；承接政府管理部门交办的各项工作	2021年7月9日
11	51130100MJY95813XP	石行审社团许决〔2021〕11号	石家庄市慈善和社会工作联合会	石家庄市民政局	政策宣传与咨询服务；发展慈善事业；筹募、使用和管理符合本会宗旨的慈善款物；调查研究；交流与合作；经政府有关部门批准，宣传社会工作和慈善的先进人物、事迹和经验；承办政府部门授权委托的事项	2021年7月19日
12	51130100MJY955238N	石行审社团许决〔2021〕12号	石家庄市机器人教育协会	石家庄市科学技术协会	行业调研；技术服务咨询；技术交流；知识科普宣传及推广；承办政府、业务主管单位委托的事项	2021年7月27日
13	51130100MJY953179R	石行审社团许决〔2021〕13号	石家庄市农副产品市场协会	石家庄市商务局	政策宣传、交流合作、行业自律、信息调查服务；经济技术咨询、创新创业指导、依托批发市场开展名优特新展销对接、承办政府部门委托事项	2021年8月2日
14	51130100MJY9494286	石行审社团许决〔2021〕14号	石家庄市登山协会	石家庄市体育局	宣传、普及登山运动；技术指导与服务；配合体育主管部门组织、服务登山运动全民健身竞赛活动；经体育主管部门同意，开展登山人才的培养与技术培训，承办政府部门委托的其他事项	2021年8月13日
15	51130100MJY9454351	石行审社团许决〔2021〕15号	石家庄市平安志愿者协会	中共石家庄市委政法委员会	组建发展；治安防范；规范管理；指导支持；服务保障；宣传弘扬；交流合作；调研建议	2021年8月24日
16	51130100MJY944491K	石行审社团许决〔2021〕16号	石家庄市退役军人志愿者协会	石家庄市退役军人事务局	团结发展退役军人志愿队伍；组织开展志愿服务；规范协调会员力量；宣传弘扬志愿文化；完成党委和政府有关部门委托、授权、批准的工作事项；筹措经费，为开展退役军人志愿服务提供物质支撑；开展与有关组织和团体的交流合作	2021年8月26日

续表

序号	信用代码	编号	名称	业务主管单位	业务范围	许可日期
17	51130100MJY9267875	石行审社团许决〔2021〕17 号	石家庄市工程机械行业协会	无	组织行业知识和政策的普及、指导与推广；行业自律；咨询服务；行业调研与指导；受政府相关部门委托授权的其他工作	2021 年 10 月 12 日
18	51130100MJY924220E	石行审社团许决〔2021〕18 号	石家庄市南通商会	石家庄市工商业联合会	政策宣传、信息交流、咨询服务、会员活动，承办政府机关授权委托的工作	2021 年 10 月 20 日
19	51130100MJY915578W	石行审社团许决〔2021〕19 号	石家庄市辛集商会	石家庄市工商业联合会	宣传政策、研讨合作、会员服务、信息交流、承办政府等部门交办工作、维护会员合法权益、参与社会公益活动	2021 年 11 月 11 日
20	51130100MJY9124657	石行审社团许决〔2021〕20 号	石家庄市网约车行业协会	无	政策宣传、经验交流、咨询服务、行业自律、维护会员权益、承办政府部门授权委托的事项	2021 年 11 月 18 日
21	51130100MJY906225W	石行审社团许决〔2021〕21 号	石家庄市物联网大数据行业协会	石家庄市工商业联合会	政策宣讲、技术服务、信息交流、调查研究、维护会员权益、行业自律、承办石家庄市工商联合会和有关部门交办事项	2021 年 11 月 30 日
22	51130100MJY883609K	石行审社团许决〔2021〕22 号	石家庄市科技创新教育学会	石家庄市科学技术协会	科普教育调查、研究、咨询服务、举办学术交流活动、普及科学知识、推广先进技术、开展科普活动	2021 年 12 月 28 日
23	51130100MJY88103X	石行审社团许决〔2021〕23 号	石家庄市江西商会	石家庄市工商业联合会	政策宣传、合作、交流、咨询服务	2021 年 12 月 30 日

【行政审批平台】 2021 年石家庄市新增行政审批平台 4 个，分别为：河北省药品监督管理局行政审批系统、执业药师注册管理信息系统、农药行政许可子平台、全国内陆渔船管理系统；减少行政审批平台 1 个：河北省卫生健康监督信息平台；更名行政审批平台 1 个：河北经济户籍管理系统更名为河北省数字市场监管综合业务平台。至 2021 年底，石家庄市共有行政审批平台 37 个。

【行政审批事项】 2021 年石家庄市衔接省政府对应国务院取消行政许可事项 1 项，承接省级行政许可事项 78 项，下放行政许可事项 1 项。至 2021 年底，石家庄市级实施行政许可事项 306 项，累计办结各类审批事项 157767 件，办结率 100%，满意率 100%，其中，办结投资项目类 195 件，商事登记类 3776 件，市场服务类 21791 件，社会事务类 37035 件，交通运输类 65393 件，环境保护类 552 件，城市建设类 28822 件，农林水务及安全生产类 203 件。2021 年石家庄市直政务服务开通网办事项 525 个，网办比例 100%；县（市、区）政务服务开通网办事项 27052 个，网办比例 100%。

【企业开办与注销】 企业开办：2021 年石家庄企业开办时限保持一日内办理完成。企业注销：3 月 1 日起，石家庄市在全市范围内开展完善企业简易注销改革试点，将企业简易注销公示时间由 45 个自然日压缩至 20 个自然日。2021 年 7 月，石家庄市又将简易注销登记使用范围拓展至未发生债权债务或已将债权债务清偿完结的各类市场主体，实行注销“20+1”日完成，即注销公示期 20 个自然日，公示期满后，提交材料齐全、符合法定要求，注销登记 1 个工作日内办结。

【公共资源交易】 以营造公平公正交易环境为目标，创新实施“双盲”开评标、跨省远程异地评标评价改革，最大限度消除人为因素干扰公共资源交易招标活动。2021 年石家庄市完成各类公共资源交易 8990 宗，累计交易金额 872.23 亿元，节约资金 21.7 亿元，溢价金额 11.12 亿元。其中，工程建设交易 3643 宗，交易金额 427.98 亿元；政府采购（含医疗设备采购）交易 4437 宗，交易金额 88.85 亿元；国有土地出让 555 宗，交易金额 347.59 亿元；国有产权交易 85 宗，交易金额 7.63 亿元；排污权交易 170 宗，交易金额 0.19 亿元。2021 年石家庄市市本级完成公共资源交易3831宗，交易金额425.94亿元，节约资金9.18亿元，溢价金额8.74亿元。其中，工程建设交易1373宗，交易金额123.96亿元；政府采购（含医疗设备采购）交易2074宗，交易金额38.33亿元；国有土地出让168宗，交易金额263.31亿元；国有产权交易46宗，交易金额0.16亿元；排污权交易170宗，交易金额0.19亿元。推进公共资源交易体制改革，持续提升公共资源交易全程电子化应用水平，创新公共资源交易监管体制，进一步打造公平公正公开的交易环境。提升交易全程电子化水平，持续完善“互联网＋交易”电子化功能，实现远程异地评标、远程不见面开标、投标保证金在线缴退、电子保函在线办理，全程网办率达100%，提高开评标效率，减轻企业现金流压力，降低招标投标成本；完善电子化可溯机制，2021年3月17日，作为“基于云平台的公共资源交易电子档案管理模式实证研究”项目顺利通过国家验收，实现交易档案归档、保管、调阅自动化和电子化，确保交易记录来源可溯、去向可查、监督留痕；创新交易监管方式，印发《石家庄市公共资源交易信用管理暂行办法》，完成省公共资源交易信用信息系统、省住建厅信用评价系统与市公共资源交易平台互联互通，实现信息共享，强化黑红名单在招标投标领域信用信息的运用；制定公共资源交易联动监督管理实施方案，组织协调各相关县（市、区）贯彻落实省公共资源交易联动监督制度。

【社会信用管理】 完善信用体系建设机制，出台《2021年石家庄市社会信用体系建设工作要点》《石家庄市社会信用体系建设规划（2021～2025年）》。搭建市、县、乡、村四级信用管理一体化平台，覆盖264个乡镇（街道）、4781个村（社区），2021年全市信用信息“一张网”目标初步实现。强化信用数据治理，累计归集“双公示”信息、行业监管信息等公共信用信息14亿条。落实河北省企业信用分级分类监管制度，市场监管、应急管理、生态保护等部门出台信用监管制度文件96个，依托信用平台归集涉企信用信息7500万条，生成全市市场主体信用档案110万个。深入开展失信约束措施清理规范工作，清理废止有关制度文件27件。严格依法落实失信被执行人、拖欠农民工工资等严重失信违法行为失信惩戒措施。编制《信用应用事项清单》，涵盖39个市直部门143项行政管理和服务事项，在公共资源交易、行政审批、评先评优等领域累计实施信用核查22万次。建立健全信用修复机制，开展信用修复集中培训8场，针对性培训300余次，完成信用修复840余件。信用惠民便企应用场景不断丰富，推进全国“信易贷”平台、河北省金融服务平台宣传使用，入驻平台企业5万家，累计授信额度18亿元。启动“信易＋”综合应用平台建设，以市民诚信分为载体，搭建信用＋图书借阅、公共交通等场景。加快推进政务诚信建设，诚信履职意识和行政水平稳步提升。强化诚信宣传教育和试点示范创建，指导桥西区、栾城区等开展基层诚信社区、诚信商圈、农村社会信用体系建设等试点工作。广泛开展“诚信建设进万家”“诚信示范单位创建”，全年共培树诚信示范单位696家，诚信经营示范店210个。编制信用示范城市工作简报23期，组织诚信宣传活动300余场，“信用石家庄”网站发布动态累计2800余篇，诚信社会氛围逐步浓厚。

（李伟男）

中国人民政治协商会议石家庄市委员会

【概况】 2021年全市政协系统围绕推进省会高质量发展和建设现代化、国际化美丽省会城市目标，履行政治协商、民主监督、参政议政职能，发挥协调关系、汇聚力量、建言献策、服务大局作用。周密筹备，举办政协石家庄市第十三届委员会第五次会议（简称市政协十三届五次会议）、政协石家庄市第十四届委员会第一次会议（简称市政协十四届一次会议）两个重要会议。全年召开市政协常委会会议7次，审议通过议题43项；召开主席会9次，研究讨论议题70项；举办座谈协商、专题协商会17次，组织426名政协常委、政协委员参加全国、省、市政协举办的调研、视察、考察活动。邀请各民主党派及工商联、无党派人士开展视察调研活动14次，参加会议发言160人次，提交提案303件，提出意见建议54条。围绕民生关注的难点问题，反映社情民意97件。至2021年底，政协石家庄市第十四届委员会共有政务委员623名、常务委员114名。

【市政协第十三届常委会组成人员及工作机构负责人】

主　　席：刘明轩（2月免）
　　　　　张业　（2月任）
副 主 席：武义青（不驻会）
　　　　　范振增（不驻会）
　　　　　葛瑞芳（女）
　　　　　郭斌　（不驻会）

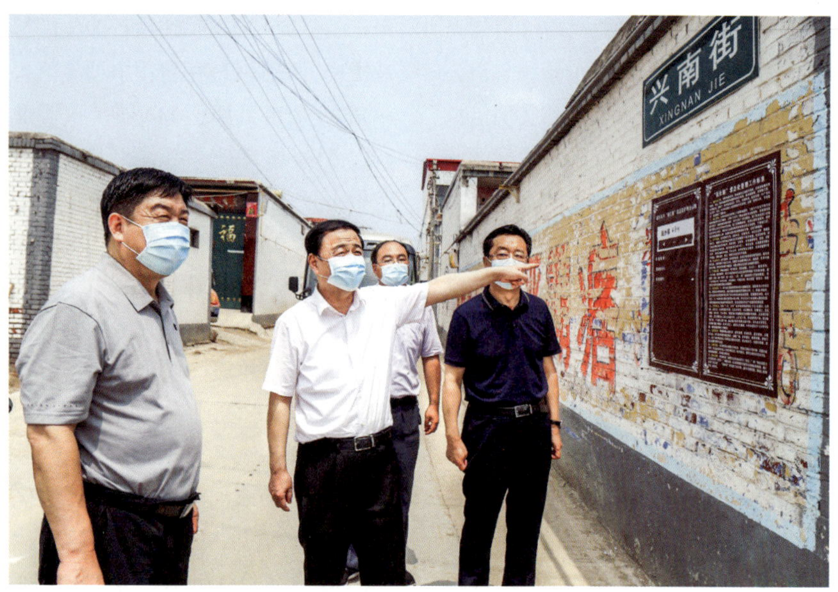

2021 年 7 月 15 日，市政协主席张业（左二）到赵县调研考察农村人居环境整治提升工作（市政协办公室提供）

张运凯　孟胜林
闫纯锴　宋学恭
冯立业（2 月任）
邓小梅（女，2 月任）
秘 书 长：李法仓（2 月任，8 月免）
常务委员：（按姓氏笔画排序）
于民
马千里（女）
马立新（2 月任）
马青林
王蔚　（女）
王广策
王书翠（女）
王志臣　王志国
王丽娜（女）
王利军（满族）
王灵增　王溪波
王燕华（女）
尹庆珍（女）
孔令刚（蒙古族）
卢书彦（女）
田庆宝（满族）
田国英　付庆文
付志军　冯摩西
兰云彩（女）
兰国良　邢建辉
仲岩　（女）
刘凡　（女）
刘月欣（女）
刘华光　刘志魁
刘金文　刘荣林
刘俊田
米春蓉（女，回族）
汤炜　许炎周
孙广庆
苏丽　（女）
苏彦英（女）
苏艳霞（女）
杜双庆
杜晓伟（女）
李波
李颖　（女）
李东明（满族，2 月任）
李占领（女）
李立华　李西平
李进飞
李咏梅（女）
李法仓（2 月免）
李秋水　李恒伟
李振杰（2 月任）
李桂玲（女）
李维佳（2 月任）
杨建秋（2 月免）
肖飞　肖建科
余少伟
宋学　（女）
宋辉　（女）
宋成武（7 月免）
张子峰　张军博
张丽红（女）
张佐英
张灵芝（2 月免）
张建立
张建慧（2 月免）
张美林　张振平
张海霞（女）
张新峰　陈玉山
陈玉联（女）
陈联记
尚晏芝（女）
周书献
郑建　（女）
孟超　（女）
孟凡英（女）
孟建中
赵志英（女）
赵俊芳　赵路新
郝彦忠　钟诚
钟振环（女）
侯俊宏　娄延果
秦丽君（女）
贾彬
徐拥政（2 月免）
徐金升　栾建英
黄超
黄向华（女）
曹强　龚树辉
常志卷
崔芸　（女）
阎晓佳　梁建林
梁胜军　董志明
董素平（女）
焦永良
释慧憨（2 月任）
甄墨

甄继革（2月免）
潘秀昀（女、满族）
魏书江
常务副秘书长：
李法仓（2月免）
邓定　（3月任）
副秘书长：王镇元
王燕华（女，7月免）
张世民（2月免）
谷巧芬（女，7月免）
贾朝伟（7月免）
黄焕文（2月任）
乔茜　（女，不驻会，3月免）
李立华（不驻会）
张海霞（女，不驻会）
张慧巧（女，不驻会）
程鹏起（不驻会）
侯俊宏（不驻会，7月免）
焦立志（不驻会，3月免）
苗金星（不驻会，3月任）
贾建勇（不驻会，3月任）

研究室

主　　任：李振杰

提案委员会

主　　任：赵志英（女）
副 主 任：任佃武（2月免）
刘金文（不驻会）
郑国良（不驻会）

人口资源环境委员会

主　　任：杨建秋（2月免）
周书献（2月任）
副 主 任：张守庆
王鹏飞（不驻会）
刘金文（不驻会）
赵路新（不驻会）
李西平（不驻会）
赵建林（不驻会）
董志明（不驻会）

文化文史和学习委员会

主　　任：张丽红（女）
副 主 任：刘军社（2月免）
崔贞军（3月任）
于燕红（不驻会）
李波　（不驻会）
肖建科（不驻会）
范文龙（不驻会）
高尘　（不驻会）
黄盛兰（女，不驻会）

财政经济委员会

主　　任：周书献（2月免）
苏彦英（女，2月任）
副 主 任：孙吉忠
付庆文（不驻会）
宋夕元（不驻会）
陈宝京（不驻会）
赵东　（不驻会）
赵俊芳（不驻会）
曹迎春（女，不驻会）
常志卷（不驻会）

农业和农村委员会

主　　任：苏丽　（女，7月免）
王燕华（女，7月任）
副 主 任：康立新
田国英（不驻会，6月任）
谷维真（不驻会，6月任）
张佐英（不驻会，6月任）
陈玉山（不驻会，6月任）
赵永利（不驻会，6月任）
彭晓明（不驻会，6月任）

教科卫体委员会

主　　任：焦永良
副 主 任：吴丽娟（女，2月免）
左建停（2月任）
王俊华（不驻会）
仲岩　（女，不驻会）
许顺利（不驻会）
杨澜波（不驻会）
张国军（不驻会）
赵勇　（不驻会）
娄延果（不驻会）
徐金升（不驻会）
崔芸　（女，不驻会）
甄继革（不驻会）

社会和法制委员会

主　　任：王灵增（7月免）
谷巧芬（7月任）
副 主 任：胡振民
刘志魁（不驻会）
苏彦英（女，不驻会）
宋成武（不驻会）
张建芬（不驻会）
陈联记（不驻会）
孟建中（不驻会）
梁建林（不驻会）

民族和宗教委员会

主　　任：王灵增（7月免）
谷巧芬（7月任）
副 主 任：胡振民
丁文仓（不驻会）
邓元富（不驻会）
冯摩西（不驻会）
郭利红（不驻会）
释常宏（不驻会，6月任）
褚国成（不驻会）

港澳台侨和外事委员会

主　　任：张建慧（2月免）
栾建英（2月任）
副 主 任：王溪波（不驻会）
胡为民（不驻会）

【市政协第十四届常委会组成人员及工作机构负责人】

主　　席：张业
副 主 席：高玉柱（8月任）
张运凯
邓小梅（女）
刘玉渭　苏志超

李丛刚　崔建升
马春玲（女）
秘 书 长：高楠
常务委员：（按姓氏笔画排序）
于民
于燕红（女）
马青林　王升
王立
王红　（女，土家族）
王律
王焱　（女）
王蔚　（女）
王书翠（女）
王成祥　王光明
王旭霞（女）
王志臣
王燕华（女）
尹庆珍（女）
左克永　石永贵
卢书彦（女）
田庆宝（满族）
史万英（女）
付志军　冯摩西
兰国良　师凡
仲岩　（女）
任维维
刘华　（女）
刘巨星
刘月欣（女）
刘亚红（女）
刘军峰　刘志军
刘利平（女）
安兰茹（女）
祁军英（女）
孙勇　孙世煦
远松灵
苏彦英（女）
杜晓伟（女）
李平　（女，社科界）
李骁　李铭
李遐　（女）
李霞　（女）
李正昌
李东明（满族）
李占领（女）
李立华　李西平
李春雷　李振杰
李海峰　李随民
李维佳（满族）
李敬考
杨英茹（女）
杨澜波　肖飞
肖建科　吴合利
吴海明
谷巧芬（女）
宋洁　（女）
宋辉　（女）
宋磊珍（女）
张子峰　张天宇
张向京
张丽红（女）
张林杰（女）
张国强　张宝山
张保江　张美林
张继军　张敏周
张瑞方（女）
张攀峰（女）
陈增建　武金燚
金立兴　周书献
郑建　（女）
郑浩博
房景新（女）
赵全胜
赵志英（女）
赵建宏　赵俊芳
郝旭　郝军
胡山峰　侯俊宏
昶国锋（满族）
顿艳涛　钱学斌
徐一民　徐力岳
殷实　栾建英
郭永强　郭朋勃
曹强
曹迎春（女）
盛庆功　韩佳
韩志军　韩尚飞
焦永良　樊振宇
潘秀昀（女，满族）
魏书江
常务副秘书长（12 月撤销）：
邓定　（12 月免）
副秘书长：邓定　（12 月任）
王镇元　黄焕文
严晓光（12 月任）
李立华（不驻会）
张海霞（女，不驻会）
张慧巧（女，不驻会）
程鹏起（不驻会）
苗金星（不驻会）
贾建勇（不驻会）
王丹　（女，不驻会，12 月任）

办公室
主　　任：邓定　（12 月任）

研究室
主　　任：李振杰

提案委员会
主　　任：赵志英（女）

人口资源环境委员会
主　　任：周书献
副 主 任：张守庆

文化文史和学习委员会
主　　任：张丽红（女）
副 主 任：崔贞军

财政经济委员会
主　　任：苏彦英（女）
副 主 任：孙吉忠

农业和农村委员会
主　　任：王燕华（女）
副 主 任：康立新

教科卫体委员会
主　　任：焦永良
副 主 任：左建停

社会和法制委员会
主　　任：谷巧芬
副 主 任：胡振民

民族和宗教委员会
主　　任：谷巧芬
副 主 任：胡振民

港澳台侨和外事委员会

主　　任：栾建英

【石家庄市全国政协委员】 2021年驻石家庄市全国政协委员共有2人。分别为：武义青，1962年9月出生，民建界，民建河北省委会副主任委员、民建石家庄市委员会主任委员，石家庄市政协副主席，河北经贸大学副校长；刘莉沙，女，1965年3月出生，文艺界，石家庄市河北梆子剧团党支部书记、团长。

【石家庄市河北省政协委员】 2021年驻石家庄市河北省政协委员共有69人。分别为（按姓氏笔画排序）：

于民　　丁文元
习伟　（女）
马千里（女）
马红哲（女）
马振清　王一兵（满族）
王升　　王旭辉（女，满族）
王志国　王雁南（满族）
王韶华　方朝义
付庆文　白利刚
冯摩西　宁淑敏（女）
吉朝珑（女）
吕洪涛　刘冰（女）
刘明轩　刘建华
闫凤利　米晓莉（女）
严臻泉　李幼东（女）
李建军　李炯梅（女）
李辉　　李锋
杨冬茹（女）
杨建秋　杨壹名
肖飞　　肖荣智
宋征奇　张运凯
张宏繁　张腾飞
张霄云（女）
陆洪兵　陈玉联（女）
陈清泉　周庆
赵力　（女）
赵永强　赵丽平（女）
赵洪　（女）
赵洪涛　娄延果
袁淑梅（女）
夏建平　徐敏俊
高丽芬（女）
高翠君（女）
郭斌　　黄超
曹琴英（女）
寇广平　董跃勇
韩颖　（女）
程鹏起　释慧憨
蒲月英（女）
甄忠义　甄继革
路江　　蔡志强
廖海鹰

【市政协第十三届委员会第五次会议】 2月25～26日，政协石家庄市第十三届委员会第五次会议（简称市政协十三届五次会议）举行。审议通过刘明轩代表政协石家庄市第十三届委员会常务委员会所作工作报告，政协石家庄市第十三届委员会常务委员会关于十三届四次会议以来提案工作情况报告，政协石家庄市第十三届委员会常务委员会工作报告、提案工作情况的报告和有关决议，政协石家庄市第十三届委员会第五次会议关于常务委员会工作报告的决议，政协石家庄市第十三届委员会提案委员会关于十三届五次会议提案审查情况的报告，政协石家庄市第十三届委员会第五次会议政治决议。补选张业为政协石家庄市第十三届委员会主席，冯立业、邓小梅为政协石家庄市第十三届委员会副主席，李法仓为政协石家庄市第十三届委员会秘书长，马立新、李东明、李振杰、李维佳、释慧憨为政协石家庄市第十三届委员会常务委员。市政协十三届五次会议收到提案538件，经审查，立案437件，不予立案101件。其中，委员个人及联名提案325件，占比74.4%；集体提案112件，占比25.6%。

【市政协第十四届委员会第一次会议】 8月22～25日，政协石家庄市第十四届委员会第一次会议（简称市政协十四届一次会议）举行。审议通过张业代表政协石家庄市第十三届委员会常务委员会所作的工作报告、政协石家庄市第十三届委员会提案工作情况的报告、关于政协石家庄市第十三届委员会常务委员会工作报告的决议、政协石家庄市第十四届委员会第一次会议提案审查委员会关于提案审查情况的报告、政协石家庄市第十四届委员会第一次会议政治决议。会议选举张业为市政协第十四届委员会主席，高玉柱、张运凯、邓小梅、刘玉渭、苏志超、李丛刚、崔建升、马春玲为市政协第十四届委员会副主席，高楠为市政协第十四届委员会秘书长；选举市政协第十四届委员会常务委员115名。市政协十四届一次会议收到提案401件，经审查，立案提案319件，未予立案提案82件。其中，委员个人和联名提案264件，占比82.8%，各民主党派提案55件，占比17.2%；经济建设提案78件，占比24.5%，政治建设提案12件，占比3.8%，文化建设提案33件，占比10.3%，社会建设提案181件，占经56.7%，生态文明建设提案15件，占比4.7%。

【市政协第十三届常委会会议】 2月16日，政协石家庄市第十三届委员会第二十一次常委会会议（简称市政协十三届二十一次常委会会议）举行。书面听取市政府关于石家庄市2020年经济社会发展情况的通报、市政府关于市政协十三届四次会议以来提案办理情况的通报、市政协主席会议2020年工作情况报告和常委代表履职发言。审议通过关于召开市政协十三届五次会议的决定和有关文件，决定2月25～26日召开市政协十三届五次会议。

2月25日，市政协十三届二十二次常委会会议举行。审议通过政协石家庄市第十三届委员会补选主席、副主席、秘书长、常务委员候选人名单（草案）及大会选举办法（草案）和总监票人、监票人建议名单。审议通过政协石家庄市第十三届委员会第五次会议关于常务委员会工作报告的决议（草案）、政协石家庄市第十三届委员会提案委员会关于十三届五次会议提案审查情况的报告（草案）、政协石家庄市第十三届委员会第五次会议政治决议（草案）。

3月31日，市政协十三届二十三次常委会会议举行。传达学习习近平总书记在全国“两会”有关团组的重要讲话和全国“两会”精神及河北省传达学习贯彻全国“两会”精神领导干部会议精神。通报市政协常委履职情况。

7月29日，市政协十三届二十四次常委会会议举行。学习贯彻习近平总书记“七一”重要讲话及有关会议文件精神。围绕“建设现代化国际化美丽省会城市”开展协商议政。听取市政府关于当前工作情况和十三届市政协提案办理情况的通报。

8月13日，市政协十三届二十五次常委会会议举行。协商和审议市政协十四届一次会议有关安排和事项，决定将相关事项提交市政协十四届一次会议预备会议、主席团会议审议通过。市委组织部负责人到会作人员建议名单的说明。

【市政协第十四届常委会会议】 10月11日，市政协十四届一次常委会会议举行。贯彻落实中央、省委决策部署及市第十一次党代会精神、市委书记张超超提出推动经济持续健康发展的具体行动要求，围绕“推动石家庄市经济高质量发展，新一代电子信息和生物医药两大产业率先突破”开展协商议政。

12月30日，市政协十四届二次常委会会议举行。学习贯彻中共十九大和十九届历次全会精神，中央、省市经济工作会议精神及省市党代会精神，围绕“五大主导产业高质量发展”开展协商议政。

【市政协委员调整】 1月17日，市政协第十三届委员会委员王瑞征逝世，委员资格自行终止。2月16日，市政协十三届二十一次常委会会议调整增加政协委员12人，其中，增补43人，免去31人。增补政协委员43人，分别为：丁紫霞（女）、马立新、王东、王涛（女）、王瑜玲（女）、王增占、邓定、邓小梅（女）、冯立业、吕光丰、任维维、刘建、刘宗奇、刘海燕（女）、刘清国、齐亮、闫杰、安兰茹（女）、孙玉胜、李君涛、李宗力、李振杰、吴合利、狄莎（女）、辛增亮、张业、张芃、张岩、张占宗、张国强、金立兴、底光辉、郑浩博、赵树生、赵继军、段永辉、耿文杰、贾丽娟（女）、郭清（女）、曹铂、梁博强、康然芬（女）、释慧憨。免去政协委员31人。其中，免去政协常务委员、委员5人，分别为：杨建秋、张灵芝、张建慧、徐拥政、甄继革；免去政协委员26人，分别为：王立珍、王德松、毛全球、刘春东、闫玉彩、闫军堂、杜占良、杜学瑜、张文国、张国栋、张健民、陈国兴、邵卫东、苑彦刚、赵磊、赵君杰、赵建林、胡文茹、胡翰涛、高际永、郭树珍、黄盛兰、崔业鹏、康拴春、傅士君、游艳红。2月25日，市政协十三届二十二次常委会会议决定，同意李法仓辞去市政协第十三届委员会常务委员职务。2月26日，市政协十三届五次会议补选马立新、李东明、李振杰、李维佳、释慧憨为市政协市第十三届委员会常务委员。3月31日，市政协十三届二十三次常委会会议审议通过，撤销苏清晨市政协第十三届委员会委员资格。7月29日，市政协十三届二十四次常委会会议决定，同意宋成武辞去市政协第十三届委员会常务委员、委员职务；免去李小平市政协第十三届委员会常务委员职务、撤销委员资格。8月25日，市政协十四届一次会议选举张业为市政协第十四届委员会主席，高玉柱、张运凯、邓小梅、刘玉渭、苏志超、李丛刚、崔建升、马春玲为市政协第十四届委员会副主席，高楠为市政协第十四届委员会秘书长；选举市政协第十四届委员会常务委员115名。12月30日，市政协十四届二次常委会会议决定，同意薄力辞去市政协第十四届委员会常务委员、委员职务。

【政协委员重点提案】 2021年市政协从立案756件提案中遴选确定重点提案13件，分别为：1.关于大力发展智慧教育，加快推进我市基础教育现代化的建议（第69号，提案者：市民盟）；2.关于推进我市旅游全域高质量发展的建议（第458号，提案者：市民进）；3.关于加大科技投入推进科技强市的建议（第20号，提案者：市九三学社）；4.关于数据驱动构建人民满意的服务型数字政府的建议（第45号，提案者：慈志勇）；5.于推进河北自贸试验区正定片区高质量创新发展的建议（第174号，提案者：市民革）；6.关于落实大型公立医疗机构公共卫生责任，提高我市突发公共卫生事件救治能力的建议（第273号，提案者：赵玉斌）；7.关于将公共卫生体系现代化建设纳入政府治理体系和治理能力现代化重要内容的建议（第 276 号，提案者：宋学）；8. 于强化医养结合构建高质量养老服务体系的建议（第 464 号，提案者：市农工党）；9. 关于加快推进我市健康养老产业发展的建议（第 377 号，提案者：王燕华）；10. 关于推进大气环境质量持续改善的建议（第 396 号，提案者：市民盟）；11. 关于提升为农服务水平，助力乡村振兴战略的建议（第 44 号，提案者：张佐英）；12. 关于创新消防治理，提升服务效能的建议（第 77 号，提案者：尹超）；13. 关于把生物医药产业打造成为我市"一号产业"的建议（第 150 号，提案者：市民建）。

（耿莉云）

纪检监察

【概况】 2021 年，全市纪检监察系统坚持以习近平新时代中国特色社会主义思想为指导，深入推进全面从严治党、党风廉政建设和反腐败斗争。研究制定《深入贯彻落实党中央和省委关于加强对"一把手"和领导班子监督的推进措施》，推动对"一把手"监督和同级监督更加精准有效。围绕习近平总书记重要指示批示和党中央重大决策部署强化政治监督，查处违反政治纪律问题 18 件，处分 18 人。聚焦疫情防控开展监督检查 42708 次，督促整改问题 5812 个，查处问题 42 件，处分 49 人。持之以恒纠治"四风"，全市共查处形式主义、官僚主义问题 102 件，处理 163 人，处分 120 人；查处享乐主义、奢靡之风问题 84 件，处理 114 人，处分 103 人。认真开展"我为群众办实事"实践活动，督促解决中央纪委转办群众诉求类问题 95 件。处置群众身边腐败和作风问题线索 4813 件，处分 1778 人。深入推进思想作风纪律整顿，查处作风不严不实等问题 168 件，两次召开思想作风纪律整顿警示教育大会，通报典型案件 30 起。

2021 年 8 月 18 日，市纪委十一届一次全会在市人民会堂召开（张克洪 摄）

【市纪委全会重要会议】 2 月 7 日，中国共产党石家庄市第十届纪律检查委员会第四次全体会议（简称市纪委十届四次全会）举行。市委常委、市纪委书记陈玉祥作题为《推动新时代纪检监察工作高质量发展 为我市"十四五"开好局起好步 全面建设现代省会、经济强市提供坚强保障》的工作报告。

8 月 4 日，市纪委十届五次全会举行。审议通过《中国共产党石家庄市第十届纪律检查委员会向中国共产党石家庄市第十一次代表大会的工作报告》决议，同意提请中国共产党石家庄市第十一次代表大会审查。

8 月 18 日，中国共产党石家庄市第十一届委员会第一次全体会议举行。选举产生中国共产党石家庄市第十一届纪律检查委员会常务委员会委员 9 名。选举陈玉祥为中国共产党石家庄市第十一届纪律检查委员会书记，李献军、李正昌、苏瑞（女）为副书记。

◎中共石家庄市第十一届纪律检查委员会常务委员会委员

陈玉祥　李献军
李正昌　苏瑞（女）
任志晓　赵晖
张义　程华（女）
方伟宇

【党风廉政建设】 贯彻执行党纪问责条例，坚持失责必问、问责必严，全市共问责党组织 5 个，党员领导干部、监察对象 352 人。研究制定《深入贯彻落实党中央和省委关于加强对"一把手"和领导班子监督的推进措施》，推动对"一把手"监督和同级监督更加精准有效。运用"四种形态"处理 6820 人次，第一、二、三、四种形态分别占比 63.8%、22.2%、5.3%、8.7%。推进市管企业纪检监察体制改革，任命 5 家国有企业纪委

2021 年 12 月 30 日，全市党建工作暨警示教育大会举行（张克洪 摄）

书记为监察专员。落实“三个区分开来”要求，对疫情防控、项目推进等工作中涉及的一些单位和干部予以容错。研发党内监督系统，实现“四档三清单”网上运行，发现问题 19217 个、整改 18347 个。深入推进思想作风纪律整顿，查处作风不严不实等问题 168 件，两次召开思想作风纪律整顿警示教育大会，通报典型案件 30 起。7 月 15 日，全市第一次思想作风纪律整顿警示教育大会举行，通报思想作风纪律整顿方面典型案例 10 个。9 月 10 日，全市第二次思想作风纪律整顿警示教育大会举行，贯彻落实市第十一次党代会精神，通报思想作风纪律整顿专项工作反面典型案例。12 月 30 日晚，全市召开党建工作暨政治性警示教育大会。落实省第十次党代会、全省党建工作暨政治性警示教育大会精神，结合党史学习教育、“四史”宣传教育和政法队伍教育整顿，推动全面从严治党向纵深发展。

【违反中央八项规定和“四风”问题查处】 严肃查处违反中央八项规定和持之以恒纠治“四风”，全市共查处形式主义、官僚主义问题 102 件，处理 163 人，处分 120 人；查处享乐主义、奢靡之风问题 84 件，处理 114 人，处分 103 人。2021 年 9 月 6 日，石家庄市纪委监委通报 4 起违反中央八项规定精神典型问题。1. 石家庄市科技合作与创新平台中心原主任于文海超标准配备、使用办公用房以及公车私用等问题。于文海任石家庄市科技合作与创新平台中心主任期间，长期超标准占用 2 间办公用房；违规借用下属公司车辆归其个人使用。于文海还存在其他违纪违法问题。2020 年 12 月，于文海受到撤销党内职务、政务撤职处分。2. 赵县政府原党组成员、赵县经济开发区党工委原书记、管委会原主任韩广兴接受管理和服务对象宴请问题。2020 年 4 月，韩广兴组织 3 名公职人员一起违规接受某私营企业主安排的宴请。韩广兴还存在其他违纪问题。2021 年 2 月，韩广兴受到撤销党内职务、政务撤职处分，降为一级主任科员，其他相关责任人分别受到相应处理。3. 桥西区房屋征收中心主任于建刚接受管理和服务对象礼品、接受宴请问题。于建刚任桥西区房屋征收管理办公室主任期间，违规收受某房地产公司礼品，接受该公司宴请。2020 年 10 月，于建刚受到党内严重警告处分，违纪所得予以收缴。4. 赞皇县黄北坪乡川房村党支部原书记李爱芳违规举办乔迁宴问题。2020 年 10 月 26 日，李爱芳在某饭店违规举办乔迁宴，收受礼金 4400 元。2020 年 10 月，李爱芳受到党内严重警告处分，违纪所得予以收缴。2021 年 12 月 31 日，石家庄市纪委监委通报 3 起违反中央八项规定精神典型问题。1. 市园林局党组成员、副局长姚斌违规接受被考核单位宴请问题。2021 年 3 月，市园林局党组成员、副局长姚斌带队，对市城市水系园林中心进行年度领导班子及成员综合考核后，接受该中心主任王锡江安排的宴请。2021 年 9 月，姚斌受到党内严重警告处分，王锡江受到党内警告处分。2. 市城市建设投资控股集团有限公司原党委书记、董事长刘彦岭违规接受管理服务对象宴请、旅游问题。2017 年至 2019 年，刘彦岭先后两次接受私营企业主安排的宴请，接受该私营企业主安排的旅游，费用均由该私营企业主支付。刘彦岭还存在其他严重违纪违法问题。2021 年 12 月，刘彦岭受到开除党籍处分，按规定取消其退休待遇，涉嫌犯罪问题移送检察机关依法审查起诉。3. 市国有重点企业监事会原主席李小平、长安区西兆通镇原党委书记陈晶、市公安局长安分局西兆通派出所原所长聂云峰等人违规接受某私营企业宴请问题。2016 年至 2020 年，李小平、陈晶、聂云峰长期出入某私营企业内部食堂，接受、安排宴请活动，相关餐饮费用均由该企业支付。李小平、陈晶、聂云峰还存在其他严重违纪违法问题。2021 年 12 月，李小平受到开除公职处分，陈晶、聂云峰分别受到开除党籍、开除公职处分，三人均被移送检察机关依法审查起诉。

【影响营商环境问题查处】 重视营商环境监督，发现问题 90 个，督促整改55个，协调解决职责不清审批事项23项，查处损害营商环境问题31件，处分22人、移送司法机关4人。2021年4月21日石家庄市纪委监委通报2起影响和损害营商环境典型案例。1.赵县市场监督管理局王西章乡市场监督管理所原四级主任科员侯现彬违规收取费用问题。2019年6月以来，侯现彬作为直接服务群众和市场主体的一线执法工作人员，多次以罚款名义向管理服务对象索要现金据为己有，并借帮助群众办证之机收取好处费，侵害群众利益，影响恶劣。2020年12月，侯现彬受到留党察看一年、政务撤职处分，降为二级科员，调离一线执法岗位。违纪资金已退还。2.新乐市自然资源和规划局办公室副主任康建云向管理服务对象索要辛苦费问题。2020年6月，康建云在群众到新乐市自然资源和规划局领取被扣押车辆时，违规向管理服务对象索要辛苦费，造成不良影响。2020年8月，康建云受到诫勉谈话处理。违纪资金已退还。

【整治损害群众利益突出问题】 全年各级纪委监委对涉及群众利益的腐败和作风问题决不手软，共处置群众身边腐败和作风问题线索4813件，处分1778人。认真开展“我为群众办实事”实践活动，督促解决中央纪委转办群众诉求类问题95件。推进扫黑除恶惩腐打“伞”常态化，受理处置问题线索43件，处理115人。开展农村厕改专项监督，督促整改问题8713个。协助市委起草《房地产领域违规违纪违法行为追责问责暂行办法》，2021～2025年推动解决房地产领域遗留问题。推进停车管理领域违法违规问题专项整治，2021～2025年推动解决小学生“三点半”难题，督促全市黑臭水体实现动态清零。开展供热领域漠视侵害群众利益问题专项监督，及时督促整改供热不及时、管护不到位等问题。

【巡察监督】 围绕习近平总书记重要指示批示和党中央重大决策部署强化政治监督，查处违反政治纪律问题18件，处分18人。组织开展十届市委第十一轮巡察，发现问题205个、问题线索5件，同步开展县级统筹巡察，发现问题2078个，问题线索18件。围绕换届风气开展监督，发现并督促整改问题106个，回复廉政意见2649人次，提出否定性或暂缓性意见33人次。聚焦疫情防控开展监督检查42708次，督促整改问题5812个，查处问题42件，处分49人。开展大气污染防治专项监督，查处问题64件，处理117人，处分66人。启动十一届市委首次巡察，对粮食购销系统开展专项巡察，共发现问题685个、问题线索68件。压实巡视巡察整改主体责任和日常监督责任，中央巡视反馈问题和移交线索全部办结；九届省委巡视反馈问题完成整改745个，办结问题线索617件。开展市级巡察机构在上下联动中更好发挥作用试点工作，成立以市委主要负责领导为组长的试点工作领导小组，制定工作方案，明确8个方面27项重点任务，探索建立完善27项制度机制。3月25日，全市巡察工作会议暨十届市委第十一轮巡察县级统筹巡察动员部署会举行，传达全省巡视巡察工作会议暨九届省委第十轮巡视动员部署会精神，宣读十届市委第十一轮巡察和县级统筹巡察组长授权任职及任务分工的决定。本轮巡察派出1个市委巡察组，利用一个半月时间对市检察院、石家庄职业技术学院、石家庄幼儿师范高等专科学校3个党组织开展巡察“回头看”。同步开展统筹巡察，共组建19个统筹巡察组，对21个县（市、区）和高新区的143个党组织开展常规巡察或巡察“回头看”。9月13日，召开市级巡察机构在上下联动中更好发挥作用试点工作暨全市粮食购销系统专项巡察动员部署会市委常委、组织部部长、市委巡察工作领导小组副组长张效春传达中央巡视办和省委关于试点工作有关精神及专项巡察工作有关要求，宣布全市粮食购销系统专项巡察和县级统筹巡察组长授权任职及任务分工的决定。市委派出1个巡察组，对市发展和改革委员会（下属3个单位：市军粮供应保障中心、市粮食稽查大队、市粮油质量检测中心）、石家庄粮食产业集团有限公司（下属5个子公司：石家庄市第一粮库、河北石家庄国家粮食储备有限公司、河北省石家庄省级粮食储备库、石家庄市军粮供应有限责任公司、石家庄市家家惠粮油食品服务中心）等党组织开展专项巡察；同时组建17个县级统筹巡察组，对63个党组织（18个粮食主管部门和45个国有粮食购销企业）开展专项巡察。

（丁晓琳）

【十里尹村违规自建房监管失职失责查处】 2021年7月，市纪委监委立案审查桥西区红旗街道十里尹村村民在宅基地违规翻建房屋，市直相关职能部门和桥西区履职不力、监管执法不到位问题。经查，2020年以来，该村翻建自建房69户，其中，2020年48户，2021年21户，均未经相关部门审批，属于违规建设。市农业农村局、市自然资源和规划局、市住房和城乡建设局和桥西区委、区政府及区直相关部门、红旗街道党工委及办事处日常监督执法不到位，存在监管失职失责问题。市纪委监委依据有关规定，责令桥西区委、区政府，市农业农村局、市自然资源和规划局、市住房和城乡建设局，分别向市委、市政府做出深刻检查；责成桥西区依法拆除2020年以来十里尹村全部违规建房；问责和处理相关市直部门、单位及责任人25人。

（市档案馆）

民主党派和工商联

【概况】2021年全市各民主党派和工商联以习近平新时代中国特色社会主义思想为指导，坚持中国共产党领导的多党合作和政治协商制度，履行参政议政职能。发挥民主党派监督作用，组织开展民主协商，全年中共石家庄市委邀请各民主党派市委、市工商联负责人和无党派人士代表、市有关人民团体负责人参加各类协商会、征求意见会、情况通报会6次，各民主党派提出意见建议112篇，编印《党外人士建言》7期。加强组织建设，严把发展成员标准，以年龄结构、文化层次、人员培训等环节为重点，提升基层支部活力，增强凝聚力和战斗力。2021年民革市委发展党员47人，拥有基层支部38个，累计党员1036名；民盟市委发展盟员50名，拥有基层委员会9个、基层支部47个，累计盟员1404名；民建市委发展会员66人，拥有基层委员会4个、支部48个，累计会员1304人；民进市委发展会员45名，拥有基层支部45个，累计会员1228名；农工党市委发展党员40名，拥有基层支部28个，累计党员1150名；九三学社市委发展社员32名，拥有基层组织39个，其中，基层委员会7个，支社（小组）32个，累计社员853名；市工商联管理直属商会90家，其中，行业商会15家，异地商会73家，其他商会2家，拥有直属会员167家，累计会员数量20987个。2021年全市各民主党派和工商联围绕市委、市政府中心工作，聚焦全面建成小康社会、脱贫攻坚行动、抗击新冠肺炎疫情、经济社会发展等问题开展调研和建言献策活动，撰写具有较大影响的调研报告有《以低碳农业助力我省碳达峰碳中和》《关于打造京津冀绿电供给基地助力实现碳达峰、碳中和的建议》《关于大力发展新一代电子信息产业的建议》《关于及早启动碳汇研究，绘制我省实现碳中和目标路线图的建议》《关于推进农村宅基地改革的建议》《关于发送营商环境助推经济高质量发展的建议》。

【民主党派和工商联领导成员】

民革石家庄市委员会

主　　委：范振增（4月免）
　　　　　曹娜　（女，4月任）
副 主 委：胡永权（4月免）
　　　　　乔茜　（女，4月免）
　　　　　米晓莉（女，4月免）
　　　　　邢建辉
　　　　　苗金星（4月任）
　　　　　刘巨星（4月任）
　　　　　郑斌　（女，4月任）
　　　　　宣建新（4月任）
秘 书 长：苗金星（兼，4月任）

民盟石家庄市委员会

主　　委：郭斌　（4月免）
　　　　　蒲月英（女，4月任）
副 主 委：祝淑钗（女）
　　　　　武志永
　　　　　吴国英（女，4月免）
　　　　　蒲月英（女，4月免）
　　　　　李立华
　　　　　田宝川（4月任）
　　　　　刘军峰（4月任）
秘 书 长：龚蕊　（4月任）

民建石家庄市委员会

主　　委：武义青（4月免）
　　　　　李小平（4月任，7月免）
副 主 委：黄超
　　　　　宋磊珍（女）
　　　　　赵力　（女，4月免）
　　　　　付黎音（女，4月免）
　　　　　张海霞（女）
　　　　　刘亚红（女，4月任）
　　　　　刘海云（女，4月任）
秘 书 长：李建光（4月任）

民进石家庄市委员会

主　　委：张运凯
副 主 委：李立水（4月免）
　　　　　寇学臣（满族）
　　　　　王志臣
　　　　　陈玉联（女）
　　　　　张慧巧（女）
　　　　　赵玉斌（4月任）
秘 书 长：张伟

农工党石家庄市委员会

主　　委：王宝山（4月免）
　　　　　崔建升（4月任）
副 主 委：程鹏起
　　　　　陈志强（4月免）
　　　　　李拥军（4月免）
　　　　　郭毅　（4月免）
　　　　　宋学　（女）
　　　　　马红哲（女，4月任）
　　　　　赵建宏（4月任）
　　　　　郝军　（4月任）
秘 书 长：马进旗（4月任）

九三学社石家庄市委员会

主　　委：王志国（4月免）
　　　　　马春玲（4月任）
副 主 委：闫凤丽（4月免）
　　　　　王德松（4月免）
　　　　　李文平（4月免）

侯俊宏（12 月免）
杨晓飞
白彦魁（4 月任）
张向京（4 月任）
王利军（4 月任）
尚荣敏（女，4 月任）
王丹 （女，满族，12 月任）

秘 书 长：姚建强

工商业联合会

党组书记：李西平
主 席：吴相君
常务副主席：
门立新
副 主 席：焦立志（4 月免）
贾建勇
张端树（4 月免）
杨晓东
田建章（4 月任）
秘 书 长：徐建彬（4 月任）

【中国国民党革命委员会石家庄市委员会】 中国国民党革命委员会石家庄市委员会（简称民革市委或市民革）成立于 1958 年 9 月 20 日。全年民革市委发展新党员 47 人，其中硕士及以上学历 15 人。至 2021 年底，民革市委共有基层支部 38 个，党员 1036 名。具有高级职称党员 294 人，占比 28%；中级职称 456 人，占比 44%。界别分布中，教育界 245 人，占 24%；医疗卫生界 168 人，占 16%；科学技术界 79 人，占 8%，经济界 212 人，占 20%；社会法制界 208 人，占 20%；文化艺术界 54 人，占 5%；三农界 21 人，占 2%；其他 49 人，占 5%。拥有河北省人大代表 7 人：范振增、翟志海、葛杨、董志平（女）、王娟（女）、曹娜（女）、曹春芳（女），其中常委 2 人；省政协委员 9 人：刘秋祺、米晓莉（女）、陈清泉、刘志超、程彦培、路江、刁伟（女）、马胜祥、李幼东（女）。4 月 3 日，民革石家庄市第十二次代表大会举行，选举产生民革石家庄市第十二届委员会，曹娜当选主任委员（也称主委）。履行参政议政职能，省政协十二届四次会议采纳 9 篇集体提案，分别为《关于完善突发公共卫生事件应急管理长效机制的建议》《加强河湖生态综合治理建设造福人民的幸福河》《关于建立常态化补水机制 保障河湖生态基流的建议》《关于加强全省农业农村有机固废资源化利用的建议》《完善社区居家养老服务体系的建议》《关于推进我省殡葬改革的建议》《关于大力推进我省都市农业发展建议》《关于加强中医药传承师带徒及确有专长工作的建议》《关于深入推进民法典宣传普及工作的建议》；市政协十三届五次会议采用大会发言 4 篇，采用集体提案 19 篇，被市政协十四届一次会议采用集体提案 10 篇，全年完成重点调研课题 12 项，其中两篇得到省领导批示，分别是：《以低碳农业助力我省碳达峰碳中和》《关于打造京津冀绿电供给基地助力实现碳达峰、碳中和的建议》，两篇得到市领导批示，分别是：《强化省会功能推进我市经济高质量发展》《石家庄基层医疗体系现状及改革建议》；市政协常委会采纳大会发言 3 篇，分别是：《加快推进石家庄市县域经济高质量发展的建议》《加大我市商贸物流体系支持政策的建议》《以强化创新主体要素提升石家庄区域创新能力的建议》。2021 年民革市委获评民革河北省委参政议政工作先进集体。

（文雯）

【中国民主同盟石家庄市委员会】 中国民主同盟石家庄市委员会（简称民盟市委或市民盟）于 1958 年 9 月 13 日成立，主要由石家庄市教育、文化、医疗卫生及科技领域的高中级知识分子组成。2021 年民盟市委发展盟员 50 名，平均年龄 37.4 岁。其中，硕士及以上学历 19 人，占发展总数的 38%；高级职称 11 人，占比 22%，其中包括 4 名正高级职称或处级干部等一批代表性强、社会影响大的代表人士。至 2021 年底，民盟市委下设基层委员会 9 个、支部 47 个，累计盟员 1404 名。盟员中，全国人大代表 2 人，省人大代表 2 人，省政协委员 8 人，市人大代表 13 人，市政协委员 25 人，县区人大代表 17 人，县区政协委员 83 人。4 月 3 日，市民盟第十二届代表大会召开，选举产生民盟第十二届委员会，蒲月英当选主任委员。围绕市情，履行参政议政职能。《关于推动京津冀科技协同创新的建议》得到代省长王正谱的批示；《培植“专精新特”企业，推动我市实体经济高质量发展》得到市委书记张超超的批示。民盟市委参加市政协十四届一次会议提交集体提案 20 件，其中《关于大力发展新一代电子信息产业的建议》等 3 件提案列为优秀提案。《多样化供暖助力实现“碳达峰”“碳中和”》被省政协十二届四次全会选为大会书面发言，同时获评重点提案、优秀提案；向省政协十二届四次会议提交《推进固体废弃物高质量安全利用助力我省十四五期间生态文明建设》《积极融入“一带一路”建设 推动优势产能和装备走出去》并被采用；盟员撰写的《河北省促进京津冀协同创新发展调研报告》全文收入民盟中央《城市群发展与治理调研报告》一书；承担并完成盟省委重点调研课题《数字赋能两业融合，系统实施三链协同，统筹建设制造强省》等 2 件；完成市委统战部《加强科技研发公共服务平台建设提升科技创新能力赋能产业高质量发展》《加强移动源污染防治，改善石家庄市空气质量的建议》等调研课题 2 篇。2021 年民盟市委获评民盟河北省委参政议政工作先进单位。

（王志鹏）

【中国民主建国会石家庄市委员会】

中国民主建国会石家庄市委员会（简称民建市委或市民建）于1955年11月27日成立，主要由经济界人士组成。全年民建市委发展会员66人。其中，公有制经济人士1人、非公有制人士13人、新的社会阶层人士41人、教育界2人、政府机关4人；大学本科59人、硕士研究生6人；中级职称6人、副高职称3人。至2021年底，民建市委共有基层委员会4个、支部48个，累计会员1304人。民建会员中，各级人大代表51人、政协委员172人。其中，全国政协委员1人（武义青），省人大代表1人（马仁会）；省政协委员4人，分别为：黄超、赵力（女）、康君元、臧海萍（女）。经济界人士及相关专家学者占比民建会员总数94.17%。4月3日，民建石家庄市第十三次代表大会举行，选举产生民建石家庄市第十三届委员会，李小平当选主任委员。7月22日，民建石家庄市十三届三次全委会议举行，决定撤销李小平民建石家庄市第十三届委员会主委、委员职务。12月28日，经民建市委第六次主委会研究，决定给予李小平开除民建会籍处分。履行参政议政职能，围绕疫情防控、复工复产、稳定经济等主题撰写并提出多篇有针对性、前瞻性的意见和建议，8篇调研报告和建议被民建中央、中共河北省委、省政府、省政协采用，其中《关于及早启动碳汇研究，绘制我省实现碳中和目标路线图的建议》得到省政府副省长批示。向民建中央、省委及中共市委统战部报送社情民意信息200余篇次，向中共市委统战部报送“我为省会献良策”问计建议8篇。武义青撰写的《坚定不移走生态优先绿色低碳高质量发展道路》在《河北日报》刊登，并被“学习强国”“今日头条”转载。

（武义青　张海霞　李建光）

【中国民主促进会石家庄市委员会】

中国民主促进会石家庄市委员会（简称民进市委或市民进）成立于1958年。2021年民进市委发展会员45名，其中，硕士研究生及以上学历13名，占比28.9%，中高级职称23名，占比47%。4月1日，市民进第十二次代表大会举行，选举产生市民进第十二届委员会，张运凯当选主任委员。至2021年底，民进市委共有基层支部45个、民进会员1228名。民进会员中，河北省人大代表4人，分别为：安波、李青（女）、王志臣、林慧芳（女）；河北省政协委员10人，分别为：张运凯、寇学臣（满族）、陈玉联（女）、吉朝珑（女）、钱金平、王一兵（满族）、潘秀昀（女，满族）、曹秀玲（女，满族）、苏小云（女）、刘苏；市人大代表5名、市政协委员44名。履行参政议政职能，全年民进市委向省、市政协及市委统战部报送调研报告和提交意见建议多篇。其中，省政协十二届四次会议列为大会发言8篇、集体提案8篇；省、市政协常委会列为大会发言12篇；市政协十三届五次会议列为大会发言11篇、集体提案24篇，市政协十四届一次会议列为集体提案8篇；向市委统战部报送《党外人士建言》9篇、“我为省会献良策”建议8篇。重要调研成果有：《加快建设京张体育文化旅游带》《关于大力支持高等职业教育发展　合力打造职业教育样板城市的建议》《关于切实落实公立医疗机构公共卫生责任　提高我市医防救治能力的建议》《关于十四五期间做好青少年近视防控工作的建议》《关于加强医联体建设、切实实现分级诊疗的建议》《大力发展新一代电子信息产业的建议》《关于建立我市科技创新基金，实施高端领军人才培树计划的建议》《关于提升我市跨境电商航空物流服务能力、打造京津冀区域航空枢纽和物流中心的建议》《继续坚持围绕中心服务大局　推动普法工作再上新台阶》《关于加强地铁防汛安全管理的建议》等。2021年民进市委获评民进全国反映社情民意信息工作先进集体和民进河北省委参政议政工作先进单位、社情民意信息工作先进单位。

（冯晓冉）

【中国农工民主党石家庄市委员会】

中国农工民主党石家庄市委员会（简称农工党市委或市农工党）成立于1982年12月。2021年农工党市委发展党员40名，其中，中高级职称25人，占比62.5%，硕士以上学历16人。至2021年底，农工党市委共有基层支委会28个、党员1150人。4月2日，农工党石家庄市第十次代表大会举行，选举产生农工党石家庄市第十届委员会，崔建升当选主任委员。农工党党员中，全国人大代表1人：乞国艳；全国政协委员3人，分别为：王宝山、徐英、韩爱丽；省人大代表4人，分别为：李拥军、孟祥红、宋水山、孙日华；省政协委员17人，分别为：王宝山、经顺波、张祥建、郭毅、崔建升、程鹏起、马红哲、严臻泉、马瑞、王玲、史永红、薛晓英、李海平、郭炜、陆洪兵、姚艳、宋征奇；市人大代表5人、市政协委员30人。履行参政议政职能，做好“两会”提案、议案工作。在政协石家庄第十三届五次会议和8月政协石家庄第十四届一次会议上，市委会共提交提案建议23份，其中《关于加快推进石家庄国际陆港建设的建议》被选为政协石家庄第十三届五次会议口头发言，在政协石家庄第十四届一次会议上，崔建升主委代表市委会作题为《关于加快健全低碳循环发展体系、助力千亿级产业集群绿色发展的建议》的大会口头发言；共向中共市委统战部提交建言献策13篇、社情民意信息22篇，其中《关于加快构建滹沱河生态经济带的建议》被党外人士建言刊登，并得到中共市委领导的批示；共征集参政议政理论征文13篇，其中《论微博信息传播与民主党派参政议政的路径选择》荣获农工党中央2021年理论研究优秀论文二等奖，《关于中国新型政党制度的认识与思考》和《关于提升民主党派参政议政履职能力的思考》分别获得农工党中央2021年理论研究优秀论文三等奖。2021年农工党市委获评农工党河北省委理论研究工作优秀集体。

（农工党市委）

【九三学社石家庄市委员会】 九三学社石家庄市委员会（简称九三学社市委或市九三学社）社员主要由从事科学技术工作以及高等教育、医药卫生等方面的高、中级知识分子组成。1956年9月，九三学社石家庄直属小组建立；1958年10月，九三学社石家庄分社成立；1985年7月，九三学社石家庄分社改为九三学社石家庄市委员会。4月2日，九三学社石家庄市第十二次代表大会举行，选举产生九三学社石家庄市第十二届委员会，马春玲当选主任委员。2021年九三学社市委发展社员32名，其中，高等教育界10名，医药卫生界5名，科技界10名，博士10名、硕士12名。至2021年底，九三学社市委共有基层组织39个，其中，基层委员会7个，支社（小组）32个；累计社员853名，其中，高等教育界324名，占社员总数的38.0%，医药卫生界196名，占23.0%，科技界171名，占20.0%；高、中级职称802名，占社员总数的94.0%。九三学社社员中，河北省人大代表3名，分别为：王丹（女，满族）、李文平、侯俊宏，河北省政协常委3名，分别为：马春玲（女）、王志国、张丹参（女），省政协委员6名，分别为：马春玲（女）、王志国、王德松、闫凤利、张丹参（女）、陈安国。石家庄市人大常委2名，市人大代表6名。石家庄市政协副主席1名，市政协常委6名，市政协委员27名。九三学社河北省委副主任委员1名：张丹参（女），常委3名，分别为：马春玲（女）、王志国、张丹参（女），委员8名，分别为：马春玲（女）、王志国、王德松、闫凤利、李文平、杨晓飞、张丹参（女）、侯俊宏。32个基层组织换届任务完成。履行参政议政职能，全年撰写调研报告、提案、建议、社情民意187件。张向京提出的《关于推进“碳达峰、碳中和”目标实现的建议》得到市主要领导批示，并入选市委统战部《党外人士建言》；王志国提出的《关于加大科技投入 推进科技强市的建议》，杨武岐提出的《关于以“十四五”规划为契机 促进我市人才工作再上新台阶的建议》，郝彦忠提出的《关于加快我市科技创新能力建设的建议》入选《关于政协石家庄市十三届五次会议大会发言材料筛选梳理情况的报告》，得到市主要领导批示。政协提案：华臻撰写的《关于进一步提升行政审批效能的建议》列为省政协2021年度好提案；牛凌梅撰写的《关于完善公共卫生应急管理体系 建立我省疫情防控长效机制的建议》列为省政协十二届四次会议集体提案；江合友撰写的《优化国外人境人员隔离办法 遏制新冠肺炎疫情反弹》，李淑瑾撰写的《关于尽快建立新冠病毒预警监测机制的建议》，史敏撰写的《加强公共卫生管理在传染病防控中作用的建议》，孟雅楠撰写的《关于加强突发事件中应急物资管理的建议》列为省政协“同心抗疫情、合力促发展”活动集体提案；王利军撰写的《关于在自贸区建立现代法务集聚区 优化我省营商环境的建议》，刘殿武撰写的《关于进一步提高基层医疗机构服务水平的建议》，薛玉强撰写的《关于用CRO模式撬动我省生物医药产业高质量发展的建议》列为省政协十二届五次会议集体提案；王志国提出的《关于加大科技投入推进科技强市的建议》列为市政协十三届五次会议重点提案；刘洋撰写的《关于加快我市生物医药产业发展步伐，形成领头效应的建议》列为市政协十四届一次会议重点提案；张可欣撰写的《关于进一步优化我市国际化营商环境的建议》，赵晋津撰写的《关于充分发挥省属驻石高校科技引领作用，助推石家庄高质量发展的建议》，刘志妙撰写的《关于进一步有效缓解我市停车难的建议》列为市政协十四届二次会议重点提案；王越撰写的《关于推进我市大数据增值应用的建议》，郭宗洲、王志强撰写的《关于预防贫困人口脱贫后重新返贫的建议》，范林撰写的《关于加快推进学校食堂“明厨亮灶＋互联网”的建议》，杨晓飞撰写的《关于尽快取消居民供暖空置房“热损费”的建议》，张灵芝撰写的《关于加大大气污染治理力度，力争早日退出“全国倒十”的建议》，彭立强撰写的《关于加强科技创新要素培育，推动“四种类型经济”高质量发展的建议》列为市政协十三届四次会议以来优秀提案。人大建议：杨晓飞撰写的《关于实施不动产登记各区通办的建议》、尚荣敏撰写的《建议加大中小学生研学教育基地建设 助推青少年综合素质提升》、王丹撰写的《加强检测认证支持力度促进我省新一代信息技术产业发展和优化升级》、许洛撰写的《关于整合科技资源 谋划建立国家级农业高新技术产业示范区的建议》。调研报告：杨晓铮撰写的《河北省县域经济创新发展对策研究》专题报告；周士敏撰写的《新时代加强高职院校劳动教育的思考》荣获九三学社中央第二届“九三教育论坛”征文二等奖；王越撰写的《发挥大数据增值作用 推动优质农副产品发展》，杨晓铮撰写的《关于推动我省农产品主产区高质量发展的建议》《以高质量开发区建设带动县域经济发展》，孟庆鑫撰写的《推进农业与地矿跨领域合作 助力现代农业高质量发展》列为省政协十二届二十一次常委会议暨“加快县域经济高质量发展，助力构建新发展格局”协商议政大会发言；柴艳兵撰写的《引导企业组建创新联合体助力我省全链条科技成果转化》列为省政协十二届二十二次常委会议暨“全链条推动科技成果转化 为实现高质量发展提供新动能”协商议政大会发言；赵淑芹撰写的《关于推进我市宅基地改革的建议》，刘殿武撰写的《关于打造5G网络时代公共卫生应急决策和指挥信息化系统的建议》，王越撰写的《关于高效推进5G时代大数据增值应用落地的建议》，刘洋撰写的《关于驾双循环引擎 促内生型增长 加快建设我市高水平生物医药产业集群的建议》，丁渠撰写的《关于完善我市河长制的建议》，范林撰写的《关于尽快出台支持自贸区正定片区重大项目招商政策的建议》，翟冬梅撰写的《关于充分发挥传统中医药优势 将传统中医药纳入公共卫生应急管理体系的建议》列为市政协十三届五次会议大会发言；王越撰写的《关于建立我市大数据增值应用支撑下的新型商超和零售生态的建议》《关于建立我市乳品全产业链供应链大数据增值应用平台的建议》列为市政协十四届一次常委会议暨“推动我市经济高质量发展 新一代电子信息和生物医药两大产业率先突破”协商议政口头发言，杨晓铮撰写的《关于推动县域经济高质量发展的建议》列为书面发言；张红兵撰写的《关于加强我市食品产业链建设的建议》列为市政协十四届二次常委会议暨“大力提升科技创新能力 助力五大主导产业高质量发展”协商议政会议口头发言，范林撰写的《关于加强科技人才工作的建议》《关于提升我市知识产权整体质量的建议》，张蝶撰写的《关于加大科技创新投入的建议》，李永辉撰写的《加强科技中介服务机构建设 构建良好营商环境》，侯俊宏撰写的《关于强化科技创新支撑 引领产业集群跨越式发展的建议》列为书面发言；张可欣撰写的《关于提升我市国际化水平的建议》，侯俊宏撰写的《关于科技赋能两大主导产业率先突破的建议》列为市政协十四届二次会议口头发言，赵晋津撰写的《关于发挥高校科技引领作用 助推石家庄高质量发展的建议》，陈志熙撰写的《关于推进我市新一代电子信息产业率先突破的建议》，刘志妙撰写的《关于进一步有效缓解我市停车难的建议》，李晓红撰写的《关于推进实施“互联网＋基层治理”助力基层治理能力现代化的建议》，王越撰写的《关于建设中国正定“一带一路”中非数字经济产业园的建议》，刘博撰写的《关于鼓励引导青年回归实体经济的建议》，李永辉撰写的《关于加快东垣古城遗址公园建设的建议》列为书面发言。社情民意：赵淑芹撰写的《关于推进农村宅基地改革的建议》被全国政协采用；马春玲撰写的《关于推进电子垃圾科学回收处理的建议》，孟雅楠撰写的《关于加强突发事件中应急物资管理的建议》，孟庆鑫撰写的《推进农业与地矿跨领域合作 助力现代农业高质量发展》被九三学社中央采用；马春玲撰写的《关于尽快建立我省P3实验室的建议》，张向京撰写的《闭环管控期间保障石化企业正常生产的建议》，刘殿武撰写的《打造5G网络时代公共卫生应急决策和指挥信息化系统》《关于提高基层医疗机构水平的建议》，彭立强撰写的《关于推动京津冀城市群冀中南区域发展的建议》被省政协社情民意信息专报采用；马春玲撰写的《关于推进电子垃圾科学回收处理的建议》，张晓乾撰写的《关于推动传统文化创造性转化 创新性发展的建议》，李晓红撰写的《建议制定突发公共卫生事件应对法》被省政协每日社情采用。2021年九三学社石家庄市委获评九三学社中央2018～2020年度参政议政先进集体。

（党大志）

【石家庄市工商联】 2021年石家庄市工商业联合会（简称市工商联）新建异地石家庄商会8家，联系省、市域外友好商会36家。至2021年底，市工商联管理直属商会90家，其中，行业商会15家，异地商会73家，其他商会2家；拥有直属会员167家，累计会员数量20987个。4月2日，市工商业联合会第十六次代表大会举行，选举产生市工商联第十六届执行委员会和市工商联常委、主席、常务副主席、副主席、秘书长及市总商会会长、副会长，审议通过市工商联第十六次代表大会决议；李西平当选党组书记，吴相君当选市工商联主席、市总商会会长，门立新、贾建勇、杨晓东、田建章、黄建厅、高秋菊、梁连忠、李宗力、王珂、孙建忠、韩庆丰、岳建超、李建军、顿艳涛、张静、李志华、吕坤坤、郝旭、郭永强、刘运智、焦春、李宇新、张朝峰、陈金端、刘辉、韩佳当选市总商会副会长。加强非公商（协）会党建工作，全年发展预备党员115人，设立党支部66个，管理中共党员435人。支持非公经济发展，组织民营企业家及机关工作人员进行《党的十九届六中全会精神解读》专题学习，特邀中国改革报社副社长、中央广播电视台特约评论员杨禹老师以网络直播的形式授课；组织企业家到云南参加河北省工商联组织的“一带一路”暨民营企业“四史”教育培训班；与格局屏天下石家庄分院联合举办《经营制胜——如何将两家草根企业打造成世界500强》专题讲座；组织企业家到上海交大参加组织部、工信部和工商联联合组织的“全市民营企业跨越发展专题研讨班”；组织企业家到福建河北省工商联组织的“河北省民营企业转型升级高质量发展培训班”；组织三家直属会员企业，参加省工商联在广西南宁组织召开的深化改革开放暨民营经济人士“四史”教育培训班；组织近30家企业负责人参加《业务领导者的人才经营》课程培训；组织新生代企业联谊会近30余家企业，参加金一南将军所做的《深入学习领会习近平总书记“七一”重要讲话精神》和《关于大力支持省会建设和高质量发展》座谈会。履行参政议政职能，围绕营商环境和加大科技创新促进民营企业高质量发展撰写2篇市两会发言材料，共上报专题问计调研报告9篇，提出建议36条，上报民生实事建议5条，金点子2篇其中1篇获三等奖；上报《关于持续做好招才引智工作的建议》《关于我市五金机电市场规划建设的建议》《关于我市营商环境存在的问题及建议》等专题报告7篇；配合市相关部门开展营商环境主体调研活动，组织召开石家庄市民营企业家营商环境座谈会，10余家企业参加，发放调查问卷150份，收回148份，利用4天的时间，走访10余家企业，听取意见建议，梳理问题四大类60余条，摸清制约石家庄市民营经济发展营商环境的状况，撰写《关于发送营商环境助推经济高质量发展的建议》的调研报告，并在市政协十三届二十四次常委会上作为专题议政发言材料。

（市工商联）

群众团体

Mass Organizations

【群众团体领导成员】

市总工会

主　　席：李志宏

常务副主席：

田志

副 主 席：张宝山

张瑞红

吴丽娟

共青团石家庄市委员会

书　　记：张玮扬（6 月免）

丁楠　（10 月任）

副 书 记：谢姣蕊（女，6 月免）

殷实　（10 月免）

曹晶　（女）

郝壮敏（10 月任）

李庆赟（10 月任）

张婷　（女，挂职）

王立强（兼职）

妇女联合会

主　　席：宁淑敏（女）

副 主 席：房景新（女）

范鸿雁（女）

郑　建

王晓娣（女）

文学艺术界联合会

党组书记：林春山（5 月免）

孙世煦（6 月任，10 月免）

主　　席：肖建科

副 主 席：张桂珍　韩梅玉

科学技术协会

党组书记：杨澜波（7 月任）

主　　席：杨澜波（7 月免）

魏书江（7 月任）

副 主 席：冯卫和（12 月免）

刘保军

归国华侨联合会

主　　席：王强　（6 月免）

高英敏（6 月任）

副 主 席：许立　　胡为民

残疾人联合会

理 事 长：盛庆功

副理事长：张爱艳（6 月免）

陈继东（2 月免）

王瑞平（7 月任）

郝根群

红十字会

名誉会长：马宇骏（12 月任）

名誉副会长：

李志宏（女，12 月任）

邓小梅（女，12 月任）

会　　长：张峰珍（女，12 月任）

常务副会长：

王鹏飞（5 月免）

李遐　（女，6 月任）

副 会 长：崔胜明

张玉安（10 月免）

李富强（兼，12 月任）

张东生（兼，12 月任）

陆廷兵（兼，12 月任）

陈英　（兼，12 月任）

武卫东（兼，12 月任）

赵永生（兼，12 月任）

常俊华（女，兼，12 月任）

消费者权益保护委员会

秘 书 长：马臣堂

副秘书长：朱庆敏　王世民

石家庄市总工会

【概况】 2021 年石家庄市总工会围绕职工思想政治建设、职工建功立业、职工救助服务、工会组织建设等工作，加快推进新时期工人队伍建设和工会改革。开展劳动竞赛 130 项、职工职业技能竞赛 220 项，获评全国五一劳动奖状 1 个，全国五一劳动奖章 8 个，全国工人先锋号 3 个。2 项职工创新成果获得全国职工优秀技术创新成果二等奖和优秀奖。常山北明公司葛文军创新工作室获颁“全国示范性劳模和工匠人才创新工作室”牌匾。举办“永远跟党走・百名党史专家进企业”、庆祝建党 100 周年职工文艺会演、省市劳模“讲好身边故事”等活动 300 余场，参与职工 3.4 万人。宣传劳模工匠和企业文化元素，在市区谈南路与青园街交口建成石家庄工业印记文化长廊。石家庄工人运动历史陈列馆投用，填补全市工人革命运动史学习教育场馆的空白。维护职工权益，组建河北首家集体协商指导工作室，签订省内首个美容美发行业工资集体合同和网约送餐员行

2021 年 4 月 20 日，市总工会十九届二次全委（扩大）会议在市人民会堂举行

业工资集体合同。返还 308 家小微企业工会经费 791 万元。打造职工思想政治教育基地 5 家，建成劳动主题公园 12 个。重视职工文化生活，新建全国、省、市级职工书屋示范点 20 家，基层职工书屋 33 家，全市职工读书小组达到 862 个。宣传和弘扬劳模精神、劳动精神、工匠精神，劳模工匠讲师团成员达到 200 人，举办讲座 160 余场次；劳模志愿服务组织达到 600 人，举办劳模志愿服务活动 165 场次。全国劳动模范刘荣秀获得全国最美志愿者称号。“百名劳模颂金句，劳动创造幸福城”活动获得全省优秀组织奖。开展职工代表大会（简称职代会）制度建设专项提升行动，百人以上非公企业职代会建制率达到 67.77%。组建市网约送餐行业工会联合会、市邮政快递业工会联合会。全年发展新型就业形态劳动者会员 4.57 万人，建立企业工会 187 家。至 2021 年底，全市共有工会组织 1.6 万余个、会员 166 万余名。市邮政快递业工会联合会建会被中央电视台新闻频道报道。鹿泉区金隅鼎鑫水泥有限公司物流园区“司机之家”被交通运输部、中华全国总工会评定为 5A 级“司机之家”。

【劳动竞赛】 围绕石家庄地铁建设等重点建设项目，组织开展劳动竞赛 130 项、职工职业技能竞赛 220 项，带动 10 万职工技能素质提升。新华区总工会的石家庄中央商务区北区地下公共空间工程、鹿泉区总工会的滹沱河生态修复三期工程“助力达产达效，建功双胜双赢”劳动竞赛被列为省级重点竞赛项目。全年 2 项职工创新成果分别获得全国职工优秀技术创新成果二等奖和优秀奖。

2021 年 4 月 29 日，“建功十四五 争当排头兵”河北职工推动高质量发展劳动竞赛在石家庄地铁西兆通综合维修基地举行 （市轨道交通公司提供）

表 18　2021 年石家庄市职工职业技能竞赛各工种技术比赛第一名一览表

序号	选手	工种名称	所在单位
1	李龙	中药鉴别	国药乐仁堂石家庄药材有限公司
2	张欣	银行业综合服务技能	中国民生银行股份有限公司石家庄分行
3	马立坤	中式烹饪	桥西区石门一味酒家
4	胡丽伟	洗染	桥西区罗蒙干洗店
5	郝金钟	嵌线工	河北电机股份有限公司
6	刘博言	无人机巡检工	国网石家庄供电公司

续表

序号	选手	工种名称	所在单位
7	任利姣	气象	平山县气象局
8	黄学音	热工自动控制及仪表	河北华电石家庄热电有限公司
9	王志恒	农产品质量安全检测	石家庄市畜产品和兽药饲料质量检测中心
10	张俊书	养老护理	石家庄根叶养老服务有限公司
11	孙秀娟	育婴	河北柒月家政服务有限公司
12	吴翠	织布工	石家庄常山北明科技股份有限公司恒盛纺织分公司
13	苏伟坡	钳工	石家庄常山北明科技股份有限公司恒盛纺织分公司
14	孙笑君	维修电工	中石化石家庄炼化分公司
15	王旭	检修技工	石家庄市轨道集团有限责任公司运营分公司
16	张丽彪	电客车司机	石家庄市轨道集团有限责任公司运营分公司
17	宋佳玮	用电客户受理员	国网石家庄供电公司
18	孟松林	汽车维修工	石家庄裕华丰田汽车销售服务有限公司
19	燕栋伟	保安守护	石家庄保安服务集团国鑫护卫有限公司
20	丁立朋	保安巡逻	石家庄保安服务集团国鑫护卫有限公司

表 19　　2021 年石家庄市职工职业技能竞赛各工种技术比赛第二名一览表

序号	选手	工种名称	所在单位
1	付贺然	中药鉴别	国药河北乐仁堂医药连锁有限公司
2	张利华	银行业综合服务技能	中国民生银行股份有限公司石家庄分行
3	何晓凡	中式烹饪	石家庄饮食有限责任公司中和轩饭庄
4	崔江涛	洗染	石家庄家家净洗涤有限公司
5	赵志宏	汽车维修工	河北盛文汽车贸易有限公司
6	刘硕凯	嵌线工	河北电机股份有限公司
7	王红山	无人机巡检工	国网石家庄供电公司
8	裴兴毅	用电客户受理员	国网石家庄供电公司
9	李宁瑞	气象	晋州市气象局
10	王亚楠	热工自动控制及仪表	河北华电石家庄热电有限公司
11	武寒梅	农产品质量安全检测	石家庄市农产品质量检测中心
12	郑丽哲	养老护理	石家庄根叶养老服务有限公司
13	张晓林	育婴	河北省恒瑞职业培训学校
14	姚雨微	织布工	石家庄常山北明科技股份有限公司恒盛纺织分公司
15	王俊国	钳工	石家庄常山北明科技股份有限公司恒盛纺织分公司
16	孙伟恒	维修电工	中国石油化工股份有限公司石家庄炼化分公司

续表

序号	选手	工种名称	所在单位
17	杜同帅	检修技工	石家庄市轨道集团有限责任公司运营分公司
18	陈皿皿	电客车司机	石家庄市轨道交通集团有限责任公司运营分公司
19	李晓军	保安守护	石家庄保安服务集团国鑫护卫有限公司
20	燕飞林	保安巡逻	石家庄保安服务集团国鑫护卫有限公司

表 20　　2021 年石家庄市职工职业技能竞赛各工种技术比赛第三名一览表

序号	选手	工种名称	所在单位
1	白星	中药鉴别	藁城中西医结合医院
2	郭慧贤	银行业综合服务技能	河北银行石家庄分行中山路支行
3	李志立	中式烹饪	石家庄饮食有限责任公司中和轩饭庄
4	李素志	洗染	阿士得干洗店
5	孙浩	汽车维修工	石家庄裕华丰田汽车销售服务有限公司
6	曹玉伟	嵌线工	河北电机股份有限公司
7	于坤鹏	无人机巡检工	国网石家庄供电公司
8	周振广	用电客户受理员	国网石家庄供电公司
9	康立宁	气象	灵寿县气象局
10	万爽	热工自动控制及仪表	河北华电石家庄热电有限公司
11	朱静	农产品质量安全检测	石家庄市水产技术推广站
12	王金妹	养老护理	河北阖潇家政服务有限公司
13	王冬冬	育婴	河北水善养老服务有限公司
14	彭春峻	织布工	石家庄常山北明科技股份有限公司恒盛纺织分公司
15	耿晓东	钳工	石家庄常山恒新纺织有限公司
16	王怀波	维修电工	中国石油化工股份有限公司石家庄炼化分公司
17	张宏烈	检修技工	石家庄市轨道集团有限责任公司运营分公司
18	王德救	电客车司机	石家庄市轨道交通集团有限责任公司运营分公司
19	燕飞林	保安守护	石家庄保安服务集团国鑫护卫有限公司
20	卢利平	保安巡逻	石家庄保安服务集团国润有限公司

表 21　　2021 年石家庄市职工创新项目获奖一览表

序号	创新项目	奖项名称	第一完成人	完成单位
1	大容积钢制无缝气瓶及其储运设备	第六届全国职工优秀技术创新成果交流活动二等成果	王红霞	石家庄安瑞科气体机械有限公司
2	直立式聚丙烯输液关键技术开发及产业化	第六届全国职工优秀技术创新成果交流活动优秀成果	夏国龙	石家庄四药有限公司

【劳模和工匠人才创新工作室】 2021年全市新增9家省级、80家市级劳模和工匠人才创新工作室，完成创新成果2200余项，获得专利311项，实现效益9.2亿元。组建成立省会劳模工匠讲师团，首批聘任杨普、乞国艳、王景峰、刘艳红、张端树、闫金红、张喜江、冯志宏8人为省会劳模工匠讲师团成员。6月17日，2021年河北省劳模和工匠人才创新工作室规范化建设现场观摩会在石家庄市举行。2021年8月，石家庄市在全省创立首家燕赵工匠自动化创新工作室联盟成立。至2021年底，全市共有国家级创新工作室5家，省级创新工作室88家，市级创新工作室205家。

表22　2021年石家庄市新增省级劳模和工匠人才创新工作室一览表

序号	工作室名称	领衔人姓名	所属单位
1	李红鸽创新工作室	李红鸽	石家庄市道桥设施管护中心
2	孙玲创新工作室	孙玲	国网石家庄供电公司
3	杨阳创新工作室	杨阳	中国建设银行石家庄分行
4	郭进考创新工作室	郭进考	石家庄市农林科学研究院
5	王磊创新工作室	王磊　何勇亮	国网高邑县供电公司
6	李芳斌创新工作室	李芳斌	石家庄市轨道交通集团有限责任公司
7	赵亚龙创新工作室	赵亚龙	国网河北省电力有限公司石家庄市藁城区供电分公司
8	刘小杰名师工作室	刘小杰	石家庄市第二中学
9	王岳森创新工作室	王岳森	赞皇县蕊源蜂业有限公司

表23　2021年石家庄市新增市级劳模和工匠人才创新工作室一览表

序号	工作室名称	领衔人姓名	所属单位
1	仝英林创新工作室	仝英林	石家庄市住房开发建设集团有限责任公司
2	长安公司创新工作室	薛辉	国家电投集团东方新能源股份有限公司长安分公司
3	韩双林创新工作室	韩双林	石家庄一建建设集团有限公司
4	660创新工作坊	王勇	石家庄君乐宝乳业有限公司
5	逐梦创新工作室	李宏峰	国网石家庄供电公司
6	智慧风电场创新工作室	于保春	鲁能新能源（集团）有限公司河北分公司
7	常杰创新工作室	常杰	河北铁科翼辰新材科技有限公司
8	王建峰创新工作室	王建峰	河北国际大厦酒店有限责任公司
9	失效分析工作室	李志强	石家庄海山实业发展总公司
10	李会中燃气创新工作室	李会中	石家庄钢铁有限责任公司
11	段琦创新工作室	段琦	河北省烟草公司石家庄市公司
12	仇莎创新工作室	仇莎	赞皇县原村土布专业合作社
13	张鑫创新工作室	张鑫	格力电器（石家庄）有限公司
14	彭贺涛创新工作室	彭贺涛	华北制药河北华民药业有限责任公司

续表

序号	工作室名称	领衔人姓名	所属单位
15	冯海娟创新工作室	冯海娟	河北井矿工贸科技有限公司
16	丁邦平创新工作室	丁邦平	河北鸿科碳素有限公司
17	申银山创新工作室	申银山	河北诚信集团有限公司
18	高福音创新工作室	高福音	国药乐仁堂医药有限公司
19	王振宇精炼创新工作室	王振宇	河冶科技股份有限公司
20	郑宇光创新工作室	郑宇光	河北农哈哈机械集团有限公司
21	技术创新工作室	杨建宁	石家庄金隅混凝土有限公司
22	耿顺东劳模创新工作室	耿顺东	农行石家庄分行
23	武晓东创新工作室	武晓东	赞皇金隅水泥有限公司
24	何勇亮创新工作室	何勇亮	国网高邑县供电公司
25	车辆维护创新工作室	魏赫男	石家庄市轨道交通集团有限责任公司
26	睿智魔方创新工作室	许海梅	国网井陉县供电公司
27	韩永鹏创新工作室	韩永鹏	灵寿冀东水泥有限责任公司
28	齐伟创新工作室	齐伟	石家庄柏坡正元化肥有限公司
29	张立哲创新工作室	张立哲	石家庄汇康生物科技有限公司
30	曲建锋创新工作室	曲建锋	石家庄凯泉杂质泵有限公司工会
31	孔为有创新工作室	孔为有	河北新东印刷有限公司
32	布置家艺术工作室	史新惠	石家庄市宏锦布业有限公司
33	诚然国际创新工作室	陆建堂	石家庄市新华区高基大自然花木场
34	博盛工作室	刘玉文	河北金环包装有限公司
35	宋新明创新工作室	宋新明	华北制药集团爱诺有限公司
36	长安所创新工作室	陈然	石家庄市道桥设施管护中心
37	生态与农业气象创新工作室	高祺	石家庄市气象局
38	唐秋忆理财创新工作室	唐秋忆	中国民生银行石家庄分行
39	范现永机电技术创新工作室	范现永	石家庄博欧金属制品有限公司
40	鼎立创新工作室	孙泉勇	石家庄市城市建设投资控股集团有限公司
41	常吉武创新工作室	常吉武	石家庄市鹿泉区吉武农产品专业合作社
42	陉窑工作室	崔国新	河北艺朵文化产业投资有限公司
43	薛军辉创新工作室	薛军辉	河北曲寨矿峰水泥股份有限公司
44	梁彦平创新工作室	梁彦平	灵寿冀东水泥有限责任公司
45	梁文慧创新工作室	梁文慧	河北华电石家庄裕华热电有限公司
46	蚂蚁工作室	张少辉	亿企赢网络科技有限公司河北分公司

续表

序号	工作室名称	领衔人姓名	所属单位
47	陈永军创新工作室	陈永军	河北蓓特丽洗涤用品开发有限公司
48	汤文崇服务技能创新工作室	汤文崇	石家庄国大集团有限责任公司酒店管理分公司
49	王利杰无损探伤创新工作室	王利杰	石家庄钢铁有限责任公司
50	数字出版创新工作室	李鹏奇	中国科技出版传媒股份有限公司石家庄分公司
51	高军利创新工作室	高军利	石家庄科林电气股份有限公司
52	服装智能化创新工作室	商跃松	际华三五零二职业装有限公司
53	高雁创新工作室	高雁	石家庄市质盛机械密封有限责任公司
54	德馨创新工作室	栾振国	河北德瑞特电器有限公司
55	陈亮创新工作室	陈亮	河北华电石家庄鹿华热电有限公司
56	张旭创新工作室	张旭	元氏县恒信纸制品有限公司
57	谢志胜创新工作室	谢志胜	纳爱斯正定有限公司工会
58	张辰创新工作室	张辰	华北制药股份有限公司新制剂分厂
59	于海涛创新工作室	于海涛	金隅鼎鑫二分公司
60	计控创新工作室	杨思雨	石家庄华电供热集团有限公司
61	张丽霞名师工作室	张丽霞	石家庄市教育科学研究所
62	杨净名师工作室	杨净	石家庄市桥西区教育局
63	李开强名师工作室	李开强	石家庄第二实验中学
64	孙宏丽名师工作室	孙宏丽	石家庄市第四十二中学
65	王志暖名师工作室	王志暖	河北辛集中学
66	刘军名师工作室	刘军	石家庄二中实验中学
67	裴红霞名师工作室	裴红霞	石家庄外国语学校
68	焦志诚名师工作室	焦志诚	河北正中实验中学
69	曹九珍名师工作室	曹九珍	石家庄市第一中学
70	于静芳名师工作室	于静芳	石家庄市第二十三中学
71	张美玉名师工作室	张美玉	石家庄市鹿泉区第一中学
72	韩洪波名师工作室	韩洪波	河北省高邑县第一中学
73	张伟娜名师工作室	张伟娜	高邑县音体美中学
74	张同茂名师工作室	张同茂	河北无极中学
75	尚翠芳名师工作室	尚翠芳	赵县职工子弟学校
76	陈凤格名医工作室	陈凤格	石家庄市疾病预防控制中心
77	成林树名医工作室	成林树	石家庄市妇幼保健院
78	邵石祥名医工作室	邵石祥	石家庄市第五医院

续表

序号	工作室名称	领衔人姓名	所属单位
79	王海宾名医工作室	王海宾	石家庄市第五医院
80	陈竞怡名医工作室	陈竞怡	高邑县医院

【第四届“省会十大工匠”】 11月24日，石家庄市10名职工获得第四届“省会十大工匠”称号。

◎华北制药集团先泰药业有限公司自控组组长杨杰

◎石药集团制剂研究一所研究员张兰

◎河北省烟草公司石家庄市公司信息管理员张慎

◎河北白沙烟草有限责任公司机电技术员杨桓

◎石家庄海山实业发展总公司数控铣工郝欣峰

◎河北宏泰文化传媒有限公司总经理许红阳

◎河北铁科翼辰新材科技有限公司车间主任常杰

◎石家庄常山恒新纺织有限公司后纺车间主任魏佳力

◎格力电器石家庄有限公司注塑分厂技术员李永国

◎石家庄安瑞科气体机械有限公司副总经理王红霞

【第五届“省会十大最美职工”】 11月24日，石家庄市10名职工获得第五届“省会十大最美职工”称号。分别为：

◎市阳光小学副校长李晓丽

◎石家庄学院体育学院教授魏胜敏

◎市动物园党总支副书记、副主任任改茹

◎新乐市中医医院外三科主任李建强

◎中建浩运有限公司副书记、副总经理刘跃龙

◎市轨道交通集团有限责任公司职工李芳斌

◎桥西区建胜路社区党总支书记、居委会主任田佩洁

◎市急救中心副主任张锐

◎西柏坡纪念馆金牌讲解员袁晶

◎石家庄保安服务集团有限公司工会经审委主任高敏

【职工服务】 权益保障服务。推进职工代表大会制度建设，开展职代会制度建设专项提升行动，百人以上非公企业职代会建制率达到67.77%。持续推动新业态企业建会，发展新就业形态劳动者会员4.57万人，建会企业187家。开展集体协商共同约定行动，成立河北省首家集体协商指导工作室，培树集体协商典型225个，全市建会企业集体协商建制率保持在90%以上。维护职工权益，改善职工的生活福利条件，签订全省首个美容美发行业和网约送餐员行业工资集体合同，近3000名职工月收入增长达70万元。职工救助服务。为45万职工办理团体保险，全年救助职工6208人次，组织创业就业培训2237人，举办48场招聘会，提供就业服务2万余人次。开展送温暖系列活动，为292户困难职工家庭实施生活、医疗、助学等救助。筹集专项资金907.6万元，走访慰问一线抗疫人员。建设330家户外劳动者服务站点，新建省级“爱心妈妈小屋”20家。新华区职工服务中心依托33个站点打造“职工20分钟服务圈”品牌，被中华全国总工会授予“全国工人先锋号”。法律援助服务。建立劳动法律监督组织10257家，形成工会劳动法律监督工作八步法。建立律师工作日值守新机制，全年接访322人（次），办理职工法律援助案件127件。制定实施全市工会“八五”普法规划，开展“尊法守法·携手筑梦”系列法律服务、“12·4”宪法宣传月和“劳动法普法宣传周”等活动270余场（次）。鹿泉区金隅鼎鑫公司物流园区“司机之家”，被交通运输部和全总联合评定为5A级“司机之家”。高新区总工会扎实推进园区联合工会建设，吸纳30余家园区企业，1000余名会员入会。

（王星）

中国共产主义青年团石家庄市委员会

【概况】 2021年中国共产主义青年团石家庄市委员会（简称共青团市委）以《中共石家庄市委关于全面加强新时代少先队工作的实施意见》《石家庄市青年发展“十四五”规划（2021～2025年）》工作要求，以服

务青少年为主体，组织开展青少年思想教育、青少年志愿服务、青少年权益保护等实践活动，引导青少年树立和践行社会主义核心价值观，为城市精神文明建设发挥积极作用，为创建国家卫生城市当好优秀志愿服务者和社会文明传播者。创新争优，2021年石家庄共青团各项工作争先创优，荣获“河北省青年职业技能大赛暨第十六届‘振兴杯’全国青年职业技能大赛初赛优秀组织奖”、“2021年度河北省共青团系统信息工作先进单位”、“‘童心港湾’夺旗争星量化评价第一名”等好成绩。全年新发展团员1.4万余人。至2021年末，全市拥有共青团团员58.6万人，同比增加1.56%；团组织2.9万个，同比减少12.12%；团领导机关21个；团委751个，新增12个；团工委84个，新增25个；团总支495个，新增22个；团支部2.28万个，核减300余个。2021年新建共青团石家庄市委直属行业团工委3个，分别为：共青团石家庄市互联网行业工作委员会、共青团石家庄市国资委工作委员会和共青团石家庄市慈善行业工作委员会。

2021年4月26日，共青团市委、共青团裕华区委联合在市第四十中学举行纪念五四运动102周年暨新团员入团宣誓仪式

表24　2017～2021年底石家庄市共青团员数据统计一览表

年度	共青团员总数（万名）	新发展共青团员数量（万名）
2017	47.1	2.9
2018	46.7	2.9
2019	53.3	2.5
2020	57.2	2.9
2021	58.6	1.4

【青少年思想教育】 发挥青年讲师团、红领巾讲师团作用，引领青少年坚定理想信念。组织讲师团走进农村、社区、学校、企业面向青少年开展习近平新时代中国特色社会主义思想宣讲、党的十九届六中全会精神宣讲等，强化理论武装，全年开展线上线下宣讲326场，覆盖35万人次，引导全市青少年进一步坚定理想信念、听党话，跟党走。树立“共青团+互联网”理念，开展“青年大学习”网上主题团课30期，726万人次团员青年积极参与。通过“红领巾爱学习”网上主题队课，覆盖少先队员百万人次。举办市级青年马克思主义者培养工程大学生骨干培训班，覆盖30所高校、240名优秀青年。以庆祝建党100周年为契机，开展“学党史、强信念、跟党走”学习教育和“四史”宣传教育，举办共青团系统党史学习教育和习近平总书记“七一”重要讲话精神专题读书班。开展“青春向党·奋斗强国”成人节仪式，开展“团结就是力量”、清明祭英烈、“请党放心·强国有我”“争做新时代好队员”、集体入团仪式等主题团队活动6万余场。开展“传承红色基因奋进新时代　讲好心中的故事”、优秀青年事迹展示、“我心向党　共筑华章”高校青年阅读活动等，引导青年强化初心使命、彰显责任担当、笃行报国之志。

【青少年志愿服务】 至2021年底，全市“志愿中国”信息系统注册人数达202万余人，青年志愿服务组织3340余个。发挥青年志愿者作用，开展“佩戴口罩、文明劝导”“寸草心爱老敬老行动”“暖冬行动”“阳光助残”“石分美·生活垃圾分类志愿服务”等各类青年志愿服务，全市开展寸草心爱老敬老志愿服务454场，参与青年志愿者人数共10279人次，累计志愿服务时长25470.63小时。招募选拔435余名大学生青年志愿者服务2021中国国际数字经济博览会，组织853名青年志愿者参与2022年北京冬奥会志愿服务。通过“小青星驿站＋青年社会组织＋青年志愿者”的志愿服务模式，培树“小青星驿站”110家。规范成立平山县、无极县、井陉矿区、新乐市、元氏县、赞皇县、赵县、正定县、灵寿县、鹿泉区、栾城区、藁城区、行唐县13家县级青年志愿者协会。

【青少年权益保护】 加强青少年维权岗建设，发挥“青少年维权岗”的法治教育平台作用，推报“桥西区团委”等4家国家级维权岗，“河北省青少年社区教育服务中心”等6家省级维权岗，全市建立省级以上维权岗85家；开展“为明天”青少年公益项目，累计重点支持青少年普法、禁毒宣传、关爱弱势未成年人群体等项目32个，以新华区为阵地开展“青少年零犯罪零受害社区（村）”青少年维权项目和法治宣传教育活动，推动预防犯罪和权益维护向基层延伸；开展“面对面”活动，依托“共青团与人大代表、政协委员‘面对面’”专题倾听活动，为青年创造更广阔的诉求反馈渠道。在每年“两会”召开前，市县团组织均开展“面对面”活动，呼吁代表、委员为青年发声；深化12355青少年服务台品牌工作，联合石家庄市未成年人心理维护中心开展青少年心理咨询，编制完成《青少年心理健康状况抽样调查报告》。2021年，全市共接到未成年人咨询电话143个。在新冠肺炎疫情期间，开通石家庄青少年防疫心理支持热线4001755996，24小时由专家督导带班，志愿者值守，为广大青少年消除焦虑和恐慌，开展心理防疫公益讲座19场，受众青少年达3000人；开展中高考心理减压行动和暑期自护教育宣传行动。针对面临中高考的学生及家长，积极开展讲座、团队活动、热线咨询、中高考专题广播等多种类型考前减压线上线下活动，2021年，全市共开展活动77场次，覆盖备考考生及家长3.2万余人，有效地帮助广大考生缓解考前压力和紧张情绪；开展新《未成年人保护法》宣传教育，在《未成年人保护法》《预防未成年人犯罪法》出台后，编制印发《未成年人保护法》《预防未成年人犯罪法》漫画绘本2000余本，并向未成年人发放。

【希望工程】 2021年石家庄市青少年发展基金会共筹资1010万元，资助困难大中小学生2900余名，捐建科技萌娃实验室32个。服务疫情防控，发起“抗击疫情·共青团在行动”活动，筹款1618812.7元，用于捐助防疫物资和资助受疫情影响家庭青少年。做好公益助学活动，“腾讯公益”捐款7.4万元资助74名学生；“圆梦行动”筹资76219.6元，捐助16名大学生；河北省青基会拨款3.3万元，资助31名学生；ATT婚纱摄影捐款2.2万元资助深泽县22名困难学生；石药“晨光行动”捐款42.3万元，资助373名困难学生；向赞皇胡家滩联办小学捐赠学生校服和体育器材；资助3名赵县福利院孤儿大学生。筹款40万元用于“科技萌娃”项目，为藁城区、无极县各建成10所科技实验室。筹资185万元用于援建平山县平山镇东街第二完全小学、灵寿县孙家庄小学。

（武朋林）

石家庄市妇女联合会

【概况】 2021年石家庄市妇女联合会（简称市妇联）以“我为群众办实事”实践活动为主导，团结带领全市妇女坚定不移听党话、跟党走，为建设现代化、国际化美丽省会城市巾帼建业。促进妇女发展，开展巾帼家政“五个一”活动，建立家政服务员储备库。举办巾帼家政大宣讲，参与培训妇女1.8万余人，带动妇女就业4460人，石家庄“暖心姐”成为品牌。开展美丽庭院创建，全年创建美丽庭院10万户，其中精品庭院3.5万户，美丽庭院创建户达到农村常住户总数73%。推进家庭家教家风建设，评选市级“最美家庭”139个、“最美绿色家庭”10个；获得全国“最美家庭”4个、省级“最美家庭”10个、省级“最美绿色家庭”10个。举办网上家庭教育微课堂314场，在线观看人数598.8万余人；开展家庭教育进社区（乡村）公益活动，全省首家“知子花开·巾帼家教指导服务站”在石家庄市挂牌。关爱弱势妇女儿童群体，开展贫困“两癌妇女”救助活动，实施“贫困儿童大病保险”、春蕾女童等救助项目10个；165所市级示范儿童友好家园专业服务实现全覆盖，共举办主题活动和兴趣培训1320场次，直接受益儿童4.5万人。加强妇联队伍建设，2021年全市261个乡镇（街道）、4593个村（社区）妇联全部完成换届。其中，选举乡镇（街道办事处）妇联主席261人、副主席838人、执

开展家庭教育进社区（乡村）公益活动

委 3557 人；选举村（社区）妇联主席 4593 名、专兼职副主席 8022 名、妇联执委 31158 名。推进阵地建设，新建省级“示范妇女之家”14 个、市级“示范妇女之家”26 个，至 2021 年底，全市累计建成省级“示范妇女之家”94 个、市级“示范妇女之家”136 个、县级“示范妇女之家”1958 个。2021 年市妇联获评全国“三八红旗集体”、全国家庭工作先进集体，石家庄人 2 人获得全国“三八红旗手”称号，1 人获得河北省“三八红旗手”标兵称号，11 人获得河北省“三八红旗手”称号（集体荣誉参见“附录”，个人荣誉参见“人物”）。

【巾帼家政】 围绕“创品牌、提质量、扩规模、上档次”要求，做强“暖心姐”巾帼家政，全年 605 名巾帼家政“暖心姐”进入北京市、天津市服务。建立激励机制，命名市级“巾帼家政示范基地”26 家、“巾帼家政进社区示范基地”22 家、“暖心姐”59 名，5 名“暖心姐”获评“河北福嫂”称号，正定县天资家政服务中心、桥西区河北福嫂家政服务有限公司、裕华区恒瑞职业学校 3 个家政企业获评“河北省巾帼家政基地”。重视技能培训，启动“巾帼大讲堂”网上直播，开办云家政技能培训班，1 万余名妇女上线打卡参加听课。举办巾帼家政大宣讲活动 414 场次，参与培训妇女 1.8 万余人，带动妇女就业 4460 人。成立石家庄市巾帼家政联盟，首批吸纳 22 家优秀巾帼家政企业。巾帼家政“五个一”活动。创建一个“家”，组织 26 个市级巾帼家政示范基地创建“暖心姐之家”；建强一支队伍，建立涵盖 2429 名家政服务员储备库；实施一个项目，首次在建安路社区举办石家庄市“助力三重四创五优化 巾帼家政进社区”活动；搞好一场拉练，全年开展拉练观摩 36 场，举办家政大赛 21 场；营造一个氛围，利用微信公众号、今日头条等媒体刊发信息 129 条。

【关爱妇女儿童】 关爱儿童身心健康成长，为儿童友好家园建设争取资金 66 万元，新建市级示范儿童友好家园 9 所，实现 165 所市级示范家园专业服务全覆盖，开展主题活动和兴趣培训 1320 场次，直接受益儿童 4.5 万人。开展“学党史颂党恩 守护安全伴成长”“美丽省会我的家 童绘城市共成长”儿童书画展等暑期儿童关爱服务活动，通过活动让爱党爱国的种子扎根儿童心田。关爱留守、困境儿童。承接、推进“贫困儿童大病保险”“小候鸟”“春蕾女童”等 10 个项目，争取资金 166.32 万元，惠及留守儿童、困境儿童 900 余名。推动青春期女童关爱项目落地正定县、藁城区两地，惠及青春期女童 2 万名。开展贫困“两癌妇女”救助活动，为 102 名贫困妇女每人发放救助金 1 万元。维护妇女儿童合法权益，制作普法短视频 73 部，举办以女法官、女检察官、女律师为成员的“木兰有约”普法线上宣讲活动 2000 余场次，受益妇女 20 余万人；推进品牌化婚

举办石家庄市“暖心姐”家政技能大赛

姻家庭纠纷调解室建设，编印《婚姻指导手册》，帮助当事人合法合理解决家庭矛盾纠纷案件156起。

（黄宁宁）

石家庄市文学艺术界联合会

【概况】 2021年石家庄市文学艺术界联合会（简称市文联）坚持“二为”方向、“双百”方针和“三贴近”原则，编排创作一大批讴歌党、讴歌祖国、讴歌人民、讴歌英雄的优秀作品。以讲好石家庄故事、弘扬主旋律、传播正能量为理念，突出石家庄的厚重历史文化、红色基因传承、“新中国从这里走来”等题材元素，落实以人民为中心创作导向，围绕中国共产党建党100周年、省会高质量发展和建设现代化、国际化美丽省会城市等主题，创作电视剧本《我的幸福我当家》、革命英雄故事系列丛书《闪耀的红星》、京剧《挂云山》、散文《北庄村的新答卷》、西河大鼓《团结就是力量》等优秀文艺作品，编制播出百集微纪录片《百年记忆——石家庄100个红色档案故事》等。至2021年末，市文联共有协会12个，分别为：市作家协会、市书法家协会、市美术家协会、市摄影家协会、市民间文艺家协会、市音乐家协会、市舞蹈家协会、市影视家协会、市戏剧家协会、市曲艺家协会、市文艺评论家协会、市文艺志愿者协会；拥有市级以上会员10028人。

链接：

“二为”：为人民服务、为社会主义服务。

“双百”：百花齐放、百家争鸣。

“三贴近”：贴近实际、贴近生活、贴近群众。

【文艺采风活动】 3月18日，市文联在平山县西柏坡镇北庄村举办“团结就是力量 奋斗铸就辉煌”——庆祝建党100周年采风创作启动仪式，市文联及市作家协会、市书法家协会、市美术家协会、市摄影家协会等11个协会50余名创作骨干人员参会。7月30日至11月30日，市文联举办“奋力谱写建设现代化国际化美丽省会城市”创作采风活动；以学习贯彻习近平总书记“七一”重要讲话精神和对河北工作重要指示批示精神，落实省委、省政府关于大力支持省会建设和高质量发展的意见及全市领导干部会议精神为主题，号召全市文艺界围绕中心工作，深入建设一线，创作美术、摄影、文学、广播影视、曲艺等优秀作品，汇聚建设现代化、国际化美丽省会城市的精神力量。9月17日，市美术家协会在正定县滹沱河畔举办“奋力谱写建设现代化国际化美丽省会”采风写生活动。

【书法美术摄影展】 6月8日，由市文联、市民间文艺家协会主办的“石家庄市剪纸精品展暨童心向党青少年剪纸作品展”在市桥西实验小学举行；展出作品200幅，包括青少年作品、成人邀请作品各100幅，其中青少年作品选自14所中小学578幅学生作品。6月17日至10月中旬，由市文联、市民进、市书法家协会、省硬笔书法家协会共同举办的石家庄市第十二届汉字书写艺术节举行；设立小学、中学、大学、教师、社会5个组别，硬笔书法使用规范汉字书写，毛笔书法允许使用繁体字创作；2021年10月中旬，公布获奖作品并举办千人作品展览和百人现场书写表演。7月9日，由市委宣传部、市文联、市文化广电和旅游局共同主办的“感党恩 传精神”石家庄市书法、美术、摄影展在市美术馆举行；展览收集书法作品532件、美术作品300余件、摄影作品300余件，经评选，展出作品312件，其中，书法作品92件、美术作品70件、摄影作品150件。9月18日，市作家协会组织全市中青年作家50余人到河北科技大学铁扬美术馆参观第二届全国水粉画大展、铁扬文献展，并听取铁扬主讲“文学艺术大课堂”授课。

（齐志民）

【丛书《闪耀的红星》出版发行】 6月21日，由市文联主抓、市作家协会组织优秀纪实文学作家和儿童文学作家创作、河北少年儿童出版社出版的《闪耀的红星——红色革命英烈故事系列丛书》（简称《闪耀的红星》）在平山县西柏坡举行首发式。共10册，包括《戎冠秀 子弟兵的母亲》《王二小 抗日少年英雄》《〈没有共产党就没有新中国〉永恒的旋律》《杨靖宇 雪原忠魂》《马本斋 不死的抗日英雄》《董存瑞 为了新中国前进》《刘胡兰 生的伟大死的光荣》《雁翎队 淀里飞兵》《狼牙山五壮士 太行悲歌》《铁帽子五连 冀鲁边好儿男》。

（市档案馆）

【文艺获奖作品】 李国良篆刻作品《李国良近作》获得第七届中国书法兰亭奖。4件作品入选第28届全国摄影艺术展览，其中，赵杰的《临时妈妈》《十万大军战雄安》入选记录类组照，苏喜明的《坚守》入选艺术类单幅，安学超的《方寸之间》入选创意和商业类。姚建新的山东快书《一桶汽油》《追大巴》入选第三届全国山东快书优秀节目展演。6部作品获得第十一届河北省文艺评论奖，其中，袁增欣的《百年中国儿童诗歌史略》获得著作类二等奖，周祥东的《存在与缺席：青春电影中父子关系的书写与建构》、董培升的《后城市化时代的艺术寻根》、庞丽娜的《搜尽奇峰 心向自然——品祁海峰的水墨山水》获得文章类·艺术二等奖，刘世芬的《边月随弓影 横戈马上行——读韩石山长篇小说〈边将〉》获得文章类·文学三等奖，薛彦景的《对高职院校中国近现代音乐史教学的探索——由汪毓和先生编写教材〈中国近现代音乐史〉的出版引发的思考》获得文章类·艺术三等奖。69件作品获得大报大刊奖。获奖作品主要是2020年度刊登在国家级新闻媒体和中国文联所属各协会核心刊物及权威期刊发表的作品，其中，摄影11幅，报告文学7篇，散文14篇，文艺评论9篇，诗歌17篇，小说3部，歌曲、故事、曲艺各2篇，电影剧本1部，童话1篇。

表25　　2021年石家庄市获得大报大刊奖优秀作品一览表

序号	作品类别及名称	作者	刊登日期	入选报纸或刊物
1	摄影《中华优秀传统文化进校园》	李明发	2020年2月2日	《人民日报》
2	摄影《防疫不松劲 春耕不误时》		2020年2月19日	
3	摄影《小暑时节农事忙》		2020年7月6日	
4	摄影《学中医 识中药》		2020年10月23日	
5	摄影《银杏林里游人醉》		2020年11月17日	
6	摄影《小区运动场 群众健身忙》	武志伟	2020年4月15日	
7	摄影《新基建催生新动能》		2020年5月13日	
8	摄影《新基建 正当时》		2020年6月10日	
9	摄影《滹沱河 生态美》		2020年11月14日	
10	报告文学《高铁穿越八达岭》	张风奇	2020年1月6日	
11	散文《越来越美的石家庄》		2020年10月12日	
12	报告文学《沃土白杨》	智全海	2020年1月11日	
13	报告文学《不胜不归》	黄军峰	2020年3月16日	
14	散文《飞快奔跑的城市》		2020年7月13日	
15	报告文学《太行山里有个车谷砣村》	杨辉素	2020年8月1日	
16	散文《棉被》	虽然	2020年10月23日	
17	散文《庭槐葱茏》		2020年12月9日	
18	报告文学《树石村里情依依》	程雪莉	2020年10月28日	
19	报告文学《曲长城村的幸福泉》	刘世芬	2020年10月31日	
20	散文《冬小麦》	常书侦	2020年2月22日	《光明日报》
21	报告文学《乡村无恙》	黄军峰	2020年3月6日	
22	文艺评论《寿苏：一段尘封已久的往事》	高莹	2020年11月8日	
23	电影剧本《老吕叨叨》	郝峻岭	2020年第3期	《中国作家》
24	中篇小说《暖窝》	虽然	2020年第11期	

续表

序号	作品类别及名称	作者	刊登日期	入选报纸或刊物
25	歌曲（作曲）《无法隔离的爱》	武惠安	2020年第4期	《歌曲》
26	歌曲（作曲）《小康中国》		2020年第12期	
27	山东快书《还钱包儿》	孙力华	2020年第4期	《曲艺》
28	山东快书《大老王擒贼》	周喜俊	2020年第8期	
29	故事《女儿来跳舞》	刘占奇	2020年第3期	《民间文学》
30	故事《祸当》		2020年第10期	
31	诗歌《湛蓝的天空》	孟醒石	2020年第8期	《新华文摘》
32	文艺评论《后城市化的艺术寻根》	董培升	2020年4月17日	《文艺报》
33	文艺评论《报告文学的艺术风格——读李春雷系列抗疫作品》	杨辉素	2020年6月22日	
34	文艺评论《理性与温度——纪录片〈烽火滹沱〉的抗战讲述》	王文静	2020年7月17日	
35	文艺评论《乡村题材网络小说的叙事与改编》		2020年11月2日	
36	短篇小说《西瓜》	虽然	2020年8月17日	
37	散文《绽放的虚构时光》	蒲素平	2020年9月4日	
38	诗歌《年》	白庆国	2020年1月20日	《中国艺术报》
39	诗歌《铁是词语最好的利器》		2020年2月22日	
40	诗歌《打开绿色乐谱的第一个音节》	薛茫茫	2020年2月21日	
41	文艺评论《〈家道颖颖之等着我〉：融屏时代家国故事的新讲述》	王文静	2020年3月2日	
42	文艺评论《传奇剧为何长盛不衰——由〈小娘惹〉说开去》		2020年8月15日	
43	散文《西柏坡：一首不朽的歌》	周喜俊	2020年7月1日	
44	散文《曲长城的幸福快车》		2020年9月9日	
45	诗歌《是谁，在弹拨这天地之弦》	薛茫茫	2020年7月13日	
46	诗歌《二月兰的下午》	施施然	2020年8月5日	
47	散文《沙漠里的作家》	刘世芬	2020年8月10日	
48	文艺评论《彩袖乘双翼 正气贯长虹》	杨红霞	2020年8月14日	
49	诗歌《赏梅》	薛茫茫	2020年1月7日	《中国文化报》
50	诗歌《碧山闲游》		2020年6月5日	
51	摄影《春天的接力 秋天的回答——河北》	武志伟	2020年9月29日	
52	文艺评论《以契约精神为生命的意义背书》	杨红霞	2020年3月1日	《经济日报》
53	摄影《河北石家庄市正定县：古风新业相得益彰》	武志伟	2020年12月25日	
54	散文《“治愈神器”花园鳗》	刘世芬	2020年5月15日	《科技日报》
55	诗歌《故乡》	白庆国	2020年1月14日	《农民日报》

续表

序号	作品类别及名称	作者	刊登日期	入选报纸或刊物
56	散文《庄本》	潘幸泉	2020 年 1 月 7 日	《中国青年报》
57	散文《一天》		2020 年 4 月 7 日	
58	小说《亲爱的董小蜜》		2020 年 9 月 1 日	
59	童话《云的歌》		2020 年 10 月 19 日	
60	散文《桑干，桑干》	陈晔	2020 年 3 月 31 日	
61	诗歌《螺旋纹》	孟醒石	2020 年 1 月上	《诗刊》
62	诗歌《断片式飞行》	汤天然	2020 年 3 月下	
63	古诗词《浣溪沙·庚子生日自题》	王建强	2020 年 5 月上	
64	诗歌《檀珠》	梁立杰	2020 年 7 月下	
65	诗歌《熨》	安世乔	2020 年 8 月下	
66	诗歌《一个清晨》	高英英	2020 年 11 月下	
67	诗歌《在冬天写诗》	白庆国	2020 年 12 月下	
68	诗歌《境外遇雪》	施施然	2020 年 12 月下	
69	小说《亲爱的武汉》	云舒	2020 年第 6 期	《小说选刊》

（齐志民）

石家庄市科学技术协会

【概况】 石家庄市科学技术协会（简称市科协）是由市级学会（研究会）、各县（市、区）科协和各企（事）业科协组成的全市科学技术工作者群众组织，是中国共产党石家庄市委员会领导下的人民团体，是党和政府联系科学技术工作者的桥梁和纽带。2021 年市科协以提升全民科学素质为主题，采取进社区、进农村等方式，举办科技培训、科普讲座 49 场；以“百年再出发，迈向高水平科技自立自强”为主题，策划举办石家庄市全国科普日启动仪式暨主场活动、基层科普联合行动、科普教育基地特色活动、科普“三进”、科技志愿服务等科普活动 70 场。支持举办青少年科技竞赛活动。2021 年 4 月，由省科协主办、市科协承办的第 13 届河北省青少年机器人竞赛石家庄分赛在市第 44 中学举行，主题为“创新伴我成长，科技创造未来”；组织全市青少年代表参加由省科协、省教育厅、省科技厅、省生态环境厅、省体育局、共青团省委、省妇联共同主办的第 36 届河北省青少年科技创新大赛，市科协获得河北省青少年科技创新大赛优秀组织单位奖。全年 2 个中国科协流动科技馆在石家庄市 6 个站点举办巡展活动，分别为藁城区、高邑县、平山县、无极县、赵县、赞皇县，每个站点巡展 2～3 个月，累计参观人数 10 万人。9 家单位被认定为市级科普教育基地，8 个市级科普教育基地被命名为省级科普教育基地，4 个市级科普教育基地被命名全国科普教育基地。聚集社会热点，开展科普知识宣传，推进“科普中国”建设。全年利用市科协官网、微信公众号“科普石家庄”平台，每周转发疫情防控、卫生健康知识等科普文章 3 篇以上。至 2021 年底，市科协系统注册科技志愿服务组织 28 支，注册志愿者 1776 人。

【科学普及活动】 5 月 22～28 日，全市科技活动周活动举行；线上展示科技发展、VR 线上展馆、科普小知识、科普微视频等；线下在市植物园举办植物科学展，主要有奇妙种子展、植物智慧漫画展、自然笔记展、手工作品展等，还开设趣味植物课堂、古木保护、植物宝宝成长记及动手制作 DIY 活动。5 月 28 日，石家庄市全国科技工作者日活动在井陉矿区举行，市科协科普专家库专家及县（市、区）、乡镇科协机构和科普示范基地、企业科技工作者代表 60 余人参加活动。9 月 11 ～ 17 日，2021 年河北省全国科普日活动举行。石家庄市 6 项活动获评河北省全国科普日优秀活动，分别为：裕华西路小学 2021 年科技嘉年华“科技伴我成长”（裕华西路小学）、“绿色生活，助力‘碳中和’——2021 年全国科普日活动”（市植物园）、赞皇县第十届“枣花·蜜·蜂”旅游文化节、“小手拉大手，科普一起走——我和妈妈学科学短视频比赛”（市北翟营小学）、“开学季血液科普第一课——血液健康对人体的重要性”（河北省血液中心）、“我有一个 3D 打印科技梦”（河北平旦科技有限公司）。10 个单位被评为河北省全国科普日优秀组织单位，分别为：市科协、长安区科协、桥西区科协、新华区科协、栾城区科协、井陉矿区科协、井陉县科协、晋州市科协、行唐县科协、河北荣鼎金座商业管理有限公司（萌宠科普乐园）。

【科普教育基地】 9 家单位被认定为市级科普教育基地，分别为：河北地质大学博物馆、河北科技大学生物科学与工程学院（生物科学与工程综合实验教学中心）、河北普兰特生物科技有限公司（智慧农业实验基地）、市龙泉湖园林事务中心（龙泉湖湿地公园）、晋州市科技馆、河北华泉食品有限公司（德宏裴氏科技文化馆）、河北平旦科技有限公司（河北工院 3D 打印中心）、石家庄市鹿泉区星火革命史展览馆、中共井陉矿区组织部（井陉矿区党史馆）。8 个市级科普教育基地被省科协命名为省级科普教育基地，分别为：市动物园、河北省血液中心、河北地质大学地球科学博物馆、赞皇县养蜂协会、石家庄元龙生态农业开发有限公司（龙山蜡像馆基地）、市植物园、市农林科学研究院、河北平旦科技有限公司（河北工院 3D 打印中心）。4 个市级科普教育基地被中国科协命名全国科普教育基地，分别为：市植物园、河北地质大学地球科学博物馆、市动物园、赞皇县养蜂协会。入选全国、省级、市级科普教育基地期限均为 5 年。

【科技创新及人才服务】 指导 5 家企业参与认定河北省科技型中小企业。组织 6 家企业申报省科协“最受关注的企业科技创新团队”奖，其中 3 家企业获奖。向市委组织部推荐石家庄市第三批“高层次人才支持计划”申报人选 1 名、市管拔尖人才候选人 4 名；向省科协推荐“最受关注的科技创新人物”1 名并当选。推荐河北省女科技工作者协会会员 5 名。推荐河北省科协十大代表 9 人，其中，基层一线科技人员 8 人，45 周岁以下 4 人，女性 3 人，民主党派及无党派人士 1 人。

（李青松）

石家庄市归国华侨联合会

【概况】 2021 年石家庄市归国华侨联合会（简称市侨联）紧密团结归侨侨眷，广泛联系海外侨胞，以凝聚侨心、汇聚侨智、发挥侨力、维护侨益为思路，主动为石家庄经济社会建设贡献独特作用。支持招商引资，主动向海外侨界社团、商会介绍石家庄市经贸洽谈活动，拓展和寻找双方合作机遇。开展调查研究活动，以发挥桥梁纽带作用和服务省会发展大局为主题，到河北医科大学、河北鼎吉建材、石家庄铁道大学等单位走访调研。推进“侨胞之家”“新侨工作站”建设，突出家（站）联络联谊、为侨服务的重要作用，全力将家（站）打造成为侨界群众的情感地标和精神家园。宣传中国文化和燕赵文化，当好中外联络桥梁，支持海内外人士参与文化交流活动。举办“亲情中华·为你讲故事”夏令营活动，制作中华经典故事、疫情防控知识、河北风景名胜等视频动画，以生动形象的方式，吸引来自巴拿马、西班牙、英国等国 200 余名华裔青少年参加网上夏令营活动，帮助居住国外华裔青少年了解中国国情、中国文化和燕赵文化。推进基层组织建设，落实《河北省侨联关于新时代加强基层侨联建设的实施意见》，联合市委统战部印发《关于恢复或成立基层侨联组织的通知》。市、县两级换届后，市侨联摸底和分析各县（市、区）侨情、侨联组织、“侨胞之家”建立等情况，提出《加强“侨胞之家”建设的意见》。2021 年市侨联组织撰写的《发挥侨力 奉献侨爱 服务社会——石家庄市侨联积极参与社会公益事业》被《中国侨联工作》刊登。

【参政议政】 按照市委关于推荐市人大代表、市政协委员候选人选的标准和要求，全年推荐市人大代表 10 名、市政协委员 12 名。组织侨界人大代表、政协委员参政议政，在市人大十五届一次会议、市政协十四届一次会议上提出多项意见建议。其中，以建设现代化、国际化美丽省会城市为主题，提出“加快建设数字经济产业园、加快正定国际机场轨道交通设计、搭建科研机构与企业的合作桥梁、加大高端人才引进力度、大力推进线上供应链台建设”等意见；以民生服务为主题，提出“尽快推进AED（应急抢救设备）在石家庄公众场所内的配置，适当增加服务项目，使政府发放的补贴使用到真正需要的失能老人身上”等建议；以教育为主题，提出“加大义务教育投入，推行素质教育评价体系，开展早期家庭教育培训，促进各职业教育专业与相关大学建立联合培养机制”等意见。2021年市侨界全国人大代表武志永撰写的《关于完善房地产经纪行业人才评价机制，解决行业高品质服务供给不足的建议》，省人大代表郑建撰写的《关于适龄女性免费接种HPV疫苗的建议》《关于加快推进我省家庭教育促进法的建议》《关于进一步加强对老年人护理人才培养提高专业化水平的建议》，省政协委员白立刚撰写的《关于提高建筑节能水平 加强建筑技术创新 助力国家双碳目标的建议》，市人大代表杜秀珍撰写的《关于深化产教融合培养五大千亿级产业人才的建议》列入石家庄市重点代表建议，由市“一府两院”及有关单位办理。

【侨界重要活动】 2021年4月，中国侨联、全国台联及《人民日报》海外版、《快乐作文》杂志等单位及媒体联合举办的第二十一届“世界华人学生作文大赛”获奖结果公布，市侨联、市教育局联合组织全市参赛24481名中小学生中，市第二中学赵艺霖获得大赛特等奖，22名同学获得一等奖，83名同学获得二等奖，144名同学获得三等奖。7月8日，市侨联十一届四次全委会议举行，高英敏在此次会议上当选市侨联主席。9月5～7日，中国侨联党组书记、主席万立骏出席2021中国国际数字经济博览会并到市侨联和侨企东旭集团调研考察。9月7日，市侨联在2021中国国际数字博览会期间，组织21名侨商到藁城区，参加“创业中华·创新河北”海内外侨商藁城行活动。

（林毅平）

石家庄市残疾人联合会

【概况】 2021年石家庄市残疾人联合会（简称市残联）以提高残疾人幸福指数和满意度为目标，以“全省领先、全国一流”为工作标准，以“小部门大作为、小部门大服务”为主线，以强基础、破难点、高质量为主题，实施基层组织建设年、改革创新年、质量提升年“三年”同建，突出省助残服务工程、巩固脱贫攻坚成果、康复服务、干部能力提升四项重点工作，推进残疾人工作提速、提标、提质，各项任务超额完成。全年为2291户贫困残疾人家庭实施无障碍改造，年度目标任务数完成163.6%；为4164名残疾人实施农村实用技术培训，年度目标任务数完成277.6%；为1950名残疾人提供托养服务，年度目标任务数完成195%；对152名考入专科院校贫困残疾学生及贫困残疾人家庭子女学生给予资助，年度目标任务数完成690.9%；对1500名残疾儿童进行康复救助，年度目标任务数完成187.5%；为12662名残疾人提供基本康复服务，年度目标任务数完成211%；为4952名残疾人适配辅助器具，年度目标任务数完成165.1%；为21770名残疾人提供家庭医生签约服务，年度目标任务数完成167.5%；为320户残疾人家庭提供康复体育进家庭服务，年度目标任务数完成160%。承担省委、省政府确定的“残疾人服务工程”连续3年在全省评比中为优秀。全年累计服务残疾人27652人次，超额完成任务数2541人次，完成率110%。市残工委工作被国务院残疾人工作委员会表彰为全国先进单位。在日本16届夏季残疾人奥林匹克运动会上，石家庄市取得5枚金牌、3枚银牌并且6次打破世界纪录，金牌总数和打破纪录次数均居全省和全国省会城市首位。

【残疾人救助】 残疾儿童康复服务。投入120万元为50名0～3岁肢体残疾儿童开展康复早期干预服务；投入1600余万元，为1500名残疾儿童提供康复训练、矫正器具适配等服务。开展残疾人精准康复服务行动，为21770名残疾人进行家庭医生服务，投入600余万元，为12662人提供基本康复服务，为4952人提供器具适配，实现全市有康复需求的残疾人服务全覆盖。社区康复机构建设。投入87.2万元支持社区康复机构建设，方便残疾人就近康复。扶持市特教学校幼儿园提升项目，协调省福利基金会40万元。贫困残疾学生资助服务。为石家庄市符合资助条件的大专以上贫困残疾学生及贫困残疾人家庭子女152人发放资助金50.5万元。做好维护残疾人权益工作。全年290.45万人次免费乘坐公交车，49.34万人次免费乘坐地铁，在全省首个开辟肢体残疾人免费停车。联合市司法局、人社局等8个部门在市残联综合服务中心进行联合接访，建立形成“一站式接待、一条龙办理、一揽子解决”的便捷服务机制，全年化解来信来访951人次。残疾人家庭无障碍改造服务，全市无障碍改造完成2291户残疾人家庭。督促指导各县（市、区）残联对2022年度残疾人机动燃油轮椅车补贴开展申报工作，录入残疾人机动燃油轮椅车补贴系统。

【残疾人就业】 残疾人实用技术培训。全年农村残疾人实用技术培训补助资金208.2万元，培训人数4164名；筹集资金70万元，举办就业年龄段残疾人职业技能培训，参训人数200名。就业帮扶。开设线上招聘活动，石家庄市爱心企业入驻招聘专区26家，提供就业岗位462个。举办“就业帮扶，同心圆梦”招聘会，推荐用人单位53家，提供就业岗位912个。与省残联联合举办全省第15届残疾人就业洽谈会暨第三届全省残疾人互联网视频招聘会，组织线下企业50家，提供就业岗位850个，组织有就业愿望的500余名残疾人分时段进行线下应聘。协调税务、财政部门征收残疾人就业保障金，支持按比例安排残疾人就业，实现就业58974人，其中，按比例就业4422人，集中就业1545人，个体就业2608人，公益性岗位就业522人，辅助性就业265人，灵活就业（含社区、居家就业）16041人，从事农业种养加33571人。2名残疾人获得全国残疾人岗位精英职业技能竞赛优秀技能奖。

【残疾人体育运动】 2021年石家庄籍残疾人运动员参加东京残疾人奥林匹克运动会（简称东京残奥会）获得5枚金牌、3枚银牌，6次打破世界纪录。8月27日，马佳（女，1998年2月出生，行唐籍）参加2021年东京残奥会获得女子50米自由泳S11级决赛金牌并以29秒46的成绩打破世界纪录；8月31日，参加2021年东京残奥会获得女子200米个人混合泳SM11级决赛金牌并以2分42秒14的成绩打破世界纪录。9月4日，米娜（女，1986年8月出生，行唐籍）参加2021年东京残奥会女子铁饼F38级决赛，以38.5米的成绩获得金牌并打破世界纪录。9月4日，屈子墨（2001年9月出生，赵县籍）参加2021年东京残奥会获得羽毛球男子单打WH1级决赛金牌；9月5日，参加2021年东京残奥会获得羽毛球男子WH1/WH2级混双决赛金牌。2021年石家庄籍残疾人运动员参加全国残运会获得23枚金牌、25.5枚银牌、14.5枚铜牌，5次打破全国纪录。

表26　　2021年石家庄市残疾人运动员参加东京残奥会获得金牌一览表

运动员姓名	性别	参赛项目	是否打破世界纪录
马佳	女	S11级女子50米自由泳	是
		SM11级女子200米混合泳	是
米娜	女	F37级女子铁饼	是
屈子墨	男	WH1级男子单打	/
		WH1/WH2级混双	/

表27　　2021年石家庄市残疾人运动员参加全国残运会获得金牌一览表

运动员姓名	性别	参赛项目	是否打破全国纪录
安硕	男	听力组冰壶	/
康国锋	男	F42级男子铁饼	/
米娜	女	F37级女子铁饼	/
		F37级女子标枪	/
刘盼盼	女	T34级女子200米	是
		T34级女子800米	是

续表

运动员姓名	性别	参赛项目	是否打破全国纪录
白小红	女	10 米气步枪立射团体	/
		女子 50 米小口径三姿团体	/
屈子墨	男	WH1 级男子单打	/
		WH1/WH2 级男子双打	/
		WH1/WH2 级混双	/
赵鑫	男	WH1/WH2 级男子双打	/
王萌	女	听力组女子单打	/
		听力组女子双打	/
杜月婷	女	听力组女子双打	/
马佳	女	S11 级女子 50 米自由泳	是
		SM11 级女子 200 米混合泳	是
		S11 级女子 100 米蛙泳	是
		S11 级女子 4×100 混合泳接力	/
		S11 级女子 100 米蝶泳	是
张家慧	女	SM11 级女子 400 米自由泳	/
		S11 级女子 4×100 混合泳接力	/
王欣怡	女	S11 级女子 4×100 混合泳接力	/

（刘兵 ）

石家庄市红十字会

【概况】 2021 年石家庄市、县两级红十字会接收捐款 4355 万元，其中，市红十字会接收捐款 589 万元，县（市、区）红十字会接收捐款 3766 万元；市、县两级红十字会接收捐赠物资价值 9540 万元，其中，市红十字会接收捐赠物资价值 3647 万元，县（市、区）红十字会接收捐赠物资价值 5893 万元。2021 年石家庄市、县两级红十字会支出使用捐款 4287 万元（含市红十字会 2020 年结转捐款 17 万元），支出使用捐赠物资价值 9541 万元（含无极县红十字会 2020 年结转价值 1 万元捐赠物资），其中，市红十字会支出使用捐款 606 万元（含市红十字会 2020 年结转捐款 17 万元）、捐赠物资价值 3647 万元；县（市、区）红十字会支出使用捐款 3681 万元、捐赠物资价值 5894 万元（含无极县红十字会 2020 年结转价值 1 万元捐赠物资）。2021 年全市红十字会系统接收新冠肺炎疫情防控捐赠款物价值 11694.65 万元，其中，捐款 3225.96 万元，捐赠物资价值 8468.69 万元；至 2021 年底，全市拨付使用新冠肺炎疫情防控捐赠资金 3169.07 万元，捐赠物资全部拨付使用。2021 年全市新增红十字会团体会员 4 个，分别为：石家庄福顺苑养老服务有限公司红十字会、石家庄恒伦口腔门诊部红十字会、新华精良口腔门诊部红十字会、石家庄复明眼科医院红十字会；新增红十字社区 2 个，分别为：高邑县兴华路红十字社区、元氏县东张乡北岩村红十字社区。至 2021 年底，市红十字会共有团体会员 34 个、红十字社区 29 个。

【市红十字会第三次会员代表大会】 12 月 9 ～ 10 日，市红十字会第三次会员代表大会举行。审议通过市红十字会第二届理事会工作报告、《石家

2021年12月9～10日，市红十字会第三次全市会员代表大会举行

庄市红十字会组织规程》《石家庄市红十字会监事会工作规则（试行）》，选举产生市红十字会第三届理事会和第一届监事会。市委副书记、市长马宇骏获聘市红十字会第三届理事会名誉会长，市人大常委会副主任李志宏、市政协副主席邓小梅获聘市红十字会第三届理事会名誉副会长，副市长张峰珍当选市红十字会第三届理事会会长，市红十字会党组书记李遐当选市红十字会第三届理事会常务副会长，市人大常委会教育科学文化卫生工作委员会主任高庆洲当选市红十字会第一届监事会监事长。

【红十字救助与服务】开展"红十字博爱送万家"活动，救助困难群众6007户，受益26643人。开展"小天使基金""天使阳光基金"救助，救助白血病患儿68人，发放救助金215万元；救助先心病患儿2人，发放救助金4万元。全年救助艾滋病贫困患者家庭10个、艾滋病致孤儿童3名，发放救助金2.08万元。重视红十字志愿服务队伍建设，至2021年底，全市登记红十字青少年31298人，注册红十字志愿服务组织323个、红十字志愿者19459人。6月16～17日，市红十字会举办市第二届红十字应急救护大赛；参赛县（市、区）代表队13支，比赛分预赛、决赛两个阶段；预赛内容包括救护技术、救护演讲和理论知识比拼，新乐市、井陉矿区、鹿泉区、桥西区、裕华区、井陉县6支代表队进入决赛；决赛内容包括理论知识、救护演讲、场景演练3项，并举行现场网络直播；经角逐，鹿泉区红十字会救护员代表队获得集体一等奖，高哲、刘立伟、邢璐璐、王玉娥、姚艳华获得个人单项冠军。9月26～29日，市红十字会参加河北省第六届红十字应急救护大赛，获得比赛一等奖。

【器官、造血干细胞捐献】2021年石家庄市接受器官捐献45例，捐献大器官128个，挽救生命126人。至2021年底，全市累计接受器官捐献230例，捐献大器官652个，挽救生命633条。2021年全市造血干细胞血样采集1950例，成功捐献造血干细胞16人。至2021年底，全市造血干细胞入库总人数4.85万人，累计成功捐献造血干细胞达到149例。

◎2021年石家庄市捐献造血干细胞人员名单

长安区（1人）

刘宇杰

桥西区（2人）

王家琪　刘笑彬

新华区（3人）

祝学烨　鲁明　吕帅

裕华区（1人）

冯子仪

鹿泉区（1人）

郭元发

栾城区（1人）

娄尧振

井陉县（1人）

于永明

正定县（4人）

刘永辉（曲阳桥乡）

王灿　王冬冉（女）

刘永辉（南楼乡）

行唐县（1人）

戴印

灵寿县（1人）

郭东明

（郝瑞起　郝冠琼）

石家庄市消费者权益保护委员会

【概况】2021年石家庄市消费者权益保护委员会（简称市消保委）围绕"守护安全　畅通消费"主题，结合"党史学习教育""我为群众办实事"等活动，以热心、用心服务，全力做好消费维权工作。2021年全市消费维权系统开展各类消费维权活动200余场次，服务群众15万余人次；接受群众来电来函932件次，解决群众纠纷5300余件次，挽回经济损失181万元。举办"3·15"国际消费者权益日纪念活动，采取线下与抖音、微信公众号、视频号线上平台相结合方式，参与消费咨询人数2191人次，发放宣传资料13万余份。推进创建消费教育示范基地，印发《关于推进消费教育示范基地创建工作的通知》，制定出台适用生产、流通领域“两类”《消费教育示范基地指引》，全年创建授牌消费教育示范基地30家。重视消费教育、消费维权法律法规宣传，印发《维权工作动态》《石家庄市消费维权知识专刊》《中华人民共和国消费者权益保护法》《河北省消费者权益保护条例》等法律法规，帮助消费者树立正确的消费观念和维权意识。12月4日，石家庄市首个手机端消费维权服务平台——“石家庄掌上315”公众服务平台上线运行。2021年中国消费者协会授予市消保委“2020～2021年度消费维权先进集体”。

【消费监督】 开展比较试验，精准服务消费者。引入第三方检测机构，组织比较试验4次。以消费者高度关注的冷冻饮品为对象，开展微生物指标、甜味剂、重金属及理化指标检测，参照国家标准及产品明示标准提取52批次样品（冰糕样品37批次、冰激淋样品15批次）开展比较试验，样品涉及北京、天津等11个省市35家生产企业。以苹果、香蕉产品为对象，提取市内11家超市及便民市场销售的苹果、香蕉110批次开展比较测试。其中，11家超市及便民市场的55批次苹果样品均符合相关标准要求，符合率100%；55批次香蕉样品中，50批次样品符合相关标准要求，符合率90.91%，5批次样品不符合部分标准要求，不符合标准主要为吡虫啉项目。以女性日常护肤最普遍使用的化妆水和消费者普遍关注的婴幼儿护肤品为对象，化妆品从实体店和线上网购平台（拼多多、淘宝、京东）购样，化妆水从市内9家商场和超市实体店抽取6个品牌，婴幼儿润肤乳（霜）从6家商场、超市、母婴店抽取6个品牌，共提取42批次化妆品开展比较试验。以小家电为对象，开展比较试验，检测结果在“中国消费网”“新浪网”“光明网”等网站客户端App及《中国消费报》《河北日报》《河北法制报》《石家庄日报》《燕赵都市报》等媒体公布。改善消费环境，开展消费满意度测评。2021年中国消费者协会公布《2020年100个城市消费者满意度测评》结果，石家庄市消费满意度位居河北省第一。依据中国消费者协会消费者满意度测评标准，引入第三方专业评价机构，开展长安区、桥西区、新华区、裕华区、藁城区、鹿泉区、栾城区7个区消费者满意度测评，分析查找“消费环境”“消费维权”不足和短板总量，做好针对性消费防范和监督。开展消费体察活动，以婴幼儿健康成长为关注对象，委托第三方机构邀请10名代表，以消费者身份，分别在线上、线下购买婴幼儿免疫类产品，开展全流程体验，给出客观评价；发布婴幼儿产品体察活动报告，受到50多万人次关注。举办消费调查问卷活动，为消费维权提供参考。全年以微信小程序为载体，采取线上问卷调查方式，收集消费调查有效问卷34207份。

【首批10家“ODR”企业挂牌】 12月23日，全市首批10家“ODR”企业在君乐宝乳业创新研究院举行挂牌仪式。10家“ODR”企业分别为：君乐宝乳业、北国超市塔坛店、北国超市怀特店、北国超市光华店、北国超市中环店、永辉超市民心店、永辉超市小马店、河北保龙仓家乐福超市中山路店、玉华信誉楼百货、玉琢信誉楼百货。

链接：

“ODR”（Online Dispute Resolution）企业：是指在辖区市场监督管理部门指导和监督下，利用全国“12315”互联网平台提供消费纠纷在线解决服务的企业。

【消费维权】 运用“投诉调解＋重点约谈＋媒体曝光＋行政维权＋支持诉讼”五元合一的投诉处置模式，加大消费者权益保护力度。2021年市消费维权服务中心受理消费投诉37件，接受消费者来电2100余人次，为消费者挽回经济损失20余万元，消费投诉解决率100%，消费者满意率100%。2021年市消保委受理消费者投诉3645件，解决3061件，接受消费者来人来电来函咨询7561人次，为消费者挽回经济损失231.21余万元；调解典型消费纠纷案件15件，查处侵害消费者权益典型案例1件，投诉解决率83.98%。对在一些领域占据主导地位的大型企业，积极引导企业重视消费者权益保护工作。集中约谈中国移动、中国联通、中国电信驻石家庄3家电信运营商及市区北国超市、永辉超市、信誉楼、保龙仓4家商超和米莎贝尔食品企业。以《石家庄日报》《燕赵晚报》作为媒体公开平台，曝光典型侵害消费者权益行为2次，主要为：某通信公司涉嫌欺诈，误导消费者；利用“0蔗糖”营销方式，误导、诱导消费者。重大节假日发布消费警示、提示通讯40余篇次。与河北人民广播电台99.2频率合作，开设“汽车有话说”栏目，为消费者提供汽车消费纠纷答疑解惑。建立消费维权志愿者服务站，按照中国消费者协会、省消保委印发《关于倡导在社区建立消费维权志愿者服务站的通知》要求，至2021年底，全市在社区建成消费维权志愿者服务站21家，注册登记消费维权志愿者879名。

（于淑洁）

法　治

Governed by Law

人大立法

【概况】 2021年石家庄市人常委会大机关围绕法治社会建设主题，制定、修订地方性法规7部。其中，制定地方性法规3部，分别为《石家庄市全民健身条例》《石家庄市爱国卫生条例》《滹沱河保护条例》；修订地方性法规4部，分别为《石家庄市养犬管理条例（修订案）》《石家庄市出租汽车管理条例》《石家庄市城市居民委员会组织条例》《石家庄市肉品管理条例》。施行地方性法规6部，废止地方性法规8部。坚持立法与体现人民意愿相统一，听取各民主党派、人大代表和政协委员的意见，组织人大代表、政协委员、专家学者、社会公众参与立法，创新开展立法进校园活动、第三方参与立法评估。开展城市更新行动重大事项决策部署，做出决议3项，分别为《加强新建居住项目容积率管控的决定》《加强电动车规范管理的决定》《开展第八个五年法治宣传教育的决议》。

【制定地方性法规3部】 2021年市人大机关制定地方性法规3部，分别为《石家庄市全民健身条例》《石家庄市爱国卫生条例》《滹沱河保护条例》。《石家庄市全民健身条例（草案）》制定。2021年12月2～11日，《石家庄市全民健身条例（草案）》向社会公布并征求意见和建议；2021年12月22日，市第十五届人民代表大会常务委员会第三次会议通过。《石家庄市全民健身条例（草案）》共7章47条。《石家庄市爱国卫生条例（草案）》制定。2021年12月2～11日，《石家庄市爱国卫生条例（草案）》向社会公布并征求意见和建议；2021年12月22日，市第十五届人民代表大会常务委员会第三次会议通过。《石家庄市爱国卫生条例（草案）》共6章41条。《滹沱河保护条例（草案）》制定。2021年12月22日，市十五届人大常委会第三次会议举行《石家庄市滹沱河保护条例（草案）》第一次审议。《滹沱河保护条例（草案）》共7章53条。

【修订地方性法规4部】 2021年市人大机关修订地方性法规4部，分别为《石家庄市养犬管理条例（修订案）》《石家庄市出租汽车管理条例》《石家庄市城市居民委员会组织条例》《石家庄市肉品管理条例》。《石家庄市养犬管理条例（修订案）》修订颁布。2007年10月31日石家庄市第十一届人民代表大会常务委员会第三十六次会议通过，2008年5月16日河北省第十一届人民代表大会常务委员会第三次会议批准，2021年12月22日石家庄市第十五届人民代表大会常务委员会第三次会议修订。《石家庄市养犬管理条例（修订案）》共7章50条，主要内容包括总则、职责分工、免疫、登记与年检、养犬行为规范、收容、领养与经营、法律责任、附则等。《石家庄市出租汽车管理条例》修订施行。2010年4月9日石家庄市第十二届人民代表大会常务委员会第十九次会议通过，2010年9月29日河北省第十一届人民代表大会常务委员会第十九次会议批准，2021年4月28日石家庄市第十四届人民代表大会常务委员会第三十七次会议修正，2021年5月28日河北省第十三届人民代表大会常务委员会第二十三次会议批准，2021年6月2日石家庄市人民代表大会常务委员会公布，自2021年6月2日起施行。《石家庄市出租汽车管理条例》共8章59条，主要内容包括总则、经营资质管理、车辆管理、客运经营管理、权益保障、监督检查、法律责任、附则等。《石家庄市城市居民委员会组织条例》修订施行。1997年6月25日石家庄市第九届人民代表大会常务委员会第二十六次会议通过，1997年9月3日河北省第八届人民代表大会常务委员会第二十八次会议批准，2021年6月18日石家庄市第十四届人民代表大会常务委员会第三十八次会议修正，2021年7月29日河北省第十三届人民代表大会常务委员会第二十四次会议批准，2021年8月2日石家庄市人民代表大会常务委员会公布，自2021年8月2日起施行。《石家庄市肉品管理条例》修订施行。2001年6月28日石家庄市第十届人民代表大会常务委员会第二十一次会议通过，2002年9月28日河北省第九届人民代表大会常务委员会第二十九次会议批准，2016年12月29日石家庄市第十三届人民代表大会常务委员会第二十九次会议修订，2017年5月26日河北省第十二届人民代表大会常务委员会第二十九次会议批准，2021年6月18日石家庄市第十四届人民代表大会常务委员会第三十八次会议修正，2021年7月29日河北省第十三届人民代表大会常务委员会第二十四次会议批准，2021年8月2日石家庄市人民代表大会常务委员会公布，自2021年8月2日起施行。《石家庄市城市居民委员会组织条例》《石家庄市肉品管理条例》修改内容参见2021年8月2日《石家庄日报》3版。

【施行地方性法规6部】《石家庄市生活垃圾分类管理条例》《石家庄市城市市容和环境卫生管理条例》《石家庄市出租汽车管理条例》《石家庄市西柏坡红色旅游区保护与管理条例》《石家庄市城市居民委员会组织条例》《石家庄市肉品管理条例》施行。5月1日，《石家庄市生活垃圾分类管理条例》施行，共8章60条。5月1日，《石家庄市城市市容和环境卫生管理条例》施行，共7章63条。6月2日，《石家庄市出租汽车管理条例》施行，共8章59条。8月1日，《石家庄市西柏坡红色旅游区保护与管理条例》施行，共5章39条。8月2日，《石家庄市城市居民委员会组织条例》《石家庄市肉品管理条例》施行。

【废止地方性法规8部】 6月18日，市第十四届人民代表大会常务委员会第三十八次会议决定，自2021年9月1日起，全市废止地方性法规8部，分别为《石家庄市房屋登记条例》《石家庄市禁止生产经销假冒伪劣商品的规定》《石家庄市流动人口计划生育管理规定》《石家庄市实施〈中华人民共和国农业技术推广法〉办法》《石家庄市科学技术奖励条例》《石家庄市市区集贸市场管理办法》《石家庄市节约能源监察条例》《石家庄市行政执法条例》。

（李勇）

政 法 委

【概况】 2021年全市政法机关全力以赴防风险、护安全、保稳定、战疫情、促发展、抓治理、创和谐，政法领域各项工作有序有效向前推进。聚焦政治安全和社会稳定两个重点，成立市重大涉稳舆情联动快速处置工作组，成功侦破一批中央和省市关注、有影响、有震动的专案，全年防范处置信访案事件300余起。夯实平安石家庄建设基层基础，印发《关于常态化开展扫黑除恶斗争的工作方案》《关于补短板、强弱项、固根本 深化常态化扫黑除恶斗争工作方案》，全年打掉涉黑涉恶犯罪团伙19个，抓获犯罪嫌疑人180名，破获违法犯罪案件140起，人民群众安全感达到98.02%，同比提升7.26个百分点；扫黑除恶斗争满意度达到92.68%，同比提升6.77个百分点。推进法治政府建设，制定出台《法治石家庄建设实施规划（2021～2025年）》《石家庄法治社会建设实施方案（2021～2025年）》，为全市法治建设规划蓝图，提升执法司法规范化水平。服务经济社会发展，制定《全市政法系统助力加快建设现代化国际化美丽省会城市的实施意见》《关于充分发挥政法机关职能作用，依法服务保障“全市私搭乱建、违章建筑专项整治工作”实施方案》，为服务保障省会高质量发展提供坚强的政法保障。提升智慧政法

2021年12月2日，省委常委、市委书记张超超（左二）到市公安局视察指导

（吕晓晗 摄）

建设，延伸基层业务，为各乡镇（街道）综合指挥和信息化网格平台、涉稳舆情专班的业务应用等开通相应网络带宽。完成政法信息化三维实战平台，完善重点人员分类数据库，累计完善人口数据766万条、房屋数据227万条、车辆数据79万条，接入雪亮工程视频监控约2.5万路。市直政法各部门坚持深化改革与科技应用深度融合，信息化智能化水平不断提升，智慧政法建设纵深发展，核心战斗力明显增强。市委政法委被评为2017～2020年度平安中国建设先进集体，市委常委、政法委书记罗利作为受表彰的先进集体代表，受到习近平总书记、李克强总理等党和国家领导人的亲切接见。新华区荣获“平安中国建设示范县”，桥西分局东风路派出所被命名为全国第二批“枫桥式公安派出所”，平山县法院刑事审判庭被最高法评为全国法院扫黑除恶先进集体，长安区率先高标准建成县级社会矛盾纠纷多元化解中心。

【维护社会稳定】 坚持政策与策略并重，聚焦政治安全和社会稳定两个重点，统筹国际国内两个战场、网上网下两个阵地，成立市重大涉稳舆情联动快速处置工作组，防范化解风险制度机制进一步健全。开展反渗透、反间谍、反分裂、反恐怖、反邪教斗争，先后成功侦破一批中央和省市关注、有影响、有震动的专案。做好“卓达”“乐城”“轻易贷”等重点利益诉求群体维稳工作，完成习近平总书记来河北视察、庆祝建党100周年、冬奥会测试、全国和省市“两会”等重大维稳安保任务。提高预测预警预防能力，成立重大涉稳舆情联动快速处置工作组，完善战时应急指挥、情报会商研判、现场应急处突等机制，防范处置信访案事件300余起。建立防范化解重点群体进京集访“4+1”工作机制，提高情报信息、应急处突水平，实现十九届六中全会期间进京访零登记、重大安保期间进京滋事集访零发生，全市2021年度进京访月平均同比下降31.2%，全省考核首次进入优秀档次，历史性跨入全省第一方阵。

【扫黑除恶专项斗争】 4月6日，中共河北省委召开扫黑除恶专项斗争总结表彰大会。石家庄市1人获授全国扫黑除恶专项斗争先进工作者，2人获得全国扫黑除恶专项斗争领导小组和中共中央组织部联合嘉奖；市扫黑除恶专项斗争领导小组及其办公室获授全省扫黑除恶专项斗争先进单位一等奖，12个单位获授全省扫黑除恶专项斗争先进集体，22人获授全省扫黑除恶专项斗争先进工作者，15名县处级干部获得省扫黑除恶专项斗争领导小组和省委组织部联合嘉奖。2018年1月23日至2020年底，全市按照中央政法委部署，开展扫黑除恶专项斗争；累计立案审查调查涉黑涉恶腐败和“保护伞”586人；累计打掉重点行业领域涉黑涉恶团伙184个，其中，涉及社会治安155个、金融放贷88个、工程建设24个、教育卫生24个、交通运输18个、乡村治理17个、资源环保13个、市场流通10个、信息网络1个。

【平安石家庄建设】 以全国市域社会治理现代化试点为载体，以共建共治共享为导向，按照“四个五”总体框架，严格落实“八个一”督导机制，推进“三个八”重点项目，推进试点各项工作，夯实平安石家庄建设基层基础。印发《关于常态化开展扫黑除恶斗争的工作方案》《关于补短板、强弱项、固根本 深化常态化扫黑除恶斗争工作方案》，强力开展追捕“漏网之鱼”“金盾风暴”等专项行动，完善“六建”长效机制，推进扫黑除恶斗争常态化，全市共打掉涉黑涉恶犯罪团伙19个，其中黑社会性质犯罪组织2个，恶势力犯罪团伙17个，抓获犯罪嫌疑人180名，破获违法犯罪案件140起，人民群众安全感达到98.02%，较2020年提升7.26个百分点；对扫黑除恶斗争满意度达到92.68%，较2020年提升6.77个百分点。围绕“打、防、管、建”四项任务，制定印发《推进四大行业领域整治实施方案》，推进四大行业领域整治，并延伸带动全市各行业领域开展整治，其中，信息网络领域先后打掉犯罪团伙673个，抓获犯罪嫌疑人3303人，1～10月打击治理电信诈骗工作总体成绩排名全省第一；自然资源领域累计取缔矿山和矿点37处，发现违法违规问题20个；交通运输领域累计查处超限超载货运车辆1.2万余辆，卸载超载货物23万余吨。积极做好全国扫黑办第3特派督导组来石督导工作，针对督导组实地督导反馈的4个方面46条具体问题，逐条逐项拉出问题清单，制定整改措施，年底全部整改到位。严格落实每季度社会治安稳定形势分析研判制度、每月刑事命案评议制度，及时研判和预防各类风险隐患。全面推广平山县、长安区县级社会矛盾纠纷多元化解中心建设经验，深入推进“雪亮工程”建设、智慧平安社区建设、智慧交管建设、城乡公共安全视频建设，扎实推进综治中心规范化、实战化建设，深化网格化服务管理，基层社会治理根基更加扎实。全市共立刑事案件37000起，其中八类严重暴力案件立案917起，同比下降8.1%；侵财类案件立案26718起，同比上升11.5%，刑事命案立案43起，同比下降27.1%。特殊人群服务管理、法学会、见义勇为等工作取得长足进步。

【法制石家庄建设】 制定出台《法治

石家庄建设实施规划（2021～2025年）》《石家庄法治社会建设实施方案（2021～2025年）》，为全市法治建设规划蓝图执法司法规范化水平进一步提升。深化司法体制改革，加强一站式多元解纷和诉讼服务体系建设，探索建立金融法庭，出台《加强新时代检察机关法律监督工作的实施意见》，法治监督体系进一步健全。推进法治政府建设，全面落实行政执法“三项制度”，推行落实证明事项告知承诺、“一案三推动”等制度，协调推进行政复议和行政应诉工作，促进依法行政。全面启动“八五”普法，广泛开展“法治九建”等形式多样的法治宣传教育，群众法治观念明显增强。组织开展重点线索核查、涉案财物处置工作“回头看”、应收押未收押和判处实刑未交付执行集中清理等专项活动，先后组织核查市委办函转线索36条、办结36条，市政法队伍教育整顿办公室函转线索9条、办结9条，全国扫黑办12337平台交办线索69条、办结69条；发现并整改涉案财物处置不规范问题373个；清理纠正应收押未收押人员461人，抽取评查基层政法部门重点环节案件396件。开展涉法涉诉信访案件清查活动，梳理清查案件1904件，纠正执法问题289件，开展举报平台涉法涉诉信访案件集中评查化解专项活动，累计承办涉法涉诉事项1662件，组织评查1118件，化解1648件，圆满完成集中治理涉法涉诉重复信访化解信访积案专项工作，办结率100%，息诉率22.8%。

【智慧政法建设】 把信息技术广泛应用作为推动创新、提升效能的重要引擎，市委政法委先后为各乡镇（街道）综合指挥和信息化网格平台、涉稳舆情专班的业务应用等开通相应网络带宽，确保各项业务延伸至基层，全市智慧政法建设水平进一步提升。建设完成政法信息化三维实战平台，完善重点人员分类数据库，在全省率先实现对不同群体、不同诉求重点人电子分类管理。着眼提升数据共享能力，搭建视频图像共享系统、视频图像信息数据库和数据智能分析服务平台，制定政法业务数据规范和共享标准，实现与公安机关的视图库预警信息的共享，跨政法单位的数据共享和视频推送。利用信息化、智能化新技术，通过大数据精准防控排查，实战指挥能力进一步提升。累计完善人口数据766万条、房屋数据227万条、车辆数据79万条，接入雪亮工程视频监控约2.5万路；平台自身产生人脸数据7.9亿余条，行人数据6600余万条，车辆数据1.3亿余条。疫情期间，为疫情指挥部开通政法网，充分利用信息化手段，实时调取各类监控数据，极大提升流调溯源工作准确性，得到市疫情指挥部的高度认可，并发函表扬。市直政法各部门坚持深化改革与科技应用深度融合，信息化智能化水平不断提升，智慧政法建设纵深发展，核心战斗力明显增强。

【政法队伍管理】 政法队伍教育整顿。市公安局出台《石家庄市公安局关于进一步推进严格贯彻执行防止干预司法“三个规定”的意见》，市人民检察院出台《关于落实“三个规定”及重大事项记录报告制度八项措施》，市中级人民法院制定《关于核定入额院庭长办案比例的暂行规定》等文件。3月8日，全市召开政法队伍教育整顿动员部署会议，决定3月至7月，集中查处一批违纪干警，整治一批顽瘴痼疾，健全一批长效机制，解决一批人民群众“急难愁盼”问题。全年排查整改“六大顽瘴痼疾”1864条，处理政法干警违法违纪线索310件、420人，涉嫌违纪违法被立案审查调查101人，移送司法机关19人。问题整改落实。制定出台《关于进一步优化全市政法系统政治生态的实施意见》，在全市政法系统开展优化政治生态专项整治和“六个一”专题警示教育活动，推动全市公安系统政治生态“净化”与“重塑”。政法队伍素质提升。制定《关于全市政法系统进一步厚植为民情怀，增强执法司法三个效果的若干措施》，筑牢政法队伍为民服务宗旨意识，规范执法司法行为。弘扬主旋律、凝聚正能量，开展“我为群众办实事”活动，培育和宣传12名“最美政法干警（政法委员）”先进事迹。

（刘志强）

法治政府建设

【概况】 2021年全市按照《法治政府建设实施纲要（2021～2025年）》目标要求，坚持法定职责必须为、法无授权不可为，着力实现政府职能深刻转变，不断把法治政府建设向纵深推进。强化法治思维。市委常委会2次听取法治建设情况专题汇报，研究解决法治工作重大问题。在全省率先出台《石家庄市人民政府领导干部学法考法制度》《石家庄市领导干部学法清单制度》，市政府常务会4次学习法律法规、13次研究法治政府建设相关工作，做到与全市中心工作同部署、同推进。落实法治责任。贯彻落实党政主要负责人履行法治建设第一责任人职责，将法治政府建设纳入县（市、区）、市直各部门领导班子考核评价体系和绩效管理考评体系，压紧压实工作责任。坚持法治督察。将法治政府督察列入《2021年石家庄市督查检查考核计划》，对21个县（市、区）和29个市直部门进行督察，共整改落实8个方面13个问题。持续优化法治化营商环境。落实省委、省政府《关于大力支持省会建设和高质量发展的意见》，组织召开2次“企业家·市长”恳谈会、2次“市民·市长”恳谈会，解决一批企业和群众关心关注的“急难愁盼”问题。全面推行证明事项告知承诺制，编制公开全市12个领域163项《保留证明事项目录》、11个领域34项《第一批实行告知承诺制证明事项目录》。开展公平竞争审查，审查存量政策文件142件，废止14件；审查增量文件724件，修订调整9件，不断优化营商环境，推进省会高质量发展。全面推行清单制度。制定出台《权责清单动态调整管理办法》，加强清单制度化建设。出台《石家庄市级行政许可事项目录》，梳理行政许可事项300项。编制全市行政执法事项清单，梳理六类4103项行政执法事项。修订行政事业性收费目录、政府性基金目录，在网站上进行公开。加强事中事后监管。制定全省首个“双随机、一公开”监管工作地方标准，开展随机抽查899次，抽查企业1.99万户，做到精准靶向监管，被新华网和国家市场监管总局网站报道，省委《河北改革动态》刊发。实施包容审慎监管，落实“首违不罚”事项达90项。加快推进政府职能转变。积极推行市级“一件事”套餐集成服务，推出“我要开公司、我要开店”等六类105个“一件事”定制套餐，完成首批27个套餐全流程测试工作，承接线上线下申报业务。推进跨区域服务协同，106个事项实现“跨省通办”。除涉密和不宜网办事项外，全市27106项政务服务事项实现100%网上可办。推行“全流程网办”改革，1294项全程网办清单事项100%实现全流程网办。

【全面依法治市委员会会议】　3月14日，市委依法治市委员会转发省委全面依法治省委员会《关于贯彻落实中央全面依法治国委员会〈关于切实加强党政机关法律顾问工作充分发挥党政机关法律顾问作用的意见〉的通知》，对加强党政机关法律顾问队伍建设，发挥法律顾问作用作安排部署。市委依法治市办起草并提请市委第208次常委会审议通过，以市委办公室文件形式于5月27日印发《贯彻落实习近平总书记在中央全面依法治国工作会议上的重要讲话精神分工方案》，确定了8方面53项工作任务，对学习宣传贯彻习近平法治思想作部署安排。7月7日，召开市委全面依法治市委员会第五次会议，深入学习贯彻习近平法治思想和党中央全面依法治国工作部署，认真落实省委全面依法治省委员会第六次会议精神，总结2020年全面依法治市工作，审议并原则通过《法治石家庄建设规划（2021～2025年）》和《中共石家庄市委全面依法治市委员会2021年工作要点》，研究部署下步工作任务。7月11日，市委依法治市委员会印发《中共石家庄市委全面依法治市委员会2021年工作要点》，明确8个方面43项工作任务，确定2021年度依法治市工作目标，对2021年度依法治市工作进行安排部署。8月13日，市委依法治市委员会印发《关于进一步推动落实党政主要负责人履行推进法治建设第一责任人职责的实施意见》，推动将习近平法治思想贯穿到依法执政、依法行政全过程和各方面，建立健全依法治市工作制度体系，保证党政主要负责人在制度框架下履职尽责，制定党政主要负责人履行推进法治建设第一责任人职责清单，指导全市各级各部门制定了党政主要负责人推进法治建设第一责任人职责清单。9月17日，市委依法治市委员会印发《〈法治石家庄建设规划（2021～2025年）〉重要举措分工方案》，确定10方面30项工作任务，为全面贯彻落实《法治石家庄建设规划（2021～2025年）》，确保各项重要举措顺利推进提供遵循。10月19日，市委依法治市委员会印发《石家庄市行政复议体制改革实施方案》，对推进全市行政复议体制改革，加快法治政府建设，形成公正权威，统一高效的行政复议体制进行安排部署。市委依法治市办起草并提请市委全面依法治市委员会第五次会议审议通过，以市委文件形式于7月20日印发《法治石家庄建设规划（2021～2025年）》。确定11个方面34项工作任务，本规划阐明法治石家庄发展战略，明确党对法治石家庄的集中统一领导，坚持法治国家、法治政府、法治社会一体建设，推进科学立法、严格执法、公正司法、全民守法，提升全面依法治市的质量和水平，是全市地方立法、政府治理、司法工作、法治社会建设等的重要依据。市委依法治市办起草并提请十一届市委第5次常委会议研究通过，以市委文件形式于9月18日印发《石家庄市法治社会建设实施方案（2021～2025年）》。确定7部分28个方面91项工作任务，本实施方案对坚持法治石家庄、法治政府、法治社会一体建设，培育和践行社会主义核心价值观，弘扬社会主义法治精神，建设社会主义法治文化，增强全社会厉行法治的积极性和主动性，推动全社会尊法学法守法用法，健全社会公平正义法治保障制度，保障人民权利，提高社会治理法治化水平，全面推进平安石家庄、法治石家庄建设作安排部署。11 月 23 日，召开创建法治石家庄工作推进会，总结前两个季度工作成效、工作经验，分析当前工作短板、存在问题及原因，研究部署下步工作，推动工作落实为高质量完成今年任务目标打下基础。

【行政立法】 坚持党的领导贯穿立法全过程，深入推进科学立法、民主立法、依法立法，不断提高立法质量和效率。加强滹沱河保护，保障滹沱河生态良好，促进现代化美丽省会建设和高质量发展，向市人大常委会提交《石家庄市滹沱河保护条例（草案）》的议案；加强爱国卫生工作，提升人民健康素养和健康水平，向市人大常委会提交《石家庄市爱国卫生条例（草案）》的议案；推进体育强市建设，促进全民健身活动开展，提高全民身体素质和健康水平，向市人大常委会提交《石家庄市全民健身条例（草案）》的议案；加强全市停车场管理，规范停车秩序，改善城市交通环境，提升城市运行效率，制定出台《石家庄市停车场管理办法》。坚持“立、改、废”并举，及时修改和废止不适应社会发展的地方性法规和规章。营造公平就业环境，向市人大常委会提交《石家庄市出租汽车管理条例（修正案）》议案；规范养犬行为，保障公民健康和人身安全，提升社会文明程度，向市人大常委会提交《石家庄市养犬管理条例（草案）》的议案；确保《民法典》在石家庄市准确实施，开展地方性法规专项清理工作，对《石家庄市城市居民委员会组织条例》和《石家庄市肉品管理条例》涉及的法律责任及内容进行修正，并报市人大常委会审议；深入推进“放管服”改革，促进《中华人民共和国民法典》和《中华人民共和国行政处罚法》有效实施，对现行有效的市政府规章进行清理，废止 14 件政府规章，颁发《石家庄市人民政府关于废止部分市政府规章的决定》，维护法制统一。

【依法决策】 严格落实重大行政决策程序规定。出台《石家庄市第十五届人民政府工作规则》，进一步明确和规范公众参与、专家论证、风险评估、合法性审查和集体讨论等重大行政决策程序；严格合法性审核把关，市政府常务会议议题和市政府名义签订的合同、协议等 171 件文件全部经过合法性审查，确保政府决策合法有效。注重发挥法律顾问作用，出台《关于加强市政府系统法律顾问工作充分发挥律师顾问作用的通知》《石家庄市人民政府法律顾问工作规则》，聘请 22 名律师为市政府法律顾问，并将各级各部门聘请法律顾问情况列入依法行政考核内容，推动政府法律顾问制度实现全覆盖。

【行政执法】 贯彻落实综合行政执法体制改革要求，完善权责清晰、运转顺畅、保障有力、廉洁高效的行政执法体制，巩固行政执法“三项制度”成果，提高行政执法执行力和公信力。规范行政执法行为。严格落实《中华人民共和国行政处罚法》，巩固拓展行政执法“三项制度”改革成果，市、县、乡三级实现行政执法“三项制度”全覆盖。建立完善行政执法责任制，指导 37 个市级行政执法部门分解执法职权，确定执法责任，常态化开展行政执法检查和案卷评查，提升严格规范公正文明执法水平。组织编制行政执法事项清单，梳理汇总 4103 项行政执法事项，通过网站进行公示。组织 4594 名执法人员开展公共法律知识业务培训，提升执法人员的法律素养。持续推进乡镇和街道综合执法改革。印发《关于进一步加强乡镇和街道综合执法改革工作的通知》，加强乡镇和街道综合执法队伍建设，全市各乡镇和街道共办理行政执法案件 2535 件，初步解决基层“看得见的管不了”的监管难题。加强重点领域行政执法。加强食品安全监管，创新开展食品安全“你点我检”350 批次，检测食品 4.7 万批次，77 家“品质食品管理示范超市”经过市级评价验收，餐饮“明厨亮灶”达到 100%。加强生态环境领域执法，围绕全市生态环境重点工作，坚决防止“一刀切”，立案处罚 1552 件。加强社会治安领域执法，探索社会治安治理新方式，侦办一批涉黄涉赌、网络支付平台及洗钱团伙等案件，起到打击犯罪活动、净化社会治安的作用。加强安全生产领域执法，共检查企业 2368 家，查处问题隐患 7414 条，立案 1258 起，责令停产停业停工 128 家。加强劳动保障领域执法，开展集中整治拖欠农民工工资专项行动，共办结 2 万余条欠薪线索，为 1.5 万名劳动者追讨工资 1.4 亿元。加强交通运输领域执法，强化公路货运车辆超限超载治理，共检测车辆 7.9 万余辆，查处超限超载车辆 1.3 万辆，卸载货物 27.29 万吨，全市超限超载率控制在 2% 以下。加强金融欺诈领域执法，组织开展“惊雷”“扫楼”“断卡”行动，破案率同比上升 166%。

【行政复议与应诉】 严格依法行政，落实《“一案三推动”行政复议及行政应诉案件工作制度》等制度规定。全年办理行政复议案件 275 件，撤销、责令履行、确认违法的行政行为 31 件，办理市政府为被告的行政应诉案件 288 件，败诉 19 件。落实《石家庄市人民政府行政机关负责人出庭应诉规定》，全年行政机关负责人出庭应诉136人次，领导干部依法行政的意识和能力提升。

（侯占恒）

公　安

【概况】2021年石家庄市公安系统以城市安全稳定为目标，以疫情防控、刑事侦查、治安管理、交通管理和法制公安队伍建设为工作重点，全面提升社会治安防控能力、打击违法犯罪能力、服务省会发展水平、公安队伍整体形象、群众安全感满意度。公安队伍建设，建设“坦诚、团结、奋进”班子、打造“忠诚、正气、实干、担当”警队、培树现代化、国际范儿美丽警察为目标，在全市公安机关部署开展纪律作风整顿和“抓规范、促养成、树形象”学习贯彻《公安机关人民警察内务条令》主题实践活动，发起净化、重塑政治生态的“破袭战”“攻坚战”“持久战”，肃清许振霞、张建芬、王云才、李佳楠、张岐岗等人流毒，并坚持刀刃向内，深挖严处违法违纪民警，确立全警的政治定力、纪律定力、道德定力，抵腐定力提升，良好的政治生态初步建立。聚焦维护安全稳定，完成庆祝建党100周年纪念大会等系列安保任务。全面发起“金盾风暴”“掸尘”“清污”严打整治系列专项行动，对治安环境开展“大扫除”“大起底”“大整饬”。“掸尘”行动一个月时间，13类目标案件同比下降16.6%；“清污”行动3个多月，破获9类目标案件0.37万余起、打击处理0.45万余人，全市刑事发案下降9.9%，破案率提升5.4%。聚焦护航社会发展。全力投入疫情防控，10月23日深泽、晋州突发疫情后，全市公安机关第一时间投入疫情防控，比对推送数据4001亿余条，精准锁定病毒来源。开展交通秩序整治，将市区划分为5个战区，对市区647个等级路口实行交通管理全覆盖，严查严纠各类交通违法行为，全市早晚高峰日均事故、拥堵警情报警、重点区域拥堵指数较整治前分别下降31.1%、45.6%、8%，行驶速度提升17.5%；规范停车场管理，对全市停车场逐一排查，取缔非法停车场137个，整改不规范停车场281个，清退公共资源用地22.43万平方米，打击处理违法人员68人，增设、错时开放泊位0.71万余个，有效缓解群众停车难题。开展电动车综合治理，围绕电动车生产、销售和使用环节，综合采取源头治理、路面查控、宣传告知、舆情引导等措施，确保电动车综合治理工作推进。保障房地产解遗工作，对全市在售在建房地产项目以及上下游产业开展全面排查，对隐藏在房地产背后的违法犯罪，全面核查线索、全面穿透资金、全面查控资产，通过查封土地房产、冻结股权资金，已促使“西湖一品”“佳地佳座”等一批房地产项目恢复建设施工，“尚嘉苑”“君晓家园”等一批项目启动不动产转移登记。推进“蓝天保卫战”，开辟打击、交管、宣传三条战线，零容忍打击污染环境违法犯罪，零懈怠治理货车超标排放、违规通行，零盲区开展社会宣传，为石家庄市空气质量成功“退出全国后十”排名发挥重要作用。推动社会治安环境整治，开展“圈马365”追逃百日竞赛活动、“害群之马”专、“拔针”专项行动，对“黑恶毒”“盗抢骗”等危害大、影响大的网上逃犯，发起清缴，坚决铲除“毒瘤”，深挖“幕后”，至2021年12月，“拔针”专项行动，共收治体存异物人员66人，做排除异物手术58人，起到强力震慑作用，全市扒窃、拎包警情同比下降32.5%。

2021年7月7日，市长马宇骏（前排右二）到市公安局户政服务大厅视察指导

（吕晓晗　摄）

【**刑事侦查**】 全年以“燕赵一砺剑铸盾2021”“暑期行动”“金盾风暴”等专项行动为载体，做好打击治理电信网络诈骗、打击多发性侵财犯罪、扫黑除恶、命案攻坚等刑侦重点工作，深化刑事技术建设、刑侦基础工作、打击犯罪实战平台建设等刑侦基础性建设，提升全市刑侦工作成绩。打击治理电信网络诈骗，全市刑侦部门，构建“警种联动、全警反诈，精准宣防、源头遏制，系统打击、综合治理”打击治理新格局。反电诈中心积极落实“惊雷惊雷”“扫楼行动”等专项行动工作部署，先后破获涉网类案件0.21万起，抓获犯罪嫌疑人0.45万人，同比上升28%。打击涉网犯罪釜底抽薪，部署“断卡”“扫楼”行动，先后查获“两卡”7.74万张，冻结资金5.9亿元，收缴犯罪设备1.72万部，全面清查以合法公司为掩护的电信网络诈骗及上下游关联违法犯罪窝点53个，排查“空壳公司”467个，排查可疑对公账户59个，打掉犯罪团伙39个。全年打击治理电诈犯罪总体战果排名全省第一，其中侦破“6·01”特大杀猪盘案、“断卡”行动“5·03”专案等一批社会影响恶劣、被骗金额百万以上的部督、省督案件，被省公安厅通报表扬。提升宣防力度，组织局际联席会议成员单位、治安等警种，以警校联合讲座、组织宣传月活动、利用“两微一端”、抖音等新媒体、公益短信、出租车车载LED宣传、影前放映宣传片等十多种方式，宣传电信网络诈骗防范知识，推广“国家反诈中心官方政务号”和“国家反诈中心App”，在全市范围内广发宣传。全年共张贴宣传海报26余万张，发放宣传单87万张，走访到户发放致市民一封信110万份，发放致中小型企业主及财务人员一封信5万份，针对年轻群体发放宣传页8万份，“国家反诈中心App”注册率已经达到28.8%。拓宽预警数据渠道，除公安部下发预警数据之外，新增省厅4G分光数据、固网数据、互联网公司数据等多个预警数据来源。其中，公安部电诈平台推送数据日均处理0.13万条左右；4G分光数据全市落实省厅指令，开展16个批次21万余条的预警；固网数据预警平台在市局网安支队预警工作已实现；开普勒、云脉、无糖3个互联网预警数据源，日均处理预警数据0.43万余条；拓宽资金流预警、通信流预警数据渠道。打击民生小案侵财犯罪，全市刑侦部门推进“暑期行动”“金盾风暴”严打系列专项行动，发挥打击侵财犯罪出主力军作用。全市共抓获各类侵财性犯罪嫌疑人0.27万余名（同比增长232.9%），其中盗窃类嫌疑人0.15万余名，“两抢”类嫌疑人63名，普通诈骗嫌疑人999名，掩饰隐瞒犯罪所得收益嫌疑人135名；破获各类侵财性案件0.55万余起（同比增长8.3%），其中盗窃类案件0.48万余起，“两抢”案件49起，普通诈骗类案件584起，掩饰隐瞒犯罪所得收益案件97起。开展“金盾风暴·掸尘行动”行动，全市共抓获“四类”街头侵财性犯罪嫌疑人509名，环比上升533.80%；破获“四类”街头侵财性案件0.12万起，环比上升1206.90%。建立联合工作机制，与石家庄市住房公积基金服务管理中心、石家庄市社会保障局、石家庄市民政局、石家庄市供电局建立联合打击工作机制，联合打击诈骗犯罪。8月，市公安局联合石家庄市医保管理中心，成功侦破一起重大医保诈骗案件，抓获主要犯罪嫌疑人4名，涉及被害群众300余名，涉案金额约500多万元。开展重大案件攻坚。全市刑侦部门针对命案、涉枪等危害社会稳定、涉群众生命财产安全的重大案件，依托“多警联动、同步上案”机制，做到“即发即破”。积极开展命案攻坚，深入推进命案攻坚专项行动，全市共发生各类命案48起，破获48起，破案率100%。与2020年同期相比，现行命案同比少发15起，下降25.0%；共破获本地命案积案16起，其中20年以上11起，10至20年的5起。打击涉枪犯罪，组织开展“9·29”打击网络贩枪集中收网行动，集结全市23个分、县（市）局对黑龙江等16省市线索进行核查，利用阿里集团、京东等互联网公司建立的网络贩枪线索研判模型，集中研判一批涉枪线索，采取分层次推进的策略，节约警力，实现全国联查。全年共立案27起，破案27起，移送起诉237人，收缴火药动力枪支221支，气枪29支，制式军用子弹477发，制式小口径子弹402发，铅弹0.18万发，射钉弹3.8万发，钢珠45千克，打击涉枪犯罪考核全省第一，起诉人数、起诉枪支数、协作抓捕数全省第一。常态化推进扫黑除恶斗争，印发《关于落实中央督导组反馈意见进一步净化全市公安系统政治生态实施方案》，对标对表，标本兼治，全面梳理扫除266起涉黑恶案件，全市公安机关共收到上级转办及群众举报涉黑涉恶线索400条，已核查办结376条，涉黑涉恶线索动态查结率94%。打掉涉黑恶犯罪团伙19个，其中涉黑犯罪组织2个、恶势力犯罪集团10个、恶势力犯罪团伙7个，抓获犯罪嫌疑人196名，破获案件刑事案件104起、治安案件13起。“漏网之鱼”11名犯罪嫌疑人名全部到案、“残渣余孽”工作已将56名黑恶势力残渣余孽分子抓捕到案。组织开展“团圆”行动，自2021年1月开展以侦破拐卖儿童积案、缉捕拐卖儿童犯罪嫌疑人、查找失踪被拐儿童为内容的“团圆”行动，涉拐立案2起，破获2起，抓获涉拐犯罪嫌疑人4名，解救被拐儿童2名；摸排疑似被拐儿童采血997人，相关群众主动到公安机关采血435人，通过打拐系统比中本地父母61名，比中本地儿童96名，组织认亲活动24场。打击文物犯罪，对全市39处全国重点文物，141处省级文物单位，13处市级文物单位，297处县级文物单位开展“拉网式”安全检查，全年文物案件共立案10起，破获10起，破案率100%，抓获犯罪嫌疑人32名，缴获国家二级文物4件，国家三级文物7件，一般文物67件。提升刑事技术智能化建设，国家反诈大数据平台全市共录入电诈案件0.57万起，精准勘查（A、K对应）0.57万起，精准勘查率100%。全市指纹、人像信息采集率为93%，DNA信息采集率为79%、声纹信息采集率为91%，虹膜信息采集率为93%，鞋底足迹信息采集合格录入率为84%，鞋面足迹采集率为62%，“男性家族排查系统”血样采集已完成92%；推进“四项破案会战”，全市指纹破案抓获犯罪嫌疑人507名，直接破案作用率3.3%；DNA破案抓获犯罪嫌疑人488名，直接破案作用率3.1%，DNA盲比抓获犯罪嫌疑人130名，作用率0.8%；视频破案抓获犯罪嫌疑人569名，直接破案作用率3.7%；利用足迹破获案件40起，完成任务率96%。推进虚拟解剖技术，尸体检验中心共完成各类案（事）件尸体X线摄影、全身CT扫描、尸体血管造影0.1万余例。完成“3·16”专案综合勘查和鉴定任务，勘查相关现场10余次，赴13个省市进行检材提取，完成2万余份检材的定性定量检测。警犬训练工作，警犬训练大队共使用警犬执行勤务500余次，完成河北省和石家庄市“两会”、庆祝建党100周年、中国共产党石家庄第十一次代表大会、中共河北省委九届十四次全会、中国共产党河北省第十次代表大会等大型活动和会议安保任务。在“燕赵—砺剑铸盾2021”专项行动中，石家庄市的警犬技术工作成绩名列全省第一名；连续二年在工作犬数量、出勤数、发挥作用数、考核合格率排名全省第一。

【治安管理】 建立重点人员管控机制，摸排各类治安重点人员1.54万名，其中，刑满释放不满五年的人员1.09万名，在控人员1.07万名，管控率98%；肇事肇祸等严重精神障碍患者1100名，可能铤而走险人员29名，其他重点人员232名。全年未发生个人极端案件事件。多元化解矛盾纠纷，创新“三调联动”“庭所对接”等工作机制，排查矛盾纠纷1.23万起，化解率100%，全年“民转刑”案件大幅下降。在全市范围开展“控增解积”攻坚会战，建立涉警信访案件督导调度机制，深化执法突出问题专项治理，减少新发案件引发的信访案件，累计化解处置信访积案324起。开展安全生产大排查大整治，累计检查危爆物品从业单位0.18万余家（次），整改落实隐患0.1万余处，查获烟花爆竹案件0.11万余起，处理违法犯罪人员0.12万名。开展示范派出所创建，提升综合保障能力，开展消除五人所、落实两个40%，全市派出所警力占县级公安机关总警力、社区民警占派出所警力比分别达到46.8%和45.2%，均超过40%的标准线，全部消除5人以下户籍派出所；全市101个城市、城区派出所全部完成“一室两队”改革，179个农村派出所完成167个，占比93%。创新基层警务模式，在城市（城区）推行“一区一警两辅+N员（整合一切可以依靠和使用的社会力量）”、乡村推行“一村一辅警+N员”模式，全市0.48万个行政村（社区）中，实现一村（社区）一辅警的村（社区）0.4万个，实现率82%；以“零发案小区”和“平安社区”创建活动为抓手，组建“一警+N员”队伍，全市N员队伍已达9.1万人，治安积极力量显著增强；连续两年先后夺取“亮剑2020”和“砺剑铸盾2021”全省第一名的佳绩。推进“金盾风暴”专项行动，依法严厉打击整治寻衅滋事、打架斗殴、故意损毁公私财物、藏污纳垢的网约房、妨碍民警公务等突出违法犯罪，破获案件0.14万余起，查处违法犯罪嫌疑人0.25万余名，剔除各类治安隐患；“清污”行动累计查处寄递物流企业违规经营行为421起，破获违法犯罪案件18起，打处违法犯罪人员18名；严打黄赌违法犯罪，侦办涉黄涉赌案件990起，刑事拘留犯罪嫌疑人984人，行政处罚违法人员0.38万人；立案侦办跨境赌博案件15起，其中抓获犯罪嫌疑人105名，打掉网络赌博平台3个、跑分团伙25个、技术团伙2个、推广团伙1个，查明涉案资金300亿元，净化社会治安环境。严打枪爆违法犯罪，破获涉危涉爆案件317起，查处违法犯罪嫌疑人316人，捣毁涉枪涉爆窝点22个，收缴枪支208支、子弹3.3万余发、雷管0.21万枚、烟花0.4万余件、鞭炮329.6万头、仿真枪280支、管制刀具244把、弩6支，剔除大量危爆安全隐患；严打拒不支付劳动报酬犯罪，侦办拒不支付劳动报酬案件11起，刑拘10人，取保候审1人，涉及农民工614余人，涉案金额1638万余元；公安部、人力与社会资源保障部、国家市场监督管理总局联合授予先进单位荣誉称号。聚焦火灾防控斗争，组织民警开展不同形式的消防监督执法培训0.13万场次，累计培训民警0.47万余人次；同时加强联动协作，形成工作合力，共检查单位2.72万余家次，发现隐患3.07万余处，办理行政处罚案件568起，罚款22.05万元。提升智慧安防小区覆盖面，累计建成智慧小区0.62万个，全市入室盗窃、入室抢劫等案件同比分别下降45.4%和34%。创新治安信息化应用，依托石家庄市电子政务网建成“互联网+”应用管理平台，开通“互联网治安政务服务”微信公众号，搭建“智慧内保管控模块”，实现智慧安防小区、出租屋、用工单位、内保单位等基础信息自主登记上报，智慧应用水平显著增强。深化无人机网购信息核查录入工作，做到应采尽采、应录尽录，共认领无人机网购推送信息1.12万条，建立无人机档案0.27万余条，掌握飞手数0.23万余人，认领率、核查率、人机关联率均达到100%。提升技防建设水平，全市重点单位和要害部位、内部单位和城区学校技防设施安装率均达到100%，狠抓各项安保措施落实，累计出动警力10万余人次，接待群众110万人次，完成全年大型活动安全保卫任务127项0.23万场次，实现各项大型活动安全顺利举行。常态化开展不文明养犬整治，出动警力1.46万人次，开具违规养犬告知书0.15万余份、当场处罚遛狗不拴绳58起、纠正遛狗不拴绳0.3万起、查纠违规饲养大型犬及烈性犬388起、收容流浪犬68只，办理犬只准养证0.39万个，年检1.4万次。严密重点部位安全防范，推进校园安全防范“四个100%”建设以及“平安医院”“警医联动”创建工作，坚决防范、杜绝各类伤害师生、医患人身安全等恶性案件的发生。至2021年12月底，全市“四个100%”建设任务全部完成，二级以上公立医疗机构一键报警装置与公安机关联网率达到100%。深化行业场所监管，特种行业行政许可全面实行告知承诺制，实现行业场所认领率、检查率均100%目标。推动网约房规范的制定，纳管网约房0.88万余间，上传省公安厅入住信息18万余条。组织异地用警打击黄赌犯罪7起，抓获犯罪嫌疑人35人，违法嫌疑人68人；检查歌舞娱乐、电玩、旅馆业、机修业、印章业、典当业、寄递物流企业、网约房等共计392家次，发现各类隐患536处，停业整顿55家，关停取缔31家。

【交通管理】 至2021年底，石家庄市机动车保有量达到327.57万辆，同比增加13.36万辆；机动车驾驶人保有量达到401.61万人，同比增加18.25万人。2021年全市发生道路交通事故490起，同比减少2起；死亡269人，同比减少2人；受伤294人，同比减少12人；造成经济损失145.88万元，同比增加4.66万元；查处酒后驾驶机动车5800人次，醉酒驾驶机动车4700人次，醉酒驾驶机动车被刑事立案4300人，醉酒驾驶机动车被刑事拘留671人。发生死亡10人以上交通事故1起。10月11日6时43分，石家庄燕赵旅游汽车运输集团有限公司一辆通勤大客车行至平山县钢城路滹沱河段临时绕行便道漫水路段时发生倾覆落水事故，造成溺水死亡14人，直接经济损失3500万元。2021年全市重点车辆亡人交通责任事故、死亡人数较2020年分别下降7.35%和6.6%，连续8年呈现下降趋势。2021年石家庄市区查处机动车违法停放31万辆次，拖离车辆3800辆次；查处非机动车违法56万人次、行人违法28万人次；完善禁停标志86处，增设隔离护栏3000米，调整优化交通标志牌280余块、交通路口15处。开展交通安全文明示范公路创建活动，全市符合条件的51个路段全部落实“货车靠右行”管控措施。推进国省道路沿线交通安全设施标准化建设，优化路口197个，封闭不合理公路豁口672处，施画车辆调头区269处，完善标志813套3600块，安装警示灯、弯道哨兵等警示系统1300处。扩大交通科技技术应用，建成公路巡警数字警务室14个。重视农村道路交通安全管理，排查整改农村隐患路口16处，增设平交路口“减速带”60处。2021年全市查处农村载客汽车超员2500起、货车违法载人286起；汽车驾乘人员不使用安全带11.1万起、摩托车骑乘人员不佩戴安

2021年12月2日，河北省公安厅交通警察总队、市文明办、市公安局交通管理局联合举办“全国交通安全日”活动

（中国人民财产保险石家庄市分公司提供）

全头盔3600起；挂牌成立乡镇交管站194个、劝导站3200个，县、乡、村三级公安交通管理平台保持平稳有序运转。开辟车驾管业务绿色通道，实行机动车登记"一条龙""一站式"服务。优化驾驶证考试内容及程序，推行自主体检，试行理论自助考试，便利老年人等特殊群体办理车驾管业务。3月15日，市公安交通管理部门首次启动驾照审验"体验教育"教育模式。推行车驾管业务"网上办""掌上办""社会代办"，至2021年底，全市车驾管互联网平台用户达到344万户，网上渠道办理业务占比达到65%；服务网点达到666个，实现35%以上车驾管业务"社会代办"。规范停车场管理。制定出台《石家庄市停车场管理办法》《受理停车场备案工作流程》《机动车停车场备案办事指南》等文件，2021年全市向社会公示备案停车场218个、停车泊位2.68万个。全年核对统计各类停车场9600个，停车泊位129万余个，全部建立信息登记台账；清退私有停车场占用公共资源用地22.43万平方米；清理整改违法违规停车场281个，取缔135个，查处违法人员68人，其中行政拘留15人；排查桥下停车场128处，清理19处；清理违规隔离设施2.3万个。创新停车场设置思路，以闭店后至次日开业前为停车时段，在市区20家大型商超企业设置停车位45万个；满足群众夜间停车需求，分3批推出省直、市直、县（市、区）直机关事业单位及市内公园门前停车场153个4700个泊位，实行对外开放和错时共享。电动车专项治理。12月14日，全市召开电动车综合治理工作动员大会，决定从即日起在石家庄市集中开展为期6个月的电动车综合治理专项行动，重点查处使用违规超标电动车、拼装改装电动车上路行驶行为。石家庄市区实行"三环劝返、二环严管、中心打击查扣"整治模式。11月19日至12月31日，全市查处违法电动车4.2万辆，扣留非法拼（改）装违法电动车9000余辆。支持新冠肺炎疫情防控，组建交通运输分指挥部专班，开展来石离石车辆和人员防疫查验、疏散接返及火车站出入人员检查，印制疫情期间车辆通行证7.8万张。开展校车、货车、危险化学品车专项治理，全市3600家运输单位和13万余辆重点车辆纳入源头监管对象，审核旅游包车1000辆。2021年全市公安交通管理部门受理处置警情19.77万起，通过视频巡视发现处置警情13366起，开辟紧急绿色通道救助危重病人720人次。

【法治建设】 助力"金盾风暴"，解决"送押难"（送看守所收押难）问题。组织开展解决"送押难"问题攻坚月行动，开展羁押必要性审查，原在所羁押人员削减率达到35.3%，非羁押措施适用率49.9%。推行刑事案件繁简分流工作机制，适用简案快办程序办理案件250起，简案快办适用率为15.6%。重点案件侦办，针对金盾风暴"清污"行动9类案件，制定《非法采砂采矿类犯罪证据指引》《非法经营"黑加油点"类犯罪证据指引》《制售假劣农资、食品药品类犯罪证据指引》，协助平山县局解决疑难案件26起。对2018年至2020年期间全市所有不捕不诉、无罪判决、行政败诉案件以及检察院要求公安机关立案四类重点案件进行评查，理出四类重点案件0.48万起，其中不捕不诉案件0.47万起，行政败诉案件24起，无罪判决案件14起，检察院要求立案案件100起。经评查无问题案件0.32万起，执法瑕疵案件0.17万起，执法过错案件10起。服务执法办案，开展有案不立、压案不查、有罪不究、执法不规范问题整治，共排查出问题案件0.31万起，其中，各执法办案单位自查发现624起，法制支队辅助排查发现0.25万起。对滥用强制措施、刑讯逼供、超期羁押、乱收滥罚、吃拿卡要及违规查扣、冻结财产等执法突出问题整治，评查案件7.87万起，发现问题案件246起，均为执法瑕疵。重点案件交叉评查。五类重点案件0.76万起，发现问题案件0.73万起，其中执法瑕疵0.73万起（包括合格案件0.6万起、问题案件0.13万起，执法过错22起），现已全部整改。开展智能化数据排查，组织对发现的0.25万起，受案后超期未作结论问题案件（均为瑕疵案件，已纳入"重点案件交叉评查"统计数据），循线核查，挂账销号整改，已全部整改。服务大要案，指导"7·20"、"8·02"、"10·13"等重要专案13起，疑难、复杂、敏感案（事）件213起。保障疫情防控，制定发布《公安机关办理涉及新型冠状病毒感染的肺炎疫情案件执法指引》《关于进一步依法严厉打击疫情防控期间违法犯罪的通告》《关于从疫情中高风险地区来石返石人员如实报告有关事项的通告》《石家庄市场监督局石家庄市公安局关于严厉打击疫情防控期间价格违法犯罪行为的通告》《关于依法严厉打击疫情防控期间违法犯罪行为的通告》等通告，制作《疫情防控工作专刊》，审核涉疫刑事案件11起、行政案件55起；指导涉疫刑事案件19起。推进执法办案管理中心建设，全市计划建设20个执法办案管理中心，已建成18个，均已投入使用。开展两轮执法办案场所专项检查，检查场所65个，抽查案件100起，发现问题238个，现场整改121个。开展执法办案场所安全管理专项整治、涉嫌危险驾驶案件集中清理工作，全年依法办结存量案件829起。开展执法质量考评，在第一度季、第二季度、上半年及年终执法质量考评中，检查基层所队100个、基层执法办案场所130个、涉案财物管理中心24个、执法全流程记录0.10万个。完善执法制度，制定《法制支队案件审核集体议案制度》《石家庄市公安局刑事案件管辖分工规定》《石家庄市公安机关案件法制审核工作规定》《石家庄市公安机关依法适用训诫暂行规定》3个规定，《石家庄市公安机关办理涉及新型冠状病毒感染的肺炎疫情案件执法指引》《关于办理校园欺凌和暴力违法犯罪案件执法指引》《信访活动中常见违法犯罪执法指引》《石家庄市公安局新行政处罚法施行工作指引》等5个工作指引，《适用取保候审强制措施相关问题指导意见》《关于办理人民法院移送涉嫌拒不执行判决、裁定刑事案件若干问题的指导意见》《全市公安机关关于经济纠纷引发警情处置的指导意见（征求意见稿）》3个指导意见。开展案件管理审核，对全市县公安机关受立案管理平台应用情况进行巡查并通报情况10次。协调处理案件管辖争议23起，受理异地办案协作4起。集体议案23次，审核经侦类刑事案件事项112项、办理信访案件22起、评查案件17起、会商个案102起，参与专案侦办2起。接受石家庄市中级法院和其他行政机关案件线索移交案件321起，组织召开联席会议8次。编写《法制工作》刊物10期，加强执法数据分析研判和典型案例指引；办理行政复议、诉讼、国家赔偿，接收行政复议申请189起，其中受理177起，不予受理12起，另有2020年结余案件38起。审结行政复议案件176起，其中维持93起，终止36起，撤销34起，驳回4起，确认违法4起，变更3起，责令履行法定职责2起，制作发送行政复议建议书31份。办理行政诉讼案件132起，向法院提交答辩状及相关证据77起，参加法院庭审55起。收到法院判决56起，其中驳回原告诉讼请求51起，原告撤诉3起，撤销2起。办理国家赔偿案件15起，作出赔偿决定13起，其中维持7起，撤销并责令重新作出赔偿决定3起，责令限期作出赔偿决定2起，作出不予赔偿决定1起；开展立法普法，规范立法，完成《石家庄市停车场管理办法》送审稿合法性审查，该办法已于10月23日起正式实施。完成《养犬管理条例》修订草案合法性审查，该条例已进入石家庄市人大二审阶段。开展普法，组织局属单位和相关分局所有在职民警共计0.30万人参加全市宪法法律知识考试。开设“石家庄公安法制”微信公众号，围绕公安法制重点工作，公众号设置“金盾风暴”“疫情防控”“全民普法”等栏目，累计发布稿件691篇、视频100个，其中5篇被省公安厅法制总队公众号选用。粉丝0.17万人、阅读数0.6万余次、转发数0.34万次、点赞数674次；深化“放管服”改革、优化营商环境，深化行政审批制度改革。开展简政放权工作，间计省公安厅，由省公安厅赋权行政许可事项2项，并组织相关警种做好承接。开展“互联网＋公安政务服务”，实现“全流程网办”事项2项，完成率100%。

（王金山）

检　察

【概况】 2021年石家庄市检察系统围绕打击严重刑事犯罪，起诉涉恐枪爆、故意杀人、抢劫、强奸等严重暴力犯罪548人；严惩扫黑除恶，起诉211人；惩治盗窃、诈骗、敲诈勒索、抢夺等多发性侵财犯罪，起诉1916人；落实“外防输入、内防反弹”疫情防控要求，依法起诉涉疫情犯罪24人。严格依法履行审判职责，实现惩罚犯罪与保障人权相统一，依法不捕1891人、不捕率29.51%，不诉2847人、不诉率19.57%。规范制度体系，制定出台、修订完善检察机

2021年4月13日，市人民检察院召开教育整顿查纠整改环节动员部署会

关权力监督、党建、执法司法制约和廉政风险防控、素质能力提升、基层基础建设等制度机制69项；落实院领导带头办案制度，两级院领导带头办案5543件、列席同级法院审判委员会84次。加大执法司法检察监督，坚决纠正行政执法“以罚代刑”“不罚不刑”，审查行政处罚案件1.8万件，监督移送涉罪案件线索444件，监督立案261件。促进民营经济发展，保障民营企业家专心创业、放心投资、安心经营，起诉侵犯知识产权犯罪132人。2021年裕华区检察院王元浩被评为“全国扫黑除恶专项斗争先进工作者”。

【维护社会稳定】 开展服务优化营商环境、推动高质量发展、解决历史遗留问题等专项行动，起诉非法吸收公众存款、集资诈骗等破坏社会主义市场经济秩序犯罪1239人，依法办理房地产领域违法犯罪案件54件，监督查封资金2900余万元。促进民营经济发展，保障民营企业家专心创业、放心投资、安心经营，起诉侵犯知识产权犯罪132人，清理长期未侦结涉企“挂案”96件，依法对民营企业负责人不捕56人、不诉138人。假冒“稻香村”注册商标案入选最高检保护知识产权典型案例。落实最高人民检察院“群众来信件件有回复”要求，建立涉法涉诉信访案件结案回访制度，全年共接收群众信访案件4059件次，7日内程序性回复率100%，3个月内办结率95.2%。坚持“应救尽救”，司法救助生活困难当事人377人，发放救助金381万元，同比增长371%。落实审查案件听证工作规定，有重大争议或影响性案件组织公开听证852件次，参与听证3163人次。依法保护弱势群体权益，开展“打击恶意拖欠农民工工资犯罪专项检察活动”，依法起诉侵害老年人、残疾人等弱势群体权益犯罪727人。结合检察办案发出社会治理类检察建议408件，助力加强源头防控，促进依法监管，完善治理体系。

【检察监督】 严格依法履行审判职责，实现惩罚犯罪与保障人权相统一，依法不捕1891人、不捕率29.51%，不诉2847人、不诉率19.57%。深化认罪认罚从宽工作，做实律师参与、释法说理、当事人和解等必经环节，适用率达到92.99%。完善监检衔接机制，受理监察机关移送职务犯罪75人，向纪委监委移送案件线索399件，立案查办司法工作人员职务犯罪8人，党纪国法双向衔接更加顺畅，惩贪治腐的合力进一步增强。加大执法司法检察监督力度，坚决纠正行政执法“以罚代刑”“不罚不刑”，审查行政处罚案件1.8万件，监督移送涉罪案件线索444件，监督立案261件。督促行政机关依法履职诉前检察，建议767件，行政机关回复整改761件，整改率99.2%；提起检察行政和刑事附带民事公益诉讼158件，法院审结118件，诉讼请求支持率100%。推进“派驻＋巡回检察”工作模式，开展未收押收监集中清理等专项行动，监督纠正各类刑事执行违法违规案件1940件。全面梳理1990年以来办理的减刑、假释、暂予监外执行案件10万余件，排查重点案件17421件，监督各类不规范案件9182件。开展剥夺政治权利执行专项检察活动，会同公安机关将410名被剥夺政治权利罪犯纳入监管，坚决防止被剥夺政治权利罪犯违规参加村（居）“两委”换届选举。全面落实“市级院主办、基层院协办”的一体化办案机制，194件历史积案全部得到有效化解。开展民事诉讼活动监督，提升民事检察办案质量，向省检察院提请抗诉42件，向法院提出抗诉和再审检察建议94件，发出纠正违法和执行监督检察建议209件，依职权办理民事虚假诉讼案件67件。践行穿透式监督理念，做到行政裁判结果监督和行政履职监督并重，实质性化解各类行政争议32件。以行政非诉执行为重点，办理行政执行监督案件105件，纠正怠于执行、执行不当案件90件，为促进依法行政作出积极努力。未成年人案件检察。全年起诉侵害未成年人权益犯罪320人；对涉罪未成年人依法不捕85人，不诉94人，附条件不起诉77人，向涉案未成年人监护人制发“督

2021年12月7日，市人民检察院举办人大代表、政协委员、人民监督员走进检察机关活动，听取意见和建议，接受社会监督

促监护令”268份。与市妇联建立保护妇女儿童权益合作机制，推进教育部门建立侵害未成年人案件强制报告和入职查询制度，开展旅馆业、娱乐业违规接待未成年人和学生防溺水等专项监督，制发检察建议57份，中小学校开展法治巡讲350场次，为守护未成年人健康成长注入更多检察元素，高新区检察院裴丽艳荣获“全国维护妇女儿童权益先进个人”称号。

【公益诉讼】 开展“护航蓝天碧水净土”“违法违规矿山采砂场治理”等专项行动，建立“河（林）长+检察长”工作机制，起诉破坏环境和自然资源违法犯罪496人，办理案件683件。开展“飞线充电”“治理停车乱象”“老年保健品”“中水洗车”“电动车综合治理”等群众身边公益诉讼，加大治理“餐桌上的污染”“药品中的风险”，典型案例有关生产、销售有毒、有害食品刑事附带民事公益诉讼案，被告李某被判处十倍惩罚性赔偿，并通过国家级新闻媒体向社会公众赔礼道歉。办理的督促整治保健食品虚假宣传行政公益诉讼案被评为全省检察机关公益诉讼守护美好生活典型案例。稳妥办理“大数据坑熟”、古长城保护等新领域公益诉讼案件，办理的“零散烈士纪念设施集中管护行政公益诉讼案”入选退役军人事务部、最高检联合发布的烈士纪念设施集中管护行政公益诉讼典型案例。

石家庄市人民检察院

检　察　长：邢伟　（3月任）
　　　　　　陈晓明（3月免）
常务副检察长：何军恒
副 检 察 长：苏风雷　兰志伟
　　　　　　崔少波（12月免）
　　　　　　张保江（12月任）
　　　　　　李芳栋（12月免）

（董成武）

法　院

【概况】 2021年石家庄市法院系统受理各类案件265346件，结案230839件，人均办案348件。维护社会安全稳定，保障人民生命财产安全，全年审结刑事案件11041件，判处罪犯17049人；审结危害公共安全案件4773件；侵犯人身和财产案件4635件；审结涉黑涉恶案件117件；审结金融领域犯罪非法吸收公众存款、集资诈骗等案件309件。严惩职务犯罪，审结贪污贿赂、渎职等职务犯罪案件113件。保民生，固根本，全年审结民事案件42118件，其中，教育、医疗、消费者权益保护、劳动争议等民生案件5373件；婚姻家庭案件14449件；“三农”案件1053件。助力省会高质量发展，全年依法审结商事案件92234件，企业破产、强制清算案件65件、股权转让案件324件、金融借款、民间借贷、证券、期货等案件25409件、审结知识产权案件2448件、污染环境刑事案件139件、生态环境公益诉讼案件50件、行政案件3523件。开展涉黑涉恶、职务犯罪、涉民生等类案专项执行，全年执结案件76154件，执行到位金额201.85亿元，占全省法院执行到位金额的22.69%。落实院庭长办案制度，院庭长全年办理案件150244件、审结适用认罪认罚从宽制度刑事案件8398件。把握疫情防控常态化对司法办案新要求，建立线上线下相结合工作模式，打通特殊时期服务群众的“最后一公里”，推进“一站式多元解纷和诉讼服务体系”建设，新建候审大厅，设立诉讼服务中心诊疗室，增设12368服务热线席次，网上立案82053件，网上缴费116974次，网上直播开庭25610次。全面推进跨域立案，全市法院实现跨域立案335件，为当事人提供“家门口”的立案服务。开展“我为群众办实事”实践活动，解决群众反映问题518件，推出便民利民举措393项，为群众办实事办好事897件。2021年市中级人民法院连续三年获评全国优秀直播法院。

【刑事审判】 维护社会安全稳定，全年审结刑事案件11041件，判处罪犯17049人；审结危害公共安全案件4773件；侵犯人身和财产案件4635件。坚决打击金融领域犯罪，审结非法吸收公众存款、集资诈骗等案件309件。严惩职务犯罪，审结贪污贿赂、渎职等职务犯罪案件113件。保护和预防未成年人犯罪，制定《关于加强未成年人审判工作的意见（试行）》，审理未成年人案件164件。办理减刑假释案件1833件，促进罪犯改过自新。认真落实“倒查30年”的要求，对19件减刑假释案件提起再审，确保实现刑罚公正。制定《关于常态化开展扫黑除恶斗争的实施方案》，审结涉黑涉恶案件117件，审结国督1号高敬池组织领导参加黑社会性质组织案。坚持打伞破网，移送违法犯罪及“保护伞”线索46条，发出司法建议31份。

【民事审判】 保民生，固根本，依法审结民事案件42118件。依法审理涉及教育、医疗、消费者权益保护、劳动争议等民生案件5373件。推进防范家庭暴力、保护人身安全等家事审判机制改革，审结婚姻家庭案件14449件。服务乡村振兴和美丽乡村建设，依法审结“三农”案件1053件。开展司法救助，全年减缓免诉讼费463.7万元，发放司法救助金510.29万元。

【商事审判】 全年审结商事案件92234件。支持河北自贸区发展，制定《关于为中国（河北）自由贸易试验区正定片区建设提供司法服务和保障的实施意见》《关于建立自贸区企业送达信息共享机制的工作意见》，与唐山市、廊坊市、雄安新区法院签约《中国（河北）自由贸易试验区法院司法协作框架协议》。落实省会产业政策，审理企业破产、强制清算案件65件、股权转让案件324件，做好联邦伟业、融投担保等重大案件的审理、协调工作，服务和保障经济转型升级。审结金融借款、民间借贷、证券、期货等案件25409件，设立石家庄金融法庭，集中管辖市内五区金融案件，为省会金融产业健康发展提供更加专业的司法服务。重视房地产领域解遗工作，针对五批44个“烂尾楼”项目，解决历史遗留问题。保护技术创新，促进成果转化，实行知识产权案件集中管辖，完善“三审合一”工作机制，推广知识产权类型化案件快审机制，审结知识产权案件2448件。实行环境资源案件“三审合一”，审结污染环境刑事案件139件、生态环境公益诉讼案件50件，判决支付环境污染修复费用1800万元。加强疫情防控常态化的司法应对，协调解决2起涉疫情防控企业查封问题，对58家企业暂缓强制措施，对62件民商事案件采取“活封”“活扣”保全措施，最大限度降低疫情对生产经营的不利影响。

【行政审判】 依法履行司法审查职能，审结行政案件3523件，办理行政非诉执行案件1003件。推动构建行政争议化解“府院联动”机制，强化诉非衔接，成功化解案件240件，从源头上减少行政诉讼增量。推动落实行政机关负责人出庭应诉制度，出庭应诉率达到88%，促进司法与行政良性互动。深化行政审判与行政执法、行政复议联席会议制度，连续八年发布行政审判白皮书，向行政机关发出司法建议74份，推进法治政府建设。

【审判执行】 推进“切实解决执行难”，深入开展“基本解决执行难”“回头看”，常态化开展涉黑涉恶、职务犯罪、涉民生等类案专项执行，全年执结案件76154件，执行到位金额201.85亿元，占全省法院执行到位金额的22.69%。组织开展“集中执行百日攻坚”活动，推广“拉网式”集中执行工作模式，组织“拉网式”集中执行283次，最高法院周强院长、省法院黄明耀院长充分肯定并在全省法院推广。完善联合惩戒机制，公开曝光失信被执行人信息12556条，采取限制高消费、司法拘留、拘传、罚款等强制措施17475人次，以涉嫌拒执罪移送公安机关45人次，形成强大的执行威慑。

【司法改革】 落实院庭长办案制度，院庭长全年办理案件150244件。全面推行专业法官会议制度，召开专业法官会议1480次，研究疑难复杂案件3568件。加强“四类案件”监管平台的实践应用，系统自动识别案件18271件。制定《强制清算与破产案件绩效考核办法（试行）》《审判质效责任清单》《员额法官绩效考核办法》，强化质效考核“指挥棒”作用。认罪认罚从宽制度改革，适用认罪认罚从宽制度审结刑事案件8398件。制定《关于方便企业办理破产改革方案》，建立府院联动机制、简易破产案件快速审理机制，高效推进“僵尸企业”司法出清。设立企业破产费用保障基金，相关经费已纳入财政预算。制定《关于全面推进证券期货纠纷多元化解机制建设的意见》，促进资本市场健康发展。制定《关于改进和规范上诉案件流程管理的规定》，上诉案件平均移送时间减少35天，最高法院《司法改革动态》进行专题报道。制定《关于证券纠纷示范判决机制的暂行规定（试行）》，探索建立示范判决机制，努力实现群体性证券纠纷法律适用统一。制定《关于案件评查工作的规定》，评查案件15649件，发现纠正问题156件，规范法官行为，促进司法公正。

石家庄市中级人民法院

院　　长：白峰　（7月免）
　　　　　李霁　（7月任）
副 院 长：贾巧秀　刘生吉
　　　　　张保江（12月免）
　　　　　李芳栋（12月任）
　　　　　李惊涛　杨爱军
　　　　　钱建军
纪检组长：吉玉刚
政治部主任：王洋　（10月任）
执行局局长：李勇
审判委员会专职委员：
　　　　　王海强
　　　　　王伟　（10月任）
　　　　　李勇　（10月免）
　　　　　高春虎（9月免）

（冯晓静）

司法行政

【概况】 2021年石家庄市司法行政部门发挥法律服务、法治宣传、法律保障等职能优势，组织开展人民调解、社区矫正、法律援助等工作。深化“抓实调解促和谐”民间矛盾纠纷排查化解专项行动，推动人民调解工作向征地拆迁、食品药品安全、金融、商会等矛盾纠纷多发行业拓展，建成行专调解组织400多个，市县乡三级重点领域的行业性、专业性人民调解组织实现全覆盖。成立婚姻家庭纠纷品牌调解室100家，调解婚姻家庭纠纷600多起。加强人民调解员队伍管理，2021年全市调解组织达到5900多个、调解员2.7万名，调解各类矛盾纠纷50424件。推动《社区矫正法》全面实施，设立市县乡三级社区矫正委员会292个，实现全覆盖。依托社区矫正就业基地和社区服务基地帮助生活困难的社区矫正对象和安置帮教对象1771人次。2021年石家庄市法律职业资格客观题考试报名考生7212人，实际参考5264人，成绩合格1975人（含放宽合格186人）；按参考人数统计，通过率37.52%；主观题考试报名2893人，实际参考2793人，主观题成绩合格1488人，通过率53.27%。10月29日，石家庄市4人获得“全国司法所模范个人”称号，分别为刘春景（女，1997年3月出生，裕华区司法局方村镇司法所所长）、雷敬桥（女，1971年1月出生，晋州市司法局总十庄镇司法所所长）、龚焕章（1977年10月出生，藁城区司法局贾市庄镇司法所所长）、梁杰（女，1980年3月出生，桥西区司法局友谊街道办事处司法所所长）。2021年市司法局获评全国“七五”普法先进集体，“石家庄普法融媒宣传中心”“石家庄普法”头条号被中央政法委评为第三届“四个一百”优秀政法新媒体；市法律援助中心获评全国司法行政系统“法援惠民生·扶贫奔小康”品牌活动表现突出单位，市第二强制隔离戒毒所获评“全国统一的司法行政戒毒工作基本模式建设示范所”。

【人民调解】 深化“抓实调解促和谐”民间矛盾纠纷排查化解专项行动，推动人民调解工作向征地拆迁、食品药品安全、金融、商会等矛盾纠纷多发行业拓展，建成行专调解组织400多个，市县乡三级重点领域的行业性、专业性人民调解组织实现全覆盖。成立婚姻家庭纠纷品牌调解室100家，成功调解婚姻家庭纠纷600多起。提升调解组织规范化建设，加强人民调解员队伍管理，2021年全市调解组织达到5900多个、调解员2.7万名，调解各类矛盾纠纷50424件。加大人民调解宣传，晋州市司法局总十庄司法所所长雷敬桥事迹被中央电视台12社会与法频道“司法所的故事”播出。全市7名调解员先进事迹被收入省司法厅《河北省全国模范人民调解员风采录》进行宣传。新乐市司法局长寿司法所、栾城区司法局城关司法所、鹿泉区司法局石井司法所、灵寿县司法局三圣院乡司法所4个司法所，裕华区司法局方村镇司法所所长刘春景、晋州市司法局总十庄司法所所长雷敬桥、藁城区司法局贾市庄司法所所长龚焕章、桥西区司法局友谊司法所所长梁杰4名司法所所长分别被司法部授予“全国模范司法所”“全国司法所模范个人”称号。市多元化解中心在“全省人民调解工作调度会”上作典型发言，其做法被省司法厅“河北司法行政在线”公众号及《石家庄日报》刊登。

【社区矫正和安置帮教】 推动《社区矫正法》全面贯彻实施，设立市县乡三级社区矫正委员会292个，实现全覆盖。组织矫正对象和安置帮教对象学习政策法规、文化道德和心理健康等知识，安置帮扶社区矫正对象近6万余名，安置帮教对象2万余名；依托社区矫正就业基地和社区服务基地帮助生活困难的社区矫正对象和安置帮教对象1771人次。开展社区矫正队伍教育整顿及顽瘴痼疾整治。加强与监狱、戒毒单位的沟通联络、资源共享和执法衔接，健全完善派驻干警监督管理、教育培训和考核奖惩等制度，推进刑罚执行一体化建设。按照“六有”标准，累计投资200余万元，建设完成县、乡（街镇）司法所心理咨询室169个、阳光心灵驿站41个，成立心理服务团队24个，实现社区矫正机构心理健康服务全覆盖，心理服务体系建设位居全省前列。

【法治宣传】 全面推进法治社会建设。强化习近平法治思想学习宣传，全市各级党委（党组）共集中学习355场次，“普法讲师团巡讲”182场。突出以宪法为核心的中国特色社会主义法律体系学习宣传，各级党委（党组）和政府常务会会前学法年度528次，新任职人员宪法宣誓459人次，“法律九进”活动1235场次，举办“走进西柏坡，2021年‘12·4’国家宪法日暨传承红色法治基因专题宣传融媒直播”活动，线上372万网民进行收看，点击浏览量

2021 年 12 月 4 日，石家庄市“12·4”国家宪法日主题宣传活动在西柏坡举行，石家庄广播电视台作电视直播，人民网、长城新媒体集团、河北新闻网等媒体同步播出，线上收看达到 353 万人　　（石家庄广播电视台提供）

2823 万人。开展“美好生活·民法典相伴”主题宣传活动 126 场，发放材料 1.6 万份。组织全市 13 万名党员参加全省党史知识竞赛，21 万人参加全市宪法法律知识考试。全面落实《青少年法治教育大纲》，全市配备法治课教师 3600 人，法治辅导员队伍 5326 人，创建市级依法治校示范校 168 所，省级依法治校示范校 97 所。加强法治乡村建设，建立“村民法治学校”3756 个，培训“法治带头人”“法律明白人”25 万人，80% 以上的村建立普法阵地。创建“石家庄市普法融媒宣传中心”，入驻单位 128 家，332 人，核心账号微信公众号粉丝突破 23 万人，粉丝累计总量 1400 多万人。“石家庄普法”头条号，共发文 16773 条，阅读量 1.6 亿次，48 次进入全国月榜单，166 次进入全国周榜单。加强社会主义法治文化建设，明确六部分 32 项具体工作。开展“民主法治示范村（社区）”创建活动，全市共创建省级“民主法治示范村（社区）”219 个，“全国民主法治示范村（社区）”25 个。推动扫黑除恶专项斗争法治宣传常态化，共开展法治宣传 520 场次，发放宣传材料近 60 万份。开展“私搭乱建、违章建筑专项整治”集中法治宣传，录播专题栏目 2 期，新媒体推送信息 232 条次，印发宣传材料 2.8 万份。全面启动“八五”普法规划，市委、市政府印发《关于转发〈石家庄市法治宣传教育领导小组关于在全市开展法治宣传教育的第八个五年规划（2021 ～ 2025 年）的通知〉》，市人大常委会审议通过《关于开展第八个五年法治宣传教育的决议》，召开“八五”普法规划动员部署会议。

【律师服务】 推进律师调解工作，全市共设立律师调解工作室 112 个，其中：在各级法律服务中心 33 个、各级法庭 22 个、律师事务所 57 个，全年调解各类纠纷 950 起。组织律师事务所党支部和党员助力脱贫攻坚，7 家律所党支部捐款 2.1 万元。开展律师行业突出问题专项治理工作，对发现的问题线索分级分类，按有关政策法规进行处理，营造风清气正的执业环境。提升市企航民营企业法律服务中心服务质量，实地走访 11 个科技园区，提供免费咨询 800 余次。设立“北京融商一带一路法律与商事服务中心”中国（河北）自由贸易试验区正定片区调解室，调解案件 37 件。组织开展公职律师横向调配履职，加强公职律师培训、考评、表彰等有关机制，市直执法机关公职律师覆盖率达到 55%。2021 年全市新增律师 481 人，新增律师事务所 6 家；至 2021 年底，全市共有律师 3827 人，律师事务所 270 家。

【法律援助】 开展“法援惠民生·助力农民工”等品牌活动，加大对农民工、残疾人、老年人、妇女儿童、军人军属等法律援助工作力度，全市法律援助机构共办理法律援助案件 12808 件（市本级 1627 件），接听解答热线 153000 余个，接待来访咨询 8530 人次（市本级 5500 人次）。开展根治欠薪冬季专项行动，共办理农民工法律援助案件 3442 件，涉案金额 3500 余万元，为农民工提供法律咨询 5700 余人次。开展“关爱老年人　法律援助进养老院”活动，共走进养老院 30 家，发放宣传品 11000 余份，解答法律咨询 982 人次，受理老年人法律援助案件 8 件。完善“12348”热线接线制度，建立未接电话回访制度，回访率 100%。热线座席由 10 个增加到 20 个，接听率提高到 95% 以上，全年共接听解答法律咨询 13 万余人次，较 2020 年同期增长 57.1%，参与满意度评价 5.3 万人次，满意率达 99%。开展“乡村振兴　法治同行”活动，推动“我为群众办实事”实践活动成效，经验做法得到省司法厅主要领导肯定，在省《司法行政简报》刊发经验。全市共设立 1 个县、42 个乡镇、84 个村公共法律服务实体平台示范点规范化建设，制定 5 大类 18 个考核指标，在全市进行推广。

【公证办理】 开展公证行业突出问

题专项治理，建立健全正风肃纪长效机制，提升队伍能力素质。完成全国人大对《公证法》执法检查的迎检工作。成立“涉企公证服务中心”或设立“涉企公证服务”绿色通道，提高涉企公证业务量和效率。服务自贸区正定片区建设，组建公证专家团队，深化落实“最多跑一次”改革措施，提供优先受理、优先协调、优先解决服务等，推进公证服务提质增效。服务疫情防控和企业复工复产，开辟“绿色通道”，为企业及员工办理因不可抗力、用于免责的商事声明等公证事项，对受疫情影响较大的企业实施减免收费和缓缴费政策。市四个公证机构全部成立“知识产权公证服务中心”示范点，办理知识产权公证 1700 多件。至 2021 年末，全市共有公证机构 21 个，其中，市直 4 个，县级 17 个。全年共办理公证案件 110378 件，比去年同期增长 39.66%。其中，市直公证处办理 88796 件，县（市）办理 21582 件。市直公证处办证情况：燕赵公证处办证 29977 件，同期增长 37.14%；平安公证处办证 28555 件，同期增长 89.60%；太行公证处办证 15339 件，同期增长 23.90%；国信公证处办证 14925 件，同期增长 59.08%。

【司法鉴定】 开展“四类”外司法鉴定机构和鉴定人清理整顿工作，注销“四类”外鉴定机构 6 家，其中司法会计类 5 家，河北假肢司法鉴定 1 家。在鹿泉区司法局进行“鉴调一体”试点，召开全市“鉴调一体”现场会。服务北京冬奥会，组建司法鉴定服务团进驻张家口市公共法律服务中心，鉴定服务团为鹿泉区的河北中旭、鹿泉燕赵、河北华科大、中经天平 4 家鉴定机构，8 月 3 日进驻张家口市公共法律服务中心。2021 年全市司法机关 29 家鉴定机构，371 名鉴定人共出具鉴定意见书 23452 余件。

（市司法局）

仲　裁

【概况】 2021 年石家庄仲裁委员会（简称仲裁委）受理各类民商事案件 1800 件，涉及争议标的额 51.7 亿元。案件类型涵盖建筑、施工、租赁、金融、保险、买卖等 40 余类。受理房产、物业、土地纠纷案件 392 件，标的额 8.08 亿元。其中，房地产买卖案件 249 件、房地产租赁案件 95 件、物业案件 45 件、土地纠纷案件 3 件。受理施工、劳务分包、装饰装修案件 233 件，其中，施工案件 200 件、劳务分包案件 16 件、装饰装修案件 17 件。金融纠纷案件 691 件，标的额 11.38 亿元，其中，保险合同争议案件 168 件、借款合同争议案件 210 件、其他案件 313 件。其他类型案件 352 件，标的额 16.48 亿元，其中。买卖合同纠纷 143 件，服务合同 67 件，代理合同 37 件，股权合同 23 件，广告合同纠纷 6 件。全年受理涉外案件 3 件，其中金融案件 1 件，买卖案件 2 件，涉及争议标的额 6000 万元。全年共受理调解案件 1747 件，涉及争议标的额 8.82 亿元。调解成功 618 件，涉及争议标的额 4.96 亿元，其中出具仲裁调解书 78 件，出具法院调解书 170 件，和解未出具法律文书 371 件，调解率为 36.4%。多类别开展仲裁宣传及推行工作，运用自媒体平台、官方网站、微信公众平台报道发起或参与各类活动 28 次，发布仲裁新闻动态及各类文章 460 余篇。建立产业仲裁专业化服务平台，为石家庄市大项目建设、招商引资和“一带一路”建设提供法律保障；与市投促局签订战略合作框架协议，为涉外企业提供全方位、多层次的仲裁法律服务；筹备成立自贸区正定片区仲裁中心，健全知识产权执法协作、人才培训、宣传推广、协同研究、沟通协调及维护权益机制；推进市住房租赁服务大厅仲裁服务中心工作，向住房租赁商户提供法律咨询服务 570 余人次，调解各类纠纷 135 起；建立健全仲裁工作合作机制，提升运用仲裁方式解决纠纷的能力。

【地产建筑争议仲裁】 2021 年全市受理房产、物业、土地纠纷案件 392 件，标的额 8.08 亿元。其中房地产买卖案件 249 件，标的额 7.22 亿元；房地产租赁案件 95 件，标的额 8319.83 万元；物业案件 45 件，标的额 82.62 万元；土地纠纷案件 3 件，标的额 79.85 万元。共受理施工、劳务分包、装饰装修案件 233 件，标的额 11.82 亿元。其中施工案件 200 件，标的额 11.41 亿元；劳务分包案件 16 件，标的额 3724.87 万元；装饰装修案件 17 件，标的额 343.30 万元。

【金融争议仲裁】 2021 年全市共受理金融纠纷案件 691 件，标的额 11.38 亿元。保险合同争议案件 168 件，涉及争议标的额 1719 万元，借款合同争议案件 210 件，标的额 10.58 亿元，其他案件 313 件，标的额 5992 万元。贯彻以各类银行和非银金融机构、规模以上的保险公司等为主，兼顾经营新形式金融保险类业务的企业，线上线下两套平台并行推进的工作思路。

分别到访省中行、农行、廊坊银行、中信银行、天津银行、浦发银行、沧州农商银行、鹿泉农商行等银行类金融机构，对化解信用卡纠纷、不良资产处置等焦点问题进行研讨。着重推广互联网金融仲裁平台（金融），宣讲互联网仲裁办案流程及优势，提供线上与线下相结合的仲裁化解思路，广大银行类金融机构均表示将在部分业务中加入仲裁条款；到访宜信公司、河北省农业融资担保有限责任公司等非银类金融机构或持牌合规金融公司进行业务对接，扩展仲裁的业务范围和地域范围；坚持推进平安保险公司、天安财险、鼎和财险河北分公司、亚太财险石家庄分公司、大地财险、中华联合财险、利宝财险等保险领域沟通交流，加强仲裁推行力度，在车险等业务继续规范仲裁条款，在意健险业务方面，大地财险已约定仲裁条款，人保财险和太平财险也尝试约定仲裁条款。深化与河北省金融市场协会、中国服务贸易协会供应链金融委员会合作，共同在银行类金融机构进行仲裁推行，探索金融不良的仲裁化解新思路。

【其他争议仲裁】 2021年全市共受理其他类型案件352件，标的额16.48亿元。其中审理买卖合同纠纷143件，服务合同67件，代理合同37件，股权合同23件，广告合同纠纷6件。继续加强与机动车维修协会、广告协会的联系，利用协会自身的会员资源优势，深入宣传仲裁法律制度，提高会员单位的仲裁意识，指导和协助会员单位规范各类民商事合同文本，指导会员单位订立选择仲裁条款。与市工商业联合会相关负责人进行座谈，探讨如何更好指导会员单位更好地运用法律处理民事纠纷，为会员单位提供仲裁法律服务利用仲裁优势提高维权意识。到北京德恒（石家庄）律师事务所、河北金龙律师事务所、河北雪梅律师事务所、河北惠通律师事务所、河北来仪（沧州）律师事务所进行走访调研，了解律师顾问单位合同规范仲裁条款情况及代理合同规范情况，完善律师代理合同。与石家庄市股权交易所法律顾问进行座谈，了解交易所现状，提出针对性意见建议，规范股权转让合同。

【国际仲裁】 全年受理涉外案件3件，其中金融案件1件，买卖案件2件，涉及争议标的额6000万元。此外，继续为国际仲裁推广开展相应服务。1月为省国际华商会制作《疫情下侨资侨属企业法律风险调查问卷》，收集侨商侨企在疫情期间遇到的困难和问题，建立微信群，并定期推送仲裁相关知识链接及案例分享；4月16日与省侨商会与省民研会共同举办《解决民商事争议选择仲裁》推广讲座，为省侨商会管理的相关企业讲解仲裁知识，让更多有涉外业务的侨商侨企解仲裁、选择仲裁；自4月起先后走访国浩律师（石家庄）事务所、河北金龙律师事务所，联系北京德恒（石家庄）律师事务所，通过与律所相关办理涉外案件的主任律师沟通，了解律师和企业在办理涉外案件中遇到的困难和问题，帮助企业落实仲裁条款，推广仲裁争议解决方式。6月11日参与省侨联在定州市、辛集市举办的法治宣传活动，走访企业，解决实际问题，解答企业相关法律疑惑，宣传石家庄仲裁委，帮助企业规范合同，落实仲裁条款。6月29日参与省侨联“法治河北·冀侨同行”助力新侨创新创业发展活动，与新侨企业座谈研讨，收集侨商侨企法律需求；7月22日走访石家庄市商务局外贸处，宣传推广仲裁工作；8月30日走访石家庄市投促局，与其建立合作联系，签订《战略合作框架协议》，为助力石家庄市打造法制化营商环境，拓展案源打下基础。10月以来落实自贸区正定片区的各项工作。在自贸区正定片区设立仲裁中心，与自贸区对接签约，为后续在自贸区开展工作奠定前期工作基础。在办案之余，积极参与国际商事仲裁实务研习系列讲座，参加学习贯穿全年的贸仲直播间：在国际仲裁中披露文件证据的做法与重要性等网络直播讲座；3月12日参与线上RCEP电子商务和电信服务规则研讨会；参加4月北京国际仲裁论坛你（BIAF）春季研讨会。4月1日参与河北省寰球科技创新服务中心举办的线下涉外法务培训会议；4月23日参与河北省对外投资和经纪合作协会举办的“新发展格局与河北十四五经纪战略”论坛；4月28日参与线上“国际供应链仲裁主题论坛”；5月参与香港国际仲裁中心2021年春季《国际仲裁系列公开课》；7月8日参与线上“数字化对国际贸易及贸易金融发展带来的机遇和挑战线上研讨会”。

【仲裁调解】 全年受理调解案件1747件，涉及争议标的额8.82亿元。调解成功618件，涉及争议标的额4.96亿元，其中出具仲裁调解书78件，出具法院调解书170件，和解未出具法律文书371件，调解率为36.4%。开展诉前调解和案件分流工作，加强与各法院的沟通协作，加入河北省高院建立的冀时调诉调对接互联网平台。做好知识产权保护仲裁调解服务，参加河北省知识产权（石家庄学院）培训基地主办的“河北省知识产权保护与高质量发展研讨会”；与河北省高新技术企业协会联合举办“加强知识产权保护，助力企业创新发展”宣讲活动，向省内高新技术企业、专利代理机构宣讲知识产权保护工作有关政策措施，重点宣传介绍仲裁法律制度；参加在石家庄乐汇城广场、雄安新区容城县新容广场举办的“4·26世界知识产权日”大型广场宣传活动，向社会公众普及知识产权保护和仲裁相关知识；参加“京津冀知识产权公共服务行动计划”启动仪式暨2021年知识产权保护服务宣讲活动，仲裁员围绕企业知识产权保护及仲裁法律制度进行宣讲；参加河北省知识产权保护中心“4·26”知识产权宣传片“全面加强知识产权保护，推动构建新发展格局”的视频录制，加大宣传力度；为河北省知识产权保护中心授课，详细介绍仲裁的优势和特点、仲裁流程及知识产权多元化解、仲裁调解等内容；参与河北省知识产权保护中心保护服务合作机构和服务专家申报工作，申报市仲裁委为合作单位，并推荐部分工作人员和仲裁员申报成为服务专家；为河北省知识产权保护中心进行业务培训，重点分享知识产权纠纷调解技巧及仲裁在IP案件中的作用与实践案例；9月15日，与河北省知识产权中心签订《知识产权协同保护合作框架协议》，共同建立协同化解纠纷、专家人才培育、联合宣传培训、会商沟通研讨和资源信息共享机制，并设立知识产权仲裁调解中心。服务民营企业，为民营企业提供优法律服务；举办商会人民调解员培训班，解答仲裁法律制度、调解及民营企业常见法律问题；与石家庄市律师协会、石家庄企航民营企业法律服务中心签署战略合作协议，挂牌成立“仲裁调解工作站”。

石家庄仲裁委员会

秘　书　长：刘建立

副秘书长：贾兆雄（6月任）

　　　　　于涛

行政部部长：赵林

（石家庄仲裁委）

军事·外事

Military & Foreign Affairs

石家庄警备区

【概况】 2021年石家庄警备区以习近平新时代中国特色社会主义思想为指导，贯彻落实中央军委和河北省军区的决策部署，以庆祝中国共产党成立100周年为契机，统筹疫情防控和国防备战各项工作，加快国防动员体系建设，积极开展双拥共建活动。1月28日，石家庄警备区党委召开三届五次全体（扩大）会议，传达学习中央军委国防动员部和省军区党委扩大会议精神，部署2021年各项工作任务。突出实战牵引作用，组织举办国防动员指挥演练。坚持以战领建，优化编组，调整布局，科学组训，民兵建设获评全省第一名。重视军事理论研究，撰写关于军队建设多篇优秀论文。支援地方建设和发展，2021年长安区、平山县、赞皇县、井陉县4个县区人民武装部（简称人武部）组织民兵力量参加长安区众鑫大厦和平山县山火扑救、敬业集团通勤车辆落水事故应急救援。宣传张连印先进事迹，10月18日，张连印被中共中央宣传部授予"时代楷模"称号。

链接：

张连印　山西省左云县人，河北省军区原副司令员。1945年1月出生，1964年3月入伍，2003年退休。入伍40年，张连印在党的培养下，从吃百家饭、穿百家衣的放牛娃成长为一名军队高级干部，把全部青春献给了国防和军队建设事业。退休后，张连印选择回到家乡左云县张家场村植树，绿化荒山、防风治沙、改善生态、造福村民，在身患癌症情况下，依然奋斗不止，18年里带领团队植树1200公顷、200多万株，打机井8眼，修建水泥路3.5千米，开挖灌溉渠3.4千米，为家乡生态环境改善和京津风沙源治理做出突出贡献。他不图名不图利，为造林倾尽积蓄，将生态建设成果全部无偿交给集体。张连印被当地群众誉为"新时代的甘祖昌""穿军装的杨善洲"，获评"全国离退休干部先进个人""全军先进退休干部"。10月18日，中共中央宣传部授予张连印"时代楷模"称号。

【市委议军会议】 11月18日，市委议军会议暨党管武装述职会议以电视电话会议形式举行。省委常委、市委书记、警备区党委第一书记张超超主持会议并讲话。市长、市国防动员委员会主任马宇骏，警备区司令员董彦省、政治委员赵尔全等参加会议。传达学习习近平主席关于国防和军队建设重要讲话精神及省委议军会议主要精神，听取人武部党委第一书记述职，讲评部署全市党管武装工作，研究提交会议讨论相关议题。出台《关于深入学习贯彻习近平总书记重要讲话精神在新起点上推进石家庄市党管武装工作高质量发展的意见》《石家庄市党管武装工作考评方案》。协商解决驻军难题，宣布各地人武部党委第一书记任职并颁发任命状。

【国防动员】 组织军地联合开展国防动员潜力数据调查，整理、编制、汇总全市退役军人信息，完成首批国防动员需求测算。部署征兵任务，协调军地双方做好各个环节管理。召开征兵动员部署、廉洁征兵、体检政考会议，建立市、县（市、区）、乡镇（街道）三级书记抓征兵工作机制。全年男兵、直招士官、女兵服兵役征兵任务完成，大学毕业生征集比例创下新高，达到95.2%，超出河北省国防动员机构下达指导比例15.2个百分点，其中，男性大学毕业生征集比例68%，超出河北省国防动员机构下达指导比例18个百分点，较2020年提升29.5个百分点。加强国防动员考核，市委、市政府、石家庄警务区联合出台国防动员考核考评办法，军地共同开展基层人武部考核考评，石家庄警务区、市委组织部联合2次考核全市专职武装部干部。2021年鹿泉区投入1100万元，实施市民兵训练基地扩容和升级改造。

【双拥共建】 以支援地方经济发展、承担急难险重任务、服务国防和军队建设、争创省级双拥模范城（县）考评为重点，协调推进军地双拥共建各项工作任务。支持乡村振兴，巩固脱贫成果，协调驻石部队投入资金3000余万元，引进项目69个，扶持特色产业15个，修建村级公路30余千米，结对帮扶乡村47个。石家庄警备区投入资金80余万元，帮助平山县杨家庄村完善基础设施，修建护村坝、村史馆、爱民公园、上山步道等项目5个；遴选确定陈庄歼灭战指挥部所在地灵寿县刘家沟村为“一地一乡”重点打造村庄，军地联合制定对口帮扶规划。支援地方抢险救灾。2021年5月初，赞皇县西阳泽乡、井陉县南王庄乡、平山县合河口乡相继发生森林火灾，石家庄警备区组织民兵应急力量与地方专业力量协调联动，出动平山县民兵应急分队135人、赞皇县民兵应急分队50人、井陉县民兵应急分队30人，配合市专业扑火力量实施火灾扑救，并命令灵寿县、行唐县、井陉矿区民兵应急分队各30人作为预备力量在辖区集结待命，随时准备支援。经过军地24个小时奋力扑救，山火全部扑灭。此次火情出动人员3000余人，其中民兵应急力量215人；动用直升机2架、无人机12架，扑灭火点、火线400余个，铺设高压水袋2.5万余米，开设隔离带5000余米，巡查火场48小时、面积7万余亩。支援地方做好防汛。协调军地人员赴平山县、灵寿县、鹿泉区等地开展防汛实地勘察，做好防汛方案、人员、物资等准备；全年驻石部队办结防汛事项15项。帮助驻地部队官兵解决困难问题，全年协助驻石部队安置计划分配转业干部100余人、退役士兵900余人，补缴退役士兵养老保险4.1亿元，办理70名随军家属就业、511名军人子女入学及中考、高考政策优惠待遇。与市退役军人事务局联合，共同做好立功受奖官兵送喜报、发放奖励金等政策落实，惠及全市1400余名官兵家属。全年军地走访慰问边海防官兵26名，其中2名行唐籍官兵在中印边境一线执行任务荣立三等功。

（袁卫平）

2021年8月26日，中国光大银行石家庄分行举行“金融服务进军营”活动，为中国人民解放军93420部队官兵送去拥军慰问品

（中国光大银行石家庄分行提供）

人民防空

【概况】 2021年石家庄市人防工作坚持以习近平新时代中国特色社会主义思想为指导，紧紧围绕市委、市政府工作部署和年度重点任务，坚持“建设强大巩固的现代人民防空体系、铸就坚不可摧的护民之盾”总体目标不动摇，积极投身“石家庄在行动”新热潮，以高质量发展为主题，以体系建设为重点，以提升战斗力为核心，聚焦使命引领发展、解放思想推动发展、依法依规保障发展，在传承中守正创新，在改革中砥砺前行，奋力担当“战时防空、平时服务、应急支援”职责使命，为建设现代化、国际化美丽省会城市提供人防支撑。

【人防工程】 2021年全市审批人防结建项目近300项，面积115余万平方米。人防“十四五”规划。借鉴雄安新区人防工程规划，对标杭州等先进地区高质量编制人防规划，突出前瞻性和建设性，兼顾针对性和可操作性，高质量编制人防“十四五”规划。收取防空地下室易地建设费7000余万元。助力优化营商环境。把优化营商环境作为守护“人民防空为人民”初心的重要举措和“我为群众办实事”实践活动的重要内容，主动在规范监管上出实招，在优化服务上求实效，打造以“一日办、上门办”为核心的“网办、代办、一日办”“上门服务、全时服务、贴心服务”的优化措施，争做全国人防系统办理时限最短，服务最优的标杆。严把人防工程安全底线。针对全市人防工程布局广、体量大，多数修建在人口密集、商业繁华区域的特点，按照“3+1+4+6”的工作体系有序推进“防风险、除隐患、保安全”安全生产大排查大整治工作。开展安全排查责任单位1600家，发现问题隐患357项；各级人防部门共检查人防工程348家，发现问题隐患179项，全部完成整改。2021年全市人防工程未发生安全等级以上事故。

【组织指挥】 严格落实战时人防指挥部实名制要求，调整完善由市政府分管市领导为指挥长、警备区相关领导，市直有关部门为成员的人防指挥部，实名确定“一中心、三部门”组成人员。圆满完成“7·7”警报试鸣活动，警报音响覆盖率达到98%。中央电视台新闻联播重点报道石家庄市警报试鸣活动，省市各主流媒体都进行广泛的深入宣传报道。防空警报器数量和增长速度位居全省第一。加强人防专业队整组训练，市本级整组人防专业队5000余人，指挥通信各要素联络训练120余次，京津冀协同训练10次。开展交通枢纽类重要经济目标防护研究工作，不断开辟重要经济目标防护研究新领域。牵头建立以省会为中心的冀中南防空防灾跨区合作应急支援协作机制。

2021年7月7日，石家庄市防空警报试鸣活动在市区解放广场举行，主题为“铭记历史 警报长鸣 备战人防”

【宣传教育】 积极开展人防宣传教育“五进”活动，结合防灾减灾日、警报试鸣暨人民防空训练日、人民防空创立日、宪法宣传日等重要时机，编印发放宣传资料，制作公益宣传短片，广泛宣传防空防灾知识，持续扩大人防宣传教育覆盖面。联合石家庄广播电视台、石家庄日报社等市本级主媒平台，组织开展形式活泼新颖，内容实用解渴，群众参与度广泛的宣教活动，有效提高民众国防观念和人防意识。全年共推出《走近人防》专栏17期，组织宣传活动50余次，受教育人数近50万人次，发放宣传材料10万余份。在国家、省级新闻媒体发稿30篇，其中国家级17篇，省级13篇。

（王立明）

外 事

【概况】 2021年石家庄市外事工作贯彻落实国家对外政策和方针要求，重点围绕友好城市交往、对外经济合作与文化交流、外事服务等工作，全力推进石家庄市外事工作顺利开展。4月份，组织外事办与深圳、广州、黔南外办三地外事合作签约，成功搭建外事工作新平台。5月份，省委常委、市委书记张超超主持召开市委外事委第四次会议，听取市委外事委年度工作总结，审议通过《市委外事工作委员会2021年度工作要点》等文件，对后续工作任务进行安排部署，提出具体工作要求，为扎实推动全市年度外事工作提供根本遵循。牵头开展全市公共场所英文标识规范提升工作，编辑常用英文标识词语汇编，在外办官网开辟工作专栏，解答专业咨询1000余条，纠正问题标识3860余处，公共场所英文标识规范化水平明显提升。

【友好城市交往】 2021年以来，先后收到美国得梅因市、韩国天安市等5个国际友城的市长信函，石家庄市均给予积极回应，保持高层交流互动。成功举行石家庄市与日本长野市结好40周年线上纪念活动，受到全国友协高度认可，详情在《友好之声》上刊登。马宇骏市长为天安市兴打令文化节录制开幕式祝贺视频。邀请长野市参加“第三届河北省国际友城展”“迎冬奥国际青少年绘画邀请展”活动，邀请得梅因市友城委员会主席参加河北省与艾奥瓦州友城线上交流会，邀请匈牙利友城参加第三届中国—中东欧国家中小企业合作论坛，邀请乌克兰赫梅利尼茨基市等4个友城线上参加2021中国国际数字经济博览会，邀请石家庄市8个友城参加“河北省2022冬奥合作交流研讨会”，组织参加第三届河北省国际友城联络人交流活动，推动友城间交流合作。

表28　石家庄市与世界各国缔结友好城市一览表

序号	友好城市名称	所属国家	所属地区
1	长野市	日本	亚洲
2	天安市	韩国	亚洲
3	奥什市	吉尔吉斯斯坦	亚洲
4	德雷达瓦市	埃塞俄比亚	非洲
5	得梅因市	美国	北美洲
6	萨斯卡通市	加拿大	北美洲
7	克雷塔罗市	墨西哥	北美洲
8	考比市	英国	欧洲
9	帕尔马市	意大利	欧洲
10	瑙吉考尼饶市	匈牙利	欧洲

【对外合作交流】 2021年6月，20个阿拉伯国家驻华使节及阿拉伯国家联盟驻华代表团到石家庄市考察，参加“共话百年历史共创美好未来”主题活动；接待美驻华使馆代表团参观石家庄市。2021年7月，日本驻华大使馆代表团访问石家庄市，促成10家罗森便利店落户；美国艾奥瓦州驻华代表到石家庄市访问，座谈和协商合作交流；支持企业对外经贸活动，协助10家企业参加“中国（河北）——以色列经贸推介会”，4家企业参加河北省友好省州——尼日利亚卡杜纳州和中国土木工程集团视频会议，46家企业参加中国（河北）——坦桑尼亚经贸合作推介会。7月5～6日，芬兰驻华商会会长尤哈托米恩率领北欧商务考察团访问石家庄市，参加市投资促进局举办的中国石家庄与芬兰等北欧国家商务考察团投资合作推介会暨项目对接活动。考察团由10余家芬兰、丹麦、瑞典等北欧企业及国际商务机构组成，包括生物医药、医疗健康、清洁能源、新材料等行业企业驻华代表和企业家；市科技局、市生态环境局、高邑县、鹿泉区、井陉矿区、高新区、河北自贸区正定片区及10余家石家庄市相关企业与考察团举行一对一交流活动。2021年8月，组织企业参加以色列驻华使馆举办的“体育科技线上对接会”。2021年12月，举办石家庄市与荷兰南荷兰省投资合作推介会；邀请美国得梅因市代表参加河北省——艾奥瓦州友城线上交流会；介绍和宣传冬奥会筹备，市人民对外友好协会组织欧洲国家在石家庄青年参加“欧洲国家在华青年精英冬奥行”活动。

【外事服务】 组织赴鹿泉、栾城、高邑等地涉外企业走访调研，掌握企业外事需求。赴自贸试验区正定片区召开涉外工作培训会。与市企业联合会企业家协会举行工作座谈，推动建立工作沟通机制。2021年为企业申办APEC商务旅行卡18批38人次，办理邀请外国人来石47批77人次，助力全市企业复工复产。认真贯彻落实党组国家安全责任制规定，着力筑牢涉外安全防线，定期向市委政法委、国安办报告工作开展情况和台账，全年妥善处理涉外纠纷和事件8起。利用石家庄市“一带一路”建设境外安全保障机制和维护海外利益协调机制，印发石家庄市2021年“一带一路”建设境外安全保障工作方案以及关于进一步做好国庆和十九届六中全会前后“一带一路”境外安全保障工作方案，充分发挥成员单位职能，合力做好维护外部环境安全稳定工作。

（王浩辰）

农业农村

Agriculture & Rural Areas

综　述

2021年石家庄市农业农村工作以实施乡村振兴战略为抓手，以实现农业高质量发展、农村治理现代化为目标，聚焦粮食安全、水利建设、林业保护、农业产业化、农业科技、乡村振兴、农村管理等任务，突出抓好粮畜生产、重要农产品供给、农业结构调整、农业科技园区建设、农村改革、农村人居环境治理等重点工作，实现粮食生产“十八连丰”。2021年石家庄市农林牧渔业总产值731.08亿元，同比增长7.2%。其中，农业产值352.47亿元，增长4.9%；林业产值17.15亿元，下降25.7%；牧业产值291.24亿元，增长11.8%；渔业产值3.62亿元，增长0.5%；农林牧渔服务业产值66.59亿元，增长10.6%。农林牧渔业总产值中，农业产值占比48.21%，林业产值占比2.35%，牧业产值占比39.84%，渔业产值占比0.5%，农牧渔产值占比达到88.6%。

2021年石家庄市粮食播种面积66.55万公顷，同比增加600公顷；总产量432.42万吨，同比增长0.4%；平均单产6498千克/公顷。其中，小麦播种面积28.38万公顷，总产量198.49万吨，平均单产6995千克/公顷；玉米播种面积32.9万公顷，总产量215.12万吨，平均单产6539千克/公顷；谷子播种面积1.03万公顷，总产量3.05万吨，平均单产2953千克/公顷。蔬菜及食用菌种植面积6.61万公顷，同比增加2100公顷；总产量491.2万吨，同比增长1.6%。果园面积4.83万公顷，同比减少2.7万公顷；园林水果（不含果用瓜）总产量180.6万吨，同比增长4.59%。

至2021年底，石家庄市牛存栏42.16万头，同比减少600头；奶牛存栏22.83万头，同比增加1.76万头；马存栏5267匹，同比增加942匹；驴存栏1.08万头，同比减少2409头；骡存栏136只，同比减少14只；猪存栏200.65万头，同比增加4.5万头；羊存栏68.47万只，同比增加2.25万只；家禽存栏6005.38万只，同比减少587.71万只；蛋鸡存栏5227.08万只，同比减少543.07万只；兔存栏3.73万只，同比减少2.87万只。至2021年底，全市牛出栏48.03万头，同比增长0.67%；猪出栏402.94万头，同比增长14.96%；羊出栏124.88万只，同比增长8.82%；蛋鸡出栏7144.1万只，同比下降10.34%。肉类总产量50.09万吨，同比增长4.68%。其中，猪肉产量31.55万吨，增长10.72%；牛肉产量7.59万吨，下降0.26%；羊肉产量1.59万吨，增长4.5%；家禽肉产量9.36万吨，下降8.34%；驴肉产量2077吨，增长88.24%；兔肉产量132吨，下降3.8%。牛奶总产量80.18万吨，同比增长4.48%；蜂蜜总产量2961吨，同比下降9.97%；禽蛋总产量70.35万吨，同比增长0.84%；鸡蛋总产量62.07万吨，同比下降0.55%。水产品养殖面积892公顷，同比下降0.22%，总产量1.76万吨，同比增长0.77%。

农产品质量安全。2021年全市制定市级以上农业地方标准39项，获批绿色食品产品认证116个，农业标准化生产覆盖率达到73.75%。推进标准化典型示范，培育绿色优质农产品全产业链标准化试点项目企业3个，分别为：河北联兴佳垚有限公司、石家庄藁城区旭业家庭农场、行唐县几丁质红枣专业合作社。2021年全市农产品及农业投入品监测总量51401批次，其中市级监测5063批次，农产品抽检合格率达到99.9%。落实食用农产品电子追溯和合格管理，全年农产品电子追溯主体数量达到768家，实现电子二维码追溯全覆盖；农产品质量监管发放纸质合格证20.65万张，开具电子合格证25805批次。严格农产品质量日常检查，全年日常巡查检查农产品生产主体19107家次，日常巡查检查农产品生产主体覆盖率100%，年度日常巡查检查发现并整改问题275个，问题整改率100%。开展创建农产品质量安全县活动，省级农产品质量安全县实现全覆盖，鹿泉区创建国家级农产品质量安全县启动。至2021年底，市农产品质量检测中心检测参数达到75项，市畜产品检测中心检测参数达到303项，均实现应检项目检测参数全覆盖。推进县级农产品检测机构“双认证”工作，鹿泉区、藁城区、行唐县、栾城区、新乐市、正定县、高邑县、元氏县8个县（市、区）县级检测机构获得“双认证”资格。

农产品综合执法。2021年全市办理农业行政处罚案件542件，同比增长66.77%，移送司法机关案件4件；罚没金额259.7万元，同比增长116.42%。市农业行政综合执法支队办理农业执法案件254件，移送司法机关案件1件，罚款金额20.1万元。全年农产品质量抽检出动执法人员18465人次，检查投入品生产经营企业、种养殖户、定点屠宰企业10490家次，定量监测4093批次，其中不合格8批次。开展农资打假“春雷”“绿剑”、动物检疫、畜禽屠宰违法违规行为专项整治、牧渔专项整治等执法行动，出动执法人员13234人次，检查生产经营单位10896家次，立案154个，结案146个，罚没款120余万元，立案数量同比增长一倍，罚没款同比增加两倍。2021年全市查处动物卫生监管案件431件，罚款70.88万元，案件数量同比增长19.7%。严厉打击私屠滥宰违法屠宰行为，委托省级第三方检测机构抽检禽畜定点屠宰企业29家；出动执法人员305人次，检查生产经营主体231家次，查处违法案件4起。加强源头产地检疫，2021年全市产地检疫动物1.26亿头（只），同比增长3.8%；屠宰检疫动物产品25.5万吨，同比增长41.7%；小麦、玉米等主要农作物产地检疫合格证登记、备案企业140余家，品种2000余个。

至2021年底，全市共有市级以上农业产业化重点龙头企业315家，其中，国家级9家，省级91家；市级以上农业产业化联合体126家，其中省级32家；市级以上现代农业园区129家，其中，国家级1家，省级22家，市级106家；国家级、省级家庭农场245家，其中，国家级1家，省级244家；农民专业合作社示范社860家，其中，国家级48家，省级133家，市级381家，县级860家。至2021年末，全市共有农产品加工企业569家，完成农产品加工总值1062亿元，实现利润50.65亿元，主要农产品加工知名品牌有君乐宝、双鸽、洛杉奇、金凤、米莎贝尔、惠康、三元等。2021年全市土地流转面积20.65万公顷，同比增长3.18%；土地流转率47.69%。至2021年底，全市农业机械总动力达到1188.04万千瓦，同比增长1.04%；农业综合机械化水平达到89.6%。发展优势农业，重点建设强筋小麦、优质谷子、优质大豆、精品蔬菜、优质梨、高端乳品、优质生猪、优质蛋鸡8个特色优势产业集群和道地中药材、优势食用菌、优质葡萄、山地苹果、特色水产5个特色优质农产品生产基地，农业产业发展形成藁城区的优质强筋小麦、新乐市的瓜菜种植、晋州市的鸭梨、赵县的雪花梨、行唐县的奶牛养殖、灵寿县的蛋鸡养殖、鹿泉区的乳业和婴幼儿奶粉、赞皇县的太行鸡蛋等优势产品区。

（崔海萍　门周洋）

种　植　业

【概况】 2021年石家庄市粮食播种面积66.55万公顷，同比增加600公顷；总产量432.42万吨，同比增长0.4%；平均单产6498千克/公顷。其中，小麦播种面积28.38万公顷，总产量198.49万吨，平均单产6995千克/公顷；玉米播种面积32.9万公顷，总产量215.12万吨，平均单产6539千克/公顷；谷子播种面积1.03万公顷，总产量3.05万吨，平均单产2953千克/公顷。蔬菜及食用菌种植面积6.61万公顷，同比增加2100公顷；总产量491.2万吨，同比增长1.6%，其中，食用菌（干湿混合）产量19.1万吨，增长4.6%。豆类种植面积2.6万公顷，总产量6.55万吨，其中，大豆种植面积2.53万公顷，总产量6.45万吨。薯类种植面积1.6万公顷，总产量45.23万吨。西瓜种植面积2170公顷，总产量13.24万吨。油料种植面积2.93万公顷，总产量9.08万吨。果园面积4.83万公顷，其中，苹果园6813公顷，梨园2.79万公顷，桃园2987公顷，葡萄园3147公顷；园林水果总产量180.6万吨，其中，苹果14.81万吨（红富士苹果11.6万吨），梨129.84万吨（雪花梨26.17万吨、鸭梨42.26万吨），桃5.42万吨，葡萄8.62万吨，红枣18.14万吨。中药材种植面积1.01万公顷，总产量5.84万吨。粮食生产实现“十八连丰”。市农业农村局获评全国粮食生产先进单位。赵县粮食播种面积、总产量、平均单产均位列石家庄市第一名。2021年全市农业遭受自然灾害4次，其中，洪涝灾害2次，风雹灾害2次，涉及灵寿县、平山县、赞皇县等10个县（市、区），农作物受灾面积1.37万公顷。

【粮菜种植】 2021年全市粮食播种

面积66.55万公顷，同比增加600公顷；总产量432.42万吨，同比增长0.4%。夏粮播种面积28.44万公顷，同比增加500公顷；总产量198.78万吨，同比增长1.1%；平均单产6989千克/公顷。秋粮播种面积38.1万公顷，与2020年持平；总产量233.64万吨，同比下降0.2%；平均单产6132千克/公顷。小麦播种面积28.38万公顷，同比增加1100公顷；总产量198.49万吨，同比增长1.3%。玉米播种面积32.9万公顷，同比增加1.18万公顷；总产量215.12万吨，同比增长1.2%。谷子播种面积1.03万公顷，同比减少2200公顷；总产量3.05万吨，同比下降2.1%。粮食主产区为赵县、藁城区、元氏县、新乐市、无极县、行唐县、晋州市等；小麦主产区为赵县、藁城区、无极县、晋州市、元氏县、新乐市等；玉米主产区为赵县、藁城区、行唐县、新乐市、晋州市等；谷子主产区为行唐县、栾城区、灵寿县、高邑县、平山县、赞皇县、元氏县等。豆类主产区为无极县、藁城区、栾城区、正定县、鹿泉区、晋州市等。薯类主产区为元氏县、新乐市、灵寿县、赞皇县、晋州市、行唐县等。油料作物主产区为行唐县、新乐市、无极县、赞皇县等。赵县、藁城区小麦平均单产并列全市第一。2021年全市蔬菜及食用菌种植面积6.61万公顷，同比增加2100公顷；总产量491.2万吨，同比增长1.6%，其中，食用菌（干湿混合）产量19.1万吨，增长4.6%。蔬菜主产区为正定县、无极县、藁城区、高邑县、鹿泉区、新乐市等。食用菌主产区为灵寿县、藁城区、栾城区、赞皇县、平山县、正定县等。推进蔬菜规模化种植、标准化生产、市场化运作、产业化发展模式，创建高端蔬菜示范园10个，改造蔬菜棚室面积320公顷；推广应用新型肥料、微滴灌、防虫网、粘虫板等技术，引进蔬菜新品种35个。食用菌种植主要品种为金针菇、平菇、白灵菇、香菇、鸡腿菇、双孢菇、杏鲍菇、黑木耳、羊肚菌等。灵寿县食用菌产量位列全市第一。至2021年底，全市共有食用菌合作社48家、加工企业13家，食用菌种植户达到38520户。

【果品产业】 全年果园种植面积4.83万公顷，同比减少2.7万公顷。其中，苹果园6813公顷，减少152公顷；梨园2.79万公顷，减少2.67万公顷；桃园2987公顷，增加90公顷；葡萄园3147公顷，减少125公顷。园林水果（不含果用瓜）总产量180.6万吨，同比增长4.59%。其中，苹果14.81万吨（红富士苹果11.6万吨），增加32吨；梨129.84万吨（雪花梨26.17万吨、鸭梨42.26万吨），增加6.85万吨；桃5.42万吨，增加1.42万吨；葡萄8.62万吨，增加100吨；红枣18.14万吨，减少7800吨。瓜果种植面积4703公顷，同比减少121公顷；总产量23.19万吨，同比减少4300吨。西瓜种植面积2170公顷，减少139公顷；总产量13.24万吨，减少5300吨。果品种植区为晋州市、赵县、行唐县、藁城区、深泽县等，主产区为晋州市、赵县、行唐县、赞皇县、藁城区、深泽县等。其中，苹果主产区为深泽县、行唐县、晋州市、井陉县、平山县、赞皇县等；梨主产区为赵县、晋州市、藁城区、深泽县等；桃主产区为行唐县、晋州市、正定县、平山县等；葡萄主产区为晋州市、深泽县、藁城区、鹿泉区、高邑县、平山县、正定县等；红枣主产区为赞皇县、行唐县等。西瓜主产区为新乐市、正定县、无极县等。雪花梨主产区为赵县、晋州市、藁城区等，鸭梨主产区为赵县、晋州市、藁城区、深泽县等；晋州鸭梨、赵县雪花梨种植久负盛名，赵县雪花梨、鸭梨产量位列全市第一，晋州市鸭梨、雪花梨产量排名全市第二。以农业供给侧结构性改革为主线，以建设果品强市为目标，制定出台梨、苹果、葡萄等产业集群发展方案，重点支持赵县、晋州市的梨产业集群项目，晋州市、高新区的葡萄产业集群项目，井陉矿区、鹿泉区的苹果产业集群项目。晋州鸭梨获评中国特色农产品优势区，晋州鸭梨、赵县雪花梨、行唐大枣、赞皇

深泽县白山药种植（王亚青 摄）

大枣、新乐西瓜获评省级特色农产品优势区。12月1～3日，市林业局举行“2021石家庄市果品争霸赛”评选活动，全市14个县（市、区）、55家单位选送参赛果品82个，包括苹果、梨、葡萄、核桃、花椒、大枣、板栗、杂果8大类31个品种，经综合评定，11个产品获授“果王”称号，20个产品获得金奖，51个产品获评优质果品。

【中药材】 加强中药材资源保护和利用，推进中药材规模化、标准化、专业化种植。制定出台《石家庄市中药材产业高质量发展推进方案（2021～2025年）》《石家庄市2021年中药材产业集群推进方案》《石家庄市中药材产业发展实施方案》，重点建设太行山区、滹沱河沿岸“两大中药材产业带”和井陉连翘、赞皇酸枣、赞皇连翘、行唐丹参、行唐防风、灵寿丹参、灵寿知母金银花、平山连翘、平山酸枣、深泽山药10个中药材生产基地。创建形成井陉县、行唐县、灵寿县、平山县、赞皇县、深泽县6个道地中药材精品示范园区，与北京同仁堂、神威药业、以岭药业、山东康源药业等医药企业建立长期合作关系。2021年全市中药材种植面积1.01万公顷，同比增加1800公顷，总产量5.84万吨，同比减少3600吨。

（门周洋）

畜牧水产业

【概况】 2021年石家庄市牛存栏42.16万头，同比减少600头；奶牛存栏22.83万头，同比增加1.76万头；马存栏5267匹，同比增加942匹；驴存栏1.08万头，同比减少2409头；骡存栏136只，同比减少14只；猪存栏200.65万头，同比增加4.5万头；羊存栏68.47万只，同比增加2.25万只；家禽存栏6005.38万只，同比减少587.71万只；蛋鸡存栏5227.08万只，同比减少543.07万只；兔存栏3.73万只，同比减少2.87万只。2021年全市牛出栏48.03万头，同比增加3200头；马出栏1.12万匹；驴出栏1.64万头；骡出栏124只；猪出栏402.94万头，同比增加52.43万头；羊出栏124.88万只，同比增加10.12万只；家禽出栏8062.24万只；蛋鸡出栏7144.1万只，同比减少824.04万只；兔出栏8.33万只。2021年全市肉类总产量50.09万吨，同比增长4.68%。其中，猪肉产量31.55万吨，增长10.72%；牛肉产量7.59万吨，下降0.26%；羊肉产量1.59万吨，增长4.5%；家禽肉产量9.36万吨，下降8.34%；驴肉产量2077吨，增长88.24%；兔肉产量132吨，下降3.8%。牛奶总产量80.18万吨，同比增长4.48%；禽蛋总产量70.35万吨，同比增长0.84%；鸡蛋总产量62.07万吨，同比下降0.55%。蜂蜜总产量2961吨，同比下降9.97%。水产品养殖面积892公顷，同比减少2公顷，总产量1.76万吨，同比增长0.77%。

【畜禽生产】 2021年全市猪主养区为藁城区、正定县、新乐市、晋州市、灵寿县等，牛主养区为行唐县、正定县、藁城区、无极县、新乐市、灵寿县等，奶牛主养区为行唐县、正定县、新乐市、藁城区、灵寿县等，羊主养区为行唐县、平山县、藁城区、无极县、元氏县、晋州市等，蛋鸡主养区为藁城区、行唐县、正定县、新乐市、平山县、无极县等，兔主养区为行唐县、深泽县、无极县、藁城区、赞皇县、灵寿县、赵县等。2021年全市猪肉主产区为藁城区、新乐市、正定县、晋州市、灵寿县等，牛肉主产区为行唐县、赞皇县、元氏县、无极县、藁城区、正定县等，羊肉主产区为藁城区、元氏县、无极县、行唐县、平山县、深泽县等，家禽肉主产区为藁城区、无极县、正定县、行唐县、元氏县、新乐市等，驴肉主产区为藁城区、赵县、无极县、行唐县等，兔肉主产区为无极县、行唐县、赵县、深泽县等。2021年全市牛奶主产区为行唐县、新乐市、无极县、正定县、灵寿县、藁城区、鹿泉区等，蜂蜜主产区为赞皇县、平山县、灵寿县、赵县等，鸡蛋主产区为藁城区、正定县、无极县、行唐县、新乐市、晋州市等。深泽县新希望六和养殖有限公司入选畜牧养殖标准化示范场（全省7家、全国193家）。奶牛场智能化水平提升，新改造智能化牧场23家，总数达到161家，智能化牧场覆盖率达到90%以上。君乐宝全智能化未来家庭示范牧场——赞皇君奥牧场建设完成，总投资7000万元，占地面积130亩，设计奶牛存栏1500头，成为一家全机器人饲喂挤奶、全智能化管理的世界一流智慧家庭示范牧场。创新乳业企业与奶农合作建设家庭牧场模式，开工建设君乐宝与奶农合建千头家庭牧场4个，分别为：平山君合牧场、行唐君利源牧场、晋州君瑞牧场、正定佳城牧场。依托资源优势，推进赞皇县、平山县等太行鸡养殖重点县规模化养殖，太行鸡产业集群入选河北省“四个农业”建设项目。灵寿县“东庄老家”、赞皇县“冀凤”2个品牌获评“河北省十大优质鸡蛋品牌”，“冀凤”太行鸡蛋通过国家绿色食品发展中心审核，成为近20年来全省首个通过绿色认证的鸡蛋产品。美丹种猪、天泉奶牛（全国10家）、天和肉牛（全国西门塔尔肉牛核心育种场共16家）、飞龙肉鸡育种场通过农业农村部核查。2021年石家庄市获批河北省首个整市推进生猪良种补贴项目市，6家改良站获批河北省牛标准化改良站。

【渔业养殖】 2021年全市水产品主养区为鹿泉区、灵寿县、平山县等，主产区为平山县、灵寿县、鹿泉区、行唐县、井陉县等；水库养殖区域主要为灵寿县、平山县、鹿泉区，池塘养殖区域主要为鹿泉区、灵寿县、平山县。全年引进鱼苗1.9亿尾，其中，草鱼1.7亿尾、花白鲢1100万尾、鲤鱼1050万尾、鮰鱼40万尾、锦鲤110万尾；孵化各类鱼苗8000余万尾、中华鳖300余万只。开展养殖示范项目，鹿泉区、平山县等4个县（区）设立福瑞鲤养殖示范场点10个，养殖面积72亩；平山县、鹿泉区设立加州鲈养殖示范场点3个，养殖面积29亩；鹿泉区持续开展中华鳖温室底增氧养殖技术示范，平山县开展小水库罗非鱼工程化循环水高效养殖和冷水鱼养殖及尾水净化技术集成与示范。加快养殖结构调整，引进林蛙养殖和鱼菜循环式生态种养等新品种新模式。2021年全市登记办理水域滩涂养殖证企业80家、水产苗种生产企业17家、省级水产原（良）种场3家，创建省级休闲渔业示范基地7家、省级水产健康养殖示范场4家；新建晋州市大显锦鲤现代化观赏鱼养殖鱼棚1400平方米，养殖面积达到4200平方米。

【畜渔产品安全检测】 严格水产品养殖管理，印制《石家庄市水产养殖生产记录》，发放养殖县（市、区），记录和保存养殖种类、苗种来源、生长情况、饲料来源、投喂情况、水质变化和销售情况。全年完成畜产品抽检样品22413项次。其中，上级部门下达监督抽检抽样任务290批；上级部门下达风险监测任务735批1977项次，合格率100%；市级畜产品监督抽检任务863批2996项次，发现不合格样品7批，合格率99.2%；市级畜产品风险监测1586批13294项次，检出8批鸡蛋3个参数（氟苯尼考、氟苯尼考胺、金刚烷胺）含量超标，合格率99.94%；市级饲料质量监测198批463项次；市级兽药风险监测209批。开展养殖企业兽用抗菌药减量化试点，河北正信牧业有限公司、中元牧业有限公司、深泽县新希望六合养殖有限公司3家企业被确认为第三批兽用抗菌药使用减量化行动试点达标养殖场。推动兽药生产企业转型升级，全市7家兽药企业通过新版GMP验收。至2021年底，全市共有部级达标养殖场6家、省级达标养殖场3家。河北联科斯达种猪养殖有限公司入选第二批百家全国直连直报“标兵养殖场”。新增省级水产健康养殖场4家、省级休闲渔业示范基地7家。至2021年底，全市共有国家级水产健康养殖示范场22家、省级水产健康养殖场4家、省级休闲渔业示范基地19家。

（门周洋）

林　业

【概况】 2021年石家庄市林业产值17.2亿元，占农林牧渔业总产值2.4%。全年完成营造林71.85万亩，其中，人工造林10.26万亩，封山育林16.29万亩，森林抚育41.62万亩，退化林修复3.68万亩；森林覆盖率由2020年底的42.2%提高到42.36%。全年实施林业固定资产投资项目17个，总投资6.72亿元。开展国家和省级森林城市创建活动，石家庄市保留“国家森林城市”称号，主城区外17个县（市、区）全部完成创建省级森林城市备案，正定县、井陉县、平山县3个县完成创建国家森林城市备案，井陉县、元氏县2个县获评河北省森林城市，20个行政村获评省级森林乡村。开展义务植树活动，2021年全市共有400余万人次参加义务植树活动，栽植树木1000万余株。2021年全市林业有害生物发生面积62.89万亩，林业有害生物防治作业面积91.52万亩次，种苗产地检疫率100%，无成灾面积，成灾率0‰。至2021年底，全市共有自然保护地22处，减少9处；总面积77624.14公顷，同比减少1078.52公顷。加强野生动物保护，依托市动物园等3个单位，救助受伤、病危野生动物1500多只。2021年市林业部门办理各类林业行政处罚案件10起，其中，立案10起，办结8起；对12人做出林业行政处罚，罚没象牙制品22克，没收重点保护野生动物8只，罚款26.75万元。全年申报建设森林城市示范园区44个。全面推行林长制管理，出台《关于全面推行林长制的若干措施》，设立各级林长12810名。森林防火实现春节、“两会”、清明、五一等重点时段零火情、零事故、零伤亡目标，晋冀两省交界加密视频监控点位27个。至2021年底，全市共有国家级公益林155.81万亩、省级公益林面积 25.65 万亩；主要分布在 8 个县（区），分别为平山县、井陉县、赞皇县、灵寿县、行唐县、元氏县、鹿泉区、井陉矿区。全年生产商品材 25322 立方米，其中，原木 19615 立方米，薪材 5707 立方米。人造板产量 202.48 万立方米。全年森林旅游与休闲产业接待旅游人数 774.84 万人次，实施旅游收入 23.56 亿元。全年林业投资 12.65 亿元，其中，财政投资 7.15 亿元（中央投资 1.58 亿元、地方投资 5.58 亿元），社会自筹资金 5.5 亿元。至 2021 年底，全市林业三次产业总产值达到 173.39 亿元，其中，第一产业 82.02 亿元，第二产业 65.18 亿元，第三产业 26.19 亿元。至 2021 年末，全市登记建档古树名木 35773 株。其中，古树 35769 株，名木 4 株。

（李鹏　李天骄）

【造林绿化】 全年完成营造林 71.85 万亩，其中，人工造林 10.26 万亩，封山育林 16.29 万亩，森林抚育 41.62 万亩，退化林修复 3.68 万亩。重点实施太行山绿化、平原绿化、道路绿化、河湖绿化、村庄绿化等绿化工程。太行山绿化工程，安排造林任务 23.3 万亩（人工造林 8.3 万亩，封山育林 15 万亩），涉及平山县、井陉县、赞皇县、井陉矿区、元氏县、鹿泉区、灵寿县、行唐县。平原绿化工程，安排造林任务 0.7 万亩，涉及平原 9 个农村县（市、区）。道路绿化工程，按照国务院关于耕地“非农化”“非粮化”文件要求，实施市辖 8 条高速、5 条铁路、37 条国、省干道及县乡道路两侧进行造林绿化。河湖绿化工程，绿化区域为市辖河流行洪治导线两侧和水库四周可视山场范围内的荒山荒地、严重沙化地、地下水超采区、25 度以上陡坡耕地、重要水源地 15 ～ 25 度坡耕地、矿山废弃地、迹地、严重污染耕地、未利用地等符合绿化条件的区域实施人工造林，营造水土保持林和特色林果林。村庄绿化工程，结合人居环境综合整治和乡村振兴，以改善人居环境，打造美丽乡村为目标，以四旁植树、街道绿化、空心村绿化、环村林、通村路绿化建设为重点，营造“环村林”“街边林”和绿美廊道。森林抚育工程，安排任务 38 万亩，实施浇水、修枝、补植、病虫害防治等抚育措施，加大中幼龄树木抚育，重点推进和优化林木结构，增强森林生态系统稳定性。退化林修复工程，安排任务 3 万亩，涉及平山县、灵寿县、井陉县、藁城区、高邑县、新乐市。封山育林工程，全年安排封山育林任务 15 万亩。雄安新区郊野公园石家庄项目完工。至 2021 年 4 月底，由石家庄市负责在雄安新区容城县八于乡陈杨庄村建设雄安新区郊野公园石家庄项目完成，其中，绿化建设石家庄林 1543 亩（102.9 公顷），建设石家庄展园 22 亩（1.5 公顷）。

（李鹏　陆景琨）

【创建森林城市】 开展国家和省级森林城市创建活动，石家庄市保留“国家森林城市”称号，正定县、平山县、井陉县 3 个县创建国家森林城市获得国家林业和草原局备案，17 个农村县（市、区）创建省级森林城市获得河北省林业和草原局备案。井陉县、元氏县 2 个县获评河北省森林城市。20 个行政村获评省级森林乡村，分别为：新乐市邯邰镇五里铺，晋州市小樵镇常营村，灵寿县南营乡木佛塔村、岔头镇大夫庄村，井陉县辛庄乡小峪村、辛庄乡胡仁村，赞皇县黄北坪乡下段村，高邑县高邑镇张家庄，平山县西柏坡镇北庄村、苏家庄乡上东峪村，正定县正定镇塔元庄村，深泽县留村乡大贾庄村，元氏县前仙乡西岭底村，行唐县龙州镇花园头村，赵县南柏舍镇东柏舍社区，无极县张段固镇东两河村，井陉矿区贾庄镇西王舍村，栾城区柳林屯乡大任庄村，鹿泉区上寨乡南寨村，藁城区西关镇慈上村。至 2021 年底，全市 4 个县获评河北省森林城市，分别为正定县、元氏县、井陉县、平山县；24 个行政村获评国家森林乡村、全国生态文化村，121 个行政村获评省级森林乡村。

（市档案馆）

【林果技术推广】 开展林果技术培训，全年举办技术指导培训 60 余次，培训林果农 2400 余人次，发放宣传资料 4200 余份。开展“科技服务月”活动，聘请林果技术专家赴井陉县、新乐市、平山县、灵寿县、正定县、井陉矿区、鹿泉区、栾城区等 11 个县（市、区）举办花椒、核桃、板栗、大枣、苹果、山楂等林果技术培训 14 次，培训林果农 700 人次。深入灵寿县、井陉县、元氏县、赞皇县、鹿泉区等县（区），开展特色林果春季综合管理现场实训活动 5 次，培训农民技术骨干 240 余名，发放特色林果实用技术手册 300 余份。举办林果产业高层次培训会 4 次，主要内容包括花椒产业发展座谈会、核桃产业发展座谈暨培训会、枣设施栽培现场观摩会、特色林果花卉应用栽培技术培训会。采用收音机、手机、计算机等多媒体方式，传授林果管理专业技术、病虫害防治、林果健康、花卉养护等技术信息。其中，网络版通过微信公众号录播林果技术视频课件 48 期，传送林果管理技术、病虫害防治、林果健康、花卉养护等技术信息 200 余条；广播版通过广播电台、蜻蜓 App 录播核桃、板栗、花椒等林果防冻、修剪、嫁接、病虫害防治等林果管理技术 243 期。推动林果技术创新研发，搭建技术创新研发平台，

2021年建立林果技术研发创新基地4个，分别在平山县北滚龙沟、鹿泉区东焦、新乐市安家庄、井陉县北方岭村；科技推广项目主要有《早实核桃优质丰产管理技术推广示范》、《太行山山前平原不同设施冬枣栽培技术研究与示范》、《太行山皂角引种筛选研究与示范》、中央财政林草科技推广示范项目《太行山板栗优质丰产管理技术推广示范》。

（李鹏　李天骄　陆景琨）

【有害生物防治】 2021年全市林业有害生物发生62.89万亩，其中，美国白蛾19.16万亩、杨扇舟蛾8.62万亩、松毛虫7万亩、栎粉舟蛾4.5万亩、红脂大小蠹1.59万亩、春尺蠖等其他林业有害生物危害22.02万亩。全年完成防治作业面积91.52万亩次，全年无成灾面积，成灾率为零著。建立有害生物事件应急防控机制，出台《石家庄市林业突发有害生物事件应急预案》，储备灭幼脲、高效氯氰菊酯、甲维盐、甲基硫菌灵等应急农药53吨，美国白蛾、松材线虫病诱捕器200套，高射喷药机械30台，诱虫灯150台，高枝剪500把，手锯300把等防治物资，保障应急防控“反应快速，保障有力，运转高效，处变不惊”。严密监测虫情，坚持检疫与测报相结合、定点监测与定期调查相结合、专业监测与群众查访相结合，严密监测主要林业有害生物发生蔓延动态。开展松材线虫病专项普查，普查松林60.47万亩；复查重点松林16万亩，均未发现松材线虫病。建立601个林业有害生物监测点，采取悬挂诱虫灯、诱捕器等方法，监测美国白蛾、春尺蠖、红脂大小蠹、油松毛虫、杨扇舟蛾等主要林业有害生物发生动态，测报准确率达90.1%、覆盖率100%。开展林业有害生物防控，印发《石家庄市松材线虫病疫情防控五年攻坚行动方案（2021～2025年）》，重点开展林业植物检疫、松材线虫病、有害生物除治、美国白蛾防治等方面专项行动。林业植物检疫检查“5·25”专项行动，抽检苗圃18家，木材市场、木材加工厂16家，苗木及林业产品150批次；松材线虫病检疫排查重点企事业单位195家，排查现场104处、松科植物0.72万株、木材0.15万立方米、电缆盘等包装材料405个；有害生物除治行动，以地面防治与飞机防治相结合，生物防治与物理、化学防治相结合，针对区域性害虫红脂大小蠹、松毛虫、春尺蠖等进行除治，防治率100%；美国白蛾防治工作，采取诱虫灯诱杀、剪除网幕、释放天敌、地面喷药等措施，完成地面防治作业26.98万亩次，剪除网幕3876个，诱杀成虫1230余头，释放周氏啮小蜂2.5亿头，飞机防治面积35.84万亩次，飞行作业298架次。

（李鹏　刘亚飞）

【花卉生产】 2021年全市花卉种植面积达到7.3万亩，年产切花400余万枝、盆栽1500余万盆，观赏苗木6000余万株；年产值4.2亿元；主要生产花卉品种有月季、仙客来、红掌、凤梨、蝴蝶兰、一品红、君子兰等，形成以仙客来、红掌、蝴蝶兰、百合为重点花卉的名优地方特色产品，其中月季为石家庄市花。5月21日至7月2日，中国花卉博览会举行，石家庄市选送仙客来、红掌、蝴蝶兰等128个优势花卉品种，获得奖项90个，其中，金奖3个，银奖16个，铜奖32个，优秀奖39个。12月27～28日，石家庄市2021“花王”争霸赛举行，全市11个县（市、区）19家单位选送19个种类、98个品种、400余件花卉参赛，评选“花王”品种6个、“金奖”品种14个。至2021年底，全市共有花卉市场26个、花卉企业120家、花农1400余户；花卉从业人员1.1万人。

（李天骄）

【森林防火】 完善森林防火制度，印发《关于做好2021年春季森林防灭火工作的通告》《关于倡导文明祭祀加强森林防火工作的通知》《关于森林防火工作进入紧急状态有关事项的通知》《关于市级领导包联西部山区八县（区）督导检查森林防火工作的通知》。加强森林防火队伍建设，市森林草原消防支队挂牌成立。春节、“两会”、清明、五一、国庆等重要时段实现“零火情”，森林火灾受害率控制在0.3‰以内。开展森林防火宣传，利用广播、电视、微博、微信及手机短信等多种媒体途径进行森林防火宣传，发送提示短信280万条，刷写标语18万条，组织山区中小学生开讲森林防火知识课347次。进行森林草原火灾风险普查，制定《市森林和草原火灾风险普查实施方案》，11个县（市、区）完成标准样地127个、外业调查17个大样地、普查数据质量审核质检、内业调查。推进晋冀交界森林防火视频监控建设，确定防火视频监控点位27个。

（李鹏　陆景琨）

【林长制】 推行四级林长制管理，9月23日，石家庄市出台《关于全面推行林长制的若干措施》。至2021年10月底，石家庄市、县、乡、村四级林长制管理体系全面建立，形成“组织在市、责任在县、运行在乡、管理在村”组织体系和责任体系。公布四级林长及责任区域，其中，市级林长31名，县级林长455名，乡级林长2711名，村级林长9531名，国有林场和自然保护地林长82名。出台四级林长制体系配套制度，包括林长会议、信息公开、部门协作、工作督查、考核评价、"林长+检察长"协作机制，形成市、县、乡三级"1+N"等制度体系。

【生态公益林】 全市现有国家级公益林155.81万亩，其中，国有公益林面积8.92万亩；集体公益林130.28万亩；个人公益林16.61万亩；省级公益林面积25.65万亩。分布在8个县（区），分别是：平山县国家级（国有0.46万亩、集体62.88万亩、个人0.39万亩）、省级4.65万亩；井陉县国家级（国有2.67万亩、集体25.2万亩、个人10.46万亩）省级20万亩；赞皇县国家级（国有1.39万亩、集体13.47万亩、个人4.49万亩）；灵寿县国家级（国有3.52万亩、集体16.34万亩、个人0.37万亩）省级1万亩；行唐县国家级个人0.9万亩；元氏县国家级（集体11.39万亩）、鹿泉区国家级（国有0.88万亩、集体0.39万亩）和井陉矿区国家级集体0.61万亩。

（李鹏　刘亚飞）

【自然保护地】 至2021年底，全市共有5大类40个自然保护地。自然保护区4个，其中，国家级自然保护区1个，省级自然保护区3个。森林公园21个，其中，国家级森林公园3个，省级森林公园18个。湿地公园4个，全部为省级湿地公园。地质公园2个，其中，国家级地质公园1个，省级地质公园1个。风景名胜区9个，其中，国家级风景名胜区3个，省级风景名胜区6个。

表29　　2021年石家庄市自然保护地一览表

序号	名称	类型	级别	批建时间	面积（公顷）	行政区域
1	河北驼梁国家级自然保护区	自然保护区	国家级	2011年4月	21311.9	平山县
2	河北灵寿漫山省级自然保护区	自然保护区	省级	2001年3月	12028	灵寿县
3	河北嶂石岩省级自然保护区	自然保护区	省级	2005年9月	21332.02	赞皇县
4	河北南寺掌省级自然保护区	自然保护区	省级	2011年3月	3058.5	井陉县
5	河北五岳寨国家森林公园	森林公园	国家级	2000年12月	4400	灵寿县
6	河北驼梁山国家森林公园	森林公园	国家级	2006年12月	15870	平山县
7	河北仙台山国家森林公园	森林公园	国家级	2008年12月	1522	井陉县
8	井陉县南寺掌省级森林公园	森林公园	省级	1993年7月	713.33	井陉县
9	井陉县藏龙山省级森林公园	森林公园	省级	2007年12月	1000	井陉县
10	井陉县洞阳坡省级森林公园	森林公园	省级	2009年7月	693.3	井陉县
11	井陉县陉山省级森林公园	森林公园	省级	2016年2月	580	井陉县
12	新乐市赤之省级森林公园	森林公园	省级	1995年4月	1333.33	新乐市
13	行唐县龙洲湖省级森林公园	森林公园	省级	1996年1月	2000	行唐县
14	平山县西柏坡省级森林公园	森林公园	省级	1996年6月	2173.33	平山县
15	平山县沕沕水省级森林公园	森林公园	省级	2008年12月	1100	平山县
16	平山县高山寨省级森林公园	森林公园	省级	2011年2月	1039	平山县
17	平山县鹤龙山省级森林公园	森林公园	省级	2012年7月	733	平山县
18	平山县九陀山省级森林公园	森林公园	省级	2012年7月	1205	平山县
19	平山县佛光山省级森林公园	森林公园	省级	2012年11月	1400	平山县
20	平山县黑山大峡谷省级森林公园	森林公园	省级	2014年4月	1350	平山县

续表

序号	名称	类型	级别	批建时间	面积（公顷）	行政区域
21	平山县大吾川生态谷省级森林公园	森林公园	省级	2014年6月	789.3	平山县
22	赞皇县棋盘山省级森林公园	森林公园	省级	2007年3月	1050.38	赞皇县
23	鹿泉区海山岭省级森林公园	森林公园	省级	2008年12月	100	鹿泉区
24	鹿泉区封龙山省级森林公园	森林公园	省级	2009年7月	725	鹿泉区
25	元氏县松鼠岩省级森林公园	森林公园	省级	2011年12月	867	元氏县
26	河北清凉湾省级湿地公园	湿地公园	省级	2009年10月	240	井陉矿区
27	河北冶河省级湿地公园	湿地公园	省级	2009年10月	4576	平山县
28	河北井陉静港省级湿地公园	湿地公园	省级	2013年1月	373.8	井陉县
29	河北平山县东胜大吾川省级湿地公园	湿地公园	省级	2015年2月	31.5	平山县
30	河北赞皇嶂石岩国家地质公园	地质公园	国家级	2004年1月	4350	赞皇县
31	河北灵寿五岳寨省级地质公园	地质公园	省级	2003年8月	6930	灵寿县
32	苍岩山风景名胜区	风景名胜区	国家级	1988年5月	6300	井陉县
33	嶂石岩风景名胜区	风景名胜区	国家级	1994年1月	10780	赞皇县
34	西柏坡—天桂山风景名胜区	风景名胜区	国家级	2002年5月	25591	平山县
35	封龙山风景名胜区	风景名胜区	省级	1992年5月	6044	鹿泉区、元氏县
36	藤龙山风景名胜区	风景名胜区	省级	2011年1月	800	平山县
37	黑山大峡谷风景名胜区	风景名胜区	省级	2011年1月	1700	平山县
38	清凉山风景名胜区	风景名胜区	省级	2011年1月	1365	井陉矿区
39	棋盘山风景名胜区	风景名胜区	省级	2011年12月	2087	赞皇县
40	赵州桥—柏林禅寺风景名胜区	风景名胜区	省级	2012年12月	68.5	赵县

（刘亚飞　朱荣雨）

【野生动物保护】 开展野生动植物保护与湿地管理监督检查专项行动，全年出动人员5021人次、车辆2033台次，监督检查全市野生动物活动区域1616处、繁育场所257家、经营利用场所34家，不间断巡护省级湿地公园4个、鸟类栖息地205处。依托市动物园、荣鼎萌宠动物乐园、华北环境前线3个野生动物救护站，及时开展受伤、病危野生动物救助活动。2021年全市野生动物救护机构救助野生动物1500多只，实现全天候即时处理鸟类和野生动物救助事项。

（李鹏）

水　利

【概况】 石家庄市域河流分属海河流域大清河水系和子牙河水系，主要有7条行洪河道，其中，属大清河水系2条：北部的沙河、磁河木刀沟；属子牙河水系5条：中南部的滹沱河、洨河、槐河、泲河、冶河。至2021年底，全市共有各类水库239座（大型水库4座，中型水库8座，小型水库227座），总库容37.5亿立方米，其中大中型水库36.19亿立方米，占总库容的96.5%；大中型灌区16个（大型灌区2个，中型灌区14个），总设计灌溉面积185.1万亩，有效灌溉面积151.2万亩。2021年全市大中型灌区实施项目4项，年度投资5900万元，完成投资5723万元。年度中型灌区投资完成1.12亿元，投资完成率93.34%。槐南、灵正、磁左灌区被列入国家2021～2022年中型灌区续建配套与节水改造实施方案，项目总投资28379万元。全年节水灌溉面积13.3万亩；南水北调受水区69.83万群众用上优质“长江水”。启动应急水源工程建设：滹沱河双庙深层地下水应急供水工程（一期）、岗南水库地表水应急供水工程（二期）。其中，一期工程在滹沱河南岸、机场路以东、京港澳高速以西、石黄高速以北区域内藁城区九门乡双庙村，建设滹沱河双庙深层地下水应急水源，取水规模10万立方米，主管线工程完成19.7千米；二期工程在岗南水库主坝与右岸副坝之间的山体南侧设置分层取水口，建设岗南水库分层取水应急水源，取水规模15万立方米/天。滹沱河生态修复三期工程建设完成，市域内滹沱河109千米全部完成综合整治。加大水资源监管和地下水超采综合治理，向滹沱河、沙河、槐河、泲河、洨河、午河等河道生态补水共计9.7亿立方米，完成引江水消纳5.21亿立方米，关停取水井6633眼，压减地下水超采量1亿立方米，平原区浅层地下水较上年回升2.47米。全年万元GDP用水量50.29立方米，同比降低4.60%。开展清理整治河湖行动，全市3236名河长全年累计巡河26万余次，清理整治河湖“四乱”问题257处，减少406个；多部门联合执法行动1365次，出动执法人员1.74万人次，出动警力2502人次，查处河道非法采砂（行政）案件33起，罚款28.58万元。加强河湖监管监测实施建设，建成河湖智能视频监控系统，加装610个河湖监控摄像头，实现全市71条河流全天候监管；完成12处公共供水管网在线监控点、499眼农业灌溉取水井监测点、475个非农计量监测项目建设，实现全市地下水位监测点数据实时检测。实施水土流失治理，争取资金5775万元，完成水土流失治理面积120平方千米。增强水灾害防御能力，调度水库泄水36次，泄洪总量达5.69亿立方米，转移群众61707人。巩固脱贫攻坚成效日益显著，筹措资金1581.8万元，实施395个农村饮水工程维修养护项目，147.21万人饮水条件得到提升，整合南水北调地表水厂、12个联村水厂及城区自来水公司，组建高邑县润邑水务集团有限公司；实施550多个水库移民后期扶持项目，促进库区和移民安置区的经济发展；利用丰水年水量充足时机，多引水，多发电，全年发电量达1.07亿千瓦时。

【防汛抗旱】 科学预案，落实责任，增强洪涝灾害防范处置针对性操作性，抗洪抢险工作高效有序进行。完善体制机制。全面落实“五项责任制”，全市227座小型水库行政、技术、巡查“三个责任人”908名，1029个山洪旱灾害易发村县、乡、村三级包防责任人3087名，元氏、赞皇等8个县（区）南水北调县、乡、村三级包防责任人24名。市、县调整300多人水、旱灾害防御专家库，其中市本级53名，包括水情预测、水工程调度、水工程抢险和专家顾问等方面技术专家。建立气象、水利、水文、应急部门联合会商制度，完善监测预警机制，启动山洪灾害4级气象预警9次、3级气象预警5次、2级气象预警3次、1级气象预警2次，水旱灾害防御4级应急响应6次、3级应急响应1次，转移安置危险区群众61707人。加强防御基础设施。实施中小河流综合整治、应急度汛、疏浚河道等工程，提升河道行洪能力。加强非工程措施，重点建设山洪灾害监测预警系统，在山洪灾害易发区88个乡（镇）、1029个村，建成自动雨水情监测站点380处、简易雨量水位站点1224处、预警广播站点1429处，每村配备一名信息联络员，确保山洪灾害监测预警信息及时发布。全市227座小型水库和受洪水威胁的60个重点村庄全部配备卫星电话、手摇警报器、铜锣等预警设施。17个县（市、区）和12座大中型水库均配备超短波电台，坚持每日一测，保障应急通信系统随时畅通。227座小型水库在溢洪道位置全部安装视频监控，适时发布避险转移预警信息，提前组织下游危险区群众避险转移。防汛物资储备。全年水利部门储备防汛物资2313.615万元，其中，市本级储备防汛物资969.675多万元；县级在重要部位、隐患部位、险工险段现场备足、备实抢险物料，确保抢险急用。防汛演练。开展市、县、乡和重点村防汛抢险和避险转移演练，组织演练574次、培训106次，确保危险区群众明白预警信号、转移路线、安置地点、后续保障等流程，保障关键时刻险情能及时排除，灾情能有效应对，群众能安全撤出。

【河长制管理】 2021年全市市级河长6名、县级总河长43名、县级河长124名、乡级河长1016名、村级河长2174名，实现市、县、乡、村四级河长管理体系，形成河长统筹协调、属地政府负责、部门协同配合、群众广泛参与、“一级抓一级，层层抓落实”的“河道全覆盖”河道管理格局。完善河长制管理工作机制，印发《关于全面推行“河长+检察长”工作机制的意见》，推行“河长+检察长”工作机制；强化河（库）执法监管，在全市范围实施“河（库）警长制”，对应全市河长体系，确定三级河（库）警长协助河长开展工作。开展河道清理整治督查，印发《河道垃圾专项督查工作方案》《关于深入推进全市河道清理整治工作的通知》《打击河道非法采砂常态长效工作机制》文件，重点围绕白洋淀上游河道、生态补水河道、流域面积50平方千米以上河道、国省干线上下游河段河道垃圾问题进行，排查出问题76项，实现河道垃圾问题动态清零。2021年市级河长开展巡河督导调研58次，各级河长利用河长云开展巡河调研25.87万次，下发督办函13个，召开约谈会1次，举办重点河段乡级河长培训班，有效推动解决基层河长巡河履职“最后一公里”问题。

【滹沱河生态修复工程】 滹沱河是石家庄的母亲河，发源于山西省繁峙县，西从平山县入境，流经平山县、鹿泉区、灵寿县、正定县、石家庄市主城区、藁城区、晋州市、无极县、深泽县一城8县市区，横贯石家庄中部区域，向东经衡水、沧州汇入渤海湾。2017年9月，石家庄市启动实施滹沱河生态修复工程，范围为黄壁庄水库至深泽东界，全长109千米，总投资209亿元。工程分为三期建设，一期工程为主城区中华大街至藁城东42千米；二期工程为藁城东至深泽东界，长度43千米；三期工程为黄壁庄水库至主城区中华大街，长度24千米。2019年8月底，滹沱河生态修复一期工程完工，形成水面1680公顷，建成绿地5199公顷、生态绿道203千米，完成投资119.85亿元。滹沱河生态修复二期工程。2020年2月17日，滹沱河生态修复二期工程在藁城区、无极县、晋州市、深泽县同时开工。2020年8月底，滹沱河生态修复二期工程完工，形成水面467.54公顷，建成生态绿化面积2966.72公顷、滨河景观路106.3千米、景观驿站20座，完成投资34.68亿元。滹沱河生态修复三期工程。2020年8月28日，滹沱河生态修复三期工程开工，总投资42.31亿元。2021年6月25日，滹沱河生态修复三期工程主体完工并正式通水，标志石家庄市历时3年多时间实施的滹沱河生态修复工程建设任务基本完工。滹沱河生态修复三期工程以“大河湿地、百鸟家园、绿洲繁英、休闲田园”为理念，以一河三湿地、两湖两区多节点为总体布局，重点打造中山湖、定西湖2个湖区和疏林湿地、溪流湿地、蓄滞湿地三大湿地，形成水面533公顷；新建滹沱河两岸滨河景观路66.15千米、景观驿站14个，绿化主槽内岸坡、滩地、沙洲、浅水区及主槽外100～150米范围，打造景观节点9个，修复和改造绿地面积2233.09公顷，其中，白虹飞鹭生态区彩虹路、西湖草海生态区粉黛乱子草成为“网红打卡地”和游客亲水乐游的地标景点。至2021年底，滹沱河生态修复工程全部完成，累计整治河道长度109千米，主河槽达到10年一遇防洪标准；建成中山湖、定西湖、台西湖、廉州湖、兴安湖、太极湖、深泽湖七大湖区，形成水面2680.54公顷；新建、改造绿地面积10399公顷，沿河建成一级交通旅游滨河路，设置综合服务驿站76个、停车位12271个，景区与交通融为一体，形成“一河清澈碧水、两岸绿树花田”的百里滹沱生态长廊。2021年滹沱河沿岸已发展成为石家庄市民游玩和消夏的好去处，生态效益、经济效益、社会效益初现融合格局。

【水资源管理】 2021年全市万元经济总量用水量50.29立方米，同比下降4.6%，呈逐年降低趋势。全年登记取水许可委托1665户，审查1642户。开展取用水专项整治。全年核查整改类问题6168个，完成整改5114个，完成率82.91%。建立节约用水协调机制，制定《全力推进全社会节水工作的实施方案》《贯彻落实〈河北省节约用水条例〉实施方案》。推进县域节水型社会达标建设，到2020年底，9个县（市、区）完成达标建设，被水利部命名为县域节水型社会达标建设单位。各县（市、区）县级以上党政机关单位以及市直机关单位全部建成节水型机关；水利行业创建完成12家节水型单位。发展农艺节水和工程节水措施，调整优化种植结构，2021年高标准农田建设任务30.9万亩，发展高效节水灌溉面积13.3万亩，浅埋滴灌10万亩，旱作雨养任务10.5万亩，推广张杂谷、薯类、中药材等抗旱品种48.7万亩；完成2021～2022年跨年度高效节水灌溉14.1万亩。实施农村、城镇生活水源置换，全年完成69.83万人的置换；铺设公共供水管网220.55千米，新建泵站6座，完成100个小区和73家单位水源置换。制定《石家庄市取水井关停工作方案》，全年关停取水井4855眼。开展跨县河流水量分配，完成沙河、磁河水量分配方案初稿。实施“节、引、调、补、蓄、管”六大行动，地下水超采综合治理全年完成压减地下水超采量1亿立方米，平原区浅层地下水较上年回升2.47米。全市消纳引江水5.21亿立方米。

【水保移民】 推进全市水土流失治理工作。以小流域为单元实行山、水、林、田、路综合治理，实现合理开发利用水土资源，加强农业基础设施建设，提高土壤涵养水分能力和农业综合生产能力，改善山区群众的生产条件和生态环境。2021年，全市争取中央、省级水土保持资金5700多万元，完成水土流失治理面积120平方千米。为元氏县、赞皇县、井陉县、平山县、灵寿县、行唐县6个国家级水土保持重点治理县安排国家水土保持重点项目14个。加强水库移民后期扶持工作，助力移民乡村振兴。全年为农田水利、道路交通、环境保护、村容村貌、教育卫生、生产开发等领域争取后期扶持资金31000多万元，其中，直补资金11194万元，受益移民161514人；项目资金20155万元，后期扶持项目550多个。

【水利行政执法】 打击河道非法采砂，制定《石家庄市打击河道非法采砂常态长效工作机制》《石家庄市河道非法采砂专项整治行动实施方案》，全市水利、交通、国土等部门会同乡镇、街道综合执法部门共开展联合执法行动1840次，出动执法人员20186余人次，出动警力3067人次，共查处河道非法采砂（行政）案件37起，罚款31.95万元。公安机关共破获河道内非法采砂刑事案件14起，刑事拘留29名，逮捕9名，查处非法采砂、运砂行政案件9起，行政拘留违法人员21名。水资源专项执法，2021年全市共立案查处涉水违法案件52起，收缴罚款及没收违法所得64.95万元；立案查处无证取水、超量取水、违规打井等水资源违法案件14起，罚款28万元，封闭违法取水井及拆除违法取水设施共8处，受理5家取水许可申请。

（程行）

农业机械

【概况】 至2021年底，石家庄市农业机械总动力达到1188.04万千瓦，同比增长1.04%；实际机耕面积45.7万公顷，同比减少0.01%；机械播种面积71万公顷，同比增长0.02%；机械收获面积67.8万公顷，同比增长0.01%。农业综合机械化水平达到89.6%，其中，小麦作物综合机械化水平达到99.97%，玉米作物综合机械化水平达到98.38%。主要农机具保有量为：大型拖拉机34974台，联合收获机29314台，大型青饲料收获机2055台。16个县（市、区）落实农机补贴政策，全年发放补贴资金1.34亿元，补贴农机具6669台，受益农户5246户。藁城区、栾城区、正定县、高邑县、赵县、行唐县、深泽县、新乐市8个县（市、区）获评全国主要农作物全程机械化示范县。6个农机合作社获评河北省农机示范合作社。

【农机推广】 组织“三夏”“三秋”重要农时机械化生产活动，开展全市农机作业服务、技术培训和安全指导工作，全年投入农机作业机具近30万台套，发放跨区作业证4000个，扩展跨区作业机具由单一联合收割机到旋耕机、播种机、青储机等多种农机具，其中，联合收割机占约占90%，春季到山西、内蒙古等地跨区春耕拖拉机400余台；夏季作业联合收割机3300台以上，播种机160台左右；秋季跨区作业的农机具在550台以上。扩展跨区作业范围，从湖北襄樊地区和河南南阳地区开始，一路向北作业，每台收割机大概作业四站。注重跨区作业安全生产，消除事故隐患。各县（市、区）农机安全监理部门严格牌证发放、年检和驾驶人考试工作，在平山开展“安全生产月”活动，在行唐举办农机事故应急救援演练活动，加大全市政策性农机保险推进会，全年没有发生农机安全生产责任事故。开展智慧农机推广，依照《2021年河北省农机装备智能化改造提升项目实施方案》，在行唐、高邑建成6个智慧农业物联网差分基站，安装智能终端180个，实现通过物联网、大数据、移动互联网、智能控制、卫星定位等信息技术在农机装备和农机作业中的应用。

【农机作业】 2021年石家庄市争取农机补助资金1255.75万元，16个县（市、区）完成深松作业36.6万亩，深耕作业4万亩，全部实施第三方质检。从2019年开始，除玉米深松施肥播种一体化作业可在同一地块连年实施外，其他农机深松作业严格按照“同一地块三年深松一次”的原则进行。提升农业机械化、智能化水平。在赵县、高邑、新乐、行唐、正定、栾城6个项目县完成以数字化、智能化、互联网+农机装备、农业精准作业等技术体系先进、农机装备高端，农机、农艺和信息化充分融合的项目建设。赵县建成河北省首家小麦耕整地、种植、灌溉、收获全程机械化“无人农场”。

（门周洋）

农业科技

【概况】2021年石家庄市实施市级农业科研项目45项，科研经费1100万元；争取省级农业科技项目68项，资金3354万元；争取农业科技成果转化项目34项，资金1020万元；争取农业科技园区建设项目5项，经费400万元；获得农业高质量发展专项资金1034万元、现代种业创新专项资金200万元、揭榜挂帅项目资金500万元、节水项目资金200万元。推进农业科技园区建设，2021年全市新认定市级农业科技园区19家，总数达到91家；累计认定省级农业科技园区14家；新增省级“星创天地”9家，总数达到80家。至2021年底，全市农业科技园区共有研发平台168个，备案“星创天地”57个；引进新品种760个，示范新技术160项；制定标准167件，申请发明专利77件，实用新型专利194件；选育新品种60个；培训农民9万多人次。开展农药兽药减药行动，农药兽药使用量增长趋势得到控制。开展“我为群众办实事”实践活动，支持河北同福健康产业有限公司建立河北省健康主食产业技术研究院，协助河北塔元庄同福农业科技有限责任公司建立河北省同福智慧农业科普基地；组织同福集团与河北农业大学、河北科技大学、中国食品发酵工业研究院合作申报河北省科技厅项目3个，分别为：“塔元庄智慧农场果蔬生态循环生产技术集成与应用”“中央厨房馒头标准化智能化生产系统技术研发及示范应用”“后疫情时代老年康阳食品的研制及产业化开发”，争取省科技厅资金850万元。9月28日，河北农业大学教学、科研、生产“三结合”基地在石家庄市揭牌。

【农业科技园区】推动农业科技园区体系建设，发挥农业科技园区在区域农业农村发展中的引领示范和辐射带动作用。开展2021年度农业科技园区评估工作，全市8家省级农业科技园区参评，河北无极畜禽省级农业科技园区、河北赵县省级农业科技园区、河北新华省级农业科技园评为优秀，河北赞皇省级农业科技园区、河北灵寿省级农业科技园区、河北新乐省级农业科技园区评为良好，河北行唐省级农业科技园区、河北慧聪塔元省级农业科技园区为合格，落实奖励资金400万元。认定3年以上的36家市级园区参评，其中优秀14家，合格11家，延期评估2家，9家被取消园区资格。至2021年底，全市农业科技园区拥有研发平台168个，备案“星创天地”57个；引进新品种760个，示范新技术160项；制定标准167件，申请发明专利77件，实用新型专利194件；选育新品种60个；培训农民9万多人次。2021年全市新认定市级农业科技园区19家，总数达到91家；累计认定省级农业科技园区14家。

【星创天地】2021年全市新增省级“星创天地”9家，总数达到80家，其中国家级“星创天地”13家。至2021年底，全市“星创天地”共有线上服务平台165个、线下服务平台804个、创业服务团队1268人、创业导师459人；新增创业团队125个，总数达到420个；入住创业企业107家，举办创新创业活动498场，孵化创业企业431个。

表30　2021年石家庄市国家级“星创天地”一览表

序号	名称	建设单位	所属地域
1	无极县耕天下星创天地	石家庄广威农牧公司	无极县
2	元氏县启明薯业星创天地	元氏启明农业合作社	元氏县
3	藁城区科园星创天地	藁城国家农业科技园区	藁城区
4	赵县农业科技园区星创天地	石家庄市农林科学院	赵县
5	栾城禾泽秀星创天地	栾城禾泽秀农业科技公司	栾城区
6	赞皇县科盛星创天地	河北科盛农业科技开发有限公司	赞皇县
7	晋州市甘薯产业星创天地	晋州市丰源薯业专业合作社	晋州市

续表

序号	名称	建设单位	所属地域
8	新华区果蔬之家星创天地	河北双星种业股份有限公司	新华区
9	石家庄市长安区“雨合”星创天地	河北盛祥市政园林工程有限公司	长安区
10	石家庄市藁城市康利牧乐星创天地	河北康利动物药业有限公司	藁城区
11	石家庄市新华区飞龙赋能星创天地	石家庄飞龙饲料有限公司	新华区
12	石家庄市桥西区智慧农人园星创天地	河北天农副食果品贸易有限公司	桥西区
13	石家庄市开发区冀农星创天地	河北冀农种业有限责任公司	裕华区

表 31　　2021 年石家庄市新增省级“星创天地”一览表

序号	名称	建设单位	所属地域
1	新乐市天灌西瓜农业产业化星创天地	新乐市天灌农业科技有限公司	新乐市
2	晋州市葡萄产业星创天地	石家庄泽桑农民专业合作社	晋州市
3	新华区春森星创天地	河北春森种业有限公司	新华区
4	平山县种养生态循环星创天地	平山县金珠苗圃种植专业合作社	平山县
5	灵寿县鲜虔岭星创天地	灵寿县任志江大棚菜种植专业合作社	灵寿县
6	灵寿县松阳山星创天地	河北松阳山农业科技股份有限公司	灵寿县
7	栾城区臻豆星创天地	河北臻豆食品有限公司	栾城区
8	元氏县宏程农业星创天地	元氏县宏程农业开发有限公司	元氏县
9	赵县德众星创天地	河北德众种业有限公司	赵县

【农业信息化】 以网络建设、农产品电子商务培训、智慧农业建设为重点，举办跨境电子商务培训班 30 期，参与培训 3542 人。农业信息网络传输速度提升，互联网带宽由 300 兆增至 400 兆，网络专线速率由 20 兆增至 50 兆。全年农业农村信息网累计发布信息 4000 多条，网站访问量 40 多万人次。宣传推广农业政策法规、农技知识、名优产品、实时信息等内容，全年市农业农村微信公众号点击量破 30 万人次，同比增长 26%。组织各县（市、区）开展手机技能培训，内容涵盖农业实用技术、农产品直播营销、短视频制作技巧、防范电信网络诈骗等农民急需掌握的科普知识和操作技能，全年采用线上线下相结合方式，培训农民 900 余人。

【农业科技项目】 围绕粮食安全、食品安全、生态安全理念，贯彻藏粮于地、藏粮于技战略，实施农业科技创新专项，开展农业节水、绿色投入品研制和化肥农药减施增效、农业废弃物循环利用、种养加一体化循环、农产品精深加工、智能化农机装备等技术创新项目。2021 年全市实施省农业科技项目 68 项，同比增加 14 项；获得资金 3354 万元，同比增加 1059 万元，获得项目总数、经费总量排名全省各设区市首位。其中，争取农业科技成果转化项目 34 项，资金 1020 万元，占全省 34%；争取农业科技园区建设项目 5 项，获得经费 400 万元，占全省 16%；获得农业高质量发展专项资金 1034 万元、现代种业创新专项资金 200 万元、揭榜挂帅项目资金 500 万元、节水项目资金 200 万元。2021 年全市小麦通过国家审定品种 4 个，分别为：石麦 30、石麦 31、石农 083、轮选 49，均属市农林科学研究院（简称市农科院）选育或参与，占全省通过国家审定小麦品种的 57%。2021 年全市通过省级审定小麦、玉米、棉花、大豆品种 101 个，占全省通过省级审定品种的 38.1%。2021 年全市实施市级科研项目 45 项，安排科研经费 1100 万元。“水产品中典型兽药残留免疫快速检测技术创建与应用”项目获得河北省科学技术进步奖三等奖。太行鸡产业研究院获得省科技厅批复。君乐宝奶业科技创新研究院投入使用。

【农业节水推广】 发展绿色高效农业。开展农业节水行动，采取调整农业种植结构、实施农业节水项目、推广高效节水品种等措施，提高农业用水效率，减少农业用水量，超额完成省下达石家庄市农业节水任务。全年农业节水3827万立方米，其中，推广小麦节水品种及配套技术34.12万亩，压减地下水1700万立方米。2021年藁城区推广小麦节水节肥综合技术，籽粒平均单产12178千克/公顷，创下河北省小麦单产最新纪录。

【农业人才队伍】 落实农业科技特派员制度，印发《关于选派石家庄市第六批农业科技特派员的通知》。坚持人才下沉、科技下乡、服务“三农”原则，全年推荐“三区”科技人才55名，选派第六批400名农业科技特派员到农村基层开展科技服务。重视农技人才培养，全年培训基层农业技术员700余名、农机手850名，115人获得家畜繁殖员职业资格证书。藁城区学员李智勇当选2021年农民教育培训“百优保供先锋”。“三农”专家入选省级专家库77名。2人入选农业科研杰出人才培养计划名单。

（门周洋）

农业产业化

【概况】 至2021年，石家庄市共有市级以上农业产业化重点龙头企业315家，其中，国家级9家，省级91家；市级以上农业产业化联合体126家，其中省级32家；国家级、省级家庭农场245家，其中，国家级1家，省级244家；农民专业合作社示范社860家，其中，国家级48家，省级133家，市级381家，县级860家。至2021年末，全市共有农产品加工企业569家，完成农产品加工总值1062亿元，实现利润50.65亿元，主要农产品加工知名品牌有君乐宝、双鸽、洛杉奇、金凤、米莎贝尔、惠康、三元等。2021年全市农业产业化重点龙头企业实现销售收入400亿元以上，农业产业化联合体总产值达到300亿元以上。以乡村振兴为主题，以项目建设、农业招商、培育壮大龙头企业、产业联合、创业创新为重点，重点培育农业产业新业态、新动能、新模式，全力打造农村产业主体融合、业态融合、利益融合新格局。发展优势农产品，重点建设强筋小麦、优质谷子、优质大豆、精品蔬菜、优质梨、高端乳品、优质生猪、优质蛋鸡8个特色优势产业集群和道地中药材、优势食用菌、优质葡萄、山地苹果、特色水产5个特色优质农产品生产基地，农业产业发展形成藁城区的优质强筋小麦、新乐市的瓜菜种植、晋州市的鸭梨、赵县的雪花梨、行唐县的奶牛养殖、灵寿县的蛋鸡养殖、鹿泉区的乳业和婴幼儿奶粉、赞皇县的太行鸡蛋等优势产品区。

【生态休闲农业】 以发展农业高质高效、乡村宜居宜业、农民富裕富足目标，发挥乡村食品供给、生态涵养、休闲体验、文化传承主要作用，延伸产业链条，挖掘农业产前、产中、产后的综合效益，持续推动休闲农业主体转型升级。推动创建全国休闲农业重点县，打造全域休闲农业整县示范县，推介12条休闲农业精品景点线路。至2021年底，全市省级以上休闲农业星级企业达83家，省级以上美丽休闲乡村9个，全市休闲农业综合收入6.7亿元，同比增长10%。正定县被认定为全国休闲农业重点县（全省2个，全国60个）；平山县西柏坡镇北庄村入选2021年中国美丽休闲乡村（全省8个）；平山县红色山水农业游入选2021中国美丽乡村休闲旅游行精品景点线路推介。

【农产品加工产业集群】 发挥农产品特色产业资源优势，以乳品加工、主食加工、粮食加工、油料加工、肉类加工、水果加工产业为重点，创新建立“生产基地+大众厨房+冷链物流+餐饮门店”供应体系和“品牌农产品+电商”“品牌农产品+中央厨房”“品牌农产品+连锁超市”等直供直销模式，全年直接建设原料基地42.7万亩。至2021年末，全市共有农产品加工企业569家，完成农产品加工总值1062亿元，实现利润50.65亿元，主要农产品加工知名品牌有君乐宝、双鸽、洛杉奇、金凤、米莎贝尔、惠康、三元等。2021年全市共有全国主食加工（中央厨房）企业3家，超亿元主食加工（中央厨房）企业8家（米莎贝尔、洛杉奇、惠康、三元、巧厨、马家麦坊、双鸽、德成农牧），年营业收入达到40余亿元。打造10个农产品加工产业集群，其中，市级以上龙头企业85家，带动农户39.77万户，年产值431.5亿元。发展优势农产品，全年特色优势产业产值增速达到5%；重点建设强筋小麦、优质谷子、优质大豆、精品蔬菜、优质梨、高端乳品、优质生猪、优质蛋鸡8个特色优势产业集群和道地中药材、优势食用菌、优质葡萄、山地苹果、特色水产5个特色优质农产品生产基地。新增国家级"一村一品"示范村3家，分别为：藁城马邱梨文化、赵县南龙化扫帚、鹿泉谷家峪香椿。打造藁城区优质强筋小麦、新乐市瓜菜种植、晋州市鸭梨、赵县雪花梨、行唐县奶牛养殖、灵寿县蛋鸡养殖等25个现代农业示范园区，其中，种植业6个、特色产业12个、畜牧业5个、水产业2个；6个示范园区列入省级示范园区建设名单。2021年11月，藁城区入选国家第一批农业现代化示范区。培育藁城富硒面粉、元氏芽球菊苣、赵县雪花梨、晋州奥开无抗猪肉、鹿泉君乐宝A2婴幼儿奶粉、赞皇冀凤牌太行鸡蛋等21个农业高端精品，其中，特色种植业17个、特色养殖业3个、特色水产业1个，6个农业高端精品列入省级高端精品打造名单。完成全省太行鸡产业集群发展顶层设计，太行鸡产业集群发展列入省"四个农业"、蛋鸡优势特色产业集群建设。新建太行鸡标准化生态规模养殖场15个。赞皇县、平山县列入河北省5个太行鸡产业发展重点县，获得资金340万元。赞皇天然公司太行鸡蛋成为河北省近20年来首个通过农业农村部绿色认证的畜禽产品。灵寿县河北亚苑"东庄老家"、赞皇天然公司"冀凤"分别入选首届河北省十大优质鸡蛋品牌第2名、第5名。确立"石禽食美"石家庄市太行鸡区域公共品牌，创立运行"鸡鸣太行"太行鸡微信公众号。推进特色优势产业成方成片规模发展，完成滹沱河生态休闲农业产业带、太行山中药材产业带、平原强筋小麦优势片区、万亩高油酸花生制种示范片、综合养殖场片区等重点任务，粮食作物和特色作物调整面积达到56万亩。

【农业产业化项目】 全年农业招商签约项目27个，签约金额183.75亿元；开工项目22个，完成投资23.63亿元。12个项目获批农业产业化重点项目，其中，新建项目4个，续建7个，前期项目1个；总投资130.56亿元。引领农业产业化联合体发展，农业产业化联合形成国家、省、市及县四级联动。全市各级农业产业化龙头企业联合引导合作社、家庭农场1300余个，建成原料基地42.7万亩，辐射引领1.2万余农户从事现代农业产业项目。2021年全市40%市级以上农业产业化重点龙头企业参与领办创建联合体，连接粮食、果蔬、畜牧等特色产业经营主体1000余家。新增国家级农业产业化重点龙头企业3家，分别为：石家庄洛杉奇食品有限公司、河北兴柏农业科技有限公司、益海石家庄粮油工业有限公司。至2021年底，石家庄市共有市级以上农业产业化重点龙头企业315家，其中，国家级9家，省级91家；市级以上农业产业化联合体126家，其中省级32家。2021年全市农业产业化重点龙头企业实现销售收入400亿元以上，农业产业化联合体总产值达到300亿元以上。

【高标准农田建设】 按照《河北省农业农村厅河北省财政厅关于下达2021年农田建设任务及编报项目年度实施计划的通知》（冀农发〔2021〕20号）、《河北省农业农村厅河北省财政厅关于下达2021年第二批农田建设任务清单的通知》（冀农财发〔2021〕7号）要求，2021年石家庄市立项高标准农田建设项目21个，总投资43192.4万元，规划建设高标准农田36.19万亩，其中高效节水灌溉面积14.1万亩，涉及藁城区、鹿泉区、栾城区、井陉县、正定县、行唐县、灵寿县、高邑县、深泽县、赞皇县、无极县、平山县、元氏县、赵县、晋州市、新乐市16个县（市、区）。推广"万元田"创建模式，重点应用十大高产高效栽培技术模式、17项高产高效栽培技术规程，建成"万元田"82万亩。

【农民合作社】 落实河北省《关于推进全省家庭农场和农民合作社高质量发展的指导意见》《关于做好全国农民合作社质量提升整县推进试点工作的通知》要求，组织开展国家农民合作社质量提升推进整县试点和省农民合作社规范化建设。新增注册农民合作社118家。至2021年底，全市共有农民专业合作社示范社860家，其中，国家级48家，省级133家，市级381家，县级860家。赵县光辉农业机械服务专业合作社获评农业农村部农业生产托管服务典型案例和河北省首届"十佳"农业生产托管服务品牌组织，栾城区天亮种植专业合作社获评全国农业生产社会化服务创新试点组织。行唐县龙兴贡米专业合作社、鹿泉区吉武农产品专业合作社获评河北省"十佳农民合作社"。赵县、高邑县被确定为国家农民合作社质量提升整县推进试点县，26家农民合作社被确定为河北省农民合作社规范化建设试点。

（门周洋）

农村管理

【概况】2021年石家庄市土地流转面积20.65万公顷，同比增长3.18%；土地流转率47.69%，同比提升1个百分点；规模经营面积（50亩以上）13.1万公顷，规模经营率达到30%。加强农村宅基地管理，至2021年底，全市共有宅基地总宗数210.18万宗，面积110.83万亩；17个农村县（市、区）共有农户总数165.1万户，占有一处宅基地农户数149.76万户，占总户数90.71%；占有两处及以上农户数12.77万户，占总户数7.73%；两户及以上共用一处宅基地农户数2.56万户，占总户数1.55%。行唐县被省农业农村厅列为“省级农村宅基地规范管理和闲置宅基地闲置住宅盘活利用试点示范县”。开展“空心村”治理，2021年全市农宅空置率在30%以上“空心村”共有152个，涉及9县区。至2021底，全市“空心村”治理任务全部完成。

【土地承包及流转】2021年全市土地流转面积20.65万公顷，同比增长3.18%；土地流转率47.69%，同比提升1个百分点；规模经营面积（50亩以上）13.1万公顷，规模经营率达到30%。推进承包地确权登记颁证成果应用，与建设银行、农业银行等开展“地押云贷”业务，实现全市涉农村土地承包确权工作县（市、区）全覆盖。引导土地经营权有序流转，加强合同管理，健全农村承包地监管机制，建立市级农村产权流转交易中心1个，县级土地流转服务机构17个、乡级309个，实现涉及农村承包地的县、乡全覆盖。

【农村宅基地】至2021年底，全市共有宅基地总宗数210.18万宗，面积110.83万亩；17个农村县（市、区）共有农户总数165.1万户，占有一处宅基地农户数149.76万户，占总户数90.71%；占有两处及以上农户数12.77万户，占总户数7.73%；两户及以上共用一处宅基地农户数2.56万户，占总户数1.55%。非本集体成员占有宅基地2.54万宗，面积1.51万亩，分别占比1.2%和1.4%；闲置宗数15.04万宗，面积3.7万亩，分别占比7.25%和3.3%，空闲废弃2.19万宗，面积0.95万亩，占空闲宅基地比例分别为14.6%和25.7%。落实责任，协同管理。全市205个乡镇建立宅基地审批窗口，3943个村制定宅基地村规民约，并配备宅基地协管员。2021年全市审批宅基地113宗、32.97亩；征收宅基地599宗、195.7亩；出租宅基地3797宗、1459.32亩，转让宅基地506宗、196.11亩，有偿使用155.2亩，有偿使用费89.43万元；有偿退出15.69亩，补偿金额312万元。行唐县被省农业农村厅列为“省级农村宅基地规范管理和闲置宅基地闲置住宅盘活利用试点示范县”。开展私搭乱建、违章建筑专项整治行动，制定《农村宅基地管理法律政策33问》《石家庄市农村宅基地和村民自建住房管理办法》《石家庄市规范农村自建房行为的若干措施》等文件，全市排查整治农村住房160.8万户。2021年全市农村村民住宅新增建设用地计划需求建房户数4718户，涉及人口16825人，用地需求1184.715亩。

【“空心村”治理】根据《河北省“空心村”治理工作总体方案》要求，2021年全市农宅空置率在30%以上“空心村”共有152个，涉及平山县、井陉县、灵寿县、正定县、赞皇县、井陉矿区、藁城区、栾城区、鹿泉区9县（区）。至2021底，全市“空心村”治理任务全部完成，拆除宅基地483户，复绿占地9.94公顷，修建小游园、文化广场132处，安装路灯618盏，硬化道路6.98万平方米，村庄道路、供电、饮水、排水、绿化、环卫等基础设施建设全部完工。

（门周洋）

乡村振兴

【概况】2021年石家庄市各级财政拨付乡村振兴资金10.19亿元，同比增长4.57%，累计安排乡村振兴项目827个。全年33名市领导采取“一对一”分包方式，指导和帮扶平山县、赞皇县、灵寿县、行唐县4个脱贫县33个脱贫村。巩固脱贫地区脱贫成果，部署和安排藁城区、栾城区、鹿泉区、正定县分别对口帮扶平山县、行唐县、灵寿县、赞皇县，石家庄市长安区、裕华区、桥西区分别结对帮扶保定市所辖易县、顺平县、唐县。选优配强驻村工作队，全市585支驻村工作队在保持原帮扶关系不变基础上，调整驻村干部683名。推进

2021 年 4 月 28 日，石家庄广播电视台“振兴吧　乡村”栏目举办首届石家庄乡村振兴高峰论坛，邀请省级专家、各县（市、区）农业农村工作代表及企业代表，共同探讨乡村振兴道路　　（石家庄广播电视台提供）

革命老区重点村建设，印发《石家庄市新时代支持重点革命老区振兴发展的实施方案》。鼓励脱贫劳动力外出务工，2021 年全市脱贫劳动力外出务工达到 8.13 万人，其中，到省外务工 6459 人，同比增长 12.72%。防止规模性返贫风险发生，印发《关于扎实推进防止返贫动态监测和帮扶工作的通知》，完善和落实部门筛查预警、数据信息比对、帮扶措施会商、风险隐患排查 4 项工作机制。2021 年全市识别纳入防贫监测对象 1561 户 3799 人，拨付帮扶资金 1360 万元，其中返贫风险消除 458 户 1039 人，未发生规模性返贫现象。至 2021 年底，全市脱贫人口人均纯收入达到 11008 元，同比增长 34%；全市收入 2 万元以下的乡村全部实现清零。6 月 3 日，市乡村振兴局挂牌成立。

【产业帮扶】 2021 年全市谋划实施产业帮扶项目 305 个，带动脱贫户 6.45 万户 16.31 万人。2021 年中央和省级下达帮扶资金投入产业项目 3.56 亿元，占全市上级下达帮扶资金 65.37%；平山县、赞皇县、灵寿县、行唐县 4 个脱贫县累计整合产业项目资金 4.78 亿元，占全市产业帮扶整合资金 62.26%。支持乡村产业发展，推进科技成果转化和新技术应用，全年选派科技特派员 455 名到乡村开展农业新品种、新技术、新成果引进、示范和推广。

【易地扶贫搬迁】 “十三五”期间，全市易地扶贫搬迁 2726 人，其中，建档立卡贫困人口 1783 人，同步搬迁人口 943 人，涉及平山县、赞皇县、灵寿县、行唐县 4 个县；建设易地扶贫搬迁集中安置区（点）7 个，集中安置 762 户 2345 人，分散安置 139 户 381 人；建设完成配套产业项目 14 个。2021 年全市易地扶贫搬迁重点开展集中安置区加装电梯事项，至 2021 年底，完成加装电梯 28 部，其中，平山县集中安置区 3 部，灵寿县集中安置区 25 部。

【文化科技卫生“三下乡”集中示范活动】 6 月 11 日，全国文化科技卫生“三下乡”集中示范活动（河北站）暨河北省第 25 届文化科技卫生“三下乡”集中服务活动在赞皇县举行。主题为“永远跟党走、奋进新征程”。教育部及省直 56 家单位参加。教育部确定通过中国教育发展基金会给予赞皇县资金和项目支持。省、市单位支持赞皇县帮扶项目、资金、物资等价值 7.97 亿元，其中，河北省直单位支持赞皇县帮扶资金、物资等价值 6.3 亿元，44 家市直“三下乡”成员单位支持赞皇县帮扶项目、资金、物资等价值 1.67 亿元。

2021 年 6 月 11 日，全国文化科技卫生“三下乡”集中示范活动（河北站）暨第 25 届文化科技卫生“三下乡”集中服务活动在赞皇县举行（赞皇县委办公室提供）

【乡村人居环境治理】 实施农村厕所革命、污水治理、垃圾清理、美丽庭院创建等改善农村人居环境 7 项重点工作。全年改造提升农村户厕 22.31 万座、公厕 1828 座，农村无害化厕所普及率达到87.41%。178个村庄生活污水治理完工，清运垃圾3205万立方米，清理私搭乱建4.5万处，硬化街巷4980千米，安装更新路灯3.79万盏。打造农村环境治理样板，推广晋州市“水肥一体化”、新乐市沼气发电、正定县粪污集中处理站等厕所粪污处理模式。高邑县获评全国村庄清洁行动先进县。创建省级美丽乡村片区9个、省级美丽乡村387个，其中省级美丽乡村精品村79个。2月18日，高邑县获评2020年全国村庄清洁行动先进县；3月4日，鹿泉区、井陉县、栾城区获评2020年全省村庄清洁行动先进县。10月28日，石家庄市11个乡镇获批命名为河北省卫生镇，97个村获批命名为河北省卫生村。10月29日，平山县西柏坡镇、井陉矿区贾庄镇贾庄村、井陉县秀林镇南秀林村、正定县新安镇吴兴村、高邑县大营镇中大营村入选第二批全国乡村治理示范村镇，鹿泉区《“坚持五种思维”“小村规”撬动乡村“大治理”》经验做法入选第三批全国乡村治理典型案例。

（市乡村振兴局）

工 业

Industry

综 述

2021年石家庄市共有规模以上工业企业1923家，同比增加101家。其中，大中型企业212家，国有及国有控股企业131家；按经济类型划分：国有企业13家，集体企业3家，有限责任公司263家，私营企业1519家，其他企业125家。年从业人员平均人数30.9万人，总资产7229亿元，资产负债率62.3%。规模以上工业投资同比下降8.6%，工业技术改造投资同比下降25.9%，高新技术产业投资同比增长33.9%。规模以上工业增加值同比增长4.4%，其中，轻工业增加值增长11.3%，重工业增加值下降0.1%；规模以上工业高新技术产业增加值同比增长11.3%，高于规模以上工业增速6.9个百分点，较2020年规模以上工业高新技术产业增加值增速上升0.9个百分点。2021年全市规模以上工业营业收入5102.8亿元，同比增长13.3%；实现利润总额345.7亿元，同比增长15.8%；增加值同比增长4.4%；规模以上工业企业营业收入利润率为6.8%。规模以上大中型企业营业收入3744.6亿元，同比增加15.4%；利润总额281.8亿元，同比增长10.8%。规模以上国有及国有控股企业营业收入1539.8亿元，同比增长3.9%；利润总额11.2亿元，同比下降76.6%。规模以上工业亏损企业341家，同比增长9.6%；亏损总额61.8亿元，同比增长6.8%；亏损企业资产负债率62.3%，同比下降1个百分点。规模以上企业营业收入成本为79.6元，同比上升0.98%；规模以上工业高新技术产业增加值同比增长11.3%，高于规模以上工业增速6.9个百分点；七大主要行业增加值同比增长4.5%，高于全市规模以上工业增速0.1个百分点；六大高耗能行业增加值下降2.2%，低于规模以上工业增速6.6个百分点。

2021年石家庄市共有工业产品3600余种，按统计局目录，全市统计128个工业产品大品种。在41个国民经济工业行业中有37个行业（营业收入在2000万元以下不在统计行列），无石油及天然气开采业、开采专业及辅助性活动、煤炭开采和洗选业、其他采矿业4个行业。按照大行业划分（为对照分析，依据实际情况对全市现有的37个工业门类进行划分），医药工业、纺织服装业、石化工业、装备制造业（含电子信息）、食品工业、冶金工业、建材工业为全市工业7大主要行业。

七大主导行业营业收入4283.8亿元，同比增长14.5%，占全市规模以上工业营业收入83.9%；实现利润338.9亿元，同比增长34.9%，占全市规模以上工业利润总额98.0%。分行业看，医药工业共有规模以上工业企业116家，营业收入642.1亿元，同比增长9.8%，占全市规模以上工业营业收入12.6%；实现利润136.6亿元，同比增长27.4%，占全市规模以上工业利润39.5%；规模以上医药工业增加值同比增长13.1%，高于全市规模以上工业增速8.7个百分点，占全市规模以上工业增加值20.1%。装备制造业共有规模以上工业企业541家，营业收入673.2亿元，同比增长7.6%，占全市规模以上工业营业收入13.2%；实现利润46.0亿元，同比增长322.7%，占全市规模以上工业利润13.3%；规模以上装备制造业增加值同比增长5.5%，占全市规模以上工业增加值12.7%。食品工业共有规模以上工业企业168家，营业收入621.8亿元，同比增长11.0%，占全市规模以上工业营业收入12.2%；实现利润9.7亿元，同比下降25.1%，占全市规模以上工业利润2.8%；规模以上食品工业增加值同比增长13.9%，占全市规模以上工业增加值11.3%。纺织服装业共有规模以上工业企业269家，营业收入218.6亿元，同比增长3.9%，占全市规模以上工业营业收入4.3%；实现利润2.5亿元，同比增长80.2%，占全市规模以上工业利润0.7%。规模以上纺织服装工业增加值同比增长4.3%，占全市规模以上工业增加值3.1%。石化工业共有规模以上工业企业346家，营业收入855.2亿元，同比增长3.8%，占全市规模以上工业营业收入

16.8%；实现利润67.4亿元，同比增长24.1%，占全市规模以上工业利润19.5%；规模以上石化工业增加值同比下降8.0%，占全市规模以上工业增加值17.2%。冶金工业共有规模以上工业企业33家，营业收入1007.8亿元，同比增长49%，占全市规模以上工业营业收入19.7%；实现利润64.1亿元，同比增长56.1%，占全市规模以上工业利润18.5%。建材行业共有规模以上工业企业228家，营业收入290.6亿元，同比增长4.5%，占全市规模以上工业营业收入5.7%；实现利润14.7亿元，同比下降39.4%，占全市规模以上工业利润4.2%；规划以上建材工业增加值同比增长2.3%，占全市规模以上工业增加值5.6%。

六大高耗能工业行业利润总额113.9亿元，同比下降7.0%。其中，石油、煤炭及其他燃料加工业利润5.4亿元；化学原料及化学制品制造业利润47.9亿元，同比增长31.1%；非金属矿物制品业利润14.7亿元，同比下降39.4%；黑色金属冶炼及压延加工业利润62.2亿元，同比增长54.5%；电力、热力的生产和供应业利润-16.4亿元，同比下降166.3%（六大高耗能行业中，石家庄市无煤炭开采和洗选业）。

2021年23个县（市、区）中，规模以上工业营业收入100亿元以上有14个，分别是：平山县1023亿元、藁城区763亿元、鹿泉区466亿元、高新区427亿元、化工园区371亿元、栾城区204亿元、元氏县181亿元、晋州市181亿元、长安区151亿元、矿区142亿元、正定县141亿元、新乐市113亿元、赵县112亿元、桥西区108亿元。区域发展特征显著，县域工业形成一批具有一定规模的竞争优势的块状产业集群。东部地区依托传统产业优势，重点发展皮革、纺织、日化、建陶等产业，如无极的皮革、晋州的纺织、深泽的日化、高邑的建陶和鞋业产业等；中部依托区位优势，重点发展电子信息、生物医药、装备制造、板材家具等产业，如高新区、藁城区和栾城区的生物医药、正定的板材家具和鹿泉的电子信息产业等；西部山区依托丰富的矿产资源，大力发展钢铁、建材、钙镁、农副产品深加工等产业，如平山的金属制品、井陉的钙镁、井陉矿区的特钢、灵寿的新型建材产业等。

工业企业技术创新。围绕做优传统产业、做强主导产业、做大新兴产业、打造5个千亿产业集群目标，支持工业企业开展技术研究和科技创新。全年5个项目入选省新一代电子信息产业项目，7家企业获得省CMMI5资金补助，9家医药企业获得省优势仿制药项目支持，欧意药业获得省推动药品国际化项目支持，3家企业获得省康复辅助器具高端产品和产业发展项目支持。全年投入资金3.7亿元，实施项目56类1000余项，列入省重点技术改造项目199项，滚动实施市重点技术改造项目120项。君乐宝质量管理经验获批全国质量标杆。6家企业入选国家、省级技术创新示范企业。新增国家级工业设计中心1家、省级和市级工业设计中心12家。2个园（区）、6家企业分别入选省安全应急产业示范基地创建单位和应急物资生产能力储备基地。获评绿色工业园区1个、绿色工厂2家、绿色供应链企业2家、绿色产品3个，8家企业入选工业和信息化部（简称工信部）绿色制造企业。至2021年底，全市共有国家级绿色制造企业25家、省级绿色制造企业41家。推广新能源汽车19913辆，占全省比重19.4%，数量位列全省第一名。

新一代电子信息产业。按照石家庄市委、市政府关于生物医药、新一代电子信息两大产业率先突破的战略部署，10月11日，市政府印发《石家庄市新一代电子信息产业发展规划（2021～2025）》。2021年全市以做大做强光电显示、通信设备产业和培育壮大卫星导航、集成电路、大数据等为新的增长点，电子信息产业实现较快发展，规模和创新能力稳步提升。电子信息制造业重点企业有诚志永华、远东通信、普兴电子、中瓷电子等骨干企业，产品有诚志永华公司的液晶显示材料、远东通信公司的恒温晶振产品、国祥运输设备的列车用空调机组等特色产品。从电子信息产业聚集和分布看，主要在石家庄市高新区、鹿泉区等区域。高新区：以通信设备、光电显示、电子元器件、数据中心、大数据应用为特色，发展形成电子信息产品制造、特色软件与系统集成、信息服务产业发展格局。高新区诚志永华是全球主要液晶材料生产厂家之一，也是国内规模较大、品种齐全的混合液晶材料龙头企业；LED行业形成从芯片制造到封装和照明产品较完整的半导体照明产业链；科林电气、通合电子、旭辉电气在中国电力电子领域占有重要地位；软件和信息技术服务领域主要有航天信息、中移全通、中科恒运、博岳通信、神玥软件等骨干企业，涉及政务、民政、节能环保、住房公积金、呼叫中心等各行业应用。鹿泉区：依托信息产业基地、中电科13所、中电科54所等单位，发展形成光电、导航通信两大主导产业体系，聚集效应明显，集群化发展突出。光电产业聚集有中瓷电子、普兴电子、美泰电子、博威公司等重点企业，在微电子、光电子、微机电系统（MEMS）、传感器微系统等领域形成优势；导航通信产业聚集有远东通信、电科导航、神舟卫通、北斗星通、晶禾电子等重点企业，在通信网络、卫星导航、空间信息应用、应急通信、公共安全、轨道交通等领域占据重要地位。2021年全市软件和信息技术服务业共有规模以上企业124家，营业收入204.33亿元，其中，软件产品营业收入19.97亿元，信息技术服务收入105.05亿元；从业人员1.53万人。软件和信息技术服务业企业营业收入超亿元以上企业达到27家。1月4日，中国电子科技集团（简称中电科）旗下河北中瓷电子科技股份有限公司（证券简称：中瓷电子，证券代码：003031）在深圳证券交易所上市，控股股东为中电科13所，主营为电子陶瓷领域，是国内规模最大的高端电子陶瓷外壳生产企业。9月6～8日，2021中国国际数字经济博览会（简称数博会）在石家庄市举行。主题为“创新发展与数字经济”。国务院副总理刘鹤以视频方式在开幕式上致辞。博览会期间，举办25场平行论坛、4场产业对接、2场大赛、3场分会场活动等36场活动，23位中国科学院院士、413位重要嘉宾发表主题演讲或高端对话，共同探讨全球数字经济领域新动态、新趋势，5项全球或全国首发、15项全国首展、70项全国领先等一批数字经济领域最核心、最前沿的“黑科技”在数博会集中发布和亮相。10月11日，河北远东通信系统工程有限公司（简称远东通信）入选河北省高新技术产业协会发布的2021年河北省战略性新兴产业创新百强企业名单，排名位列第43位。11月8日，石家庄诚志永华显示材料有限公司（简称诚志永华）“显示用液晶材料”入选工业和信息化部、中国工业经济联合会联合公布的“第六批制造业单项冠军产品”。

中小企业发展。支持“专精特新”中小企业发展，全年28家企业获评国家专精特新“小巨人”，73家企业获评省“专精特新”中小企业。2021年9月，石家庄市入选21世纪经济研究院公布的中国专精特新“小巨人”30强城市，排名位列第22位。至2021年底，全市共有专精特新“小巨人”企业41家、“专精特新”中小企业368家。推进创建小型微型企业创业创新基地，全年新增7家国家、省级中小企业公共服务示范平台，4家国家、省小型微型企业创业创新示范基地；认定市级小型微型企业创业创新基地、示范基地11家。快乐沃克人力资源股份有限公司、河北国维知识产权咨询有限公司、中电科第五十四研究所、中电科第十三研究所4家企业入选2021年度国家中小企业公共服务示范平台，有效期3年（2022年1月1日至2024年12月31日）。与建设银行、河北银行、北京银行签订金融战略合作协议，为“专精特新”企业授信3.7亿元。支持先进制造业和现代服务业融合发展，石家庄四药有限公司、河北先河环保科技股份有限公司入选第二批国家先进制造业和现代服务业融合发展试点单位。

表32　　2021年石家庄市七大工业行业主要指标一览表

行业	营业收入			利润		
	金额（亿元）	同比增长（%）	占全市比重（%）	金额（亿元）	同比增长（%）	占全市比重（%）
医药工业	642.1	9.8	12.6	136.6	27.4	39.5
装备制造业	673.2	7.6	13.2	46.0	322.7	13.3
食品工业	621.8	11.0	12.2	9.7	−25.1	2.8
纺织服装业	218.6	3.9	4.3	2.5	80.2	0.7
石化工业	855.2	3.8	16.8	67.4	24.1	19.5
冶金工业	1007.8	49.0	19.7	64.1	56.1	18.5
建材工业	290.6	4.5	5.7	14.7	−39.4	4.3

表33　　2021年石家庄市主要工业产品产量及其增长速度一览表

序号	产品名称	产量	同比增速（%）
1	化学药品原药	109554吨	−1.6
2	中成药	12737吨	−2.4

续表

序号	产品名称	产量	同比增速（%）
3	钢结构	174602 吨	-13.5
4	改装汽车	3882 吨	9.7
5	电动机	4971484 千瓦	25.8
6	电力电缆	60495 千米	130.7
7	光缆	270829 芯千米	-9.7
8	房间空气调节器	3032219 台	-16.9
9	家用电风扇	1902527 台	79.3
10	乳制品	740369 吨	-9.7
11	卷烟	195.4 亿支	-13.4
12	纱	183870 吨	7.0
13	布	39075 万米	-17.9
14	服装	1606 万件	5.4
15	鞋	1051 万双	-12.2
16	家具	324345 件	-45.2
17	硫酸（折 100%）	650903 吨	-11.7
18	烧碱（折 100%）	100706 吨	2.8
19	纯苯	111618 吨	-21.1
20	精甲醇	72232 吨	0
21	合成氨（无水氨）	335427 吨	2.0
22	农用氮、磷、钾化学肥料（折纯）	213650 吨	-13.7
23	涂料	131435 吨	28.6
24	合成洗涤剂	37899 吨	-36.0
25	塑料制品	221441 吨	32.7
26	生铁	9646830 吨	-16.9
27	粗钢	11559282 吨	-9.3
28	钢材	13518667 吨	0.6
29	硅酸盐水泥熟料	13936482 吨	-28.4
30	水泥	15429945 吨	-12.7
31	瓷质砖	86681266 平方米	-44.7
32	天然大理石建筑板材	214501 平方米	0.9
33	沥青和改性沥青防水卷材	12668934 平方米	15.4
34	平板玻璃	13350712 重量箱	7.2

续表

序号	产品名称	产量	同比增速（%）
35	自来水生产量	28401 万立方米	2.0

（阎志勇　何建红）

表 34　　2012 ～ 2021 年石家庄市入选国家技术创新示范企业一览表

序号	企业名称	入选时间（年）
1	石家庄以岭药业股份有限公司	2012
2	神威医药科技股份有限公司	2013
3	华北制药集团有限责任公司	2014
4	石药集团有限责任公司	2015
5	河北诚信有限责任公司	2016
6	石家庄四药有限公司	2018
7	石家庄科林电气股份有限公司	2019
8	石家庄诚志永华显示材料有限公司	2021

表 35　　2013 ～ 2021 年石家庄市入选河北省技术创新示范企业一览表

序号	企业名称	入选时间（年）
1	神威医药科技股份有限公司	2013
2	石家庄国耀电子科技有限公司	2013
3	东方久乐汽车安全气囊有限公司	2013
4	石家庄工大化工设备有限公司	2013
5	石家庄新宇三阳实业有限公司	2013
6	石家庄晓进机械制造科技有限公司	2013
7	河北先河环保科技股份有限公司	2013
8	河北中农博远装备有限公司	2013
9	华北制药集团有限责任公司	2013
10	东旭集团有限公司	2014
11	河北农哈哈机械集团有限公司	2014
12	石家庄中煤装备制造股份有限公司	2014
13	石药集团有限责任公司	2014
14	河北兴柏药业集团有限公司	2014
15	石家庄四药有限公司	2014
16	石家庄常山纺织股份有限公司	2015

续表

序号	企业名称	入选时间（年）
17	河北诚信有限责任公司	2015
18	石家庄东华金龙化工有限公司	2015
19	石家庄巨力科技有限公司	2015
20	中国人民解放军第五七二一工厂	2015
21	石家庄钢铁有限责任公司	2015
22	石家庄科林电气股份有限公司	2015
23	河北旭辉电气股份有限公司	2015
24	石家庄安瑞科气体机械有限公司	2016
25	河北智同医药控股集团有限公司	2016
26	际华三五一四制革制鞋有限公司	2016
27	人天通信集团有限公司	2016
28	石家庄市长安育才建材有限公司	2016
29	石家庄藏诺生物股份有限公司	2016
30	河北阳天通信科技有限公司	2016
31	河北中科恒运软件科技股份有限公司	2017
32	石药集团新诺威制药股份有限公司	2017
33	河北金隅鼎鑫水泥有限公司	2017
34	沈兴线缆集团有限公司	2017
35	石家庄诚志永华显示材料有限公司	2018
36	河钢股份有限公司	2018
37	石家庄君乐宝乳业有限公司	2019
38	河北爱尔海泰制药有限公司	2019
39	石家庄市京华电子实业有限公司	2019
40	石家庄盛华企业集团有限公司	2019
41	河北电机股份有限公司	2019
42	河北万方中天科技有限公司	2019
43	赞皇金隅水泥有限公司	2020
44	河北瑞鹤医疗器械有限公司	2020
45	石家庄国祥运输设备有限公司	2020
46	河北兰升生物科技有限公司	2020
47	河北高达电子科技有限公司	2020
48	河北三楷深发科技股份有限公司	2020

续表

序号	企业名称	入选时间（年）
49	河北鑫乐医疗器械科技股份有限公司	2020
50	金环建设集团有限公司	2020
51	河北新大地机电制造有限公司	2021
52	河北国龙制药有限公司	2021
53	河北上元智能科技股份有限公司	2021
54	石家庄阀门一厂股份有限公司	2021
55	华北制药集团动物保健品有限责任公司	2021

表 36　　2021 年石家庄市入选国家第三批专精特新“小巨人”企业一览表

序号	企业名称	序号	企业名称
1	石家庄正中科技有限公司	15	河北鸿科碳素有限公司
2	河北尚华塑料科技有限公司	16	沈兴线缆集团有限公司
3	河北农哈哈机械集团有限公司	17	石家庄聚力特机械有限公司
4	石家庄圣泰化工有限公司	18	河北创联机械制造有限公司
5	石家庄阀门一厂股份有限公司	19	河北旭辉电气股份有限公司
6	石家庄科林电气设备有限公司	20	河北工大科雅能源科技股份有限公司
7	河北神玥软件科技股份有限公司	21	河北国源电气股份有限公司
8	河北晶禾电子技术股份有限公司	22	天俱时工程科技集团有限公司
9	河北新华北集成电路有限公司	23	煜环环境科技有限公司
10	河北汇能欣源电子技术有限公司	24	河北协同水处理技术有限公司
11	河北普兴电子科技股份有限公司	25	人天通信集团有限公司
12	河北东森电子科技有限公司	26	中科恒运股份有限公司
13	石家庄市京华电子实业有限公司	27	河北圣昊光电科技有限公司
14	森思泰克河北科技有限公司	28	河钢数字技术股份有限公司

表 37　　2021 年石家庄市入选第六批河北省“专精特新”中小企业一览表

序号	企业名称	序号	企业名称
1	石家庄宇泉环保设备股份有限公司	7	河北东康乳业有限公司
2	河北海森化工科技有限公司	8	石家庄华加药用胶囊有限公司
3	元氏县恒信纸制品有限公司	9	河北铁科翼辰新材科技有限公司
4	石家庄开发区石泵泵业有限公司	10	河北国龙制药有限公司
5	河北新四达电机股份有限公司	11	石家庄佳月机械制造有限公司
6	华北制药华胜有限公司	12	河北天琦新材料科技有限公司

续表

序号	企业名称	序号	企业名称
13	河北天竹纺织科技有限公司	44	石家庄德联塑料包装容器有限公司
14	河北晓进机械制造股份有限公司	45	森思泰克河北科技有限公司
15	河北御芝林生物科技有限公司	46	石药集团圣雪葡萄糖有限责任公司
16	石家庄贝克密封科技股份有限公司	47	河北三楷深发科技股份有限公司
17	河北绿谷信息科技有限公司	48	石家庄龙翔环保设备有限公司
18	河北网星软件有限公司	49	新乐华宝塑料薄膜有限公司
19	河北瑞鹤医疗器械有限公司	50	河北金柳化纤有限公司
20	河北拓普电气有限公司	51	石家庄望峰科技有限公司
21	石家庄信科微波技术有限公司	52	河北新东印刷有限公司
22	河北圣昊光电科技有限公司	53	河北车迪石油化工有限公司
23	河北慧日信息技术有限公司	54	石家庄正诚饲料机械有限公司
24	石家庄市力弛科技开发有限公司	55	石家庄金通达专用汽车有限公司
25	河北智昆精密传动科技有限公司	56	河北蓝海防水建材有限公司
26	河北信通网络信息技术有限公司	57	石家庄鼎盈化工股份有限公司
27	石家庄渡康医疗器械有限公司	58	河北盛景光电照明科技股份有限公司
28	河北冠益荣信科技有限公司	59	河北鸿联九五信息产业有限公司
29	石家庄正和网络有限公司	60	河北可为金属制品集团有限公司
30	石家庄宇讯电子有限公司	61	河北烽煊采暖设备制造有限公司
31	石家庄朗迈电子有限公司	62	河北格瑞尔斯塑机制造有限公司
32	石家庄市永庆建材木业有限公司	63	河北春晖专用汽车制造有限公司
33	河北众帮生物科技有限公司	64	河北业之源化工有限公司
34	河北小蜜蜂工具集团有限公司	65	河北东方久乐瑞丰汽车安全部件有限公司
35	石家庄波特无机膜分离设备有限公司	66	河北翎贺计算机信息技术有限公司
36	河北新星佳泰建筑建材有限公司	67	石家庄一诺机械有限公司
37	河北铂润工贸科技有限公司	68	石家庄瑞诺网络科技有限公司
38	河北高达智能装备股份有限公司	69	河北思诺装饰材料有限公司
39	石家庄银河微波技术有限公司	70	河北万果红酒业有限公司
40	河北地邦动物保健科技有限公司	71	石家庄雷力工具有限公司
41	河北天业电气有限公司	72	石家庄凤山化工有限公司
42	河北升泰环境检测有限公司	73	中土大地国际建筑设计有限公司
43	石家庄弗斯特机电设备有限公司		

（安现科　李彬）

医药工业

【概况】 2021年石家庄市医药工业共有规模以上工业企业116家，同比增加20家；营业收入642.1亿元，同比增长9.8%，占全市规模以上工业营业收入12.6%；实现利润136.6亿元，同比增长27.4%，占全市规模以上工业利润39.5%；规模以上医药工业增加值同比增长13.1%，高于全市规模以上工业增速8.7个百分点，占全市规模以上工业增加值20.1%。医药工业产品包括化学原料药、化学制剂药、中药饮片、中成药、兽用药、生物化学药品、基因工程药物及疫苗、卫生材料、药用辅料及包装材料等。主要产品产量：化学药品原药10.96万吨，同比下降1.6%；中成药1.27万吨，同比下降2.4%。医药工业重点企业有石药控股集团有限公司、华北制药集团有限责任公司、石家庄以岭药业股份有限公司、石家庄四药有限公司、神威药业集团有限公司、常山生化药业股份有限公司等。7月21日，石药控股集团有限公司、华北制药集团有限责任公司、石家庄四药有限公司3家企业入选“2020年度中国化药企业TOP100排行榜”，分别位列第4位、第22位、第42位；石家庄以岭药业股份有限公司、神威药业集团入选“2020年度中国中药企业TOP100排行榜”，分别位列第7位、第20位。8月1日，中国医药工业信息中心发布2020年度中国医药工业百强企业、中国医药研发产品线最佳工业企业名单，石家庄市石药控股集团有限公司、华北制药集团有限责任公司、石家庄以岭药业股份有限公司、石家庄四药有限公司、神威药业集团有限公司5家企业入选2020年度中国医药工业百强企业，分别位列第10位、第27位、第31位、第72位、第92位，其中，石药控股集团有限公司、石家庄以岭药业股份有限公司同比分别上升3个位次、26个位次，华北制药集团有限责任公司、神威药业集团有限公司较2019年度位次保持不变，石家庄四药有限公司同比下降5个位次；石药控股集团有限公司、石家庄四药有限公司2家企业入选2020年度中国医药研发产品线最佳工业企业30强。12月18日，石家庄以岭药业股份有限公司、神威药业集团有限公司2家医药企业入选中国中药协会发布的“2021中成药企业TOP100”名单，分别位列第11位、第61位。

【石药集团】 石药控股集团有限公司（简称石药集团）是一家在香港上市的中国医药龙头企业，拥有创新药、普药、原料药三大业务板块，主要从事医药及相关产品的开发、生产和销售，成药产品主要有抗生素、心脑血管用药、解热镇痛用药、消化系统用药、抗肿瘤用药和中成药等产品。7月14日，石药集团自主研发两款抗肿瘤产品——甲苯磺酸索拉非尼片（0.2g）（商品名“艾利妥”）、苹果酸舒尼替尼胶囊（商品名“多美坦”）上市。7月20日，石药控股集团有限公司入选《财富》中国500强排行榜，排名位列第397位，较2020年上升21位次。8月1日，石药控股集团有限公司入选2020年中国医药研发产品线最佳工业企业30强。2021年石药集团营业收入413.94亿元，同比增长2.57%，营业收入位列石家庄市企业第3名。2021年石药集团恩必普药业有限公司纳税12.75亿元，同比下降15.6%；石药集团欧意药业有限公司纳税10.59亿元，同比增长26.5%。2021年石药集团入选“2020年度中国化药企业TOP100排行榜”、2020年度中国医药工业百强企业、2020年中国医药研发产品线最佳工业企业30强。

（李勇）

【华药集团】 华北制药集团有限责任公司（简称华药集团）位于石家庄市和平东路388号。华药集团前身为

石药集团总部

华药集团生物医药生产基地——金坦公司厂区

2021 年 6 月 22 日，华北制药金坦公司首席工人技师齐名在第十五届高技能人才表彰大会上获得“中华技能大奖”

华北制药厂，1953 年筹建，1958 年建成投产，1992 年重组设立华北制药股份有限公司，1994 年在上海证券交易所挂牌上市（股票名称：华北制药，股票代码：600812）。1996 年华北制药厂改制为国有独资公司。2009 年冀中能源集团接收重组华药集团。至 2021 年底，华药集团注册资本 13.46 亿元，资产总额达到 280 亿元，职工 1.3 万余人，子（分）公司 40 多家，拥有国家级创新平台 4 个、省级创新平台 7 台，主要包括微生物药物国家工程研究中心、抗体药物研制国家重点实验室、抗生素酶催化与结晶技术国家地方联合工程实验室等，产品涉及化学制药、现代生物技术药物、维生素及营养保健品、现代中药、生物农兽药等领域近 1000 个品种规格，涵盖抗感染类、心脑血管类、肾病、抗肿瘤及免疫调节类等，生产单元工艺路线、生产布局全部执行欧美现行版、中国新版 GMP 标准设计，产品远销 100 多个国家和地区。华北制药品牌价值 273.72 亿元。产品田可®环孢霉素（环孢素软胶囊）(25mg/50mg）两个规格通过国家仿制药质量和疗效一致性评价。华北制药华坤河北生物技术有限公司研发注册的治疗慢性乙型肝炎的口服制剂富马酸丙酚替诺福韦片（商标名：华异同®）获得国家药品监督管理局（NMPA）批准上市，华北制药新药公司获得企业技术创新奖，华北制药金坦公司五次获批国家级高新技术企业认定。8 月 10 日，历时 16 年，华北集团胜诉美国对华发起维生素 C 反垄断诉讼案。2021 年华北制药集团有限责任公司营业收入 116.91 亿元，同比下降 5.23%，营业收入位列石家庄市企业第 12 名。2021 年华北制药股份有限公司营销公司纳税 1.53 亿元，同比增长 81.5%；华北制药股份有限公司纳税 1.33 亿元，同比增长 10.9%；华北制药金坦生物技术股份有限公司纳税 1.02 亿元，同比下降 13.5%。2021 年华药集团位列“2020 年中国医药工业百强”第 27 位、“2020 年度中国化药企业 TOP100”第 22 位。

（长安区）

【以岭药业】 石家庄以岭药业股份有限公司（简称以岭药业）是中国工程院院士吴以岭采用“理论、临床、科研、产业、教学”五位一体运营模式，以中医络病理论为指导创建设立的新药研发企业。2001 年 8 月 28 日，公司注册成立，地址为石家庄高新区天山大街 238 号。2011 年 7 月 28 日，以岭药业在深圳证券交易所挂牌上市，股票代码 002603。以岭药业主要医药产品有通心络胶囊、参松养心胶囊、芪苈强心胶囊、连花清瘟胶囊、连花清咳片等，设有中药分院、化学药分院、生物药分院、健康

以岭药业

分院、安评中心、临床中心、国内注册中心和国际注册中心，中药新品种研发涵盖心血管系统、神经系统、呼吸系统、内分泌代谢系统、妇科、儿科、消化系统等领域。治疗急性气管、支气管炎专利新药“连花清咳片”获得国家药品监督管理局（简称国家药监局）药品注册批件。2020 年以岭药业及全资子公司北京以岭药业有限公司获得国家药监局核发“药品补充申请批件”，批准连花清瘟胶囊（颗粒）处方药说明书“功能主治”项增加“治疗新型冠状病毒肺炎相关功能及用法用量”。2021 年以岭药业营业收入 101.17 亿元，同比增长 15.2%，营业收入位列石家庄市企业第 14 名；实现利润 18.07 亿元，同比增长 15.1%；纳税额 10.34 亿元，同比增长 8.2%；企业净资产达到 85 亿元。12 月 18 日，以岭药业的“以岭牌”通心络胶囊、芪苈强心胶囊入选心血管类临床价值中成药品牌榜，连花清温胶囊入选呼吸类临床价值中成药品牌榜。2021 年以岭药业位列“2020 年中国医药工业百强”第 31 位、“2021 中成药企业 TOP100”第 11 位和“2020 年度中国中药企业 TOP100”第 7 位。

（高新区）

【神威药业】 神威药业集团有限公司（简称神威药业）是一家以现代中药为主业的大型综合性企业集团，业务涵盖中药材种植、中药饮片、中药制剂、中药配方颗粒、超微细粉、保健品、日化用品、生物制药、神威大药房连锁、医药商业流通、神威中医堂、互联网医疗等上中下游产业链，是现代中药注射液、软胶囊、颗粒剂专业制造商。建有“中药制剂先进工艺集成及生产过程自动控制高技术产业化示范工程”“中药注射液质量标准化示范工程”等国家高技术产业化示范项目，设有国家认定企业技术中心、院士工作站、博士后科研工作站，是国家 863 成果产业化基地、国家中药制剂高技术产业化示范基地、国家知识产权试点单位。神威药业综合运用指纹图谱、超临界萃取、超微粉碎等新技术，建成中药动态逆流提取、注射液洗灌封联动生产线、软胶囊全自动包装线等领先工艺设备，实现中药生产标准化、中药剂型现代化、质量控制规范化、生产装备自动化，中药产品达到“安全、有效、稳定、可控”标准。2003 年 12 月 30 日，公司注册成立，地址为石家庄市栾城区石栾大道 168 号。2004 年 12 月 2 日，神威药业股票在香港上市，发行总股本 50 亿股。神威药业以中老年用药、儿童用药、抗病毒用药等为市场，发展形成现代中药注射液、现代中药软胶囊、现代中药颗粒剂、中药配方颗粒四大特色剂型；公司生产的神威藿香正气软胶囊、神威参麦注射液、神威清开灵软胶囊、神威舒血宁注射液、神苗小儿清肺化痰颗粒等产品入选国家中药保护品种，五福心脑清软胶囊、小儿清肺化痰颗粒等药品畅销全国。“清开灵注射液、参麦注射液、舒血宁注射液”科研项目获得国家科技进步二等奖、神威配方颗粒获得河北省科技进步奖一等奖。

神威药业

治疗老年痴呆的组分中药SLT胶囊进入国内外三期临床。2021年神威药业营业收入40.17亿元，同比增长7.03%，营业收入位列石家庄市企业第29名；纳税2.25亿元，同比增长8.2%。12月18日，神威药业的“神威牌”舒血宁注射液入选心血管、脑病类临床价值中成药品牌榜，清开灵注射液入选呼吸、脑病类临床价值中成药品牌榜，藿香正气软胶囊入选脾胃类临床价值中成药品牌榜。2021年神威药业位列“2020年中国医药工业百强”第92位、“2021中成药企业TOP100”第61位和“2020年度中国中药企业TOP100”第20位。

（栾城区）

【石家庄四药】 石家庄四药有限公司（简称石家庄四药）始建于1948年，是一家以生产大输液为主导，兼顾片剂、颗粒剂、口服液、胶囊、水针等多种剂型及原料药、生物制剂、医用包材等新型产业为一体的大型综合制药企业。地址位于石家庄市高新区珠江大道288号。2007年3月27日，石家庄四药有限公司与香港主板上市企业利君国际医药控股公司签署协议借壳上市，股票代码为02005.HK。1983年正式启用石家庄第四制药厂厂名，2003年被认定为河北省高新技术企业，2006年跻身中国医药工业百强企业，2015年建立药物研究院和博士后工作站，2016年经国家发展改革委批准设立化学药品注射剂质量控制国家地方联合工程实验室，2017年设立院士工作站。石家庄四药设有两大生产区，分属石家庄高新区和石家庄经济技术开发区，主导产品大输液拥有20余条国际先进水平的生产线，年销售量16亿瓶（袋），占全国市场的25%，其中软袋输液销量占全国50%以上。主导大输液产品主要有：10%葡萄糖注射液、甲硝唑葡萄糖注射液、己酮可可碱注射液、甲硝唑注射液、乳酸环丙沙星注射液、替硝唑注射液、诺氟沙星葡萄糖注射液、5%葡萄糖注射液、0.9%氯化钠注射液、葡萄糖氯化钠注射液、复方氯化钠注射液、木糖醇注射液（PP）、乳酸钠林格注射液（PP）、复方乳酸钠葡萄糖注射液、甘露醇注射液等。医用药品药材涵盖大小容量注射剂、胶囊剂、口服液、颗粒剂、片剂、分散片、干混悬剂、原料药、消毒巾和湿巾等。重视新药研发投入和技术创新，投资建设输液高新技术产业园；确立输液制剂、中成药两大产品定位，创新利用PP塑料瓶、非PVC多层共挤膜输液技术。与天津大学、北京大学、中国药科大学、河北科技大学等高校及科研院所合作，研制开发出盐酸阿比朵尔胶囊、山荷口服液、乳酸加替沙星葡萄糖（氯化钠）注射液、乳酸左氧氟沙星注射液、盐酸氨溴索葡萄糖注射液、氟尿嘧啶氯化钠注射液、盐酸昂丹司琼氯化钠注射液、阿奇霉素分散片等具有市场发展潜力的中西药产品。2021年石家庄四药营业收入60.39亿元，同比增长19.92%，营业收入位列石家庄市企业第22名；实现利润8.74亿元，同比增长26.9%，纳税额2.83亿元，同比增长23.7%。2021年石家庄四药位列“2020年中国医药工业百强”第72位、“2020年度中国化药企业TOP100”第42位，入选2020年中国医药研发产品线最佳工业企业30强。

（高新区）

石家庄四药国家和地方联合工程实验室

【常山生化】 河北常山生化药业股份有限公司（简称常山生化）成立于2000年9月，2011年8月常山生化在深圳证券交易所创业板上市，注册资本9.35亿元，总资产40亿元，拥有生产基地4个，是一家集生产、研发、进出口贸易为一体的生化制药企业，也是肝素领域唯一从肝素粗品到低分子注射液产品、具备完整产业链的国家级重点高新技术企业。建有多糖类药物生产工艺技术国家地方联合工程实验室、河北省多糖类药物工程技术研究中心、河北省多糖类药物技术创新中心、石家庄市粗品肝素技术创新中心。主要产品有肝素钠、肝素钙、依诺肝素钠、达肝素、透明质酸等原料药和肝素钠注射液、低分子量肝素钙注射液及其他系列肝素衍生产品。2021年公司“年产35吨肝素系列原料药产品项目”获得国家发展改革委批复，“长效GLP-1多肽药物艾本那肽的Ⅲ期临床研究项目”入选重点研发计划项目，“膜分离制备依诺肝素钠的产业化”“牛肝素工艺研究”项目通过验收。申请专利10项，分别为：一种阿哌沙班片剂及其制备方法；肝素钠注射液中苯甲醇与苯甲醛的检测方法；一种牛源肝素钠的提取精制方法；一种肠衣制品生产用压肠机；一种粗品肝素钠制备用刮肠机；一种生产粗品肝素钠环保型离子交换装置；一种高效分离粗品肝素钠中杂质的陶瓷膜结构；一种浓缩猪小肠黏膜酶解液的纳滤装置；一种利用猪小肠粘膜低盐制备粗品肝素钠的方法；一种酶解猪小肠黏膜提取粗品肝素钠的酶解装置。授权专利6项，分别为：依诺肝素钠中氯化苄残留的HPLC检测方法；一种肠衣制品生产用压肠机；一种粗品肝素钠制备用刮肠机；一种生产粗品肝素钠环保型离子交换装置；一种高效分离粗品肝素钠中杂质的陶瓷膜结构；一种浓缩猪小肠黏膜酶解液的纳滤装置。过氧乙酸工艺肝素钠、依诺肝素钠原料新工艺实现规模化生产。肝素钠原料药获得瑞士批准，依诺肝素钠注射液获得玻利维亚批准和菲律宾、委内瑞拉、秘鲁注册证书。2021年常山生化营业收入29.69亿元，同比增长25.55%，营业收入位列石家庄市企业第32名；纳税金额1.54亿元，同比下降18.2%。2021年常山生化排名河北省制造业民营企业100强第81位。

（正定县档案馆）

装备制造业

【概况】 2021年石家庄市装备制造业共有规模以上工业企业541家，同比增加41家。按照国民经济分类包括8个大类、50个中类、135个小类，产品品种53种。主要企业分布：专业设备制造业113家，电气机械和器材制造业107家，金属制品业101家，通用设备制造业96家。2021年全市装备制造业营业收入673.2亿元，同比增长7.6%，占全市规模以上工业营业收入13.2%；实现利润46.0亿元，同比增长322.7%，占全市规模以上工业利润13.3%；规模以上装备制造业工业增加值同比增长5.5%，占全市规模以上工业增加值12.7%。电气机械和器材：灯具及照明装置275675台（套、个），同比增长327.7%；金属制品业：金属压力容器18823.4吨，同比增长197.8%；专业设备制造业：医疗仪器设备及器械2826台，同比增长3.3%；农业机械：机械化农业及园艺机具52984台，同比增长14.2%；通用设备：金属紧固件14201吨，同比增长49.2%；铁路、船舶、航空航天和其他运输设备制：铁路货车881辆，同比增长37.4%；仪器仪表：环境监测专用仪器仪表364405台，同比增长5.4%。装备制造业主要企业有格力电器（石家庄）有限公司、石家庄安瑞科气体机械有限公司、石家庄煤矿机械有限责任公司、中车石家庄车辆有限公司、中航通飞华北飞机工业有限公司等。2021年全市装备制造业在国民经济8个大类中比重较高有4个大类，其中，电气机械和器材制造业占比20.83%，金属制品业占比18.1%，专业设备制造业占比17.98%，计算机、通信和其他电子设备制造业占比14.43%，营业收入同比增长12.23%，利润同比增长30.16%。2021年全市推广新能源汽车19913辆，占全省比重19.4%，位居全省第一名。石家庄钢铁有限责任公司入选工业和信息化部2021年智能制造试点示范工厂单位，河北同福健康产业有限公司被认定为河北省智能制造标杆企业，河北新大地机电制造有限公司被认定为河北省智能制造集成商。

（王京涛）

【栾城装备制造产业园】 至2021年底，河北石家庄装备制造产业园（因地址位于栾城区，简称栾城装备制造产业园）入驻规模以上工业企业100家（含装备制造类企业34家）、央企12家、高新技术企业56家、外贸出口企业39家，建成企业技术中心16家、博士后工作站1家、院士工作站1家，主导产业形成高端装备制造、生物医药大健康、精细化工、商贸物流四大产业格局。生产区占地面积1420公顷，其中产业用地面积430公顷。2021年栾城装备制造产业园营业收入528.3亿元，其中装备制造类企业营业收入175亿元；实现税收收入18.4亿元。

（栾城区）

【格力电器（石家庄）有限公司】 格力电器（石家庄）有限公司成立于2011年5月23日，是中国知名家电企业——珠海格力电器股份有限公司独资子公司，注册资本1亿元。地址位于石家庄高新区珠江大道252号，即珠江大道和环城水系交叉口石家庄家电产业园，占地面积3000余亩，建筑面积65.7万平方米，总投资200亿元。主营家用、商用空调器、压缩机、模具及配套产品的生产、销售。2021年格力电器（石家庄）有限公司营业收入41.41亿元，同比下降25.8%，营业收入位列石家庄市企业第26名；实现利润2.2亿元，同比增长7.3%；纳税金额2.31亿元，同比增长16.9%。

（高新区）

【中车石家庄车辆有限公司】 中车石家庄车辆有限公司是中车齐车集团有限公司成员企业，始建于1905年，地址位于石家庄市装备制造产业园区，占地面积2000亩。中车石家庄车辆有限公司是国家级高新技术企业和国内铁路货车造修基地之一，具备敞车、平车、棚车、罐车4大类主型通用货车及专用装备运输车、铁路架桥（铺轨）机组车辆等铁路专用车辆修造资质，年检修能力1.2万辆以上，年新造能力4000辆以上。致力新能源车生产，与中车时代电动汽车股份有限公司（位于株洲市）合作，建设大中型新能源客车生产线，产品包括微循环电动车辆、新能源公交、纯电动大巴等，年产量2000台。2021年中车石家庄车辆有限公司营业收入22.2亿元，同比下降14.38%，营业收入位列石家庄市企业第52名；纳税金额7611万元；所属子公司石家庄中车轨道交通装备有限公司营业收入1.88亿元，纳税金额2586万元。

（栾城区）

2021年12月13日，市长马宇骏（前排右二）到中车石家庄车辆有限公司调研考察企业经营发展（市政府办公室提供）

【科林电气】 石家庄科林电气股份有限公司（简称科林电气）注册成立于2000年，是一家以“智能电网、新能源、互联网+”三大业务板块为主业，集研发、生产、销售、服务为一体的国内知名电气企业，经营范围包括配电网自动化系统、变电站自动化系统、发电站自动化系统等，地址位于石家庄市鹿泉区红旗大街南降壁路段，占地面积43公顷，注册资金1.62亿元。2017年公司在上海证券交易所上市，股票名称：科林电气，股票代码：603050。2018年科林电气被认定为国家企业技术中心，2019年入选中国电气企业100强，2020年被认定为国家技术创新示范企业。2021年科林电气获评国家技术创新示范企业、河北省制造业民营百强企业、石家庄百强企业、石家庄战略性新兴产业领军企业20强。公司建有科林电气CNAS实验室、科林电气研究院和数字化智能钣金生产线，申请专利300余项，取得专利授权160项。2021年科林电气营业收入20.39亿元，同比增长42.79%，营业收入排名石家庄市企业第54位；实现净利润9382.25万元；纳税金额9352.35万元，同比增长31.18%。

（崔鹏旭）

科林电气厂区

【博深股份有限公司】 博深股份有限公司于1994年9月创建成立，是一家以五金工具类（金刚石工具、电动工具、合金工具）、涂附磨具类和轨道交通装备类为主营业务的集团化跨国公司，总部位于石家庄高新区长江大道289号，占地面积6.4公顷，注册资本4.38亿元，总资产25亿元。2009年8月21日，公司股票在深圳证券交易所挂牌上市，股票名称博深工具，后改为博深股份，股票代码002282，首次发行量4340万股，募集资金净额46972.67万元。公司主要生产金刚石工具、电动工具、合金工具、高铁刹车闸片等产品，高速列车制动闸片年产量7万片。公司的“博深”品牌是中国金刚石工具行业知名品牌。生产主导产品均通过德国MPA质量安全认证和欧盟EN安全认证，电动工具通过欧盟CE认证，300～350千米/小时及以上动车组粉末冶金闸片（非燕尾型）通过CRCC认证及IRIS认证。其中，CRH5闸片完成新标准、新场地双认证；CRH380B闸片完成新307标准、新场地CRCC认证升级；CRH380A闸片、CR400（标动350）闸片完成开发设计及认证，获得CRCC试用证书（新307标准）。公司建有闸片智能生产车间1座，建筑面积5000平方米，车间实现无人化生产，全程无需人员干预，生产状态做到全程监控，物料均设有条码标识，可实现质量防错、追溯、分析及预警等。拥有专利145项，其中发明专利32项，是国家火炬计划重点高新技术企业、河北省高新技术企业，设有河北省金刚石工具工程研究中心、河北省轨道交通车辆摩擦制动重点实验室，入选中国科技名牌500强、中国成长企业百强、中国最具成长性民营企业、福布斯中国潜力企业、河北省民营科技十强企业。2021年博深股份有限公司营业收入15.83亿元，同比增长22.52%，营业收入位列石家庄市企业第66名；实现利润4828万元，同比增长2106.4%，纳税金额819万元，同比增长3.9%。

（高新区）

石煤机公司生产的煤矿用防爆柴油机单轨吊机车

【石家庄煤矿机械有限公司】 石家庄煤矿机械有限公司（简称石煤机公司）是专业从事煤矿采掘运及支护设备、工程钻探设备、随车起重设备研发、生产和销售的大型机电装备制造企业。公司始建于1939年，1957年从吉林省通化市迁到石家庄市，1959年更名为石家庄煤矿机械厂，1998年开始改制，1999年4月29日公司注册成立。2007年经河北省政府国资委批准，石煤机公司成为冀中能源、中煤能源集团各持股50%的国有合资公司，注册资本2.4亿元。地址位于栾城区裕翔街167号，占地面积990亩。主要产品有煤机装备、专用车装备、勘探装备三大板块。其中，煤机装备主要包括采掘设备、井下辅助运输设备、支护设备、坑道钻机等；专用车装备主要包括随车起重机和环卫车辆，随车起重机产品主要有直臂、折臂系列随车起重机、船载、非开挖、抓木、特种作业液压起重机等，环卫车辆包括扫路车、洗扫车、清洗车、洒水车、多功能抑尘车、垃圾车、除雪车等40余种；勘探装备主要包括工程钻机、石油钻机、水源钻机及配套泥浆泵等。48项产品填补国内空白，94技术获得国家专利。3月15日，中煤装备研究院智能掘进研究所在石煤机公司揭牌。5月24日，冀中装备集团石煤机公司自主研发成功CCG/C300/160Y煤矿用防爆柴油机齿轨机车，最大牵引力达到300千牛，成为国内牵引力最大的齿轨机车。6月30日，市环卫装备技改研发中心在石煤机公司揭牌。2021年石煤机公司营业收入10.04亿元，同比增长11.18%；纳税金额3798万元。

（栾城区）

【石家庄安瑞科气体机械有限公司】 石家庄安瑞科气体机械有限公司始建于1970年，2005年在香港联交所上市（HK3899）。主要从事高压、低温、中压等压力容器的研发、制造、销售和服务，是中国国内知名的气体机械制造企业和成套技术集成企业。公司拥有液压式加气子站专利技术、国家质量技术监督检验检疫总局颁发的压力容器设计（含分析设计）、制造许可证及无缝气瓶制造许可证，获得中国汽车技术研究中心颁发的世界制造厂识别代号（WMI）证书，取得美国ASME（美国机械工程师协会）颁发的U和U2钢印及授权证书，美国运输部颁发的DOT认证，韩国KGS认证及德国莱茵公司颁发的ISO9001、ISO14001标准认证。2020年石家庄安瑞科气体机械有限公司获批河北石家庄氢能装备制造产业示范基地。10月21日，公司承制30MPa船用氢燃料大容积缠绕储运气瓶下线，出口欧洲。11 月 11 日，公司为北京冬奥会专供型氢气储运产品——氢气管束式集装箱下线，这也是国内运输氢气数量最大的管束式集装箱。2021 年石家庄安瑞科气体机械有限公司营业收入 12.55 亿元，同比增长 12.25%，营业收入位列石家庄市企业第 86 名。

（王京涛）

2021 年 7 月 20 日，中航通飞华北公司生产的运五通用无人机（运五 U）首飞成功

【中航通飞华北飞机工业有限公司】 中航通飞华北飞机工业有限公司是 2012 年 9 月由河北省政府与中国航空工业集团有限公司在石家庄飞机工业有限责任公司基础上共同出资组建的航空制造业公司，注册资本 15 亿元，地址位于石家庄市栾城区衡井路 99 号。占地面积 1091 亩，建筑设施面积 14 万平方米，拥有 1200 米跑道 A1 类通用机场 1 座。主要从事通用飞机研发、制造、适航、维修业务，具有机加、钣金、钳焊、复合材料加工、表热处理及飞机部装、总装、试飞等综合能力。建有省级企业技术中心，通过 AS9100D 质量体系认证，拥有自营进出口经营权资格。主要航空产品有：运五 / 运五 B 系列飞机、小鹰 500 飞机、海鸥 300 水陆两栖飞机、赛斯纳“凯旋”208B 飞机、国王 350 飞机、工业级无人机等。2021 年中航通飞华北飞机工业有限公司生产交付各型飞机整机 27 架，营业收入 5.39 亿元，同比增长 28.03%，纳税金额 4987 万元。

（栾城区）

【通合电子】 石家庄通合电子科技股份公司（简称通合电子）成立于 1998 年，注册资金 1.6 亿元，投资金额 2.06 亿元，现有员工 420 人，地址位于石家庄高新区漓江道 350 号。通合电子主营业务涵盖高端装备制造、电子信息、新能源汽车等领域，是行业领先的电力电源、电动汽车车载和非车载充电电源制造商及充换电站系统解决方案供应商。2015 年 12 月 31 日在深圳证券交易所上市，2019 年以 2.4 亿元并购西安霍威电源有限公司。通合电子依托自有核心专利技术研制生产“高频软开关功率变换设备”系列产品，主要包括电力电源操作电源，电动汽车车载及非车载充电机，电机控制器，智能一体化电源，电机控制器，风能、光伏并网设备，铁路、通信、消防及广播发射机电源等。拥有 SMT 全自动化贴片机流水线、波峰焊接生产线、组装流水线、自动调试生产线、三防涂敷流水线等 13 条生产线。公司建有河北省企业技术中心、河北省新能源汽车电力变换技术工程实验室、河北省技术创新中心、河北省工业设计中心、河北省工业企业研发机构等研发平台，测试实验室通过中国合格评定国家认可委员会（CNAS）和中国国防科技实验室认可委员会（DILAC）认证并取得相应资质。2021 年通合电子营业收入 2.83 亿元，同比增长 76.9%；实现利润 352 万元，同比增长 236.5%；纳税金额 995 万元，同比增长 48.8%。

（高新区）

食品工业

【概况】 2021 年石家庄市食品工业共有规模以上工业企业 168 家，与 2020 年持平。其中，农副食品加工业 109 家，减少 5 家；食品制造业 42 家，增加 5 家；酒、饮料和精制茶制造业 16 家，烟草制品业 1 家，均与 2020 年持平。2021 年全市规模以上食品工业营业收入 621.8 亿元，同比增长 11.0%，占全市规模以上工业营业收入 12.2%；实现利润 9.7 亿元，同比下降 25.1%，占全市规模以上工业利润 2.8%；规模以上食品工业增加值同比增长 13.9%，占全市规模以上工业增加值 11.3%。食品工业主要产品产量：乳制品产量 74.0 万吨，同比下降 9.7%；乳粉 6.4 万吨，同比增长 1.0%；卷烟 195.4 亿支，同比下降 13.4%。食品工业主要分布在藁城区、栾城区、鹿泉区、正定县、行唐县、赵县等区域，主要优势食品工业企业有君乐宝乳业、河北三元、益海粮油（石家庄）、双鸽食品、洛杉奇食品、中粮可口可乐饮料（河北）、同福健康、惠康食品等优势骨干企业。

（武垢强）

【君乐宝乳业】 石家庄君乐宝乳业有限公司（简称君乐宝乳业）成立于 1995 年，地址位于鹿泉区铜冶镇石铜路 36 号。主营业务为婴幼儿奶粉、低温液态奶、常温液态奶、牧业四大主业，是河北省最大的乳制品加工企业，也是国家高新技术企业和国家乳品研发技术分中心，拥有生产工厂 21 个、现代化大型牧场 17 个，在岗员工 1.4 万余人。2011 年 5 月，“君乐宝”商标获批中国驰名商标。2015 年 7 月，君乐宝工业旅游景区建成对外开放，获评 4A 级旅游景区。重视产品创新，建有企业菌种资源库，自主采集益生菌菌种 200 多株，研发副干酪乳杆菌 N1115，打破国内益生菌及乳酸菌发酵剂长期被国外垄断局面。至 2021 年底，君乐宝乳业拥有核心专利 81 项、省级鉴定科技成果 14 项。3 月 16 日，君乐宝乳业涨芝士啦奶酪棒奶酪新品上市。9 月 10 ～ 12 日，君乐宝“新一代鲜牛奶”悦鲜活、乐臻婴幼儿配方奶粉分别获得 2021 中国乳制品工业协会技术进步奖特等奖和一等奖。9 月 17 日，君乐宝乳业集团入选全国质量标杆企业。2021 年君乐宝乳业产销量突破 10 万吨，营业收入 203 亿元，同比增长 40.31；纳税金额 6.99 亿元，同比增长 10%。

（君乐宝乳业）

【河北三元食品有限公司】 河北三元食品有限公司于 2008 年 12 月 10 日注册成立，是一家集畜牧科技研究、新产品开发、乳与乳制品加工及销售于一体的大型乳业企业，是北京三元食品股份有限公司的全资子公司，地址位于新乐市三元路 6 号。2016 年 5 月 16 日，北京三元食品公司在新乐市投资建设三元河北工业园，占地面积 600 余亩，总投资 18 亿元，设计年产婴幼儿配方乳粉 4 万吨、各类液奶 25 万吨。2021 年河北三元食品有限公司营业收入 11.24 亿元，同比下降 16.9%，营业收入排名石家庄市企业第 93 位。

（市档案馆）

【河北双鸽食品股份有限公司】 河北双鸽食品股份有限公司成立于 2015 年，是一家集良种繁育、育肥、饲料加工、屠宰分割、肉制品深加工、冷冻冷藏、连锁销售为一体的生猪全产业链企业。建有核心养殖基地 4 座，包括国家生猪核心育种场、纯种扩繁场、二元扩繁场、育肥场，分别位于晋州市、无极县和灵寿县，是河北省最大生猪良种繁育基地。年出栏生猪 28 万头，年屠宰加工生猪 150 万头，年生产肉制品 5 万吨，冷冻冷藏容量 8 万吨，经营有 3 万平方米肉食水产品交易市场。公司管理通过 ISO9001、ISO22000 管理体系认证，肉产品获评河北省首家“无公害农产品”“绿色产品”，注册持有“双鸽”“奥开”两个河北省著名商标，生产“奥开”冷鲜肉和“双鸽”熟肉食品 100 多个品种，设有石家庄市“双鸽·奥开”连锁销售网络店 200 余家。2021 年河北双鸽食品股份有限公司营业收入 9 亿元，同比增长 19.2%。

（门周洋）

石家庄君乐宝乳业有限公司总部

【石家庄市惠康食品有限公司】 石家庄市惠康食品有限公司成立于 1993 年，注册资金 2 亿元，地址位于河北自贸区正定片区正定县新城铺镇新城铺村村南，占地面积 248 亩，现有员工 2000 余人，是一家集农业种植养殖、预制菜生产销售、肉类贸易等为一体的大型食品企业。建有 8 栋生产车间、10 余条自动化生产流水线，7 层多列往复式速冻隧道长 756 米。旗下拥有“谷言”“捷百味”“谷言牧场”“嗨饭师”等名优品牌。主营出口产品、内销产品两大类。出口主营产品有：速冻肉类产品（包括牛肉、

市惠康食品有限公司

牛舌、牛筋串、猪肉等），年产量2000吨；速冻果蔬类产品（包括洋葱、胡萝卜、土豆等），年产量5000吨。产品出口日本、韩国、美国、澳大利亚、香港等国家和地区，产品质量通过日本“肯定列表”734种1万多项药物残留检验检测，其中“牛筋类”产品在日本同类产品中占到市场份额40%。内销主营产品有：谷言料理包、谷言家宴菜系列产品（谷言牛套皮、正定八大碗、酸菜鱼、黄焖鸡、火锅鸡、蜀山烤鱼、京酱肉丝、宫保鸡丁、菠萝咕咾肉等）及谷言牧场和牛肉、皇冠整切牛排、自热产品、速食等八大系列150多个产品。公司曾获得“国家级农业产业化重点龙头企业”“全国主食加工业示范企业”“高新技术企业”“石家庄市果蔬及肉类深加工技术研究中心”等荣誉。2021年市惠康食品有限公司日产各类产品50万份160吨，年产值达到40亿元。

（梅珊珊）

【石家庄市制酒厂有限公司】 石家庄市制酒厂有限公司（简称石酒公司）始建于1947年，是新中国白酒工业的开创者、公营酿酒开国第一家、共和国白酒工业长子、中央驻西柏坡时期招待用酒和解放战争战地医疗物资生产厂、开国大典国宴用酒生产厂、红星二锅头发源地。石酒公司前身为晋察冀边区石家庄市公营酿酒厂，曾隶属晋察冀边区政府、华北人民政府、华北税务总局、中央人民政府财政部、中央人民政府轻工业部、河北省工业厅、市工业局、市国资委，现为市国资委监管企业——石家庄国有资本投资运营集团有限责任公司全资子公司。石酒公司是国家高粱改良中心河北成果转化基地、河北科技大学产学研基地、河北省酿酒工业协会理事单位，获授燕赵老字号企业，酿造技艺获评市非物质文化遗产。地址位于石家庄市长安区北二环西路19号。主营核心产品：天下第一庄（石家庄大曲）、鹿泉春等系列，曾获得中华人民共和国轻工业部优质产品、中国酒业明星产品、第一届曼谷国际名酒博览会特别金奖、河北名酒、河北历史文化名酒等荣誉。公司酒产品采用传统纯粮固态混蒸混烧老五甑蒸馏蒸粮工艺，地下泥池老窖发酵，陶坛储存原酒老熟，馥雅香气浑然天成；白酒年生产能力1.2万吨，黄酒年生产能力100吨。2021年石酒公司营业收入2007万元，纳税金额657万元，酒类产品获得中国酒业（华北产区）地域标志产品和中国酒业（华北产区）卓越品质产品。

（陈曦）

2021年12月3日，市制酒厂有限公司旗舰店开业

纺织服装业

【概况】 2021年石家庄市纺织服装业共有规模以上工业企业269家，同比减少22家。其中，纺织业123家，减少7家；纺织服装、服饰业26家，减少13家；皮革、毛皮、羽毛及其制品和制鞋业102家，减少5家；化学纤维制造业18家，增加3家。2021年全市规模以上纺织服装业营业收入218.6亿元，同比增长3.9%，占全市规模以上工业营业收入4.3%；实现利润2.5亿元，同比增长80.2%，占全市规模以上工业利润0.7%；规模以上纺织服装工业增加值同比增长4.3%，占全市规模以上工业增加值3.1%。主要产品产量：纱18.4万吨，同比增长7.0%；布3.9亿米，同比下降17.9%；服装1606万件，同比增长5.4%；鞋1051万双，同比下降12.2%。纺织服装业重点企业有石家庄常山北明科技股份有限公司、际华三五零二职业装有限公司、际华三五一四制革制鞋有限公司、石家庄常山恒新纺织有限公司、河北吉藁化纤有限责任公司等。2021年度服装设计大赛，4家企业品牌入选“河北服装服饰畅销品牌”，分别为：石家庄市河北圣悦进出口有限公司“尤嘉”、河北鑫威服装有限公司“古威隆”、河北夺标狼服饰有限公司“夺标狼”、壹名服装服饰装备科技集团有限公司“壹名·格瑞”。河北浩威服装有限公司获评“河北服装服饰优质制造商”；壹名服装服饰装备科技集团有限公司陈伟平的作品“光影变奏曲”荣获大赛唯一金奖，河北女子职业技术学院姜昀含的作品“瑶韵”获最佳服饰搭配奖，际华三五零二职业装有限公司董立景的作品“念”获最佳造型奖。6月11日，河北汇康医药有限公司荣获“年度中国百家基层医疗优秀服务商业”称号。2021年全市疫情防控重点物资生产企业产品涵盖防护用品、抗病毒药品和医疗设备、消杀用品、医用耗材4大类100多个品种。其中，防护服、隔离衣生产企业3家，日产能分别为6万件、20万件；口罩生产企业43家，日产能1000万只；防护手套企业3家，日产能700万双；配套企业包括无纺布、隔离面料企业6家及药品包装、耗材等企业。

【常山纺织集团】 石家庄常山纺织集团有限责任公司（简称常山纺织集团）是一家成立于1991年的国有独资公司，1996年经河北省政府批准授权经营石家庄市属纺织企业国有资产。2000年7月24日，常山纺织集团在深圳证券交易所上市。2004年常山纺织集团在石家庄高新区投资建设占地380亩河北省高新技术企业——石家庄常山恒新纺织有限公司，2008年在正定县建设占地1300亩常山纺织工业园，2012年正式启动主城区老厂停产搬迁。2015年7月，常山纺织集团以定向增资扩股方式，收购民营高科技企业北明软件100%股权，形成国有企业常山集团为第一大股东、民营企业北明软件为第二大股东的混合所有制架构。取得软件著作权504项、发明专利16项、实用新型专利2项。至2021年底，常山纺织集团拥有全资子公司11家、上市公司1家，在册员工5600人，注册资金12.54亿元，总资产183亿元，发展形成纺织和软件双主业，主导产品主要有纱、布、服装、家纺、软件开发等。2021年常山纺织集团营业收入115.84亿元，同比增长10.36%；实现利润1.11亿元，上缴税金1.88亿元。2021年常山纺织集团位列全国棉纺织行业营业收入百强企业第21位、石家庄市企业第13位。

（王国正）

【际华三五零二职业装有限公司】 际华三五零二职业装有限公司始建于1928年，1955年由天津市迁至河北

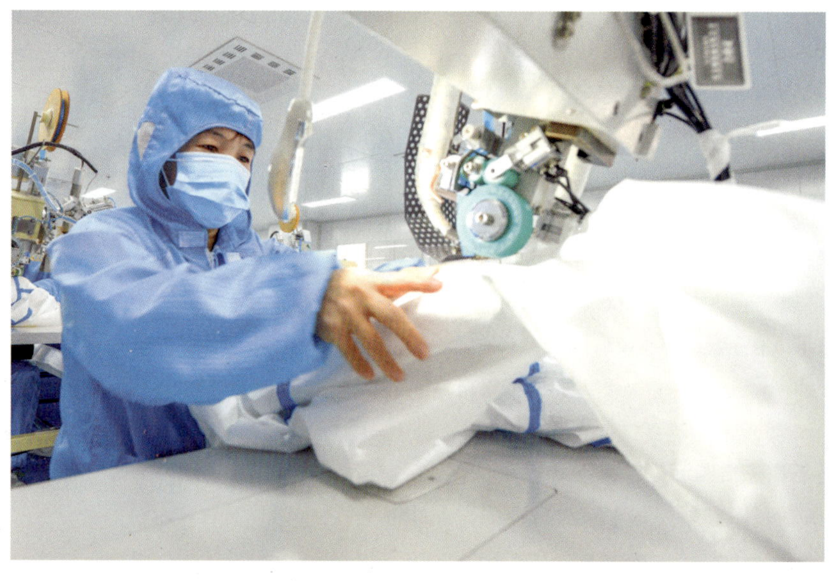

际华三五零二职业装有限公司支援新冠肺炎疫情防控，生产医用防护服

省井陉县，公司前身为中国人民解放军第三五零二工厂，2006年11月改制为际华三五零二职业装有限公司，隶属央企新兴际华集团。2011年公司被国家发展改革委、科技部、财政部、海关总署、国家税务总局认定为国家级企业技术中心，2013年被认定为国家级工业设计中心，2014年被认定为高新技术企业，建有全国省级职业装设计工艺工程技术研究中心和全国职业装专业研究院，公司“3502”商标被认定为中国驰名商标。2020年3月，际华三五零二职业装有限公司石家庄生产基地2条10万级平面口罩生产线、1条N95口罩生产线投产，平面口罩日产能力达24万只，N95口罩日产能力达6万只。2021年际华三五零二职业装有限公司营业收入13.55亿元，同比增长16.41%，营业收入排名石家庄市企业第80位。

（市档案馆）

【际华三五一四制革制鞋有限公司】 际华三五一四制革制鞋有限公司（原石家庄三五一四皮革皮鞋总厂、中国人民解放军第三五一四工厂）始建于1939年，1958年4月建成投产，先后隶属中国人民解放军总后勤部军需生产部、中国新兴（集团）总公司、新兴铸管集团有限公司。1987年4月24日，注册成立公司。2006年11月，企业完成改制，变更为际华三五一四制革制鞋有限公司，现隶属新兴际华集团。地址位于石家庄市鹿泉区上庄镇，占地面积42万平方米，注册资本4.1亿元。设有3个分公司，分别为秦皇岛抚宁分公司、井陉分公司、邢台分公司。主要从事各种天然皮革、毛皮和皮鞋、皮衣、皮件等皮革制品的制造与销售，生产双密度、胶粘、模压、线缝、固特异等各种结构皮鞋及手套、腰带等皮具产品，包括双密度作战靴、05军官常服皮鞋、舰艇毛皮鞋、02女皮鞋、高腰作训鞋、航天鞋靴、冬季轻型作战靴、21火箭军作战靴等，年产各类鞋靴、手套、腰带等装具产品500多万双（件），公司的“神行太保”牌皮鞋获评“河北省用户满意产品”，“神行太保”商标获评“河北省著名商标”，鞋靴工业设计中心被认定为国家级工业设计中心。2021年际华三五一四制革制鞋有限公司营业收入6亿元，同比下降27.5%；自主研发产品35项、申报专利23项。

（杨笑）

【无极皮革业】 无极皮革业起源明末清初。中华人民共和国建国初期，拥有皮革作坊50余家。1980年代无极皮革业呈现爆发式发展，成为无极县支柱产业。2002年无极皮革业被石家庄市委、市政府认定为“石家庄市十大特色产业”。2012年无极县规划建设皮革园区，占地面积8平方千米，将分散全县10家涉水皮革鞣制企业整合至4家，全部集中到皮革园区发展。2013年无极皮革园区获批“省级循环经济示范园区”。2016年无极县启动皮革后整饰企业入园搬迁改造，并与中信集团合作，建设中信·无极绿色生态皮革后整产业园，总投资45亿元，占地面积167公顷。2019年无极皮革业列入“河北省107个特色产业集群”“石家庄市9个特色产业集群”。无极皮革业重点项目主要为：中信环境技术投资（中国）有限公司无极县废弃物资源化处置中心项目。重点企业主要有：日本世联汽车内饰（河北）、石家庄军城皮革有限公司、无极县金马皮革有限公司、河北齐盛皮革有限公司、无极海森皮革有限公司、无极卡森实业有限公司、无极县新长兴皮革有限公司、石家庄市福瑞得皮革工业有限公司、无极县景森皮革制品有限公司、无极县隆发皮革有限公司、无极县开源皮革有限公司、无极县嘉泰皮革制品有限公司等，产业形成原皮购进、皮革加工、后期整饰、成品革制造、配套产品、皮革产品、皮革废弃物再利用、商贸物流等完整的皮革产业链，主要产品有牛皮沙发革、座套革、箱包革、鞋面革等。无极皮革业拥有中国驰名商标6件、省名牌产品18项、著名商标36件，主要品牌有世联汽车内饰、新成达皮革有限公司汽车用革、康惠达皮革有限公司航空和高铁用革及五龙体育用品等。至2021年底，无极皮革产业年加工能力1.22亿平方米，加工量占国内总产量10%，占世界总产量3%；拥有皮革加工企业369家，其中规模以上企业89家；从业人员5万人，主要产品为牛皮沙发革、座套革、箱包革和鞋面革等；实现营业收入167.4亿元，完成增加值18.9亿元，纳税金额1.9亿元，出口产品交货值0.5亿元，其中税收收入占无极县一般公共预算收入20.7%。

（无极县）

石化工业

【概况】 2021年石家庄市石化工业共有规模以上工业企业346家，同比增加12家。其中，化学原料和化学制品制造业229家，减少8家；石油加工、炼焦和核燃料加工业12家，增加1家；橡胶和塑料制品业

105家，同比增加19家。2021年全市规模以上石化工业营业收入855.2亿元，同比增长3.8%，占全市规模以上工业营业收入16.8%；实现利润67.4亿元，同比增长24.1%，占全市规模以上工业利润19.5%；规模以上石化工业增加值同比下降8.0%，占全市规模以上工业增加值17.2%。主要生产产品包括硫酸（折100%）、烧碱（折100%）、纯苯、精甲醇、合成氨（无水氨）、农用氮、磷、钾化学肥料（折纯）、涂料、合成洗涤剂等。主要产品产量：硫酸（折100%）65.09万吨，同比下降11.7%；烧碱（折100%）10.07万吨，同比增长2.8%；纯苯11.16万吨，同比下降21.1%；精甲醇7.22万吨，同比增长0%；合成氨（无水氨）33.54万吨，同比增长2.0%；农用氮、磷、钾化学肥料（折纯）21.37万吨，同比下降13.7%；涂料13.14万吨，同比增长28.6%；合成洗涤剂3.79万吨，同比下降36%。循环化工园区是河北省首批省级工业聚集区和循环经济示范园区，园区主导化工产业为石油化工，与煤化工和氯碱化工结合形成“三化合一”的优势互补结构模式，突出显示以石油化工为主的循环经济产业链，具备800万吨炼油、60万吨合成氨、20万吨己内酰胺、50万吨硫酸、30万吨离子膜烧碱、10万吨苯酐、10万吨氨基己酸的生产能力。石油、煤炭及其他燃料加工业代表企业主要有中国石化石家庄炼化公司；化学原料和化学制品制造业企业代表企业有晋煤金石化工公司、河北诚信集团有限公司、石家庄白龙化工股份有限公司；橡胶和塑料制品业企业代表企业有河北橡一医药科技股份有限公司等。

【石家庄炼化分公司】 中国石油化工股份有限公司石家庄炼化分公司（简称石家庄炼化分公司）位于河北石家庄循环化工园区，公司前身为石家庄炼油厂，始建于1978年；1997年采用局部改制方式，募集发起设立石家庄炼油化工股份有限公司，并筹集资金成立石家庄化纤有限责任公司（简称石化纤），建设5万吨/年己内酰胺工程；2006年注销石家庄炼油厂，注册成立中国石化集团资产经营管理有限公司石家庄分公司，2007年12月26日转换体制注册成立中国石油化工股份有限公司石家庄炼化分公司；2009年5月，公司实施“一企一制”整合，将石化纤整体、石家庄资产分公司部分资产和人员并入石家庄炼化分公司。至2021年底，石家庄炼化分公司原油加工能力800万吨/年，己内酰胺生产能力20万吨/年，拥有常减压、催化裂化、蜡油加氢、渣油加氢、连续重整、柴油加氢等28套炼油生产装置及双氧水、氨肟化等11套己内酰胺生产线装置。主要产品涵盖汽油、柴油、航空煤油、聚丙烯、液化气、己内酰胺、聚酰胺切片等30多个品种和牌号。公司聚丙烯装置生产能力达到20万吨/年，可生产多种用于食品级（餐盒）、医用（注射器、婴儿用具、纺粘无纺布原料）绿色产品；高熔指口罩熔喷布基料Y450（熔喷布可用作医疗卫生口罩、防护服制作原料）实现规模化批量生产，生产熔融指数达到450克/10分钟。2020年7月23日，石家庄炼化分公司在原产AH-70号重交通道路石油沥青产品基础上，成功试产70B号道路沥青产品。2020年11月20日，石家庄炼化分公司首批98号国六标准汽油出厂，结束了河北省无自产98号汽油的历史。2021年石家庄炼化分公司营业收入259.87亿元，同比增长11.71%，营业收入位列石家庄市企业第6位；纳税80.13亿元，同比增长11.7%，纳税额排名石家庄市企业第一名。

【河北诚信集团有限公司】 河北诚信集团有限公司始建于1990年，1994年改制为有限责任公司，是一家集技术研发、生产加工、销售服务、物流运输于一体的大型精细化学品制造企业，也是全国规模最大的氢氰酸及其衍生物生产企业，是中国民营500强、中国石油和化工500强、中国精细化工百强企业及河北省百强企业、石家庄市百强企业，地址位于元氏县火车站东元赵公路南，占地面积2700余亩。主要产品有氰化钠、黄血盐钠、三聚氯氰、苯乙氰、苯乙酸（钠、钾）、丙二酸酯系列产品、EDTA螯合剂系列产品等100多种，产品销售国内30多个省市、自治区及欧美60多个国家和地区，被评为中国黄金行业最佳服务商、中国农药行业优秀原药与中间体供应商。氰化钠年生产能力25万吨，丙酯系列产品年生产能力4.5万吨。重视企业技术创新，公司技术中心被认定为国家级企业技术中心，参与制定“工业氰化钠”“氰化钠安全规程”“工业六氰合铁酸四钠”“工业用羟基乙腈”等行业标准多项。2021年河北诚信集团有限公司营业收入341.63亿元，同比增长10%，营业收入排名石家庄市企业第4名；纳税2.89亿元，同比下降34%，纳税排名石家庄市企业第26位。

（市档案馆）

【晋控金石化工集团有限公司】 晋控金石化工集团有限公司（简称金石化工）前身为河北省石家庄化肥厂（原址在石家庄市丰收路65号），始建于1957年，1964年投产，是中国第一家自行设计、制造、安装的水溶液全循环法尿素生产样板厂，也是中国首家研制成功并工业化生产多孔粒状硝酸铵企业。2004年9月，河北省石家庄化肥厂与山西晋城无烟煤矿业集团有限责任公司（简称晋煤集团）合资合作成立石家庄金石化肥有限责任公司；2009年9月，公司更名为晋煤金石化工投资集团有限公司（简称晋煤金石化工公司）。晋煤金石化工公司是晋煤集团的控股子公司，也是中国化工企业500强，获得河北省“最具影响力和最具成长性企业”和石家庄市百强企业等荣誉。企业并购重组后，石家庄晋煤金石化工公司搬迁到河北石家庄循环化工园区丘头镇工业大街88号，占地面积849亩，总氨年生产能力60万吨，与河北省重点项目——石炼化800万吨炼油改造工程配套实施，为炼油改造、己内酰胺、环乙酮、氨基己酸等项目提供氢气、氮气、液氨、甲醇等产品。公司生产化肥化工产品20多种，主要产品有尿素、硝酸铵、甲醇、碳酸氢铵、稀硝酸、硝酸钠、亚硝酸钠、甲醛、二甲醚、双氧水、复合肥、液体二氧化碳、编织袋等，“太行山”牌硝酸铵、尿素被认定为河北省著名商标。2021年5月，晋煤金石化工公司更名为晋控金石化工集团有限公司，设有分公司1家、全资子公司3家、控股子公司4家，参股公司2家。2021年晋控金石化工集团有限公司营业收入83.68亿元，同比增长22.88%，营业收入排名石家庄市企业第17名。

【河北威远生物化工股份有限公司】 河北威远生物化工股份有限公司（简称威远生化）是河北省首家上市公司，是集农药原料药及制剂研发、生产和销售于一体的现代化企业，是国家农药定点生产企业。地址位于河北石家庄循环化工园区化工中路6号。公司原名河北威远建材股份有限公司，由石家庄地区建筑材料一厂、二厂和石家庄地区高压开关厂发起组建成立，1992年6月25日公司更名为河北威远实物股份有限公司，1992年7月14日注册成立；1994年1月3日在上海证券交易所上市，股票名称河北威化，后改为威远生化，股票代码600803；1999年3月公司改名为河北威远生物化工股份有限公司。2004年5月新奥集团股份有限公司（简称新奥集团，股票名称新奥股份，股票代码600803）收购威远生化80%股权，成为河北威远生物化工股份有限公司控股股东。公司参与制定国家及行业农药产品标准10余项，生产产品有杀虫剂、杀菌剂、除草剂三大系列300多个农药产品，主导产品有阿维菌素、甲氨基阿维菌素、草铵膦、嘧菌酯、吡蚜酮、噻唑膦、呋虫胺、除虫脲等，培育形成蓝锐、福蝶、禾媄等多个制剂知名品牌。获授专利25项，其中，发明专利18项、外观设计专利5项、实用新型专利2项。“草铵膦连续化生产技术的研发与应用”项目获得第十四届中国农药工业协会农药创新贡献奖一等奖，“威远锦腾”（60%吡蚜——呋虫胺水分散粒剂）获得全国植保市场杀虫剂畅销品牌产品。2021年河北威远生物化工股份有限公司营业收入22.93亿元，同比增长3.9%，营业收入排名石家庄市企业第47名。

（张鑫涛）

【石家庄白龙化工股份有限公司】 石家庄白龙化工股份有限公司是一家基础化工原料生产企业，公司前身为石家庄市化工二厂，始建于1959年，1997年12月由石家庄市化工二厂改制设立为股份制企业。公司占地面积168.5亩，注册资本5666.34万元，总资产4.21亿元。主要产品产能为：苯酐10万吨/年、顺酐4.5万吨/年、增塑剂8万吨/年，不饱和聚酯树脂3万吨/年。2021年石家庄白龙化工股份有限公司营业收入9.23亿元，实现利润1334万元。2021年石家庄白龙化工股份有限公司获得“河北省绿色工厂”称号。

（潘岳萏）

冶金工业

【概况】 2021年石家庄市冶金工业共有规模以上工业企业33家，同比增加1家。其中，黑色金属冶炼和压延加工业企业16家，数量与2020年持平；有色金属冶炼和压延加工业企业15家，同比减少1家。2021年全市规模以上冶金工业营业收入1007.8亿元，同比增长49%，占全市规模以上工业营业收入19.7%；实现利润64.1亿元，同比增长56.1%，占全市规模以上工业利润18.5%。2021年全市规模以上钢铁工业营业收入982.4亿元，同比增长49.5%，占全市规模以上工业营业收入19.3%；实现利润62.2亿元，同比增长54.5%，占全市规模以上工业利润18.0%；规模以上钢铁工业增加值同比下降1.2%，占全市规模以上工业增加值13.5%。冶金行业主要产品及产量：生铁964.7万吨，同比下降16.9%；粗钢1155.9万吨，同比下降9.3%；钢材1351.9万吨，同比增长0.6%。黑色金属冶炼和压延加工业代表企业有敬业集团有限公司、河钢集团石家庄钢铁有限责任公司。

【敬业集团有限公司】 敬业集团有限公司（简称敬业集团）于1990年

成立，是一家以钢铁为主业，下辖总部钢铁、乌兰浩特钢铁、英国钢铁公司和兼营钢材深加工、增材制造3D打印、国际贸易、旅游、酒店等为一体的大型跨国企业集团。主要产品有螺纹钢、中厚板、热卷板、冷轧板、镀锌板、彩涂板、圆钢、异型钢、型钢、线材、钢轨，是全球大型螺纹钢生产基地，国家高强钢筋生产示范企业、国家高新技术企业。地址位于平山县南甸镇。公司钢铁产品通过ISO9001、ISO14001认证和4国船级社认证、欧盟CE认证、锅炉压力容器板系列认证，螺纹钢产品、中厚板产品获得中国钢铁工业协会冶金产品实物质量认定（金杯奖），螺纹钢拥有精轧、韩标、美标、英标、澳标、马标等10多个国家标准生产资质，产品覆盖400、500、600强度级别，规格覆盖直径6～40毫米，产品出口80多个国家和地区，被北京大兴国际机场、世博会中国馆、三峡工程、南水北调、石家庄地铁、呼和浩特市地铁、雄安市民服务中心、文莱跨海大桥等国内外重点项目工程选用，被中国中铁、中国电建、中国路桥、中国建筑等央企列为优秀供应商。2020年3月9日，敬业集团收购英国第二大钢铁企业——英国钢铁公司；2020年9月11日，敬业集团收购广东泰都钢铁实业股份有限公司。2020年5月31日，敬业集团1450冷轧工程酸连轧机组投产。2020年5月28日，敬业集团新建60兆瓦超高温超高压发电机组成功并网发电，年发电量5.25亿千瓦时。2020年8月26日，河北敬业增材制造科技有限公司水气联合雾化项目投产。2021年3月1日，省市重点工程——敬业集团立德公司金属注射成型项目开工，总投资20.17亿元；3月9日，敬业集团年产20万吨冷轧彩涂机组投产。12月27日，敬业集团技术中心被国家发展改革委认定为国家级企业技术中心。2021年敬业集团营业收入2379.01亿元，同比增长6%，营业收入位列石家庄市企业第一名；纳税额45.51亿元，同比增长21.18%。8月2日，敬业集团入选《财富》杂志发布的2021年世界500强排行榜，排名第375位，这也是石家庄市企业首次入选世界500强榜单。8月10日，敬业集团以2020年营业收入2244.45亿元入选2021河北省民营企业100强、制造业民营企业100强，均位列榜首，成为河北省第一家营业收入突破2000亿元的民营企业。2021年敬业集团在全国500强企业排名第106位、中国制造业企业500强排名第40位、全国民营企业500强排名第25位、全国民营制造业500强排名第14位，较2020年分别提升60位次、28位次、13位次、7位次。

（靳少辉）

【河钢集团石钢公司】 河钢集团石家庄钢铁有限责任公司（简称河钢集团石钢公司）是中国重点大中型钢铁联合企业，前身为石家庄钢铁厂。1994年石家庄钢铁厂改制为石家庄钢铁股份有限公司，1996年改制为石家庄钢铁有限责任公司。2000年石钢公司钢产量102万吨，钢材产量83万吨，钢产量突破100万吨；2004年石钢公司钢产量207万吨，钢材产量178万吨，钢产量突破200万吨。2006年6月，中信泰富集团收购石钢公司80%股权，石钢公司改制为中外合资企业；2010年3月，河北钢铁集团（简称河钢集团）回购石钢公司股权，石钢公司成为河北钢铁集团全资子公司。主要产品有：优质碳钢、合金结构钢、轴承钢。主导产品齿轮钢、轴承钢、弹簧钢、易切削非调质钢、合金结构钢等广泛用于汽车、工程机械、轨道交通、能源工程、军工等领域，部分高端产品市场占有率排名全国特殊钢棒材细分市场应用领域单项冠军。2008年12月，“石钢”牌圆钢获评河北省名牌产品。石钢公司生产的高端弹条钢60Si2Mn、汽车齿轮用渗碳钢8620RH、非调质机械结构圆钢HL610/HL740、轿车用轮毂轴承钢SAE1055达到国际同类产品实物质量水平，获评“金杯优质产品”；高铁轨道弹条钢60Si2Mn达到国际先进实物质量水平，被认定为冶金产品实物质量标杆并授予“特优质量产品”。2020年10月29日，位于井陉矿区石钢公司环保搬迁产品升级改造项目建成投产。新建石钢公司厂区，炼钢、连铸、轧钢、后部处理等工序从废钢原料区由北到南呈“一线形”布置，设计紧凑、流程更短、效率更高，形成年产钢200万吨、特钢192万吨生产能力。石钢公司新厂区应用国际国内领先或先进智能制造技术80多项，拥有高线、小棒、中棒、大棒4条轧线，可生产直径5～260毫米不同规格特钢产品。2021年河钢集团石钢公司营业收入159.89亿元，同比增长17.93%，营业收入排名石家庄市企业第9位。

（市档案馆）

【河冶科技股份有限公司】 河冶科技股份有限公司（简称河冶科技）位于石家庄经济技术开发区世纪大道17号。2000年8月，河北省冶金研究院以高速工具钢生产线为主发起设立河北冶金科技股份有限公司，2004年7月更名为河冶科技股份有限公司。河冶科技股份有限公司是中国新材料领域龙头企业——安泰科技股份有限公司（股票代码：000969）控股的中外合资股份制企业，主要从事研发、生产先进金属材料及制品，建有国家博士后科研工作站、CNAS国家重点实验室、院士工作站及CNAS国家重点实验室、河冶工模具钢研究中心、河北省企业技术中心。主要产品包括3大材料，即刀具材料（粉末、喷射、传统），模具材料，关键零部件材料；产品形态涵盖8种系列，即棒材、银亮材、异型材、线材、丝材、板材、带材、锻件，规格1000余种，主要用于工具、模具、汽车、航空、船舶、军工、冶金、汽轮机等行业。新钢种工艺产品主要有高速钢、合金工具钢、不锈钢、特殊要求合金、粉末冶金、喷射冶金等品种，包括W9Mo3Cr4V、4Mo3Cr4V（D606）、HYC3、HY605等新钢种。公司曾获评“中国信用企业认证体系示范单位”“中国名企”“河北省绿色工厂”“河北省用户满意企业”“河北省明星企业”“河北省诚信企业”“河北省最具影响力企业和最具成长性企业”、河北省“专精特新”示范企业、“石家庄市工业100强”等荣誉。2021年河冶科技营业收入11.63亿元，同比增长19.0%，营业收入位列石家庄市企业第89位；工业产值12.07亿元，同比增长35.7%；实现利润5288万元，同比增长5.4%。

（何奇伟）

建材工业

【概况】 2021年石家庄市建材行业共有规模以上工业企业228家，同比增加27家。其中，非金属矿物采选业企业1家，减少1家；非金属矿物制品业企业227家，增加28家。2021年全市规模以上建材行业营业收入290.6亿元，同比增长4.5%，占全市规模以上工业营业收入5.7%；实现利润14.7亿元，同比下降39.4%，占全市规模以上工业利润4.2%；规模以上建材工业增加值同比增长2.3%，占全市规模以上工业增加值5.6%。主要生产大类包括硅酸盐水泥熟料、水泥、瓷质砖、建筑板材、防水卷材、平板玻璃等。主要产品产量：硅酸盐水泥熟料1393.6万吨，同比下降28.4%；水泥1543.0万吨，同比下降12.7%；瓷质砖8668.1万平方米，同比下降44.7%；天然大理石建筑板材21.4万平方米，同比增长0.9%；沥青和改性沥青防水卷材1266.9万平方米，同比增长15.4%；平板玻璃1335.1万重量箱，同比增长7.2%。非金属矿物制品业代表企业有河北金隅鼎鑫水泥有限公司、河北曲寨集团有限公司、河北汇力瓷业有限公司、石家庄玉晶玻璃有限公司等。

【河北曲寨集团有限公司】 河北曲寨集团有限公司（简称河北曲寨集团）于1996年组建成立，是一家以水泥、建材为龙头产业，精密铸钢、造纸为主业，兼营建筑、服务、商贸、资本经营等产业和集工、农、商、贸、建筑、服务为一体的全民股份制企业集团。地址位于石家庄市鹿泉区大河镇曲寨村。集团所属各企业分布在石家庄、天津、保定、廊坊等地，下辖石家庄市曲寨水泥有限公司、河北曲寨矿峰水泥股份有限公司、河北鼎星水泥有限公司、石家庄曲寨建材有限公司、顺平县曲寨水泥有限公司、天津市金晟华水泥股份有限公司、廊坊曲寨水泥有限公司、河北曲寨装配式建筑材料有限公司、曲寨服务公司、石家庄市鹿泉区曲寨房地产开发有限公司等企业，发展形成鹿泉区北部曲寨工业区和井陉矿区工业区两大工业园区。主导产品“曲寨”“抱犊寨”水泥通过多项管理体系认证，销往北京、天津、山西和保定、廊坊、沧州及石家庄周边地区，被“北京奥运会”“青银高速”“石家庄地铁”等国家重点工程选用，获得“国家免检产品”“全国建材行业质量可信产品”“环渤海地区知名品牌”“河北省名牌产品”“河北省优质产品”“河北省百强民营企业”“环渤海地区建材行业知名品牌”“环渤海地区建材行业诚信企业（AAA级）”等荣誉称号。2021年河北曲寨集团生产硅酸盐熟料564万吨、水泥870多万吨，工业产值62亿元，实现利润4.8亿元；纳税金额5.27亿元，同比增长102.69%。2021年河北曲寨集团获评“石家庄市百强企业”“石家庄市优秀企业”“石家庄纳税20强企业”等称号。

（谷建勇）

【河北金隅鼎鑫水泥有限公司】 河北金隅鼎鑫水泥有限公司（简称河北金隅鼎鑫公司）于2000年建厂，主营水泥、熟料生产和销售业务。2007年3月，河北金隅鼎鑫有限公司由北京金隅集团股份有限公司控股。河北金隅鼎鑫公司是水泥行业率先通过六位一体管理体系认证企业，也是河北省唯一一家入选“国家重点支持60家水泥工业结构调整大型企业”。2017年8月，河北金隅鼎鑫公司被工业和信息化部授予“国家绿色工厂”，综合评分排名全国12家首批“国家绿色工厂”第一名；公司生产产品“鼎鑫”牌水泥获得“中国驰名商标”“河北省名牌产品”等荣誉，“鼎鑫”牌优质高标号普通水泥及特种水泥产品被河北省重点工程市场广泛选用。至2021年底，公司总资产达到35亿元，拥有2条日产

2000吨、3条日产4000吨的新型干法熟料水泥生产线。2021年河北金隅鼎鑫公司熟料产量433万吨，同比下降17.68%；水泥产销量456万吨，同比下降17.09%；熟料销量225万吨，同比下降7%；砂石骨料产销量125万吨，同比下降24.37%。处置污泥环保技改项目建成投产，全年处置污泥4264吨。2021年河北金隅鼎鑫公司营业收入22.36亿元，同比下降10.06%，营业收入在石家庄市企业排名第51位；实现利润4.04亿元，同比下降31.06%；纳税金额2.77亿元，同比增长12.7%。2021年河北金隅鼎鑫公司技术研发中心实验室获得全国“砼灿杯”水泥品质指标特等奖。

（安志鹏）

【赞皇金隅水泥有限公司】 赞皇金隅水泥有限公司于2008年2月20日成立，是北京金隅集团股份有限公司全资子公司。地址位于河北赞皇经济开发区，占地面积48公顷，注册资金7亿元，总资产18.9亿元。2017年5月14日，赞皇金隅水泥有限公司“利用水泥窑协同处置生活垃圾和污泥项目”开工，这也是石家庄市第一家利用水泥窑无害化处置生活垃圾和生活污泥项目，总投资1.25亿元，设计日处理生活垃圾能力300吨、日处理生活污泥200吨。拥有日产2000吨水泥熟料生产线2条，日产4000吨熟料生产线1条，15兆瓦和6兆瓦纯低温余热发电系统各1条，年产100万吨的水泥粉磨系统3条，年产高标号低碱优质水泥330万吨。拥有高品位低碱石灰石储量1.4亿吨，砂岩储量3000多万吨。年消纳尾矿和选矿废石、粉煤灰、脱硫石膏、转炉渣、砂岩粉末、河道淤沙等工业和选矿废渣约180万吨。10月15日，赞皇金隅水泥有限公司窑协同处置危废项目试运营。2021年赞皇金隅有限公司营业收入9.75亿元，同比下降15.29%；实现利润2.08亿元；纳税金额1.62亿元，同比下降1.7%。

（冯建林　耿建彩）

【高邑力马建陶有限公司】 高邑力马建陶有限公司成立于2000年6月20日，是一家集科研、开发、制造、销售为一体的河北省重点建陶生产企业。地址位于高邑县凤凰山工业区。2012年11月公司通过国家清洁化生产审核验收，2015年度获评石家庄市五大建陶著名品牌，2016年被市政府评为石家庄市十大名牌产品，并入选2016年、2017年中国建材行业500强，2018年2月获得中国驰名商标，2018年11月获评国家高新技术企业。至2021年底，公司总资产达到13.7亿元；建有1个陶瓷厂和河北力马燃气有限公司，设有石家庄市唯一建陶技术研发中心专业机构；拥有4条生产线，地板砖年生产能力2600万平方米；产品主要有抛光砖，包含十大系列、3个规格、几百个花色品种。2021年公司抛光砖月产量170万平方米，产销率100%；抛釉系列产品月产量50万平方米，产销率70%；产品销往西北、东北、华北、华南等20余个省（市、自治区）。2021年高邑立马建陶有限公司营业收入17.3亿元，同比增长166.15%。

（高邑县）

【石家庄玉晶玻璃有限公司】 石家庄玉晶玻璃有限公司于2009年4月28日成立，是一家以优质玻璃生产、销售及深加工为一体的大型民营企业，是河北迎新玻璃集团有限公司全资子公司。地址位于河北行唐经济开发区，占地面积1000余亩。2014年3月，公司首条离线low-E玻璃生产线投产。2020年6月，建成第2条离线Low-E镀膜玻璃生产线，单条线产量达1200万平方米，成为国内最大的低辐射镀膜生产线。至2021年底，公司注册资本2.4亿元，总资产14亿元；拥有4条优质玻璃生产线（2条400吨/天超白压延玻璃生产线、2条600吨/天浮法玻璃生产线），玻璃年产量1400万重量箱，年余热发电8900万千瓦时。石家庄玉晶玻璃有限公司是河北省百强民营企业、河北省就业先进企业、石家庄市工业50强企业。2021年石家庄玉晶玻璃有限公司营业收入13.7亿元，同比增长1192.45%；纳税金额1亿元，同比增长141.1%。

（姚宁）

电力工业

【概况】 2021年国家电网石家庄供电公司在石家庄市域共有35千伏及以上变电站421座，变电总容量3799.03万千伏安，输电线路9520千米。其中，2021年投产35千伏及以上项目10项，线路143.37千米、容量65万千伏安；2021全年实现售电量484.06亿千瓦时，同比增长6.95%。至2021年底，全市装机总容量1309.11万千瓦。其中，火电装机容量821.07万千瓦，单机30万千瓦及以上装机容量790.72万千瓦（含燃机90.72万千瓦）；水电111.02万千瓦；光伏342.47万千瓦；生物质34.55万千瓦。2021年石家

支援疫情防控，为黄庄公寓隔离点紧急接电
（2021年1月19日拍摄，国网石家庄供电公司提供）

庄市电网建设投资27亿元，年度开工投产电网改造项目500余个，电网投资、投产数量分别为上年的1.5倍、3.2倍。2021年1～12月发电量374.03亿千瓦时，同比下降7.73%。输入电量127.12亿千瓦时，同比增长82.30%。服务乡村振兴战略，85个美丽乡村实现电网升级，改造线路1600余千米。设计“一户一策”电气化应用，电气化升级井陉县梨岩山庄现代化农业园，建成正定古城、滹沱河和赵县旅发大会城市综合馆示范项目，开展乡村“供电＋能效服务”模式，推动电网从单一供电设施向综合能源利用平台转变，促进农业生产、乡村产业电气化。

【电力生产】 至2021年底，全市装机总容量1309.11万千瓦。其中，火电装机容量821.07万千瓦，单机30万千瓦及以上装机容量790.72万千瓦（含燃机90.72万千瓦）；水电111.02万千瓦；光伏342.47万千瓦；生物质34.55万千瓦。至2021年底，石家庄电网共有500千伏变电站5座，总容量1200万千伏安。220千伏变电站46座，总容量1746万千伏安。110千伏变电站173座，总容量1665万千伏安。火电装机容量较大电厂：华能上安电厂装机256万千瓦、西柏坡电厂装机252万千瓦、鹿华热电厂装机66万千瓦、裕华热电厂装机60万千瓦和良村热电厂装机66万千瓦。电力设施建设。110千伏裕翔变电站开工，7月6日，裕华区南焦客运站南侧110千伏裕翔变电站开工建设。这是河北省首座城市智慧标杆变电站，也是市区首座全开放式综合能源变电站。总建筑面积2171.8平方米，建设内容包括50兆伏安主变器2台、110千伏进线2条，10千伏出线28条，敷设电缆长度2.25千米。

【社会用电】 2021年石家庄市全社会用电量501.15亿千瓦时，同比增长5.48%。其中，第一、第二、第三产业和居民生活用电量分别完成4.6、283.22、130.28和83.05亿千瓦时，同比分别增长8.97%、3.76%、9.38%和5.36%。1～12月，全市累计工业用电量277.54亿千瓦时，同比增长4.05%，增速较2020年提升5.56个百分点。全年工业比重较大的纺织、化工、医药、非金属、黑色金属、装备制造用电量完成171.81亿千瓦时，同比增长0.08%。其中，纺织完成20.35亿千瓦时，同比增长16.5%；化工完成31.07亿千瓦时，同比下降0.76%；医药完成15.73亿千瓦时，同比下降1.56%；非金属完成33.43亿千瓦时，同比下降7.79%；黑色金属完成44.62亿千瓦时，同比增长37.16%；装备制造完成26.61亿千瓦时，同比增长0.02%。

【清洁能源】 至2021年底，全市光伏发电装机容量342.47万千瓦，光伏发电量27.85亿千瓦时，光伏装机占比25.38%，替代压减燃煤926万吨，减少碳排放1909万吨。光伏电站集中并网8座。12月31日，灵寿国鑫、英源新能源集中光伏并网项目接入灵寿县秋山220千伏变电站；灵寿国鑫、英源光伏并网项目位于灵寿县东北部谭庄乡、燕川乡，占地面积466.7公顷，装机容量200兆瓦。至2021年末，石家庄市域共有45个集中式光伏项目并网发电，形成北部以灵寿县、南部以赞皇县为主的南北互供光伏发电格局。推进充电设施建设，长安区、新华区环卫充电站建成投入运行，设计年充电量220万千瓦时，可替代燃油110万升，减少碳排放2540吨。至2021年底，国网石家庄供电公司建设各类充电站142座、充电桩874个。按充电方式分，直流充电站133座，充电桩741个；交流充电站9座，充电桩133个。从分布区域看，高速公路服务区充电站32座，充电桩128个；核心城区充电站30座，充电桩301个；其他地区充电站80个，充电桩445个。推行“供电＋能效服务”方式，实施正定县医院电采暖等重点替代项目完工，全年替代电量16亿千瓦时。分析归类“散乱污”企业用电特征和特点，建构疑似“散乱污”企业识别模型，推动电力与城市管理、产业发展、社会治理深度融合。

国网石家庄供电公司

总 经 理：赵宁

副总经理：陈楷　李承辉

王向东　田文树

段志国

陈磊　（9月任）

（王跃峰）

信息产业

Information Industry

综　述

2021年石家庄市电子信息产业贯彻落实市委、市政府提出关于新一代电子信息、生物医药两大产业率先突破的战略部署，以做大做强光电显示、通信设备技术为支撑，以培育壮大卫星导航、集成电路、大数据等为新的增长点，全力推进电子信息制造业、LED产业、软件和信息技术服务业发展。电子信息制造业形成中电科第54所的卫星导航、中电科第13所的微电子和光电子、诚志永华公司的液晶显示材料、远东通信公司的恒温晶体振荡器等特色产品。LED产业形成从芯片制造到封装和照明产品较为完整的半导体照明产业链。软件和信息技术服务业有航天信息、中移全通、中科恒运、博岳通信、神玥软件等骨干企业，涉及政务、民政、节能环保、住房公积金、呼叫中心等行业及应用。从电子信息产业聚集看，主要分布在石家庄高新区、鹿泉区等区域。高新区以通信设备、光电显示、电子元器件、数据中心、大数据应用为特色，发展形成电子信息产品制造、特色软件与系统集成、信息服务产业发展格局。鹿泉区以石家庄信息产业基地为核心，建设数字经济小镇，形成以光电、导航通信为优势的电子信息制造业和软件、互联网、通信增值服务等数字经济产业，被商务部列为国家电子信息外贸转型升级基地。

电子信息产业。2021年全市电子信息产业投资同比下降29.8%，信息传输、软件和信息技术服务业投资同比下降53.6%。2021年全市规模以上工业高新技术产业中，电子信息产业增加值同比增长9.1%；信息传输、软件和信息技术服务业营业收入307.5亿元，同比增长37.8%。2021年全市软件和信息技术服务业共有规模以上企业124家，营业收入204.33亿元，其中，软件产品营业收入19.97亿元，信息技术服务收入105.05亿元；从业人员1.53万人。2021年全市软件及信息技术服务业企业营业收入超亿元以上企业达到27家。2021年中国电科网络通信研究院（中电科第五十四研究所）实现营业收入161.39亿元，同比增长14.72%；申请专利831项，获得专利授权409项。2021年中电科第十三研究所营业收入102.93亿元，同比增长27.12%；完成经济增加值11.33亿元，同比增长8.32%；实现利润13.11亿元，同比增长9.46%；申请中国专利149项、授权116项，获授国际专利5项。

电信。2021年石家庄市电信业共有网络用户1476.03万户，同比增长6.4%。其中，5G用户461.96万户，同比增长71.5%；宽带网络用户447.11万户，同比增长11.7%。IPTV用户250.27万户，同比下降1.86%。2021年中国移动石家庄分公司网络用户达到670.14万户，其中，新增用户114.9万户；5G用户160万户，

常山云数据中心

4G 用户 510 万户；宽带网络用户 150 万户，千兆宽带用户 20 万户；IPTV 用户 68.8 万户；实现业务收入 37 亿元；运营 5G 站点 5000 个，开通应急基站 300 余个。2021 年中国联通石家庄市分公司移动网络在网用户达到 390.06 万户，其中，5G 网络在网用户 71.46 万户，4G 网络在网用户 258.82 万户；宽带网络用户 131.81 万户；IPTV 用户 68.67 万户；实现业务收入 28.31 亿元；运营 5G 站点 4130 个。2021 年中国电信石家庄分公司移动网络用户达到 415.83 万户，市场份额占比 28.2%，其中，5G 网络用户 230.5 万户、4G/3G 等用户 185.33 万户；宽带网络用户 165.9 万户，市场份额占比 37.1%；IPTV 用户 112.8 万户，市场份额占比 45.1%；实现业务收入 26 亿元；运营 5G 站点 4477 个、4G 站点 9106 个。

（市档案馆）

电子信息产业

【概况】 2021 年全市电子信息产业贯彻落实市委、市政府提出关于新一代电子信息、生物医药两大产业率先突破的战略部署，以做大做强光电显示、通信设备技术为支撑，以培育壮大卫星导航、集成电路、大数据等为新的增长点，全力推进电子信息制造业、LED 产业、软件和信息技术服务业发展。电子信息制造业企业有中电科第 54 所、中电科第 13 所、诚志永华、远东通信、中瓷电子、普兴电子等骨干企业，形成中电科第 54 所的卫星导航、中电科第 13 所的微电子和光电子、诚志永华公司的液晶显示材料、远东通信公司的恒温晶体振荡器等特色产品。LED 产业形成从芯片制造到封装和照明产品较为完整的半导体照明产业链。软件和信息技术服务业有航天信息、中移全通、中科恒运、博岳通信、神玥软件等骨干企业，涉及政务、民政、节能环保、住房公积金、呼叫中心等行业应用。行业电子优势突出，中瓷电子、科林电气、通合电子等企业在全国电力电子等领域占有重要地位。从电子信息产业聚集看，主要分布在石家庄高新区、鹿泉区等区域。高新区：以通信设备、光电显示、电子元器件、数据中心、大数据应用为特色，发展形成电子信息产品制造、特色软件与系统集成、信息服务产业发展格局。高新区诚志永华是全球主要液晶材料生产厂家之一，也是国内规模较大、品种齐全的混合液晶材料龙头企业。鹿泉区：以石家庄信息产业基地为核心，建设数字经济小镇，规划总面积 4.9 平方千米，形成以光电、导航通信为优势的电子信息制造业和软件、互联网、通信增值服务等数字经济产业，聚集包括中电科第 13 所、中电科第 54 所、中瓷电子、普兴电子、远东通信、神舟卫通、森思泰克、神玥软件、晶禾电子、京华电子等企业，建成具有重要影响力的电子信息产业集群，被商务部列为国家电子信息外贸转型升级基地。加强电子信息产业引导，10 月 11 日，市政府印发《石家庄市新一代电子信息产业发展规划（2021 ～ 2025）》。落实电子信息产业支持政策，全年争取省级新一代电子信息技术研发及产业化项目 5 个，7 家企业获得软件企业 CMMI5 级认证补助，3 家企业获得数据管理能力成熟度评估（DCMM）资金支持。2021 年全市电子信息产业投资同比下降 29.8%，信息传输、软件和信息技术服务业投资同比下降 53.6%。2021 年全市规模以上工业高新技术产业中，电子信息产业增加值同比增长 9.1%；信息传输、软件和信息技术服务业营业收入 307.5 亿元，同比增长 37.8%。2021 年全市软件和信息技术服务业共有规模以上企业 124 家，营业收入 204.33 亿元，其中，软件产品营业收入 19.97 亿元，信息技术服务收入 105.05 亿元；从业人员 1.53 万人。2021 年全市软件及信息技术服务业企业营业收入超亿元以上企业达到 27 家。11 月 8 日，石家庄诚志永华显示材料有限公司的“显示用液晶材料”入选工业和信息化部、中国工业经济联合会公布的“第六批制造业单项冠军产品”。2021 年石家庄市光电产业、导航通信产业取得较快发展，光电产业主要在微电子、光电子、微机电系统（MEMS）、传感器微系统等领域，导航通信产业主要在通信网络、卫星导航、空间信息应用、应急通信、公共安全、轨道交通等领域形成突出优势。

（任晓冬　肖东胜）

【中国电科网络通信研究院（中电科第五十四研究所）】 2021 年 1 月，中国电子科技集团有限公司第五十四研究所（简称中电科第五十四研究所或中电科第 54 所）升格为中国电科网络通信研究院（简称中电网通）。中国电子科技集团第五十四研究所始建于 1952 年，隶属中国电子科技集团有限公司（简称中国电科），是新中国成立的第一个电子信息技术研究所。中电网通（中电科第 54 所）主持或参与“两弹一星”“载人航天”“探月工程”“火星探测”“北斗卫星导航系统”“500 米口径球面射电望远镜（天眼工程）”“平方公里阵列射电望远镜（SKA）”等百项国家、国际和国防重大工程建设，是中国电子信息领域专业覆盖面最宽、综合性最强的骨干研究所，也是国家授权电子工程专业承包壹级资质单位、电子工程甲级咨询单位和设计单位。旗下拥有杰赛科技（股票代码：002544）、远东通信、中华通信等多家高科技企业，业务覆盖网络通信、空间应用、信息通信融合应用等领域，产品销往10余个国家和地区。中电网通（中电科第54所）本部位于石家庄市主城区西部，工作区占地面积115.9公顷。2021年中电网通（中电科第54所）共有从业人员10100人，其中，科技人员6900人，中国工程院院士1人，研究员级高工280人，高级工程师1900人，博士、硕士研究生3700人，国家级突出贡献专家1人，享受政府特殊津贴人员76人，享受河北省政府特殊津贴专家8人。研究领域涵盖核心专业6个、支撑专业2个，设有重点实验室5个，其中国家级重点实验室2个；建有通信软件与专用集成电路设计国家工程研究中心、国家通信导航设备质量检验中心（含国家级商检实验室）3个国家级研究开发和检验认证中心及国内首家卫星导航产品认证中心。2021年中电网通（中电科第54所）实现营业收入161.39亿元，同比增长14.72%；申请专利831项，获得专利授权409项；获得国家科学技术进步奖二等奖1项，河北省科学技术进步奖二等奖5项、三等奖1项，国防科技进步奖三等奖3项、技术发明奖三等奖2项，第四届中国质量奖提名奖1项，中国质量协会质量技术奖项目奖二等奖3项，全国QC小组成果发表交流活动（第二期）专业级成果二等奖1项。2021年中电网通（中电科第54所）夏立创新工作室获得中华全国总工会“全国示范性劳模和工匠人才创新工作室”称号，孙晨华获得“全国优秀共产党员”称号，李冬浩获得河北省五一劳动奖章。

（东英宝　杨涛）

【中电科第十三研究所】 中国电子科技集团第十三研究所（简称中电科第十三研究所或中电科第13所）于1956在北京成立，1963年迁至石家庄市，主营微电子、光电子和微机械电子系统，是中国成立最早、规模最大、技术力量雄厚、专业结构配套的综合性半导体研究所。13所拥有中瓷公司、博威公司、普兴公司、同辉公司、新华北集成公司等电子科技公司，参与新一代载人飞船试验船首飞、北斗三号全球组网、“嫦娥五号”奔月取壤、天问一号火星探测、长征八号首飞等重点工程配套大量关键芯片、组件和传感器，获授“中国航天突出贡献供应商”称号。2021年中电科第13所营业收入102.93亿元，同比增长27.12%；完成经济增加值11.33亿元，同比增长8.32%；实现利润13.11亿元，同比增长9.46%。2021年中电科第13所立项项目77项，签订合同经费113亿余元，获得科研经费3.31亿元；获授省部级奖励41项，其中，MEMS加速度传感器获得国防科技进步奖一等奖，碳化硅外延材料及固态紫外探测器关键技术获得国防技术发明奖二等奖；申请中国专利149项、授权116项，获授国际专利5项；完成成果鉴定19项，其中，11项达到国际领先水平，8项达到国际先进水平。重视高层次专业技术人才培养，全年中电科第13所新增中国电科首席科学家1人、全国技术能手2人、河北大工匠年度人物1人、高级专家36人、专家64人。

（梁廷敬）

【中瓷电子】 河北中瓷电子科技股份有限公司（简称中瓷电子）成立于2009年8月，注册资本10666.67万元。中瓷电子由中电科第13所控股，以电子陶瓷系列产品研发、生产、销售为主营业务，具备仿真设计、陶瓷材料及金属化体系、多层共烧工艺技术等全套陶瓷外壳自主开发能力，是国内规模最大的高端电子陶瓷外壳生产企业。中瓷电子生产的电子陶瓷系列产品主要有通信器件用电子陶瓷外壳、工业激光器用电子陶瓷外壳、消费电子陶瓷外壳、汽车电子件四大系列，包括光通信器件外壳（Butterfly、Tosa、Rosa、Receiver、Mini-pin等）、无线功率器件外壳、大功率激光器外壳、声表晶振类外壳、3D光传感器模块外壳、5G通信终端模块外壳、氮化铝陶瓷基板、陶瓷元件、集成式加热器等，广泛应用于光通信、无线通信、工业激光、电力电子、消费电子、5G、汽车电子等领域。中瓷电子具备电子陶瓷和金属化体系关键核心材料、半导体外壳设计仿真技术、多层陶瓷高温共烧关键技术三大核心技术领域自主知识产权。至2021年底，中瓷电子拥有自主专利59项，其中发明专利11项；美国发明专利2项；实用新型专利48项。中瓷电子打破国外行业巨头技术封锁和产品垄断，实现中国光通信器件陶瓷外壳产品的进口替代，获授高新技术企业、省技术创新中心、省光电陶瓷封装技术创新中心、省企业技术中心、省科技型中小企业、省“小巨人企业”、省科技领军企业、省“专精特新”示范企业、省第三批省级制造业单项冠军产品、石家庄市百强企业等荣誉。2021年1月4日，河北中瓷电子科技股份有限公司在深圳证券交易所上市，证券简称：中瓷电子，证券代码：003031，首次向社会公开发行普通股（A股）2666.67万股。2021年中瓷电子“电子陶瓷产品研发中心建设项目”“消费电子陶瓷产品生产线建设项目”开工，总投资3.77亿元。其中，“电子陶瓷产品研发中心建设项目”主要开发具有自主知识产权的高端陶瓷外壳、陶瓷粉体；“消费电子陶瓷产品生产线建设项目”规划建成年产消费电子陶瓷产品44.05亿只。

（樊肖萌）

【诚志永华】 石家庄诚志永华显示材料有限公司（简称诚志永华）是国内首家自主研发和最早实现液晶材料国产化企业，是国内液晶材料行业龙头企业，也是全球五大液晶材料供应商之一。主营产品为液晶材料、OLED材料及平板显示相关化学品等。生产产品有750多个系列2300余种，涵盖TN、HTN等领域，能够满足国内LCD厂家对液晶材料的需求。混合液晶材料年产能达150吨。TN、STN等单色液晶材料国际市场占有率达50%，销量居全球首位；TFT-LCD用液晶材料国内市场占有率达15%，销量居国内首位，全球第3位。诚志永华采用清华大学液晶材料领域的先进技术和经验，创立了国产液晶自主品牌“SLICHEM”，产品销往欧洲、美国、日本、韩国、东南亚等国家和地区。4月28日，诚志永华获得中国新型显示产业链突出贡献奖，这也是诚志永华连续第四次获得该奖项。11月8日，石家庄诚志永华显示材料有限公司的“显示用液晶材料”入选工业和信息化部、中国工业经济联合会公布的“第六批制造业单项冠军产品”。至2021年底，诚志永华共有员工580人，总资产达到9亿元。2021年诚志永华营业收入89997万元，同比增长31.9%；实现利润32774万元，同比增长46%；纳税金额5256万元，同比增长12.2%。

（高新区管委会）

【远东通信】 河北远东通信系统工程有限公司（简称远东通信）成立于1995年3月，注册资金3亿元。远东通信是一家大型ICT企业，是经科技部认定的高新技术企业，经河北省软件协会认定的软件企业，是工信部发布的首批30家国家应急产业重点联系企业和河北省高新技术产业协会认定的省战略性新兴产业创新百强企业，也是国内领先的通信设备制造商和解决方案提供商。主要经营专网通信、时频器件两大业务板块，为轨道交通、应急管理、电力、公安、人防、高速公路等行业用户及通信设备商提供高质量的通信、智能应用、晶振等产品、解决方案及系统集成服务。至2021年底，远东通信共有员工1200余人，其中，研究员、高级工程师占比15%，研究生及以上学历占比25.8%，从事科研人员占比超过28%。远东通信主要技术包括交换调度技术（程控交换技术、NGN技术等）、集群技术及宽带无线通信（PDT技术、TETRA技术、LTE技术等）、融合通信技术、行业应用技术、时频技术等。10月11日，远东通信入选河北省高新技术产业协会发布的“2021年河北省战略性新兴产业创新百强企业”，排名第43位。至2021年底，远东通信拥有授权专利94项，其中发明专利59项；软件著作权152项。远东通信主要产品有数字程控交换系统、数字调度系统、软交换系统、宽窄带数字集群通信系统、应急通信指挥系统、公安安检查控平台、高指标AT切/SC切石英晶体谐振器等。至2021年底，远东通信生产的轨道交通通信产品用于全国50多个城市210余条轨道交通线路，政府与公共安全领域产品用于应急管理、人防、公安等300多个指挥中心和机动指挥所，能源领域调度产品覆盖全国40%以上电力调度专网，恒温晶振产品市场份额和出货量位居全国和世界前列。实施高稳定度恒温晶体振荡器产业化项目，总投资4000万元；该项目利用现有厂地建筑面积5187平方米，在原有设备基础上安装恒温晶振全自动装配设备、恒温晶振全自动测试补偿设备等97台（套），形成年产高稳定度晶体振荡器100万只生产能力；2019年12月开工，2021年正在施工建设。产品应用。5月14日，国务院抗震救灾指挥部办

石家庄诚志永华显示材料有限公司

公室、应急管理部、四川省政府联合举行“应急使命·2021”抗震救灾演习，远东通信利用自主研发的远立通应急指挥窄带无线通信网解决方案，为演习提供通信保障，实现了“公专融合、全域覆盖”要求。2021年5月，云南省大理州漾濞县发生6.4级地震，远东通信技术人员携带天枢指挥箱、卫星便携站、LTE宽带通信系统等通信装备随同云南省应急救援队伍赶至震中地区，为救援提供通信保障。产品及项目获奖。2021年3月，远东通信“面向应急需求的通信网络时延与容量优化技术及应用”获得陕西省政府颁发的陕西省技术发明奖二等奖。2021年9月，远东通信“现场智能搜救和应急指挥综合解决方案”获得工业和信息化部信息通信管理局指导，应急通信产业联盟、中国信息通信研究院联合举办的“2021应急通信优秀解决方案征集活动”一等奖；远东通信“宽窄带融合一体化通信指挥装备产业化项目”获得河北省科学技术厅颁发的河北省科学技术成果证书。2021年12月，远东通信“现场应急指挥系统”获得河北省高新技术企业协会颁发的河北省高新技术企业协会科学技术奖三等奖。2021年远东通信新签合同金额32.16亿元，完成销售收入25.13亿元，实现利润总额1.46亿元，纳税9545.86万元。

（朱静）

【旭新光电】 石家庄旭新光电科技有限公司（简称旭新光电）成立于2009年9月，注册资金19.06亿元，总投资27亿元，占地面积13公顷，地址位于石家庄高新区珠江大道377号。旭新光电是工业和信息化部认定的国家智能制造试点示范企业、国家科技创新示范企业，获得2018年度国家科技进步奖一等奖等奖项。主要产品为TFT-LCD液晶玻璃基板，是制造液晶显示器件的基本部件，广泛用于智能手机、平板电脑、数码相机、视频监控、车载导航等。液晶玻璃基板直接影响显示产品的性能，包括显示屏的分辨率、成像质量、透光度、重量和强度等。旭新光电首条生产线是国内第一条绿色环保无砷玻璃基板生产线，打破国外行业垄断。公司主要客户为京东方、上海仪电等液晶面板生产企业。旭新光电生产的玻璃基板采用溢流下拉生产工艺制造，产品具有双原始玻璃表面，相较浮式法及溢孔下拉法生产的玻璃，可免除研磨抛光等后加工制程。旭新光电生产的厚度0.7毫米、0.5毫米、0.4毫米TFT-LCD液晶玻璃基板实现稳定量产，产品通过采用先进的环保料方工艺，具有优异的光电特性和稳定的物化性能，透光率高、质量轻，具有较强的市场竞争力。2021年旭新光电营业收入8521万元，同比下降8.8%；利润亏损9729万元，同比下降328.5%，纳税金额336万元，同比下降0.1%。

（高新区管委会）

【普兴电子】 河北普兴电子科技股份有限公司（简称普兴电子）成立于2000年11月，注册资本1.45亿元。普兴电子是中电科半导体材料有限公司控股的一家股份制企业，主要从事高性能半导体外延材料的研发和生产，获得中国半导体材料专业十强企业、中国电子材料行业五十强企业、全国电子信息百强企业等荣誉，是国内首家完成8英寸硅外延生产定型并实现量产的企业，被认定为国家高新技术和集成电路生产企业。2021年普兴电子围绕“百亿销售、千亿市值”发展目标，以第三代半导体碳化硅外延业务为突破口，实施“中电科半导体材料有限公司石家庄外延材料产业基地建设项目”，总投资16.7亿元，重点将普兴电子硅外延产品结构由6～8英寸为主向8英寸为主过渡，引入8英寸65纳米CIS产品用硅外延片。实施普兴电子搬迁升级一期项目，选址石家庄市鹿泉区山尹村镇，占地面积8.67公顷，总投资5亿元，主要建设生产车间、办公研发楼、动力站等设施，总建筑面积6万平方米，规划建成年产300万片8英寸硅外延片、36万片6英寸碳化硅外延产品生产能力。2021年普兴电子营业收达到10亿元。

（聂志维）

【神玥软件】 河北神玥软件科技股份有限公司（简称神玥软件）成立于2012年12月27日，注册资本4500万元，地址位于石家庄市河北鹿泉经济开发区。神玥软件是一家提供数字管理软件和“三房”（商品房、保障房、住房资金）管理服务为主业的互联网高新技术企业，旗下设立全资子公司3家，与蚂蚁集团合资控股子公司1家，在贵州省建有大数据研发基地，在北京、广州、成都、武汉、西安、乌鲁木齐、南昌、哈尔滨等地设有分公司及办事处。2021年神玥软件科研经费投入达到4990万元，占公司总投入费用17.7%；完成研发项目12个，主要包括贝贝管理2.0项目、应用监控项目、日志监控项目、低代码开发平台项目、IOCR自定义模板项目、NLP敏感词检测系统项目等。2021年神玥软件建成运营主要数字软件项目有：石家庄市电子人才绿卡系统、石家庄市人才一体化综合管理服务平台、四川省德阳市住房公积金管理中心成德一体化信息系统、武汉住房公积金管理系统、成都住房公积金管理中心新一代信息系统、广州数字住房保障平台、荆州住房公积金中心新一代信息系统等。至2021年底，公司共有员工1676人，其中，本科及以上文凭占比90%，技术研发人员占比超过80%；资产总额达到38949.51万元；主要为400多家政府、企业客户提供数字化组织管理服务，覆盖全国26个省（市、自治区）。9月4日，神玥软件入选国家级专精特新“小巨人”企业，获得产业发展基金支持184.45万元；10月1日，神玥软件入选2021河北省科技研发投入民营企业百佳榜，排名第6位；11月25日，神玥软件获评市级在岸服务外包龙头示范企业。2021年神玥软件营业收入21989.46万元，纳税金额1288.52万元，利润亏损5744.91万元。

（高美美）

【正定数字经济产业园】 正定数字经济产业园位于正定高新区南区划片以北，新元高速以东、义慧路以北、文正大街以西、环城快速路以南，距离石家庄正定国际机场8千米，规划用地面积10平方千米。2020年1月10日，正定县（正定新区）根据市委编办《关于设立正定县（正定新区）数字经济产业园区发展中心的批复》，组建设立正定县（正定新区）数字经济产业园区发展中心。2020年12月19日，河北省政府批准《正定数字经济产业园发展规划（2021～2025年）》。2021年省、市“两会”政府工作报告将“加快建设正定数字经济产业园”列入重点任务，正定县将“集中精力推进数字经济产业园建设”列入县政府重点工作。2021年正定数字经济产业园以构建全链条数字经济产业为目标，以实施《正定数字经济产业园发展规划（2021～2025年）》为抓手，全面推进园区基础设施和一站式科研服务中心建设，吸引行业龙头企业聚集，发展软件信息服务等产业，倾力打造数字经济创新发展新高地。基础设施建设。依托新城大街，谋划建设长宁路（新元高速—新城大街）、尉佗街（正兴路—新城大街）。长宁路（新元高速—新城大街）总投资8738万元，长度1.58千米，道路红线宽度40米。尉佗街（正兴路—新城大街）总投资1.34亿元，长度2.34千米，其中，南北向长度1.11千米，道路红线宽48米、双向6车道；东西向长度1.23千米，道路红线宽40米、双向4车道。解决正定数字经济产业园供排水问题，正定新区地表水厂、正定高新区水厂建成投用，正定新区污水处理厂二期正在施工。12月19日，石家庄地铁一号线二期（福泽站—东洋站）开工，东洋站位于正定新区新城大街与长宁路交叉口，地处正定数字经济产业园核心位置。招商引资。2021年9月，正定县（正定新区）在2021中国国际数字经济博览会上组织举办“共建共享数字发展新格局暨正定数字经济产业园推介对接会”。12月4日，位于正定数字经济产业园区新城大街与长宁路交叉口西北的均和云谷·正定科技港项目签约，占地面积16.5公顷，总投资15亿元。重点项目。联东U谷正定数字经济产业园总投资8.8亿元，占地面积20公顷，分三期建设，规划建成后容纳企业130家。该园区以数字平台为载体，以数字化管理为基础，以运营服务为主线，致力为园区内企业与用户提供一站式服务，帮助企业提升效能和服务品质，推动数字经济企业成长和传统产业数字化转型升级，打造数字产业化、产业数字化、城市数字化引领地。至2021年底，联东U谷一期招商签约企业达到48家。中南高科·正定科技谷项目总投资5亿元，占地面积5.86公顷；主要建设16栋多层厂房及配套设施；重点发展数字经济、电子信息、人工智能、国际贸易、总部经济等产业，打造集生产、研发、办公于一体的高端创新型数字产业园区。常山北明云数据中心项目总投资50亿元，部署标准机柜2.4万架，一期工程2214架机柜建成投入运营，包括中国电信、中国联通、中国移动、腾讯、阿里巴巴、白山云科技等用户入驻。玥云数字经济产业园总投资3.5亿元，占地面积8.2公顷，建筑面积9.9万平方米，主要建设互联网运营与大数据应用中心、综合研发中心、客户服务中心、信息服务中心及配套等。

（胡亚男）

城市信息化建设

【概况】 2021年全市以打造“智慧城市”为目标，以智能制造为核心，以“数字化、网络化、智能化”为发展方向，以物联网、云计算、大数据等新一代信息技术为支撑，加快推进城市通信网络、政务信息化应用、数据资源开发利用、信息安全保障、信息化与工业化融合、“互联网+”等信息化项目建设，城市信息化整体水平实现大幅提升。支持互联网平台、信息化与工业化融合项目建设，印发《关于石家庄市加快推进“数字政府”建设实施意见》《2021年石家庄市两化融合工作要点》。电子商务交易平台成为城市信息化发展重要标志，2021年石家庄城市居民应用电子商务主要有支付宝、微信、淘宝、天猫、京东、美团、口碑、大众点评、饿了么、唯品会、抖音、拼多多、高德地图、腾讯地图、滴滴出行、哈啰及银行、通信等交易平台。“智慧城市”建设在居民生活中广泛应用和普及，2021 年石家庄城市居民缴纳社会保险、医疗保险、通信、水、电、气等费用及银行转账、骑行共享单车、学生入学择校报名均可网上办理。

【信息化工业化融合】 贯彻落实国家、河北省关于信息化工业化深度融合的各项政策，以智能制造为核心，以“数字化、网络化、智能化”为发展方向，以“互联网 +”制造业项目为抓手，重点推进传统产业改造提升。出台“两化融合”政策，印发《2021 年石家庄市两化融合工作要点》《关于加快发展工业互联网平台推进信息化和工业化深度融合实施方案》等政策文件。2021 年赞皇金隅水泥、石家庄华燕交通科技 2 家企业项目入选工业和信息化部新一代信息技术与制造业融合发展试点示范，神威药业、敬业钢铁、中车石家庄车辆有限公司 3 家企业列入河北省第三批工业控制系统信息安全试点企业，10 个项目列入河北省工业互联网创新发展试点项目，13 个项目入选河北省工业互联网创新发展标杆示范案例，25 个项目列入河北省工业互联网创新发展重点培育项目库。10 月 28 日，河北新大地机电制造有限公司被认定为河北省智能制造集成商，河北同福健康产业有限公司被认定为河北省智能制造标杆企业。至 2021 年底，全市规模以上工业企业参加“两化融合”整体性评估实现全覆盖。

（肖东胜　董立峰　王京涛）

【信息化平台应用】 居民通信。2021 年石家庄市域居民通信普遍使用智能手机，单纯用于接打电话的手机在市场很少见到；智能手机网络技术水平普遍达到 4G 以上，5G 通信在城区实现全覆盖；有线座机固定电话在办公场所应用较多，居民家庭使用座机固定电话数量急剧下降。网购与外卖。网络购物（简称网购）平台应用广泛，给实体门店销售造成较大压力，主要网络购物平台有京东、淘宝、天猫、唯品会、苏宁易购、抖音、拼多多等。网上订餐（俗称外卖）平台经营火爆，配送通达市区小街小巷，主要网上订餐平台有美团、口碑、大众点评、饿了么等；城区满大街到处可看见从事外卖配送的“小哥”(快递员俗称)。金融服务。驻石各大银行、保险、证券公司、期货公司普遍推出 App 交易平台，居民利用智能手机可随时随地完成转账、缴费、炒股、期货交易等业务，部分银行金融平台可无卡无折取款。社会公共服务信息化应用。城市管理建成“数字城管”平台。新冠肺炎疫情防控核酸检测设立“冀石通电子通行证”，出入公共场所采用智能手机扫描二维码，弹出“河北健康码”。市区居民缴纳水费、电费、天然气费、通信费、取暖费、社保费、医保费均可在指定政务网络服务平台办理。石家庄地铁、城市公交实行数字化网络运行图，可网上查询路线、到达时间等，进出地铁站、上下公交车“扫码”支付，居民出行达到智能化水平。

【企业信用风险预警平台建成运行】 2021 年 7 月，市企业信用风险预警平台上线运行，这也是全省首个运行的企业信用风险预警平台。企业信用风险预警平台运用大数据和“互联网 +”等信息技术手段，开展企业信用风险监测和预警，构建“双随机、一公开”与企业信用风险分类相结合的监管机制。运行方式：采集、监测、归集企业日常生产经营中产生的各类信息，包括登记注册信息、年报公示信息、行政处罚信息、投诉举报信息等；收集企业生产经营过程中体现出的异常状态及数据特征，整理形成“企业生产经营异动情形统计表”；将涉企数据与“企业生产经营异动情形统计表”信息比对，利用异常数据生成企业各项“风险点”；将风险预警提示信息嵌入市场执法人员手机移动终端，为执法检查人员提供靶向性监管。该平台提供行业风险点设置、大数据分析比对、区域风险企业查询、企业风险预警提示等功能，实现了智慧监管效果。

（市档案馆）

网络安全和信息化

【概况】 2021 年全市网络安全和信息化（简称网信）工作以巩固扩大网络宣传阵地为目标，重点抓好网络意识形态责任制和网络安全工作责任制落实。立足石家庄地域，讲好石家庄故事和身边模范人物事迹，突出宣传社会主义核心价值观、爱国主义、集体主义和红色革命故事，培育和推进公民思想道德建设。以中国共产党建党 100 周年为契机，大力宣扬中国共产党取得的百年功绩。支持开展党史学习教育活动，围绕“学史明理、学史增信、学史崇德、学史力行”“学党史、悟思想、办实事、开新局”理念，多角度宣传新中国史、改革开放史、社会主义发展史，在全社会凝聚形成正面宣传的浓厚氛围。加强党委对网信工作管理，8 月 31 日，省委常委、市委书记张超超主持召开市委网络安全和信息化委员会第三次会议，贯彻落实中央网信委工作会议及省委网信委第四次会议精神，听取 2020 年全市网信工作汇报，研究 2021 年网信工作要点。提升网络安全意识，2021 年 9 ～ 10 月，市委网信办举办 2021 石家庄市网络安全技能竞赛，设立一等奖、二等奖、三等奖 3 个奖项，参赛队伍 49 支，石家庄供电公司、市人民检察院 2 个单位获得一等奖，井陉县医院、市公安局长安分局、市第三医院、石家庄住房公积金管理中心 4 个单位获得二等奖，市地方金融监督管理局、市市场监督管理局、平山县委网信办、行唐县委网信办、深泽县委网信办 5 个单位获得三等奖。12 月 31 日，市委网信办印发《石家庄市“十四五”网络安全和信息化发展规划》，公布“十四五”时期网络安全和信息化主要任务和重大工程。

【互联网信息管理】 5 月 19 日，市委网信办、市“扫黄打非”领导小组办公室、市公安局、市民政局、市文化广电和旅游局、市市场监督管理局、市地方金融监督管理局、市通信发展管理办公室联合开展“清朗 · 燕赵净网 2021”网络生态治理专项行动，以排查涉未成年人违法违规信息、色情赌博诈骗违法犯罪信息为主要内容，核查、整改网站 182 家，排查、下架移动应用程序 575 款。2021 年 6 ～ 8 月，全市开展“清朗 ·‘饭圈’乱象整治”集中整治专项行动，主要排查、打击诱导未成年人应援集资、高额消费、投票打榜和“饭圈”粉丝互撕谩骂、拉踩引战、造谣攻击、人肉搜索、侵犯隐私 5 类乱象行为，引导“粉丝”群体理性追星。提升互联网信息监管能力，以互联网新闻信息服务、具有媒体属性和舆论功能传播平台从业人员管理为对象，举办互联网新闻信息服务内容管理从业人员、互联网信息从业人员培训，培训人员 205 名。

【网络安全宣传周】 10 月 11 日，由省委网信办、省委宣传部主办，市委网信办协办的 2021 年国家网络安全宣传周河北活动在市人民会堂启动，宣传周主题为“网络安全为人民 网络安全靠人民”。采用线上线下相结合方式，邀请省市级新闻媒体、互联网平台及网络大 V 以图片、文字、短视频等融媒体形式作报道。石家庄交通广播利用早、中、晚黄金时段播出网络安全公益宣传节目，推送网络安全公益广告 220 条。全市在北国商城、万达广场、万象城、海悦天地等商圈滚动播放视频公益广告 170 万条（次）。举办网络安全知识竞赛答题活动，全市参与 21 万人次；挑选 3 名选手代表石家庄市参加河北省第三届网络安全知识竞赛，获得省级二等奖。组织教育、通信、公安、金融、工会、共青团、妇联等部门及各县（市、区）开展网络安全六大主题日和网络安全进基层活动。网络安全宣传周期间，全市举办宣传活动 1100 场次，参与人数 86 万人，发放宣传材料 60 余万份。

【十大旅游景区（景点）、十大购物中心、十大特产网络评选】 2021 年 10 ～ 12 月，市委网信办、市农业农村局、市商务局、市文化广电和旅游局联合举行“石家庄市十大旅游景区（景点）”“石家庄市十大购物中心”“石家庄市十大特产”网络评选活动。其中，西柏坡、正定古城、赵州桥、嶂石岩、苍岩山、驼梁、滹沱河生态风景区、沕沕水、河北博物院、西部长青获评“石家庄市十大旅游景区（景点）”；北国商城、勒泰中心、裕华万达广场、万象城、新百广场、北国奥特莱斯、先天下广场、天山海世界、欢乐汇、北国益友购物中心获评“石家庄市十大购物中心”；金凤扒鸡、赵县雪花梨、晋州鸭梨、藁城宫面、藁城宫灯、银光酒、正定马家鸡、君乐宝乳品、赞皇大枣、井陉窑瓷获评“石家庄市十大特产”。

（刘招龙）

数据资源管理

【概况】 2021 年石家庄市数据资源管理部门围绕“数字政府”“智慧城市”建设，重点做好数据归集与共享、“互联网 + 政务”服务、政府网站云平台管理等数据资源管理工作。以提升城市治理科学化、精准化、智能化水平为目标，制定出台《关于石家庄市加快推进“数字政府”建设实施意见》，确立全市“数字政府”“智慧城市”建设总体目标和主要任务等。2021 年石家庄市级财政投资智慧政务服务、智能设施、精准治理、惠民服务、生态宜居、信息资源等领域信息化项目 47 个，其中，续建项目 20 个，新建项目 27 个，总投资 1.5 亿元。开展“政务数据归集和应用”项目建设，拓展“互联网 + 政务”服务范围，搭建政务云平台，提供全市统一的基础云资源、计算存储资源，提高政务数据资源利用效率。启动“信息化系统迁移上云”，推进市直部门业务系统迁云和新建系统云上部署，建设全市政务应用支撑能力中心，形成统一的政务应用能力体系，包括统一支付中心、统一物流中心、统一通知中心、统一签章中心等通用能力。至2021年底，全市有34个市级部门65个业务系统部署或迁移到市政务云平台，归集27个部门66.45亿条政务数据，为23个部门提供共享数据34.96亿条。加强市级政务信息化项目管理，引入“双盲”评审机制，邀请全国范围内智慧城市、互联网、大数据、信息安全等领域400余名专家参评。做好网络安全维护，以市电子政务外网、市政务云平台、市政府网站云平台、市政务办公系统为对象，按季度开展安全渗透测试。2021年全市开展2次网络攻防演练活动，网络重要信息系统、关键信息基础设施均未发现安全隐患。

【数据归集与共享】 加强数据归集和应用，提高数据归集数量和质量。坚持政务数据“应收尽收”、民生数据“能收则收”原则，推进政务数据资源编目、归集和治理。至2021年底，市数据资源管理局归集政务数据27个部门66.45亿条。发挥数据使用价值，推进数据共享服务，全年向23个部门提供共享数据34.96亿余条，主要包括疫情防控及复工复产、中国共产党建党100周年安全风险隐患摸排、中小学生招生报名等工作。

【“互联网＋政务”服务】 市、县政务服务大厅办件数据库对接完毕，省、市两级数据交换平台实现办件数据统一汇聚。推进政务业务“全流程网办”，规范电子印章、电子证照制作、管理和应用，做到省级一体化平台备案及全省政务服务领域统一备案管理和跨地区、跨部门互信互任。在河北政务服务网建设市政务服务旗舰店，差异化展示石家庄市的特色服务。至2021年底，全市政务服务事项全流程网办率达98.29%。启用政务服务“五级四同”事项库，乡村两级政务服务事项库切换和市“互联网＋政务服务”平台中乡镇（街道）、村（社区）机构数量与省统一身份认证平台机构数量核对及“五级四同”事项库与市“互联网＋政务服务”平台、“冀时办”App对接工作完成。

【“掌上石家庄”超级应用启动建设】 落实政府系统网上办公要求，扩大“一网通办”应用范围，2021年12月，市数据资源管理局启动建设“掌上石家庄”超级应用。以“掌上石家庄”超级应用作为“数字政府”“智慧城市”建设“一网通办、一网统管、一网协同”的城市服务移动端总入口，打造覆盖全域、所有人群、全部办事流程及联通市直各部门、各社会类App、全部社会公益服务的全方位服务系统。“掌上石家庄”超级应用包含民生服务平台和党政协同办公平台。民生服务平台以“一码亮证、一码缴费”为核心，打通石家庄市各局委办业务部门，提供基础支撑平台、统一实名身份认证平台、基础应用服务、超级应用服务、一件事服务、多终端城市服务等功能和服务，接入包含出生、教育、医疗、出行、养老等市民全生命周期服务，满足不同年龄、不同阶段、不同场景的多样化需求。党政协同办公平台主要包含党政协同办公系统、全市视频会议系统、政务即时通信系统3个子系统，涵盖公文管理、事项督查、行政管理、会议管理、日清日结、个人办公、视频会议、即时通讯、大数据分析九大核心模块。提高市直部门内部运转效率，实现市直单位OA系统上下联通、左右互通、旧有及新建系统全部联通。

【政府网站云平台管理】 全年市政府网站云平台内运行县（市、区）政府网站和市直部门网站57个、其他业务平台12个。2021年1～12月，市政府网站云平台发布信息15万余条，访问量2.2亿余次。其中，市政府门户网站发布信息2.5万余条、政府文件及解读275件，网站访问量6500多万次。新冠肺炎疫情期间，市政府门户网站发布政府疫情防控政策文件、工作进展、人员管控、交通出行和企业复工复产等信息2358条，公布新闻发布会46期，“政府信箱”及时答复群众有关疫情防控咨询、投诉等信息300余条。搭建政民互动平台，采用政府信箱、意见征集、网上调查等形式，开展“听民意、解民愿、聚民智、应民声”服务。2021年1～12月，市政府网站“政府信箱”收到网民有效留言31627条，处理答复率100%。全年做到常见咨询类留言1个工作日内答复，一般留言5个工作日内答复。政府政务办公系统稳定运行，2021年全市通过政务办公系统下发常务会议纪要24期、公文9646件、通知47007件，接收县（市、区）和部门上报请求报告8593件、上报信息4138条、合成期刊200期，发送短信提醒222.47万条。

（任剑锋）

无线电管理

【概况】2021年石家庄市办理无线电行政许可事项159件，其中，频率许可44件，台站许可115件；审批无线电台站3814座，指配频率4个，按时办结率100%；撤销台网3个，停用电台187部；核发、换发电台执照1428张，年检执照126张。组织A类、B类业余电台操作证考试各1次，参加人员235人，通过考试148人。2021年全市收缴频占费69.3万元，实现增收3.85万元。重视无线电监督执法宣传，2021年石家庄无线电监督执法局与河北广播电台联合举办宣传栏目“永不消逝的电波”，制作播出节目15期，并同步在微信公众号、视频号、微博、今日头条等新媒体平台刊发稿件60余篇。9月11日，河北石家庄无线电管理局更名为河北石家庄无线电监督执法局。

开展无线电发射设备销售市场检查（河北石家庄无线电监督执法局提供）

【无线电监测】优化监测体系，提升监测技术支撑能力。每月按时完成国家月报监测工作，重点开展30～3000兆赫兹及公众运营商5G频段监测，累计分析频段20个，监测时长19万小时，撰写并报送报告12份、综合报表12份，发现并定位“黑广播”信号4个。做好设备检测，全年闭路检测广播发射台4部、防汛电台20部、数字专网电台76部，开路测试5G基站24部，春、秋季巡检发现并解决故障5起。协调市域通信运营商维护升级固定站专线设备，更换协转设备2台，撰写报送网络月报12份。加强无线电保护性监测，开启固定站28座，保护性监测航空、铁路、广播电视等重点业务频段。开展涉空涉军无线电干扰监测，处理干扰中国民用航空华北地区空中交通管理局河北分局及驻石部队无线电4起。

【5G频率协调】5G频率与卫星地球站干扰协调问题解决完毕，正在跟踪后续服务。加强5G频段监测，利用固定站监测辖区5G业务用频，开展频率占用情况分析。做好5G基站审批，全市第一批5G基站行政许可办理完成，审批中国移动石家庄分公司、中国电信石家庄分公司5G基站3727个，覆盖石家庄市主城区、县城区域。推进广播电视700兆赫兹频段有序安全迁移。整理700兆赫兹频段广播电视台站资料，摸清频段内广播电视台站底数；开展实地核查，赴无极县、深泽县广播电视台，了解台站使用运行，敦促做好频率迁移计划、设备改造资金筹划等前期准备；加强700兆赫兹频段监测，及时掌握频段信号占用情况。

【监测执法】以“黑广播”治理为重点，2021年石家庄无线电监督执法局与市公安部门合作，建立“黑广播”源头治理协调机制，将“黑广播”查处、侦破纳入公安系统考核项目；改变拆除“黑广播”设备的工作方法，做到人赃并获，实现从源头治理。2021年全市查处“黑广播”5起，“黑广播”出现明显下降。其中，抓获井陉矿区1名“黑广播”犯罪嫌疑人郭××，判处有期徒刑1年，处罚金5000元；查办藁城区张××非法设置使用无线电干扰器案件，由当地公安机关行政拘留14日。加强无线电干扰器、手机信号放大器和其他非法设台行为监测，全年查处擅自设置手机信号放大器案件16起、无线电干扰器案件4起，查获设备32台。“两会”期间，全市查处非法设立无线电台6部、涉农无人机干扰1起。高考期间，保障石家庄市主城区及周边8个县区41个考点，未发现作弊信号现象。

河北省石家庄无线电管理局
局　长：李卫东（9月免）
副局长：姚彬　（女，9月免）

河北省石家庄无线电监督执法局
局　长：李卫东（9月任）
副局长：姚彬　（女，9月任，12月免）

（李沛瑶）

电　信

【概况】2021年石家庄市域共有中国移动通信集团河北有限公司石家庄分公司、中国联合网络通信有限公司石家庄市分公司、中国电信集团有限公司石家庄分公司3家运营公司。2021年中国移动石家庄分公司网络用户达到670.14万户，新增用户114.9万户；5G用户160万户，4G用户510万户；宽带网络用户150万户，千兆宽带用户20万户；IPTV用户68.8万户；实现业务收入37亿元；运营5G站点5000个。2021年中国联通石家庄市分公司移动网络在网用户达到390.06万户，其中，5G网络在网用户71.46万户，4G网络在网用户258.82万户；宽带网络用户131.81万户；IPTV用户68.67万户；实现业务收入28.31亿元；运营5G站点4130个。2021年中国电信石家庄分公司移动网络用户达到415.83万户，市场份额占比28.2%，其中，5G网络用户230.5万户、4G/3G等用户185.33万户；宽带网络用户165.9万户，市场份额占比37.1%；IPTV用户112.8万户，市场份额占比45.1%；实现业务收入26亿元；运营5G站点4477个。

（市档案馆）

【中国移动石家庄分公司】2021年中国移动通信集团河北有限公司石家庄分公司（简称中国移动石家庄分公司）网络用户达到670.14万户，其中新增用户114.9万户；5G用户160万户，4G用户510万户；宽带网络用户150万户，其中千兆宽带用户20万户；IPTV用户68.8万户；实现业务收入37亿元；运营5G站点5000个，开通应急基站300余个。围绕网络基础能力、敏捷保障能力、网络满意度，增强网络支撑响应能力，建立网络全生命周期管理机制。加快5G网络和端到端精品家庭宽带网络建设，开展“市区攻坚行动”“县区筑基行动”“清零行动”“护航行动”“护盾行动”等活动。创新打造5G区域示范项目14个。政企市场收入结构优化，形成“网＋云＋DICT”融合发展模式。家庭市场营销快速发展，数字乡村、智慧社区建设突显。推进运营体系改革，组建社区、乡村、行业、商业4个专项客户团队；培养数字智能化人才，44人通过华为云服务解决方案工程师、5G网络优化师（HCIA）认证；建立网格运营标准化工作机制，组建实体网格运营控制台，网格长岗位认证通过率100%；组建“石门创客”创新工作室，获得省级创新奖20余项。深化党、业融合，2021年公司党委率先与市域工业能源、交通运输行业组建“和创”联盟，市、县创新打造网格“三层和创”形式，全年“一格一创”签约16家，公司新增“和创”伙伴111家，带动签约合同金额9000余万元，项目转化率达到73%。支持地方建设，2021年1月，石家庄市新冠肺炎疫情突发后，公司组建突击队55支，为市、县两级疫情防控指挥部和隔离点快速开通专线2900余条；防范和打击通信领域信息诈骗行为，自主关停疑似诈骗号码6200余户；开展爱“心”行动，救助患有先天性心脏病儿童18名。2021年中国移动石家庄分公司获评河北省打击治理电信网络新型违法犯罪工作贡献突出单位。

中国移动石家庄分公司与河钢集团石钢公司合作，共同开展“党建和创”活动
（中国移动石家庄分公司提供）

中国移动通信集团
河北有限公司石家庄分公司
总 经 理：张军
副总经理：苑占伟　李飒
刘鹏
刘磊　（8月免）
席振国（8月任）

（张星）

【中国联通石家庄市分公司】 2021年中国联合网络通信有限公司石家庄市分公司（简称中国联通石家庄市分公司）移动网络在网用户达到390.06万户，同比增加19.69万户。其中，5G网络在网用户71.46万户，4G网络在网用户258.82万户；宽带网络用户131.81万户；IPTV用户68.67万户；实现业务收入28.31亿元；运营5G站点4130个。网络建设。5G网络实现主城区连续覆盖，正定县、鹿泉区实现农村全覆盖。4G网络采取网络优化、宏站建设、室分建设、室分整治等方式，解决了网络覆盖盲点问题，其中，宏站工程建设站点763个，室分工程建设站点512个。网络共建、资源共享。承建区5G基站数量2042个、5G室分信源694套，全部与中国电信集团公司开通共享；4G共建共享小区达到31338个。项目营销。开展“沃”进社区营销活动3044场次，发展重点业务客户12.7万户，同比增加4.5万户。以政企单位为主，聚焦政府、医疗、金融、龙头企业等行业，以智慧城市、数字政府、5G应用、工业互联网等信息化创新领域为突破口，营销获得市电子测温人脸识别系统设备采购安装项目、戒毒所5G专网项目、市人民医院康复中心改造工程、广电传媒IDC项目、市卫生健康委政务云项目、白沙5G专网、市住房和城乡建设局城市体检项目等。2021年中国联通石家庄市分公司集约化班组获得中国联通集团公司客户运营、金融权益及创新产品技能大赛团体银奖，张甜甜获得个人“优胜奖”；渠道中心白伟、王志佳、王静获得河北联通公司营业员数字化营销技能竞赛团体一等奖。

中国联合网络通信有限公司
石家庄市分公司
总 经 理：韩洪江（7月免）
何伟　（7月任）
副总经理：白福柱（4月免）
李朝晖（8月任）
周进　　于建伟
郭广根（8月免）
张锋　（8月免）
张涛　（9月任）

（刘晨扬）

【中国电信石家庄分公司】 2021年中国电信集团有限公司石家庄分公司（另名中国电信股份有限公司石家庄分公司，简称中国电信石家庄分公司）移动网络用户达到415.83万户，市场份额占比28.2%，其中，5G网络用户230.5万户，4G/3G等用户185.33万户；宽带网络用户165.9万户，市场份额占比37.1%；IPTV用户112.8万户，市场份额占比45.1%；实现业务收入26亿元；运营5G站点4477个、4G站点9106个。设立县（市、区）分支机构24个，经营业务实现石家庄市域全覆盖。落实“云改数转”战略，率先推出宽带“当日装、当日修、慢必赔”服务标准。宽带业务、IPTV业务在石家庄市市场份额位居第一名，拥有自建及合作数据中心5个、机架9000余个，为全市党政机关、企事业单位提供信息化解决方案用户达到13350家。网络建设。城域网出口带宽新扩容800G，总带宽到达3600G。IDC出口带宽扩容1000G，总带宽到达8200G。扩容后，设备带宽利用率从82.09%下降至63.85%。千兆光网覆盖用户达到213万户。4G站点实现市域全覆盖。5G站点完成城区连续覆盖及地铁、裕华万达、长安万达、北国先天下等高流量商圈，医院、校园、高品质住宅小区区域和重点发达乡镇、部分农村热点区域基本覆盖；5G网络市区二环内覆盖率达到98.81%，三环内覆盖率达到96.76%，县城覆盖率达到95.84%。服务体验活动。以网络感知为主题，开展高层住宅网络信号体验、市区商业聚集区移动网对标体验、“五高一地”移动网络质量体验活动；以业务产品为主题，开展家庭DICT、三千兆体验、天翼看家体验、全屋WiFi体验、天翼云存量客户使用感知及交付感知体验活动；以业务流程为主题，开展渠道一致性体验、营业厅座谈活动。网络信息安全。净化网络空间，开展反诈、骚扰电话、垃圾短信治理，建立覆盖全市所属部门联动机制。2021年公司通信业务出现涉案电话331个，同比下降77%；出现诈骗电话381个，同比下降11%；处理骚扰电话工单1293张，同比下降39%，通过“12321”平台申诉核减骚扰电话514个，申诉成功率37%；垃圾短信月均发生量不超2条。落实用户实名制业务办理规定，未发现实名制违规售卡问题，新入网用户合规率100%。执行通信重要保障任务26项，部署保障人员1600余人次，出动车辆800余车次。新冠肺炎疫情发生后，公司接受石家庄市重点应急通信保障任务200余次，安装疫情防控隔离酒店视频监控400余家，紧急开通专线通信线路282条，临时开通防疫宽带3000条，主要完成疫情防控前线指挥部、“火眼”实验室、市第五医院、黄庄隔离点通信网络建设保障任务。

中国电信集团有限公司
石家庄分公司

总 经 理：孙玉胜（10月免）
王继军（10月任）
副总经理：马巨福
魏雅丽（10月免）
李山
岐剑 （8月免）
樊瑞英（10月任）
曹彬 （11月任）
冯林
董康辉（12月任）
纪委书记：王雅璐

（张松）

商业·旅游

Business & Tourism

商贸流通

【概况】 2021年石家庄市实现社会消费品零售总额2392.5亿元，同比增长5.0%。其中，城镇2089.7亿元，增长5.0%；乡村302.8亿元，增长4.5%。限额以上企业（单位）消费品零售额853.5亿元，同比增长2.5%。其中，城镇850.8亿元，增长2.5%；乡村2.7亿元，下降0.1%。限额以上批发零售业商品零售额824.8亿元，同比增长2.0%。限额以上批发和零售企业（单位）商品零售额中，粮油食品类93.1亿元，下降3.9%；饮料类9.8亿元，下降13.4%；烟酒类22.7亿元，增长8.8%；服装鞋帽针纺织品类85.5亿元，下降9.3%；日用品类25.0亿元，增长0.7%；家用电器及音像器材类32.1亿元，下降3.8%；中西药品类47.6亿元，增长4.4%；通信器材类20.8亿元，增长17.7%；石油及制品类85.0亿元，增长13.5%；汽车类310.0亿元，下降0.4%。2021年石家庄市社会消费品零售总额位列河北省11个设区市第一名，占全省社会消费品零售总额比重17.7%。2021年石家庄市所辖各县（市、区）社会消费品零售总额达到100亿元以上6个，从高到低依次排名为：桥西区（471.24亿元）、长安区（380.22亿元）、裕华区（314.6亿元）、新华区（291.33亿元）、高新区（163.23亿元）、鹿泉区（108.74亿元）。2021年全市实施重点商贸项目39个，其中，市重点商贸项目27个，县域重点商贸项目12个，总投资503.67亿元，实际完成投资73.13亿元。至2021年底，全市共有重点商业综合体18家，分别为北国商城、裕华万达广场、欢乐汇、勒泰中心、万象天成、先天下、华润万象城、长安万达广场、保利广场、东胜广场、乐汇城、西美花街、天山海世界、海悦天地、怀特商业广场、恒大广场、建华城市广场、天河方圆荟；销售总额120亿元，同比增长5%。实施商业街区改造升级，投入改造升级资金3.4亿元，建成商业街20条。4月15至10月31日，全市举办夜经济活动，参与企业143家，夜间实现销售额58.36亿元。10月15～17日，由市商务局、市市场监管局、市文化广电和旅游局、市乡村振兴局、桥西区政府联合主办的2021年石家庄美食文化节暨特色农产品产销对接会在塔坛文旅商业街举行。2021年4月，石家庄市获得2020年度“中国城市夜经济影响力创新城市”称号。2021年石家庄市饮食行业入选中国绿色饭店（餐饮）9家、国家级钻级酒家11家、国家级绿色食堂7家。至2021年底，全市共有中国绿色饭店（餐饮）41家、国家钻级酒家43家。

（惠永梅　杨艳玲）

【重点商贸项目】 2021年全市实施重点商贸项目39个，其中，市重点商贸项目27个，县域重点商贸项目12个，总投资503.67亿元，完成投资73.13亿元。市重点商贸项目。2021年全市实施市重点商贸项目27个，总投资421.05亿元，完成投资52.86亿元。其中，商业中心项目、东五里城中村改造项目（荣盛城）、

北国奥特莱斯　（北人集团提供）

悦城北区19区和东胜悦中心1号区4个项目开工建设；林荫大院一橡树园、星际中心2个项目竣工；玖珑府邸、中央商务区新华片区、民族路商业步行街、中房广场、富力广场等17个项目正在建设。县域重点商贸项目。2021年全市实施县域重点商贸项目12个，总投资82.62亿元，完成投资20.27亿元。其中，新乐菜篮子冷链物流项目、中垦流通·新乐农产品批发市场、中国（河北）自由贸易试验区正定片区金融创新及进口商品展示交易中心、荣鼎·砂之船（石家庄）奥莱综合体4个项目开工建设；高邑县凤凰府邸大型商超、无极县人民广场地下超市和车库及续建项目元氏县石家庄市米莎贝尔饮食食品有限公司新型科技主食加工工业示范园3个项目竣工；金桥城市广场、韵达河北（晋州）快递电子商务总部基地A项目、平山县侨商总部基地3个项目正在建设。

（赵彦荣）

【夜经济】 以特色商圈商街为重点，推进夜经济向商旅文体多业态融合发展。4月15至10月31日，全市夜经济活动举行；参与延时服务企业143家，夜间实现销售收入58.36亿元，占全天营业额32.19%；举办各类特色活动5720余场次，夜间客流量达到5560万人次。发展夜经济核心区和示范集聚区，市夜经济建设工作领导小组办公室印发《石家庄市2021年夜经济建设工作方案》，确定重点打造核心引领、示范带动、集聚发展的“1+4+N”夜间经济发展格局。依托主城区核心商圈，串联商街，打造全市夜间经济核心区；鹿泉区、栾城区、藁城区、正定县4个县（区）依托商业、文化、旅游资源，打造夜间经济示范区；其他县（市、区）结合当地实际打造不同类型的夜间经济集聚区。培育夜间消费品牌，2021年市夜经济建设工作领导小组办公室围绕“夜购”“夜食”“夜娱”“夜练”“夜读”“夜游”等生活业态，公布首批“深夜食堂”84家，推出2批43个区域性夜经济特色活动，举办2021石家庄国际啤酒节、首届石家庄滹沱印象音乐季、石家庄购物节等品牌活动及“全城盛宴、正定风筝节、北人周年庆、三人篮球联赛”等美食娱乐、文化休闲和打折促销活动。2021石家庄国际啤酒节。7月24日晚至8月底，由市政府主办，市商务局、鹿泉区政府承办的2021石家庄国际啤酒节在龙泉古镇举行，主题为“千杯石家庄”。啤酒节采取一主、多辅、全域举办模式，在鹿泉区龙泉古镇设立主会场，市内7区及高新区、正定县设立分会场；10多个国家和地区300余款知名啤酒品牌参与，举办包括美食展卖、酒王争霸赛、国服汉风秀、七夕相亲大会等美食文化休闲活动。11月5日，正定古城街区入选第一批国家级夜间文化和旅游消费集聚区。

（张毅）

4月15日晚，石家庄市2021年夜经济在裕华区火车头步行街启动

（裕华区委办公室提供）

【商品交易市场】 开展商贸市场优化升级，制定《石家庄市商品市场优化升级专项行动实施方案》。实施便民市场建设工程，构建一刻钟生活圈。至2021年底，全市新建改建便民市场37家、菜市场11家、农贸市场2家、生鲜超市20家、社区便民服务中心3家、街区生活服务集聚中心1家，建成市场面积23万平方米，投资金额1.4亿元。新华集贸中心市场。位于石家庄市新华区，东至公里街，西至青年街，南至中山路，北至新华路。由21个分市场组成，占地面积33万平方米，经营面积130万平方米，经营铺位1.5万个。该市场以经营纺织服装类、电子信息类两大产业商品为主，曾被称为“全国最大的服装集散地”“中国北方最大的电子交易市场之一”，获得“改革开放40年全国文明诚信经营示范市场”“建国70周年中国商品交易市场发展创新先锋市场”“中国商品交易市场著名品牌市场”“全国商品交易市场发展平台经济示范市场”等荣誉称号。民族路步行街位于新华集贸中心市场。2021年新华集贸中心市场商品成交额470.2亿元，税收收入1.1亿元；市场平均日客流量达到20万人次。南三条市场。位于石家庄市

长安区，东起平安大街、西至胜利北大街，南起中山路、北至栗胜路，占地53.3公顷，拥有新源乐汇城、太和文化礼品城、华北箱包城、太和日化城、新源发商贸城、汇信针织城、东方文化商品城、现代床品百货城等商城（市场）24座、产权单位26家；市场经营面积88万平方米，入驻商户5000余户，从业人员3万余人；上市商品包括针织、百货、食品、日化、五金、鞋类、箱包、玩具、工艺饰品、文化用品等12大行市，近百万个花色品种，商品品牌率达到85%以上，商品主要辐射河北、山西、内蒙古等地区，是中国北方地区最大的商品集散中心。2021年南三条市场商品成交额367亿元，同比下降1.34%。市场网红直播带货。紧跟商品交易市场形势变化，推行市场网红直播带货经营模式。建立乐城国际贸易城华北网红直播供应链基地、南三条市场太和电子商务基地。乐城国际贸易城华北网红直播供应链基地经营规模面积12万平方米，入驻“网红”400余人、供应链企业300余家，培育出“红涛传媒、辰辰搭配、琢琢爱穿搭、巧姐姐”等知名网红主播，带动交易市场日均出单量20万件，日交易额2000万元至3000万元，成为省会销售量最旺的电子商务直播供应链基地。与快手、抖音等知名电子商务平台合作，引进直播电子商务供应链企业，开展“主播直播带货大赛”“直播购物节”“外贸出口转内销展销会”“网红探店”等市场直播活动。发挥京津冀协同作用，促进京津石市场重要承接平台对接。乐城国际贸易城、正定小商品城等企业到北京对接中国市场学会、中国老龄产业协会，商定在乐城国际贸易城建立老年用品博览中心；对接北京市商务局及北京市丰台区、西城区、东城区市场疏解机构和相关市场，了解北京市市场疏解动态，宣传推介石家庄市重点承接平台，争取和吸引北京疏解市场商户；对接快手北京总部，引进“快手河北创新发展中心”项目在乐城国际贸易城落户，共同建设“直播电子商务产业小镇”。

（市商务局　新华区　长安区）

【特色商业街区】 实施商业街区提升改造，印发《关于开展市级步行街改造提升试点工作的通知》。筹集7000余万元资金和债券，支持民族路、火车头步行街、塔坛文旅商业街改造项目。至2021年底，全市建成商业街20条，投入升级改造资金3.4亿元；举办各类商品交易活动2857余场次，实现销售额46亿元，客流量达4820万人次。重点打造民族路步行街、火车头步行街、勒泰庄里街、塔坛文旅商业街区等特色商业街区。民族路步行街全长1080米，占地30公顷，2020年7月入选国家商务部第二批“全国示范步行街试点”，是河北省唯一入选的步行街区。民族路步行街区以“一轴、三段、两片区、四特色、多秀场”为景观结构，以天幕广场、月季广场、水幕广场为重要节点，以电子烟花秀、水幕音乐秀、天幕科技秀、文创主题秀等秀场为亮点，重点打造集休闲娱乐、购物餐饮、城市观光等功能于一体的智慧街区、低碳街区、有声街区、文创街区和高品质、高品位商业步行街。2021年10月，民族路步行街街区改造提升工程启动，以石家庄历史文化和现代商业融合为理念，将石家庄本地元素和历史文化“镶嵌”到街区重要节点，以声、光、景、演等形式，实现情景再现、街景融合的“石家庄味道”。至2021年底，民族路步行街地下管网施工完工。火车头步行街位于裕华区，北至槐中路，南至槐安路，东至建华大街，西至华清街，总长度1200米，街道宽度26米，街区占地面积35万平方米，经营区商业建筑面积5万平方米，街区及经营门店达到450户。2021年火车头步行街自营商户营业收入9000万元，周边商户销售收入10亿元，日均客流量3万多人，总客流量达到1200万人，带动区域营业额收入25亿元。2021年火车头步行街获评省级示范步行街、省级旅游休闲街区。勒泰庄里街位于长安区勒泰中心东部，市场上下5层为南北走向开敞式立体型主题步行街，全长1620米，占地面积2.37万平方米，建筑面积7.8万平方米，打造传统风格的弄堂和主题街南巷、北巷、石门老街，初步形成“霓虹灯下的美食不夜城”。塔坛文旅商业街位于桥西区南二环与塔通街交叉口，总长392米，是一条集吃、购、游、娱、文、宿于一体的文旅特色商业街区，重点打造SPACE CLUB、贰麻酒馆、十八巷美食街、塔梦极境、众诚假日酒店等项目，至2021年底，招商引进商户939家。

（谷仁杰　赵春常）

【市场促销补贴】 新能源汽车促消费活动。2021年石家庄市消费者购置新能源汽车补贴期限为1月1日至3月31日，购买新能源汽车裸车销售价格10万元以上的，给予消费者1万元购车补贴，购买新能源汽车裸车销售价格10万元以下（含10万元）的，给予消费者5000元购车补贴。第二届家用电器惠民促销活动。5月28日至6月11日，全市第二届家用电器惠民促销活动举行，市民在44家企业92家门店购买单件家用电器享受优惠，最多补贴优惠达15%。参与惠民促销活动家用电器品类包括冰箱、彩电、洗衣机、空调、厨电、小家电、计算机7大类（不含中央空调、手机）。按照政府引导、市场参与原则，采取政府补贴、品牌让利方式开展；市政府安排资金1000万元，参与活动企业匹配1000万元配合；家用电器厂家结合品牌价格优势，在补贴基础上可自愿让利促销。促销活动时限内，补贴用完活动即止。市民购买价格单价在2000元（不含）至5000元（含）的单件家用电器商品，按实际单价的15%比例给予补贴；购买价格单价超过5000元（不含）以上的部分按10%比例给予补贴。

【“石家庄消费券”】 增强市场消费活力，激发居民消费潜力，帮助企业做大做强。9月29日，市级财政安排1000万元，利用“庄尚商务”微信公众号，在全市279家限额以上企业（批发业、汽车销售企业和加油站除外）发放惠民消费券1000万元。其中，20元面额消费券（满80元使用）15万张，50元面额消费券（满200元使用）8万张，100元面额消费券（满400元使用）3万张。11月27日，市级财政安排1000万元，银联河北分公司安排500万元，通过“云闪付App”，在全市615家限额以上企业（批发业、汽车销售企业除外）发放消费券1500万元。其中，20元面额消费券（满80元使用）25万张，50元面额消费券（满200元使用）10万张，100元面额消费券（满400元使用）5万张。2021年长安区、桥西区、裕华区等12个县（市、区）发放消费券2844.8万元，核销2570.75万元，核销比例90.4%。

（高敏）

【“石字号”餐饮品牌】 培育地域饮食文化，打造“石字号”特色餐饮品牌，提升餐饮企业管理和服务质量。以“丰年好物 味你而来”为主题，举办2021年石家庄美食文化节暨特色农产品产销对接会活动，“石字号”美食、中华老字号、省市非物质文化遗产等100余种特色小吃及文化创意产品现场展演展示展卖，接待游客17余万人次，80个美食和文创展位营业收入81.3万余元。绿色餐饮和钻级酒家“双创”活动。推广餐饮行业国家标准，评定中国绿色饭店（餐饮）9家、国家级钻级酒家11家、国家级绿色食堂7家。至2021年底，全市共有中国绿色饭店（餐饮）41家、国家钻级酒家43家。

表38　　2021年石家庄市域中国绿色餐饮企业（绿色饭店）一览表

序号	企业名称	评定等级
1	石家庄光明渔港饮食有限公司	五叶
2	石家庄高新区凯旋门大酒店有限公司	五叶
3	河北众诚假日酒店有限公司	五叶
4	河北国山宾馆有限公司	五叶
5	石家庄川越食空渝乡辣婆婆餐饮有限公司	五叶
6	河北敬业酒店有限公司	五叶
7	河北中鸿记餐饮管理有限公司石家庄振头店	五叶
8	河北玉兰香保定会馆饮食有限公司裕华店	四叶
9	国御温泉度假小镇股份有限公司	四叶
10	新华区光明渔港中华店	四叶
11	裕华梁氏饭店	四叶
12	高新区梁氏饭店	四叶
13	河北中鸿记餐饮管理有限公司热河食府中山店	四叶
14	河北中鸿记餐饮管理有限公司石家庄大经街正太分公司	四叶
15	石家庄清顺八旗有限公司桥西区振岗路店	四叶
16	长安区聚香阁食府	四叶

续表

序号	企业名称	评定等级
17	石家庄市海星餐饮有限公司体育大街全聚德烤鸭店	四叶
18	河北玉兰香保定会馆饮食有限公司红旗店	四叶
19	河北汇文大酒店	四叶
20	正定县回真楼饭店	四叶
21	平山县柏坡汇源酒店	四叶
22	石家庄市渝乡辣婆婆酒店	四叶
23	新华区小皇饭饭店	四叶
24	桥西区清之顺饭店	四叶
25	河北荣旭房地产开发有限公司鹿泉荣逸时光酒店	四叶
26	晋州市西苑餐饮有限公司	四叶
27	石家庄市裕华区红楼酒店	四叶
28	长安好妯娌餐饮店	四叶
29	石家庄市湘君府餐饮有限公司天山大街店	四叶
30	石家庄市湘君府餐饮有限公司湘君府中华大街店	四叶
31	石家庄高新区唐宁汇酒店	四叶
32	石家庄市海星餐饮有限公司嘉和全聚德烤鸭店	四叶
33	栾城区田一润小江南菜馆	三叶
34	石家庄市燕园酒店管理有限公司	三叶
35	裕华百川渝乡辣婆婆饭店	三叶
36	河北中鸿记餐饮管理有限公司杨麻子大饼平安店	三叶
37	石家庄瑞特渝乡辣婆婆酒店	三叶
38	正定正顺饸饹馆	三叶
39	元氏县向博酒店服务有限公司	三叶
40	石家庄市桥西区渝乡辣婆婆酒店	三叶
41	桥西区明阳火锅鸡饭店	二叶

表 39　　2021 年石家庄市域国家钻级酒家一览表

序号	企业名称	评定等级
1	石家庄光明渔港饮食有限公司	白金五钻
2	石家庄高新区凯旋门大酒店有限公司	五钻
3	河北众诚假日酒店有限公司	五钻
4	河北国山宾馆有限公司	五钻

续表

序号	企业名称	评定等级
5	石家庄川越食空渝乡辣婆婆餐饮有限公司	五钻
6	河北敬业酒店有限公司	五钻
7	河北中鸿记餐饮管理有限公司石家庄振头店	五钻
8	河北云臻世纪大饭店有限公司	五钻
9	河北玉兰香保定会馆饮食有限公司裕华店	四钻
10	国御温泉度假小镇股份有限公司	四钻
11	新华区光明渔港中华店	四钻
12	裕华梁氏饭店	四钻
13	高新区梁氏饭店	四钻
14	河北中鸿记餐饮管理有限公司热河食府中山店	四钻
15	河北中鸿记餐饮管理有限公司石家庄大经街正太分公司	四钻
16	石家庄清顺八旗有限公司桥西区振岗路店	四钻
17	长安区聚香阁食府	四钻
18	石家庄市海星餐饮有限公司体育大街全聚德烤鸭店	四钻
19	河北玉兰香保定会馆饮食有限公司红旗店	四钻
20	河北汇文大酒店	四钻
21	正定县回真楼饭店	四钻
22	平山县柏坡汇源酒店	四钻
23	石家庄市渝乡辣婆婆酒店	四钻
24	新华区小皇饭饭店	四钻
25	桥西区清之顺饭店	四钻
26	河北荣旭房地产开发有限公司鹿泉荣逸时光酒店	四钻
27	晋州市西苑餐饮有限公司	四钻
28	石家庄市裕华区红楼酒店	四钻
29	长安好妯娌餐饮店	四钻
30	石家庄市湘君府餐饮有限公司天山大街店	四钻
31	石家庄市湘君府餐饮有限公司湘君府中华大街店	四钻
32	石家庄高新区唐宁汇酒店	四钻
33	石家庄市海星餐饮有限公司嘉和全聚德烤鸭店	三钻
34	栾城区田一润小江南菜馆	三钻
35	石家庄市燕园酒店管理有限公司	三钻
36	裕华百川渝乡辣婆婆饭店	三钻

续表

序号	企业名称	评定等级
37	河北中鸿记餐饮管理有限公司杨麻子大饼平安店	三钻
38	石家庄瑞特渝乡辣婆婆酒店	三钻
39	正定正顺饸饹馆	三钻
40	元氏县向博酒店服务有限公司	三钻
41	石家庄市桥西区渝乡辣婆婆酒店	三钻
42	保定直隶安家罩饼餐饮管理有限公司	三钻
43	桥西区明阳火锅鸡饭店	二钻

表 40　　2021 年石家庄市域国家级绿色食堂一览表

序号	企业名称	评定等级
1	河北世鸿餐饮管理有限公司河北省财政厅机关服务中心食堂	三叶
2	河北世鸿餐饮管理有限公司中国农业发展银行河北省分行食堂	三叶
3	石家庄铁路职业技术学院食堂	三叶
4	河北省交通厅食堂	三叶
5	石家庄学院食堂	三叶
6	河北省应急管理厅食堂	三叶
7	河北师范大学附属中学食堂	三叶

（崔强）

【中央商务区建设】 石家庄中央商务区建设于 2019 年 3 月 26 日正式启动，总面积 2.6 平方千米，其中核心区面积 1.08 平方千米，总投资 300 亿元，范围为和平路、解放大街、裕华路、站前街、南大街和车辆厂前街围合区域，自北向南分别设置：商务金融北区、文化旅游中区、商务金融南区。5 月 13 日，位于石家庄中央商务区北区 32 号地块写字楼主体完工，这也是中央商务区首个高层建筑封顶项目；32 号写字楼于 2020 年 4 月 15 日开工，总建筑面积 5.3 万平方米，地上 22 层，地下 3 层，是中央商务区在解放大街沿线的展示性建筑。至 2021 年底，中央商务区总开工面积 70 万平方米，其中中央商务区北区地下空间及 9、15、16、29、30、31 号地块建设正在建设。

（市档案馆）

【北国人百集团有限责任公司】 石家庄北国人百集团有限责任公司（简称北人集团）是经石家庄市政府批准，于 2000 年 3 月 21 日由石家庄北国商城和石家庄人百集团有限责任公司合并注册成立的国有独资商贸企业。2008 年 3 月，北人集团完成国有企业股份改制，成为一家跨区域、多业态大型连锁商业企业集团。旗下拥有企业 7 个，分别为北国商城股份有限公司、石家庄饮食有限责任公司、石家庄国际科技博览活动中心有限公司、华远商贸分公司、针纺织品分公司、石家庄华都大厦、石家庄北国春天房地产开发有限公司，涉及购物中心、文旅娱乐、社区商业综合体、物流服务、电子商务、百货 / 超市 / 电器 / 珠宝专业店、餐饮服务、多用途预付卡、租赁会展、仓储运输、地产经济等经营业务，经营网点超过 300 个，分布于北京、天津、河北、河南、山东、山西等地。北人集团旗下拥有多家老字号门店。其中，新百广场前身是始建于 1947 年的晋察冀大众商店，被称为“新中国百货第一店”；北国商城前身是 1956 年开门营业的解放路百货商场，是石家庄解放后新建的第一座国营零售综合百货大楼；石家庄饮食公司始建于 1956 年，所属中和轩饭庄是石家庄市现存唯一百年

2021 年 4 月 2 日，北人集团与河北地质大学签约建设新零售联合研究院
（北人集团提供）

老字号。北人集团曾获评“全国商业服务业年度十佳企业”“全国和谐商业企业”“全国商业服务业顾客满意企业”“全国五一劳动奖状”“全国文明单位”等荣誉称号，连续多年入选中国企业、中国服务业企业 500 强。2021 年北人集团新开业无极北国购物广场，北国超市中环店、木兮里店，北国大药房，餐饮蓉庭川府、红星四季砂锅等经营网点 26 个，超市到家、社区团购、电器微商城、国际化妆品线上商城投入运营；与河北地质大学合作，成立新零售联合研究院。至 2021 年底，北人集团拥有会员 319 万人，同比增加 26 万人；电子会员 132 万人，同比增加 37 万人。2021 年北人集团营业收入 93.93 亿元，同比下降 61.02%；实现利润 7.1 亿元，同比增长 57.1%；线上销售收入 6.33 亿元，同比增长 94%，销售比例由 2020 年的 2% 提升到 3.95%。

（王钊昆）

【勒泰中心】 勒泰中心位于石家庄市长安区，地处中山东路与长征街交叉口东北角，是中国勒泰商业地产集团联合中国海外集团在河北省投资建设的大型城市综合体项目，总投资 53 亿元，经营面积 62 万平方米，由 6 层商业裙楼和地下 4 层超大型停车场、家乐福保龙仓超市及 46 层豪华智能写字楼、29 层 5A（LOFT）高档写字楼、45 层商务型超高层国际五星级酒店、30 层公寓式假日酒店 4 栋塔楼组成，涵盖国际风情购物中心、时尚坐标庄里街、浪漫空中广场、五星级酒店、超 5A 智能写字楼、创智型 LOFT、公寓宅邸等多元经营业态。特色商业街区——庄里街主打特色美食休闲街区，将都市情怀与老城记忆、民俗特色文化风与现代都市相融合，形成具有传统风格弄堂和特色主题街“南巷”“北巷”及具有民国风俗特色的“石门老街”，成为省会“霓虹灯下的美食不夜城”。勒泰中心于 2009 年 6 月 14 日开工建设，2012 年 12 月 18 日 40 万平方米商业裙楼建成开业，15 个国家 336 个国内外知名商业、餐饮和休闲娱乐业态品牌入驻，包括奥地利欧悦冰场、香港 UME 影城、泰力健身、镛旺楼、海底捞等，日均客流量达 10 万人次。2021 年勒泰中心营业收入 12.8 亿元，同比增长 24%。

【万达广场】 石家庄万达广场建成运营 2 个，分别为裕华万达广场、长安万达广场。裕华万达广场于 2011 年 9 月 23 日开业运营，总投资 80 亿元，建筑面积 183 万平方米，是石家庄市首家集休闲、娱乐、文化、餐饮、商业零售及服务于一体的城市综合体和全业态生活广场，主要门店包括万达百货、万达电影城、大歌星量贩 KTV、大玩家超乐场、华润万家等，是石家庄市流行时尚的地标建筑。2021 年裕华万达广场营业收入 8 亿元，同比增长 5%；纳税金额 2.25 亿元，同比增长 21.6%。长安万达广场于 2019 年 6 月 28 日开业运营，位于长安区中山东路与谈固大街交汇处，东起金山街，西到谈固大街，北至北宋路，南至中山东路，建筑面积 14.59 万平方米，商业出租面积 5.9 万平方米，拥有摊位 239 个，出租率 100%，全年客流总量 1000 万人次。

（惠永梅）

【石家庄饮食有限责任公司】 石家庄饮食有限责任公司（简称饮食公司）成立于 1956 年，前身为石家庄饮食集团公司，2012 年 12 月增资组建改制为混合所有制企业。至 2021 年底，饮食公司在册员工 570 人，离退休人员 2742 人；所属企业包括燕风楼烤鸭店、中和轩饭庄、釜洋斋、石家庄饭店、燕风楼中华店、红星饭庄、蓉庭川府、石家庄照相馆、河北彩色摄影服务中心、技工学校等 10 余家。燕风楼曾经连续夺得河北省餐饮业十强之首，是河北省第一家获得全国“五一劳动奖状”“青年文明号”的餐饮企业。中和轩始于 1920 年，被商务部授予中华老字号，中和轩蒸饺被中国烹饪协会评为“中华名小吃”。清真名店釜洋斋主打产品被中国饭店协会评为“中国十佳清真火锅”。石家庄饭店红星包子被中国烹饪协会评为“中华名小吃”和中国金牌旅游小吃。2021 年饮食公司申请注册商标 4 个，通过审核 3 个；参加 2021 首届中国民俗美食产业发展大会，釜洋斋获得 2020 年度中国民族特色餐饮百强企业称号；9 月 23 日，燕风楼烤鸭店在第七届国家钻级酒家年会上获得“国家钻级酒家示范店”“国家钻级酒家优秀管理者”“国家钻级酒家镇店名菜”“钻级酒家优秀厨师”称号。2021 年饮食公司营业收入 1.42 亿元，同比增长 9.23%；实现利润 1328 万元，同比增长 9.03%。

（姚玉民）

电子商务

【概况】 至 2021 年底，石家庄市注册登记电子商务企业 8790 家，同比增加 1762 家；注册登记电子商务平台及各类网店 14.8 万家，同比增加 6.6 万家；培育和认定省级电子商务示范基地 19 家、省级电子商务示范企业 40 家，发展形成河钢云商、中废通、回收商网、君乐宝、以岭健康城、掌尚北国、御芝林、爱购 365、太和网、河北农产品电子交易中心 10 家知名电子商务交易平台。至 2021 年底，石家庄市网店经营者入驻外地电子商务平台 63506 家，其中，淘宝 44526 家，京东 8532 家，1688 平台 7530 家，天猫 2914 家。2021 年石家庄市域经营电子商务龙头企业主要有阿里巴巴、京东、腾讯、苏宁、美团等，居民应用电子商务主要有支付宝、微信、淘宝、天猫、京东、美团、口碑、大众点评、饿了么、唯品会、抖音、拼多多、高德地图、滴滴出行、哈啰及银行、通信等交易平台。2021 年石家庄市域电子商务基地和园区主要有美团（石家庄）全国客服中心、华北网红直播供应链基地、南三条太和电子商务基地、市科技创新服务中心电子商务产业基地、以岭健康城、东明家居、君乐宝、申通（河北）产业孵化器电子商务科技园、韵达（河北）快递电子商务总部、京东城市（河北）数字经济产业园、重庆大龙网京津冀电子商务产业园等。跨境电子商务快速发展，至 2021 年底，全市共有省级跨境电子商务园区 2 个、省级跨境电子商务示范企业 23 家、省级跨境电子商务平台 7 个、省级跨境电子商务公共海外仓 10 个。

【电子商务平台发展】 2021 年全市培育和认定省级电子商务示范基地 19 家、省级以上电子商务示范企业 40 家。至 2021 年底，全市共有网络交易平台企业 2 家，分别为北国电子商务有限公司、中追码购电子商务有限公司，注册平台经营者 195 家。构建市、区（县）、企业三级电子商务园区，建成电子商务重点示范园区、产业应用特色园区、仓配快递园区。电子商务重点示范园区主要有：美团（石家庄）全国客服中心、华北网红直播基地、南三条太和电子商务基地、市科创中心等；产业应用特色园区主要有：以岭健康城、东明家居、君乐宝乳业等；仓配快递园区主要有：申通（河北）产业孵化器电子商务科技园、韵达（河北）快递电子商务总部基地等；京东城市（河北）数字经济产业园、重庆大龙网京津冀电子商务产业园。打造形成 10 家知名电子商务交易平台，分别为：河钢云商、中废通、回收商网、君乐宝、以岭健康城、掌尚北国、御芝林、爱购 365、太和网、河北农产品电子交易中心。其中，河北中废通集团废旧物资网（简称中废通）为国内网上物资回收行业领军企业；河北 365 集团的“爱购 365”涵盖新零售、农村电子商务、智慧农业等板块，与阿里、京东等知名企业形成战略合作。至 2021 年底，阿里巴巴、京东、苏宁、美团等国内知名电子商务龙头企业均在石家庄市经营电子交易业务。支持电子商务、新媒体直播、跨境电子商务发展，搭建直播电子商务、社交电子商务、新渠道商、供应链企业、直播网红交流平台，举办“2021 石家庄产业带电子商务直播文化节”“石家庄电子商务直播选品大会暨品牌升级产业赋能大赛”“石家庄市网红成长计划暨产品短视频大赛”“石家庄优秀互联网品牌网销 PK 大赛”“网红高级人才培训”“活力重启 线上精彩——2021 石家庄网上年货节”“2021 石家庄网购促销月活动”“河北（石家庄）电子商务资源对接暨电子商务直播选品大会”等电子商务活动，推进线上线下多渠道营销。2021 年“活力重启 线上精彩——2021 石家庄网上年货节”参与企业 700 余家，线上销售额达到 26.7 亿元。

表 41　　2021 年石家庄市省级电子商务示范基地一览表

序号	电子商务示范基地名称	基地运营机构名称	所属县（市、区）
1	乐城华北网红直播供应链基地	河北乐城国际贸易城商业管理股份有限公司	长安区
2	（绿岛）恒信国际产业园	河北绿岛物流有限公司	鹿泉区
3	万淘天下电子商务直播基地	河北万淘天下科技有限公司	正定县
4	太和电子城电子商务直播基地	石家庄市太和电子发展有限公司	新华区
5	南三条太和电子商务示范基地	石家庄市保合房地产开发有限公司	长安区
6	极域电子商务基地	石家庄诠智科技有限公司	无极县
7	新源发直播电子商务供应链电子商务基地	河北新源发国际商贸城有限公司	长安区
8	河北跨海跨境电子商务产业园	河北跨海商务信息技术有限公司	新华区
9	世界湾优选直播基地	石家庄世界湾企业管理服务有限公司	长安区
10	太和百货日化城电子商务直播基地	石家庄中和置业有限公司	长安区
11	乘渡电子商务产业基地	河北乘渡创业孵化器有限公司	新华区
12	河北创盟直播电子商务产业基地	河北创盟网络科技有限公司	新华区
13	金指数品牌服装广场	河北金指数房地产开发有限公司	新华区
14	云际数字直播基地	石家庄云际数瀚科技有限公司	长安区
15	食草堂电子商务基地	石家庄食草堂文化饰品有限公司	鹿泉区
16	中关村河北金种子电子商务产业基地	河北金种子创业谷企业孵化服务有限公司	新华区
17	石家庄市科技创新服务中心电子商务产业基地	石家庄市科技创新服务中心	高新区
18	晋州律时代电子商务基地	晋州律时代创业孵化基地有限公司	晋州市
19	金翔时尚购	河北金音商业管理有限公司	新华区

表 42　　2021 年石家庄市省级电子商务示范企业一览表

序号	电子商务示范企业名称	企业类型	所属县（市、区）
1	石家庄君乐宝乳业有限公司	网上零售企业	鹿泉区
2	石家庄北国电子商务有限公司	网上零售企业	高新区
3	石家庄苏宁易购商贸有限公司	网上零售企业	新华区
4	河北顿洁供应链管理有限公司	网上批发企业	裕华区
5	叁陆伍生活通网络科技河北有限公司	网络化服务企业	长安区
6	亮道股份公司	网上零售企业	新华区
7	河北新冀网络传媒有限公司	电子商务服务企业	裕华区
8	石家庄麦特达电子科技有限公司	网上零售企业	高新区
9	河北信华锦企业管理有限公司	网络化服务企业	桥西区
10	河北孩子王儿童用品有限公司	综合型电子商务企业	裕华区

续表

序号	电子商务示范企业名称	企业类型	所属县（市、区）
11	河北掌云网络科技有限公司	电子商务服务企业	长安区
12	石家庄新兴药房连锁有限公司	网上零售企业	鹿泉区
13	河北东明国际家具博览有限公司	电子商务服务企业	裕华区
14	河北外综服贸易有限公司	电子商务服务企业	正定县
15	华北制药河北华维健康产业有限公司	网上零售企业	长安区
16	石家庄正和网络有限公司	电子商务服务企业	高新区
17	河北科小科技服务有限公司	网络化服务企业	裕华区
18	以岭健康科技有限公司	综合型电子商务企业	高新区
19	中国广电河北网络股份有限公司	网络化服务企业	高新区
20	河北翼虎网络科技有限公司	电子商务服务企业	新华区
21	河北中废通网络技术有限公司	电子商务服务企业	长安区
22	石家庄灵动共创信息技术有限公司	电子商务服务企业	栾城区
23	河北小菜一碟网络科技有限公司	网上零售企业	裕华区
24	河北惜康农业科技有限公司	网上零售企业	藁城区
25	河北红桑科技有限公司	其他电子商务企业	新华区
26	河北文始征信服务有限公司	电子商务服务企业	高新区
27	河北经纬时代网络科技有限公司	网上零售企业	新华区
28	河北华明蜡业股份有限公司	网上零售企业	新乐市
29	河北中商云搜广告传媒有限公司	电子商务服务企业	长安区
30	河北讯昂智能科技有限公司	网上零售企业	裕华区
31	河北讯博网络科技有限公司	网上零售企业	裕华区
32	石家庄朗秀尚家家纺有限公司	网上零售企业	高新区
33	河北国瑞信息技术有限公司	电子商务服务企业	鹿泉区
34	石家庄市惠康食品有限公司	网上零售企业	正定县
35	河北简禾电子商务有限公司	电子商务服务企业	晋州市
36	河北德安祥贸易有限公司	网上零售企业	长安区
37	河北美印兔兔网络科技有限公司	网上零售企业	高新区
38	河北钢铁交易中心有限公司	电子商务服务企业	裕华区
39	石家庄速冠商贸有限公司	网上零售企业	裕华区
40	石家庄金土地农业信息有限公司	电子商务零售企业	长安区

（刘豹）

【跨境电子商务】 2021年全市开展跨境电子商务业务企业达到1800家，实现跨境电子商务交易额3.05亿美元，同比增长20%。至2021年底，全市共有2个省级跨境电子商务园区，分别为：河北乐城国际贸易城商业管理股份有限公司、河北跨海商务信息技术有限公司；23家省级跨境电子商务示范企业，分别为：河北辰邦国际贸易集团有限公司、河北诚信有限责任公司、石家庄华明蜡业有限公司、河北驰恒进出口有限公司、河北名世锦簇纺织有限公司、河北特美特国际贸易有限公司、石家庄奥非特进出口有限公司、河北省冀台联网络科技发展有限公司、石家庄双剑工具有限公司、奥垠行唐蜡业有限公司、河北润特橡塑制品有限公司、河北厚德汉方医疗器械股份有限公司、石家庄达美金迈泵业有限公司、河北尚莱特纺织有限公司、石家庄泰鸿布业有限公司、河北德福来商贸有限公司、河北田陌网络科技有限公司、石家庄金萱商贸有限公司、河北美乐尔发制品有限公司、石家庄郎秀尚家家纺有限公司、石家庄五星机械有限公司、河北达普进出口贸易有限公司、河北雪润生物科技有限公司；7个省级跨境电子商务平台，分别为：石家庄正日商务网络有限公司、河北辰邦国际贸易集团有限公司、河北省冀台联网络科技发展有限公司、河北瑞诺网络科技有限公司、河北国瑞信息技术有限公司、河北田陌网络科技有限公司、河北玖库网络科技有限公司；10个省级跨境电子商务公共海外仓，分别为：河北省冀台联网络科技发展有限公司、石家庄双剑工具有限公司、河北辰邦国际贸易集团有限公司、河北德福来商贸有限公司、河北斯兰进出口贸易有限公司、河北凤凰商贸有限公司、石家庄傲瑟进出口贸易有限公司、河北唯变医疗器械贸易有限公司、河北国瑞信息技术有限公司、石家庄新恒通国际货运代理有限公司；3家省级外贸综合服务试点企业。发展跨境物流，开通石家庄至俄罗斯、德国、菲律宾等国家全货运国际航线11条，石家庄至德国汉堡、法国巴黎、芬兰赫尔辛基、老挝万象、越南河内等欧亚班列10条，贯连欧盟、俄罗斯、中亚和东盟，覆盖亚欧大陆30多个国家和地区，建成河北自由贸易试验区正定片区、跨境电子商务综合试验区、跨境电子商务零售进口试点、综合保税区、保税物流中心、国际快件监管中心、国际邮件互换局、指定进口口岸（钻石、药品）等外向型跨境电子商务平台。26个县域特色产业集群、9个省级重点特色产业集群转型发展跨境电子商务，建成跨境电子商务产业园区11个。6月19日，全市首个跨境电子商务产业园建成投用。7月22日，石家庄市首票跨境电子商务B2B直接出口（9710模式）货物在正定海关通关，标志跨境电子商务9710模式在石家庄市正式施行。

（何璐）

链接：

跨境电子商务9710模式：简称“跨境电子商务B2B直接出口”，是指境内企业通过跨境物流将货物直接出口送达境外企业的模式。相比一般贸易通关，跨境电子商务B2B申报手续更简化，物流和查验更便捷，出口成本低、通关效率高。

【农村电子商务】 2021年石家庄市共有国家电子商务进农村综合示范县6个，分别为正定县、行唐县、赞皇县、平山县、灵寿县、深泽县，累计争取国家财政支持资金1.2亿元。其中，深泽县被商务部确定为2021年电子商务进农村综合示范县，获得专项资金1000万元；平山县、灵寿县完成电子商务进农村综合示范项目增拨资金验收。支持16个农村县（市、区）扩大网上农产品销售范围和规模。2021年石家庄市16个县（市、区）依托农村电子商务骨干企业平台，新挖掘整理当地农产品品种43个，累计达到1181个；实现农产品销售额1.67亿元。2021年石家庄市16个县（市、区）农村电子商务骨干企业实现电子商务交易额19.25亿元。举办农村电子商务培训，参加培训人员1.32万人次。至2021年底，全市共有农村电子商务淘宝村130个、淘宝镇46个，打造形成赞皇县“大美赞煌”、平山县“柏坡湖”、井陉县“秦皇古驿道”、行唐县“行棠红”、灵寿县“灵山秀水 常来长寿”5个农产品县域公共品牌。

（赵彦荣）

会　展　业

【概况】 2021年全市各类市场主体举办会展活动110场次，展览总面积80万平方米，其中1万平方米及以上展会25个，吸引专业客商90万余人次。2021年石家庄国际会展中心承办各类会展活动96场次，接待参展商5600家、观众65万人次，实现收入7100万元。其中，展览35场次，接待观众61万人次；会议36场次，接待参会人员2.9万人次；其他活动25场次，接待人员9400人次。石家庄国际会展中心地处河北省石家庄市正定新区，项目总建筑面积35.9万平方米，总投资45亿元，是集展览、会议、活动、餐饮、观光于一体的大型城市综合性场馆。展馆由登录大厅、观光塔、会议中心、展厅组成，蕴含低碳、生态、智慧的建设运营理念，是中国第一座达到绿色三星的会展中心。2021年3月，石家庄国际会展中心获评"中国十佳品牌会展中心"；10月，获评"省会最佳名片"；2021年12月，石家庄国际会展中心在全国会展工作委员会、中国会展业专家委员会主办的"中国会展品牌发展大会"上获得"2020～2021年度中国会展品牌场馆"奖。5月7～10日，首届中国国际消费品博览会在海南国际会展中心举行，石家庄市2家企业参展，20余家企业参加洽谈采购活动，其中，河北365集团有限公司、河北国顺新能源科技集团有限公司与海南星汇达现代农业科技有限公司签约海南胡椒产业整合升级战略合作协议，总金额30亿元。

（惠永梅　丁毅）

4月30日至5月5日，2021第十四届中国·石家庄（正定）国际小商品博览会在石家庄国际会展中心举行　（孔祥刚　摄）

【2021第十四届中国·石家庄（正定）国际小商品博览会】 4月30日至5月5日，由河北省政府、中国商业联合会主办，石家庄市政府、河北省商务厅承办的2021中国·石家庄（正定）国际小商品博览会在石家庄国际会展中心举行。线上展览设置网上展馆和"网上直播间"，线下展览设置展馆7个、面积6.3万平方米。来自法国、英国、意大利、蒙古国、韩国、澳大利亚等国家和地区企业参展。展会期间，组织举办中国（河北）自由贸易试验区正定片区医疗健康产业发展研讨会、2021第二届正定旅游发展峰会、石家庄投资合作洽谈（推介）会暨项目签约仪式、数字经济发展研讨会、智能制造产业发展研讨会和新能源智能汽车博览会、河北（第九届）汽车文化节等。

【2021中国国际数字经济博览会】 9月6～8日，由工业和信息化部、河北省人民政府共同主办的2021中国国际数字经济博览会（简称数博会）在石家庄国际会展中心举行。主题为"创新发展与数字经济"。中共中央政治局委员、国务院副总理刘鹤以视频方式出席并致辞。省委书记、省人大常委会主任王东峰，中华全国归国华侨联合会主席万立骏，省委副书记、省长许勤，省政协主席叶冬松等国家部委及省市领导出席或参会。本届数字经济博览会采用"线下+线上"形式同步举行，借助5G、云计算、人工智能等技术，实现智能办会与安全办会相结合；聚焦数字经济领域新业态、新模式和前沿热点，举办主题峰会、高峰论坛、主题活动、综合展览、招商对接、现场体验、竞赛活动、成果发布等系列活动。设置"一主三分"4个会场，主会场在石家庄国际会展中心，举办开幕式暨主题峰会、综合展览、国际数字经济合作系列高峰论坛、数字产业转型发展系列论坛、数字河北系列主题活动等30余场活动，涵盖5G、工业互联网、碳达峰碳中和、平台经济、国际合作等多个领域，汇聚全球行业领袖、知名专家，深入探讨数字经济与实体经济融合发展的新趋势、新模式。邀请国家级科研机构发布一系列数字经济发展指数、百强榜单和研究成果，举办"创芯中国"集成电路挑战赛、数字体育竞技大赛等赛事活动。3个分会场设在雄安新区、廊坊临空经济区、怀来县3地，同步举办智能雄安论坛、数字临空经济区建设论坛、"中国数坝"峰会、官厅湖"数聚会"等活动。压减参会人数，开幕式、主题峰会线下规模控制在300人，其余论坛线下规模控制在100人，综合展览每日观展人数不超过1万人。9月6～7日为专业观众对接日，9月8日为普通观众观展日。数博会期间，国内外嘉宾和观众通过网络直播、视频会议连线等方式，开展线下线上"面对面"交流；采用720度3D全景"云展厅"，让参会者身临其境感受数字经济领域的日新月异和发展变

9月6日，市委副书记、市长马宇骏（前排右二）在2021中国国际数字经济博览会上参观考察中车石家庄车辆有限公司研制的新能源汽车和智能轨道快运系统、城轨车辆等项目展览　　（中车石家庄车辆有限公司提供）

化；多位数字经济领军人物出席论坛活动或以视频形式发表演讲。参展国内外数字经济领域企业468家，其中100余家企业展出最新科技成果；中国电子科技集团展出“网络通信、空间信息、半导体应用、信创工程、工业互联网”等业务板块的领先解决方案；金蝶软件展示中国首款自主可控企业级云服务平台“金蝶云·苍穹”；用友网络展示自主研发的商业创新平台用友BIP，突出企业和企业之间的连接、共享与协同；中兴通讯展出国产金融级交易型分布式数据库；超图多维度展示GIS技术在数字孪生城市和数字治理中的应用；启明星辰展示北斗智慧城市安全运营中心，数据安全治理、大数据与人工智能安全分析等。

【2021石家庄印刷博览会】 10月9～11日，由市委宣传部、市新闻出版局指导，市印刷协会主办的2021石家庄印刷博览会暨石家庄第十七届印刷机械器材展览会在石家庄国际会展中心举行。主题为“融合创新，智领未来”。展馆面积1.5万平方米，设有智能印刷包装机械展示区、绿色环保科技成果和环保耗材展览区、书刊设备单元、精品包装礼盒印刷机展览区、石家庄印刷企业成果展示区等。参展企业100余家，参展国内外品牌包括海德堡、长荣、国望、北人、鼎龙、旭恒、新罗兰、浩信CP、深日等，到会专业人士6000余人，签约成交额6700万元。至2021年底，石家庄市共有印刷企业780余家，从业人员1.7万余人，总资产95.6亿元。

【2021中国·石家庄第十六届国际动漫博览交易会】 12月15～19日，由中共河北省委宣传部指导，中共石家庄市委、石家庄市人民政府、市动漫产业发展领导小组主办，精英集团、河北天明传媒有限公司承办的2021中国·石家庄第十六届国际动漫博览交易会“云展会”举行。主题为“科技赋能动漫产业，创意启迪文化价值”。设置京津冀动漫协同发展成果展、知名游戏动漫IP展、线上漫画展等8个展览板块和直播活动。国家动漫园、天津A4漫业、金一文化、小鹿儿文化、多动态文化等京津冀动漫企业及精英动漫、暴雪娱乐、中华网龙等动漫游戏公司和《一人之下》《凹凸世界》《罗小黑》《阿狸》、天闻角川等国内外IP参展，展出动漫游戏IP有《精灵梦叶罗丽》《守望先锋》《炉石传说》《金庸群侠传》等。优秀动漫作品线上展览有2021“精英杯”全国肖像漫画名家邀请展区、MYHERO第四届儿童原创国际动漫大赛作品展区。歌曲《岁月征程》动画版MV在“云展会”首次发布。展出优秀动画作品有《秦时明月》《罗小黑战记》《一人之下》等。演出儿童经典剧目5场，分别为：《彼得与狼》《小兵张嘎·幻想曲》《鹅鹅鹅》《冰雪公主》《想象王国的糖果屋》。博览会期间，还组织举办线上宅舞宅歌大赛、Cosplay大赛、电子竞技大赛等活动。线上参观突破70万人次，直播平台观看突破50万人次。

（惠永梅）

对外贸易

【概况】 2021年石家庄市（包含辛集市）完成对外贸易进出口总值1481.2亿元，同比增长9.2%。其中，出口总值857.1亿元，增长9.1%；进口总值624.1亿元，增长9.2%。进出口总值占全省27.3%，出口总值占全省28.3%，均位列全省设区市第一名。受新冠肺炎疫情等因素影响，2021年石家庄市（包含辛集市）对外贸易进出口总值、出口总值增速均低于全省平均增速，其中，对外贸易进出口总值增速较全省低12.3个百分点，出口总值增速较全省低11.1个百分点。2021年石家庄市对外投资总额47.59亿美元，同比增长71.1%，其中，中方投资额17.66亿美元，增长42.9%。打造河北省服务贸易集聚区，石家庄技术贸易集聚区（石家庄高新区）获评河北省服务贸易高质量发展集聚区。2家企业获评河北省服务贸易重点企业，分别为：河北润石珠宝饰品股份有限公司、市惠康食品有限公司。2021年石家庄市获评河北省服务外包示范城市。

【国际贸易】 进出口实绩企业增多。2021年石家庄市新增外贸经营者备案企业1192家，同比减少298家；有进出口实绩企业3850家，同比增加172家。进出口超10亿元企业15家，同比增加4家；出口超10亿元企业11家，同比增加2家。出口市场呈现多元化。至2021年末，石家庄市与221个国家和地区建立贸易往来关系，出口市场前5位依次为欧盟、美国、东盟、印度和韩国，出口占比分别为20.7%、16.2%、13.2%、5.8%、3.4%。“一带一路”沿线市场出口占全市出口总值34.6%。优势产品出口整体稳定。机电产品、高新技术产品、医药品、服装及衣着附件、纺织类、农产品、钢材七大类商品出口占比80%。维生素C、咖啡因、塑胶手套、包装材料、金刚石工具等24种产品出口成为行业“单打冠军”，具有国际市场竞争优势。

（何璐）

【对外投资】 开展境外投资合规性审查，禁止和限制金融类、房地产类等对外投资项目。2021年石家庄市备案（核准）非金融类对外投资企业13家，同比下降43.5%。全年石家庄市完成对外投资总额47.59亿美元，同比增长71.1%，其中，中方投资额17.66亿美元，同比增长42.9%。石家庄境外投资中，中方投资额位居河北省第一。对外投资主要集中在亚洲和欧洲，其中，亚洲7家、欧洲4家。亚洲是石家庄市对外投资聚集程度最高的地区。石家庄市对外投资涉及批发和零售业、制造业、建筑业、电力热力燃气及水生产和供应业、科学研究和技术服务业、教育6个行业，其中，投资制造业4家，批发和零售业4家，建筑业2家，电力热力燃气及水生产和供应业、科学研究和技术服务业、教育各1家。制造业、批发和零售业是石家庄企业对外投资的主要方向。2021年全市13家对外投资境内主体企业均为民营企业。

（刘桂军）

【服务外包业】 2021年全市在“商务部省商务厅服务外包信息管理分析系统”新注册登记企业121家，企业总数达到645家。2021年全市服务外包企业签订合同总数14641笔，同比增长126.68%；合同总额135536.7万美元，同比增长269.68%；合同执行总金额49965.25万美元，同比增长122.18%。2021年全市服务外包企业签订在岸合同12508笔，同比增长157.9%；合同金额118813.21万美元，同比增长292.33%；合同执行金额38945.91万美元，同比增长147.22%。2021年全市服务外包企业签订离岸合同2133笔，同比增长34.91%；合同金额16723.49万美元，同比增长137.5%；合同执行金额11019.34万美元，同比增长81.33%。10家企业获评河北省离岸服务外包重点企业，分别为：石家庄以岭药业股份有限公司、河北金环模具有限公司、河北桑迪亚医药技术有限责任公司、博深股份有限公司、河北乔恩供应链管理有限公司、河北新大东纺织有限公司、华数信息技术（石家庄）有限公司、石家庄高新区讯科电子信息技术有限公司、鹰特化工（石家庄）有限公司、石家庄达美贸易有限公司。21家企业获评河北省在岸服务外包重点企业，分别为：河北轩昊信息技术有限公司、河北百汇广联科技服务有限公司、河北神玥软件科技股份有限公司、快乐沃克人力资源股份有限公司、河北中废通网络技术有限公司、河北斯博思创新科技有限公司、石家庄博瑞迪生物科技技术有限公司、河北润谱科技有限公司、河北博岳通信技术服务有限公司、河北华正信息工程有限公司、河北恒华信息技术有限公司、河北玳邦科技有限公司、河北国瑞信息技术有限公司、河北航天信息技术有限公司、河北网星软件有限公司、中电科卫星导航运营服务有限公司、河北网新科技集团有限公司、河北晶淼环境咨询有限公司、河北博士林科技开发有限公司、河北新龙科技集团股份有限公司、河北川龙信息技术有限公司。57家企业被认定为河北省中小微服务外包示范企业。

（孙琦）

【对外劳务】 2021年石家庄市新签对外承包工程合同金额16825万美元，同比下降47.1%，完成营业额19179万美元，同比下降40%；派出人员1779人，同比增长146.4%，年末在外人数1989人，同比增长100.5%。2021年石家庄市共有对外劳务合作经营资格企业6家，新备案外派劳务项目38个，新备案外派人员622人。

（刘桂军）

招商引资

【概况】 2021年石家庄市实际利用外资19.3亿美元，同比增长5.2%，其中，外商直接投资19.1亿美元，同比增长5.6%。实际利用外资、外商直接投资均位列全省设区市第二名。全年招商引资签约亿元以上项目558个，合同引资额2383.2亿元。其中，生物医药产业项目72个，合同引资额255.8亿元；新一代电子信息产业项目66个，合同引资额239.1亿元；装备制造产业项目80个，合同引资额293.05亿元；现代食品产业项目28个，合同引资额73.95亿元；商贸物流产业项目43个，合同引资额196.86亿元。创新招商模式，开展专业招商、精准招商、团队招商、以商招商、平台招商等招商活动。全年组织和参与招商活动52场次，洽谈对接企业1500余家。推动外资项目合作，采取线上线下方式，举办跨国公司石家庄行、冀粤港经贸合作交流会等活动，与芬兰企业家协会、日本驻华使馆商务处等建立联系，与法国施耐德、德国费森尤斯、瑞典宜家等境外客商建立对接关系。提升外商投资便利化水平，落实外商投资准入前国民待遇加负面清单管理制度，实行外商投资信息报告制度，简化外商投资企业设立程序。规范招商引资管理，公开外商投资政策，印发《中共石家庄市委办公室石家庄市人民政府关于印发〈石家庄市商务活动管理办法（试行）〉的通知》《中共石家庄市委办公室石家庄市人民政府关于印发〈关于推动招商引资工作高质量发展的实施方案〉的通知》。

【投资招商活动】 2021年全市组织招商活动52场次，参加洽谈对接企业1500余 家。5月18～21日，由商务部、河北省政府主办的2021中国·廊坊国际经济贸易洽谈会在廊坊市举行，石家庄市21家企业29种产品参展，涉及钢铁、轨道交通装备、新能源汽车、食品、生物医药、现代通信、新型显示7个类别，签约项目77个，协议引资367.7亿元。其中，内资项目72个，协议引资361.6亿元；外资项目5个，协议利用外资9542万美元。签约引进重大投资项目2个：华为技术有限公司在鹿泉经济开发区投资建设河北自主可控数据存储（栩阳）产业项目、上海中南金石企业管理有限公司在石家庄经济开发区投资建设高端医疗健康用品研发制造及AI辅助诊断平台项目。9月6日，市政府与海康威视签订战略框架合作协议，商定在鹿泉区经济开发区建设海康威视石家庄科技园。12月1日，深圳优必选华北总部及人工智能产业项目在井陉县开工，总投资3.35亿元。12月16日，石家庄市举行生物医药、新一代电子信息产业合作对接会，来自全国各地30余家行业领军企业参会。12月19日，市政府与中国中车集团签署战略合作框架协议，商定利用中国中车集团在新能源汽车、城市轨道交通、智能轨道快运系统等重点领域的技术、产品优势，依托中车石家庄产业园，打造高端装备“制造+配套+服务”全产业链发展的产业集群。

【开发区管理】 至2021年底，全市共有20个省级以上开发区、1个国家级海关特殊监管区、1个自由贸易试验区。其中，1个国家级高新技术产业开发区（石家庄高新技术产业开发区），1个国家级经济技术开发区（石家庄经济技术开发区），17个省级经济开发区（河北石家庄循环化工园区、河北石家庄装备制造产业园、河北平山西柏坡经济开发区、河北鹿泉经济开发区、河北藁城经济开发区、河北晋州经济开发区、河北新乐

2021年12月17日，由市政府主办的世界500强跨国公司在石投资企业和驻石机构代表座谈会举行

经济开发区、河北井陉经济开发区、河北行唐经济开发区、河北灵寿经济开发区、河北高邑经济开发区、河北深泽经济开发区、河北赞皇经济开发区、河北无极经济开发区、河北元氏经济开发区、河北赵县经济开发区、河北石家庄矿区工业园区），1个省级高新技术产业开发区（河北正定高新技术产业开发区）；1个国家级海关特殊监管区——石家庄综合保税区；1个自由贸易试验区——中国（河北）自由贸易试验区正定片区。除主城区长安区、桥西区、新华区、裕华区外，石家庄每个县（市、区）至少有1个省级以上开发区。至2021年底，全市千亿级开发区达到5个，分别为：石家庄高新技术产业开发区、石家庄经济技术开发区、河北石家庄循环化工园区、河北平山西柏坡经济开发区、河北鹿泉经济开发区（新晋级）；500亿级至1000亿级开发区4个，分别为：河北正定高新技术产业开发区、河北元氏经济开发区（新晋级）、河北石家庄装备制造产业园（新晋级）、河北藁城经济开发区（新晋级）。1月11日，经河北省人民政府批准（冀政字〔2021〕5号），河北石家庄长安国际服务外包经济开发区退出省级开发区序列，取消省级开发区资格。2021年全市省级以上开发区营业收入16578.2亿元，同比增长20.2%；税收收入490.9亿元，同比增长13.6%；实际利用外资15.49亿美元，同比增长9.4%；固定资产投资同比增长6.1%。增强开发区发展活力，制定出台综合奖惩、项目建设考核、"开发区＋公司"、"四个平台"、"标准地"改革、区域评估等政策文件。三分之二开发区实行"标准地"改革。至2021年末，全市开发区收储土地1010.7公顷，其中，建成"标准地"401.4公顷，出让"标准地"232公顷；推行"开发区＋公司"模式，成立公司34家；建立投融资、担保、市政建设、科技创新"四个平台"83个。

（续宇晨）

供销合作商业

【概况】 2021年石家庄市供销合作系统商品购进总额474.07亿元，同比增长9.87%；销售总额525.44亿元，同比增长11.62%；实现利润1.5亿元，同比增长16.87%。至2021年末，市供销合作总社（简称市供销社）共有直属单位共19家，其中，事业单位2家，企业17家。2家事业单位分别为：市再生资源回收服务中心、市城区供销合作社；17家企业分别为：市第二棉麻有限公司、市土产日杂有限责任公司、市土畜产有限责任公司、市物资回收有限责任公司、河北中山日化股份有限公司、东区供销有限公司、市第一棉麻总公司、市农业生产资料总公司、市供销社贸易中心、河北省茶叶公司、市盐业专营公司、市副食盐业总公司、郄马供销社、市兴合资产管理中心、市农村产权交易有限公司（市农村产权交易中心）、市供销合作总社安全统筹公司、石家庄合宏商贸中心。支持创办农民合作社，围绕各地农业主导产业和特色产品，创办农民合作社2200家，其中国家级农民专业合作社示范社达到22个。开展"村社共建"，晋州市供销社在5个乡21个村与村"两委"合作，形成生产性社会化服务与"村社共建""两社融合"相互促进格局。推进基层社改造提升，全年改造升级薄弱基层社41个，规范提升"两社融合"模式基层社11家，服务农民社员34.5万人。加强县域城乡融合综合服务平台建设，选取基础条件较好的正定县、无极县等县（市、区），建成城乡融合综合服务平台16个。

【为农供销服务】 深化生产、供销、信用"三位一体"综合合作，形成流通为主导、生产为基础、金融为支撑的综合协同服务机制。开展农业生产社会化服务。围绕耕、种、管、收、加、销等农业生产环节开展服务，配合省供销社推进节水工程，组织6个县（市、区）完成浅埋滴灌工程1600公顷。扩大土地托管面积，全系统土地托管面积达到6.07万公顷。组织系统内农资企业加大农资产品采购力度，确保优质农资产品货源充足、配送及时，货真价实。2021年春耕期间，为农民提供化肥14.75万吨，农药396吨，农膜174吨。开展农村现代流通网络服务。推进农产品销售。加快农村流通信息化、网络化、现代化进程，着力搭建农产品入城进市、工业品下乡进村的双向流通平台，采取市场带动型、电子商务（冷链）驱动型、农超对接型、直采直销型等模式，开展电子商务服务，2021年，从农业生产者购进的农产品总额达152.33亿元。开展合作金融服务。与建设银行石家庄分行开展合作，在正定、无极、晋州、井陉4县10个网点开通"供销社·裕农通"乡村综合服务站，为群众提供智能、便捷、高效的服务体验。推进农村产权交易市场建设，建成"市、县农村产权交易中心＋乡镇服务站＋村级服务点"四级服务体系。至2021年末全市乡镇服务站182个，占乡镇总数91%；村级服务点3362个，占村庄总数84.28%；组织培训36次。开展农村产权交易业务，2021年，组织交易1619笔，交易金额21.63亿元，为村集体增收节支4518.24万元。巩固拓展脱贫攻坚成果。加大产业帮扶、消费帮扶、驻村帮扶力度。组织4个脱贫县29家企业的农产品入驻全国总社“832”平台，5家企业加入省供销社农产品电子商务联盟和农产品销售联盟，促进农产品销售。开展区域性帮扶，促进产销对接，帮助保定市三个定点县销售产品70余万元。

【企业转型升级】 加快推进社属企业传统产业转型升级和商业模式创新，发展质量进一步提升。打造现代物流体系，搭建中山日化建设电子商务平台，形成“城区有分销商、专卖店，乡镇有惠农合作商连锁店，村有服务便利店”三级日用品一体化连锁销售服务网络体系。2021年，克服疫情带来的不利影响，多形式推进电子商务销售，电子商务营业收入突破千万。推进物资回收有限公司项目建设，与泊易达停车管理有限公司合建的河北泊易达科技产业园项目被列为省重点项目，规划建设13栋厂房73000平方米，其中，6栋已达到交付使用条件，6栋主体封顶，1栋正在主体施工，另外1栋36000平方米的租赁住房已具备开工条件。强化措施提升服务水平，夯实销售网络，食盐市场品牌“海晶”及“中盐”占市场份额达70%以上。拓展企业发展空间，2021年第二棉麻有限公司与中国供销集团签订协议，投资参股中国供销石家庄冷链产业园项目建设。

【市盐业专营公司】 2021年市盐业专营公司商品购进总额1833万元，销售收入总额2581万元。2021年全市食盐总购进15469吨，其中市盐业专营公司食盐购进5142吨；全市食盐销售15495吨，其中市盐业专营公司食盐销售5555吨。支持疫情防控，稳定市场供应，因疫情封闭期间，市盐业专营公司向市场供应食盐207吨，日均25.9吨。拓展配送服务范围，实现盒马、京喜、美团快驴等新兴网络销售平台配送服务，全年为网络销售平台配送小包装食盐343吨。

【河北中山日化股份有限公司】 河北中山日化股份有限公司于2005年由市供销社所属市工业品总公司改制成立，注册资金1018万元，其中，石家庄新合作供销集团有限公司出资216万元，股份占比21.22%，资产总额2.16亿元。聚焦主业发展，优化品类资源，维持“中山日化”品牌优势，引进茵葩兰、瑞凰等新品牌。开展宝洁到家业务，携手名优厂商进社区、入校园、李锦记下沉铺货等方式，巩固日化专营阵地，提升市场竞争优势。推进新零售业态转型，拓展北国社区惠民店、果蔬佳、信誉楼等社区便利店、超市连锁店等销售渠道，深化与“预售＋自提”兴盛优选、惊喜优选、美团优选、盒马集市（淘菜菜）等优选平台合作。发挥电子商务平台作用，上线宝洁——小宝E购运营平台，入驻门店600多家；提升“智店天下”——中山日化专属App智订宝等电子商务平台及中山日化官方网站等线上服务功能，打造“平台建设＋抱团触网＋网络促销”线上营销模式，在淘宝、拼多多、京东等电子商务平台开设直销网店，通过网络直播带货、明星主播活动方式，开展吸粉引流带货，增加用户保有率、回流率。2021年河北中山日化股份有限公司商品总购进53318万元，总销售收入57571万元，实现利税471万元。

【市农村产权交易中心】 市农村产权交易中心成立于2015年9月1日，2016年11月开始运营，是市政府设立的公益性服务机构、全市农村产权交易公共服务平台，主要为各类农村产权的流转交易提供场所设施、信息发布、组织交易、交易鉴证、资产评估、抵押融资、法律咨询等综合服务，承担农村产权交易组织、管理和指导服务功能。建立政策体系、服务体系和业务流程，11月24日，市政府印发《石家庄市农村产权流转交易管理办法》《石家庄市农村集体资产流转交易实施细则》。发挥市场配置资源的效应，农村建设项目、货物采购项目限额以下实行反向竞价、限额以上实行公开招投标等交易方式，形成集体资产流转“多轮竞价、价高者得”态势。2021年全市农村产权交易1619笔，交易鉴证总额21.63亿元，实现村集体增收节支4518.24万元。2021年全市农村产权进场交易率（进场交易笔数占交易总笔数的比例）达到66.3%，其中，集体资产进场交易699笔，成交金额12922.36万元，实现村集体增收1268.26万元，溢价率10.84%；农村集体建设项目、货物采购374笔，成交金额35177.84万元，为村集体节省支出3249.98万元。

石家庄市供销合作总社

理事会主任：张佐英（5月免）
钱学斌（5月任）
理事会副主任：张志强（12月任）
闫亚宁（12月任）
张立朝（12月任）
康璞　（12月任）
监事会主任：刘卫红（12月任）
丁根起（11月免）
王彦生（11月免）

（刘辰生　贡丽凯）

烟草专卖管理

【概况】 2021年全市行业烟草专卖系统坚持稳中求进工作总要求，促改革、强基础、防风险、抗疫情、保安全，整体运行稳中有进、稳中向好。创新烟草营销模式。完善“215”货源分配模型，开展工商零线上直播营销，全国卷烟营销一体化平台试点上线。推进诚信体系建设。编写教材，开发软件，评选零售之星，树立行业标兵，引导客户开展信用修复937户次。贯彻“大品牌、大市场、大企业”战略，聚焦国家局“42+10”行业共育品牌和省局80+重点规格（含视同）精准培育，推动结构梯次上移，全年引入16个、退出19个卷烟规格。集团客户合作建设。与中石化、中石油、36524进行常态化网配，建立战略合作新模式。文明吸烟环境建设。新建吸烟点1700个、吸烟室21个。修订烟叶技术方案，签订种植合同321.3公顷。至2021年底，市烟草专卖局（公司）管理县级烟草专卖局（营销部、公司）21个，拥有总资产32.01亿元，资产负债率10.29%，从业人员1006人；直属业务机构有：1个营销中心，1个配送中心，22个专卖稽查机构（1个稽查支队、21个稽查大队），2个烟叶机构（1个烟叶管理科、2个烟叶公司）；烟农户数78户，烟农实现总收入1892.69万元；零售客户数量37260户，零售客户销售毛利率达到14.1%。

【市场整治】 全年查获各类涉烟违法案件1041起，查扣卷烟2118.3万支，涉案金额2769.28万元。完成一级重大案件1起，刑拘48人、逮捕35人、判刑51人。注重新型涉烟违法行为监管，处置网络广告链接，清理售卖设备，对432户电子烟店铺动态管理，查处向未成年人销售卷烟案件4起、电子烟案件4起。持续强化内部监管，突出非烟考核，开展专项行动，下达整改通知11次，停限供37个品规。推进法治烟草建设，修订合理化布局规定，优化许可服务，受理互联网行政许可9275起，网办率45.43%。加强零售许可后续监管，清理问题户34户，收回证件344户，注销809户。规范案卷制作，组织评查行政卷宗1993份。注重普法实效，再获“石家庄市法治宣传教育先进单位”，全市行业法治水平再上新台阶。

【企业管理】 加强质量管理体系建设，开展业务对标活动，编制《“十四五”规划》《配套体系》《软实力建设》文件，质量管理体系管理改善53个，编写体系文件166个，发布成果12项，获全省QC成果一、二等奖各2项、三等奖1项，科技创新三等奖1项。全年14项对标指标全部优于全省平均水平，13项指标位列全省前3名，10项指标位列全省第一。对标30个重点城市，10项指标优于全行业平均，3项指标位列前3名、2项指标位列全行业第一。规范财审管理结构建设。撤销直属单位银行账户，落实预算定额标准应用体系、推进物流中心验收后审计、完成罚没烟、食堂、定期存款与大额存单专项调查。全年实施采购项目44个，公开招标40个、金额占比93.36%。

石家庄市烟草专卖局（公司）
局长（经理）：贾立业（8月免）
支宗良（12任）
副局长：陈冉
副经理：安志发
李晓刚

（王瑜红）

成品油供应

【概况】 2021年石家庄市共有储油库8座（对社会经营储油库7座），分别为：中国石化销售有限公司华北分公司中石化国家储备库（属国家储备库，不对外经营）、中国石化销售股份有限公司河北石家庄高庄分公司、中国石油天然气股份有限公司河北石家庄高庄分公司、河北亿丰石油化工有限公司、河北振东石化有限公司、石家庄中信石化有限公司、河北石油集团石化销售有限公司、河北长九石油销售有限公司。至2021年底，全市共有加油站（点）1357座，其中，加油站919座，加油点438座。2021年全市储油库、加油站（点）全部供应国六标准车用汽、柴油，其中，汽油销售57.7万多吨，柴油销售50.6万多吨。2021年中国石化石家庄石油分公司（简称中国石化石家庄石油分公司）加快布局新能源建设，推进企业向“油气氢电服”综合加能站迈进，全年投营1座LNG加气站、3座充电站、1座换电站，实现油品经营总量66.19万吨，责任考核利润1.37亿元。深化油非融合，油非互动带动销售额占店内净零售额达73%，2021年基础品类营业额2.43亿元，门店净零售额同比增长3%。

【成品油调价】 2021年全市成品油价格调整25次，呈现“十五涨六跌四搁浅”格局，汽油价格累计每吨上调1485元，柴油价格累计每吨上调1430元，均较年初出现明显涨幅。1月15日24时起，石家庄市汽、柴油价格每吨分别上调185元、180元。调整后，89号汽油最高零售价格由每吨7375元调整为7560元；0号车用柴油最高零售价格由每吨6425元调整为6605元。98号汽油最新限价为7.25元/升，95号汽油为6.43元/升，92号汽油为6.09元/升，涨幅分别为0.16元/升、0.16元/升、0.15元/升；负10号车用柴油最新限价6.05元/升，上涨0.17元/升。1月29日24时起，石家庄市汽柴油价格小幅上涨，89号汽油最高零售价格由每吨7560元调整为7635元，每吨上涨75元；0号车用柴油最高零售价格由每吨6605元调整为6675元，每吨上涨70元。调整后，89号汽油价格涨至每升5.7元，92号汽油价格涨至每升6.15元，95号汽油价格涨至每升6.49元，98号汽油价格涨至每升7.31元；0号车用柴油价格涨至每升5.77元，负10号车用柴油价格涨至每升6.11元。2月18日24时起，石家庄市汽、柴油价格每吨分别上调275元、265元。调整后，89号汽油最高零售价格由每吨7635元调整为7910元；0号车用柴油最高零售价格由每吨6675元调整为6940元。98号汽油最新限价为7.55元/升，95号汽油为6.73元/升，92号汽油为6.37元/升，分别上调0.24元/升、0.24元/升、0.22元/升；负10号车用柴油最新限价6.35元/升，上调0.24元/升。3月3日24时起，石家庄市汽、柴油价格最高零售价格提高。89号汽油最高零售价格由每吨7910元调整为8170元，每吨提高260元；0号车用柴油最高零售价格由每吨6940元调整为7190元，每吨提高250元。调整后，89号汽油最高限价每升6.1元，92号汽油6.58元，95号汽油6.95元，98号汽油7.77元；0号车用柴油最高限价每升6.21元。3月17日24时起，石家庄市汽、柴油最高零售价格提高，这也是年内第五次连续上调。89号汽油最高零售价格由每吨8170元调整为8405元，每吨提高235元；0号车用柴油最高零售价格由每吨7190元调整为7420元，每吨提高230元。调整后，89号汽油最高限价每升6.27元，92号汽油6.77元，95号汽油7.15元，98号汽油7.97元；0号车用柴油最高限价每升6.41元，5号车用柴油6.28元，负10号车用柴油6.79元。3月31日24时，石家庄市汽、柴油价格出现年度首次下调，每吨分别下降225元、220元。调整后，92号汽油、95号汽油和0号车用柴油分别下降0.18元/升、0.19元/升、0.19元/升，下调后的价格依次为6.59元/升、6.96元/升、6.22元/升。4月15日，按照国内成品油价格形成机制，因调价金额每吨不足50元，汽、柴油价格（标准品）不作调整。4月28日24时起，石家庄市汽、柴油价格最高零售价格提高。89号汽油最高零售价格由每吨8180元调整为8280元，每吨提高100元；0号车用柴油最高零售价格由每吨7200元调整为7295元，每吨提高95元。调整后，89号汽油最高限价每升6.18元，92号汽油6.67元，95号汽油7.04元，98号汽油7.86元；0号车用柴油最高限价每升6.30元。5月14日，石家庄市汽、柴油价格每吨均上调100元。调整后，汽、柴油价格每升上涨0.08元至0.09元。5月28日，石家庄市汽、柴油价格调整搁浅。6月11日，石家庄市汽、柴油价格每吨分别上调175元、170元。89号汽油最高零售价格由每吨8380元调整为8555元，0号车用柴油最高零售价格由每吨7395元调整为7565元。调整后，89号汽油最高限价每升6.39元，92号汽油6.89元，95号汽油7.28元，98号汽油8.10元；0号车用柴油最高限价每升6.53元，5号车用柴油6.40元，负10号车用柴油6.93元。6月28日24时起，石家庄市89号汽油最高零售价格由每吨8555元调整为8780元，每吨提高225元；0号车用柴油最高零售价格由每吨7565元调整为7780元，每吨提高215元。调整后，89号汽油价格涨至每升6.55元，92号汽油价格涨至每升7.07元，95号汽油价格涨至每升7.47元，98号汽油价格涨至每升8.29元；0号车用柴油价格涨至每升6.72元，负10号车用柴油价格涨至每升7.12元。7月12日24时，石家庄市汽、柴油价格每吨分别上涨70元、65元。调整后，92号汽油、95号汽油和0号车用柴油均分别上涨0.05元/升、0.06元/升、0.06元/升，上涨后价格依次为7.12元/升、7.53元/升、6.78元/升。7月26日24时起，石家庄市89号汽油最高零售价格由每吨8850元调整为8750元，每吨下调100元；0号车用柴油最高零售价格由每吨7845元调整为7750元，每吨下调95元，这是年内第二次价格下调。调整后，89号汽油最高零售价格为每升6.53元，92号汽油、95号汽油、98号汽油每升的价格分别为7.04元、

7.44 元、8.26 元；0 号车用柴油最高限价每升 6.69 元，5 号车用柴油每升 6.56 元，负 10 号车用柴油每升 7.10 元。8 月 9 日，石家庄市汽、柴油价格调整搁浅。8 月 23 日 24 时起，石家庄市汽、柴油价格迎来年内最大降幅，分别为 250 元 / 吨、245 元 / 吨。89 号汽油最高零售价格由每吨 8750 元调整为 8500 元，每吨下降 250 元；0 号车用柴油最高零售价格由每吨 7750 元调整为 7505 元，每吨下降 245 元。调整后，89 号汽油价格降至每升 6.35 元，92 号汽油价格降至每升 6.84 元，95 号汽油价格降至每升 7.23 元；0 号车用柴油价格降至每升 6.48 元，负 10 号车用柴油价格降至每升 6.87 元。9 月 6 日，石家庄市汽、柴油价格每吨均上调 140 元。89 号汽油最高零售价格由每吨 8500 元调整为 8640 元，0 号车用柴油最高零售价格由每吨 7505 元调整为 7645 元。调整后，98 号汽油最新限价为 8.17 元 / 升，95 号汽油为 7.35 元 / 升，92 号汽油为 6.96 元 / 升；0 号车用柴油最新限价 6.6 元 / 升，负 10 号车用柴油最新限价 7 元 / 升。9 月 18 日 24 时起，石家庄市汽、柴油最高零售价格每吨分别上调 90 元和 85 元。调整后，89 号汽油最高零售价格由每吨 8640 元调整为 8730 元，每吨提高 90 元；0 号车用柴油最高零售价格由每吨 7645 元调整为 7730 元，每吨提高 85 元。98 号汽油最新限价为 8.25 元 / 升，95 号汽油为 7.43 元 / 升，92 号汽油为 7.03 元 / 升，分别上涨 0.08 元 / 升、0.08 元 / 升和 0.07 元 / 升；0 号车用柴油最新限价 6.688 元 / 升，上涨 0.08 元，负 10 号车用柴油最新限价 7.08 元 / 升，上涨 0.08 元。10 月 9 日 24 时，石家庄市汽、柴油价格迎来年度最大涨幅，每吨分别上涨 345 元、330 元。89 号汽油最高零售价格由每吨 8830 元调整为 9075 元，每吨提高 345 元；0 号车用柴油最高零售价格由每吨 7730 元调整为 8060 元，每吨提高 330 元。调整后，92 号汽油、95 号汽油、98 号汽油、0 号车用柴油分别上涨 0.28 元 / 升、0.29 元 / 升、0.29 元 / 升、0.28 元 / 升，上涨后价格依次为 7.31 元 / 升、7.72 元 / 升、8.54 元 / 升、6.96 元 / 升。10 月 22 日 24 时起，石家庄市汽、柴油价格最高零售价格提高。89 号汽油最高零售价格由每吨 9075 元调整为 9375 元，每吨提高 300 元；0 号车用柴油最高零售价格由每吨 8060 元调整为 8350 元，每吨提高 290 元。调整后，89 号汽油最高限价为每升 7 元，92 号汽油 7.55 元，95 号汽油 7.97 元，98 号汽油 8.79 元；0 号车用柴油最高限价每升 7.21 元，5 号车用柴油 7.07 元，负 10 号车用柴油 7.65 元。11 月 5 日，石家庄市汽、柴油价格调整出现年内第四次搁浅，也是最后一次搁浅。11 月 19 日 24 时起，石家庄市汽、柴油价格最高零售价格分别下调 95 元、90 元，每升下降 0.07 元至 0.08 元。调整后，89 号汽油最高零售价格为每升 6.93 元，92 号汽油、95 号汽油每升的价格分别为 7.47 元、7.89 元；0 号车用柴油最高限价每升 7.13 元。12 月 3 日 24 时起，石家庄市 89 号汽油最高零售价格由每吨 9280 元调整为 8850 元，每吨降低 430 元；0 号车用柴油最高零售价格由每吨 8260 元调整为 7845 元，每吨降低 415 元，这也是年内汽柴油下降幅度最大一次。调整后，89 号汽油价格降至每升 6.61 元，92 号汽油价格降至每升 7.12 元，95 号汽油价格降至每升 7.53 元，98 号汽油价格降至每升 8.35 元，降幅分别为 0.32 元 / 升、0.35 元 / 升、0.35 元 / 升、0.36 元 / 升；0 号车用柴油价格降至每升 6.78 元，负 10 号车用柴油价格降至每升 7.18 元，负 20 号车用柴油价格降至每升 7.52 元，降幅分别为 0.35 元 / 升、0.38 元 / 升、0.40 元 / 升。12 月 17 日 24 时起，石家庄市汽、柴油价格最高零售价格每吨分别下调 130 元、125 元，这也是年内最后一次价格下调。89 号汽油最高零售价格由每吨 8850 元调整为 8720 元，0 号车用柴油最高零售价格由每吨 7845 元调整为 7720 元。调整后，89 号汽油最高限价每升 6.51 元，92 号汽油 7.02 元，95 号汽油 7.42 元，98 号汽油 8.24 元；0 号车用柴油最高限价每升 6.67 元，负 10 号车用柴油最高限价每升 7.07 元。12 月 31 日，石家庄市汽、柴油价格每吨分别上调 140 元、135 元。89 号汽油最高零售价格由每吨 8720 元调整为 8860 元，每吨提高 140 元；0 号车用柴油最高零售价格由每吨 7720 元调整为 7855 元，每吨提高 135 元。调整后，95 号汽油最新限价为 7.54 元 / 升，92 号汽油为 7.13 元 / 升，89 号汽油为 6.61 元 / 升，分别上涨 0.12 元 / 升、0.11 元 / 升、0.10 元 / 升；0 号车用柴油最新限价 6.79 元 / 升，上涨 0.12 元 / 升，负 10 号车用柴油最新限价 7.19 元 / 升，上涨 0.12 元 / 升，负 20 号车用柴油最新限价 7.53 元 / 升，上涨 0.13 元 / 升。

（张建恩）

【成品油市场监管】 加强成品油市场整治，印发《2021 年成品油市场专项整治方案》《石家庄市黑加油问题清理取缔暨成品油市场整治工作方案》《关于进一步加大成品油市场整治力度严厉打击黑加油问题的通知》《关于开展黑加油问题集中清理取缔攻坚周的紧急通知》《关于在全市开展 2021 年度成品油市场专项清理整治行动的通知》《石家庄市成品油市场专项整治暨黑加油问题集中清理取缔工作方案》等成品油市场专项管理文件。全年抽检经营加油站1179个、成品油4551批次，发现不合格140个批次，涉及加油站110个，依法处罚324.1万元，罚没不合格油品6.25吨。以清理取缔无证无照黑加油站点、清除非法运储销售使用成品油、规范成品油经营企业从业行为为重点，2021年11月3日至2022年3月31日，全市组织开展成品油市场专项整治暨黑加油问题集中清理取缔行动。至2021年底，全市21个县（市、区）及高新区、循环化工园区出动检查人员8855人次，查处黑加油站点85个、黑加油车52辆，依法拘留3人。

中国石化销售股份有限公司
河北石家庄石油分公司

经　理：程杰

副经理：肖立全（7月免）
于海涛（3月免）
陈军鹏

（王明）

旅　游

【概况】2021年石家庄市接待海内外游客6709.66万人次，同比增长7.7%；实现旅游收入698.3亿元，同比增长2.07%。至2021年底，全市共有旅行社308家，其中，出境社39家、一般社269家；导游及旅游从业人员1.1万余人（具有导游资格证），持导游证人员7618人（持有电子证）；星级饭店55家；星级农家乐203家；演出经纪机构120余家。至2021年末，全市共有A级旅游景区35家，其中，5A级景区1家，4A级景区25家，3A级景区6家，2A级景区3家。A级旅游景区分布：平山县11家，灵寿县、赞皇县、正定县、井陉县、鹿泉区各3家，藁城区、桥西区、高新区、长安区、井陉矿区、赵县、行唐县、新乐市、晋州市各1家。赞皇县石柱山景区通过国家3A级旅游景区评定。拥有国家级全域旅游示范区1个：平山县。推进全域旅游发展，印发《关于加快推进石家庄市全域旅游工作的意见》《长城国家文化公园（石家庄段）建设保护规划》。以中国共产党成立100周年和党史学习教育重大活动为契机，设计推出18条特色红色主题线路、10条党史教育主题线路、10条冬季精品旅游线路。石家庄—张家口、石家庄—绵阳2条航线入选民航局发布“建党百年百条红色旅游精品航线”。完善旅游厕所设施，建设示范性旅游厕所26座，任务完成率130%。开展乡村旅游重点村镇推选活动，平山县北庄村入选全国乡村旅游重点村，井陉县南障城镇入选河北省乡村旅游重点镇，6个村入选河北省乡村旅游重点村，9个村入选河北特色乡村旅游样板村。平山县入选“2021中国县域旅游综合竞争力百强县市”。11月26日，石家庄市在2021中国文化和旅游高峰论坛上入选“中国康养旅游城市百强榜单”，排名位列第98位。

灵寿县五岳寨主峰　（白云飞　摄）

表 43　2021 年石家庄市 A 级以上旅游景区一览表

序号	景区名称	评定等级	景区地址
1	西柏坡	5A	平山县西柏坡镇
2	天桂山	4A	平山县北冶乡燕尾庄村
3	驼梁	4A	平山县合河口乡前大地村
4	黑山大峡谷	4A	平山县营里乡黑山关村
5	白鹿温泉	4A	平山县温塘镇
6	西苑温泉度假村	4A	平山县温塘镇
7	藤龙山	4A	平山县王坡乡湾子村
8	东方巨龟苑	4A	平山县东冶村
9	沕沕水	4A	平山县北冶乡沕沕水村
10	佛光山	4A	平山县北冶乡柏树庄村
11	紫云山	4A	平山县北冶乡南冶东沟村
12	五岳寨	4A	灵寿县南营乡大地村
13	秋山	4A	灵寿县陈庄镇长峪村
14	水泉溪	4A	灵寿县南营乡木佛塔村
15	嶂石岩	4A	赞皇县嶂石岩乡嶂石岩村
16	棋盘山	4A	赞皇县黄北坪乡上段村
17	隆兴寺	4A	正定县中山东路 109 号
18	荣国府	4A	正定县兴荣路 51 号
19	抱犊寨	4A	鹿泉区抱犊寨
20	双凤山	4A	鹿泉区上庄镇台头村
21	苍岩山	4A	井陉县苍岩山镇
22	国御温泉度假小镇	4A	藁城区藁新路 6 号
23	华北军区烈士陵园	4A	市区中山西路 343 号
24	赵州桥	4A	赵县赵州镇大石桥村
25	君乐宝乳业工业旅游区	4A	鹿泉区石铜路 36 号
26	天山海世界	4A	高新区天山大街 116 号
27	于家石头村	3A	井陉县于家乡于家村
28	勒泰中心	3A	长安区中山东路 39 号
29	伏羲台	3A	新乐市何家庄村东
30	周家庄农业特色观光园	3A	晋州市周家庄乡第九生产队
31	仙台山	3A	井陉县辛庄乡小寺村
32	石柱山	3A	赞皇县院头镇赵家庄村东

续表

序号	景区名称	评定等级	景区地址
33	神树湾田园生态旅游区	2A	行唐县上阎庄村北
34	清凉山	2A	井陉矿区西岗头村
35	赵云庙	2A	正定县城内兴荣东路

【旅游宣传】 以“红色西柏坡，多彩石家庄”为主题，在中国中央电视总台、中央人民广播电台及《中国旅游报》《香港大公报》《河北日报》等媒体平台刊播刊登石家庄市旅游宣传视频和资料。利用“今日头条”“腾讯新闻”“长城新媒体”等网络媒体开辟文化旅游专栏，刊登《红色旅游赋能乡村振兴》《建党百年石家庄推出18条红色旅游主题线路》等报道。制作完成长城国家文化公园（石家庄段）宣传片。开辟石家庄—库尔勒—兵团第二师31团旅游专线，举办石家庄—库尔勒援疆旅游线路代表团首航暨项目洽谈会。联合13个城市文化和旅游（简称文旅）部门，举办文旅企业（石家庄）专场旅游宣传推介活动13场。开展文化旅游交流与合作，推进旅游资源共享和客源互送，参加友好城市大型文旅活动12个，签订《京津冀鲁豫渝19城市旅游产业发展联盟战略合作协议》《京津冀“八区三市”推进文化旅游一体化发展战略合作协议》。发行旅游惠民卡，吸引旅游企业参与82家，旅游惠民卡发行量突破6万张。以石家庄红色历史、绿色生态、古城古迹、新生活为主题，举办文创和旅游商品大赛，展出文创和旅游商品170个系列400余件。12月17日，由市委网信办、市农业农村局、市商务局、市文化广电和旅游局联合举办的“石家庄市十大旅游景区（景点）”评选揭晓，分别为：西柏坡、正定古城、赵州桥、嶂石岩、苍岩山、驼梁、滹沱河生态风景区、沕沕水、河北博物院、西部长青景区。

【乡村旅游】 支持乡村振兴，发展乡村旅游，出台《关于发展旅游业促进乡村振兴的实施意见》。7月16日，平山县红色山水农业游路线入选2021中国美丽乡村休闲旅游（夏季）精品线路，途经东方巨龟苑景区、泓润生态园、李家庄、北庄村、沕沕水生态风景区5个旅游精品景点。开展乡村旅游重点村镇推选活动，平山县北庄村入选全国乡村旅游重点村；井陉县南障城镇入选河北省乡村旅游重点镇，平山县北庄村、鹿泉区谷家峪村、井陉矿区贾庄村等6个村入选河北省乡村旅游重点村；灵寿县车谷砣村、正定县吴兴村等9个村入选河北特色乡村旅游样板村。至2021年末，全市乡村文化和旅游资源遍及2089行政村，涉及4大类5299处，其中，不可移动文物资源3452处，非物质文化遗产资源1041项，红色资源586处，其他旅游资源220个。

【工业旅游】 推进重点工业旅游示范点基础设施升级改造，全年22个省市级工业旅游示范点实施升级改造项目40个。举办工业旅游主题活动，主要有：藁城区梨花节暨宫酒工业游，栾城区中航通飞华北飞机工业有限公司的“邀您看航空”“走进青少年课堂”“航空科普进校园”，君乐宝工业示范点企业形象宣传活动、以岭健康城中国传统医药文化教育与传播等活动。至2021年末，全市共有工业旅游示范点22个。其中，省级工业旅游示范点8个，分别为：藁城区宫灯博物馆、栾城区河北味道府酒业有限责任公司、市区华北制药、井

梨花满园　　（曹建根 摄）

陉矿区段家楼、鹿泉区食草堂文化饰品有限公司、藁城区青岛啤酒（石家庄）有限公司、鹿泉区君乐宝乳业有限公司、平山县敬业集团有限公司；市级工业旅游示范点 14 个，分别为：石家庄君乐宝乳业有限公司（鹿泉区）、青岛啤酒（石家庄）有限公司（藁城区）、河钢集团石家庄钢铁有限责任公司（市区）、石家庄米莎贝尔饮食食品有限公司（元氏县）、河北绿诺食品有限公司（赵县）、石家庄百年巧匠木制品有限公司（市区）、中航通飞华北飞机工业有限公司（栾城区）、石家庄洛杉奇食品有限公司（鹿泉区）、中粮可口可乐（河北）有限公司（藁城区）、石家庄以岭药业有限公司（高新区）、中车石家庄车辆有限公司（栾城区）、河北三元食品有限公司（新乐市）、神威药业集团有限公司（栾城区）、稻香村河北食品总部基地有限公司（鹿泉区）。

【特色旅游】 以中国共产党成立 100 周年和党史学习教育重大活动为契机，设计推出 18 条特色红色主题线路、10 条党史教育主题线路、10 条冬季精品旅游线路。整合石家庄地域 40 余处红色旅游景点、革命纪念地、旧址故居等，挖掘红色资源文化内涵，并与“西柏坡精神”融合，推出 18 条特色红色主题线路。10 条党史教育主题线路为：市区“开国第一城 英雄石家庄”、西柏坡纪念馆“重温赶考初心 践行使命担当”、藁城区“铭记历史 勿忘国耻 缅怀先烈 砥砺奋进”、赵县“思源铸魂 践行初心使命”、井陉矿区“勿忘苦难 奋发图强”、平山县“抗战烽火 峥嵘岁月”、灵寿县“从歼敌战场到幸福家园——抗大精神走进新时代”、石家庄解放纪念馆“夺取大城市之创例”、井陉县“聂帅救孤”、正定县“正定红色之旅”。开展“冬游石家庄”主题活动，推出“红色文化游”“休闲养生游”“欢乐冰雪游”“古城文化游”四大旅游主题，发布 10 条冬季精品旅游线路。5 月 19 日，石家庄、上海、嘉兴、吉安、瑞金、遵义、延安 7 个城市联合，共同举办“从初心之地到红色之旅”红色旅游主题活动。

表 44 2021 年石家庄市特色红色主题旅游线路一览表

序号	线路名称	线路行程
1	胜利之声 信仰高地	西柏坡纪念馆—西柏坡中共中央旧址—西柏坡镇北庄村（《团结就是力量》诞生地）—曹火星纪念馆（《没有共产党就没有新中国》创作者）
2	永葆初心 逐梦前行	河北博物院—正定古城—塔元庄村史馆—荣国府—正定国家乒乓训练基地
3	乡村振兴 示范引领	塔元庄村委会文化长廊—村史馆—塔元庄同福乡村振兴六位一体展厅—塔元庄同福智慧农场
4	红色村庄 革命足迹	平山县李家庄村—西柏坡镇北庄村—西柏坡镇南庄村—下盘松村
5	古城风情 新区盛景	正定国家乒乓球训练基地—荣国府—正定古城—滹沱河生态走廊
6	边区精神 永放光芒	灵寿县陈庄歼灭战陈列馆—抗大二分校纪念馆—孙毅将军骨灰撒放处纪念碑—车谷砣村边区银行旧址—晋察冀边区机关、医院及部分将领住所
7	聂帅救孤 历史佳话	井陉县洪河槽百团大战纪念馆—百团大战前线指挥部旧址—百团大战美穗子获救井陉·都城友好纪念馆
8	缅怀先烈 铭记历史	藁城市梅花惨案纪念馆—深泽县赵八永济桥—革命烈士纪念馆（革命烈士陵园）—宋家庄抗战遗址纪念馆—赵县豆腐庄惨案纪—井陉矿区万人坑纪念馆
9	红色井陉 砥砺前行	井陉挂云山烈士纪念碑—小里岩百团大战纪念碑林—井陉中央人民广播电台旧址
10	革命血脉 生生不息	正定高平地道战遗址—华北联合大学旧址—石家庄解放纪念碑—华北军区烈士陵园
11	平山英烈 铁血忠魂	平山上观音堂戎冠秀故居—洪子店村—平山团诞生地纪念碑—抗日无名烈士碑
12	革命圣地 永放光芒	西柏坡纪念馆—西柏坡中共中央旧址—北庄村（《团结就是力量》诞生地）—南庄村（中共中央组织部旧址）—李家庄（中共中央统战部旧址）
13	开国之城 模范创例	石家庄解放纪念馆—中国人民银行成立旧址纪念馆—石家庄七一学校校史馆—华北军区烈士陵园—河北省英烈纪念园
14	红色明灯 照亮前程	沕沕水发电厂旧址—天桂山（白毛女艺术陈列馆）—中共中央北方分局历史陈列馆—中央人民广播电台旧址

续表

序号	线路名称	线路行程
15	浴血太行　激情岁月	华北大学旧址—高平地道战遗址—抗大二分校纪念馆—陈庄歼灭战纪念馆—平山团诞生地纪念碑
16	红色新闻　胜利之声	北庄村（《团结就是力量》）—新华通讯社旧址—平山县里庄《人民日报》社旧址—平山县《晋察冀画报》社旧址—平山县《晋察冀日报》社旧址—井陉矿区陕北新华广播电台旧址
17	建国雏形　永葆初心	华北军区烈士陵园—华北人民政府旧址—东方巨龟苑（华北人民政府展室）
18	赞皇模范　太行精神	赞皇县黄北坪太行一分区司令部旧址—长沙革命烈士纪念碑

表 45　2021 年石家庄市冬季精品旅游线路一览表

序号	线路名称	线路行程
1	胜利之声　信仰高地	西柏坡纪念馆—西柏坡中共中央旧址—北庄村（歌曲《团结就是力量》诞生地）—李家庄（中共中央统战部旧址）—沕沕水（红色发电厂旧址）
2	开国之城　模范创例	石家庄解放纪念馆—中国人民银行成立旧址纪念馆—河北省英烈纪念园—华北军区烈士陵园
3	康养休闲　漫享购物	西部长青温泉谷—西部长青冰雪小镇—德明古镇—北国奥特莱斯—抱犊寨
4	泉水乡恋　民俗体验	白鹿温泉—西苑享水湾—红崖谷（古镇）—沕沕水生态风景区（冰瀑旅游文化节）
5	冬日康养　休闲之旅	东方巨龟苑—黄金寨—王母山—野生原度假村缥缈间温泉
6	欢乐亲子　畅享冰雪	国御温泉度假小镇—海世界戏水乐园—海世界真冰场
7	玩转冰雪　助力冬奥	新乐赤支桃花源（冰雪乐园）—东方巨龟苑滑雪场—沕沕水生态风景区冰瀑冰灯
8	戏雪狂欢　欢乐购物	正定冰雪嘉年华—西部长青冰雪小镇—北国奥特莱斯—君乐宝牧场
9	漫步古城　重温历史	正定古城—隆兴寺—荣国府—赵云庙—毗卢寺—井陉矿区段家楼
10	古桥风韵　太行奇秀	赵州桥—柏林禅寺—嶂石岩—苍岩山

（姜小青）

交通运输·邮政

Transportation & Postal Service

铁　路

【概况】 2021年石家庄市域共有京广高铁、石太客运专线、石济客运专线、京广、石太、石德6条铁路干线和新井、凤山2条支线；铁路营业总里程556.6千米，其中，高速铁路营业里程119.6千米，铁路客运专线营业里程148.95千米，普通铁路营业里程288.05千米。石家庄站管辖石家庄客站、石家庄北站（二等站）、石济客运专线石家庄东站和京广高铁沿线涿州东站、高碑店东站、徐水东站（非营业站）、保定东站、定州东站、正定机场站、高邑西站、邢台东站、邯郸东站11个客运站。2021年石家庄市域铁路完成客运量2006.28万人次，同比增长5.81%；实现收入23.96亿元。其中，石家庄站旅客发送量1714.79万人，实现收入21.72亿元；石家庄北站旅客发送量197.21万人，实现收入1.52亿元；石家庄东站旅客发送量29.04万人，实现收入0.25亿元；正定机场站旅客发送量48.74万人，实现运输收入0.33亿元；高邑西站旅客发送量16.5万人，实现收入0.14亿元。2021年石家庄市域铁路完成货运量6668.6万吨，同比增长3.61%。其中，石家庄南站货物发送量508.8万吨，同比增长19.87%；石家庄货运中心货物发送量6159.8万吨，同比增长2.46%，实现运输收入56.03亿元，同比增长4.01%。2021年中国铁路北京局集团有限公司在石家庄的派出机构有石家庄铁路办事处，石家庄地域铁路主要运输单位有石家庄站、石家庄南站、石家庄客运段、石家庄电力机务段、石家庄工务段、石家庄供电段、石家庄电务段、石家庄车辆段、石家庄货运中心，非生产单位有河北冀铁集团、石家庄铁路专业技术服务中心、石家庄建筑段、石家庄铁路疾病预防控制所。

【铁路运营区间】 2021年石家庄市域京广高铁、石太客运专线、石济客运专线、京广、石太、石德6条铁路干线和新井、凤山2条支线分别起止：京广高铁K215+527—K335+129（定州东正定机场站间—高邑西邢台东站间）119.602千米，石太客运专线K0—K59+970（石家庄北站—井陉北阳泉北站间）59.97千米，石济客运专线K0—K88+982（石家庄东站—辛集南站衡水北站间）88.982千米，京广线K207+900—K321+300（寨西店承安铺站间—高邑鸭鸽营站间）113.4千米，石太线K0+K70+100（石家庄直通场—南裕娘子关站间）70.1千米，石德线K0—K85+250（石工站—束新王家井站间）85.25千米；新井支线K0—K11+735（井陉站—新井站）11.735千米，凤山支线K0—K7+560（南张村站—凤山站）7.56千米。铁路营业总里程556.6千米。

【铁路运输机构及任务】 2021年中国铁路北京局集团有限公司在石家庄派出机构石家庄车辆段主要担负京广、京九、石德、石太、邯长、邯济等铁路干线及合资铁路朔黄线货物列车的定期检修及日常维修任务。石家庄工务段主要担负京广线、石太线、石太客运专线、石济客运专线、石德线的桥梁、隧道等设备的大、中、维修及保养任务。石家庄客运段担当85.5对旅客列车客运乘务任务。石家庄电力机务段担当石太线石家庄至榆次，阳大线阳泉北至阳泉东，石德线石家庄至德州（长庄），京广线石家庄至北京西，京九线衡水至聊城、衡水至南仓，京沪线德州至徐州、德州至沧州，津保线徐水至天津，石太客运专线石家庄至太原，石济客运专线石家庄至济南东（西）等区段客货列车机车值乘任务及石家庄、阳泉、衡水、保定4个区域调车机、调度机、小运转机车值乘任务。石家庄供电段担负京广线、京广高铁、石太客专、石太线、邯长线、阳大线牵引供电和生产生活供水电任务，沙午线、马磁线的供水、供电及设备更新、改造、维修养护任务。石家庄电务段担负京广线、京九线、石德线、石太线、邯长线、石太客运专线、石济客运专线、京广高铁线、阳泉东线、石家庄西环线、沙午、马磁等24条支（矿）线1989.17千米信号设备的维修维护任务。石家庄站位于京广高铁、青太客运专线（含济铁高铁、石太客运专线、石济客运专线）和普通铁路京广线、石德线、石太线的交汇点，车站等级为特等站，业务性质为客运站。石家庄站管辖石家庄客站、石家庄北站（二等站）、石济客运专线石家庄东站和京广高铁沿线涿州东站、高碑店东站、徐水东站（非营业站）、保定东站、定州东站、正定机场站、高邑西站、邢台东站、邯郸东站11个客运站及北降壁、和平2个线路所。石家庄南站位于京广、石德、石太3条干线交汇点，主要担负南北京广、石德、石太4个方向货物列车到发和运输组织工作。石家庄建筑段承担京广线（高碑店—柏庄）、京九线（霸州—临西）、石太线（石家庄—赛鱼）、石德线（石家庄—八里庄）4条干线，邯长线（邯郸—北舍）、新井、凤山、白荫、马磁、沙午、西矿、保满、满神、石南、石西环、新峰、涉县联、阳泉东线14条支线，京广高铁（涿州东—邯郸东）、石太客运专线（石家庄—太原）区间四电房屋，石济客运专线（石家庄—景州）、津保铁路（徐水—胜芳）、京雄城际铁路（霸州北—雄安）房屋建筑设备日常维修保养和运营维护，管理范围共有车站157个，线路里程长度2587千米。石家庄货运中心管辖西起石太线赛鱼站，东至石德线八里庄站，京九线北自霸州站，南至清河城站货运业务，区域跨及723千米，辐射晋、冀、鲁3省，担负晋煤外运、电煤输送和军运、粮食、油料等重点物资及其他零散货物的运输任务。河北冀铁集团主要经营业务有综合物流服务、大宗商贸购销、专用线代运维、资产置业及租赁管理、酒店运营等，经营范围涵盖河北、山西、山东、海南等省及石家庄、邯郸、邢台等10余个城市。石家庄铁路专业技术服务中心主要承担中国铁路北京局集团有限公司下达的专业技术培训、专业技术职称资格考试、技能鉴定考试、车务货运技术比武、干部职工抽考及各类会议、站段委办培训等。石家庄铁路疾病预防控制所主要承担市域铁路系统疾病预防控制、卫生监督、健康体检任务。

【铁路运输客货量】 2021年石家庄市域铁路完成客运量2006.28万人次，同比增长5.81%；实现收入23.96亿元。其中，石家庄站旅客发送量1714.79万人，同比增长3.99%，实现收入21.72亿元，同比增长9.7%；石家庄北站旅客发送量197.21万人，实现收入1.52亿元；石家庄东站旅客发送量29.04万人，实现收入0.25亿元；正定机场站旅客发送量48.74万人，实现收入0.33亿元；高邑西站旅客发送量16.5万人，实现收入0.14亿元。2021年石家庄站春运期间（1月17日至2月25日）发送旅客134.22万人，十一国庆节期间（9月28日至10月8日）发送旅客78.33万人；石家庄北站春运期间发送旅客14.84万人，十一国庆节期间发送旅客10.15万人；石家庄东站春运期间发送旅客1.6万人，十一国庆节期间发送旅客1.5万人；正定机场站春运期间发送旅客6.27万人，十一国庆节期间发送旅客2.3万人；高邑西站春运期间发送旅客1.64万人，十一国庆节期间发送旅客0.87万人。2021年石家庄市域铁路完成货运量6668.6万吨，同比增长3.61%。其中，石家庄南站货物发送量508.8万吨，同比增长19.87%，日均装车231.5车，日均卸车264.6车，日办理车25170.5辆；石家庄货运中心装车94.36万车，卸车73.8万车，运送集装箱477.52万吨，累计货物发送量6159.8万吨，同比增长2.46%，实现运输收入56.03亿元，同比增长4.01%。

（宋利红）

公　路

【概况】 2021年石家庄市公路通车总里程达到19458.94千米，路网密度143.4千米/百平方千米。其中，高速公路12条，分别是绕城高速、黄石高速、青银高速、京港澳高速、京昆高速、张石高速公路北出口支线、西柏坡高速、新元高速、阜西高速、石赞高速、津石高速、南绕城高速，总里程830.43千米；普通公路：国道9条，分别是G107、G207、G307、G308、G230、G234、G338、G339、G515，总里程894.43千米；省道37条1008.46千米；县道42条1291.21千米；乡道4770.62千米；村道10663.83千米。县道减少1条：赵县至辛安镇县道升级为省道。乡道减少9条：大佛寺—朱河、清西线—石榴沟、正港线—朱河、南防口—小作、木下线—老坟沟、陈孟线—沿庄、南北线—东土门、S039—庞村、107国道北立交桥—S393省道。2021年全市公路建设完成投资621.9亿元。其中，高速公路建设项目1个，完成投资7.2亿元，主要为津石高速公路石家庄段深泽、无极连接线及深泽、无极收费站；干线公路建设项目8个，完成投资19.16亿元；农

市区南三环快速路

村公路完成投资11.4亿元，建成里程496.5千米。2021年全市共有经营性道路运输车辆22.68万辆，同比增加8200辆；完成公路客运量2.0亿人次，同比下降6.54%；公路货运量5.19亿吨，同比增长2.57%。

【高速公路】 全年高速公路开工建设项目1个，即津石高速石家庄段深泽、无极连接线和深泽、无极收费站，完成投资7.2亿元。津石高速石家庄段起自深泽县小西内堡村与定州市木佃村南之间的石家庄定州市界，与津石高速保定段顺接，向西经深泽县、无极县、藁城区、正定县，在正定县拐角铺村南与新元高速交叉，并与石家庄市绕城高速北环顺接，2020年12月22日建成通车，全长49.51千米，总投资84.48亿元。津石高速无极、深泽收费站运营。9月28日，津石高速公路无极、深泽收费站开通运营，结束了无极县、深泽县没有高速公路出入口的历史，标志无极县、深泽县正式融入石家庄半小时高速交通圈。津石高速深泽连接线建成通车。7月15日，津石高速石家庄段深泽连接线开工建设；12月27日，津石高速石家庄段深泽连接线建成通车。深泽连接线位于深泽县城西侧，起于深泽县城西环与北环交叉口，终点位于定深公路深泽县与定州市交界处，全长6.9千米，概算投资4.11亿元；按照双向4车道一级公路标准设计，设计速度80千米/小时，路基宽度24.5米。无极连接线位于无极县城西侧，起于正港公路，由南向北，经津石高速公路无极互通后，终点与无繁公路相接，全长7.7千米。深泽收费站位于深泽县留村乡羊村北，占地面积0.6公顷，建筑面积1619.96平方米。无极收费站位于无极县城道乡祁村北，占地面积0.6公顷，建筑面积1619.96平方米。7月5日，市管6条高速公路（西柏坡高速公路、南绕城高速公路、京昆京石高速公路、京昆石太高速公路、平赞高速公路、西阜高速公路）人工收费车道全部实现移动支付。绕城高速免费通行。9月28日起，石家庄市绕城高速公路全部免费通行。石家庄市绕城高速由G4京港澳高速、G20青银高速、G2002石家庄市北绕城高速、G0211津石高速4条段组成，全长137.9千米；绕城高速内路段由石太高速、新元高速南段、新元高速北段、黄石高速、张石高速公路石家庄北出口支线、西柏坡高速、南绕城高速、平赞高速石家庄支线8条高速公路局部路段组成，全长96.6千米。绕城高速公路原有9座收费站取消，分别为西兆通收费站、北五女收费站、藁城西收费站、石家庄收费站、栾城收费站、西古城收费站、石清路收费站、南新城收费站、正定收费站，涉及省管新元高速、石太高速、石黄高速及市管西柏坡高速、张石高速石家庄北出口支线、南绕城高速。市区4个高速收费站建成启用。9月28日，新建石家庄东、南、西、北4座高速收费站运行。其中，石家庄东收费站位于黄石高速彭家庄枢纽互通西侧3千米处，设置9进12出21条收费车道；石家庄南收费站位于新元高速永安枢纽互通北侧2千米处，设置8进10出18条收费车道；石家庄西收费站位于黄石高速石太段高庄枢纽互通东侧1千米处，设置8进8出16条收费车道；石家庄北收费站位于新元高速拐角铺枢纽互通南侧1.5千米处，设置10进11出21条收费车道。至2021年底，石家庄市高速公路免费路段为：新元高速公路（正定收费站—石家庄南收费站）、石黄高速公路（石家庄东收费站—新元高速）、石太高速公路（新元高速—石家庄西收费站）。

【干线公路】 全年干线公路开工建设项目8个，完成投资19.16亿元。省道S234易县官亭公路赵户村至东罗尚村段改建工程，总投资1.92亿元，完成投资0.9亿元。省道S249贾村至灵寿县城南环段改建工程，总投资3.46亿元，完成投资1.3亿元。省道S542元氏至赞皇公路赞皇段改建工程，总投资6.34亿元，完成投资4.1亿元。国道G307线晋州绕城段改建工程，总投资7.19亿元，完成投资3亿元。省道S248正定至繁峙

省道行唐外环线

公路正定段改建工程，总投资3.97亿元，完成投资1.1亿元。省道S248正定至繁峙公路新乐行唐界至西霍同村段改建工程及省道S331安国至营里公路贝村至白庙段改建工程，总投资3.38亿元，完成投资3.21亿元。石环公路辅道SL91（国道307）良村至西古城段改建工程，总投资7.04亿元，完成投资5.35亿元。省道S250西柏坡至驼梁公路工程，总投资10.15亿元，完成投资0.2亿元。构建高效快捷交通路网，9月28日，全长102.3千米市区三环路辅路全线贯通。

【农村公路】 全年农村公路建设完成投资11.4亿元，建成总里程496.5千米，完成年度计划任务量的115.7%。新建乡道24.53千米、村道253.29千米。村道安全防护工程完工30.6千米，占计划任务量的102%。危桥改造项目8座，开工8座，完工8座。至2021年底，全市农村公路总里程达到1.64万千米，所有县、乡及建制村硬化路覆盖率达到100%。2021年正定县获评“四好农村路”省级示范县，河北大道正定段获评河北省美丽农村精品示范路。

【公路养护】 全年高速公路养护完成投资5600万元。高速公路日常巡查里程80万千米，路巡清理道路障碍物、遗撒物1500余起；修补全线隔离栅12901.8米，更换护栏板134块，路面裂缝贴缝18767.34米，易冲毁边坡段落实施浆砌防护施工1590.75立方米；清扫路面157504.3千米，清洗擦亮轮廓标1568.7千米，清理边坡1685.2千米。全年干线公路养护完成投资1.52亿元，其中，路面养护工程完成投资12324万元，桥梁维修加固工程完成投资565万元，安全生命防护工程完成投资2130万元，灾害防治工程完成投资48万元，连续下坡路段安全隐患治理工程完成投资150万元。投资48万元，实施干线公路美化和服务设施工程，其中，拆违增绿工程完成投资28万元，服务设施工程完成投资20万元。全年市区三环路养护完成路面挖补50015平方米、沥青灌缝94831延米，恢复及更换各类标线66501平方米。

【运输市场管理】 2021年全市共有经营性道路运输车辆22.68万辆，同比增加8200辆。其中，客运车辆2245辆，减少725辆；城市公交车5115辆，增加962辆；出租汽车10458辆，增加50辆；普通货运车辆20.54万辆，增加1.04万辆；危险化学品货运车辆3590辆，减少2475辆。2021年全市完成公路客运量2.0亿人次，同比下降6.54%。其中，二级以上客运站完成运客量0.08亿人次；公路客运周转量0.76亿人千米。2021年全市完成公路货运量5.19亿吨，同比增长2.57%；公路货运周转量1961.08亿吨千米。2021年全市共有危险化学品运输企业130家，其中，市内4区及高新区48家，其他县（市、区）82家。2021年全市共有客运车辆2245辆，其中，市内4区及高新区1191辆，其他县（市、区）1054辆。2021年全市共有客运企业44家，其中，市内4区及高新区12家，其他县（市、区）32家。至2021年底，全市共有客运场站19家。其中，一级客运站5家，分别为石家庄客运总站、白佛客运站、运河桥客运站、南焦客运站、石家庄客运北站；二级客运站13家，分别为西王客运站、桥东汽车站、赵县汽车站、元氏汽车站、灵寿汽车站、新乐汽车站、深泽汽车站、正定汽车站、井陉汽车站、高邑汽车站、平山汽车站、晋州客运站、行唐客运站；三级客运站1家：赞皇汽车站。全年查处超限超载车辆15902辆，同比增加2100辆。规范网约车管理，制定印发《石家庄市推进网约车合规化工作方案》《石家庄市网络预约出租汽车经营服务管理办法（暂行）》，修改《石家庄市网络预约出租汽车经营服务管理办法》。地铁、公交支付功能达到便捷、高效，石家庄“燕赵通交通卡”一卡扫码支付功能实现管辖地域县（市、区）全覆盖，其中，市域公交车覆盖达到100%，地铁覆盖达到90%以上，并与全国303个城市实现互联互通。石家庄市国家城市绿色货运配送示范工程建设通过验收。2021年8月，交通运输部、公安部、商务部授予石家庄市“绿色货运配送城市”称号。至2021年底，石家庄市建成一级货运枢纽4个、二级配送中心7个，整合各类末端配送节点239个，市区新能源配送车达到2067辆，3A级以上城市配送企业达到14家，全市建成“集约、高效、绿色、智能”城市货运配送体系。

（刘菲）

民用航空

【概况】 2021年石家庄机场运营航线133条，其中，客运航线126条，货运航线7条；累计通航城市75个，其中，国内城市72个，国外城市3个；完成旅客吞吐量645.11万人次，同比下降21.4%；货邮吞吐量3.33万吨，同比下降61.5%；运输航班起落架次5.13万架次，同比下降25.6%。2021年石家庄机场放行正常率达到88%，高峰时段小时容量提升至26架次/小时；驻场运营航空公司29家，每日飞往国内省会和重点城市区域5个班次以上快速航线达到20条，多种方式联运旅客占比达到17.4%；ACI旅客总体满意度4.98，在全球排名第27位。

链接：

河北机场管理集团有限公司（简称河北机场集团）前身为民航河北省管理局，2004年1月8日注册成立，是河北省政府授权的行业性国有资产经营和航空运输服务保障大型企业。2015年5月20日，河北省国资委与首都机场集团公司签订《河北机场管理集团有限公司委托首都机场集团公司管理协议书》，河北机场集团正式纳入首都机场集团公司管理。

【运营航线】 2021年石家庄机场运营航线133条，其中，客运航线126条，货运航线7条（国内货运航线4条、国际货运航线3条）。推进民航与红色旅游融合，2021年6月，石家庄机场与5家革命老区机场发起成立红色机场联盟。7月14日，石家庄至井冈山航线首次开通。2021年石家庄机场新增客运航线27条，分别为：沈阳—石家庄—昆明、沈阳—石家庄—丽江、沈阳—石家庄—三亚、西安—石家庄—长春、杭州—石家庄—呼和浩特、海拉尔—石家庄—上海浦东、昆明—石家庄—长春、石家庄—乌兰浩特—海拉尔、石家庄—西安—库尔勒、石家庄—遵义、石家庄—温州—长沙、石家庄—黄山—珠海、石家庄—井冈山—揭阳、哈尔滨—石家庄—成都、石家庄—揭阳—湛江、杭州—石家庄—满洲里、兰州—石家庄—长春、哈尔滨—石家庄—拉萨、石家庄—连云港—温州、石家庄—常州、北海—石家庄—大连、兰州—石家庄—杭州、福州—石家庄—哈尔滨、杭州—石家庄—沈阳、石家庄—赤峰、温州—石家庄—长春、重庆—石家庄—长春；货运航线与2020年数量相同。2021年石家庄机场没有运营国际客运航线。

表46　　2021年石家庄机场运营航线一览表

运输方式	数量（条）	航线名称
客运航线	126	包头—石家庄—海口、北海—石家庄—大连、成都—石家庄—承德、成都—石家庄—张家口、承德—石家庄—广州、承德—石家庄—杭州、承德—石家庄—厦门、承德—石家庄—上海、大连—石家庄—乌鲁木齐、大连—石家庄—银川、鄂尔多斯—石家庄—三亚、鄂尔多斯—石家庄—珠海、福州—石家庄—哈尔滨、广州—石家庄—呼和浩特、广州—石家庄—张家口、哈尔滨—石家庄—成都、哈尔滨—石家庄—海口、哈尔滨—石家庄—昆明、哈尔滨—石家庄—拉萨、哈尔滨—石家庄—三亚、海口—石家庄—营口、海拉尔—石家庄—上海浦东、杭州—石家庄—呼和浩特、杭州—石家庄—满洲里、杭州—石家庄—沈阳、杭州—石家庄—乌鲁木齐、杭州—石家庄—张家口、昆明—石家庄—长春、兰州—石家庄—杭州、兰州—石家庄—长春、南通—石家庄—银川、秦皇岛—石家庄—厦门、三亚—石家庄—沈阳、厦门—石家庄—张家口、上海—石家庄—乌兰浩特、上海—石家庄—张家口、深圳—石家庄—通辽、深圳—石家庄—长春、沈阳—石家庄—昆明、沈阳—石家庄—丽江、沈阳—石家庄—三亚、沈阳—石家庄—重庆、石家庄—包头、石家庄—北海、石家庄—博鳌、石家庄—常州、石家庄—成都、石家庄—成都—昆明、石家庄—承德、

续表

运输方式	数量（条）	航线名称
客运航线	126	石家庄—赤峰、石家庄—大连、石家庄—福州、石家庄—广元—贵阳、石家庄—广州、石家庄—贵阳、石家庄—桂林、石家庄—桂林—海口、石家庄—哈尔滨、石家庄—海口、石家庄—海拉尔、石家庄—杭州、石家庄—杭州—泉州、石家庄—合肥—北海、石家庄—呼和浩特、石家庄—呼和浩特—海拉尔、石家庄—淮安—温州、石家庄—黄山—珠海、石家庄—揭阳—海口、石家庄—揭阳—湛江、石家庄—井冈山—揭阳、石家庄—库尔勒、石家庄—昆明、石家庄—兰州、石家庄—兰州—拉萨、石家庄—丽江、石家庄—连云港—海口、石家庄—连云港—温州、石家庄—泸州—贵阳、石家庄—绵阳、石家庄—南昌、石家庄—南昌—三亚、石家庄—南京、石家庄—南京—福州、石家庄—南京—厦门、石家庄—南宁、石家庄—南通—温州、石家庄—宁波、石家庄—宁波—三亚、石家庄—秦皇岛、石家庄—泉州、石家庄—三亚、石家庄—厦门、石家庄—上海、石家庄—深圳、石家庄—沈阳、石家庄—十堰—佛山、石家庄—唐山、石家庄—唐山—乌海、石家庄—威海—哈尔滨、石家庄—温州、石家庄—温州—长沙、石家庄—乌兰浩特—海拉尔、石家庄—乌鲁木齐、石家庄—五大连池—哈尔滨、石家庄—西安、石家庄—西安—库尔勒、石家庄—盐城—福州、石家庄—宜昌—广州、石家庄—银川、石家庄—银川—成都、石家庄—岳阳—厦门、石家庄—张家口、石家庄—长春、石家庄—长沙—北海、石家庄—中卫—成都、石家庄—重庆、石家庄—珠海、石家庄—遵义、石家庄—遵义—贵阳、石家庄—遵义新舟—博鳌、石家庄—遵义新舟—海口、温州—石家庄—长春、乌鲁木齐—石家庄—烟台、乌鲁木齐—石家庄—扬州、西安—石家庄—长春、重庆—石家庄—长春
货运航线	7	石家庄—南京、石家庄—郑州、石家庄—杭州、南京—郑州—石家庄、石家庄—俄斯特拉发、石家庄—列日、石家庄—叶卡捷琳堡

【**通航城市**】 2021年石家庄机场通航城市75个，同比减少18个，其中，国内城市72个，国外城市3个。国内通航城市中，客运通航城市71个，货运通航城市1个：郑州市。国际通航城市均为货运通航城市。

表47　　2021年石家庄机场通航城市一览表

运输区域	数量（个）	城市名称
国内城市	72	包头、北海、博鳌、成都、承德、大连、鄂尔多斯、佛山、福州、广元、广州、贵阳、桂林、哈尔滨、海口、杭州、合肥、呼和浩特、淮安、库尔勒、昆明、拉萨、兰州、丽江、连云港、泸州、绵阳、南昌、南京、南宁、南通、宁波、秦皇岛、泉州、三亚、厦门、上海、深圳、沈阳、十堰、唐山、通辽、威海、温州、乌海、乌兰浩特、乌鲁木齐、西安、烟台、盐城、扬州、宜昌、银川、营口、岳阳、张家口、长春、长沙、中卫、重庆、珠海、遵义、海拉尔、揭阳、黄山、五大连池、井冈山、湛江、满洲里、常州、赤峰、郑州
国际城市	3	俄斯特拉发、列日、叶卡

河北机场管理集团有限公司
总　经　理：张玉志
副 总 经 理：郭峰　马越　高立新　罗晓广　李宏伟
党委副书记：郭峰　尤颖鸿
财 务 总 监：宋易昔

（李孟夏）

城市轨道交通

【**概况**】 2021年石家庄地铁运送乘客9201万人次，同比增长28.3%，单日最高客流量达到51万人次，再创历史新高；实现票务收入1.51亿元，同比增长42.45%。全年开行列车25.23万列次，同比增长28.92%；列车正点率99.97%，运行图兑现率99.99%。2021年石家庄地铁建设完成投资11.6亿元，累计完成投资483.3亿元。4月6日，石家庄地铁3号线一期东段及二期工程建成运营，全长14.9千米。至2021年底，石家庄地铁共有1、2、3号线三条骨干线路，建成地铁里程78.2千米，其中，营运里程76.5千米，折返线1.7千米。4月28日，市轨道交通集团与恒大地产集团、恒大物业集团签署战略合作签约。6月29日，石家庄

2021年6月29日，市轨道交通集团有限责任公司、中国移动石家庄分公司、远东通信等单位联合共建石家庄智慧轨交5G联创中心揭牌成立

智慧轨道交通5G联创中心成立。11月18日，石家庄地铁调整儿童免费乘车政策：自即日起，每位成年乘客可免费携带2名身高1.3米以下儿童乘车，2名以上儿童的按照超过人数购买车票。12月6日起，私家车每遇限行日，驾驶人可凭行车本免费乘坐石家庄地铁列车。2021年市轨道交通建设办公室获得河北省人居环境范例奖，地铁1号线一期岩土工程勘察、地铁1号线二期工程、地铁2号线一期岩土工程勘察获评河北省工程勘察设计项目一等奖，轨道交通OCC指挥中心获评河北省工程勘察设计项目二等奖；狄政通获得“全国优秀工会工作者”称号；李芳斌创新工作室被命名为第八批河北省工匠人才创新工作室。

链接：

市轨道交通集团有限责任公司（简称市轨道交通集团）：2010年4月14日成立，为市政府直属国有独资企业，主要负责地铁项目前期运作、资金筹措、工程建设、运营管理、开发和经营等工作；公司原名为市轨道交通有限责任公司，2020年12月14日更名为市轨道交通集团有限责任公司。

【地铁工程项目】 4月6日，地铁3号线一期东段及二期工程建成运营，全长14.9千米。地铁3号线一期东段及二期工程设立车站12座，分别为：汇通路站、孙村站、塔冢站、东王站、南王站、位同站、东二环南路站、西仰陵站、中仰陵站、南豆站、太行南大街站、乐乡站。12月19日，石家庄地铁1号线二期北段工程在东上泽站开工，施工范围包括东上泽站至东洋站及南牛停车场，线路长度3.1千米。

【地铁运营线路】 2017年6月26日，地铁首开工程30.3千米（地铁1号线一期工程23.9千米、地铁3号线一期工程首开段6.4千米）开通运营。2019年6月26日，地铁1号线二期工程10.4千米开通运营。2020年1月20日，地铁3号线一期工程（西三庄站至市二中站）5.4千米开通运营；2020年8月26日，地铁2号线一期工程15.5千米开通运营。2021年4月6日，地铁3号线一期工程东段（石家庄站至东二环南路站）及二期工程14.9千米开通运营。至2021年底，石家庄地铁共有1、2、3号线三条骨干线路，建成地铁里程78.2千米，其中，营运里程76.5千米，折返线1.7千米。

石家庄市轨道交通建设办公室

主　　任：陈宝京

副 主 任：郭京晶　李晓刚

　　　　　肖卫洲　张龙

石家庄市轨道交通集团有限责任公司

董 事 长：郭少旭（9月免）

　　　　　周伟　（12月任）

副董事长：付朝立（10月任）

总 经 理：付朝立（10月任）

副总经理：张兴文（1月免）

　　　　　孟东晓（3月任，常务）

　　　　　谷树才

　　　　　付朝立（10月免）

　　　　　张晓辉

纪委书记：王云贵（3月任）

总经济师：路江　（3月任，10月免）

总工程师：周伟　（3月任，9月免）

工会主席：狄政通（3月任）

（卢扬逸）

城市公共交通

【概况】 2021年石家庄市共有公交车辆5115辆，同比增长1.16%。其中，主城区及“三区一县”（藁城区、鹿泉区、栾城区、正定县）公交车辆4153辆，其他县（市、区）962辆；电动公交车2382辆，空调公交车3783辆。运营公交线路410条，其中，主城区及“三区一县”246条（主城区101条、“三区一县”145

条），其他县（市、区）164条。公交线路总长度4293.85千米，与2020年相同；营运总里程1.57亿千米，同比增加0.13亿千米；公交客运总量1.62亿人次，同比减少0.16亿人次。2021年市公共交通总公司实现运营总收入2.77亿元，同比下降5.78%；亏损3.59亿元，较年计划减亏1.21亿元。

【出租车、网约车、共享单车】 2021年石家庄市共有出租车10458辆，其中，市内4区及高新区6710辆，其他县（市、区）3748辆。2021年石家庄市内4区及高新区共有网约车平台16家，其中新增网约车平台1家（T3出行）；运营网约车6500辆，年接单营运量达到10万笔。2021年石家庄市注册登记共享单车运营企业6家，分别为美团、青桔、哈啰、喵走、圣庄、小遛，其中，新增运营企业3家，分别为喵走、圣庄、小遛；投放共享单车8万辆，同比减少18万辆，投放共享电单车4万辆，同比减少16万辆；共享单车使用频率达到16万单/日，同比下降36万单/日，共享电单车使用频率达到24万单/日，同比下降46万单/日。

【公共交通管理】 新开通公交线路6条，分别为：517路、529路、336路、付32路、旅游专1路、旅游专2路。优化调整公交线路10条。与石家庄电视台“民生关注”栏目合作，广泛征求市民意见，制定公交线路优化方案24条。开展公交特色化服务，全年开辟定制公交线路130条，运载乘客80万人次；开通假日旅游专线2条、小学生免费公交专线10条。12月16日起，每周星期四被确定为绿色出行日，居民可免费乘坐城市公交车。12月20日起，小学生免费公交专线开通，小学生、幼儿及护送家长上下学可免费乘坐公交车。至2021年底，石家庄主城区公共交通站点500米覆盖率达到100%。

（刘菲）

邮　政

【概况】 2021年石家庄市邮政行业（不包括邮政储蓄银行）完成业务总量148.47亿元，同比增长36.43%；实现业务收入118.06亿元，同比增长9.84%。2021年全市快递服务企业完成业务量148812.63万件，同比增长31.11%；实现业务收入94.16亿元，同比增长7.42%。邮政行业业务总量及收入、快递业务量及收入4项指标排名均保持全省第一名，其中快递业务量及收入分别位列全国第17位和第23位。至2021年底，全市共有邮政普遍服务网点298个、村邮乐购邮政网点3716个，快递许可企业46家、分支机构478家、末端网点4458个，智能快件箱2232组，快递网点乡镇覆盖率、建制村快递服务覆盖率均达100%。建设运营快递园区4个，分别为：正定机场片区、藁城片区、栾城片区、鹿泉片区；正在建设快递园区1个：晋州片区。至2021年底，全市共有快递分拨场地超5000平方米以上10个、全自动分拣流水线10条。2021年中国邮政集团有限公司石家庄市分公司实现业务收入17.8亿元，同比增长11.23%，收入规模位列全省行业首位。

链接：

市邮政管理局：2012年9月，经河北省邮政管理局批准成立，级别为副县级，内设机构有办公室、普遍服务（机要通信）科、市场监管科，均为正科级。办公地址为新华区兴凯路219号市委、市政府西院。

【业务经营】 2021年石家庄市邮政行业（不包括邮政储蓄银行）完成业务总量148.47亿元，同比增长36.43%；

2021年8月18日，中国邮政集团石家庄市分公司与中化现代农业（浙江）有限公司签署惠农合作协议

实现业务收入118.06亿元，同比增长9.84%。2021年全市邮政服务业务实现收17.97亿元，同比增长21.63%。2021年全市邮政寄递完成业务量32862.51万件，同比增长35.12%；实现业务收入51826.55万元，同比增长15.85%。2021年全市邮政函件业务完成1255.34万件，同比下降12.9%；包裹业务完成47.29万件，同比下降24.17%；报纸业务完成13303.95万份，同比增长20.85%；杂志业务完成485.6万份，同比增长3.23%；汇兑业务完成4.14万笔，同比下降35.81%。2021年全市快递服务企业完成业务量148812.63万件，同比增长31.11%；实现业务收入94.16亿元，同比增长7.42%。其中，同城业务量完成14759.07万件，同比增长21.01%；异地业务量完成133718.87万件，同比增长32.23%；国际/港澳台业务量完成334.69万件，同比增长88.92%。

【快递园区】 建设运营快递园区4个，分别为：正定机场片区、藁城片区、栾城片区、鹿泉片区；正在建设快递园区1个：晋州片区。正定机场片区快递园区、藁城片区快递园区、栾城片区快递园区、鹿泉片区快递园区建设列入邮政行业“十四五”规划。正定机场片区快递园区：圆通速递华北区域管理总部基地项目投入运营，总投资5亿元，占地面积13.33公顷；石家庄国际邮件互换局兼交换站项目上报中国海关总署、正待批复，总投资1.2亿元，占地面积5.72公顷；石家庄中通智能科技电子商务产业园项目于2021年3月开工建设，总投资5亿元，规划占地面积16.67公顷；石家庄邮区中心局外迁项目与正定县签订协议，正在征地；顺丰石家庄电子商务产业园项目与正定县协商定正定机场附近用地，总投资6亿元，规划占地面积200亩。藁城片区快递园区：顺丰石家庄电子商务产业园、韵达省分拨中心、韵达市分拨中心、石家庄邮区中心局分拨中心在藁城区落地并正式运营。栾城片区快递园区：申通数字电子商务智慧产业园项目二期主体竣工，设备安装完毕，总投资3亿元，占地面积6.67公顷；2021年底投入使用，极兔、优速、宅急送快递分拨运营。鹿泉片区快递园区：京东快递、百世快递分拨投入运营。晋州片区快递园区：韵达河北（晋州）快递电子商务总部基地项目正在施工建设，总投资9.4亿元，占地面积20.92公顷。至2021年底，全市邮政快递共有快递分拨场地超5000平方米以上10个、全自动分拣流水线10条，形成信息服务平台、智能仓配一体化转运中心等智能快递综合服务能力。

【邮政管理】 仿印邮票图案。2021年全市邮政企业申报“辛丑年生肖地铁卡套装”邮票仿印产品1000套，发行“中国共产党成立一百周年”“第32届夏季奥林匹克运动会”“西藏和平解放70周年”等纪念邮票23套。开展邮政乡镇局所专项整治行动，制定乡镇邮政普遍服务网点改造计划和施工进度，全年改造达标网点111处，提升达标网点20处，代办网点转自办网点70处，超额完成省邮政管理局提出代办网点占比30%以下目标任务。2021年全市邮政行业登记发放电动三轮车通行证3800个、疫情防控绿色通行证2700个，培训电动三轮车驾驶员2542人次，评审授予职称126人；建成邮政示范化网点96个、规范化分拨中心24个、标准化网点380个，同城分拨中心投入运营。至2021年底，全市共有邮政普遍服务网点298个、村邮乐购邮政网点3716个，快递许可企业46家、分支机构478家、末端网点4458个，智能快件箱2232组，快递网点乡镇覆盖率、建制村快递服务覆盖率均达100%。

石家庄市邮政管理局

局　长：张子云

副局长：张惠荣

中国邮政集团有限公司

石家庄市分公司

总 经 理：李伟　（3月免）

　　　　　刘磊　（3月任）

副总经理：苏巍

　　　　　孙莉　（8月免）

　　　　　郝志辉

　　　　　付伟　（8月任）

　　　　　李卷志（9月任）

　　　　　王泉

（姚欣　张海霞）

金　融

Finance

综　述

2021年石家庄市金融业围绕建设京津冀区域性金融中心总要求，统筹推进疫情防控和金融发展，全力做好金融支持稳企业保就业、防范化解金融风险、深化金融改革等工作。全年金融业完成增加值721.4亿元，同比增长5.5%，对全市经济增长贡献率达到11.1%。

银行　至2021年末，石家庄市金融机构本外币各项存款余额17951.71亿元，同比增长8.07%，比年初增加1340.68亿元，其中，住户存款余额9902.17亿元，同比增长12.27%，比年初增加1082.45亿元。至2021年末，全市金融机构本外币各项贷款余额14657.28亿元，同比增长11.42%，比年初增加1502.24亿元，其中，住户本外币贷款余额5203.46亿元，同比增长14.38%，比年初增加654.17亿元。全年金融机构本外币存、贷款余额均位列全省第一。至2021年末，全市金融机构人民币各项存款余额17810.18亿元，较年初增加1321.91亿元，其中，住户存款余额9858.04亿元，较年初增加1083.46亿元。至2021年末，全市金融机构人民币各项贷款余额14578.68亿元，较年初增加1503.07亿元，其中，住户贷款余额5203.33亿元，较年初增加654.16亿元。

2021年9月17日，石家庄市“专精特新”银企对接活动举行

（市工业和信息化局提供）

保险　至2021年底，石家庄市共有省级保险公司95家，同比增加4家。其中，财产险省级公司44家，人身险省级公司51家；各财产险公司为石家庄市提供保险额度29.16万亿元，同比增加14.43万亿元，增长98%。至2021年底，全市44家财产险公司累计实现保费收入149.74亿元，同比下降0.4%；累计赔款支出89.91亿元。至2021年底，全市51家人身险公司累计实现保费收入391.0亿元，同比增长10.6%；累计赔款及给付支出109.1亿元。2021年全市财产险、人身险公司合计缴纳及代收代缴税费25.4亿元，为石家庄市提供就业岗位7.73万个（保险数据来源河北省保险行业协会数据平台系统）。

证券　2021年石家庄市新增企业挂牌上市21家，其中，上海证券交易所上市企业1家，深圳证券交易所上市企业1家，北京证券交易所上市企业1家，新三板挂牌企业2家，河北股权交易所挂牌企业16家。至2021年末，全市企业累计多层次资本市场挂牌上市达到247家，其中，上海、深圳、北京证券交易所上市企业20家，境外上市企业12家，新三板挂牌企业60家，河北股权交易所挂牌企业155家。石家庄市挂牌上市企业数量位居全省第一名。至2021年底，全市共有证券经营机构101家，

其中，证券公司1家，证券分支机构100家；期货经营机构15家，其中，期货公司1家，期货分支机构14家；证券投资咨询机构4家，其中，证券投资咨询公司1家，证券投资咨询分支机构3家。

融资担保与典当 至2021年底，石家庄市共有融资担保机构（取得经营许可证）59家，其中，政府性融资担保机构6家，民营融资担保机构53家（含外省市融资担保机构分公司1家）；在册小额贷款公司60家。至2021年底，全市共有典当行96家，其中，法人机构62家，分支机构34家。2021年全市典当行完成典当总额175.48亿元，同比增长18.6%。至2021年末，全市典当余额20.32亿元，同比增长8.9%。

银　行

【概况】 2021年全市共有银行业金融机构72家，与2020年相同，其中，开发性金融机构1家，政策性银行2家，国有大型商业银行6家，股份制商业银行10家，城市商业银行9家，农村商业银行7家，农村合作银行1家，农村信用社11家，村镇银行11家，外资银行1家，农村资金互助社1家，信托公司1家，金融租赁公司2家，企业集团财务公司4家，消费金融公司1家，金融资产管理公司4家。银行业存款、贷款业务保持健康稳定态势，社会融资规模保持合理增长，信贷结构持续优化。至2021年末，全市金融机构本外币各项贷款余额14657.28亿元，同比增长11.42%，比年初增加1502.24亿元，同比少增218.70亿元，余额、年增量继续居全省首位。企（事）业单位贷款余额9433.21亿元，同比增长10.01%，比年初增加858.40亿元，同比少增169.22亿元，其中，企（事）业单位中长期贷款余额5127.09亿元，同比增长13.11%，比年初增加594.27亿元；票据融资余额617.17亿元，同比增长22.64%，比年初增加113.96亿元；融资租赁余额593.67亿元，同比增长5.84%，比年初增加32.76亿元。全市住户本外币贷款余额5203.46亿元，同比增长14.38%，比年初增加654.17亿元。分结构看，住户消费贷款余额4241.50亿元，同比增长14.15%，比年初增加525.86亿元，其中，住户中长期消费贷款余额3785.97亿元，同比增长13.64%，比年初增加454.35亿元。住户经营贷款余额961.96亿元，同比增长15.38%，比年初增加128.31亿元，其中，住户中长期经营贷款余额477.88亿元，同比增长14.70%，比年初增加61.26亿元。至2021年末，全市金融机构本外币各项存款余额17951.71亿元，同比增长8.07%，比年初增加1340.68亿元，余额年增量均居全省第一。住户存款余额9902.17亿元，同比增长12.27%，比年初增加1082.45亿元，同比少增51.82亿元；非金融企业存款余额4541.11亿元，同比减少0.67%，比年初减少30.38亿元；机关团体存款余额2888.45亿元，同比增长11.70%，比年初增加302.37亿元，同比多增523.03亿元；财政性存款余额210.09亿元，同比减少12.94%，比年初减少31.23亿元；非银行业金融机构存款余额405.27亿元，同比增长4.70%，比年初增加18.19亿元。至2021年末，全市金融机构人民币各项贷款余额14578.68亿元，较年初增加1503.07亿元，其中，住户贷款余额5203.33亿元，较年初增加654.16亿元。至2021年末，全市金融机构人民币各项存款余额17810.18亿元，较年初增加1321.91亿元，其中，住户存款余额9858.04亿元，较年初增加1083.46亿元。

【中国人民银行石家庄中心支行】 统筹做好疫情防控和金融发展，用好各项货币政策工具，引导金融资源合理配置。落实全面降准政策，下调法人金融机构存款准备金率1个百分点，增加支持实体经济长期稳定资金。加大对民营小微企业支持，开展“千银万企大走访”“贷动小生意、服务大民生”等专项行动，提升普惠金融服务能力，普惠小微贷款余额保持增长态势。发展绿色金融，开展绿色票据再贴现“直通车”业务，引导金融资源向低碳、环保、节能、降耗等领域集聚。助力乡村振兴，开展“金融科技赋能乡村振兴·冀兴行动”，助建“一地一特色，一行一品牌”金融机构特色品牌。加强区域金融风险防控和监测，压降高风险中小金融机构数量，制定“一行一策”风险化解方案，建立风险监测机制，实现风险监测常态化管理。创新金融服务，推进适老化改造工作，城市商业银行上线适老版手机银行、优化ATM机操作界面，廊坊银行成为全国首家通过“适老服务网点认证”的城市商业银行。推进“京津冀征信链”建设，融合区块链技术和征信管理，促进京津冀地区信用信息互联互通，实现数据要素资源跨区域流动。提高外汇领域管理服务，制定《外汇管理领域新冠肺炎疫情防控应急预案》，推广外汇政务服务“网上办”系统，搭建局银企交流平台，提高企业涉外业务办理效率。落实全口径跨境融资、跨国公司跨境资金集中运营创新政策，落实贸易外汇收支便利化试点，推动跨境贸易便利实施。提升金融服务质效，推进金融教育示范基地建设，首家省级金融教育示范基地在钱币博物馆挂牌。

表 48　　2021 年石家庄市金融机构人民币信贷收支一览表

单位：亿元

来源项目

名称				金额
各项存款			总计	17810.18
各项存款	境内存款		合计	17807.42
各项存款	境内存款	住户存款	小计	9858.04
各项存款	境内存款	住户存款	活期存款	2526.97
各项存款	境内存款	住户存款	定期及其他存款	7331.08
各项存款	境内存款	非金融企业存款	小计	4446.99
各项存款	境内存款	非金融企业存款	活期存款	1513.99
各项存款	境内存款	非金融企业存款	定期及其他存款	2933.01
各项存款	境内存款		机关团体存款	2887.36
各项存款	境内存款		财政性存款	210.09
各项存款	境内存款		非银行业金融机构存款	404.94
各项存款			境外存款	2.76
金融债券				44.0
借款及非银行业金融机构拆入				35.64
应付及暂收款				503.95
各项准备				428.35
所有者权益				689.62
	实收资本			347.07
其他				−257.62

运用项目

名称					金额
各项贷款				总计	14578.68
各项贷款	境内贷款			合计	14573.07
各项贷款	境内贷款	住户贷款		小计	5203.33
各项贷款	境内贷款	住户贷款	短期贷款	小计	939.48
各项贷款	境内贷款	住户贷款	短期贷款	消费贷款	455.4
各项贷款	境内贷款	住户贷款	短期贷款	经营贷款	484.08
各项贷款	境内贷款	住户贷款	中长期贷款	小计	4263.85
各项贷款	境内贷款	住户贷款	中长期贷款	消费贷款	3785.97
各项贷款	境内贷款	住户贷款	中长期贷款	经营贷款	477.88
各项贷款	境内贷款	企事业单位贷款		小计	9360.95
各项贷款	境内贷款	企事业单位贷款		短期贷款	3056.38
各项贷款	境内贷款	企事业单位贷款		中长期贷款	5089.7
各项贷款	境内贷款	企事业单位贷款		票据融资	617.17
各项贷款	境内贷款	企事业单位贷款		融资租赁	593.67
各项贷款	境内贷款	企事业单位贷款		各项垫款	4.03
各项贷款	境内贷款			非银行业金融机构贷款	8.8
各项贷款				境外贷款	5.6
债券投资					408.72
股权及其他投资					168.97
买入返售资产					97.79
存放非银行业金融机构款项					0.13
联行往来（净）					3764.68
	境内存放二级准备金				48.59
应收及预付款					140.38

续表

来源项目		运用项目	
		投资性房地产	0.48
		固定资产	94.28
资金来源总计	19254.11	资金运用总计	19254.11

备注：本表机构包括中国人民银行、银行业存款类金融机构、银行业非存款类金融机构。

表 49　2021 年石家庄辖区全部金融机构外汇信贷收支一览表

单位：亿美元

来源项目			名称	金额	运用项目			名称	金额
各项存款			总计	22.2	各项贷款			总计	12.33
各项存款	境内存款		合计	21.91	各项贷款	境内贷款		合计	11.35
各项存款	境内存款	住户存款	小计	6.92	各项贷款	境内贷款		住户贷款	0.02
各项存款	境内存款	住户存款	活期存款	4.09	各项贷款	境内贷款		短期贷款	0.02
各项存款	境内存款	住户存款	定期及其他存款	2.84	各项贷款	境内贷款	短期贷款	消费贷款	0.02
各项存款	境内存款	非金融企业存款	小计	14.76	各项贷款	境内贷款	消费贷款	小计	11.33
各项存款	境内存款	非金融企业存款	活期存款	9.22	各项贷款	境内贷款	消费贷款	短期贷款	5.47
各项存款	境内存款	非金融企业存款	定期及其他存款	5.54	各项贷款	境内贷款	消费贷款	中长期贷款	5.86
各项存款	境内存款		机关团体存款	0.17	各项贷款			境外贷款	0.97
各项存款	境内存款		非银行业金融机构存款	0.05				联行往来（净）	9.23
各项存款			境外存款	0.29				应收及预付款	0.06
			借款及非银行业金融机构拆入	0.34					
			应付及暂收款	0.59					
			各项准备	0.11					
			所有者权益	0.12					
	所有者权益		实收资本	0.07					
			其他	−1.74					
			资金来源总计	21.62				资金运用总计	21.62

备注：本表机构包括中国人民银行、银行业存款类金融机构、银行业非存款类金融机构。

中国人民银行石家庄中心支行
行　　长：贺同宝（兼国家外汇管理局河北省分局局长）
副 行 长：李双锁
卢钦（兼国家外汇管理局河北省分局副局长）
尹清伟　卜又春
纪委书记：刘克宫（6月任）

（裴剑平）

【中国农业发展银行河北省分行营业部】 2021年中国农业发展银行河北省分行营业部共有营业机构18个，其中，分行机关1个，县级支行17个。至2021年末，分行各项贷款余额232.16亿元；各项存款余额63.18亿元；实现FTP利润1.33亿元。全年累放贷款104.2亿元，累收贷款78.36亿元。支持防疫抗疫保供给。发放抗疫应急贷款17亿元，其中，重点疫情防控和保供企业发放贷款15.6亿元，捐赠防疫物资28万元。支持乡村振兴。2021年，辖内4个脱贫县支行共投放各类贷款7.38亿元，向平山县北滚龙沟捐赠现金2万元。支持石家庄市粮油副食生产供应。发放粮棉油条线贷款34亿元、中央和地方储备增储贷款6.8亿元、化肥储备及生产资料贷款20亿元。服务省会建设。加强银政、银企沟通交流，主动对接市“五大集团”，重点在资产购建、安置房、现代生物医药、新一代电子信息、现代食品、商贸物流和文旅康养等产业推进合作，全年发放贷款86.67亿元。拓宽存款营销方法路径，累计营销债券资金3.4亿元，办理国际结算3838万美元。加强风险管理与合规管控，制定《2021年度数据质量考核实施细则》《关于提升县级支行贷后管理例会工作实施方案》，全年数据治理零差错。

中国农业发展银行河北省分行营业部
总 经 理：齐亮
副总经理：张建国　王子东
史建博

（康胜飞）

【中国工商银行石家庄分行】 2021年中国工商银行股份有限公司石家庄分行（简称中国工商银行石家庄分行）投放贷款718亿元其中，投放大、中型公司贷款339.8亿元、小微普惠贷款79.25亿元。至2021年末，各项贷款余额1598亿元，同比增加178亿元。支持疫情防控，投放涉疫贷款8.5亿元。制造业企业贷款同比增加31亿元。民营企业贷款同比增加21亿元。支持城市建设，投放重点项目贷款159.67亿元、石煤机城市更新项目贷款20亿元，正定新区“升级换代”贷款94.5亿元，生物医药主导产业贷款27.04亿元。2021年分行办理外币贷款1.34亿美元。对接正定自贸区、辛集皮革等产业集群，实现外币客户开户233户，完成国际结算42.91亿美元，同比增长41.17%；跨境人民币结算28.99亿元，同比增长332.69%。全年向地方缴纳各项税款4.09亿元。推进“一区一行+重点支行”网点改革，新建营业网点1家，网点实现县域全覆盖；迁址撤并网点3家，完成11家营业网点装修改造。

中国工商银行股份有限公司
石家庄分行
行　长：张志勇（10月免）
张志斌（10月任）
副行长：侯惠鹏　田峰
王国强（9月免）
王印　　李克美
苌志敏（5月免）
赵峰

（冯龙）

【中国建设银行石家庄分行】 至2021年末，中国建设银行股份有限公司石家庄分行（简称中国建设银行石家庄分行）一般性存款日均余额突破2000亿，各项贷款（人行口径）时点余额1560.97亿元，同比增加215.11亿元，2021年对公贷款余额新增额位居同业第一。支持绿色信贷领域，绿色贷款余额同比增35.03%。推进普惠金融，助力小微企业发展，全年发放普惠贷款（银保监口径）231.55亿元，发放企业10991户。2021年分行信贷风险管控不良率0.21%、逾期率0.33%，排名同业第一。

中国建设银行股份有限公司
石家庄分行
行　　长：王东　（5月免）
夏全明（5月任）
副 行 长：闫超　　刘少飞
张洁　（5月免）
纪委书记：王振易

（孙晓莹）

【中国农业银行石家庄分行】 至2021年末，中国农业银行股份有限公司石家庄分行（简称中国农业银行石家庄分行）贷款余额1366亿元，净增贷款159亿元。2021年分行投放贷款重点在实体经济、城市基础设施、道路交通、乡村振兴、农业农村基础设施等国建建设重点领域。支持实体经济发展。为市地产集团授信30亿元，投放流动资金贷款3亿元；为石家庄市城市更新有限公司授信并审批贷款10亿元，用于石煤机城市更新项目；为石家庄地惠建设发展有限责任公司授信并审批贷款4.3亿元，用于前太保棚户区改造项目。支持城市基础设施建设。为国家管网集团河北建投天然气有限公司输气管道建设7.3亿元，石家庄环网供热有限责任公司石热中继能源站工程（含部分进出线）建设、石热与古城路输配线连接工程建设项目1.8亿元。支持道路交通建设。2021年分行投放省高速公路集团公司公路改扩建项目35亿元，省交通投资集团公司张石高速公路项目8.1亿元，中电建冀交高速集团公司太行山南包项目6亿元，市轨道交通公司1、3号线项目2亿元。服务乡村振兴。2021年末全辖县域贷款余额378.78亿元，较年初增长50.69亿元，增速15.45%。其中帮扶贷款32.94亿元，较年初增长5.18亿元；涉农贷款余额198.59亿元，较年初增长42.96亿元，同比增加3.63亿元；赞皇、平山、灵寿、行唐4个脱贫县支行贷款余额73.99亿元，增长10.86亿元，增速17.21%。支持农业农村基础设施建设项目。发放重大水利、PPP和城乡一体化开发项目等乡村建设贷款2.72亿元，余额达到8.19亿元。投放旅游贷款5.97亿元，农业产业化龙头企业贷款4.76亿元。开展普惠金融服务。2021年底小微法人贷款余额34亿元，较年初增加8.8亿元，贷款户数2777户，较年初增加241户。至2021年末，分行全辖营业网点146个，县域新设4个人工网点、5个金融便利店，标杆网点11家，78家网点完成装修改造，增配新式低柜507套。全市农行社保卡综合服务网点125个，全年发卡9946张。2021年上线“智慧校园”“智慧食堂”“智慧医疗”等“智慧+”系列场景项目，带动场景用户47.6万户。

中国农业银行股份有限公司
石家庄分行

行　　长：崔金涛（省分行副行长，10月免）
　　　　　陈军朝（10月任）
副 行 长：吕海慧　付建明
　　　　　赵宗显
　　　　　李岳松（10月免）
　　　　　王凯　（9月任）
　　　　　宫华锋（10月任）
纪委书记：王增辉（8月免）
　　　　　李碧波（8月任）

（白楠）

【中国银行石家庄分行】 至2021年末，中国银行石家庄分行日均全量金融资产突破1280亿元，较年初增长137亿元；本外币各项贷款余额827亿元，新增118.6亿元，营业收入实现24.3亿元，拨备前利润实现17.9亿元。至2021年末，普惠贷款投放34.5亿元，较年初新增10.5亿元，新增户数1025户。民营贷款累计投放51.6亿元，较年初新增7亿元，占比增长3.2%。投放消费贷款106.5亿元，涉农贷款投放53.8亿元，较年初新增20.7亿元。绿色金融贷款新增20亿元，占比增长3.4%。制造业贷款新增16亿元。城市更新项目石煤机片区投放贷款28.83亿元。支持企业“引进来、走出去”，全年跨境结算量突破62.2亿美元。至2021年底，不良资产余额2.09亿元，较年初减少7228万元，不良率0.25%，较年初下降14BP。全年实现表内不良清收化解3.05亿元，表外清收4402万元。

中国银行石家庄分行

行　　长：郑磊
副 行 长：靳会轻（6月免）
　　　　　石云青（5月免）
　　　　　韩蔚　　谷立威
　　　　　王力波
　　　　　赵永军（3月任）
　　　　　苏利亚（3月任）
纪委书记：包乃玉（8月免）
　　　　　张旭　（8月任）

（王朋松）

【交通银行河北省分行】 至2021年末，交通银行股份有限公司河北省分行（简称交通银行河北省分行）各项存款时点余额增加130亿元，同比增长9.66%，其中，储蓄存款时点余额增加87亿元，市场占比提升0.02个百分点；各项贷款余额增加156亿元，增量创下历史新高，同比增长13.85%，市场占比提升0.09个百分点。2021年分行实现经营利润26.6亿元，同比增加9756万元，增长3.8%；实现经济利润17.2亿元，同比增加2.1亿元，增长14%；实现净

2021年6月29日，交通银行正定自贸区支行揭牌运营

营收37.5亿元，同比增加2.9亿元，增长4.8%。其中，中间业务收入7.7亿元，增加3700万元，增长5.1%。服务实体经济，京津冀协同发展项目贷款余额增加55.4亿元，向冬奥运和冬残奥会重点项目累计投放贷款11亿元；房地产开发贷余额增长1.9亿元，个人住房贷余额增长47.5亿元，实体经济融资全年全口径融资规模较上年增长228.5亿元。至2021年末，分行资产总体拨备覆盖率提升73.7个百分点。不良贷款余额较年初减少5.3亿元，不良率较年初下降0.56个百分点，创下5年来新低。创新对公客户管理方式，跟进授信业务合作，全年代发个人客户累计新增1.79万户。价值存款、沃德客户、有效客户等多项指标贡献度变化均居系统前10。全年上线CIPS客户61户，河北市场排名第1。取得5只公募基金开户行资格、24支营销行资格，获得1单reits项目托管意向资格。2021年石家庄区域内新设营业网点1家：正定自贸区支行。至2021年末，分行在石家庄市域共有29家全功能营业网点。

交通银行行股份有限公司
河北省分行

行　　长：刘清军
副 行 长：王国成　曹栓利
　　　　　刘洪涛　罗彦辉
　　　　　徐志弘
纪委书记：王道远

（苏媛媛）

【中信银行石家庄分行】 至2021年末，中信银行股份有限公司石家庄分行（简称中信银行石家庄分行）各项资产总额923.18亿元，较年初增长163.44亿元，增长率21.51%，同比增长16.7%；各项负债余额912.24亿元，较年初增加159.7亿元，增长率21.22%，同比增长18.56%；实现未分配利润2.22亿元，同比增长3.61亿元。2021年分行营业收入22.67亿元，同比增加0.45亿元。其中，利息净收入18.84亿元，同比减少2.09亿元；手续费及佣金净收入3.04亿元，同比减少0.45亿元；其他业务收入0.8亿元，同比增加2.98亿元；营业支出19.01亿元，同比增加5.02亿元。至2021年末，分行实现净利润2.22亿元，同比增长3.61亿元。

中信银行股份有限公司
石家庄分行

行　长：刘志华
副行长：杨桂玲　高珊（2月免）
　　　　常辉锋　王莹

（韩旭）

【华夏银行石家庄分行】 2021年华夏银行股份有限公司石家庄分行（简称华夏银行石家庄分行）各项存款日均余额653.72亿元，较年初增加10.12亿元；各项贷款日均余额548.53亿元，较年初增加46.78亿元；表内贷款余额553.8亿元，较年初增加40.8亿元。其中，对公纯贷款余额376亿元，新客户信贷（含续增客户）70.75亿元，用信金额同比增长68%；小微普惠金融贷款2.35亿元；个人贷款余额109亿元，较年初增加18.9亿元，增长21.07%；绿色贷款余额48.79亿元，较年初增长2.7%。2021年分行实现考核口径拨备前利润实现13.3亿元。至2021年底，华夏银行石家庄分行业务覆盖石家庄、保定、唐山、沧州、邯郸、廊坊、张家口、雄安新区、邢台9个区域，设立分支机构达到63家。提升网点智能，全年升级智能柜台65台，智能柜台替代完成率实现85%；实现全辖营业网点个人及小微企业微信及手机银行预约开户。2021年分行不良贷款偏离度77.5%，符合监管要求范围。

华夏银行股份有限公司
石家庄分行

行　长：张景辉
副行长：赵秀玲　王茜
　　　　王志勇
　　　　张均凯（5月任）

（刘子烨）

【中国民生银行石家庄分行】 2021年中国民生银行股份有限公司石家庄分行（简称中国民生银行石家庄分行）资产总额1016.64亿元，同比减少6.26亿元；各项存款余额942.64亿元；各项贷款余额526.2亿元，其中，分行涉农贷款余额77.65亿元。2021年分行个人客户金融资产874.6亿元，个人客户486.78万户。落实“民企战略”，加大民企信贷倾斜力度，2021年累计发放对公一般性贷款196.43亿元，占比77%。支持小微企业发展，发放普惠型小微企业贷款47.75亿元，小微企业客户达到11.63万户；创新开通“民生小微”“商贷通”“工贷通”“农贷通”“网贷通”五大产品子品牌，上线“民生小微”App、“增值贷”、“流水贷”等融资产品。至2021年末，中国民生银行石家庄分行在邯郸、沧州、衡水、秦皇岛、唐山、张家口、保定7个地级市设立二级分行7家；支行总计70家，其中石家庄同城支行26家、7家二级分行下设支行44家；社区支行69家，村镇银行1家（宁晋民生村镇银行）；全辖员工2285人。全年改造辖区网点7家，其中综合支行5家，社区支行2家，新建机构3家，其中标准型支行1家（定州支行），社区支行2家。

2021 年 9 月 28 日，中国民生银行石家庄分行代表队参加“民生杯”2021 年石家庄市金融系统职工职业技能竞赛获得业务知识和技能比赛两个团体一等奖

中国民生银行股份有限公司
石家庄分行
行　长：刘国忠（2 月免）
　　　　康文哲（5 月任）
副行长：宋立新　张振国
　　　　陈风云　郑晓红
（李培肖）

【中国光大银行石家庄分行】至 2021 年底，中国光大银行股份有限公司石家庄分行（简称中国光大银行石家庄分行）一般存款时点余额 985.3 亿元，较年初增加 36.8 亿元，增长 3.9%；一般存款日均余额 939.5 亿元，较年初增加 26.4 亿元，增长 2.9%。贷款时点余额 845.7 亿元，较年初增加 23.1 亿元，增长 2.8%；贷款日均余额 845.0 亿元，较年初增加 47.6 亿元，增长 6%。净营业收入实现 38.73 亿元，同比增加 1.35 亿元，增长 3.62%。至 2021 年末，分行民营企业贷款余额 253.79 亿元；制造业贷款余额 212.43 亿元，中长期制造业贷款余额 149.96 亿元；普惠贷款余额 66.47 亿元，较年初增长 17.98%，新发普惠型小微企业贷款平均利率 4.63%，压降 53BP；涉农贷款余额 131.4 亿元，普惠型涉农贷款余额 4.27 亿元，精准扶贫贷款余额 4.97 亿元；绿色贷款余额 31.73 亿元。承销债券 55.8 亿元。至 2021 年末，中国光大银行石家庄分行在石家庄市域共有二级分行 6 家，同城支行 7 家，网点 17 家。

中国光大银行股份有限公司
石家庄分行
行　长：蔡雪峰
副行长：陈雷　　王志刚
　　　　王智慧　王旭
（韩冲）

【中国邮政储蓄银行石家庄市分行】至 2021 年末，中国邮政储蓄银行股份有限公司石家庄市分行（简称中国邮政储蓄银行石家庄市分行）资产规模达到 898.16 亿元，列全市国有商业银行第 5 位，同比增长 37.85 亿元，增幅 4.4%；各项存款余额 819.74 亿元，同比增长 31.46 亿元，增幅 3.99%；各项贷款余额 721.61 亿元，同比增长 57.57 亿元，增幅 8.67%。资产规模、存款余额、贷款余额均位列国有商业银行第 5 位。个人金融。设立社保卡综合服务网点，为客户提供一站式的“社保 + 金融”便民服务。至 2021 年末，分行服务个人客户超 237 万人，储蓄存款年日均净增 12.07 亿元，日均余额 163.19 亿元。新增手机银行激活客户 7.6 万户，手机银行注册客户规模达到 94.82 万户；新增快捷支付绑卡客户 12.94 万户，绑卡客户规模达到 104.09 万户；新增收单商户 7535 户，服务商户超 1.85 万户；信用卡新增发卡 5.97 万张，结存 34.12 万张。普惠金融。至 2021 年末，普惠型小微企业贷款净增 4.84 亿元，结余 56.89 亿元；涉农贷款余额 145.03 亿元，其中普惠涉农贷款余额 15.9 亿元。绿色贷款净增 3.58 亿元，结余 6.39 亿元，同比增长 127.51%。零售贷款。2021 年，分行累计投放三农金融小额贷款 71.97 亿元，三农金融贷款净增 8 亿元，贷款结余 54.16 亿元。新增小企业客户 226 户，累计投放小企业贷款 20.02 亿元，贷款结余 17.26 亿元。2021 年，消费贷款净增 28.26 亿元，结余 357.35 亿元。公司金融。2021 年为大中型企业发放公司贷款 35.89 亿元，贷款规模达到 262.15 亿元，公司存款结余 146.45 亿元。为企业办理结算融资业务，2021 年办理直贴业务 24.09 亿元，转贴业务 9.77 亿元，再贴业务 2.68 亿元；国内信用证及项下融资业务 30.44 亿元，福费廷 63.07 亿元。推进场景、渠道建设，2021 年新增开放式缴费平台单位客户 343 户，缴费金额 41.09 亿元；累计办理国际结算 9938 万美元。

中国邮政储蓄银行股份有限公司
石家庄市分行
行　长：耿学军
副行长：薛彦军　段坤
　　　　石滨逢　陈慧芝
（强嫱）

【河北银行石家庄分行】 至2021年末，河北银行股份有限公司石家庄分行（简称河北银行石家庄分行）资产总额达1729亿元，较年初增长128亿元；存款余额达1675亿元，较年初增长135亿元；贷款余额达898亿元，较年初增长244亿元。政务存款余额达528亿元，政务贷款余额达73亿元，政务类客户达2521户。公司存款余额273亿元，贷款余额达186亿元，公司类基础客户数2400户。个人累储蓄余额达874亿元，贷款余额达463亿元，零售基础客户达119万户。至2021年末，分行投放小微贷款80亿余元，小微贷款余额142亿元，小微客户数1.16万户。稳企业、保就业，全年对接5000余户企事业单位，投放贷款240亿元，优惠政策涉及金额20亿元。至2021年末，分行管辖营业网点89家（含营业部），实现石家庄市区、城乡区域营业网络全覆盖；市区设立社保卡一站式服务点22家；县（市、区）新设助农服务点147家，总数达到815家。

河北银行股份有限公司石家庄分行

行　长：李建树（8月免）

　　　　高毅峰（9月任）

副行长：魏金超　薛志军

　　　　秦燕

　　　　崔哲峰（6月任）

　　　　吕涛　（5月免）

（河北银行石家庄分行）

【河北农村信用社石家庄审计中心】 至2021年末，河北省农村信用合作社联合社石家庄审计中心（简称河北农村信用社石家庄审计中心）资产总额达到2517.27亿元，较年初增加213.12亿元；所有者权益174.56亿元，较年初增加5.52亿元；各项存款余额2189.87亿元，较年初增加216.47亿元；各项贷款余额1436.9亿元，较年初增加138.12亿元；涉农贷款余额575亿元，较年初增加80.67亿元；普惠型农户贷款余额121.46亿元，较年初增加20.41亿元；小微企业贷款余额990.94亿元，较年初增加143.5亿元；普惠型小微企业贷款余额211.97亿元，较年初增加39.39亿元；实现考核利润34.16亿元，同比增加0.84亿元；综合纳税8亿元。新型收单活跃商户11.18万户，电子银行交易占比93.6%，中间业务收入11046.48万元。服务乡村振兴，全年农业产业融合发展贷款11.63亿元，农村基础设施建设贷款22.63亿元，农村改革贷款1.16亿元，美丽乡村建设贷款16.87亿元。保障民生服务，全年为18家“米袋子”“菜篮子”企业授信4.56亿元，贷款4.1亿元。至2021年末，石家庄审计中心共有农村商业银行8家，农村合作银行1家，股份制联社7家，合作制联社3家；设立网点596个，包括营业部19家、信用社（支行）453个、分社（分理处）118个、储蓄所6个；从业人员6256人。2021年石家庄审计中心所属汇融、鹿泉、藁城、栾城、井陉矿区5家行社合并组建成立石家庄农商银行。

河北省农村信用合作社联合社

石家庄审计中心

主　　任：孙登立

党委副书记：石光

副 主 任：王树良　周军辉

纪委书记：郑万广

（河北农村信用社石家庄审计中心）

【浦发银行石家庄分行】 至2021年末，上海浦东发展银行股份有限公司石家庄分行（简称浦发银行石家庄分行）一般性存款余额466.06亿元，较年初增加53.46亿元，增长12.96%；贷款余额508.09亿元，较年初减少87.17亿元，下降14.64%；营业机构32家，其中，石家庄11家、邯郸4家、唐山6家、保定4家、沧州3家、廊坊2家、衡水2家。2021年分行累计批复授信客户345户，批复授信额度合计1613.47亿元。实现7个地市网点业务全覆盖，全年累计投放业务777笔，贷款金额2.87亿元。普惠贷款余额37.66亿元，较年初增长3.25亿元。

上海浦东发展银行股份有限公司

石家庄分行

行　　长：王起

副 行 长：李伟　　于舸

（万硕）

【北京银行石家庄分行】 至2021年底，北京银行股份有限公司石家庄分行（简称北京银行石家庄分行）存款时点余额129.84亿元，贷款时点余额388.76亿元。全年信用债投放9.5亿元，实现公司利润3748万元、中间业务收入71.5万元。2021年分行金融市场业务轻资本投资支持证券15.24亿元，票据转贴现卖出9亿元。至2021年末，分行在石家庄地域设有网点9个。其中，支行6家，分别为：分行营业部、鹿泉支行、高新区科技支行、谈固大街支行、西美花街支行、体育南大街支行；社区支行3家。

北京银行股份有限公司

石家庄分行

党委书记：林京良（5月免）

　　　　　方宜　（5月任）

行　　长：林京良（6月免）

　　　　　方宜　（9月任）

纪委书记：许连夕

行长助理：王海峰　郝明

　　　　　苗振华（9月免）

　　　　　胡萌萌

2021 年 8 月 13 日，北京银行石家庄分行与桥西区人民政府签署战略合作协议

刘坤　（9 月任）
陈朝莹（12 月任）

（田依凡）

【天津银行石家庄分行】 至 2021 年末，天津银行股份有限公司石家庄分行（简称天津银行石家庄分行）总资产 295.79 亿元，较年初增加 19.93 亿元，增幅 7.23%；总负债 295.62 亿元，较年初增加 20.49 亿元，增长 7.45%。各项存款总额 149.34 亿元，较年初增加 9.77 亿元，增长 7%。其中，储蓄存款 43.03 亿元，较年初增加 12.30 亿元，增长 40%；对公存款 106.27 亿元，较年初减少 2.52 亿元，下降 2.31%。日均存款 147 亿元，同比增加 25.13 亿元。各项贷款总额 279.01 亿元，较年初增加 19.04 亿元，增长 7.32%。其中，公司贷款 158.81 亿元，较年初减少 3.71 亿元，下降 2.28%；个人贷款 120.20 亿元，较年初增加 22.74 亿元，增长 23.34%。2021 年分行实现营业净收入 5.76 亿元，其中，中间业务收入 1.83 亿元，占营业收入 31.81%；拨备前利润 2.61 亿元，账面利润 −1.83 亿元，考核净利润 −11.84 亿元。

天津银行股份有限公司
石家庄分行

行　　长：焦凤川（11 月任）
副 行 长：李淑芸
苏晓舟（12 月任）
周海燕（12 月任）
纪委书记：李全胜（12 月任）

（白熠）

【渤海银行石家庄分行】 渤海银行股份有限公司石家庄分行（简称渤海银行石家庄分行）于 2012 年 10 月 24 日批准设立，2012 年 12 月 6 日正式对外营业，地址位于桥西区中华南大街 18 号保艺大厦 1 ～ 3 层。推进业务发展，开通“云直联”“渤云通”金融业务；获得石家庄住房公积金账户准入资格。至 2021 年末，分行各项存款余额 247.41 亿元，较年初增加 62.72 亿元；各项贷款余额 293.64 亿元，较年初增加 3.34 亿元；不良贷款余额 8.04 亿元，不良贷款率 2.74%；收回本金 1.07 亿元。至 2021 年末，分行在石家庄市域共有支行 10 家，同比增加 3 家。

渤海银行股份有限公司
石家庄分行

行　　长：张秀山
副 行 长：郑纯元
纪委书记：孙涵　（兼行长助理）

（雷靖）

【平安银行石家庄分行】 至 2021 年末，平安银行股份有限公司石家庄分行（简称平安银行石家庄分行）各项存款余额 192.64 亿元，各项贷款余额 278.76 亿元，营业收入 9.07 亿元，实现利润 0.3 亿元，资产不良率 0.55%。新型供应链新增出账 158.51 亿元，同比增长 161.1%；票据贴现

2021 年 12 月 10 日，渤海银行石家庄万达广场支行开业

23.76亿元，同比增长52.1%；营业收入3900万元。客户经营平台日均存款51.6亿元。小企业普惠金融贷款余额8.47亿元。制造业授信余额182.15亿元、制造业贷款余额54.84亿元，绿色贷款余额5.55亿元。2021年分行授信额度2271.86亿元，授信敞口1265.19亿元；票据直贴量36.26亿元；国内证出账45.68亿元，同比增长47%；国际结算10.85亿美元；办理避险产品11笔68395万美元；落地数字财资客户12户。支持小微企业发展，税金贷业务授信额度15.07亿元，余额7.77亿元；普惠延后还款33户、金额2268.06万元。至2021年末，分行在石家庄市域共有分支机构14家，分别为：平安银行石家庄分行、平安银行石家庄平安大街支行、平安银行石家庄红旗大街支行、平安银行石家庄裕华东路支行、平安银行石家庄槐安东路支行、平安银行石家庄中山东路支行、平安银行石家庄中华北大街支行、平安银行石家庄体育南大街支行、平安银行石家庄国赫红珊湾社区支行、平安银行石家庄和平时光家园社区支行、平安银行石家庄万达社区支行、平安银行石家庄润丰盛世家园社区支行、平安银行正定壹度恒园社区支行、平安银行无极东关社区支行。

平安银行股份有限公司

石家庄分行

行　　长：冯少英

副 行 长：周焕

（胡延广）

【广发银行石家庄分行】 至2021年末，广发银行股份有限公司石家庄分行（简称广发银行石家庄分行）各项存款日均208.8亿元，同比增长25.2%，各项贷款日均229.1亿元，同比增长28.4%；实现营业收入11.6亿元、净利润4.5亿元；资产质量不良率0.33%，优于同业平均水平1.52个百分点。对公业务。全年存量托管规模507亿元，办理国内信用证福费廷及转卖业务97.65亿元，国际结算量5.8亿美元，跨境人民币结算量7.41亿元，跨境人民币收付款业务4.72亿元。零售业务。全年个贷余额突破23亿元，其中，消费类贷款占比6%，同比提升3%。普惠金融。对公普惠型（银保监口径）小微企业贷款余额2.34亿元，较年初增加0.97亿元；零售小微贷款净增129户，余额净增2622万元。压降企业融资成本，减费让利259万元。助推乡村振兴，与赞皇县政府签订“乡村振兴——打造30亿级酸枣仁产业集群”政银战略合作协议，投放资金1600万元。至2021年末，分行共有营业网点8个，其中，二级分行3家（廊坊分行、河北雄安分行、唐山分行），市内支行5家。

广发银行股份有限公司

石家庄分行

行　　长：王树青

副 行 长：张建军　崔华伟

刘玉娟（12月任）

（常国宝）

【邯郸银行石家庄分行】 至2021年末，邯郸银行股份有限公司石家庄分行（简称邯郸银行石家庄分行）资产总额达到345.3亿元，较年初增加31.7亿元，增长10.1%；存款余额337.6亿元，较年初增加31.1亿元，增长10.2%；贷款余额158.7亿元，较年初增加56.5亿元，增长55.3%。秉承“夙夜在公、日夜守望”理念，实现“夜市银行”安全运行8周年。创建不排队银行，采取更新设备、优化系统、“免点入账”、多设并开满窗口、延时服务等12项措施提升业务效率，高峰时段平均排队时间不超10分钟。建设“免费银行”，实行“邯银卡免费刷，邯银网免费上，票单证免费用”三项全免金融服务费政策。扶持高层次人才创新创业，创新办理首笔“人才贷”贷款业务。至2021年底，分行网点迁址支行4家，升格支行2家，网点主要分布在石家庄市8个区、4个县。

邯郸银行股份有限公司

石家庄分行

行　　长：常志英

副 行 长：王永梅

（冯春雨）

【廊坊银行石家庄分行】 至2021年末，廊坊银行股份有限公司石家庄分行（简称廊坊银行石家庄分行）全行资产（包括信贷类资产和非信贷类资产）总额390.36亿元，较年初增加20.08亿元，增长5.42%；负债（主要包括吸收存款、应付利息、其他负债等）总额378.71亿元，较年初增加17.16亿元，增长4.75%；账面利润11.65亿元，较2020年同期增加2.92亿元，增长33.45%；中间业务收入0.57亿元，较年初增加0.19亿元，增长50%。支持地方建设，贷款资金主要投向基础设施建设、传统产业升级改造、主导产业、新兴产业、产业园区及民生福祉等。2021年11月，分行与石家庄市政府签订700亿元战略合作协议。

廊坊银行股份有限公司

石家庄分行

行　　长：何新

副 行 长：李一兵　盛春龙

付增滨

行长助理：杨泽辉

（赵粉娥）

【张家口银行石家庄分行】 至2020年底，张家口银行股份有限公司石家庄分行（简称张家口银行石家庄分行）各项存款达到291.63亿元，其中，对公存款余额100.63亿元，较2020年末增加9.62亿元，储蓄存款余额191亿元，较2020年末增加33.57亿元；各项贷款余额37.77亿元；零售贷款规模增加1202万元；实现账面利润14466.4万元，纳税3508.98万元。至2021年末，分行全辖共有网点41家。其中，一级支行31家，二级支行8家，小微支行2家；一级支行分布市区15家、县域16家。

张家口银行股份有限公司

石家庄分行

行　　长：杨志刚

党委副书记：武燕荣

副 行 长：李东海　李乾

张武群　赫天罡

纪委书记：任勇

（唐艳青）

【保定银行石家庄分行】 保定银行股份有限公司石家庄分行（简称保定银行石家庄分行）成立于2016年6月22日，是保定银行首家域外分行。至2021年底，分行资产总额达到103.18亿元，同比增长27.34%；各项存款余额100.33亿元，较年初增加21.06亿元，增长26.55%，其中，对公存款36.68亿元，储蓄存款63.66亿元；各项贷款余额40.98亿元，较年初增加12.74亿元，增长45.06%；实现利润6550万元，同比增长70.26%。储蓄存款总量、对公存款总量、各项存款总量、利润总额连续4年位居保定银行全辖分支机构第一名。2021年保定银行石家庄分行资产总额、存款突破“双百”大关。

保定银行股份有限公司

石家庄分行

行　　长：阴亮

副 行 长：郭丽（12月任）

（金灿）

【沧州银行石家庄分行】 至2021年底，沧州银行股份有限公司石家庄分行（简称沧州银行石家庄分行）存款余额67.95亿元，较年初增加11.15亿元。其中，储蓄存款22.17亿元，占存款总量33%；对公存款45.78亿元，占存款总量67%。至2021年底，分行贷款余额93.13亿元，较年初增加16.34亿元。其中，企业类贷款余额90.47亿元，占比97.14%；个人类客户贷款余额2.66亿元，占比2.86%；普惠型小微贷款余额1.81亿元，较年初增加0.94亿元；涉农贷款13亿元，较年初增加4.79亿元。至2021年末，分行在石家庄市域共有营业网点3家，分别为：分行营业部、合作路支行、藁城支行。

沧州银行股份有限公司

石家庄分行

行　　长：胡长春

副 行 长：蒋海英　解瑾

狄燕军

杨学刚

刘亚利（2月任）

（贾婉璐）

【承德银行石家庄分行】 至2021年底，承德银行股份有限公司石家庄分行（简称承德银行石家庄分行）各项存款余额20.74亿元，较年初增加3.99亿元；各项贷款余额10.92亿元，较年初增加5.07亿元，增长86.67%，其中，经营性贷款10.68亿元，占比97.8%。坚持“服务省会经济、服务中小企业、服务居民百姓”市场定位，推出线上授信产品“享E融”“微业贷”、数字化授信产品“诚e贷”“惠民e贷”“房e贷”、小微及“三农”贷款产品“助微贷”“速易贷”“承易贷”。至2021年末，分行在石家庄市域共有营业网点2家，分别为：分行营业部（桥西区）、承德银行石家庄翟营南大街支行分行营业部（裕华区）。

承德银行股份有限公司

石家庄分行

行　　长：赵亚军

副行长：栗艳阳（女）

张爱萍

（赵海霞）

证　券

【概况】 2021年石家庄市新增企业挂牌上市21家，其中，上海证券交易所上市企业1家，深圳证券交易所上市企业1家，北京证券交易所上市企业1家，新三板挂牌企业2家，河北股权交易所挂牌企业16家。至2021年末，全市企业累计多层次资本市场挂牌上市达247家，其中，沪、深、北交易所上市企业20家，境外上市企业12家，新三板挂牌企业60家，河北股权交易所挂牌企业155家。石家庄市挂牌上市企业数量位居全省第一名。至2021年底，全市共有证券经营机构101家，其中，证券公司1家、证券分支机构100家；期货经营机构15家，其中，期货公司1家、期货分支机构14家；证券投资咨询机构4家，其中，证券投资咨询公司1家、证券投资咨询分支机构3家。支持企业上市，印发《关于大力支持企业上市工作的意见》，首发上市企业给予一次性补助300万元。

表 50　　2021 石家庄市沪、深、北证券交易所上市企业情况一览表

序号	公司名称	股票简称	股票代码	上市地点	注册地点	上市时间
1	河北中瓷电子科技股份有限公司	中瓷电子	003031	深交所	鹿泉区	2021年4月1日
2	财达证券股份有限公司	财达证券	600906	上交所	新华区	2021年5月7日
3	河北方大包装股份有限公司	方大股份	838163	北交所	元氏县	2021年11月15日

表 51　　2021 年石家庄股权交易所挂牌上市企业情况一览表

序号	企业名称	股票简称	股票代码	注册地点	上市时间
1	河北国火科技股份有限公司	国火科技	660740	高新区	2021年4月1日
2	河北唯佳金属网股份有限公司	唯佳金属	660741	高新区	2021年4月6日
3	河北清旭尔然科技股份有限公司	清旭尔然	660749	高新区	2021年10月15日
4	河北云奥电子科技股份有限公司	云奥电子	660754	鹿泉区	2021年11月5日
5	石家庄英华人力资源股份有限公司	英华人力	660772	藁城区	2021年12月9日
6	石家庄市飞牛线缆股份有限公司	飞牛线缆	660775	藁城区	2021年12月13日
7	河北鲜鲜农产股份有限公司	鲜鲜农产	660777	晋州市	2021年12月17日
8	石家庄善福农业开发股份有限公司	善福农业	660778	平山县	2021年12月17日
9	河北星牛管道股份有限公司	星牛管道	660779	正定县	2021年12月17日
10	山高项目管理（河北）股份有限公司	山高股份	660780	桥西区	2021年12月17日
11	河北欧润科学仪器股份有限公司	欧润仪器	660789	高新区	2021年12月27日
12	河北仁孚科技股份有限公司	仁孚科技	660790	高新区	2021年12月27日
13	河北德尔全医疗器械科技股份有限公司	德尔全	660791	高新区	2021年12月27日
14	石家庄蓝宝电器设备股份有限公司	蓝宝电器	660798	鹿泉区	2021年12月31日
15	河北乐颐祥泽医院管理股份有限公司	乐颐祥泽	660800	鹿泉区	2021年12月31日
16	石家庄市昱鑫贸易股份有限公司	昱鑫贸易	660815	鹿泉区	2021年12月31日

表 52　　2021 年石家庄市新三板挂牌上市企业情况一览表

序号	公司名称	股票简称	股票代码	注册地点	上市时间
1	河钢数字技术股份有限公司	河钢数字	837462	高新区	2021年6月迁入
2	河北建工建筑装配股份有限公司	建工装配	873607	灵寿县	2021年8月30日

【沪深北上市企业】 2021年全市3家企业在沪、深、北挂牌上市，分别是：河北中瓷电子科技股份有限公司、财达证券股份有限公司、河北方大包装股份有限公司。河北中瓷电子科技股份有限公司。河北中瓷电子科

技股份有限公司成立于2009年8月6日，2021年4月1日在深圳证券交易所上市，证券简称：中瓷电子，注册地位于石家庄市鹿泉经济开发区昌盛大街21号，法定代表人为卜爱民。经营范围包括电子封装及精细陶瓷的研发、生产、销售；电子元器件、半导体元器件、集成电路、汽车电子部件、零部件的研发、生产及销售；陶瓷材料、电子专用材料、金属制品的研发、生产及销售；半导体器件专用设备、电子专用设备的制造及销售；软件设计、技术咨询、技术服务、技术转让及进出口业务。财达证券股份有限公司。财达证券股份有限公司成立于2002年4月25日，2021年5月7日在上海证券交易所上市，证券简称：财达证券，注册地位于石家庄市自强路35号，法定代表人为翟建强。经营范围包括证券经纪；证券投资咨询；证券承销与保荐；证券自营；证券资产管理；融资融券；证券投资基金代销；与证券交易、证券投资活动有关的财务顾问；代销金融产品。河北方大包装股份有限公司。河北方大包装股份有限公司成立于2003年5月22日，2021年11月15日在北京证券交易所上市，证券简称：方大股份，注册地位于元氏县元氏大街405号，法定代表人为杨志。经营范围包括塑料包装、制袋、胶粘材料、胶粘制品、纸制品、办公用品及机械设备的研制、开发、生产、销售及技术转让；企业管理信息咨询；物流服务；自营和代理各类商品和技术的进出口业务。

【2家企业新三板挂牌】 2021年全市2家企业在新三板（全称为全国中小企业股份转让系统）挂牌上市，分别为：河钢数字技术股份有限公司、河北建工建筑装配股份有限公司。河钢数字技术股份有限公司。河钢数字技术股份有限公司成立于2015年7月10日，在2021年6月迁入新三板挂牌，证券简称：河钢数字，注册地位于石家庄高新区黄河大道136号科技中心1号楼，法定代表人为李毅仁。经营范围包括信息技术管理咨询服务；数据内容服务，数据处理和存储服务；数据库及计算机互联网络信息服务；计算机软件开发、系统集成及运行维护服务；自动化设备及其零部件、仪器仪表销售；计算机整机、配件、外接设备、消耗材料、软件专门零售服务。河北建工建筑装配股份有限公司。河北建工建筑装配股份有限公司成立于2017年11月7日，2021年8月30日在新三板挂牌，证券简称：建工装配，注册地位于河北省石家庄市灵寿县灵寿经济开发区经一路1号，法定代表人为殷青伟。经营范围包括建筑装配及器材的研发；装配式房屋的研发、制造及维护；装配式建筑的技术研发、技术咨询、技术服务、技术推广；混凝土预制构件的生产、销售、安装。

【石交所挂牌上市企业】 至2021年末，全市在石交所挂牌企业达到155家，其中2021年在石家庄股权交易所挂牌上市企业16家，其中高新区5家。4月1日，河北国火科技股份有限在河北股权交易所挂牌，股票简称：国火科技。所属行业为互联网和相关服务，经营范围包含：网络设备的技术研发；计算机软件的技术开发、技术转让、技术咨询、技术服务；计算机硬件及外围辅助设备、电子设备研发、销售；电子产品及配件、仪器仪表、机械设备、办公设备、通信设备（地面卫星接收设施除外）的销售；会议及展览展示服务；数据处理及存储服务；楼宇智能化安装工程、网络工程、安防工程的设计及施工。4月6日，河北唯佳金属网股份有限公司成在河北股权交易所挂牌，股票简称：唯佳金属。经营范围包括金属网、建筑装饰材料、钢结构件、阀门、管材、机电设备、环保设备及配件、安防设备、机械设备及配件的生产（仅限分支机构经营）、销售、安装、维修；医疗器械、电子产品、照明设备、灯具、仪器仪表、金属材料的销售；货物及技术进出口（国家禁止和涉及行政审批的货物和技术进出口除外）；地质灾害治理服务，生态保护服务；环境工程、园林绿化工程、照明工程、安防工程、土木工程、建筑工程、市政工程的设计、施工。 10月15日，河北清旭尔然科技股份有限公司在河北股权交易所挂牌，股票简称：清旭尔然。经营范围包括环保工程技术、环保设备生产技术的研发；环保工程、建筑智能化安装工程、机电设备安装工程（特种设备除外）、消防工程、防水防腐保温工程、照明工程、土石方工程、室内外装饰装修工程施工；空气净化设备研发、制造（仅限分支机构）、销售；医疗器械、消毒设备、消毒用品的销售。11月5日，河北云奥电子科技股份有限公司在河北股权交易所挂牌，股票简称：云奥电子。经营范围包括电子产品研发与销售；计算机软硬件技术研发、组装、销售及技术咨询、技术服务、技术转让；通信设备、计算机网络工程、自动化控制系统安装工程的施工；民用无人机技术开发、技术咨询、技术服务、监控、航拍、测绘；植保机械的研发、销售；农作物、林业病虫害防治技术服务及售后服务。12月9日，石家庄英华人力资源股份有限公司在河北股权交易所挂牌，股票简称：英华人力。经营范围包括人力资源招聘、人力资源供求信息的收集和发布、就业和创业指导、人力资源管理咨询、人力资源信息网络服务、人才评测、人力资源管理服务外包、人才中介服务、人事代理、档案整理服务、人力资源培训、高级人才寻访；（以上范围需相关部门许可的项目未经许可、不得经营）；房屋租赁服务；保洁服务；物业服务；文化创意服务；仓储服务（危险化学品除外）；建筑劳务分包；机械设备租赁；场内搬倒装卸；通用设备研发、技术服务；劳务派遣；经济贸易咨询；住所（经营场所）：河北省石家庄市藁城区东平巷16号（藁城区社保局西邻，劳务派遣除外）。12月13日，石家庄市飞牛线缆股份有限公司在河北股权交易所挂牌，股票简称：飞牛线缆。经营范围包括电线、电缆制造、销售；电力器材、通信器材、电力金具、绝缘制品、有色金属材料销售；货物进出口、技术进出口。12月17日，河北鲜鲜农产股份有限公司在河北股权交易所挂牌，股票简称：鲜鲜农产。经营范围包括其他未列明农副食品加工。水果、蔬菜、（分拣、包装）；农副土特产品收购、储存、加工（需前置审批的除外）、销售；膨化食品加工、销售（以食品生产许可品种明细表为准）（食品生产许可证有效期至2023年6月13日）；预包装食品批发零售；货物进出口。12月17日，石家庄善福农业开发股份有限公司在河北股权交易所挂牌，股票简称：善福农业。经营范围包括果树、林木、中药材种植；水产养殖；禽畜养殖，初级农产品、初级水产品初加工及销售；农业科技开发、技术服务及信息咨询，自有技术转让；住宿、餐饮服务；园林绿化工程施工及其技术服务；土地整理；农田水利灌溉工程施工；普通货运；农业旅游景区开发及管理；有机肥料、生物肥料、复合肥销售。12月17日，河北星牛管道股份有限公司在河北股权交易所挂牌，股票简称：星牛管道。经营范围包括塑料管道技术研发；管道设备安装工程施工；排水管材及管件、冷热水管材及管件、地板采暖管材及管件、波纹管、塑料制品的生产、销售。12月17日，山高项目管理（河北）股份有限公司在河北股权交易所挂牌，股票简称：山高股份。经营范围包括工程项目管理；编制项目建议书和可行性研究报告；编制环境影响评价报告；工程监理；招标代理；计算机软件开发；货物或技术的进出口业务（国家禁止或需审批的除外）；建筑装饰工程、幕墙工程、钢结构工程、建筑智能化安装工程、照明工程、消防实施工程、市政工程、园林绿化工程、环保工程的设计、施工；工程技术咨询；工程测量。12月27日，河北欧润科学仪器股份有限公司在河北股权交易所挂牌，股票简称：欧润仪器。经营范围包括色谱、光谱和分析仪器生产、研发、技术服务、维修和销售；计算机软件、电子产品研发和销售；计算机软硬件及外围辅助设备、仪器仪表、实验室成套设备及耗材、机械设备（特种设备除外）、家具、文化办公用品、化工产品（危险化学品除外）、汽车销售；自营和代理各类商品和技术的进出口业务（但国家限制或禁止经营的商品及技术除外）；医疗器械、教学设备销售。12月27日，河北仁孚科技股份有限公司在河北股权交易所挂牌，股票简称：仁孚科技。经营范围包括环保设备技术推广；软件和信息技术服务；计算机软硬件、实验室耗材和实验室仪器通用零部件的研发和销售；仪器仪表、实验器材、机械设备、环境检测专业设备、电子设备、Ⅱ类医疗器械、汽车、教学设备的维修与销售；家用电器、办公用品、化工产品（危险化学品除外）、一般劳保用品、特殊劳保用品、消杀用品（危险化学品除外）、日用百货的批发与零售；仪器仪表、机械设备的技术咨询；自营和代理实验室设备与环保设备的进出口业务。12月27日，河北德尔金医疗器械科技股份有限公司在河北股权交易所挂牌，股票简称：德尔金。经营范围包括一类、二类医疗器械、电子产品的研发销售及技术咨询服务。12月31日，石家庄蓝宝电器设备股份有限公司在河北股权交易所挂牌，股票简称：蓝宝电器。经营范围包括低压配电柜、配电箱、箱型固定式金属封闭开关设备、箱式变电站制作安装。12月31日，河北乐颐祥泽医院管理股份有限公司在河北股权交易所挂牌，股票简称：乐颐祥泽。经营范围包括医院管理；养老服务；健康管理咨询（诊疗、医疗除外）；生物医药技术的研发；社区卫生服务站服务；健康体检服务；食品技术研发；食品、乳制品、医疗器械、保健用品、化妆品、日用百货、洗涤用品、消杀用品（危险化学品及易制毒品除外）的销售；企业形象、营销策划；计算机软硬件的技术开发、技术服务、技术转让。12月31日，石家庄市昱鑫贸易有限公司在河北股权交易所挂牌，股票简称：昱鑫贸易。经营范围包括建筑材料（粉煤灰、矿粉、水泥的无储存销售）（煤炭除外）、五金、日用百货、化工产品（危险品除外）、文具用品、纺织品、涂料、家用电器、通信设备、塑料制品、玻璃制品、纸制品的销售；普通货运、货物专用运输（罐式容器）、土特产品的销售，汽车维修服务。

（市地方金融监督管理局）

保　险

【概况】 至2021年12月底，石家庄市共有省级保险公司95家，同比增加4家。其中，财产险省级公司44家；人身险省级公司51家，新增3家，分别为交银人寿、北京人寿和中意人寿。各财产险公司为石家庄市提供保险额度29.16万亿元，同比增加14.43万亿元，增长98%。至2021年12月底，全市44家财产险公司累计实现保费收入149.74亿元，同比下降0.4%；赔款支出89.91亿元。至2021年12月底，全市51家人身险公司累计实现保费收入391.00亿元，同比增长10.6%，累计赔款及给付支出109.10亿元。2021年全市财产险、人身险公司合计缴纳及代收代缴税费约25.40亿元，为石家庄市提供就业岗位7.73万个（数据来源河北省保险行业协会数据平台系统）。

（市地方金融监督管理局）

2021年6月20日，中国人寿石家庄分公司举办第十五届“牵手国寿 共创美好”6·16客户节（石家庄站）活动

【中国人寿保险石家庄分公司】 2021年中国人寿保险股份有限公司石家庄分公司（简称中国人寿保险石家庄分公司）实现保费收入51.45亿元，同比下降8.08%%。总保费、标保、首年期交、10年期、短期险保费均排河北国寿系统前三。个险渠道：超额达成短期险预算目标，绝对量排省内系统第一；标保等主要业务规模均排省内系统前三，其中收展团队标保、首年期交预算完成率均排省内系统前三。银保渠道：保费收入同比增长22.67%，首年期交保费排省内系统第一，标保和5年期保费均排省内系统第二。团险渠道：聚焦学生、老年人、特殊人群、残疾人等弱势群体保险，承担社会责任，体现国企担当。改善客户体验，提升服务品质，柜面等候超时率由2020年的2.9%降到0.2%，客户线上保全e化率99.58%；理赔支付时效较上年减少近2天，理赔e化率99.66%。公司长短险有效客户约92万人。坚持社保业务理赔直付区域化，为晋州市医疗保险管理中心、平山县卫生健康局等11家单位提供直付服务，处理9161件赔案。2021年公司赔给付支出9.26亿元，其中，赔款支出2.04亿元，死伤医疗给付1.93亿元，年金给付1.4亿元，满期给付3.89亿元。拓宽政保服务领域，承办城乡居民大病保险、长期护理保险、工伤保险等项目14个，合计承保870.88万人，为14.11万人次提供支付服务，支付金额2亿元（含专家鉴定费和居民意外责任范围）。承保栾城区50%退役军人意外险，向河北胸科医院、河北省人民医院、河北公安、河北机场等防疫一线单位，捐赠意外伤害保险，保费135万元，保额260亿元。

表53　2021年中国人寿保险石家庄分公司保费收入（含集团）情况一览表

项目			保费收入（万元）	同比增长（%）
险种	长险	首年保费	71200.21	-25.56
		续期保费	391318.19	-2.7
	短险		52005.06	-16.01

续表

项目		保费收入（万元）	同比增长（%）
渠道	个险	425049.89	−9.59
	团险	34649.58	−22.85
	银邮	54823.99	22.67
总保费		514523.46	−8.08

备注：数据来自中国人寿保险股份有限公司统计信息系统，河北省银保监局口径。

表 54　　2021 年中国人寿保险石家庄分公司赔付情况一览表

类别	决赔		赔款	
	笔数（笔）	同比增长（%）	金额（万元）	同比增长（%）
赔款支出	33969	−19.38	20400.13	−56.68
基金险支出	6575	−57.47	2008.38	−76.17
死伤医疗给付	6480	−7.06	19295.2	5.79

中国人寿保险股份有限公司
石家庄分公司
总 经 理：李庆元
副总经理：刘强
任少川（7 月免）
田晓农　尹华岭
张雨波（7 月任，11 月免）
（阎媛敏　吴慧娟）

【中国人民财产保险石家庄市分公司】 2021 年中国人民保险股份有限公司石家庄市分公司（简称石家庄人保财险）实现保费收入 38.44 万亿元，同比下降 1.48%。其中，车险保费收入 24.41 亿元，同比下降 7.33%；农险保费收入 3.39 亿元，同比增长 5.71%；社保业务保费收入 4.71 亿元，同比增长 11.10%。全年赔付保险金额 24.7 亿元，同比增长 2.79%。其中，车险赔付 15.81 亿元，社保赔付 4.27 亿元，农险赔付 1.71 亿元。2021 年公司承担保险金额 8.32 万亿元，同比增长 80%。其中车险承担保险金额 1.76 万亿元，同比增长 99%；商业性非车险承担保险金额 2.64 万亿元，同比增长 51%；农险承担保险金额 85 亿元，同比增长 10%；社保业务承担保险金额 3.91 万亿元，同比增长 97%。服务乡村振兴。开办农险产品 32 个，其中财政补贴型险种 17 个，商业性险种 15 个；建成三农保险服务站 207 个、三农保险服务点 3430 个；承保 8 个区县防贫保险、8 个区县“政府救助”保险、20 个区县的精神病监护人责任险业务，试点 8 个农房保险县。服务智慧交通。开展主干道巡查、高速公路“快处快赔”，建设农村“两站两员”网点 39 个、“车驾管”服务站 2 个、“农村交通安全劝导站”39 家。创立保险行业“警保联动”服务模式，协助处理交通事故 9000 余笔，实现省会“车驾管”服务区域市、县全覆盖。提升服务品质，开通 95518 全天候服务专线、4001234567 电话销售专线、“中国人保”App 及“河北人保财险”微信公众平台，打造在线查勘、科技定损、快速理赔、“心服务站”“理赔夜市”等“保险＋科技＋服务”高效服务模式。服务健康养老。承保区城乡居民大病保险业务，2021 年大病保险服务参保居民 550 万人，支付赔款金额约 10 亿元。建立“基本医疗保险＋大病保险＋长期护理保险＋医疗救助”多层次保障体系，2021 年承办 6 个统筹区居民意外险业务，参保居民 191 余万人。服务绿色环保。助力生态环境改善，推出环境污染责任险、绿色效能建筑保险、光伏产业保险等绿色保险；推出森林保险，对森林因林木火灾、极端气候、地质灾害及有害生物造成的损失承担保险责任；助力食品安全和生态安全，推动保险和病死畜禽无害化处理联动机制，将病死畜禽无害化处理作为保险理赔的前提条件。2021 年，为 314 家企业承担环境污染保险责任 6000 万元。服务科技创新。创新“保险＋融资”“保险＋科技”“保险＋服务”“政策＋商业”模式，提升科技价值创造能力，发展首台套责任保险、科技型保险、产业保险、互联网保险、个人场景保险等新兴业态和新型主体险种，2021 年，为全市 76 家高新科技企业提供风险保障 8700 万元。服务社会治理。新冠肺炎疫情期间，为抗疫医护、疾控、保障服务人员捐赠保险保障，扩展民生保险责任，延长保险期限，开通理赔绿色通道。汛期期间，开通暴雨灾害“绿色理赔通道”，优先处理重大赔案理赔事项。开通微信理赔服务，简化理赔流程，农房保险实施“一张纸赔付”。

表 55　2021 年中国人民财产保险石家庄市分公司保费收入情况一览表

类别	保费收入（万元）	同比增长（%）
车险	244053.75	−7.33
企财险	9624.22	−12.63
家财险	3367.86	28.44
工程险	667.79	−65.61
特险	5674.56	117.34
责任险	20690.50	9.03
信用险	130.85	−13.71
保证险	−432.84	−122.68
货运险	2339.03	−8.63
意外险	9130.66	74.44
健康险	8155.21	52.24
社保	47137.18	11.1
农险	33882.94	5.71
合计	384421.72	−1.48

表 56　2021 年中国人民财产保险石家庄市分公司赔付情况一览表

类别	赔款（万元）
车险	158108.02
财产险	8189.22
责任险	12300.54
信用保证险	3115.76
船货险	804.32
意健险	4704.24
社保	42713.02
农险	17111.83
合计	247046.94

中国人民财产保险股份有限公司石家庄市分公司　总经理：王翔　副总经理：王大为　安红波　崔军

（李雪）

【太平洋人寿保险石家庄中心支公司】2021年中国太平洋人寿保险股份有限公司石家庄中心支公司（简称石家庄太保人寿）保费收入实现161053.25万元，同比下降1.58%。其中，传统营销规模保费收入90483.74万元，下降4.1%；顾问营销保费收入51445.35万元，增长4.56%；服务营销规模保费收入16596.58万元，增长14.15%；团体业务保费收入2527.58万元，下降54.38%。全年理赔案件14216件，赔款金额13073万元，其中，满期给付1480件，支付金额9987.65万元；正定长护项目理赔23860人次，支付金额1686.05万元；辛集市国家公务员医疗补助保险项目理赔案件173271件，赔款金额3856.90万元。提高客户服务效率，拓展数字太保，云柜面、“灵犀二号”机器人、官方微信、移动保全等业务，打通客户与公司之间最后一公里，2021年云柜面视频发起业务7512件；“灵犀二号”机器人办理业务1.1万件，位居全省前列。

表57　2021年太平洋人寿保险石家庄中心支公司保费收入情况一览表

类别	保费收入（万元）	同比增长（%）
传统营销	90483.74	−4.1
顾问营销	51445.35	4.56
服务营销	16596.58	14.15
团体业务	2527.58	−54.38
合计	161053.25	−1.58

中国太平洋人寿保险股份有限公司
石家庄中心支公司
总 经 理：张进武（8月免）
副总经理：柳伟　（11月免）
薛至君（8月免）
刘宁　（8月任）
杨丽　（11月任）
王少炎
孔秋丹（3月任）
张和华（7月任）

（姚川）

【太平洋财产保险石家庄中心支公司】2021年中国太平洋财产保险股份有限公司石家庄中心支公司（简称石家庄太保财险）车险、非车、农险三大条线业务收入96809.78万元，同比增加4.11%。其中，车险保费收入44010.01万元，同比减少8.54%；非车险保费收入38174.21万元，同比增加26.21%；农险保费收入14625.56万元，同比增加0.04%。全年赔付金额60103.09万元，同比增加20.07%。其中，车险赔付金额30251.27万元，同比增加20.66%；非车险赔付金额21124.55万元，同比增加18.27%；农险赔付金额8727.26万元，同比增加22.51%。全面创新险种，实现业务新突破。中标首个河北省城乡居民意外保险市级统筹项目，保费金额1.36亿元；签约外地援冀医疗人员意外险；保证保险、老年人意外险、手术意外险、药物临床试验责任险、高标准农田IDI、惠民保项目实现全省首单突破。提高养户收益和风险保障，新增生猪养殖险＋生猪期货养殖险附加产品。学平险业务连续2年破千万元。

表58　2021年太平洋财产保险石家庄中心支公司保费收入情况一览表

类别	保费收入（万元）	同比增长（%）
车险	44010.01	−8.54
非车险	38174.21	26.21
农险	14625.56	0.04
合计	96809.78	4.11

表 59　　2021 年太平洋财产保险石家庄中心支公司赔付情况一览表

类别	赔款（万元）	同比增长（%）
车险	30251.27	20.66
非车险	21124.55	18.27
农险	8727.26	22.51
合计	60103.09	20.07

中国太平洋财产保险股份有限公司
石家庄中心支公司
总 经 理：孔秀敏（6 月任）
副总经理：李凯勇

（谭珊珊）

【平安人寿保险河北分公司】 2021 年中国平安人寿保险股份有限公司河北分公司（简称平安人寿保险河北分公司）在石家庄市域实现保费收入 36.39 亿元，同比下降 7.2%。按险种分，人寿保险保费收入 23.63 亿元，同比下降 11%；意外伤害险保费收入 1.22 亿元，同比下降 9.1%；健康险保费收入 11.54 亿元，同比增长 1.7%。按渠道分，个人代理业务保费收入 31.48 亿元，同比下降 7.7%，占总保费收入 86.51%；银邮渠道业务保费收入 1.48 亿元，同比下降 1.3%；公司直销渠道保费收入 3.43 亿元，同比下降 5.1%。按保费期限分，长险新单保费收入 6.91 亿元，同比下降 7.7%；长险续期保费收入 27.81 亿元，同比下降 6.8%。短险保费收入 1.68 亿元，同比下降 12.7%。2021 公司年赔款支出 3971 万元，同比增长 2.8%；给付 50690 万元，同比增长 4%。其中，满期给付 18514 万元，同比增长 1.8%；年金给付 5117 万元，同比增长 19.8%；死伤医疗给付 27059 万元，同比增长 3%。

表 60　　2021 年平安人寿保险石家庄市域保费收入情况一览表

<table>
<tr><th colspan="3">类别</th><th>金额（万元）</th><th>增加额（万元）</th><th>同比增长（%）</th></tr>
<tr><td rowspan="3">险种</td><td colspan="2">人寿保险</td><td>236286</td><td>−29105</td><td>−11</td></tr>
<tr><td colspan="2">意外保险</td><td>12214</td><td>−1225</td><td>−9.1</td></tr>
<tr><td colspan="2">健康保险</td><td>115437</td><td>1958</td><td>1.7</td></tr>
<tr><td rowspan="3">渠道</td><td colspan="2">个人代理</td><td>314839</td><td>−26331</td><td>−7.7</td></tr>
<tr><td colspan="2">公司直销</td><td>34251</td><td>−1841</td><td>−5.1</td></tr>
<tr><td colspan="2">银邮代理</td><td>14840</td><td>−189</td><td>−1.3</td></tr>
<tr><td rowspan="3">保费期限</td><td rowspan="2">长险</td><td>首年保费</td><td>69090</td><td>−5749</td><td>−7.7</td></tr>
<tr><td>续期保费</td><td>278054</td><td>−20151</td><td>−6.8</td></tr>
<tr><td colspan="2">短险</td><td>16793</td><td>−2454</td><td>−12.7</td></tr>
<tr><td colspan="3">总保费</td><td>363937</td><td>−28372</td><td>−7.2</td></tr>
</table>

表 61　　2021 年平安人寿保险石家庄市域赔退付情况一览表

类别		金额（万元）	增加额（万元）	同比增长（%）
赔款		3971	107	2.8
给付	满期	18514	320	1.8
	年金	5117	845	19.8
	死伤医疗	27059	783	3
	合计	50690	1948	4

中国平安人寿保险股份有限公司
河北分公司
总 经 理：赖剑文
副总经理：郭军升　胡云亚
　　　　　尹斌　　武会治
　　　　　吴晓刚　王润风
石春艳

（刘雨萌）

【平安财产保险石家庄中心支公司】
2021 年中国平安财产保险股份有限公司石家庄中心支公（简称平安产险石家庄公司）实现保费收入 28.81 亿元，同比下降 28%，其中，车险保费收入 15.93 亿元，同比下降 18%，财产险保费收入 11.03 亿元，同比下降 39%，意健险保费收入 1.85 亿元，同比增长 49%。全年理赔结案 14 万件，赔付金额 11 亿元，其中，绿色通道赔付金额 1145.01 万元，单月结案达 247 件。助力乡村振兴，为农户提供农房风险保障 220 亿元，保障农户 56 万户。

表 62　　2021 年平安财产保险石家庄中心支公司保费收入情况一览表

类别	保费收入（亿元）	同比增长（%）
车险	15.93	−18
财产险	11.03	−39
意健险	1.85	49
总保费	28.81	−28

中国平安财产保险股份有限公司
石家庄中心支公司
总 经 理：聂光辉
副总经理：杨程屹

（杨程屹）

【新华人寿保险石家庄中心支公司】
2021 年新华人寿保险股份有限公司石家庄中心支公司（简称新华人寿保险石家庄中心支公司）实现保费收入 16.65 亿元，同比增长 7.35%，其中，长险首年保费 3.97 亿元，长险续期保费 12.24 亿元；短险保费 4376.07 万元，同比下降 42.42%；个险新单保费 3.48 亿元；价值保费 1.25 亿元。2021 年石家庄中支坚持总、分公司“回归寿险本源”理念，全年健康险保费收入 9.02 亿元。2021 年公司理赔赔付 2 万件，赔付金额 1.4 亿元。提升服务时效，全年申请支付时效 1.65 天，出险支付时效 50.64 天；保全时效 1.051 天。推广新技术应用，提升客户服务效率，上线微信投保、人工智能问答机器人、智能微信回访、人脸识别、语音识别、移动保全、自助理赔、智慧柜员机、随信通等新技术服务，其中线上保全受理率 72.58%。

表 63　　2021 年新华人寿保险石家庄中心支公司保费收入情况一览表

类别			保费收入（万元）	同比增长（%）
险种	长险	总额	162201.63	9.94
		首年保费	39719.35	15.14
		续期保费	122482.28	8.35
	短险		4376.07	−42.42
渠道	个险渠道		138733	7.25
	团险渠道		14666.87	1.21
	代理	总额	13177.83	16.59
		银邮	13060.7	18.45
		电销及其他	117.13	−57.65
总保费			166577.7	7.35

新华人寿保险股份有限公司
石家庄中心支公司
总 经 理：王小峰
副总经理：曹健伟

（张然）

【富德生命人寿保险石家庄中心支公司】 2021 年富德生命人寿保险股份有限公司石家庄中心支公司（简称富德生命人寿保险石家庄中心支公司）保费收入 8.23 亿元，其中，传统寿险 1.83 亿元，健康险 2.16 亿元，分红保险 3.92 亿元，意外险 3126.12 万元，万能保险 50.43 万元。2021 年公司赔付支出 1.01 亿元，其中赔款支出 622.16 万元，满期给付 6292.26 万元，年金给付 2.24 万元，死伤医疗给付 3140.46 万元。

富德生命人寿保险股份有限公司
石家庄中心支公司
总 经 理：赵颖毅
副总经理：王洪斌

（王佳琪）

综合经济管理

Comprehensive Economic Management

发展和改革

【概况】2021年石家庄市完成地区生产总值6490.3亿元，同比增长6.6%，地区生产总值创下历年新高。其中，第一产业增加值504.8亿元，增长6.1%；第二产业增加值2107.1亿元，增长3.5%；第三产业增加值3878.4亿元，增长8.2%。三次产业结构比例由2020年的8.4∶29.4∶62.2调整为7.8∶32.5∶59.8。2021年石家庄市地区生产总值位列河北省11个设区市第二名，占全省地区生产总值比重16.1%。壮大县域经济实力，统筹推进县域发展，科学确定主导产业，加快培育龙头企业、拳头产品。2021年石家庄市所辖各县（市、区）地区生产总值达到300亿元以上8个，从高到低依次排名为：桥西区（775.9亿元）、长安区（620.2亿元）、藁城区（512.5亿元）、新华区（493.7亿元）、裕华区（428.9亿元）、高新区（386.2亿元）、鹿泉区（350.3亿元）、正定县（303.4亿元）。围绕高质量发展和建设现代化、国际化美丽省会城市，展宏图、谋长远，制定出台《石家庄市国民经济和社会发展第十四个五年规划和二〇三五年远景目标纲要》，确定“十四五”经济总量达到万亿元。推进经济体制改革，印发《深化要素市场化配置改革的若干措施》《关于进一步深化改革开放推动省会高质量发展的若干措施》《石家庄市建设高标准市场体系工作措施》《关于新时代推进国有经济布局优化和结构调整的实施方案》等文件。做优传统产业、做强主导产业、做大新兴产业，推进新一代电子信息、生物医药两大产业率先突破，加快装备制造、现代食品、商贸物流产业快速发展，全力打造5大千亿级产业集群。设立主导产业发展基金200亿元、年度主导产业专项资金10亿元，为77家企业111个项目兑现首批奖励资金1.1亿元。树立“项目为王”理念，发挥园区经济发展主战场、主阵地作用。制定印发《关于支持新一代电子信息产业和生物医药产业率先突破的若干措施（试行）》《石家庄市数字经济发展2021年工作要点》《石家庄市产业创新中心建设工作指引》《正定数字经济产业园发展规划（2021～2025）》。编制装备制造业、现代食品、商贸物流发展规划，印发《石家庄市装备制造业发展规划（2021～2025）》《石家庄市现代食品产业发展规划（2021～2025）》《石家庄市现代商贸物流产业发展规划（2021～2025）》。支持新型智慧城市试点、新一代信息技术和工业互联网创新发展等电子信息领域项目建设，数字经济发展投入资金2.67亿元，46家企业、60个电子信息制造业项目获得专项资金奖励4860.69万元。重视传统产业升级，199个项目入选省重点技术改造项目，10个项目列入省工业互联网创新发展试点项目。对接金融机构，签署政银企战略合作协议，获得资金贷款额度1.5万亿元。申报中央预算内投资项目87个，下达中央预算内资金18.1亿元；发行地方政府专项债券项目179个、金额194.3亿元。实行全方位对外开放，深化“放管服”、国有企业等重点领域改革，承接省级赋权78项，压减优化市级审批权限105项。推进京津冀协同发展，承接北京非首都功能疏解项目28个。加快河北自贸区正定片区建设，国际邮件互换局、综合性跨境电子商务产业园建成投用。2021年12月，市发展改革委李士章获评第八届河北省“人民满意的公务员”。

【重点项目】2021年全市安排省、市重点项目352项，总投资3015.4亿元，当年计划投资847亿元。其中，新开工项目172项，总投资1168.3亿元，当年计划投资312.9亿元；续建项目155项，总投资1574.8亿元，当年计划投资435.1亿元；保投产项目25项，总投资272.3亿元，当年计划投资104.7亿元。2021年石家庄市争列省重点项目87项，总投资1108.6亿元，当年计划投资293.8亿元。其中，新开工项目28项，总投资176.3亿元，当年计划投资45亿元；续建项目51项，总投资748

2021 年 3 月 1 日，石家庄市第一季度重点项目集中开工活动在栾城区河北精工汽车零部件研发生产基地现场举行

2021 年 5 月 25 日，石家庄市第二季度重点项目集中开工活动在鹿泉区景和电子通信与导航研发中心及抗干扰天线产业化项目现场举行

2021 年 9 月 30 日，石家庄市第三季度重点项目集中开工活动在鹿泉区普兴电子产业基地项目现场举行

2021 年 12 月 1 日，石家庄市第四季度重点项目集中开工活动在井陉县优必选人工智能项目现场举行

亿元，当年计划投资 178.7 亿元；保投产项目 8 项，总投资 184.3 亿元，当年计划投资 70.1 亿元。3 月 1 日，石家庄市一季度重点项目集中开工活动在栾城区举行，开工项目 293 个，总投资 893.3 亿元，当年计划投资 271.5 亿元。5 月 25 日，石家庄市二季度重点项目集中开工活动在鹿泉区举行，开工项目 363 个，总投资 818.5 亿元，当年计划投资 242.5 亿元，其中，产业类项目 234 个，占比 64.5%。9 月 30 日，石家庄市 2021 年第三季度重点项目集中开工活动在鹿泉区举行，开工项目 442 个，总投资 552.5 亿元，当年计划投资 152.1 亿元。12 月 1 日，石家庄市 2021 年第四季度重点项目集中开工活动在井陉县举行，开工项目 436 个，总投资 495.6 亿元，当年计划投资 96.2 亿元。其中，产业类项目 285 个，占比 65.4%；总投资 339.9 亿元，占比 68.6%；当年计划投资 53.3 亿元，占比 55.4%。至 2021 年底，省、市重点项目完成投资 1176.86 亿元，占年度投资目标的 138.94%；123 个项目实现竣工或部分竣工。

（范永斌）

【重点产业】 以“十四五”经济总量过万亿为目标，突出推进新一代电子信息、生物医药、装备制造、现代食品、商贸物流产业快速发展，全力打造 5 大千亿级产业集群。2021 年全市新一代电子信息产业营业收入 532.1 亿元，同比增长 25.5%；生物医药产业营业收入 716 亿元，同比增长 11.4%；装备制造业营业收入 673.2 亿元，同比增长 7.6%；食品工业营业收入 621.8 亿元，同比增长 11.0%；社会消费品零售总额 2392.48 亿元，同比增长 5.0%；规模以上服务业营业收入 1363.2 亿元，同比增长 18.5%；金融业完成增加值 721.4 亿元，同比增长 5.5%；旅游业总收入 698.3 亿元，同比增长 2.07%。2021 年全市软件和信息技术服务业营业收入 204.33 亿元，其中，软件产品营业收入 19.97 亿元，信息技术服务收入 105.05 亿元；软件和信息技术服务业企业营业收入超亿元以上企业达到 27 家。突出打造新一代电子信息产业园、石家庄国际生物医药园、正定数字经济产业园。新一代电子信息产业园位于鹿泉区，占地面积 2.6 万亩，其中，生产区 1.8 万亩、生活区 4300 亩、生态区 3700 亩；至 2021 年末，引进项目 8 个，总投资 140 亿元。石家庄国际生物医药园位于高新区，占地面积 2.4 万亩，其中产业用地 1.2 万亩；以打造千亿级高端生物医药园区为目标，聘请清华大学设计团队实施规划设计；至 2021 年末，核心区域拆迁完毕。正定数字经济产业园位于正定高新区南区划片以北，新元高速以东、义慧路以北、文正大街以西、环城快速路以南，占地面积 5700 亩，引进包括联东 U 谷、腾讯云启产业园、京东（正定）智能电子商务总部、均和云谷等重点项目10个，总投资100余亿元。

【战略性新兴产业100强企业】 9月25日，石药控股集团有限公司入选2021中国战略性新兴产业领军企业100强，以战略性新兴产业业务收入249.42亿元，排名第92位，这也是石家庄市唯一入选企业。2021年10月，石家庄市19家企业入选河北省战略性新兴产业创新百强企业。

表64　　2021年石家庄市入选河北省战略性新兴产业创新百强企业一览表

序号	企业名称	排位
1	石家庄君乐宝乳业有限公司	4
2	石家庄以岭药业股份有限公司	9
3	石药集团欧意药业有限公司	10
4	石药集团恩必普药业有限公司	14
5	格力电器（石家庄）有限公司	17
6	华北制药股份有限公司	18
7	石家庄四药有限公司	31
8	中车石家庄车辆有限公司	42
9	河北远东通信系统工程有限公司	43
10	神威药业集团有限公司	46
11	河北威远生物化工有限公司	49
12	华北制药河北华民药业有限责任公司	56
13	石药集团中诺药业（石家庄）有限公司	71
14	石家庄国祥运输设备有限公司	72
15	际华三五零二职业装有限公司	80
16	石药集团维生药业（石家庄）有限公司	87
17	新乐华宝医疗用品有限公司	92
18	河北敬业高品钢科技有限公司	95
19	河北先河环保科技股份有限公司	99

（市档案馆）

【“十四五”规划和二〇三五年远景目标纲要】 2021年3月，《石家庄市国民经济和社会发展第十四个五年规划和二〇三五年远景目标纲要》向社会公布（《石家庄日报》2021年3月18日刊登）。主要内容包括17篇65章，设置有“十四五”时期经济社会发展主要指标表、石家庄市“185”城市中心打造工程示意图、石家庄市“十四五”时期轨道交通建设规划图、石家庄市公路网布局示意图、水利工程项目布置图、石家庄粮食生产功能区和重要农产品生产保护区布局示意图、石家庄市自然保护地布局示意图和55个专栏。

【粮食供应】 粮食市场调控。2021年石家庄市、县两级按照储备粮轮换计划，合理安排储备小麦交易5.58万吨。5月20日，根据河北省下达石家庄市、县两级增加7万吨小麦储备增储计划，全年石家庄市增加县级储备小麦8.85万吨，超额完成省下达计划任务。粮食储备。至2021年底，市、县两级粮食社会责任储备48.2万吨，可保障全市人口99.8天口粮消费量，其中，市级应急面粉储备2.45万吨，可保障主城区人口17.9天应急口粮消费量。粮食收购。2021年全市收购小麦147.38万吨，较2020年增加18.9万吨，收购入库小麦品质一、二等小麦占比超过80%。2021年石家庄市三等以上新麦收购价格为 2.5 ～ 2.6 元 / 千克，较 2020 年同期每千克高 0.2 元左右，高于《小麦最低收购价执行预案》规定的 2.26 元 / 千克（三等）标准。全年未启动最低小麦收购价收购。至 2021 年底，石家庄各县（市、区）均按时完成小麦收购入库。粮食应急管理。修订印发《石家庄市粮食应急供应网点管理办法（试行）》。2021 年全市新增粮食供应网点 8 个，替换粮食供应网点 34 个。至 2021 年底，全市共有粮食应急供应网点 348 个、应急加工网点 45 个、应急配送中心 25 个、主食加工网点 1 个。

【能源保障】 推进能源结构优化，形成垃圾发电、天然气分布式能源、光伏发电与分布式能源、风电、生物质发电、地热源、污水源、空气源多样化能源发展利用格局，按照“减煤、提效、纳新、优电、增气”等措施，实现能源结构“三降三提升”，即：有效控制能源消费总量和消费强度；煤炭消费量和占比、主要污染物排放水平、碳排放强度三个指标明显下降；天然气消费比重、非化石能源比重、能源清洁高效利用水平显著提升。加强天然气管网建设，建成投运神木—安平煤层气管道和 10 条城燃企业间的管网互联互通工程，实现了气源串换和资源统筹高效利用。做好电、煤、气、暖保供工作，型煤生产企业应急储备型煤 2 万余吨；2021 年全市一级燃气公司与上游气源公司签订合同年气量 29 亿立方米，签订采暖季合同气量 21 亿立方米。加快能源项目建设。完成华电石热九期 2×45.36 万千瓦燃机热电联产项目建设，居民供热安全和调峰能力得到大幅提升。推进 220 千伏解放、红旗等变电站落地，解决主网架薄弱问题。建成投产荷园输变电等 110 千伏及以上工程 9 项，新增线路 117.37 千米，容量 55 万千伏安；新开工建设横山输变电等 110 千伏及以上工程 5 项，建设线路 68.52 千米，容量 78 万千伏安。加快完善储气调峰设施，2021 年全市新建鹿泉 5000 水立方 LNG 储备站一座，现共有 15 座储备站，储备能力 5.65 万水立方（折合 3390 万立方米），可满足全市 4.3 天用气需求，超过国家规定 3 天储备能力的要求。加快推进新能源和可再生项目建设。形成国家级高速公路服务区充电桩全覆盖、中心城区网格化分布布局。完成 6 个保障性并网光伏项目（97.98 万千瓦）和 12 个市场化光伏并网项目（225 万千瓦）建设；推进 5 个整县（市、区）屋顶分布式光伏开发试点建设。2021 年全市加强能耗总量和强度“双控”，削减煤炭消费总量，严格控制煤炭消费增量，全市规模以上工业煤炭消费同比减少约 590 万吨；单位 GDP 能耗同比降低约 8.8%。经省考核，全市被评为“2020 年节能削煤工作先进市”“‘十三五’节能削煤工作先进市”。

【民营经济】 2021 年石家庄市完成民营经济增加值 3783.9 亿元，同比增长 6.6%，占地区生产总值比重 58.3%。至 2021 年底，全市共有私营企业 384172 户，其中新登记私营企业 60703 户；累计注册资本金额 20706.9 亿元，其中新登记注册资本金额 2154.72 亿元。至 2021 年底，全市共有个体工商户 814988 户，其中新登记个体工商户 135449 户；累计注册资本金额 871.46 亿元，其中新登记注册资本金额 146.12 亿元。至 2021 年底，全市共有农民专业合作社 9777 户，其中新登记农民专业合作社 339 户；累计出资金额 246.56 亿元，其中新登记出资金额 6.37 亿元。2021 石家庄市民营企业敬业集团营业收入 2379.01 亿元，同比增长 6%。

【服务业】 2021 年石家庄市新增规模以上服务业企业单位 257 家，规模以上服务业企业单位累计达到 1395 家。2021 年全市完成规模以上服务业营业收入 1363.2 亿元，同比增长 18.5%。其中，交通运输、仓储和邮政业 509.0 亿元，增长 21.0%；信息传输、软件和信息技术服务业 307.5 亿元，增长 37.8%；房地产业（物业管理和房地产中介服务）44.7 亿元，下降 1.8%；租赁和商务服务业 262.5 亿元，增长 9.2%；科学研究和技术服务业 167.0 亿元，增长 14.7%；水利、环境和公共设施管理业 11.4 亿元，下降 31.1%；居民服务、修理和其他服务业 8.0 亿元，下降 10.1%；教育服务业 3.5 亿元，增长 13.8%；卫生和社会工作服务业 14.6 亿元，增长 3.0%；文化、体育和娱乐业 35.2 亿元，增长 8.5%。2021 年全市完成服务业增加值 3878.4 亿元，同比增长 8.2%，占地区生产总值比重达到 59.8%。23 家企业入选河北省百强服务业企业，21 家企业入选河北服务业创新领先企业 50 强，入选数量均排名全省第一。

【口岸与物流管理】 2021 年石家庄中欧班列常态化开行 212 列，较 2020 年翻一番；发送货物 2.8 万个标箱，同比增长 106%；货重 17.02 万吨，同比增长 110%；货物价值 39.64 亿元，同比增长 132%；重载率 100%。4 月 17 日，石家庄至德国汉堡首趟“冀欧号”中欧班列开通运营。12 月 22 日，石家庄国际陆港直达老挝万象国际班列开行，这也是石家庄市首条至东盟国际线路，也是京津冀首列“中老国际班列”。10 月 11 日，中欧班列图定班列由每月 12 列增至 24 列。2021 年石家庄国际陆港新增石家庄至德国汉堡、法国巴黎、芬兰赫尔辛基、老挝万象、越南河内 5 条国际线路，至2021年底，石家庄国际陆港图定班列每月发运24列，国际线路达到10条，连通欧盟、俄罗斯、中亚和东盟，覆盖亚欧大陆30多个国家和地区。加快国际陆港建设，支持申报进境粮食指定监管场地和保税物流中心（B型）。2021年石家庄市入选“十四五”首批陆港型国家物流枢纽城市。

【援疆援藏】 以教育、医疗、“组团式”帮扶为重点，开展援藏援疆对口支援。全年提供资金1000万元，援助西藏阿里地区札达县基础设施建设；帮助札达县培训民间施工队及致富带头人15人；组织石家庄市长安区、桥西区、新华区、裕华区、藁城区、鹿泉区、栾城区7个区与札达县6乡1镇建立结对帮扶关系。开辟石家庄——库尔勒旅游援疆线路，成立库尔勒市驻石合作交流中心；举办“新疆巴州·石家庄2021库尔勒香梨”“新疆库尔勒·石家庄馕产品”产销对接会；正定县塔元庄村、鹿泉区获鹿镇卜聂庄村、藁城区廉州镇系井村分别与库尔勒市阿瓦提乡吾夏克铁热克村、阿瓦提乡小兰干村、兰干乡夏库尔村签订帮扶协议。

（范永斌）

财　政

【概况】 2021年石家庄市财政工作以推进省会高质量发展和加快建设现代化、国际化美丽省会城市为目标，克服新冠肺炎疫情、减税降费等不利因素影响，实现了一般公共预算收入、一般公共预算支出均排名全省设区市第一名的好成绩。聚焦高质量发展，多方争取上级支持，至2021年末，全市累计争取中央和省级补助资金413亿元。统筹经济发展、城市更新和疫情防控，设立主导产业发展基金200亿元、城市更新基金100亿元；拨付资金13亿元，免费为全市接种疫苗971.5万人剂次。2021年全市一般公共预算收入达到20亿元以上县（市、区）9个，分别为：桥西区82.68亿元、长安区59.37亿元、高新区48.58亿元、正定县48.04亿元、裕华区40.01亿元、鹿泉区36.27亿元、新华区35.32亿元、藁城区34.88亿元、平山县22.95亿元。2021年全市一般公共预算支出达到40亿元以上县（市、区）7个，分别为：正定县70.42亿元、鹿泉区55.19亿元、桥西区55.01亿元、藁城区53.54亿元、高新区48.72亿元、平山县44.9亿元、长安区44.74亿元。

【财政收入】 2021年石家庄市一般公共预算收入681.4亿元，同比增长7.8%。税收收入399.35亿元，同比增长6.3%。其中，增值税133.35亿元，增长7.7%；企业所得税32.76亿元，下降3.2%；个人所得税13.46亿元，增长14.9%；城市维护建设税34.55亿元，增长9.6%；土地增值税55.69亿元，增长22.8%。非税收入254.71亿元，同比增长11.1%。

【财政支出】 2021年石家庄市一般公共预算支出1152.7亿元，同比增长0.9%。其中，一般公共服务支出124.14亿元，增长9.3%；公共安全支出54.17亿元，下降3.0%；教育支出214.01亿元，增长4.2%；科学技术支出12.98亿元，下降8.9%；文化旅游体育与传媒支出11.85亿元，下降25.6%；社会保障和就业支出126.55亿元，下降0.3%；卫生健康支出120.84亿元，增长28.2%；节能环保支出50.48亿元，下降17.0%；城乡社区支出152.16亿元，增长25.8%。2021年石家庄市财政用于民生支出856.9亿元，占一般公共预算支出比重达到78.2%。

【基金与债券】 政府性基金。全年收入410.3亿元，同比下降30.2%；支出508.4亿元，同比下降39.4%。其中，市级收入126.5亿元，下降45.5%；市级支出112.8亿元，下降59.8%。政府性基金因土地出让收入原因出现大幅度减收。社会保险基金。全年收入271.1亿元，同比增长7.7%；支出227.9亿元，同比增长5.5%。其中，市级收入128亿元，增长16.3%；支出148.6亿元，增长3.9%。地方政府债券。2021年河北省代发石家庄市地方政府债券318.1亿元，同比减少94.1亿元。其中，市级24.6亿元，减少74亿元；县级199.4亿元，减少20.1亿元。加强财政风险管控，到期债务全部纳入年度预算，2021年市级按期偿还债务本息91亿元，市本级政府债务风险由预警降为提示。

【民生支出】 2021年全市用于民生事项支出856.9亿元，占一般公共预算支出比重78.2%，重点用于医疗、教育、社保、就业等民生事项。医疗卫生健康支出120.8亿元。其中，保障疫情防控和患者救治39.2亿元；免费接种疫苗13亿元，接种人数971.5万人剂次。教育支出214亿元，支持薄弱学校改造、普惠幼儿园建设，中小学课后服务实现“三个全覆盖”，促进学前教育、义务教育、职业教育、高等教育均衡发展。社会保障和就业支出126.5亿元，社会保险待遇稳步提高，低收入群体基本生活得到保障；统筹用好就业补助资金，提高创业担保贷款额度，促进了全市城镇新增就业目标完成。文旅体育与传媒支出11.8亿元，发放文化惠民卡3万张，举办文化惠民演出1035场。投入生态治理资金113.1亿元，支持蓝天、碧水、净土保卫战，实现空气质量综合指数“退后十”目标。

【经济发展支出】 全年农林水支出72亿元，推动脱贫攻坚成果同乡村振兴战略有效衔接，脱贫群众收入稳步提高，农村生产生活条件持续改善。落实减税降费政策，全年新增减税降费54.1亿元。推进普惠金融，奖励31家新上市企业，给予39家银行业金融机构小微信贷投放贴息支持，有效缓解企业融资难、融资贵的问题。统筹资金25亿元，设立总规模200亿元主导产业发展基金，重点培育和引进领军企业、高成长性中小企业和重大项目；安排10亿元主导产业专项资金，支持企业技术研发、技术改造、产业化项目以及人才激励等，支持主导产业率先突破。投入资金20亿元，设立100亿元的城市更新基金，按照“缺什么补什么”的原则，支持二环内做“减法”，二环外做“乘法”，省会城市品质明显提升。落实资金10.9亿元，为五大投资集团增加注入资本金，支持国有企业在推进城市建设和引领产业发展中发挥主力军作用。全市科学技术支出13亿元，用于科技研发、重大科技专项、高层次人才引进等。

【财政改革与管理】 预算管理改革。全面实施零基预算，打破预算安排和资金分配中的“基数”依赖，加快预算支出标准体系建设，将支出标准贯穿于预算编制全过程，提升预算执行精准性。绩效管理改革。推动绩效关口前移，开展新增重大政策、项目事前绩效评估，扩大项目支出重点绩效评价范围，增强政策实施效果，对一些低绩效或无绩效项目进行削减，压减率达到22%。国库集中支付管理改革。推进零基账户分设，为预算单位提供优质便捷服务。政府采购改革。推进采购意向公开，保障市场主体提前谋划、平等参与，对中小微企业不再收取投标保证金，出台鼓励中小企业通过政府采购合同融资政策。强化内部监督机制，推进廉洁评审；优化外部评审流程，推进高效评审，全年评审项目672个，审核金额116.4亿元，审减金额13.8亿元，审减率12%。

（刘铭严）

税　务

【概况】 2021年石家庄市累计完成各项税收收入1068.93亿元（含海关代征增值税、消费税，未扣减出口退税），比上年增长6%，首次超1000亿元。其中，税务部门组织收入1018亿元，增加60.72亿元，同比增长6.3%，总量全省第一；市、县级税收409.5亿元，同比增长7.1%，总量全省第一；社会保险费收入506.39亿元；非税收入245.69亿元。完成试点发票风险“五级分析”工作机制，识别问题企业2459户，认定风险企业102户，补缴增值税3577.66万元。强化实名办税，全市实名办税采集率达到97.21%。建立全省首批远程帮办中心，全年接听咨询电话7.9万个，办理电话帮办业务4523个。全市32个办税服务厅“1号窗口”设置为“不满意，请找我”专窗，累计协调处理纳税人缴费人诉求263件。深化“放管服”改革，压缩办事时

2021年12月23日，市税务局以党史学习教育、“我为群众办实事”、打造税务铁军为内容，集中召开创先争优工作现场评审会　（孟祥奎　摄）

限，搭建“一窗受理、三方并办”的“并联服务”平台，实现自然人办理不动产交易实现“一套资料、一窗交件、一次办结”的高效服务体系。畅通线上办税模式，提速线上退税办理速度，推广“互联网＋便捷”电子税务服务平台，退税办理时间缩短至3.5个工作日。

【减税降费】 减轻申报负担，方便纳税人办税。6月1日，全市城镇土地使用税、房产税、车船税、印花税、耕地占用税、资源税、土地增值税、契税、环境保护税、烟叶税10个财产和行为税税种合并申报。2021年全市26万户纳税人共享受各类税费减免425.4亿元。其中，新出台、翘尾及延期执行政策合计新增减税降费45.7亿元。2021年出台支持疫情防控、煤电保供、制造业中小微企业、研发费加计扣除等多项减免税费政策，为7.1万户符合疫情防控优惠政策的企业减免税费11.1亿元，为42户煤电保供企业办理减退缓税2.57亿元，为8162户制造业中小微企业办理缓税5.1亿元。减税降费政策宣传。定制减税降费政策辅导系列短视频30部，利用微信公众号、税企通平台等推送政策优惠信息120余条，开展税费政策在线直播48期，点击量突破20万次。筛选应享优惠企业底数，向符合条件企业定点推送信息，提高政策落实效率。

【征稽管理】 强化实名办税，全市实名办税采集率达到97.21%。完成试点发票风险“五级分析”工作机制，识别问题企业2459户，认定风险企业102户，补缴增值税3577.66万元。提升数据质量，修改错误数据6.2万条，修改完成率100%。推进智慧税务建设，开发业务系统安管平台并在6个单位全覆盖安装，承接5G智慧办税服务厅等7个省局试点项目，“社保费网络退费”一键申办作为全省唯一试点顺利完成4次全员全量测试。税警合作组建全国省会首家数据化合成作战中心，常态化开展打虚打骗专项行动，向公安移送案件917起、线索1699条，全年共立案1275起，查补税款10.8亿元。2021年石家庄市侦破全国首起虚开电专票案件。

国家税务总局
石家庄市税务局

局　长：张颖悟
副局长：和建英（女，12月免）
葛旭鸿（5月免）
段瑞亮
孙玉英（女，6月免）
李晨光
李智睿（12月任）
郜彦霞（女，11月任）
格桑普尺（女，2月任）

（刘同亮）

统　计

【概况】 2021年石家庄市统计系统以“生产高质量统计数据、开展高质量统计监测、提供高质量统计服务”为中心，分析测算GDP、三次产业、投资消费、能耗等主要经济指标，形成《关于“提升首位度　实现增比进位”相关测算分析》报告，为提升省会首位度、实现增比进位提供科学统计支撑。加强统计监测管理，建立月报制度建立重点企业（项目）月度跟踪监测机制，形成“城市经济”和“区域经济”等统计监测报告。做优做精统计产品，编印《石家庄市统计监测季度系列报告》《十三五全市经济社会发展系列报告》《石家庄市增比进位跨越赶超专题统计分析报告》《统计数据手册》《统计知识手册》《领导咨询手册》等系列统计产品，提高统计数据服务效能。提升统计宣传能力、统计宣传质量和政府统计公信力，撰写新闻发布稿《市统计局：学史践行　推动统计改革创新向纵深推进》《创新统计理念　加强统计监测　石家庄市统计局助力省会发展》，在《石家庄日报》《石家庄电视台》等多家媒体发稿。举办第十二届“中国统计开放日”活动，县区、相关市直部门、市级新闻媒体记者等共计40余人参加活动。开展“统计督察自查自纠”“举一反三持续深入防范和惩治统计造假弄虚作假”活动，做好统计督察准备和服务保障配合工作。2021年市统计局1人（段银平，1965年8月出生，市统计局人口和就业统计科科长）获评国务院第七次全国人口普查先进个人，44人获评河北省第七次全国人口普查先进个人。

【统计数据质量管理】 加强统计数据质量监测管理，强化“日监测”指标，建立月报制度，按月汇总企业（项目）数据，分专业建立与对口部门会商研判机制，建立重点企业（项目）月度跟踪监测机制，形成“城市经济”和“区域经济”统计监测报告，编印《石家庄市统计监测季度系列报告》《十三五全市经济社会发展系列报告》《石家庄市增比进位跨越赶超专题统计分析报告》《统计数据手册》《统计知识手册》《领导咨询手册》等系列统计产品，为服务决策、

2021 年 7 月 26 日，全市统计造假专项整治自查自纠工作会议举行

服务发展提供重要统计保障。

【统计法治建设】推进统计普法工作全覆盖，全年市委领导集中学习中央文件和统计法律法规 2 次，市政府常务会组织学习统计法规 2 次。召开统计造假专项整治会议，开展“专业科长精准讲法”“法治人员精准宣法”活动，定期向统计调查对象推送统计普法信息。开展统计法治宣传，突出宣传统计法律内容和违法成本。重视统计基层单位法规学习，编制《领导干部统计法律法规应知应会手册》《统计调查对象法律法规应知应会手册》，按照“领导人员”“统计人员”“调查对象”分类，整理形成《统计违法违纪风险清单》。加强统计法治制度建设，修改完善《统计督察自查自纠事项清单》，编纂《统计法治文件汇编》，出台《统计数据质量追溯问责实施办法（试行）》《防范和惩治统计造假弄虚作假约谈制度》《统计数据疑似问题跟踪检查制度意见》等工作制度。

（陈丽）

审　计

【概况】2021 年石家庄市审计系统实施审计项目 338 个，经济责任审计 120 人，查出主要问题资金 188.75 亿元（审计期间整改金额 45.44 亿元），处理处罚 5.66 亿元，增收节支 2.58 亿元，核减投资额 2.25 亿元，移送审计事项 12 件。4 月 7 日，市委审计委员会召开第五次会议，深入学习贯彻习近平总书记关于审计工作重要指示精神和李克强总理讲话要求，传达学习全国审计工作会议、省委审计委员会第五次会议和全省审计工作会议精神，审议通过《石家庄市 2021 年度审计工作要点》《石家庄市 2021 年度审计项目计划》等，研究部署 2021 年重点工作。8 月 5 日，市委审计委员会召开第六次会议，深入学习贯彻习近平总书记重要讲话精神和中央审计委员会有关会议精神，认真落实省委审计委员会第七次会议要求，审议《2020 年度市本级预算执行和其他财政收支情况的审计结果报告》《“十四五”石家庄市审计工作发展规划》等文件，研究部署下一阶段重点工作。严格经济责任审计，以规范权力运行和责任落实为内容，组织实施 63 名领导干部经济责任审计，共查处问题金额 93.16 亿元，其中违规资金 4.48 亿元，管理不规范资金 88.68 亿元，提交各类审计报告 121 篇，提出审计建议和意见 223 条。开展 2021 年度农村地区冬季安全清洁取暖政策措施落实情况审计，审查核实 11 个县（市、区）。开展非银行金融企业和其他部分企业进行资产负债损益情况审计，提出相关企业运营风险等审计意见建议，核查金融单位 5 家。2021 年市审计局、藁城区审计局、灵寿县审计局分别实施的 3 个审计项目获评 2021 年度全国优秀审计项目。

【政策审计】开展 2020 年度税收和非税收入征管及部门预算执行审计，发现减税降费政策措施落实、税收和非税收入征管、部门预算执行、资产管理 4 方面问题。开展国家重大政策措施落实情况跟踪审计，重点关注中央直达资金、基层“三保”、就业补助资金和失业保险基金、疫情防控资金、减轻企业负担工作和“20 项民心工程”等，抽审 1033 个部门或单位，抽查资金 437.93 亿元、项目 1340 个，发现 9 类 179 个问题，查出主要问题金额 35.19 亿元。开展优化营商环境审计，重点关注“放管服”改革、减税降费政策措施落实、清理拖欠民营企业中小企业账款情况。开展全市新增财政资金直达市县基层审计，重点关注直达资金分配下达、拨付、使用、管理等情况，共发现 5 类问题。

【财政审计】拓展“1+N+N+N”审计模式，重点审计重大政策落实情况、市本级预算执行情况、部门预算执行情况、市本级及部门决算（草案）编制情况4方面27项审计事项，审核核实102家一级预算单位、11个市本级一级预算单位、2个园区。开展网络安全和信息化建设专项资金审计，促进提高财政资源配置效率和使用效益。

【专项审计】 开展市级经营性国有资产集中统一监管专项审计，审查核查国有企业86家，分别核定企业资产、负债、所有者权益等情况。对雄安郊野公园石家庄林和石家庄展园、石家庄职技学院新校区、科技中心、中央商务区、地铁、滹沱河生态修复、老旧小区二次供水等工程项目进行跟踪审计，促进项目资金筹集及拨付使用管理。开展高邑、栾城、新乐、晋州乡村振兴审计，抽查资金12.4亿元、查出问题88个。进行2021年度全市社会保险基金审计，抽审单位68个，涉及资金72亿元，发现死亡冒领、重复领取以及养老保险基金存放账户未执行银行存款优惠利率3大类问题。

（刘曼曼）

市场监督管理

2021年石家庄市市场监督管理系统以食品、药品、化妆品、医疗器械、产品质量及特种设备为重点，开展食品抽检5.3万批次，年平均检验量5.1份/千人；药品抽检580批次，合格率100%；化妆品国家级抽检90批次，省级抽检44批次，市本级抽检181批次；医疗器械国家级抽检18批，省级抽检112批（含应急抽检68批）；生产产品抽检2474批次；特种设备抽检特种设备相关单位1725家，排查整改问题隐患1366项，立案43起，结案27起，关闭企业1家，关停设备14台，经济处罚57.7万元。全年市场监管系统累计出动执法人员6.46万人次，检查商场、超市等市场主体16.2万家次，查处违法案件321件（含价格类案件298件），罚没款83.04万元，分10批公开曝光典型案例86起，责令企业改正869家。重视专利与知识产权保护，2021年全市专利授权量25758件，国际专利申请量122件，有效发明专利拥有量11436件，万人发明专利拥有量11.01件。加强外资登记管理，2021年全市新注册登记外资企业143户，其中，企业法人48户、分支机构94户、外国（地区）企业在中国境内从事生产经营1户，变更562户次，注销106户，备案50户次，迁移20户，吊销37户。至2021年底，全市共有外资企业1881户。2021年石家庄市获得全国知识产权行政保护绩效考核第四名、河北省食品药品安全工作考核第一名。

（郭子轩）

质量技术监督

【概况】 2021年全市围绕省会高质量发展和“质量强市”战略，重点抓好产品质量监管、标准化建设、认证认可监管和计量管理等工作。推进质量强市建设，中国电子科技集团公司第五十四研究所获得第四届中国质量奖提名奖，成为全省唯一获奖单位。2021年9月22日，2020年河北省政府质量奖公布，石家庄市2家企业获得省政府质量奖组织奖，其中，石家庄洛杉奇食品有限公司新评获得省政府质量奖组织奖，石药控股集团有限公司复评获得省政府质量奖组织奖；中车石家庄车辆有限公司工艺技术部电焊工刘志彬获得省政府质量奖个人奖。开展产品质量监督抽查，以电线电缆、消防产品、家用电器、儿童老年妇女用品等19大类产品为抽查重点，抽查产品2434批次，同比增加689批次。开展化肥、水泥、电线电缆、危险化学品等获证企业专项检查，检查获证企业157家，注销生产许可证书5张。开展絮用纤维制品、家用小电器产品质量专项整治行动，检查絮用纤维制品生产、销售企业1068家，家用小电器1032家。严格电动自行车质量监管，印发《关于开展电动车专项整治行动的通知》《严厉打击非法拼装改装电动车专项治理行动方案》。2021年全市检查各类电动自行车经营主体3326家，查处违法违规销售和改装经营户96家，取缔非法改装点41个，查扣违法物品426套（件），下架和查扣违规三、四轮电动车890辆，立案6起。支持企业开展对标活动，按照“一业一策”“一产品一方案”原则，编制企业对标达标指导方案134份。2021年全市参与对标企业1099家，同比增加745家；公布对标结果6795个，同比增加5761家；发布对标方案281个，同比增加218个名。推进标准制定和修订，2021年石家庄市企事业单位主持制定国际标准3项，国家标准65项，行业标准17项，省地方标准19项。2021年石家庄市立项地方标准56项，审核发布石家庄市地方标准38项；复审现行有效地方标准349项，废止111项。加强认证认可管理，2021年全市获颁质量管理体系认证证书1508张，同比增加597张；

至2021年底，全市共有质量管理体系认证有效证书5169张。推进社会公用计量标准建设，新建、改造县级法定计量检定机构社会公用计量标准9项，其中，鹿泉区新建4项、藁城区新建2项、高邑县新建2项，无极县改造1项。2021年全市新增诚信计量承诺单位209家，至2021年底，全市共有诚信计量承诺单位985家，

【产品质量安全监管】 产品质量监督抽查。2021年全市以电线电缆、消防产品、家用电器、儿童老年妇女用品等19大类产品作为市级产品质量监管抽查重点，同比增加8类；抽查2434批次，同比增加689批次。以时间节点和问题为导向，保春耕抽查农用化肥、保防疫抽查非医用口罩、针对众鑫大厦起火事件抽查建筑外墙外保温材料、针对消费者投诉抽查液化石油气等，总计抽查277批次。推广应用产品质量监督抽查信息系统，录入监督抽查信息15073批次。获证企业事中事后监管。开展化肥、水泥、电线电缆、危险化学品等获证企业专项检查，检查获证企业157家，注销生产许可证书5张。组织获证企业开展自查，参与企业178家，注销生产许可证书1张。消费品质量安全整治。开展絮用纤维制品、家用小电器产品质量专项整治行动，检查絮用纤维制品生产、销售企业1068家，家用小电器1032家。增强企业质量意识，针对电热毯监督抽查合格率较低问题，举办全市电热毯生产企业培训，讲解产品质量、缺陷产品召回、3C认证等有关政策。电动自行车质量监管。印发《关于开展电动车专项整治行动的通知》《严厉打击非法拼装改装电动车专项治理行动方案》，成立7个暗访组，督导各县（市、区）开展电动车整治行动。2021年全市检查各类电动自行车经营主体3326家，查处违法违规销售和改装经营户96家，取缔非法改装点41个，查扣违法物品426套（件），下架和查扣违规三、四轮电动车890辆，立案6起。家用汽车“三包”工作。2021年4～5月，全市专项检查家用汽车4S店落实汽车“三包”规定及召回条例情况，立案1起，下达企业整改通知书5家，约谈企业1家，妥善处理汽车“三包”投诉案件154件。2021年全市检查汽车经营4S店118家，完成车辆召回15639辆；宣传新“三包”规定，举办新“三包”培训，参加2466人次。建立产品伤害监测点。推进缺陷消费品召回工作，建立市级产品伤害监测点17个，实现伤害监测机制、缺陷产品召回监测网络全覆盖，包括质量检验、消费维权、监督检查机构、医疗卫生、教育教学、应急管理、商业流通、物业管理等领域。2021年市市场监管部门调查核实存在缺陷电热毯产品13个批次，召回8家企业10个批次607条电热毯；调查核实存在缺陷6个批次儿童服装产品，召回6家企业57件儿童服装。

【质量强市建设】 2021年石家庄市推荐4家单位申报第四届中国质量奖组织奖，其中中国电子科技集团公司第五十四研究所获得第四届中国质量奖提名奖，成为全省唯一获奖单位。2021年9月22日，2020年河北省政府质量奖公布，石家庄市2家企业获得省政府质量奖组织奖，其中，石家庄洛杉奇食品有限公司新评获得省政府质量奖组织奖，石药控股集团有限公司复评获得省政府质量奖组织奖；中车石家庄车辆有限公司工艺技术部电焊工刘志彬获得省政府质量奖个人奖。2021年石家庄君乐宝乳业有限公司“基于‘三个五’的全面质量管理5.0卓越运营模式”入围全国质量标杆名单，成为全国唯一入选的乳品企业；格力电器（石家庄）有限公司“格力D-CTFP完美质量管理模式”、石家庄君乐宝乳业有限公司“基于‘三个五’的全面质量管理5.0卓越运营模式”入选首批“河北省企业特色质量管理模式”。石家庄卷烟厂筑梦QC小组获得国际QC最高荣誉——铂金奖。推进重点区域质量提升，2021年正定县被确定为省级重点质量提升区域。至2021年底，石家庄市共有省级重点质量提升区域4

2021年9月28日，河北省、石家庄市、新华区三级市场监督管理局联合在新华区党家庄小区举办消费品质量安全“进社区、进校园、进乡镇”宣传教育活动

家，另外3家为高新区、鹿泉区、栾城区；市级重点质量提升区域4家，分别为藁城区、循环化工园区、无极县、元氏县。

【标准化建设】 完善标准体制机制，起草《关于调整市标准化委员会成员单位的通知》《石家庄市标准化委员会工作规则》《石家庄市地方标准管理细则》《2021年全市标准化工作要点》等文件。加大标准化投入，2021年市级财政支付标准化专项资金190万元，各县（市、区）财政拨付标准化专项资金230万元。支持企业开展对标活动，印发《关于持续推进“百城千业万企对标达标提升专项行动”的通知》。按照“一业一策”“一产品一方案”原则，编制企业对标达标指导方案134份。2021年全市参与对标企业1099家，同比增加745家；公布对标结果6795个，同比增加5761家；发布对标方案281个，同比增加218个，对标方案数量排名全国第二名。石药集团中诚医药物流有限公司、河北冠卓检测科技有限公司2个国家级服务业标准化试点及河北东安精工股份有限公司、石家庄畜产品和兽药饲料质量检测中心、河北贝尔安亲企业管理咨询有限公司、河北宏星检测技术服务集团有限公司、河北联兴佳垚农业科技有限公司5家省级标准化试点项目通过验收，其中，河北东安精工股份有限公司获批河北省首个装备制造业标准化试点项目，石家庄畜产品和兽药饲料质量检测中心获批河北省首个社会会管理和公共服务标准化试点项目。河北英利奥体育用品有限公司（Q/YL02-2020聚氯乙烯运动地胶）、河北浩凯农业机械有限公司（Q/HHK002-2021气吸循环式粮油干燥机）、石家庄市油漆厂（Q/01YQ243-2017水性工业防腐底面合一漆）、河北华泰纸业有限公司（Q/130133hbht003-2020新闻纸）4家公司入选省级企业标准“领跑者”。推进标准制定和修订，2021年石家庄市企事业单位主持制定国际标准3项，国家标准65项，行业标准17项，省地方标准19项。2021年石家庄市立项地方标准56项，审核发布石家庄市地方标准38项；复审现行有效地方标准349项，废止111项。至2021年底，全市共有3908家企业26256项企业产品或服务标准网上公示，涉及产品种类49065种，其中，执行国家标准1793项、行业标准928项、地方标准98项、团体标准14项、企业标准23423项。

【认证认可管理】 印发《2021年全市认证认可监督管理工作要点》《2021年度资质认定检验检测机构“双随机、一公开”监督检查工作方案》《关于加强认证监管工作的通知》《关于印发小微企业质量管理体系认证提升行动的方案的通知》《石家庄市小微企业质量管理体系认证提升行动工作方案》等文件。开展小微企业质量管理体系认证提升行动，确定鹿泉电子信息与科技服务业、晋州电线电缆为石家庄市质量管理体系提升试点行业；鹿泉电子信息与科技服务业入选省级质量管理体系认证提升试点。2021年全市获颁质量管理体系认证证书1508张，同比增加597张；至2021年底，全市共有质量管理体系认证有效证书5169张。认证监管。以强制性产品认证、有机产品认证等为重点，开展现场跟踪见证检查，强制性产品认证检查比例不低于50%、有机产品认证不低于30%。开展认证现场跟踪见证检查，采取随机抽查方式，全年检查部分本单位认证活动1904家，涉及获证组织1000家次、认证机构159家；认证活动检查比例14.05%，认证机构检查比例59.33%，检查组织比例18.77%，中止认证活动3家。开展强制性认证检查，按照货车非法改装专项整治和道路安全专项整治要求，专项检查半挂车生产企业12家；依据强制性产品认证“双随机”工作方案，检查电线电缆、建筑玻璃、小家电强制性产品认证企业10家，抽查强制性产品认证获证组织31家。抽取200家自愿性认证企业，开展“双随机”检查，优秀92家；发现问题数60条，其中，涉及认证机构问题6个、获证组织问题54个，责令整改认证机构3家、获证组织16家。认证认可服务。支持新一代电子信息产业、生物医药产业两大产业率先突破，出台《支持新一代信息产业和生物医药检验检测机构创新发展奖励实施细则》，印发《关于做好2021年度新一代电子信息产业和生物医药产业检验检测机构项目申报工作的通知》，支持中国电子科技集团公司第五十四研究所（国家通信导航与北斗卫星应用产品质量检验检测中心）创新发展奖励资金200万元。推进绿色产品、有机农产品认证，印发《关于加快推进绿色低碳循环发展经济体系的若干措施》《加快推进快递绿色包装绿色转型若干措施的分工方案》《石家庄市新时代支持重点革命老区振兴发展的实施方案》，鼓励企业和农产品采用绿色建材、绿色包装。推动检验检测机构集聚发展，石家庄高新区、鹿泉经济开发区形成检验检测机构集聚优势，全年入驻检验机构136家，其中42家检验检测机构获得高新技术企业认定，主要检验检测机构有河北道桥、冠卓检测、华清科技、中旭检测、中宏检测认证等。2021年全市新增高端品质有效认证证书4986张，同比增长41.8%，总数达到17283张，涉及获证组织5648家，证书总量排名全国第43名。至2021年底，全市共有建筑工程、建材、交通、电子、环境环保等领域检验检测机构470家。新型质量管理体系认证。至2021年底，全市共有信息安全管理体系认证171张、信息技术服务管理体系认证102张、知识产权管理体系认证176张、测量管理体系认证30张、森林认证19张。能源产业管理体系认证。至2021年底，全市共有新能源产业管理体系认证证书57张、低碳产品认证证书5张、一般节能产品认证证书203张。服务认证。至2021年底，全市共有服务认证获证组织230家、认证证书315张。其中，商品售后服务评价认证172张，占54.6%；污水和垃圾处置、公共卫生及其他环境保护服务59张，占18.7%；2个领域有效证书数量占服务认证证书总量73.3%。从服务认证类别看，服务认证领域划分的22个大类中，石家庄市有15个领域实施认证工作并发放认证证书，覆盖率68.2%。品牌食品农产品高质量认证证书总数达到506张。2021年全市新增获证组织87家，同比增长61.7%；新增证书99张，同比增长44.8%。2021年全市新增认证机构2家，认证机构（含子公司、分公司）总数达到29家，其中主机构14家，涵盖体系认证、服务认证、农产品认证、北斗导航产品、一般工业产品自愿性认证等。2021年中国电科网络通信研究院（中国电子科技集团公司第五十四研究所）获批从事北斗导航产品认证机构。

【计量管理与服务】 推进社会公用计量标准建设，新建、改造县级法定计量检定机构社会公用计量标准9项，其中，鹿泉区新建4项、藁城区新建2项、高邑县新建2项，无极县改造1项。至2021年底，全市16家县级法定计量检定机构建立社会公用计量标准243项；新增一级注册计量师2人、二级注册计量师20人，一级注册计量师达到3人，二级注册计量师达到66人。开展“计量服务中小企业行”活动，组织44个计量技术机构帮助中小企业373家。2021年全市提供计量技术服务4014人次，帮助企业解决问题209个，培训1359人次，开放实验室12家，帮助企业建立计量标准29项，完善测量管理体系31家。计量监督。全年随机抽查定量包装商品生产企业42家，抽样检验30家企业50个批次定量包装商品净含量和标注。抽检结果显示，净含量检验合格43个批次，合格率86%；净含量标注合格50个批次，合格率100%。开展用于煤质检测计量器具专项监督检查，检查企业36家、计量器具408台（件）。开展生产及流通领域食品、化妆品等商品的包装和净含量专项检查；抽检商品包装43批次，合格30批次，合格率69.8%；抽检商品净含量55批次，净含量检验合格54批次，合格率98%；净含量标注合格54批次，合格率98%。根据《河北省市场监督管理局关于开展粮食经营市场计量专项监督检查的通知》要求，组织各县（市、区）计量部门专项检查粮食经营企业34家。眼镜配制监督。2021年全市检查眼镜制配单位444家，检查验光仪504台、焦度计509台、验光镜片538套、非强检计量器具107台，整改门店6家。称重计量器具监督。2021年全市检查商场超市、集贸市场383家，检查电子计价秤12933台，发现未经检定、超期使用或检定不合格计量器具351台。加油机、加气机计量监督。以高速公路、国道、省道、城乡接合部等公路沿线加油站，为检查重点，全年检查加油站、加气站653家，加油机、加气机2502台，未发现破坏计量器具准确度违法行为。推进诚信计量体系建设，全年新增诚信计量承诺单位209家，至2021年底，全市共有诚信计量承诺单位985家，数量连续4年位列全省第一。

（郭子轩）

食品药品监督管理

【概况】 2021年全市排查食品生产经营单位13973家、进口冷链食品10448.62吨，非食品物品生产经营单位16608家、进口非食品冷链产品5231批次；实施消杀12910次，核酸检测40735批次，全部为阴性。18家企业获评省级“放心肉菜示范超市”，41家企业获评市级“品质食品管理示范超市”，7家食用农产品批发市场纳入河北省首批“信息追溯系统”试点单位，餐饮“明厨亮灶”达到100%，学校幼儿园“明厨亮灶+互联网”实现全覆盖。加强食品药品监管，印发《关于在全市暂停进口冷链食品的紧急通知》《石家庄市进口冷链食品和非食品冷链产品疫情防控工作方案》《石家庄市品质食品管理示范超市创建规范》《石家庄市药品生产监督管理责任清单》《2021年度药品生产安全监管工作方案》《石家庄市民营医院药品医疗器械质量安全专项整治实施方案》等文件。以群众需求为导向创新开展“你点我检”1127批次、“你送我检”2524批次，抽检食品5.3万批次，检验量达到5.1份/千人。推动药品全链条无缝监管，开展药品生产环节、非法渠道购销药品、中药饮片、药物包材、医疗器械质量安全专项整治，健全药械妆生产、流通、使用闭环管理，探索建立药品检查+客户（用户、专家）模式，全年3858家药店纳入药安食美App，实现每一粒药来源可溯、去向可查。开展药品、医疗器械、化妆品不良反应监测。2021年石家庄市药品不良反应报告上报数量17540份，达到每百万人口1648份，其中，严重报告1268份，占报告总数的7.2%；医疗器械不良事件报告6502份，达到每百万人口611.1份，其中，严重报告114份，占报告总数的1.75%；化妆品不良反应报告1866份，达到每百万人口175份。

【食品安全监管】 以食品、肉菜为重点，开展“品质食品管理示范超市”创建活动。2021年石家庄市创建省级“放心肉菜示范超市”18家、市级“品质食品管理示范超市”41家，7家食用农产品批发市场纳入河北省首批“信息追溯系统”试点单位，餐饮企业“明厨亮灶”达到100%，学校幼儿园“明厨亮灶+互联网”实现全覆盖。科学做好进口冷链食品监管，印发《关于在全市暂停进口冷链食品的紧急通知》《石家庄市进口冷链食品和非食品冷链产品疫情防控工作方案》，2021年全市以进口冷链食品为监管对象，排查食品生产经营单位13973家、进口冷链食品10448.62吨，非食品物品生产经营单位16608家、进口非食品冷链产品5231批次；实施消杀12910次，核酸检测40735批次，结果均为阴性。开展食品销售质量安全提升行动，出台《石家庄市品质食品管理示范超市创建规范》；以创建“百千万”食品安全管理示范超市（店）为载体，成功创建“百千万”食品安全管理示范单位1287家。推进大型超市快速检测室规范化建设，至2021年底，全市105家大中型超市完成快速检测室规范化建设任务。推进HACCP体系认证，印发《2021年石家庄市推进规模以上食品生产企业实施先进质量安全管理体系工作方案》；全年26家食品生产企业通过HACCP体系认证，至2021年底，全市通过认证企业187家，其中规模以上企业102家。实施风险分级+信用分类管理，全市

2021年6月22日，市市场监督管理局围绕开展“尚俭崇信、守护阳光下的盘中餐”食品安全周活动主题，在长安区益中百货北国超市举行“你点我检”现场体验活动

1157家食品生产企业按照风险评价指标实行等级划分，其中，A级单位283家、B级单位476家、C级单位225家、D级单位173家。探索开展食品生产企业信用监管，建立食品生产企业信用监管电子档案，确定Ⅰ类企业397家、Ⅱ类企业427家、Ⅲ类企业111家、Ⅳ类企业4家；结合风险分级+信用分类，实施食品生产企业差异化监管。特食类、乳制品生产企业食品安全监督检查。全年市、县两级市场监管部门按照相关法律法规全覆盖监督检查全市特食类产品生产企业18家、乳制品生产企业12家以、其他经营企业8500余家。其中，18家特食类产品生产企业建立质量安全追溯体系，自查报告率和整改率100%；9家乳制品企业开展氯酸盐监督检查，建立氯酸盐风险清单，形成专项整治自查报告。保健品质量专项整治。全年市场监管部门检查保健品生产经营单位5426家次，排查安全问题隐患153个，整改100%；收到群众投诉举报52条，查处举报问题23个；立案16起，罚款119万元，移交公安机关1起。2021年全市公安机关立案侦办保健食品领域违法犯罪案件135起，抓获犯罪嫌疑人143人，刑事拘留56人，取保候审56人，逮捕48人，移送起诉39人，涉案金额3600万余元。食品安全专项整治。农村假冒伪劣食品整治。2021年全市检查食品生产主体1713户次，检查食品销售主体24045户次（其中，学校及校园周边食品销售者2320户次），检查餐饮服务主体20125户次（其中，学校食堂2039户次，校园周边餐饮服务提供者3990户次），检查批发市场、集贸市场等各类市场832户次，检查网络食品交易第三方平台提供者107个次，监督抽检10835批次（其中，监督抽检不合格226批次，对不合格食品均进行了依法处置），取缔无证无照生产经营主体30户，查处假冒伪劣食品行政处罚案件70件，收缴假冒伪劣食品958公斤，假冒伪劣食品案件罚没金额74.6万元，受理消费者投诉举报1124件。校园及其周边相关食品安全风险防控。全年出动执法人员11082人次，出动执法车辆2512台次，开展宣传活动39场次，发放宣传资料

11300余份，检查校园周边食品销售环节经营单位7344户，开展抽检284批次，查扣不合格食品150千克，排除隐患42个，下达责令改正通知书132份。“三小”业态食品质量安全监管。印发《关于进一步加强食品小作坊小餐饮小摊点日常监管工作的通知》《食品生产加工小作坊日常监督检查要点表》《食品小摊点日常监督检查要点表》《石家庄市食品小作坊生产管理规范（试行）》等，建立食品生产加工小作坊名录库，小作坊建档率达到100%。加大食品流动小摊点管控，取缔无证食品小摊点，限定备案食品流动小摊点经营区域和经营时间。市内8区和其他县（市、区）食品小摊点进入政府划定区域比例分别达到95%和85%。2021年全市出动执法人员4.23万人次，检查“三小”经营业态35919家次，发现问题隐患2885条，整改率100%；监督抽检2835批次，不合格60批次，快检2022批次，不合格23批次；清理无卡经营主体80家，查处“三小”食品违法案件785起，捣毁制售假冒伪劣食品窝点3个；查扣问题食品108千克，罚款124.32万元。食用农产品市场销售质量百日行安全检查。全年市、县两级监督抽检食用农产品3267批次，发现不合格样品84批次，不合格样品率2.57%。其中，抽检蔬菜、水果、生干坚果与籽类等2735批次，不合格样品67批次；抽检鸡蛋298批次，不合格样品13批次；抽检畜禽肉及副产品187批次（含羊肉专项33批次），未发现不合格样品；抽检水产品47批次，不合格样品4批次。出动执法人员58120人次，检查生产经营主体46313家次，查处无证经营肉品违法问题2个，罚没款2万元。查处无证经营水果案件1起、无证经营蔬菜案件1起，罚没款3500元。查处进货台账登记不全、卫生条件差、物品摆放没有离墙离地、冷链食品录入追溯系统不及时等问题72个，整改100%。指导培训154场次，培训2291人次。食品安全“你点我检”活动。6月1日，开展食品安全“你点我检”活动，以微信公众号发布调查问卷，向社会征集关心、关注的食品品种和抽检场所，收集调查问卷17076份。6月23日，举办食品安全“你点我检”现场宣传活动，抽检食品150批次，发现不合格样品1批次。9月13日、11月5日启动食品安全“你点我检”进校园活动和网络订餐“你点我检”活动，收集调查问卷41795份，安排抽检200批次。2021年全市收集食品安全有效问卷15万份，完成“你点我检”监督抽检1127批次，发现不合格样品11批次；完成食品快速检测2524批次，全部合格。开展校园食品安全质量提升三年（2019～2021年）行动，2021年全市新评选认定50家学校（幼儿园）食堂为省级校园食品安全标准食堂、80家学校（幼儿园）食堂为市级校园食品安全标准食堂。2019～2021年，全市累计认定省级校园食品安全标准化食堂99家、市级校园食品安全标准化食堂193家。

【药品安全监管】 健全药械和化妆品生产、流通、使用闭环管理，探索形成药品检查+客户（用户、专家）模式。开展非法渠道购销药品、中药饮片、民营医院药械质量安全专项整治活动，将3858家药店纳入药安食美App，实现每一粒药来源可溯、去向可查。药品生产环节监管，修订《石家庄市药品生产监督管理责任清单》，按照企业类别建立96家企业监管台账，其中，中药饮片生产企业13家，药用辅料和医用氧企业20家，药包材生产企业36家，医疗机构制剂27家。2021年石家庄市监督检查中药饮片、医用氧、药用辅料、药包材生产企业及医疗机构制剂室110家次，覆盖率达100%。药品、医疗器械、化妆品不良反应监测。2021年石家庄市药品不良反应报告上报数量17540份，达到每百万人口1648份，其中，严重报告1268份，占报告总数的7.2%；医疗器械不良事件报告6502份，达到每百万人口611.1份，其中，严重报告114份，占报告总数的1.75%；化妆品不良反应报告1866份，达到每百万人口175份。药品领域专项整治行动。非法渠道购销药专项整治。2021年全市检

2021年5月26日，市食品药品检验中心举办“科技周食品药品科普宣传”活动

查药品零售连锁总部50家次，零售药店13283家次，医疗机构、诊所4459家次；出动检查人员2.65万人次，开展执法行动7560次，梳理排查问题959个，责令整改485起，查办案件330起，移交公安部门1起，处罚金额334万元。中药饮片经营专项整治。制定《石家庄市市场监督管理局关于继续开展中药饮片综合整治工作方案》，以企业购销渠道、GMP执行、新版药典执行能力等作为检查重点，检查生产中药饮片企业13家。药物包材专项整治。制定《直接接触药品的包装材料和容器生产企业日常监管暨专项整治工作方案》，检查企业36家，超额完成全年16批次药包材监督抽样任务；检验结果均符合要求。开展药品领域“安全隐患排查整治月”活动，排查市场主体3402家次，发现问题434个，监督抽查批次569，发现安全隐患289个，整改率100%；立案39起，结案25起，罚没款17.26万元，无移送公安部门案件和重大典型案件。医疗器械领域专项整治行动。印发《石家庄市民营医院药品医疗器械质量安全专项整治实施方案》，监督检查民营医院181家、制剂生产医疗单位10家。5月16日至6月10日，集中开展民营医院督导检查行动，全市出动执法人员680人次，检查民营医院23家、制剂室4家；下达医疗器械类责令整改通知书39件，立案7件；下达药品类责令整改通知书42件，立案7件；发现制剂类一般问题12项。2021年全市现场监督检查省、市级医疗机构22家次，发现问题56处。

（郭子轩）

专利和知识产权保护

【概况】 2021年全市专利和知识产权保护以推进知识产权运营服务聚集区、国家知识产权运营服务体系重点城市、国家知识产权侵权纠纷鉴定体系建设为重点，制定印发《纠纷多元化解机制合作备忘录》《执法机构合作备忘录》《正定片区知识产权执法协作机制合作备忘录》《知识产权（专利）纠纷诉调对接备忘录》，建立和形成多单位知识产权保护联席会议制度。开展部门协作，建立多元化解机制，签署执法合作与纠纷诉调对接机制备忘录、电子商务领域执法协作机制备忘录。推进运营服务体系建设，出台《石家庄市专利质押融资风险补偿资金管理办法》《石家庄市知识产权运营基金管理办法》《石家庄市知识产权培训基地、知识产权运营服务平台、知识产权创客空间管理办法》《石家庄市高价值专利组合项目实施方案》《石家庄市专利导航项目实施方案》《石家庄市知识产权备案项目管理办法》等文件。2021年全市专利授权量25758件，国际专利申请量122件，有效发明专利拥有量11436件，万人发明专利拥有量11.01件。2021年全市新增注册商标53039件，有效注册商标达到255810件，同比增长22.5%；新增地理标志证明商标7件，总数达到48件；新增马德里国际商标258件，总数达到450件。“晋州鸭梨”国家地理标志产品保护示范区获批筹建，入选国家地理标志运用促进重点联系指导名录。“晋州鸭梨”“灵寿丹参”“井陉苹果”“井陉花椒”入选河北省地理标志商标品牌运用促进工程项目。办理商标专用权质押登记8件、融资2.78亿元。至2021年底，全市拥有驰名商标59件。

【专利创建与培育】 2021年全市争取企业贯标项目42家，占全省21.1%；获批专利导航项目9个，占全省75%；获批专利转移转化平台9个，占全省42.9%。实施知识产权服务品牌机构培育项目2个。2021年全市531项专利授权获得资助资金267.7万元，9家企业获得专利权质押贷款贴息补助209.95万元，43家企业获得专利保险资助资金11.48万元。全年专利项目获得河北省支持资金1014.33万元。2021年全市新增技术与创新中心（TISC）1家，总数达到3家；新增省级品牌培育机构2家，总数达到15家；新增省级信息公共服务网点1家、省级知识产权运营中心1家。市第九中学、市育才小学获批省知识产权教育试点学校。

【商标与地理标志产品管理】 2021年全市新增注册商标53039件，至2021年底，全市有效注册商标达到255810件，同比增长22.5%。2021年全市新增地理标志证明商标7件，分别为：鹿泉红薯、鹿泉茄子、北薛庄石榴、栾城黑土豆、井陉窑、无极太子参、东宋仔猪。至2021年底，全市共有地理标志证明商标48件。加大地理标志保护产品培育力度，“井陉苹果”地理标志产品申报通过审查并报送国家知识产权总局。兑现地理标志奖励48件。“晋州鸭梨”入选国家地理标志产品保护示范区筹建名单和国家第一批地理标志运用促进重点联系指导名录。“晋州鸭梨”“灵寿丹参”“井陉苹果”“井陉花椒”4个项目入选河北省地理标志商标品牌运用促进工程项目。“井陉窑”获批石家庄首个工业品类国家地理标志证明商标。2021年全市新增马德里国际商标258件，总数达到450件，数量位列全省第一；兑现国际商标资助202件，占河北省80.8%。至2021年底，石家庄市共有驰名商标59件，数量位列全省第一。

表 65　　2021 年石家庄市新认定地理标志商标一览表

序号	商标名称	行政区域
1	北薛庄石榴	鹿泉区
2	鹿泉红薯	鹿泉区
3	栾城黑土豆	栾城区
4	无极太子参	无极县
5	东宋仔猪	无极县
6	鹿泉茄子	鹿泉区
7	井陉窑	井陉县

（郭子轩）

物价监督管理

【概况】 2021 年全市价格监督管理以价格改革、涉企收费、新冠肺炎疫情突发期间价格维稳和调控等工作为重点，实现了商品价格平稳回落。2021 年石家庄市区居民消费价格指数同比上涨 0.9%，较 2020 年增速下降 1.4 个百分点。开展“治理涉企收费减轻企业负担”专项行动，抽查检查行政事业单位、中介机构、行业协会商会、交通物流、水电气暖公用企业和商业银行等收费领域，全市退还违规收费金额 3690.56 万元。2021 年全市办理国务院“互联网 + 督查”平台转交问题线索 40 条，整改查办省、市大督查办公室案件 7 件。加强新冠肺炎疫情突发期间价格维稳和调控，市市场监督管理局、与市公安局联合印发《关于严厉打击疫情防控期间价格违法犯罪行为的通告》，重点查处借疫情防控之机操纵市场价格、散布涨价信息、哄抬价格、囤积居奇、不按照规定明码标价等价格违法行为。新冠肺炎疫情突发期间，全市出动执法人员 6.46 万人次，检查商场、超市等市场主体 16.2 万家次，查处违法案件 321 件（含价格类案件 298 件），罚没款 83.04 万元，分 10 批公开曝光典型案例 86 起，责令企业改正 869 家。

（范永斌　郭子轩）

【居民供热价格】 2021 年市发展改革委、市城市管理综合行政执行法局、市财政局联合印发《关于主城区居民供热继续执行现行价格的通知》，明确主城区居民供热价格为每采暖季每平方米 22 元，保持不变。居民住宅采暖季暂不用热的空置房不收取采暖费，新建住宅首次供热由开发建设单位缴纳采暖费，开发建设单位、供热公司、物业公司均不得向居民用户另行收费。

（市档案馆）

【电力价格改革】 落实国家和河北省关于燃煤发电上网电价市场化改革和调整目录销售电价政策，有序放开燃煤发电上网电价，形成市场交易“基准价 + 上下浮动”范围不超过 20% 电价机制。支持工商业用户进入市场，取消工商业目录销售电价，供电区域内工商业电力用户（暂不实行峰谷分时电价的用户除外）均实行峰谷分时电价，两部制工业用户和受电变压器容量在 100 千伏安及以上的单一制用户实行尖峰电价。优化时段划分，调整峰、谷、尖峰段电价浮动比例，建立市场化分时信号，引导用户削峰填谷、改善电力供需状况。暂未直接从电力市场购电的工商用户，建立电网企业代理购电机制。降低环保行业用电成本，2018 年 6 月 21 日至 2025 年底，实行两部制电价的污水处理企业用电、电动汽车集中式充换电设施用电免收需量（容量）电费。

【天然气价格管理】 5 月 1 日起，石家庄主城区居民用管道天然气第一、第二、第三阶梯销售价格分别由 2.68 元 / 立方米、2.88 元 / 立方米、3.30 元 / 立方米调整为 2.78 元 / 立方米、2.98 元 / 立方米、3.40 元 / 立方米（石发改价格〔2021〕198 号）。2021 年 4 月 1 日至 10 月 31 日，石家庄主城区非居民用管道天然气最高销售价格调整为 3.02 元 / 立方米（石发改价格〔2021〕189 号）；2021 年 11 月 1 日至 2022 年 3 月 31 日，最高销售价格调整为 3.95 元 / 立方米（石发改价格〔2021〕735 号）。

（范永斌　郭子轩）

外资登记管理

【概况】2021年石家庄市实际利用外资19.3亿美元，同比增长5.2%。其中，外商直接投资19.1亿美元，增长5.6%。新注册登记143户（企业法人48户、分支机构94户、外国企业在中国境内从事生产经营1户）、变更登记562户次、注销登记106户、备案登记50户次、迁移登记20户、吊销登记37户。至2021年底，全市有外商投资企业1881户，其中，法人企业487户，分支机构1379户，外国（地区）企业常驻代表机构15户；外商投资企业注册资本总额401.59亿美元，投资总额919.34亿美元。2021年全市外资企业登记推行首办责任制度、一次性告知制度、限时办结制度、审核合一制度、重大事项跟踪帮办制度、疑难问题集体会商制度和不打烊服务"六项制度、一项服务"制度，实现外资登记注册时间压缩至0.5个工作日。

【外资登记】全年外资登记管理按照减环节、压时间、降成本要求，推行首办责任制度、一次性告知制度、限时办结制度、审核合一制度、重大事项跟踪帮办制度、疑难问题集体会商制度、不打烊服务"六项制度、一项服务"制度，登记办理时限压缩至0.5个工作日。至2021年末，全年累计办理各类外资登记注册业务917件，其中新注册登记143户（企业法人48户、分支机构94户、外国［地区］企业在中国境内从事生产经营1户）、变更登记562户次、注销登记106户、备案登记50户次、迁移登记20户、吊销登记37户。

2021年9月13～14日，国家专家组到石家庄市现场评估药品进口口岸建设

【外资利用与引进】扩大对外开放层次和水平，深化投资便利化改革，实施外商投资信息报告制度，建立外商投资企业联系机制。2021年全市实际利用外资19.3亿美元，同比增长5.2%。其中，外商直接投资19.1亿美元，增长5.6%。新设外资企业52家，新增合同外资10亿美元，同比增长20.8%。推动外资项目合作，举办跨国公司石家庄行、冀粤港经贸合作交流会活动，与芬兰企业家协会、日本驻华使馆商务处等建立联系，对接法国施耐德、德国费森尤斯、瑞典宜家等境外客商。5月18～21日，石家庄市参加2021中国·廊坊国际经济贸易洽谈会招商活动，签约项目77个，协议引资367.7亿元。其中，内资项目72个，协议引资361.6亿元；外资项目5个，协议利用外资9542万美元。

（赵航　郭子轩）

国有资产监督管理

【概况】2021年石家庄市政府国有资产监督管理委员会（简称市国资委）以市级经营性国有资产集中统一监管为突破口，全面深化国资国企改革发展。至2021年底，全市入统企业113户，国有企业资产总额4215.8亿元，负债总额2716.1亿元，所有者权益1499.7亿元，营业收入395.2亿元，利润总额2.2亿元。其中市国资委监管企业，一级企业7户，二级企业59户，三级及以下企业433户，资产总额3694亿元，负债总额2447.2亿元，所有者权益1246.8亿元，营业收入325.1亿元，利润总额2.7亿元。完成国有资本收益申报和收缴。2021年上缴国有资本经营收益5000万元，经营预算支出4770万元。推动国企改革，落实《石家庄市国企改革三年行动实施方案（2020～2022年）》，建立国企改革三年行动台账95项，完成进度83.2%。开展现代企业制度改革，151家全民所有制企业公司、6家经营类事业单位改革完成。推动企业董事会建设，7家集团设立董事会，59家子企业落实董事会职权。统筹推进国有企业资源重组，出台《石家庄市市属国有企业重组整合总体实施方案》，组建5家投资集团，分别为：石家庄国控城市发展投资集团有限责任公司、石家庄交通投资发展集团有限责任公司、石家庄国有资本投资运营集团有限责任公司、石家庄水务投资集团有限责任公司、石家庄文化旅游投资集团有限责任公司。2家并表国投集团，分别为：石家庄常山纺织集团有限责任公司、石家庄北国人百集团有限责任公司。至2021年底，全市国企改革构成“5+2”市属国有企业架构，“1+1>2”聚集放大效应显现（参见“专记”下“国企改革”）。

【国资监管】 推进国有资本管理制度化、规范化，监督国有企业依法合规经营。出台《进一步深化市级经营性国有资产集中统一监管改革的实施方案》，2021年上缴国有资本经营收益5000万元，经营预算支出4770万元。开展重组整合组建5大企业集团企业国有产权登记，指导企业重新建立产权登记系统信息，掌握各企业国有产权分布、变动情况。加强对企业债务、经营、投资、担保等各类风险管控，制定《债券发行管理办法》《债务风险管控工作的实施意见》等制度规范，明确“631”还款机制，优化债务融资结构，推动企业置换高息债务。健全企业监管监督机制，印发《对外担保管理办法（试行）》《关于做好违规经营投资责任追究工作的通知》《〈国资监管责任约谈〉工作规则》等规章制度，形成业务监督、综合监督、责任追究“三位一体”国资监督工作闭环。

【重点项目建设】 2021年，市国资委系统监管企业在建项目118个，总投资2009.8亿元，2021年完成项目投资189.2亿元。亿元以上项目75个，占项目总数的63.6%。“两新一重”项目占比86.5%。谋划项目85个，总投资额1248亿元。市属国有企业投资参与40余城市更新重点项目2021年集中开工（9个城中村改造试点项目、太平河城市发展示范区、高铁站商务区建设、1975年以前建设的老旧小区危旧房屋更新工程、火车北站片区改造项目、石煤机城市更新项目、轨道交通1号线剩余工程等）。参与主街主路景观提升、市区小街小巷整治提升、城市夜景亮化、民心河沿岸综合整治和改造提升等市政建设工程。推进企业自主谋划项目实施落地，省市重点项目常山云数据中心二期、冷链物流项目和北人高科技物流园二期完成开工前期准备。推动工业企业退城搬迁，11月25日，投产41年的液化气总公司老厂区关停，12月24日，有着40年历史的市胶印厂老厂区关停。

（钱戈　高超）

【城发投集团】 石家庄国控城市发展投资集团有限责任公司（简称城发投集团）于2021年10月13日揭牌成立，是一家国有独资公司和市属国有龙头企业，地址位于市区光华路323号，注册资本300亿元，总资产1800亿元，净资产737亿元。2021年城发投集团营业收入106.5亿元，实现利润6.6亿元，缴纳税金6.55亿元。至2021年底，集团共有职工3810人，其中，研究生学历108人，本科学历760人，高级技术职称278人，持人才绿卡人员19人。2021年城发投集团所属市住房开发建设集团有限责任公司（简称市住建集团）承建的市青少年宫、市图书馆获得“国优工程”，市委党校迁建工程获得“鲁班奖”，雄安郊野公园石家庄展园获得最佳城市展园、最佳城市展园设计等奖基，石家庄职业技术学院新校区（一期）获评河北省智慧工地示范工程；所属市国土空间规划设计研究院在河北省城市规划协会参加“2021年度优秀城市规划设计奖”评选活动获得一等奖4项，分别为：石家庄市鹿泉区历史遗存保护规划、市防灾空间布局研究、市轨道交通沿线用地调整与综合开发专项规划、晋州市周家庄乡总体规划（2016～2030年）。

（许傲）

石家庄国控城市发展投资集团
有限责任公司

董 事 长：赵继军（10月任）
副董事长、总经理：
　　刘清国（10月任）
党委副书记、工会主席：
　　张震中（10月任）
纪委书记、监事会主席：
　　武兰　（10月任）
副总经理：李宗志（10月任）
　　刘守彬（10月任）
总经济师：孙俊梅（10月任）

【国投集团】 石家庄国有资本投资运营集团有限责任公司（简称国投集团）于2021年9月28日揭牌成立，是一家国有独资企业公司，地址位于桥西区建设南大街88号，注册资本100亿元。2021年国投集团（不含常山纺织集团、北人集团）营业收入25.13亿元，利润总额-1亿元，收缴税收1.11亿元。优化重组所属企业，形成产业投资、金融与类金融、实业经营、资本运营、服务业“五大业务板块”。至2021年底，集团共有在职员工18315人。2021年国投集团所属石家庄保安服务集团有限公司获评第五届全国先进保安服务公司，位列石家庄市百强企业第78位；白龙化工股份有限公司获评河北省绿色工厂，位列石家庄市百强企业第84位；石家庄保安服务集团有限公司董事长王光辉获评石家庄市优秀企业家。

石家庄国有资本投资运营集团
有限责任公司

董　事　长：王旭霞（10 月任）
副董事长、总经理：
袁晓磊（10 月任）
党委副书记：李翔宇（10 月任）
纪委书记、监事会主席：
赵志强（10 月任）
副总经理：
杜玲　（10 月任）
李林　（10 月任）
总法律顾问：晏勇辉（10 月任）
总会计师：安杏芳（10 月任）

（刘云龙）

【交投集团】 石家庄交通投资发展集团有限责任公司（简称交投集团）于 2021 年 9 月 30 日注册成立，10 月 13 日揭牌，是一家国有独资企业，地址位于桥西区建设南大街 88 号，注册资金 200 亿元。国投集团主要承担石家庄市交通产业投资、开发和运营，包括交通项目代建、地铁公交运营、高速公路管理等业务，是集“交通基础设施投融资、开发建设、施工设计监理、城市客运与高速公路运营管理”为一体的综合型公益性交通集团，下设交通投资开发公司、轨道交通集团、公交总公司、高速公路集团、公路桥梁建设集团、交通设计咨询集团、交通产业集团、交通地产集团 8 家二级企业。12 月 15 日，交投集团工程服务有限责任公司成立。2021 年集团营业收入 26.64 亿元，实现净利润 7600 万元，纳税额 2.3 亿元。至 2021 年底，集团共有员工 1.9 万余人。

石家庄交通投资发展集团
有限责任公司

董　事　长：张占宗（10 月任）
副董事长、总经理：
张立欣（10 月任）
党委副书记、工会主席：
何永利（10 月任）
纪委书记、监事会主席：
武卫民（10 月任）
副总经理：赵付安（10 月任）
周伟　（10 月任）
总工程师：陈军伟（10 月任）
总法律顾问：王会宾（10 月任）

（李少华）

【旅投集团】 石家庄文化旅游投资集团有限责任公司（简称旅投集团）于 2021 年 9 月 26 日注册成立，9 月 28 日揭牌，是一家国有独资企业，地址位于长安区鑫利时间国际 B 座 13 层，注册资本 50 亿元，主要经营旅游投资、旅游经营、文化体育、休闲康养等业务。12 月 14 日，旅投集团建设的正定新区文旅康养中心项目取得土地证。2021 年旅投集团营业收入 4.08 亿元，实现利润 3491 万元，纳税额 2000 万元。至 2021 年底，集团共有在职员工 1532 人。

石家庄文化旅游投资集团
有限责任公司

董　事　长：任秀力（10 月任）
副董事长、总经理：
秘勇　（10 月任）
党委副书记、工会主席：
陈刚　（10 月任）
纪委书记、监事会主席：
董朝晖（10 月任）
副总经理：史维斌（10 月任）
国彬　（10 月任）
赵云　（10 月任）
总法律顾问：易灿辉（10 月任）

（袁子安）

【水投集团】 石家庄水务投资集团有限责任公司（简称水投集团）于 2021 年 10 月 13 日揭牌成立，是一家国有独资企业，地址位于桥西区建设南大街 66 号，注册资本 50 亿元。水投集团以原石家庄水务集团有限责任公司为主组建，下属企业包括市水利水电勘测设计研究院、市滹滏水利工程有限公司、市牧工商开发总公司、市畜牧兽医服务公司、市畜牧兽医技术开发中心、市惠农印刷厂、市社会卫生服务公司、市机动车清洗公司、市环城水系综合整治开发有限公司、市滹沱河综合整治开发有限公司 10 家企业。2021 年水投集团实施重点项目 8 项，分别为：城乡生产生活水源置换工程、污水处理厂提标改造工程、医废处置升级改造工程、地表水厂升级改造工程、主城区老旧供水管网改造工程、公厕设计及市政水源连通工程、现代农业发展项目、水利水电设计建设项目。主城区应急水源工程（地下水）可行性研究报告、石家庄市城市水系及水系空间总体规划初步方案、冶河灌区“十四五”续建配套与现代化改造项目勘察设计、洨河河道岸线保护与利用规划编制完成及元氏县洨河支流山洪沟治理工程、滹沱河建筑渣土处置二次三标段项目完工。改造老旧管网 5.1 千米，新建改造供水管线 189.71 千米，新建加压泵站 1 座，连通自备井 244 眼。医废处置 1 号焚烧生产线升级改造工程建成投运，日处置能力达到 15 吨，全年收运医疗废物 4500 余吨，均做到安全处置。2021 年水投集团总资产达到 185 亿元，营业收入 18.79 亿元，利润 -1.75 亿元，资产负债率 78%。至 2021 年底，集团共有职工 4899 人。

石家庄水务投资集团有限责任公司

董　事　长：郭少旭（10 月任）
副董事长、总经理：
卢金河（10 月任）
党委副书记、工会主席：
路铁照（10 月任）
副总经理：李文国（10 月任）
孔繁强（10 月任）

张泽义（10 月任） 纪委书记、监事会主席： 总法律顾问：张静 （10 月任）
郭利 （10 月任） 刘宝林（10 月任） （冯立飞）

自然资源管理

【概况】 2021 年石家庄市辖区共收储土地 9401 亩，其中，市内四区完成收储 1175 亩，高新区完成收储 2562 亩，鹿泉区完成收储 394 亩，栾城区完成收储 2519 亩，藁城区完成 1243 亩，化工园区完成收储 1507 亩。2021 年全市供应土地 1117 宗，供应面积 38737 亩。其中，划拨土地 518 宗，面积 16878 亩；出让土地 594 宗，面积 21288 亩，出让价款 365.42 亿元；租赁 5 宗，面积 571 亩，租金 34.73 万元。加强不动产登记管理，2021 年共办理各类不动产登记 30 万余件，发放不动产权证书、证明 23 万余本，其中，首次登记 1300 余件、转移登记 15 万余件、抵押登记 8 万余件、注销登记 5 万余件、查解封登记 7900 余件、变更登记 2700 余件、更正登记 1900 余件，强制过户 640 余件，房产落宗 280 余次，承办诉讼案件 30 件。强化土地要素支撑，改善土地生态修复管理，全年安排计划指标 17057 亩，获批建设用地 2.89 万亩，供应土地 1117 宗，供应面积 38737 亩。支持省会建设和高质量发展，提高土地资源的综合利用效益，全年盘活批而未供土地 2.06 万亩，处置闲置土地 316 亩，全市闲置土地实现全部清零。2021 年 12 月，根据市委办、市政府办印发《关于调整市自然资源和规划局藁城、鹿泉、栾城分局管理体制的实施方案》，完成市自然资源和规划局藁城、鹿泉、栾城分局人、财、物上收工作。2021 年市自然资源和规划局获得全国自然资源系统青年文明号、全国自然资源系统“七五”普法工作成绩突出集体。

【土地储备和供应】 2021 年石家庄市辖区（市内 4 区及高新区、藁城区、鹿泉区、栾城区、循环化工园区）收储土地 9401 亩，其中，市内四区收储 1175 亩，高新区收储 2562 亩，鹿泉区收储 394 亩，栾城区收储 2519 亩，藁城区 1243 亩，化工园区收储 1507 亩。2021 年全市供应土地 1117 宗，面积 38737 亩。其中，划拨土地 518 宗，面积 16878 亩；出让土地 594 宗，面积 21288 亩，出让价款 365.42 亿元；租赁 5 宗，面积 571 亩，租金 34.73 万元。优化国土空间布局、强化土地要素支撑、改善土地生态修复，全年安排计划指标 17057 亩，完成组卷上报并依法获批建设用地 2.89 万亩，供应土地 1117 宗，供应面积 38737 亩。支持省会建设和高质量发展，提高土地资源的综合利用效益，全年盘活批而未供土地 2.06 万亩，处置闲置土地 316 亩，闲置土地实现全部清零。2021 年正定新区建设供地总面积 1040 亩，实现土地收益 24.675 亿元，其中挂牌出让国有建设用地使用权 16 宗，总面积 578 亩，实用地面积 416 亩，总成交额 16.7825 亿元；完成划拨供地 6 宗，总面积 462 亩，实用地面积 383 亩，划拨价款 7.8926 亿元。

【耕地保护】 2021 年全市完成补充耕地立项 48 个项目，验收 62 个项目，新增耕地面积 1.1 万亩。征地使用占补平衡指标 1.8 万亩，统筹安排占补平衡指标 6960 亩。矿山生态修复及治理。2021 年全市综合采取自然恢复、转型利用、修复绿化等措施，治理责任主体灭失矿山迹地 103 处，治理面积 13399 亩。

【不动产确权登记】 2021 年全市办理各类不动产登记 30 万余件，发放不动产权证书、证明 23 万余本，其中，首次登记 1300 余件、转移登记 15 万余件、抵押登记 8 万余件、注销登记 5 万余件、查解封登记 7900 余件、变更登记 2700 余件、更正登记 1900 余件，强制过户 640 余件，房产落宗 280 余次，承办诉讼案件 30 件。全年收集各类登记资料 28 万余卷，入库各类登记档案 26 万余卷。规范建设用地使用权转让、出租、抵押二级市场交易管理，印发《石家庄市建设用地使用权转让、出租、抵押二级市场交易规范》文件，全年办理国有建设用地使用权及地上建筑物转让业务 5 宗，转让总面积 5.7 万平方米（86.35 亩），转让总金额 6.23 亿元。

【地理信息测绘】 开展年度地形图修补测，主城区基本比例尺地形图修补测范围达到 100 平方千米；推进数字城市运行维护，完成市区基础地理信息数据库 100 平方千米数据入库工作；完成石家庄市基础测绘“十四五”规划编制并通过专家评审；完成石家庄时空大数据平台应用建设，项目平台建设部分 8 月份完成验收工作，数据采集部分完成并通过河北省测绘产品质量监督检验站验收，12 月 13 日出具质检报告；完成石家庄基础控制网建设项目，河北省测绘产品质检站已出具质检报告。服务城市建设，打造地图公共服务精品，全年完成公开版地图6版，共计11000张（册）、保障性用图50余张（版）、应急保障性制图10余张（版）、专题图19版、年鉴用图27版。2次为疫情防控办公室制作应急保障性制图，涉及石家庄主城区、藁城区、正定区、新乐市、深泽区等地电子地图及纸质成品图共计10余张（版）。石家庄市2020年1:1000数字地形图修补测项目、桥西区建设项目监管专题动态数据图测制项目、正定县城市管理综合执法局地下管线普查项目获河北省地理信息产业优秀应用工程铜奖。

【地质灾害防治】 制定地质灾害防治方案，划定危险区域。全市456处地质灾害隐患点全部落实防治单位、责任人、监测人。举办地质灾害防治人员培训，涉及鹿泉、灵寿、井陉、赞皇等8个县区，培训人次730人次。开展主汛期地质灾害巡查监测，掌握地质灾害隐患点变化；统筹组建8支技术小组20人，派往石家庄市8个山区县。做好地质灾害防治宣传，发放地质灾害防治知识宣传扑克牌2000副，宣传材料40500份。

表66　　2021年石家庄市地质灾害高易发区一览表

市域分布	县域分布	灾害面积（平方千米）	地质灾害隐患点数量（处）	地质环境	地质灾害易发类别
西北部中低山区	平山县西部、灵寿县西北部、行唐县西北部等地区	1882	195	该区主要出露新太古界变质岩，岩体风化强烈；南部区域出露少量奥陶系碳酸盐岩、寒武系碳酸盐岩、长城系石英砂岩、白云岩、泥灰岩等	滑坡45处、泥石流97处、崩塌53处
西南部中低山区	赞皇县西部、元氏县西部、井陉县南部等地区	587	75	该区主要出露太古界赞皇群片麻岩、变粒岩、石英砂岩、大理岩及斜长角闪岩、风化、剥蚀强烈	滑坡22处、泥石流42处、崩塌11处

城乡建设

Urban and Rural Construction

综　述

2021年全市城乡建设围绕打造现代化、国际化美丽省会城市目标，以创建“园林城、森林城、卫生城、洁净城、文明城”为突破口，完善城市功能，提升城市品质，优化城市环境，开展县城建设、村镇建设，实施高铁商务区、太平河城市发展示范区、石煤机、东垣古城遗址公园、石家庄北站规划建设、民心河沿岸综合整治改造、城市水系等城乡环境整治和城市更新项目，落实公共保障房政策，加强城市精细化管理，提升城市综合承载能力，统筹和推进城乡一体化发展。

国土空间规划　贯彻落实《省委省政府关于大力支持省会建设和高质量发展的意见》，提出新建住宅容积率不超过2.0指标要求，严格管控城市开发和建设强度，推动居住环境由粗放型高容积项目向品质化低容积空间转变。实施市委、市政府提出二环内做“减法”、二环外做“乘法”和实施拥河发展战略、拉开城市发展框架的战略部署，提升石家庄形象品质，打造让石家庄人自豪、外地人向往的魅力之城。2021年全市受理报建项目469项。其中，办理建设用地预审意见15件；出具规划条件112个，出具压覆矿证明11件；发放建设用地规划许可证61项；办结建筑类报建项目275项，核发建设工程规划许可证100个；办结市政类报建项目107项，核发建设工程规划许可证106个。优化土地供应，全年安排土地计划指标1137.13公顷，依法获批建设用地1926.67公顷，申报核减建设用地64.31公顷。

城乡基础设施建设　以提升城市“舒适度”“美丽度”“便捷度”为目标，开展“我为群众办实事”实践活动，实施棚户区、老旧小区、城中村、市政管网改造及规划路打通、停车场扩建、“厕所革命”等民生工程。加快立体停车设施建设，鼓励社会资本投资建设立体停车设施，制定出台《关于支持立体停车设施建设资金补助的意见》，确定市内4区符合条件的地上立体停车设施给予补助5000元/泊位、地下立体停车设施给予补助1万元/泊位。2021年石家庄市主城区打通和改造道路20条，全长14788.3米，总投资7亿元；在建地下综合管廊项目7个，总长13.54千米，形成廊体6.5千米，累计建成地下综合管廊项目25个，总长66.16千米；建成公共停车场205个、公共停车位41168个，市区公共停车场总数达到4011个、公共停车位总数达到18.95万个。全方位建设现代化、国际化美丽省会城市，至2021年底，石家庄市获评国家级园林县城6个、国家级卫生城7个、省级园林城17个、省级森林城4个、省级卫生城7个、省级洁净城15个、省级文明城15个。

住房保障和房地产业　贯彻落实

城市道路通行高效畅通（市城市更新工作领导小组办公室提供）

中央、河北省关于住房保障和房地产政策要求，坚持“房子是用来住的、不是用来炒的”基本定位，继续落实“限购”“限贷”“限售”政策。推进房地产市场平稳有序发展，印发《关于严格落实城市主体责任促进房地产市场平稳健康发展的通知》《关于进一步加强房地产开发经营监督管理的实施意见》。2021年石家庄市列入国家建设计划公共租赁住房项目312个79600套，分配304个78088套，分配率98.1%；在建项目8个1512套。其中，政府产权公租房250个69984套，分配242个68472套，分配率97.8%；企业产权公租房项目62个9616套，全部分配入住。2021年石家庄市发放公租房租赁补贴1066户，完成省下达目标任务133%；筹集公共租赁住房1292套、保障性租赁住房14209套，均完成省下达目标任务的100%。市区两次公开摇号分配公共保障房4436套，其中，廉租房104套，公租房4332套。至2021年底，市区累计分配入住保障房小区93个56191套306万平方米。2021年依据国家统计局公布全国70个大中城市房价指数数据，石家庄市房价涨跌幅度处于中等偏下水平。

城市管理　以保持全国文明城市、国家卫生城市为目标，以环境卫生保洁，市政设施维护，城市综合治理，污水处理及供水、供热、供气为重点，深入开展城市精细化管理，全力推进智慧城市建设。全年改造提升街区、街道21条，整治提升市区小街小巷1123条，打造精品街道63条；城区新建公厕102座，改造提升公厕241座；市区维修道路56万平方米，道桥设施完好率达95%以上；疏通排水管道1117千米，掏挖维修收检井10万座（次），保洁民心河水面120万平方米，打捞垃圾1.5万立方米，补充地表水和中水5500万立方米。规范城管执法，审核城管执法案件28件，公示执法案件218件。2021年市供水公司产水20770.51万立方米，主城区处理污水量3.2亿吨，主城区供水水质合格率、污水处理率均达100%。2021～2022年采暖季石家庄市城镇供热总面积2.83亿平方米，主城区供热总面积1.97亿平方米。至2021年底，石家庄市内8区和循环化工园区燃气管网总长度达到2.63万千米，主城区燃气管网长度达到6470.58千米，燃气普及率达到100%。

园林绿化　2021年石家庄市区新建公园2个、街旁游园10个，提升改造公园11个、游园4个。至2021年底，全市共有公园广场224个，总面积4252.34公顷。2021年全市新增绿地面积416.74公顷，其中，建成区新增绿地面积175.38公顷，各县（市）新增绿地面积241.36公顷。至2021年底，全市共有园林绿地总面积18041公顷，其中，建成区园林绿地面积12229.44公顷，各县（市）园林绿地面积5811.96公顷；建成区绿地率达到39.14%，绿化覆盖率达到42.85%，人均公园绿地面积14.87平方米。平山县、元氏县、井陉矿区3个县区通过省级园林城创建复查，至2021年底，全市共有国家级园林县城6个（与2020年比较，考核调整为主城区外所有县、市、区），分别为高邑县、正定县、晋州市、栾城区、藁城区、鹿泉区；石家庄市所辖全部县（市、区）均获评河北省园林县城。2021年石家庄市获批命名省级园林式单位3个、省级园林式居住区12个、省级园林式街道3条。2021年石家庄市命名市级园林式单位19个、市级园林式居住区17个、市级园林式街道11条。

（市档案馆）

国土空间规划

【概况】　2021年全市贯彻落实省委、省政府支持省会建设和高质量发展的各项政策，优化国土空间布局，强化土地要素支撑，提升城市格调品位，坚持在二环内做“减法”、在二环外做“乘法”，为实现高质量发展提供坚实空间保障。全年安排用地计划指标1137.13公顷，组卷上报并依法获批建设用地1926.67公顷，供应土地1117宗，供应面积2582.47公顷。落实《省委省政府关于大力支持省会建设和高质量发展的意见》中新建住宅容积率不超过2.0要求，推动城市居住环境由粗放的高容积项目向品质化低容积空间转变。提高土地资源综合利用效益，全年盘活批而未供土地1373.33公顷，处置闲置土地21.1公顷，闲置土地实现全部清零。2021年市规划馆新馆更新国土空间规划展厅内容，增设“红色土地、英雄河北”——河北革命史展、“石家庄市道德模范事迹展”“铁路与石家庄——纪念正太铁路建成通车115周年特展”“印象·拾光·筑梦”第一届城市风貌摄影作品展等展览项目。2021年市规划馆新馆接待参观人数65.04人次，接待全国各类参观团体458批次。

【国土空间规划会议】　全年召开市国

土空间规划委员会专题会议10次，审议议题46项。1月22日，市国土空间规划委员会第十次专题会举行。审议并原则通过石家庄火车站新客站地区01单元热电一厂地块控制性规划动态维护方案1个议题。

2月4日，市国土空间规划委员会第十一次专题会举行。审议并原则同意石家庄市中心城区控制性规划动态维护方案、荣鼎·朗园规划设计方案、正定·天山69号地房地产项目规划设计方案、荣鼎·正定新区砂之船奥莱项目规划设计方案4个议题。

7月21日，市国土空间规划委员会第十二次专题会举行。审议并原则同意09分区11单元中央商务区南区部分地块控制性规划动态维护方案1个议题。

8月2日，市国土空间规划委员会第十三次专题会举行。审议并原则同意06分区09单元石煤机地块控制性规划动态维护方案、08分区06单元河北省档案馆地块控制性规划动态维护方案2个议题。

8月21日，市国土空间规划委员会第十四次专题会举行。审议并原则同意石家庄市中心城区控制性规划动态维护方案（04分区09单元石药中诺中润地块、新客站分区02单元石药集团新华厂区地块）、石家庄市中心城区控制性规划动态维护方案（17分区03单元友谊大街小学南校地块、25分区04单元市老年养护院二期地块、05分区05单元社会福利用地部分地块）、石家庄市鹿泉区控制性规划动态维护方案（铜冶镇06单元地块、西北物流产业聚集区部分地块）3个议题。

9月20日，市国土空间规划委员会第十五次专题会举行。审议并原则同意民族路步行街、河北公安警察职业学院新校区暨公安民警训练基地规划设计方案（修改完善）、《石家庄市城市防洪规划（2021～2035）》、石家庄市中心城区控制性规划动态维护方案、首都医科大学宣武医院河北省神经区域医疗中心规划设计方案调整、东胜壹世界城市广场规划设计方案调整、高营国际当代镜规划设计方案、万科翡翠四季和福美文旅园规划设计方案8个议题。

10月27日，市国土空间规划委员会第十六次专题会举行。审议并原则同意石家庄市滹沱河生态经济带（城区段）太平河城市片区城市设计方案国际征集组织工作方案、新客站东广场区域城市设计优化调整方案（含中央绿色体育公园规划设计方案）暨新客站区域部分地块控制性规划动态维护方案、高新区生物医药产业园控制性规划动态维护方案、鹿泉经济开发区信息技术产业基地辖区范围内部分地块控制性规划动态维护方案、石家庄市东南片区重点区域城市设计和控制性详细规划、石家庄市中心城区控制性规划动态维护方案、高新区石家庄信息工程职业学院南校区旧址地块控制性规划动态维护方案、鹿泉区横山村城中村改造地块控制性规划方茶、正定新区第二中学地块控制性规划动态维护方案、汇智数据大厦规划设计方菜、宜农科技总部项目（一期、二期）规划设计方案11个议题。

11月23日，市国土空间规划委员会第十七次专题会举行。审议并原则同意石家庄市中心城区控制性规划动态维护方案、鹿泉区控制性规划动态维护方案、正定新区第二中学规划设计方案3个议题。

12月12日，市国土空间规划委员会第十八次专题会举行。会议审议并原则同意市区学府路东延跨太平河桥梁工程方案1个议题。

12月31日，市国土空间规划委员会第十九次专题会举行。审议并原则同意石家庄市自然资源和规划局关于修改完善石家庄市立体园林建筑示范工程试点实施方案的请示、石煤机城市更新项目住宅地块规划设计方案、石家庄火车北站区域城市设计优化提升方案与石家庄火车北站区域部分地块控制性规划动态维护方案、石家庄市中心城区控制性规划动态维护方案、高新区控制性规划动态维护方案、正定新区控制性规划动态维护方案、石家庄市全民健身中心一期规划设计方案、石家庄市第四十中学新校区改建项目规划设计方案、旭辉长安府项目规划设计方案调整、中国铁建西派江玥项目规划设计方案10个议题。

【国土空间总体规划】 全面落实国家、省、市工作部署，自上而下、上下联动、压茬推进国土空间规划编制工作。2021年扎实开展基础工作，加大规划调研力度，开展城市体检评估工作，以“三调”数据为基础，全面对标对表国家技术标准，摸清现状底数和矛盾冲突；根据国家政策，统筹做好生态保护红线和永久基本农田优化调整，协调解决边界矛盾，科学划定“三条控制线”；积极融入京津冀协同发展大局，实施拥河发展战略，拉开城市框架，构建“一主、四辅、两带”空间格局，明确石家庄市“现代化国际化美丽省会”的城市定位；高效衔接各类专项规划，着力提升城市品质，着力改善生态环境，着力保障改善民生，优化完善公共服务设施布局和基础设施配套，构建完善“1+16+33”空间规划体系（1个总体规划、16个专题研究，33个专项规划）。至2021年底，《石家庄市国土空间总体规划（2035年）》通过省委常委会、市委专题会审议及省自然资源厅第四轮技术审查，形成阶段性成果，并提交省政府批准。各县（市、井陉矿区）国土空间规划、乡镇规划完成阶段性成果，“多规合一”试点村庄规划全部编制完毕。

【村庄规划编制】 贯彻落实省、市部署，指导各县（市、区）在原有村庄规划基础上，结合乡村振兴战略、美丽乡村建设、农村人居环境整治三年行动及正在编制的市县国土空间总体规划，按照县（市、区）域村庄布局规划中确定的村庄类型，因地制宜、分类编制村庄规划，有条件有需求的村庄应编尽编。至2021年底，全市重点推进的晋州市九队十队、井陉县吕家村、鹿泉区曲寨村、栾城区北赵台村4个省级“多规合一”试点村庄及平山县北庄片区村庄规划全部完成阶段性规划成果，其他有条件有需求的村庄规划编制正在有序推进。

【规划审批与管理】 落实《省委省政府关于大力支持省会建设和高质量发展的意见》提出新建住宅容积率不超过2.0要求，严格管控开发项目建设强度，推动城市居住环境由粗放型高容积项目向品质化低容积空间转变。10月18日，市政府常务会研究通过《关于对我市新建居住项目容积率加强管控的决定（草案）》。10月27日，市第十五届人大常委会第二次会议审议通过《关于加强新建居住项目容积率管控的决定》。2021年全市受理报建项目469项。其中，办理建设用地预审意见15件；出具规划条件112个，出具压履矿证明11件；发放建设用地规划许可证61项；办结建筑类报建项目275项，核发建设工程规划许可证100个；办结市政类报建项目107项，核发建设工程规划许可证106个。正定新区规划管理。2021年正定新区供地总面积69.33公顷，实现土地收益24.68亿元。其中，挂牌出让国有建设用地使用权16宗，总面积38.53公顷，实用地面积27.73公顷，成交额16.78亿元；划拨供地6宗，总面积30.8公顷，实用地面积25.53公顷，划拨价款7.89亿元。正在实施划拨供地18.67公顷，包括博物馆4.2公顷、消防站0.6公顷、市委网信办1.67公顷、石家庄职业技术学院四期12.2公顷。全年正定新区为15个项目出具建设用地预审与选址意见书，32个项目核发规划条件，9个项目核发建设用地规划许可证，22个项目（总建筑面积161.05万平方米）核发建设工程规划许可证；核发市政项目建设工程规划许可证45项，其中，道路及综合管廊项目10个，管线工程13个，接户及开口22个，道路总长度13.7千米，管线工程24.6千米。

【控制性规划动态维护】 科学编制控制性详细规划，补齐城市短板，优化城市用地布局。2021年全市共开展控制性规划动态维护33项，涉及用地面积1422.24公顷，增加公园绿地57.95公顷、城市道路用地42.55公顷、文化设施用地6.87公顷、中小学用地41.28公顷、体育用地3.82公顷、社会福利用地1.83公顷、医疗卫生用地8.5公顷。大力实施城市更新，深入落实在二环内做“减法”，疏解低端低效产业，为城市建设腾出发展空间；在二环外做“乘法”，实施拥河发展战略，拉开城市发展框架。按照“缺什么、补什么”的要求，在市内依程序相继组织启动石煤机地块、石药中诺中润地块、棉一棉二、华药、石钢、焦化厂、高铁商务区、赵三街片区、信工学院、十里尹村等8个城中村改造项目控制性规划动态维护工作，维护范围总用地1689.53公顷，其中，新增公益性设施用地69.33公顷，公园绿地39公顷；商业用地减少68.93公顷，住宅开发量减少55万平方米。

【城市景观风貌】 贯彻落实省委省政府和市委市政府坚持高标准规划、高品位设计理念的相关指示精神，2021年3月以市政府名义印发《石

新百广场夜景　　（北人集团提供）

家庄市建筑风貌控制管理技术导则》，从“天际线与建筑高度控制”“街道空间与建筑界面控制”“建筑色彩控制”“建筑单体控制”“楼前环境控制”五个方面对全市建筑风貌管理做出详细规定。为打造优美城市天际线和现代化、国际化美丽省会城市，塑造城市风貌特色，提升城市建设品质，2021 年 7 月以市政府名义印发《石家庄市居住区建筑风貌与容积率联动创新办法（试行）》。该《办法》以增强城市颜值、品位和内涵为目标，对标借鉴其他先进城市经验，一方面对相关审核办法提出了明确规定与硬性要求；另一方面，通过建筑风貌与容积率联动方式，从源头上提高了开发企业对城市景观风貌的重视程度，成为石家庄市城市管理理念的一次突破。落实市委、市政府要求，牵头编制主街主路风貌提升规划改造方案，邀请深圳蕾奥、同济大学、东南大学、天津大学等国内高水平设计团队围绕“四横五纵一环”108 千米主街主路，开展高水准沿街风貌景观提升规划设计工作，设计方案提出了城市设计的总体要求，明确道路定位，并结合重点地段、重要节点对沿街建筑立面设计、开敞空间布局、绿化景观、架空线入地做到周密详细设计。利用规划设计方案审批环节，加强建设项目景观风貌管控，重点审查中央商务区、新客站区域、滹沱河沿线区域内的建设项目规划设计方案，在市国土空间规划委员会会议议事规则调整中将上述区域新建项目纳入市国土规划委员会会议审议。

【国土空间用途管制】 改革计划指标管理方式，推行土地要素跟着项目走，全年安排土地计划指标 1137.13 公顷。争取省自然资源厅政策支持，2021 年石家庄市组卷上报并依法获批建设用地 1926.67 公顷。有效盘活批而未供土地，开展核减建设用地批文工作，申报核减建设用地批文 64.31 公顷。做好城乡建设用地增减挂钩相关工作，按期完成增减挂钩历史遗留问题整改，上报整改用地卷宗 15 个批次 170.24 公顷。做好使用异地增减挂钩节余指标用地组卷报批，全年上报审批 47 个批次 250.7 公顷。

（张跃彬）

城乡基础设施建设

【概况】 2021 年全市以建设现代化、国际化美丽省会城市为目标，重点实施市区道路工程、停车场、地下综合管廊、县城建设、村镇建设等城乡建设项目。城市道路设施建设。打通和改造主城区道路 20 条，全长 14788.3 米，总投资 7 亿元。地下综合管廊。在建地下综合管廊项目 7 个，总长 13.54 千米，形成廊体 6.5 千米；至 2021 年底，全市累计建成地下综合管廊项目 25 个，总长 66.16 千米。停车场建设。建成公共停车场 205 个、公共停车位 41168 个，其中地上地下立体停车位 5876 个。至 2021 年底，全市共有公共停车场 4011 个、公共停车位 18.95 万个，其中，地上地下立体停车场 24 个、停车位 7882 个。县城建设。开展县城建设提质升级三年行动，18 个县（市、区）谋划实施市政基础设施和公共服务设施建设项目 494 个，总投资 486 亿元，年度完成投资 257 亿元；棚户区改造开工项目 10 个，建设住房 5989 套，总投资 32.16 亿元；至 2021 年底，全市建

市区新百广场与万象城交口　　（市住房和城乡建设局提供）

成棚户区住房12141套，老旧小区改造完工658个。村镇建设。农村危房改造，动态新增农村危房改造户213户，农村低收入家庭住房安全保障率达到100%；保护名镇名村和传统村落，挂牌保护传统村落53个，修缮保护传统村落93个。加强历史文化街区和历史建筑保护，认定历史文化街区4片，公布确定历史建筑77处。1月29日，疫情防控隔离点——黄庄公寓建成并投入使用，地址位于正定县与藁城区交界处黄庄村南，占地面积51.87公顷，建筑面积11.6万平方米。

（陈涛　沈艳扬）

【城市道路设施建设】 1月1日，市区槐安路与西二环互通立交桥一期工程开通试运行，新建槐安路与西二环互通立交东向南、东向北2条匝道，全长1481米（东向南匝道长961米、东向北匝道长520米）。2021年石家庄市主城区围绕完善城市骨架路网与主干道系统打通和改造主城区道路20条，全长14788.3米，总投资7亿元。分别为：天台路（石兆街—天丰街）、育东街（谈北路—和平路）、十里铺街（绵河道—荷园路）、京广东街北地道、仓盛路（建设大街—裕翔街）、赵卜街（裕泰路—仓丰路）、南部街（仓顺路—仓盛路）、汇明路（红旗大街—中华大街）、华星路南半幅、明珠街（颐宏路—北二环）、体育大街（贾商路—方村路）、城中路（胜利大街—西城街）、金明街（绵河道—东垣东路）、学府路东延、赵卜街（建华西路—方盛路）、贾商路（体育大街—美景街）、塔北路（东王东街—建华大街）、中营街（水域北路—北二环西延）、槐河路（天山大街—秦岭中街）、汇新路（友谊大街—红旗大街）。

表67　2021年石家庄市主城区打通和改造道路一览表

序号	道路名称	长度（千米）	开工日期	建成日期
1	天台路（石兆街—天丰街）	650	2020年8月1日	2021年2月20日
2	育东街（谈北路—和平路）	290	2020年8月1日	2021年3月15日
3	十里铺街（绵河道—荷园路）	450	2020年8月1日	2021年4月5日
4	京广东街北地道	664	2020年5月6日	2021年4月30日
5	仓盛路（建设大街—裕翔街）	1440	2020年9月10日	2021年5月20日
6	赵卜街（裕泰路—仓丰路）	237	2020年9月30日	2021年5月25日
7	南部街（仓顺路—仓盛路）	427.3	2020年7月27日	2021年6月8日
8	汇明路（红旗大街—中华大街）	1300	2021年3月15日	2021年6月18日
9	华星路南半幅	1050	2020年12月15日	2021年7月15日
10	明珠街（颐宏路—北二环）	460	2017年5月15日	2019年8月15日
11	体育大街（贾商路—方村路）	359	2021年4月1日	2021年8月30日
12	城中路（胜利大街—西城街）	560	2021年6月23日	2021年9月30日
13	金明街（绵河道—东垣东路）	880	2021年7月15日	2021年10月30日
14	学府路东延	893	2021年10月19日	2021年11月14日
15	赵卜街（建华西路—方盛路）	843	2020年10月3日	2021年11月15日
16	贾商路（体育大街—美景街）	1360	2020年10月13日	2021年11月25日
17	塔北路（东王东街—建华大街）	391	2021年5月1日	2021年11月30日
18	中营街（水域北路—北二环西延）	404	2021年4月8日	2021年12月1日
19	槐河路（天山大街—秦岭中街）	1500	2021年5月30日	2021年12月1日
20	汇新路（友谊大街—红旗大街）	630	2021年6月1日	2021年12月1日

（张剑阁）

【地下综合管廊】 以安全运营为重点，以智慧运营为方向，推进地下综合管廊项目建设和管线入廊。保障管廊项目运行。升级改造管廊总控中心，拨付可行性缺口补助资金及运维补贴共计8628万元，统一管理全市管廊项目运营；加强管廊安全运营管理，开展安全检查及质量检查（检测），评估管廊项目安全状态。加快管线入廊进度，督促供水公司缴纳汇明路、塔北路、仓丰路全线的入廊费，共计2200万元，推进入廊施工。加强业务培训及考核。组织各公司相关负责人、技术人员和巡检人员开展管廊运维管理专题业务培训；组织专家团队对汇明路、仓丰路管廊开展绩效考核8次。完善应急预案，开展火灾、防汛、污水泄漏和人员入侵等应急演练，提高各管廊公司处置安全应急事件能力。完善管廊制度规范，制定《石家庄市推进城市地下综合管廊建设实施意见》《石家庄市地下综合管廊管理细则》等相关政策文件。2021年全市在建地下综合管廊项目7个，总长度13.54千米，完成廊体长度6.5千米。2021年4月，位于正定新区安济路东延（太行大街—天泽大街）建设完工，长度0.665千米，投资金额7500万元。至2021年底，全市建成地下综合管廊项目25个，总长度66.16千米，完成总投资96.52亿元。

（郝莹）

表68　　2021年石家庄市在建地下综合管廊项目一览表

序号	区域	项目名称	起止范围	完成长度（千米）
1	市内4区	中央商务区	北至和平路，南至新华路，西至宁南路，东至宁安路	1.02
2		仓丰路	翟营大街以西320米	0.32
3		建华大街南延	仓盛路—仓宁北路	0.63
4	正定新区	安济路	太行北大街—西临济街	3.02
5		怀德大街	安济路—天宁路	0.59
6		新城大街北延	安济路—崇因路	0.62
7	高新区	仓丰东路	秦岭大街—太行大街	0.3

【滹沱河（城区段）建设类活动管控】 7月25日，市政府印发《关于加强滹沱河生态经济带（城区段）区域各类建设活动管控工作的通知》。确定滹沱河（城区段）两侧管控范围：东至机场路（新赵线）、西至京昆高速连接线、南至石黄高速、北至正无路（藁城区段）以北300米（规划路）—藁城正定县界—滹沱河北堤（正定段）—中华大街北延—规划338国道，涉及新华区、长安区、鹿泉区、藁城区、正定县5个区（县），总面积222.9平方千米。

（市档案馆）

【县城建设】 开展县城建设提质升级三年行动，正定县、鹿泉区、元氏县、晋州市、灵寿县、高邑县、平山县、新乐市、藁城区、井陉县、井陉矿区、栾城区、赞皇县、行唐县、深泽县、无极县、赵县、循环化工园区18个县（市、区）谋划实施市政基础设施和公共服务设施建设项目494个，总投资486亿元，年度完成投资257亿元，其中，晋州市、井陉县、无极县、正定县、元氏县、鹿泉区、藁城区、栾城区8个县（市、区）城市建设完成年度投资额达到14亿元以上；全市棚户区改造开工10个项目，共5989套，开工任务完成率达到100.03%；基本建成12141套，任务完成率达到104.5%；实施老旧小区改造658个，涉及11万户，受益群众34万人。《正定县历史文化名城保护规划（2020～2035年）》通过住房和城乡建设部专家审定。2021年井陉县、行唐县、井陉矿区获评省级洁净城，晋州市、高邑县通过省级洁净城复核；行唐县、无极县、赞皇县通过国家园林城省级初审，元氏县、深泽县、井陉矿区通过省级园林城复核；井陉县、元氏县获评省级森林城；无极县、赵县获评省级卫生城。至2021年底，全市共有国家级园林县城6个（与2020年比较，考核调整为主城区外所有县、市、区）：高邑县、正定县、晋州市、栾城区、藁城区、鹿泉区；国家级卫生城7个：正定县、高邑县、新乐市、井陉矿区、栾城区、藁城区、鹿泉区；省级园林城17个：主城区外县（市、区）实现全覆盖；省级森林城4个：正定县、元氏县、井陉县、平山县；省级卫生城7个：正定县、高邑县、元氏县、井陉县、晋州市、无极县、赵县；省级洁净城15个：正定县、高邑县、元氏县、井陉县、晋州市、新乐市、平山县、无极县、赵县、灵寿县、赞皇县、行唐县、井陉矿区、藁城区、鹿泉区；省级文明城15个：正定县、高邑县、元氏县、井陉县、新乐市、平山县、无极县、赵县、灵寿县、赞皇县、行唐县、井陉矿区、栾城区、藁城区、鹿泉区。12月23日，正定县获得河北省人居环境奖，井陉矿区获得河北省人居环境进步奖。

（高小明　贾运良）

【村镇建设】 组织各县（市、区）启动修编历史文化名镇名村保护规划和传统村落保护发展规划。支持鹿泉区铜冶镇、正定新城铺镇、平山县西柏坡镇3个特色小镇推进“十个一”建设（一套基础的市政公用设施网络、一套便捷的道路交通系统、一套健全的生活垃圾治理体系、一套适宜的生活污水处理机制、一套安全稳定的清洁能源及供热体系、一张覆盖镇域的公共服务设施网络、一套绿色生态的公共绿地系统、一套功能完备的应急防灾体系、一套健全的镇容镇貌管理制度、一支高效的管理队伍）。组织30个镇实施“壮大工程”，分别为鹿泉区铜冶镇、上庄镇，藁城区兴安镇、岗上镇，栾城区冶河镇、窦妪镇，井陉矿区贾庄镇，平山县西柏坡镇、南甸镇、温塘镇，灵寿县慈峪镇、陈庄镇，行唐县口头镇、龙州镇，新乐市承安铺镇、邯邰镇，正定县新城铺镇、新安镇，晋州市总十庄镇，赵县南柏舍镇，元氏县殷村镇、南佐镇，井陉县天长镇、秀林镇，无极县张段固镇，深泽县大桥头镇，高邑县大营镇、富村镇，赞皇县院头镇、南邢郭镇。开展农村生活垃圾集中整治专项行动，全市3858个村全部实现生活垃圾日产日清。拨付补助资金1128万元，完成940户农村住房抗震改造试点。动态新增农村危房改造户213户，农村低收入家庭住房安全保障率达到100%。

（王增军　赵俊武）

【城建档案管理】 2021年市城建档案馆完成建筑工程档案验收项目88个、建筑面积752.9万平方米，园林绿化工程78个，地下管廊工程1个、长度1.9千米，市政工程2个、长度1.13千米，轨道交通工程标段30个。2021年市城建档案馆审核接收各类城建档案10558卷，其中，民用建筑类7833卷、市政园林绿化工程1613卷、轨道交通794卷、声像档案318卷；电子档案同步接收总量2.8TD；接收并保管正定新区城建档案项目9个939卷。城建档案业务指导。采取现场与网络相结合方式，重点工程档案业务指导实现全覆盖。全年现场指导工程项目80余个。地铁工程、解决房地产历史遗留问题工程城建档案验收。初验完成石家庄地铁3号线一期东段工程和二期工程16个施工标段、8个监理标段，并出具专项验收意见书；复验完成石家庄地铁3号线一期东段工程和二期工程24个标段、地铁2号线一期工程14个标段施工监理资料。落实市政府《关于加快解决房地产遗留问题做好不动产登记工作的意见》要求，验收完成解决房地产遗留问题工程档案6项。城建档案查阅咨询。2021年市城建档案馆接待查阅利用服务600余人次，调阅档案1500余卷，复印文件及图纸2.11万张。

（李会明）

历史建筑保护

【概况】 石家庄市历史建筑与古村落遍布市域，正定县历史建筑最多，井陉县古村落最多。2021年石家庄市认定历史建筑77处，至2021年底，全市共有历史文化街区4片、历史建筑181处。2021年全市挂牌保护传统古村落53个，其中，井陉县44个，平山县4个，鹿泉区2个，井陉矿区2个，赞皇县1个；修缮保护井陉县历史文化名镇名村7个；修缮保护传统古村落93个，均为井陉县村落。井陉县1镇6村实施古建筑和民居抢救性资源保护，分别为天长镇、南障城镇吕家村、南障城镇小梁江村、南障城镇大梁江村、天长镇小龙窝村、于家乡于家村、天长镇梁家村。推荐26个镇村申报“河北省第五批历史文化名镇名村”。

（王增军　赵俊武）

【历史文化街区、历史建筑】 至2021年底，全市共有历史文化街区4片，分别为：正定县隆兴寺历史文化街区、正定县开元寺历史文化街区、赵县柏林禅寺历史文化街区、赵县城隍庙历史文化街区。2021年石家庄市认定历史建筑77处，其中，晋州市4处：人民自卫军纪念馆、晋察冀野战军育英学校纪念馆、南田烈士陵园、河头村纪念塔；新乐市7处：第二区烈士纪念碑（南累头）、第二区烈士纪念碑（东五楼）、第三区烈士纪念碑、第三区烈士纪念碑、第五区烈士纪念碑、第六区烈士纪念碑、沙井惨案遗址纪念碑；无极县8处：闻鸡起舞、民兵训练基地、百果园—南天门、李狄三公园、高头清真寺、郭庄烈士纪念碑、无极中学旧址、谈下清真寺；深泽县8处：南张庄科技文化中心、滹沱河北大堤、石油职工医院、广播电视大楼、深泽县政府大楼、泄水闸、中央烈士塔、十里香饭店；赞皇县9处：稿筒桥、石拱桥、郭家老宅、砖木阁楼、砖木筒子楼、砖木筒子楼、陶庆僧古石宅、陶庆林古石宅、陶吉增古石宅；井陉县10处：南横口马席珍故居、南横口马贡珍故居、南横口泰裕恒酒坊、南横口贾胜云宅院、南横口段彦林宅院、南横口马保珍宅院、南横口刘锁珍宅院、南横口马喜庭宅院、南横口原村委旧址、南横口关帝庙；平山县11处：柏树庄人民饭厅、南冶龙王庙、南冶村古井、七里坪明清时进村楼阁、七里坪李家大院、七里坪崔张家大院、北冶乡狮子坪209工程旧址、狮子坪村防空洞、狮子坪村水井、咂杜古石桥、咂杜龙王庙；高邑县9处：赵南星祠堂、刘秀公园、凤凰台、剧院、电影院、高速口西侧雕塑、高速口东侧雕塑、八匹马雕塑、红色党支部；元氏县10处：南立交桥、北立交桥、黑水河军政会议旧址、元氏公园、石家庄市第二实验中学校史馆、元氏革命烈士陵园、胡家庄保卫战纪念碑、封龙书院、兴元门、常山广场。至2021年底，石家庄市共有历史建筑181处，其中，市区11处，13个县（市）170处；县（市）历史建筑分布：井陉县11处、正定县56处、行唐县1处、灵寿县1处、高邑县10处、深泽县10处、赞皇县10处、无极县10处、平山县12处、元氏县11处、赵县17处、晋州市11处、新乐市10处。历史建筑均实现挂牌保护，并录入住房和城乡建设部历史文化街区和历史建筑信息管理平台。2021年全市历史建筑保护完好，未发生拆除、损毁等破坏性事件。

表69　　2021年石家庄市历史建筑一览表

地域	数量（处）	历史建筑名称
市区	11	石家庄解放纪念碑、石家庄老火车站、京汉铁路售票厅旧址、华北制药厂储粮塔、石家庄铁道大学开元楼、燕春饭店、长安公园三亭桥、长安公园工农兵塑像、张营梁氏宅院1、张营梁氏宅院2、河北装潢机械厂车间／办公楼
井陉县	11	南横口马家大院、南横口马席珍故居、南横口马贡珍故居、南横口泰裕恒酒坊、南横口贾胜云宅院、南横口段彦林宅院、南横口马保珍宅院、南横口刘锁珍宅院、南横口马喜庭宅院、南横口原村委旧址、南横口关帝庙
正定县	56	李东梅民居、周秀琴宅院北院、周秀琴宅院南院、燕赵南大街157号宅院、杨家民居、燕赵南大街居民、王武斌民居、谢家民居、高喜成宅院、张贵奇宅院、谢狗子民居、王秀芹宅院、文小莉宅院、刘家民居、张振中宅院、袁家宅院、石奎济民居、曹玉春宅院、沈建民民居、胜利街大队第四小队、原供销社、张建林民居、叶佩香民居、房管所公产房、贯大山故居、信力印刷厂沿街建筑、袁景林宅院、董家宅院、王玉新／尤凤娥／王玉珍宅院、耿启志宅院、红军院、马福堂民居、成德平民居、地质干部学校礼堂、王子峰民居、艺文斋、智勇民居、王清庭民居、李国贞民居、阳和楼、常山影剧院、王花子民居、周友援民居、周荣华民居、陈英亮宅院、朱丑子民居、孙兵山民居、孙红山宅院、王零余旧居、王顺菊宅院、周庆祥宅院、任国英民居、任国彬民居、戎老三民居、戎尾巴民居、王岭楷
行唐县	1	双戏楼
灵寿县	1	杨五连祖宅
高邑县	10	南门、赵南星祠堂、刘秀公园、凤凰台、剧院、电影院、高速口西侧雕塑、高速口东侧雕塑、八匹马雕塑、红色党支部
深泽县	10	石油工人俱乐部、宋家庄大战遗址、南张庄科技文化中心、滹沱河北大堤、石油职工医院、广播电视大楼、深泽县政府大楼、泄水闸、中央烈士塔、十里香饭店
赞皇县	10	槐泉寺、稿筒桥、石拱桥、郭家老宅、砖木阁楼、砖木筒子楼、砖木筒子楼、陶庆僧古石宅、陶庆林古石宅、陶吉增古石宅
无极县	10	农贸市场中门牌楼、南流烈士纪念亭、闻鸡起舞、民兵训练基地、百果园—南天门、李狄三公园、高头清真寺、郭庄烈士纪念碑、无极中学旧址、谈下清真寺
平山县	12	南滚龙沟招待所、柏树庄人民饭厅、南冶龙王庙、南冶村古井、七里坪明清时进村楼阁、七里坪李家大院、七里坪崔张家大院、北冶乡狮子坪209工程旧址、狮子坪村防空洞、狮子坪村水井、咂杜古石桥、咂杜龙王庙

续表

地域	数量（处）	历史建筑名称
元氏县	11	中街牌坊、南立交桥、北立交桥、黑水河军政会议旧址、元氏公园、石家庄市第二实验中学校史馆、元氏革命烈士陵园、胡家庄保卫战纪念碑、封龙书院、兴元门、常山广场
赵　县	17	城隍庙 A−1、城隍庙 A−2、城隍庙 A−3、城隍庙 A−4、城隍庙 A−5、城隍庙 A−6、城隍庙 A−7、城隍庙 A−8、城隍庙 A−9、山门、普光明殿、钟鼓楼、观音殿、指月楼、会贤楼、无门关 / 开山楼 / 怀云楼、云水楼
晋州市	11	魏征公园、魏征故居、烈士陵园、杨氏宗祠、北寺烈士纪念碑、周家庄合作史纪念馆、晋州市电视塔、人民自卫军纪念馆、晋察冀野战军育英学校纪念馆、南田烈士陵园、河头村纪念塔
新乐市	10	化皮镇赵门村王英家老宅、承安镇人民政府、新乐二中礼堂、第二区烈士纪念碑（南累头）、第二区烈士纪念碑（东五楼）、第三区烈士纪念碑、第三区烈士纪念碑、第五区烈士纪念碑、第六区烈士纪念碑、沙井惨案遗址纪念碑

（李伟斌）

【古村落】 至2021年底，石家庄市留存历史遗迹古村落主要有57个。井陉县44个：2012年12月7日入选第一批国家传统村落7个，分别为南障城镇大梁江村、南障城镇吕家村、于家乡于家村、南峪镇地都村、天长镇梁家村、天长镇宋古城村、天长镇小龙窝村；2016年12月9日入选第四批国家传统村落24个，分别为天长镇核桃园村、天长镇长生口村、天长镇吴家垴村、天长镇庄旺村、天长镇板桥村、天长镇石桥头村、天长镇乏驴岭村、天长镇北关村、天长镇东关村、秀林镇南横口村、小作镇卢峪村、小作镇沙窑村、南障城镇七狮村、苍岩山镇杨庄村、苍岩山镇汪里村、测鱼镇石门村、于家乡南张井村、于家乡张家村、于家乡狼窝村、辛庄乡小切村、辛庄乡苏家嘴村、辛庄乡胡仁村、辛庄乡洪河漕村、南王庄乡河应村；2019年6月6日入选第五批国家传统村落13个，分别为于家乡当泉村、于家乡水窑洼村、于家乡高家坡村、北正乡赵村铺村、南峪镇南峪村、南峪镇台头村、南障城镇大王帮村、南障城镇小梁江村、天长镇河东村、威州镇北平望村、孙庄乡孙庄村、苍岩山镇固兰村、辛庄乡桃王庄村。平山县4个：大坪村、大庄村、黄安村、九里铺村。藁城区2个：九门村、赵庄村。鹿泉区2个：水峪村、封庄村。井陉矿区1个：贾庄村。正定县1个：新城铺村。行唐县1个：故郡村。灵寿县1个：车谷砣村。赵县1个：大石桥村。

（市档案馆）

【古镇及传统村落保护】 挂牌保护传统村落53个。其中，井陉县44个：南障城镇大梁江村、吕家村、七狮村、大王帮村、小梁江村，于家乡于家村、南张井村、张家村、狼窝村、当泉村、水窑洼村、高家坡村，南峪镇地都村、南峪村、台头村，天长镇梁家村、宋古城村、小龙窝村、核桃园村、长生口村、吴家垴村、庄旺村、板桥村、石桥头村、乏驴岭村、北关村、东关村、河东村，秀林镇南横口村，小作镇卢峪村、沙窑村，苍岩山镇杨庄村、汪里村、固兰村，测鱼镇石门村，辛庄乡小切村、苏家嘴

鹿泉区水峪村　（郝宪华　摄）

村、胡仁村、洪河漕村、桃王庄村，南王庄乡河应村，北正乡赵村铺村，威州镇北平望村，孙庄乡孙庄村；平山县4个：杨家桥乡大坪村、大庄村、九里铺村，北冶乡黄安村；鹿泉区2个：白鹿泉乡水峪村、石井乡封庄村；井陉矿区2个：凤山镇南凤山村、贾庄镇贾庄村；赞皇县1个：嶂石岩乡嶂石岩村。修缮保护井陉县历史文化名镇名村7个：天长镇，南障城镇吕家村、小梁江村、大梁江村，天长镇小龙窝村、梁家村，于家乡于家村；修缮保护传统村落93个，均为井陉县村落，其中，天长镇23个、南障城镇吕家村11个、南障城镇小梁江村14个、南障城镇大梁江村15个、天长镇小龙窝村1个、于家乡于家村25个、天长镇梁家村4个。

（王增军　赵俊武）

政府投资代建项目

【概况】 2021年石家庄市政府投资项目代建中心（简称市代建中心）承担政府投资代建项目29个，总投资23.97亿元。其中，竣工项目6个，投资金额1.11亿元，主要项目包括市机关西院办公用房维修改造项目、市第一中学新建音体美教学综合楼项目等；在建项目13个，投资金额9.98亿元，主要项目包括市人民医院救治能力提升工程项目、河北省重症肌无力医院建设项目、市人民医院重大疫情救治基地项目、石家庄学院实训基地项目、市殡仪馆基础设施修缮工程项目、市第二中学整体改造四期项目等。签订代建协议项目10个，总投资12.88亿元，主要项目包括市博物馆项目、河北省重症肌无力医院建设项目、市人民医院范西路院区检查及环境能力提升项目、市第一养老院项目等。

【竣工项目】 全年竣工项目6个，投资金额1.11亿元。市军队离退休干部培训中心服务楼装修改造项目。该项目位于石家庄市桥西区槐中路97号，总投资298.22万元，工程主体为四层建筑，改造范围一至四层，总建筑面积2584平方米，属市退役军人事务局技术业务用房，项目包括建筑主体改造、室内外装修装饰改造、给排水改造、电气改造、消防改造等内容。2020年3月10日签订项目代建协议，2020年11月19日项目开工，2021年4月30日项目竣工。

市人大常委会机关食堂改造项目。该项目位于市区石栾路59号市人大常委会院内，总投资248.48万元，项目改造包含食堂后厨、食堂餐厅、储藏室等。改造范围：东配楼一层，原有北楼一层后厨及储藏室等，建筑面积1000平方米。2021年5月11日签订项目代建协议，6月29日项目开工，7月8日项目竣工。

市机关西院办公用房维修改造项目。该项目位于新华区兴凯路70号市委西院和兴凯路219号市政法西院院内，总投资5191.86万元，总建筑面积3.11万平方米，主要维修改造市委西院、市政府西院内老旧建筑及路面，内容包括提升院内环境质量、院内房屋整修。2019年12月8日签订项目代建协议，2020年6月24日项目开工，2021年7月21日项目竣工。

市第一中学新建音体美教学综合楼项目。该项目位于市区平安北大街1号市第一中学院内，总投资4286.5万元，总建筑面积6547.72平方米，工程为框架结构，地上2层、地下2层，建地上筑面积1550.02平方米，地下筑面积3997.7平方米，建筑高度9.15米。2019年8月22日签订项目代建协议，2020年3月13日项目开工，2021年8月18日项目竣工。

市军队离退休干部文化活动中心装修项目。该项目位于桥西区吉恒街9号A座办公楼01单元501室至804室，总投资498.37万元，总建筑面积2997.2平方米，原建筑分为四个楼层。室内建设内容包括接待大厅、办公室、书画室、就餐室兼教室、棋牌室、乒乓球室、舞蹈室、讲堂、现代乐室、练歌室、合唱室、民乐室、候会室、功能会议厅、化妆兼器材室、公共卫生间设施改造。2019年8月15日签订项目代建协议，2021年7月23日项目开工，9月27日项目竣工。

市妇女儿童活动中心改造项目。该项目位于市区和平西路506号，总投资556.6万元，主要装修改造2000年建成的市妇联下属单位市妇女儿童活动中心主楼，主楼建筑面积5400平方米，室内装修改造面积3500平方米，外立面装修面积1900平方米，负一层及一到五层的室内外翻新改造工程，包含强弱电系统、给排水工程、消防喷淋排烟系统、通风空调等安装工程。2019年5月18日签订项目代建协议，2021年6月17日项目开工建设，11月24日项目竣工。

【在建项目】 全年在建项目13个，投资金额9.98亿元。市人民医院重大疫情救治基地项目。该项目位于市区建华南大街365号市第一医院赵卜口院区内，总投资1.65亿元，改扩建总面积1.98万平方米，其中扩建面积6730平方米，改造面积1.31万平方米，增加床位264床，改造床位36床。该项目利用现有资源，在赵卜口院区即将交付使用的科研教学综合服务楼、感染性疾病门诊区基础上实施改扩建工程，主要建设内容包括改造隔离病房楼、感染性疾病门诊区、重症监护室（ICU-36）、PCR实验室，配置医疗设备，配套室外工程及信息化系统建设等。2020年11月9日签订项目代建协议，2021年7月28日项目开工建设。

市殡仪馆基础设施修缮工程项目。该项目位于桥西区红旗大街869号，总投资1.07亿元，新建建筑面积7733.93平方米，原有建筑改造面积7684.59平方米，项目建设地点位于现市殡仪馆院内。建设内容包括新建和改造两部分，新建殡仪服务综合楼、骨灰寄存楼各1栋，新建建筑面积7734平方米；实施现有殡仪馆告别厅等建筑升级改造，改造建筑面积7685平方米；实施殡仪馆入口景观轴、广场、停车场、道路、绿化等景观环境及附属配套设施升级改造。2020年9月4日签订项目代建协议，2021年7月6日开工建设。

市第二中学整体改造四期项目。该项目位于新华区兴凯路187号，总投资6579.22万元，总建筑面积1.43万平方米。主要建设内容：新建运动场、看台、地下设施等，其中，地下面积1.22万平方米，地上面积2100平方米。2020年8月19日签订项目代建协议，2021年3月29日项目开工。

市民兵装备仓库综合整治工程项目。该项目位于新华区，总投资1962.9万元，总建筑面积3741平方米。主要建设内容：新建炮库、办公楼，改建旧办公楼，实施大门入口、场地硬化、绿化、道路整修、库房外装及防水施工。2021年3月12日签订项目代建协议，5月15日项目开工，12月20日项目完工，待交付验收。

市人民医院中心院区诊治能力及诊治环境提升工程项目。该项目位于长安区方北路9号市人民医院中心院区院内，总投资2720.82万元，提升改造总面积3.07万平方米，其中，住院楼改造面积2.2万平方米，屏蔽机房提升改造面积111平方米，食堂提升改造面积1012平方米，庭院提升改造面积7552平方米。2020年11月9日签订项目代建协议，2021年7月6日项目开工。

市人民医院救治能力提升工程项目。该项目位于市区建华南大街以东、仓丰路以北、建华南大街635号市人民医院建华院区内，总投资2.97亿元，工程费424.61万元。实施改造屏蔽防护工程363.21平方米。为提高医院整体诊疗能力，购置手术导航系统（光学电磁一体）、导管室DSA、标准化杂交手术室、聚焦超声肿瘤治疗系统、射波刀、后装机、飞秒激光角膜屈光治疗机等涉及心脑血管疾病、急危重症（含妇产儿）、肿瘤、眼耳鼻喉头颈外科、其他专业等相关医疗设备243台（套），该项目不增加床位数及建筑面积，不涉及外立面改造，不新增水、暖负荷，医院现有供电设施可满足项目用电需要。2020年11月9日签订项目代建协议，2021年7月28日项目开工。

市第八医院医技综合楼建设暨服务能力提升项目。该项目位于桥西区新华路620号市第八医院院内东侧，总投资4788.33万元，新建医技综合楼总建筑面积6195.74平方米，其中，地上建筑面积5179.05平方米，地下建筑面积1746平方米。主要建设内容包括医技综合楼、安防工程、智能管理系统、手术视教系统、医疗设备及配套附属设施等。2020年9月9日签订项目代建协议，2021年7月30日项目开工。

市消防救援支队和平东路消防站翻建项目。该项目位于长安区和平东路335号，总投资2478.66万元，总建筑面积5636.06平方米，其中，长安区区域指挥中心建筑面积1640.88平方米。主要建设内容包括综合楼、训练塔、水泵房及配套附属设施。2020年9月30日签订项目代建协议，2021年8月25日项目开工。

市第一中学新建教研综合楼项目。该项目位于市区平安北大街1号市第一中学院内，总投资3500万元，总建筑面积6000平方米。该项目为框架结构，地上6层，建筑面积4550平方米；地下1层，建筑面积1450平方米。2021年2月1日签订项目代建协议，2021年9月1日项目开工。

市消防科普教育基地工程项目。该项目位于石家庄高新区长江大道以南、珠峰大街以西，总投资1495.45万元，总建筑面积1586.04平方米，新建1栋消防科普教育基地用房及配套设施。主要设置典型火灾案例点播区、智能交互大屏区等35个功能区，采取视频展播、展板展示、模拟现场、微缩模型等手段，实现消防技能展示及互动体验等功能。2020年9月30日签订项目代建协议，2021年10月11日项目开工。

市消防救援支队赵佗路消防站项目。该项目位于新华区赵佗路与中华北大街交口东行100米路南，总投资2827.5万元，总建筑面积3999.89平方米，其中，地上建筑面积3887.99平方米，地下建筑面积111.90平方米。主要建设内容包括执勤楼、训练塔、水泵房、消防水池等配套附属设施。2021年9月30日签订项目代建协议，2021年10月16日开工。

石家庄学院实训基地项目。该项目位于石家庄高新区珠峰大街石家庄学院内，总投资1.37亿元，总建筑面积3.42万平方米。主要建设内容：新建实训楼1栋，配套建设室外场地硬化、绿化、地下管网、外电引入等室外工程；地上5层，建筑占地面积6800平方米，主要功能为学生实验实训室。2019年9月10日签订项目代建协议，2020年11月16日项目开工。

市委机关干部职工食堂改造项目。该项目位于桥西区普圆街2号市委机关院内，总投资2849.51万元，总建筑面积4600平方米。主要建设内容：市委地下车库改造为大餐厅，地上一层中餐厅和小餐厅改造，建设健身房、理发室、超市等。2021年11月16日签订项目代建协议，2021年12月20日项目开工。

【签订代建协议项目】 全年签订代建协议项目10个，总投资12.88亿元。市生态环境局办公用房装修项目。该项目位于市区槐安路和中华大街交口东北角、原市医疗保险局院内，总投资1232.51万元，总建筑面积3744平方米。主要建设内容：部分房间功能调整、加固、内装修，消防系统升级，弱电智能化升级，房屋使用功能修缮，室外工程修缮等。2021年6月2日签订项目代建协议。

市口腔医院（市第二医院东院区）改建项目——内外装修工程（口腔医院综合楼整体）项目。该项目位于长安区向阳路25号，总投资7004.3万元，改造总面积7822.9平方米，其中，内装修面积7822.9平方米，外装修面积6668.81平方米。主要建设内容包括平面布局调整、结构加固、室内外装修、水暖电配套系统改造、室外工程及配套附属设施等。2021年7月7日签订项目代建协议。

市博物馆项目。该项目位于石家庄正定新区起步区，河阳路以南，滨水路以北，相邻地块以西，城市绿地以东区域。总投资6.49亿元，总建筑面积5.56万平方米。主要建设内容：现代化博物馆1座，包括基本陈列厅、儿童活动展厅、学术报告厅、临时展厅、文创展销区、藏品区、文物修复室、共享空间等。2019年9月8日签订项目代建协议。

市第二中学学生2号公寓楼项目。该项目位于新华区兴凯路187号，总投资1645.37万元，总建筑面积2830平方米。主要建设内容：拆除现状北公寓楼1980平方米及地下人防工程，原址新建学生2号公寓楼1栋，地上四层。2021年9月30日签订项目代建协议。

河北省重症肌无力医院建设项目。该项目位于长安区范西路36号（市人民医院范西路院区内），总投资2.14亿元，总改造面积1.75万平方米，建设内容包括将二号病房楼改造为重症肌无力专科住院楼，二号病房（5～19层）、五号楼、六号楼及公用配套设施装修改造，修缮庭院地面、更换地下管网等配套附属设施。2021年10月21日签订项目代建协议。

市人民医院范西路院区检查及环境能力提升项目。该项目位于长安区范西路36号市人民医院范西路院区内，总投资1.54亿元。主要建设内容：改造门诊楼、整形美容楼、食堂建筑物面积1.83万平方米，新增叫号屏、门诊UPS系统、网络设备等101台（组），信息系统网络建设，门诊楼、整形美容楼、食堂等建筑物装修改造、配套公用设施改造及加固，门诊楼四层、五层改造为体检中心。2021年10月21日签订项目代建协议。

市人民医院建华院区二期手术室改造项目。该项目位于建华南大街635号市人民医院建华院区内，总投资1257.6万元，改造总面积369.3平方米，其中，6间手术室改造提升340.9平方米，包括2间玻璃手术室128.09平方米、2间泌尿外科手术室101.46平方米、2间抢镜手术室111.35平方米，洁净走廊改造提升55.4平方米。2021年10月21日签订项目代建协议。

河北正定中学翻建食堂操作间及附属设施项目。该项目位于正定县府西街80号河北正定中学校本部院内，总投资1600.29万元，建筑面积2296.88平方米。建设内容包括食堂操作间、室外工程及配套附属设施，翻建食堂操作间地上一层建筑，包含北食堂操区、南食堂操作区、回民操作区（含餐厅），购置食堂操作设备518台（套）。2021年11月1日签订项目代建协议。

市消防救援支队西王村消防站新建项目。该项目位于桥西区新华路西与建东街交口，总投资1814.63万元，总建筑面积4000平方米。主要建设内容：新建一级普通消防站，包括消防主楼、训练塔、门卫及换热站、水泵房、地下消防水池及配套附属用房。2021年11月10日签订项目代建协议。

市第一养老院项目。该项目位于市区体育大街以西，蓝月路以南，市老年养护院以东，林屏路以北，总投资1.25亿元，总建设面积2.13万平方米，其中，地上建筑面积1.99万平方米，地下建筑面积1400平方米。建设内容包括老年养护楼、配套综合楼、康复与医疗楼、亲情网络室、心理咨询室、机房及配套附属设施等。其中，1号老年养护楼建筑面积5515平方米，2号配套综合楼建筑面积5210平方米（含地下建筑面积1400平方米），3号康复与医疗楼面积1790平方米，4号老年养护楼建筑面积8735平方米；设置床位500张，其中，失能床位400床，半失能床位50床，普通床位50床。2021年11月18日签订项目代建协议。

石家庄市政府投资项目代建中心
主　任：刘宗奇
副主任：樊风波　鲍国林
　　　　李彦辉
（樊风波　陈娟　陈冬梅）

建　筑　业

【概况】至2021年底，石家庄市共有建筑施工企业3207家。其中，总承包企业1044家，专业承包1293家，劳务分包870家。从业人数20.6万人，同比增加8.42%；实现建筑业总产值1955.07亿元，同比增长11.32%；实现利润28.48亿元，同比增长13.15%；产值利润率1.46%，同比降低0.72%。162家施工企业在省外施工总产值879.91亿元，占建筑业总产值45%，同比增长32.64%。15家企业开拓海外市场，实现国外总产值12.81亿元，同比降低25.35%。全市依法必须招标工程项目推行工程总承包率46.31%。加强工程质量监管，2021年共监督市政基础设施工程107项，书写监督记录358份，下发整改通知书6份。全年有537项工程申报创建结构优质工程，获评国家优质工程2个，省级优质工程33个。全年督导检查建筑工地6000余个（次），下发安全隐患限期整改通知书1310份、下发停工通知书131份、处罚72起、罚款121.815万元。加强勘察设计质量监督检查，至2021年底，全市共有工程勘察设计企业310家，其中甲级企业106家，乙级企业175家，丙级29家。以工程设计类资质为主的企业283家，以工程勘察资质为主的企业27家，涉及17个行业25个门类。全市在册工程造价咨询企业120家，其中甲级资质70家，乙级资质50家，从业人员4905人。促进绿色建筑管理。2021年全市竣工绿色建筑591.95万平方米，绿色建筑占比97.61%。至2021年底，全市获绿色建筑评价标识项目95个，总建筑面积997.24万平方米。保护建筑工人合法权益，执行《石家庄市市区建设领域农民工工资保证金加快返还管理办法》，2021年共返还农民工工资保证金8917.54万元，其中专项工程1350万元，解冻预储金账户5个。2021年市建筑业协会评选2020～2021年度石家庄市建筑业（3A级）诚信企业84家，其中，建筑施工企业56家，建筑门窗企业8家，工程监理企业15家，招标代理企业5家。2021年全市获评国家优质工程奖2个，省级优质工程奖33个。2021年11月，石家庄国际会展中心项目获得世界结构大奖Structural Awards2021大跨度结构类表彰奖。

（董成檩　周分清　王文晖）

表70　2021年石家庄市获得国家优质工程奖一览表

序号	工程名称	承建单位
1	市图书馆建设工程	石家庄市建筑工程有限公司
2	石家庄中冶城市商业广场C区商业办公3号楼	北京天润建设有限公司

表71　2021年石家庄市获得河北省建设工程安济杯奖（省优质工程）获奖工程名单

序号	工程名称	承建单位
1	市第一医院工程	河北建工集团有限责任公司
2	河北医科大学第一医院新建医技病房楼	中国建筑第八工程局有限公司
3	保利花园H1H2办公楼H1标段工程	中建三局集团有限公司
4	常新家苑3号、5号、9号住宅楼	河北恒山建设集团有限公司
5	京石协作创新示范园项目（202号厂房）	河北省第四建筑工程有限公司
6	荣盛华府二期D4号住宅楼	江苏省苏中建设集团股份有限公司

续表

序号	工程名称	承建单位
7	石家庄信息工程职业学院藁城新校区项目一期 111 号建筑物（印刷管理系、动漫系、传媒艺术系院系楼）	市建筑工程有限公司
8	大经街西区旧城改造项目中山华府二期 16 号楼住宅及部分地下车库	江苏省建筑工程集团有限公司
9	河北建设勘察研究院有限公司整体搬迁项目	河北省第二建筑工程有限公司
10	正华·铂宫时代—17 保障性住宅楼	江苏省苏中建设集团股份有限公司
11	河北化工医药职业技术学院 8 号、9 号学生公寓	邯郸建工集团有限公司
12	贾村城中村改造（一期）15 号地 2 号楼	江苏省苏中建设集团股份有限公司
13	高新区 45 号地项目（天山银河广场项目 B 区商办楼）	河北天山实业集团建筑工程有限公司
14	中央储备粮石家庄直属库有限公司本库建设储备仓项目	河北建工集团有限责任公司
15	石家庄煤矿机械有限责任公司搬迁改造升级项目二期第六联合厂房工程	河北冶金建设集团有限公司
16	博远嘉苑（一期）	河北科工建设集团有限公司
17	横山项目（西悦春天小区西区）一标段 2 号楼	山西四建集团有限公司
18	科林电气高端智能电力装备制造基地	石家庄中诚建筑集团有限公司
19	滹沱河水源保护地生态修复提升工程	中国建筑第五工程局有限公司
20	贾村城中村改造（一期）8 号地 8 号楼	中建二局第三建筑工程有限公司
21	石家庄正定新区隆兴路延伸（天泽大街—文正大街）工程	中国建筑第二工程局有限公司
22	一品西山养护中心	中天建设集团有限公司
23	石家庄正定新区天泽大街北延（安济路—崇因路）道路及管廊工程 EPC 总承包	河北建工集团有限责任公司
24	冀铁馨苑项目二期 2 号住宅楼	河北全品建筑工程集团有限责任公司
25	天津至石家庄国家高速公路津冀界至保石界段高速公路	中电建路桥集团有限公司
26	石家庄地铁 3 号线一期两边段工程 石家庄地铁 3 号线二期工程	中铁建华北投资发展有限公司
27	无极东 220 千伏变电站新建工程	石家庄思凯电力建设有限公司
28	河北新乐开发区道路建设建新街南延道路工程—桥梁工程	市市政建设总公司
29	新兴城一期项目—13 号、16 号、1 号大门、地下车库—03（二）	河北建工集团有限责任公司
30	石家庄国际展览中心	中国建筑第八工程局有限公司
31	正定博物馆	中国二十二冶集团有限公司
32	大经街西区旧城（二期）住宅小区 5 号、6 号、8 号、9 号住宅、22 号、24 号～26 号商业及部分地下车库、幼儿园	中天建设集团有限公司
33	幸福家园 1 号、2 号住宅楼	石家庄建工集团有限公司

【工程质量监管】 2021 年共监督市政基础设施工程 107 项，监督执法过程中书写监督记录 358 份，下发整改通知书 6 份。加强建筑市场管理，推行招标投标交易全过程电子化，实现建设工程招标、投标、评标、定标及招投标监督全流程网上办理，招投标市场主体各方提供全方位、方便、快捷、实时服务；积极推行 EPC 发包模式试点工作。实行“评定分离”制度改革，落实招标人首要责任，全面推行评标定标分离制度。迎接省住建

厅建设工程质量巡查、结构创优检查各2次，参加省厅外墙保温材料检查1次、省厅对雄安新区质量巡查6次、省厅检测机构专项检查各1次。全年共有537项工程申报创建结构优质工程，其中新报178项，上报省住建厅复核符合条件工程37项。全年共开展消防验收查验监督112项，受理和复核消防查验合格项目59个，出具消防验收合格文书59项。全年共受理消防验收备案项目7项，按时办结率100%。

（任春歌）

链接：

EPC模式：英文“engineering”“procurement”“construction”的缩写，即设计—采购—建设模式。

【建筑工地管理】 2021年全市共有建筑工地831个，总建筑面积7100万平方米。其中，房建工程792个、地铁工程12个标段、市政工程27个。全年督导检查建筑工地6000余个（次），其中下发安全隐患限期整改通知书1310份、下发停工通知书131份、处罚72起、罚款121.815万元；推荐上报省级文明工地48个、省级文明申报（竣工）34个；办理建筑起重机械设备登记1517台（本地设备1095台，外地设备422台），注销设备577台；办理建筑起重机械租赁、安拆企业，检测机构企业信息报送11家；办理附着式脚手架安装企业报送13家，接受相关事项咨询300余次；建立“安管人员”考核批次21批，考核人员14513人，审核资料未考核7个批次5700人，“特种作业人员”考核批次5批，考核人员1350人，审核资料未考核5个批次2280人。开展专项排查，开展违规违建项目专项排查，共排查建设项目45322个，确认违规违建项目1840个，全部完成整改；开展工程建设行业和建筑市场秩序专项整治，共排查项目1000余个；开展建筑市场秩序监督检查及违规违建项目专项排查，共检查、抽查项目960个。加大建筑工地扬尘治理力度，下发扬尘督导整改通知单1023份，停工整改126份，处罚项目282个，处罚金额共592.54万元；编制并向各县（市）区下发PM10监测数据周分析报告44期、监控月通报8期。动态监控建筑工地，建立短信平台，实现重污染天气及时发布预警，共发送短信1万余条；建立远程扬尘监控平台及PM10监测平台，安装高清视频监控5600个、安装扬尘监测设备648个。

（任春歌　解国春）

【勘察设计管理】 至2021年底，全市共有工程勘察设计企业310家，其中甲级企业106家，乙级企业175家，丙级29家。以工程设计类资质为主的企业283家，以工程勘察资质为主的企业27家，涉及17个行业25个门类。全市在册工程造价咨询企业120家，其中甲级资质70家，乙级资质50家，从业人员4905人。加强勘察设计质量监督检查工作，组织开展工程造价咨询企业“双随机、一公开”核查、建筑工程勘察设计和消防设计审查质量监督执法检查、工程勘察设计企业“双随机、一公开”核查等，推进建筑师负责制工作。

（王文）

【建筑科技与节能】 发展绿色建筑，执行绿色建筑标准管理。落实《河北省促进绿色建筑发展条例》，政府投资或者以政府投资为主的建筑、建筑面积大于二万平方米的大型公建、建筑面积大于十万平方米的住宅小区按照高于最低等级绿色建筑标准建设。2021年全市竣工绿色建筑591.95万平方米，绿色建筑占比97.61%。至2021年底，全市累计获得绿色建筑评价标识项目95个，总建筑面积997.24万平方米。推进建设科技发展，抓好建筑节能工作。全市继续执行新建居住75%、公共建筑65%的节能标准，新建建筑节能标准执行率达到100%。2021年全市新开工被动房项目10个，分别为藁城区国仕九礼花园项目B地块5号住宅楼、C地块14号住宅楼；东原启城项目1号、17号、27号住宅楼；桥西区东良厢城中村改造B、D地块项目B区11号住宅楼；正基九宸项目5号、11号、12号住宅楼；藁城区润沃城市广场项目商务中心3号楼；永威枫林苑（二期）项目3号、4号、6号、7号住宅楼；武警河北省总队反恐基地；上庄科技产业中心1号商务楼；贾村城中村改造二期（33地块）1号、7号住宅楼；远洋晟庭项目1号住宅楼，总建筑面积20.3万平方米，完成省政府下达20万平方米任务目标。至2021年底，全市竣工被动房项目8个，分别为高新区天山熙湖二期22栋住宅楼；河北省建研院中德被动式低能耗建筑示范项目；贾村城中村改造（一期）幼儿园；润德万科翡翠公园一期（留村城中村改造项目二期）幼儿园；润德万科翡翠公园一期（留村城中村改造项目二期）托老所；河北省建筑科学研究院住宅楼既有建筑改造项目（2号和3号住宅楼）；小西帐村城中村改造配建幼儿园项目（幼儿园）；荣盛华府13住宅楼，总建筑面积5.15万平方米；在建被动房项目48个，总建筑面积259.59万平方米。发展绿色建筑。抓好装配式建筑发展。2021年全市新开工装配式建筑296.27万平方米，装配式建筑占比为27.09%。至2021年底，全市累计竣工装配式建筑项目8个，总建筑面积55.82万平方米；在建装配式建筑项目228个，总建筑面积962.67万平方米。全市共培育装配式建筑产业基地9个，其中国家级基地5个、省级基地4个，分别为石家庄晶达建筑体系有限公司、河北曲寨装配式建筑材料有限公司、河北大成建筑设计咨询有限公司、中铁建华北建筑科技有限公司；建成12条预制混凝土构件生产线，年设计产能63万立方米。推广建筑保温与结构一体化技术。新增（换）通过专家认定建筑保温与结构一体化技术企业5家，分别为河北万源恒泰建材有限公司、河南盛都环保科技集团有限公司、河北福瑞德高新建材有限公司、北京北鹏首豪建材集团有限公司、石家庄正旭环保建材有限公司。加强建设科技和可再生能源建筑应用。新增可再生能源建筑应用面积577.22万平方米，截至2021年底，可再生能源建筑累计应用面积6239.87万平方米。

（王哲　梁耀龙）

【2020～2021年度建筑业诚信企业】

2021年市建筑业协会评选2020～2021年度石家庄市建筑业（3A级）诚信企业84家，其中，建筑施工企业56家，建筑门窗企业8家，工程监理企业15家，招标代理企业5家。

表72　　2020～2021年度石家庄市建筑业诚信企业名单

企业类型	序号	企业名称	企业类型	序号	企业名称
建筑施工企业（56家）	1	石家庄一建建设集团有限公司	建筑施工企业（56家）	23	河北中北建筑装饰工程有限公司
	2	河北建工集团有限责任公司		24	江苏省苏中建设集团股份有限公司
	3	河北恒山建设集团有限公司		25	南通市达欣工程股份有限公司
	4	河北省第二建筑工程有限公司		26	石家庄泛安科技开发有限公司
	5	河北省第四建筑工程有限公司		27	石家庄辉建建筑工程有限公司
	6	石家庄建工集团有限公司		28	石家庄金盾安全技术工程有限公司
	7	京鑫建设集团有限公司		29	石家庄市建通建设工程有限公司
	8	河北天森建工集团有限公司		30	石家庄市雅歌环艺工程设计有限公司
	9	河北天山实业集团建筑工程有限公司		31	中地志诚建设科技有限公司
	10	河北中瑞建设集团有限公司		32	石家庄高新区泰川城建工程有限公司
	11	江苏南通二建集团有限公司		33	河北鑫隆安全技术有限公司
	12	浙江宝业建设集团有限公司		34	河北保源建筑工程有限公司
	13	河北省水利工程局集团有限公司		35	河北中安消防工程有限公司
	14	全秋建设集团有限公司		36	奥堃建设发展有限公司
	15	石家庄中诚建筑集团有限公司		37	河北昊锐基础工程有限公司
	16	河北中创安装有限公司		38	河北宏远建筑安装有限公司
	17	中石化工建设有限公司		39	河北皇安建工集团有限公司
	18	中土大地国际建筑设计有限公司		40	河北佳明消防工程有限公司
	19	佳林建设有限公司		41	河北建通消防设施技术有限公司
	20	大鑫建设工程有限公司		42	河北建投工程建设有限公司
	21	河北博士林科技开发有限公司		43	河北杰创建筑安装工程有限公司
	22	河北海鹰环境安全科技股份有限公司		44	河北金潮建筑工程有限公司

续表

企业类型	序号	企业名称	企业类型	序号	企业名称
建筑施工企业（56家）	45	河北蓝天通信有限责任公司	工程监理企业（15家）	65	石家庄汇通工程建设监理有限公司
	46	河北林恒建筑工程有限公司		66	中核四达建设监理有限公司
	47	河北鹿铭建筑工程劳务分包有限公司		67	中大宇辰项目管理有限公司
	48	河北鹿鑫建筑工程有限公司		68	河北润达石化工程建设有限公司
	49	河北鹏力建设工程有限公司		69	河北远大工程咨询有限公司
	50	河北唐宁建设有限责任公司		70	河北筑华工程监理有限公司
	51	河北普广科技工程有限公司		71	河北博大工程项目管理有限公司
	52	河北润扬建设发展有限公司		72	方舟工程管理有限公司
	53	河北彤辉建设集团有限公司		73	石家庄铁源工程咨询有限公司
	54	河北雪龙建筑园林工程有限公司		74	中建安工程管理有限公司
	55	河北晏丰建设工程有限公司		75	河北三元建设监理有限责任公司
	56	河北益坤岩土工程新技术有限公司		76	中宇信达项目管理有限公司
建筑门窗企业（8家）	57	河北建工集团建筑装饰工程有限公司		77	河北裕华工程项目管理有限责任公司
	58	河北天山建材科技有限公司		78	河北华博工程建设监理有限公司
	59	河北海益建筑装饰工程有限公司		79	河北大唐电力技术服务有限公司
	60	石家庄市广通塑钢门窗有限公司	工程代理企业（5家）	80	中宇信达项目管理有限公司
	61	河北四站装饰工程有限公司		81	河北安达投资咨询有限公司
	62	河北奥意新材料有限公司		82	河北华业招标有限公司
	63	京铁建设集团有限公司装修装饰分公司		83	中大宇辰项目管理有限公司
	64	石家庄曾氏天安门业有限公司		84	河北博鳌项目管理有限公司

【2021年度建筑业先进企业】 2021年市建筑业协会评选2021年度石家庄市建筑业先进企业138家，其中，建筑施工先进企业69家，安全生产先进建筑企业22家，建筑门窗十强企业10家，工程监理先进企业21家，招标代理先进企业16家。

表73　2021年度石家庄市建筑业先进企业名单

企业类型	序号	企业名称	企业类型	序号	企业名称
建筑施工先进企业（69家）	1	河北建工集团有限责任公司	建筑施工先进企业（69家）	7	河北省第二建筑工程有限公司
	2	石家庄一建建设集团有限公司		8	石家庄建工集团有限公司
	3	河北省第四建筑工程有限公司		9	石家庄建设集团有限公司
	4	河北恒山建设集团有限公司		10	石家庄三建建业集团有限公司
	5	石家庄市建筑工程有限公司		11	河北天森建工集团有限公司
	6	河北科工建筑工程集团有限公司		12	河北天山实业集团建筑工程有限公司

续表

企业类型	序号	企业名称	企业类型	序号	企业名称
建筑施工先进企业（69家）	13	京鑫建设集团有限公司	建筑施工先进企业（69家）	45	河北中创安装有限公司
	14	河北中瑞建设集团有限公司		46	江苏省苏中建设集团股份有限公司
	15	江苏南通二建集团有限公司		47	京铁建设集团有限公司
	16	中通建工城建集团有限公司		48	南通市达欣工程股份有限公司
	17	金秋建设集团有限公司		49	庞展建设工程有限公司
	18	石家庄常宏建筑装饰工程有限公司		50	石家庄春龙建筑工程有限公司
	19	诚业工程科技集团有限公司		51	石家庄泛安科技开发有限公司
	20	大鑫建设工程有限公司		52	石家庄金盾安全技术工程有限公司
	21	河北大力岩土工程有限公司		53	石家庄盛和建筑装饰有限公司
	22	河北海鹰环境安全科技股份有限公司		54	石家庄市市政建设总公司
	23	河北宏远建筑安装有限公司		55	石家庄市雅歌环艺工程设计有限公司
	24	河北华菲装饰设计工程有限公司		56	天俱时工程科技集团有限公司
	25	河北华研卓筑加固工程集团有限公司		57	新中原建筑装饰工程有限公司
	26	河北佳明消防工程有限公司		58	宇安建设工程有限公司
	27	河北建翔建筑工程有限公司		59	中地志诚建设科技有限公司
	28	河北军鼎实业发展有限公司		60	中海外交通建设有限公司
	29	河北楷彤园林绿化工程集团有限公司		61	中佳勘察设计有限公司
	30	河北蓝天通信有限责任公司		62	中国建筑一局（集团）有限公司
	31	河北林恒建筑工程有限公司		63	中建八局第二建设有限公司
	32	河北鹿铭建筑工程劳务分包有限公司		64	中京建设集团有限公司
	33	河北鹿鑫建筑工程有限公司		65	中石化工建设有限公司
	34	河北鹏力建设工程有限公司		66	中铁六局集团石家庄铁路建设有限公司
	35	河北浦仁安全技术工程有限公司		67	中土大地国际建筑设计有限公司
	36	河北润扬建设发展有限公司		68	河北鑫隆安全技术有限公司
	37	河北神兴建筑工程有限公司		69	河北中建工程有限公司
	38	河北省水利工程局集团有限公司	安全生产先进建筑企业（22家）	70	河北建工集团有限责任公司
	39	河北盛达建筑有限公司		71	石家庄一建建设集团有限公司
	40	河北双维集团有限公司		72	石家庄建工集团有限公司
	41	河北太行宏业建设集团有限公司		73	河北建工集团生态环境有限公司
	42	河北辛建建设集团有限公司		74	石家庄建设集团有限公司
	43	河北益坤岩土工程新技术有限公司		75	江苏省苏中建设集团股份有限公司
	44	河北中北建筑装饰工程有限公司		76	石家庄三建建业集团有限公司

续表

企业类型	序号	企业名称	企业类型	序号	企业名称
安全生产先进建筑企业（22家）	77	河北鹿铭建筑工程劳务分包有限公司	工程监理先进企业（21家）	108	中建安工程管理有限公司
	78	石家庄春龙建筑工程有限公司		109	河北冀利工程项目管理有限公司
	79	河北华信投资集团有限公司		110	河北顺诚工程建设项目管理有限公司
	80	中国建筑第二工程局华北公司河北分公司		111	河北润达石化工程建设有限公司
	81	山西四建集团有限公司		112	石家庄东方工程监理有限公司
	82	中国建筑一局（集团）有限公司		113	建信项目管理有限公司
	83	中建八局第二建设有限公司		114	河北海新工程项目管理有限公司
	84	河北科工建设集团有限公司		115	河北三元建设监理有限责任公司
	85	中土城联工程建设有限公司		116	河北工程建设监理有限公司
	86	河北天山实业集团建筑工程有限公司		117	华腾鸿业项目管理有限公司
	87	河北省第四建筑工程有限公司		118	河北金正科信建设工程项目管理有限公司
	88	河北建设集团股份有限公司石家庄分公司		119	河北省冀咨工程监理有限责任公司
	89	河北恒山建设集团有限公司		120	石家庄汇通工程建设监理有限公司
	90	金秋建设集团有限公司		121	河北筑华工程监理有限公司
	91	河北双维集团有限公司		122	河北博大工程项目管理有限公司
建筑门窗十强企业（10家）	92	河北建工集团建筑装饰工程有限公司	招标代理先进企业（16家）	123	瑞和安惠项目管理集团有限公司
	93	石家庄盛和建筑装饰有限公司		124	中建安工程管理有限公司
	94	河北海益建筑装饰工程有限公司		125	河北省成套招标有限公司
	95	石家庄市广通塑钢门窗有限公司		126	河北安达投资咨询有限公司
	96	河北天山建材科技有限公司		127	河北华业招标有限公司
	97	河北可利幕墙有限公司		128	中大宇辰项目管理有限公司
	98	石家庄昱泰门窗有限公司		129	河北海新工程项目管理有限公司
	99	河北四站装饰工程有限公司		130	河北博鳌项目管理有限公司
	100	河北奥意新材料有限公司		131	河北中机咨询有限公司
	101	河北九羿节能科技有限公司		132	河北正信工程咨询有限公司
工程监理先进企业（21家）	102	方舟工程管理有限公司		133	河北轩硕工程项目管理有限公司
	103	河北电力工程监理有限公司		134	河北恒基建设招标有限公司
	104	河北中原工程项目管理有限公司		135	河北宏信招标有限公司
	105	河北裕华工程项目管理有限责任公司		136	华腾鸿业项目管理有限公司
	106	中核四达建设监理有限公司		137	中交远洲招标咨询有限公司
	107	石家庄铁源工程咨询有限公司		138	河北中原工程项目管理有限公司

（市建筑业协会）

住房保障和房地产业

【概况】2021年石家庄市贯彻落实中央、河北省关于住房保障和房地产政策要求，坚持“房子是用来住的、不是用来炒的”基本定位，继续落实“限购”“限贷”“限售”政策。推进房地产市场平稳有序发展，印发《关于严格落实城市主体责任促进房地产市场平稳健康发展的通知》《关于进一步加强房地产开发经营监督管理的实施意见》。至2021年底，石家庄市备案房地产开发企业1313家，其中，国家、河北省审批三级以上资质企业163家（一级资质7家、二级资质50家、三级资质106家），石家庄市审批四级、暂定级资质企业1150家（四级资质506家、暂定级资质644家）。扩大公共保障房供应，维护低收入群体利益。2021年石家庄市列入国家建设计划公共租赁住房项目312个79600套，分配304个78088套，分配率98.1%；在建项目8个1512套。其中，政府产权公租房250个69984套，分配242个68472套，分配率97.8%；企业产权公租房项目62个9616套，全部分配入住。2021年石家庄市发放公租房租赁补贴1066户，完成省下达目标任务133%；筹集公共租赁住房1292套、保障性租赁住房14209套，均完成省下达目标任务的100%。市区两次公开摇号分配公共保障房4436套，其中，廉租房104套，公租房4332套。至2021年底，市区累计分配入住保障房小区93个56191套306万平方米。发挥房地产政策调节作用。2021年全市商品住房上市面积1155万平方米，同比下降33%；成交面积1210万平方米，同比下降12%；成交均价9447元/平方米，同比上涨3%。2021年全市存量住房成交面积384万平方米，同比下降6%；成交均价10400元/平方米，同比下降4%。2021年石家庄市主城区（长安区、桥西区、新华区、裕华区、高新区）商品住房上市面积523万平方米，同比下降39%；成交面积580万平方米，同比下降7%；成交均价11844元/平方米，同比上涨6%。2021年石家庄市主城区存量住房成交面积223万平方米，同比下降6%；成交均价13062元/平方米，同比下降6%。2021年石家庄市主城区商品住房库存面积733.02万平方米，消化周期15个月。2021年石家庄市本地居民购买商品住房比例86.46%，其中城区居民购买比例66.78%。推进住房租赁市场发展试点，采取“建、改、盘”方式，全年新改建租赁住房3.66万套，其中新建3.6万套；盘活存量房源4.33万套。至2021年底，市住房租赁监管服务平台开业住房租赁企业89家，其中国有住房租赁企业21家；从事住房租赁居间服务房地产经纪机构478家；房源在1000套（间）以上租赁企业达到10家；累计发布房源7.08万套，网签备案住房租赁合同6.33万笔。加强房地产市场监管，狠抓“烂尾楼”项目整治，41个在建项目、2个拆除后重新谋划“烂尾楼”项目分5批公示整治方案，接受社会监督。全年7个房地产“烂尾楼”项目建设完工并交付使用。2021年依据国家统计局公布全国70个大中城市房价指数数据，石家庄市房价涨跌幅度处于中等偏下水平。

（段楠）

【保障性安居工程】2021年石家庄市列入国家建设计划公共租赁住房项目312个79600套，分配304个78088套，分配率98.1%；在建项目8个1512套。其中，政府产权公租房250个69984套，分配242个68472套，分配率97.8%；企业产权公租房项目62个9616套，全部分配入住。2021年石家庄市发放公租房租赁补贴1066户，完成省下达目标任务133%；筹集公共租赁住房1292套、保障性租赁住房14209套，均完成省下达目标任务的100%。市区两次公开摇号分配公共保障房4436套，其中，廉租房104套，公租房4332套。5月21日，市区第一批公共保障房公开摇号分配2739套，其中，廉租房63套，公租房2676套；10月19日，市区第二批公共保障房公开摇号分配1697套，其中，廉租房41套，公租房1656套。至2021年底，市区累计分配入住保障房小区93个56191套306万平方米，改善住房条件居民达到17万余人。2021年石家庄市城镇申请住房保障低收入、中等偏下收入家庭收入界定标准调整，城镇低收入家庭界定标准由2570元/月提高到2683元/月，城镇中等偏下收入家庭界定标准由3213元/月提高到3354元/月。2021石家庄市区公共保障房分配户型有3类，A类户型60平方米以下，面向全体保障家庭配租；B类户型60～80平方米，面向保障家庭人口3人及以上家庭配租；C类户型80平方米以上，面向保障家庭人口4人及以上家庭配租。分配对象：市内4区（长安区、桥西区、新华区、裕华区）及高新区取得保障资格且未实物配租的低收入（含低保）家庭、城镇中等偏下收入家庭、新就业职工及外来务工人员。2021 年石家庄市外来务工人员申请公共保障房政策修改为持有主城区居住证即可申请，原"居住证满 6 个月"政策取消。

（冯建磊）

【棚户区与老旧小区改造】 贯彻落实河北省下达石家庄市棚户区改造任务要求，制定棚户区改造实施方案，做好任务分解，并与各县（市、区）签订目标责任状。争取棚户区改造补助资金和专项债券，2021 年石家庄市棚户区改造获得上级补助资金 30828 万元、专项债券 26.97 亿元。2021 年全市棚户区改造项目开工 10 个，总投资 32.16 亿元，改造住房 5989 套，完成年度任务的 100.03%；基本建成 12141 套，完成年度任务的 104.5%；石家庄市在全省棚户区改造综合考核中位列第二名。推进老旧小区改造，组建成立工作专班；征求居民意愿，高标准制定老旧小区改造方案，做到从"面子"到"里子"全面改造；挖掘社区、小区文化底蕴，融入道德、文化、党建等元素。2021 年石家庄市改造完成老旧小区 658 个，住宅楼 2672 栋、884 万平方米，总投资 43 亿元，涉及居民 11 万户。

表 74　　2021 年石家庄市棚户区改造开工项目一览表

序号	项目名称	总投资（万元）	所属区域
1	车辆厂片区	6000	新华区
2	东良厢	140700	桥西区
3	南豆城中村改造项目	50000	高新区
4	中仰陵	25000	
5	横北棚户区改造	29000	井陉矿区
6	桥东新友胡同	5863.05	新乐市
7	气针厂宿舍二期	6385.5	
8	东合村	37500	灵寿县
9	光武路北桃园片区（金悦华府）	16800	高邑县
10	物资局家属院（景郦·博仕园）	4320	

（李树勇　耿朋涛）

【房地产市场交易】 2021 年全市商品住房上市面积 1155 万平方米，同比下降 33%；成交面积 1210 万平方米，同比下降 12%；成交均价 9447 元 / 平方米，同比上涨 3%。2021 年全市存量住房成交面积 384 万平方米，同比下降 6%；成交均价 10400 元 / 平方米，同比下降 4%。2021 年石家庄市主城区（长安区、桥西区、新华区、裕华区、高新区）商品住房上市面积 523 万平方米，同比下降 39%；成交面积 580 万平方米，同比下降 7%；成交均价 11844 元 / 平方米，同比上涨 6%。2021 年石家庄市主城区存量住房成交面积 223 万平方米，同比下降 6%；成交均价 13062 元 / 平方米，同比下降 6%。2021 年石家庄市主城区商品住房库存面积 733.02 万平方米，消化周期 15 个月。2021 年石家庄市本地居民购买商品住房比例 86.46%，其中城区居民购买比例 66.78%。2021 年全市办理商品房合同备案 6.97 万套 681.28 万平方米，完成各类房屋交易 14.2 万套；存量房网签 2.3 万套，监管资金 199.42 亿元；房屋抵押交易备案 12.3 万件，抵押交易面积 1248.3 万平方米，抵押交易金额 1267.1 亿元。法院及公安部门查封、解封 2.1 万套。2021 年全市办理房屋档案查询 33.7 万件，人才绿卡房产信息查询 1215 件，城镇低保、特困及社会救助人员房产信息查询 14 万余件；省、市委组织部委托集中查询 8.7 万余宗。

（付超群）

【物业管理】 加强物业服务收费监督，开展"加大物业服务收费信息公开力度，让群众明明白白消费"活动，全年公开专业化物业服务收费信息住宅项目 2854 个。开展物业行业"双随机、一公开"检查，全市抽检物业服务企业 47 家，发现问题 67 个，涉及物业服务项目 25 个，立即做出整改 45 个，下发整改通知书限时整改22个。至2021年末，全部问题均按要求整改完毕。2021年石家庄市新注册物业服务企业69家，项目备案118个，物业管理总面积1127.7万平方米；办理物业服务企业变更102家。实施物业招投标项目38个，物业管理面积597.9万平方米。选拔认定石家庄市第四期物业管理专家103名。推进“红色物业”建设，打造“四强一高”（党的建设强、社会责任强、经营管理强、服务能力强、群众满意度高）“红色物业”，实行“5+3”工作模式（垃圾当日清、违建全拆除、安全有保障、停车有秩序、维修要及时和突出党建引领、凝聚道德力量、涵养社区文化），发放“红色物业”物业服务补贴资金2711万元。培育“金牌红色物业”12家。2021年市委组织部、市住房和城乡建设局授予12家物业服务项目部“金牌红色物业”称号。其中，长安区2家：石家庄敬民物业服务有限公司省二建项目部、石家庄安馨物业服务有限公司化肥四区项目部；新华区3家：石家庄北苑嘉寓物业服务有限公司同安小区项目部、河北华宝物业服务有限公司中化宿舍项目部、石家庄鸿廷物业服务有限公司东航项目部；桥西区2家：河北百欣物业服务有限公司裕华税务局宿舍项目部、石家庄森特麦瑞物业服务有限公司中山华府玫瑰院项目部；裕华区3家：河北宜和物业服务有限公司科技大学富强大街家属院项目部、石家庄林腾物业服务有限公司东苑南院项目部、市唯美行物业管理有限公司西美五洲天地项目部；高新区2家：天山物业服务有限公司天山听澜小区项目部、石家庄德瑞物业服务有限公司荣御府小区项目部。至2021年底，石家庄市主城区享受优质高效物业服务老旧小区1361个、居民90万余人。

（耿朋涛）

【住房租赁与维修】 推进住房租赁市场建设，制定出台《石家庄市支持住房租赁市场发展试点专项资金使用管理办法（试行）》《石家庄市新建租赁住房管理试点意见（试行）》《石家庄市改建租赁住房管理试点意见（试行）》等文件，明确新建租赁住房补贴最高每平方米1500元。推进住房租赁市场发展试点，采取“建、改、盘”方式，全年新改建租赁住房3.66万套，其中新建3.6万套；盘活存量房源4.33万套。2月26日，市住房租赁监管服务平台建成并上线运行。至2021年底，市住房租赁监管服务平台开业住房租赁企业89家，其中国有住房租赁企业21家；从事住房租赁居间服务房地产经纪机构478家；房源在1000套（间）以上租赁企业达到10家，分别为河北淘房房房地产经纪有限公司、河北邦大房地产经纪有限公司、河北聚胜商业管理有限公司、石家庄丰驰房地产经纪有限公司、石家庄栖寓房地产经纪有限公司、石家庄客有家公寓管理有限公司、石家庄斓阁物业服务有限公司、石家庄阙祯住房租赁有限公司、石家庄琮禄物业服务有限公司、石家庄铭远房地产经纪有限公司；累计发布房源7.08万套，网签备案住房租赁合同6.33万笔。2021年石家庄市租赁住房平均租金每月每平方米22.31元，同比下降2.5%，租金价格保持平稳运行。2021年市住房维修资金管理中心完成维修资金归集6.35亿元，实现增值利息收益2.15亿元；核准使用维修资金项目860余个，拨付资金3300余万元；办理房屋灭失资金返还460余户，返还金额41万元。

（王永　孟涛　赵现锋）

住房公积金管理

【概况】 2021年石家庄住房公积金管理中心新开户单位3278个、职工11.67万人，归集住房公积金131.41亿元，同比增长7.60%；提取住房公积金87.97亿元，同比增长8.50%；发放住房公积金贷款68.81亿元，同比增长18.11%；实现增值收益7.53亿元，同比增长10.10%。至2021年末，石家庄市累计缴存住房公积金1028.66亿元、累计提取551.9亿元，累计发放住房公积金个人贷款17.61万笔551.40亿元，缴存余额476.76亿元，个人贷款余额335.68亿元。审议年度住房公积金归集使用执行情况，召开住房公积金管委会会议3次，审议通过《关于2020年度住房公积金归集使用计划执行情况及2021年度住房公积金归集使用计划的报告》《石家庄市住房公积金2020年年度报告》《关于对张家口银行石家庄分行申办住房公积金业务相关事项的考察报告》《关于对浦发银行石家庄分行申办住房公积金业务相关事项的考察报告》。执行住房公积金管理政策，2021年石家庄住房公积金管理中心对违反《住房公积金管理条例》及相关法规行为人员依法落实行政处罚，其中行政处罚8人，罚款1.40万元。住房公积金管理“放管服”改革，推进住房公积金信息化建设，完成与市场监督局工商接口升级，实现住房公积金企业开户登记“全程网办”“一日办结”；配合市行政审批局、市委组织部、市人社局等部门实现数据对外共享，实现婚姻、退休、社保、企业信息、房产等数据实时核查；深化线上线下融合服务，拓展线上服务种类，“手机公积金”App新增住房公积金借款人配偶提取、县区购房提取、单身职工租房提取、异地转移接续等业务，14项业务实现“掌上办”；“偿还异地住房贷款提取住房公积金”业务纳入“跨省通办”服务范围，6项业务实现线上办理，8个“跨省通办”事项全部实现，设立“跨省通办”受理线下业务专窗23个。优化机构设置，增加高新管理部；长安管理部和桥西管理部分别进驻市“五险一金”综合服务大厅和桥西区市民服务中心；住房公积金12329服务热线归并整合到市12345热线平台。2021年，石家庄住房公积金管理中心桥西管理部“跨省通办”窗口被授予“全国住房公积金‘跨省通办’表现突出服务窗口”称号；桥东管理部被授予2021年度全省住房公积金行业“文明服务窗口”称号。

【**住房公积金缴存与提取**】住房公积金缴存基数政策。国家机关、国有企业、城镇集体企业、外商投资企业、城镇私营企业及其他城镇企业、事业单位、民办非企业单位、社会团体及其在职职工应当按照规定缴存住房公积金。2021年度住房公积金月缴存基数最高不得超过上一年度职工月平均工资3倍，最低不得低于上一年度职工月平均工资60%。按照河北省统计局公布的2020年石家庄（不含辛集）城镇非私营单位就业人员年平均工资82442元测算，2021年度石家庄住房公积金缴存基数最高为20610元，最低为4122元。单位和职工住房公积金缴存比例，均不得低于5%，最高不得超过12%。住房公积金缴存单位可在5%至12%区间内自主确定单位和个人住房公积金缴存比例，单位和个人缴存比例应当一致。2021年石家庄职工住房公积金账户存款利率按一年期定期存款基准利率1.5%执行。

表75　2021年石家庄住房公积金提取条件一览表

序号	提取条件
1	职工本人及配偶在本市无自有住房且租赁住房的
2	购买、建造、翻建、大修自住住房的
3	未配备电梯的老旧住宅小区自住住房加装电梯的
4	偿还购房贷款本息的
5	被纳入本市城镇居民最低生活保障范围的
6	遇有突发事件，造成家庭生活严重困难的
7	退休的
8	死亡或已宣告死亡的
9	出境定居的
10	完全丧失劳动能力，并与单位终止劳动关系的
11	参军、上学，并与单位终止劳动关系的
12	被判处刑罚，并与单位终止劳动关系的
13	职工与单位解除或终止劳动关系满半年未继续缴存的

【**住房公积金贷款**】住房公积金贷款申请条件。2021年石家庄市个人住房公积金贷款申请条件参见表格。住房公积金贷款期限。2021年石家庄市个人住房公积金贷款期限最长30年，且不超过借款人法定离退休年龄后5个自然年度（男不超过65周岁，女不超过60周岁）；购买二手房的，除满足上述条件外，贷款期限还不得超过房屋剩余使用年限。住房公积金贷款额度。2021年石家庄市个人住房公积金贷款额度最高60万元，具体贷款额度结合申请人及配偶的公积金缴存、还贷能力、负债情况、贷款期限及所购房屋价值等因素综合确定。持有石家庄市人才绿卡（A卡或B卡）的高层次人才，使用住房公积金贷款购买石家庄行政区域范围内首

套自用商品住房的，贷款最高额度提高至全省最高的120万元。住房公积金个人贷款利率执行中国人民银行公布的个人住房公积金贷款利率。购买家庭首套住房的个人住房公积金贷款利率为：1～5年期（含）年利率为2.75%，6~30年期年利率为3.25%。购买家庭第二套住房的个人住房公积金贷款利率为同期首套个人住房公积金贷款利率的1.1倍，即：1～5年期（含）年利率3.025%；6～30年期年利率3.575%。如合同签订日至贷款发放日期间遇中国人民银行调整利率，放款时按照中国人民银行调整后的利率执行。合同履行期间，如遇法定贷款利率调整，贷款期限在1年（含1年）以下的，执行合同利率；贷款期限在1年以上的，自利率调整之日的次年1月1日开始，按调整后的利率执行（如利率在一个日历年度内经过两次或两次以上调整的，执行该日历年度内最后一次调整的利率）。

表76　2021年石家庄住房公积金申请贷款条件一览表

序号	申请贷款条件
1	贷款申请人应具有完全民事行为能力
2	设立公积金账户并连续足额缴存住房公积金6个月以上（自主择业军队转业干部应将原来部队一次性发给服现役期间的住房公积金，补缴至正常公积金账户）
3	使用公积金贷款次数应符合国家相关规定
4	具有偿还贷款本息能力，信用良好
5	所购住房为合法住房并能够为此笔贷款提供担保或抵押
6	已付房款不低于规定比例
7	法律、法规及政策规定的其他条件

石家庄住房公积金管理中心
主　任：穆增科（5月免）
王建波（5月任）
副主任：王书刚（10月免）
耿占合　董海林

（梁皓）

城市管理

【概况】2021年石家庄城市管理以建设现代化、国际化美丽省会城市和保持全国文明城市、国家卫生城市为目标，以环境卫生保洁，市政设施维护，城市综合治理，污水处理及供水、供热、供气为重点，深入开展城市精细化管理，全力推进智慧城市建设。环境卫生保洁，美化修饰城市容貌环境，改造提升街区、街道21条，并列入利民惠民10件实事；整治提升市区小街小巷1123条，打造精品街道63条；城区新建公厕102座，改造提升公厕241座。市政设施维护，全年维修道路56万平方米，

2021年9月15日，石家庄市城市管理全民动员大会举行

路缘石13千米，道桥设施完好率达95%以上；疏通排水管道1117千米，掏挖维修收检井10万座（次），保洁民心河水面120万平方米，打捞垃圾1.5万立方米，补充地表水和中水5500万立方米。城市综合治理，规范城管执法，落实重大行政执法决定法制审核制度，全年审核城管执法案件28件，公示执法案件218件；开展市区主街主路景观提升专项行动，全方位提升“四横、五纵、一环”道路景观。提升供水、污水处理、供热、供气等城市公用事业保障能力。供水。2021年市供水公司累计产水20770.51万立方米，其中，南水北调引江水16589.34万立方米，水库水3470.14万立方米，地下水711.03万立方米；主城区供水水质合格率达到100%。污水处理。2021年主城区处理污水量3.2亿吨，污水处理率100%。供热。2021～2022年采暖季石家庄市城镇供热总面积2.83亿平方米，设立热力站3272座，主城区供热总面积1.97亿平方米。供气。至2021年底，石家庄市内8区和循环化工园区燃气管网总长度达到2.63万千米；主城区（含高新区）燃气管网长度达到6470.58千米，其中，市政管网2447.33千米，庭院管网4023.25千米；主城区（含高新区）燃气普及率达到100%。2021年市城市管理综合行政执法局政策法规科被中宣部、司法部、全国普法办授予全国“七五”普法先进单位。

【环境卫生保洁】 提升城区环境卫生标准，建立全链条环卫作业、垃圾处置模式。开展春秋两季“洁城行动”，严格“以克论净”考核。“洁城行动”以“八区一县”（一县为正定县）及循环化工园区为重点，道路每天3时至7时集中冲洗，其中，主干道3天一冲洗，机扫路段5天一冲洗，便道10天一冲洗。实行“作业时间、作业模式、作业标准”三统一和“扫、冲、洗、保”四位一体集中作业模式，道路抑尘形成常态化管理，主城区机械化清扫率达到90%以上，主街主路清扫率达到100%。开展城市建成区、县城建成区垃圾集中清理整治行动，全年清理整治各类积存垃圾168.77万立方米。破解垃圾处理短板，建设垃圾焚烧项目全部投用；建设和改造厨余垃圾处理设施15座、可回收物分拣中心14座、有害垃圾暂存点10个，桥西区、高新区大型生活垃圾压缩转运站建成运行；城市日处理垃圾能力达到1万吨以上，城市建成区实现原生垃圾零填埋，无害化处理率达到100%。生活垃圾分类。印发《关于进一步推进全市生活垃圾分类工作的若干措施》。组建成立市生活垃圾分类推进工作指挥部，建成市、区、街道（乡镇）、社区、物业五级联动工作体系。重视生活垃圾分类宣传，设立专栏95块，印发宣传单35.84万份，培训生活垃圾分类人员54639人次，主城区居民生活垃圾分类知晓率达到90%以上。配备新型智能生活垃圾分类设施445组，小区“撤桶并点”2297个，打造示范街道45个。生活垃圾资源化利用率达到60%，生活垃圾回收利用率达到35.4%。至2021年底，石家庄市完成“八区一县”67个街道（乡镇）、616个社区（居委会）、3700个小区、2000家公共机构生活垃圾分类设施布设任务，覆盖居民160余万户，居民户覆盖率达到100%。

【市政设施维护】 加强市政设施维护，全年维修道路56万平方米，路缘石13千米，道桥设施完好率达到95%以上；疏通排水管道1117千米，掏挖维修收检井10万座（次）；改造老旧供热管网189千米、老旧燃气管网2.43千米；保洁民心河水面120万平方米，打捞垃圾1.5万立方米，补充地表水和中水5500万立方米；改造美化市内高架桥13座。城市照明。全年更换各类照明灯具1.29万盏，更换开关、镇流器、触发器等1.1万个，更换各类线缆7.65万米，处理单灯及线路故障2370处，亮灯率达99.59%，设施完好率达97.04%；更换LED灯具3148盏，整修及补装杆门1695个，整修及补装电缆井、井盖3121个，维护保洁灯杆13.9万杆次，紧固架空线24条街道，更换架空线6千米、新型水泥杆座380基，修剪25条街道6500棵遮光树枝，改造5条街道158套照明设施。提升景观照明效果，全年维修各种夜景338栋（处），维修更换灯具3737套、线材4710米、电器件186个、配电表箱23台，拆除灯具6300余套、管线4630米；提升重要节点街区楼宇夜景7栋，安装灯具2万套，夜景设施完好率达92%。营造节日气氛，春节和国庆节期间完成40条主要路段、3万个灯笼灯饰、7.1万个树体彩灯及车站、6个广场小品布设装饰。

【城市综合治理】 主街主路景观提升。以建设现代化、国际化美丽省会城市为目标，开展市区主街主路景观提升专项行动，全方位提升“四横、五纵、一环”（和平路、中山路、裕华路、槐安路、友谊大街、红旗大街、维明街、平安大街、体育大街、二环路）道路景观，突出将城市打造为一个整体艺术品理念。提升夜景景观，聘请设计院专家设计亮化主街主路夜景，提升裕华路、中山路、文化广场区域、新客站区域、东二环裕华路门户、北二环中华大街门户共269栋建筑夜景景观水平。改善市民居住环境，整治提升裕华路沿线62栋立面和坡屋顶破损严重、建筑色彩突兀、底商牌匾杂乱建筑；开展维明街、西二环、槐安路、胜利北街4条道路景观提升项目，提升主街主路和出入市口周边部分重要点位景观。加强市容管理。开展占道经营、非机动车、市政围挡、广告牌匾专项整治行动，整治工地围挡318处，拆除门店牌匾广告1609处，施画非机动车停车线12.5万米（共享单车5万米），设置非机动车停放点位11972个（共享单车2200个），暂扣共享单车4.7万辆，规范摆放车辆10余万辆，清理占道经营6万处。南三条市场综合整治。5月17日，南三条市场综合整治启动，确定市场规章建筑34处3500平方米，清理占道经营、店外摆放、乱堆物料等影响市场经营环境8799处（次），取缔无证经营小商贩80处，查扣严重违规货物552件，拆除破损墙体广告59处、一店多牌199处、破损牌匾131处。民心河综合整治和改造提升。实施民心步道改造工程，以市区元南公园为起点，沿民心河南线、西线、北线、东线全线贯通，形成民心步道环网，总长度34.5千米，步道宽度2.5米至3米；民心步道改造工程串联市区公园广场10座，分别为：民心广场、友谊公园、石太公园、水上公园、月季公园、花卉园、世纪公园、富强公园、欧韵公园、元南公园。建成过街天桥4座，分别为中华大街、槐安西路、槐安东路、月季公园天桥；建设重要节点2处，分别为湖心岛、万达广场。推进数字城管建设。建设城市综合管理服务平台，强化精准量化考评、多维分析功能，引进双盲考评机制，建立应急保障体系；至2021年末，14个县（市、区）数字城管与市级平台实现联网；2021年全市利用数字城管平台报送城市管理案卷97万余件，结案率98.9%。

【供水及污水处理】 2021年市供水公司累计产水20770.51万立方米，其中，南水北调引江水16589.34万立方米，水库水3470.14万立方米，地下水711.03万立方米；主城区供水水质合格率达到100%。2021年石家庄主城区居民用水价格为5.23元/立方米，执行居民价格的非居民用水价格为5.66元/立方米，非居民用水价格为8.94元/立方米，特种行业用水价格为49.73元/立方米。贯彻落实“放管服”工作要求，优化供水服务营商环境，落实《石家庄水务集团有限责任公司供用水用户工程管理办法（试行）》（石水集团〔2020〕68号）文件要求，压缩用水报装申请到通水过程由原来的8个环节至3个环节；实行容缺受理和项目负责人制度，压缩报装业务申请时间至1个工作日，优化报装接水业务至1张申请表即可办理。全年主城区处理污水量3.2亿吨，污水处理率100%。

【供热】 2021～2022年采暖季石家庄市城镇供热总面积2.83亿平方米，设立热力站3272座。主城区供热总面积1.97亿平方米，其中，居民供热面积1.57亿平方米，设立居民供热热力站2194座；主城区供热主要由24家供热企业承担，其中，央企2家、市属国有企业1家、私人企业21家。其他县（市、区）供热总面积0.86亿平方米，设立热力站1078座，由当地供热管理机构负责。2021年石家庄市域集中供热和清洁能源供热率均达100%。推进清洁供热，完成中继能源站建设，引入西柏坡电厂热源，实现石热八期燃煤机组关停替代，替代供热面积2050万平方米，年减少燃煤量117万吨；建设裕华电厂至栾城城区40千米供热管线，实现宏源电厂小型燃煤机组关停替代，替代供热面积370万平方米，年减煤14万吨；错峰调度热电联产电厂供热负荷，减少电厂排放对空气质量影响20%。设施老旧供热设施改造。全年非采暖期完成189千米供热老旧管网改造；检修和保养热源174座、热力站961座，集中整治供热问题突出老旧小区168个，改善老旧小区供热效果，解决底层用户不热、单个用户不热、整个串联系统不热、整栋楼不热等问题。提升智慧供热水平。提高小区居民室温监测覆盖率，安装室温采集设施，达到6.2万个；自动化改造热力站334个；提高供热问题处置速度和效率，市供热指挥调度平台新增24小时在线视频调度系统，供热调度指挥，协调解决问题。

【供气】 2021年全市完成老旧燃气市政管网改造2.43千米。至2021年底，石家庄市内8区和循环化工园区燃气管网总长度达到2.63万千米；主城区（含高新区）燃气管网长度达到6470.58千米，其中，市政管网2447.33千米，庭院管网4023.25千米；主城区（含高新区）燃气普及率达到100%。2021年市内8区和循环化工园区共有燃气经营企业129家，其中管道燃气16家，设立各类燃气站129个；拥有天然气用户224万户、液化石油气用户16万户。2021年主城区4区共有燃气经营企业44家，其中管道燃气4家，设立各类燃气站57座；拥有天然气居民用户169万户、液化石油气居民用户9.5万户。2021年石家庄市域天然气总用量达到27.4亿立方米，其中，管道天然气用量25.36亿立方米，压缩天然气用量2.04亿立方米，液化石油气用量3.02万吨；主城区天然气总用量8.55亿立方米，其中，管道天然气用量7.99亿立方米，压缩天然气用量0.56亿立方米，液化石油气用量1.51万吨。2021年全市天然气实行阶梯气价：第一阶梯，年用气量240立方米以内，每立方米2.78元；第二阶梯，年用气量480立方米以内，每立方米2.98元；第三阶梯，年用气量480立方米以上，每立方米3.4元。低保户及特困职工凭有效证件，优惠气价为每立方米2.58元，超出第一阶梯基础气量部分不优惠。非居民用户天然气价格为每立方米3.95元。压缩天然气价格为每立方米3.7元。液化石油气民用气价格为每千克7.6元，商业用气价格每千克7.7元，其中商业用气属议价气，随行就市，浮动较大，最低价为每千克5元，最高价为每千克7元，浮动区间为每千克6～8.5元。

（高金）

园林绿化

【概况】2021年石家庄市区新建公园2个、街旁游园10个，提升改造公园11个、游园4个。至2021年底，全市共有公园广场224个，总面积4252.34公顷。2021年全市新增绿地面积416.74公顷，其中，建成区新增绿地面积175.38公顷，各县（市）新增绿地面积241.36公顷。至2021年底，全市共有园林绿地总面积18041公顷，其中，建成区园林绿地面积12229.44公顷，各县（市）园林绿地面积5811.96公顷；建成区绿地率达到39.14%，绿化覆盖率达到42.85%，人均公园绿地面积14.87平方米。平山县、元氏县、深泽县、井陉矿区4个县区接受省级园林城创建复查，3个县区通过复查考核，平山县因人均公园绿地面积不达标、城区容貌差被责令限期整改。至2021年底，全市共有国家级园林县城6个（与2020年比较，考核调整为主城区外所有县、市、区），分别为高邑县、正定县、晋州市、栾城区、藁城区、鹿泉区；石家庄市所辖全部县（市、区）均获评河北省园林县城。

企业绿化（2021年7月30日于河冶科技股份有限公司厂区拍摄，市工业和信息化局提供）

【公园游园】2021年石家庄市区新建公园2个，总面积13.96万平方米，其中，裕翔公园4.1万平方米，动物园“海洋极地世界”9.86万平方米；新建街旁游园10个，分别为枫丹园、绿舟园、谈北园、悦园、和平园、劝学园、青园、织锦园、锦色园、裕园，总面积12.23万平方米，超额建成10万平方米游园民生实事任务；提升改造游园4个，分别为柏坡园、时光园、朝辉园、启思园，同时，新建步道3500米、广场25处、柔性活动场地7处；提升改造公园11个。6月1日，市区体育公园二期建成对外开放，占地面积10万平方米。至2021年底，全市共有公园广场224个，总面积4252.34公顷。

表77　2021年石家庄市区新建街旁游园一览表

序号	名称	位置	面积（万平方米）
1	枫丹园	谈固北大街东、丰收路北、紫晶悦城南、金石街西	1.1
2	绿舟园	向阳大街以东、御城路以北、恒大御景半岛以西、高营回迁楼以南；向阳大街西侧与御城路交口西北角	1.2

续表

序号	名称	位置	面积（万平方米）
3	谈北园	体育大街与谈北路交口西南角	0.2
4	悦园	高营大街西、北二环北、绵河道北	2.7
5	和平园	谈北路 61 号	1.59
6	劝学园	北二环以北，星河御城南侧	0.49
7	青园	青园街西，龙腾路北	0.12
8	织锦园	体育北大街西侧，和平路至光华路	1.76
9	锦色园	古城西路南侧，百岛绿城北侧	2.43
10	裕园	裕华路与民心河西线交口	0.64

【城市景观绿化】 太平河南岸滨河绿道工程。西起市区胜利大街，东至体育大街，全长 3.5 千米；新建绿地 6 万平方米，提升改造绿地 30 万平方米，种植大型乔木 2000 余株。9 月 29 日，太平河南岸绿道贯通工程完工并对外开放，至此，太平河沿线 17.5 千米绿道全线贯通。改造石家庄火车站、石家庄火车北站周边区域绿化环境。石家庄火车站区域新建绿地 10 万平方米，石家庄火车北站区域铺设草皮 2500 平方米，维修破损公园广场路 2300 平方米。市区三环路沿线绿化。以 102 千米主路及辅路绿化建设、绿地景观、道路分车带景观、道路交口节点景观为重点，栽植乔灌木 28 万余株，新建和提升绿地面积 200 万平方米。民心河沿线景观设施改造。9 月 30 日，市区民心河综合整治提升工程开工。重点打造裕园景观及“古韵游廊”“科幻乐园”“滨水广场”“水韵广场” 5 处景观，补植地被 6 万平方米，增设路灯 324 盏，建设健身步道 1.2 万米、塑胶健身广场 9 处。营造特色花街。全年建设特色花街 8 条，栽植观叶植物和时令花卉 40 余种、1000 余万株。庆祝中国共产党建党 100 周年，设立宣传主题花坛 12 处、花墙 4 处，设置临街标识 21 处、灯光雕塑 4 处，悬挂展牌 204 块，栽植时令花卉 40 余种、270 余万株。十一国庆节期间，布置立体花坛 42 处、艺术花墙 10 余座、立交花桥 5 座、空中花廊 2 条、花箱花架花球 500 余个，种植树木 40 余种、180 万株。2021 年石家庄市主城区街道补植乔灌木 8 万株、绿篱地被 120 万平方米、绿篱色带 2.4 万延米。

【园林管护】 公园、游园养护。清理园区枯树死树、处置斑秃绿地，市内各区及正定县全年累计修剪老旧小区树木 1500 余株，清理危树死树 437 株；定期清洁园林小品、座椅等公共设施；清理太平河、环城水系河道内水藻、水草；落实监测周报、专题培训、日常预警制度；采取喷、清、查、治方法治理城区杨柳飞絮。管护考核。采取月度考核、季度联查、半年观摩等形式，提升全系统管护水平。督导市内各区、正定县做好老旧小区绿化考核，每季度抽查老旧小区考核情况；解决群众关切老旧小区绿化管理问题。规范伐移树木审核。制定《石家庄市毁绿占绿行为举报办法》，公布举报途径和方式，加强社会监督；按照《石家庄市城市园林绿化管理条例》等相关规定，严格审核伐移城市树木和占绿材料，减少占用绿地和伐移树木，保护城市绿地。

【星级公园（游园）评定】 2021 年石家庄市公园（游园）获评河北省星级公园（游园）24 个。获评河北省星级公园 11 个。其中，五星级公园 1 个：灵寿县松阳河湿地公园；四星级公园 6 个：市龙泉湖公园、市体育公园、无极县平安公园、井陉矿区杏花沟生态公园、新乐市体育公园、赞皇县坛山公园；三星级公园 4 个：藁城区体育公园、正定县莲池公园、正定新区中心湖公园、井陉县龙王山公园。13 个游园获评河北省星级游园。其中，四星级游园 4 个：市怡康园、市雅园、市春花园、栾城区怡康园；三星级游园 9 个：市柏坡园、市朝晖园、市启思园、市时光园、市曙光园、鹿泉区怡园、井陉县抗洪纪念碑、深泽县华丽游园、井陉矿区东入区口迎宾游园。

【省级园林式单位、小区、街道命名】 2021 年石家庄市获批命名河北省园林式单位、小区、街道 18 个（条）。其中命名河北省园林式单位 3 个：河北无极中学（无极县）、平山县李家庄乡村荣逸客栈、华电水务元氏有限公司（元氏县）；命名河北省园林式居住区 12 个：高远森林城（长安区）、鑫界王府（桥西区）、想象国际（高新区）、保利东郡（藁城区）、西山御园（鹿泉区）、智高常春藤 B 区（栾城区）、墅洋居礼（正定县）、九都水岸新城（行唐县）、天洲国际城（赵县）、碧桂园（元氏县）、祥云凤凰福邸（高邑县）、盛世新城（赞皇县）；命名河北省园林式街道 3 条：裕华区石栾大街（裕翔街—南三环）、井陉县迎宾路（井石快速路—金良河 2 号桥）、循环化工园区化工中路（丰梵新材料有限公司—河北凡克新材料有限公司）。

【市级园林式单位、居住区、街道命名】 2021 年石家庄市命名市级园林式单位、居住区、街道 47 个（条）。命名市级园林式单位 19 个。长安区 1 个：石家庄供水有限责任公司东北水厂；桥西区 2 个：河北省国家安全厅、石家庄市社会福利院；裕华区 3 个：河北化工医药职业技术学院、石家庄市人民医院、石家庄市卫生监督局；高新区 2 个：石家庄高新技术产业开发区供水排水公司、石药控股集团有限公司；藁城区 1 个：石家庄经济技术开发区地表水厂；栾城区 1 个：河北省人工影响天气办公室；新乐市 1 个：新乐市三水厂；深泽县 1 个：国网河北省电力有限公司深泽县供电分公司；平山县 2 个：平山县敬业宾馆有限公司、石家庄敬业中学；元氏县 1 个：元氏县第七中学；赞皇县 1 个：中国移动通信集团河北有限公司赞皇分公司；井陉矿区 2 个：河钢集团石家庄钢铁有限责任公司、河北曲寨矿峰水泥股份有限公司；循环化工园区 1 个：河北威远生物化工有限公司。命名市级园林式居住区 17 个。长安区 2 个：富赢苏园、国赫天著；新华区 3 个：天河悦城、锦锈前程、上河原著；裕华区 1 个：锦锈学府；藁城区 3 个：福美瑜瑾园、润江翡丽华府、华誉名璟苑；鹿泉区 1 个：大者住宅；高新区 1 个：红石原著；井陉县 1 个：滨河；无极县 1 个：理想城；灵寿县 2 个：松阳中苑、松阳东苑；平山县 1 个：富力康养度假小镇；循环化工园区 1 个：水岸新城。命名市级园林式街道 11 条。裕华区 1 条：仓丰路（裕翔街—107 国道）；鹿泉区 1 条：南二环西延（鹿泉区界—青银高速桥）；正定县 2 条：堤顶路（107 国道—塔元庄）、太行大街（正无路—高速桥）；新乐市 2 条：新华路（轻贸街—新行公路）、东名街（南至长化线北—新兴公路）；无极县 2 条：科技街（开放路—希望路）、迎宾大道（希望路—看守所）：赵县 1 条：安济大道（国柏路—柏林大街）；井陉矿区 1 条：凤中路（贾凤路—平涉路）；循环化工园区 1 条：工业大街（石焦化工—凡克）。

【市动物园】 石家庄市动物园位于鹿泉区向阳南大街，距离石家庄市主城区 17.5 千米，总占地面积 222.74 万平方米。市动物园始建于 1947 年，最初地址为石家庄市人民公园（今河北省会儿童少年活动中心）。1983 年、2005 年市动物园经历两次搬迁，2006 年 5 月市动物园新园建成并对外开放。2017 年 9 月至 2018 年 5 月，实施整体提升改造，建设羊驼观赏区、猴山北区和污水处理系统；2018 年 3 月，整修大熊猫馆。2007 年市动物园获评省会城市名片，并被命名为石家庄市百年十大精品园林建筑；2009 年获评五星级公园；2015 年获授“全国科普教育基地”称号。2021 年市动物园饲养展出动物 277 种 4284 只（头），主要有大熊猫、火烈鸟、金丝猴、东北虎、亚洲象、黑猩猩、白虎、长颈鹿等；繁殖动物 63 种 480 只（头）。2021 年市动物园接待游客 139.7 万人次。

【市植物园】 市植物园始建于 1998 年 4 月 25 日，以植物观赏为主，集科研科普、游览观光、休闲娱乐、社会生产等多功能为一体大型综合性公园。市植物园位于新华区植物园街 60 号，总占地面积 167 万平方米，其中水体面积 38.7 万平方米。2021 年市植物园引进室外植物品种 20 种 100 余株，主要有垂丝茉莉、嘉宝果、丝苇、假连翘、金边燕麦草、猴尾、百香果、黄金香柳等；引进室内植物品种 30 种 1850 株。至 2021 年底，市植物园共有植物种类 624 种 35 万株、草坪 14 万平方米，形成松柏园、木兰园、芍药园、竹园、蔷薇月季园、樱花园、碧桃园、海棠园、丁香园等 15 个植物专类园。2021 年市植物园接待游客 28.38 万人次。

（冯雷）

生态环境

Ecological Environment

综　述

2021年石家庄市环境空气质量一级优良天数45天，二级良好天数195天，三级轻度污染天数83天，四级中度污染天数26天，五级重度污染天数11天，六级严重污染天数5天；空气优良天数达到240天，同比增加35天，空气优良率65.8%，同比提高9.8个百分点；重污染天数16天，同比减少5天，重污染天数比例4.4%，同比下降1.3个百分点。2021年石家庄市环境空气质量综合指数为4.89，同比下降1.07；空气污染贡献率由高至低依次为：臭氧（O_3）123天，可吸入颗粒物（PM10）113天，细颗粒物（PM2.5）73天，二氧化氮（NO_2）6天，颗粒物（可吸入颗粒物和细颗粒物）2天，可吸入颗粒物和二氧化氮2天。2021年石家庄主城区设置国控环境空气质量自动监测点位12个，各县（市、区）设置省控环境空气质量自动监测点位37个，监测项目主要包括SO_2、$NO-NO_2-NO_X$、PM10、PM2.5、CO、O_3、气象五参数。2021年石家庄市环境空气质量综合指数排名全国168个重点城市倒数第12位，PM2.5年平均值排名全国倒数第14位，均实现“退后十”目标任务，扭转了石家庄市空气质量多年排名全国末位的被动局面。

空气污染状况　2021年石家庄市影响空气环境质量6项污染物中，二氧化硫（SO_2）、二氧化氮（NO_2）、一氧化碳（CO）3项污染物年均值达到国家二级标准，可吸入颗粒物、细颗粒物、臭氧3项污染物均出现超标。其中，可吸入颗粒物（PM10）年均值为84微克/立方米，年日均值超标率为9.8%；细颗粒物（PM2.5）年均值为46微克/立方米，年日均值超标率为14.4%；二氧化硫（SO_2）年均值为9微克/立方米，年日均值超标率为0；二氧化氮（NO_2）年日均值为32微克/立方米，年日均值超标率为0；一氧化碳年均值为1.4毫克/立方米，年日均值超标率为0；臭氧年均值为173微克/立方米，年日均值超标率为14.5%。2021年石家庄市空气环境污染贡献最大的为颗粒物（PM2.5和PM10），其次是臭氧（O_3）。

水环境质量　2021年石家庄市水环境质量监测国家考核断面水质优良率达到60%以上，纳入国家考核重要水功能区达标率100%，城市集中式饮用水水源水质达标率100%，城市建成区黑臭水体消除比例稳定保持100%，劣Ⅴ类水体全部消除。2021年石家庄市域地表河流主要污染为化学需氧量、生化需氧量、高锰酸盐、氨氮、总磷等。2021年石家庄城市饮用水水源地有7个，均未出现超标监测项目，水质达标率100%。其中，沙河地下水水质最好，属Ⅰ类水质；岗南水库、黄壁庄水库出口水质属Ⅱ类水质；4个水厂水质相差不大，均属Ⅲ类水质。

声环境质量　2021年石家庄城市声环境监测项目包括功能区噪声、道路交通噪声和区域环境噪声。全年石家庄城市功能区噪声昼间声级值达标率为100%，夜间声级值达标率为77.1%。其中，城市功能区噪声1类区（居民、文教、医疗、科研、行政区）昼间声级值达标率为100%，夜间声级值达标率为91.7%；2类区（居民、商业、工业混合区）昼间声级值为44～55分贝，达标率100%，夜间为37～49分贝，达标率100%；3类区（工业区）昼间声级值为49～59分贝，达标率100%，夜间为46～53分贝，达标率100%；4类区（交通干线两侧区域）昼间声级值为52～69分贝，达标率100%，夜间为47～63分贝，达标率37.5%。2021年石家庄城市道路交通噪声声级值58.0～73.8分贝，平均等效声级值68.0分贝，强度等级为一级，道路交通噪声状况评价为好，较2020年稍微变差。2021年石家庄城市区域环境噪声声级值为44.2～61.7分贝，平均等效声级值52.2分贝，城市区域环境噪声总体水平等级为二级，声环境质量较好。2021年石家庄城市噪声主要来源于社会生活（94.5%）、交通（5.3%）和工业企业（0.2%）。

生态治理与保护　按照“全覆

盖、零容忍、严执法、重实效”要求，开展大气环境、扬尘管控检查、臭氧污染防控、异味排查整治、在线监控比对、挥发性有机物污染防治、土壤修复保护、农村污染防治等执法行动。2021年全市办理生态环境保护行政处罚案件1998件，罚款8472.16万元；查处并在媒体公开曝光环境违法典型案件84起。定期开展市、县、乡镇及“千吨万人”集中式饮用水水源水质监测，集中式饮用水水源水质达标100%。重视道路积尘污染治理，2021年末市区道路积尘量降至0.61克/平方米，下降幅度达到49%以上。深化排污单位和入河排污口综合治理，非法排污口实现动态清零，33个合法排污口全部完成审批备案和规范化整治。市、县两级城市建成区黑臭水体消除比例稳定保持100%。开展夏季臭氧污染攻坚行动，以全市3220家涉VOCs企业为对象，采取“一厂一策”措施，建立分门别类清单，重点监督排放大户235家。重视农村污染防治，1000个村生活污水无害化处理工程、181个村生活污水治理项目建设完工；2021年全市畜禽规模养殖场粪污处理设施装备配套率维持100%，畜禽粪污综合利用率达到96.56%，农膜回收率达到90%以上。

（侯沛东）

空气环境质量

【概况】 2021年石家庄市环境空气质量一级优良天数45天，同比增加14天，占总天数12.3%；二级良好天数195天，同比增加21天，占总天数53.4%；三级轻度污染天数83天，同比减少31天，占总天数22.7%；四级中度污染天数26天，与2020年持平，占总天数7.1%；五级重度污染天数11天，同比减少8天，占总天数3%；六级严重污染天数5天，同比增加3天，占总天数1.4%。2021年石家庄市空气优良天数达到240天，同比增加35天，空气优良率65.8%，同比提高9.8个百分点；重污染天数16天，同比减少5天，重污染天数占总天数4.4%，同比下降1.3个百分点。2021年石家庄市环境空气质量综合指数为4.89，同比下降1.07，其中，可吸入颗粒物、细颗粒物、二氧化硫、二氧化氮、一氧化碳、臭氧6项空气主要污染物质量指数分别为1.2、1.31、0.15、0.8、0.35、1.08。2021年石家庄市空气污染物中，可吸入颗粒物（PM10）年均值为84微克/立方米，未达到国家二级标准，年日均值超标率为9.8%；细颗粒物（PM2.5）年均值为46微克/立方米，未达到国家二级标准，年日均值超标率为14.4%；二氧化硫（SO_2）年均值为9微克/立方米，达到国家二级标准，年日均值超标率为0；二氧化氮（NO_2）年日均值为32微克/立方米，达到国家二级标准，年日均值超标率为0；一氧化碳年均值为1.4毫克/立方米，达到国家二级标准，年日均值超标率为0；臭氧年均值为173微克/立方米，未达到国家二级标准，年日均值超标率为14.5%。2021年石家庄市空气环境污染贡献最大的为颗粒物（PM2.5和PM10），其次是臭氧（O_3）。总体看，2021年石家庄市空气环境质量明显好转，空气质量综合指数排名全国168个重点城市倒数第12位，PM2.5年均值排名全国倒数第14位，实现了市委、市政府提出空气质量“退后十”目标任务。

【空气污染物状况】 2021年石家庄市空气污染物中，可吸入颗粒物（PM10）年均值为84微克/立方米，同比下降17微克/立方米；细颗粒物（PM2.5）年均值为46微克/立方米，同比下降12微克/立方米；二氧化硫（SO_2）年均值为9微克/立方米，同比下降3微克/立方米；二氧化氮（NO_2）年日均值为32微克/立方

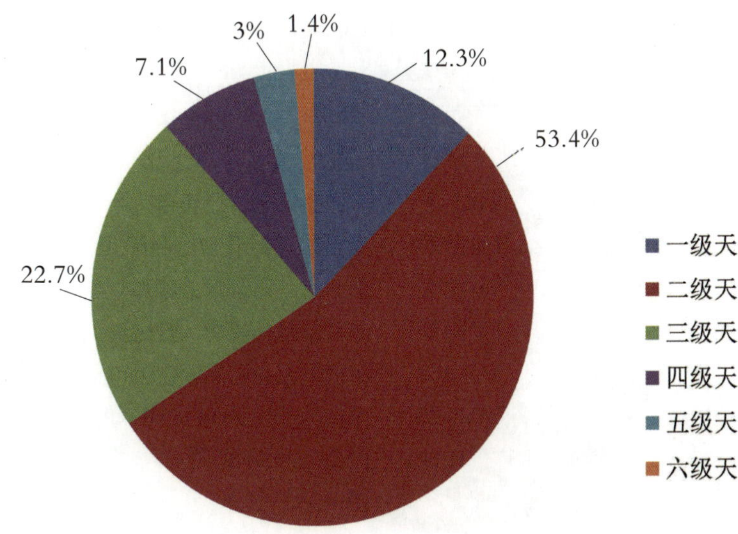

2021年石家庄市空气质量各级天数占比示意图

米，同比下降 9 微克 / 立方米；一氧化碳年均值为 1.4 毫克 / 立方米，同比下降 0.7 毫克 / 立方米，日均值第 95 百分位 CO（95%）浓度范围为 0.2 ～ 2.3 毫克 / 立方米；臭氧年均值为 173 微克 / 立方米，同比下降 7 微克 / 立方米，日最大 8 小时滑动平均第 90 百分位 O_3–8h（90%）浓度范围为 8 ～ 253 微克 / 立方米。2021 年石家庄市影响空气环境质量 6 项污染物中，二氧化硫、二氧化氮、一氧化碳 3 项污染物年均值达到国家二级标准，可吸入颗粒物、细颗粒物、臭氧 3 项污染物年均值出现超标。2021 年石家庄市空气环境污染中，123 天首要污染物为臭氧，113 天首要污染物为可吸入颗粒物（PM10），73 天首要污染物为细颗粒物（PM2.5），6 天首要污染物为二氧化氮，2 天首要污染物为颗粒物（可吸入颗粒物和细颗粒物），2 天首要污染物为可吸入颗粒物和二氧化氮。按照各项污染物分担率评价，2021 年石家庄市可吸入颗粒物（PM10）污染分担率为 24.5%，细颗粒物（PM2.5）污染物分担率为 26.8%，二氧化硫污染物分担率为 3.1%，二氧化氮污染物分担率为 16.4%，一氧化碳（95%）污染物分担率为 7.2%，臭氧 O_3–8h（90%）污染物分担率为 22.1%。2021 年石家庄市空气环境污染贡献最大的为颗粒物（PM2.5 和 PM10），其次是臭氧。

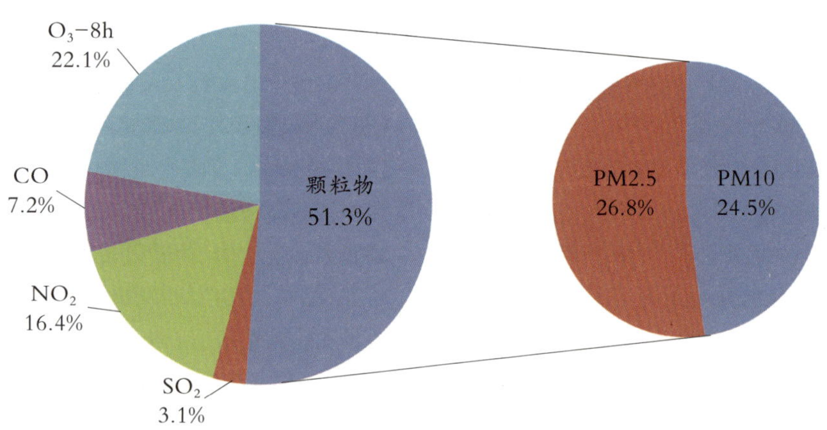

2021 年石家庄市空气环境六项污染物分担率

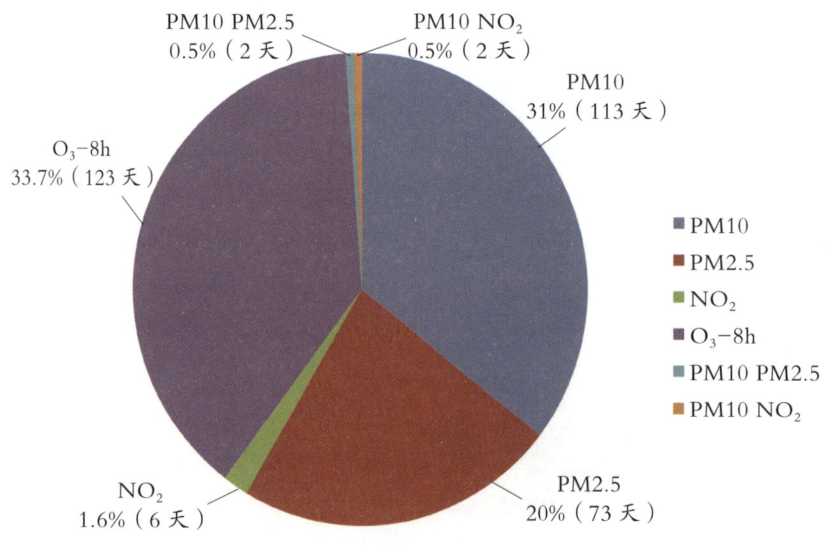

2021 年石家庄市空气首要污染物天数分布示意图

可吸入颗粒物 2021 年石家庄城市环境空气中可吸入颗粒物年均浓度为 84 微克 / 立方米，年日均值范围为 13 ～ 255 微克 / 立方米，年日均值超标率为 9.8%，最大日均值超标倍数为 0.7 倍。一季度至四季度可吸入颗粒物浓度分别为 131 微克 / 立方米、78 微克 / 立方米、50 微克 / 立方米、86 微克 / 立方米，日均值超标率分别为 33.3%、1.3%、0、8.8%，污染程度排序为：一季度 > 四季度 > 二季度 > 三季度。

细颗粒物 2021 年石家庄城市环境空气中细颗粒物年均浓度为 46 微克 / 立方米，日均值范围为 9 ～ 197 微克 / 立方米，年日均值超标率为 14.4%，最大日均值超标倍数为 1.63 倍。一季度至四季度细颗粒物浓度分别为 74 微克 / 立方米、37 微克 / 立方米、27 微克 / 立方米、48 微克 / 立方米，日均值超标率分别为 41%、2.3%、0、17.4%，污染程度排序为：一季度 > 四季度 > 二季度 > 三季度。

二氧化硫 2021 年石家庄城市环境空气中二氧化硫年均浓度为 9 微克 / 立方米，日均值范围为 3 ～ 38 微克 / 立方米，年日均值超标率为 0。一季度至四季度二氧化硫浓度分别为 14 微克 / 立方米、9 微克 / 立方米、5 微克 / 立方米、9 微克 / 立方米，污染程度排序为：一季度 > 二季度 / 四季度 > 三季度。

二氧化氮 2021 年石家庄城市环境空气中二氧化氮年均浓度为 32 微克 / 立方米，日均值范围为 8 ～ 74 微克 / 立方米，年日均值超标率为 0。一季度至四季度二氧化氮浓度分别为 38 微克 / 立方米、27 微克 / 立方米、20 微克 / 立方米、42 微克 / 立方米，污染程度排序：四季度 > 一季度 > 二季度 > 三季度。

一氧化碳 2021 年石家庄城市

环境空气中一氧化碳年均浓度为1.4毫克/立方米，日均值第95百分位CO（95%）浓度范围为0.2～2.3毫克/立方米，年日均值超标率为0。一季度至四季度一氧化碳浓度分别为1.8毫克/立方米、1毫克/立方米、1.毫克/立方米、1.3毫克/立方米，污染程度排序：一季度>四季度>二季度/三季度。

臭氧　2021年石家庄城市环境空气中臭氧年均浓度为173微克/立方米，日最大8小时滑动平均第90百分位 O_3-8h（90%）浓度范围为8～253微克/立方米，年日均值超标率为14.5%。一季度至四季度臭氧浓度分别为104微克/立方米、193微克/立方米、197微克/立方米、83微克/立方米，超标率分别为0、24.2%、33.7%、0，污染程度排序：三季度>二季度>一季度>四季度。

【空气环境监测站点】 至2021年底，石家庄市环境空气质量自动监测站点设置覆盖全部县（市、区），其中，设置国控环境空气质量自动监测站12个、省控环境空气质量自动监测站37个。国控、省控环境空气质量自动监测站监测项目相同，主要包括 SO_2、$NO-NO_2-NO_X$、PM10、PM2.5、CO、O_3、气象五参数。

表78　2021年石家庄市国控城市环境空气质量自动监测站点一览表

序号	行政区域	站点名称	站点地址
1	长安区	22中南校区	长安区翟营南大街18号22中学
2	长安区	人民会堂	长安区中山路211号人民会堂楼顶
3	桥西区	职工医院	桥西区靶场路40号职工医院
4	桥西区	西南高教	桥西区红旗大街469号
5	新华区	西北水源	学府路47号河北经贸大学第一教学楼楼顶
6	裕华区	世纪公园	裕华区体育南大街267号世纪公园
7	高新区	高新区	高新区石家庄信息工程职业技术学院北校区教学楼楼顶
8	井陉矿区	井陉矿区区委大楼	井陉矿区矿市南街杏花路靠近汇景嘉园
9	藁城区	藁城区实验学校	藁城区廉北路550号至善5楼顶
10	鹿泉区	鹿泉一中	鹿泉区获鹿镇北斗西路鹿泉一中学校博雅楼楼顶
11	鹿泉区	封龙山	鹿泉区大公庙封龙山景区山顶
12	栾城区	栾城区政府	栾城区栾武路9号

表79　2021年石家庄市省控城市环境空气质量自动监测站点一览表

序号	行政区域	站点名称	站点地址
1	井陉矿区	井陉矿区西王舍	井陉矿区西王舍村西钢结构平台上
2	藁城区	藁城九中	藁城区育英西路17号藁城第九中学综合办公楼楼顶
3	藁城区	藁城八中	藁城区育英东路101号藁城第八中学教学楼楼顶
4	鹿泉区	鹿泉住建局	鹿泉区海山大街鹿泉区住房和城乡建设局楼顶
5	鹿泉区	鹿泉区政府	鹿泉区镇宁路鹿泉区政府主办公楼楼顶
6	栾城区	栾城妇幼保健所	栾城区惠源路35号栾城区妇幼保健所主楼东侧

续表

序号	行政区域	站点名称	站点地址
7	栾城区	栾城六中	栾城区富强路 105 号栾城区第六中学实验楼
8	井陉县	井陉法舫文化园	井陉县微水镇韩信公园内西门钢结构平台上
9	井陉县	井陉 3502 生活区	井陉县微新庄 3502 生活区包装印刷辅料公司内钢结构平台
10	正定县	正定子龙小学	正定县恒州北街 99 号正定子龙小学教学楼楼顶
11	正定县	正定人民检察院	正定县常山西路 41 号正定县人民检察院办公楼楼顶
12	正定县	正定胜利街小学	正定县梅山东路 110 号正定镇胜利街小学教学楼楼顶
13	行唐县	行唐交通局	行唐县香港路行唐交通运输局办公楼楼顶
14	行唐县	行唐启明中学	行唐县升仙桥南路 167 号行唐启明中学教学楼楼顶
15	灵寿县	灵寿职教中心	灵寿县灵寿镇人民西路 132 号灵寿县职教中心教学楼楼顶
16	灵寿县	灵寿市场管理局	灵寿县正南大街 101 号灵寿市场管理局办公楼楼顶
17	高邑县	高邑县政府	高邑县高邑镇府前街 151 号高邑县政府院内西侧配楼楼顶
18	高邑县	高邑镇政府	高邑县高邑镇政府后院钢结构平台上
19	深泽县	深泽人民政府	深泽县府前西路 27 号深泽县人民政府会议楼楼顶
20	深泽县	深泽华丽大楼	深泽县石油大街华北油田华丽综合服务处宿舍楼楼顶
21	赞皇县	赞皇县政府	赞皇县政府后院钢结构平台上
22	赞皇县	赞皇中学	赞皇县通府南街，赞皇中学高三教学楼楼顶
23	无极县	无极东关学校	无极县花园东路无极东关学校教学楼楼顶
24	无极县	无极卫计局	无极县建设西路 108 号无极线卫生健康局楼顶
25	平山县	平山冶河	平山县秀水公园内三层独立楼房内
26	平山县	平山南贾壁小学	平山县建设南大街南贾壁小学教学楼楼顶
27	元氏县	元氏气象局	元氏县昌盛街 247 号元氏县气象局院内东北角
28	元氏县	元氏供电公司	国网元氏县供电公司院内西侧库房楼顶
29	赵县	赵县环保局	赵县李春大道赵县生态环境局主楼楼顶
30	赵县	赵县县政府	赵县赵州镇府前街 1 号赵县县政府院内（西侧楼）楼顶
31	赵县	赵县文广新局	赵县石塔路 73 号赵县文化广电体育和旅游局主楼楼顶
32	晋州市	晋州赛凡蒂	晋州市新华街 33 号河北塞凡帝工艺美术有限公司楼顶
33	晋州市	晋州财政局	晋州市向阳街 47 号晋州财政局大楼楼顶
34	晋州市	晋州税务四分局	晋州市总十庄镇 004 县道晋州国税四分局大楼顶
35	新乐市	新乐实验学校	新乐市长寿街道育才大街实验学校宿舍楼顶
36	新乐市	新乐市委东楼	新乐市长寿路 65 号新乐市委东楼楼顶
37	新乐市	新乐执法局管理处	新乐市南环路东明街交叉口绿洲公园内公园管理处

【县（市、区）空气质量】2021年石家庄各县（市、区）环境空气质量综合污染指数区间为4.7～5.0，环境空气综合污染指数最大的为长安区，可吸入颗粒物污染最重的为无极县，细颗粒物污染最重的为长安区、桥西区、藁城区、无极县，二氧化硫污染最重的为井陉矿区，二氧化氮污染最重的为桥西区、正定县，一氧化碳污染最重的为平山县，臭氧污染最重的为长安区。

表80　2021年石家庄市环境空气质量监测数据一览表

序号	行政区域	PM10（μg/m³）	PM2.5（μg/m³）	SO_2（μg/m³）	NO_2（μg/m³）	CO 95per（mg/m³）	O_3-8h 90per（μg/m³）	综合指数
1	赞皇县	86	41	10	25	1.6	177	4.7
2	平山县	89	40	10	28	1.7	172	4.78
3	高新区	80	45	9	31	1.3	176	4.78
4	鹿泉区	88	43	11	29	1.4	169	4.8
5	裕华区	79	45	8	31	1.6	176	4.83
6	行唐县	92	46	8	27	1.6	161	4.84
7	栾城区	88	44	9	31	1.4	168	4.85
8	灵寿县	87	45	7	29	1.6	174	4.86
9	晋州市	88	45	9	30	1.4	173	4.88
10	深泽县	88	45	9	31	1.3	173	4.88
11	新乐市	89	45	8	30	1.5	170	4.88
12	高邑县	88	43	11	32	1.5	167	4.89
13	藁城区	86	47	11	31	1.4	164	4.9
14	井陉矿区	86	42	13	32	1.5	172	4.91
15	正定县	87	42	8	34	1.5	177	4.91
16	元氏县	89	46	10	30	1.5	166	4.92
17	赵　县	93	45	11	29	1.4	169	4.93
18	新华区	87	45	7	33	1.4	179	4.94
19	桥西区	83	47	9	34	1.4	174	4.97
20	井陉县	87	44	12	32	1.4	181	4.98
21	无极县	94	47	9	30	1.4	168	4.98
22	长安区	82	47	10	31	1.5	185	5.0

（侯沛东）

水环境质量

【概况】 2021年石家庄市水环境质量监测设立国省考核断面12个（国家考核断面9个、省考核断面3个），除磁河（段家庄）断面断流外，其余断面监测均达到年度考核目标要求，达标率100%。其中，国家考核断面水质优良率达到60%以上；纳入国家考核重要水功能区达标率100%，城市集中式饮用水水源水质达标率100%，城市建成区黑臭水体消除比例稳定保持在100%；劣Ⅴ类水体全部消除。2021年石家庄市域地表河流主要污染为化学需氧量、生化需氧量、高锰酸盐、氨氮、总磷等。2021年石家庄城市饮用水水源地有7个，均未出现超标监测项目，水质达标率100%。其中，沙河地下水水质最好，属Ⅰ类水质；岗南水库、黄壁庄水库出口水质属Ⅱ类水质；4个水厂水质相差不大，均属Ⅲ类水质。2021年黄壁庄水库、岗南水库出口水质综合营养状态指数值TLI（Σ）位于30～50之间，均为中营养类型。

【河流水环境质量】 2021年石家庄市域主要河流纳入国家地表水考核（简称国考）的重要水功能区全部达标，国考河流断面水质优良率达到60%以上，劣Ⅴ类水体全部消除。2021年全市监测地表水系7个，设置监测断面10个，监测项目22项；绵河—冶河、滹沱河、石津总干渠、午河4条河流水质达到或优于地表水Ⅱ类水质标准，水质状况均为优；洨河水质达到地表水Ⅳ类水质标准，水质状况为轻度污染；汪洋沟水质达到地表水Ⅴ类水质标准，水质状况为重度污染；磁河监测点段家庄断面无水断流。2021年石家庄市域地表河流主要污染为化学需氧量、生化需氧量、高锰酸盐、氨氮、总磷等。

绵河—冶河 2021年绵河—冶河水体水质为Ⅱ类，水体综合污染指数为4.62，污染分担率排在前3位指标分别为化学需氧量14.9%、总磷13.0%、生化需氧量11.8%；岩峰、平山桥断面污染负荷分别为59.2%、40.8%。2021年绵河—冶河设置岩峰、平山桥2个水质监测断面，监测断面水质均为Ⅱ类，未出现超标项目，水质状况为优。

滹沱河 2021年滹沱河水体水质为Ⅱ类，水体综合污染指数为4.61；污染分担率排在前3位指标为化学需氧量16.9%、高锰酸盐指数14.8%、总磷13.2%；下槐镇、枣营断面污染负荷分别为48.5%、51.5%。2021年滹沱河设置下槐镇、枣营2个监测断面，监测断面水质均为II类，未出现超标项目，水质状况为优。

洨河 2021年洨河水体水质为Ⅳ类，水体综合污染指数为4.03；污染分担率排在前3位指标分别为氨氮20.3%、总磷19.9%、化学需氧量15.9%。2021年洨河设置大石桥1个监测断面，监测断面水质为Ⅳ类；出现超标项目2项：氨氮、总磷，超标倍数分别为0.22倍、0.2倍，水质状况为轻度污染。

石津总干渠 2021年石津总干渠水体水质为Ⅱ类，水体综合污染指数为3.16；污染分担率排在前3位指标分别为化学需氧量19.1%、生化需氧量16.5%、高锰酸盐指数16.3%；兆通、南白滩桥断面污染负荷分别为53.2%、46.8%。2021年石津总干渠设置兆通、南白滩桥2个监测断面，监测断面水质均为Ⅱ类，未出现超标项目，水质状况为优。

汪洋沟 2021年汪洋沟水体水质为Ⅴ类，水体综合污染指数为4.01；污染分担率排在前3位指标为化学需氧量22.4%、高锰酸盐指数19.5%、氨氮14%。2021年汪洋沟设置高庄1个监测断面，监测断面水质为Ⅴ类；出现超标项目3项：高锰酸盐指数、化学需氧量、氨氮，超标倍数分别为0.95倍、0.8倍、0.13倍，水质状况为重度污染。

午河 2021年午河水体水质为Ⅱ类，水体综合污染指数为3.9；污染分担率排在前3位指标为化学需氧量20%、高锰酸盐指数17.7%、生化需氧量15.4%。2021年午河设置韩村1个监测断面，监测断面水质为Ⅱ类，水质状况为优。

表 81　2021 石家庄市域主要河流（渠）水质监测断面评价一览表

水系名称	监测断面	评价标准	监测项目	监测频次
绵河—冶河	岩峰	Ⅱ类	pH 值、高锰酸盐指数、化学需氧量、生化需氧量、氨氮、挥发酚、溶解氧、砷、石油类、硫化物、汞、镉、六价铬、铅、铜、锌、氟化物、硒、氰化物、阴离子表面活性剂、总磷、总氮 22 项	每月监测一次
	平山桥	Ⅱ类		
滹沱河	下槐镇	Ⅱ类		
	枣营	Ⅱ类		
洨河	大石桥	Ⅳ类		
石津总干渠	兆通	Ⅱ类		
	南白滩桥	Ⅱ类		
汪洋沟	高庄	Ⅴ类		
磁河	段家庄	/		
午河	韩村	Ⅱ类		

【城市饮用水监测】 2021 年石家庄城市饮用水水源地有 7 个，分别为第一水厂、第三水厂、第四水厂、第五水厂、沙河地下水、岗南水库、黄壁庄水库。沙河地下水和 4 个水厂属地下水，岗南水库、黄壁庄水库属地表水。沙河地下水水质最好，属Ⅰ类水质；岗南水库、黄壁庄水库出口水质属Ⅱ类水质；4 个水厂水质相差不大，均属Ⅲ类水质。7 个饮用水源地水质均未出现超标监测项目，水质达标率 100%。2021 年黄壁庄水库、岗南水库出口水质综合营养状态指数值 TLI（Σ）位于 30～50 之间，均为中营养类型。2021 年第一水厂污染分担率排在前 3 位污染物依次是总硬度、溶解性总固体、硫酸盐；第三水厂排在前 3 位污染物依次是铝、三氯甲烷、四氯化碳，第四水厂排在前 3 位污染物依次是总硬度、硝酸盐、溶解性总固体，第五水厂排在前 3 位污染物依次是铝、四氯化碳、三氯甲烷。

表 82　2021 年石家庄城市饮用水源地水质考核达标情况一览表

序号	点位名称	考核级别	水质性质	考核标准	水质类别	是否达标
1	岗南水库出口	国考	地表	Ⅲ类	Ⅱ类	是
2	黄壁庄水库出口	省考	地表	Ⅲ类	Ⅱ类	是
3	第一水厂	国考	地下	Ⅲ类	Ⅲ类	是
4	第三水厂	国考	地下	Ⅲ类	Ⅲ类	是
5	第四水厂	国考	地下	Ⅲ类	Ⅲ类	是
6	第五水厂	国考	地下	Ⅲ类	Ⅲ类	是
7	沙河地下水	省考	地下	Ⅲ类	Ⅰ类	是

（侯沛东）

声环境质量

【概况】 2021年石家庄城市声环境监测项目包括功能区噪声、道路交通噪声和区域环境噪声。功能区噪声监测总面积405.88平方千米，按照区域功能不同划分为1～4类区域。2021年石家庄城市功能区噪声昼间声级值达标率为100%，夜间声级值达标率为77.1%。其中，城市功能区噪声1类区（居民、文教、医疗、科研、行政区）昼间声级值为41～50分贝，达标率100%，夜间为36～47分贝，达标率91.7%；2类区（居民、商业、工业混合区）昼间声级值为44～55分贝，达标率100%，夜间为37～49分贝，达标率100%；3类区（工业区）昼间声级值为49～59分贝，达标率100%，夜间为46～53分贝，达标率100%；4类区（交通干线两侧区域）昼间声级值为52～69分贝，达标率100%，夜间为47～63分贝，达标率37.5%。2021年石家庄城市道路交通噪声声级值58.0～73.8分贝，平均等效声级值68.0分贝，强度等级为一级，道路交通噪声状况评价为好，较2020年稍微变差。2021年石家庄城市区域环境噪声声级值为44.2～61.7分贝，平均等效声级值52.2分贝，城市区域环境噪声总体水平等级为二级，声环境质量较好。2021年石家庄城市噪声主要来源于社会生活（94.5%）、交通（5.3%）和工业企业（0.2%）。

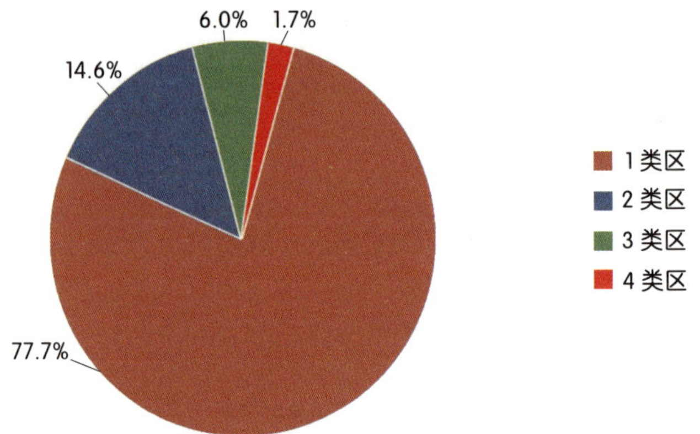

2021年石家庄市各功能区噪声面积比例分布图

【功能区噪声】 2021年石家庄城市功能区噪声监测总面积405.88平方千米，按照区域功能不同划分为1～4类区域。其中，1类区面积315.2平方千米，占功能区总面积77.7%；2类区面积59.4平方千米，占功能区总面积14.6%；3类区面积24.3平方千米，占功能区总面积6.0%；4类区面积6.98平方千米，占功能区总面积1.7%。按照1～4类适用区域，全年选择12个代表性点位，实行24小时连续监测，每季度监测1次。数据显示，功能区噪声1类区（居民、文教、医疗、科研、行政区）昼间声级值为41～50分贝，达标率100%，夜间为36～47分贝，达标率91.7%；2类区（居民、商业、工业混合区）昼间声级值为44～55分贝，达标率100%，夜间为37～49分贝，达标率100%；3类区（工业区）昼间声级值为49～59分贝，达标率100%，夜间为46～53分贝，达标率100%；4类区（交通干线两侧区域）昼间声级值为52～69分贝，达标率100%，夜间为47～63分贝，达标率37.5%。与2020年相比，全市功能区噪声1～4类区昼间声级达标率和2、3类区夜间声级达标率保持不变，1类区夜间声级达标率同比增加8.4个百分点，4类区夜间声级达标率同比下降18.8个百分点。2021年石家庄城市功能区噪声昼间声级值达标率为100%，夜间声级值达标率为77.1%，功能区声环境质量总体向好，4类区夜间达标率持续偏低。

表83 2021年石家庄城市功能区噪声监测数据一览表

功能区 / 项目	1类区（分贝）		2类区（分贝）		3类区（分贝）		4类区（分贝）	
	昼间	夜间	昼间	夜间	昼间	夜间	昼间	夜间
数值范围	41～50	36～47	44～55	37～49	49～59	46～53	52～69	47～63
标准值	55	45	60	50	65	55	70	55

表 84　2020 ～ 2021 年石家庄城市功能区噪声达标率一览表

功能区／年度	1 类区（%）		2 类区（%）		3 类区（%）		4 类区（%）	
	昼间	夜间	昼间	夜间	昼间	夜间	昼间	夜间
2020	100	83.3	100	100	100	100	100	56.3
2021	100	91.7	100	100	100	100	100	37.5

【道路交通噪声】 2021 年石家庄城市道路交通噪声监测总长 399.25 千米。其中，城市快速路 53.67 千米，占比 13.4%；城市主干路 130.4 千米，占比 32.7%；城市次干路 126.48 千米，占比 31.7%；其他道路 88.7 千米，占比 22.2%。设置道路交通噪声监测点位 368 个。监测数据显示，2021 年石家庄城市道路交通噪声声级值为 58.0 ～ 73.8 分贝，平均等效声级值 68.0 分贝，强度等级为一级，道路交通噪声状况评价为好。与 2020 年相比，2021 年石家庄城市道路交通噪声平均等效声级值上升 0.7 分贝，达标路段总长减少 42.8 千米，较 2020 年稍微变差。

表 85　2017 ～ 2021 年石家庄城市道路交通噪声平均值一览表

年度／噪声数值	2017	2018	2019	2020	2021
年平均值（分贝）	67.0	67.3	66.9	67.3	68.0

【区域环境噪声】 按照 1000 米 ×1000 米设立网格区域，将石家庄市主城区划分为 400 个网格实行监测，获得数据样本 400 个。监测数据显示，2021 年石家庄城市区域环境噪声值为 44.2 ～ 61.7 分贝，平均等效声级值 52.2 分贝，城市区域环境噪声总体水平等级为二级，声环境质量评价为较好。与 2020 年相比，2021 年石家庄城市区域环境噪声平均等效声级值下降 1.5 分贝，连续 4 年呈下降趋势；声环境达标面积 364 平方千米，同比增加 57 平方千米。2021 年石家庄城市区域环境噪声主要来源于社会生活噪声、交通噪声和工业企业噪声，其中，社会生活噪声占比 94.5%，交通噪声占比 5.3%，工业企业噪声占比 0.2%。

表 86　2017 ～ 2021 年石家庄城市区域环境噪声平均等效声级值一览表

年度／噪声数值	2017	2018	2019	2020	2021
平均等效值（分贝）	54.4	56.0	54.9	53.7	52.2

表 87　2020 ～ 2021 年石家庄城市区域声环境变化一览表

类别／年度	监测数值（分贝）	平均等效声级（分贝）	达标面积（平方千米）	达标比例（%）
2020	42.5 ～ 59.9	53.7	307	76.8
2021	44.2 ～ 61.7	52.2	364	91.0

（侯沛东）

生态治理与保护

【概况】 2021年全市以保护生态环境为主题，按照“全覆盖、零容忍、严执法、重实效”要求，开展大气环境、扬尘管控检查、臭氧污染防控、异味排查整治、在线监控比对、挥发性有机物污染防治、土壤修复保护、农村污染防治等执法行动。严厉打击生态环境污染行为，市生态环境部门、市公安部门协调联动，组成联合执法专班，突出查处群众反映强烈的偷排偷放、超排超放、监测数据造假等环境违法行为。市生态环境局统筹市、县两级环境执法力量，抽调258名执法人员组成11个攻坚执法组、19个夜间交叉执法组，采取白天严管、晚上严查监管方式，查处并在媒体公开曝光环境违法典型案件84起。2021年全市办理生态环境保护行政处罚案件1998件，罚款8472.16万元。建立完善责任追究联动、生态环境分局长异地任职、环境违法典型案件定期曝光、环境违法举报奖励、第三方监测规范运营管理、第四方专业团队常驻专业检查6项生态环境监管机制。定期开展市、县、乡镇及“千吨万人”集中式饮用水水源水质监测，集中式饮用水水源水质达标100%。重视道路积尘污染治理，2021年末市区道路积尘量降至0.61克/平方米，下降幅度达到49%以上。深化排污单位和入河排污口综合治理，非法排污口实现动态清零，33个合法排污口全部完成审批备案和规范化整治。市、县两级城市建成区黑臭水体消除比例稳定保持100%。开展夏季臭氧污染攻坚行动，以全市3220家涉VOCs企业为对象，采取“一厂一策”措施，建立分门别类清单，重点监督排放大户235家。推进土壤污染治理与修复技术应用试点，栾城区土壤治理与修复试点项目、赵县重点区域耕地污染治理与修复项目总体验收完毕。2021年全市333个地块纳入全国污染地块信息管理系统，288个地块完成初步调查和备案，评审地块103个、土壤污染状况调查报告118个。重视农村污染防治，1000个村生活污水无害化处理工程、181个村生活污水治理项目建设完工；2021年全市畜禽规模养殖场粪污处理设施装备配套率维持100%，畜禽粪污综合利用率达到96.56%，农膜回收率达到90%以上。

【大气环境治理】 科学谋划大气污染防治策略，制定印发《石家庄市2021年大气污染综合治理工作方案》《关于依法科学精准实施大气污染管控 确保持续推进大气环境质量改善的实施意见》等文件。以空气质量“退后十”为目标，按照属地管理原则，建立市、县、乡、村四级点位长制度，出台《石家庄市核心区精细化管控实施细则》。运用先进科技设备，提升空气环境监测和治理能力。市大气污染防治指挥调度平台接入和连通环境监测站、涉企在线监控、工地在线监控、渣土车在线定位、秸秆焚烧视频、气象预测预报等大数据系统，全市818家工地安装PM10在线监测仪1235台、视频监控6000余路。以空气扬尘治理为重点，开展昼查、夜查专项行动。建筑工地实行差异化管控，评选五星级工地42个；开展道路积尘监测，建立“周五卫生大扫除”常态化机制，道路积尘量由8月的1.2克/平方米下降至12月的0.61克/平方米，下降率达到49.17%。涉污排放企业实行3种差异化管理模式。“高税收—低排放”企业，纳入正面清单管理；“高税收—高排放”企业，逐一开展指导和帮扶，引导企业对标行业A级标杆提升环境治理水平；“低税收—高排放”企业，实施严格管控措施，倒逼企业转型升级或退出。开展夏季臭氧污染攻坚行动，以全市3220家涉VOCs企业为对象，采取“一厂一策”措施，建立分门别类清单，重点监督排放大户235家。实施煤炭消费总量压减和清洁能源替代方案。涉煤项目立项实行“零审批”政策。采取综合减煤措施，严格控制钢铁、电力、建材等主要行业耗煤量。2021年华电石家庄热电2台20万千瓦燃煤机组、宏源热电2台0.6万千瓦燃煤机组关停，栾城区腾达供热站完成供热替代，元氏县惠源淀粉厂、赵县友谊化工有限公司天然气锅炉清洁能源替代改造完工。严厉查处违规销售、存储散煤行为，2021年全市检查运煤车辆18822辆，抽检煤炭样品4415个批次，查扣散煤150吨。淘汰老旧车辆，促进新能源汽车推广应用。7月1日，全市97家重型柴油车销售企业全部按照要求销售符合国六a排放标准重型柴油车。2021年全市淘汰国三及以下排放标准营运柴油货车30407辆，推广新能源车16662辆，建成充电站600余座、充电桩2万多个。12月31日，石家庄市新能源渣土车上线仪式在市区南位公交停车场举行，400辆新能源渣土车正式上线运营，标志全市渣土运输跨入新能源模式。

【水环境保护】 以水生态保护和水污染防治为重点，统筹做好饮用水水源安全、农村污染治理、河流湖库流域综合治理等工作。饮用水水源安全。制定集中式饮用水水源环境保护工作方案，建立县级以上城市集中式饮用水水源清单，定期开展市、县、乡镇及“千吨万人”集中式饮用水水源水质监测，全年城市集中式饮用水水源水质达标率保持100%。河流湖库综合治理。编制河流湖库水体、水功能区达标方案，完成水环境承载力现状评价。城镇污水和黑臭水体排查整治。深化排污单位和入河排污口综合治理，非法排污口实现动态清零，33个合法排污口全部完成审批备案和规范化整治。市域污水处理厂排水全部达到排放标准。城市建成区无新增黑臭水体和反弹现象，市县两级城市建成区黑臭水体消除比例稳定保持100%。重视农村污染防治，1000个村生活污水无害化处理工程、181个村生活污水治理项目建设完工。

【土壤污染修复】 重视土壤污染防治，开展农用地质量类别划分，建立优先保护类、安全利用类、严格管控类3种管理机制。全年受污染耕地安全利用类和严格管控类治理修复任务完成，受污染耕地安全利用率达到100%。加强建设用地监管，落实建设用地土壤污染风险管理和修复名录制度，实行建设用地准入管理规定。推进土壤污染治理与修复技术应用试点，栾城区土壤治理与修复试点项目、赵县重点区域耕地污染治理与修复项目总体验收完毕。做好全国污染地块土壤管理系统维护，2021年全市333个地块纳入全国污染地块信息管理系统，288个地块完成初步调查和备案，评审地块103个、土壤污染状况调查报告118个，疑似污染地块名单、名录全部做到动态更新。实施农业污染治理，发挥种植大户引领和示范作用，开展种植业化肥农药减量增效行动，全年化肥农药使用量继续保持负增长态势；提升畜禽养殖粪污处理和农膜回收能力，2021年全市畜禽规模养殖场粪污处理设施装备配套率维持100%，畜禽粪污综合利用率达到96.56%，农膜回收率达到90%以上。

【污染监测及企业监管】 提升生态环境综合监控数据整合分析和指挥调度能力，组建市生态环境指挥中心，统筹运用卫星遥感热点监测、激光雷达走航监测、河流应急监测预警等技术。实行大气、污水双在线平台监控，全年54家重点高架源企业、109个排口开展烟气在线设备远程质控监测61次，123家用车大户布设门禁视频监控系统，在线监控扬尘企业175家、企业DCS工况35家。市域河流沿线8个县（市、区）13家污水处理厂安装在线设备参数管控仪，在线监控企业1024家，移送超标及异常数据7800余条。开展在线监测数据“打假”行动，严厉打击排污单位自动监测数据弄虚作假违法犯罪行为，全年出动执法人员3196人次，检查重点排污单位1132家次。适应疫情防控形势和企业复工复产需要，以促进企业自律为主，优化生态环境执法监管方式，组织47个行业5335家企业开展生态环境评级，评定B级以上和引领企业210家，504家企业及重点工程纳入生态环境管理正面清单。加强“散乱污”企业整治，以完成“散乱污”整治企业为对象，开展“回头看”活动；建立生态环境部门与供电部门信息共享机制，以电量数据为基础，核查企业动力电变化情况，关停取缔“散乱污”企业16家。

（侯沛东）

科学技术

Science & Technology

综 述

2021年石家庄市域单位获得河北省科学技术奖101项，其中，河北省自然科学奖5项（二等奖3项、三等奖2项），河北省技术发明奖5项（一等奖1项、二等奖3项、三等奖1项），河北省科学技术进步奖90项（一等奖14项、二等奖39项、三等奖37项），河北省科学技术合作奖1项（获奖者为北京市农林科学院信息技术研究中心赵春江，合作单位为石家庄市农林科学院）。2021年国家科学技术奖项目暂未公布。2021年全市建立省技术转移机构58家，认定登记技术合同4697份，实现技术合同成交总额120.81亿元；开展京津冀协同创新科技项目49项，支持经费6175万元。2021年全市专利授权量25758件，国际专利申请量122件，有效发明专利拥有量11436件，万人发明专利拥有量11.01件。2021年石家庄市争取河北省科技计划项目225项，获得资金2.48亿元，位列全省各地市之首；市本级财政安排应用技术研究与开发专项资金1.4亿元；市科技部门编制下发科学技术研究与发展计划（指令计划）1批，安排各类科技项目242项，经费6705万元。2021年石家庄市通过实施科技计划，引进和吸纳一批高层次人才：享受政府津贴专家4人，省、市管专家26人；引进市外人才84人，其中，省外人才39人，京津人才13人；培养研究生119人。获得一批创新性成果：取得新产品、新材料153个，新工艺、新装置85个，计算机软件98个，新技术97项；发表论文212篇，其中，被SCI、EI收录论文35篇，出版著作21部，完成研究报告73篇，形成标准130项。取得一批自主知识产权成果：专利申请538件，其中发明专利申请225件；专利授权356件，其中发明专利授权90件。

科技创新 2021年石家庄市新增高新技术企业400家、科技型中小企业1029家、省级科技创新平台67家、市级技术创新中心27家，至2021年底，全市共有高新技术企业2899家，科技型中小企业14596家，省级以上科技创新平台405家，市级技术创新中心246家。2021年全市新认定市级科技企业孵化器4家，市级以上科技企业孵化器总数达到40家；新增市级众创空间7家，市级以上众创空间总数达到128家。

科技合作 搭建国际科技合作平台，建设国际科技合作基地，推动与国外高校、科研机构、技术转移机构及企业开展科研深度合作，合作国家涉及欧美及“一带一路”30多个国家。2021年全市新认定河北省国际科技合作基地12家，至2021年末，全市共有省级以上国际科技合作基地69家，其中，国家级国际科技合作基地9家，省级国际科技合作基地69家。组织全市有关企业参加数博会、上海国际技术进出口交易会、正博会、5·18中国廊坊国际经济贸易洽谈会、浦江创新论坛——全球技术转移大会、北京科博会等科技展洽活动。引进外国专家智力，认定14家境内引才引智机构和10家国（境）外引才引智机构为“石家庄市2021年度引智工作站”。

科技成果转化 2021年石家庄市以五大产业科技成果转化为重点，印发《关于建立完善技术经纪服务体系促进科技成果转移转化的实施意见》，构建科技成果转化技术经纪“331”服务体系。加强省级技术转移机构管理和技术合同认定登记，建立省技术转移机构58家，认定登记技术合同4697份，技术合同成交总额120亿元。支持京津冀协同创新，引导市域单位与京津高校、科研院所开展产学研合作和关键技术攻关，实施石家庄市与京津冀协同创新项目49项，拨付经费6175万元。延伸科技成果转化服务范围，在井陉县、高邑县设立科技成果转化工作站。开展科技成果推介服务，依托石家庄科技大市场、中关村天合石家庄科技成果转化服务广场举办科技成果推介会、需求发布会16场，对接企业需求50项，建立联合创新中心2家，转化落地科技成果3项，分别为：米莎贝尔食品公司与国家粮食和物资储备局科学研究院达成合作，授权米莎贝尔专利技术5项；联兴佳垚农业科技有限公司与中国农业科学院毕金峰研究院签约果蔬食品营养健康项目；维尔利动物药业与河北工程大学合作，共同研发禽流感病毒和水禽腺病毒蛋白重组乳酸菌的构建及免疫效果评价成果转化项目。全年备案和选派河北省科技特派员340名，其中，企业科技特派员248名、乡镇科技特派员92名，建设科技特派员工作室9个、工作站64个，每个县（市、区）均组建科技特派员营。

（梁斐　檀静娴　盛婵娟）

科学技术研究与发展计划

【概况】 2021年石家庄市主要实施“重大科技专项、重点研发计划、创新能力提升和技术创新引导”四类科技计划。重大科技专项计划以全市产业发展的重大技术需求和重大战略产品、重大产业化为目标，重点支持中央驻石、省直科研院所以及大中型科技企业的核心关键技术研发。重点研发计划以提升产业竞争力、企业自主创新能力为核心，加强跨部门、跨行业、跨区域研发布局和协同创新，以促进产业结构调整和经济发展方式的转变。创新能力提升计划以提升全市科技服务能力为核心，支持技术创新中心等科技创新平台建设，强化创新人才团队、科技特派员等科技服务能力的提升，提高全市科技创新的整体保障能力。技术创新引导计划支持一批有利于促进产业结构调整、带动战略性产业发展的科技型中小企业项目，支持科技型中小企业技术创新活动，提高企业技术创新能力，促进科技型中小企业成长。全年争取河北省科技计划项目225项，争取资金2.48亿元，居全省各地市之首。市本级财政安排应用技术研究与开发专项资金1.4亿元。市科技局编制下发科学技术研究与发展计划（指令计划）1批，安排各类科技项目242项，经费6705万元。在全部项目中，产学研项目94项，支持经费2839万元。

【科研经费安排】 2021年石家庄市本级财政安排应用技术研究与开发专项资金1.4亿元，其中，高层次科技创新创业人才引进1500万元，科技孵化载体奖励资金648万元，引智资金1200万元，中关村天合科技成果转化广场服务费350万元，科技创新券经费50万元，计划资金6705万元，市科技型中小企业创新资金800万元，大众创业万众创新专项资金2750万元等。全年市科技局编制下发科学技术研究与发展计划（指令计划）1批，安排各类科技项目242项，经费6705万元，其中下达2021年石家庄市科学技术研究与发展自筹资金计划项目2批，共计121项。在全部科技计划项目中，重大科技专项项目14项，经费1500万元；重点研发计划171项，经费4267万元，其中新一代电子技术创新专项12项，经费350万元；软件与大数据创新13项，经费353万元；装备制造创新13项，经费378万元；传统优势产业创新8项，经费224万元；民生科技24项，经费640万元；生物医药关键技术创新11项，经费330万元；现代农业创新40项，经费995万元；山区绿山富民特色11项，经费250万元；国际科技合作2项，经费43万元；京津冀协同创新13项，经费331万元；军民融合科技创新6项，经费158万元；软科学研究10项，经费55万元；科学技术普及和技术创新8项，经费160万元。创新能力提升计划54项，经费855万元，其中技术创新中心建设专项18项，经费360万元；科技领军人物及科技创新团队30项，经费375万元；农业科技特派员4项，经费80万元；工业科技特派员2项，经费20万元。按承担单位性质分，企业承担项目188项，经费5657万元；科研院所20项，经费386万元；高等院校13项，经费195万元。在全部项目中，产学研项目94项，经费2839万元。

【科技计划实施效果】 2021年科技计划项目实施成果丰硕。引进和吸纳一批高层次人才：项目参加人员中，享受政府津贴专家4人，省、市管专家26人；吸引市外人才84人（省外人才39人，京津人才13人）；培养研究生119人。获得一批创新性成果，取得新产品、新材料153个，新工艺、新装置85个，计算机软件98个，新技术97项，发表论文212篇，其中，被SCI、EI收录论文出35篇，出版著作21部，完成研究报告73篇，形成标准130项。获得一批自主知识产权成果：专利申请538件，其中发明专利申请225件，专利授权356件，其中发明专利授权90件。关键技术取得重要突破，开发形成一批具有应用价值的技术成果：新增销售收入9.31亿元，新增利税1.08亿元，出口创汇114万美元；培育农作物新品种12个，新品种推广面积112.95万亩，畜禽推广数6.45万头（只），年总收入1.15亿元。节能减排成效显著，节煤2100.55吨，节电931.80

万度，节水1501.64万吨，减排废气17.97万立方米，减排废水1.38万吨。

（侯彦波）

工业科技与高新技术

【概况】2021年石家庄市新增高新技术企业400家，总数达到2899家。构建"科技型中小企业—高新技术企业—科技领军企业"梯度培育体系，重点支持新一代电子信息、生物医药、先进装备制造等产业科技研发项目，突出提升企业自主创新能力，促进高成长性科技企业提质升级。落实高新技术企业税收优惠和奖补政策，全年为高新技术企业发放市级奖励资金4090万元、省级奖补资金5020万元。培育创新主体，搭建创新孵化平台。至2021年底，全市共有省级以上科技创新平台405家、市级以上科技企业孵化载体167家；省级科技领军企业总数17家、高新技术企业2899家，科技型中小企业14596家。

【科技创新平台】2021年全市新增省级科技创新平台67家，其中，省级技术创新中心42家，省级学科重点实验室11家，省级企业重点实验室2家，省级产业技术研究院12家；新增市级技术创新中心27家。至2021年底，全市共有省级以上科技创新平台405家。其中，技术创新中心248家、学科重点实验室92家、企业重点实验室30家、产业技术研究院35家；国家级科技创新平台5家；市级技术创新中心246家。2021年全市新增省级科技领军企业3家，省级科技领军企业总数达到17家。2021年远东通信、圣昊光电、普兴电子、博威集成、河钢数字、华药新药、中土大地、华清环境8家企业工程研究中心列入省级工程研究中心筹建计划。

2021年8月5日，首家河北省燕赵工匠自动化创新工作室联盟在石家庄常山北明科技有限公司成立

【科技企业孵化器】2021年全市新认定市级科技企业孵化器4家，市级以上科技企业孵化器总数达到40家，其中，国家级11家，省级以上28家；新增市级众创空间7家，市级以上众创空间总数达到128家，其中，国家级21家，省级以上55家。至2021年底，全市共有市级以上科技企业孵化载体167家。其中，国家级孵化载体11家，占河北省国家级孵化总数25.58%；省级以上科技孵化载体83家，其中，科技企业孵化器28家，众创空间55家。2021年12月，市科技创新服务中心连续8年以优秀（A类）成绩通过国家级科技企业孵化器绩效评价。

（杜娟）

社会发展领域科技进步

【概况】2021年全市实施生物医药关键技术创新项目11项，投入资金330万元；开展环境保护和节能减排领域项目20项，投入资金550万元；支持防灾减灾、公共安全、城市管理等研发5项，投入资金120万元；医疗卫生技术创新，实施石家庄市科学技术研究与发展自筹计划两批102项。其中，公共卫生与公众健康自筹资金项目32项；医疗卫生技术创新项目70项。全年在资源与环境、社会公共事业、卫生健康、生物医药和科技冬奥等专项科技研发领域，争取河北省科技计划项目19项，获得资金支持1281万元。

【生物医药技术创新】 重点支持创新药物研发、生物技术药物关键技术研发、中药新药研发及质量控制技术、高端医疗器械及新型健康产品等创新项目研发，全市实施生物医药创新项目研发11项，投入资金330万元。研发项目分别为：河北国龙制药有限公司的“甲磺酸沙分酰胺原料药创新研发”、仁合益康集团有限公司的“长效抗哮喘药物布地奈德及其儿童吸入制剂的开发”、河北森朗生物科技有限公司的“Senl B19自体T细胞治疗急性淋巴细胞白血病Ⅰ类新药的研究与开发”、常山凯捷健生物药物研发（河北）有限公司的“靶向NTRK的小分子抗肿瘤1类新药NANT3456的研究与开发”、石家庄以岭药业股份有限公司的“基于连花清瘟的防治儿童普通感冒新药的临床前和临床研究”、河北远征药业有限公司的“泰地罗新注射液的工艺研究”、河北圣雪大成制药有限责任公司的“抗耐药性病原菌感染药物—粘菌素甲烷磺酸钠的研制与开发”、石家庄市度智医药科技有限公司的“抗凝血药物贝曲西班的研制”、德路通（石家庄）生物科技有限公司的“新型核酸提取扩增仪”、石家庄禾柏生物技术股份有限公司的“全自动液相生物芯片特定蛋白分析仪的研制”、河北瑞诺医疗器械股份有限公司的“新型植入可吸收骨折捆绑带研发及应用”。

【节能环保技术创新】 推进环境保护和节能减排领域技术创新，围绕大气、水、土壤污染防治和生态修复以及节能降耗、控污减排、资源综合利用等关键技术，实施节能环保项目20项，投入资金550万元。重点节能环保技术研发项目分别为：石家庄市食品药品检验中心的“新型超分子凝胶体系对水中重金属离子的检测与吸附性能研究”、河北享美环保科技有限公司的“窗式新风净化机中热交换单元交换效率提升的研发”、河北棣烨信息技术有限公司的“被动式超低能耗建筑专用高效热回收分散式新风空调控制系统的研发与应用”、河北优伏达科技有限公司的“LFP电池回收高效无酸湿法冶金技术的开发”、河北慧启环保科技有限公司的“基于镁法多污染物协同去除过程中的MVR系统设计”、河北永新包装有限公司的“低VOCs水溶性PU油墨凹版印刷应用技术研究”、河北福威建材科技有限公司的“玻璃钢固废处理及在混凝土中的应用研究”、河北汉蓝环境科技有限公司的“应用于涂装行业高效、低能耗沸石转轮与催化燃烧VOC处理系统关键技术研发”、石家庄康坦福化工科技有限公司的“新能源电池材料双氟磺酰亚胺锂的研发”、河北中科威德环境工程有限公司的“餐厨垃圾厌氧发酵沼液低成本处理研究与示范”、河北华清环境科技集团股份有限公司的“土壤重金属检测前处理技术及自动化设备研究”、石家庄市环境气象中心的“石家庄市臭氧垂直分布特征及来源解析研究”、河北用邦环保设备科技有限公司的“基于电化学的工业循环冷却水节水技术研发与应用”、河北碧蓝环保工程有限公司的“工业园区臭氧催化——气浮联用污水深度处理技术集成研究与示范”、河北金铎建设工程有限公司的“被动式超低能耗建筑屋面系统应用技术研究”、石家庄高新技术产业开发区供水排水公司的“嗜盐菌生物强化处理高氯有机废水关键技术研究与示范”、河北奥意新材料有限公司的“被动式建筑用新型铝塑共挤门窗型材的研发”、石家庄科石机械设备有限公司的“生物质能——太阳能互补联合供热供暖系统的集成”、河北中化锂电科技有限公司的“锂离子动力电池高效绿色再生利用项目”、石家庄东华金龙化工有限公司的“高有机氮、低碳氮比废水总氮强化脱除技术集成研究与示范”等。

【民生服务科技创新】 重点开展科技强警、食品安全、城市管理、重大灾害监测及应急救援、安全生产与劳动保护等民生领域技术研发，研发项目主要有：石家庄学院的“基于深度学习和流体物理的火灾检测和态势评估技术”、河北博士林科技开发有限公司的“情指勤督宣一体化平台”、石家庄市食品药品检验中心的“快速检测食品中非食用物质的多种印迹传感器的研制与应用”、河北华友文化遗产保护股份有限公司的“大型建筑设施物联网火灾检测报警疏散系统的研发”、河北智达光电科技股份有限公司的“城市积水监测预警处置系统”等项目。

（张宏燕）

科技合作与交流

【概况】 2021年全市科技合作以建设国际科技合作基地、搭建国际科技合作平台、举办科技合作与交流活动为内容，重点推动市域单位与国内外高校、科研单位、高新技术企业开展科研合作。全年新认定省级国际科技合作基地12家，至2021年底，全市共有省级以上国际科技合作基地69家，其中国家级国际科技合作基地9

家。国际科技合作基地单位主要为创新能力强、技术水平领先、国内外同行业或细分领域具有较高的知名度和影响力、市场竞争优势明显的高新技术企业和科研单位，合作国家涉及欧美及“一带一路”沿线30多个国家。开展京津冀合作，发挥中关村天合石家庄科技成果转化服务广场作用，举办科技成果推介会、需求发布会等16场，促成米莎贝尔食品公司与国家粮食和物资储备局科学研究院、联兴佳垚农业科技有限公司与北京农林科学院、维尔利动物药业与河北工程大学合作项目签约。瞄准石家庄市经济社会发展重大科技需求，借力京津创新资源，支持市域单位与京津高校、科研院所开展产学研科技合作。全年实施京津冀协同创新项目13项，支持经费331万元。

【国际科技合作平台】 签署国际合作协议，建立海外联合研发机构，搭建国际科技合作平台，对接和利用全球科技创新资源。日中天康复辅助器具国际创新园聚集40余家康复辅助器具企业，与德国、韩国、加拿大、以色列等国企业开展国际科技合作，打造集群化、专业化、国际化康复辅助器具国际创新园。河北博海生物工程开发有限公司与中美多家医疗机构合作，开展“肿瘤多靶点诊疗整体解决方案国际合作多中心研究”。市科技创新服务中心与太库以色列创新中心合作，共建中以创新联合（河北）孵化器。石家庄汉卓能源科技有限公司与加拿大博能能源公司签订“中国和加拿大车用高温燃料电池技术联合研发”协议，组建成立联合研发实验中心。中国科学院遗传发育所农业资源研究中心与肯尼亚JKUAT大学合作，共建“中非联合研究中心”。

【国际科技合作项目】 实施国际合作项目，集聚国内外优势创新资源，推动企业转型升级。石药集团美国研发中心新石生物公司自主研发的全人源抗体药物获得美国FDA临床研究批准和中国临床试验批件。石家庄市长安育才建材有限公司与美国公司签订协议，开展AI技术和混凝土外加剂技术合作研发。河北常山生化药业股份有限公司与美国公司签署战略合作协议，开展“艾本那肽Ⅲ期临床研究”项目。河北爱能生物科技股份有限公司与美国国立卫生研究院合作，开展胶原蛋白止血海绵产业化关键技术研发，突破病毒灭活、透析提纯、冷冻干燥3项关键技术，解决了产品醛类剂残留问题。河北莫兰斯环境科技股份有限公司与昆士兰大学、新南威尔士大学合作，开发废水治理催化剂制备工艺、废气治理成套工艺新技术2项，授权专利2项，并在北京福元医药、中节能万润等制药实现应用，取得经济效益1000余万元。石家庄盛华企业集团有限公司与日本企业合作，开发“汽车三元催化器关键部件工艺研究”，为汽车排放系统升级提供技术储备。石家庄君乐宝乳业有限公司与波兰奥尔什丁—瓦尔米亚马祖里大学、北京工商大学开展产学研协同创新，实施国家政府间国际科技创新合作重点专项项目“功能性乳基配料加工关键技术研究及产品创新开发”。华北制药集团新药开发有限责任公司与美国MTTI公司合作，研发重组人源抗狂犬病毒单抗注射液，完成Ⅰ期、Ⅱ期、Ⅲ期临床试验和三批生产工艺验证及注册检验。支持企业与国外机构开展新冠肺炎疫情科技合作。石家庄以岭药业股份有限公司生产的连花清瘟胶囊作为新冠肺炎诊疗方案推荐中成药之一，获得加拿大、俄罗斯、菲律宾、科威特等国家和地区上市许可。河北博海生物工程开发有限公司与英国曼彻斯特大学团队合作，快速开发出新型冠状病毒IgM/IgG抗体快速检测试纸。

【科技交流活动】 以“交流思想、融合智慧、促进合作、推动创新”为理念，采取“引进来”“走出去”方式，组织市国际技术转移中心开展项目推介、成果对接等国际交流活动。河北省国际人才交流协会遴选11个国家100项科技创新合作项目，编纂辑印《2021年度项目推介册》，举办国际交流活动9次、国际技术项目推介会11次，达成合作意向8项。河北寰球技术转移中心举办“国际冰雪产业技术项目发布暨合作对接会”、第二届“河北省中俄科技成果对接会”。河北诺亚海创人力资源服务有限公司举办国际人才与技术交流对接会6场，来自美国、澳大利亚、俄罗斯、法国等国家的30名专家参会，其中外籍专家22名，推介项目210项。市科技创新服务中心举办国际交流活动6场，推介英国、俄国科技合作项目200余项；拓展俄罗斯、日本国际科技合作渠道，与莫斯科国立大学科技园签署中俄创新资源合作协议，促成俄方NAPOLY公司与石家庄亿生堂医用品有限公司签约。中日产学投资促进中心与美东华人科技协会等机构合作，举办线上交流活动3次，收集国际科技成果20项。5月19日，全市集中推介9个领域100项先进技术项目参加“河北国际技术直通车——中日科技创新合作暨新技术项目发布对接会”，石家庄市6家企业与日本企业及机构签署项目合作协议。

（张晶晶　张亮）

科学技术奖励

【概况】 2021年石家庄市域单位获得河北省科学技术奖101项，其中，河北省自然科学奖5项（二等奖3项、三等奖2项），河北省技术发明奖5项（一等奖1项、二等奖3项、三等奖1项），河北省科学技术进步奖90项（一等奖14项、二等奖39项、三等奖37项），河北省科学技术合作奖1项。

【河北省科学技术奖】 2021年石家庄市域单位获得河北省科学技术奖101项，其中，河北省自然科学奖5项（二等奖3项、三等奖2项），河北省技术发明奖5项（一等奖1项、二等奖3、三等奖1项），河北省科学技术进步奖90项（一等奖14项、二等奖39项、三等奖37项），河北省科学技术合作奖1项（获奖者为北京市农林科学院信息技术研究中心赵春江，合作单位为石家庄市农林科学院）。2021年中国电子科技集团公司第五十四研究所获得河北省企业技术创新奖（等同河北省科学技术进步奖一等奖）。

表88　2021年度石家庄市域单位获得河北省自然科学奖二等奖

序号	项目名称	主要完成单位	主要完成人
1	我国种养系统养分环境排放规律与调控机制	中国科学院遗传与发育生物学研究所农业资源研究中心	马林　柏兆海　王梦茹　胡春胜　马文奇
2	华北平原包气带——地下水补给过程及其对硝酸盐迁移的作用机制	中国科学院遗传与发育生物学研究所农业资源研究中心	王仕琴　刘丙霞　文波　宋献方　袁瑞强
3	量子材料与器件的新奇物性研究	河北师范大学	宋俊涛　李玉现　刘英　孙庆丰　陈垂针

表89　2021年度石家庄市域单位获得河北省自然科学奖三等奖

序号	项目名称	主要完成单位	主要完成人
1	铁铜基复合金属氧化物的设计合成及其催化净水性能研究	河北师范大学	邢胜涛　马子川　赵微　王晴　马圆
2	内质网应激在血管钙化及其心脏并发症中作用及其调控机制研究	河北师范大学	武宇明　李艳青　许敬平　滕旭　杨锐

表90　2021年度石家庄市域单位获得河北省科学技术发明奖一等奖

项目名称	主要完成单位	主要完成人
新能源高占比互联电网安全风险在线识别与主动防御技术及应用	国网河北省电力有限公司	范辉　刘翔宇　徐岩　仲悟之　李铁成　高泽明

表91　2021年度石家庄市域单位获得河北省科学技术发明奖二等奖

序号	项目名称	主要完成单位	主要完成人
1	低轨卫星数传相控阵天线关键技术	中国电子科技集团公司第五十四研究所	韩国栋　王焕菊　张宙　宋长宏　孙良　贾丹
2	碳酸盐岩增强型地热系统开发关键技术与装备	中国地质科学院水文地质环境地质研究所	王贵玲　赵志宏　刘彦广　胡大伟　李红岩　王婉丽

续表

序号	项目名称	主要完成单位	主要完成人
3	电力设备直流线圈绝缘故障多参量检测诊断技术及装备	国网河北省电力有限公司电力科学研究院	李天辉 武玉才 曾四鸣 潘瑾 岳啸鸣 唐明

表 92　2021 年度石家庄市域单位获得河北省科学技术发明奖三等奖

项目名称	主要完成人	主要完成单位
面向分布式光伏接入的配电网光储协调控制技术	国网河北省电力有限公司电力科学研究院	杨春来 王晓寰 柴秀慧 袁晓磊 王向东 万强

表 93　2021 年度石家庄市域单位获得河北省科学技术进步奖一等奖

序号	项目名称	主要完成单位	主要完成人
1	大型风敏感结构的风效应及控制优化技术	石家庄铁道大学	刘庆宽 刘小兵 乔文涛 马文勇 陈凯 张同亿 向敏 刘培祥 孟祥武 张为
2	低碳机制骨料新工业体系关键技术与产业化应用	河北省建筑科学研究院有限公司	付士峰 刘娟红 张广田 鲍艳华 谷峪 杨松科 杨晓东 张宗楼 孔丽娟 杨海涛
3	新型氮化镓高频 / 高速射频芯片关键技术及应用	中国电子科技集团公司第十三研究所	冯志红 吕元杰 孟范忠 梁士雄 张雅鑫 卜爱民 刘如青 方园 敦少博 王元刚
4	高纯钒材料绿色制造技术及产业化	河钢集团有限公司	耿立唐 李兰杰 柳朝阳 张振全 王少娜 祁健 刘义 赵秀娟 高明磊 黄绵延
5	头孢类晶型药物绿色制造关键共性技术与产业化	华北制药河北华民药业有限责任公司	龚俊波 周晓冰 胡利敏 高燕霞 吴送姑 刘荣亮 杨梦德 王静康 柳国宁 王利杰
6	河北省粮食主产区耕地质量提升与养分精准管理技术	河北省农林科学院农业资源环境研究所	贾良良 杨云马 刘克桐 杨军方 邢素丽 郝立岩 黄少辉 孙彦铭 张培 王学虎
7	谷子新种质矮 88 的创制、遗传解析与应用	河北省农林科学院谷子研究所	刁现民 程汝宏 智慧 刘正理 王根平 李顺国 师志刚 高鸣 柴晓娇 贺强
8	结直肠癌精准诊疗策略的创新性研究与临床应用	河北医科大学第四医院	王贵英 卢云 周超熙 李保坤 张建锋 胡旭华 韩晶 于滨 高博 李静
9	乳腺癌规范化诊疗关键技术创新与临床应用	河北医科大学第四医院	刘运江 范志民 张香梅 刘北辰 王丽 李静平 任曙光 张彦收 郑丽华
10	膝关节三维有限元模型的建立、膝关节稳定性力学分析及临床应用	河北医科大学第三医院	王鹏程 任栋 鲁健 许润涛 张现超 李明 宋朝晖

续表

序号	项目名称	主要完成单位	主要完成人
11	多模态磁共振新技术在神经系统病变中的应用研究	河北医科大学第二医院	耿左军 张权 杨海庆 朱一飞 谢志伟 高铎 周立霞 周玲 张扬 刘怀军
12	睡眠呼吸障碍疾病的关键防控技术及应用	河北医科大学	王升 袁芳 付从蕊 田彦明 王菡侨 石硌 刘宜先 魏子谦 郝银超 汪亚坤
13	白蛋白结合型纳米药物递送关键技术及产业化研究	石药控股集团有限公司	李春雷 李彦辉 张晓君 邢倩斌 王雅鹍 梁敏 王彩霞 张兰 陈东健 姚雪坤

备注：中国电子科技集团公司第五十四研究所获得河北省企业技术创新奖，等同河北省科学技术进步奖一等奖。

表 94　　2021 年度石家庄市域单位获得河北省科学技术进步奖二等奖

序号	项目名称	主要完成单位	主要完成人
1	高精度通用导航与位置服务终端关键技术及应用	中国电子科技集团公司第五十四研究所	蔚保国 伍蔡伦 智奇楠 刘建 谢松 刘鹏飞 徐彦田 贾浩男 孙一雄 马国驹
2	设施蔬菜生态环境智能调优控制技术及装备	石家庄市农林科学研究院	田国英 吴华瑞 杨英茹 朱华吉 李瑜玲 陈诚 缪祎晟 黄媛 高欣娜 郭利朋
3	水肥高效广适冬小麦新品种石麦 22 选育与应用	石家庄市农林科学研究院	何明琦 郭进考 肖凯 傅晓艺 尹宝重 高振贤 武金燚 韩然 张士昌 曹巧
4	大葱雄性不育系种质资源创制与新品种选育及应用	石家庄市农林科学研究院	袁瑞江 王丽乔 安进军 冯大领 杨瑾 袁林 孟小莽 薛少红 康香辉 周航
5	新型骨水泥研制及骨科关键技术的创新与应用	河北医科大学第三医院	齐向北 王鹏飞 李智勇 王伟 曹俊明 刘建宁 康书峰 徐国辉 郭跻超
6	基于对比挖掘的特征提取研究及其在企业数字化平台中的应用	河北建设投资集团有限责任公司	袁雁鸣 武优西 刘金海 宫兴国 许楠 朱春雷 杜新光 张旭蕾 龚思远
7	北方土石山区退化植被再造与生态修复关键技术研究	中国科学院遗传与发育生物学研究所农业资源研究中心	曹建生 阳辉 朱春雨 沈会涛 赵勇 王志印 郝小华 王贺辉
8	遥感数据智能处理与分析应用关键技术	中国电子科技集团公司第五十四研究所	王士成 高峰 帅通 王港 楚博策 孙康 文义红 王敏 于君娜 王永安
9	结直肠癌新靶标及精准治疗的系列研究与应用	河北医科大学第四医院	李中信 徐新建 贾漪涛 吕骥 赵武杰 李亚星 王斌
10	天基任务优化决策和精准控制关键技术及应用	中国电子科技集团公司第五十四研究所	陈韬亦 谷宏志 陈勇 刘晓丽 颜博 李玉庆 马英哲 白晶 杨纪伟 郝建波

续表

序号	项目名称	主要完成单位	主要完成人
11	“天通一号”卫星移动通信地面系统关键技术及应用	中国电子科技集团公司第五十四研究所	汪春霆 王艳君 王力权 张志丽 骆盼 崔高峰 贾钢 解立坤 王涛 张开禾
12	MEMS 晶圆片测试系统整体校准技术研究	中国电子科技集团公司第十三研究所	乔玉娥 刘岩 丁晨 丁立强 翟玉卫 吴爱华 刘霞美
13	既有建筑效能提升关键技术及应用	河北地质大学	曹秀玲 王玉璋 吴会阁 许海岩 岳沐慈 李建明 寇小勇 王俊锋 徐洪瑞 杨前
14	制药工业全过程 VOCs 防控关键技术开发与应用	河北科技大学	郭斌 杜昭 王欣 任爱玲 赵秀梅 陈平 李玉洲 赵文霞 段二红 俞磊
15	餐厨废弃油脂资源化利用制备脂肪酸酯类化学品关键技术及产业化	河北科技大学	刘少杰 赵敏仲 王子腾 刘洪杰 褚晓萌 赵汇行 陆文超 赵松 赵龙
16	中医药防治放射性损伤及逆转化疗耐药的研究与应用	河北医科大学	李晶 张玉双 许颖 赵伟鹏 王玉祥 赵杨 陈宣宇 乔雪蕾
17	高通量高灵敏卫生分析关键技术及应用研究	河北医科大学	连靠奇 王可 康凯 张萍萍 檀笑昕 路新利 杨立学 王玮 曹梦思 冯艳茹
18	典型应激性神经精神疾病防治策略的基础与转化研究	河北医科大学	史海水 尹希 龚森 宋利 高媛 孟丽 石芸 宋寒 尹硕
19	食管癌外科治疗关键技术的研究与应用	河北医科大学第四医院	刘俊峰 王全栋 王岩 姜涛 张金泽 刘新波 石志华 曹秉基
20	金属材料缺陷电磁无损检测可视化关键技术及应用	石家庄铁道大学	孙晓云 王长龙 张玉华 李永科 李建增 王明明 李爱华 马晓琳 刘东辉 郑同兵
21	耳鼻咽喉恶性肿瘤精准治疗策略的建立和应用	中国人民解放军联勤保障部队第九八〇医院	李晓明 张欣欣 宋琦 邸斌 陈南翔 刘坤 路秀英 李震 申宇鹏 孙亚敬
22	重大应激对母孕期胎儿成年后精神神经发育影响的脑机制研究	河北医科大学第一医院	王学义 安翠霞 宋美 李娜 于鲁璐 王岚 王冉 赵晓川 王育梅 高媛媛
23	结构性心脏病致病机制与临床诊疗技术创新研究	河北医科大学第一医院	刘刚 郑明奇 魏梅 刘永升 刘君 王乐 李敏 马国平 吉立双 苏冠丽
24	高压电烧伤进行性损伤机制及防治的系列研究	河北医科大学第一医院	张庆富 周慧敏 冯建科 魏伟 杨蒙 邵洪波 李娟 王车江 李娜 孟令敏

续表

序号	项目名称	主要完成单位	主要完成人
25	抗氧化应激新靶点在糖尿病肾病中的保护作用及相关分子机制的系列	河北医科大学第三医院	李英 张涛 迟雁青 刘茂东 邓新娜 康英丽 王保兴 鲁华 吴明
26	糖尿病对骨质疏松影响的分子机制和临床防治策略	河北医科大学第三医院	李玉坤 薛鹏 王娜 李石伦 高柳 李萌 马剑侠 王燕 刘岩 鲍晓雪
27	疑难复杂髋关节疾病微创外科治疗的系列研究	河北医科大学第三医院	韩永台 李会杰 马文辉 吴涛 刘勃 霍佳 刘思凯 刘泽明 李梦男 陈霄
28	脊髓型颈椎病手术技术及理念创新	河北医科大学第三医院	王林峰 申勇 王峰 苗德超 童通 高显达 雷涛 李嘉
29	肺癌精准诊疗、预后评估策略的建立及推广应用	河北省人民医院	段国辰 张霄鹏 赵庆涛 王会恩 丁翠敏 杨晶 张华 王志康 薛文飞 袁征
30	儿童重症肺部感染诊疗策略创新与应用	河北省儿童医院	刘建华 帅金凤 路素坤 杨会荣 曹丽洁 牛波 房倩 黄坤玲 王乐 及立立
31	浊毒理论创建及阻断慢性萎缩性胃炎“炎——癌转化”关键技术与应用	河北省中医院	杨倩 李佃贵 王志坤 赵宝玉 李博林 郎晓猛 徐伟超 张晓利 许亚培
32	植入性医疗器械用材料化学性有害物安全控制技术、标准化与应用	河北省药品医疗器械检验研究院	李挥 王丽 高明 付步芳 李素哲 刘华 刘若锦 李崇崇 杨光 左明星
33	保健食品功效识别与质量控制关键技术	河北省食品检验研究院	张岩 康文艺 范素芳 马俊美 刘振花 李强 马常阳 王金梅 李昌勤 孙磊
34	基于厌氧发酵的抗生素菌渣资源化利用关键技术及安全性评估	河北省科学院生物研究所	程辉彩 刁彦花 吕建伟 何强 王雅娜 张飞燕 杨永会 吕永涛 方楠 王勇军
35	设施菜田有机肥增效机制与肥水精准管理技术	河北省农林科学院农业资源环境研究所	王丽英 黄绍文 李若楠 唐继伟 史建硕 郭丽 张怀志 王平 刘赛 王玉军
36	河北省气象灾害风险监测预警和风险评估关键技术研究	河北省气象灾害防御中心	陈小雷 王瑛 陈笑娟 俞海洋 李婷 许映军 魏军 赵铁松 赵亮
37	“双高”配电网多时间尺度源荷协同消纳关键技术及应用	国网河北省电力有限公司经济技术研究院	窦春霞 贺春光 岳东 贾清泉 周劲亮 王文宾 安佳坤 王涛 郭伟 赵阳
38	复杂环境下输电线路绝缘防护关键技术、系列产品及应用	国网河北省电力有限公司电力科学研究院	刘杰 耿江海 丁玉剑 贾伯岩 宋志强 游传榜 王平 张明旭 志猛 田霖

续表

序号	项目名称	主要完成单位	主要完成人
39	糖尿病心肌病基础与临床研究	河北医科大学第二医院	郭炳彦 周红 李拥军 杨蓉 李贵芝 全鑫 李娜

表 95　2021 年度石家庄市域单位获得河北省科学技术进步奖三等奖

序号	项目名称	主要完成单位	主要完成人
1	0.9 米 Ka/Ku 双频段卫星动中通天线	中国电子科技集团公司第五十四研究所	黄元庆 刘昕 张文静 李涛 刘兴隆 秦超 杜要锋 王一焕 尚江华 闫少雄
2	焦化废水处理全流程关键技术开发与应用	河北协同水处理技术有限公司	刘洪泉 高麦霞 陈俊刚 芦云红 冯杏芳 剧盼盼 王龄泽 李瑞斋 刘斌 次新波
3	促进新能源消纳的供热机组灵活调节技术及应用	国网河北能源技术服务有限公司	杨海生 王文营 韩中合 唐广通 闫晓沛 张营 李浩
4	骨感染外科治疗关键技术的建立与临床应用	河北医科大学第三医院	彭阿钦 张彦龙 王泳 吴天昊 郝明 焦振清 邸军 吴希瑞
5	甲氨基阿维菌素苯甲酸盐新工艺及产业化	河北威远生物化工有限公司	范朝辉 李立华 高永民 田学芳 李立斌 朱新卓 王博 毛明烁 王莉彩 张丽荣
6	重污染气象模型和预报预警技术研究	石家庄市气象局 南京大学	陈静 韩军彩 王体健 钤伟妙 张艳品
7	野生鼠寄生虫的分布及其检疫技术研究与应用	石家庄学院 石家庄市疾病预防控制中心 河北师范大学	剧慧栋 马磊 翟士勇 吕国平 秦丽云 王苋
8	阿维菌素类系列产品的绿色高效制备技术开发及产业化	华北制药集团新药研究开发有限责任公司	胡晓敏 张雪霞 曲志西 任风芝 赵学强 李晓露 宋维锋 张丽强 孙耀华 张珉
9	肝素钠原料及制剂关键技术开发与产业化	华北制药华坤河北生物技术有限公司	刘建芬 王会娟 李宁 李丽红 米文强 吴谧 李毅 邵昉 张向彬 张颖
10	核电抗飞防爆结构中高强钢筋连接技术及装备	河北科技大学	张嘉钰 牛虎利 朱金达 郝发义 吴连军 刘启斌 王旋旋
11	肠胃舒组方防治脓毒症胃肠功能障碍的临床及机制研究	河北中医学院	梅建强 陈分乔 高海运 刘志亮 吴丽娟 史秀焕 张贺
12	经穴生物物理学特性视角下原发性痛经的经穴诊断与治疗研究	河北中医学院	佘延芬 潘丽佳 李新华 刘君 张俊茶 张晓琪
13	河北省重要乡土树种种质资源创制与利用	河北省林业和草原科学研究院	张鸿景 梁海永 李良涛 程旭 代剑峰 刘炳响 王兰明
14	水库流域水资源生态保护关键技术集成研究	河北省水利水电勘测设计研究院	傅长锋 陈平 及晓光 徐妤梅 季保群 李爽 李文英 戚蓝 李丽梅

续表

序号	项目名称	主要完成单位	主要完成人
15	流域暴雨洪水防控预警关键技术研究与应用	河北省水文勘测研究中心	胡春歧 刘佳 李建柱 胡春景 孔敏 田济扬 李要尊 张婷 李传哲 杨丰源
16	矿物油农药质量控制关键技术开发与应用	河北省农药检定监测总站	王雪娟 段丽芳 杨殿贤 许昊 石凯威 武丽芬 王停 张楠 谢欢 唐甜绮
17	子宫内膜癌中非编码 RNA 及相关蛋白的基础研究和临床意义	河北医科大学第四医院	史丽 马静 赵喜娃 关英霞 赵雯红
18	颅脑疾病预后评估：基于高场 MRI 形态与功能成像新技术的研究	河北医科大学第二医院	袁涛 全冠民 任国利 郑永利 高珍
19	遗传性出生缺陷诊疗体系的创建和临床应用的研究	河北省人民医院	李亚丽 高健 孙艳美 马婧 邱博 罗艳 余小平 王方娜 韩瑞钰
20	乙肝疫苗应用 30 年免疫效果研究	河北省疾病预防控制中心	赵玉良 马景臣 高招 吴志伟 潘璐璐 靳飞 李敏捷 韩碧华 张新江 周海松
21	精准医学在小儿神经系统疾病诊疗中的应用与研究	河北省儿童医院	李宝广 马莉 谢涛 曲珍珍 吴文娟 郑华城 孙素真 杨花芳 焦建成 王媛媛
22	环介导等温扩增法检测常见病原微生物关键技术的建立	中国人民解放军联勤保障部队第九八〇医院	孙殿兴 刘金霞 赵娜 吴丹丹 张超群 张可欣 韩鹏宇 李保胜 李东 亢继文
23	乳腺癌个体化诊疗新策略的基础与临床研究	河北省人民医院	李庆霞 赵静 阎晓路 张丽霞 高飞 杜丽艳 郭少伟
24	利用数据挖掘技术探析微针系统疗法的优势病种及用穴规律	河北中医学院	贾春生 李晓峰 孙彦辉 王建岭 徐晶 张选平 张苹 邢海娇 石晶 马小顺
25	基于浊毒理论防治幽门螺杆菌相关胃炎的研究	河北省中医院	杜艳茹 崔建从 孙润雪 王绍坡 狄紫蕊 任雪童 王杰 付冰倩 张哲
26	“头针益智康复疗法”对脑瘫患儿智力及认知功能的机制及临床应用	河北省中医院	黄茂 何晓霞 王海燕 靳玉洁 徐亭亭 彭婉莹
27	30 种仿制药关键控制技术及一致性评价质量标准的研究与应用	河北省药品医疗器械检验研究院	姜建国 孙婷 张轶华 张菁 刘云 徐艳梅 王柳
28	河北部分优势项目东京奥运会备战周期竞技表现提升的关键技术研究	河北省体育科学研究所	柴建中 张冠男 李媛 齐华 刘丽娟 王聪 王清
29	河北省地下水监测网络优化与调控关键技术研究	河北省地质环境监测院	马百衡 闫佰忠 王昕洲 王玉青 刘硕 李辉 董会军
30	河北平原第四纪非海相地层三维地质结构研究与实践	河北省地质调查院	张兆祎 赵保强 徐永利 杨红宾 靳松 李锋 王克冰 樊延恩 王建武 刘树兴

续表

序号	项目名称	主要完成单位	主要完成人
31	生态系统固碳参量遥感监测关键技术研究及应用	河北省科学院地理科学研究所	孙雷刚 徐全洪 王绍强 刘剑锋 鲁军景 陈敬华 广新菊 刘芳圆 张宁佳 马志良
32	水产品中典型兽药残留免疫快速检测技术创建与应用	河北省科学院生物研究所	李春生 李玉静 李云 赵义良 桑丽雅 杜顺丰 刘松雁 何立宁 刘静静 李君华
33	组合电器应用SF6/N2混合气体关键技术及系列仪器设备	国网河北省电力有限公司电力科学研究院	顾朝敏 庞先海 甄利 季严松 谢军 景皓 李晓峰 董驰 宫瑞磊 郭红卫
34	省地县一体化智能电网调度控制关键技术与工程应用	国网河北省电力有限公司	赵自刚 刁新魁 杨立波 曹树江 马斌 王晓蔚 王鑫明 鲁鹏 彭晖
35	高频耐蚀超长寿命弹簧钢研发与关键技术集成创新	河钢集团有限公司	齐建军 陈红卫 赵海涛 李绍杰 田志强 戴观文 徐斌 高秀华 惠卫军 张立良
36	低合金高性能容器钢板的全规格系列化研发与产业化应用	河钢集团有限公司	李建朝 赵国昌 高雅 韦明 谷盟森 庞辉勇 吕建会 袁忠业 王晓书 张志军
37	冀西北森林群落特征、生态功能及调控技术研究	河北省林业和草原科学研究院	王超 尤海舟 毕君 于海东 宋熙龙 郭书彬 王春荣

（张晶晶　张亮）

科技成果转化与推广

【概况】 2021年全市依托石家庄科技大市场、中关村天合石家庄科技成果转化服务广场举办科技成果推介会、需求发布会16场，对接企业需求50项，建立联合创新中心2家，促成科技成果转化落地项目3个。促进科技成果转移转化，发挥技术转移机构、科技成果转化平台作用，构建科技成果转化技术经纪服务体系。至2021年底，全市建立省技术转移机构59家，实现技术合同成交总额120亿元。支持京津冀协同创新，引导市域单位与京津高校、科研院所开展产学研合作和关键技术攻关，支持石家庄市与京津冀协同创新项目49项，支持经费6175万元。加强技术合同登记政策宣传和业务培训。全年组织开展技术合同登记政策宣传和业务培训3场，参加人员280余人次，精准服务127家企业。

【科技成果转化】 构建科技成果转化技术经纪服务体系，以五大产业科技成果转化为重点，印发《关于建立完善技术经纪服务体系促进科技成果转移转化的实施意见》。加强省级技术转移机构管理和技术合同认定登记，全市建立省技术转移机构59家，实现技术合同成交总额120亿元。支持京津冀协同创新，引导市域单位与京津高校、科研院所开展产学研合作和关键技术攻关，支持石家庄市与京津冀协同创新项目49项，支持经费6175万元。开展科技成果推介服务，延伸科技成果转化服务范围和深度，井陉县、高邑县设立科技成果转化工作站。依托石家庄科技大市场、中关村天合石家庄科技成果转化服务广场举办科技成果推介会、需求发布会16场，对接企业需求50项，建立联合创新中心2家。促成科技成果转化落地项目3个，分别为：米莎贝尔食品公司与国家粮食和物资储备局科学研究院达成合作协议，授权米莎贝尔专利技术5项；联兴佳垚农业科技有限公司与中国农业科学院毕金峰研究院关于果蔬食品营养健康项目签约；维尔利动物药业与河北工程大学合作，共同研发表达禽流感病毒和水禽腺病毒蛋白重组乳酸菌的构建及免疫效果评价成果转化项目。

【市科技创新服务中心】 市科技创新服务中心是一家集科技企业孵化器、云创空间、科技创新创业公共服务平台、科技大市场等创新创业服务于一体的科技服务中心。在孵企业124家，新增入驻企业32家，毕业及退出企业34家；省级科技型中小企业78家（2021年新认定16家）；国家级科小41家；高新技术企业33家；企业人员总数2711人，企业吸纳新就业大学毕业生125人；企业营业收入达8.4亿元，研发投入1.09亿元，纳税总额3674.1万元；拥有有效知识产权数816件，新增专利授权数210件。帮助153家企业获得科技补助资金共计1253万元，其中17家企业获得高企奖励资金310万元；75家企业获得国科小、省科小奖励资金98万元；3家企业获得省重大科技成果转化项目以及创新平台奖补资金420万元；58家企业获得研发经费投入奖励425万元。2021年中心推动“暖企助企”行动，助推企业有序复工复产，制定《石家庄市科技创新服务中心关于新冠肺炎疫情期间出租租金减免的方案》，与149家入驻单位签署房租减免协议，免除2021年1月份整月（31天）和2月份半个月（14天）共计45天的房屋租金，共计金额159.4万元。普华云管家·众创空间。至2021年底，实际入驻企业13家；累计注册企业171家。注册企业营业收入总额2502万元，研发投入1762.8万元，纳税总额98.1万元；拥有知识产权91项，其中发明专利5项，实用新型37项，软件著作权49项；认定河北省科技型中小企业95家，国家级科技型中小企业6家，高新技术企业13家，其中2021年新认定河北省科技型中小企业6家。2021年众创空间线上服务平台注册会员440个，其中孵化企业会员181个，创客会员135个，个人会员124个。服务平台。2021年石家庄国际生物医药技术服务平台新增服务客户3家，累计服务客户100家，出具检测报告580余份、3000余项，远程审计1次，国外委托审计4家。其中，免费向客户提供商标查新检索450余次、专利查新检索500余次；石家庄大健康产业服务平台为客户提供检查服务195人次，在线问诊服务248人次，易检康服务15人次，发布健康科普知识800余篇，网络导诊服务3000余人次，建立健康档案3000余份，协助医生与医疗企业器械公司完成科研成果转化5项；新媒体微电商创业服务平台向信息技术、大健康、新媒体、网络设计等行业企业服务44家；知识产权公共服务平台免费向企业、孵化企业提供知识产权咨询服务200余次，维权案件50余件。2021年石家庄市科技创新服务中心文化创意分园引进企业12家；申请科小企业26家、高新企业9家；举办“新冠疫情防护培训会”“MOMO艺术展”等活动8场。园区营业额1.2亿元，同比增长15%。石家庄市科技创新服务中心鹿泉分中心选出高价值专利技术2384项；收集企业需求300余项，解决企业需求181项；完成专家人才库新入库专家200余人。完成评估报告120项，促成企业与高校签订产学研合作协议5家。科技大市场。验收归档科技项目资料413项，其中省级项目100项，市级项目313项；举行优秀科技成果推介会、需求发布会16场，整理企业需求500项，精准对接50项，评价报告20份。2021年科技大市场新增注册企业22家，备案技术合同121份，技术合同成交额8756.82万元，交易额6712.28万元。其中技术开发合同93份，技术转让合同6份，技术服务合同21份，技术咨询合同1份。

（张晶晶　张亮）

教 育

Education

综 述

2021年全市共有各级各类学校4021所（不含高等教育学校），在校生210.58万人，教职工15.53万人，专任教师12.60万人。其中，幼儿园2062所，在园幼儿34.39万人，教职工3.76万人，专任教师2.05万人；小学1398所，在校生92.34万人，教职工4.97万人，专任教师5.14万人；中学406所（初级中学190所、高级中学57所、九年一贯制学校92所、完全中学55所、十二年一贯制学校12所），在校初中生38.39万人、普通高中生19.24万人，教职工5.32万人，初中专任教师2.74万人，普通高中专任教师1.51万人；特教学校23所，在校生2371人，教职工520人，专任教师437人；中等职业学校132所，在校生25.98万人，教职工1.43万人，专任教师1.11万人。全年新、改（扩）建中小学校、幼儿园19所，16所寄宿制学校建设完工，140所义务教育学校启动校舍维修改造项目，新增学位1.62万个。建成公办幼儿园22所，增加学位3565个。新创建普惠性民办幼儿园70所，新建农村幼儿附设班（农村学前教育服务点）49个。公办幼儿园在园幼儿占比达到48.5%，普惠性幼儿园覆盖率达到89%。2021年全市共有各级各类民办学校1631所，在校生55.34万人，占全市在校生26.29%。中考报名10.7万人，同比增加3500余人；高考报名10.4人，同比增加5000余人。2021年石家庄市域共有高等教育学校36所，其中，公立本科院校10所、民办本科院校9所，公立专科院校11所、民办专科院校6所；在校生52.62万人；教职工5.74万人。2021年全市共有市属高校5所，其中，本科高校1所（石家庄学院），高职高专院校4所（石家庄职业技术学院、石家庄信息工程职业学院、河北正定师范高等专科学校、石家庄幼儿师范高等专科学校）。石家庄学院在校大学生17196人，教职工1300人，其中具有高级专业技术职务资格519人、博士235人、硕士871人，“双师双能型”教师535人。石家庄职业技术学院在校大学生12900人，教职工900余人，其中，正高级职称65人、博士26人。石家庄信息工程职业学院在校大学生1.9万余人，教职工1200余人，其中，正高级职称39人、副高级职称229人，博士2人、全日制硕士研究生165人。河北正定师范高等专科学校在校大学生6862人，在教职工297人，其中，副高级以上职称72人，研究生学位以上教师156人，国家督学1人。石家庄幼儿师范高等专科学校在校大学生5824人，教职工432人，其中，教授21人、副教授93人，博士、硕士共259人。

教育管理 实施中小学校党政“一肩挑”改革，全市中小学校党政“一肩挑”比例由85.07%提升到92%，公办中小学全部建立党组织。开展市属高校“党建工作标杆院系”“党建工作样板支部”“党建示范校”培育创建活动，创建党建工作标杆院（系）13个、党建工作样板支部33个、“党建示范校”100所。推进教育领域综合改革，同步创建普通高中新课程新教材实施、全国基础教育国家级优秀教学成果推广应用、全国儿童青少年近视防控改革、全国中小学劳动教育4个国家级教育改革示范区、实验区。制定出台《石家庄市深化新时代教育评价改革推进方案》，石家庄市入选河北省教育评价改革综合性试点。推进素质教育，举办全市校园足球联赛。至2021年底，全市共有全国校园足球特色学校206所、全国足球特色幼儿园23所、全国校园足球改革试点县区2个（长安区、新华区）、全国足球满天星训练营1个（长安区）；石家庄二中实验学校男子足球比赛进入全国8强；培育北京2022年冬奥会和冬残奥会奥林匹克教育示范学校62所、校园冰雪运动特色学校29所、省级冬季传统校3所、市级冬季传统校36所。12月28～30日，举办市第三届校园冰雪文化节和运动会，全市各县（市、区）25支中小学代表队800余名选手参加，比赛设置滑冰、陆地冰球、陆地冰壶、轮滑4个项目。开展劳动教育活动，构建以体力劳动为主、手脑并用的全方位劳动教育体系。关注学生心理健康，开设疫情防控心理热线，建立中考、高考后学生心理健康教育志愿服务队，启动大中小学生心理援助工程。山区教育扶贫工程。2021年3月，市教育部门为山区教育扶贫工程符合条件的小学生、初中生发放春季家庭经济困难学生生活补助经费，涉及平山县、井陉县、灵寿县、行唐县、元氏县、赞皇县6个县82所项目学校。其中，小学每生每天补助8元，每年补助生活费1760元；初中每生每天补助10元，每年补助生活费2400元。至2021年底，全市教育发展形成涵盖学前教育、基础教育、职业教育、成人教育、特殊教育、高等教育完整的教育体系。

教师队伍　全年补充教师4400余人。拓展农村教师来源渠道，依托石家庄学院招收培养小学全科教师87名。扩大市级特岗教师计划试点，招收特岗教师755人。加强校长队伍建设，开展“第四届中小学校十大知名校长”推选活动，争得“教育部—中国银行‘智慧创新未来教育’万名中小学校长和教育主管部门负责人培训项目”“教育部—中国移动中西部中小学校长培训项目”等校长培训项目，选派9名优秀校长赴北京学校学习。实施特岗教师计划，重点解决平原农村地区师资力量不足、结构性缺编突出问题。至2021年底，全市招聘市级特岗教师1280人，规定期限内全部到山区和农村任教。重视特岗教师岗前培训，内容包括职业领悟与师德践行、教学常规与基本技能、学科课程与教学方法、学生管理与育德体验、教学反思与教研基础等；开展针对性培训，非师范类专业人选特岗教师增设“教育理论与专业知识”等教师修养内容。做好教师支教，印发《关于做好2021年“三区”人才支持计划教师专项计划有关实施工作的通知》，从长安区、新华区、桥西区、裕华区、鹿泉区、栾城区、藁城区、正定县选派80名优秀教师对口支援行唐县、灵寿县、赞皇县、平山县；公开招募9名身体健康、思想政治素质高的退休教师到平山县、赞皇县、灵寿县、行唐县支教。9月8日，石家庄外国语学校李红霞获评“全国教书育人楷模”。12月29日，石家庄外国语学校、河北正定中学、河北师大附中、市第一中学、市第四十四中学、市第四十中学6所学校获授河北省名校长工作室。

教育交流与合作　石家庄职业技术学院与美国友好城市得梅因市景轩大学联系，协商洽谈电子竞技专业合作项目。市第一中学、河北正定中学、市第43中学、市第42中学等学校与美国、日本、韩国等国家的友好学校保持联系，以网络方式开展教研活动，同时与多个外国知名大学沟通，为有留学意向的学生提供招生信息和语言培训机会。促进教育交流，石家庄学院、石家庄信息工程职业学院等院校师生在意大利、英国、阿联酋、柬埔寨等国家开展汉语教学。市第42中学举办汉语桥·中国文化“空中课堂”项目暨中韩线上团组交流活动，选派2名教师担任韩国孔子课堂教师。11月1～3日，石家庄外国语教育集团举办第六届全球基础教育研究联盟大会年会，主题为“重新定义学习”，来自中国、美国、英国、加拿大等14个国家的32位校长以线上线下方式参会，60万余名师生参与。河北正定中学举办“2022（第四届）一带一路青少年教育发展联盟年会”，10个“一带一路”沿线国家的中学师生参加活动。遴选优秀师生，组织赴新加坡、中国香港、中国澳门等国家和地区学习。开展国际合作办学，石家庄学院中韩制药工程专业本科合作办学项目28名学生获得韩国又石大学入学资格；与意大利、新西兰等国家高校洽谈艺术类专业合作办学事项；石家庄幼儿高等师范专科学校与马来西亚林肯大学建立联系，开展学前教育专业合作办学项目。河北正定中学与斯洛伐克米库拉什科瓦卡双语学校合作，开设国际汉语课程，建立斯洛伐克校区。2021年全市聘用外籍教师92人，44所学校（幼儿园）招收国际学生128名。

特殊教育　2021年全市共有特殊教育学校23所，与2020年数量相同；在校生2371人，同比减少28人；教职工520人，同比减少2人；专任教师437人，同比减少7人。全部在校学生中，特教学生（含随班就读）5527人。做好残疾儿童少年教育安置，各县（市、区）按照《残疾人教育条例》规定，由县级教育部门会同卫生、民政、残疾人联合会，建立由教育、心理、康复、社会工作等方面专家组成的残疾人教育专家委员会，开展适龄残疾儿童、少年身体状况、接受教育能力、适应学校学习生活的能力评估，提出入学、转学建议。能够入学的学生，按照就近服务原则，安置到特教学校或普通学校就读。落实特殊教育经费，义务教育阶段特殊教育学校及特教班、送教上门学生执行生均1万元公用经费标准，高中阶段残疾学生实行全免费教育。支持民办特殊教育，民办学校接收市域户籍残疾学生，给予生均5000元经费补助。探索政府购买服务方式，引导民办特教学校接收脑瘫、孤独症等特教学生。

民办教育　2021年全市共有各级各类民办学校1631所，同比增加285所。其中，幼儿园1392所，特教学校2所，小学82所，中学91所（初级中学13所、九年一贯制学校38所、完全中学17所、高级中学15所、十二年一贯制学校8所），中等职业学校64所；在校生55.34万人，占全市在校生的26.28%；教职工540854人，同比增加6727人；专任教师34380人，同比增加3519人。规范民办义务教育发展，落实“双减”要求，印发《石家庄市规范民办义务教育发展专项工作方案》《石家庄市关于进一步减轻义务教育阶段学生作业负担和校外培训负担的实施方案》。实施网上报名试点改革，全年193所民办义务教育学校和5.3万名学生实现全流程网上招生录取。加强校外培训机构管理，查处取缔违规培训机构729所；开展义务教育学科类培训机构重新审核登记和压减工作，出台《石家庄市校外培训机构和民办学校资金监管办法》，建立校外培训综合监管服务平台。至2021年底，石家庄市域较为有名的民办教育学校有精英中学、金柳林中学、私立一中、正定县弘文中学等。

（王素军）

学前教育

【概况】 2021年全市共有幼儿园2062所，同比增加200所；在园幼儿34.39万人，同比增加1.97万人；教职工3.76万人，同比增加5756人；专任教师2.05万人，同比增加2753人。2021年全市共有民办幼儿园1392所，在园幼儿17.72万人，教职工2.75万人，专任教师1.31万人。培训普惠优质园教师1000名。全年新、改（扩）建中小学（幼儿园）19所，新增学位1.62万个。建成公办幼儿园22所，增加学位3565个。新创建普惠性民办幼儿园70所，新建农村幼儿附设班（农村学前教育服务点）49个。公办幼儿园在园幼儿占比达到48.5%，普惠性幼儿园覆盖率达到89%。

【普惠幼儿园建设】 学前教育资源扩充战略实现三同步。一同步：加大公办学前资源扩充，实施幼儿园建设工程，连续三年列入省民生工程，新改扩建公办幼儿园287所。二同步：在全国率先制定《石家庄市教育设施规划建设管理条例》，将居民住宅项目配套幼儿园纳入无偿移交的公建配套序列，收回配套幼儿园256所，全部举办成公办园或者普惠性民办园。三同步：自2016年始，在全省首开普惠性民办园创建先河，连续六年列入市委市政府惠民实事，创建市、县级普惠性民办园735所。截至2021年底，公办幼儿园在园幼儿占比达48.5%，公益普惠性学前教育覆盖率达89%，同比增长2.5%。加快学前教育优质普惠发展，实施公办幼儿园建设行动，22所公办园提前完成年度任务，增加学位3565个。推进普惠性民办幼儿园创建，新创建70所普惠性民办幼儿园，超额完成省、市规定任务，新建农村幼儿附设班（农村学前教育服务点）49个，全市农村地区学前教育实现覆盖。大力提升保教质量，石家庄市桥西区获全省首批“安吉游戏”推广国家级实验区。

【幼儿园收费调整】 石家庄市区（桥西区、新华区、长安区、裕华区、高新区）幼儿园，每月每位学生保教费标准为：省级示范园470元、一类园430元、二类园350元、三类园310元、注册园290元；企事业单位和街道、村集体等幼儿园，由幼儿园根据上级补贴（或拨款）情况，向同级价格、财政、教育主管部门提出申请，经三部门审核同意后，按照最高不超过本级别收费标准的40%加收。增加幼儿园延时收费（幼儿园下班时间延后半个小时免费，超过半个小时可收取此费），每生每天3元。实行寒暑假的公办幼儿园，寒暑假期间保教费收费标准可在原收费标准基础上适当上浮，最高上浮幅度不得超过30%，浮动幅度由幼儿园确定后，报所在辖区发展改革部门备案。

（王素军）

基础教育

【概况】 2021年全市共有小学1398所，同比增加6所；中学406所（初级中学190所、高级中学57所、九年一贯制学校92所、完全中学55所、十二年一贯制学校12所），同比增加6所。小学在校生92.34万人，同比减少2446万人；初中在校生38.39万人，同比增加25116人；普通高中在校生19.24万人，同比增加11473人。普通小学教职工4.97万人，同比增加3112人；普通中学教职工5.32万人，同比增加3080人。普通小学专任教师5.14万人（含九年一贯制学校初中专任教师），同比增加2620人；普通中学专任教师4.25万人，同比增加2423人，其中，初中专任教师2.74万人，高中专任教师1.51万人。支持中小学校依法办学，3月1日，石家庄市正式实施教育部颁布的《中小学教育惩戒规则（试行）》。义务教育“控辍保学”。至2021年底，全市共有建档立卡贫困户和防贫对象“控辍保学”在校生20769人。其中，建档立卡贫困户子女20650人，脱贫不稳定户204人，边缘易致贫户133人，突发严重困难户13人；留守儿童141人，监护缺失171人，农民工随迁子女183人，残疾学生438人。小学生课后服务。针对学生放学早、家长不方便接孩子等问题，探索形成“学校自身、家校联合、大学生志愿者、社会参与”4种课后服务模式；制定印发《关于进一步做好2021年秋季学期义务教育阶段学校课后服务工作的通知》，确定在全市1403所非寄宿制义务教育学校全部开展课后服务，受益学生增至73.6万名。德育教育。建立中小学校和幼儿园思政课教师轮训制度，支持高校思政课教师设立中小学工作站；推进中小学校建立德育共同体，至2021年底，市、县两级组建德育共同体达到40个；推荐优秀班主任参加全省班主任基本功大赛，获得小学组、初中组、高中组特等奖第一名，并受邀参加全国中小学班主任和思政课教师基本功展示交流活动。推进劳动课教育，开展技能类、烹饪类、生活类、农耕类四类26个项目劳动技能竞赛。体育活动。4月28～30日，由市教育局、市体育局共同举办的2021年石家庄市中小学生田径运动会在河北正定中学东校区举行；设立比赛项目17个，全市33支学校代表队1037名运动员参赛。

【**义务教育招生**】 落实义务教育免试就近入学规定，执行“公民同招”政策，即公办学校和民办学校在规定时间内“同步登记报名、同步开展录取、同步注册学籍”。6月25日，石家庄市公布2021年义务教育招生入学政策。主要内容：公办义务教育学校实行免试就近入学。公办义务教育学校招收本地户籍适龄儿童、少年，全部由就近入学方式确定，除符合国家相关规定及县级教育行政部门依规调剂外，公办学校不得招收片区外适龄儿童、少年入学。民办义务教育学校采取“公民同步、属地负责、计划管理、随机派位、稳定有序”五项原则，纳入审批地统一管理；报名人数超过招生计划的民办学校，采取计算机随机派位方式确定录取结果。开展“小学入学网上信息采集”改革试点，按照“统筹谋划，试点先行”思路，2021年石家庄市在主城区（新华区、桥西区、长安区、裕华区、高新区）选取试点小学9所（长安区2所、新华区2所、裕华区2所、桥西区2所、高新区1所）。石家庄市户籍适龄儿童、少年由户籍所在地县（市、区）教育行政部门负责安排入学，其中，主城区户籍适龄儿童、少年由合法稳定居住的实际住址所在区教育局负责安排入学；主城区户籍无房家庭，在非户籍区单独承租并实际居住，且租赁房屋在住房租赁监管平台登记备案，适龄子女在居住地所在区接受义务教育，由居住地所在区教育局调剂安排入学。进城务工人员随迁子女选择在主城区就读公办小学一年级学生、主城区之间小学毕业生跨区升入公办初中、县域小学毕业生跨入主城区就读公办初中学生，须登录“石家庄市义务教育招生入学服务系统”，参加网上信息采集。新增双（多）胞胎子女绑定报名选项，双（多）胞胎家长为子女填报信息时，申请“双（多）胞胎绑定”参加计算机随机派位，双（多）胞胎派位产生一个派位学校。各县（市、区）教育行政部门按照“学校划片招生、生源就近入学”总体目标，综合根据所在行政区适龄学生数量、分布状况及学校布局、规模、交通状况等因素，为每所公办义务教育学校合理划定招生片区范围。小学一年级报名入学适龄儿童须年满6周岁（2015年8月31日之前出生）。2021年“石家庄市义务教育招生入学服务系统”注册量87550人，访问59.45万人次。2021年全市民办义务教育学校招生报名53058人，录取31160人。

【**中考招生**】 2021年全市中考报名10.7万人，同比增加3500余人。中考招生政策。初中毕业生升入高中阶段学校（幼师、中专、中技、普通高中和职业高中），须参加全市统一升学考试。初中毕业生升入普通高中学校升学总成绩为610分，包括文化课考试成绩600分和学生专门性发展素质评价10分（信息技术考试满分10分）。根据疫情防控要求，从学生身心健康安全角度出发，2021年石家庄市中考不举行体育、物理、化学、生物实验操作等科目考试。中考录取分数线。市区普通高中录取最低控制分数线410分。市区普通高中音乐、美术、书法特长生录取最低文化控制分数线328分，专业控制分数线为：音乐专业成绩41分，美术专业成绩114分，书法专业成绩119分，专业成绩必须合格。普通高中招收体育特长生最低文化控制分数线205分，专业项目测试成绩从高分到低分录取。河北正定中学、石家庄实验中学、石家庄第二实验中学最低控制分数线520分，音乐、美术、书法特长生最低文化控制分数线416分，体育特长生最低文化控制分数线260分。成绩发布管理。2021年各县（市、区）教育行政部门和招生考试机构执行中考成绩发布要求，不向学校提供非本校学生的中考成绩数据，不向初中学校下达升学指标，不统计公布所属初中学校升学人数、升学率，不以中考成绩对初中学校排名排队。保障残疾学生公平参与考试权利。因听力残障不能参加英语听力测试的学生，由本人提出免考书面申请，并同时提交学生本人残疾证，经所在学校和主管教育局核实，免于英语听力测试。规范中考加分照顾和奖励分值。军人子女：石家庄市行政区域内接受教育的现役军人子女、烈士子女、因公牺牲和病故军人的子女，驻国家确定的三类（含三类）以上艰苦边远地区和西藏自治区，中国人民解放军总部划定的二类（含二类）以上岛屿部队的军人子女，以及在飞行、潜艇、航天、涉核等高风险、高危害岗位连续工作3年以上（含已工作并将连续工作3年以上）的军人子女，以及有子女后曾在该地区和岗位连续工作5年以上的军人的子女、烈士子女，中考按照“录取分值”（石家庄市普通高中当年录取最低控制分数线）10%的标准，照顾分数录取；作战部队、驻国家确定的一类、二类艰苦边远地区和中国人民解放军总部划定的三类岛屿部队连续工作3年以上（含已工作并将连续工作3年以上）的军人子女，以及有子女后曾在该地区连续工作5年以上的军人子女，因公牺牲军人子女，一至四级残疾军人的子女，以及平时获得二等功或者战时获得三等功以上奖励的军人子女，中考按照“录取分值”5%的标准，照顾分数录取；其他军人子女报考普通高级中学，按照10分的标准加分照顾录取。公安系统子女：公安烈士子女照顾20分。在职期间被认定为公安英模和因公牺牲、一级至四级因工伤残的公安民警子女照顾10分。驻石消防救援人员子女：参照《河北省〈军人子女教育优待办法〉实施细则》第十四条标准和相应办法执行，中考时按照“录取分值”10%的标准，照顾分数录取。归侨、归侨子女、华侨子女、台湾籍青年及侨眷高知子女照顾10分。农村户口独生子女照顾8分（主城区参加中考除外）。少数民族考生照顾8分。同一考生具备多项加分条件的，选择最高一项，不累计加分。获得表彰及被认定为烈士的新冠肺炎救治一线医护工作人员的子女，按照规定享受相关待遇。

【高考招生】 2021年全市高考报名10.4万人，同比增加5000余人，其中，文理考生4.4万人，强基计划上线人数1.74万人，上线率39.5%，超过全省上线率12.5个百分点，创下全市历史最好水平。高考成绩高分段人数保持全省前列。其中，物理成绩前10名2人，前50名15人，前100名24名；历史成绩前50名8人。市第二中学、市第一中学、石家庄精英中学强基率达到99%，河北正定中学、石家庄二中实验学校强基率达到98%，石家庄实验中学强基率达到97%，石家庄润德学校强基率达到87%。单科成绩突出，市第二中学窦博涵以149分成为全省数学单科成绩第一名，石家庄精英中学薛兆东、孙佳航及市第二中学刘泽阳、韩家宏、任思建、赵博涵等学生分获物理、化学等学科满分。保送生人数排名全省首位。2021年河北省保送生人数128人，其中，石家庄市117人，占全省总人数91.4%；全省保送清华大学、北京大学15人，石家庄市占比57.6%。特色高中学校成绩优异。市第二中学飞行员班被空军录取48，市第十五中学飞行员班被民航院校录取13人，录取人数占全省比例40%以上；市第6中学、市第12中学、市第35中学、市第45中学4所艺术特色高中学校艺术类提前批上线率均超过90%，100余名学生获得清华大学美术学院、中央美术学院、中国美术学院、中央音乐学院、中央戏剧学院等国家级重点艺术类院校专业成绩合格证。高考招生改革。2021年是高考综合改革之年，高考政策较2020年出现较大调整。高考不再分文科、理科。报考类别由文史、理工、艺术文、艺术理、体育文、体育理6类，改为普通类、艺术类、体育类3类。高考招生由按文科、理科分别编制，改为普通类、体育类按历史科目组合、物理科目组合分别编制；艺术类不区分历史科目组合、物理科目组合，统一编制。考试科目由语文、数学、外语、文科综合、理科综合改为“3+1+2”模式。报考平行志愿批次实行“专业（类）+学校”模式。普通类、艺术类、体育类平行志愿批次由原来以学校为单位，1个“学校若干专业”为1个志愿，改为以“专业（类）+学校”为单位，1个“专业（类）+学校”为1个志愿，不再设立专业服从调剂选项。6月7～9日，2021年石家庄市高校招生统一考试举行，设立考区23个、考点61个、考场2219个。6月24日，2021年石家庄市高考招生录取控制分数线公布。普通类高水平运动队考生高考文化成绩控制分数线：历史科目组合454分，物理科目组合412分；少数体育测试成绩特别突出的高水平运动队考生文化成绩控制分数线：历史科目组合295分，物理科目组合267分；特殊类型招生录取控制分数线：历史科目组合520分，物理科目组合498分。艺术类及校际联考类：部分独立设置艺术院校和参照执行院校（或专业）艺术类本科专业，文化录取控制分数线由学校确定。艺术校考类：部分独立设置艺术院校和参照执行院校（或专业）艺术类本科专业，文化、专业录取控制分数线由学校自行确定，河北省统考涉及的专业，需要河北省相应类别专业统考合格，其中美术类本科专业需要河北省美术类专业统考本科合格；艺术类专科专业：河北省统考涉及的，文化、专业录取控制分数线按河北省相应统考类执行，河北省统考未涉及的，文化控制分数线为 140 分，专业控制分数线由院校确定。

表 96　　2021 年石家庄市高考普通类录取控制分数线

科类	本科批	专科批
历史科目组合	454	200
物理科目组合	412	200

表 97　　2021 年石家庄市高考艺术统考类录取控制分数线

科类	艺术本科（文化 / 专业）	艺术专科（文化 / 专业）
声乐统考	289/125	140/110
器乐统考	289/100	140/95
舞蹈统考	289/115	140/95
美术统考	289/180（两门科目各不低于 60 分）	140/160

表 98　　2021 年石家庄市高考艺术校际联考类录取控制分数线

科类	艺术本科（文化 / 专业）	艺术专科（文化 / 专业）
戏剧与影视学类校际联考	289/90	140/90
书法学校际联考	289/90	140/90
播音与主持艺术校际联考	289/120	140/120
服装表演类校际联考	289/60	140/60

表 99　　2021 年石家庄市高考艺术校考类录取控制分数线

科类	艺术本科（文化 / 专业）	艺术专科（文化 / 专业）
声乐校考	289/110	—
器乐校考	289/95	—
舞蹈校考	289/95	—
美术校考	289/180（两门科目各不低于 60 分）	—
统考未涉及的校考	289/—	140/—

表 100　　2021 年石家庄市高考体育类录取控制分数线

科类		体育本科（文化/专业）	体育专科（文化/专业）
体育	历史科目组合	300/270	140/240
	物理科目组合	240/270	140/240

表 101　　2021 年石家庄市高考对口各类专业院校录取控制分数线

序号	科类	本科	专科	序号	科类	本科	专科
1	旅游	540	180	6	计算机	556	180
2	学前教育	595		7	建筑	512	
3	财经	534		8	农林	565	
4	机械	525		9	畜牧兽医	538	
5	电子电工	465		10	医学	484	

链接：

强基率：教育部取消自主招生后，在部分高校开展基础学科招生改革试点（也称强基计划）。强基计划主要选拔培养有志于服务国家重大战略需求且综合素质优秀或基础学科拔尖的学生。强基率指入选强基计划人数与总人数的比值。

【优质均衡教育】 深化学区管理制改革，优化主城区教育资源，采取校长联谊沟通、教师交流互派、集体教研备课、活动资源共享、第三方评价考核等方式与途径，带动成员学校管理水平和教学质量提升。扩大优质义务教育资源覆盖面，全年新增学区管理制试点学区 12 个、学校 58 所，主城区试点学区达到 56 个，参与学校达到 179 所。促进优质教育资源共建、共享，缓解城区“择校热”“大班额”问题。至 2021 年底，石家庄市义务教育阶段超大班额完全消除，大班额占比 0.64%，大班额消除任务基本完成。推进义务教育改薄工程，启动 110 所义务教育学校校舍维修改造，其中改善乡镇寄宿制学校住宿条件 30 所，至 2021 年末，校舍项目完工 87 个、正在建设 23 个。开展义务教育学校课后服务，探索形成“学校自身、家校联合、大学生志愿者、社会参与”4 种课后服务模式，有效解决学生放学早、家长不方便接孩子等家长后顾之忧问题。全年接受课后服务学生 73.6 万人，实现义务教育学校、有需求学生、服务时间 3 个全覆盖。

（王素军）

【石家庄市第一中学】 石家庄市第一中学是石家庄市建立的第一所城市中学，1953 年被省政府命名为河北省首批重点中学。地址位于石家庄市长安区平安北大街 1 号，占地面积 75 亩，建筑面积 6 万平方米。现有学生 2800 人，教学班 63 个，教职员工 280 人，其中特级教师 12 人，正高级教师 6 人，高级教师 97 人，全国模范教师 3 人，享受国务院政府津贴 3 人。学校曾获授“全国精神文明建设工作先进单位”“全国教育科研先进单位”“全国自主招生百强校”“全国校园文化建设示范校”“全国中小学思想道德建设活动先进单位”“全国红十字模范校”“全国数字校园示范校”“河北省文明单位”等荣誉称号。办学理念：“生命的教育”。校训：“上善若水，厚德载物”。教学科研。2021 年完成《石家庄一中课程实施方案》《石家庄一中生命的教育课程体系 2.0》论证和构建；组建由 18 所学校组成的“学科教研共同体”；全面实施“生命课堂”，提升教学质量，全力“靶向三个百”；作为首批全国信息化教学示范校，学校实行基于大数据的“靶向教学工程”、研制“学科试题属性标注方案”、实行“对人对题对点提升”、全面推行生命课堂。高考成绩。2021 年高考强基率 99.8%；600 分以上学生 357 人。体育比赛。学校田径队参加 2021 年第十四届全国学生运动会，马鑫然获得男子三级跳远全国第二名；参加 2021 年河北省青少年田径锦标赛，马鑫然获得男子高中三级跳远冠军，以 15.88 米成绩打破河北省中学生记录，马佳豪获得男子 400 米栏第二名，吴雯忻获得女子 100 米冠军，高静获得女子 1 万米竞走第二名；参加 2021 年石家庄市中小学田径运动会，获得

11枚金牌。健美操队参加河北省健美操锦标赛，获得国际年龄二组女单第一名、男单第二名、五人第三名；参加河北省第20届中学生运动会，冯美琪获得女单第一名，双铭获得有氧舞蹈第一名，张柏仪获得有氧踏板第一名；参加2021年石家庄市学生操舞大赛，获得规定动作一等奖、有氧舞蹈六级第一名。德育教育。《红色文化培根，绿色呵护塑魂》入选教育部第二批“一校一案”典型案例。“青春心向党，红心永相传”获评石家庄市第二批大中小学校德育品牌。学校校报有《薪火一中》《教育新视野》《一中简讯》及学术类报纸《格物》《炳蔚》《印记》等。

（刘春英　李强　娄延果）

【石家庄市第二中学】 石家庄市第二中学始建于1948年9月，是河北省实验中学。地址位于石家庄市新华区兴凯路187号。至2021年末，市第二中学发展形成一校7区、12年基础教育全覆盖办学模式。学校占地面积61775平方米，建筑面积91203平方米，现有教职工304人，设立班级61个，在校学生2998人。市第二中学连续5次获得“全国文明单位”称号，连续2次获得“全国教育系统先进集体”称号，还获授“全国文明校园”“全国未成年人思想道德建设工作先进单位”“全国精神文明建设工作先进单位”“全国德育先进校”“全国先进体育传统项目学校”“全国巾帼建功先进集体”“全国五四红旗团委”等荣誉及称号；校领导班子连续23年被市教育局评为实绩突出领导班子。教学科研。2021年学校教师210人次获得国家、省、市教育部门表彰和全国、省、市优质课评比一等奖以上奖项，其中，7名教师获得省级以上荣誉，65名教师获得市级以上荣誉，20名教师获得全国和省市各级评优课一等奖，28名教师参加市级以上教学研讨做主题报告，90名教师在权威媒体发表教学论文。45名学生被空军航空大学录取。7月27日，河北省空军青少年航空学校飞行学员录取通知书颁发仪式在市第二中学举行，中部战区空军领导出席活动并向学生颁发录取通知书，市第二中学获颁“突出贡献奖”“育鹰奖”。9人入选名校特长班，其中，高二年级学生陈路加、王子畅入选首届清华大学丘成桐数学科学领军人才培养计划与丘成桐数学英才班（全国69人），7人入选中国科学技术大学少年班。学生参加奥林匹克竞赛获得奖牌7金11银5铜。其中，张尊喆参加第15届亚洲和太平洋地区信息学奥林匹克竞赛获得金牌；参加第38届全国青少年信息学奥林匹克竞赛，获得1金3银2铜；参加第18届国际中学生地理奥林匹克竞赛中国大陆地区选拔赛，获得1金1银2铜；参加2021年全国中学生数学、物理奥林匹克竞赛决赛，获得4金7银1铜。体育比赛。市第二中学男子篮球队（又称石家庄二中男子篮球队）参加中国高中篮球联赛全国总决赛男子组比赛获得亚军，时隔7年再次闯入全国高中篮球联赛总决赛；石家庄二中男女篮球队参加河北省第20届中学生运动会暨2021年河北省中学生篮球锦标赛（高中组）、2021～2022中国高中篮球联赛河北赛区比赛，双双获得冠军。2021年市第二中学获评全国特色文化学校、小平科技创新实验室、市志愿服务工作先进集体等12项国家、省、市级荣誉，参评北京大学博雅人才共育基地评审，获批三星级共育基地。6月11日，石家庄二中润德学校5名学生获授第21届世界华人学生作文大赛一等奖。

（李彤宇　张国珍　赵洪）

【河北正定中学】 河北正定中学是石家庄市教育局直属管理的省级示范性高中，坐落在国家级历史文化名城——正定。学校创建于1902年（清光绪二十八年），由当时的正定府学和恒阳书院（均源于五代时期）改设而成，始名正定府中学堂，后曾更名为直隶省立第七中学、河北省第七中学、河北省立正定中学、晋察冀边区正定联合中学、晋察冀边区第四中学、河北正定第一中学，1979年定名河北正定中学。学校先后获得河北省先进基层党组织、河北省第八批依法治校示范校、河北省教育会计学会工作先进集体、石家庄市优秀领导班子、石家庄市教育系统党建示范校、石家庄市教育系统先进基层党组织、石家庄市教科研工作先进单位、石家庄市志愿服务工作先进集体、石家庄市新闻对上报道先进单位等。占地面积160亩。校训：“明德、笃学、强身、报国”。2021年学校共有在校学生3183人，教职工252人；专任教师246人，其中，特级教师11人，正高职称9人。教学科研。树立教育质量精品意识，建立由教师发展中心、年级组、教研组、备课组组成的“教学共同体”，形成包括个人自备、集体研讨、总结梳理、形成教案4个环节“正中一课一研”教研模式。5名教师获得省评优课大赛一等奖，19名教师获评市级以上荣誉，3名教师入选石家庄市课题评审专家库；发表论文近100篇，主编、参编书籍40余册。高考成绩。高考985院校上线率达到30%，211院校上线率达到60%。高考语文成绩取得石家庄市前2名，数学成绩2名学生并列取得全市最高分。学术交流。开设斯洛伐克友好学校线上汉语课程，举办第五届京津冀台中学生教育发展联盟年会、第三届“一带一路”青少年教育发展联盟年会。2021年学校田径队参加省市中小学生运动会获得团体冠军，交响管乐团获评“中华杯”中国优秀管乐团“示范乐团”。

（宋春晓）

【石家庄外国语教育集团】 石家庄外国语教育集团由石家庄外国语学校、石家庄第二外国语学校、石家庄外国语小学、石家庄第二外国语学校附属幼儿园4所学校组成。石家庄外国语教育集团前身为市第四十三中学，始建于1994年，是市政府投资兴建的一所公办完全中学，1995年率先在河北省启动办学模式改革，开始走向外语特色办学之路；1996年经河北省教育厅批准开始首届高中试办高校外语预科班；1997年经市机构编制委员会办公室批准，学校更名为石家庄外国语学校，成为河北省第一所外国语学校；1999年学校被河北省委、省政府命名为省级重点中学；2000年率先在河北省探索办学体制改革，与河北怀特集团公司合作办学，发展形成幼、小、初、高一条龙外语特色集团化办学格局；2004年被教育部批准为全国普通高校招生保送资格学校；2010年学校与石家庄第二外国语学校、石家庄外国语小学、石家庄外国语幼儿园3所民办学校合并，组建成立石家庄外国语教育集团；2014年赞皇县、平山县、灵寿县、行唐县、井陉县、元氏县6个山区县12所中小学纳入外国语教育集团统一管理，创新探索城乡教育均衡发展和山区教育扶贫之路；2014年集团倡议组建全球基础教育研究联盟，吸引16个国家119所会员学校加盟，并每年举行一次国际教育论坛。2021年石家庄外国语教育集团共有在校生11026人，教职工1080人，其中正高级职称7人，高级职称180人，特级教师4人；享受国务院政府特殊津贴专家1人，河北省津贴专家1人；河北省突出贡献中青年专家3人；河北省名师骨干13人。示范校建设。扎实推进普通高中新课程新教材国家级示范校建设工作，构建“面向全体、全面发展、突出特色”的五育并举课程体系；开展“素养导向、项目驱动、深度学习”的“四自主·四环节”课堂教学模式实践研究；建立充分尊重学生意愿的“分类分层”选课走班模式；形成“生涯课程引领、学科课堂渗透、导师定期指导”的学生发展指导策略；制定“德育为先、五育并举、全面发展”学分管理办法和综合素质评价实施方案。课程建设。坚持“面向全体、全面发展、突出特色”的学校文化，在开发大量体育、艺术和综合实践专项校本课程的基础上，新增设“四史”教育党课、人民代表大会制度课程等德育校本必修课程，蔬菜种植、花卉种植、传统面点、家常菜肴、木工、智能家居等劳动校本课程和高中学科拓展校本选修课程，构建完善石外集团“五育并举”的校本课程体系，促进学生德智体美劳全面发展；面向家长线上开放七八年级62个班、体育、艺术、劳动实践等11个专项校本课程210节课，线上观看人数达15000人；八年级“模拟少年法庭”举办4场模拟庭审，学生与家长参与3000人次，线上直播观人数达到2万人。教学科研。2021年通过课题立项9项，其中国家级1项，省级1项，市级7项；课题结题14项，其中国家级1项，市级9项，区级4项，国家社会科学基金“十三五”规划课题“城乡教育均衡发展中山区教育扶贫实践模式研究”通过“免鉴”等级结题，填补了河北省国家课题结题鉴定等级的空白；251名教师获省市区的学科名师、骨干教师、优秀教师、优秀教育工作者等荣誉称号。学术交流。与哥斯达黎加、日本、美国、意大利、西班牙、法国等国家友好学校举办师生线上交流活动11场。11月1～3日，全球基础教育研究联盟第六届年会在石家庄外国语教育集团举行；主题为“重新定义学习”；来自中国、美国、加拿大、英国、丹麦、意大利、德国、法国、俄罗斯、卡塔尔、哥斯达黎加、巴西、古巴、日本14个国家28位教育专家、中小学校长以网络“云”端方式参会；举办主题报告24场，在线观看人数63万人。至2021年末，全球基础教育研究联盟成员共有来自中国、美国、英国、加拿大、澳大利亚、新西兰、瑞典、丹麦、意大利、日本、俄罗斯、新加坡、罗马尼亚、哥斯达黎加、卡塔尔、西班牙16个国家128所学校。教育帮扶。在12所义务教育帮扶学校推进“高质量发展”三年行动计划，实施“远程同步互动课堂教学”，推行小学“美术”专递课堂；面向山区学校实行线上常态化教学公开课、师徒同课异构活动350节，山区教师990人次参加听评课，组织山区教师参加各类线上专题培训11次，山区学校教师4400多人次参加培训，累计学习课时3.4万节；推进山区学生生涯规划与职业升级教育，组织市职教园区专业老师70人次走进山区学校，面对5000多名九年级毕业生开展主题宣讲和职业教育咨询活动，与市职教园区联合举办专题研讨会；与北京师范大学明远书院、河北省教育学会成功举办“城乡教育均衡高质量发展研讨会”，向全国推广石外集团的教育扶贫成果。中考高考。2021年中考582分以上石外学生51人，普高率达90%；高考保送114人，占全省保送人数的89.1%，占石家庄市保送人数的97.4%，其中清华、北大保送录取12人，985高校保送录取69人，占保送生的60.5%，211高校保送录取111人，占保送生的97.4%；强基上线率84%（不含保送生和体艺生），其中物理组合的强基上线率90.65%，历史组合的强基上线率73.53%；42名学生被世界名校录取，其中一名学生被世界排名前三的斯坦福大学录取。体育艺术。武术队参加市中小学武术套路选拔赛获3个全能冠军，1个全能亚军，参加河北省武术套路锦标赛，获得5金1银3铜；羽毛球队参加中国中学生羽毛球锦标赛（北区），获得初中子团体第一名，参加河北省青少年羽毛球锦标赛，获得男子团体第一名；足球队参加河北省中学生校园足球联赛，获得高中女子组第三名，参加石家庄市校园足球联赛，获得高中女子组冠军；田径队参加河北省青少年田径锦标赛，获得3枚金牌、4枚银牌、3枚铜牌，参加石家庄市中小学生田径运动会获得初中团体第一名、高中团体第一名；排球队参加石家庄市中小学生排球比赛，获得初中男子组第一名；航模科技获第五届全国青少年无人机大赛旋翼赛团体赛初中组三等奖；《八月桂花遍地开》《南湖的船党的摇篮》获得石家庄市中小幼艺术展演活动艺术表演类一等奖，民乐团演奏《唱支山歌给党听》获得石家庄市中小幼艺术展演活动艺术表演类二等奖。2021年石家庄外国语教育集团获评全国中学生英语能力测评（NEPTS）优秀组织奖、上海财经大学优秀生源基地、河北省文明校园、石家庄市健康促进学校、石家庄市课程思政示范校，李红霞获评全国教书育人楷模。

（孔维景　刘晓）

【石家庄精英中学】 石家庄精英中学是教育实业家翟志海于1993年创办的一所全寄宿制完全中学。2003年被省教育厅评定为河北省示范性高级中学，2017年12月获得“中国高中教育50强”，2017～2021年获评“清华大学生源中学”，2021年获“清华大学优质生源中学”称号。2021年石家庄精英中学共有在校学生人数1.1万余人，教职工人数1000余人，224个班级。校本部（高中、小学）位于石家庄高新区学苑路25号，占地面积150亩；北校区（初中）位于石家庄市学府路196号，占地面积150亩；2017年石家庄精英中学应邢台市政府邀请入驻邢台市，设立石家庄精英中学邢台校区（高中、初中），总规划面积400余亩，其中一期占地面积220亩，2018年9月建成开学；2020年5月24日，石家庄精英中学海南校区（高中、初中、小学）揭牌，地址位于海南省陵水县清水湾大道英赤路93号，占地面积170亩。教学成果。2021年石家庄精英中学高中部15名学生被清华大学、北京大学录取，同比增长50%，其中10人跻身物理类全省前100名；初中部中考成绩考入石家庄市区前1000名学生110人。11名学生参加5个学科竞赛获得河北省一等奖以上奖项。其中，孟禹璇参加第30届全国中学生生物学奥林匹克竞赛获得银牌，取得北京大学和清华大学“强基计划”入围资格；李坤泽、许传德、张子康、王嘉伟、张国瑞参加第30届全国中学生生物学奥林匹克竞赛，获得省一等奖；姜智棋、刘正阳参加全国高中数学联赛，获得省一等奖；王仕瀚、陈立尧参加第35届中国化学奥林匹克竞赛，获得省一等奖；李易达参加第38届全国中学生物理竞赛，获得省一等奖。4月9日，石家庄精英中学与邯郸冀南新区育华实验学校签订战略合作协议，设立“石家庄精英中学邯郸分校”。

（石家庄精英中学）

中等职业教育

【概况】 2021年全市共有中等职业学校（简称中职学校）132所，同比减少5所；在校生25.98万人，同比增加2.3万人；教职工1.43万人，同比增加1187人；专任教师1.11万人，同比增加1392人。2021年全市共有公办中职业学校68所，在校生12.17万人，教职工8392人，专任教师6735人；民办中职业学校64所，在校生13.82万人，教职工5869人，专任教师4317人。2021年全市中等职业学校招生录取“3+4”本科专业录取最低控制分数线为452分，“3+4”本科休闲体育服务与管理专业文化录取最低控制分数线为307分。打造现代化和高水平职业教育体系，推动职业教育向规模化、集约化方向发展。至2021年底，全市22所公办中职学校重组整合为12所现代化中职学校，全部搬迁入驻市职教园区；开设专业122个，其中，保留专业92个，新增专业30个，撤销专业22个，合并专业1个，涵盖专业大类15个。扩大职业培训规模，全年参加职业培训人员30.5万人次，完成年度目标任务244.8%。深化产教融合、校企合作，2021年市属技工院校培养毕业生5227人，就业率达到100%。

【石家庄市职教园区】 石家庄市职业教育园区（简称职教园区）位于正定新区上海北大街以东、山西道以南、香港南大街以西、江西道以北。

2016年6月启动建设，2019年8月建成投用，占地面积158.4公顷，建筑面积90万平方米，总投资56.8亿元。2021年市职教园区入驻装备制造学校、文化传媒学校、电子信息学校、交通运输学校、财经商贸学校、现代农业学校、艺术学校、城市建设学校、学前教育学校、旅游学校、特殊教育学校、石家庄高级技工学校12所中等职业学校，建有图书信息中心、艺术中心、会议中心、体育馆、游泳馆、公共实训基地和技能鉴定中心、双创科技园等共享设施。优化专业结构，做优做强骨干（特色）专业，印发《关于职教园区中等职业学校专业结构优化调整的实施方案的通知》，邀请省市职业教育专家参与园区学校专业调整方案论证和研讨。至2021年底，市职教园区各中职学校开设各类专业122个，其中，保留专业92个，新增专业30个，撤销专业22个，合并专业1个，涵盖专业大类15个。提升办学层次，推进中等职业教育、高等职业教育（合称中高职）“3+2”分段培养衔接（也称中高职贯通培养），实现全部园区中职学校具备中高职“3+2”分段培养资质目标。

【职业技能比赛】 2021年12月，由市教育局、市财政局、市人力资源和社会保障局、市工业和信息化局、市文化广电和旅游局、市总工会、共青团市委7个部门联合主办的2021年石家庄市中等职业学校学生技能大赛举行，设置比赛项目29个，涵盖专业大类10个。2021年市中职学校比较突出的专业有电子电路装调与应用、装备制造类4项（车工、零部件测绘、CAD成图技术、数控综合应用技术）、幼儿保育、“互联网+会计”、动画片制作、舞蹈表演、铁路客运服务、酒店服务等。支持中职学校参加国家级、省级学生技能大赛，获得国家级大赛三等奖1人，省级大赛一等奖62人、二等奖56人、三等奖77人。提升教师专业技能，选拔中职学校教师参加2021年河北省中等职业学校班主任能力大赛，9所学校13名教师获得省级比赛奖项；推荐中职学校教师参加2021年河北省职业院校技能大赛教学能力比赛活动，获得一等奖2个、二等奖3个、三等奖2个、优胜奖8个。全年申报省级职业院校教师教学创新团队21个、国家级职业院校教师教学创新团队1个。

【教育质量管理】 实施职业教育提质培优行动计划，全年26所中职学校承接国家优质学校、优质专业等任务36项380个项目。实施中职学校标准化建设工程，制定《石家庄市中等职业学校标准化建设实施方案》，明确目标任务和具体要求；以条件改善和内涵发展为重点，规范中职学校占地面积、建筑面积、仪器设备、教师配备、规模质量、数字校园、学校管理、内涵建设8项内容。实施中职教育质量提升工程，石家庄文化传媒学校从名牌学校第二档晋升第一档，至2021年底，全市中职学校晋升名牌学校第一档学校达到6所；调整专业结构，做强做优重点示范专业，全年审查、备案中职学校39所，新增专业75个。推动中高职贯通培养，2021年全市20所中职学校、40个专业实现“3+2”“3+4”中高职衔接，招生增至2550人。开展中等职业教育“1+X”证书试点，参与试点中职学校15所、专业46种，申报初级、中级、高级证书62个。

（王素军）

高等教育

【概况】 2021年石家庄市域共有高等教育学校36所，其中，公立本科院校10所、民办本科院校9所，公立专科院校11所、民办专科院校6所；在校生52.62万人；教职工5.74万人。2021年石家庄市共有市属高校5所，其中，本科高校1所（石家庄学院），高职高专院校4所（石家庄职业技术学院、石家庄信息工程职业学院、河北正定师范高等专科学校、石家庄幼儿师范高等专科学校）。石家庄学院在校大学生17196人，教职工1300人，其中，具有高级专业技术职务资格519人、博士235人、硕士871人，“双师双能型”教师535人。石家庄职业技术学院在校大学生12900人，教职工950人，其中，正高级职称65人、博士26人。石家庄信息工程职业学院在校大学生1.9万余人，教职工1200余人，其中，具有高级专业技术职务资格257人、中级专业技术职务资格348人、初级及以下专业技术职务资格213人，博士2人、硕士586人。河北正定师范高等专科学校在校大学生6862人，教职工297人，其中，副高级以上职称72人，研究生学位以上教师156人，国家督学1人。石家庄幼儿师范高等专科学校在校大学生5824人，教职工432人，其中，教授21人、副教授93人，博士、硕士259人。以培养高层次技术技能人才为导向，探索实施高等教育改革。5月10日，石家庄科技工程职业学院更名为“河北正定师范高等专科学校”。5月17日，河北师范大学汇华学院与石家庄信息工程职业学院合并转设为石家庄工程职业技术大学，隶属石家庄市人民政府管理。重视高校专业建设，12月20日，省教育厅批准石家庄学院设立2个现代产业学院，分别为：生物医药现代产业学院、智能制造现代产业学院。支持市属高校开展校企合作，以代表性企业为主，选择技术水平领先、管理模式先进、人才需求旺盛的企事业单位签订校企合作协议。12月23日，市教育局牵手东软教育科技集团与石家庄学院、石家庄信息工程职业学院签署共建“产业学院”合作协议。2021年石家庄市五年制和“3+2”高等职业教育学校（不含艺术、体育类专业）录取最低控制分数线为200分，五年制和“3+2”高等职业教育学校艺术、体育类专业录取最低控制分数线为140分。

表102　　2021年石家庄市域高等教育学校一览表

类别	序号	学校	地址	在校生	教职工
公立本科	1	河北师范大学	石家庄市南二环东路20号	30381	2677
	2	河北医科大学	石家庄市中山东路361号	20980	17000
	3	石家庄铁道大学	石家庄市北二环东路17号	32000	1800
	4	河北科技大学	石家庄市裕翔街26号	23000	2400
	5	河北经贸大学	石家庄学府路47号	30500	1800
	6	河北地质大学	石家庄市槐安东路136号	18000	964
	7	河北体育学院	石家庄市学府路82号	7000	463
	8	河北中医学院	石家庄鹿泉经济开发区杏苑路3号	9383	2758
	9	河北工业职业技术大学	石家庄市红旗大街626号	20000	1000
	10	石家庄学院	石家庄市高新技术产业开发区	17196	1300
民办本科	11	河北传媒学院	石家庄市栾城区兴安大街109号	18000	1100
	12	河北工程技术学院	石家庄市桥西区宫北路11号	19955	1201
	13	河北美术学院	石家庄市空港工业园区北环港路111号	20180	1502
	14	河北外国语学院	石家庄市红旗南大街汇丰西路29号	26000	1424
	15	河北科技大学理工学院	石家庄市裕华东路70号	15000	813
	16	河北经贸大学经济管理学院	石家庄市红旗大街428号	13000	850
	17	河北师范大学汇华学院	石家庄市桥西区红旗大街469号	11000	800
	18	河北医科大学临床学院	石家庄市建华南大街309号	10018	7000
	19	河北地质大学华信学院	石家庄空港工业园区北环港路69号	10604	577
公立专科	20	石家庄邮电职业技术学院	石家庄体育南大街318号	8000	560
	21	河北劳动关系职业学院	石家庄市红旗大街学院路6号	5000	200
	22	河北轨道运输职业技术学院	石家庄经济开发区清源街66号（东校区）	10000	700
	23	河北政法职业学院	石家庄市友谊北大街569号	12800	602
	24	河北省艺术职业学院	石家庄市长安区青园街149号	5800	300

续表

类别	序号	学校	地址	在校生	教职工
公立专科	25	河北化工医药职业技术学院	石家庄市裕华区方兴路 88 号	16000	600
	26	石家庄工程职业学院	石家庄市学府路 169 号	1000	500
	27	石家庄职业技术学院	石家庄市桥西区长兴街 12 号	12900	950
	28	石家庄信息工程职业学院	石家庄市藁城区天祥大街 81 号、82 号	19000	1200
	29	河北正定师范高等专科学校	石家庄市正定县华安西路 29 号	6862	297
	30	石家庄幼儿师范高等专科学校	石家庄市鹿泉区御园路 88 号	5824	432
民办专科	31	石家庄城市经济职业学院	石家庄市经济开发区岗上镇	3000	300
	32	石家庄财经职业学院	石家庄学府路 236 号	9000	500
	33	石家庄工商职业学院	石家庄市桥西区滨河街 3 号	12000	300
	34	石家庄医学高等专科学校	石家庄灵寿县三圣院乡同下村	20000	968
	35	石家庄经济职业学院	石家庄市北郊 107 国道与常山西路交叉口 47 号	14862	1000
	36	石家庄人民医学高等专科学校	石家庄市红旗大街汇丰路 18 号	12000	568

【石家庄学院】 石家庄学院是经教育部批准建立的国有全日制普通本科院校。地处石家庄高新技术产业开发区，由南北两个校区组成。学校始建于 1958 年，原名石家庄专区师范学院，1959 年更名为石家庄师范专科学校。1996 年 3 月经河北省人民政府批准，石家庄师范专科学校、石家庄地区教育学院与石家庄市教育学院合并，更名为“石家庄师范专科学校”。2004 年 5 月经教育部批准，石家庄师范专科学校升格为石家庄学院。占地面积 1221 亩，建筑面积 40.76 万平方米。建有 14 个实验实训中心，448 个教学、科研实验室，教学科研仪器设备价值 2.35 亿元。图书馆藏书 120 万余册，连通中外文数据库 17 个，保存电子图书 343 万余册、各类纸质报刊 525 种。设有党政管理机构 14 个、学院 17 个、本专科专业 82 个（本科专业 65 个），涵盖法学、教育学、文学、史学、理学、工学、管理学、艺术学 8 个学科门类。拥有国家级特色专业建设点 2 个、省级品牌特色专业 4 个、省级本科教育创新高地 2 个、省级专业综合改革试点 2 个、省级一流本科专业建设点 7 个、河北省高等学校教学团队 2 个、省级实验教学示范中心 4 个、省级教学名师 3 人，开设省级精品课程（资源共享、在线开放）8 门、省级一流本科课程 5 门，打造形成“信息技术专业群、化工制药专业群、机电工程专业群、文化传媒专业群、教师教育专业群”五大特色专业集群。建有校外实践教学基地 448 个，其中“石家庄学院以岭药业实践教育基地”被确定为河北省首批大学生校外实践教育基地。国家动漫产业发展（石家庄）基地人才培养中心、河北省知识产权培训基地、河北省服务外包培训基地、河北省高校毕业生就业（创业）服务基地、河北省中国特色社会主义理论体系石家庄学院农村发展研究基地、石家庄市特殊教育资源中心、石家庄市基础教育改革与发展研究中心在学院挂牌，河北省儿童心理教育学会、中国教育技术学会师范院校专业委员会挂靠学院。主要学术研究机构有：河北省物联网智能感知与应用技术创新中心、“互联网 + 中国制造 2025”产教融合创新基地、河北省物联网区块链融合重点实验室、河北省物联网安全与传感器检测工程研究中心、河北省高校微生物制药应用技术研发中心、河北省建陶工程技术研究中心、河北省麻醉药技术创新中心、河北省动物源性肽类生化药物技术创新中心、河北省纤维材料技术创新中心、河北省非物质文化遗产研究基地、河北省灰霾在线监测实验室、高邑县得利达纺织有限公司院士工作站（共建单位）、石家庄市食品工程技术研究中心、石家庄市锌业工程技术研究中心、石家庄市绿色装饰工程技术研究中心、石家庄市化学纤维技术创新中心、石家庄市高分子基复合材料技术创新中心、石家庄市水溶性肥料工程技术研究中心、西柏坡文化研究中心等。现有全日制在校生 17196 人，教职工 1300 人，其中具有高级专业技术职务资格 519 人、博士 235 人、硕

士 871 人，“双师双能型”教师 535 人。拥有享受国务院政府特殊津贴专家、国际田联一级裁判员、省市级政府特殊津贴专家、省市级有突出贡献中青年专家、教学名师、模范教师、优秀教师、优秀教育工作者、师德标兵、拔尖人才、“三三三”人才工程人选等各类杰出人才。学校设党政管理机构 14 个，教育机构 17 个，教辅、研究及其他机构 11 个。82 个本专科专业（其中本科专业 65 个），涵盖经济学、法学、教育学、文学、史学、理学、工学、管理学、艺术学 9 个学科门类。有国家级特色专业建设点 2 个、省级品牌特色专业 4 个、省级本科教育创新高地 2 个、省级专业综合改革试点 2 个、省级一流本科专业建设点 10 个、河北省高等学校教学团队 3 个；省级精品课程 8 门；省级一流本科课程 6 门；省级实验教学示范中心 4 个；省级教学名师 4 人。招生就业。普通高考招生，本科 4230 人，完成率 100%，河北本科批录取，最低分历史组 499 分，超线 45 分；物理组 476 分（除中外合作办学外），超线 64 分，录取专接本新生 447 人、“3+2”转段专科生 94 人；2021 年共录取新生 4771 人，实际报到 4695 人，报到率 98.4%，毕业去向落实率 94.82%。科研创新。全年获批各类立项课题 156 项，其中教育部人文社科项目 2 项、省级项目 18 项，承担横向协作与委托项目 71 项，实际引进科研经费达到 1400 万元；发表核心期刊和三大索引论文 130 篇，出版著作 22 部，授权发明专利 13 项；获河北省科技进步三等奖、河北医学科技一等奖各 1 项；获批“河北省核苷类抗病毒药物技术创新中心”和“河北省杂环类化合物技术创新中心”，省级科研平台增至 16 个。完善国际化办学。以校企合作模式与河北乐达教育集团签约共建“石家庄学院乐达国际艺术学院”；深化中韩制药工程专业本科合作办学项目，28 名学生赴韩国又石大学学习；向教育部申报与意大利两所艺术类学院共同举办本科专业合作办学项目；“河北省生物制药国际联合研究中心”被认定为省级国际科技合作基地；首届非学历汉语进修生圆满完成学业；新招录商务英语专业本科学历生和来自尼泊尔、东帝汶的非学历汉语进修生；与新西兰怀卡托理工学院联合开展线上教师双语教学技能提升培训，参加河北省国际教育中心主办的线上英语培训班。学生表彰。组织学生参加各级各类赛事活动，获省部级以上成果和奖励 172 项，其中，参加第六届全国高等学校大学生测绘技能大赛、第十六届全国大学生智能汽车竞赛、中国国际数字经济博览会“首届 A-STPM 未来科技挑战赛”、第二届全国大学生化学实验创新设计竞赛、2021 年全国大学生生命科学竞赛、第四届“航天宏图杯”PIE 遥感与地理信息一体化软件二次开发大赛、第十三届全国大学生广告艺术大赛、全国高校会计技能大赛、全国苍穹杯大学生空间信息技术大赛、第十届全国大学生 GIS 应用技能大赛、第七届全国大学生物理实验竞赛、2021“永升杯”全国大学生物业经营管理模拟大赛等全国各类专业技能比赛，共取得了一等奖 10 项、二等奖 15 项、三等奖 13 项。2021 年石家庄学院获批河北省本科高校转型发展试点学校，设立重点专业集群 5 个，立项建设示范性应用型课程 61 门，入选教育部学校规划建设发展中心“互联网 + 中国制造 2025”产教融合促进计划试点院校。

（李艺潇　王旭辉　刘建军）

【石家庄职业技术学院】 石家庄职业技术学院始建于 1984 年 9 月，原名“石家庄大学”，是经教育部批准、石家庄市政府主办的一所全日制普通高等院校，是河北省首批设立的 11 所高等职业院校之一，也是石家庄市第一所全日制职业大学。学院办学形成全日制高等职业教育、广播电视教育（开放教育）、社区教育为主体，多种形式并存办学格局，获批国家优质高等职业院校、国家现代学徒制试点单位，入选“中国特色高水平高职学校和专业建设计划”高水平专业群建设单位。现有全日制在校生 12900 余人，成人教育本专科在籍生 8000 余人，教职工 900 余人，其中博士 26 人，正高级职称 65 人，国家级教学名师 1 人，省级教学名师 1 人，省级优秀教育工作者 1 人，省突出贡献中青年专家 2 人，省政府特殊津贴专家 1 人，省“三三三”人才工程第二层次 1 人，省优秀教师 1 人，省“三育人”先进个人 2 人，省级师德标兵 2 人。专业建设。学院设有管理系、经济贸易系、信息工程系、建筑工程系、机电工程系、电气与电子工程系、食品与药品工程系、艺术设计系、动画系、体育系、公共外语部、软件工程学院、继续教育学院等 10 系 1 部 2 学院；现有国家级骨干专业 5 个、国家级精品（资源共享）课程 2 门，省级精品资源共享课程 1 门，省级精品课 10 门，省级精品在线开放课程 12 门；拥有全国职业教育先进单位 1 个、省教育系统先进集体 2 个，是“河北省学校安全工作先进集体”；现有国家级职业教育教师教学创新团队 2 个、省级职业教育教师教学创新团队 4 个、河北省优秀教学团队 2 个，是联合国教科文组织城市社区学习中心（CLC）项目实验点。教学科研成果。全年立结项各级各类课题 164 项，其中省级以上课题 6 项，市（厅）级以上课题 138 项；发表独著、第一作者三大检索、核心期刊等高水平论文 36 篇；专利、软件著作权51项；推荐申报石家庄市社会科学新型智库专家3名，石家庄市优秀社会科学成果奖11项；晏钧技艺大师工作室研发作品获世界三大设计奖之一红点设计概念奖、第12届CCII国际双年奖金银铜奖，大师工作室李杰才获“全国技术能手”荣誉称号。招生就业。2021年学院报到新生4048人，报到率97.12%，计划完成率99.24%，录取分数在全省专科院校排名第五，综合类专科院校排名第一；毕业生4115人，初次就业3955人，毕业生初次就业去向落实率96.11%。创新创业教育。开展创新创业教育，制定《创新创业类大赛管理办法》；培育和孵化创新创业项目，众创空间现有创新创业项目12个，2021届毕业生已孵化成功6个具有营业执照的实体创业公司，培育成功1个由5名毕业生组建的创业团队。石家庄职业技术学院在2021年度全国高职高专“院校满意度”排行榜中，位居全国第十位、河北省第二位。2021年，学院动漫制作技术专业教学团队成功入选“第二批国家级职业教育教师教学创新团队”；被省委授予“全省先进基层党组织”称号；入选中国职业教育百强。

（赵丽娟　郝建　王升）

【石家庄信息工程职业学院】石家庄信息工程职业学院是经河北省人民政府批准、教育部备案、面向全国招生的公办全日制高等职业院校。始建于1963年，原校名为“石家庄专员公署商业职业学校”，隶属石家庄专员公署商业局。1993年7月，石家庄地市合并后更名为“石家庄市财经学校”，隶属石家庄市财政局。2002年5月24日，根据《河北省人民政府关于同意建立河北交通职业技术学院等7所高等学校的批复》，石家庄市财经学校改建为“石家庄信息工程职业学院”。2020年10月1日，石家庄信息工程职业学院新校区启用，地址由石家庄高新区搬迁到藁城区天祥大街81号、82号（藁城区张家庄镇蔡家岗村南），设东、西2个校区，总投资39亿元，占地面积1501.5亩，建筑面积47.3万平方米。建有图书信息中心（图书馆）、公共教学中心、教学办公楼、实训楼、学生宿舍楼、操场（体育馆）、食堂、运动场、球场等教学设施。设有9系4部1学院，分别为：传媒艺术系、软件工程系、计算机应用系、网络与通信工程系、机电工程系、经济贸易系、管理系、会计系、农林牧医系、基础部、体育部、外语教育培训部、继续教育部、马克思主义学院。学院建有校内实习实训室132间，校外实习实训基地136所。学院在校大学生1.9万余人，教职工1200余人，其中，具有高级专业技术职务资格257人、中级专业技术职务资格348人、初级及以下专业技术职务资格213人，博士2人、硕士586人。专业建设。2021年学院新增人工智能技术应用专业，撤销软件工程系的计算机信息管理专业，现有45个专业；建有电子商务、现代物流管理2个中央财政重点支持建设专业，动漫制作技术1个中央财政重点支持建设实训基地，广告艺术设计1个省级骨干专业，动漫制作技术、大数据与会计、现代通信技术、电子商务、广告艺术设计、软件技术、市场营销7个市级重点专业，另有8个院级示范专业。教学科研。全年教职工发表学术论文185篇，其中10篇发表于核心期刊，4篇入选“三大检索”；组织专业教师申报河北省首批工业企业科技特派员，21名教师获批，并引进特派员科研经费21万元，获批省级科技特派员工作室，引进经费5万元；组织完成石家庄市“十四五”规划课题评审专家库及石家庄市社会科学新型智库专家的专家推荐及申报工作，3名评审专家已经入库；全年共完成河北省科技厅、河北省哲学社会科学规划办公室、河北省人社厅等13个上级部门148项课题的申报、校内评审和上报工作，100项课题获批立项。

（石家庄信息工程职业学院）

【河北正定师范高等专科学校】河北正定师范高等专科学校是经教育部批准，石家庄市政府主办的一所全日制国办普通高等职业院校，地址坐落于国家级历史文化名城——正定，面向全国招生。学校创建于1924年，始称“直隶第八师范学校”，1933年以地名命名，改称“河北省立正定师范学校”，1953年改名为“河北正定师范学校”，1999年开始培养专科层次师范生，2001年更名为“石家庄师范专科学校正定分校”，2004年改为“石家庄学院正定分院”；2007年改建为“石家庄科技工程职业学院”，实施高等职业教育。2021年5月10日，经教育部批准，学院更名为“河北正定师范高等专科学校”。占地面积23.07万平方米，校舍建筑面积14.92万平方米。主要教学设施有多功能图书馆、教学楼群、实训楼、体育馆、艺术楼、实验楼、礼堂、学生宿舍楼群、餐厅、塑胶田径场、标准化篮排球场等。建有校内实践教学基地112个，“教、学、做”一体化实训场地2.75万平方米；校外实训基地123个。教职工400余人，其中，教师290人，副高以上职称72人，研究生学位以上教师156人，国家督学1人，教育部职业院校教学（教育）指导委员会委员、教育部职业院校信息化教学指导委员会委员1人，河北省“三三三”人才工程三层次人才3人，省级优秀教师3人。在册学生8100人，其中，全日制专科在校生

6862人，专科层次成人学历教育学生909人。2021年学校招生录取2492人，其中，单招录取1498人，统招录取994人，招生范围涉及河北、内蒙古、安徽、河南、贵州、甘肃、山西、四川等省（区）。2021年学校优化专业设置，停招计算机网络技术、移动应用开发、汽车营销与服务等职业类专业；招生专业压缩至18个，其中，师范类专业6个，职业类专业12个。全年立项省市级课题31项，其中，省级课题14项，市级课题17项；推荐5项成果参加省级教学成果奖评选，《双元双轨 五阶递进——高职院校酒店管理专业现代学徒制研究与实践》项目成果获得一等奖，3项成果获得三等奖；5门课程入选第二届省职业院校在线精品课程并上线运行，其中《幼儿绘本阅读与指导》获得河北省第二届职业院校在线精品课程二等奖；12门课程立项为院级在线精品课程。2021年学校师生参加省级以上职业技能比赛获得团体及个人一等奖5项、二等奖22项，1名思政课教师参加全国高职高专思政课青年教师教学展示，4名教师、3门思政课在省级以上教学比赛获奖；6件教师教学能力大赛作品获得省级奖项，其中，三等奖5项，优秀奖1项；酒店管理与数字化运营专业教学团队被省教育厅批准为第二批省级职业教育教师教学创新团队，学校教师袁淑玲主编的《幼儿园多媒体课件设计与制作》入选“十三五”职业教育国家规划教材。2021年河北正定师范高等专科学校网络营销与直播电商专业学生参加河北省职业院校学生直播电商技能大赛获得一等奖。

（河北正定师范高等专科学校）

【石家庄幼儿师范高等专科学校】 石家庄幼儿师范高等专科学校是2011年经教育部批准设立的国办普通高等学校，也是河北省第一所幼儿师范高等专科学校。地址位于石家庄市区西部，占地面积500.73亩，建筑面积17.56万平方米。校训：“崇德、善学、博爱”。校风：“为人为学，为师为范”。教风：“修身治学，乐业善教”。学风：“诚朴砺学，精修师艺”。学校曾获得“全国艺术教育特色单位”“全国大学生艺术展演活动优秀组织单位”“全国大学生心理健康教育先进集体”“全国优秀知识分子先进集体”“全国巾帼文明示范单位”等称号。全日制在校生5824人，教职工432人，教授21人，副教授93人，博士、硕士共259人。学科建设。优化教学科研管理，统筹整合原有12个教学科研机构，培训中心更名为继续教育中心（系），文科基础教学部、理科基础教学部、体育教学部整合为基础教学部，科研部、学前教育研究中心整合为科研部（学前教育研究中心），组建应用技术系、马克思主义教学部、质量评价中心，形成新的12个教学科研机构；学校升本通过省教育厅高校设置“十四五”规划评审；学前教育专业二级师范认证试点通过省级评估。师资队伍。实施人才强校战略，提升人才队伍建设水平，通过公开招聘和“英才入石”方式，选聘引进高学历人才18名，其中双一流和世界500强高校10名，引进博士1人，15名教职工在职攻读博士；举办教师教学能力比赛和青年教师教学基本功大赛，对标河北省教师教学能力比赛组织程序和评审标准，提升教师教学能力；成立教师发展中心、师德建设委员会，制定《师德失范行为负面清单及处理办法（试行）》，加强学校师德师风建设，促进教师职业发展；全年共有26人通过中高级职称评审。教学科研。开展混合式教学改革案例征集评选与研讨，线上教学开课率达到100%，学生对教学满意率达到98.66%；制定《教师教学工作量核算办法》，解决教学管理中多年存在的难题；优化专业群结构，明确“以群建系”基本思路，组建学前教育专业群、小学教育专业群、艺术教育专业群和应用技术专业群；建成8门在线精品课程并上线运行，两门课程荣获省级在线精品课程评选一等奖1项、三等奖1项；小学语文教育专业成功入选省级教师教学创新团队；8个“1+X”证书试点获得省教育厅审批，电子商务数据分析、网店运营推广证书考试通过率分别达到90%和100%；课证融通深入推进，申报立项河北省社会科学基金项目等高层次科研项目16项。招生就业。全年录取2486名新生，招生范围覆盖全国24个省（市、自治区）；就业方面，线上线下招聘相结合，打造“智慧就业”网络平台和招生就业服务微信平台，举办网络招聘会、第六届京津冀学前教育类高校毕业生专场招聘会；2021届毕业2315人，就业2164人，就业率93.48%。

（刘亚文 郑郁 杨凤勇）

文 化

Culture

文化艺术

【概况】 至2021年底，石家庄市共有艺术表演团体20个，其中，国有艺术院团13个，市本级6个：市京剧团、市评剧院一团、市评剧院青年评剧团、市河北梆子剧团、市丝弦剧团、市歌舞团；县（市、区）7个：鹿泉区丝弦剧团、井陉县晋剧团、井陉拉花艺术团、深泽县坠子剧团、正定县河北梆子剧团、平山县西柏坡河北梆子剧团、赞皇县山榆丝弦剧团。艺术表演场所10个，其中，市本级2个：石家庄大剧院、市丝弦剧院；县（市、区）8个：正定县常山影剧院、晋州市礼堂、新乐市人民礼堂、井陉县宣传文化中心、井陉县礼堂、井陉矿区文化中心、高邑县凤城大剧院、赵县影剧院。文化馆23个，博物馆（纪念馆）25个，公共图书馆24个，广播电视台18个。市、县、乡、村四级公共文化设施基本实现全覆盖，广播节目综合人口覆盖率、电视节目综合人口覆盖率均为100%。农村电影放映48096场，社区电影放映1000场。以弘扬主旋律、传播正能量、讲好石家庄故事为主题，创作多部地域特色文艺影视作品。创排现代京剧《挂云山》入选第九届中国京剧艺术节演出剧目和河北省庆祝中国共产党建党百年优秀剧目。创排歌舞剧《团结就是力量》、舞台音乐剧《壮士》、电视剧本《我的幸福我当家》、散文《北庄村的新答卷》等。开展2019～2021年石家庄市精神文明建设“五个一工程”评选活动，24部作品获得优秀作品奖。至2021年底，全市共有文旅产业园区9家，其中，省级文化产业示范园区5家，市级文化产业示范园区4家；文旅产业基地39家，其中，国家级文化产业示范基地1家，省级文化产业示范基地22家，市级文化旅游产业基地16家。市图书馆馆藏书总量193万册，其中古籍16.18万册，孤本《周易传义大全》《湟中牍》等为全国独家收藏；年借阅总量98万册次，年接待服务到馆读者54万余人次。市博物馆馆藏文物总数4535件（套），其中，一级文物20件（套），二级文物219件（套），三级文物1435件（套）。市美术馆收藏作品1031件（套），其中2021年新增收藏作品7件（套）。2021年石家庄市文艺院团及场馆演出1180场，其中，进基层演出1025场，进校园演出16场，进剧场演出20场。保护和传承非物质文化遗产，评选公布石家庄市第八批市级非物质文化遗产代表性传承人83人。至2021年底，全市公布市级非物质文化遗产代表性项目8批360项、市级非物质文化遗产代表性传承人8批396人；入选省级非物质文化遗产代表性项目名录140个、省级非物质文化遗产代表性传承人名录145人；入选国家级非物质文化遗产代表性项目名录12个、国家级非物质文化遗产代表性传承人名录18人。加强文物保护，至2021年底，石家庄市共有不可移动文物4640处，其中，全国重点文物保护单位40处，省级文物保护单位107处，县级文物保护单位213处，尚未核定公布为文物保护单位不可移动文物4280处。11月18日，市文化广电和旅游局党组书记赵俊芳获评全国文化和旅游系统先进工作者。

【文艺创作】 庆祝中国共产党成立100周年，挖掘石家庄市红色文化，传承弘扬革命精神，创排现代京剧《挂云山》，入选第九届中国京剧艺术节演出剧目和河北省庆祝中国共产党建党百年优秀剧目。以解读西柏坡精神、赶考精神为内容，市委宣传部组织编纂的图书《品读西柏坡》于4月23日由学习出版社出版发行。挖掘红色文化资源，弘扬团结就是力量优良传统，策划创排歌舞剧《团结就是力量》于5月16日在石家庄大剧院首场演出。以人民子弟兵“平山团”历史原型为素材，创作编排舞台音乐剧《壮士》于7月8日在石家庄大剧场演出。创作电视剧本《我的幸福我当家》、散文《北庄村的新答卷》等文艺作品。1月27日，石家庄作家张娟的长篇幻想小说《失物旅行箱》获得第七届“大白鲸”原创幻想儿童文学年度盛典银鲸作品奖。3月22日，李国良的篆刻作品《李国良近作》入选第七届中国书法兰亭奖；9月18日，第十一届河北省文艺评论奖揭晓，石家庄市袁增欣撰写的《百年中国儿童诗歌史略》获得著作类二等奖，周祥东撰写的《存在与缺席：青春电影中父子关系的书写与建构》、董培升撰写的《后城市化时代的艺术寻根》、庞丽娜撰写的《搜尽奇峰 心向自然——品祁海峰的水墨山水》获得文章类·艺术二等奖，刘世芬撰写的《边月随弓影 横戈马上行——读韩石山长篇小说〈边将〉》获得文章类·文学三等奖，薛彦景撰写的《对高职院校中国近现代音乐史教学的探索——由汪毓和先生编写教材〈中国近现代音乐史〉的出版引发的思考》获得文章类·艺术三等奖。10月22日，石家庄市4件摄影作品入选第28届全国摄影艺术展览，其中，赵杰的《临时妈妈》《十万大军战雄安》入选记录类作品，苏喜明的《坚守》入选艺术类作品，安学超的《方寸之间》入选创意和商业类作品。12月8～11日，姚建新的山东快书《一桶汽油》《追大巴》入选第三届全国山东快书优秀节目展演活动。大型电视纪录片《滹沱筑梦》获得2019～2020年度中国广播电视大奖专题类大奖。广播连续剧《天路长歌》获得第21届中国广播剧专家评析二等奖。市丝弦剧团创作的戏曲《寇准背靴》入选中国中央广播电视总台新年戏曲晚会演出剧目。戏剧《痴姨》获得第三十五届田汉戏剧奖三等奖。小品《最美的笑》入选第十届全国残疾人艺术汇演剧目。西河大鼓《铃声响起》获得“永远跟党走——石家庄市庆祝中国共产党建党100周年曲艺作品征文展演活动”一等奖。开展2019～2021年石家庄市精神文明建设“五个一工程”评选活动，广播剧《天路长歌》，电视剧《绝境铸剑》《滹沱筑梦》《烽火滹沱》，电影《吕建江》《我不是葫芦瓢》《幕后人》，戏剧：音乐剧《壮士》、丝弦《大唐魏征》、评剧《墙头马上》、河北梆子《新包公赔情》《西柏坡故事》、歌舞剧《团结就是力量》，歌曲《复兴路上》《湾里庙》《前行》《万里江山》《百年答卷》，图书《齐花坦与河北梆子》《闪耀的红星——红色革命英烈故事系列丛书》《失物旅行箱》《穿越千年赏好诗》《黄金鸟》《建屏长歌——（东）建屏县抗日斗争纪实》24部作品获得“优秀作品奖”；石家庄啸声京剧艺术团创排的现代京剧《初心》《大钊先生》获得“优秀创作主题奖”；卿卫平获评“优秀创作新人奖”。

【文艺演出】 2021年石家庄市文艺院团举办演出活动1180场，其中，进基层演出1025场，进校园演出16场，进剧场演出20场；农村公益电影放映48096场，社区电影放映1000场；发放文化惠民卡3万张、旅游惠民卡6万余张、文化惠民券26万余张。举办线上演出活动，市演艺有限公司利用网络资源和“云”平台，推出《宅在家里看大戏》《艺术赏析》《“云剧场”点播》等栏目110多期。以宣传贯彻党的十九大精神和庆祝建党100周年为主题，创排“光辉的旗帜——石家庄市庆祝中国共产党成立100周年文艺晚会”“奋斗百年路 启航新征程——永远跟党走”河北省群众文艺展演石家庄市专场、“颂党恩·跟党走、经典红歌·唱响健康”红歌大赛、“初心不忘，一心向党”演唱会、“光辉百年 书香传承”、“我的中国梦——文化进万家”庆祝中国共产党成立100周年暨省会第28届“彩色周末”等文艺活动。市委宣传部、河北省音乐家协会、市委市直机关工委、市文联、市教育局、市总工会、团市委、市妇联8个部门联合举办庆祝中国共产党成立100周年群众性歌咏活动暨“团结就是力量”第十八届省会合唱艺术节，参与队伍400余支，群众30万人次。引进高雅艺术，举办“2021年石家庄市红色经典演出季”活动。2021年4～7月，演出抗日战争题材京剧《挂云山》、民族歌舞剧《团结就是力量》、河北梆子《没有共产党就没有新中国》《吕建江》、话剧《运河1935》、儿童剧《红孩子》、《曲唱百年》等曲艺名段。4月22日晚，市京剧团创

2021年4月22日晚，现代京剧《挂云山》在石家庄大剧院首演

2021 年 5 月 16 日，民族歌舞剧《团结就是力量》在石家庄大剧院首演（市委宣传部提供）

2021 年 7 月 8 日，音乐剧《壮士》在石家庄大剧场上演（市委宣传部）

排现代京剧《挂云山》在石家庄大剧院首场演出；该剧以挖掘石家庄革命文化、传承弘扬革命精神为主题，主要讲述主人公吕秀兰（井陉县“挂云山六壮士”之一）的革命经历和英雄事迹。5 月 16 日晚，市歌舞团创作编排民族歌舞剧《团结就是力量》在石家庄大剧院首演。5 月 21 日晚，由河北梆子剧院、平山县西柏坡河北梆子演艺有限公司联合创作编排河北梆子现代戏《没有共产党就没有新中国》在河北梆子剧场演出。6 月 3 日晚，“颂歌献给党——中央歌剧院专场音乐会”在石家庄大剧院举行，主要内容包括《共和国之恋》《映山红》《江姐》《红梅赞》《游击队之歌》《延安颂》《红旗飘飘》等。6 月 9 日晚，由市评剧院一团编排“永远跟党走”红色经典评剧演唱会在石家庄大剧院举行，演出包括“没有共产党就没有新中国”“致敬红色经典”“我们正青春”“永远跟党走”4 个篇章。邀请名家名团走进石家庄市，举办“一月一名剧”活动，演出《奇袭白虎团》《四郎探母》《永不消逝的电波》等精品剧目。乡音文化传承。宣传石家庄元素，激发昂扬向上的振奋精神，以歌舞形式鼓舞人心。12 月 26 日晚，由市委宣传部指导，河北星之梦文化传媒有限公司主办，市歌舞团组织演出的 2021 年石家庄主题歌曲演唱会在石家庄大剧院举行。以石家庄和河北地域音乐家创作的经典作品及描绘河北、石家庄的曲目为主要内容，演出歌曲有《红旗颂》《卖报歌》《北风吹》《地道战》《我的祖国》《珊瑚颂》《社员都是向阳花》《学习雷锋好榜样》《年轻的朋友来相会》《祖国啊我永远爱你》《没有共产党，就没有新中国》等。

【文化展览】 市图书馆举办“纪念建党百年红色收藏系列展”等主题展览 93 期，参展人数 50 万余人次。市美术馆举办《庆祝中国共产党一百周年——河北美术优秀作品展“时代今朝 光辉见证”》《“永远跟党走”河北省庆祝中国共产党成立 100 周年》《丝路国脉——丝之路雕塑与壁画沉浸式数字展览》等展览 28 场，推出“众志成城 共克时艰”防控疫情主题作品展等精品展览 20 多期，浏览量超过 1.5 万人次。市博物馆举行线上展出服务，设计制作馆藏精品文物 PPT。市群艺馆举办“丹青书盛世 翰墨颂党恩”建党 100 周年美术、书法作品展。4 月 9 ～ 28 日，“巨变、自豪、古城新颜——《正定胜迹图》画卷面世暨古城保护二十四项工程诗书画展”在正定博物馆举行；《正定胜迹图》由张敢、周仲贤、姚孟军 3 人历经 4 年绘制，长 15.5 米、宽 68 厘米，内容包括正定的名胜古迹、民俗风情、饮食文化等。

【全民阅读活动】 围绕中国共产党成立 100 周年，结合党史学习教育，以“全民阅读 书香省会”为主题，落实“贴近实际、贴近生活、贴近群众”要求，培养全民“爱读书、读好书、善读书”阅读习惯。创新形式，创新内容，创新方法，全面推进全民阅读“七进”（进农村、进社区、进企业、进军营、进机关、进学校、进家庭）活动。引领红色阅读，传播红色精神，重温百年奋斗历程，市直各部门组织开展“学党史、强信念、跟党走”主题学习教育、“青少年心向党　永远跟党走”“全民阅读　学党史”“书香达人　践行梦想”“讲抗疫故事、护人民健康，向建党百年献礼”“红色共读　书香满城”红色阅读推广、“百年颂歌”主题征文、“重温革命之路　点亮阅读星火”“沿着贾大山的足迹前行”读书会、“冀书之声”红色栏目特辑、建党百年主题图书陈列展、“购书送记忆”等“庆祝建党100周年”系列主题阅读活动。弘扬中华民族优秀传统文化，宣传中华人民共和国成立以来石家庄市经济社会发展取得的辉煌成就、先进模范人物典型事迹，市直机关举办第五届“书香机关　践行梦想”主题演讲比赛活动，活动历时4个多月，参与机关干部2万名。挖掘展现阅读背后的感人故事，激励人们爱读书、读好书，争做“阅读达人”，9月全市开展第五届寻找省会“阅读达人”活动，参与报名市民和学生2万名。第28届“百年光辉历程　全面建成小康”爱国主义读书教育活动，参与中小学生73万余名，参赛作品500余部。第九届“阅·知·行”读书教育活动，引导学生学习中华优秀文化，增强对中华文化的认同和自信，举办“青少年诵读践行”“书香家庭亲子共读”“书香园丁”等活动，参与中小学生41万名。石家庄第十四届青少年读书节中小学生听说读写大赛，活动主题为“明德立德　做时代新人”，参加中小学校261所，参加中小学生30万名。“我心向党　共筑华章”省会高校诵读活动，10所高校数万名学生参与，优秀征文作品575篇。“声动石家庄——2021年青少年朗读大赛”活动，参加学校400余所，参与学生20万人，作品800余份。开展全市职工学习习近平总书记在中国共产党成立100周年大会上讲话专题诵读活动，采用网上在线传播方式，开展诵读活动180多场次，参与职工3.4万余名。“书香芬芳·品味幸福”职工文化精品网络征集活动，征集诗歌、散文、微型小说等作品4000多个。第九届“书香三八”征文活动，主题为“百年圆梦　幸福启航”，征集作品715篇。

【非物质文化遗产】 2021年全市评选公布石家庄市第八批市级非物质文化遗产代表性传承人83人。至2021年底，全市公布市级非物质文化遗产代表性项目8批360项、市级非物质文化遗产代表性传承人8批396人；入选省级非物质文化遗产代表性项目名录140个、省级非物质文化遗产代表性传承人名录145人；入选国家级非物质文化遗产代表性项目名录12个、国家级非物质文化遗产代表性传承人名录18人。

表103　　2021年石家庄市第八批市级非物质文化遗产代表性传承人名录一览表

序号	项目名称	申报地区或单位	代表性传承人	
			姓名	出生年月
1	杏庵民间故事	行唐县	李殿敏	1952年10月
2	行唐口头镇歌谣	行唐县	刘子涵	2001年5月
3	羲皇圣里的传说	新乐市	贾梅琪（女）	1972年5月
4	赞皇六宰相传说	赞皇县	尚巧静（女）	1990年2月
5	白佛花钹	长安区	杨占灵	1950年9月
6	石家庄休门吹歌	桥西区	付中盼	1972年11月
7	平山吹歌	平山县	尤超超	1983年1月
8	晋州小曲	晋州市	苑小刁（女）	1943年3月
9	龙鼓（井陉矿区）	井陉矿区	赵爱生	1956年12月
10	井陉拉花（井陉矿区拉花）	井陉矿区	王云	1978年8月

续表

序号	项目名称	申报地区或单位	代表性传承人	
			姓名	出生年月
11	正定竹马	正定县	张书忠	1969 年 1 月
12	正定二贵摔跤	正定县	葛志永	1985 年 7 月
13	井陉拉花	井陉县	高香瑞（女）	1961 年 3 月
14	井陉拉花（东南正拉花）	井陉县	武凤文	1962 年 8 月
15	庄旺拉花	井陉县	李爱林（女）	1965 年 5 月
16	井陉晋剧	井陉县	王春明	1962 年 1 月
17	石家庄丝弦（高家坡丝弦）	井陉县	高密英（女）	1967 年 10 月
18	晋州郭家庄东路丝弦	晋州市	郭翠娟（女）	1967 年 6 月
19	平山坠子戏	平山县	孙二光	1980 年 3 月
20	杨家庄坠子戏	赵县	吴增恩	1949 年 7 月
21	高邑南岩乱弹	高邑县	宋增强	1968 年 12 月
22	石家庄丝弦（高邑丝弦）	高邑县	赵胜科	1965 年 4 月
23	河北梆子	市梆子剧团	刘莉沙（女）	1965 年 3 月
24	京东大鼓	长安区	张俊恒	1942 年 9 月
25	洪传陈氏太极拳	桥西区	张锁柱	1963 年 3 月
26	凤凰剑	桥西区	刘双云（女）	1955 年 9 月
27	随缠手	裕华区	段维良	1960 年 5 月
28	功夫跤	裕华区	杨兴	1978 年 12 月
29	人祖门自然派武术	裕华区	张益民	1932 年 5 月
30	南古庄武术	藁城区	李树良	1959 年 6 月
31	正定高照（中幡）	正定县	郭梦岳	1991 年 12 月
32	小寨飞叉	井陉县	刘新芳	1967 年 8 月
33	平山东岗上武术会	平山县	刘文彦	1966 年 12 月
34	平山田兴武术会	平山县	石增海	1951 年 2 月
35	平山猴拳	平山县	任海国	1958 年 7 月
36	西汶洋仁合会太祖拳	赵县	刘聚辉	1952 年 5 月
37	泥塑（正定定韵坊泥塑）	正定县	胡冰雪	1987 年 1 月
38	井陉南张村面塑	井陉县	仇润林（女）	1960 年 12 月
39	根雕（平山根雕）	平山县	齐会明	1964 年 2 月
40	铜雕（新乐铜雕）	新乐市	曹路遥	1989 年 1 月

续表

序号	项目名称	申报地区或单位	代表性传承人	
			姓名	出生年月
41	剪纸（晋州张氏剪纸）	晋州市	张清菊（女）	1978 年 8 月
42	燕赵插花艺术	市园林局	高伟哲	1982 年 2 月
43	燕赵插花艺术	市园林局	赵煜	1974 年 4 月
44	郭氏铁板浮雕制作技艺	新华区	郭雪（女）	1989 年 12 月
45	传统服饰手工技艺	新华区	张丽娟（女）	1981 年 12 月
46	古兵器研磨修复技艺	新华区	闫民	1955 年 8 月
47	锔瓷镶嵌技艺	裕华区	尉战魁	1968 年 5 月
48	栾城杨氏家具制作技艺	栾城区	杨泽江	1987 年 10 月
49	木雕（井陉矿区木雕）	井陉矿区	高恒	1960 年 5 月
50	传统金工冷锻造技艺	正定县	王建辉	1970 年 6 月
51	南张井干礤墙技艺	井陉县	尹顺昌	1947 年 5 月
52	拉花“老管”制作技艺	井陉县	李瑞庭	1946 年 2 月
53	石碾石磨制作技艺	井陉县	郝国春	1973 年 4 月
54	布艺（井陉长峪传统布艺）	井陉县	齐玉娟（女）	1963 年 6 月
55	平山康氏传统家具制作技艺	平山县	康宏	1984 年 7 月
56	木雕（赞皇张氏木雕）	赞皇县	张曼瑜（女）	1991 年 3 月
57	高邑申氏葫芦烙画	高邑县	申慧才（女）	1965 年 12 月
58	高邑县刻瓷技艺	高邑县	赵子龙	1981 年 3 月
59	瓮窑烧制技艺	高邑县	刘博楠	1992 年 12 月
60	深泽柳编	深泽县	杜成林	1950 年 3 月
61	古栾绿豆煎饼制作技艺	栾城区	张军建	1972 年 2 月
62	正定宋记八大碗	正定县	宋二国	1986 年 11 月
63	正定曹状元烧饼制作技艺	正定县	曹卫东	1968 年 7 月
64	正定梁家排骨制作技艺	正定县	梁立新	1966 年 7 月
65	回真楼木火铁锅炖菜制作技艺	正定县	赵钰（女）	1985 年 9 月
66	井陉实打石酒酿造工艺	井陉县	王健	1982 年 1 月
67	平山红薯黑芡抿尖制作技艺	平山县	焦彦虎	1973 年 9 月
68	水渣沟腌肉制作技艺	平山县	樊利堂	1978 年 9 月
69	南纪城卤肉制作技艺	灵寿县	尚学鹏	1984 年 12 月
70	晋州大刀杠子面传统制作技艺	晋州市	赵向农	1986 年 7 月

续表

序号	项目名称	申报地区或单位	代表性传承人	
			姓名	出生年月
71	传统酿酒技艺（石家庄酒酿造技艺）	市国资委	侯翼飞	1964 年 9 月
72	谢氏中医骨病特色疗法	裕华区	谢文霞（女）	1970 年 12 月
73	苍香玉屏袋	井陉县	武治红（女）	1975 年 3 月
74	郑氏中医蜂疗法	市红十字会	韩巧菊（女）	1954 年 3 月
75	栾城郭氏祭祖仪式	栾城区	郭俊岭	1972 年 5 月
76	西宫大蜡会	栾城区	王国辉	1972 年 9 月
77	青横庄杠会	井陉矿区	宋瑞廷	1953 年 7 月
78	社火（井陉矿区社火）	井陉矿区	温志辉	1973 年 9 月
79	南张井老虎火	井陉县	尹国红	1968 年 1 月
80	井陉小峪瘟神祭典	井陉县	王考成	1962 年 12 月
81	北秀林马火会	井陉县	高三白	1943 年 5 月
82	平山田兴花灯会	平山县	张军军	1948 年 2 月
83	常信水祠娘娘祭典	赵县	贾全贵	1939 年 6 月

【文化产业】 重视国家文化和旅游消费城市建设，印发《石家庄市文化和旅游消费试点工作方案》。1 家园区、2 家基地入选省级文化产业示范园区（基地）。12 月 9 日，省文化和旅游厅公布河北省第三批文化产业示范园区创建名单和第七批文化产业示范基地认定名单，其中，石家庄博深文化创意产业园入选河北省第三批文化产业示范园区创建单位，河北省冀台联文化产业发展有限公司、赞皇县蕊源蜂业有限公司入选河北省第七批文化产业示范基地。至 2021 年底，全市共有文旅产业园区 9 家，其中，省级文化产业示范园区 5 家，市级文化旅游产业园区 4 家；文旅产业基地 39 家，其中，国家级文化产业示范基地 1 家，省级文化产业示范基地 22 家，市级文化旅游产业基地 16 家。4A 级以上旅游景区建成文创产品购物店 19 家。6 家文化企业、2 位企业家当选 2020 年度河北省“知名文化企业 30 强”“十佳文化企业家”。正定古城历史文化街区入选首批国家级夜间文旅消费聚集区，裕华区火车头步行街、鹿泉区北国奥莱休闲街区被认定为省级旅游休闲街区。龙泉古镇一期、精灵梦叶罗丽动画系列片项目入选 2020 年度河北省“十大文化产业项目”。众创梦工厂申报河北省文化产业示范园区。发挥市文化产业协会、市动漫协会作用，举办研讨班 2 期、交流互动活动 20 余次，促成企业达成多项合作协议。组织企业参加第十七届中国（深圳）国际文化产业博览交易会，全市 5 家企业、2 名个人作品参展，重点推介文化产业项目 9 个。2021 年 5 月，由市文化广电和旅游局主办，石家庄文化旅游投资集团有限公司、市旅游协会、市图书馆及各县（市、区）文化和旅游部门共同承办的 2021 年石家庄市第三届文创和旅游商品大赛启动；主题为“文创潮玩 · 庄尚有礼”；作品征集范围包括石家庄红色历史、绿色生态、古城古迹、新生活 4 个方面，收到参赛作品 600 余件。9 月 10 日，2021 年石家庄市第三届文创和旅游商品大赛颁奖仪式在市图书馆（正定新馆）举行；评选金奖 4 名，分别为：“石全石美”系列冰箱贴、“梦回中山国”插纸摆件、正定胜迹图、“铁定如意”；银奖 8 名，分别为：“广惠花束”系列首饰，“驾石飞虹——赵州桥”屏风摆件，藁城宫面礼盒，太行崖柏根雕系列（崖柏根雕熏香灯、“一室幽兰”、“千秋大业”），井陉文创国风系列，“金鱼满堂”文创系列，“新中国从这里走来”笔记本套装，“淘你喜欢”多乐凳；铜奖 12 名，分别为：“庄里有戏”系列家具、“西柏坡绘事”文创系列、铁包银系列茶合、“我爱石家庄”原创手绘笔记本、“炉瓶三事”香器、“正定四塔”水晶内雕、“正心”音乐香炉、正太饭店文创——LOGO 及节庆包装

设计、“井陉乡村”系列烙画、毗卢寺壁画文创系列、赵州桥文创书架、“节节高升”富贵瓶；最佳商业价值奖10名，分别为：“琴·书”主题文创设计、华夏十二生肖徽章、隆兴寺古建筑与造像艺术文创系列、正定文创塔糕、工艺纸雕宫灯、“红心耀柏里”系列笔记本、隆兴寺纪念章、汉瓦当瓷盘、赵州桥神话文创系列、“金雕赵州桥”刻画；最具生活创意奖10名，分别为：“凤舞九天”笔挂，栾书缶，高粱手工编织品，中山国文创系列（勾连云纹铜镇尺、“毋忘尔邦”中山铜书签），“吉祥和合”茶具套组，“渐光”台灯，“鸿运当头”金鱼摆件，“印象·滹沱”棉纱系列，文创儿童积木，铁包银壶；优秀作品奖30名，分别：“石艺”文创设计，“丝丝入味”文创系列，“烟雨太行”笔洗，“冀祥如意”家居精品，鸣虫别墅——扎刻蝈蝈竹笼，珐琅彩龙凤方案，木质大象牙签盒，枣能红罐饮品，青龙镇尺，“新时代·新狮代”摆件，“雄狮百年”茶杯，正定四塔文创设计，“我思我在”手机支架，“伏羲文创——源”刻画葫芦，摩尼殿香盒，无极剪纸画，石家庄神话手办，掐丝珐琅葫芦，“影中有礼”灯具设计，“永恒的旋律”文创系列，“醉石门”礼盒，铁斑褐彩莲口钵，崖柏根雕文创系列（崖柏灯、崖柏塔、崖柏茶罐），紫铜浮雕系列，行唐宝剑，润石珠宝系列，中山行李牌，手绘金鱼瓶，辛丑护卫手账本，“事事如意”瓷雕狮子文玩摆件。12月15～19日，由中共河北省委宣传部指导，中共石家庄市委、石家庄市人民政府、市动漫产业发展领导小组主办，精英集团、河北天明传媒有限公司承办的2021中国·石家庄第十六届国际动漫博览交易会“云展会”举行；主题为“科技赋能动漫产业，创意启迪文化价值”；线上参观突破70万人次，直播平台观看突破50万人次（参见“商业·旅游”下“会展业”）。12月21日，石家庄市获得第三届河北省文创和旅游商品创意设计大赛奖项8个。其中，“车较纹”“长信宫灯”系列产品获得金奖；“华夏图腾民艺——纸马文创系列＋十二生肖徽章系列”“中山系列腰带”“避疫香囊”“会呼吸的面”包装设计4个作品获得银奖；“冀祥如意”毗卢寺祥云纹饰茶席套装获得铜奖；“红色圣火”胸针系列、“避疫香囊”2个作品获得“最佳网络人气”奖。

【文化市场监管】 至2021年末，全市共有文化娱乐场所450余家、互联网上网服务营业场所500余家。创新文化市场监管方式，实行信用分类监管、动态监管、精准监管、区域监管，形成覆盖事中、事后全监管环节新型监管机制。2021年全市出动检查人员16708人次，检查各类文旅经营单位5029家次，取缔非法经营单位4家，办理行政处罚案件87起。

【石家庄市图书馆】 石家庄市图书馆成立于1958年。旧馆位于长安区建设北大街18号，建筑面积1.62万平方米；新馆位于石家庄正定新区，建筑面积5.5万平方米；2020年9月30日新馆建成部分开放，占地面积2.4公顷，由4个半圆形建筑单体构成，分别为A馆、B馆、C馆和D馆；开放区域有A馆一层共享空间、数字体验区、自助借阅区、盲人借阅区和展厅，B馆一层幼儿借阅区，D馆报告厅、多功能厅。6月30日，“红色书房”面向社会开放，营造一体沉浸式阅读空间，实现红色文献从“收藏”向“呈现”转变。8月8日，城市书房·诗光里分馆开放试运行。市图书馆是国务院公布的“全国古籍重点保护单位”，古籍藏量16.18万册，独家收藏有明弘治四年罗氏竹坪书堂刻本《周易传义大全》二十四卷、《[康熙]邢台县志》和抄本《壁山县志》、明万历刻本《湟中牍》七卷、《家食藁》一卷等珍贵古籍。至2021年底，市图书馆馆藏书总量193万册；年借阅总量98万册次，年接待服务到馆读者54万余人次。2021年市图书馆获评全国图书馆年度影响力图书馆荣誉。

【石家庄市博物馆】 石家庄市博物馆位于长安区建设北大街11号，占地面积5860平方米，总建筑面积6292平方米，总投资408万元，1991年11月12日石家庄解放44周年纪念日开馆。藏品主要包括书法、绘画、陶瓷、碑帖、玉器、钱币、造像、服饰、铜器等。市博物馆分为三层，内设7个展厅。一层为办公区、文物保管区和《农耕与民俗展》《践行社

市图书馆举办残疾人读书分享会活动

会主义核心价值观——道德模范事迹展》展馆，二、三层共有6个展厅，展厅面积2890平方米。一层《农耕与民俗展》于2018年5月投入使用，展馆面积700平方米，以农耕器和文化生活为主轴，主要为参观者还原和展示石家庄市乡村民俗风貌，配设展品300多件；二层设有《文物数字展》《毗卢寺壁画摹本展》、少儿陪伴成长大讲堂和201临展展厅，其中，《文物数字展》依托馆藏文物精品，采用数字博物馆方式，为参观者展示市博物馆馆藏文物150件（套）；三层为常设展览《石家庄历史文化陈列》《中国共产党石家庄历史主题展》。2019年1月24日，市博物馆全息文物数字展厅开放，这也是全省建成的第一个全息文物数字展厅。2021年市博物馆举办展览活动有“石家庄市历史文化巡展”“馆藏楹联、馆藏扇面和馆藏碑帖展”“二十四节气书法展”等，“全景石博”在线展览获得参观者好评。至2021年末，市博物馆馆藏文物总数4535（件/套），其中，一级文物20（件/套），二级文物219（件/套），三级文物1435（件/套）。2021年市博物馆获评第六批“河北省爱国主义教育基地”、“河北省青少年教育基地”称号。

【石家庄市群众艺术馆】 石家庄市群众艺术馆（简称市群艺馆）建于1947年12月，最初命名为市民众教育馆，后更名为市文化馆，1973年更名为市群众艺术馆，1993年8月与石家庄地区群艺馆合并。市群艺馆主要负责全市群众文化活动、群众文化培训、群众业余文艺创作、群众文艺理论研究和民间艺术挖掘整理等。2002年市群艺馆新馆落成，地址位于市区中山西路62号，馆舍主体设施面积9030平方米，分为地下一层，地上八层，建有多功能活动厅，多功能展厅、舞蹈排练厅、少儿活动厅、老年活动厅、音乐教室、演艺厅等13个具有现代化设施业务活动厅（室）。至2021年底，市群艺馆建有馆办文艺团队17支、群众文艺辅导基地49个；举办大型群众文化活动（含馆内演出、展览及洪顺曲艺社惠民演出）22项，演出387场次；开办社区群众文化辅导员培训班、春季书法美术写生班、理论研究和戏剧创作培训班、书画公益讲堂、健康知识讲座等培训班60余期；专业人员授课2251课时，培训文艺爱好者2.2万人次。

市群众艺术馆社区辅导员培训

【石家庄市美术馆】 石家庄市美术馆位于市区裕西公园内，2010年12月18日建成并向市民免费开放；占地面积14亩，建筑面积1.2万平方米，主展区为上、下两层建筑，拥有10个200～600平方米现代化专业展厅，是石家庄市标志性文化设施。至2021年底，市美术馆举办美术作品展览活动28场次，主要有：“中山国杯——全国诗书画印联赛作品展”“河北·河北：艺术的还乡”“河北油画家联展”“永远跟党走——河北省庆祝中国共产党成立100周年主题文艺创作美术摄影展”“人民至上——庆祝中国共产党成立100周年人大文化优秀作品展”“丝路国脉——雕塑壁画沉浸

市美术馆“人民至上”展览现场

式映像展”“庆祝中国共产党成立100周年——光辉见证·河北省美术邀请展”等。2021年市美术馆新收藏画家铁扬、陈玻子、李丰田、王国栋、韩喜增等艺术名家作品7件（套）。

（姜小青）

报业传媒

【概况】 2021年石家庄日报社（传媒集团）围绕新闻宣传、媒体融合、深化改革、产业发展、项目建设5项重点工作，开设：加快建设现代化、国际化美丽省会城市，当好新时代全面建设现代化经济强省、美丽河北的排头兵和领头雁——石家庄在行动等20余个宣传专栏，刊发稿件2600多篇，撰写评论300多篇。深化媒体融合，实现全媒矩阵报道模式，2021年石家庄日报社旗下《石家庄日报》《燕赵晚报》《燕赵老年报》《精品导报》《老字号品牌营销》专刊发行总量近20万份，其中，《石家庄日报》发行24961期，发行量为8万份；《燕赵晚报》发行11879期，发行量为7万份；《燕赵老年报》发行2580期，发行量为3万份；《精品导报》出版1064期，发行量约1万份；《老字号品牌营销》出版134期；石家庄新闻网1999年9月开通，规模突破千万；石家庄日报客户端2020年1月20日上线，发布稿件11万条，用户达180万户；“学习强国”石家庄学习平台2020年4月16日上线，年发稿12275篇；《石家庄日报》学习强国号2020年12月25日上线，订阅用户达2117万户，发稿总数超3600篇。2021年报社（集团）全年实现总收入1.56亿元，同比上升25.8%；其中，广告收入1788万元，同比下降17.32%。2021年《石家庄日报》获中国报协印刷质量评比中获得最高奖“精品级报纸”奖。

【新闻报道】 设立宣传专栏20余个，刊发稿件2600多篇，撰写评论300多篇。发挥舆论监督作用，“滹沱夜话”时评专栏，刊发评论500多期。视频栏目《问政石家庄》，聚焦群众反映强烈的民生等问题刊发报道69期，累计问政80个单位，解决问题41件。支持全市疫情防控工作，做好抗疫报道，保障和直播新闻发布会60场，发布疫情防控相关报道57000多篇，各类报道点击量突破20亿。做好对外宣传，聚焦疫情防控、城市建设、农业发展，在《人民日报》头版头条刊发《河北无极县王村大棚中科技感满满》、《经济日报》头版头条刊发《优化产业结构，培育数字经济——燕赵大地新动能澎湃》等稿件。全年在中央主要媒体发稿1946篇（条），居全省第一。

2021年11月22日，省委常委、市委书记张超超（左一）到石家庄日报社调研指导宣传工作 （石家庄日报社提供）

【媒体融合】 深化媒体融合，开设官方微博、微信、人民号、头条号、百家号、企鹅号等新媒体账号，实现“四报一刊一端一网一号一平台”的全媒体矩阵新闻传播模式。石家庄日报客户端上线以来发布稿件11万条，单篇稿件最高浏览量190万+，近万篇重要原创稿件实现全网首发，截至2021年底用户达180万。“学习强国”石家庄学习平台2021年总发稿12275余篇，被省平台选用5326篇，被总平台选用1455篇，单篇稿件最高阅读量突破3167万，订阅用户达1534万户，成为宣传展示石家庄的重要窗口。《石家庄日报》学习强国号订阅用户达到2117万户，发稿总数超过3600篇，位列全国强国号前20名。石家庄新闻网规模突破千万，位居全省第二。拓宽媒体融合手段，运用动画、VR全景、延时拍摄、高清航拍、混合现实、H5、长图等新形式，制作原创融媒体作品《百米高空看石家庄发展》《在现场、看变化》《拆违亮剑，人民至上！》，有力地宣传石家庄建设发展及变化。系列短视频《跟我一起学党史》获得石家庄市精品项目重点引导项目。

【宣传平台】 2021年报社旗下《石家庄日报》《燕赵晚报》《燕赵老年报》《精品导报》《老字号品牌营销》专刊发行总量近20万份。《石家庄日报》创刊于1947年11月18日，最早为《新石门日报》，是我国关内第一张城市党报。截至2021年底共发行24961期，发行量为8万份。《燕赵晚报》创刊于1992年1月1日，是省会极具影响力的主流报纸，开办时政要闻、社会新闻、燕赵新闻、文娱版、体育版等十几个板块，至2021年底共发行11879期，发行量为7万份。《燕赵老年报》创刊于2004年6月16日，是河北省唯一的老年类报纸，始终坚持“关爱老年人，服务老年人”的办报理念，截至2021年底共发行2580期，发行量3万份。《精品导报》创刊于1998年10月1日，作为河北省首家都市时尚生活周报，着力打造“城市生活美学引领者”的品牌形象，关注城市变化，展现阳光美好的城市生活，曾多次被评为“全国城市周报十强”，截至2021年底，精品导报共出版1064期，出版发行量约为1万份。《老字号品牌营销》专刊于2011年创刊，是国家新闻出版广电总局批准的唯一一本带有“老字号”字样的期刊，12月刊期由月刊变更为半月刊，截至2021年12月共出版134期。2020年1月20日石家庄日报客户端上线，以新型主流党媒平台和优质综合性服务平台为定位，集“新闻+政务+服务+社交”于一体，全面聚合本地媒体、政务、生活服务资源，重要新闻实现全网首发，为省会政务新闻发布最快网络媒体，创新开设网络问政节目“问政石家庄”、品牌栏目“新闻观荐词”等新媒体产品，成为具有石家庄地方特色、新闻时效性强、社会影响力较大的新闻客户端，各类新闻产品总浏览量过亿，下载量178万户。2020年4月16日“学习强国”石家庄学习平台上线，注册用户180万户，是全省第一家上线运营的市级平台，为石家庄广大党员干部群众的学习新阵地、精神“加油站”，宣传展示石家庄的重要窗口。2020年12月25日《石家庄日报》学习强国号上线，开设“头条推荐”“要闻关注”“石报视频”“绿水青山”“滹沱夜话”“品读石家庄”等栏目，主要聚焦改革创新实践，展现新时代石家庄发展变迁，彰显石家庄政治经济新特色、新亮点。石家庄新闻网于1999年9月开通，是石家庄市唯一被国务院新闻办公室授予新闻发布权的网站，用户规模突破千万，位居全省第二，河北省地市级新闻网站之首，日点击量10余万人次。

石家庄日报社

社　　长：范文龙
总编辑、副社长：王海刚
副 社 长：李永林
副总编辑：边新立（6月任）
　　　　　魏宪亮　崔立卿
　　　　　张明星（6月免）
　　　　　王建永（7月任）

石家庄报业传媒集团

董 事 长：范文龙（兼）
副总经理：常剑波　谷志伟

（陈南南）

广播影视

【概况】 至2021年末，石家庄广播电视台共有新闻综合、娱乐、生活、都市、地铁移动5个电视频道和新闻、经济、音乐、农村、交通5个广播频率；1个新媒体中心；广播自办节目61个，电视自办节目35个；拥有《石家庄新闻》《电视问政》《新闻882》《行风热线》《广播问政》《民生关注》《小吴帮忙》《法治时间》《天天说交通》《946晚高峰》《导医热线》等品牌节目，形成无线石家庄App、燕赵名城网、石家庄发布、《石家庄新闻》、《新闻882》全媒体传播体系，客户端、微信号达到70多个，

遴选优秀节目主持人，举办第二届“全能新主播”选拔赛活动
（石家庄广播电视台提供）

新媒体矩阵粉丝量突破1600万人次。2021年石家庄广播电视台共有台属、台管、台控独资企业1家：石家庄广电传媒集团有限公司。2021年石家庄广电传媒集团有限公司旗下拥有全资及控参股公司15家，建有电视演播厅9个、广播直播室8个、录音棚2个、六讯道高清电视转播车1辆、广播随行直播车1辆。引入云计算、5G、大数据、AI等技术手段，建成1000平方米石家庄广电融媒体中心。广播调频、电视播控机房均实现数字化、高清化、智能化播出。

【宣传与创作】 围绕中国共产党建党100周年、党史学习教育、冬奥会等党和国家大事，结合全市中心工作，策划宣传专题专栏30多个，刊播新闻3000余条，网络阅读量达1亿余人次；刊播“两会”专题报道1450条，全网点击量达3600万人次。2021年石家庄市在中央电视总台、中央人民广播电台发稿1427条。以讴歌时代楷模、弘扬社会主旋律为主题，制作播出《安娥》《乡土》《天路长歌》等影视作品。4月28日，由河北省电影局、市委宣传部等联合摄制的扶贫题材电影《我不是葫芦瓢》首映。7月16日，戏曲电影《安娥》首映。2021年《安娥》入选中国戏剧梅花奖数字电影工程、获得第33届中国电影金鸡奖最佳戏曲片提名奖、中国戏曲电影展优秀戏曲电影奖。7月31日，由市委宣传部、元氏县委组织部、元氏县委宣传部、河北演艺集团有限公司、河北电影制片厂等单位联合摄制的电影《乡土》首映。纪录片《滹沱筑梦》获得中国广播电视大奖。广播剧《天路长歌》获得石家庄市“五个一工程”奖和第21届中国广播剧专家评析二等奖。

（孙立）

【电影放映】 全年放映公益电影49072场，其中，社区放映1000场，农村放映48072场。以弘扬主旋律、宣传正能量为主题，举办“千场电影进社区 万场电影进农村”大型公益文化活动。其中，“千场电影进社区”主要放映《我和我的祖国》《金刚川》《夺冠》等优秀影片；“万场电影进农村”自4月6日启动至11月23日结束，主要放映《我的战争》《中国机长》《建党伟业》等优秀影片。2021年市电影发行放映公司与中影新农村数字电影发行有限公司联合举行“庆祝中国共产党成立100周年红色影片放映活动”，放映《红色娘子军》《上甘岭》《小兵张嘎》《铁道游击队》等影片1610场；市电影发行放映公司参与电影活动还有：配合中共中央宣传部等6部门在西柏坡举办《跟着电影走乡村》启动仪式、参加“寻路百年 光影同心”第四届中国农民丰收节公益电影放映活动、支持石家庄市12个县（市、区）宣传部门开展红色电影放映活动等。

（市档案馆）

2021年9月16日，微纪录片《再读西柏坡》首映式发布会在石家庄举行

（市委宣传部提供）

【广播影视管理】 推进广播电视融合发展，印发《关于加快推进广播电视媒体深度融合发展的若干措施》。加强广播电视频道管理，召开境外电视传播秩序专项整治工作部门联席会议暨广播电视规范播出传输秩序调度会议，开展广播电视播出和传送秩序专项整治、京津冀地区“灰广播”及非法医药广告播出集中整治、违规使用无线电频率和违规设置无线电台站整治行动、“净空2021”百日专项行动、非法卫星地面接收设施专项整治行动等，查处“黑广播”95.9MHz和98.8MHz两个频率。2021年全市出动执法人员260余人次，排查非法卫星地面接收设施24处。2021年10月，河北省广播电视局批复同意深泽县、正定县、高邑县、平山县、赵县、赞皇县、井陉县、无极县、灵寿县、行唐县、元氏县、藁城区、鹿泉区、栾城区、晋州市、新乐市广播电视台名称由“××县（市、区）广播电视台”变更为“××县（市、区）融媒体中心”，各开办1套广播节目和1套电视节目，广播节目名称为“××县（市、区）融媒体中心综合广播”，呼号为“××融媒体中心综合广播”；电视节目名称为“××县（市、区）融媒体中心综合频道”，呼号为“××融媒体中心综合频道”。

石家庄广播电视台
台　　长：张惠（女）
副 台 长：商业南（兼总编辑）
　　　　罗爱山　白贵敏
　　　　左荣发
副总编辑：张云山　李旭亮
　　　　骆旭龙

（孙立）

文　物

【**概况**】 至2021年底，全市共有不可移动文物4640处，其中，全国重点文物保护单位40处，省级文物保护单位107处，县级文物保护单位213处，尚未核定公布为文物保护单位不可移动文物4280处。加强石窟寺、东垣古城遗址公园保护利用，制定《石家庄市关于加强石窟寺保护利用的实施方案》，成立东垣古城遗址公园保护专班。133处文物保护单位、51件（套）珍贵文物入选第一批河北省革命文物名录。14项遗址考古发现入选“河北百年百项重要考古发现”。2021年石家庄市具有全国影响力的重要历史遗存主要有：国家级历史文化名城正定、河北省级历史文化名城赵县、革命圣地西柏坡、神秘中山国、行唐故郡遗址、沕沕水水帘洞遗址、秦皇古驿道、苍岩山福庆寺、毗卢寺、东垣古城遗址、中国人民银行旧址、正太饭店等。

【**正定古城保护**】 1994年正定被列为国家历史文化名城。2019年10月1日，《石家庄市正定古城保护条例》施行，2020年《石家庄市正定古城保护条例》获得第六届河北省“十大法治成果”奖。2021年正定古城保护工作完成正定城墙—北城门及月城城门抢险加固工程、隆兴寺石质文物保护工程、正定城墙—东城墙南段现状整修工程、隆兴寺三通御碑本体保护工程。正定隆兴寺文物保护工程严格按照《中华人民共和国文物保护法》《文物保护工程的相关规定》实施，通过省级技术验收。

【**中山国遗址保护**】 中山国遗址西门阙护城河考古勘探完成，西城墙、西门阙位置分布、残存现状及古道路位置确定，并实施局部发掘。西门阙护城河环境整治项目是遗址公园的重要展示点，主要展示中山国护城河、西城墙、门阙及古道路文化。中山古城遗址城内王陵区安防升级改造工程获得国家文物保护专项资金263万元。中山国遗址公园王厝墓片区保护工程收尾，王厝墓保护展示工程、哀后墓保护修缮工程通过专家验收。10月18日，“平山战国中山王墓”入选中国“百年百大考古发现”。

（姜小青）

【**正太饭店保护**】 正太饭店位于石家庄市新华区公里街东侧，1907年由法国人建成并投入使用，是石家庄市现存最早的法式小洋楼，属正太铁路通车服务性配套设施，曾接待过孙中山、蒋介石、宋教仁等中国国民党领导人及彭真等中国共产党领导人，具有较高的历史价值、艺术价值、科学价值和社会文化价值。1947年解放石家庄时，坚固的正太饭店成为国民党政权抵抗的核心工事和最后防线。正太饭店南北长50米，东西宽44米，平面布局为“日”字形；正面中间为两层楼阁建筑，两侧为三层阁楼，正面底层前后出廊，廊上为拱券形，上做花墙为二层护栏，底层背面中门有木制楼梯；二层楼道木板铺地；正面中间为大门，通向后面南北两个院落；饭店院内南、北、西三面建筑为三层欧式楼阁建筑，前面均设有拱形廊道，整体建筑规模宏大。正太饭店历经百年，因风雨侵蚀导致墙体及楼板大面积风化、碱蚀，顶棚掉落，管线全部老化。由于年久失修，1994年被石家庄铁路分局列为危房。2007年比利时建筑公司来函告知，正太饭店大楼使用寿命100年到限。正太饭店见证了石家庄的城市演变，由村庄到城市，由交通闭塞到铁路交会，由清朝、中华民国到新中国的历史变迁。2008年正太饭店被公布为第五批省级文物保护单位。2018年石家庄中央商务区建设启动，正太饭店列入中央商务区历史文化区保护范围，设计利用历史建筑延伸城市记忆理念，将正太饭店修缮与文化创意、艺术展览、旅游休闲等新兴文化业态相融合，在推进石家庄城市建设和提升城市文化品质中，实现文物建筑可持续发展和利用。2021年7月3日，石家庄市向河北省文物局报送《正太饭店保护修缮与利用工程设计方案》；2021年7月12日，河北省文物局批复同意并提出修改意见（冀文物发〔2021〕213号）。至2021年底，正太饭店修缮和保护正在施工。

（薛鹏飞　姜小青）

【**栾城周家庄墓地考古**】 栾城周家庄墓地位于栾城区西营乡周家庄村南200米。2019年12月，河北省文物研究所考古队开始对周家庄墓地遭盗掘最严重的M3、M6进行抢救性发掘。2020年河北省文物考古研究院、市文物保护研究所、栾城区文化广电体育和旅游局联合开展栾城周家庄墓地考古发掘，清理墓葬23座，发掘遗址面积300平方米，勘探40万平方米。经考古发掘，揭露墓地主体区域面积1500平方米，发现墓葬21座，其中商代15座，主体区外发现商代小型墓葬2座；墓地主体年代为晚商时期，文化内涵为商代，墓地与遗址并存，墓地是商代晚期具有一定规格的贵族墓葬群。栾城周家庄墓地考古发掘填补商代后期冀中南地区商代考古发现空白，为研究商代历史、地理交通、文化格局发展演变等提供了重要实物资料。

行唐故郡遗址二号车马坑　（行唐县委办公室提供）

【行唐故郡遗址考古】 行唐故郡遗址位于行唐县南桥镇故郡村北，地处太行山东麓山前地带，东依大沙河，南距行唐县城10千米，探明遗址中心区域面积超60万平方米，主体年代为东周时期，自春秋晚期延续至战国中期，主要为鲜虞—中山国文化。2015年行唐故郡遗址开始考古发掘，2017年入选“中国考古六大新发现”。经考古发掘，确定遗存主体年代为东周时期，自春秋晚期延续至战国中期，为早期鲜虞——中山国的代表性遗存之一，具有明显的北方戎狄族群特色，又深受华夏文化影响，对研究东周时期戎狄等北方族群的进程及中华民族多元一体格局的形成过程具有重要意义。2021年行唐故郡遗址考古发掘1200平方米，清理新石器时代后岗一期文化灰坑1座，春秋晚期灰坑及灰沟各1座，战国早期车马——殉牲坑（隶属M2）1座、杂殉坑1座，战国中期的陶窑1座、灰坑75座、灰沟2条。出土完整或可复原器物有小件铜器、铁器、骨角器、海贝等100余件。其中，新石器时代遗物有红顶碗等；春秋晚期遗物有夹砂红陶乳足陶鬲、泥质灰陶豆等；战国早期遗物有镳衔、铜泡、勺、泥质灰陶罐等。战国中期陶器以泥质灰陶为主，纹饰以绳纹为主，还有少量附加堆纹、弦纹、暗纹。陶器器型有碗、豆、釜、盆、罐、纺轮、圆形陶片及板瓦、筒瓦、瓦当等建筑构件。

（姜小青）

【14项遗址考古入选“河北百年百项重要考古发现”】 12月24日，省文物考古学会公布“河北百年百项重要考古发现”评选结果。石家庄市14项遗址考古发现入选，分别为：平山水帘洞遗址、正定南杨庄遗址、赞皇南马遗址、藁城台西遗址、元氏西张村遗址与墓葬、中山灵寿城遗址及王陵、行唐故郡遗址、鹿泉高庄汉墓、赞皇西高李氏家族墓、平山崔氏家族墓、正定开元寺南遗址、井陉窑遗址、井陉柿庄壁画墓、石家庄后太保史氏家族墓地。

（市档案馆）

西柏坡纪念馆

【概况】 西柏坡位于平山县中部，距离石家庄市主城区80千米，总面积16440平方米，是中国解放战争时期中央工委、中共中央和解放军总部所在地。1947年5月，刘少奇、朱德率中央工委进驻西柏坡。1948年5月，毛泽东、周恩来、任弼时率中央前委和解放军总部到达西柏坡与中央工委会合。在西柏坡，毛泽东等中国老一辈领导人组织召开了全国土地会议，通过《中国土地法大纲》，以实现耕者有其田；指挥辽沈、淮海、平津三大战役，决定了中国命运；召开中共七届二中全会，描绘出新中国宏伟蓝图。1949年3月23日，中共中央和解放军总部离开西柏坡，前往北京建国。后人称“新中国从这里走来”，即由此而起。

1955年，河北省博物馆联合建屏县政府（1958年建屏县并入平山县）建立西柏坡纪念馆筹备处。1982

年3月11日，国务院公布西柏坡中共中央旧址为全国重点文物保护单位。1987年5月1日，建立文物保护区碑1座，划定文物保护区39.18万平方米、自然保护区133.32万平方米。1976年10月，西柏坡陈列展览馆开工。1978年5月26日，在纪念中共中央和解放军总部移驻西柏坡30周年时，西柏坡陈列展览馆与中共中央旧址同时对外开放。主题陈列“新中国从这里走来”于1993年、1996年、1998年、2003年、2009年修改完善，获评“1998年度全国十大精品陈列”“第六届全国十大陈列展览特别奖”（2003～2004年）。1992年起，西柏坡纪念馆先后修建西柏坡石刻园（2011年扩建改名西柏坡丰碑林）、西柏坡雕塑园、五大书记铜铸像、西柏坡纪念碑、周恩来评语碑、西柏坡国家安全教育馆、西柏坡文物保护碑、西柏坡青少年文明园、西柏坡廉政教育馆等革命传统教育系列工程，丰富了西柏坡纪念馆教育内容。

西柏坡纪念馆建馆以来，党和国家领导人江泽民、胡锦涛、习近平等先后到西柏坡参观学习。江泽民题词：“牢记两个务必，建设有中国特色的社会主义”。胡锦涛发表重要讲话：要求全党同志继承和发扬西柏坡时期毛泽东提出的“两个务必”精神。习近平指出，毛泽东同志当年提出的“两个务必”，包含着对我国几千年历史治乱规律的深刻借鉴，包含着对我们党艰苦卓绝奋斗历程的深刻总结，包含着对胜利了的政党永葆先进性和纯洁性、对即将诞生的人民政权实现长治久安的深刻忧思，思想意义和历史意义十分深远。

1995年，西柏坡纪念馆被国家文物局评为“全国优秀社会教育基地”；1996年，被国家教委、民政部、文化部、文物局、共青团中央和解放军总政治部联合公布为“百个全国中小学爱国主义教育基地”；1997年，被中共中央宣传部命名为“全国百个爱国主义教育示范基地”；2002年10月，被全国精神文明建设指导委员会评为“全国精神文明建设工作先进单位”；2002年11月，被国家旅游局评为4A级旅游景区；2008年5月，被国家文物局命名为首批“国家一级博物馆”；2009年12月，被解放军总部命名为“国防教育示范基地”；2010年5月，被中央纪委监察部命名为首批“全国廉政教育基地”；2011年，被国家旅游局评为5A级旅游景区；2012年9月，被中共中央宣传部、国家文化部、国家广电总局、国家新闻出版总署评为“全国文化体制改革先进单位”。

2021年西柏坡纪念馆围绕建党一百周年和开展党史学习教育，发扬“新中国从这里走来”与“团结就是力量”两大主旨，宣传以“两个务必”为核心的西柏坡精神，编写《新中国从这里走来》，承办“追寻光辉足迹”主题阅读活动。以庆祝中国共产党成立100周年为主题，开展《伟大征程——庆祝中国共产党成立100周年特展》《灯塔照耀中国——中共中央驻地联展（1921～1949）》等展览活动。

【学习考察活动】 国家机关学习考察活动。3月16日，全国人大常委会副委员长、全国妇联主席沈跃跃、全国妇联副主席、书记处书记吴海鹰等人到西柏坡纪念馆学习考察；3月27日，民政部党组书记、部长李纪恒率民政部党组赴西柏坡开展党史学习教育；5月23日，全国人大常委会副委员长、全国总工会主席王东明等到西柏坡纪念馆参观学习；8月28日，中央政治局委员、国务院副总理孙春兰等人赴西柏坡纪念馆参观；2月28日，河北省委书记、省人大常委会主任王东峰在西柏坡主持召开省委理论学习中心组学习会议。7月1日，河北省委书记王东峰、省长许勤、省政协主席叶东松等省委常委、省直机关干部和有关代表240人到西柏坡五大书记广场敬献花篮。10月24日，河北省委副书记、代省长王正谱到西柏坡纪念馆调研。河北省委常委、石家庄市委书记张超超，省政府秘书长朱浩文参加调研检查。石家庄市领导学习考察活动。3月8日，河北省委常委、省人大常委会副主任、石家庄市委书记邢国辉在西柏坡主持召开市委理论学习中心组学习会议，与会人员学习《习近平总书记在党史学习教育动员大会上的重要讲话》《习近平总书记给河北省平山县西柏坡镇北庄村全体党员的回信》等有关内容。4月28日，河北省委常委、石家庄市委书记张超超带领市四大班子有关领导到西柏坡考察调研，缅怀老一辈无产阶级革命家丰功伟绩，认真学习贯彻习近平总书记给平山县北庄村全体党员的重要回信精神，接受党史教育、砥砺初心使命。市委副书记、市长马宇骏，市委副书记詹晓阳，市人大常委会主任李雪荣，市政协主席、正定县委书记张业参加。

【宣传活动及展览】 宣传西柏坡红色文化，撰写西柏坡精神研究文章《新中国从这里走来》《这里是“两个务必”诞生地》在《求是》杂志发表。举办主题阅读活动“追寻光辉足迹”，以诵读、情景剧、故事微访谈、红色出版物推介、重要纪念地朗诵快闪等形式，再现西柏坡时期中国革命的历史瞬间。举办庆祝中国共产党成立100周年主题活动。5月12日，国务院新闻办公室在西柏坡举行“建党百年·境外媒体红色之旅”采访活动，参与境内外主流媒体20余家。联合上海市历史博物馆（上海革命历史博物馆）、首都博物馆、中共一大会址纪念馆、河北博物院在西柏坡纪念馆举办《伟大征程——庆祝中国共产党成立100周年特展》展览活动。上海市历史博物馆（上海革命历史博物馆）、广东革命历史博物馆、武汉中共中央机关旧址纪念馆、瑞金中央革命根据地纪念馆、延安革命纪念馆、西柏坡纪念馆、香山革命纪念馆7家单位联合，推出《灯塔照耀中国——中共中央驻地联展（1921～1949）》。与中国中共文献研究会刘少奇思想生平研究分会合作，编写《刘少奇与西柏坡》（“追寻刘少奇足迹”丛书15册之一），由中央党史出版社出版。

西柏坡纪念馆

党委书记：金立兴

副 馆 长：段彦峰　张振国

李春林

纪委书记：杨宏伟

（刘亚杰）

卫生·体育

Public Health & Sports

卫　生

【概况】2021年全市共有各级各类医疗卫生机构8503（含诊所）个，其中，医院301个，乡镇卫生院204个，疾病预防控制中心23个，妇幼保健院（所、站）24个，社区卫生服务中心（站）229个，门诊部235个，诊所（医务室）3453个，村卫生室3965个。开放床位65808张。在岗职工115292人，其中，卫生技术人员94598人，执业（助理）医师42983人，注册护士38788人。平均每千人拥有床位6.2张、卫生技术人员8.91人、执业（助理）医师4.05人、注册护士3.66人。加强医院基础设施建设，市人民医院重大疫情救治基地、市第三医院创伤救治中心建设、市中医院中医药传承创新工程、市第八医院门诊医技综合楼等重点建设项目正在施工，市口腔医院建设项目、河北省重症肌无力医院病房楼改造项目建设手续办理完毕；建成社区医院5所，一类乡镇卫生院试点单位达到12所，全市234家乡级基层医疗卫生机构达到国家建设标准，达标率91.7%，其中19所达到优质建设标准；全市纳入一体化管理村卫生室3965所、社区卫生服务站168所，100%达到标准化建设要求。至2021年底，全市建成国医堂247个，其中高水平国医堂21个。推进医药卫生体制改革，2021年石家庄市4所公立医院纳入创建省级现代医院管理制度样板单位，5个县（市、区）纳入创建公立医院综合改革省级示范县，全市建成医疗联合体、医疗集团、医疗服务共同体31个。落实国家人口生育政策规定，5月31日，石家庄市正式执行一对夫妇生育第三个子女政策。开展公共卫生健康专项行动，全年建成国家级健康促进示范县（区）1个（井陉矿区），省级健康促进示范县（区）5个（井陉矿区、长安区、桥西区、晋州市、裕华区），省级健康促进医院14家。应对突发新冠肺炎疫情，2021年石家庄市突发新冠肺炎疫情3次，累计确诊新冠肺炎患者病例1101例，治愈1100例，死亡1例。2021年全市接种新冠肺炎病毒疫苗2470.9万剂次，接种971.5万人，全人群接种覆盖率达到91.3%。宣传无偿献血，开展无偿献血志愿者动员、招募、培训和志愿服务，市级成立红十字无偿献血志愿服务大队，县（市、区）成立分队，乡镇成立小队。2021年全市采集全血358253.25个单位、71.65吨，同比增长2%；机采血小板38206.5个单位；成功献血216363人次，同比增长1.8%。2021年9月，石家庄市被国家确定为健康影响评价评估制度建设试点城市。

2021年4月1日，全市患者消化道出血急诊救治快速通道在市第五医院开通
（赵晓伟　摄）

【医疗卫生体制改革】推进现代医院管理改革，2021年市第二医院、市中医院、新乐市医院、高邑县医院4所

7月13日，2021年度石家庄市卫生健康系统健康传播技能竞赛在石家庄电视台举行（市卫生健康委提供）

公立医院纳入创建省级现代医院管理制度样板单位，新乐市、高邑县、平山县、无极县、藁城区5个县（市、区）纳入创建公立医院综合改革省级示范县。推动医疗、医保、医药“三医”联动发展和优质医疗资源均衡布局，支持建设医疗联合体（简称医联体）、医疗集团、医疗服务共同体（简称医共体）。至2021年底，全市建成医疗集团、医疗服务共同体31个。其中，医疗集团5个，分别为：桥西医疗集团、裕华城市医疗集团、新华医疗集团、长安区城市医疗集团、高新区城市医疗集团；医共体26个，分别为：井陉县医院医共体、井陉县中医院医共体、灵寿县医院医共体、灵寿县中西结合医院医共体、鹿泉区医共体、新乐市医院医共体、新乐市中医医院医共体、新乐市中心医院医共体、元氏县医院医共体、元氏县中医院医共体、元氏县妇幼院医共体、赞皇县医院医共体、赞皇县中医医院医共体、正定县人民医院医共体、晋州市中医院医共体、晋州市人民医院医共体、平山县人民医院医共体、平山县中医医院医共体、平山县妇幼保健院医共体、无极县医共体、赵县县域医共体、高邑县医共体、行唐县人民医院医共体、行唐县中医医院医共体、栾城区医共体、深泽县医院医共体。巩固医联体建设成效，选派398名中级职称及以上医师进驻医联体基层成员单位，全市197个乡镇卫生院、59个社区卫生服务中心实现上级医师派驻全覆盖。以老年护理、康复护理、长期照护等为内容，开展“互联网+护理服务”试点，确定省医科大学附属第一医院、市人民医院、市第二医院、市中医院、市第四医院、赵县人民医院为石家庄市“互联网+护理服务”试点单位。加快国家基本药物制度综合试点，新乐市、正定县、无极县、平山县、赞皇县、栾城区列入石家庄市第二批国家基本药物制度综合试点单位。

【公共卫生服务】 卫生县（镇、村）创建活动。2021年石家庄市2个县获批命名为河北省卫生县城（赵县、无极县），11个乡镇获批命名为河北省卫生镇，97个村获批命名为河北省卫生村（参见“附录”下“荣誉”）。健康石家庄建设。开展健康知识普及、安全膳食管理、全民健身、控烟、心理健康促进、健康环境促进、妇幼健康促进、中小学健康促进、职业健康保护、老年健康促进、心脑血管疾病防治、癌症防治、慢性呼吸系统疾病防治、糖尿病防治、传染病地方病防控15个居民健康专项行动。建成国家级健康促进示范县（区）1个（井陉矿区）、省级健康促进示范县（区）5个（井陉矿区、长安区、桥西区、晋州市、裕华区）、省级健康促进医院14家。开展党政机关无烟单位创建活动，市级实现全覆盖，县级覆盖率达到80%。开展“健康企业”示范创建活动，全市92家企业命名为健康企业，其中，省级46家、市级46家。医养结合。优化老年健康和养老服务模式，2021年石家庄市新华区联盟社区医养结合服务中心、新乐市中心医院、赵县平安医院、元氏县中医院（河北睿星养老服务有限公司第一分公司）、桥西区联谊老年公寓5家单位被省卫生健康委、省民政厅确定为全省医养结合优质服务单位。2021年石家庄市创建市级医养结合示范机构5家，分别为：长安区悦伴湾老年公寓、高邑县医养院、新乐市中心医院、元氏县中医院（河北睿星养老服务有限公司第一分公司）、赵县平安医院；建成社区医养结合服务中心8家，分别为：新华区东焦社区、新华区联盟社区、桥西区东风社区、桥西区留营社区、裕华区裕翔社区、裕华区东苑社区、长安区高营社区、长安区西古城社区。2021年元氏县槐阳镇铁屯村、鹿泉区铜冶镇南甘子村、裕华区裕兴街道誉天下社区、高邑县富村镇仓房村、新乐市长寿街道东安家庄村5个村（社区）获评全国示范性老年友好型社区。婴幼儿照护。全年新增婴幼儿照护试点机构48个、托位4130个，婴幼儿照护试点机构总数达到92个，托位总数达到7262个，各县（市、区）婴幼儿照护试点机构实现全覆盖。评定托育机构星级65家，其中，认定五星级10家、四星级32家、三星级及以下23家；省级婴幼儿照护试点机构达到25个，同比增长317%。依托市妇幼保健院，建成石家庄市首个婴幼儿照护服务指导中心和实训基地。传染病监测、精神卫生和疫苗接种管理。2021年石家庄市报告法定乙、丙类传染病22种30298例，死亡25例，报告发病率284.74/10万，死亡率0.24/10万，报告发病数居前5位病种依次为：其他感染性腹泻病、乙肝、手足口病、流行性感冒、肺结核。2021年全市报告肺结核临床诊断或确诊病例2704例，登记管理2676例，登记管理率99.0%；全年全疗程治疗2935例，治疗成功2900例，治疗成功率98.8%。2021年全市在册严重精神障碍患者46092人，报告患病率4.43‰，管理率93.8%，规范管理率90.85%，面访率91.97%，服药率87.8%。2021年全市免疫规划疫苗接种207.52万人剂次，以乡为单位报告接种率达到98.92%，以县（市、区）为单位报告接种率达到95.93%。2021年全市接种新冠肺炎病毒疫苗2470.9万剂次，接种971.5万人，全人群接种覆盖率达到91.3%。2021年全市接种非免疫规划疫苗31种185.03万人（剂）次。做好居民健康档案、老年人健康管理。2021年全市建立居民电子健康档案915.15万份，电子健康档案建档率88.04%；管理65岁以上老年人87.51万人，老年人健康管理率66.21%。

【人口生育与计生特殊家庭关怀】 5月31日，根据国家人口生育政策规定，石家庄市正式执行一对夫妇生育第三个子女政策。2021年全市登记第一个子女生育夫妻28266对，同比减少1743对；第二个子女生育夫妻28266对，同比减少8297对；第三个子女生育夫妻2181对。重视妇幼保健，全年免费婚前医学检查51284人，婚检率86.45%；免费筛检孕产妇、新生儿14.58万人，孕产妇死亡率4.04/10万，婴儿死亡率2.24‰，5岁以下儿童死亡率为3.18‰，新生儿出生缺陷发生率为88.3/10万；免费新生儿遗传代谢疾病筛查78840人，筛查率100.8%；新生儿听力障碍筛查74837人，筛查率95.68%。计生特殊家庭关怀。11月2日，市妇产医院妇幼健康咨询热线开通。2021年全市为计划生育特殊家庭（简称计生特殊家庭）发放生活及养老补贴1371万元，为计生特殊家庭1337人次报销医疗费33万元，为267名计生特殊家庭发放一次性救助金149.5万元。

【石家庄市疾病预防控制中心】 石家庄市疾病预防控制中心于2006年10月13日组建成立，前身为1952年始建的原石家庄市卫生防疫站，是全市实施疾病预防控制与公共卫生技术管理和服务的公益事业单位，也是疾病预防控制技术指导中心，直属市卫生健康委员会，地址位于长安区栗康街3号。2021年石家庄市报告法定乙、丙类传染病22种30298例，死亡25例，报告发病率284.74/10万，死亡率0.24/10万，报告发病数居前5位病种依次为：其他感染性腹泻病、乙肝、手足口病、流行性感冒、肺结核。突发公共卫生事件应对。2021年石家庄市共报告突发公共卫生事件50起，其中，井陉县报告皮肤炭疽卫生事件1起，级别为一般，其余49起卫生事件均为新型冠状病毒肺炎暴发疫情，级别为未分级；聚集性疫情43起，首发确诊病例6起；波及13个县（市、区），分别为：藁城区17起，新乐市12起，长安区、裕华区各4起，鹿泉区、平山县、正定县各2起，栾城区、高新区、行唐县、晋州市、深泽县、无极县各1起。承担口岸排查处置任务，境外输入病例做到及时发现、迅速处理。新冠肺炎疫情防控。全年开展阳性病例流调1101例，精准判定密接15993人次，次密接26295人次；创新提出流调队伍“1+N+1”工作模式，实现“2+4+24”流调工作要求；研究划定和解除封控区19个、管控区233个；推进新冠疫情防控“6+1”信息化平台流调系统使用，收集录入新冠肺炎阳性感染者流调信息1101例、各类密接信息43450人次；接收和推送省外、省内市际协查函11279份；开展新冠肺炎疫苗接种，全年接种新冠病毒疫苗2470.9万剂次，累计接种971.5万人，全人群接种覆盖率达到92%；做好新冠疫苗疑似预防接种异常反应监测，全年报告各类疑似预防接种异常反应2465例；组织开展核酸检测、消毒消杀活动，核酸检测实验室复核阳性样本566人份，隔离场所、重点人群核酸检测17726份，患者康复出院核酸平行检测1782份，全民检测标本复核4282份，高校隔离点环境核酸检测9821份，累计监测环境标本106万份；防止疫情扩散蔓延，制定《石家庄市新冠肺炎疫情消毒工作方案》《全市新冠肺炎防控定点隔离场所解除隔离后消毒工作实施方案》《病家终末消毒技术方案》等；组织各县（市、区）疾病预防控制中心对15363个居所、736个集中隔离点开展低温环境终末消毒及消毒效果评价。疫苗接种。2021年全市接种非免疫规划疫苗31种185.03万人（剂）次，免疫规划疫苗接种207.52万人（剂）次，以乡为单位报告接种率98.92%，以县（市、区）为单位报告接种率95.93%。其中，接种基础免疫乙肝疫苗23.43万人

（剂）次，报告接种率99.52%；卡介苗7.55万人（剂）次，报告接种率99.70%；脊髓灰质炎疫苗26.51万人（剂）次，报告接种率99.27%；百白破类疫苗24.00万人（剂）次，报告接种率99.21%；麻疹类疫苗8.83万人（剂）次，报告接种率99.48%；乙脑减毒活疫苗20.43万人（剂）次，报告接种率98.68%；流脑疫苗（A）17.11万人（剂）次，报告接种率98.83%；甲肝疫苗接种16.10万人（剂）次，报告接种率97.97%；2021年全市接种加强免疫脊髓灰质炎疫苗11.72万人（剂）次；报告接种率98.19%；百白破类疫苗10.12万人（剂）次，报告接种率98.68%；麻疹类疫苗10.99万人（剂）次，报告接种率99.32%；白破疫苗9.41万人（剂）次，报告接种率98.55%；流脑疫苗（Men AC）21.32万人（剂）次，报告接种率98.55%。肺结核防治。全年报告临床诊断和确诊肺结核病例2704例，登记管理率99.0%；登记肺结核患者2676例，落实管理率99.7%，19个结核门诊登记病原学阳性率达到或超过50%，非结防机构报告总体到位率99.2%，规则服药率98.9%，成功治疗率98.8%，耐多药筛查率97.6%。打造慢性病综合防治品牌，实现“慢病综合防控示范区”全覆盖，建成国家级慢性病综合防控示范区5个、省级慢性病综合防控示范区16个，省级以上示范区建成率达到100%。开展艾滋病性病综合防治等级评估，评选A级单位12个，完成艾滋病检测实验室搬迁和二级生物安全验收，招募大学生志愿者1264名，组建青年志愿服务队19支；建立中学预防艾滋病教育标准化教学模式，编写艾滋病防治专题教育课教案10课时。2021年全市累计报告国家免疫规划疫苗接种率98.92%，报告麻疹监测病例248例，排除麻疹风疹病例报告发病率2.22/10万。AFP监测系统监测疑似AFP病例165例，确诊115例。15岁以下儿童非脊灰AFP病例报告发病率2.33/10万，报告AEFI病例2750例，及时报告率99.82%，及时调查率98.17%。首次在石家庄市13个县（市、区）开展孕妇甲状腺功能调查，涉及65个乡681名孕妇，填补了石家庄市孕妇甲状腺功能监测数据空白。完成8个氟中毒病区氟中毒病情监测，检查8～12周岁儿童氟斑牙7103人。其他传播疾病生物监测，主要有鼠、蟑、蚊、蝇密度监测，家蝇、德国小蠊、蚊抗药性监测，蜱、臭虫监测。重点职业病监测。完成15家职业健康检查机构现场技术指导及省级核查，职业性尘肺病人随访调查493例，职业健康检查个案上报及个案卡审核69472份，个案卡现场复核6823份；职业病接诊500余人次，新诊断职业病20人；军人职业病及职工工伤评残8人次，医学鉴定204人次，伤残等级鉴定84人次。检验检测。首次建立并完成227种除草剂、64种杀菌剂高通量检测新方法，实现两类农药残留监测全覆盖，至2021年底，市疾病预防控制中心具备2000余种化学毒物检测能力，建成3000余种化学毒物质谱数据库。河北省疑难细菌研究重点实验室纳入省级学科重点实验室和企业重点实验室序列。放射卫生检验检测资质通过认定，获批213项放射卫生检验检测能力，检验类别由5类增加至8类，资质认定检验检测能力达到549项。开展全市医疗卫生机构医用辐射防护监测，调查医疗机构356家，录入国家平台121家，完成率101.68%；监测放疗设备10家14台次，完成率111.11%；放射诊断设备监测17家医疗机构32台设备，完成率141.67%。2021年市疾病预防控制中心获得河北医学科技奖6项，其中，一等奖3项、二等奖1项、三等奖2项；科研立项3项，其中河北省医学科技跟踪项目1项；发表论文38篇，其中SCI论文2篇。

石家庄市疾病预防控制中心

主　任：芦飞

副主任：王冬玉

（市疾病预防控制中心）

【石家庄市人民医院】 石家庄市人民医院（市第一医院）始建于1938年，是一所集医疗、教学、科研、保健、急救、康复为一体的三级甲等综合医院，是河北医科大学附属医院、西安交通大学医学部附属医院。12月20日，市人民医院范西路院区恢复开诊，地址位于长安区范西路36号。至2021年底，市人民医院共有院区3个（建华院区、方北路院区、范西路院区），编制床位3400张，开放床位2700张；在岗职工3995人，其中，高级职称766名，博士51名，硕士926名。拥有13个省级重点学科（专科）、14个市级临床重点专科、22个市级专业质控中心、9个国家级住院规范化培训基地，是国家脑卒中防治工程委员会高级卒中中心认证单位、中国胸痛中心认证单位、中国房颤中心认证单位和中国健康促进基金会“血栓防治基地”、“全球超声无创治疗良恶性肿瘤技术临床示范基地”、中国—中东欧国家医院合作联盟成员、中国地市级医院急诊专科医联体常务理事单位、国家级综合医院中医示范单位，也是河北省博士后创新实践基地、河北省住院医师规范化培训基地、河北省高等医学院校本（专科）临床教学基地，河北省重症肌无力医院、市肿瘤医院、市第一眼科医院、市脑血管病医院、市心血管病医院在市人民医院挂牌。2021年市人民医院门急诊量128.4万人次，同比增

2021 年 7 月 28 日，市人民医院郑强苏教授工作室揭牌成立

长 8.3%；出院患者 6.8 万人次，同比下降 8.44%；住院手术 2.2 万例，同比下降 4.57%；平均住院日 9.18 天，同比下降 0.25%；单日门急诊量最高 7458 人、单日接收住院最高 468 人、单日在院患者最高 2722 人、单日手术量最高 143 台。2021 年市人民医院总收入 21.78 亿元，同比增长 5.48%，其中，业务收入 19.33 亿元，增长 7.35%，医疗收入 13.55 亿元，增长 11.86%；药占比 30%，同比下降 3.16 个百分点；百元医疗收入消耗 29.11 元，同比下降 6.1%。支持新冠肺炎疫情防控，全年选派 18 批次、1543 名医护人员为藁城区、长安区、裕华区等区域 23.7 万人次开展核酸采集，参与全员核算检测量 394 万人次；选派专家 216 人次，对口支援高邑县、无极县、井陉县、元氏县、赞皇县等县级医疗。与天津市眼科医院携手，建立石家庄协作中心。开展京雄合作，与北京大学人民医院胸部微创中心合作，成立“北京大学人民医院胸部微创中心王俊院士科技合作室”、市人民医院蒋雄京教授工作室。与西安交通大学开展市校合作，2021 年 7 月，西安交通大学第二附属医院郑强苏教授工作室在市人民医院挂牌，主研课题为心血管专业；选派 4 名呼吸科亚专业学科带头人、7 名医护骨干赴西安交大第二附属医院进修学习。引进妇产科、神经外科影像等高层次急缺人才 9 名，其中，博士 7 名，主任医师 2 人，副主任医师 1 人；引进人才绿卡（B 卡）人才 6 人；获批“省政府特殊津贴专家”1 人、“市政府特殊津贴专家”3 人、“市管拔尖人才”3 人。2021 年市人民医院重点学科获得科技奖励 17 项，其中科技奖励一等奖 6 项；获得河北省医学科技奖 22 项、河北省中医药学会科学技术奖 2 项、河北省科技进步奖 1 项；入选科技部重点专项项目 1 项；发表学术论文 83 篇，其中，SCI 论文 26 篇，中文核心期刊论文 8 篇。

石家庄市人民医院

党委书记：曹琴英

院　　长：赵玉斌

党委副书记：

张新元（9 月免）

张继卫

常务副院长：

张继卫（9 月免）

副 院 长：张进忠

赵永壮　张振平

严臻泉　迟秀梅

李立新　赵会颖

许峰　史万英

孙朝晖　苏玉国

安雄彪

（宋书娟）

【石家庄市第二医院】 石家庄市第二医院（市糖尿病医院）始建于 1952 年，是一所集医疗、教学、科研、健康教育、预防保健、康复医学及院前急救为一体的综合医院，是科技部和河北省科技厅项目申请依托单位、国家自然科学基金项目单位、全国综合医院中医药工作示范单位、国家全科医生临床培养基地、国家糖尿病健康教育管理认证单位、全国住院血糖优质护理示范单位、省级中医重点专科建设单位、河北省综合医院中西医临床协作试点单位、河北省急救医学会理事长单位，院内建有河北省糖尿病基础医学研究重点实验室、石家庄市糖尿病精准诊疗技术创新中心。至 2021 年底，医院设有临床科室 48 个、医技科室 19 个，开设专业 57 个，开放床位 950 张；门急诊患者量 55.24 万人次，同比增长 20.11%；出院患者 2.31 万人次，同比增长 5%。2021 年市第二医院总收入 5.24 亿元，同比增长 5.43%，其中，业务收入 4.9 亿元，同比增长 6.52%；总资产 7.17 亿元，净资产 4.73 亿元。糖尿病专科品牌获得河北省典型专科品牌，血糖管理系统登记患者 44119 名；建立糖尿病生物标本库，存储各类标本 1.28 万例。6 月 24 ～ 26 日，第七届石家庄国际糖尿病大会举行，来自澳大利亚、北京、上海等国内外知名专家举办学术主题讲座 14 场次。发挥医联体作用，与中国人民解放军战略支援部队特色医学中心（原中国人民解放军第 306 医院）合作，建设军民融合医联体；与北京大学人民医院合作，开展医联体建设，参与北京大学人民医院临床试验项目 3 个。公

6月24～26日，由市第二医院（市糖尿病医院）、战略支援部队特色医学中心、澳大利亚悉尼大学阿尔弗雷德王子医院和河北医科大学附属第二医院共同承办的2021第七届石家庄国际糖尿病大会举行

开招录专业技术人才71名，其中，硕士44名；选派12名中青年医疗骨干赴北京、天津、广东等地进修学习。2021年医院河北省糖尿病基础医学研究重点实验室承担科研项目12项，其中，省重点研发计划项目2项，省医学科学研究计划项目3项，省中医药管理局科研项目2项；获批省医学科学研究项目立项13项、省中医药管理局项目立项4项、市科技局项目立项7项；获得河北医学科技奖8项（一等奖2项）、省中医药学会科学技术奖二等奖2项；发表SCI论文5篇、核心期刊论文32篇。

石家庄市第二医院

党委书记：赵增毅

院　　长：赵哲

党委副书记：

吕延令

副 院 长：贾建峰　王彦民

胡庆山（9月免）

葛路岩（9月任）

纪委书记：胡莉芳

（娄薇　姚一涵）

【石家庄市第三医院】 石家庄市第三医院（市骨科医院）成立于1949年，是一所集急救、医疗、科研、教学、预防保健、康复于一体的综合性医院，也是一家以骨科、创伤急救为特色的品牌医院，关节外科、手足外科、脊柱外科、颈椎病研究技术达到国内先进水平，急救医学、神经内/外科、呼吸内科为市级重点学科。2021年全院总资产达到88358万元，同比增长3.85%，净资产32012万元，同比下降10.97%；业务收入75123万元，同比下降2.17%；门急诊人次563405，同比增长5.85%，其中，门诊量493446人次，同比增长4.49%；出院26429人次，同比下降3.37%；病床周转次数24.11，同比下降6.11%；床位使用率77.49%，同比下降8.29%；出院者平均住院日11.01天，同比减少0.6天；手术例数20546例，同比减少245例。新冠肺炎疫情监测。全年核算标本检测总量214.08万人次，采集总量122.05万人次，其中，会议保障采集9.7万人次，外派护士采集69.17万人次，院内职工采集12.32万人次，体检中心对外采集32.86万人次；协助市域12区（县、市）核算标本检测84.44万人次。4月17日，市第三医院牵头成立的市房颤中心联盟启动，参与医疗机构31家。2021年5月，医院被国家卫生健康委授予“脑卒中筛查与防治基地”；2021年9月，“急性上消化道出血救治快速通道”建设通过线上审核。2021年市第三医院发表论文74篇，其中，核心期刊25篇、SCI论文2篇；省市立项科研课题20项，结题14项，获奖11项；申报国家级继续医学教育项目1项，省级继续医学教育项目10项，市级继续医学教育项目12项；重点学科人才培养和骨干进修3人。

石家庄市第三医院

党委书记：李锋

院　　长：王瑜玲

党委副书记、纪委书记：

洪耀辉

副 院 长：郭恒信　王延峰

郝兰婕　冯建书

（赵永涛）

【石家庄市第四医院】 石家庄市第四医院（市妇产医院）始建于1956年，是一所以妇科、产科、产前诊断、生殖医学、新生儿科等为主体，集医疗、预防、保健、教学、科研为一体的三级甲等妇产医院，是河北医科大学附属医院、河北中医学院附属医院。建有河北省院士工作站、博士后创新实践基地，是国家孕产期保健特色专科建设单位、国家妇产疾病临床医学研究河北省分中心、妇产疾病联合重点实验室、河北省母胎医学重点实验室，河北省更年期保健、新生儿保健特色专科建设单位。拥有9个医疗中心（河北省产前诊断分中心、市母胎医学中心、市危重孕产妇救治中心、市危重新生儿救治中心、市围产医学中心、市眼病防治中心、市生殖医学中心、市妇女健康体检中心、市妇科内镜诊疗中心），12个省市医学重点（发展）学科（产前诊断、妇科、产科、新生儿、助产学、产前超声、营养学、生殖医学、医学检验、妇产科麻醉、妇产科病理、乳腺外科），4个省市临床重点（培育）专科（产科、妇科、中医妇科、麻醉科），2个研究所（市优生优育研究所、市生殖医学与不孕不育研究所），是河北省产科质量管理与控制中心（简称质控中心）和石家庄市妇产科、新生儿科质控中心及河北省危急重症孕产妇救治专业委员会、河北省预防医学会妇幼健康教育专业委员会主任委员单位。至2021年底，医院共有职工2291人，其中，高级职称人员232人，硕士408人，博士26人，河北省管优秀专家、河北省青年拔尖人才、河北省三三三人才、市政府特殊津贴专家、市管拔尖人才、市突出贡献中青年专家、十百千人才等高层次专业技术人才47名。医院拥有谈固院区、中山院区、高新院区3个院区，编制床位1496张（谈固院区800张、中山院区416张、高新院区280张），开放床位1027张。2021年医院门急诊量109.43万人次，同比增长5.39%；出院4.64万人次，同比增长3.37%；分娩量2.65万例，同比增长0.26%；手术量1.81万例，同比增长6.96%；平均住院日5.43天，同比下降0.91%；收治高危孕产妇占比72.55%，严重产后出血率1.82‰，无严重产后出血导致子宫切除、无孕产妇死亡。2021年医院总收入9.43亿元，同比增长8.89%；业务收入8.84亿元，同比增长6.19%，其中，医疗收入7.56亿元，同比增长5.79%。至2021年底，医院总资产21.59亿元，同比增长2.97%；固定资产总额7亿元，同比增长15.13%；资产负债率22.75%。医联体建设。成员单位扩展至148家，签订双向转诊合作协议社区卫生服务机构增至138家、乡镇卫生院29家。人才队伍建设。引进国家级专家6名（院士1人）、省级专家7名、知名专家7人、美容项目技师2名，其他人才99名，选派39名医务骨干赴北京、上海、江苏、安徽、浙江、河南等地医疗机构进修深造。专业（学科）建设。产科设置专病病区，建立专病数据库，提升双胎、胎盘植入等专病诊治能力；成功实施河北省首例胎儿镜激光凝固术治疗“双胎输血综合征”；妇科成立海扶治疗中心，海扶治疗162例，精准无创治疗妇科肿瘤疾病；生殖医学通过卫生健康委PGD复审，针对反复移植失败及子宫内膜炎患者开展宫腔灌注技术，改善子宫内膜容受性，成功率98.5%，胚胎植入前检测成功率98.9%；新生儿科开展床旁血液透析及血液滤过技术，完成体重1.3千克患儿血滤，创下国内血滤患儿最低体重记录；小儿外科建立新生儿外科重症监护室（SNICU），手术成功99例，救治新生儿坏死性小肠结肠炎患儿最小孕周25周，最低体重700克，死亡率为0；麻醉手术科开展新生儿外科手术麻醉91例，麻醉使用最低出生体重700克，危重级别达到ASA5级；超声科实施“超声引导胎儿镜胎盘血管激光凝固术”3例、“超声引导下复杂双胎射频消融术”70例。医疗科研。2021年医院获批科研立项44项，其中，河北省自然科学基金3项、河北省科技厅项目3项、河北省跟踪项目1项、河北省卫生健康委项目13项、河北省中医药管理局项目14项、市科技局项目6项、市引智项目1项、适宜技术推广项目3项；获得河北省医学科技奖2项；发表论文97篇，其中，SCI论文26篇，科技核心期刊34篇。申报继续医学教育项目38项，其中，国家级10项、省级22项、市级6项。搭建学术交流平台，成立河北省预防医学会妇幼健康教育专业委员会、河北省医师协会母胎医学专委会双胎学组。与河北医科大学、华大基因联合，申报并获批河北省科技厅基因健康产业技术研究院；与重庆医科大学超声医学工程国家重点实验室联合，共同建设临床研究分中心。河北省母胎医学重点实验室获批河北省科技厅学科重点实验，国家妇产疾病临床医学研究中心河北省分中心挂牌。11月2日，河北省首家妇幼健康咨询热线开通。2021年市第四医院获评全

2021年1月11日，市第四医院（市妇产医院）选派41名医护人员准备出发，支援藁城区疫情防控

国改善医疗服务行动“患者、医务人员双满意”医院。

石家庄市第四医院

党委书记：赵川

院　　长：郭清

党委副书记、副院长：

树怀友

副 院 长：习志强

智利彩（12月免）

邵亚平　刘荣军

葛军

（张静）

【石家庄市第五医院】 石家庄市第五医院于1949年成立，地址位于裕华区塔南路42号，是河北省首家集传染病诊断、治疗、急救、科研、教学、预防、保健及重大公共卫生事件救治为一体的三级传染病专科医院。占地面积56.63亩，建筑面积6.9万平方米，编制床位850张，开放床位663张。拥有职工785人，其中，专业技术人员727人，高级专业技术职称176人，中级专业技术职称255人，“省政府特殊津贴专家”“省三三三人才”“市管拔尖人才”“市政府特殊津贴专家”21人。建有国家级重点专科1个（中医传染病专业），省级临床重点专科建设单位1个（传染病科）、省级中医重点专科建设单位1个（肝病科）、省级临床重点专科培育单位1个（检验科）、市重点中医专科1个（中医肝病科），省医学重点学科1个（肝病专业）、市医学重点学科4个（结核病专业、实验诊断学、医学影像学、传染病学）。支持深泽县抗击新冠肺炎疫情，11月5～25日，市第五医院接管深泽县医院管理。2021年医院业务收入2.15亿元，同比下降17.62%，其中，医疗收入1.92亿元，同比下降20.33%；门急诊量168308人次，同比下降26.01%；出院7139人次，同比下降24.91%；药占比41.89%，同比下降2.21%；平均住院日16.74天，同比减少0.75天。重视人才队伍建设，引进传染病、结核病、外科、内科等专业人才47人，其中，硕士研究生10人；选派外出进修学习医护人员79名。专业（学科）建设。与京津5家知名医疗单位合作，开展艾滋病抗病毒治疗、肝衰竭诊疗、结核病诊断等项目研究。组建肝脏肿瘤、肝衰竭、脂肪肝、消化道出血、支气管镜诊疗、急诊急救“六大专病学组”，推广使用破伤风患者微创经皮气管切开、术中超声定位肝癌切除术、超声引导下巨大子宫肌瘤微波消融术、腹腔镜下贲门癌切除术、麻醉深度监护等新技术10余项。2021年医院发表学术论文24篇，其中，中文核心期刊论文5篇，SCI论文10篇；获得河北省医学科技奖二等奖3项、三等奖2项，新冠肺炎医疗救治科研项目获得河北省科学技术进步奖二等奖。

2021年11月3日，市第五医院选派231名医护人员，出征驰援深泽县医院
（赵晓伟 摄）

石家庄市第五医院

党委书记：许尊贵

院　　长：江平　（11月任）

党委副书记、副院长：

张娟娟

副 院 长：段虎军　戴二黑

杜丽辉　刘春堂

冯爱东　路毓峰

（市第五医院）

【石家庄市妇幼保健院】 石家庄市妇幼保健院（市儿童医院、市第六医院）始建于1951年，最初为市妇幼保健工作总站，1992年8月改为现名，为独立法人差额拨款事业单位，隶属市卫生健康委管理。2020年6月1日，市妇幼保健院（市儿童医院）新院区建成开诊。至2021年底，市妇幼保健院（市儿童医院）共有4个院区，其中，新院区位于桥西区友谊南大街396号（友谊大街与汇丰路交叉口西北角），占地面积37206平方米，建筑面积12.8万平方米。另外3个院区为：建国路儿童医院位于桥西区建国路9号，占地面积5994平方米，建筑面积7589平方米；石铜路院区位于桥西区石铜路39号，占地面积6527平方米，建筑面积1997平方米；西王庄院区位于桥西区西王南街8号，占地面积2878.8平方米，建

筑面积 1859.02 平方米，由市第八医院租赁使用。至 2021 年底，市妇幼保健院（市儿童医院）共有职工 1309 人，其中，专业技术人员 1198 人，卫生技术人员 1058 人，医生 407 人，护士 530 人；卫生技术人员中，高级职称 134 人，中级职称 347 人，博士 3 人，硕士 126 人；设置病区 20 个、临床科室 58 个、医技科室 10 个、职能科室 40 个。2021 年医院总收入 3.74 亿元，同比增长 4.47%，其中，医疗收入 3.34 亿元，增长 8.46%；门急诊量 75.1 万人次，同比增长 76.18%；入院患者 19402 人次，同比增长 21.54%；平均住院日 6.37 天，同比增长 0.75%；床位使用率 101.3%，同比提升 16.87 百分点；出院患者 2.2 万人次，同比增长 5.81%；手术 5819 例，同比增长 8.44%；分娩新生儿 8324 名，与 2020 年持平；剖宫产率 49.97%，同比增长 2.9%。医疗科研。全年获批立项课题 14 项，其中，河北省卫生健康委课题 9 项、河北省中医药管理局课题 1 项、市科技局课题 4 项；获得河北省医学会一等奖 1 项、二等奖 2 项，河北省中医药学会科学技术奖三等奖 5 项，河北省科学技术成果 4 项，河北省中医药管理局成果 2 项；发表论文 68 篇，其中，核心期刊 24 篇、普通期刊 44 篇。全年新生儿预防接种 8961 人次，从市疾病预防控制中心领取乙肝疫苗 9060 支、卡介苗 2880 支，新生儿“两苗”及时接种率达到 95% 以上。传染病和死亡病例监测。全年各类传染病例录入国家疫情网 1113 例，其中，成人传染病 228 例，儿童 885 例，死亡系统录入 3 例；监测筛查艾滋病 21880 例，其中自愿咨询 17 人，无阳性病例；监测梅毒 22376 例，双阳 140 例，单阳 436 例；监测结核病 4 例。慢病管理监测。全年肿瘤报告并录入监测系统 84 例，高血压监测 42385 例。增补叶酸预防神经管畸形项目。2021 年石家庄市发放叶酸 453032 瓶，服用人数 99065 人，叶酸服用率 95.89%，知晓率 96.22%。预防艾滋病、梅毒和乙肝母婴传播项目。2021 年石家庄市艾滋病孕产期检测 82226 人，梅毒孕产期检测 82231 人，乙肝孕产期检测 82232 人；筛查出艾滋病孕产妇 4 例、梅毒传染病 65 例、乙肝传染病 1811 例。出生缺陷干预工程。2021 年石家庄市登记孕前优生计划怀孕夫妇 67420 人，检查 62344 人，检查覆盖率 92.47%，其中男性 31164 人，女性 31180 人，具有风险因素 4809 人，其中，男性 870 人，女性 3939 人；早孕随访 8491 人，妊娠结局随访 274 人，高风险比例 7.71%；婚前医学检查 51284 人，婚检率 86.45%，婚前医学检查异常 7460 人，检出疾病 1313 人，疾病检出率 25.6‰，其中，传染病 180 人，严重遗传病 5 人，精神病 3 人，生殖系统疾病 437 人，内科系统疾病 454 人，其他疾病 234 人。妇幼健康管理。2021 年全市孕妇管理 69599 人，孕妇健康管理率 93.99%，早孕建卡建册 68156 人，早孕建册率 92.04%，产后访视 70310 人，产后访视率 94.85%。登记 0～6 岁儿童 755420 人，0～6 岁儿童健康管理 725796 人，0～6 岁儿童健康管理率 96.08%；0～6 岁儿童采用系统管理 685999 人，0～6 岁儿童系统管理率 90.81%；登记 0～3 岁儿童 336722 人，0～3 岁儿童系统管理 307585 人，0～3 岁儿童系统管理率 91.35%；新生儿访视 70784 人，新生儿访视率 95.59%；0～6 岁儿童眼保健检查 692293 人，眼保健覆盖率 91.68%；登记 6 岁儿童 112047 人，视力检查 102248 人，视力检查覆盖率 91.25%，视力不良检出 9215 人，视力不良检出率 9.01%；近视检出人数 1007 人，近视检出率 0.98%。儿童死亡监测。2021 年石家庄市监测县（市、区）婴儿活产 5117 人，5 岁以下儿童死亡 21 例，其中，婴儿死亡 14 例、新生儿死亡 7 例。孕产妇死亡监测。2021 年石家庄市监测县（市、区）孕产妇生产 36860 人，死亡孕产妇 3 例。危重孕产妇监测。2021 年石家庄市参加全国危重孕产妇监测医疗保健机构有 6 家，分别为河北省人民医院、河北医科大学附属第二医院、市第一医院、市妇幼保健院、鹿泉区人民医院、鹿泉区妇幼保健院；2021 年石家庄市域 6 家参与危重孕产妇监

2021 年 9 月 12 日，“健康孕育 护佑新生”预防出生缺陷公益行走进石家庄大型活动在市妇幼保健院（市儿童医院、市第六医院）举行

测医院报告危重孕产妇14630例，其中，并发症9495例，发生率64.9%，孕产妇达到危重情形41例，危重孕产妇发生率28.02/万。出生医学证明。2021年石家庄市签发出生医学证明8998张，换发94张，废证2张，当年出生首次签发率97.28%，废证率0.02%。2021年市妇幼保健院（市儿童医院）被确定为国家级、省级新生儿保健特色专科建设单位。

石家庄市妇幼保健院

党委书记：高海生（4月免）

王建军（8月任）

院　　长：王建军（8月免）

胡庆山（9月任）

党委副书记：

胡庆山（9月任）

副 院 长：吴荣芹

莫中福（9月免）

苏学艳　高辉

刘彦霞

（刘季春）

【石家庄市中医院】 石家庄市中医院于1955年1月开始筹建，起初名称为河北省中医院，地址为石家庄市原长安路2号；1956年10月9日，医院正式建成开诊；1958年3月，与河北省中医学校合并，改称河北省中医学校附属医院；1958年划归石家庄地区领导，改称河北省石家庄地区中医学校附属医院；1961年迁入中山西路233号，更名为石家庄市中医院，隶属石家庄市卫生行政部门管理。1993年市中医院通过国家评审，成为一所集医疗、教学、科研、保健、产业、文化等为一体的现代化三级甲等中医院。市中医院建有本部、东院2个院区。市中医院本部占地面积4万余平方米，建筑总面积10万平方米，总编制床位1100张。市中医院东院区由市中医院、首都医科大学附属北京中医医院联合建设，2016年11月4日开工，总投资1.87亿元，地址位于长安区建华大街138号，占地面积5万平方米，设置科室16个、床位500张；2019年6月9日，东院区开诊运营。2021年市中医院门急诊总量113.73万人次，同比增长39.2%；中药收入1.25亿元，同比增长22.48%；适宜技术收入5450.33万元，同比增长7.79%；中药门诊处方比例同比增长2.94%、以中医治疗为主出院患者比例同比增长15.95%；中药制剂收入首次突破千万元大关。利用中医药优势，支持新冠肺炎疫情防治，投入煎药设备150台、中药4.2吨，向重点人群提供“芦花防瘟汤”“清肺排毒汤”10.84万袋；发放辟瘟香囊1万余个、中医药防治包607套。开展“三中心一通道”中医急救体系建设，“心衰中心”通过国家现场认证审查，“胸痛中心”“卒中中心”完成绿色通道建设；“胃出血绿色通道”通过申报认证。与8家基层医疗机构合作，签订转诊协议。举办平衡罐、中药塌渍、虎符铜砭刮痧等“国医堂”培训项目11项，参加培训基层护理人员9500余人次。提升学术水平，组建成立“脾胃病专业委员会”。引进临床诊疗新技术10项，其中，限制性诊疗技术2项。2021年市中医院申报国家科研项目8项、省市科研项目69项，获得省中医药学会科学技术奖13项，登记国家科技成果19项，授权专利1项；国家临床药物实验机构（GCP）通过现场验收。2021年市中医院获得“全国敬老文明号”称号。

石家庄市中医院

党委书记、副院长：

吴海明

院　　长：郑欢伟

党委副书记、纪委书记、工会主席：

冯涛

副 院 长：刘燕珍　高晓玲

赵凤琴　张文清

刘富德

（阚晔）

【石家庄市第八医院】 石家庄市第八医院（市精神卫生中心）是全市唯一一所市属公立精神疾病专科医院，医院前身为中国人民解放军总后勤部四零二工厂职工医院，始建于1957年10月，2002年7月整体移交市政府后隶属原市卫生局管理。2011年6月，石家庄市整合市属医院精神卫生资源，将市第八医院转型为市精神疾病专科医院，加挂市精神卫生中心牌子，主要承担全市精神卫生的预防、治疗、康复、科研、教学等任务，是市基本公共卫生服务项目重性精神疾病管理机构、市精神残疾鉴定专业机构、市儿童孤独症康复中心、市心理危机干预中心。医院占地面积19.03亩，建筑面积17752平方米；现有职工458人；编制床位395张，实际开放床位670张；设有重症精神科、儿童康复科、临床心理科、睡眠医学科等主要临床科室及内科、外科等保障科室。2021年市第八医院门急诊量81765人次，同比增长4.72%；住院6598人次，同比增长1.13%；出院6461人次，同比增长0.76%；床位使用率97.7%；人均住院日34.5天。2021年市第八医院总收入17023.88万元，同比下降5.6%，其中，医疗收入12072.85万元，同比下降5.47%；药占比24.75%；总支出15812.33万元，同比下降5.39%；总资产20416.7万元，同比增长10.27%；总负债3673.09万元，资产负债率17.99%，净资产16743.61万元。做好严重精神障碍患者管理，制定《2021年严重精神障碍患者管理实施方案》《严重精神障碍患者免费用药实施方案》，投入80.64万元，免费药品救助严重精神障碍贫困患者3000名；应急医疗处置289例；长效针剂免费治疗患者58例。至2021年底，全市共有在册严重精神障碍患者46092人，报告患病率4.43‰，规范管理率90.85%，面访率91.97%，服药率87.80%，规律服药率79.23%。开展新冠肺炎疫情心理危机干预，选派31人专业人员入驻市人民医院、市第五医院和疫情隔离点。全年接听心理热线来电3148条，成功干预自杀案例5起。全年获批河北省中医药管理局立项课题4项，发表核心期刊论文18篇；实施继续教育项目23项，其中，国家级1项，省级4项。选派16名医师进修培训，其中2名精神科医生取得硕士学位。10月28日，市第八医院通过省级儿童精神康复专业师资规范化培训基地评审。

石家庄市第八医院

党委书记：王福庆

院　　长：赵瑞申（9月免）

　　　　　莫中福（9月任）

副 院 长：范彦蓉　郝建

　　　　　刘敬涛

（周久利　王慕劲）

体　育

【概况】 2021年石家庄市运动员参加省级以上比赛获得金牌367枚、银牌317枚、铜牌316枚，其中，参加第32届东京奥运会获得金牌2枚、第十四届全国运动会获得金牌6枚、河北省第三届冰雪运动会获得金牌63枚。审批注册二级裁判员208人、二级运动员635人，石家庄市在河北省及全国注册运动员达到8145人。新增二级社会体育指导员872人，公益社会体育指导员总数达到2.7万人。拥有体育协会354个，其中，市级体育协会53个，县级体育协会301个。新增体育协会3个，9月15日，市登山协会成立；12月3日，市航空运动协会成立；12月16日，市高尔夫球协会成立。群众体育组织登记注册1300个，建成基层健身站点4396个。7月14日，巩立姣、常园、孙颖莎、杨晓旭4名石家庄籍运动员入选第32届东京奥运会中国体育代表团成员。

【竞技体育】 2021年石家庄籍运动员参加国际国内竞技体育比赛取得前3名成绩16人，竞技体育强项主要为女子铅球、女子投掷团体、女子乒乓球、女子拳击、男子皮艇、男子桥牌团体等。7月29日至8月5日，女子乒乓球运动员孙颖莎（石家庄市籍）参加第32届东京奥运会乒乓球赛获得女子单打亚军和女子团体冠军；9月21～25日，孙颖莎参加第十四届全国运动会乒乓球赛获得女子单打亚军、女子团体第三名；11月29～30日，孙颖莎参加休斯敦世界乒乓球赛获得男女混合双打冠军、女子团体冠军；12月7日，孙颖莎参加新加坡WTT世界杯乒乓球赛获得女子单打冠军。8月1日，女子铅球运动员巩立姣（石家庄市鹿泉区籍）参加第32届东京奥运会田径女子铅球比赛获得金牌，这是石家庄籍运动员在奥运会个人项目获得的第一枚金牌，也是东京奥运会中国代表团在田径项目获得的第一枚金牌；9月20～25日，巩立姣参加第十四届全国运动会获得女子铅球冠军、女子投掷团体铅球冠军。7月29日，女子拳击运动员常园（行唐县籍）参加第32届东京奥运会女子拳击51千克级比赛获得第5名；9月21日，常园参加第十四届全国运动会拳击比赛获得女子拳击51千克级金牌。9月18日，男子桥牌运动员孙纲（石家庄籍）参加第十四届全国运动会桥牌比赛获得男子团体公开组冠军。9月25日，女子铅球运动员郭甜茜（正定县籍）参加第十四届全国运动会田径比赛，与队友联合获得女子投掷团体（铅球、标枪、链球、铁饼）金牌，这也是河北省女子团体投掷项目历史上首枚金牌。9月25～26日，男子皮划艇运动员杨晓旭（1996年10月出生于承德市，2011年户籍迁入石家庄市，2011年7月开始在市水上运动中心训练）参加第十四届全国运动会皮划艇比赛获得男子单人皮艇200米冠军，并与队友联合获得男子四人皮艇500米金牌。

表 104　　2021 年石家庄市注册运动员参加竞技体育比赛活动获奖一览表

运动员姓名	性别	体育比赛活动名称	比赛地点	参赛项目	比赛日期	名次
巩立姣	女	第 32 届奥林匹克运动会女子铅球	日本东京	女子铅球	2021 年 8 月	第一名
		中华人民共和国第十四届运动会	陕西省西安市	女子铅球	2021 年 9 月	第一名
		中华人民共和国第十四届运动会	陕西省西安市	女子投掷团体铅球	2021 年 9 月	第一名
孙颖莎	女	第 32 届奥林匹克运动会	日本东京	乒乓球女子单打	2021 年 8 月	第二名
		第 32 届奥林匹克运动会	日本东京	乒乓球女子团体	2021 年 8 月	第一名
		中华人民共和国第十四届运动会	陕西省西安市	女子乒乓球单打	2021 年 9 月	第二名
		中华人民共和国第十四届运动会	陕西省西安市	女子乒乓球团体	2021 年 9 月	第三名
		中华人民共和国第十四届运动会	陕西省西安市	女子乒乓球双打	2021 年 9 月	第四名
		中华人民共和国第十四届运动会	陕西省西安市	乒乓球混合双打	2021 年 9 月	第五名
王孖豪	男	中华人民共和国第十四届运动会	陕西省榆林市	男子排球	2021 年 8 月	第五名
杨宝淇	男	中华人民共和国第十四届运动会	陕西省榆林市	男子排球	2021 年 8 月	第五名
隋翔宇	男	中华人民共和国第十四届运动会	陕西省榆林市	排球男子成年组	2021 年 8 月	第十名
李董马亚	男	中华人民共和国第十四届运动会	陕西省榆林市	排球男子成年组	2021 年 8 月	第十名
常园	女	第 32 届奥林匹克运动会	日本东京	女子拳击 51 千克级	2021 年 9 月	第五名
		中华人民共和国第十四届运动会	陕西省西安市	女子拳击	2021 年 9 月	第一名
郭甜茜	女	中华人民共和国第十四届运动会	陕西省西安市	女子投掷团体铅球	2021 年 9 月	第一名
杨晓旭	男	中华人民共和国第十四届运动会	陕西省西安市	男子单人皮艇 200 米	2021 年 9 月	第一名
		中华人民共和国第十四届运动会	陕西省西安市	男子四人皮艇 500 米	2021 年 9 月	第一名
田子重	男	中华人民共和国第十四届运动会	陕西省西安市	田径（铅球）	2021 年 9 月	第二名
马识途	男	中华人民共和国第十四届运动会	陕西省西安市	男子铁饼	2021 年 9 月	第三名
孙思蓓	女	中华人民共和国第十四届运动会	陕西西咸新区	小轮车	2021 年 9 月	第三名
王子文	女	中华人民共和国第十四届运动会	陕西省咸阳市	武术套路女子拳剑枪全能	2021 年 9 月	第三名
马永慧	女	中华人民共和国第十四届运动会	陕西省西安市	女子 4×100 米自由泳接力	2021 年 9 月	第三名
		中华人民共和国第十四届运动会	陕西省西安市	女子 4×200 米自由泳接力	2021 年 9 月	第三名
		中华人民共和国第十四届运动会	陕西省西安市	女子 400 米自由泳	2021 年 9 月	第四名
		中华人民共和国第十四届运动会	陕西省西安市	女子 1500 米自由泳	2021 年 9 月	第五名
		中华人民共和国第十四届运动会	陕西省西安市	女子 200 米蝶泳	2021 年 9 月	第六名
		中华人民共和国第十四届运动会	陕西省西安市	女子 800 米自由泳	2021 年 9 月	第六名
田珈铭	男	中华人民共和国第十四届运动会	陕西省西安市	男子 50 米步枪 3 种姿势	2021 年 9 月	第三名
何卓佳	女	中华人民共和国第十四届运动会	陕西省西安市	女子乒乓球团体	2021 年 9 月	第三名
		中华人民共和国第十四届运动会	陕西省西安市	乒乓球混合双打	2021 年 9 月	第五名
		中华人民共和国第十四届运动会	陕西省西安市	乒乓球女子单打	2021 年 9 月	第五名

续表

运动员姓名	性别	体育比赛活动名称	比赛地点	参赛项目	比赛日期	名次
郭斯予	女	中华人民共和国第十四届运动会	陕西省西安市	女子乒乓球团体	2021 年 9 月	第三名
梁俨学	男	中华人民共和国第十四届运动会	陕西省西安市	男子乒乓球团体	2021 年 9 月	第三名
胡东申	男	中华人民共和国第十四届运动会	陕西省西安市	男子乒乓球团体	2021 年 9 月	第三名
张璐琦	女	中华人民共和国第十四届运动会	陕西省咸阳市	女子单人划艇 200 米	2021 年 9 月	第三名
郭帅	男	中华人民共和国第十四届运动会	河南省洛阳市	自行车男子团体竞速赛	2021 年 9 月	第四名
郭梦娇	女	中华人民共和国第十四届运动会	陕西省咸阳市	武术套路拳剑枪全能	2021 年 9 月	第四名
胡麟鹏	女	中华人民共和国第十四届运动会	陕西省西安市	田径女子跳高	2021 年 9 月	第四名
罗依伦	男	中华人民共和国第十四届运动会	河南省洛阳市	自行车男子团体追逐赛	2021 年 9 月	第五名
周宏飞	男	中华人民共和国第十四届运动会	河南省洛阳市	自行车男子团体追逐赛	2021 年 9 月	第五名
		中华人民共和国第十四届运动会	河南省洛阳市	自行车男子 100 千米团体计时赛	2021 年 9 月	第七名
贾卫辉	男	中华人民共和国第十四届运动会	河南省洛阳市	自行车男子团体追逐赛	2021 年 9 月	第五名
		中华人民共和国第十四届运动会	河南省洛阳市	自行车男子 100 千米团体计时赛	2021 年 9 月	第七名
赵飞	男	中华人民共和国第十四届运动会	陕西省渭南市	男子举重	2021 年 9 月	第五名
闫博文	男	中华人民共和国第十四届运动会	陕西省安康市	武术散打	2021 年 9 月	第五名
高唯中	女	中华人民共和国第十四届运动会	陕西省西安市	女子 400 米个人混合泳	2021 年 9 月	第六名
吴亚茹	女	中华人民共和国第十四届运动会	陕西省延安市	女子摔跤	2021 年 9 月	第七名
孟明宽	男	中华人民共和国第十四届运动会	陕西省汉中市	男子跆拳道	2021 年 9 月	第七名
曾超	男	中华人民共和国第十四届运动会	河南省洛阳市	自行车男子 100 千米团体计时赛	2021 年 9 月	第七名
张明敏	女	中华人民共和国第十四届运动会	陕西省咸阳市	女子四人皮艇 500 米	2021 年 9 月	第七名
仇迎	女	中华人民共和国第十四届运动会	陕西省咸阳市	女子四人皮艇 500 米	2021 年 9 月	第七名
宋海鑫	女	中华人民共和国第十四届运动会	陕西省咸阳市	女子四人皮艇 500 米	2021 年 9 月	第七名
刘天姿	女	中华人民共和国第十四届运动会	河南省洛阳市	自行车女子团体竞速赛	2021 年 9 月	第八名
何宇博	男	中华人民共和国第十四届运动会	陕西省西安市	男子 4×200 米自由泳接力	2021 年 9 月	第八名
张程硕	男	中华人民共和国第十四届运动会	陕西省西安市	男子 4×200 米自由泳接力	2021 年 9 月	第八名
王晓迪	女	中华人民共和国第十四届运动会	陕西省西安市	女子体操	2021 年 9 月	第八名
翟凝轩	男	中华人民共和国第十四届运动会	陕西省咸阳市	男子八人单桨赛艇	2021 年 9 月	第八名
宋浩博	男	中华人民共和国第十四届运动会	陕西省咸阳市	男子八人单桨赛艇	2021 年 9 月	第八名
梁欣阳	男	中华人民共和国第十四届运动会	陕西省咸阳市	男子八人单桨赛艇	2021 年 9 月	第八名
张腾达	男	中华人民共和国第十四届运动会	陕西省咸阳市	男子八人单桨赛艇	2021 年 9 月	第八名
刘楠	女	中华人民共和国第十四届运动会	陕西省咸阳市	女子双人单桨赛艇	2021 年 9 月	第八名

续表

运动员姓名	性别	体育比赛活动名称	比赛地点	参赛项目	比赛日期	名次
王嫣	女	中华人民共和国第十四届运动会	陕西省西安市	高尔夫	2021 年 9 月	第八名
李胜潮	男	中华人民共和国第十四届运动会	陕西省渭南市	足球男子 20 岁以下组	2021 年 9 月	第九名
李房鑫	女	中华人民共和国第十四届运动会	陕西省宝鸡市	足球女子 18 岁以下组	2021 年 9 月	第十名
邢米琪	女	中华人民共和国第十四届运动会	陕西省宝鸡市	足球女子 18 岁以下组	2021 年 9 月	第十名
张红品	女	中华人民共和国第十四届运动会	陕西省宝鸡市	足球女子 18 岁以下组	2021 年 9 月	第十名
封雨晴	女	中华人民共和国第十四届运动会	陕西省宝鸡市	足球女子 18 岁以下组	2021 年 9 月	第十名
王晓怡	女	中华人民共和国第十四届运动会	陕西省宝鸡市	足球女子 18 岁以下组	2021 年 9 月	第十名
张玥	女	中华人民共和国第十四届运动会	陕西省宝鸡市	足球女子 18 岁以下组	2021 年 9 月	第十名
耿一鸣	女	中华人民共和国第十四届运动会	陕西省宝鸡市	女子足球成年组	2021 年 9 月	第十一名
安琪文	女	中华人民共和国第十四届运动会	陕西省宝鸡市	女子足球成年组	2021 年 9 月	第十一名
曹轶帆	女	中华人民共和国第十四届运动会	陕西省宝鸡市	女子足球成年组	2021 年 9 月	第十一名
李静雅	女	中华人民共和国第十四届运动会	陕西省宝鸡市	女子足球成年组	2021 年 9 月	第十一名
李佳慧	女	中华人民共和国第十四届运动会	陕西省宝鸡市	女子足球成年组	2021 年 9 月	第十一名

【群众体育】 2021 年石家庄市举办群众赛事活动主要有：石家庄（正定）女子半程马拉松赛、石家庄（正定）徒步大会、石家庄全民健身日活动、社区冰雪运动会、市第三届冰雪运动会、石家庄第十八届自行车环城赛等。4 月 24 日，2021 石家庄（正定）女子半程马拉松赛在正定长乐门文化广场举行，来自省内外 3000 余名选手参赛。5 月 22 日，2021 石家庄（正定）徒步大会（中国田径协会铜牌赛事）在正定县举行；首次采用不发枪仪式和随到随走形式；参加人员从正定长乐门文化广场出发，分为 5 千米、10 千米徒步两个组别，路线涵盖正定古城墙、荣国府、隆兴寺等旅游景点；参与运动员 7500 人。7 月 10 日，由市体育局、市体育总会主办的石家庄第二届“庄里绳王”跳绳公开赛举行。比赛分设成年组、青年组、少年组、儿童甲组、儿童乙组、幼儿组 6 个组别，设置个人竞赛、集体速度竞赛、花样赛、社会友谊赛 4 个大项 8 个竞赛小项，参赛选手年龄最小的 4 岁，最大的 60 岁。8 月 8 日，市“全民健身日”暨冰雪运动推广普及活动以线上方式在市区裕彤国际体育中心启动，参与体育协会 352 个、草根体育组织 1600 个。2021 年 10 ～ 12 月，市第三届社区运动会暨社区冰雪运动会举行，市内五区 100 个社区参加活动。10 月 23 日，石家庄第十八届自行车环城赛在正定县明曦湖公园河湖广场举行；比赛路线为：明曦湖公园河湖广场—滹沱河花

4 月 24 日，2021 石家庄（正定）女子半程马拉松举行（市体育局提供）

2021 年 12 月 12 日，市第三届冰雪运动会在石家庄滑冰馆开幕　（市体育局提供）

海北岸彩色马路东行—太行大街桥下折返—明曦湖公园河湖广场；总里程 50 千米，路线单圈总长 6.23 千米，共绕行 8 圈。12 月 18 日，2021 石家庄全民健身登山节在元氏县白石山举行，来自全市 300 余名登山爱好者参与登山运动。至 2021 底，全年举办群众赛事活动 500 余场，参与群众 600 万人次。

【冰雪运动】 群众性冰雪运动。健全冰雪运动组织，21 个县（市、区）及高新区冰雪运动协会实现全覆盖。普及群众性冰雪运动，设立“冰雪进公园”“冰雪进商圈”示范点 180 余个。以推进冰雪运动进校园为主题，创建全国青少年校园冰雪运动特色学校 29 所、北京 2022 年冬奥会和冬残奥会奥林匹克教育示范学校 61 所。13 名学生代表河北省参加全国中小学生滑冰锦标赛，获得 1 个冠军、7 个亚军、3 个季军。重要冰雪运动会。12 月 12 ～ 14 日，市第三届冰雪运动会举行，主题为“相约冰雪　全城热练”；设立 6 个大项 128 个小项比赛活动，来自全市各县（市、区）23 个代表团、3000 人参赛。12 月 26 ～ 28 日，河北省第三届冰雪运动会在涞源县举行；石家庄市参赛运动员 172 名，获得金牌 63 枚，金牌总数是省第二届冰雪运动会的 7 倍，位列全省第一。12 月 28 ～ 30 日，2021 年石家庄第三届校园冰雪运动会在市第十五中学和正定县第九中学举行；全市各县（市、区）25 支中小学代表队、800 余名选手参赛；设立比赛项目 4 项，分别为滑冰、陆地冰球、陆地冰壶、轮滑。2021 年全市举办冰雪比赛活动 6700 余场，参与冰雪运动 622 万人，市县两级实现冰雪运动会、冰雪社区运动会、室内滑冰馆、冰雪运动协会、冰雪运动进校园“五个全覆盖”。

表 105　　2021 年石家庄市第三届冰雪运动会比赛获奖情况一览表

序号	项目名称	比赛分项	运动员姓名或机构	所属区域	名次
1	滑冰	双圈计时赛 少年男子甲组	赵禹哲	行唐县	第一名
			解俊浩	新华区	第二名
			李彦梨	行唐县	第三名
		双圈计时赛 少年女子甲组	王彤赫	新华区	第一名
			王天娇	平山县	第二名
			雷牧天	新华区	第三名
		双圈计时赛 少年男子乙组	张梦森	新华区	第一名
			翟科名	桥西区	第二名
			韩宜轩	新华区	第三名

续表

序号	项目名称	比赛分项	运动员姓名或机构	所属区域	名次
1	滑冰	双圈计时赛 少年女子乙组	李紫彤	新华区	第一名
			李安娜	桥西区	第二名
			陈怡颖	长安区	第三名
		双圈计时赛 少年男子丙组	李昊橙	新华区	第一名
			孟凡齐	元氏县	第二名
			王校东	新华区	第三名
		双圈计时赛 少年女子丙组	李佳赞	/	第一名
			魏昕怡	长安区	第二名
			刘皓月	新华区	第三名
		500米计时赛 少年男子甲组	解俊浩	新华区	第一名
			李彦槊	行唐县	第二名
			赵禹哲	行唐县	第三名
		500米计时赛 少年女子甲组	王彤赫	新华区	第一名
			韩心蕾	平山县	第二名
			王天娇	平山县	第三名
		500米计时赛 少年男子乙组	张梦森	新华区	第一名
			翟科名	桥西区	第二名
			韩宜轩	新华区	第三名
		500米计时赛 少年女子乙组	李紫彤	新华区	第一名
			李安娜	桥西区	第二名
			陈怡颖	长安区	第三名
		500米计时赛 少年男子丙组	李昊橙	新华区	第一名
			李越泽	行唐县	第二名
			淮宇墨	行唐县	第三名
		500米计时赛 少年女子丙组	刘皓月	新华区	第一名
			李佳赞	/	第二名
			魏昕怡	长安区	第三名
2	滑轮	男子甲组	邓刚	长安区	第一名
		女子甲组	王翠翠	高邑县	第一名
			顾湘	高邑县	第二名
			朱梅	高邑县	第三名

续表

序号	项目名称	比赛分项	运动员姓名或机构	所属区域	名次
2	滑轮	男子乙组	周丁丁	正定县	第一名
			牛宏达	长安区	第二名
			马伟龙	桥西区	第三名
		女子乙组	李若荨	桥西区	第一名
			任亚娇	栾城区	第二名
			吴莎莎	桥西区	第三名
3	轮滑	双圈计时赛 少年男子甲组	王苏德	平山县	第一名
			顾诗杨	长安区	第二名
			张致中	长安区	第三名
		双圈计时赛 少年女子甲组	雷牧天	新华区	第一名
			王彤赫	新华区	第二名
			韩心蕾	平山县	第三名
		双圈计时赛 少年男子乙组	翟科名	桥西区	第一名
			张森森	正定县	第二名
			韩泽恩	栾城区	第三名
		双圈计时赛 少年女子乙组	李安娜	桥西区	第一名
			齐馨怡	平山县	第二名
			王紫嫣	桥西区	第三名
		双圈计时赛 少年男子丙组	聂子洵	栾城区	第一名
			李沛泽	正定县	第二名
			康安琦	正定县	第三名
		双圈计时赛 少年女子丙组	韩佳人	桥西区	第一名
			姚丁娩	晋州市	第二名
			霍润桧	赵县	第三名
		500 米计时赛 少年男子甲组	顾诗杨	长安区	第一名
			张致中	长安区	第二名
			王苏德	平山县	第三名
		500 米计时赛 少年女子甲组	雷牧天	新华区	第一名
			王彤赫	新华区	第二名
			韩心蕾	平山县	第三名

续表

序号	项目名称	比赛分项	运动员姓名或机构	所属区域	名次
3	轮滑	500米计时赛 少年男子乙组	翟科名	桥西区	第一名
			韩泽恩	栾城区	第二名
			李鸿旭	赵县	第三名
		500米计时赛 少年女子乙组	王紫嫣	桥西区	第一名
			李安娜	桥西区	第二名
			齐馨怡	平山县	第三名
		500米计时赛 少年男子丙组	聂子洵	栾城区	第一名
			李沛泽	正定县	第二名
			陈一安	栾城区	第三名
		500米计时赛 少年女子丙组	韩佳人	桥西区	第一名
			姚丁娆	晋州市	第二名
			陈薇羽	新华区	第三名
4	滑雪	男子双板大回转	张智伟	/	第一名
			车兴道	/	第二名
			左中平	/	第三名
		女子双板大回转	马惠	/	第一名
		男子单板大回转	史红彬	/	第一名
			王子文	/	第二名
			赵思贤	/	第三名
		女子单板大回转	刘晓静	/	第一名
			李婷婷	/	第二名
5	陆地冰壶	/	张帅涛、祁慧妍等	桥西区	第一名
			刘长庆、庞娜等	新华区	第二名
			付立辉、王秀玉等	行唐县	第三名
6	轮滑球	/	创赢冰球俱乐部	/	第一名
			柏林庄学校	新华区	第二名
			和平西路小学	新华区	第三名

表 106　　2021 年石家庄市获得河北省第三届冰雪运动会青少年组金牌项目一览表

序号	项目名称	比赛分项	运动员姓名
1	速度滑冰	男子甲组 500 米	李文淏
		男子甲组 1000 米	
		男子甲组 1500 米	
		男子甲组 5000 米	
		男子甲组全能	
		男子甲组集体出发	
		男子乙组 3000 米	张浩宇
		男子乙组团体追逐	刘重阳　李子航　张浩宇
2	花样滑冰	少年乙组女子单人短节目	张舒涵
		少年乙组女子单人自由滑	
		少年乙组女子单人总成绩	
3	陆地冰壶	男子	刘帅龙　冯悦阳　田宇洋　张硕
		女子	刘小杰　闫子珍　马行易　祁慧妍
4	冰壶	男子	李臣平　金鑫远　张祺烨　金廷宪
5	单板滑雪平行	少年女子大回转	杨清琳
		少年女子回转	周泽宇
		少年男子大回转	郝子铭
6	滑轮	少年组男子 15 千米（传统）	赵石岩
		少年组女子 4×5 千米接力	马慧茹　高雪聪　曹悦　李子怡

表 107　　2021 年石家庄市获得河北省第三届冰雪运动会社会组金牌项目一览表

序号	项目名称	参赛机构或运动员姓名	金牌数量（枚）
1	雪地足球	市足球协会	1
2	冰球 U10 组	市冰上运动协会	1
3	冰球 U14 组	石家庄勒泰欧悦俱乐部	1
4	女子甲组单板回转	马惠	2
5	女子乙组单板回转	赵肖宁	2
6	女子丙组单板回转	徐媛媛	2
7	女子乙组高山大回转	段逍然	1
8	男子乙组单板回转	韩亚森	1
9	男子丙组单板回转	刘入蜜	2
10	越野滑雪男子甲组短距离自由技术	赵海鑫	1

续表

序号	项目名称	参赛机构或运动员姓名	金牌数量（枚）
11	越野滑雪女子甲组3千米间隔出发传统技术	董伟	2
12	轮滑	郝凌风	1
		刘一丹	2
		张宇涵	2
		米双凯迪	1
		井泽森	1
		李长达	1
13	滑轮	王新权	1
		秦婉珊	2
		桑敏	1
		高一铭	1
		杨雅任	1
14	短道速滑	侯亚漫	2
		李安娜	1
		刘莹	2
		张梦森	1
15	速度滑冰	刘入蜜块	2
		关雯雯	2
		刘莹	2
		郭佳乐	2

【体育设施】 至2021年底，石家庄市共有体育场地17523个，同比增加792个；总面积2593.12万平方米，同比增加87.42万平方米；人均体育场地面积2.44平方米。标准体育场21个，其中甲级体育场2个（观众席2.5万座以上）；标准体育馆18个，其中，甲级体育馆1个（观众席6000座以上），其余体育馆观众席均在3000座以下。2021年市委、市政府将“建设全民健身场地设施100处”列入利民惠民10件实事，至2021年末，石家庄市建设社区、村庄全民健身场地设施1032处，超额完成932处，市区基本形成“15分钟健身娱乐休闲圈”。2021年6月，市滑冰馆建成正式对外开放，拥有冰面面积1830平方米。12月9日，市冰雪与足球运动推广训练中心揭牌成立。至2021年底，全市共有真冰滑冰馆11个、仿冰滑冰馆14个、滑雪场8个、浇冰场30个、移动冰场3个、嬉雪场30个，21个县（市、区）及高新区全部建成室内公共滑冰馆。2021年石家庄市域代表性、品牌性体育场馆主要有市体育训练中心（市少年儿童业余体育学校）、市全民健身中心、裕彤国际体育中心、河北奥林匹克体育中心、河北体育馆、万拓健身房、超越健身房、清凉山和西部长青滑雪场、市滑冰馆、勒泰滑冰馆等。

【体育产业】 支持体育产业和企业发展，落实《石家庄市体育产业发展引导资金管理办法》，资助福美足球俱乐部扶持资金200万元。至2021年底，全市共有体育赛事服务公司93个。打造体育运动地板产业聚集区，2家企业入选第32届东京奥运会地板器材供应商，其中，河北英利奥体育用品有限公司（简称英利奥体育）入选三人制篮球比赛场地地板供应商，河北天速地板科技有限公司（简称天速地板）连续三届入选奥运会乒乓球场地地板供应商。6月5日至8月31日，市体育消费季活动举行，全市29家体育企业参与，推出健身、游泳、冰雪、球类等体育消费优惠项目88项，优惠卡券总价值7200万元，吸引参与体育爱好者5万人。伴随居民生活水平的提高，健身运动成为时尚。2021年石家庄市比较热门体育运动主要有乒乓球、篮球、羽毛球、跆拳道、游泳、滑雪、滑冰等，健身性、娱乐性、消遣性运动方式随处可见，主要有广场舞、健身操、体育舞蹈、民族舞、台球等，早晨和晚上城市街道及公园，到处有晨跑、夜跑、行走爱好者的身影。人们热衷健身运动，促成体育产业经济快速发展，体育场馆和专业运动场形成规模性经济收入，代表性体育产业项目有万拓、超越的健身，五龙体育的格斗装备，欧悦的室内滑冰，西部长青的滑雪，无极山的飞行体验等。2021年石家庄从事体育赛事承办企业有石家庄夺金体育文化传播有限公司等，健身运动项目企业有河北万拓体育产业集团有限公司、河北立峰超越体育文化发展有限公司、河北舒畅体育文化发展有限公司等，乒乓球运动项目企业有石家庄梦之路体育发展有限公司、石家庄夺金体育文化传播有限公司、河北海翔乒乓球俱乐部有限公司等，篮球运动项目企业有石家庄飞霆篮球俱乐部、石家庄军冠体育场馆服务有限公司、河北优动体育发展有限公司、河北诚凯体育文化发展有限公司等，羽毛球运动项目企业有河北优动体育发展有限公司等，射箭运动项目企业有河北开弓体育发展有限公司、长安羽林射箭俱乐部等，冰壶运动项目企业有河北冰缘冰壶俱乐部有限公司等，滑冰运动项目企业有石家庄勒泰欧悦体育娱乐有限公司等，跆拳道运动项目企业有河北宏达健身服务有限公司等，高尔夫运动项目企业有河北省智博高尔夫俱乐部等，马术运动项目企业有河北仕弗瑞马术俱乐部有限公司等，飞行运动项目企业有河北亚联飞行体育发展有限公司等，蹦床、攀岩运动项目企业有河北黄桷树体育文化发展有限公司等，搏击及爵士舞运动项目企业有顽石文体有限公司等，体育用品销售企业有河北英利奥体育用品有限公司、河北天速地板科技有限公司、河北伙伴体育文化发展有限公司、市五龙器材有限公司等。2021年河北英利奥体育用品有限公司获得河北省体育产业创新创业大赛银奖，市五龙体育器材有限公司、顽石文体有限公司获得河北省体育产业创新创业大赛铜奖。

（市体育局）

社会生活

Social Life

城乡居民收入与消费

【概况】 2021年全市居民人均可支配收入33555元，同比增长8.4%。其中，城镇居民人均可支配收入43024元，增长6.9%；农村居民人均可支配收入18676元，增长10.2%。2021年石家庄市居民人均消费支出21879元，同比增加2468元，增长12.7%。其中，城镇居民人均消费支出26906元，增加2039元，增长8.2%；农村居民人均消费支出13978元，增加2792元，增长25.0%。2021年石家庄居民恩格尔系数为24.3%，其中，城镇居民恩格尔系数为22.1%，农村居民恩格尔系数为30.9%。2021年市区居民消费价格指数同比上涨0.9%，其中，交通通信类上涨3.8%，衣着类下降0.5%，生活用品及服务类下降0.9%，食品烟酒类上涨0.9%，教育文化和娱乐类上涨1.8%，医疗保健类上涨0.5%，居住类与2020年持平。

【居民收入】 2021年石家庄市居民人均可支配收入33555元，同比增长8.4%。其中，城镇居民人均可支配收入43024元，增长6.9%；农村居民人均可支配收入18676元，增长10.2%。2021年石家庄市城镇居民人均可支配收入达到4万元以上县（市、区）7个，从高到低依次为裕华区、桥西区、新华区、长安区、藁城区、鹿泉区、晋州市。2021年石家庄市农村居民人均可支配收入达到2万元以上县（市、区）7个，从高到低依次为鹿泉区、藁城区、晋州市、井陉矿区、正定县、栾城区、新乐市。2021年石家庄市居民人均可支配收入在河北省11个设区市中位列第3名，较第1名唐山市低4106元，较第2名廊坊市低3792元，较全省平均水平高4172元；居民人均可支配收入增速高于全省平均增速0.1百分点。2021年石家庄市城镇居民人均可支配收入在河北省11个设区市中位列第3名，较第1名廊坊市低5888元，较第2名唐山市低4240元，较全省平均水平高3233元；城镇居民人均可支配收入增速高于全省平均增速0.2百分点。2021年石家庄市农村居民人均可支配收入在河北省11个设区市中位列第5名，较第1名唐山市低4163元，较全省平均水平高497元；农村居民人均可支配收入增速低于全省平均增速0.2百分点。

表108　2017～2021年石家庄市城镇居民与农村居民人均可支配收入增速对比一览表

年度	城镇居民人均可支配收入增速（%）	农村居民人均可支配收入增速（%）
2017	8.1	8.1
2018	8.0	8.8
2019	8.4	9.2
2020	4.4	6.9
2021	6.9	10.2

【居民消费】 2021年石家庄市居民人均消费支出21879元，同比增加2468元，增长12.7%。其中，城镇居民人均消费支出26906元，同比增加2039元，增长8.2%；农村居民人均消费支出13978元，同比增加2792元，增长25.0%。居民人均消费支出首次突破2万元大关。农村居民人均消费支出增速高于城镇居民消费

支出增速 12.3 个百分点。居民消费结构。食品、衣着、生活用品及服务等基本消费支出。2021 年全市居民人均食品烟酒支出 5312 元、衣着支出 1362 元、生活用品及服务支出 1447 元，三类基本消费支出占比达到 37.1%。居住类消费。2021 年全市居民人均居住类消费 7175 元。文教娱乐、医疗保健等发展和享受型消费支出。2021 年全市居民人均交通通信支出 2305 元、教育文化娱乐支出 2130 元、医疗保健支出 1674 元、其他商品和服务支出 474 元，居民用于发展和享受型消费支出占比达到 30.1%。城乡居民人均住房建筑面积。2021 年全市居民人均住房建筑面积 43.51 平方米，其中，城镇居民人均住房建筑面积 40.56 平方米，农村居民人均住房建筑面积 47.57 平方米。汽车拥有量。2021 年全市居民平均每百户汽车拥有量 61 辆，其中，城镇居民平均每百户汽车拥有量 65.7 辆，农村居民平均每百户汽车拥有量 52.3 辆。家用电器。2021 年全市居民平均每百户洗衣机拥有量 102.1 台、电冰箱（柜）103.1 台、微波炉 63.5 台、空调拥 181 台、热水器 90.5 台、排油烟机 80.9 台。信息化耐用品。2021 年全市居民平均每百户移动电话拥有量 244.2 部，其中，城镇居民平均每百户移动电话拥有量 234.1 台，农村居民平均每百户移动电话拥有量 263.5 台。

国家统计局石家庄调查队
副队长：聂保军（主持工作）
刘广和

（刘中秋）

社会保障

【概况】 至 2021 年末，石家庄市城乡居民养老保险参保 382.2 万人，同比增加 2.7 万人；城镇职工养老保险参保 277.8 万人，同比增加 8.4 万人，其中，在岗职工养老保险参保 212.5 万人，增加 6.7 万人；失业保险参保 136.96 万人，同比增加 10.6 万人；工伤保险参保 181.6 万人，同比减少 11.0 万人，其中，工伤保险农民工参保 62.8 万人，减少 13.5 万人。2021 年全市城镇职工基本养老保险基金收入 545.16 亿元，支出 550.99 亿元，累计结余 31.28 亿元。2021 年全市城乡居民基本养老保险基金收入 26.19 亿元，支出 18.9 亿元，累计结余 57.97 亿元。2021 年全市为 52.5 万名企业离退休人员发放养老金 196.0 亿元，为 12.46 万名机关事业单位离退休人员发放养老金 64.52 亿元，为 124.1 万名城乡居民养老保险待遇领取人员发放养老金 16.9 亿元。社会保险待遇水平提高，机关事业单位和企业退休人员基本养老金同步调整，月人均增长 132 元；城乡居民基本养老保险月人均水平由 123.4 元提高到 147.68 元，高新区、桥西区、循环化工园区 3 个地域月人均达到 180 元。工伤职工伤残津贴月人均增加 257 元，供养亲属抚恤金月人均增加 106 元。至 2021 年底，全市社会保障卡（简称社保卡）持卡人数达到 1086.38 万人，电子社保卡签发量达到 500 万张。支持企业复工复产，开展失业保险稳岗返还，发放补贴资金 9899 万元，惠及企业 1.75 万家。发放失业补助金 3.09 亿元，受益失业人员 9.44 万人。2021 年全市共有享受城乡最低生活保障（简称低保）对象 12.66 万人，其中，城市低保对象 8436 人，农村低保对象 11.82 万人。2021 年市社会保险中心获授全国人力资源社会保障系统优质服务窗口称号。

【城镇个体工商户及雇工纳入失业保险参保范围】 2021 年河北省以石家庄市为试点，率先实施城镇个体工商户（简称雇工单位）及雇工纳入失业保险参保范围政策。雇工单位失业保险缴费基数为全部职工上年度实际月平均工资总额，雇主及雇工个人缴费基数为本人上年度实际月平均工资总额。雇主及雇工个人缴费基数低于上年度全省全口径城镇单位就业人员月均工资的 60% 或缴费基数无法确定的，按上年度全省全口径城镇单位就业人员月均工资的 60% 作为缴费基数；雇主及雇工个人缴费基数高于全省全口径城镇单位就业人员月均工资 300% 的，按全省全口径城镇单位就业人员月均工资 300% 作为缴费基数。雇工个人缴纳的失业保险费，由雇工单位从个人工资中代扣代缴。新成立雇工单位应在单位成立之日起 30 日内，到注册地社会保险经办机构办理参保登记。新雇员工应从用工之日起 30 日内办理社会保险登记并申报缴纳失业保险费。

【职称与福利保障】 完善职称和职业资格评价机制，支持 5 所市属高校、5 家企业开展职称自主评审，15 家企业开展职业技能等级自主认定。开展“稳就业、促发展、构和谐”工资集体协商共同约定行动，全年建立集体协商制度企业 1.5 万家，签订行业（区域）工资集体合同 100 份，位居全省第一名。整合石家庄人社 App、微信小程序、支付宝生活号等移动服务接口，形成社会保险、就业创业、人事档案等人力资源和社会保障业务（简称人社业务）“一窗通收通办”能力。2021年石家庄人社一体化平台功能拓展，实现单位业务全程“网上办”、个人业务“掌上办”、市县乡村“四级一体”公共服务“就近办”服务。

【集中供热采暖补贴】 6月10日至7月23日，主城区城市困难群众和重点优抚对象2020～2021采暖期集中供热采暖补贴发放。发放范围：市内4区及高新区参加集中供热的城市低保户（特困人员）、困难职工家庭和享受民政部门发放抚恤补助的重点优抚对象（烈士遗属、因公牺牲军人遗属、病故军人遗属、残疾军人、老复员军人、带病回乡退伍军人、因公因战致残民兵民工）及“两参”退役人员（参加1954年以来对敌14次战役及参加核试验在农村的和城镇无工作单位且家庭困难的退役人员）。

【农民工工资拖欠治理】 开展集中整治拖欠农民工工资问题专项行动，全年办结农民工欠薪线索2.6万条，为1.8万劳动者追讨工资1.84亿元。严格建设领域农民工工资保证金监管，落实《石家庄市市区建设领域农民工工资保证金加快返还管理办法》。2021年全市建筑领域返还农民工工资保证金8917.54万元，其中专项工程1350万元，解冻预储金账户5个。2021年石家庄市解决拖欠农民工连续3年在河北省考核中评为A级，连续两年蝉联A级第一名。

（杨轲程　孟东）

医疗保障

【概况】 至2021年末，石家庄市基本医疗保险参保986.95万人，同比增加81.99万人。其中，城镇职工基本医疗保险参保202.08万人，同比增加23.77万人；城乡居民基本医疗保险参保734.74万人，同比增加8.09万人；省直单位人员参保43.33万人；外地人员参保6.8万人。自2021年起，居民生育保险划归基本医疗保险管理。2021年全市职工基本医疗保险（含生育保险）基金收入101.05亿元，支出74.19亿元，当年结余26.86亿元，累计结余150.41亿元，累计结余可支付月数20.2个月；城乡居民基本医疗保险基金收入69.01亿元，支出60.19亿元，当年结余8.82亿元，累计结余30.95亿元，累计结余可支付月数6.2个月。落实药品医用耗材集中采购政策，执行国家药品集中带量采购5个批次218个品种、省级联盟带量采购2个批次10个品种。建立医保资金预付和结余留用机制，完成3077.05万元预付周转金和结余留用资金拨付。5月21日，国家统一医疗保障信息平台系统在石家庄市建成试运行。5月28日，全市村卫生室医疗保障门诊结算业务开通。

【医保政策调整】 实行城乡居民和城镇职工基本医保市级统筹，统一基本医保待遇水平、经办服务等事项，做到“全市无异地”。9月1日起，实行省内就医无异地，20家三级医疗机构、70家二级医疗机构全部开通跨省和省内异地就医普通病门诊直接结算，参保群众看病就医更加便捷。健全职工医保门诊共济保障机制，印发《关于建立健全职工基本医疗保险门诊共济保障机制的实施办法》，改革个人账户，拓宽个人账户使用范围，推动职工医保门诊保障由个人积累式转向互助共济式改革。规范城乡居民基本医疗保险管理，印发《石家庄市城乡居民基本医疗保险实施办法》。巩固医疗保障脱贫成果，全市脱贫人口全部参保，实现“应保尽保”和省域内基本医疗保险、大病保险和医疗救助“一站式”直接结算，符合门诊慢性病条件的脱贫人口全部纳入保障范围。助力三孩政策，将生育三孩费用纳入生育保险待遇支付范围。解决特殊药品使用患者“跑腿垫资”问题，创新建立特殊管理药品医疗机构、定点药店“双通道”购药新模式，开通定点药房14家，在8家医疗机构试行电子处方流转，惠及病人2万余人次，减轻负担8300余万元。开展分值点数法付费（DIP）支付方式改革、医疗服务价格改革，城镇基层医疗机构新增和修订医疗服务价格项目131项，患者总费用和个人负担费用实现整体下降。

【医保基金监管】 开展打击欺诈骗保集中宣传月活动，曝光和打击欺诈骗保典型案例21起。开展医保行政执法，增强基金监管震慑力和影响力，2021年全市医保行政执法立案40起，结案34起。开展欺诈骗保问题全面排查整治、存量问题清零“回头看”、医保定点零售药店欺诈骗保行为等专项整治，将排查整治与飞行检查、交叉互查、风险预警、问题线索移送相结合，强化打击欺诈骗保震慑作用。开展打击“三假”专项整治，通过夜查、晨查、床位监管系统随机抽查等方式，做到两轮全覆盖检

2021 年 4 月 1 日，市医疗保障局举行打击欺诈骗保集中宣传月活动仪式（市医疗保障局提供）

查。2021 年全市医保监管解除协议 144 家，暂停协议 168 家次，约谈相关负责人 1478 家次，通报批评 1021 家次，限期整改 1336 家次，行政处罚 4 家次。

【《2020 年版药品目录》施行】 3 月 1 日，石家庄市正式执行《2020 年版药品目录》。新版药品目录包括国家目录药品和河北省暂保留增补药品，收载药品 3097 种。其中，国家目录常规药品含西药 1264 种、中成药 1315 种，国家目录协议期内谈判药品 221 种；河北省暂保留增补药品含西药 167 种、中成药 130 种。医保基金可支付中药饮片 892 种，属历年最多。新版药品目录新增药品 119 个，涉及临床组别 31 个。其中，采取以量换价与医药企业价格谈判，实现药品价格平均下降 50.64%；14 种医保目录内原有药品举行价格谈判，实现药品价格平均下降 43.46%。新版药品目录调出临床应用价值不高的药品 29 种。

【药品、医用耗材集中采购】 10 月 1 日零时，全市正式执行第五批国家集中带量采购药品中选目录，新增药品 61 种，药品价格平均降幅 56%；覆盖高血压、冠心病、糖尿病、抗过敏、抗感染、消化道疾病等常见病、慢性病用药及肺癌、乳腺癌、结直肠癌等重大疾病用药。至 2021 年底，全市执行国家药品集中带量采购 5 个批次 218 个品种、省级联盟带量采购 2 个批次 10 个品种，药品价格平均降幅达到 60%；医用耗材涉及人工晶体、冠脉支架、冠脉扩张球囊、一次性使用输液器、静脉留置针五类医用耗材，价格平均降幅达到 70%。

（宋绍龙　贾婧）

民族宗教事务

【概况】 2021 年全市按照省、市委统战部的统一安排部署，做好宗教专项整治和系统治理工作，推进基层宗教管理再上新台阶，主要完成民族宗教宣传教育、少数民族经济发展、宗教事务管理等重点工作。向全市 139 个宗教工作重点村（社区）派驻工作队员 419 名，开展为期两年的宗教系统治理，有效消除宗教对群众的精神诱惑。总结选树一批基层治理工作队先进典型，得到省委常委、市委书记张超超“工作积极主动，成效大，希久久为功”的肯定性批示。举办全市民族宗教干部行政执法培训班，修改完善市民宗局权责基础清单、权责清单配套的办事指南和工作流程图，严格规范宗教领域行政执法程序，有效提升宗教事务治理法治化水平。至 2021 年底，石家庄市共有民族成分 54 个（没有塔吉克族、德昂族）。其中，汉族人口 1049.03 万人，占全市总人口的 98.87%；少数民族人口 11.94 万人，占全市总人口的 1.13%。2021 年全市少数民族人口较 2020 年增加 702 人，同比增长 0.59%。全市有 3 个民族乡，分别是：藁城区九门回族乡、无极县高头回族乡、新乐市彭家庄回族乡；总人口 109349 人，其中，少数民族人口 28405 人，占民族乡总人口的 25.98%，占全市少数民族人口的 23.79%。至 2021 年底，石家庄市共有佛教、道教、伊斯兰教、天主教、基督教 5 种宗教。宗教活动场所 527 处、宗教教职人员 617 人（含基督教传道员）、信教群众 13.83 万人。其中佛教教职人员 194 人，活动场所 97 处，信仰佛教的公民 1.53 万人；道教教职人员 66 名，宗教活动场所 21 处，信仰道教公民 2055 人；伊斯兰教教职人员 25 名，市级宗教团体 1 个（石家庄市伊斯兰教协会），信仰伊斯兰教的公民 1.5 万人；天主教

2021 年 4 月 27 日，市回民小学举行中华传统文化宣传与党史教育进校园活动（市民族宗教局提供）

教职人员 72 名，市级宗教团体 1 个（石家庄市天主教爱国会），信仰天主教的公民 7.9 万人；基督教教职人员 260 名，宗教活动场所 211 处，市级宗教团体 2 个（石家庄市基督教三自爱国运动委员会、石家庄市基督教协会），信仰基督教公民 2.7 万人。

【民族事务管理】 营造“手足相亲、守望相助”民族团结进步社会氛围。以“铸牢中华民族共同体意识”为主线，开展“石榴花开”民族团结进步创建品牌建设。宣传民族政策，增进民族情谊，举办第十一个民族团结进步宣传月活动，在藁城区九门乡、无极县高头乡举行惠民义诊活动，组织部分中小学秋季开学集中召开“民族团结第一课”，推荐市民族小学为全省铸牢中华民族共同体意识主题教育实践活动试点学校。打造民族团结进步创建精品示范单位，藁城区九门回族乡政府、裕华区藏龙福地社区居委会 2 个单位获评全国民族团结进步示范区（单位），新华区政府、新乐市彭家庄回族乡政府、新华区清真寺街社区居委会、藁城区石家庄市冀峰金刚石工具有限公司 4 个单位获评全省民族团结进步示范单位（区）。参加河北省第五届少数民族文艺调演活动，舞蹈《云歌》、器乐合奏《阿美族舞曲》、无伴奏合唱《北京的金山上》、舞蹈《走向光明》获得一等奖，器乐合奏《花儿为什么这样红》获得三等奖，市代表团获得“优秀组织奖”。参加全省“民族团结杯”蹴球比赛，获得女子双蹴第一名、男子单蹴第二名、团体第三名；参加民族健身操比赛，获得规定动作、自选动作 2 枚金牌及优秀组织奖、体育道德风尚奖。

【民族乡村经济】 2021 年藁城区九门回族乡、新乐市彭家庄回族乡、无极县高头回族乡 3 个民族乡财政收入 6049 万元，其中，九门回族乡 4157 万元，彭家庄回族乡 2236 万元，高头回族乡 756 万元；农林牧渔业总产值 15.44 亿元，其中，九门回族乡 7.28 亿元，彭家庄回族乡 3.62 亿元，高头回族乡 5.06 亿元；粮食总产量 8.11 万吨，其中，九门回族乡 3.21 万吨，彭家庄回族乡 2.11 万吨，高头回族乡 2.79 万吨。3 个民族乡乡镇企业总产值 110.15 亿元，乡镇企业从业人员 22216 人。3 个民族乡农村居民人均可支配收入 16857 元，与农村居民人均可支配收入水平基本持平，其中，九门回族乡 19168 元，彭家庄回族乡 17516 元，高头回族乡 13420 元。

【扶持少数民族发展】 2021 年石家庄市争取中央财政衔接推进乡村振兴补助资金 228 万元，省财政少数民族专项资金 105 万元。2021 年石家庄市财政安排少数民族专项资金 101 万元。统筹支持少数民族发展，12 月 9 日，石家庄市举行无极县高头回族乡现场办公会议，研究支持该乡发展帮扶举措，精准谋划 5 大类 28 个帮扶项目，包括基础设施、社会民生、产业培育、乡村振兴等，涉及资金 1.7 亿元。

【佛教重要场所】 佛教场所主要有柏林禅寺（参见“市情概览”下“居民”）、临济寺等。临济寺位于正定县城，是佛教临济宗发祥地，始建于东魏兴和二年（540 年），原址在城东南临济村，因濒临滹沱河渡口，故名临济。正定临济寺被称为世界上最早的佛教临济宗道场，是世界临济宗的祖庭。唐大中八年（854 年），义玄禅师在此创立临济宗，因临济宗机峰峻峭，僧徒众多，禅风以“单刀直入，机锋峭峻”著称，形成禅宗一大宗源，成语“当头棒喝”源于此地。宋金时期传入日本及东南亚地区，在佛教界享有“临济儿孙遍天下”之美誉，每年亚洲、欧洲、大洋洲、北美洲等地临济宗高僧皆来朝拜祖庭。临济寺内澄灵塔俗称青塔、衣钵塔，始建于唐咸通八年（867 年）。据记载，义玄禅师在大名府兴化寺讲法期间圆寂，唐懿宗仰慕义玄之德行，赐谥号慧照禅师，并下诏分别在大名、真定建塔，同名澄灵塔。金大定二十五年

（1185年）大修，现状保持金代大修后的外观形式。澄灵塔高30.47米，平面为八角形，是一座砖砌的实心塔，古塔造型挺拔峻秀，雕饰华丽，设计精巧，结构富于变化，为密檐塔中的佳作，被梁思成赞誉为“清晰秀丽，塔中之上品”。中华人民共和国成立前，临济寺仅剩1座破损的澄灵塔。1984年经国务院批准，临济寺被确定为全国重点佛教寺院，并由文物部门交付出家人管理。1984～1986年，国家宗教事务局拨款，中日两国临济、黄檗两宗法侣资助修复澄灵塔；1986年5月，中日两国僧侣举行澄灵塔修复落成庆典大会，时任中国佛教协会会长赵朴初参加法会，并题写“临济寺”“大雄宝殿”匾额。2001年澄灵塔被公布确定为全国重点文物保护单位。

【道教重要场所】 道教场所主要有关帝庙、金阙宫、十方院等。关帝庙位于石家庄市桥西区槐安西路振头一街，亦称崇宁真君庙、振头关帝庙，供奉三国时期刘备、关羽、张飞三杰，原名三义祠。清顺治十五年（1658年）改为关帝圣庙，雍正六年（1728年）改为关帝大庙。明嘉靖二十年（1541年）孟夏，庙前14米处始建一旌表一木牌坊。牌坊整体为斗拱卯榫木结构，坊形为四柱三楼，绿色琉璃瓦盖顶，飞檐斗拱，造型奇特，结构严谨，别具一格；坊顶成众字形，碧瓦鎏金，光彩耀目。阳面坊额横匾有“浩然正气”4字，笔法苍劲，气势磅礴；阴面檐下匾额有清康熙四年（1665年）追称关羽尊号“山西夫子”4字。1993年7月15日，木牌坊（崇宁真君庙牌楼）获批省级文物保护单位；2011年10月10日，关帝庙获批市级文物保护单位。现任监院李崇鹰道长在关帝庙传道21年。金阙宫坐落在鹿泉区抱犊寨风景区，始建于金元，兴盛于明清，明代著名道士张三丰曾游览修行此处题写“抱犊福地”四个大字。明末三丰派祖师郭白云潜修此庙，教风大兴，从此成为华北三丰派祖庭。古建筑现有六殿一堂一道院，占地4亩。1993年9月，金阙宫重建开放并成立抱犊寨道教乐团。2013年金阙宫“玄岳三丰太极拳”“道教音乐”入选石家庄市非物质文化遗产名录，传承人为金阙宫监院邓元富道长。十方院，古称金阙宫，又名西十方院，位于鹿泉区西城门外，太平河南岸，始建于清代康熙七年（1668年），由获鹿县知县唐彝和道士唐圆秀、张至贵倡建。鼎盛时期，香客渤涌，道众云聚，有堂舍数百楹，田产遍及北京、张家口等地，是古正定和今河北省的主要道教活动中心。民国时期遭到严重破坏，1949年中华人民共和国成立后曾改为图书馆。改革开放后重建，占地面积8000余平方米，建筑面积3000余平方米。1996年7月登记开放，河北省道学院设在十方院。

【伊斯兰教重要场所】 伊斯兰教场所主要有市清真寺、九门清真北寺等。石家庄市清真寺位于新华区清真寺街。1907年20户100余人来石穆斯林为履行宗教功课，筹集款物在桥西八条胡同租赁土地，修建一坊简陋清真寺，1917年遭洪水冲毁。1991年8月8日，重修清真寺筹建委员会组建成立；占地1844平方米。1992年9月21日，扩建清真寺一期工程奠基仪式举行；1993年10月，清真寺综合楼交付使用；1994年12月22日，二期工程即清真寺主体二层礼拜殿大楼破土动工，1995年11月竣工。清真寺新寺以上下两层礼拜殿为主，附设伊斯兰教经学院，先后获评“全国模范清真寺”、首届全国“创建和谐寺观教堂先进集体”和河北省“五好宗教活动场所”。九门清真北寺坐落于藁城区九门回族自治乡九门村，始建于明朝永乐年间，1926年大殿重修扩建，成为一卷一脊。1941年侵华日寇在冀中大扫荡时，将大殿全部烧毁，1943年大殿重修。1994年6月，九门清真北寺批准设立，2007年6月登记开放，占地面积3500平方米。

【天主教重要场所】 天主教场所主要有北大街天主堂等。北大街天主堂位于石家庄市区新华路北大街54号，始建于1933年，曾隶属原正定教区管辖，占地5.8亩，建有教堂、神职楼、工房、生活用房、公教医院等房屋93间，建筑面积1600平方米。天主教正定教区改划为石家庄教区后，1983年开始重建新教堂；1984年10月，新教堂落成使用，正面宽15米，高14米，双尖仿哥特式建筑，总长25米，建筑面积350平方米。

【基督教重要场所】 基督教场所主要有福音堂等。福音堂位于石家庄市区新华路94号。1913年，丹麦冉彼得牧师到石家庄传教，先后在南大街、大桥街、北后街租房；1921年冉彼得变卖在丹麦的家产，筹资3万美元，在新华路购地7.5亩，建造福音堂1座。中华人民共和国成立后，曾由房管部门收管，改为居民宿舍使用。1982年石家庄市落实宗教房产政策，市政府拨款7.5万元，重新修缮福音堂；1983年12月，福音堂落成使用，宽9米、长20米、高10米，建筑面积200平方米。1998年3月，经市政府批准，教会在原福音堂南面新建一座福音堂；1998年12月20日落成启用，长45.9米，宽21米，高39.42米，建筑面积3200平方米，可容纳人员2000人。

（赵琳）

退役军人事务

【概况】2021年石家庄市安置转业军官90余人，其中，行政团职干部4人，营职以下及专业技术干部90余人；行政团职干部全部由市委组织部安置，符合任职条件人员均落实职务；营职以下及专业技术干部全部按照政策妥善安置。其中，安置到行政（含政法）单位80余人，占总人数的82.7%；安置到参公单位10余人，占总人数的15.3%；安置到全额事业单位2人，占总人数的2%。安置随调配偶2名。2021年全市接收符合政府安排工作条件退役士兵和退出消防员700余人，其中，由省退役军人安置部门调档安置50余人，参加各县（市、区）公开选岗700人。经公开选岗，妥善安置退役士兵和退出消防员700余人。其中，省属事业单位安置50人，市属事业单位安置100余人，县（市、区）属事业单位安置300余人，事业单位安置比例达到80.4%；国有企业安置100余人，占安置总人数的19.6%。6名退役士兵和退出消防员选择放弃工作安排。2021年全市为3692名自主择业军队转业干部发放退役金4.8亿元，拨付自主就业（自谋职业）退役士兵地方一次性经济补助资金4050万元，为市区退役士兵拨付待安置期间生活补助和保险补助费729万元。2021年全市接收军队退休干部（士官）300余人，为3名军休干部办理跨省调整服务管理关系，实现移交部队、服务机构、军队退休干部（士官）本人三方满意。

【退役军人就业创业】采取"建台账、抓培训、促就业、强保障"方式，全力抓好退役军人就业创业工作。建立基础台账，2021年全市统计登记2018～2020年以来自主就业退役士兵8989名，全部建立就业创业台账，其中，就业5556名，创业255名，复学2453名，未就业725名。开展退役军人就业培训需求调查，全市调查摸底11.31万人，就业跟踪10.77万人。做好教育培训，全年退役军人参加适应性培训2472人；分10个专业，举办自主就业退役士兵职业技能培训，参加932人；举办2期创业初级培训班、1期创业高级研修培训班，参加退役军人220人。促进退役军人就业，全年5名退役军人参加公务员录用考试入职上岗，定向招录退役军人专职消防队员75名，推荐优秀退役军人赴边就业34名。推行"权威推荐+自主选择"就业模式，市本级遴选14家优质企业并签订就业合作协议，提供和推介15类4981个就业岗位。举办退役军人专场招聘会4次，参加招聘企业214家，提供就业岗位6000余个，达成就业意向1300余人。10月12日，市第三届退役军人就业招聘会举行。参加招聘用工单位100余家，参与招聘退役军人1500多人，与用工单位达成就业意向1039人次，现场签约49人。举办各类创业辅导、创业项目推介会等25场次，提供创业指导520人次。落实《石家庄市促进退役军人就业创业工作的实施意见》及《实施细则》，36名退役军人享受政策红利。依托社会力量，打造退役军人大厦服务园地，形成退役军人就业、培训、创业孵化、专属人力资源市场，专门为退役军人提供从退役初始到职业生涯全周期、一站式、全方位定制、终身制服务。2021年石家庄市135人获评河北省"十名优秀退役军人"。

【军休服务管理】推进军休所制度化、规范化、标准化管理水平，制定出台《石家庄市星级军休服务管理机构评定办法》，评选四星级军休机构4个、三星级军休机构7个。增强军休干部荣誉感和获得感，率先在全国出台《移交政府安置的军队离休退休干部退休士官荣誉疗养管理办法（试行）》。关心军休干部及家属遗属生活，落实军休干部待遇，全年发放军休经费12.5亿元。重视军休服务管理机构基础设施建设，改造装修市区东、西2个市级军休活动中心。8月26日，市退役军人志愿者协会成立。

【抚恤优抚】2021年全市共有享受抚恤优抚补助对象83751人，其中，伤残人员6320人，"三属"（烈士遗属、因公牺牲军人遗属、病故军人遗属）1013人，在乡复员军人861人，带病回乡退伍军人2264人，参战参试退役人员7182人，60周岁以上农村籍退役士兵62478人，烈士老年子女（含中华人民共和国成立前错杀后被平反人员）3644人，铀矿开采退役人员1人。根据省退役军人事务厅、省委组织部、省财政厅文件通知，自2021年8月1日起，石家庄市提高部分退役军人和其他优抚对象抚恤补助标准。伤残人员（残疾军人、伤残人民警察、伤残国家机关工作人员、伤残民兵民工）残疾抚恤金标准、"三属"（烈士遗属、因公牺牲军人遗属、病故军人遗属）定期抚恤金标准及生活补助标准，在2020年基础上平均提高10%，残疾抚恤金每人每年提高920～9700元不等，"三属"定期抚恤金每人每年提高 2490 ～ 3080 元不等，在乡老复员军人生活补助标准在现行基础上每人每月提高 200 元，带病回乡退伍军人和参战参试退役军人生活补助标准每人每月提高 50 元，烈士老年子女（含中华人民共和国成立前错杀后被平反人员）生活补助标准每人每月提高 50 元，60 周岁农村籍老义务兵每服一年义务兵役每月增加补助 5 元，达到每月 50 元。全年抚恤优抚未启动社会救助与保障标准价格联动机制。

灵寿县烈士陵园　（刘平玉　摄）

【双拥共建】 支援部队建设，开展“助力强军·服务国防”关爱基层官兵万里行、“情系边海防官兵”、“喜报送家门”等活动，完善军地互提需求、互办实事“双清单”制度。投入 60 万元，支持“石家庄舰”构建内部无线局域网络。做好随军家属就业安置，全年在机关和企事业单位对应安置随军家属 65 人，采取公益性岗位方式安置 314 人。帮助和协调军人子女上学就读，安排军人子女学生 234 人，其中，小学生 106 人，初中生 25 人，高中生 103 人。办理军人子女享受中考招生加分政策 148 人次、服兵役高校学生享受国家资助资金 781 人次。发挥社会组织作用，开展社会化拥军活动。7 月 16 日，由省双拥办、省退役军人事务厅、省军区政治工作局举办的 2021 年河北省“百城万店拥军行”活动启动仪式在石家庄市裕华万达广场举行，石家庄市 9 家单位获授“河北省拥军服务站”“石家庄市拥军服务站”牌匾。鼓励和引导社会组织、拥军企业入驻社会化拥军平台，上线企业达到 1375 家。2021 年石家庄市连续 8 年获评省级双拥模范城，7 个县区获评省级双拥模范县，8 个单位获评省爱国拥军模范单位，11 人获评省爱国拥军先进个人，1 人获评省爱国拥军模范。

【走访慰问】 7 月 31 日，省委常委、市委书记张超超到驻石中部战区陆军某部、河北省军区、市消防救援支队走访慰问部队官兵和看望优抚对象。7 月 31 日，市长马宇骏到驻石某部队、某军事院校、联勤保障部队第五储备资产管理局走访慰问部队官兵和看望优抚对象。7 月 29 日，市人大常委会主任李雪荣到驻石武警河北省总队、陆军军医大学士官学校、陆军步兵学院石家庄校区走访慰问和看望优抚对象。7 月 30 日，市政协主席张业到驻石空军石家庄飞行学院、石家庄警备区、市军休二所走访慰问部队官兵和看望军队离退休人员。

【烈士陵园管理】 加强烈士纪念设施保护管理，建立烈士纪念设施保护管理年度报告制度。争取中央资金 1900 多万元，实施县级以下烈士纪念设施整修工程，迁建整修散葬烈士墓、零散烈士纪念设施。全面审核烈士纪念设施陈展和讲解内容，完成井陉县革命历史纪念馆、元氏县烈士陵园等 9 处纪念馆及陵园整改提升。开展烈士纪念设施保护专项行动，建立退役军人事务局、宣传部、检察院等部门联动协调机制，专项检查 8 个县烈士纪念设施和散葬烈士墓管理保护工作。营造“缅怀英烈、崇尚英雄”社会环境，发挥烈士陵园主阵地作用，举办“守护·2021 清明祭英烈”“9·30 烈士纪念日”“11·12 石家庄解放纪念日”等纪念活动，警醒后人珍惜先辈用鲜血换来的幸福生活。结合纪念中国共产党建党 100 周年和党史学习教育活动，挖掘红色资源和党史资源，举办“中国共产党石家庄地方组织的创建与革命斗争”主题展览和“石家庄百个红色印记巡展”活动。利用《石家庄日报》，开设“石家庄英烈故事”专栏，让全社会了解石家庄地域烈士人物、熟悉烈士故事，营造尊重烈士的浓厚氛围。

（米思）

民　政

【概况】2021年石家庄市办理结婚登记46180对，同比减少10019对，其中，国内结婚登记46156对，同比减少6971对；办理离婚登记12737对，同比减少12698对，其中，国内离婚登记12733对，同比减少12694对。6月30日起，全市结婚登记除涉外和涉中国香港、澳门、台湾居民及华侨外，实行辖区通办。全年办理收养登记64件，解除收养登记1件。至2021年底，石家庄市共有养老机构260家，同比减少2家；备案养老床位40141张，其中新增养老床位4400张（因新冠肺炎疫情影响，2021年养老床位与2020年不可比）。新改造康复护理型养老床位3890张。建成城市社区日间照料站点849个，城市社区日间照料站点实现全覆盖。为困难老人提供居家上门服务50万余次，惠及老人1.6万名。2021年石家庄市民政部门实施临时救助20752人次，同比增加3352人次；救助流浪乞讨人员5638人次，同比增加3013人次。至2021年底，全市共有城乡特困对象18637人，同比减少916人。其中，城市特困对象654人，增加280人；农村特困对象17983人，减少1196人。2021年全市撤乡改镇1个。命名建筑物27个、更名建筑物3个，命名居民区54个，命名街路36条。2021年全市火化遗体47970具，同比增加2802具；火化率94.6%，同比提升4.3个百分点。至2021年12月31日，石家庄市（含辛集市）福利彩票销售6.63亿元，同比增加5500万元，其中，即开票销售1.01亿元，跨入亿元城市行列。

【社会救助】2021年石家庄市城市最低生活保障（简称低保）标准为每人每月766元（9192元/年），农村低保标准为每人每年5760元。至2021年底，全市共有城乡低保对象126601人，其中，城市低保对象8436万人，农村低保对象118165人。2021年石家庄市城市特困供养标准为每人不低于11950元/年，农村特困供养标准为每人不低于7488元/年。至2021年底，全市共有城乡特困对象18637人，其中，城市特困对象654人，农村特困对象17983人。全年临时救助20752人次。开展养老服务提质增能工程，新增养老床位4400张，改造康复护理型养老床位3890张，建成城市社区日间照料站点849个，城市社区日间照料站点实现全覆盖，所有县（市、区）建成至少1所特困供养服务设施，农村地区26464人失能半失能等特殊老年人纳入紧急医疗呼叫系统。2021年全市备案婴幼儿照护机构92家、托位数7262个，所有县（市、区）实现品牌连锁、社区服务、普惠性幼儿园、单位福利性托幼机构等各类型试点全覆盖。

【慈善捐赠】2021年石家庄市慈善组织接收社会捐赠款物总价值2200万元，同比增加1545.31万元。其中，接收善款1789.98万元（新冠肺炎疫情防控捐款1592.46万元、日常性社会捐款197.52万元），增加1318.01万元；接收物资价值410.02万元，增加227.3万元。2021年全市慈善组织发放救助款物总价值2113.29万元，同比增加1320.05万元。其中，发放救助金1696.69万元，增加1257.32万元；发放救助物资价值416.6万元，增加62.73万元。2021年全市举办慈善公益活动30余次，主要有“四季慈善大救助”“关爱白癜风患者慈善捐助”“九九重阳饺子宴·万人共话慈善情”“贫困优秀学子助学计划”等活动。

【区划地名】2021年12月，经省政府批准，同意赵县撤销谢庄乡设立谢庄镇。冀晋线石家庄段261.6千米省

开展爱“心”行动，救助18名先心病儿童（中国移动石家庄分公司提供）

级行政区域界线联查任务完成。审核备案命名（更名）建筑物30个，命名居民区54个、街路36条。命名（更名）建筑物30个。命名建筑物27个，分别为：启航商务楼、金鑫大厦、同福商业广场（1、2、8、9号办公楼）、贺邦商务大厦、壹方海纳商务中心、檀香岭岫广场、颐贤商务楼、蓝域叁叁广场、旺洋商业广场（5栋楼）、兴华大厦、朗园商务广场、同福商业广场（3、6号办公楼）、东创锦里广场（1、2、5号高层办公楼，1、3、4号多层办公楼）、尹顺商务楼、尹熙汇大厦、荣鼎未来商业广场（1、16、17号商业楼）、阳光御景文体大厦、汇特都泰广场、新悦华盛广场、久益商务楼、东胜华彩城（北区）2号楼、东胜华彩城（南区）、福美佑安商业楼、喜来大厦、锦鸿商务楼、翡翠大厦、光明文汇楼；更名建筑物3个，分别为：紫晶悦和中心（南区）更名为东胜华彩城（北区）1号楼、中桐广场（东塔楼）更名为北京银行大厦、中桐广场（西塔楼）更名为新华保险大厦。命名居民区54个，分别为：国仕九如名苑、祥聚嘉苑、珍璟园、融锦园（北区）、翠澜园、厚德礼著小区（南区：6～14号住宅楼）、永威枫林苑（东区）、鑫界万悦府（4号住宅楼）、彩凤锦园、臻融园、臻萃园、兆鑫云著景园（4～6号住宅楼）、赫世名门华府（西区：18、19号住宅楼；20号配套用房）、富丽华小区（4、6、7号住宅楼；1号商业楼）、高远森霖城（三区：3～5、9～17号住宅楼；18、19号综合楼）、萃峰园、泰盛家园、江信金苑（7号楼）、义堂小区（南屏园1号楼）、安联生态城（金润府）、瑞腾园、福来喜园、雍锦府、紫樾芳华苑、交通设施厂宿舍、盛景八方小区（11号住宅楼）、留村家园（17～19号住宅楼）、鑫满园、保利阅云府、六街新村（30～39、41号住宅楼；12号商业楼）、省化肥公司宿舍、西三庄新村（西区：7～14、19～23号住宅楼）、悦福庭院、西三庄新村（东区）、福美瑜瑾园（东区）、尹润尚苑、海山馨苑（东区：5～8号住宅楼）、海山馨苑（西区：1～2号、4号住宅楼）、融锦园（南区）、龙湾帝景小区（1、18、19、20、21号住宅楼）、慧康家园（12～13号楼）、汇鸿苑、七街礼著西苑（1～8号住宅楼、1～4号商业综合楼）、樱香园（1、3、5号住宅楼）、和雅小区、大者安吉府、河滨景苑、玖珑福邸（8号住宅楼）、万科新都会小区、国瑞园（北区）、翡翠书院小区（二区）、翡翠书院小区（三区）、万科紫台小区（东区）、万科紫台小区（西区）。命名街路36条，分别为：景华街、宝源路、铺盛路、北宋南路、明渠东街、国兴街、塔丰路（向东延伸路段）、燕盛街、安顺里、福利巷（延伸路段）、塔裕路、红滨路（向东延伸路段）、吉星路、裕飞路、通联街、新武街、前兴里、汇明路（向西延伸路段）、悦辰路、福泽街、祥文街、祥福路、广顺路、华星路（向东延伸路段）、康泰路、福祥街、锦江路、西铺街、北马东街、复兴大街、启程路、翡翠路、翠园路、丘头路、宽亭大街、石化街。

（王静）

应急管理

【概况】 2021年全市发生生产经营类事故132起，同比减少4起；死亡121人，同比增加11人；事故起数同比下降3.1%，死亡人数同比增加10%。其中，道路交通事故128起，死亡114人（与市公安交通管理统计口径不同）；工矿商贸事故4起，死亡7人。落实安全生产监管责任，制定出台《石家庄市党政领导干部安全生产责任制实施办法》《市委市政府领导班子成员安全生产工作职责清单》等制度。重视安全生产技能培训，2021年石家庄市培训一般行业负责人和管理人员、危险化学品管理人员67826人次，特种作业人员55690人，非高危行业主要负责人和安全管理人员8548人，高危行业安全管理人员3588人。突出危险化学品、非煤矿山、尾矿库、冶金、工矿商贸等重点行业领域安全生产监管，全年检查企业5126家次，立案1299起，行政处罚金额2437万元，责令停产停业128家，暂扣、吊销营业证照20家。

【安全生产监管】 非煤矿山。突出抓好尾矿库安全监管，制定《石家庄市防范化解尾矿库安全风险工作实施方案》。2021年全市非煤矿山安全监管涉及头顶库5座、非煤矿山15家，均实现在线风险监测；关闭不符合条件的金属非金属矿山5座、尾矿库2座，按期完成省下达目标任务。2021年全市冶金行业企业投入资金3163万元，改造防护设备设施323个（处）。工矿商贸。2021年石家庄市发生工矿商贸事故4起，同比下降33.3%；死亡7人，同比下降46.2%；未发生较大及以上安全事故。6月13日15时50分，新乐市长寿街道民生街东侧、荟文路南侧祥瑞城三期建设项目发生1起高处坠落事故，死亡

2人，受伤4人（重伤0人）。7月5日17时30分，赵县南柏舍镇唐家寨村赵县华腾预拌混凝土有限公司工人跌落煤灰池，死亡2人。11月18日17时39分，藁城区工业路与廉东大街交叉口排水管网及道路建设工程雨污分流路段施工中挡土坍塌，死亡2人。12月30日7时55分，灵寿县三圣院乡福兴气瓶厂成品库发生火灾，死亡1人。危险化学品。落实领导班子成员包联和网格化管理规定，全年纳入安全生产网格化管理企业26532家；242名县级领导、751名乡科级领导包联危险化学品企业1398家，高危险企业包联实现全覆盖。关停取缔危险化学品企业78家，搬迁入园35家，改造提升232家，扶持做优做强14家。清退烟花爆竹68万箱。聘请中国化学品协会专家常驻石家庄市，采取“诊断式”指导帮扶危险化学品企业256家，排查整改生产安全问题和隐患5192项。

2021年3月9日，市消防救援支队参加救援和处置石家庄市区众鑫大厦火灾事故　　（市消防救援支队提供）

5月11日，2021年石家庄市中小学地震应急综合演练在市第40中学举行　　（市应急管理局提供）

【应急救援】 至2021年底，石家庄市共有抗洪抢险应急救援队伍17支，队员2000人；森林消防救援队伍9支，队员464人；专业应急救援队伍50支，队员1700人；社会救援队伍5支，队员244人；各县（市、区）基干民兵队伍7000余人。10月11日，平山县钢城路滹沱河段发生通勤班车落水重大交通事故，市应急管理局紧急协调石家庄蓝天救援队、鹿泉区八方应急救援队、赵县蚂蚁应急救援队、赵县闪电应急救援队4支社会应急救援队参与救援。至2021年底，全市建立市级专项应急预案36个、市级部门预案40个，县级专项预案682个、县级部门应急预案691个，初步建成总体预案、专项预案、部门预案“1+6+40”市级突发事件应急预案体系。2021年全市举办灾害应急演练活动1638场次，其中，市级14场次，县级293场次，企事业单位1331场次；参加应急演练人员12.4万余人。2021年石家庄市消防救援接警出动8883起，同比增加5146起。其中，火灾4027起，增加2018起；抢险救援和社会救助2200起，增加472起；其他救援1630起。2021年全市消防救援出动执勤车辆20379辆次、消防救援人员11.72万人次，抢救和疏散被困人员844人，抢救财产价值2701万余元，保护财产价值4.7亿余元。支持北京冬奥会、冬残奥会消防安全保障，选派消防救援人员31人。成功处置石家庄市“3·9”众鑫大厦火灾、平山县“10·11”通勤班车涉水倾覆等重大救援任务，增援完成沧州市“5·31”南大港爆炸、河南省安阳市和新乡市抗洪抢险任务。10月11～14日，市消防救援支队参加省消防救援总队、省应急管理厅、省人力资源和社会保障厅、省总工会、共青团省委举办的2021年河北省消防行业职业技能竞赛活动，获得河北省团体综合成绩第一名。

【防灾减灾】 2021年石家庄市遭受较大自然灾害6次，其中，风雹灾害4次，洪涝灾害2次；灾害导致井陉县、元氏县、平山县、灵寿县、赞皇县、行唐县、鹿泉区、井陉矿区、无极县、赵县、正定县11个县（区）11.76万人不同程度受灾；农作物受灾面积12801.25公顷，其中绝收面积872.91公顷；房屋倒塌534间、严重损坏530间、一般损坏1186间；因灾造成直接经济损失7.6亿元。最严重自然灾害为“7·20”洪涝灾害，造成部分受灾县（区）桥梁、道路冲毁，交通中断，灵寿县、平山县分别启动自然灾害救助应急预案Ⅳ级响应。全年争取上级救灾救助资金870万元，救助受灾群众3128人；因灾转移安置群众61707人次。2021年石家庄市按照自然灾害救助Ⅲ级应急响应（1万人～5万人）上限补充棉帐篷、棉被、大衣等储备物资价值2334万元，满足紧急安置数量达到5万人。2021年石家庄市向县（市、区）紧急调拨救灾储备物资22104件，总价值1383万元，其中，棉帐篷5035顶，棉被4320床，棉大衣9210件，折叠床100张，棉褥床垫等物资3440件。2021年全市发生ML1.0级以上地震8次，其中1.0～1.9级8次，最大地震为11月26日灵寿县ML1.6级地震；跟踪地震监测异常2起，分别为正定西平乐井2·1水位异常、马村井5·27水位水温干扰。

2021年6月16日，河北省应急管理厅、石家庄市政府联合举行“安全生产月”咨询日活动（市应急管理局提供）

【安全生产培训】 印发《2021年全市应急管理和安全生产培训工作要点》《关于印发企业主要负责人安全生产专项整治三年行动培训实施方案的通知》。2021年全市培训一般行业负责人及管理人员、危险化学品（简称危化）管理人员67826人次。特种作业培训55690人，其中，新参加培训37546人、复审换证18144人。非高危行业主要负责人和安全管理人员培训8548人，其中，新参加培训3836人、复审3508人、换证1204人。高危行业安全管理人员培训3588人，其中，取证988人、复审2474人、换证126人。

【安全生产宣传】 5月12日，省应急管理厅与石家庄市联合举行省会“5·12”全国防灾减灾日宣传周启动仪式；2021年全国防灾减灾日主题为“防范化解灾害风险，筑牢安全生产基础”。2021年6月，全市举行“安全生产月”活动。主题为“落实安全责任、推动安全发展”。主要内容8项：专题学习活动、专项整治集中攻坚战专题宣传活动、安全生产大排查大整治回头看活动、“安全宣传咨询日”活动、安全宣传“五进”活动、“安全同行”大型公益宣传活动、安全生产警示教育活动、安全生产燕赵行活动。全年利用石家庄电视台播出“安全聚焦”节目46期，制作和宣传应急管理知识公益广告1部，发送安全生产提示短信息31条。

（翟启东）

精神文明建设

【概况】 2021年全市精神文明建设以创建全国文明城市为重点，以社会主义核心价值观、爱国主义、公民思想道德教育为主题，重点做好城市文明行为培育、志愿服务等工作。围绕创建全国文明城市、公民思想道德建设、未成年人思想道德建设、志愿服务等精神文明建设内容，开展“公勺公筷、文明用餐、节俭惜福”“一盔一带”“文明养犬”和春秋两季“洁城行动”等活动。推进社区精神文明建设，加大老旧小区综合整治力度，改造小区内道路、绿化、安全、排水等基础设施，解决老旧小区建筑物和配套设施破损老化、市政设施不完善、环境脏乱差等问题。以社会主义核心价值观、邻里和谐、倡导文明健康生活方式等为主题，绘制社区小区楼道文化墙，开展群众性文明楼道创建活动。常态化开展文明校园建设活动，完善《石家庄市中小学校市级文明校园测评细则》；结合未成年人思想道德教育，以“扣好人生第一粒扣子”为主题，举办“讲好一堂思政课”“传唱一首红色歌曲”“追寻一段红色记忆”“分享一个红色故事”“组织一次主题展示”“童心向党”教育实践活动。加强新时代文明实践中心建设，2021年全市21个县（市、区）建成新时代文明实践中心20个；实践所159个，建成比例59%；实践站1570个，建成比例34%；全国试点藁城区、高邑县实践所、实践站建设实现全覆盖。至2021年底，全市举办宣讲、帮扶等新时代文明实践活动1.4万余场（次）。2021年中共中央宣传部举办的“奋斗百年路 启航新征程”大型主题采访活动多角度报道正定县文明城市创建活动，中央文明办举办的“文明在这里”主题采访集中报道西柏坡、正定县精神文明创建成果。

【创建文明城市】 全年部署创建文明城市工作推进会6次、督导推进会10余次，召开各县（市、区）、市直各责任单位协调会、部署会50余次。4月16日，全市创建文明城市工作动员会议举行。印发《关于开展“全国文明城市创建常态化十项提升行动”的实施方案》，确定在全市开展创建全国文明城市常态化10项提升行动，分别为：市容市貌常态化提升行动、交通秩序常态化提升行动、社区环境常态化提升行动、专项治理常态化提升行动、窗口服务常态化提升行动、文明实践常态化提升行动、未成年人思想道德建设常态化提升行动、审核材料常态化提升行动、创建宣传常态化提升行动、督导检查常态化提升行动。突出做好7项精神文明建设工作，分别为：以人民为中心，巩固文明城市创建成果；增进民生福祉，提升群众幸福感；开展常态治理，攻克难点解决顽疾；倡导文明新风，培育绿色健康生活方式；坚持立德树人，推进未成年人思想道德建设；厚植道德沃土，推动群众性精神文明创建活动向纵深发展；营造创建氛围，潜移默化传递文明。动员党员和干部参加志愿服务活动。4月16日，2021年“城市文明大行动 党员干部做先锋”党员志愿服务日活动启动。5月1日至9月30日，由市文明办、市公安局交通管理局、石家庄广播电视台共同主办的“2021年争做石家庄文明出行人”活动举行，主要举办“文明随手拍”“争做文明好司机”“文明出行暖心瞬间有奖征集”3个主题活动。细化创建文明城市责任分解，将2021年度测评体系140条测评标准、40条负面清单逐条逐项分解到101个责任单位。完善材料申报机制，每月底收集审核各创建责任单位申报材料，形成月初提示、月底收集审核的工作机制。以打造洁净美丽的城市环境为主题，实施创建文明城市攻坚行动，制定印发《关于开展全国文明城市创建工作提质“五大攻坚”行动实施方案》；组织市公安局、市公安局交通管理局、市交通运输局、市城管局、市卫生健康委、市住房和城乡建设局等市直部门开展包括整治空中线缆、交通秩序、非机动车停放、小区环境、不文明养犬“五大攻坚”行动。加强宣传报道，增强文明意识，依托媒体平台，开设精神文明城市创建专题专栏28个，制作投放倡导文明健康绿色环保生活方式公益广告15万余处。开展“文明随手拍”“文明养犬宣传”等品牌活动，“文明随手拍”活动参与人数4.2万人次。做好全国文明城市和省级文明城市测评工作，按照文明城市申报材料要求，收集、汇总、整理各类规范文件1000余个、报告100万字，建立形成常态化“日检查、周督查、月巡查”制度。举办集中督导和模拟测评活动6次，下发督办函和情况通报46份，整改存在问题10196项。开展县（市、区）创建省级文明城市（城区、县城）培训指导，21个县（市、区）实现指导督导行动全覆盖。2021年石家庄市、正定县创建文明城市工作案例被中央文明办编入《全国文明城市创建工作案例》，正定县争创全国文明城市工作经验入选河北省编印的《“三重四创五优化”活动经验做法汇编》。

【公民思想道德建设】 开展道德模范、身边好人、公民标兵等先进典型选树活动，2021年石家庄市2人获授第八届河北省道德模范，20人获评第七届石家庄市道德模范，9人获评“中国好人”，38人获评“时代新人·河北好人”，授予事迹突出医务工作者、公安民警等基层干部群众198人“石家庄市文明公民标兵”称号。第七届全国道德模范吕保民事迹入选中央文明办、光明日报社主编的《道德模范光明礼赞》一书。持续推动文明村镇创建工作，围绕巩固拓展脱贫攻坚成果同乡村振兴有效衔接，结合人居环境三年整治工作，扎实开展移风易俗“六个一”建设，农民精神风貌不断提升。至2021年底，全市评选市级文明乡镇82个、文明村186个。其中，县级文明乡镇180个，占比89.55%；县级文明村2612个，占比65.78%。文明家庭创建有声有色。广泛开展红色家风故事征集宣传展示、“传家训、立家规、扬家风”等主题活动，展示红色家庭风采。文明单位创建特色鲜明。印发《石家庄市文明单位测评细则（试行）》加强动态管理，规范创建标准，许多单位结合行业特点抓创建。市直机关工委组织开展“传承红色基因 担当时代使命”专题活动，市场监督管理局深入推进“文明用餐”创建活动，市教育局创新开展“百名书记讲党史”活动，市国资委、市地方金融监督管理局也广泛组织系统企业、金融机构开展形式多样的创建活动，形成浓厚氛围。

【未成年人思想道德建设】 常态化开展文明校园建设活动，完善《石家庄市中小学校市级文明校园测评细则》。举办第28届石家庄市青少年爱国主义读书教育活动，主题为“百年光辉历程 全面建成小康”；采取讲故事、演讲比赛方式，吸引参与中小学生30万名；评选小学组一等奖425名，二等奖667名，三等奖830名；中学组一等奖27名，二等奖37名，三等奖39名；评选组织工作先进单位45个，团体成绩先进学校20所，优秀指导教师956名，组织工作先进个人281名。开展“阳光成长”心理健康教育，建成由1个市级未成年人心理维护中心、26个二级县区分中心、245个三级心理维护站点组成的未成年人心理维护三级体系平台。举办“请党放心 强国有我”主题队日活动，引导青少年从小听党话、感恩党、跟党走，培育担当民族复兴大任的时代新人。开展“童心向党”教育实践活动，以青少年为对象，以“五个一”即“讲好一堂思政课”“传唱一首红色歌曲”“追寻一段红色记忆”“分享一个红色故事”“组织一次主题展示”为载体，重点举办“我向党旗敬个礼”“唱支红歌给党听”“党的光辉照我心”“党的故事我来讲”“党的教育记心中”5项活动。重视示范引领作用，评选市级“新时代好少年”15名。推动乡村少年宫试点建设，藁城区建成少年宫77所。

【志愿服务】 以抗击新冠肺炎疫情为主题，构建“一线三帮四千站”志愿服务体系，建立志愿者“帮帮团”3779个、包片包户联系重点群体25683户。2021年全市共有30余万志愿者投身新冠肺炎疫情防控工作。探索志愿服务项目化管理，常态化开展“鲜花送雷锋”活动，全年为500余名“身边雷锋”送去鲜花。启动“微笑石家庄”网络主题宣传活动，通过“微笑”传播石家庄正能量。打造“石家庄志愿者在行动”品牌，在全市形成“周末休闲哪里去，大家一起做公益”的良好氛围。响应市委、市政府号召，结合疫情防控形势，开展党员志愿服务日与环境卫生大扫除活动，参与党员志愿者10万人次。2021年石家庄市刘荣秀及桥西区华柴社区、国网石家庄电力公司3个学雷锋志愿服务典型人物和单位入选全国“4个100”学雷锋志愿服务先进典型，13个优秀志愿者、23个先进志愿服务组织、21个志愿服务创新项目、22个志愿服务示范社区（站点）入选河北省“4个100”学雷锋志愿服务先进典型。

（市文明办）

区县（市）

Districts and Counties (Cities)

长 安 区

【概况】 长安区位于石家庄市主城区东北部，总面积140平方千米。辖4个镇、12个街道办事处、172个居委会，常住人口104.9万人，户籍人口68.3万人。2021年长安区完成地区生产总值620.2亿元，同比增长7.0%。其中，第一产业增加值0.77亿元，增长21.8%；第二产业增加值92.18亿元，下降1.5%；第三产业增加值527.22亿元，增长8.5%。一般公共预算收入59.37亿元，同比增长17.0%；一般公共预算支出44.74亿元，同比增长12.2%。地区生产总值、一般公共预算收入位列全市第二名。固定资产投资219.29亿元，同比下降0.6%。民营经济增加值303.48亿元，同比增长5.9%。农林牧渔业总产值1.47亿元，同比增长19.51%；粮食播种面积2509公顷，总产量1.42万吨。规模以上工业企业19家。规模以上工业营业收入151.3亿元，同比下降1.5%；规模以上工业增加值33.15亿元，同比下降7.7%；规模以上工业利润−1.13亿元，同比下降142.8%。社会消费品零售总额380.22亿元，同比增长5.0%。规模以上服务业营业收入136.6亿元，同比增长18.6%。城镇居民人均可支配收入48057元，同比增长6.4%。2021年长安区在“全国新型城镇化质量百强区”排名第58位、在“全国综合实力百强区”排名第63位。

中共长安区委书记：李志勇（5月免）
　　　　　　　　　李强　（5月任）
区人大常委会主任：曹树池（7月免）
　　　　　　　　　鲁志强（7月任）
区　　　　　长：穆德英
区政协主席：鲁志强（7月免）
　　　　　　张瑞军（7月任）

【产业项目】 三次产业比例为0.1∶14.9∶85.0。粮食总产量1.42万吨，其中，小麦产量8637吨，玉米产量5128吨。夏粮播种面积1427公顷，总产量8637吨；秋粮播种面积5151公顷，总产量5574吨。蔬菜及食用菌产量2606吨。工业总产值93.86亿元，同比下降4.0%；工业投资同比下降82.0%，工业技改投资同比下降85.6%，高新技术产业投资同比下降78.1%；规模以上工业高新技术产业增加值16.0亿元，同比下降10.4%。实施区级以上重点项目114个。其中，列入省、市重点项目11个，完成投资37.1亿元；参加石家庄市集中开工项目28个，完成投资38.1亿元。市场主体达到14.1万户，同比增长10.4%。支持夜经济发展，2021年长安区企业夜间实现营业额11.6亿元，同比增长22%，占全天营业额比重达到35%。推进电子商务产业发展，获评省级电子商务示范基地（企业）12家、市级电子商务示范基地（企业）18家。招商引资97.81亿元，同比下降39.91%；实际利用外资1.7亿美元，同比增长24.0%；引进产业类项目49个，总投资97.7亿元；引进落户阿里巴巴等企业总部24个。上市企业17家，直接融资36.9亿元；企业参与线上银企对接活动2000余家，融资额8340万元。楼宇经济快速发展，至2021年底，长安区税收超亿元楼宇达到12栋，分别为民生银行大厦、御景半岛花园、勒泰中心、开元金融中心、益中百货、瑞城广场、东胜商业广场、天洲国际大厦、先天下、北方大厦、银泰国际、时代方舟，实现税收收入22.34亿元。2021年南三条市场商品成交额367亿元，同比下降1.34%；勒泰中心销售额12.8亿元，同比增长24%；长安万达广场销售额8亿元，同比增长5%。

【城区建设】 全国文明城市、国家卫生城市复检测评考核顺利通过，长安区再次获评省级文明城区。整治小街小巷311条，打造精品街道10条。4条城区道路建成通车，维护保洁道路83条。新建商品交易市场5个，总数达到21个。棚户区改造完工788套，消除D级危房20栋；老旧小区改造89个，惠及群众1.78万户。绿色建筑新开工178.6万平方米，既有建筑节能改造197万平方米。全装配式住宅小区万科紫郡、全被动房小区远洋晟庭建成交付。70个房地产遗留问题妥善解决。创建绿色社区62个。供暖管网改造完成24个小区、管网长度57千米。免费为“气代煤”居民用户安装天然气自闭阀1.6万户。启动实施石煤机城市更新项目，北至长安区和平东路，西至建华北大街，东至翟营北大街，南至跃进路，用地面积485亩，总投资60.61亿元，主要建设内容包括风貌整治、工业遗存建筑改造利用、体育公园、花园社区。加强城区管理，更新环卫车辆36辆，城区主次干道机械化清扫率达到100%。新建公厕1座，改造公厕37座，拥有公厕总数61座。设立公共停车位4029个。治理非机动车、共享单车随意停放问题，施画非机动车停车标识5468个。垃圾分类、处置实行闭环管理，建成小型立式压缩转运站1座、大型分拣中心3个，“24小时垃圾兑换银行”做法列入住房和城乡建设部示范教材。获批命名省市级园林式单位99个、园林式居住小区96个。建成开放街旁游园5处。区管公园数量达到5个，分别为月季公园、藤园、阳光公园、薇波公园、绿翠园。新增绿化面积29.33万平方米，累计绿化面积达到349万平方米。重视生态环境保护，126家涉VOCs企业实行“一厂一策”综合治理，294台燃气锅炉低氮改造完工，57家规模以上餐饮单位安装油烟在线监控设施，“散乱污”企业实现动态清零。关停自备井总数103眼，地下水水位同比上升2.28米，出境水质保持稳定达标。2021年长安区空气质量综合指数为5.0，同比下降17.3%；PM2.5平均浓度47微克/立方米，同比下降20.3%；空气二级以上优良天数达到230天，同比增加26天。

【社会民生】 全年用于民生支出38.2亿元，占全区一般公共预算支出比例达到85.4%。城镇新增就业2.1万人，城镇登记失业率3.94%。参加技能培训9256人，享受就业创业资金补贴1.1万人。帮助1.5万名农民工追讨返还欠薪3.25亿元。养老保险参保人数17.1万人，参保率82%；医疗保险参保人数79.39万人，参保率95.02%。新增养老机构2个、养老床位272张，养老机构总数达到25家、养老床位总数达到3127张。社区日间照料站点实现全覆盖。2家单位获评省级医养结合优质服务示范单位。救助低保、特殊困难等人员2.5万人次，发放救助资金1772万元。1100名残疾人落实基本康复服务待遇，264名残疾人适配辅助器具。公共租赁住房实物配租1217户，发放公共保障住房补贴43.2万元。落实拥军优抚政策，发放义务兵家庭优待资金1973万元、优抚资金4766万元。重视科技创新和人才建设，成立长安区科技创新促进会，组建人才发展服务联盟，发放人才绿卡1359张、人才补贴资金506.1万元。高新技术企业达到164家，科技型中小企业达到1125家；新增省级重点实验室4家、产业技术研究院1家，省级以上创新平台达到51家。商标注册总量达到3.8万件。每万人发明专利拥有量14.8件，同比增长17.9%。拥有学校230所，其中，幼儿园129所，特殊教育学校1所，小学63所，中学27所（初级中学13所、九年一贯制中学5所、完全中学8所、高级中学1所），中等职业学校10所；在校生15.64万人，教职工11448人，专任教师8413人。5所国办高中全部通过省级示范性普通高中评估认定。获评全国校园足球特色学校42所、幼儿园15所，获评省级冰雪运动特色学校3所；长征街小学光华路校区建成开班，增加学位1080个；运河桥小学获评省级依法治校示范校。接受课后服务中小学生8.8万名，占中小学生在校生比例88.6%。建有文化馆1个、图书馆1个。建有社区卫生服务中心（站）65个、乡镇卫生院2个、村卫生室23个，医院开放床位1106张；拥有卫生技术人员16733人，其中，执业（助理）医师8244人、注册护士6770人。基层医疗机构实现国医堂（馆）全覆盖。2家单位获评五星级婴幼儿照护示范机构。注册裁判员701人、社会体育指导员2250人。42处全民健身工程投入使用，拥有体育场馆12个。冰雪运动参与人数突破70万人次。优化营商环境持续优化，602项政务服务事项实现全流程网办，45项服务事项实现“跨省通办”。为企业减税降费7.4亿元，发放企业扶持资金3800万元。创建省、市级校园食品安全标准食堂11家，新增小餐饮示范店91家；7家超市获评省级“放心肉菜示范超市”；450家零售药房药品实现来源可溯、去向可查。受理居民维权投诉2.49万件，挽回经济损失4273万元。调解居民纠纷1402件。建成“达标型”智慧安防小区595个。3人入选“中国好人榜”，6人获评“市级文明公民标兵”。2021年长安区获得“全国百强健走示范区”称号。

（丁捷　邢君娜）

桥西区

【概况】 桥西区位于石家庄市主城区西南部，总面积68平方千米。辖17个街道办事处、150个居委会、2个村委会，常住人口97.63万人，户籍人口67.18万人。2021年桥西区完成地区生产总值775.9亿元，同比增长6.1%。其中，第一产业增加值0.09亿元，增长11.2%；第二产业增加值67.47亿元，下降10.5%；第三产业增加值708.33亿元，增长7.9%。一般公共预算收入82.68亿元，同比增长10.5%；一般公共预算支出55.01亿元，同比增长14.5%。固定资产投资144.32亿元，同比下降10.76%。民营经济增加值384.37亿元，同比增长6.3%。农林牧渔业总产值1495万元，同比增长8.75%；粮食播种面积52公顷，总产量286吨。规模以上工业企业11家。规模以上工业营业收入107.1亿元，同比增长17.3%；规模以上工业增加值20.06亿元，同比增长12.3%；规模以上工业利润8.8亿元，同比增长14.9%。社会消费品零售总额471.24亿元，同比增长4.4%。规模以上服务业营业收入240.08亿元，同比增长0.1%。城镇居民人均可支配收入48969元，同比增长6.3%。2021年桥西区获得“全国最具投资竞争力百强区”称号，地区生产总值、一般公共预算收入、社会消费品零售总额位列全市第一名。

中共桥西区委书记：孙鹏云
区人大常委会主任：张书凯（7月免）
　　　　　　　　　蒲建伟（7月任）
区　　长：李强（5月免）
　　　　　冯磊（5月代，7月任）
区政协主席：蒲建伟（7月免）
　　　　　　张雪敏（女，7月任）

【产业项目】 三次产业比例为0.01∶8.7∶91.29。粮食总产量286吨，其中，小麦产量155吨，玉米产量131吨。蔬菜及食用菌产量5127吨。工业总产值106.0亿元，同比增长16.62%；工业投资同比下降69.4%，工业技改投资同比下降75.0%，高新技术产业投资同比下降78.5%；规模以上工业高新技术产业增加值同比下降25.5%。实施重点项目40个，完成投资130.9亿元，年度投资完成率173.7%。出让土地14宗574.7亩，出让金66.7亿元。招商引资签约项目51个，引进资金83.85亿元。实际利用外资1870万美元。引进企业总部11家，分别为国网国际融资租赁有限公司河北分公司、西南证券股份有限公司石家庄分公司、交银人寿保险有限公司河北省分公司、中意人寿保险有限公司石家庄中心支公司、石家庄致新发展投资基金合伙企业（有限合伙）、河北融合保险代理有限公司、国家能源集团河北电力有限公司、黄河财产保险股份有限公司石家庄中心支公司、开源证券股份有限公司河北分公司、石家庄便利蜂商贸有限公司、国能河北新能源发展有限公司。石家庄市国企改革组建五大集团落户桥西区，分别为石家庄国控城市发展投资集团有限责任公司、石家庄交通投资发展集团有限责任公司、石家庄水务投资集团有限责任公司、石家庄文化旅游投资集团有限责任公司、石家庄国有资本投资运营集团有限责任公司。金融业、楼宇经济成为发展主导产业。金融创新开发区获批市级金融商务示范区。2021年桥西区金融业完成增加值180.0亿元，同比增长4.5%，金融业增加值占地区生产总值比重达到23.2%；金融业税收收入66.4亿元，同比增长4.38%，金融业税收收入占一般公共预算收入比重达到80.3%。至2021年底，桥西区共有各类金融机构2095家，其中，法人金融机构总部5家（期货1家、证券1家、信托1家、消费金融公司1家、金融租赁1家），银行机构238家（省级分行22家、市级分行1家、支行网点215家），保险机构274家，证券分支机构44家（省级分公司18家、营业部24家、证券投资咨询公司2家），期货分支机构6家（省级分公司2家、营业部4家），地方金融机构41家（典当行19家、小额贷款公司3家、融资担保公司17家、区域性股权市场1家、金融资产交易所1家），投资类公司886家，融资租赁公司5家，金融服务外包公司422家，财务公司1家，私募基金24家，基金公司143家，资产管理公司6家，形成以银行、证券、保险、信托服务、金融租赁等传统金融业为主体，消费金融等新型金融业为支撑，金融配套服务为补充的金融业发展格局。2021年桥西区税收收入达到1亿元以上楼宇14个，累计税收收入75.39亿元，占桥西区一般公共预算收入的91.2%，占石家庄市纳税亿元以上楼宇总额58.4%，其中，石家庄市3个税收收入达到10亿元以上楼宇均在桥西区，分别为河北烟草、双子座大厦、裕园广场，实现税收总收入48.69亿元。

【城区建设】 推进高铁商务区建设，以京津冀世界级城市群区域中心城市为定位，打造具有现代化城市名片效应的“城市客厅”。高铁商务区涉及桥西区范围为：石家庄站以东，塔北路以南，汇通路以西，南二环以北，占地面积 2417 亩，涉及公产单位 22 家、住宅小区 14 个 2344 户。至 2021 年底，高铁商务区桥西区地域隆基泰和大厦拆除完毕，中央绿色体育公园腾空面积达到 70%，市公安交通管理局宿舍、东三教新区等居民小区住户正在搬离。提升城市品质和人居环境，打造时光街精品街道，修缮小街小巷 419 条。实施城中村改造，建设高品质城中村示范区 3 个，分别为十里尹村、西简良村、宫家庄村。改造老旧小区 125 个、老旧管网 71.47 千米。新建改建便民市场 4 家，桥西蔬菜批发市场整治提升完毕。修建道路 5 条，升级改造公厕 60 座，设立公共停车位 4056 个。26 个小区 22961 户居民完成燃气点式替代。加强城区管理，拆除私搭乱建、违章建筑 4615 处，规范广告牌匾 472 处，整治提升围挡 153 处。道路机械化清扫实现全覆盖，居民小区全部落实垃圾分类管理。开展石家庄火车站东广场区域整治，拆除违章停车场 7.2 万平方米，清运渣土 46 万立方米，高标准绿化 20 万平方米。启动佳农市场拆迁，用时 45 天，拆除建筑面积 8.1 万平方米，为中央绿轴及城市更新项目规划的商业、住宅、道路建设腾出土地 10 公顷。妥善解决祥云国际、金世界三期、南花园二期等房地产遗留问题，核查确定房地产“办证难”项目 74 个、“入住难”项目 9 个、烂尾楼”项目 15 个，其中，“烂尾楼”项目解决完成 2 个，剩余 13 个。保护生态环境，低氮改造燃气锅炉 469 台，超低碳改造燃气锅炉 99 台，146 家规模以上餐饮单位实现达标排放。关停取水井 56 眼。加强排水企业监管，严格排查渗坑、黑臭水体及恶意排放行为，52 家涉危废企业全部实行规范化管理。2021 年桥西区空气质量综合指数为 4.97，同比下降 17.7%；PM2.5 平均浓度 47 微克 / 立方米，同比下降 18.97%。优良天数同比增加 39 天。新增绿地面积 20.5 万平方米。绿化提升道路 79 条。至 2021 年底，桥西区共有区属公园 4 座，分别为石刻园、友谊公园、时光公园、健康公园。

【社会民生】 全年用于民生支出 31.46 亿元，占全区一般公共预算支出比例达到 57.2%。城镇新增就业 1.97 万人，城镇登记失业率 4.12%。养老保险参保人数 22.19 万人，参保率 85%，其中，企业职工养老保险参保 19.07 万人，机关事业单位养老保险参保 1.35 万人，城乡居民养老保险参保 1.78 万人；工伤保险参保 13.29 万人；失业保险参保 9.57 万人。医疗保险参保 66.7 万人，参保率 97%。新增养老机构 1 个、养老床位 166 张，养老机构总数达到 16 家、养老床位总数达到 2261 张。新建日间照料站点 114 个、小微嵌入式社区照护中心 2 家，社区居家养老服务设施实现全覆盖。建成全国示范型退役军人服务中心（站）18 个，友谊街道退役军人服务站获评国家级红色精品退役军人服务站。优化营商环境，910 个政务服务事项、604 个行政审批事项网上办理，64 个政务服务事项实现跨省通办。认定高新技术企业 267 家、科技型中小企业 1062 家、市级以上创新平台 61 家。拥有学校 206 所，其中，幼儿园 114 所，特殊教育学校 1 所，小学 55 所，中学 22 所（初级中学 4 所、完全中学 11 所、高级中学 4 所、十二年一贯制中学 3 所），中等职业学校 14 所；在校生 18.57 万人，教职工 12760 人，专任教师 9657 人。设立幼儿园联合体 11 个、教育集团 7 个、学区 20 个。改扩建小学 3 所，创建普惠性民办幼儿园 27 所，增加学位 5700 个。中小学校“三点半”课后服务实现全覆盖。桥西区获评国家义务教育质量监测县级优秀单位和省级课后服务示范区。建有文化馆 1 个、图书馆 1 个。举办文化惠民活动 103 场次，建成健身路径 19 处。拥有社区卫生服务中心（站）51 个、村卫生室 20 个，医院开放床位 6683 张；登记卫生技术人员 18604 人，其中，执业（助理）医师 7157 人、注册护士 10092 人。建成国医堂 3 个，长兴社区卫生服务中心项目竣工投用。社会体育指导员达到 2755 人。

（宋惠君）

新 华 区

【概况】 新华区位于石家庄市主城区西北部，总面积 89 平方千米。辖 15 个街道办事处、116 个居委会，常住人口 79.93 万人，户籍人口 50.89 万人。境内拥有赵佗先人墓、毗卢寺、解放纪念碑、大石桥、正太饭店、中国银行“小灰楼”等历史文化古迹。2021 年新华区完成地区生产总值 493.7 亿元，同比增长 6.6%。其中，第一产业增加值 0.45 亿元，增长 6.1%；第二产业增加值 41.34 亿元，下降 7.6%；第三产业增加值 451.88 亿元，增长 7.9%。一般公共预算收入 35.52 亿元，同比增长 12.9%；一般公共预算支出 35.65 亿元，同比增长10.5%。固定资产投资109.8亿元，同比下降20.5%。民营经济增加值267.94亿元，同比增长7.7%。农林牧渔业总产值6989万元，同比增长11.1%；粮食播种面积842公顷，总产量5209吨。规模以上工业企业13家。规模以上工业营业收入13.8亿元，同比增长1.0%；规模以上工业增加值2.5亿元，同比增长3.2%；规模以上工业利润0.5亿元，同比下降33.1%。社会消费品零售总额291.33亿元，同比增长5.0%。规模以上服务业营业收入110.9亿元，同比增长14.6%。城镇居民人均可支配收入48293元，同比增长6.5%。2月7日，新华区革新街道天骄社区获评全国民主法治示范社区；12月13日，新华区获得"平安中国建设示范县"称号。

中共新华区委书记：刘建芳（5月免）
刘振乾（5月任）
区人大常委会主任：韩新民（7月免）
雷振梅（7月任）
区　　长：刘振乾（5月免）
徐圣银（5月任）
区政协主席：张彩珍（女，7月免）
胡立新（7月任）

【产业项目】 三次产业比例为0.1∶8.4∶91.5。粮食总产量5209吨，其中，小麦产量2085吨，玉米产量3059吨。夏粮播种面积339公顷，总产量2085吨；秋粮播种面积503公顷，总产量3124吨。蔬菜及食用菌产量1.61万吨。工业总产值14.38亿元，同比下降5.59%；工业投资1.46亿元，同比下降65.4%；工业技改投资1.27亿元，同比下降55.74%；规模以上工业高新技术产业增加值0.58亿元，同比下降8.7%。实施重点项目46个，总投资919.3亿元，其中，列入省、市重点项目11个，总投资73.95亿元。11个省、市重点项目中，老旧小区改造项目、垃圾转运体系建设项目完工，中央商务区地下公共空间项目完成工程量的97%，市第二中学四期改造项目完成工程量的70%，省人民医院心脑血管综合楼、中冶盛世广场一期主体竣工，中央商务区31号、32号地块建筑主体封顶，中央商务区30号地块建筑、中国联通702通信综合楼正在主体施工，中冶盛世广场二期正在办理工程规划许可。全年重点项目完成投资44.3亿元，年度投资完成率达到161.4%。新增企业5558家，市场主体达到10.8万户。招商签约亿元以上项目28个，到位资金65亿元，重点引进"中石油天然气管网系统项目""中化国际新材料总部项目""智慧化城市垃圾分类处理项目"等项目。民族路国家级示范性步行街以市场化运营方式，引进3家龙头企业冠名街区广场，并与京东集团达成建设京津冀晋蒙超级体验店合作意向。重点企业年度网络零售额达到90.5亿元。新华网络平台道路货物运输经营产业园入园企业13家，全年营业收入12.43亿元，税收收入1.12亿元。楼宇经济快速发展，至2021年底，新华区税收收入达到1亿元以上楼宇6个，分别为宁洋商务、航空大厦、旭冉商城、沃车港、宏远大厦、金圆大厦，累计税收收入11.51亿元。2021年新华集贸中心市场商品成交额470.2亿元，税收收入1.1亿元。新华集贸中心市场占地面积33万平方米，经营面积130万平方米，商铺1.5万余个，日均客流量20万人次，发展形成以经营纺织服装类和电子信息类两大产业商品为主体的大型专业市场集群，被誉为"全国最大的服装集散地""中国北方最大的电子交易市场之一"。

【城区建设】 改善城区面貌，整治和修缮小街巷183条，打造精品街道15条，拆除私搭乱建、违建建筑2114处，妥善解决"金华停车综合服务中心"烂尾楼、女人世界、仟纵商厦等历史遗留违建问题。7月30日，民族路改造提升工程启动，主要包括民族路步行街主路、同乐街、福街、民族广场、月季广场、天幕广场、地面景观、交通设施等，打造集休闲、娱乐、购物、城市观光等功能为一体的高品质商业步行街。支持城市更新行动，启动前太保、高柱、和平路26号院等城中村改造项目。12月12日，石家庄市城市更新第一批重点项目集中开工仪式主会场在新华区前太保城中村改造项目现场举行。改造老旧小区99个，涉及居民楼490栋，惠及住户2.5万余人；维修改造老旧小区供热管网26千米；新华区中化宿舍小区获评市级老旧小区改造示范小区。实施智慧平安社区建设工程，建成达标型智慧安防小区819个。新建公共停车场地17个，施画停车泊位4028个。加强城区管理，开展小街巷环境卫生专项整治，清理小广告3.3万余处、路面油污5.4万余处、积存垃圾500余吨。主干道机械化清扫率达到100%。生活垃圾压缩直运模式实现全覆盖。改建公厕98座，其中新建公厕18座。保护生态环境，管控涉VOCs、汽修行业企业75家；改造燃气锅炉279台；114家规模以上餐饮单位全部安装油烟净化设施；36家在建工地做到全天候监管。2021年新华区空气质量综合指数为4.94，同比下降17.9%；PM2.5年平均浓度45微克/立方米，同比下降23.7%。提升绿化水平，新建街旁游园2个，分别为丰园、劝学园。至2021年底，新华区净增绿地面积30.7万平方米，建成区绿化率达到41.38%，绿化覆盖率达到46.64%，人均公园绿地面积 15.83 平方米。

【社会民生】全年用于民生支出 27.4 亿元，占新华区一般公共预算支出比例达到 76.9%。城镇新增就业 1.4 万余人，城镇登记失业率为 3.0%。养老保险参保 13.22 万人，参保率 95%；失业保险参保 6.34 万人。医疗保险参保 28.28 万人，其中，职工医疗保险参保 7.85 万人，城乡居民医疗保险参保 20.43 万人；医疗救助资金支出 58.95 万元，救助困难群众 165 人次。享受最低生活保障待遇 1012 户 1223 人，发放低保资金 1262 万元。认定特困对象 34 户 34 人，发放补助资金 42.6 万元。新增养老机构 1 家、养老床位 300 张、康复护理型床位 70 张，养老机构总数达到 15 家，养老床位总数达到 3165 张。893 项政务服务事项纳入河北政务服务网，行政许可事项全部实现“一窗综合受理”，企业开办用时压缩至 1 个工作日以内。争取省、市科技项目 26 项，获得科技专项资金 2567 万元；新认定国家级高新技术企业 80 家、省级科技型中小企业 135 家；拥有国家级创新平台 6 家、省级研发平台 29 家、省级科技企业孵化载体 9 家、市级科技企业孵化载体 15 家、市级技术创新中心 9 家。拥有学校 174 所，其中，幼儿园 87 所，特殊教育学校 1 所，小学 53 所，中学 18 所（初级中学 2 所、九年一贯制中学 6 所、完全中学 9 所、十二年一贯制中学 1 所），中等职业学校 15 所；在校生 16.3 万人，教职工 10931 人，专任教师 8326 人。新增普惠性幼儿园 5 所，增加学位 1474 个。2021 年新华区获评国家义务教育质量监测实施县级优秀组织单位，市第 38 中学获评第三批全国中小学中华优秀传统文化传承学校。建有文化馆 1 个、博物馆 1 个，设立艺术表演团体 15 个。拥有社区卫生服务中心（站）52 个、乡镇卫生院 4 个，医院开放床位 7843 张；登记卫生技术人员 18464 人，其中，执业（助理）医师 8377 人、注册护士 7919 人。修建民心河健身步道 13.1 千米。注册裁判员 72 人，登记社会体育指导员 1313 人。9 月 2 日，新华区文化广电和旅游局、市和平西路小学获评全国群众体育工作先进单位。重视爱国主义、公民思想道路教育，打造国旗示范街 15 条、国旗最美社区 3 个、国旗学校 1 个、国旗公园 6 个，2 人获得中国好人称号。9 月 26 日，新华区首次建立国家安全教育主题示范街。

（新华区档案馆）

裕　华　区

【概况】裕华区位于石家庄市主城区东南部，总面积 103 平方千米。辖 2 个镇、11 个街道办事处、149 个居委会，常住人口 78.09 万人，户籍人口 67.16 万人。2021 年裕华区完成地区生产总值 428.9 亿元，同比增长 9.5%。其中，第一产业增加值 0.08 亿元，增长 6.7%；第二产业增加值 43.6 亿元，下降 0.2%；第三产业增加值 385.3 亿元，增长 10.7%。一般公共预算收入 40.01 亿元，同比增长 10.7%；一般公共预算支出 30.4 亿元，同比增长 8.6%。固定资产投资 216.5 亿元，同比增长 0.2%。民营经济增加值 226.8 亿元，同比增长 8.4%。农林牧渔业总产值 1182 万元，同比增长 7.3%；粮食播种面积 104 公顷，总产量 659 吨。规模以上工业企业 12 家。规模以上工业营业收入 27.2 亿元，同比增长 15.4%；规模以上工业增加值 7.7 亿元，同比增长 0.8%；规模以上工业利润 4.0 亿元，同比增长 107.6%。社会消费品零售总额 314.6 亿元，同比增长 4.6%。规模以上服务业营业收入 231.46 亿元，同比增长 33.1%。城镇居民人均可支配收入 49525 元，同比增长 6.6%。2021 年裕华区城镇居民人均可支配收入位列全市第一，火车头步行街获评省级旅游休闲街区和河北示范步行街。

中共裕华区委书记：管云天（5 月免）
张东凯（5 月任）
区人大常委会主任：刘凤清
区　　　长：张东凯（5 月免）
刘禹　（7 月任）
区政协主席：纪英超

【产业项目】三次产业比例为 0.01∶10.16∶89.83。粮食总产量 659 吨，其中，小麦产量 324 吨，玉米产量 335 吨。夏粮播种面积 52 公顷，秋粮播种面积 52 公顷。蔬菜及食用菌产量 2177 吨。工业总产值 26.7 亿元，同比增长 6.4%；工业投资 203 亿元，同比增长 140.9%；工业技改投资 4.0 亿元，同比增长 75.4%；规模以上工业利税 5.3 亿元，同比增长 252.4%；规模以上工业高新技术产业增加值 1.3 亿元，同比增长 34.9%。实施千万元以上项目 79 个，总投资 620.3 亿元。15 个项目列入省、市重点项目，年度完成投资 76.3 亿元。招商引资洽谈和对接企业 80 余家，签约项目 72 个，总投资 98.8 亿元，其中亿元以上项目 28 个。实际利用外资 228 万美元。企业挂牌上市 15 家。打造特色品牌商业街区，形成万达火车头步行街、中冶和悦汇、永昌里、欢乐汇等商业街区和大型商圈。7月15日，大型城市综合体“欢乐汇”开业运营，占地面积92.6亩，建筑面积53万平方米。发展楼宇经济，新增楼宇面积22万平方米，楼宇总面积达到380万平方米。2021年裕华区税收收入达到1亿元以上楼宇2栋（万达广场、报业大厦），累计税收收入4.18亿元。

【城区建设】 塔北路、建华大街南沿路、仙台街、方兴路4条道路建设完工。整治提升小街小巷155条。东风路获评省级精品街道，万达火车头步行街获评省级旅游休闲街区。拆除私搭乱建、违章建筑67万平方米。启动实施城市更新项目7个，分别为南位村集中安置区项目、河北电机厂宿舍区域危旧住房更新项目、裕华路富强大街区域危旧住房更新项目、方村城中村改造项目、东京北村城中村改造项目、高铁站商务区裕华区范围建设项目、高铁站商务区孙村物业楼拆迁项目。改造老旧小区69个。煤机街、裕德巷等老旧街巷面貌发生蝶变，成为网红打卡地。新建停车位4000余个。解决房地产遗留问题，51个“办证难”项目完成不动产登记，8个“入住难”和5个“烂尾楼”项目（藏龙国际、宝鼎世嘉、同泰领域、学府名城、御龙湾2号楼）开始正常施工。保护生态环境，11家涉水污染单位全部纳入污染源自动监控，水质监测断面保持稳定达标。加强地下水超采治理，38眼自备井全部关停。64家涉VOCs排放企业实行“一厂一策”管理，146家餐饮企业油烟监测与市级联网，154台燃气锅炉落实全覆盖监测，“散乱污”企业实现动态清零。2021年新华区空气质量综合指数为4.83，同比下降17.0%；PM2.5年平均浓度45微克/立方米，同比下降18.3%；空气优良天数达到231天，同比增加21天。新建公园1个、街旁游园1个，拥有综合性公园13个、街旁游园35个。新增绿地面积35万平方米，建成区绿化覆盖率达到43.5%，人均公园绿地面积达到17平方米，城区市容环境综合考评保持“十九连冠”。

东风路裕华区路段

【社会民生】 全年用于民生支出24.9亿元，占裕华区一般公共预算支出比例达到81.9%。城镇新增就业1.54万余人，城镇登记失业率为2.9%。养老保险参保13.09万人，医疗保险参保13.39万人。新增养老床位890张、养老机构4家，养老床位达到1351张，养老机构达到14家，累计为2400余名困难老人提供养老服务。建成城市社区日间照料站点105个，城市社区日间照料服务实现全覆盖。新认定国家级孵化器1家、高新技术企业85家，新增科技型中小企业141家，裕华区连续4年参加全省科技创新能力监测评价获评A类。拥有学校182所，其中，幼儿园110所，特殊教育学校2所，小学50所，中学11所（初级中学4所、九年一贯制中学2所、完全中学5所），中等职业学校9所；在校生13.0万人，教职工10158人，专任教师7469人。新增中小学校4所，增加学位4380个。公开招聘教师317名。中小学校课后服务实现全覆盖。建有文化馆1个、艺术表演团体9个。注册裁判员39人，登记社会体育指导员300人。拥有医院36个、社区卫生服务中心（站）42个、乡镇卫生院1个、村卫生室5个，医院开放床位10673张；登记卫生技术人员10806人，其中，执业（助理）医师4502人、注册护士5528人。推进医养结合，以紧密型医联体为目标，启动“院府合作模式”；组建“家庭医生团队”158支，惠及居民57.6万人。2021年裕华区获评河北省医养结合优质服务单位。打造平安裕华，建成智慧安防小区524个。提升政务服务效率，872项行政审批事项实现“一网通办”。支持非公经济发展，组建成立市区首个区级企业家协会。2021年裕华区1人获得“全国司法所模范个人”称号，1人获得河北省爱国拥军先进个人。

（赵春常）

井陉矿区

【概况】井陉矿区位于石家庄市区西部，周边被井陉县环绕，属石家庄市辖区，距离石家庄市主城区50千米。总面积66平方千米，建成区面积6.2平方千米，辖2个镇、1个乡、2个街道办事处、1个省级开发区、41个居委会，常住人口7.65万人，户籍人口8.57万人，常住人口城镇化率88.59%。井陉矿区是石家庄市面积最小、人口最少的县级行政区。2021年井陉矿区完成地区生产总值58.8亿元，同比下降9.8%。其中，第一产业增加值0.38亿元，增长6.4%；第二产业增加值34.9亿元，下降23.3%；第三产业增加值23.5亿元，增长9.1%。一般公共预算收入5.37亿元，同比增长20.8%；一般公共预算支出12.49亿元，同比增长4.3%。固定资产投资66.6亿元，同比下降5.2%。民营经济增加值30.1亿元，同比下降4.4%。农林牧渔业总产值6301万元，同比增长7.13%；粮食播种面积235公顷，总产量1267吨。规模以上工业企业27家。规模以上工业营业收入141.9亿元，同比下降20.0%；规模以上工业利润2.9亿元，同比下降41.8%。社会消费品零售总额12.91亿元，同比增长5.6%。规模以上服务业营业收入1.41亿元，同比下降65.4%。城镇居民人均可支配收入39352元，同比增长7.4%；农村居民人均可支配收入24237元，同比增长10.3%。2021年9月，井陉矿区获评河北省民间文化艺术之乡称号。12月23日，井陉矿区获得河北省人居环境进步奖。

中共井陉矿区区委书记：
李瑞峰（5月免）
段利勇（5月任）
区人大常委会主任：刘连一（7月免）
李建义（7月任）
区　　长：段利勇（5月免）
郭贺伟（7月任）
区政协主席：李进朝（7月免）
任玉玉（女，7月任）

【产业项目】三次产业比例为0.6∶59.4∶40.0。农业产值6300万元，牧业产值3300万元。粮食总产量1267吨，其中，小麦产量30吨，玉米产量1220吨。夏粮播种面积5公顷，总产量30吨；秋粮播种面积230公顷，总产量1237吨。蔬菜及食用菌产量播种面积113公顷，总产量3494吨。苹果种植面积154公顷，总产量2711吨（红富士苹果2690吨）；桃种植面积31公顷，总产量229吨。核桃种植面积516公顷，总产量62吨。红枣产量14.1吨。花椒产量2.42吨。肉类产量929.56吨，禽蛋产量112.17吨，水产品产量6吨。新增现代农业园区1家，总数达到10家；新增家庭农场5家，总数达到9家；新增示范合作社2家，总数达到13家。土地流转面积573公顷，流转率37.5%。工业总产值127.4亿元，同比下降20.5%；工业投资45.3亿元，同比下降27.6%；工业技改投资42.1亿元，同比下降31.6%；规模以上工业增加值同比下降32.0%，规模以上工业高新技术产业增加值同比下降0.8%；规模以上工业利税5.69亿元，同比下降45.4%。石墨及碳素制品产量28.93万吨，同比增长25.1%。对外贸易进出口总额2.59亿元，同比下降12.93%，其中，出口总额2.48亿元，下降5.0%。招商引资项目29个，其中亿元以上项目27个；签约合同总额106.93亿元，同比增长14.98%。招商引进江苏优智享智享工厂、山东求精直线导轨和滑块、河钢工业技术公司废旧汽车拆解等先进装备制造项目。4月2日，井陉矿区特钢产业投资合作洽谈会举行，签约项目6个，投资额14.93亿元。实际利用外资140万美元，同比增长0.7%。实施重点项目21个，总投资158.93亿元，年度完成投资47.11亿元；列入省、市重点项目12个，总投资144.81亿元，年度完成投资41.7亿元。竣工投产项目11个，在建5个，办理前期手续5个。发挥园区拉动经济作用，鑫鸿工业园建成投用，占地面积8公顷；天汇产业园正在建设，占地面积43公顷；丰达冶金新材料装备制造产业园项目签约，占地面积51公顷。

【城乡建设】编制国土空间规划，划定生态红线、基本农田、城镇开发边界3条控制线。优化土地资源，按照先治理再建设原则，破解采煤沉陷区禁止建设难题。以“五城同创”为抓手，开展城市更新建设，提升城市容貌品质和承载能力。实施重点民生工程28项，总投资17.12亿元。投资9000万元，改造老旧小区8个片区、居民楼160栋，维修更换供水、供电、供气、供热管网长度达100千米。横南棚户区改造项目交付使用，回迁居民184户；横北棚户区改造10栋回迁楼主体竣工。拆除私搭乱建、残垣断壁2478处，清理违规违章建筑5.2万余平方米；道路硬化4万余平方米；建成停车场5个，施画停车位1130个；设立公园3处；城

井陉矿区城南入口　　（杨志宏　摄）

区建成公共厕所21座。优化道路交通路网，集中攻坚北环物流通道项目，5年工程3年完工，实现高速公路、干线国道、省道、县道互联互通，打破大型车辆穿城通过困境。打造省会半小时经济圈，平赞高速公路连接线、南二环西延井矿快速路、贾凤路南延、贾天线及支路改造工程竣工。北昌路、岗头路、新西街、建桥街及支路提升改造工程完工，总投资4000万元。率先在全市实现城乡全域机械化清扫保洁。省级洁净城考核验收、省级园林城复检通过。杏花沟生态公园获评河北省四星级公园，东入城区口迎宾游园获评河北省三星级游园，河钢集团石钢公司、河北曲寨矿峰水泥股份有限公司2家企业获评市级园林式单位。保护生态环境，投入4000余万元，开展污染治理“七个专项行动”。2家企业超低排放改造完工，通过清洁生产审核。6处主体灭失矿山恢复治理任务完成。整治裸露空地3.3万余平方米。列入重污染天气预警减排清单企业52家。2021年井陉矿区空气质量综合指数为4.91，同比下降19.1%；PM2.5年平均浓度42微克/立方米，同比下降22.2%；空气优良天数达到250天，同比增加30天。重视园林绿化，人工造林14公顷，森林抚育120公顷。新增绿地面积2.66公顷，建成区绿地面积达到230.43公顷，绿地率37.17%，森林覆盖率58.2%。西王舍村获评省级森林乡村。2021年井陉矿区被河北省确定为省级美丽乡村建设示范片区，15个村获评省级美丽乡村。

【社会民生】 全年用于民生支出9.34亿元，占井陉矿区一般公共预算支出比例达到74.8%。城镇新增就业2458人，城镇登记失业率3.38%，高校毕业生就业率98.06%。企业养老保险参保2.54万人，城乡居民养老保险参保1.69万人，城乡居民养老保险参保率99.43%。企业退休职工发放养老金3.06亿元，城乡退休居民发放养老金1171.52万元，发放率100%。医疗保险参保6.28万人，其中，城乡居民参保5.23万人，职工参保8973人，灵活就业人员参保1512人。为灵活就业人员发放社会保险补贴资金62万元、失业保险补贴资金813.35万元、失业补助金249.47万元。享受最低生活保障居民289户424人，发放低保资金316.4万元。建有养老机构2家，共有养老床位256张；设立居家养老服务中心3个、日间照料服务站4个。拥有学校37所，其中，幼儿园26所，小学8所，中学1所，中等职业学校2所；在校生10616人，教职工956人，专任教师836人。天护小学及幼儿园竣工投用，总投资6000万元；横北中心小学及幼儿园主体完工，总投资1.1亿元。建有文化馆、公共图书馆各1个。注册裁判员5人，登记社会体育指导员30人；获得市级以上比赛奖牌15枚，其中，金牌9枚、银牌4枚、铜牌2枚。设立县级医院2个、社区卫生服务中心（站）4个、乡镇卫生院3个、村卫生室30个；医院开放床位623张；登记卫生技术人员899人，其中，执业（助理）医师412人，注册护士352人。深化“放管服”改革，199项政务服务事项下放至乡镇及街道办事处，657项行政审批事项实行网上通办。新建乡镇便民超市3家，农村超市实现全覆盖。万人坑纪念馆获批省级青少年教育基地。探索居民自治新模式，鼓励居民参与积分制管理试点，贾庄村获评全国乡村治理示范村。

（井陉矿区档案馆）

藁　城　区

【概况】 藁城区位于石家庄市区东部，属太行山洪积山前倾斜平原，东与无极县、晋州市，西与正定县、长安区、裕华区、栾城区，南与赵县，北与新乐市相邻，距离石家庄市主城区31千米。境内拥有台西商代遗址、梅花惨案遗址、耿村民间故事村等，地域特产宫灯、宫面、宫酒入选河北省“燕赵老字号”保护名录。1989年7月撤县建市，2014年9月撤市设区。总面积813平方千米，建成区面积17.88平方千米，辖13个镇（丘头镇由河北石家庄循环化工园区托管）、1个乡、1个国家级开发区（石家庄经济技术开发区）、1个省级开发区、90个居委会、164个村委会，常住人口73.76万人，户籍人口86.63万人，常住人口城镇化率58.18%。2021年藁城区完成地区生产总值512.5亿元，同比增长7.5%。其中，第一产业增加值47.58亿元，增长6.1%；第二产业增加值287.22亿元，增长8.7%；第三产业增加值177.69亿元，增长6.2%。一般公共预算收入34.88亿元，同比增长6.8%；一般公共预算支出53.54亿元，同比增长3.6%。固定资产投资171.1亿元，同比增长1.6%。民营经济增加值212.92亿元，同比增长3.6%。农林牧渔业总产值76.89亿元，同比增长6.25%；粮食播种面积6.75万公顷，总产量48.76万吨。规模以上工业企业242家。规模以上工业营业收入762.9亿元，同比增长7.6%；规模以上工业增加值249.1亿元，同比增长10.3%；规模以上工业利润86.4亿元，同比增长17.3%。社会消费品零售总额90.13亿元，同比增长4.5%。规模以上服务业营业收入45.46亿元，同比增长5.8%。城镇居民人均可支配收入42629元，同比增长6.2%；农村居民人均可支配收入24421元，同比增长9.7%。2021年藁城区获评全国投资竞争力百强区、全国绿色发展百强区。

中共藁城区委书记：
张聚华（1月免）
刘军志（1月任，
5月免）
王锦山（5月任）
区人大常委会主任：李更顺
区　　长：袁丽华（女，1月免）
王锦山（1月任，
5月免）
蔡云龙（5月任）
区政协主席：张银侠

【产业项目】 三次产业比例为9.3：56.0：34.7。工业总产值同比增长9.4%，工业投资同比增长0.4%，工业技改投资同比增长2.2%，高新技术产业投资同比增长12.0%。规模以上工业营业收入762.9亿元，同比增长7.6%；规模以上工业增加值249.1亿元，同比增长10.3%；规模以上工业高新技术产业增加值114.3亿元，同比增长13.5%；规模以上工业利润86.4亿元，同比增长17.3%。规模以上工业利润位居石家庄市第一，规模以上工业营业收入排名石家庄市第二位。规模以上工业高新技术产业增加值占藁城区规模以上工业增加值比重达到45.9%，同比提高3.9个百分点，在全省制造业高质量发展县（市、区）中位列第二名。工业用电量22.59亿千瓦时，同比下降13.2%。实施“五个一批”项目205个，其中，列入省、市重点项目33个，总投资249.3亿元，年度完成投资79.19亿元。产业发展形成生物医药、装备制造、现代食品等支柱产业。2021年藁城区生物医药产业共有规模以上企业30家，营业收入266.8亿元，同比增长6.6%，营业收入占石家庄市医药工业比重达到41.6%，重点企业有石药集团欧意药业有限公司、华北制药河北华民药业有限责任公司、石药集团中诺药业（石家庄）有限公司等。2021年藁城区装备制造业共有规模以上企业88家，营业收入97.3亿元，同比增长16%，营业收入占石家庄市装备制造业比重达到14.5%，重点企业有河北翼辰实业集团股份有限公司、河北宏昌天马专用车有限公司等。2021年藁城区现代食品业共有规模以上企业41家，营业收入273亿元，同比增长11%，营业收入占石家庄市食品工业比重达到43.9%，重点企业有河北白沙烟草有限责任公司、青岛啤酒（石家庄）有限公司、益海（石家庄）粮油工业有限公司等。招商引资签约项目66个，其中亿元以上项目59个；招商引资总额281.43亿元，同比增长6.9%。实际利用外资4.21亿美元，同比增长12.5%。对外贸易进出口总额43.36亿元，同比增长24.51%，其中，出口总额41.46亿元，增长22.28%。旅游业接待人数235万人次，同比下降12.0%；实现旅游业收入10.6亿元，同比下降12.0%。石家庄经济技术开发区拉动经济作用突出，首次入选全国百强经济技术开发区，排名第91位，较2020年提升22个位次。2021年石家庄经济技术开发区营业收入2631.86亿元，同比增长26.38%；税收收入106亿元，同比增长7.56%，税收收入位列河北省开发区第一名；入驻企业（含河北藁城经济开发区）2110家，同比增加131家。2021年河北藁城经济开发区营业收入502亿元，税收收入15亿元，入驻企业达到215家。

【农业生产】 全年农林牧渔业总产值76.89亿元，同比增长6.25%。其中，农业产值35.05亿元，林业产值800万元，牧业产值36.15亿元，农林牧渔服务业产值5.61亿元。农林牧渔业总产值位居全市第一。粮食播种面积6.75万公顷，总产量48.76万吨，平均单产7226千克/公顷。其中，小麦播种面积3.23万公顷，总产量24.26万吨，平均单产7509千克/公顷，平均单产位居全市第一名，播种面积、总产量位列全市第二名；玉米播种面积2.91万公顷，总产量22.46万吨，平均单产7722千克/公顷，播种面积、平均单产、总产量均位列全市第二名；谷子播种面积458公顷，总产量2046吨，平均单产4715千克/公顷。豆类（主要为大豆）播种面积5065公顷，总产量1.44万吨，豆类种植面积、产量位列全市第二名。薯类播种面积431公顷，总产量1.62万吨。油料播种面积529公顷，总产量2091吨。蔬菜及食用菌种植面积8373公顷，总产量57.11万吨。瓜果种植面积153公顷，总产量4958吨。果园面积3361公顷，其中，苹果园180公顷、梨园2902公顷、桃园153公顷、葡萄园118公顷。园林水果（不含果用瓜）总产量10.07万吨，其中，苹果2623吨（红富士苹果2197吨）、梨9.29万吨（雪花梨2.45万吨、鸭梨6334吨）、桃2592吨、葡萄2441吨、红枣15吨。至2021年底，牛、奶牛、马、驴、猪、羊、家禽、蛋鸡、兔存栏数分别为4.22万头、2.9万头、723匹、2482头、30.65万头、6.0万只、1128.36万只、862.62万只、3100只，牛、猪、羊、家禽、鸡出栏数分别为5.28万头、53.33万头、14.87万只、1491.86万只、1152.38万只；肉类、禽蛋、鸡蛋、牛奶产量分别为7.13万吨、11.5万吨、9.22万吨、4.82万吨，其中，猪肉、牛肉、羊肉、家禽肉、驴肉产量分别为4.64万吨、8705吨、1940吨、1.42万吨、401吨。猪肉、羊肉、家禽肉、禽蛋、鸡蛋产量均位列全市第一。土地流转面积1.96万公顷，土地流转率49%。农业机械总动力162.9万千瓦。建成富硒农产品生产示范基地6个。宫米1号谷子标准化生产基地面积达到400公顷，藁城藁优麦标准化生产基地面积达到2000公顷。益海粮油被认定为第七批农业产业化国家重点龙头企业。市级以上农业产业化重点龙头企业达到24家，其中，国家级1家、省级3家；新增现代农业园区5家，总数达到36家；新增示范家庭农场15家，总数达到161家；新增农民示范合作社3家，总数达到40家。藁城区获批全国创建农业现代化示范区，贾市庄镇马邱村获评全国“一村一品”示范村镇。

【**城乡建设**】实施城乡建设项目31个，总投资67亿元。迎宾大道海绵城市、滹沱河漫水桥和10条主次干道改造提升、67条小街巷容貌综合整治等工程完工。新建停车场12个、停车位2028个，其中，新建林荫停车场4个、车位416个，立体停车场3个、停车位355个。改造老旧小区60个。城区公共厕所达到70座。开展私搭乱建、违章建筑整治行动，拆除工业路沿街42处违规商业门店及市区东三环、307国道辅路沿线违建设施，累计拆违37万平方米。石家庄经济技术开发区解决土地征迁遗留问题项目15个，用地面积100余公顷。增村镇现代食品产业园收储土地达到2000亩。整治农村人居环境，改造农村厕所3.4万座，藁城区获评市级农村厕所改造先进区；新建游园广场631个，创建美丽庭院2.75万户、精品庭院7354户；投资5亿元，新改建农村公路27.9千米，乡村小街巷全覆盖道路硬化173个村、140多万平方米。保护生态环境，2021年藁城区空气质量综合指数4.9，同比下降18.5%；PM2.5年平均浓度47微克/立方米，同比下降20.3%；空气优良天数达到247天，同比增加36天。空气质量退出河北省“后四十”行列。重视水污染防治，建成区自备井全部关停，出境断面水质保持稳定达标。新建公园游园1个，公园数量达到9个，游园数量达到31个。营造林1633公顷，西关镇慈上村获评省级森林乡村，拥有国家级森林乡村2个、省级森林乡村8个；创建省级美丽乡村17个，总数达到34个。新增绿地面积16.45公顷，建成区绿地面积达到707.73公顷，林木覆盖率达到30.5%。

【**社会民生**】全年用于民生支出43.94亿元，占藁城区一般公共预算支出比重达到82.1%。城镇新增就业4421人，城镇登记失业率1.06%；农村转移劳动力7080人。城乡居民养老保险参保人数45.9万人，参保率98.21%；城镇职工养老保险参保人数4.7万人。医疗保险参保人数73.62万人，参保率99.36%；城乡居民医疗保险参保68.54万人，职工医疗保险参保5.09万人。享受城乡最低生活保障待遇人员11608人，发放低保资金4947.65万元。新增养老机构1家、养老床位180张，养老机构总数达到28家，养老床位总数达到5001张。新建社区日间照料服务站74个。科技创新能力连续3年获评全省A类。拥有学校233所，其中，幼儿园84所，特殊教育学校1所，小学112所，中学30所（初级中学20所、九年一贯制中学4所、完全中学3所、高级中学2所、十二年一贯制中学1所），中等职业学校6所；在校生14.93万人，教职工10130人，专任教师8416人。建有文化馆、公共图书馆各1个。藁城台西商代遗址入选河北百年百项重要考古发现，梅花惨案纪念馆河北省革命老区红色教育基地和石家庄市“十大红色景观”，藁城宫面、宫灯入选“石家庄市十大特产”。注册二级以上运动员5人、裁判员24人，登记社会体育指导员1762人。新建全民健身设施50

处。拥有县级医院2个、乡镇卫生院13个、村卫生室226个，医院开放床位2175张；卫生技术人员2344人，其中，执业（助理）医师862人、注册护士892人。加强乡村（社区）治理，建设智慧平安小区389个，238个村（社区）综合服务站实现全覆盖。梅花镇、常安镇获评河北省民间文化艺术之乡。

（于俊艳　辛少宁）

鹿　泉　区

【概况】 鹿泉区位于石家庄市区西部，东与正定县、新华区、桥西区、栾城区，西与平山县、井陉县，南与元氏县，北与灵寿县相邻，距离石家庄市主城区15千米。鹿泉区西倚太行山，东环省会主城区，地域内山区、丘陵、平原各占三分之一。境内拥有背水一战古战场土门关、秦皇古驿道、道教名观十方院、佛教圣地龙泉寺、文化遗迹封龙书院、名山抱犊寨等历史古迹。古代称石邑，曾用名获鹿县、鹿泉市，1994年5月撤县建市，2014年9月撤市设区。总面积614平方千米，建成区面积47.55平方千米，辖9个镇、3个乡、1个省级开发区、50个居委会、180个村委会，常住人口58.95万人，户籍人口45.19万人，常住人口城镇化率74.95%。2021年鹿泉区完成地区生产总值350.3亿元，同比增长7.6%。其中，第一产业增加值19.55亿元，增长1.1%；第二产业增加值142.91亿元，增长7.2%；第三产业增加值187.8亿元，增长8.6%。一般公共预算收入36.27亿元，同比增长8.5%；一般公共预算支出55.19亿元，同比增长8.5%。固定资产投资同比下降2.9%。民营经济增加值206.31亿元，同比增长7.9%。农林牧渔业总产值30.25亿元，同比增长0.7%；粮食播种面积2.37万公顷，总产量13.46万吨。规模以上工业企业135家。规模以上工业营业收入465.6亿元，同比增长7.2%；规模以上工业利润24.2亿元，同比下降28.2%。社会消费品零售总额108.74亿元，同比增长5.7%。规模以上服务业营业收入53.28亿元，同比增长17.6%。城镇居民人均可支配收入41501元，同比增长6.8%；农村居民人均可支配收入24571元，同比增长10.1%。2021年鹿泉区农村居民人均可支配收入位列石家庄市第一名。

中共鹿泉区委书记：李为军
区人大常委会主任：张旭午（2月免）
石向军（3月任）
区　　长：刘丽香（5月免）
李争　（7月任）
区政协主席：刘建

【产业项目】 三次产业比例为5.6∶40.8∶53.6。工业总产值同比增长12.5%，工业投资同比下降13.4%，工业技改投资同比下降52.4%，高新技术产业投资同比增长36.0%。规模以上工业营业收入465.6亿元，同比增长7.2%；规模以上工业增加值同比增长8.5%；规模以上工业高新技术产业增加值40.8亿元，同比增长18.9%；规模以上工业利润24.2亿元，同比下降28.2%。工业用电量15.1亿千瓦时，同比下降5.47%。乳制品产量55.54万吨，同比下降11.8%，其中，液体乳产量51.07万吨，同比下降13.6%。硅酸盐水泥熟料产量621.46万吨，同比下降20.5%；水泥产量799.27万吨，同比下降19.0%。程控交换机38.96万线，同比下降19.2%；集成电路2835块，同比下降37.4%；光电子器件6.31万只，同比下降88.1%。实施重点项目159个，总投资715亿元。海康威视产业园等23个项目开工，河北智慧物流园等12个项目竣工或部分竣工。签约引进项目61个，总投资98.7亿元。对外贸易进出口总额12.77亿元。实际利用外资1.14亿美元。新一代电子信息产业园区启动建设，占地面积17.37平方千米。科林电气获评国家级技术创新示范企业，阀门一厂获评省级质量标杆示范企业。君乐宝乳业年销售收入突破200亿元，入选全国质量标杆企业、国家级“两业融合”试点企业。洛杉奇食品有限公司获得省政府质量奖组织奖，入选农业产业化国家重点龙头企业，公司产品“金凤扒鸡”入选“石家庄市十大特产”。15家企业入选石家庄百强企业。全年旅游业接待人数1454万人次，实现收入18.9亿元。2021年河北鹿泉经济开发区营业收入1008亿元，被认定为国家电子信息外贸转型升级基地。

【农业生产】 全年农林牧渔业总产值30.25亿元，同比增长0.7%。其中，农业产值18.25亿元，林业产值1.56亿元，牧业产值6.76亿元，农林牧渔服务业产值2.61亿元。粮食播种面积2.37万公顷，总产量13.46万吨，平均单产5685千克/公顷。其中，小麦播种面积9599公顷，总产量6.12万吨，平均单产6377千克/公顷；玉米播种面积1.04万公顷，总产量6.35万吨，平均单产6084千克/公顷；谷子播种面积543公顷，总产量1201吨，平均单产2207千克/公顷。豆类播种面积2557公顷，总产量5246吨。薯类播种面积550公顷，总产量1.75万吨。油料播种面积865公顷，总产量2619吨。蔬菜及食用菌种植面积5327公顷，总产量40.73万吨；设施蔬菜种植面积667公顷，总产量1.74万吨。果园面积1500公顷，其中，苹果园436公顷、梨园96公顷、桃园220公顷、葡萄园102公顷。园林水果（不含果用瓜）总产量1.76万吨，其中，苹果4012吨（红富士苹果3838吨）、梨1947吨、桃2664吨、葡萄2301吨、红枣101吨。食用坚果产量1568吨。至2021年底，牛、奶牛、猪、羊、家禽、蛋鸡存栏数分别为1.1万头、8158头、2.23万头、1.4万只、146.13万只、144.82万只，牛、猪、羊、家禽、鸡出栏数分别为4533头、5.31万头、1.75万只、139.32万只、135.0万只；肉类、禽蛋、鸡蛋、牛奶产量分别为6599吨、1.78万吨、1.75万吨、4.28万吨，其中，猪肉、牛肉、羊肉、家禽肉产量分别为3585吨、754吨、227吨、2034吨。水产品养殖面积426公顷，总产量5300吨。土地流转面积1.24万公顷，土地流转率71%。农业机械总动力47.57万千瓦。农业经济发展形成高端乳品、优质大豆、精品蔬菜三大产业。新增农业产业化国家级重点龙头企业1家、省级重点龙头企业3家，市级以上农业产业化重点龙头企业达到21家，其中，国家级3家、省级10家；建成现代农业园区25家，其中，国家级1家、省市级9家；新增家庭农场112家，总数达到278家；新增农民合作社6家，农民示范合作社达到27家。农村集体收入超过50万元村达到114个，鹿泉区获评河北省农村集体经济发展先进区，白鹿泉乡谷家峪入选全国“一村一品”示范村。

【城乡建设】 实施城建项目88个，总投资140.6亿元。市区三环路辅道贯通，德胜路、曹庄路、纵六街建成通车，107国道环境整治任务完成。推进中央商务活力区建设，全民健身中心、泰华洲际酒店主体竣工。改造老旧小区9个，城东小区获评河北省老旧小区改造示范区。新建供热管网3.5千米，新增集中供热面积80万平方米。规范停车场管理，新建公共停车场16处、停车位2128个。拆除城区私搭乱建、违章建筑5029处31.7万平方米，鹿泉区获批河北省生活垃圾分类示范区。加强城市精细化管理，智慧城市项目入选全国数字化应用与转型典型案例，智慧交通、平安城市、智慧应急管理平台投入使用，市容考评位列全市第一名。开展省级乡村振兴示范区创建活动，96个村达到省级美丽乡村标准，鹿泉区获评全省村庄清洁行动先进区。保护生态环境，2021年鹿泉区空气质量综合指数为4.8，同比下降19.9%；空气污染指数PM2.5年平均浓度43微克/立方米，同比下降21.8%；空气优良天数达到240天，同比增加37天。生态补水1188万立方米。关停自备井125眼，浅层地下水位回升3.6米。治理主体灭失矿山15处。造林绿化面积3400公顷，完成年度任务132%；绿化道路189条、总长151千米。至2021年底，鹿泉区园林绿地面积达到822.88公顷，建成区绿化覆盖率达到42.15%，建成区绿地率达到36.06%。2021年鹿泉区山前大道生态环境整治获得河北省人居环境范例奖，龙泉湖公园获评河北省四星级公园。

【社会民生】 全年用于民生支出44.7亿元，占鹿泉区一般公共预算支出比重达到81%。城镇新增就业6472人，城镇登记失业率1.5%。城乡居民养老保险参保人数22.12万人，养老保险征缴3981.62万元。城乡医疗保险参保人数35.3万人，医疗保险征缴率96.7%。享受城乡最低生活保障待遇1890户2641人，其中，城市低保对象53户71人，农村低保对象1837户2570人。为低保对象、特困供养人员、临时救助对象等发放补助金、救助款2503.7万元。养老机构达到15家。发放养老专项资金788.94亿元，其中，发放高龄老人津贴11.07万人次、资金734.99万元，发放困难老人生活补贴1959人次、资金9.8万元。铜冶镇南甘子村被命名为全国示范性老年友好型社区。重视科技创新，建成市级以上科研平台149家，拥有众创空间、孵化器、加速器15家，新增高新技术企业25家、科技型中小企业57家。国家“专精特新”小巨人企业达到16家，省级“专精特新”企业达到61家。支持产学研融合发展，与中国地质大学等15所高校签订校地合作协议，西安电子科技大学河北研究院落户鹿泉区。拥有学校189所，其中，幼儿园68所，特殊教育学校1所，小学89所，中学22所（初级中学11所、九年一贯制中学5所、完全中学1所、高级中学5所），中等职业学校9所；在校生10.15万人，教职工7293人，专任教师5970人。新增普惠性幼儿园3所，幼儿园普惠率达到85.4%。三四街小学建成投入使用。新建小学综合教学楼4处，增加学位4350个。建有文化馆、公共图书馆各1个、影院2座、体育馆1处。新建全民健身场地47个。拥有一级文物12件，公共图书馆藏书12.4万余册，数字电视用户达到4.5万户，登记社会体育指导员953人。白鹿泉乡获评河北省民间文化艺术之乡。拥有县级医院3

个、乡镇卫生院14个、村卫生室208个，医院开放床位1873张；卫生技术人员3514人，其中，执业（助理）医师2169人、注册护士825人。“村改居”28个，村委会、社区居委会换届选举完毕。鹿泉区退役军人服务中心及12个乡镇服务站获评全国示范型退役军人服务中心（站），鹿泉区获得河北省双拥模范城“六连冠”。

（李晓伟）

栾 城 区

【概况】 栾城区位于石家庄市区南部，东北与藁城区，东南与赵县，西北与鹿泉区，西南与元氏县，北与裕华区相邻，距离石家庄市主城区12千米。2014年9月撤县设区。总面积351平方千米，建成区面积11.2平方千米，辖5个镇（郄马镇由高新区代管）、3个乡、1个省级经济开发区、29个居委会、163个村委会，常住人口38.02万人，户籍人口36.53万人，常住人口城镇化率68.69%。2021年栾城区完成地区生产总值187.1亿元，同比增长5.6%。其中，第一产业增加值16.0亿元，增长0.7%；第二产业增加值78.8亿元，增长5.8%；第三产业增加值92.3亿元，增长6.3%。一般公共预算收入19.01亿元，同比增长8.0%；一般公共预算支出29.1亿元，同比下降6.5%。固定资产投资53.06亿元，同比增长2.0%。民营经济增加值123.03亿元，同比增长6.4%。农林牧渔业总产值32.16亿元，同比增长1.31%；粮食播种面积3.21万公顷，总产量22.27万吨。规模以上工业企业120家。规模以上工业营业收入203.8亿元，同比增长17.9%；规模以上工业利润20.8亿元，同比增长40.9%。社会消费品零售总额47.77亿元，同比增长4.7%。规模以上服务业营业收入17.1亿元，同比下降23.2%。城镇居民人均可支配收入38507元，同比增长6.9%；农村居民人均可支配收入22453元，同比增长10.3%。

中共栾城区委书记：张小勇（1月任）
区人大常委会主任：张军廷
区　　　长：彭勇民（5月免）
　　　　　　王立珍（5月任）
区政协主席：岳云霞（女）

【产业项目】 三次产业比例为8.5∶42.2∶49.3。工业总产值207.6亿元，同比增长13.1%；工业投资12.34亿元，同比增长31.6%；规模以上工业营业收入203.8亿元，同比增长17.9%；规模以上工业增加值同比增长5.1%，规模以上工业高新技术产业增加值同比增长3.8%；规模以上工业利润20.8亿元，同比增长40.9%。工业用电量15.37亿千瓦时，同比增长0.73%。土霉素产量887吨，同比增长19.2%；中成药产量6262吨，同比下降12.3%。豆浆粉产量1.56万吨，同比增长8.2%。氨基已酸产量3.09万吨，同比增长5.7%。实施工业技改项目50项，入选河北省千项技改项目10项。中集安瑞科集装箱车、中车城市客车交付使用。圣泰化工、长安育才入选国家级“专精特新”小巨人企业。河北航投航空、同福集团健康主食、石家庄控安工业安全等产业技术研究院成立。谋划实施重点项目80个，总投资241.3亿元；列入省、市重点项目18个，总投资201.5亿元。同福大健康食品城、中储物流等建成投产，中航电测智能交通产业园、泊易达科技产业园等正在建设，中南高科栾城新智谷、凯隆达高科农业创业园等开工。对外贸易进出口总值40.3亿元，同比增长49.57%，其中，出口总值38.93亿元，增长49.39%。招商签约项目47个，总投资83.7亿元，引进落地资金47.36亿元。签约项目有神威产业园、石药产业园、中车产业园、省交投通航示范园、中集集团合斯康高端氢能设备基地、浪潮新基建、中国信息通信研究院河北创新中心等。实际利用外资2.26亿美元。同福广场、贺邦商务大厦开工。16家物流企业获评3A以上物流企业。旅游业年接待人数120万人次，实现收入9.6亿元。2021年河北石家庄装备制造园实施基础设施项目13个，总投资4.75亿元；至2021年底，装备制造园营业收入528.3亿元，同比增长26%，获评“河北省安全应急产业示范基地”。

【农业生产】 全年农林牧渔业总产值32.16亿元，同比增长1.31%。其中，农业产值16.51亿元，牧业产值7.92亿元，农林牧渔服务业产值7.69亿元。粮食播种面积3.21万公顷，总产量22.27万吨，平均单产6947千克/公顷。其中，小麦播种面积1.49万公顷，总产量10.92万吨，平均单产7347千克/公顷；玉米播种面积1.44万公顷，总产量10.24万吨，平均单产7135千克/公顷；谷子播种面积639公顷，总产量2781吨，平均单产4350千克/公顷。小麦单产、谷子总产量位列石家庄市第二名。豆类（主要为大豆）播种面积2140公顷，总产量8127吨。油料播种面积

16 公顷，总产量 58 吨。蔬菜及食用菌种植面积 924 公顷，总产量 7.42 万吨；设施蔬菜种植面积 159 公顷，总产量 1.51 万吨。果园面积 430 公顷，其中，苹果园 78 公顷、梨园 7 公顷、桃园 182 公顷、葡萄园 28 公顷。园林水果（不含果用瓜）总产量 8241 吨，其中，苹果 675 吨（红富士苹果 281 吨）、梨 46 吨、桃 4694 吨、葡萄 876 吨。核桃产量 1041 吨。至 2021 年底，牛、奶牛、马、猪、羊、家禽、蛋鸡存栏数分别为 1.73 万头、3299 头、334 匹、2.63 万头、3.05 万只、96.37 万只、86.42 万只，牛、猪、羊、家禽、鸡出栏数分别为 1.36 万头、4.91 万头、4.11 万只、81.38 万只、79.1 万只；肉类、禽蛋、鸡蛋、牛奶产量分别为 7343 吨、9133 吨、9068 吨、1.39 万吨，其中，猪肉、牛肉、羊肉、家禽肉产量分别为 3418 吨、2186 吨、546 吨、1194 吨。土地流转面积 1.08 万公顷，土地流转率 53.8%。农业机械总动力 61.39 万千瓦。优质小麦种植列入河北省强筋小麦产业集群。支持农产品就地销售，举办第 19 届草莓采摘节、樱桃采摘节等活动。创建农业区域公用品牌 3 个，获批地理标志证明商标 2 件、马德里商标 2 件。市级以上农业产业化重点龙头企业达到 27 家，其中省级 7 家；新增现代农业园区 2 家，总数达到 18 家；新增家庭农场 32 家，总数达到 155 家；新增农民示范合作社 21 家，总数达到 110 家。推行“龙头企业 + 合作社 + 基地”产业化联合体发展模式，设立区级以上农业产业化联合体 18 家。2021 年栾城区获得全国畜牧统计监测工作综合评估优秀县、全省农业产业化先进县称号。

【城乡建设】 完善城市服务功能，开展城市品质提升“六大行动”（规划引领、居住质量、道路交通、城市生态、公共设施、城市管理 6 个提升行动）。实施城建项目 52 个，总投资 27.5 亿元。太行大街、宏远路、宏达路、鑫源路、凌空桥路、张举路、圣雪路、石栾大街、新开大街、兴安大街 10 条主街主路景观提升改造工程及惠源路整治提升改造工程、栾武路彩色步道工程、复兴大街市政化改造等 50 个道路项目完工，区委党校、区人民医院迁建项目正在建设。改造老旧小区 13 个、棚户区房屋 846 套。实施冶河村、西董铺村、北五里铺村 3 个高品质城中村改造试点项目和北辛庄、南赵村、西街村、东许营村 4 个改造不彻底村整修。解决房地产历史遗留问题 14 个。城区供热改造投资 3800 万元，改造一次管网长度 4 千米、二次管网长度 9 千米、换热站 8 个；新增供热小区 5 个、供热面积 42.71 万平方米。至 2021 年底，城区供热总建筑面积达到 530.2 万平方米，集中供热率达到 93.1%，城区清洁供热率达到 100%。新建停车场 7 个、停车位 1470 个。拆除私搭乱建、违章建筑 271 处 6998.4 平方米，市区南三环辅道贯通征迁、宏远路遗留宅基地建筑全部拆除。清理整治 308 国道沿线违章建筑、广告牌匾 1800 余处。农村改造提升厕所 3991 座，累计达到 56903 座。创建美丽庭院 5.3 万户。修建乡村道路 25 千米，村庄主街主道硬化率 100%。改造农村电力线路 81 千米。农村江水置换利用人口达到 10.42 万人。推进省级东南乡村振兴示范区建设，辛李庄、范台、北屯、夏凉、城郎、新建、张村、南柴村、北石碑、东柴村、北浪头、南石碑、北安庄、崔家营、南屯、温家庄、北高、张家营、苏辛庄、南韩家庄、王家屯、北赵台、小孙村、南留 24 个村获批省级美丽乡村，栾城区创建省级美丽乡村达到 45 个，获评全省农村人居环境整治工作优秀县、全省村庄清洁行动先进县。保护生态环境，2021 年栾城区空气质量综合指数为 4.85，同比下降 19.97%；空气污染指数 PM2.5 年平均浓度为 44 微克 / 立方米，同比下降 26.67%；空气二级以上优良天数 250 天，同比增加 37 天。空气质量综合指数退出全省“后四十”、PM2.5 年平均浓度退出全省“后二十”目标完成。重视园林绿化，植树造林面积 500 亩，林木覆盖率 17.62%；建成公园 6 个，其中星级公园 5 个（四星级公园 3 个、四星级游园 1 个、三星级游园 1 个）；新增绿地面积 15 公顷，建城区绿地面积 482.69 公顷，建成区绿地率 43.09%，建成区绿化覆盖率 45.17%。

【社会民生】 全年用于民生支出 24.07 亿元，占栾城区一般公共预算支出比重达到 82.7%。城镇新增就业 3796 人，城镇登记失业率 1.56%。城乡居民养老保险参保人数 18.2 万人，参保率 99%。城乡医疗保险参保人数 35.55 万人，参保率 98.01%。享受城乡最低生活保障待遇 3121 户 4032 人，其中，城市低保对象 75 户 86 人，农村低保对象 3046 户 3946 人。发放城市低保金及补贴资金 65.54 万元、农村低保金及补贴资金 1841.72 万元。设立养老机构 7 家，新增养老床位 300 张，养老床位总数达到 2000 张。9 个城市社区全部建成日间照料服务站。推进科技创新，新建省级以上研发平台 6 家，新增高新技术企业 22 家、科技型中小企业 66 家。县域科技创新能力获评 A 类，全省排名上升到第 6 位。拥有学校 231 所，其中，幼儿园 155 所，特殊教育学校 1 所，小学 58 所，中学 12 所（初级中学 9 所、九年一贯制中学 1 所、高级中学 2 所），中等职业学校 5 所；在校生 7.59 万人，教职工 5893 人，专任教师4661人。城郎小学竣工投用，栾城五中教学楼改扩建工程完工。设立文化馆、公共图书馆各1个。注册二级以上运动员6人、裁判员4人，登记社会体育指导员100人。拥有县级医院3个、社区卫生服务中心（站）1个、乡镇卫生院7个、村卫生室173个，医院开放床位1132张；卫生技术人员1782人，其中，执业（助理医师）950人、注册护士622人。建成智慧安防小区150个。居民小区加装公共充电桩7687个。2021年栾城区获得河北省双拥模范城、平安河北建设示范县称号。

（栾城区党史研究中心）

井 陉 县

【概况】 井陉县位于石家庄市西部，地处太行山东麓，境内多山岭，东与鹿泉区、元氏县，东南与赞皇县，西及西南与山西省，西北与平山县相邻，距离石家庄市主城区40千米。境内拥有秦皇古驿道、于家石头村、大梁江村、苍岩山、仙台山等历史文化古迹、古村落及旅游景区，是韩信背水之战和百团大战的主战场。石灰石矿藏质好量多，井陉拉花闻名全国。总面积1384平方千米，建成区面积10.5平方千米，辖10个镇、7个乡、1个省级经济开发区、6个居委会、321个村委会，常住人口25.03万人，户籍人口32.8万人，常住人口城镇化率53.22%。2021年井陉县完成地区生产总值109.0亿元，同比增长7.4%。其中，第一产业增加值12.2亿元，增长7.3%；第二产业增加值38.0亿元，增长2.6%；第三产业增加值58.8亿元，增长10.3%。一般公共预算收入10.49亿元，同比增长10.2%；一般公共预算支出24.26亿元，同比下降8.9%。固定资产投资108.7亿元，同比下降0.4%。民营经济增加值61.5亿元，同比增长10.6%。农林牧渔业总产值19.88亿元，同比增长8.09%；粮食播种面积1.53万公顷，总产量5.23万吨。规模以上工业企业53家。规模以上工业营业收入94.7亿元，同比增长13.4%；规模以上工业利润-6.8亿元，同比下降235.6%。社会消费品零售总额36.28亿元，同比增长6.6%。规模以上服务业营业收入4.77亿元，同比下降26.3%。城镇居民人均可支配收入35814元，同比增长7.1%；农村居民人均可支配收入17167元，同比增长10.4%。

中共井陉县委书记：刘玉渭（5月免）
刘丽香（女，5月任）
县人大常委会主任：王永华（7月免）
霍爱民（7月任）
县　　　　长：李杰　（5月免）
张亚松（5月代，7月任）
县政协主席：毕元明

【产业项目】 三次产业比例为11.2∶34.8∶54.0。工业总产值98.33亿元，同比增长13.25%。工业投资22.81亿元，同比下降15.0%；工业技改投资8.04亿元，同比增长33.5%；高新技术产业投资2.32亿元，同比增长132.0%。规模以上工业营业收入94.7亿元，同比增长13.4%。规模以上工业增加值29.78亿元，同比增长6.1%；规模以上工业高新技术产业增加值1.99亿元，同比增长87.5%。规模以上工业利润-6.8亿元，同比下降235.6%。工业用电量4.37亿千瓦时，同比增长0.02%。水泥产量20.66万吨，同比下降17%；石灰熟料产量107.88万吨，同比下降15%；服装产量755.28万件，同比增长9%；防水建材产量22.74万平方米，同比增长5%；混凝土产量31.72万立方米，同比增长4.2%。谋划实施重点项目169个。列入省、市重点项目16个，总投资107.3亿元，年度完成投资46.7亿元。陉峰德公司与保利联合集团重组完成，汽车零部件再制造项目完工，河北滕鹄、艾博睿加工2个精钢项目及嘉丰仓储物流园、红河谷生态旅游项目正在建设。招商引资项目29个，总投资254.3亿元，投资金额同比增长51%。8月13日，井陉县与中国全域旅游领军企业——华侨城北方投资有限公司、华侨城旅投集团签约。9月14日，井陉县与独角兽企业——深圳优必选公司签约，重点打造人工智能教育基地和优必选华北总部，该项目列入省重点推进项目。对外贸易出口总值846.89万美元（对外贸易无商品进口），同比增长13.98%。实际利用外资10万美元。稻香村乡村振兴产业园、利云产业园入驻河北井陉经济开发区，园区“中联铁运”成为国家级煤炭储备中心。至2021年底，井陉经济开发区入驻企业达到93家，营业收入314亿元，同比增长18%；实现利税8.2亿元。发展特色旅游，红土岭生态民宿项目启动，陶瓷水镇正在建设，绵蔓河湿地旅游经济带打造形成6个重点村。梨岩村、南障城镇入选省级乡村旅游重点村镇。2021年井陉县接待游客340万人次，同比增长38.8%；实现旅游业收入12.1亿元，同比增长41.4%。

【农业生产】 全年农林牧渔业总产值19.88亿元，同比增长8.09%。其中，农业产值6.63亿元，林业产值3.44亿元，牧业产值7.68亿元，农林牧渔服务业产值2.04亿元。中药材产值3266万元。粮食播种面积1.53万公顷，总产量5.23万吨，平均单产3418千克/公顷。其中，小麦播种面积753公顷，总产量4093吨，平均单产5439千克/公顷；玉米播种面积1.12万公顷，总产量4.24万吨，平均单产3789千克/公顷；谷子播种面积1116公顷，总产量1343吨，平均单产1257千克/公顷。豆类播种面积1284公顷，总产量1171吨。油料播种面积1337公顷，总产量2303吨。棉花种植面积58公顷，总产量37吨，种植面积、产量位列石家庄市第二名。蔬菜及食用菌种植面积1761公顷，总产量8.34万吨；设施蔬菜种植面积61公顷，总产量1628吨。果园面积1107公顷，其中，苹果园640公顷、梨园19公顷、桃园168公顷、葡萄园14公顷。园林水果（不含果用瓜）总产量1.85万吨，其中，苹果（主要为红富士苹果）1.14万吨、梨479吨、桃3067吨、葡萄257吨，红枣921吨。核桃产量1952吨。花椒产量55吨。连翘种植面积1.2万公顷，产量636吨。至2021年底，牛（主要为肉牛）、猪、羊、家禽、蛋鸡存栏数分别为8039头、8.1万头、3.81万只、194.44万只、193.48万只，牛、猪、羊、家禽、鸡出栏数分别为1.39万头、10.85万头、6.21万只、196.2万只、189.38万只；肉类、禽蛋、鸡蛋产量分别为1.38万吨、2.64万吨、2.6万吨，其中，猪肉、牛肉、羊肉、家禽肉产量分别为7487吨、2320吨、826吨、3131吨。水产品养殖面积4公顷，总产量370吨。土地流转面积533公顷，土地流转率4%。农业机械总动力38.5万千瓦。拥有市级以上农业产业化龙头企业、现代农业园区各3家。新增家庭农场20家，总数达到80家；新增农民示范合作社4家，总数达到12家，其中，省级2家、市级10家。

【城乡建设】 井矿快速路、平赞高速井陉连接线贯通，城区5条道路建成通车。清理城乡发展障碍，拆除影响绵蔓河湿地旅游经济带项目建筑，妥善解决大唐微水电厂、长岗棚户区改造遗留问题。启动城市更新项目7个，非物质文化遗产博物馆开工。建成住宅小区4个。改造老旧小区7个片区23.79万平方米，惠及居民3240户。改造整修小街巷10条，陈家峪道路由“槽心路”变为民俗文化街。迎宾大道获评省级园林式街道，抗洪纪念园获评河北省三星级游园，韩信公园获评河北省四星级公园，龙王山公园获评河北省三星级公园。改建供水、供热管网66.5千米。新建城区公厕70座、停车位1050个。主街主路实行常态化卫生保洁管理。创建美丽乡村，优化整合交通线路48条，改建农村公路13条65千米，改造供电线路258.9千米，整修农村居民饮水工程44个，无线通信网络5G信号实现县域全覆盖。拆除私搭乱建、违章建筑2936处，硬化乡村道路5万多平方米。改造农村厕所5731座，总数达到5.87万座。创建省级美丽乡村12个、精品美丽庭院1510户。井陉县通过省级“文明城”“卫生城”复审，获评河北省“洁净城”“森林城”和全省村庄清洁行动先进县；南秀林村获评全国法治乡村示范村，洛阳村获评省级“一村一品”示范村。保护生态环境，涉VOCs企业全部实行“一厂一策”，216家涉气排放企业落实环保监管措施，客运出租车全部更换为新能源车。2021年井陉县空气质量综合指数为4.98，同比下降16%；空气污染指数PM2.5年平均浓度为44微克/立方米，同比下降20%；空气二级以上优良天数239天，同比增加31天。生态修复矿山迹地8处。绵蔓河河道治理工程完工，冶河河道治理工程达到50%；8个村庄完成生活污水无害化治理；集中式水源保护区水质达到地下水Ⅲ类标准。新增国家级公益林1万公顷，小峪村、胡仁村获评省级森林乡村。新增绿地面积13.47公顷，建成区绿地面积达到427.35公顷，建成区绿地达到40.7%。

【社会民生】 全年用于民生支出20.9亿元，占井陉县一般公共预算支出比重达到86.2%。居民住户存款188.04亿元，同比增长10.9%。城镇新增就业3183人，城镇登记失业率2.32%；农村转移劳动力2827人。城乡居民养老保险参保人数17.38万人。城乡医疗保险参保人数26.6万人，参保率98.32%。享受城乡最低生活保障待遇4922户6943人，发放低保金及补贴资金2217.44万元。实施残疾人家庭无障碍改造145户。设立养老机构2家，拥有养老床位300张；城市社区日间照料服务站实现全覆盖。拥有学校139所，其中，幼儿园74所，特殊教育学校1所，小学51所，中学11所（初级中学8所、九年一贯制中学1所、高级中学2所），中等职业学校2所；在校生3.74万人，教职工3556人，专任教师3065人。选聘补充教师151人，新增学位275个。县第二幼儿园建成投用。5所学校开设人工智能教育课程。设立文化馆、公共图书馆各1个。注册裁判员85人，登记社会体育指导员670人。拥有县级医院2个、乡镇卫生院17个、村卫生室318个，医院开放床位1405张；卫生技术人员2082人，其中，执业（助理医师）842人、注册护士626人。县医院救治能力提升项目及新建县中医院主体封顶，井陉县获评河北省县级公立医院改革示范县。建成智慧安防小区167个，创建“绿色社区”3个。2021年井陉县获评中国民间文化艺术之乡（拉花之乡），19个村入选河北省第五批历史文化名村。

（朱凯荣）

正　定　县

【概况】 正定县位于石家庄市北侧，与石家庄市主城区相接，距离石家庄市主城区13千米，东与藁城区，北与新乐市、行唐县，西与灵寿县、鹿泉区，南与长安区、新华区相邻。境内多寺庙，拥有隆兴寺、广惠寺、天宁寺、临济寺、开元寺、文庙、正定古城墙等历史古迹及旅游地。正定小商品博览会、板材、书法闻名周边，元曲杂剧作家白朴曾在正定生活和创作。历史上正定与保定、北京并称“北方三雄镇”，素有“三山不见，九桥不流”“九楼四塔八大寺，二十四座金牌坊”“古建筑宝库”的美誉。正定是国家历史文化名城、国家园林县城、国家卫生县城和全国文明城市，总面积483平方千米，建成区面积18.82平方千米，辖5个镇、3个乡、2个街道办事处、1个省级高新技术产业开发区、44个居委会、154个村委会，常住人口55.09万人，户籍人口51.69万人，常住人口城镇化率65.26%。2021年正定县完成地区生产总值303.4亿元，同比增长4.8%。其中，第一产业增加值36.78亿元，增长0.6%；第二产业增加值76.17亿元，增长2.9%；第三产业增加值190.4亿元，增长6.6%。一般公共预算收入48.04亿元，同比增长10.18%；一般公共预算支出70.42亿元，同比下降10.66%。固定资产投资198.9亿元，同比下降1.0%。民营经济增加值214.01亿元，同比增长5.9%。农林牧渔业总产值58.53亿元，同比增长0.02%；粮食播种面积4.15万公顷，总产量28.45万吨。规模以上工业企业136家。规模以上工业营业收入140.6亿元，同比增长11.3%；规模以上工业利润6.8亿元，同比下降16.5%。社会消费品零售总额83.55亿元，同比增长6.2%。规模以上服务业营业收入61.37亿元，同比增长13.4%。城镇居民人均可支配收入39132元，同比增长6.7%；农村居民人均可支配收入23950元，同比增长10.0%。12月23日，正定县获评河北省人居环境奖。

中共正定县委书记：张业　（5月免）
　　　　　　　　　戚永和（5月任，8月免）
　　　　　　　　　王俊红（8月任）
县人大常委会主任：崔庆朝
县　　　　长：戚永和（5月免）
　　　　　　　王立永（7月任）
县政协主席：钟亚辉（女，7月免）
　　　　　　李文然（7月任）

2021年12月19日，正定县第三届冰雪运动会在长乐门文化广场开幕

（武志伟　摄）

【产业项目】 三次产业比例为12.1∶25.1∶62.8。工业总产值160.22亿元，同比增长8.57%。工业投资8.65亿元，同比增长22.1%；工业技改投资7.17亿元，同比增长8.7%。规模以上工业营业收入140.6亿元，同比增长11.3%。规模以上工业增加值39.02亿元，同比增长9.62%；规模以上工业高新技术产业增加值22.0亿元，同比增长16.55%。规模以上工业利润6.8亿元，同比下降16.5%。6家企业被认定为省级“专精特新”中小企业，7家企业被认定为省级“专精特新”示范企业，省级“专精特新”中小企业总数达到15家，省

级“专精特新”示范企业总数达到10家，国家级专精特新“小巨人”企业达到3家。实施重点建设项目52个，总投资293.47亿元，年度完成投资89.03亿元。列入省、市重点项目19个，总投资218.5亿元，年度完成投资69.79亿元。主要项目有河北新之春科技发展有限公司动物射频识别标识制作项目、河北源润医疗器械股份有限公司贴剂生产项目、一然生物微生物活菌制剂二期项目、国药乐仁堂物流中心医药物流三期项目、正定塔元庄农业科技有限公司司马鲜生采摘园项目、河北自由贸易试验区正定片区（综合保税区）产业发展孵化基地项目等。打造正定数字经济产业园，规划面积10平方千米；均和云谷·正定科技港、联东U谷、中南高科·正定科技谷、常山北明云数据中心等项目入驻数字经济产业园。招商签约项目46个，总投资216.2亿元。对外贸易进出口总值35.2亿美元，同比增长10.0%。实际利用外资2079.9万美元，同比增长3.0%。推进传统家具产业向高端化、智能化、绿色化、集约化发展，成立正定县板材家具产业转型升级领导小组，制定出台《关于支持板材家具产业高质量发展的意见》，加快木都产业园、现代智能家居产业园建设。正定新区现代产业初现集聚态势，天山壹方中心、宝能中心楼宇经济圈新增注册公司572家。全年正定新区石家庄国际会展中心举办展会活动96场，接待观众64.8万人次，其中，商品展览活动35场，参展面积592.4万平方米，接待观众60.9万人次。2021年石家庄国际会展中心获评中国十佳品牌会展中心和省会最佳名片。河北正定高新技术产业开发区年度开工重点项目12个，续建项目11个，项目投产12个。2021年正定高新技术产业开发区营业收入突破900亿元，同比增长19.5%，在全省开发区综合考核中获评A级等次，并列入“十四五”规划时期国家重点支持县城产业转型升级示范园区。正定古城街区入选第一批国家级夜间文化和旅游消费集聚区。2021年正定县接待游客687.27万人次，同比下降34.38%；实现旅游业收入54.66亿元，同比下降32.83%。至2021年底，正定县产业布局形成高新技术产业开发区、河北自由贸易试验区正定片区（综合保税区）、正定新区等功能区域，集聚成为数字产业、口岸贸易、会展经济、物流运输、文教体融合等产业类型经济。2021年9月，正定县入选全国投资潜力百强县。

【农业生产】 全年农林牧渔业总产值58.53亿元，同比增长0.02%。其中，农业产值25.91亿元，牧业产值27.96亿元，农林牧渔服务业产值4.52亿元。粮食播种面积4.15万公顷，总产量28.45万吨，平均单产6853千克/公顷。其中，小麦播种面积1.8万公顷，总产量13.15万吨，平均单产7325千克/公顷；玉米播种面积1.92万公顷，总产量13.78万吨，平均单产7160千克/公顷；谷子播种面积263公顷，总产量801吨，平均单产3213千克/公顷。豆类（主要为大豆）播种面积2975公顷，总产量7454吨。薯类种植面积1062公顷，总产量3.43万吨。油料播种面积1963公顷，总产量8803吨。蔬菜及食用菌种植面积7313公顷，总产量61.19万吨；设施蔬菜种植面积1430公顷，总产量12.5万吨。蔬菜产量位居石家庄市第一名。瓜果种植面积480公顷，总产量3.11万吨，其中，西瓜种植面积383公顷，总产量2.78万吨。西瓜种植面积、总产量位列石家庄市第二名。果园面积857公顷，其中，苹果园188公顷、梨园63公顷、桃园493公顷、葡萄园53公顷。园林水果（不含果用瓜）总产量9378吨，其中，苹果1411吨（红富士苹果437吨）、梨849吨、桃5895吨、葡萄1001吨。至2021年底，牛、奶牛、猪、羊、家禽、蛋鸡存栏数分别为4.72万头、3.35万头、29.65万头、2.21万只、666.51万只、587.53万只，牛、猪、羊、家禽、鸡出栏数分别为4.82万头、44.26万头、4.49万只、1034.54万只、958.43万只；肉类、禽蛋、鸡蛋、牛奶产量分别为6.16万吨、8.9万吨、7.87万吨、6.96万吨，其中，猪肉、牛肉、羊肉、家禽肉产量分别为3.92万吨、7898吨、587吨、1.39万吨。建设高标准农田1913公顷。发展“一村一品”专业村42个。粮食作物统防统治覆盖率68.9%，获评河北省农作物病虫害统防统治先进县。拥有市级以上农业产业化龙头企业22家，其中，国家级1家、省级7家；培育市级以上农业产业化联合体10家；建成现代农业园区28家、家庭农场271家，其中，国家五星级休闲农业观光园1个、省五星级休闲农业观光园3个、省五星级休闲农业采摘园1个、市级现代农业园区1个；备案农民合作社167家，其中示范合作社34家。8月6日，正定县入选首批全国休闲农业重点县。

【城乡建设】 以城市更新和提升城市形象品质为主题，开展县城建设提质升级三年行动。新城大道（东上泽村至冯家庄）工程、新元高速公路正定出口改造工程、放射路改建工程等路网工程完工。投资1384.72万元，实施城区京五路东延工程（镇州北街—旺泉北街）。改造小街小巷70余条，成德南街西侧及育才街、常山路与镇州街交口改造提升工程完成，城东街、镇州街、华安路、常山路、兴荣路围合区域获评省级美丽街区。列入省老旧小区改造计划任务小区 51 个，改造完成 51 个，总投资 1.3 亿元，涉及居民 3382 户、住宅 114 栋、建筑面积 42.07 万平方米。解决房地产遗留历史问题项目 14 个。投资 580 万元，改造供热管网 5.35 千米；城区集中供热面积扩大到 7 万平方米。新建停车位 1900 个，停车位总量达到 44800 个。拆除私搭乱建、违章建筑 921 处 89573 平方米。智慧正定运营中心建成试运营，主街主路“水洗机扫”向小街巷延伸，生活垃圾实施分类管理。建成城区厕所 70 座、农村厕所 7097 座。古城保护实施工程项目 5 个。正定新区建成道路 11 条，总长 23 千米，路网形成“六横四纵”格局；建成地下综合管廊 50 千米；改建供热管网长度 9 千米、换热站 13 座，供热面积达到 360 万平方米。正定高新技术产业开发区水循环利用中心建成投用。河北自由贸易试验区正定片区（综合保税区）供水、供电、供气基础设施和无线通信 5G 网络实现全覆盖。保护生态环境，开展散乱污整治、抑尘净企等专项行动，落实第三方专家常驻检查、多部门联合执法、网格化环境监管等机制。支持光伏能源利用，正定县列入国家发展改革委整县推进屋顶分布式光伏开发试点县。单位 GDP 能耗同比下降 3%。2021 年正定县空气质量综合指数为 4.91，同比下降 18.2%；空气污染指数 PM2.5 年平均浓度为 42 微克 / 立方米，同比下降 25%；空气二级以上优良天数 241 天，同比增加 43 天。滹沱河生态修复三期正定段完工。利用南水北调受水区农村供水水源置换项目，60 个村庄完成生活水源置换。关停非农取水井 169 眼，地下水年平均水位回升 4.83 米，获评省级节水型城市。重视园林绿化，公园游园达到 38 个，其中，省四星级公园 2 个、省三星级公园 3 个、省三星级广场 3 个。至 2021 年底，建成区绿地面积 639.33 公顷，建成区绿地率 37.8%，建成区绿化率 40.9%，林木覆盖率 17.87%。创建省级美丽乡村 21 个，分别为正定镇战村，曲阳桥镇南白店村、邵同村、东汉村、西汉村，南岗镇平安村、平安屯，南牛乡木庄村、牛家庄、拐角铺村，西平乐乡东杜村、西杜村、南化村，新城铺镇新城铺村、中咬村，新安镇吴兴村、窑上村、北白佛村，南楼乡厢同村、良下村、西宿村。2021 年正定县通过全国文明城复查验收，获得河北省人居环境奖；吴兴村获评第二批全国乡村治理示范村，塔元庄村获评省级森林乡村。

【社会民生】 全年用于民生支出 52.19 亿元，占正定县一般公共预算支出比重达到 74.1%。居民住户存款 724.78 亿元，同比增长 5.3%。城镇新增就业 6793 人，城镇登记失业率 3.02%。城乡居民养老保险参保人数 22.99 万人，参保率 93.85%。城乡居民医疗保险参保人数 43.29 万人，参保率 98.9%。享受城乡最低生活保障待遇 3186 户 5069 人，其中，城区 262 户 355 人，农村 2924 户 4714 人。发放城乡低保金 1900 万元、特困供养金 708 万元、残疾人生活补贴资金 546 万元。新增养老机构 1 个、养老床位 100 张，养老机构达到 23 个，养老床位达到 3680 张；设立综合居家养老服务中心 1 个、社区日间照料服务站点 44 个。改善营商环境，政务服务大厅实现“一站式”集中办公，设置服务专区 5 个、服务窗口 55 个；率先在全市推行 89 项“政策找人”、68 项“免申即享”事项清单。河北自由贸易试验区正定片区获批设立商标受理窗口。新增市场主体 15932 户，总量达到 82780 户。实施创新驱动战略，认定市级以上技术创新中心 24 家、高新技术企业 81 家、科技型中小企业 733 家。正定新区创业创新园获评省级小型微型企业创业创新示范基地，入驻企业 321 家。拥有学校 234 所，其中，幼儿园 107 所，特殊教育学校 2 所，小学 90 所，中学 27 所（初级中学 11 所、九年一贯制中学 10 所、完全中学 2 所、高级中学 2 所、十二年一贯制中学 2 所），中等职业学校 8 所；在校生 10.87 万人，教职工 7806 人，专任教师 6480 人。新改扩建教育设施 9 个，正定新区第

正定县第九中学建设完工　（武志伟 摄）

二中学正在建设。设立文化馆、公共图书馆、博物馆各1个。认定国家级文物保护单位10处、省级文物保护单位5处、县级文物保护单位23处，馆藏文物7672件。河北省园博园免费对外开放。广播、电视节目综合覆盖率达到100%。登记社会体育指导员1539人。拥有县级医院3个、社区卫生服务中心（站、门诊部、个体诊所、医务室）435个、乡镇卫生院9个、村卫生室170个，医院开放床位2802张；卫生技术人员4952人，其中，执业（助理医师）2186人、注册护士1306人。组建医养结合体3个，创建高水平国医堂4个；县医院迁建一期项目完工，省医科大学第二附属医院正定新区分院重大疫情防控救治基地启动建设。2021年正定县入选中国最美县域榜，获评中国智慧城市百佳县市、全国无障碍环境示范县。

（正定县档案馆）

行 唐 县

【概况】 行唐县位于石家庄市北部，东与新乐市，西与灵寿县，南与正定县相邻，北及东北与阜平县、曲阳县相接，属太行山东麓浅山丘陵区与华北平原交接地带，距离石家庄市主城区50千米。2012年行唐县批准成为国家扶贫开发工作重点县，2019年5月5日经河北省政府批准退出贫困县序列。总面积966平方千米，建成区面积8.7平方千米，辖4个镇、11个乡、1个省级经济开发区、14个居委会、322个村委会，常住人口37.21万人，户籍人口45.6万人，常住人口城镇化率42.77%。2021年行唐县完成地区生产总值132.4亿元，同比增长7.0%。其中，第一产业增加值44.47亿元，增长6.3%；第二产业增加值22.68亿元，增长6.2%；第三产业增加值65.2亿元，增长7.7%。一般公共预算收入7.94亿元，同比增长17.1%；一般公共预算支出35.51亿元，同比下降5.3%。固定资产投资107.25亿元，同比下降0.5%。民营经济增加值82.57亿元，同比增长9.6%。农林牧渔业总产值75.95亿元，同比增长8.67%；粮食播种面积5.36万公顷，总产量35.33万吨。规模以上工业企业49家。规模以上工业营业收入53.6亿元，同比增长17.7%；规模以上工业利润3.5亿元，同比增长20.0%。社会消费品零售总额30.67亿元，同比增长7.0%。规模以上服务业营业收入1.42亿元，同比增长1.0%。城镇居民人均可支配收入35938元，同比增长7.5%；农村居民人均可支配收入11906元，同比增长13.3%。

中共行唐县委书记：杨立中（5月免）
　　　　　　　　　韩旭　（5月任）
县人大常委会主任：高华树（3月免）
　　　　　　　　　赵为民（3月任）
县　　　长：王彦芳（5月免）
　　　　　　梁志彦（5月任）
县政协主席：盖义江（1月免）
　　　　　　陈树旗（1月任，3月免）
　　　　　　张胜利（3月任）

【产业项目】 三次产业比例为33.6∶17.1∶49.3。工业总产值54.5亿元，同比增长23.83%。工业投资60.8亿元，同比增长18.5%；工业技改投资同比增长9.5%，高新技术产业投资同比增长128.3%。规模以上工业营业收入53.6亿元，同比增长17.7%。规模以上工业增加值17.87亿元，同比增长7.1%；规模以上工业高新技术产业增加值2.65亿元，同比增长15.3%。规模以上工业利润3.5亿元，同比增长20.0%。乳业集群营业收入83.5亿元，同比增长14.2%。涂料（瓷砖胶、腻子）产量12.27万吨，同比增长31.51%。万果红枣酒产量800万吨，同比增长5.33%。君乐宝奶品（乐纯、乐臻、纯护）产量1.5万吨，同比增长10.45%。实施重点产业项目59个，总投资306.42亿元，其中，列入省、市重点项目22项，总投资99.9亿元，年度完成投资43.71亿元。对外贸易进出口总值3893万美元，同比增长36.2%，其中，出口总值3893万美元。招商签约亿元以上项目17个，总投资179.17亿元，引资额同比增长407%。实际利用外资3269.8万美元，同比增长5.27%。石家庄玉晶玻璃有限公司年纳税金额1.02亿元，县域纳税企业超亿元实现零突破。至2021年末，河北行唐经济开发区新引进企业18家，入驻企业达到128家，实现营业收入305.98亿元，同比增长29.93%。开展消费扶贫，新认定扶贫产品供应商6家，总数达到26家，销售扶贫产品金额7亿余元。2021年行唐县农村电子商务交易额3.78亿元，连续两年获评农村电子商务示范县。

【农业生产】 全年农林牧渔业总产值75.95亿元，同比增长8.67%。其中，农业产值28.37亿元，牧业产值38.99亿元，农林牧渔服务业产值7.88亿元。粮食播种面积5.36万公顷，总产量35.33万吨，平均单产6592千克/公顷。其中，小麦播种面积2.16万公顷，总产量14.09万吨，平均单产6516千克/公顷；玉米播种面积2.96万公顷，总产量20.13万吨，平均单产6810千克/公顷；谷子播种面积887公顷，总产量2968吨，平均单产3347千克/公顷。豆类播种面积303公顷，总产量812吨。薯类种植面积1224公顷，总产量3.52万吨。油料播种面积4188公顷，总产量1.56万吨，其中，花生播种面积3427公顷，总产量1.34万吨。谷子、油料、花生总产量位居石家庄市第一名。蔬菜及食用菌种植面积5062公顷，总产量28.24万吨。瓜果种植面积194公顷，总产量4227吨。果园面积6240公顷，其中，苹果园585公顷、梨园57公顷、桃园188公顷、葡萄园7公顷。园林水果（不含果用瓜）总产量12.32万吨，其中，苹果3.07万吨（红富士苹果2.97万吨）、梨3368吨、桃7370吨、葡萄211吨、红枣7.94万吨。桃产量位居石家庄市第一名，红枣、苹果产量位列石家庄市第二名。至2021年底，牛、奶牛、驴、骡、猪、羊、家禽、蛋鸡、兔存栏数分别为9.07万头、6.5万头、1062头、36只、7.78万头、11.04万只、689.97万只、679.62万只、1.28万只，牛、猪、羊、家禽、鸡、兔出栏数分别为7.78万头、19.46万头、11.53万只、875.41万只、839.1万只、2.82万只；肉类、禽蛋、鸡蛋、牛奶产量分别为3.72万吨、7.27万吨、7.18万吨、27.33万吨，其中，猪肉、牛肉、羊肉、家禽肉、驴肉、兔肉产量分别为1.29万吨、1.18万 吨、1504吨、1.1万 吨、137吨、34吨。牛奶、牛肉产量位居石家庄市第一名，兔肉产量位列石家庄市第二名。水产品养殖面积4公顷，总产量805吨。中药材种植面积2333公顷，总产值3.18亿元。土地流转面积2.2万公顷，土地流转率47%。农业机械总动力99.3万千瓦。组建市级农业产业化联合体4家，拥有市级以上农业产业化重点龙头企业32家，其中省级13家；新建省级以上星级休闲农业园区9家，现代农业园区总数达到22家；新增家庭农场227家，总数达到1273家；认定农民示范合作社65家。“行唐防风”获批地理标志商标，城寨山庄获授全国有机食品生产示范基地。

【城乡建设】 围绕更新老城、做靓新城、建美乡村发展理念，加快推进国土空间规划编制，全年20个试点乡村规划通过专家评审。无繁线（贝村至新乐界）道路维修、中华大街北延行唐段工程完工。沙河桥重建启动。开展创建“国家园林县城”活动，建成重点市政工程12项，工业余热进城项目开工，颖水河生态经济文化带一期项目完成总工程量的70%。改造老旧小区13个。拆除私搭乱建、违规建筑14.9万平方米。新建公园4个，总数达到33个，其中，三星级公园2个、四星级公园1个。创建美丽乡村，131个村基础设施提升、17个村联村道路改造、26.3千米农村公路改建、17个农村饮水安全工程完工；新改建农村生活垃圾转运站16座，清理村庄垃圾杂物22.2万立方米，改造户厕1.3万座，创建美丽庭院1.2万户，打造精品村7个、样板村32个。保护生态环境，2021年行唐县空气质量综合指数为4.84，同比下降20%；空气污染指数PM2.5年平均浓度为46微克/立方米，同比下降22%；空气二级以上优良天数251天，同比增加48天。加强水环境治理，严格监管河道非法采砂行为，主要河流实现远程监控全覆盖；河流生态补水1.5亿立方米，地下水埋深同比上升2.6米。治理水土流失面积40平方千米。生态修复矿山迹地22处。营造林3967公顷，花园头村获评省级森林乡村。新增绿地面积12.3公顷，建成区绿地面积达到348.13公顷，建成区绿地率达到40.48%，森林覆盖率达到30.1%。2021年8月，行唐县获评省级洁净城市。

【社会民生】 全年用于民生支出30.31亿元，占行唐县一般公共预算支出比重达到85.4%。居民住户存款227.62亿元，同比增长13.95%。城镇新增就业3313人，城镇登记失业率4.38%；农村转移劳动力5270人。城乡居民养老保险参保人数23.9万人，养老保险参保率97.5%。城乡医疗保险参保人数36.47万人，医疗保险参保率97.3%。发放城镇低保金293.64万元、农村低保金4408.13万元，保障生活困难群众19.77万人次。设立养老机构2家、养老床位220张，养老机构总数达到16家，养老床位总数达到1215张。改善营商环境，1196项政务服务事项实现“一网通办”，证明事项告知承诺制入选全国典型案例，建筑施工审批压缩至3天，企业开办平均用时2.7小时，新增市场主体7027家。巩固脱贫成果，实施农村产业类项目18个，投入资金1.53亿元，脱贫户户均收入1.07万元，同比增长41.3%。至2021年底，行唐县农村集体经济收入2万元以下村全部清零，5万元以上村达到290个，20万元以上村达到48个。拥有学校157所，其中，幼儿园73所，特殊教育学校1所，小学63所，中学18所（初级中学10所、九年一贯制中学2所、完全中学2所、高级中学4所），中等职业学校2所；在校生8.42万人，教职工6481人，专任教师5334人。建有文化馆、公共图书馆、博物馆各1个。广播节目综合覆盖率100%，电视节目综合覆盖率97.97%。县文化馆获评国家一级馆，行唐故郡遗址考古入选河北省六大考古新发现。注册二级以上运动员6人、裁判员6人，登记社会体育指导员360人；获得市级以上体育比赛奖牌19枚，其中，金牌9枚、银牌7枚、铜牌3枚。残疾人运动员竞技比赛取得好成绩（参见“体育”），主要残疾人运动员有米娜、常园、马佳、刘甜怡等，其中，马佳获得全国五一劳动奖章、全国“三八红旗手”、中国青年五四奖章荣誉及称号。拥有县级医院3个、乡镇卫生院15个、村卫生室321个，医院开放床位1859张；卫生技术人员2761人，其中，执业（助理医师）1126人、注册护士780人。2021年2月，行唐县获评全国无障碍示范县。

（刘素娟　刘欣）

灵　寿　县

【概况】 灵寿县位于石家庄市西北部，东与行唐县，东南与正定县，西与平山县、五台县，南与鹿泉区，北与阜平县相邻，距离石家庄市主城区30千米。汉高祖三年（前204年）置县，距今2200余年。2011年8月11日，灵寿县被民政部地名研究所认定为“千年古县”。灵寿县是山区县、老区县、国家扶贫开发工作重点县，县内著名景区有五岳寨等。2019年5月5日，经河北省政府批准退出贫困县序列。境内地形轮廓呈条状，地势自西北向东南倾斜，依次为山区50%、丘陵38%、平原12%，地貌格局大体为“七山二水一分田”。总面积1056平方千米，建成区面积10.7平方千米，辖6个镇、9个乡、1个省级经济开发区、5个居委会、279个村委会，常住人口30.98万人，户籍人口35.06万人，常住人口城镇化率46.44%。2021年灵寿县完成地区生产总值121.3亿元，同比增长6.9%。其中，第一产业增加值33.41亿元，增长4.75%；第二产业增加值24.98亿元，增长6.54%；第三产业增加值62.94亿元，增长8.19%。一般公共预算收入7.73亿元，同比增长11.0%；一般公共预算支出29.78亿元，同比增长1.7%。固定资产投资78.39亿元，同比下降2.1%。民营经济增加值64.4亿元，同比增长8.98%。农林牧渔业总产值49.99亿元，同比增长4.98%；粮食播种面积3.26万公顷，总产量16.79万吨。规模以上工业企业54家。规模以上工业营业收入39.1亿元，同比增长4.8%；规模以上工业利润0.2亿元，同比下降91.8%。社会消费品零售总额21.45亿元，同比增长6.7%。规模以上服务业营业收入1.06亿元，同比下降25.0%。城镇居民人均可支配收入35211元，同比增长7.6%；农村居民人均可支配收入11388元，同比增长12.8%。

中共灵寿县委书记：宋存汉（5月免）
　　　　　　　　　彭勇民（5月任）
县人大常委会主任：刘振波（7月免）
　　　　　　　　　白东风（7月任）
县　　　长：冯素伟（5月免）
　　　　　　武利芳（7月任）
县政协主席：白东风（7月免）
　　　　　　江文辉（7月任）

【产业项目】 三次产业比例为27.5∶20.6∶51.9。工业总产值46.5亿元，同比增长14.0%。工业投资31.7亿元，同比增长101.3%；工业技改投资4.46亿元，同比下降39.8%；高新技术产业投资11.6亿元，同比增长15.0%。规模以上工业营业收入39.1亿元，同比增长4.8%。规模以上工业增加值12.2亿元，同比增长8.3%；规模以上工业高新技术产业增加值2.9亿元，同比增长23.4%。规模以上工业利润0.2亿元，同比下降91.8%。工业用电量2.0亿千瓦时，同比增长8.0%。主要工业产品产量：水泥501万吨，同比增长9.0%；黄金571.1千克，同比增长7.0%；云母7万吨，同比增长10.0%；蛭石32万吨，同比增长8.0%；装配式建筑68万平方米，同比增长5.0%。县域产业形成装配式建筑、商贸物流、数字科技、高端医疗器械、智能制造及产城教研融合发展格局。实施重点项目50个，总投资539.4亿元；列入省、市重点项目14个，年度完成投资49.9亿元，占年度投资计划128.7%。谋划项目124个，总投资800亿元；签约引进项目24个，总投资96.9亿元。实际利用外资601万美元。2021年河北灵寿经济开发区营业收入321.7亿元，同比增长40.2%；税收收入3.42亿元，同比增长21.0%。全年接待游客160.32万人次，同比增长20.0%；旅游业实现收入8.01亿元，同比增长19.9%。

【农业生产】 全年农林牧渔业总产值49.99亿元，同比增长4.98%。其中，农业产值28.52亿元，林业产值2.02亿元，牧业产值16.98亿元，农林牧渔服务业产值1.4亿元。粮食播种面积3.26万公顷，总产量16.79万吨，平均单产5155千克/公顷。其中，小麦播种面积1.1万公顷，总产量5.95万吨，平均单产5393千克/公顷；玉米播种面积1.81万公顷，总产量9.43万吨，平均单产5212千克/公顷；谷子播种面积1192公顷，总产量2543吨，平均单产2134千克/公顷。豆类播种面积283公顷，总产量503吨。薯类种植面积1967公顷，总产量5.51万吨。油料播种面积1741公顷，总产量3724吨。棉花种植面积32公顷，总产量29吨。蔬菜及食用菌种植面积2471公顷，总产量37.93万吨。其中，设施蔬菜种植面积1723公顷，总产量15.25万吨；食用菌种植面积700公顷，总产量15.08万吨。果园面积948公顷，其中，苹果园118公顷、梨园45公顷、桃园325公顷、葡萄园215公顷。园林水果（不含果用瓜）总产量6309吨，其中，苹果873吨（红富士苹果863吨）、梨763吨、桃2253吨、葡萄910吨、红枣40吨。食用坚果产量1.01万吨，产量位列石家庄市第二名。花椒产量6吨。至2021年底，牛、奶牛、猪、羊、家禽、蛋鸡、兔存栏数分别为3.55万头、2.05万头、21.99万头、3.39万只、193.31万只、137.77万只、2147只，牛、猪、羊、家禽、鸡、兔出栏数分别为1.95万头、34.4万头、6.25万只、260.12万只、222.54万只、5374只；肉类、禽蛋、鸡蛋、牛奶产量分别为3.99万吨、1.64万吨、1.52万吨、5.24万吨，其中，猪肉、牛肉、羊肉、家禽肉产量分别为3.36万吨、3081吨、781吨、2437吨。水产品养殖面积284公顷，总产量5350吨，水产品养殖面积、总产量位列石家庄市第二名。蜂蜜产量95吨。农业生产形成谷子、生猪、蛋鸡、中药材、食用菌五大产业。蔬菜产业示范基地入选全省科技示范工程。土地流转面积1.33万公顷，土地流转率64%。农业机械总动力51.2万千瓦。拥有市级以上农业产业化重点龙头企业13家，其中省级2家；建有现代农业园区13家；新增家庭农场113家，总数达到487家；新增农民示范合作社3家，总数达到10家。灵寿县地理环境独特，部分区域适宜种植中药材、水稻、茶叶等。中药材种植面积3520公顷。水稻播种面积4.2公顷，总产量31吨。茶叶种植面积11.7公顷，总产量1吨。

【**城乡建设**】 打造特色城镇，加快县城向南扩容，实施总投资26.3亿元松阳河新区二期工程、总投资3.3亿元棚户区改造三期工程。开展城市更新，启动县城公共基础设施建设项目22个，总投资23.2亿元。规范城乡居民自建房行为，制定出台《规范农村自建房行为管理办法》《规范县城建成区自建房行为管理办法》。拆除私搭乱建、违章建筑1594处12.1万平方米。改造老旧小区13个，惠及居民473户。解决房地产历史遗留“办证难”问题项目3个。新建停车场5个、停车位1008个。县城清洁能源供热率100%，燃气普及率98.7%，生活垃圾无害化处理率100%。2021年6月，灵寿县垃圾焚烧发电项目投入使用，总投资4.5亿元，日处理生活垃圾800吨。实施“四横五纵”9条主街主路景观提升项目，打造“一街一特色”精品街巷5条。优化提升交通路网，张石高速公路灵寿连接线修复养护等5个工程完工，总投资6280万元。至2021年底，灵寿县通车总里程1407.88千米。其中，张石高速公路6.72千米，西阜高速公路17.3千米；干线公路中，国道2条44.9千米，省道3条118.84千米，县道5条90.74千米。设立县域客运班线21条，登记营运客运车辆126辆；县城营运公交车37辆、出租车73辆。促进农村发展，投资2911万元，完成53个乡村基础设施建设。农村改造公厕138座、户厕16284座，累计建成农村厕所65222座。保护生态环境，2021年灵寿县空气质量综合指数为4.86，同比下降18.3%；空气污染指数PM2.5年平均浓度为45微克/立方米，同比下降22.4%；空气二级以上优良天数240天，同比增加25天。综合治理完成责任主体灭失矿山项目18个、占地面积163公顷。河道生态补水759.9万立方米，地下水位平均埋深同比上升1.24米，松阳河考核断面水质达标率100%。9月30日，滹沱河生态修复三期工程灵寿段完工，总投资9.1亿元，长度9.6千米。重视园林绿化，营造林4200公顷，创建省级美丽乡村2个。建成区绿地面积达到400.5公顷，建成区绿地率达到37.43%，森林覆盖率达到32.03%。11月22日，灵寿县松阳河湿地公园获评河北省五星级公园，占地面积37.7公顷。

【**社会民生**】 全年用于民生支出25.68亿元，占灵寿县一般公共预算支出比重达到86.2%。居民住户存款221.3亿元，同比增长5.4%。城镇新增就业3131人，城镇登记失业率4.05%；农村转移劳动力3518人。城乡居民养老保险参保人数17.04万人，参保率90.78%；企业养老保险参保1.8万人；享受城乡养老保险待遇5.66万人，发放养老资金8056万元。城乡医疗保险参保人数32.71万人，参保率96%。企事业单位工伤保险参保2.65万人。为376名失业职工发放失业保险资金278.06万元。拥有养老保险机构9家、养老床位1087张。建成社区日间照料服务站5家，县城社区日间照料服务站实现全覆盖。采取产业带动、消费帮扶等方式，支持农村居民稳定脱贫。全年实施农村产业项目47个，总投资9169万元，实现脱贫户人均纯收入11250元，与全县农村居民人均可支配收入基本持平。12月1日，灵寿县消费帮扶经验做法入选全国消费帮扶助力乡村振兴优秀案例。拥有学校184所，其中，幼儿园92所，特殊教育学校1所，小学73所，中学15所（初级中学9所、九年一贯制中学3所、高级中学3所），中等职业学校3所；在校生5.94万人，教职工5357人，专任教师4283人。灵寿中学教学楼、生活楼项目建成竣工，总投资4163.3万元。建有文化馆、公共图书馆、博物馆各1个。广播、电视节目综合覆盖率均达95%。注册裁判员1人，登记社会体育指导员980人。拥有县级医院2个、乡镇卫生院15个、村卫生室279个，医院开放床位1708张；卫生技术人员1907人，其中，执业（助理医师）1051人、注册护士806人。宣扬爱国主义，传承红色基因。9月29日，灵寿县烈士陵园建成投用，总投资2500余万元，占地面积1.3万平方米。

（中共灵寿县委办公室）

高 邑 县

【概况】 高邑县位于石家庄市南部，属华北平原西部边缘，太行山脉东麓，距离石家庄市主城区50千米，东北与赵县，西与赞皇县，南与邢台市，北与元氏县相邻。境内拥有中山国房子郡遗址、刘秀登基台、南星书院等历史文化遗迹。高邑是国家园林县城、国家卫生县城，京广高铁“高邑西站”是石家庄以南、河北省境内唯一县级站点，2012年12月建成投用。石家庄国际陆港设在高邑县，中欧、中亚班列从此开往欧洲。总面积222平方千米，建成区面积8.32平方千米，辖5个镇、1个省级经济开发区、5个居委会、107个村委会，常住人口17.74万人，户籍人口20.34万人，常住人口城镇化率56.88%。2021年高邑县完成地区生产总值78.2亿元，同比增长6.6%。其中，第一产业增加值16.99亿元，增长10.8%；第二产业增加值24.88亿元，增长0.7%；第三产业增加值36.33亿元，增长8.0%。一般公共预算收入6.52亿元，同比增长8.1%；一般公共预算支出17.88亿元，同比增长2.8%。固定资产投资48.02亿元，同比下降3.2%。民营经济增加值54.11亿元，同比增长6.1%。农林牧渔业总产值25.2亿元，同比增长14.03%；粮食播种面积2.36万公顷，总产量16.55万吨。规模以上工业企业57家。规模以上工业营业收入45.6亿元，同比下降21.3%；规模以上工业利润1.2亿元，同比下降36.5%。社会消费品零售总额14.94亿元，同比增长6.9%。规模以上服务业营业收入4.16亿元，同比增长0.4%。城镇居民人均可支配收入33649元，同比增长7.3%；农村居民人均可支配收入18123元，同比增长10.7%。

中共高邑县委书记：万树军
县人大常委会主任：王惠武
县　　长：陈宏锋（5月免）
　　　　　苗润涛（5月代，7月任）
县政协主席：宋英华（7月免）
　　　　　谷会文（7月任）

【产业项目】 三次产业比例为21.7∶31.8∶46.5。工业总产值56.1亿元，同比下降27.47%。工业投资14.02亿元，同比下降25.9%；工业技改投资5.94亿元，同比下降54.9%；高新技术产业投资1.08亿元，同比下降4.6%。规模以上工业营业收入45.6亿元，同比下降21.3%。规模以上工业增加值14.53亿元，同比下降1.1%；规模以上工业高新技术产业增加值3.4亿元，同比下降0.2%。规模以上工业利润1.2亿元，同比下降36.5%。工业用电量6.61亿千瓦时，同比下降13.2%。工业发展形成建陶、化工、纺织三大特色产业，其中，建陶产业成为石家庄市特色产业之一，获评“河北省建筑陶瓷特色产业基地”“河北省中小企业特色产业集群”。高邑县建陶产业主要分布在万城镇、富村镇，产品种类包括地板砖、内墙砖、外墙砖、古建系列产品、透水砖五大类，品种涵盖高、中、低档多种规格和花色。氧化锌产业集中在万城镇，产品种类有间接法氧化锌、直接法氧化锌、轻质氧化镁、轻质碳酸镁等。纺织产业分为纺纱、织布、浆纱、服装4类，重点打造中国北方（高邑）鞋服小镇。主要工业产品产量：陶瓷2.5亿平方米，同比下降25%；氧化锌10万吨，同比增长6%；平白布4亿米，同比增长8%；纺纱20万吨，同比增长10%。石家庄国际陆港列入陆港型国家物流枢纽，图定化班列每月24列，全年国际班列开行212列，突破200列，货值达到40亿元，规模和效益均实现翻番；海铁联运“全程单”物流模式开启运营，成为京津冀地区首个“一单到底”国际海铁联运内陆港口。全年新开工项目68个，总投资116亿元。列入省、市重点项目 12 个，年度完成投资 52 亿元。公转铁项目纳入国家重大项目库，力马建陶纳入河北省优质建材产品推广目录，鸿骏 PVC 手套项目竣工投产。对外贸易进出口总值 3.36 亿元，同比增长 54.0%，其中，出口总值 3.28 亿元，增长 55.1%。招商引资总额 206.4 亿元，同比增长 15.0%；签约落户项目 21 个，总投资 66.5 亿元。实际利用外资 2002 万美元，同比增长 67.5%。

【农业生产】 全年农林牧渔业总产值 25.2 亿元，同比增长 14.03%。其中，农业产值 19.13 亿元，牧业产值 4.23 亿元，农林牧渔服务业产值 1.82 亿元。粮食播种面积 2.36 万公顷，总产量 16.55 万吨，平均单产 7017 千克 / 公顷。其中，小麦播种面积 1.15 万公顷，总产量 8.39 万吨，平均单产 7322 千克 / 公顷；玉米播种面积 1.14 万公顷，总产量 7.76 万吨，平均单产 6792 千克 / 公顷；谷子播种面积 462 公顷，总产量 2499 吨，平均单产 5404 千克 / 公顷。油料播种面积 157 公顷，总产量 412 吨。蔬菜及食用菌种植面积 5646 公顷，总产量 44.8 万吨。其中，设施蔬菜种植面积 1401 公顷，总产量 11.6 万吨；食用菌总产量 1087 吨。瓜果种植面积 137 公顷，总产量 9449 吨，其中，西瓜种植面积 119 公顷，总产量 8784 吨。果园面积 39 公顷，其中，梨园 12 公顷、桃园 3 公顷、葡萄园 19 公顷。园林水果（不含果用瓜）总产量 3651 吨，其中，梨 1276 吨、桃 367 吨、葡萄 1608 吨。至 2021 年底，牛、奶牛、猪、羊、家禽、蛋鸡存栏数分别为 2064 头、1872 头、3.01 万头、6889 只、97.53 万只、92.14 万只，牛、猪、羊、家禽、鸡出栏数分别为 1938 头、10.43 万头、1.62 万只、150.45 万只、143.65 万只；肉类、禽蛋、鸡蛋、牛奶产量分别为 9068 吨、1.09 万吨、1.01 万吨、4110 吨，其中，猪肉、牛肉、羊肉、家禽肉产量分别为 6862 吨、314 吨、221 吨、1672 吨。建有蔬菜大棚 9000 余个，蔬菜标准化生产覆盖率达到 72%，面向京津蔬菜商超直供项目投入运营。土地流转面积 7887 公顷，土地流转率 56.6%。农业机械总动力 49.3 万千瓦。拥有市级以上农业产业化重点龙头企业 9 家，其中省级 2 家；建有现代农业园区 5 家；新增家庭农场 9 家，总数达到 315 家；新增农民示范合作社 3 家，总数达到 303 家。6 月 21 日，高邑县入选全国农民合作社质量提升整县推进试点县。12 月 15 日，高邑县获评第四批河北省农产品质量安全县。

【城乡建设】 县域国土空间规划及高邑经济开发区东区、石家庄国际陆港规划编制完成。县城通过省级洁净城复查考核。中兴大街获评市级优秀精品街道。投资 6267 万元，实施文化路取直拓宽、107 国道大中修、339 国道大中修、旧城街道及便道提升、太行路挖补、工农街罩面、府东街打通、刘秀路改造 8 条道路工程完工；光武路大修竣工通车；高邑县入选全省县级城乡客运一体化试点县，获得专项支持资金 1267 万元。开展城市更新，改造棚户区 4 个，打造精品社区 5 个。解决房地产历史遗留问题项目 2 个。凤城一区老旧小区改造竣工，获评市级老旧小区改造示范小区。新建停车场 3 个、停车位 1055 个，城区停车场达到 47 个，停车位达到 11548 个。改造雨水总管网长度 4200 米、刘秀路及顺城街中水管网长度 8900 米。城区拆除私搭乱建、违章建筑 14.9 万平方米。保护生态环境，2021 年高邑县空气质量综合指数为 4.89，同比下降 18.9%；空气污染指数 PM2.5 年平均浓度为 43 微克 / 立方米，同比下降 23.2%；空气二级以上优良天数 252 天，同比增加 32 天。“散乱污”企业、黑臭水体、纳污坑塘实现动态清零。重视园林绿化，建成大型公园 3 处，分别为中兴公园、凤北公园、刘秀公园；城区拥有 3000 平方米以上游园 43 处。至 2021 年底，高邑县公园游园绿地面积达到 73 万平方米，建成区绿地率达到 42.16%，建成区绿化覆盖率达到 45.38%。提升农村生活环境，清理农村垃圾 7600 立方米，拆除私搭乱建及残垣断壁 3600 处，新改造农村厕所 5248 座，新增美丽庭院 2936 户；创建省级美丽乡村 9 个，省、市级乡村振兴示范区各 1 个。9 月 23 日，大营镇中大营村获评第二批全国乡村治理示范村。

【社会民生】 全年用于民生支出 14.8 亿元，占高邑县一般公共预算支出比重达到 83%。居民住户存款 111.84 亿元，同比增长 13.16%。城镇新增就业 3117 人、失业人员再就业 689 人、就业困难人员就业 107 人，城镇登记失业率 3.25%；农村劳动力转移就业 1816 人。城乡居民养老保险参保人数 9.7 万人，参保率 85.21%。城乡医疗保险参保人数 17.31 万人，参保率 97.07%。享受城乡最低生活保障待遇 5301 人，发放低保金 1644.47 万元。设立养老机构 5 家、养老床位 603 个。高邑县入选县乡村三级养老服务网络建设试点，富村镇仓房村获评全国示范性老年友好型社区。优化营商环境，186 项政务服务事项实现“全流程网办”。新增市场主体 2665 户，为企业减税降费 1.12 亿元。新增高校技术企业 3 家、科技型中小企业 16 家。拥有学校 111 所，其中，幼儿园 55 所，特殊教育学校 1 所，小学 44 所，中学 9 所（初级中学 6 所、九年贯制中学1所、完全中学1所、高级中学1所），中等职业学校2所；在校生4.02万人，教职工3060人，专任教师2608人。创建市级普惠性民办幼儿园2所，普惠性幼儿园入园率达到93%；面向社会招聘中小学教师79名；石家庄理工职业学院落户高邑县。建有文化馆4个、公共图书馆3个、博物馆1个。广播、电视节目综合覆盖率均达100%。注册二级以上运动员2人、裁判员3人，登记社会体育指导员749人。拥有县级医院3个、社区卫生服务中心（站）1个、乡镇卫生院5个、村卫生室107个，医院开放床位615张；卫生技术人员768人，其中，执业（助理医师）296人，注册护士365人。2021年高邑县获评健康中国·河北行动示范县、全市深化医药卫生体制改革先进县，县医院重症医学科获授全国巾帼文明岗称号。

（路国涛）

深 泽 县

【概况】 深泽县位于石家庄市东北部，东与衡水市，南与辛集市、晋州市，西与无极县，北与保定市相邻，距离石家庄市主城区75千米。境内文物古迹有文庙、北极台、永济桥等。总面积297平方千米，建成区面积10.72平方千米，辖4个镇、2个乡、1个省级经济开发区、4个居委会、125个村委会，常住人口21.3万人，户籍人口25.45万人，常住人口城镇化率45.68%。2021年深泽县完成地区生产总值82.8亿元，同比增长8.0%。其中，第一产业增加值17.09亿元，增长10.0%；第二产业增加值29.45亿元，增长8.7%；第三产业增加值36.27亿元，增长6.6%。一般公共预算收入6.05亿元，同比增长8.3%；一般公共预算支出18.39亿元，同比增长2.6%。固定资产投资51.78亿元，同比下降5.7%。民营经济增加值57.22亿元，同比增长7.9%。农林牧渔业总产值29.74亿元，同比增长10.93%；粮食播种面积3.02万公顷，总产量21.32万吨。规模以上工业企业48家。规模以上工业营业收入49.9亿元，同比增长24.9%；规模以上工业利润7.6亿元，同比增长100.2%。社会消费品零售总额15.31亿元，同比增长4.1%。规模以上服务业营业收入5882万元，同比下降9.2%。城镇居民人均可支配收入34294元，同比增长6.1%；农村居民人均可支配收入17256元，同比增长9.5%。9月28日，津石高速公路深泽收费站开通运营，结束了深泽县没有高速公路上下口的历史，标志深泽县正式融入石家庄半小时高速交通圈。

中共深泽县委书记：李向阳（1月免）
王建峰（1月任）
县人大常委会主任：袁国良（7月免）
王建峰（7月任）
县　　长：卢明刚（1月免）
韩旭（1月代，2月任，5月免）
郝英鹏（5月代，7月任）
县政协主席：郭立辉

【产业项目】 三次产业比例为20.6∶35.6∶43.8。工业总产值54.18亿元，同比增长37.72%。工业投资25.5亿元，同比下降7.3%；工业技改投资12.9亿元，同比下降27.0%；高新技术产业投资13.4亿元，同比增长15.3%。规模以上工业营业收入49.9亿元，同比增长24.9%。规模以上工业增加值12.7亿元，同比增长27.4%；规模以上工业高新技术产业增加值同比增长9.2%。规模以上工业利润7.6亿元，同比增长100.2%。工业用电量5.19亿千瓦时，同比增长3.3%。主要工业产品产量：纱2925吨，同比下降22.5%；布3986万米，同比增长28.8%；化学试剂2.18万吨，同比增长128.5%；合成洗涤剂3.26万吨，同比下降22.9%；机械化农业及园艺机具5.26万台，同比增长14.8%。重点项目开工58个，总投资44亿元，其中，列入省、市重点项目8个，年度完成投资17.9亿元，完成年度投资计划123.5%。盛驰鹏辉装配式建材、新盾高铁动车组表面功能材料等40个项目竣工投产。实施工业技改项目50个，列入千项技改项目库项目2个。鸿泽塑胶成为深泽县第一家纳税超亿元企业。农哈哈公司入选国家专精特新“小巨人”企业。龙泽制药获得授权，仿制新冠肺炎治疗口服药默沙东。贝洁日化引进牙膏生产线。开展校企合作项目12个。省药品医疗器械检验院区域技术中心落户深泽县。龙泽制药技术创新中心通过省级认定，山田生物科技公司入选省级“星创天地”。信易贷平台入驻企业1681家。深泽县被商务部确定为2021年电子商务进农村综合示范县，获得专项资金1000万元。对外贸易进出口总值17.89亿元，同比增长50.38%，其中，出口总值17.52亿元，增长51.16%。日化产业外贸进出口聚集区被认定为全省日化产品外贸转型示范基地。采取代理招商、中介招商、以商招商等方式，招商引进项目21个，总投资58.9亿元。签约合作意向企业有北京亚东制药、百美特制药、厦门杜若科技、京东科技等。实际利用外资1641万美元。2021年河北深泽经济开发区营业务收入245亿元，同比增长21%；开发区面积由13.37平方千米扩大到15.56平方千米。

【农业生产】 全年农林牧渔业总产值29.74亿元，同比增长10.93%。其中，农业产值15.45亿元，牧业产值10.22亿元，农林牧渔服务业产值3.96亿元。粮食播种面积3.02万公顷，总产量21.32万吨，平均单产7065千克/公顷。其中，小麦播种面积1.3万公顷，总产量9.36万吨，平均单产7202千克/公顷；玉米播种面积1.62万公顷，总产量11.42万吨，平均单产7065千克/公顷；谷子播种面积433公顷，总产量1950吨，平均单产4578千克/公顷。油料播种面积642公顷，总产量2369吨。蔬菜及食用菌种植面积2854公顷，总产量21.2万吨，其中，设施蔬菜种植面积334公顷，总产量2.52万吨。西瓜种植面积46公顷，总产量2287吨。果园面积3204公顷，其中，苹果园2106公顷、梨园490公顷、桃园64公顷、葡萄园451公顷。园林水果（不含果用瓜）总产量9.04万吨，其中，苹果5.27万吨（红富士苹果3.79万吨）、梨2.14万吨、桃2442吨、葡萄1.31万吨。苹果种植面积、总产量位居石家庄市第一名，葡萄种植面积、总产量位列石家庄市第二名。至2021年底，牛、奶牛、猪、羊、家禽、蛋鸡、兔存栏数分别为4828头、2630头、6.54万头、4.09万只、142.2万只、135.6万只、6360只，牛、猪、羊、家禽、鸡、兔出栏数分别为7506头、20.61万头、9.53万只、191.76万只、154.8万只、6829只；肉类、禽蛋、鸡蛋、牛奶产量分别为1.86万吨、1.9万吨、1.57万吨、1.26万吨，其中，猪肉、牛肉、羊肉、家禽肉、兔肉产量分别为1.4万吨、1214吨、1262吨、2071吨、10吨。建设高标准农田453公顷。以杜社村为中心，形成产、供、销、深加工配套齐全的葡萄种植基地。白山药种植面积800公顷，总产量2.5万吨。土地流转面积7333公顷，土地流转率44%。农业机械总动力25.17万千瓦。新增绿色食品、有机食品、农产品地理标志产品3个，中药材千亩示范片区达到4个。拥有市级以上农业产业化重点龙头企业5家、现代农业园区12家。新增家庭农场5家，总数达到43家；新增农民示范合作社1家，总数达到13家。新希望六和养殖有限公司获评部级示范场。小堡村（电子商务）、杜社村（葡萄）获评省级“一村一品”示范村。

【城乡建设】 编制县域国土空间总体规划，科学划定生态保护红线、永久基本农田、城镇开发边界“三条控制线”。编制城市规划主要有城北行政区域、中心城区、县医院、向阳街南侧等重点片区及滹沱河景观风貌带等。投资10.3亿元，实施城乡建设项目27个。海天线深泽段中修、国道230通武线提升、向阳街北段（北苑路至北环路）改造工程竣工通车。9月28日，津石高速公路深泽收费站开通运营。推进城市更新，谋划建设滹沱码头步行街项目，设立“水码头”“旱码头”两个部分，总投资1.88亿元，总商业建筑面积4.1万平方米。改造老旧小区25个。新建停车位940个，总数达到8616个。新建5G通信基站50个。建成城区公厕21个。投入7500万元，改造供热管网4.6千米；新增集中供热面积14万平方米，累计达到258万平方米。县城实行生活垃圾分类管理，城区道路机械化清扫率达到96%。开展私搭乱建、违章建筑专项整治行动，以“四线三点”（晋深线、安新线、海天线、定深线，深泽镇伍仟村五岔口部位、大桥头镇滹沱河南侧三岔口部

滹沱河深泽段湿地水鸟成群　（王亚青 摄）

位、留村乡津石高速路口部位）及原种场、北极台片区、文体广场片区、县医院片区为重点，拆除私搭乱建、违章建筑8.7万平方米。创建美丽乡村，编制完成村庄规划77个，硬化、绿化、亮化、美化村庄52个，整治重点区域3个。创建省级美丽乡村14个，分别为宋家庄、小堡、南白庄、北中山村、北封庄、西焦庄、南封庄、息马村、南赵庄、大兴村、西三村、北刘家庄、侯村、大贾庄。打造滹沱河沿岸精品村7个，分别为西焦庄、南封庄、南赵庄、乘马村、南中山村、北翟头村、秀武村。新改建农村户厕14043座，2018～2021年累计改建农村厕所45460座。新增美丽庭院3667户。125个村庄实现城乡环卫一体化管理模式全覆盖。新建改造农村供电线路60千米，建成“四好农村路”（建设好、管好、护好、运营好）28.8千米，定深线（定州市至深泽县）、西九线（深泽县大桥头镇至藁城区九门乡）道路大修工程竣工通车。保护生态环境，2021年深泽县空气质量综合指数为4.88，同比下降17.1%；空气污染指数PM2.5年平均浓度为45微克/立方米，同比下降25%；空气二级以上优良天数244天，同比增加34天。重视园林绿化，新增植树造林面积57公顷，林木覆盖率达到30%。省级园林县城通过复查验收。大贾庄村获评省级森林乡村。建成公园4座，分别为人民公园、四季公园、秀水公园、北极台公园；秀水公园、四季公园获评“四星级公园”，北极台公园获评“三星级公园”。新增绿地面积1.04公顷，建成区绿地率34.96%，建成区绿化覆盖率41%，人均公园绿地面积10.21平方米。

【社会民生】 全年用于民生支出13.76亿元，占深泽县一般公共预算支出比重达到74.8%。居民住户存款166.87亿元，同比增长12.9%。城镇新增就业3006人，城镇登记失业率2.8%；农村劳动力转移就业1519人。城乡居民养老保险参保人数12.86万人，参保率95%。城乡医疗保险参保人数21.1万人，参保率96.8%。享受城乡最低生活保障待遇2981户3646人，其中，城市108户128人，农村2873户3518人。设立养老机构11家、养老床位1319张，建成社区居家养老及日间照料服务中心4个，社区养老服务覆盖面达100%。优化营商环境，138项政务服务事项“跨省通办”，669项政务服务事项纳入“全流程网办”目录。新增高新技术企业5家、科技型中小企业28家，科技创新能力由C类县晋升B类县行列。拥有学校92所，其中，幼儿园47所，特殊教育学校1所，小学34所，中学8所（初级中学7所、高级中学1所），中等职业学校2所；在校生3.3万人，教职工2346人，专任教师2021人。新增普惠性民办幼儿园5所。马里中心学校被教育部命名为第三批全国中小学中华优秀传统文化传承学校。深泽县义务教育学校全部落实教育“双减”政策。建有文化馆、公共图书馆、博物馆各1个。广播、电视节目综合覆盖率均达100%。庆祝中国共产党成立100周年，编纂印刷《图说深泽一百年》画册。注册裁判员1人，登记社会体育指导员30人。拥有县级医院2个、乡镇卫生院6个、村卫生室125个，医院开放床位1184张；卫生技术人员1263人，其中，执业（助理医师）606人、注册护士480人。普通门诊跨省异地就医实现直接结算。弘扬爱国主义传统教育，35位英烈遗骸迁移至深泽县烈士陵园安葬。重视引进人才，发放人才绿卡824张，引进人才242名。

（袁剑军　陈殿立）

赞　皇　县

【概况】 赞皇县位于石家庄市西南部，属太行山中段东麓，东与高邑县，南与邢台市，西与昔阳县，北及西北与元氏县、井陉县相邻，距离石家庄市主城区33千米。赞皇县是山区县、老区县、国家扶贫开发工作重点县，也是联合国地名组织命名的“千年古县”。隋文帝开皇十六年（596年）置县，距今1400多年。2019年5月5日，经河北省政府批准，赞皇县退出贫困县序列。山场面积115万亩，地貌格局为“七山二滩一分田”。境内景区有嶂石岩、棋盘山等。总面积837平方千米，建成区面积6.66平方千米，辖4个镇、7个乡、1个省级经济开发区、11个居委会、211个村委会，常住人口23.65万人，户籍人口27.97万人，常住人口城镇化率38.92%。2021年赞皇县完成地区生产总值83.6亿元，同比增长7.4%。其中，第一产业增加值23.5亿元，增长10.6%；第二产业增加值22.9亿元，增长4.4%；第三产业增加值37.1亿元，增长7.5%。一般公共预算收入5.55亿元，同比增长15.9%；一般公共预算支出22.73亿元，同比增长3.9%。固定资产投资76.9亿元，同比下降6.1%。民营经济增加值48.85亿元，同比增长7.7%。农林牧渔业总产值37.68亿

2021 年 9 月 4 日，石家庄鸿锐集团与赞皇县人民政府签约“巩固脱贫攻坚成果，助力乡村振兴，推动实现共同富裕战略合作”协议，定向为赞皇县捐资助教 500 万元

元，同比增长 13.21%；粮食播种面积 1.81 万公顷，总产量 7.24 万吨。规模以上工业企业 31 家。规模以上工业营业收入 51.2 亿元，同比增长 0.3%；规模以上工业利润 7.0 亿元，同比下降 30.5%。社会消费品零售总额 12.55 亿元，同比增长 3.7%。规模以上服务业营业收入 1.55 亿元，同比下降 34.7%。城镇居民人均可支配收入 32759 元，同比增长 7.4%；农村居民人均可支配收入 11090 元，同比增长 13.5%。城镇居民人均可支配收入、农村居民人均可支配收入全市最低，农村居民人均可支配收入突破 1 万元大关。12 月 30 日，赞皇县获批命名河北省双拥模范城。

中共赞皇县委书记：冯立业（5 月免）
陈宏锋（5 月任）
县人大常委会主任：宫国恩
县　　长：王涛　（5 月免）
封立新（5 月任）
县政协主席：胡建忠

【产业项目】 三次产业比例为 28.1∶27.5∶44.4。工业总产值 50.6 亿元，同比下降 4.44%。工业投资 48.4 亿元，同比增长 7.5%。规模以上工业营业收入 51.2 亿元，同比增长 0.3%。规模以上工业增加值 13.01 亿元，同比增长 2.0%；规模以上工业高新技术产业增加值 0.8 亿元，同比增长 26.9%。规模以上工业利润 7.0 亿元，同比下降 30.5%。工业用电量 9.42 亿千瓦时，同比下降 16.61%。实施企业技改项目 29 个，主要有石家庄鸿业塑胶制品有限公司 PVC 生产线技术升级改造项目、赞皇金隅水泥有限公司智能工厂等；年度完成技改投资 16.5 亿元，同比增长 5.5%。认定“专精特新”示范企业 2 家。赞皇金隅水泥有限公司获评全国工业互联网创新发展试点企业、河北省工业固废综合利用示范企业。实施重点项目 53 个，总投资 149.6 亿元，年度完成投资 60 亿元，占年度计划投资 115.6%，其中，列入省、市重点项目 16 个，总投资 105.5 亿元，年度完成投资 52.7 亿元。招商引资项目 26 个，签约总额 99.1 亿元；签约引进项目主要有松会国际葡萄酒庄、顺农中央厨房、硕华电子等。实际利用外资 879 万美元，同比增长 7.1%。改善营商环境，建立企业家直通车、企业家·县长恳谈会等制度。总投资 1.6 亿元的鸿锐集团丁腈手套技改项目从立项到投产用时 3 个月完成。收储土地 51 公顷。实施河北易捷通信息技术咨询服务有限公司电子收银 POS 机项目、河北斯克维勒科技有限公司深石智谷冀商电子信息产业园等新兴产业项目 9 个，总投资 69.3 亿元。2021 年河北赞皇经济开发区营业收入 345.7 亿元，纳税 7.3 亿元，入驻企业达到 151 家。民营经济快速发展，至 2021 年底，赞皇县拥有民营经济市场主体 22271 家，其中，民营企业 6790 家、个体户 15481 家；纳税金额 5.7 亿元。重视文化旅游产业，编制赞皇县文化旅游产业地图，嶂石岩索道站提升、太行民宿规划设计完成。境内嶂石岩是国家级风景名胜区、国家 4A 级景区和国家地质公园，拥有国内最大的天然回音壁；嶂石岩地貌与张家界地貌、丹霞地貌并称中国三大砂岩地貌。按照 5A 级旅游景区标准，实施嶂石岩槐泉寺、游客中心、九女峰、冻凌背等景点设施升级改造。石柱山景区通过国家 3A 级旅游景区验收。打造秦家庄、鲍家滩、三六沟等乡村旅游示范村，培育山花节、鲍家滩樱桃采摘、原村土布等旅游品牌，公布精品旅游线路 6 条。原村土布等 6 家公司获评省级科普基地，蕊源蜂业获评市级文化旅游产业园区，嶂石岩景区选石家庄市十大旅游景区，赞皇大枣入选石家庄市十大特产。2021 年赞皇县接待旅游人数 23.1 万人次，旅游业实现收入 0.69 亿元。

【农业生产】 全年农林牧渔业总产值 37.68 亿元，同比增长 13.21%。其中，农业产值 17.82 亿元，林业产值 1.33 亿元，牧业产值 15.21 亿元，农林牧渔服务业产值 3.32 亿元。粮食播种面积 1.81 万公顷，总产量 7.24 万吨，平均单产 4009 千克 / 公顷。其中，小麦播种面积 4627 公顷，总产量 2.27 万吨，平均单产 4910 千克 / 公顷；玉米播种面积 1.11 万公顷，总产量 4.0 万吨，平均单产 3612 千克 / 公顷；谷子播种面积 868 公顷，总产量 2221 吨，平均单产 2553 千克 / 公顷。薯类种植面积 1430 公顷，总产量 3.71 万吨。油料种植面积 4536 公顷，总产量 1.06 万吨，其中，花生种植面积 3572 公顷，总产量 8480 吨。蔬菜及食用菌种植面积 1747 公顷，总产量 12.69 万吨。果园面积 1808 公顷，其中，苹果园 913 公顷、梨园 506 公顷、桃园 348 公顷、葡萄园 40 公顷。园林水果（不含果用瓜）总产量 12.18 万吨，其中，苹果 9000 吨（红富士苹果 7064 吨）、梨 2100 吨、桃 2740 吨、葡萄 330 吨，红枣 10 万吨。核桃产量 2.5 万吨。红枣、核桃产量位列石家庄市第一名。至 2021 年底，牛、肉牛、猪、羊、家禽、蛋鸡、兔存栏数分别为 2.32 万头、2.32 万头、3.96 万头、3.46 万只、185.21 万只、163.57 万只、3060 只，牛、猪、羊、家禽、鸡、兔出栏数分别为 7.88 万头、10.43 万头、6.57 万只、282.47 万只、212.67 万只、1610 只；肉类、禽蛋、鸡蛋产量分别为 2.2 万吨、2.91 万吨、2.31 万吨，其中，猪肉、牛肉、羊肉、家禽肉产量分别为 6137 吨、1.18 万吨、844 吨、3180 吨。蜂蜜产量 2535 吨。牛出栏数、蜂蜜产量位列石家庄市第一名，牛肉产量排名石家庄市第二名。建设高标准农田 4000 公顷。大枣、核桃、樱桃、板栗经济林种植面积达到 6 万公顷。一森园林万亩酸枣基地、药香花谷万亩连翘基地形成规模。君乐宝家庭牧场投入运营，利通商贸、华岱农业获评省级农业产业化龙头企业。9 月 22 日，赞皇县首届农民丰收节在德裕古镇举行。

【城乡建设】 编制《赞皇县中心城区总体城市设计及“一河两岸”详细城市设计方案》，县域国土空间规划、乡镇规划、村庄规划、专项规划框架基本建立。国道 339、平涉线大中修完工。改建农村公路 4 条。改造老旧小区 21 个，涉及楼宇 33 栋、住户 711 户，总面积 7.2 万平方米，总投资 6004 万元；获评省级绿色社区 4 个。开展城市更新、主街主路、小街小巷整治提升专项行动，整治小街小巷 113 条，拆除私搭乱建、违章建筑 1.67 万平方米；滨河路雨污分流工程正在施工。破解城建资金不足问题，组建成立皇达建投公司，首批融资 1.7 亿元。华能上安电厂托管县城集中供热，城区新增集中供热面积 315 万平方米。五马山水厂改造提升及配套管网工程主体完工。皇明污水处理厂提升改造工程、县城西南部污水管网铺设工程建成投用。新建停车场 5 个，总数达到 7 个；新增停车位 3540 个。新建标准化公厕 6 座，城区公共厕所达到 33 座，其中，一星级厕所 7 座、三星级厕所 26 座。创建美丽乡村，实施村庄道路、污水管网及处理设施项目 74 个，覆盖 11 个乡镇 57 个村。新改建电力线路 348 千米，拆除农村危旧房屋 38 万平方米、残垣断壁 4.6 万立方米，新改建农村卫生厕所 10682 座，建成小菜园、小广场、小游园 506 个，治理“空心村”101 个，创建美丽庭院 2.56 万户。保护生态环境，淘汰“国三”标准及以下柴油车；生产水泥、陶瓷、防护用品等重点企业完成超低排放改造，“散乱污”企业实现动态清零。2021 年赞皇县空气质量在石家庄市最好，空气质量综合指数为 4.7，同比下降 19%，空气质量综合指数为石家庄市最低；空气污染指数 PM2.5 年平均浓度为 41 微克 / 立方米，同比下降 24.1%；空气二级以上优良天数 245 天，同比增加 40 天。打击私挖乱采矿产资源行为，查处违法案件 60 起，刑事拘留 15 人，起诉 17 人。重视造林绿化，新增造林绿化面积 7667 公顷，森林覆盖率达到 41%，为石家庄市最绿县。建成公园 6 个，坛山公园获评河北省四星级公园。新增绿地面积 8.06 公顷，建城区绿地面积达到 264.15 公顷；建城区绿地率 39.4%，人均公园绿地面积 14.8 平方米。

【社会民生】 全年用于民生支出 18.76 亿元，占赞皇县一般公共预算支出比重达到 82.5%。城镇新增就业 2917 人，城镇登记失业率 3.78%；农村劳动力转移就业 2000 余人。城乡居民养老保险参保人数 14.74 万人。城乡医疗保险参保人数 24.43 万人，参保率 96.61%。享受城乡最低生活保障待遇 6126 户 98384 人，发放低保金 2479 万元。加强脱贫监测，脱贫劳动力就业率达到 73.8%，脱贫群众人均收入达到 10532 元，同比增长 29.2%。新增养老机构 1 家、养老床位 178 张，城市社区日间照料服务站实现全覆盖；救助困境和弱势群体 1800 余人次。新增高新技术企业 2 家、科技型中小企业 14 家、省级研发机构 2 家。拥有学校 202 所，其中，幼儿园 138 所，特殊教育学校 1 所，小学 52 所，中学 9 所（初级中学 7 所、九年制一贯中学 1 所、高级中学 1 所），中等职业学校 2 所；在校生 5.92 万人，教职工 4382 人，专任教师 3661 人。建有文化馆 1 个、公共图书馆 1 个、博物馆 2 个。广播节目综合覆盖率均达到 87%，电视节目综合覆盖率均达到 90%。拥有县级医院 2 个、社区卫生服务中心（站）1 个、乡镇卫生院 5 个、村卫生室 211 个，医院开放床位 1491 张；卫生技术人员 1665 人，其中执业（助理医师）766 人。建设高水平国医堂 2 个（黄北坪乡、西阳泽乡），全国名中医刘启泉教授工作室落户赞皇县。6 月 11 日，全国文化科技卫生“三下乡”集中示范活动（河北站）暨河北省第 25 届文化科技卫生“三下乡”集中服务活动在赞皇县举行；赞皇县在“三下乡”集中服务活动中获得省市帮扶项目、资金、物资等价值 7.97 亿元。9 月 17 日，赞皇县企业家协会成立。建成智慧安防小区 102 个，基层社会治理服务中心、法律顾问实现全覆盖，赞皇县获评平安河北建设示范县。

（冯建林　耿建彩）

无极县

【概况】 无极县位于石家庄市东北部，地处滹沱河北岸，东及东南与深泽县、晋州市，西及西南与藁城区，北及西北与保定市、新乐市相邻，距离石家庄市主城区 52 千米。唐武后万岁通天二年（697 年），定名无极，距今 1300 余年。无极县民间艺术门类繁多，地方特色浓郁，“无极剪纸”“七汲全羊宴技艺”“无极饸饹制作技艺”“无极刘琨的传说”列入河北省非物质文化遗产保护名录，“无极吹歌”“无极泥模”“无极古法酿酒”列入石家庄市非物质文化遗产保护名录。总面积 502 平方千米，建成区面积 11.5 平方千米，辖 6 个镇、5 个乡、1 个省级经济开发区、10 个居委会、213 个村委会，常住人口 44.06 万人，户籍人口 53.46 万人，常住人口城镇化率 45.92%。2021 年无极县完成地区生产总值 143.7 亿元，同比增长 6.2%。其中，第一产业增加值 36.24 亿元，增长 9.1%；第二产业增加值 44.24 亿元，增长 3.2%；第三产业增加值 63.19 亿元，增长 6.5%。一般公共预算收入 9.16 亿元，同比增长 10.0%；一般公共预算支出 33.53 亿元，同比增长 1.4%。固定资产投资 64.63 亿元，同比下降 2.5%。民营经济增加值 93.34 亿元，同比增长 5.2%。农林牧渔业总产值 60.86 亿元，同比增长 10.1%；粮食播种面积 5.42 万公顷，总产量 35.35 万吨。规模以上工业企业 177 家。规模以上工业营业收入 96.9 亿元，同比增长 0.8%；规模以上工业利润 6.2 亿元，同比增长 62.5%。社会消费品零售总额 40.09 亿元，同比增长 6.3%。规模以上服务业营业收入 2.0 亿元，同比增长 11.5%。城镇居民人均可支配收入 35377 元，同比增长 6.6%；农村居民人均可支配收入 19517 元，同比增长 10.5%。

中共无极县委书记：吕智临
县人大常委会主任：刘全江（7 月免）
　　　　　　　　　马登坡（7 月任）
县　　　长：王勇军（5 月免）
　　　　　　刘炎　（7 月任）
县政协主席：马孟军（7 月免）
　　　　　　申立功（7 月任）

【产业项目】 三次产业比例为 25.2∶30.8∶44.0。工业总产值同比增长 5.53%。工业投资 21.25 亿元，同比下降 8.8%；工业技改投资 2.84 亿元，同比增长 7.9%；高新技术产业投资 8.31 亿元，同比下降 8.0%。规模以上工业营业收入 96.9 亿元，同比增长 0.8%。规模以上工业增加值同比增长 7.2%，规模以上工业高新技术产业增加值同比增长 18.0%。规模以上工业利润 6.2 亿元，同比增长 62.5%。工业用电量 7.63 亿千瓦时，同比增长 20.27%。皮革业是无极县支柱产业。至 2021 年底，无极皮革业共有皮革企业 369 家，其中规模以上企业 89 家；从业人员 5 万余人；年加工皮革能力 1.22 亿平方米，其中，沙发革 8111 万平方米，汽车座套革 3556 万平方米，箱包革、鞋面革 556 万平方米，产量占到全国总量 10%、世界总量 3%；实现营业收入 167.4 亿元，完成工业增加值 18.9 亿元，税收收入 1.9 亿元，出口产品交货值 5000 万元，其中税收收入占无极县一般公共预算收入的 20.7%；成品皮革主要出口美国、俄罗斯、日本、韩国、东南亚、中国台湾等国家和地区；主要品牌有世联汽车内饰、新成达皮革有限公司汽车用革、康惠达皮革有限公司航空和高铁用革及五龙体育用品等。其他工业产品产量：涂料 1175.6 吨，同比增长 11.2%；商品混凝土 30.6 万立方米，同比增长 60.4%；中成药 698 吨，同比增长 26.7%。实施重点项目 10 个，总投资 111.05 亿元，年度完成投资 46.81 亿元，占年度计划投资 154%。其中，省重点项目 2 个，总投资 54.3 亿元，年度完成投资 22.53 亿元；市重点项目 8 个，总投资 56.75 亿元，年度完成投资 24.28 亿元。主要重点项目：无极县鸿瑞装饰材料有限公司的鸿瑞装饰材料产业基地项目，总投资 33.8 亿元；诺卫环境生态技术发展有限公司的中信皮革产业循环经济示范基地项目，总投资 20.5 亿元。对外贸易进出口总值 11.37 亿元，同比增长 50.06%。其中，出口总值 1.95 亿元，增长 75.09%；进口总值 9.43 亿元，增长 45.76%。招商签约项目 45 个，总投资 76.04 亿元。实际利用外资 708 万美元，同比下降 68.4%。12 月 24 日，无极北国商城开业，占地面积 1.3 万平方米，是一家集百货、超市、电器、珠宝等为一体的综合购物广场，这也是北人集团在石家庄县域开设的第 11 个店。2021 年无极县经济开发区营业务收入 441.5 亿元，同比增长 10.38%；税收收入 8.81 亿元，同比增长 10.13%；入驻企业 148 家。

【农业生产】 全年农林牧渔业总产值 60.86 亿元，同比增长 10.1%。其中，农业产值 28.9 亿元，牧业产值 27.53 亿元，农林牧渔服务业产值 4.35 亿元。粮食播种面积 5.42 万公顷，总产量 35.35 万吨，平均单产 6519 千克 / 公顷。其中，小麦播种面积 2.66 万公顷，总产量 18.85 万吨，平均单产 7082 千克 / 公顷；玉米播种面积 2.09 万公顷，总产量 14.24 万吨，平均单产 6818 千克 / 公顷；谷子播种面积 493 公顷，总产量 1941 吨，平均单产 3937 千克 / 公顷。豆类（主要为大豆）播种面积 5705 公顷，总产量 1.75 万吨。薯类种植面积 516 公顷，总产量 1.57 万吨。油料种植面积 2575 公顷，总产量 1.14 万吨，其中，花生种植面积 2533 公顷，总产量 1.12 万吨。蔬菜及食用菌种植面积 7725 公顷，总产量 59.5 万吨，其中，设施蔬菜种植面积 3075 公顷，总产量 25.58 万吨。瓜果种植面积 331 公顷，总产量 2.51 万吨，其中，西瓜种植面积 328 公顷，总产量 2.49 万吨。豆类播种面积、总产量位居石家庄市第一名，蔬菜及食用菌种植面积、总产量位列石家庄市第二名。果园面积 274 公顷，其中，苹果园 87 公顷、梨园 110 公顷、桃园 42 公顷、葡萄园 16 公顷。园林水果（不含果用瓜）总产量 7537 吨，其中，苹果（主要为红富士苹果）1931 吨、梨 3700 吨、桃 699 吨、葡萄 370 吨。至 2021 年底，牛、奶牛、马、驴、猪、羊、家禽、蛋鸡、兔存栏数分别为 4.12 万头、1.39 万头、2122 匹、1622 头、6.76 万头、4.87 万只、404.6 万只、359.93 万只、4875 只，牛、马、驴、猪、羊、家禽、鸡、兔出栏数分别为 5.38 万头、5753 匹、2123 头、27.26 万头、13.99 万只、1147.2 万只、1034.96 万只、2.31 万只；肉类、禽蛋、鸡蛋、牛奶产量分别为 4.2 万吨、7.97 万吨、7.23 万吨、8.31 万吨，其中，猪肉、牛肉、羊肉、家禽肉、驴肉、兔肉产量分别为 1.72 万 吨、8981 吨、1746 吨、1.41 万吨、177 吨、40 吨。马存栏数及出栏数、兔肉产量位居石家庄市第一名，家禽、鸡、兔出栏数及家禽肉产量位列石家庄市第二名。土地流转面积 1.61 万公顷，土地流转率 49.3%。农业机械总动力 67.6 万千瓦。拥有市级以上农业产业化龙头企业 18 家，其中省级 4 家；新增现代农业园区 4 家，总数达到 5 家；新增家庭农场 38 家，总数达到 476 家；新增农民示范合作社 6 家，总数达到 36 家。七汲镇入选省级农业产业强镇和市级乡村振兴示范区。高陵大葱地理标志产品通过国家审核。顶晟农牧公司列入北京市重要鸡蛋供应基地。

【城乡建设】 制定无极县总体城市设计和建筑风貌设计，城市设计规划大纲编制完毕。新建改建城区道路 6 条。新建 4 条城区道路竣工：荣城西路道路及给排水工程，投资金额 2368.48 万元；荣城东路道路及给排水工程，投资金额 2950.93 万元；新城路道路及给排水工程，投资金额 1176.64 万元；研学路道路及给排水工程，投资金额 1511.82 万元。改建 2 条城区道路完工：无极路（智慧街至千山东路）道路提升工程，投资金额 441.03 万元；开放路（贸易南街至幸福南街）道路提升改造工程，投资金额 658.69 万元。在建城区道路 2 条：花园路东延工程（东外环至无极县汽车客运站项目东墙）、花园路西延工程（规划一街至规划二街）。9 月 28 日，津石高速公路无极上下口建成通车，标志无极县融入省会石家庄“半小时”经济圈。开展城市更新，改造老旧小区 16 个，总投资 3783.78 万元；改造棚户区住房 87 套，总投资 3100 万元。拆除私搭乱建、违章建筑设施 1166 处、11.13 万平方米。新建停车场 5 个，总数达到 11 个；新增停车位 1117 个，总数达到 19801 个。新建城区公厕 1 个，总数达到 65 个。集中供热总面积 164.13 万平方米，供热管线长度 112.68 千米；县域天然气管道总长度达到 101.51 千米。实施全域农村人居环境综合整治，改建农村厕所 9675 座，总数达到 72642 座；打造美丽庭院 1624 座；创建省级美丽乡村 37 个，分别为张段固镇西验村、司家庄、东验村、耿家庄、西辛庄、王吕村、贾庄村、东两河村、西两河村，无极镇柳见村、户村、中河流村，东侯坊乡南朱村、北马村、东马村、西马村、古庄，郭庄镇崔家庄、户台营村、李家庄、东牛村、北牛村、牛家庄，郝庄乡西东门村，大陈镇北家庄、小陈村、西郎村，里城道乡袁流村、东大户村、西大户村、赵正寺村，北苏镇北苏村，高头乡北虎庄，南流乡东宋村、东南流村，七汲镇杨村、大汉营村。保护生态环境，发放居民“双代”（气代煤、电代煤）补贴 12.95 万户，其中，气代煤 89917 户，电代煤 39581 户；补贴资金 1366.72 万元。2021 年无极县空气质量综合指数为 4.98，同比下降 18.6%；空气污染指数 PM2.5 年平均浓度为 47 微克 / 立方米，同比下降 25.4%；空气二级以上优良天数 244 天，同比增加 35 天。木刀沟河道主河槽蓄水长2千米，形成水面2.3万平方米。控制地下水超采，地下水水位同比回升0.51米。改造升级县综合污水处理厂、制革废水集中处理厂设施，污水处理厂出水水质稳定达到Ⅳ类标准以上。加强滹沱河沿岸村庄生活污水治理，建设污水收集池16个、处理站5个。危险固体废物资源化利用能力提升，玖兆环保科技项目完工，嘉盛新能源发电项目投产，全年处置危险废物496吨。重视园林绿化，造林绿化面积100公顷，森林抚育面积333公顷，东两河村获评省级森林乡村。新增绿地15公顷，建成区绿地面积达到431.79公顷，建成区绿地率38.55%，建成区绿化覆盖率41.93%。累计建成公园10个，其中，四星级公园3个，二星级公园1个。无极中学获评省级园林式单位，平安公园获评省级四星级公园。

【社会民生】 全年用于民生支出25.72亿元，占无极县一般公共预算支出比重达到76.7%。居民住户存款285.9亿元，同比增长14.6%。城镇新增就业3245人，城镇登记失业率1.2%；农村劳动力转移就业3243人。城乡居民养老保险参保人数28.27万人，参保率98.8%。企业职工养老保险参保2.03万人，机关事业单位养老保险参保9129人。城乡医疗保险参保人数45.55万人，参保率97.43%。失业保险参保9787人。工伤保险参保3.36万人。享受城乡最低生活保障待遇5051户7320人，其中，城区低保户166户267人，农村低保户4885户7053人。供养城乡特困人员1250人，其中，集中供养222人，建档立卡脱贫户424人；发放救助资金1168.47万元。新增养老机构2家，总数达到10个；新增养老床位200张，总数达到1548张。设立城市社区日间照料服务站点4个，分别为东城区、西城区、建设路、花园路日间照料服务站。新增国家高新技术企业13家，总数达到38家；新认定省科技型中小企业104家，总数达到333家。拥有学校282所，其中，幼儿园179所，特殊教育学校1所，小学82所，中学17所（初级中学12所、九年制一贯中学2所、完全中学1所、高级中学2所），中等职业学校3所；在校生9万人，教职工6671人，专任教师5485人。推进集团化办学，组建教育集团50个，其中，城区4个，农村46个。建有文化馆3个、公共图书馆1个、室内滑冰馆1个。县综合文化服务中心建成投用。广播、电视节目综合覆盖率达到100%。注册裁判员7人，登记社会体育指导员1959人。拥有县级医院2个、社区卫生服务中心（站）27个、乡镇卫生院11个、村卫生室213个，医院开放床位2088张；卫生技术人员2347人，其中，执业（助理医师）1404人，注册护士969人。2021年无极县获评省级卫生县城。

（赫亚芳）

平 山 县

【概况】 平山县位于石家庄市西北部，地处太行山中段东麓，地势自东向西北逐渐增高，海拔最低点东水碾村120米，最高点驼梁2281米，素有“八山一水一分田”之称，北及东北与灵寿县，东南与鹿泉区，南与井陉县，西及西南、西北与山西省相邻，距离石家庄市主城区30千米，是中国革命圣地——西柏坡所在地。平山县是国家扶贫开发工作重点县，也是河北省首批扩权县。西汉初，置蒲吾县，距今2200余年；唐肃宗至德元年（756年）改名平山县。2018年9月29日，河北省政府批准平山县退出贫困县序列。总面积2644平方千米，建成区面积10.8平方千米，辖12个镇、11个乡、1个省级经济开发区、22个居委会、717个村委会，常住人口42.28万人，户籍人口49.85万人，常住人口城镇化率52.45%。2021年平山县完成地区生产总值293.9亿元，同比增长5.0%。其中，第一产业增加值19.25亿元，增长5.8%；第二产业增加值189.77亿元，增长4.4%；第三产业增加值84.91亿元，增长6.0%。一般公共预算收入22.95亿元，同比增长10.6%；一般公共预算支出44.9亿元，同比下降2.6%。固定资产投资123.67亿元，同比下降6.2%。民营经济增加值233.54亿元，同比增长7.4%。农林牧渔业总产值35.41亿元，同比增长6.5%；粮食播种面积2.33万公顷，总产量11.75万吨。规模以上工业企业40家。规模以上工业营业收入1023.0亿元，同比增长45.3%；规模以上工业利润62.6亿元，同比增长17.0%。社会消费品零售总额44.01亿元，同比增长4.9%。规模以上服务业营业收入4.45亿元，同比增长9.2%。城镇居民人均可支配收入36813元，同比增长7.7%；农村居民人均可支配收入12678元，同比增长12.9%。2021年11月，平山县入选中国县域旅游综合竞争力百强县市。

中共平山县委书记：董晓航（5月免）
张前锋（5月任）

县人大常委会主任：焦习军（3月免）
武自军（3月任）
县　　长：张前锋（7月免）
靳军（7月任）
县政协主席：郭双全（7月免）
杨允石（7月任）

【产业项目】 三次产业比例为6.5∶64.6∶28.9。工业总产值770.0亿元，同比增长36.0%。工业投资79.74亿元，同比增长33.4%。规模以上工业营业收入1023.0亿元，同比增长45.3%。规模以上工业增加值180.6亿元，同比增长4.8%；规模以上工业高新技术产业增加值32.07亿元，同比增长7.8%。规模以上工业利润62.6亿元，同比增长17.0%。主要工业产品：生铁总产量964.7万吨，同比下降0.1%；钢坯总产量1028.3万吨，同比下降0.1%；钢材总产量1231.1万吨，与2020年持平；尿素总产量10.9万吨，同比下降0.2%。2021年敬业集团营业收入2379亿元，同比增长6%；上缴税金45.51亿元，同比增长21.18%。8月2日，平山县敬业集团入选《财富》杂志发布的2021年世界500强排行榜，排名位列第375位，这也是石家庄市企业首次入选世界500强榜单。2021年敬业集团在中国500强企业排名第106位、中国制造业企业500强排名第40位、中国民营企业500强排名第25位、中国民营制造业500强排名第14位，分别较2020年提升60位次、28位次、13位次、7位次。实施重点项目13个，总投资205.4亿元，年度完成投资85.97亿元。列入省、市重点项目10个，总投资177.08亿元，年度完成投资44.3亿元。主要重点项目有河北敬业增材制造科技有限公司3D打印百台级超级工厂项目、河北富山再生资源回收有限公司500万吨/年废钢加工循环利用项目、敬业钢铁有限公司钢材精深加工及产品升级改造项目、敬业集团铁路专用线项目等。签约引进亿元以上项目23项，总投资103.3亿元；河北工业职业技术大学新校区、红星美凯龙家居广场签约落户。实际利用外资2712万美元，同比增长8.0%。挖掘红色文化和古中山国文化，打造“不忘初心·进京赶考”旅游精品线路入选文化和旅游部与中共中央宣传部、中央党史和文献研究院、国家发展改革委联合推出“建党百年红色旅游百条精品线路”；研发文创旅游商品“中山系列腰带”获得第三届河北省文创和旅游商品创意设计大赛银奖、“新中国从这里走来”笔记本套装获得第三届石家庄市文创和旅游商品大赛银奖。北庄村入选全国乡村旅游重点村，河北古中山旅游开发有限公司入选市级文化旅游产业基地。2021年平山县接待游客1117.42万人次，同比增长56.53%；旅游业收入80.23亿元，同比增长51.12%。2021年平山西柏坡经济开发区营业收入1885亿元，同比增长11%；纳税收入32.7亿元，同比增长8%；入驻企业141家。

【农业生产】 全年农林牧渔业总产值35.41亿元，同比增长6.5%。其中，农业产值10.02亿元，林业产值6.47亿元，牧业产值12.48亿元，农林牧渔服务业产值5.27亿元。粮食播种面积2.33万公顷，总产量11.75万吨，平均单产5037千克/公顷。其中，小麦播种面积2612公顷，总产量1.71万吨，平均单产6536千克/公顷；玉米播种面积1.76万公顷，总产量9.02万吨，平均单产5119千克/公顷；谷子播种面积886公顷，总产量2254吨，平均单产2585千克/公顷。豆类播种面积568公顷，总产量1100吨。薯类种植面积1580公顷，总产量3.33万吨。油料种植面积3162公顷，总产量8525吨，其中，花生种植面积2262公顷，总产量6125吨。棉花种植面积22公顷，总产量22吨。蔬菜及食用菌种植面积2319公顷，总产量12.14万吨，其中，设施蔬菜种植面积110公顷，总产量4757吨。食用菌产量1293吨。果园面积1321公顷，其中，苹果园716公顷、梨园32公顷、桃园321公顷、葡萄园42公顷。园林水果（不含果用瓜）总产量1.85万吨，其中，苹果1.09万吨（红富士苹果8866吨）、梨293吨、桃5505吨、葡萄1074吨。核桃产量5786吨。花椒产量410吨。至2021年底，牛、奶牛、猪、羊、家禽、蛋鸡存栏数分别为1.04万头、2400头、9.36万头、7.33万只、480.45万只、416.28万只，牛、猪、羊、家禽、鸡出栏数分别为7545头、22.72万头、10.06万只、367.85万只、336.74万只；肉类、禽蛋、鸡蛋、牛奶产量分别为2.19万吨、2.53万吨、2.43万吨、5746吨，其中，猪肉、牛肉、羊肉、家禽肉产量分别为1.58万吨、1224吨、1287吨、3567吨。蜂蜜产量202吨。水产品养殖面积143公顷，总产量5500吨。水产品产量位居石家庄市第一名，羊存栏数、蜂蜜产量位列石家庄市第二名。土地流转面积1.26万公顷，土地流转率47.61%。投资1亿元，建设食用菌制菌中心；投资2800万元，建设蔬菜育苗基地。拥有市级以上农业产业化龙头企业27家，其中省级4家；新增现代农业园区2家，总数达到33家，其中，省级2家，市级12家；新增家庭农场125家，总数达到475家，其中省级19家；新增农民示范合作社19家，总数达到106家，其中，国家级4家，省级8家，市级34家。

【城乡建设】 实施城乡建设重点项目

26项，完成投资11.6亿元。实施城区道路工程4项，分别为建设大街北延工程及正义路、柏坡西路、钢城路改造工程；累计完成投资1.89亿元，其中，建设大街北延工程完成投资1.02亿元，柏坡西路改造工程完成投资5000万元。实施乡村道路工程22项，完成投资7622万元，其中，新井线（王子至南西焦段）改造工程完成投资2534万元，西岸至燕尾沟公路改造工程完成投资1350万元。建设大街北延、正义路西延、新井线改造3条道路工程竣工通车。开建住宅楼5栋，在建住宅楼主体封顶5栋。投入资金369.71万元，改造老旧小区1个。孟贤壁城中村改造启动。解决房地产遗留办证难项目11个、入住难项目9个，万永时代城项目建设重新启动。开展私搭乱建、违章建筑整治行动，以建材街东庄段、正义路东段等为重要区域，拆除私搭乱建、违章建筑5255处32万平方米。新建供热管网2.45千米，改造供热管网4.32千米、供水管道2.2千米；城区新增集中供热面积55平方米，集中供热总面积达到844平方米。新建停车场11个，总数达到291个；新建停车位1019个，总数达到35747个（含居住小区及乡镇）。城区共有公厕45座。开展农村人居环境整治，新建农村厕所4920座，改造农村户厕2.7万座，农村厕所达到78866座。新增省级美丽乡村5个，分别为温塘镇北红岸寨村，三汲乡河渠村、北白家岸村，东王坡乡曹土沟村，平山镇孟堡村；省级美丽乡村总数达到34个。北庄村入选中国美丽休闲乡村，北庄村、上东峪村获评省级森林乡村。保护生态环境，推进冬季清洁取暖，实施“光伏+电取暖”改造1万余户，推广型煤6.2万吨。2021年平山县空气质量综合指数为4.78，同比下降20.3%；空气污染指数PM2.5年平均浓度为40微克/立方米，同比下降28.6%；空气二级以上优良天数249天，同比增加37天；空气质量位列石家庄市第二名，在河北省排名上升37位次。河流断面水质稳定达标，岗南、黄壁庄水库水质达到地表水Ⅱ类标准以上。重视园林绿化，新建游园2个，公园游园达到32个，其中四星级公园2个。造林绿化面积1.26万公顷，森林覆盖率达到61.9%；新增绿地3.9万平方米，建成区绿化面积403.6万平方米，建成区绿化覆盖率40.9%，人均公园绿地面积13.06平方米。

【社会民生】 全年用于民生支出36.4亿元，占平山县一般公共预算支出比重达到81.1%。居民住户存款282.25亿元，同比增长15.2%。城镇新增就业4227人，城镇登记失业率3.22%；农村劳动力转移就业5016人。城乡居民养老保险参保人数27.24万人，城镇职工养老保险参保61656人。城乡居民医疗保险参保人数41.46万人，职工医疗保险参保40197人。享受城乡最低生活保障待遇10773人，其中，城区低保户372人，农村低保户10401人。新增养老床位170张，总数达到2438张。建成运营城市社区日间照料服务站22个。累计认定高新技术企业14家、科技型中小企业316家。敬业集团技术中心获批国家级技术中心。拥有学校227所，其中，幼儿园129所，特殊教育学校1所，小学70所，中学23所（初级中学8所、九年制一贯中学9所、完全中学4所、高级中学1所、十二年制一贯中学1所），中等职业学校4所；在校生8.79万人，教职工7711人，专任教师6179人。创建普惠性幼儿园20所。新建教育设施项目7个，改造竣工教育设施项目62个。建有文化馆1个、公共图书馆1个、博物馆2个。广播、电视节目综合覆盖率达到100%。创作河北梆子现代戏《没有共产党就没有新中国》、红色情景剧《梦回西柏坡》公开演出。注册二级以上运动员20人、裁判员15人，登记社会体育指导员1650人。获得市级以体育比赛金牌37枚、银牌25枚、铜牌30枚。拥有县级医院8个、乡镇卫生院23个、村卫生室706个，医院开放床位1500张；卫生技术人员2175人，其中，执业（助理医师）1092人，注册护士794人。建成智慧安防小区251个，西柏坡镇获评全国乡村治理示范镇，东回舍村、梁家沟村入选全国民主法治示范村。12月30日，平山县获批命名为河北省双拥模范县城。

（韩晓敏）

元 氏 县

【概况】 元氏县位于石家庄市南部，西倚太行山，东临华北平原，境内自西向东山区、丘陵、平原梯次分布，东与栾城区、赵县，西与井陉县，南与高邑县、赞皇县，北与鹿泉区相邻，距离石家庄市主城区30千米。汉高祖三年（前204年）置县，距今2200余年。2010年联合国地名专家组命名元氏县为“千年古县”。县内拥有常山郡遗址、封龙山石窟、开化寺塔、西张村西周遗址等国家重点文物。新元高速、石赞高速、

107国道、红旗大街纵贯南北，青银高速、赵赞公路、井元公路横贯东西。总面积675平方千米，建成区面积12.78平方千米，辖8个镇、7个乡、1个省级经济开发区、8个居委会、208个村委会，常住人口39.17万人，户籍人口44.57万人，常住人口城镇化率48.66%。2021年元氏县完成地区生产总值175.6亿元，同比增长6.7%。其中，第一产业增加值23.18亿元，增长4.2%；第二产业增加值53.92亿元，增长5.6%；第三产业增加值98.51亿元，增长7.8%。一般公共预算收入13.55亿元，同比增长17.6%；一般公共预算支出30.01亿元，同比增长0.02%。固定资产投资126.67亿元，同比下降0.8%。民营经济增加值132.16亿元，同比增长6.1%。农林牧渔业总产值37.27亿元，同比增长4.2%；粮食播种面积6.06万公顷，总产量36.83万吨。规模以上工业企业75家。规模以上工业营业收入181.3亿元，同比增长24.6%；规模以上工业利润32.8亿元，同比增长28.0%。社会消费品零售总额52.38亿元，同比增长6.4%。规模以上服务业营业收入17.26亿元，同比增长54.4%。城镇居民人均可支配收入34417元，同比增长7.2%；农村居民人均可支配收入19188元，同比增长10.6%。12月20日，元氏县获评省级森林城。

中共元氏县委书记：郑巍（5免）
许尽晖（女，5月任）
县人大常委会主任：张庆志（7月免）
常振峰（7月任）
县　　长：许尽晖（女，5月免）
吴海江（7月任）
县政协主席：白兰怀（7月免）
赵树生（7月任）

【产业项目】 三次产业比例为13.2∶30.7∶56.1。工业总产值177.0亿元，同比增长19.06%。工业投资49.2亿元，同比增长50.4%；工业技改投资41.2亿元，同比增长54.0%。规模以上工业营业收入181.3亿元，同比增长24.6%。规模以上工业增加值35.0亿元，同比增长7.2%；规模以上工业高新技术产业增加值5.6亿元，同比增长43.0%。规模以上工业利润32.8亿元，同比增长28.0%。工业用电量15.87亿千瓦时，同比增长16.66%。主要工业产品产量：化学农药原料2687吨，同比下降33.5%；口罩1.65亿只，同比增长22.8%；纱4450吨，同比增长63.3%；气体压缩机3200台，同比下降84%；刹车泵712台，同比增长22%；矿业用泵562台，同比增长60.6%。跃迪集团生产纯电动智能化新能源渣土车下线，成为石家庄市新能源渣土车供应商。获批省级以上“专精特新”企业17家。医药化工、装备制造两大产业完成营业收入556.3亿元，同比增长13.74%；缴纳税金9.9亿元，同比增长10%。实施重点项目179个，总投资272亿元，年度完成投资126.7亿元。列入省、市重点项目13个，总投资85.05亿元，年度完成投资49.14亿元，完成当年计划投资167.6%。其中，新开工项目7个，总投资45.99亿元；续建项目6个，总投资39亿元。对外贸易进出口总值5.27亿美元，同比增长7.6%。招商签约项目40个，协议引资额351亿元；中国航天科工、保利集团、国电投等央企项目落户元氏县。封龙山、蟠龙湖成为旅游热点景区。全年接待国内外游客79.2万人次，同比下降61.57%；旅游业总收入2.21亿元，同比下降44.49%。2021年元氏经济开发区营业务收入549.27亿元，同比增长35.25%；税收收入12.32亿元，同比增长22.18%；入驻企业188家。

【农业生产】 全年农林牧渔业总产值37.27亿元，同比增长4.2%。其中，农业产值13.58亿元，林业产值1.13亿元，牧业产值21.36亿元，农林牧渔服务业产值1.17亿元。粮食播种面积6.06万公顷，总产量36.83万吨，平均单产6080千克/公顷。其中，小麦播种面积2.56万公顷，总产量17.11万吨，平均单产6677千克/公顷；玉米播种面积3.1万公顷，总产量18.08万吨，平均单产5826千克/公顷；谷子播种面积935公顷，总产量2176吨，平均单产2327千克/公顷。豆类播种面积685公顷，总产量982吨。薯类种植面积2286公顷，总产量6.61万吨。油料种植面积1621公顷，总产量4585吨。棉花种植面积79公顷，总产量77吨。蔬菜及食用菌种植面积1634公顷，总产量11.26万吨，其中，设施蔬菜种植面积189公顷，总产量1.08万吨。薯类、棉花种植面积及总产量分别位居石家庄第一名。果园面积75公顷，其中，苹果园25公顷、梨园9公顷、桃园15公顷、葡萄园25公顷。园林水果（不含果用瓜）总产量7375吨，其中，苹果1255吨（红富士苹果1047吨）、梨279吨、桃171吨、葡萄602吨、红枣705吨。至2021年底，牛、奶牛、猪、羊、家禽、蛋鸡存栏数分别为2.3万头、7685头、3.31万头、4.86万只、362.91万只、308.71万只，牛、猪、羊、家禽、鸡出栏数分别为5.78万头、18.19万头、15.55万只、543.45万只、477.83万只；肉类、禽蛋、鸡蛋、牛奶产量分别为3.16万吨、4.08万吨、2.84万吨、2.25万吨，其中，猪肉、牛肉、羊肉、家禽肉产量分别为1.23万吨、9549吨、1934吨、7807吨。羊出栏数位居石家庄市第一名，羊肉产量位列石家庄市第二名。土地流转面积1.35万公顷，土地流转率39.8%。农业机械总动力77.74万千瓦。建设高标准农田2133公顷，建成“万亩示范区”6个。打造智能化奶牛养殖场9个。石榴种植、蝎养殖初步形成规模，石榴获批河北省区域公用品牌。拥有市级以上农业产业化龙头企业4家，其中省级2家。家庭农场达到267家，其中，省级示范家庭农场9家，市级示范家庭农场34家。农民合作社达到345家，其中，国家级示范合作社2家，省级示范合作社4家，市级示范合作社19家。

【城乡建设】 以“一城三环六区”为布局，编制完成县域国土空间总体规划和乡镇规划。实施裴院路、井元路、高速公路引线、县城东环路、107国道等6条主干道维修整治工程，总投资3.5亿元。井元路（西岭底至长村段）、姬窦线（裴院路至红旗大街段）道路提升工程竣工，总长15.15千米。投资1.99亿元，打通光明路、韩台路2条断头路。富元街建设、胜利街中段大修、昌盛街北段便道综合整治工程完工。农业振兴路（农业产业道路）建成通车。旅游振兴路（旅游产业道路）开工，总投资1.45亿元。元氏经济开发区道路工程竣工11.2千米，总投资1.27亿元。改造老旧小区89个。改建槐阳大街、昌盛街雨污管网16千米。总投资1.5亿元、全长3.7千米县城西片区电力综合管廊管道项目安装完毕。投资7082万元，实施110千伏路东输变电工程建成投用；新改建10千伏线路64.44千米；改造农村低压线路151.19千米。投资9800万元，打造智慧城市平台项目。新建公共停车场4个，新增公共停车位1000个，停车位总量达到22370个，其中，公共停车位3571个，小区停车位11723个，其他停车位7076个。新建城区公厕4座、改建9座，城区公厕达到72座。新建“小公园”“小游园”“小菜园”2077处，硬化街道22万平方米，安装路灯6480盏。农村清理垃圾54万立方米，拆除残垣断壁7676处、私搭乱建设施2971处，清理整治停车场298家，复耕土地46.7公顷。208个村生活污水实现全覆盖管控，农村生活垃圾达到日产日清。创建美丽庭院5202户，其中精品庭院867户。2021年元氏县空气质量综合指数为4.92，同比下降18.5%；空气污染指数PM2.5年平均浓度为46微克/立方米，同比下降23.3%；空气二级以上优良天数249天，同比增加42天。投资5700万元的槐东污水厂升级改造项目完工。河道生态补水1.65亿立方米。槐河城区段获得省级秀美河湖称号。浅层地下水水位平均回升6.06米。投资7189万元，实施农村生活水源置换项目，20个村、4.41万农村居民饮用长江水。改造公园2个，城区公园达到28个，其中，四星级2个，三星级1个。营造林2880公顷。建成区绿地面积达到457.52公顷，建成区绿地率达到35.8%，乡村绿化覆盖率达到35%，县域林木覆盖率达到33.26%。2021年元氏县通过省文明县城、省级园林县城复查验收，继续保留省文明县城、省级园林县城称号。

【社会民生】 全年用于民生支出25.3亿元，占元氏县一般公共预算支出比重达到84.2%。乡村总资产达到4.83亿元，惠及农户9.5万户，股民41万人。城镇新增就业3447人，城镇登记失业率3.78%；农村劳动力转移就业4032人。城乡居民养老保险参保人数21.78万人，参保率94.92%。城乡居民医疗保险参保人数39.18万人，参保率99.8%。享受城乡最低生活保障待遇6905人，其中，城区低保户57人，农村低保户6848人；发放低保资金2557.05万元。设置养老机构4家、养老床位430张，入住老人259人。元氏县敬老院获评省级三星养老机构。新建社区日间照料服务站点3家，总数达到8个；城市社区日间照料服务实现全覆盖。改善营商环境，企业注册登记平均时间压缩至3.1小时，市场准入网办率达90%以上；首创石家庄市“办不成事”咨询窗口。新增高新技术企业3家、科技型中小企业30家、省级以上科技创新平台2个，县域科技创新能力入选全省A类县。拥有学校157所，其中，幼儿园60所，特殊教育学校1所，小学73所，中学17所（初级中学7所、九年制一贯中学6所、完全中学1所、高级中学2所、十二年制一贯中学1所），中等职业学校6所；在校生7.94万人，教职工6349人，专任教师5429人。投资3200万元，实施122所学校教学设施升级改造，第一批3所学校食堂规范化整治完毕。公开招聘教师255名，教师入编132名。清理整顿校外培训机构86家。建有文化馆、公共图书馆各1个。广播、电视节目综合覆盖率达到100%。登记社会体育指导员70人。举办体育赛事活动有封龙山铁人骑跑、冰雪运动、蟠龙湖水上嘉年华、白石山登山节等，无极山滑雪场年接待冰雪运动爱好者达3万人次。拥有县级医院3个、乡镇卫生院15个、村卫生室208个，医院开放床位2191张；卫生技术人员2724人，其中，执业（助理医师）338人，注册护士847人。投资2200万元，提升中医院救治能力；投资950万元，建成康复医疗中心。乡镇卫生院远程诊疗室建设、村卫生室标准化改造完毕，乡镇卫生院与村卫生室实现一体化管理。2021年殷村镇、北褚镇获评省级卫生乡镇，11个村获评省级卫生村。

（王振中　杨夕群）

赵　县

【概况】 赵县位于石家庄市东南部，东与晋州市，西与元氏县、高邑县，南与邢台市，北与藁城区、栾城区相邻，距离石家庄市主城区40千米。汉文帝六年（前174年）设平棘县，北齐天宝二年（551年）更名赵州，1913年定名赵县，建县距今2000余年。2005年被联合国地名专家组中国分部命名为“千年古县”。境内拥有赵州桥、柏林禅寺、陀罗尼经幢等众多历史遗迹。其中，赵州桥有1400多年历史，是世界桥梁的鼻祖，被誉为天下第一桥；柏林禅寺有1700多年历史，始建于东汉末年，是中国禅宗史上重要祖庭，史称“畿内名刹”“古佛道场”，内设河北省佛学院、河北省禅学研究所；陀罗尼经幢坐落县城中央，被誉为“华夏第一塔”。赵县是国家林业局命名的中国雪花梨之乡、全国经济林示范县、中国优质梨果生产基地重点县，也是农业部命名的优质小麦生产基地县、全国粮食生产先进县。总面积674平方千米，建成区面积15.5平方千米，辖9个镇、2个乡、1个省级经济开发区、10个居委会、281个村委会，常住人口50.53万人，户籍人口61.78万人，常住人口城镇化率40.35%。2021年赵县完成地区生产总值154.6亿元，同比增长6.8%。其中，第一产业增加值27.17亿元，增长10.7%；第二产业增加值44.23亿元，增长3.7%；第三产业增加值83.24亿元，增长6.9%。一般公共预算收入8.8亿元，同比增长8.3%；一般公共预算支出31.32亿元，同比下降11.3%。固定资产投资64.76亿元，同比下降25.8%。民营经济增加值107.86亿元，同比增长6.2%。农林牧渔业总产值41.46亿元，同比增长12.23%；粮食播种面积7.47万公顷，总产量56.89万吨。规模以上工业企业89家。规模以上工业营业收入112.2亿元，同比增长8.0%；规模以上工业利润5.6亿元，同比增长24.1%。社会消费品零售总额42.91亿元，同比增长3.9%。规模以上服务业营业收入11.72亿元，同比增长36.4%。城镇居民人均可支配收入36607元，同比增长7.0%；农村居民人均可支配收入19739元，同比增长10.2%。

中共赵县县委书记：张敏周（5月免）
　　　　　　　　　王彦芳（5月任）
县人大常委会主任：黄云锁（7月免）
　　　　　　　　　王彦芳（7月任）
县　　　长：高楠　（5月免）
　　　　　　黄晓勇（5月代，7月任）
县政协主席：张清华（7月免）
　　　　　　王辉卿（7月任）

【产业项目】 三次产业比例为17.6∶28.6∶53.8。工业总产值114.13亿元，同比增长10.59%。工业投资24.64亿元，同比下降59.0%；工业技改投资15.2亿元，同比下降53.6%。规模以上工业营业收入112.2亿元，同比增长8.0%。规模以上工业增加值24.53亿元，同比增长5.8%；规模以上工业高新技术产业增加值9.13亿元，同比增长12.47%。规模以上工业利润5.6亿元，同比增长24.1%。工业用电量11.73亿千瓦时，同比增长6.95%。以医药产业为主导，打造百亿级产业集群，编制“原料药＋制剂”创新产业园规划，聚集形成普力制药、安健成益、中硕药业、山姆士药业等医药产业项目。推进装备制造、纺织服装、现代食品等产业转型升级，4家企业获评省级“专精特新”示范企业。实施重点项目252个，总投资147.1亿元，年度完成投资64.75亿元。列入省、市重点项目15个，总投资95.12亿元，年度完成投资42.91亿元。代表性重点项目有：石家庄市普力制药有限公司年产2亿片控释片、5亿支水针剂及100亿粒药用胶囊项目，总投资8.78亿元；河北安健成益医药科技有限公司新建生物及化学原料药产业化项目，总投资1.85亿元；赵县城市综合馆项目，总投资4.8亿元；卡万塔（石家庄）赵县生活垃圾焚烧发电特许经营项目，总投资7.4亿元；赵县人民医院整体搬迁项目，总投资5.58亿元。金桥城市广场、天山熙湖商业广场建设主体完工。对外贸易进出口总值1.61亿元。招商签约项目22个，其中，内资项目21个，协议引资额60.9亿元。实际利用外资522万美元。招商签约主要项目有：铜锣湾商业广场，总投资16亿元；天链航天科普基地项目，总投资8亿元。落地建设主要项目有：跨境电子商务产业园，总投资16.7亿元；仁合益康汇泽药业，总投资14亿元；润石药业，总投资5.2亿元。推进赵州桥、赵州茶、赵州梨文化产业园建设，赵州桥获评石家庄市十大旅游景区。全年接待境内外游客95.8万人次，同比下降15.0%；旅游业实现收入5.75亿元，同比增长5.7%。2021年赵县经济开发区营业务收入265.31亿元，同比增长31.9%；税收收入7.36亿元，同比增长22.37%；入驻企业143家。

【农业生产】 全年农林牧渔业总产值41.46亿元，同比增长12.23%。其中，农业产值28.83亿元，牧业产值8.49亿元，农林牧渔服务业产值4.11亿元。粮食播种面积7.47万公顷，总产量56.89万吨，平均单产7613千克/公顷。其中，小麦播种面积3.86万公顷，总产量29.0万吨，平均单产7509千克/公顷；玉米播种面积3.57万公顷，总产量27.68万吨，平均单产7753千克/公顷；谷子播种面积262公顷，总产量1257吨，平均单产4803千克/公顷。粮食、小麦、玉米的播种面积、总产量、单产均位居石家庄市第一名。油料种植面积56公顷，总产量204吨。蔬菜及食用菌种植面积1295公顷，总产量8.69万吨，其中，设施蔬菜种植面积319公顷，总产量2.59万吨。果园面积1.22万公顷，其中，苹果园3公顷、梨园1.22万公顷、桃园7公顷、葡萄园11公顷。园林水果（不含果用瓜）总产量60.15万吨，其中，苹果80吨（主要为红富士苹果）、梨60.08万吨（雪花梨17.71万吨、鸭梨21.75万吨）、桃263吨、葡萄281吨。梨园种植面积及梨、雪花梨、鸭梨产量均位居石家庄市第一名，园林水果（不含果用瓜）总产量位列石家庄市第二名。至2021年底，牛、奶牛、驴、骡、猪、羊、家禽、蛋鸡、兔存栏数分别为7550头、3270头、2304头、36只、6.25万头、2.98万只、214.97万只、208.92万只、2140只，牛、驴、骡、猪、羊、家禽、鸡、兔出栏数分别为4026头、2234头、35只、14.21万头、4.33万只、189.2万只、179.07万只、5202只；肉类、禽蛋、鸡蛋、牛奶产量分别为1.31万吨、2.96万吨、2.85万吨、1.05万吨，其中，猪肉、牛肉、羊肉、家禽肉、驴肉、兔肉产量分别为9405吨、625吨、622吨、2494吨、223吨、12吨。蜂蜜产量85吨。骡存栏数位居石家庄市第一名，驴、骡存栏数位列石家庄市第二名，驴肉、兔肉产量位列石家庄市第三名。土地流转面积2.38万公顷，土地流转率51.1%。农业机械总动力70.88万千瓦。粮食生产实现“十八连丰”，小麦制种获得国家政策奖励资金1.5亿元，赵县生姜获批国家地理标志证明商标，优质小麦、梨果入选河北省12个特色优势产业集群，雪花梨获评石家庄市十大特产。拥有市级以上农业产业化龙头企业18家，其中，国家级1家，省级5家。兴柏农业入选农业产业化国家重点龙头企业。现代农业园区达到16家。新增家庭农场52家，总数达到342家。新增农民示范合作社13家，总数达到167家。光辉农机合作社获评全国农业社会化服务典型合作社。

【城乡建设】 以品质之城、文化之城为理念，加快打造“新城新景、古城古韵”城市面貌。规划县城空间布局，编制完成青银高速口、石桥大街、石塔路两侧4个重点片区城市设计。李春大道东延、永通路东延、柏林街北延、所里街北延4条道路工程竣工。投资1398.8万元，修建和改造城区道路3条，分别为澄波街（国柏路至李春大道）、石桥大街（临洨路至稻香路）、赵范路（升华街至龙腾大街）。投资1.49亿元，实施乡村公路升级改造工程4个。其中，新南公路（果王公路至定魏公路段）改造二期工程，总投资9000万元；果王线附属设施改造工程，总投资2500万元；赵县赵辛线（常家庄至大石桥段）改造工程，总投资2300万元；赵范路（龙腾街至垃圾填埋场道口）改造提升工程，总投资1100万元。开展城市更新，实施赵州桥、柏林禅寺、陀罗尼经幢周边、石塔路两侧、城区出入口等重要节点，自强路、龙腾大街2条迎宾大道，新南路、果王线、308国道、赵元路、赵藁路5条主干道路及城区132条小街小巷综合整治。改造老旧小区6个，建设棚户区住房44套、公共保障房136套，东晏头城中村改造北区主体封顶，新启动城中村改造片区10个。拆除私搭乱建、违章建筑1932处23万平方米。古城墙遗址园、永通桥公园改造提升及城区东部雨污分流、雨水调蓄工程完工。改建维修供热管网长度31.45千米、供水及供气管道长度377.54千米。新增集中供热面积12.32万平方米，集中供热面积总面积达到391万平方米。新建停车场9个、免费停车位1025个。城区建成公厕79座。开展农村人居环境整治，清理垃圾36万立方米；改建厕所1.6万座，涉及村庄269个；建设小游园、小广场139个，创建美丽庭院2万户；获批省级美丽乡村13个，分别为曹庄、东柏舍村、史家庄村、西湘洋村、西纪毫村、常信一村、董庄村、谢庄村、新寨店村、赵刀寺村、尉家庄村、大石桥村、西卜庄村。南柏舍镇东柏舍社区获评省级森林乡村。保护生态环境，2021年赵县空气质量综合指数为4.93，同比下降21.2%；空气污染指数PM2.5年平均浓度为45微克/立方米，同比下降28.6%；空气二级以上优良天数244天，同比增加47天。重视水污染防治，管控涉水重点企业56家；清源污水处理厂改造、洨河生态湿地主体工程建设完工；关停机井1005眼；槐河、洨河生态补水1848万立方米。投资1.5亿元，实施农村生活水源置换工程。古冶河修复项目、东部梨区灌渠恢复工程纳入国家、省、市水利建设工程项目。珍极食品获评河北省节水标杆企业。卡万塔生活垃圾焚烧发电项目竣工运营。新建公园3个，总数达到24个，其中四星级公园3个。新增绿地面积6500平方米，建成区绿地面积655.68公顷，建成区绿地覆盖率37.19%，建成区绿化覆盖率42.17%，人均公园绿地面积13.03平方米。

【社会民生】 全年用于民生支出26.5亿元，占赵县一般公共预算支出比重达到84.6%。居民住户存款22.68亿元，同比增长14.46%。城镇新增就业3509人，城镇登记失业率3.2%；农村劳动力转移就业6746人。城乡居民养老保险参保人数31.09万人，参保率98.51%。城乡居民医疗保险参保人数50.64万人，医疗保险参保实现全覆盖。享受城乡最低生活保障待遇6094户8141人，其中，城区低保户134户252人，农村低保户5960户7889人；城镇发放低保金129.59万元，农村发放低保金2515.41万元。设置养老机构17家、养老床位1778张，建成运营城市社区日间照料服务站10个。谢庄乡撤乡设镇获得省政府批准。新增高新技术企业6家、省级企业技术中心2家、省级“星创天地”1家，县域科技创新能力提升到全省第55位。拥有学校190所，其中，幼儿园98所，特殊教育学校1所，小学64所，中学24所（初级中学8所、九年制一贯中学12所、完全中学1所、高级中学3所），中等职业学校3所；在校生9.74万人，教职工6740人，专任教师5867人。投资7000万元，实施学校及幼儿园设施升级改造。赵县职教中心、第六中学获评省级食品安全标准食堂。建有文化馆、公共图书馆各1个。广播、电视节目综合覆盖率达到100%。赵县籍运动员屈子墨获得东京残奥会羽毛球男子单打、双打比赛2枚金牌和全国残运会男子单打、双打、混合双打比赛3枚金牌。拥有县级医院3个、社区卫生服务中心（站）10个、乡镇卫生院11个、村卫生室281个，医院开放床位2683张；卫生技术人员2735人，其中，执业（助理医师）1619人，注册护士1116人。2021年赵县获评省级卫生县城、全省法治政府建设示范县，赵县司法局、税务局分获全国维护妇女儿童权益先进集体、全国巾帼建功先进集体称号。

（屈海平）

晋州市

【概况】 晋州市位于石家庄市正东部，东及东北与辛集市、深泽县，西及西北与藁城区、无极县，南及西南与宁晋县、赵县相邻，距离石家庄市主城区45千米。晋州市是唐朝名相魏征的故乡，也是中国鸭梨之乡。1991年经国务院批准撤县设市。总面积602平方千米，建成区面积14.83平方千米，辖9个镇、1个乡、1个省级经济开发区、13个居委会、224个村委会，常住人口50.82万人，户籍人口57.32万人，常住人口城镇化率47.53%。2021年晋州市完成地区生产总值171.5亿元，同比增长5.3%。其中，第一产业增加值36.79亿元，增长4.0%；第二产业增加值49.36亿元，增长3.7%；第三产业增加值85.35亿元，增长6.8%。一般公共预算收入12.24亿元，同比增长8.1%；一般公共预算支出37.94亿元，同比下降2.6%。固定资产投资122.16亿元，同比下降9.9%。民营经济增加值52.6亿元，同比增长5.1%。农林牧渔业总产值50.79亿元，同比增长3.94%；粮食播种面积5.37万公顷，总产量34.97万吨。规

2021年9月16日，河北首届鲜梨出口产销对接会在晋州市举行（贾再兴 摄）

模以上工业企业190家。规模以上工业营业收入180.6亿元，同比增长7.1%；规模以上工业利润2.0亿元，同比下降51.3%。社会消费品零售总额72.78亿元，同比增长6.0%。规模以上服务业营业收入5.47亿元，同比下降12.8%。城镇居民人均可支配收入40132元，同比增长6.0%；农村居民人均可支配收入24364元，同比增长9.6%。7月29日，交通运输部授予晋州市“城乡交通运输一体化示范县”称号。

中共晋州市委书记：张福杰（5月免）
张国义（5月任）
市人大常委会主任：马玉社（7月免）
王增占（7月任）
市　　长：张国义（5月免）
王林　（7月任）
市政协主席：王增占（7月免）
田科　（7月任）

【产业项目】 三次产业比例为21.5∶28.8∶49.8。工业总产值196.7亿元，同比增长12.0%。工业投资同比下降61.7%。规模以上工业营业收入180.6亿元，同比增长7.1%。规模以上工业增加值29.08亿元，同比下降3.6%；规模以上工业高新技术产业增加值同比下降18.6%。规模以上工业利润2.0亿元，同比下降51.3%。工业用电量22.32亿千瓦时，同比下降46.0%。主要产业经营状况：现代商贸物流产业营业收入16.59亿元，同比增长8.65%。生物医药产业营业收入19.7亿元。纺织产业营业收入98.78亿元，同比增长6.2%；实现利润5.49亿元，同比增长5.53%。电线电缆产业营业收入31.66亿元，同比增长25.2%；实现利润1.23亿元，同比增长20.5%。现代食品产业营业收入14.14亿元，同比增长20%；实现利润2852.8万元，同比增长23.4%。沈兴线缆入选专精特新“小巨人”企业。新大东纺织牛仔面料设计中心被认定为石家庄市工业设计中心。实施亿元以上重点项目43个，总投资122.26亿元，年度完成投资55.16亿元。列入省、石家庄市重点项目16个，总投资70.6亿元，年度完成投资44.86亿元。其中，省重点项目2个（普洛斯物流园、韵达快递电子商务基地），总投资24.4亿元，年度完成投资18.11亿元；石家庄市重点项目16个，总投资70.6亿元，年度完成投资44.86亿元。普洛斯物流、南宏生物柴油、拓孚润滑油3个项目竣工，韵达（河北）快递电子商务总部基地、双牛纤维素、凯茂星纤维素、伟宸服装、烽煊新能源等项目正在建设。对外贸易进出口总值35.1亿元，同比增长17.45%。招商签约项目24个，总投资84.6亿元；实际落地项目12个，总投资40.65亿元；重点引进安徽医药设计院生物医药产业园项目。实际利用外资4945万美元，同比增长8.28%。推进文旅产业融合，发挥魏征故居及周家庄文化旅游、农业特色观光园、合作史纪念馆带动作用，打造集观光、采摘、休闲为一体的旅游体验模式。魏征文化园、动漫文创产业园建成开放。武邱村获评河北省乡村旅游重点村。全年接待境内外旅游人数112.4万人次，同比增长66.1%；旅游业实现收入4.16亿元，同比增长53.1%。2021年晋州经济开发区营业收入325.82亿元，同比增长11.72%；税收收入7.11亿元，同比增长14.86%；入驻企业246家。

【农业生产】 全年农林牧渔业总产值50.79亿元，同比增长3.94%。其中，农业产值28.82亿元，牧业产值18.52亿元，农林牧渔服务业产值3.4亿元。粮食播种面积5.37万公顷，总产量34.97万吨，平均单产6516千克/公顷。其中，小麦播种面积2.47万公顷，总产量17.32万吨，平均单产7023千克/公顷；玉米播种面积2.44万公顷，总产量16.32万吨，平均单产6700千克/公顷；谷子播种面积799公顷，总产量1958吨，平均单产2452千克/公顷。豆类（主要为大豆）种植面积2638公顷，总产量4102吨。薯类种植面积1210公顷，总产量3.61万吨。油料种植面积1694公顷，总产量5693吨，其中，花生种植面积1662公顷，总产量5594吨。蔬菜及食用菌种植面积4815公顷，总产量34.81万吨，其中，设施蔬菜种植面积265公顷，总产量1.77万吨。果园面积1.42万公顷，其中，苹果园504公顷、梨园1.11万公顷、桃园208公顷、葡萄园1970公顷。园林水果（不含果用瓜）总产量65.32万吨，其中，苹果1.63万吨（红富士苹果7080吨）、梨56.24万吨（雪花梨4.17万吨、鸭梨19.22万吨）、桃6679吨、葡萄6.01万吨。果园、葡萄园种植面积及园林水果（不含果用瓜）、葡萄总产量均位居石家庄市第一名，梨园种植面积及梨、雪花梨、鸭梨、桃产量位列石家庄市第二名。至2021年底，牛、奶牛、猪、羊、家禽、蛋鸡存栏数分别为8228头、3953头、27万头、4.7万只、319.35万只、270.71万只，牛、猪、羊、家禽、鸡出栏数分别为9735头、47.1万头、9.17万只、333.56万只、266.24万只；肉类、禽蛋、鸡蛋、牛奶产量分别为4.4万吨、5.59万吨、4.45万吨、1.51万吨，其中，猪肉、牛肉、羊肉、家禽肉产量分别为3.84万吨、1420吨、952吨、3305吨。土地流转面积1.54万公顷，土地流转率40.55%。建成高标准农田2600公顷，总投资3901.3万元。农业机械总动力47.03万千瓦。特色农业发展突出，形成强筋小麦、优质谷子、精品蔬菜、优质梨、高端乳品、优质生猪6个产业集群基地，食用菌、葡萄2个优质农产品生产基地，蔬菜、食用菌、鸭梨、葡萄4个现代农业示范园区，晋州鸭梨、晋州葡萄、晋州香菇、奥开无抗猪肉、大显锦鲤5个高端农产品精品。拥有市级以上农业产业化龙头企业45家，其中，国家级3家，省级16家。现代农业园区达到22家。新增家庭农场57家，总数达到182家（省级示范家庭农场7家、石家庄市级示范家庭农场21家）。新增农民示范合作社7家，总数达到121家（国家级示范合作社1家、石家庄市级示范合作8家）。晋州鸭梨地理标志产品保护示范区获得国家知识产权局批准筹建。9月16日，河北省首届鲜梨出口产销对接会在晋州市举行。2021年晋州市获评河北省农业产业化先进县，北辛庄、武邱村、西贾庄获评省级“一村一品”示范村，北辛庄、武邱村、西贾庄、南白滩村获评石家庄市“一村一品”示范村。

【城乡建设】 坚持城乡统筹、协调均衡、产城融合、宜居宜业原则，推进南部新城、西部新区与老城区一体化发展。投资1.17亿元，实施教育路、工业一路、健康街、鼓东街、东胜街、东兴街、307国道南绕城工程等道路建设、排水、蓄水池、雨污管网改造项目。美化亮化街道9条，总投资539万元。晋周总、小西线等主干道改造工程完工。开通运营公交线路14条。加快城市更新，实施城市更新项目包括易官线北段绿化景观工程、公交枢纽中心建设项目、晋周总改建工程、紫祁路绿化景观工程、第九幼儿园建设项目、党校搬迁项目、妇幼保健院迁建项目等。改造老旧小区10个、小街巷24条，总投资4554.25万元。拆除私搭乱建、违章建筑1607处33.56万平方米。投资1000余万元，改造供热管网3.6千米。新增集中供热面积21.56万平方米，集中供热总面积达到521.8万平方米。新建停车场3个，新增公共停车位2000个。城区建成公厕34座。开展农村人居环境整治，71个村庄实施道路硬化美化，6个村庄实施生活污水治理项目。畜禽粪污资源化利用列入农业农村部种养循环项目。创建省级美丽乡村30个，分别为打绳庄、安家庄、马家庄、宿生、第二生产队、第三生产队、第五生产队、陈家庄、姚家庄、刘家庄、龙泉固、北张里、相邱、北辛庄、西贾庄、吕家庄、西队、后彭头、韩庄、周元方、西大留、长召、宋家庄、河头、毛家寨、东钓鱼台、西卓宿、东宿、庞表、赵位。创建美丽庭院24851户。农村新建厕所36400座，总数达到99429座。保护生态环境，全程监管涉VOCs排放企业394家。城市道路实行全天候、全覆盖洗扫作业。129家餐饮单位加装高效油烟净化设备。土壤重点监管单位实现联网监测。2021年晋州市空气质量综合指数为4.88，同比下降18.8%；空气污染指数PM2.5年平均浓度为45微克/立方米，同比下降25%；空气二级以上优良天数231天，同比增加23天。重视园林绿化，新建游园1个，公园总数达到10个，其中，五星级公园1个（魏征公园），四星级公园1个（时代公园），三星级公园2个（梨花公园、魏征故居）。新增绿地面积9.58公顷，建成区绿地面积560.19公顷，建成区绿地覆盖率37.8%，建成区绿化覆盖率42.31%，人均公园绿地面积13.23平方米。森林覆盖率36.6%。2021年晋州市通过省级洁净城市复查考核。

【社会民生】 全年用于民生支出31.04亿元，占晋州市一般公共预算支出比重达到81.8%。城镇新增就业3562人，城镇登记失业率3.21%；农村劳动力转移就业5291人。城乡居民养老保险参保人数31.88人，参保率96.4%。城乡居民医疗保险参保人数49.62万人，参保率93.73%。享受城乡最低生活保障待遇6771户7749人，其中，城市低保户135户165人，农村低保户6636户7584人；发放低保金2805.03万元。特困供养1046户1072人，其中，城市56户56人，农村990户1016人；发放特困供养金1080.23万元。设立养老机构16家、养老床位2380张。建成城市社区日间照料服务站13个，社区日间照料服务站实现全覆盖。改善营商环境，511项政务服务事项实行全程网办，政务服务事项全程网办率达到99.8%。建设智慧安防小区215个。11月1日，晋州市社会矛盾纠纷多元化解中心投用。实施人才强市战略，引进博士2人、硕士88人、海外留学人员7人、本科学历人才300余人。至2021年底，晋州市共有A卡人才3人、B卡人才57人，人才绿卡达到997人。新增高新技术企业25家、科技型中小企业63家、石家庄市企业技术中心1家，高新技术企业达到69家，科技型中小企业达到373家，小巨人企业达到11家，县域科技创新能力评价由C类升至B类。拥有学校176所，其中，幼儿园58所，特殊教育学校1所，小学91所，中学22所（初级中学16所、九年制一贯中学4所、高级中学2所），中等职业学校4所；在校生8.75万人，教职工6053人，专任教师5301人。教育支出8.5亿元。第九幼儿园、胡士庄学校教学楼建设完工。建有文化馆、公共图书馆各1个。广播、电视节目综合覆盖率达到100%。4人入选石家庄市非物质文化遗产项目传承人。晋州市西河大鼓艺人翟立欣获得河南省平顶山市宝丰县杨庄镇马街村举办的2021线上马街书会“书状元”称号。体育运动场（所）达到565个，登记社会体育指导员215人。拥有县级医院2个、社区卫生服务中心（站）77个、乡镇卫生院10个、村卫生室224个，医院开放床位1741张；卫生技术人员2743人，其中，执业（助理医师）1361人，注册护士872人。卫生健康支出3.29亿元，发放城乡医疗救助资金1080万元。2021年晋州市获批省级慢性病综合防控示范区，东卓宿镇西卓宿村获评全国民主法治示范村。

（刘景荣）

新 乐 市

【概况】 新乐市位于石家庄市东北部，地处太行山东麓，属太行山山前倾斜平原，东及北与定州市、曲阳县，南及东南与藁城区、无极县，西北及西南与行唐县、正定县相邻，南距石家庄市主城区38千米、石家庄国际机场7千米。京广铁路、京广高铁、107国道、京港澳高速公路纵贯南北，朔黄铁路及沙河、木刀沟2条季节性河流横亘东西。汉景帝二年（前155年）置新市县，距今2100余年。隋开皇十六年（596年），析新市县置新乐县。1992年10月撤县建市。相传人类始祖伏羲长于新乐，自古有“羲皇圣里”之称，新乐市区北2千米保存有国家级文物——伏羲台。新乐市拥有西瓜、花生、蔬菜、生猪、奶牛“三种两养”五大特色产业，“新乐西瓜”“新乐花生”获评国家地理标志保护产品。总面积524平方千米，建成区面积14.01平方千米，辖8个镇、3个乡、1个街道办事处、1个省级经济开发区、18个居委会、160个村委会，常住人口47.88万人，户籍人口51.7万人，常住人口城镇化率58.82%。2021年新乐市完成地区生产总值157.4亿元，同比增长6.8%。其中，第一产业增加值35.79亿元，增长8.8%；第二产业增加值45.87亿元，增长4.6%；第三产业增加值75.76亿元，增长7.0%。一般公共预算收入12.26亿元，同比增长10.5%；一般公共预算支出33.97亿元，同比下降4.5%。固定资产投资同比增长0.9%。民营经济增加值101.49亿元，同比增长7.8%。农林牧渔业总产值60.05亿元，同比增长10.0%；粮食播种面积5.23万公顷，总产量35.93万吨。规模以上工业企业133家。规模以上工业营业收入112.5亿元，同比下降0.4%；规模以上工业利润3.3亿元，同比下降74.8%。社会消费品零售总额36.94亿元，同比增长3.8%。规模以上服务业营业收入9.83亿元，同比增长56.8%。城镇居民人均可支配收入34472元，同比增长6.3%；农村居民人均可支配收入21651元，同比增长9.7%。2021年新乐市农村居民人均可支配收入突破2万元大关。

2021年10月，新乐市木刀沟生态湿地公园建设完工（王春光 摄）

中共新乐市委书记：郭建亭（女，5月免）
李明政（5月任）
市人大常委会主任：张智琦（3月免）
张君（3月任）
市长：李明政（5月免）
宫世友（5月代，7月任）
市政协主席：陶国田（5月免）
刘玉峰（5月任）

【产业项目】 三次产业比例为22.7∶29.2∶48.1。工业总产值同比增长9.9%。工业投资同比增长8.0%，工业技改投资同比增长2.2%，高新技术产业投资同比下降30.9%。规模以上工业营业收入112.5亿元，同比下降0.4%。规模以上工业增加值同比增长6.7%，规模以上工业高新技术产业增加值同比增长29.3%。规模以上工业利润3.3亿元，同比下降74.8%。实施工业技改项目109项，完成投资27.18亿元。企业产值超亿元31家。实施重点项目76个，总投资330.14亿元，年度完成投资78亿元。列入省重点项目4个，总投资10.71亿元，年度完成投资5.45亿元。列入石家庄市重点项目19个，总投资45.06亿元，年度完成投资42亿元。开工项目36个，竣工项目11个，主要重点项目有龙辉机械、农光互补光伏发电、金柳化纤等。市场主体达到38750户，同比增加6228户。对外贸易进出口总值9.7亿元，同比下降47.78%，其中，出口总值9.56亿元，同比下降47.95%。招商签约亿元以上项目28个，总投资133.6亿元。10月31日，新乐市政府与中翰国智科技产业发展有限公司签约北斗高科技产业园项目，总投资20亿元。实际利用外资2626万美元，同比增长28.9%。打造河北美术学院创意品牌、伏羲台景区旅游品牌，形成涵盖文旅、农旅、工旅融合发展态势。至2021年底，新乐市共有3A级景区1处（伏羲台景区）、国家级文物保护单位1处（伏羲台遗址）、三星级农家乐3处（木刀沟生态庄园、庄稼主生态园养生老厨、福来喜农家乐）、国家农村产业融合发展示范园1处（庄稼主生态园）、国家五星级休闲农业园1处（庄稼主生态园）、石家庄市工业旅游示范点1处（河北三元食品有限公司）。全年伏羲台景区接待游客4.03万人次，同比增长111%；实现旅游收入9.35万元，同比下降8.4%。2021年新乐经济开发区营业收入258.4亿元，同比增长40%；税收收入7.2亿元，同比增长30%；入驻企业132家。

【农业生产】 全年农林牧渔业总产值60.05亿元，同比增长10.0%。其中，农业产值25.66亿元，牧业产值27.72亿元，农林牧渔服务业产值6.61亿元。粮食播种面积5.23万公顷，总产量35.93万吨，平均单产6868千克/公顷。其中，小麦播种面积2.42万公顷，总产量16.86万吨，平均单产6956千克/公顷；玉米播种面积2.51万公顷，总产量17.63万吨，平均单产7017千克/公顷；谷子播种面积67公顷，总产量452吨，平均单产6727千克/公顷。豆类（主要为大豆）种植面积804公顷，总产量1388吨。薯类种植面积2080公顷，总产量6.27万吨。油料种植面积4046公顷，总产量1.16万吨，其中，花生种植面积4034公顷，总产量1.15万吨。蔬菜及食用菌种植面积5765公顷，总产量40.17万吨，其中，设施蔬菜种植面积1194公顷，总产量9.89万吨。瓜类种植面积2854公顷，总产量13.5万吨，其中，西瓜种植面积897公顷，总产量5.15万吨。花生、西瓜种植面积及西瓜总产量位居石家庄市第一名，薯类种植面积及薯类、油料、花生总产量位列石家庄市第二名。果园面积247公顷，其中，苹果园57公顷、梨园91公顷、桃园85公顷、葡萄园10公顷。园林水果（不含果用瓜）总产量5706吨，其中，苹果1054吨（红富士苹果424吨）、梨2806吨、桃1593吨、葡萄218吨。至2021年底，牛、奶牛、猪、羊、家禽、蛋鸡存栏数分别为3.99万头、3.01万头、29.5万头、2.46万只、583.65万只、499.58万只，牛、猪、羊、家禽、鸡出栏数分别为2.21万头、55.71万头、3.25万只、734.54万只、719.82万只；肉类、禽蛋、鸡蛋、牛奶产量分别为5.64万吨、5.92万吨、5.81万吨、14.2万吨，其中，猪肉、牛肉、羊肉、家禽肉产量分别为4.62万吨、2789吨、137吨、6952吨。猪出栏数位居石家庄市第一名，猪肉、牛奶产量位列石家庄市第二名。蓬园万头母猪养殖场建成投用。西甜瓜种植示范区达到2800公顷。邯邰镇小流村西瓜种植入选河北省“一村一品”十大典型案例。至2021年底，新乐市共有石家庄市级以上农业产业化龙头企业27家、农业产业化联合体12家、家庭农场48家、农民合作社31家。2021年新乐市获评全国第六批率先基本实现主要农作物生产全程机械化示范县和河北省农业产业化先进县。

【城乡建设】 实施重点城建项目26个，伏羲上古文旅小镇、“四馆一中心”（文化馆、科技馆、博物馆、美术馆、全民健身中心）项目开工，图档（图书馆和档案馆）大厦、党校迁建、西瓜小镇博览馆主体封顶，景元地下商业街建成开业。团贾线（化皮至协神段）道路工程项目开工，总投资1660万元。投资231.6万元，实施东王中学至东里村、坚固村至藁城区金庄村公路改造工程完工。17条农村客运班线全部公交化运营，新乐市获批河北省城乡客运一体化试点县。改造老旧小区10个，总投资2500万元。实施棚户区改造项目2个（气针厂宿舍、桥东新友胡同），总投资1.2亿元。启动建设公共保障房项目1个，总投资8000万元。解决房地产遗留问题26个。改造供水管网长度7.72千米。新增集中供热面积11.1万平方米，集中供热总面积达到645万平方米。新建停车场5个、停车位1230个，停车位总数达到31784个。城区建有公厕45座。开展农村人居环境整治，硬化巷道3万平方米，修建小游园、小菜园、小果园、健身广场809处，新建乡级农村厕所粪污处理站6个。农村建成户厕12430

座、公厕20座。10个村庄生活污水治理项目完工。新创建省级美丽乡村24个，分别为东紫烟、郭庄、赤支、西柴里、曹家庄、岗怀里、北贾庄、青村、安庄、陈家庄、南双晶、马石桥、黄家庄、西曹、西王、五里铺、大流、坚固、靳家庄、西田、小宅、小宅铺、彭家庄、留祥；省级美丽乡村总数达到27个。邯邰镇五里铺村获评省级森林乡村。保护生态环境，2021年新乐市空气质量综合指数为4.88，同比下降18.5%；空气污染指数PM2.5年平均浓度为45微克/立方米，同比下降23.7%；空气二级以上优良天数242天，同比增加34天。重视园林绿化，新建公园7个（含口袋公园6个），总数达到38个，其中，五星级公园1个、四星级公园1个、三星级公园3个。改造游园16个，总数达到24个。木刀沟湿地公园建成开园。体育公园获评省级四星级公园。道路两侧植树22720棵，绿化美化地面10550余平方米。新增绿地面积19.8公顷，建成区绿地面积578.79公顷，建成区绿地率39.11%，建成区绿化覆盖率43.4%，建成区人均公园绿地面积19.55平方米。林木覆盖率25.47%。

【社会生活】 全年用于民生支出28.3亿元，占新乐市一般公共预算支出比重达到83.3%。城镇新增就业4277人，城镇登记失业率4.37%；农村劳动力转移就业3278人。城乡居民养老保险参保人数22.46万人，参保率95%。城乡居民医疗保险参保人数44.28万人，参保率99.57%。享受城乡最低生活保障待遇5712户10161人，其中，城区低保户139户215人，农村低保户5573户9946人；发放低保金3162.76万元。新增养老机构1家、养老床位140张，养老机构总数达到13家，养老床位总数达到2301张。新建城市社区日间照料服务站10个，总数达到18家。建设智慧安防小区231个，1个社区获评全国示范性老年友好型社区。改善营商环境，取消行政审批事项84项，企业开办实现一个工作日办结。新增高新技术企业16家、科技型中小企业137家。拥有学校250所，其中，幼儿园123所，特殊教育学校1所，小学94所，中学30所（初级中学14所、九年制一贯中学11所、高级中学5所），中等职业学校2所；在校生10.42万人，教职工6742人，专任教师6149人。新改扩建中小学及幼儿园10所，普惠性幼儿园覆盖率达到96%。建有文化馆、公共图书馆各1个。新乐市文化馆获评国家一级文化馆。广播、电视节目综合覆盖率达到100%。登记社会体育指导员2800人。拥有县级医院8个、社区卫生服务中心（站）8个、乡镇卫生院11个、村卫生室160个，医院开放床位1940张；卫生技术人员2845人，其中，执业（助理医师）1333人，注册护士1075人。

（吴静　孙飞）

人　物

Figures

全国五一劳动奖章获得者

2021年4月27日，石家庄市6人获得“全国五一劳动奖章”。

谷聪　1996年8月出生，保定市人，河北顺丰速运有限公司石家庄市裕华区华夏营业部网点负责人、中级工。2015年11月谷聪加入顺丰速运公司，成为一名收派员，工作中始终想客户之所想，急客户之所急，服务意识、服务能力多次得到公司和客户的赞扬。2018年谷聪参加河北省职工职业技能大赛快递员比赛项目获得总成绩第一名，并获授河北省技术能手。谷聪因业务能力强、事迹突出，2019年11月获授河北省五一劳动奖章，2020年4月获授“全国优秀共青团员”称号。

白文举　1970年1月出生，中共党员，灵寿县人，河北常山生化药业股份有限公司工会主席、项目办主任、高级工程师。多年来，白文举参与和完成一大批重大科研攻关课题，形成多项具有影响力的科技成果，为企业和社会创造了巨大价值。2019年白文举获得“河北省劳动模范”称号。

张燕　女，1972年10月出生，中共党员，深泽县人，获授肿瘤学博士学位，市人民医院肿瘤科主任、主任医师，市肺癌研究所所长，河北省女医师协会肺癌专业委员会主任委员。首创石家庄市“恶性肿瘤无痛苦治疗”理念和“全面评估全程管理”技术。2021年石家庄市突发新冠肺炎疫情期间，张燕带领团队承担从ICU病房转出及各个科室转入带有多种合并症高风险患者救治工作。2018年张燕获评中国第二届“白求恩式好医生”，2019年获评河北省“最美医师”，2020年获评河北省“白求恩式好医生”称号等荣誉。

刘瑞领　1970年5月出生，民建会员，高邑县人，亿博基业集团有限公司、河北冀中南智能港物流有限公司董事长。刘瑞领为推动石家庄市现代化陆港集群建设、物流运输发展和脱贫攻坚做出突出贡献。2019年1月刘瑞领获评民建省委“助力脱贫攻坚工作优秀个人”，2019年12月获得民建中央“脱贫攻坚突出贡献奖”。

李林　1984年6月出生，中共党员，吉林省舒兰市人，中国人民解放军第五七二一工厂机加中心钳工、技师。李林业务能力强，带队攻克多项科研项目，个人研究项目获得5件国家发明和实用新型专利。2015年9月李林获得空军航空修理系统技能竞赛钳工第一名。

王鑫　1984年6月，河南省上蔡县人，国网石家庄供电公司变电检修六班班长、高级技师。王鑫在电气设备检修岗位工作15年，曾获国网河北省电力公司优秀专家人才、市供电公司先进工作者。2017年王鑫担任检修班班长后，带领班组连续两年获得省电力公司先进班组称号。2020年王鑫参加河北省变电检修技能大赛夺得第一名。结合变电检修实践，王鑫攻克“如何减少变压器渗漏故障”“变压器有载开关气体继电器无法自动排气”等技术难关，研发《变压器钟罩法兰密封胶垫切割台》《板框式滤油机进出油四通换向阀》《套管双引线拆除装置》等20多项技术创新成果，并获得国家专利认证。

2021年5月26日，石家庄市1人获得“全国五一劳动奖章”。

张颖　女，1967年8月出生，中共党员，石家庄市藁城区人，市总工会权益保障部部长。多年来，张颖长期工作在困难职工帮扶一线，为救助困难职工做出了突出贡献。2021年5月25日，中华全国总工会授予张颖“城市困难职工解困脱困工作中作出重要贡献个人”称号。

2021年9月，石家庄市1人获得“全国五一劳动奖章”。

马佳　女，1998年2月出生，行唐县玉亭乡官庄村人，中国残疾人游泳运动员。8月29日，马佳参加2021年东京残奥会获得女子50米自由泳S11级决赛金牌；8月30日，参加2021年东京残奥会获得女子200米个人混合泳SM11级决赛金牌；10月23日，参加全国第十一届残运会获得女子100米蛙泳SB11级决赛、

4×100米混合泳接力赛金牌；10月26日，参加全国第十一届残运会获得女子200米个人混合泳S11级比赛金牌。10月28日，参加全国第十一届残运会获得女子100米蝶泳S11级比赛第一名。2021年9月，共青团中央和中华全国青年联合会（简称全国青联）、全国妇联、中华全国总工会分别授予马佳中国青年五四奖章、全国“三八红旗手”、全国五一劳动奖章荣誉及称号。

全国“三八红旗手”

马佳 女，1998年2月出生，行唐县玉亭乡官庄村人，中国残疾人游泳运动员。2021年9月，全国妇联授予马佳全国“三八红旗手”称号（参见“人物”下“全国五一劳动奖章获得者”）。

李红霞 女，1972年10月12日出生，行唐县人，中共党员，硕士研究生学历，清华大学在读教育博士，正高级教师，石家庄外国语学校党总支副书记，河北省第十次党代会代表，石家庄市第十五届人大代表。李红霞从事基础教育27年，主持和参与国家级、部级课题2项，省级课题3项，获得河北省教学成果一等奖2次、二等奖1次。获评全国百名优秀校长、河北省五一劳动奖章、河北省“三八红旗手”、河北省政府特殊津贴专家等荣誉，入选河北省三三三人才工程二层次人才。2021年9月，中共中央宣传部、教育部授予李红霞“全国教书育人楷模”称号。2022年3月，李红霞获授全国“三八红旗手”称号。

全国优秀共产党员

尹计平 正定县正定镇塔元庄村党支部书记兼村委会主任，大专学历，中共十九大代表。1957年4月出生，1996年2月加入中国共产党，1974年9月参加工作。尹计平扎根农村，带领塔元庄村村民走出一条乡村振兴之路，得到群众的普遍认可。担当奉献，较好发挥了致富带头人作用。多年来，尹计平贯彻落实习近平总书记视察塔元庄村时的指示精神，将村庄建成现代农业科技示范园、“乡村振兴”示范园区，构建起“金融养老＋居家养老”新型养老服务模式，推出“美丽乡村＋塔元庄＋滹沱河景区”乡村旅游精品线路。至2021年底，塔元庄村集体收入达到2000多万元，村民人均收入达到3万元，村民全部免费入住100多平方米新楼房。率先垂范，党员先锋模范作用好。尹计平曾获授“全国劳动模范”、河北省“百姓喜爱的好官”、河北省“千名好支书”、河北省“乡村振兴领头羊”等称号。2021年6月28日，尹计平获得“全国优秀共产党员”称号。

孙晨华 女，1964年10月出生，巨鹿县人，中国电子科技集团有限公司首席科学家，中国电科网络通信研究院（中电科第54所）副总工程师、总体部副主任。多年来，孙晨华坚守科研一线，主持多项科研项目实现“零突破”和“跨代”成果，获授国家有突出贡献中青年专家等称号。孙晨华工作中主动发挥共产党员先锋模范作用，带领团队研究的项目获得国家科技进步奖一等奖1项、二等奖2项，省部级奖项10项。2021年6月28日，孙晨华获得“全国优秀共产党员”称号。

李献忠 1965年10月出生，辛集市人，河北医科大学医学系临床医学专业毕业，大学学历、医学学士学位，石家庄煤矿机械有限责任公司职工医院党支部书记、院长兼石家庄市长安区跃进路社区卫生服务中心主任。1989年7月参加工作，1994年3月加入中国共产党。2018年12月任石家庄煤矿机械有限责任公司职工医院党支部书记、院长兼跃进路社区卫生服务中心主任。2021年1月5日凌晨3时，李献忠带领石家庄煤矿机械有限责任公司职工医院全体医务人员接受石家庄市长安区卫生部门下达抗击新冠肺炎疫情任务，到1月11日，连续6个昼夜奋战在抗疫一线。2021年1月8日晚，李献忠的母亲在辛集市去世，1月10日出殡，他没有赶回老家送别。李献忠忍受失去母亲的巨大悲痛，一如既往全心扑在疫情防控中。1月12日凌晨，李献忠因在石家庄市参加新冠肺炎疫情防控工作过度劳累突发疾病去世。1月13日，市国资委党委追授李献忠“石家庄市国资系统优秀共产党员”称号。1月15日，中共石家庄市委追授李献忠“石家庄市优秀共产党员”称号。2021年6月28日，李献忠被追授“全国优秀共产党员”称号。

中国青年五四奖章获得者

马佳　女，1998年2月出生，行唐县玉亭乡官庄村人，中国拳击运动员。2021年9月，共青团中央、全国青联授予马佳中国青年五四奖章荣誉（参见“人物”下“全国五一劳动奖章获得者”）。

中国好人

王景新　1972年3月出生，广宗县人，石家庄赋生堂中医院院长、河北赋生堂健康产业集团董事长。从医20余年，王景新始终把每位患者视作亲人，把为病人解除病痛作为自己的毕生追求，以实际行动诠释了“医者仁心，救死扶伤”的职责。他结合临床经验，利用业余时间将诊治过程和切身经历撰写成理论文章，发表国家级论文20余篇，获得国家发明专利10余项，注册商标8个，承担省级课题3项，出版专著5部，代表性专著有《医术人道》《送给家人最好的礼物》等。2019年王景新获得第六届石家庄市道德模范称号。2021年1月，王景新获评助人为乐“中国好人”称号；事迹评语：“好医生妙手仁心 累计减免贫困患者费用近千万元”。

李瑞芝　女，1965年7月出生，石家庄市新华区西苑街道国泰街社区居委会职员。2005年李瑞芝被新华区社保局招入公益性岗位，并分配到国泰街社区工作。2021年1月6日，石家庄市确定对市域全员开展新冠肺炎筛查和核酸检测，李瑞芝主动请求参加社区核酸检测点人员信息登记和维护现场秩序。1月7日，她因在新冠肺炎疫情防控工作中连续劳累突发心脏病去世。1月13日，中共河北省委决定，批准追认李瑞芝为中国共产党党员；同日，石家庄市精神文明建设委员会追授李瑞芝“石家庄市道德模范”称号。2021年2月，李瑞芝获评敬业奉献“中国好人”称号；事迹评语：“社区干部奋不顾身冲锋在前 生命定格抗疫一线”。

李献忠　1965年10月出生，辛集市人，河北医科大学医学系临床医学专业毕业，大学学历、医学学士学位，石家庄煤矿机械有限责任公司职工医院党支部书记、院长兼石家庄市长安区跃进路社区卫生服务中心主任。2021年2月，李献忠获评敬业奉献“中国好人”称号；事迹评语：“基层卫生干部昼夜奋战检测一线 用生命诠释党员本色”（参见“全国优秀共产党员”）。

张吉强　1974年4月出生，石家庄市裕华区方村镇方村党支部书记、村退役军人服务站站长。2021年1月2日，石家庄市突发新冠肺炎疫情，张吉强自1月5～14日，连续奋战在抗击新冠肺炎疫情一线。1月14日晚，张吉强因劳累过度，突发疾病去世，时年47岁。2021年2月，张吉强获评敬业奉献“中国好人”称号；事迹评语：“好支书始终把群众安危放首位 过度劳累牺牲在防控岗位”。

王新芳　1962年出生，中共党员，石家庄市鹿泉区上庄镇庄窝村党支部书记兼村主任。王新芳担任村干部以来，工作兢兢业业、尽职尽责、无私奉献，在群众中树立了良好的党员干部形象。2021年1月2日，石家庄市突发新冠肺炎疫情后，他始终冲锋在前，战斗在疫情防控最前沿，经常加班加点，全力组织群众做好群防群控。1月14日7时，王新芳在巡查村疫情防控工作时突然晕倒，后经抢救无效于1月20日去世。2021年3月，王新芳获评敬业奉献“中国好人”称号；事迹评语：“村支书夜以继日奋战抗疫一线 用生命诠释党员本色”。

李兰祥　1938年出生，中共党员，退伍军人，赞皇县历史红色文化研究会副会长。1964年4月，李兰祥从部队复员回到家乡，但心中仍保留着对部队的眷恋和情怀。一个偶然机会，他和老兵闲聊，被老兵们感人至深的英雄事迹感动，于是萌生用笔墨记录历史，用文字留住回忆的想法。2007年李兰祥从赞皇县民政部门获得一些老兵的名单与资料，便开始北至东北三省，南达云贵川的寻找与采访之旅。经过艰辛努力，李兰祥将搜集到参加抗日战争、解放战争、抗美援朝等战役128位赞皇籍老兵的英雄事迹辑印成册，包括《美好的回忆》《山村的骄傲》《赞皇老兵风云录》《新一代最可爱的人——赞皇篇》等8册。李兰祥用手中的笔，让更多的人从文字中了解艰苦卓绝的战争岁月，读懂气壮山河的老区精神，填补了赞皇籍老兵英雄故事的空白。2021年5月，李兰祥获评敬业奉献“中国好人”称号；事迹评语：“退伍老兵传承红色基因，13年自费出版抗战英雄故事”。

李云英 女，1969年出生，行唐县北河村村民。李云英自1991年结婚起，就暗下决心，要通过自己的努力，给予家人最无微不至的关怀，让家庭变得更加温暖。1994年李云英的小叔子在煤矿打工遇到塌方，不幸被砸，导致全身瘫痪不能自理。丈夫外出干活养家，公公年纪大，照顾小叔子的重担落在李云英的肩上。小叔子瘫痪在床，吃、喝、拉、撒全由李云英照管。在李云英的细致照顾下，小叔子身上从来没有长过褥疮，干干净净没有异味。李云英照顾小叔子27年，从来没有喊过一声苦，她的事迹被街坊邻里传为佳话。2021年6月，李云英获评孝老爱亲"中国好人"称号；事迹评语："精心照顾瘫痪小叔30载 诠释'长嫂如母'"。

孟磊 1984年出生，中共党员，退伍军人，国网河北省电力有限公司石家庄供电分公司桥西供配电中心电缆运检二班班长。孟磊参加工作十几年来，一直舍小家，为大家。2021年7月21日，河南省郑州市遭遇百年一遇暴雨灾害，孟磊在得知公司要派人支援郑州时，第一时间向单位递交了《请战书》。7月22日，孟磊随第二批救援队奔赴受灾一线。支援郑州市期间，他为3个小区2200余户居民成功修复了电力设施。2021年9月，孟磊获评敬业奉献"中国好人"称号；事迹评语："退伍军人援豫冲锋在前 把光明带入千家万户"。

武芳芳 女，1984年出生，中共党员，石家庄市人，中国雄安集团生态建设有限公司高级业务经理。2019年武芳芳响应雄安新区建设号召，从原工作地正定县到达雄安新区参与园林建设，是18位雄安集团优秀项目负责人中唯一一位女性。武芳芳毕业于园林专业，发表园林相关著作3部、论文4篇，获得实用新型专利3个、QC成果2个，她热爱事业，工作勤恳，经常深入一线，有实干和担当精神。2021年9月，武芳芳获评敬业奉献"中国好人"称号；事迹评语："项目负责人长期深入一线抓落实 以巾帼素心描绘雄安画卷"。

全国向上向善好青年

2021年10月，石家庄市3人获授2021年"全国向上向善好青年"荣誉。

郭朋勃 1986年5月出生，元氏县马村镇张掖村人，政协石家庄市新华区常委、市青年联合会常委、民盟河北省直经济总支副主委。从2014年起，郭朋勃开始在元氏县、行唐县、赞皇县及沧州市、保定市等多地创办爱心食堂。2018年6月，中央文明办授予郭朋勃助人为乐"中国好人"称号。

王兆淇 女，2005年2月出生，石家庄市裕华区人，石家庄外国语学校学生。入学期间，王兆淇勤学上进，成绩优异，富有爱心，经常主动参与脱贫助学活动，义务为乡村小学生辅导英语，结对帮扶深山区贫困儿童。

张海忠 1987年10月出生，馆陶县柴堡镇人，石家庄护航社会工作服务中心主任。张海忠带领团队走遍石家庄10余个县（市、区），发展志愿者3000余人，组织公益活动1200余场，为个人及家庭提供心理疏导、家庭教育指导3000余次，整合资金和物资价值500余万元，服务惠及1.2万余个家庭。

河北省五一劳动奖章获得者

2021年3月，石家庄市1人获得"河北省五一劳动奖章"。

李冬浩 1979年2月出生，保定市清苑区人，研究员级高级工程师，中国电科网络通信研究院（中电科第54所）卫星通信专业部副主任，河北神舟卫星通信股份有限公司总经理

河北省"三八红旗手"标兵

2022年3月，石家庄市1人获得河北省"三八红旗手标兵"称号。

李云红 女，1967年5月出生，市第四十中学党委书记、校长

河北省“三八红旗手”

2022年3月，石家庄市11人获得河北省“三八红旗手”称号。

郭清 女，1967年3月出生，市妇产医院（市第四医院）院长

张春玲 女，1983年5月出生，井陉矿区贾庄居委会党总支书记、居委会主任

褚素乔 女，1970年10出生，市畜牧技术推广站站长

牛睿仪 女，1990年3月出生，市食草堂文化饰品有限公司总经理

王慧桥 女，1975年7月出生，北人集团股份有限公司总裁助理、购物中心事业部总经理，北国商城党总支书记、总经理，先天下党总支书记

田璞 女，1990年9月出生，行唐县人民检察院四级检察官助理

刘璞 女，1968年9月出生，河北三桥电力电器有限公司董事长

贾丽娟 女，1979年9月出生，中共石家庄市委市直工委统战部长、一级主任科员

杜秀果 女，1977年2出生，栾城区楼底镇党委书记

崔慧娟 女，1976年10月出生，河北世悦律师事务所主任

陈超 女，1981年1月出生，河北正华实业集团有限公司办公室主任

第八届河北省道德模范

2021年7月15日，石家庄市2人获得“第八届河北省道德模范”称号。

高素娥 女，1963年4月出生，藁城区岗上镇杜村党支部书记、村主任

刘荣秀 女，1954年11月出生，市天荟商贸有限公司党支部书记

时代新人·河北好人

2021年石家庄市38人获得“时代新人·河北好人”称号。

2021年3月4日，石家庄市14人获得“时代新人·河北好人”称号。

抗疫类（14人）

丁铂栩 1997年11月出生，藁城区贾市庄镇张名甫村人，石家庄铁道大学信息学院研究生

马永芳 1988年12月出生，市城市管理综合行政执法局市容市政服务所环卫队队长

王新芳 1962年12月出生，鹿泉区上庄镇庄窝村党支部书记兼村主任

李瑞芝 女，1965年7月出生，市长征胶鞋厂退休职工，新华区西苑街道国泰街社区居委会职员（兼）

李献忠 1965年10月出生，石家庄煤矿机械有限责任公司职工医院、跃进路社区卫生服务中心院长兼党支部书记

李振国 1989年9月出生，井陉县公安局刑警大队综合中队副中队长

吕媛 女，1982年10月出生，新乐市医院发热门诊护士长

刘斌 1979年9月出生，新乐市木村乡中同村人

张吉强 1974年4月出生，裕华区方村镇方村党支部书记

张永强 1963年7月出生，新乐市公安局交警大队市区中队民警

张静 女，1990年5月出生，晋州市人民医院儿科护士长

张雅鑫 1979年5月出生，市天鹏出租车公司出租车司机

贾鹏昊 1994年12月出生，行唐县龙州镇人，退伍军人，行唐县“一元食堂”快餐店经营者

曹立浩 1991年11月出生，藁城区常安镇镇豆家庄村党支部书记

2021年3月30日，石家庄市3人获得“时代新人·河北好人”称号。

敬业奉献（2人）

马小宁 1973年3月出生，市人民医院重症医学科一病区主任、新型冠状病毒重症医学救治中心主任

耿云涛 1993年5月出生，市第五医院内一科护士

助人为乐（1人）

刘玉果 女，1975年出生，晋州市安定医院救助科科长

2021年4月27日，石家庄市4人获得“时代新人·河北好人”称号。

敬业奉献（3人）

李兰祥　1938年10月出生，赞皇县历史红色文化研究会副会长

马新院　1956年11月出生，河北正定县永安村人

张玉红　女，1957年5月出生，唐山籍，马新院妻子

孝老爱亲（1人）

杨国书　1982年9月出生，井陉县公路管理站养护科副科长

2021年5月27日，石家庄市1人获得“时代新人·河北好人”称号。

孝老爱亲（1人）

李云英　女，1969年6月出生，行唐县北河村村民

2021年6月29日，石家庄市3人获得“时代新人·河北好人”称号。

敬业奉献（1人）

戎喜民　1972年8月出生，平山县驼梁自然保护区云顶草原巡护员

助人为乐（1人）

魏德禄　1953年7月出生，省工业和信息化厅退休，居住新华区赵陵铺路街道赵一街新区

孝老爱亲（1人）

王彦兴　女，1966年2月出生，井陉矿区东岗头社区报账员

2021年7月27日，石家庄市2人获得“时代新人·河北好人”称号。

敬业奉献（1人）

高朋　1990年4月出生，国网石家庄供电公司桥东供配电中心供电抢修二班班长

见义勇为（1人）

石红伟　1988年4月出生，市公安局特勤局一大队四级警长

2021年8月30日，石家庄市2人获得“时代新人·河北好人”称号。

敬业奉献（2人）

季向楠　1985年6月出生，市消防救援支队新华区秀水消防救援站政治指导员

孟磊　1984年12月出生，国网河北省电力有限公司石家庄供电分公司桥西供配电中心电缆运检二班班长、党员突击队队长

2021年9月15日，石家庄市2人获得“时代新人·河北好人”称号。

敬业奉献（1人）

王鑫　1984年6月出生，国网石家庄供电公司变电检修中心变电检修六班班长

孝老爱亲（1人）

王素蕾　女，1973年9月出生，石家庄日报社《燕赵晚报》区域媒体编辑中心副主任

2021年10月10日，石家庄市3人获得“时代新人·河北好人”称号。

敬业奉献（1人）

王健　1992年6月出生，井陉县公安局经侦大队副大队长

助人为乐（1人）

赵新国　1948年9月出生，高邑县万城镇西良庄村卫生室退休医生

孝老爱亲（1人）

焦明双　女，1980年6月出生，正定县城区街道晨光社区居民

2021年11月9日，石家庄市2人获得“时代新人·河北好人”称号。

助人为乐（1人）

刘文江　1983年10月出生，河北鼎江文化传播有限公司总经理

诚实守信（1人）

徐可　1993年2月出生，藁城区人，河北藁城路桥工程有限公司职员

2021年12月15日，石家庄市2人获得“时代新人·河北好人”称号。

助人为乐（1人）

关晓明　1982年6月出生，中国石油河北销售分公司财务处副处长

敬业奉献（1人）

姜银娥　女，1979年11月出生，国家税务总局行唐县税务局第一税务分局支部书记、局长

河北省“新时代好少年”

2021年12月31日，石家庄市2名学生获得2020～2021年河北省“新时代好少年”称号。

李政翰　市金马小学学生

宋佳宜　女，市第二十八中学新星学校学生

石家庄市获授二等功以上奖励现役军人

王晓鹏　灵寿县人，石家庄飞行学院服役，2021年1月23日获授二等功奖励

马超　正定县人，92830部队服役，2021年1月28日获授二等功奖励

戎世琨　正定县人，95061部队服役，2021年3月8日获授二等功奖励

郑思佳　桥西区人，93420部队服役，2021年8月16日获授二等功奖励

安玉龙　行唐县人，93420部队服役，2021年9月18日获授二等功奖励

王利志　赵县人，93420部队服役，2021年9月18日获授二等功奖励

何斐　井陉县人，92329部队服役，2021年9月22日获授二等功奖励

翟旭东　井陉县人，93420部队服役，2021年9月30日获授二等功奖励

杨明　新乐市人，96726部队服役，2021年11月24日获授二等功奖励

胡明洋　桥西区人，32152部队服役，2021年12月1日获授二等功奖励

黄青松　藁城区人，93427部队服役，2021年12月30日获授二等功奖励

第七届石家庄市道德模范

2021年5月7日，石家庄市授予20人"第七届石家庄市道德模范"称号。

助人为乐（4人）

刘荣秀　女，1954年11月出生，市天荟商贸有限公司党支部书记

王今忠　1972年2月出生，灵寿县税务局城区税务分局科员

周辉峰　1976年9月出生，赵县蚂蚁救援队队长

袁睿　女，1972年10月出生，裕华区裕强社区卫生服务中心主任

见义勇为（3人）

孟令川　1988年12月出生，市消防救援支队班长、一级消防士官

于若宁　1979年8月出生，元氏农商行公司二部客户经理

刘朝华　1984年6月出生，桥西区玉龙小区居民

诚实守信（4人）

葛四海　1960年8月出生，井陉矿区国绿园艺场总经理

陈红亮　1969年11月出生，新乐市宝丰银楼负责人

甄开香　女，1980年8月出生，黑龙江省尚志市人，河北华耀农业科技股份有限公司董事长

王志和　1976年9月出生，河北省冀商商会常务副会长、鹿泉区慈善总会会长

敬业奉献（4人）

高素娥　女，1963年4月出生，藁城区岗上镇杜村党支部书记、村主任

王健　1992年6月出生，井陉县公安局经侦大队副大队长

孙育红　女，1971年3月出生，市第二十八中学教师

戚欢　1988年10月出生，市道桥设施管护中心综合维护管理所所长助理

孝老爱亲（5人）

李云英　女，1969年6月出生，行唐县北河乡北河村村民

赵宁　1983年9月出生，晋州市公安局警务保障室民警

李艾洪　女，1986年1月出生，高邑县中韩镇故寺村党支部副书记

丁创成　1965年8月出生，赞皇县西龙门乡白鹿村村民

张会娜　女，1976年8月出生，栾城区凌空桥路小学教师

石家庄市文明公民标兵

2021年3月9日，市文明办表彰第一季度石家庄市文明公民标兵138人。

抗疫类（138人）

马小宁　1973年3月出生，市人民医院重症医学科一病区主任

米杰　1975年7月出生，市人民医院心内科大主任

张世勇　1969年9月出生，市疾病预防控制中心流行病防治所所长

杜丽辉　女，1965年3月出生，市第五医院副院长

耿云涛　1993年5月出生，市第五医院内一科护士

刘玉果　女，1975年12月出生，晋州市安定医院救助科科长

郭林立　1987年6月出生，晋州市公安局东里庄派出所所长

王小波　1970年5月出生，晋州市公安局交通警察大队总十庄中队中队长

张静　女，1990年5月出生，晋州市人民医院儿科护士长

刘淑艳　女，1986年8月出生，

晋州市中医院公卫科科长、应急办主任

贺岩　女，1970年6月出生，新乐市医院公共卫生科科长

吕媛　女，1982年10月出生，新乐市医院发热门诊护士长

康卓　1987年4月出生，新乐市公安局警力辅助人员

王莹　女，1988年9月出生，新乐市邯邰镇人民政府党建办公室四级主任科员

董谦　1980年4月出生，新乐市大岳镇退役军人服务站站长

刘斌　1979年9月出生，新乐市木村乡中同村人

薛朋程　1991年5月出生，新乐市公安局刑警长寿中队民警

张永强　1963年7月出生，新乐市公安局交警大队市区中队民警

安战聪　女，1986年6月出生，正定县正定城区街道办事处车站街社区党支部书记

崔博男　1995年9月出生，中和冀润工程管理有限公司经营部经理

房志强　1976年8月出生，正定县委宣传部副部长

刘永娜　女，1967年2月出生，正定县人民医院发热门诊主管护师

张东彬　1976年6月出生，正定县公安局治安警察大队大队长

钟永军　1974年9月出生，正定县疾病预防控制中心副主任

马永芳　1988年12月出生，井陉县城管局市容市政服务所环卫队队长

李振国　1989年9月出生，井陉县公安局刑警大队综合中队副中队长

刘乐乐　1987年3月出生，井陉县疾控中心主任助理

张玉芳　女，1984年1月出生，井陉县天长镇人民政府行政综合服务中心主任

杨春芳　1973年10月出生，井陉县威州镇南沟村党支部书记兼村委会主任

范彦廷　1976年3月出生，井陉县微水镇党委副书记

赵锁军　1976年2月出生，井陉县应急管理局党委委员、副局长

张旭东　1991年8月出生，国家税务总局无极县税务局一级行政执法员

雷朔宁　2001年9月出生，无极县郝庄乡东东门村人、保定学院学生

王娜　女，1980年6月出生，无极县实验小学教师

寇翠红　女，1984年6月出生，无极县融媒体中心编辑记者

李立强　1976年8月出生，无极县里里城道乡城道村党支部书记

纪朝军　1971年5月出生，深泽县公安交通警察大队重点车辆与驾驶人管理办公室主任

李宝立　1988年6月出生，深泽县公安局刑警大队副中队长

李畑投　1982年1月出生，深泽县交通运输局安全监管科科长

宋杰　1973年2月出生，深泽县医院检验科主任

霍慧琴　女，1985年5月出生，行唐县实验中学教师

贾鹏昊　1994年12月出生，行唐县龙州镇人、个体经营商户

杨雷　1983年10月出生，行唐县只里乡习村庄村支部书记兼村主任

郑书辉　1982年6月出生，行唐县卫生健康局医政医管科科员

朱亚男　女，1986年7月出生，共青团行唐县委副书记

康垚　1991年3月出生，灵寿县谭庄乡卫生院副院长

苏芳　女，1980年11月出生，灵寿县卫生健康局党组成员、红十字会常务副会长

辛彦　女，1983年3月出生，灵寿县灵寿镇副镇长

高军伟　1985年11月出生，平山县公安局机动队队长

焦佳佳　女，1997年12月出生，平山县妇幼保健院儿科护士

史岩飞　1978年12月出生，平山县交通运输局总规划师

习建波　1988年2月出生，平山县南甸镇寨上村党支部书记

张振强　1976年2月出生，平山县太行应急救援服务中心副队长

石国栋　1969年1月出生，赵县公安局交通管理大队二级警长

李恒伟　1972年12月出生，赵县妇幼保健院内科副主任

韩晓冰　1983年4月出生，赵县人民医院心血管内科副主任

安亮　1980年12月出生，赵县中医院副院长

赵欣　1994年9月出生，赵县赵州镇人民政府应急管理办公室科员

李任英　女，1973年12月出生，元氏县医院核酸实验室主任

齐立成　1978年12月出生，元氏县疾病预防控制中心主任

王彩云　女，1981年9月出生，元氏县东张乡卫生院防控应急科科长

张立格　1973年9月出生，元氏县公安交通警察大队办公室主任

闫静波　1980年10月出生，元氏县人大代表、铁屯村党委书记

董建亮　1981年6月出生，高邑县中韩乡卫生院院长

苏步阳　女，2002年2月出生，高邑县凤城小区居民、河北大学工商学院学生

张平芳　女，1972年4月出生，高邑县高邑镇卫生院职工

张倩茹　女，1996年9月出生，高邑县中医医院检验科职工

李冬璞　1990年2月出生，高邑县卫生健康局科员

杜晓娜　女，1991年4月出生，赞皇县赞皇镇团委书记、党政办主任

齐秀川　1983年5月出生，赞皇县交通运输综合执法队三中队中队长

刘秀明　女，1986年2月出生，赞皇县医院检验科医生

王兆阳　1993年8月出生，赞皇县疾病预防控制中心科员

杨瑞鹏　1987年9月出生，赞皇县公安局政治处民警

马辉　1995年7月出生，井陉矿区人民医院外一科医师

马建强　1970年5月出生，井陉矿区交通运输综合执法大队法规科科长

孙振席　1995年12月出生，井陉矿区横涧乡人民政府干部

温彦文　1962年7月出生，市公安局井陉矿区分局政治处干事

李献忠　1965年10月出生，石家庄煤矿机械有限责任公司职工医院、跃进路社区卫生服务中心院长兼党支部书记

张雅鑫　1979年5月出生，市天鹏出租车公司出租车司机

张建　1981年5月出生，市公安局长安分局河东派出所民警

史志霞　女，1977年7月出生，长安区南村镇卫生院副院长

谷丽佳　女，1985年8月出生，长安区育才街道谈南社区党支部书记

岳红　女，1982年6月出生，长安区跃进街道盛世长安社区党总支书记兼居委会主任

张北雪　1989年2月出生，长安区西兆通镇政府自然资源与生态环境办公室主任

贾栋　1991年2月出生，桥西区维明街道办事处综合行政执法队队长

于薇　女，1980年2月出生，桥西区苑东街道华柴社区党总支部书记

周志敏　1985年10月出生，桥西区南长街道农建街社区党总支书记

陈鹏　1991年6月出生，桥西区东华街道办事处宣传委员

张维　女，1983年9月出生，桥西区振头街道盛世御城社区党支部书记

李瑞芝　女，1965年7月出生，新华区西苑街道国泰街社区居委会委员（兼职）

高开蕊　女，1983年1月出生，新华区疾病预防控制中心科员

李龙燕　1970年10月出生，市公安局新华分局上城派出所民警

姜佳　1986年2月出生，新华区杜北街道经贸社区党支部书记兼居委会主任

杨锐　1975年4月出生，新华区西苑街道办事处综合行政执法副队长

安丽洋　女，1990年10月出生，新华区合作路街道电大街社区社区工作者

李兴沛　女，1986年6月出生，新华区西三庄街道汇君城社区党支部书记

张吉强　1974年4月出生，裕华区方村镇方村党总支书记

邸国敏　1964年12月出生，市公安局裕华公安分局裕兴派出所民警

康伟哲　女，1983年5月出生，裕华区裕兴街道誉天下社区党支部书记兼居委会主任

井彬　女，1981年11月出生，裕华区建通街道办事处副主任

李彦彩　女，1980年3月出生，裕华区建华南街道凤凰社区党总支书记

张赛　女，1986年7月出生，裕华区东苑街道槐东社区党总支书记

朱群明　1972年8月出生，国家税务总局石家庄市裕华区税务局志愿服务队副队长

曹立浩　1991年11月出生，藁城区常安镇豆家庄村支部书记兼村委会主任

丁铂栩　1997年11月出生，藁城区贾市庄镇张名甫村人、石家庄铁道大学信息学院研究生

高刚华　1974年8月出生，市生态环境局藁城区分局党组成员、环境监控中心主任

张月礼　1972年4月出生，藁城区公安局特巡警大队副大队长

张丽茹　女，1974年4月出生，藁城区第九中学教师

张超　1980年9月出生，藁城区卫生健康局法监科科长

赵金玉　女，1977年11月出生，藁城区廉州医院质控科科长

张立辉　1972年2月出生，藁城区南孟镇人民政府党委书记

路春生　1963年1月出生，藁城区廉州镇西城街社区居委会委员

裴永杰　1972年1月出生，藁城区城市管理综合行政执法大队副大队长

王新芳　1962年12月出生，鹿泉区上庄镇庄窝村党支部书记兼村主任

葛晓敏　女，1974年8月出生，鹿泉区实验小学教师

李春红　女，1976年1月出生，鹿泉区寺家庄镇卫生院公卫科医师

王楠　女，1983年1月出生，鹿泉区城市管理综合执法大队考评指挥中心副主任

张思梦　女，1995年4月出生，鹿泉区委宣传部文明办科员

张文华　女，1984年3月出生，鹿泉区铜冶镇南故邑村党支部书记兼村委会主任

王秀平　女，1985年9月出生，栾城区楼底镇人民政府宣传委员

张耀华　1982年1月出生，栾城区供电公司党委党建部主任

苏望春　1962年12月出生，栾城区疾病预防控制中心副主任

张莉雅　女，1985年3月出生，栾城人民医院医务科科长、质控办副主任

马晓鹏　1985年9月出生，中国移动通信集团河北有限公司栾城分公司职工

郭潇飞　女，1990年11月出生，高新区宋营镇人民政府宣传委员

高靖媛　女，1990年10月出生，高新区文化服务中心副主任

冯石景　女，1985年5月出生，高新区文教局社会事业综合执法大队职工

王梓萠　女，1992年6月出生，高新区消防救援大队三级指挥员

周玉龙　1980年3月出生，高新区长江街道办事处副主任

付伟　1987年6月出生，石家庄友邦科技有限公司任媒体中心主任

刘丰　女，1965年8月出生，循环化工园区医院党委书记

孙会钦　女，1981年10月出生，循环化工园区医院公共卫生科主任

徐振河　1956年5月出生，循环化工园区石炼街道石炼社区居委会主任

邱云翔　1991年12月出生，廊坊银行石家庄分行运营管理部员工

罗明　1968年4月出生，中国建设银行股份有限公司石家庄分行综合管理部经理

李妩敏　女，1991年12月出生，中国邮政储蓄银行股份有限公司平山县康乐街支行理财经理

杨宝忠　1971年9月出生，渤海银行石家庄分行党委办公室主任、综合管理部总经理

郝建明　1973年10月出生，栾城农村信用合作联社纪委书记、监事长

2021年7月9日，市文明办表彰第二季度石家庄市文明公民标兵31人。

敬业奉献（19人）

高朋　1990年4月出生，国网石家庄供电公司桥东供配电中心供电抢修二班班长

郭仓妙　女，1976年4月出生，晋州市第一中学教师

姬占伟　1980年11月出生，晋州市人民医院普内科副主任

马新院　1956年11月出生，正定县永安小学特邀教练

张玉红　女，1957年5月出生，正定县永安小学特邀教练

梁楠　1991年10月出生，正定县邮政局曲阳桥邮政储蓄营业所营业员

王健　1992年6月出生，井陉县公安局经侦大队副大队长

杜志霞　女，1982年9月出生，国家税务总局无极县税务局风险管理股一级行政执法员

李丽　女，1976年4月出生，国家电网无极县供电公司职工

姜银娥　女，1975年11月出生，国家税务总局行唐县税务局第一分局局长

戎喜民　1972年8月出生，平山县驼梁自然保护区云顶草原巡护员

马江浦　1991年10月出生，张家口银行平山支行业务主管

李兰祥　1938年10月出生，赞皇县历史红色文化研究会副会长

张严文　女，1993年8月出生，高邑县第一中学语文教师

陈健康　1985年6月出生，桥西区委网信办干部

魏晓娟，女，1982年10月出生，鹿泉区人防指挥信息保障中心职员

赵付安　1979年10月出生，市公路桥梁建设集团有限公司党委书记、董事长

王宝焕　女，1978年2月出生，市公共交通总公司八路车队车长

徐朋　1986年8月出生，市政府投资项目代建中心项目审核科副科长

助人为乐（7人）

秦三梅　女，1948年11月出生，赞皇县慈善会会长

李冬梅　女，1971年4月出生，石家庄高捷商贸有限公司业务经理

魏德禄　1953年7月出生，河北省工业和信息化厅退休干部

刘文江　1983年10月出生，河北鼎江文化传播有限公司总经理

赵文娟　女，1979年9月出生，鹿泉区委编办职员

王欣敏　女，1979年4月出生，市军队离休退休干部第一休养所办公室职员

李秋明　1970年2月出生，市公共交通总公司38路车队车长

诚实守信（1人）

徐可　1993年2月出生，河北藁通路桥工程有限公司职工

孝老爱亲（4人）

杨国书　1982年9月出生，井陉县公路管理站养护科副科长

李云英　女，1969年6月出生，行唐县北河村村民

王彦兴　女，1966年2月出生，井陉矿区东岗头社区报账员

王素蕾　女，1973年9月出生，石家庄日报社《燕赵晚报》区域媒体编辑中心副主任

2021年10月9日，市文明办表彰第三季度石家庄市文明公民标兵17人。

敬业奉献（13人）

季向楠　1985年6月出生，新华区秀水消防救援站政治指导员

王鑫　1984年6月出生，国网石家庄供电公司变电检修中心变电检

修六班班长

孟磊　1984年12月出生，国网河北省电力有限公司石家庄供电分公司桥西供配电中心电缆运检二班班长

苑晓丽　女，1978年11月出生，晋州市第七小学教师

吴凤　女，1991年12月出生，晋州市城市管理综合行政执法局科员

牛红霞　女，1972年8月出生，新乐市特殊教育学校教师

刘会坤　女，1980年5月出生，行唐县南桥中学教师

孙建峰　1981年10月出生，行唐县卫生计生监督执法所公共场所卫生监督员

王莉　女，1979年6月出生，行唐县乡村振兴局办公室主任

赵新国　1948年9月出生，高邑县西良庄村医生

王晓鹏　1986年8月出生，藁城区城市管理综合执法大队市容中队职员

邸红雨　1990年11月出生，鹿泉区南甘子村民委员会副书记

申芳荣　女，1981年8月出生，国网石家庄市栾城区供电公司营销部综合能源事业部主任

见义勇为（1人）

关晓明　1982年6月出生，中国石油河北销售分公司财务处副处长

助人为乐（2人）

刘永辉　1980年7月出生，正定县曲阳桥镇高平小学教师

于静　女，1985年3月出生，赞皇县新时代文明实践中心职员

孝老爱亲（1人）

焦明双　女，1980年6月出生，正定县城区街道晨光社区居民

2022年1月24日，市文明办表彰第四季度石家庄市文明公民标兵12人。

敬业奉献（7人）

刘乙潭　女，1994年12月出生，赞皇县医院体检科副主任

苑月娜　女，1976年11月出生，晋州市实验小学教师

高娜　女，1980年10月出生，晋州市人民医院麻醉科主治医师

李彩肖　女，1970年10月出生，晋州市职业技术教育中心教师

宋佳　女，1989年5月出生，鹿泉区委宣传部、科员

李贺　1984年9月出生，新乐市医院手术室护士

李少兰　女，1984年2月出生，新乐市医院心内科主管护师

助人为乐（3人）

张素玉　女，1983年10月出生，石家庄善行志愿服务中心副理事长

高丽梦　女，1989年8月出生，正定县综合行政执法大队一中队队员

田庆华　1968年6月出生，中国邮政储蓄银行正定分行员工（病休）

诚实守信类（1人）

王庆寿　1969年4月出生，赞皇县邮政局投递员

孝老爱亲（1人）

李付辰　1963年7月出生，赞皇县育新街社区工作人员

感动省城十大人物

2022年1月20日晚，由市委宣传部、石家庄日报社、石家庄广播电视台联合主办的2021年度“感动省城”十大人物颁奖盛典在石家庄广播电视台举行。2021年度“感动省城”十大人物现场揭晓。

精准抗疫铁军——石家庄市人民医院新冠肺炎医疗救治团队（群体）

2021年初，面对突如其来的新冠肺炎疫情，市人民医院担负起患者救治和康复职责，成为抗击新冠肺炎疫情的主战场。1月3日，市人民医院紧急选调41名核酸采集人员前往藁城区抗击新冠肺炎疫情，并根据组织安排，承担中高风险地区藁城区增村镇小果庄村的核酸采集工作。1月9日，市人民医院接到腾空医院的指令，迅速从综合型医院转型为新冠肺炎患者救治定点医院。为做好抗击新冠肺炎疫情，市人民医院组织实施4次重大转型：建华院区2天内完成改造，转运、清空普通患者，从综合型医院转型为新冠肺炎患者救治定点医院；救治任务完成后，4天内完成消杀、清洁，转型为新冠肺炎患者康复医院；7天时间完成范西路康复院区启用；建华院区康复患者清空后实施病毒消杀，再次转变为综合医院复诊。2021年10月，新一轮新冠肺炎疫情袭来，市人民医院再次领命出征。医院坚持“一人一策、一人一专家、一人一团队”精准治疗原则，落实“四集中”“四统一”要求，实施多学科联合救治，所有出院患者均符合国家新冠肺炎诊疗方案规定的出院标准，为全市打赢疫情防控阻击战提供了有力支撑，获得国家卫生健康委和省、市领导的肯定。

奥运双娇——巩立姣　孙颖莎

两人均为石家庄籍运动员，她们在参加2021年东京奥运会比赛中以出色的表现，为祖国赢得了荣誉，为家乡争得了光荣。巩立姣，女，1989年1月24日出生，石家庄市鹿泉区人，中国田径队运动员。2001年进

入市体育运动学校开始接受正规训练，2004年10月入选河北省田径队。2010年参加广州亚运会获得女子铅球银牌，2014年参加韩国仁川亚运会获得女子铅球金牌，2017年参加英国伦敦举行的第16届世界田径锦标赛以19米94的成绩首次夺得世界大赛冠军；2019年参加卡塔尔多哈举行的亚洲田径锦标赛女子铅球项目比赛以19米18的成绩获得冠军，参加卡塔尔多哈举行的世界田径锦标赛女子铅球比赛以19米55的成绩夺得冠军，创下世界田径锦标赛女子铅球比赛两连冠；2021年参加东京奥运会女子铅球比赛以20米58的成绩夺得冠军。孙颖莎，女，2000年11月4日出生，石家庄市人，中国女子乒乓球队运动员。2005年到市和平西路小学开始练习乒乓球，2010年进入河北省运动队。2014年获得亚洲青少年比赛15岁组乒乓球单打冠军，2015年获得全国少年乒乓球锦标赛女单冠军、亚洲青少年比赛15岁组乒乓球团体冠军，2017年获得世界青少年乒乓球锦标赛女子团体、女双、女单冠军；2019年获得全国乒乓球锦标赛、亚洲乒乓球锦标赛、世界乒乓球锦标赛冠军，创下河北女乒乓球选手时隔32年后再获世界乒乓球锦标赛冠军、时隔19年后再获全国乒乓球锦标赛冠军的优异成绩；2021年参加东京奥运会乒乓球比赛夺得女单亚军、女子团体冠军。

社区战“疫”尖兵——李瑞芝

李瑞芝　女，1965年7月出生，石家庄市新华区西苑街道国泰街社区居委会职员（参见“人物”下“中国好人”）。

乡村振兴“排头兵”——吴天成

吴天成　市文化广电和旅游局驻赞皇县张楞乡北洼村扶贫工作组组长、第一书记。北洼村在全市开展精准扶贫工作前，村里没有集体收入，多数家庭以种植小麦、玉米、花生、核桃为主业。近几年，在驻村工作队帮助和扶持下，全村发展形成种植养殖业、大型运输业、劳务输出业、被服装加工业、文化创意产业五种产业，并于2018年实现全村脱贫摘帽。在北洼村扶贫期间，吴天成利用自己在文旅领域的工作经验和专业知识，研究出《绿色天然奇石盆景制作方法》，带领村民将遍地的鹅卵石制作成为精美的小花盆、烟灰缸等，让山里的小石头变成“大产业”。重视村庄发展建设和整体规划，制定《北洼村乡村振兴五年规划方案》《北洼村乡村振兴规划建设图》《北洼村乡村振兴管控目标》等规划措施。吴天成驻村扶贫近7年，被河北省委组织部、省扶贫办评为2020年度全省扶贫脱贫“优秀驻村第一书记”。2021年10月，北洼村所有家庭经全面评估，全村213户761人中，小康户达到130多户，富裕户达到20多户。

“救命药”研发能手——张兰

张兰，女，石药集团中奇制药技术（石家庄）有限公司正高级工程师。2004年张兰从中国药科大学药物制剂专业毕业后进入石药集团中奇制药技术（石家庄）有限公司从事新药研发工作，主要研究方向为纳米靶向高端注射剂的处方工艺筛选和产业化生产。2012年起，张兰担任项目组长独立负责药品研发；2016年起，她开始负责石药集团首个中国、美国、欧洲三地同步申报品种——注射用两性霉素B脂质体的开发，2021年该药在中国、美国、欧洲申请注册。张兰先后承担、参与国家和省级科研课题6项，获得国内专利授权3项、国际授权专利13项。张兰参与研发和生产上市的高端仿制药均为抗肿瘤药品种，年销售额达50余亿元。她扎根实验室，十八年如一日，潜心研究国外高价垄断药的替代品，以自己的才华挽救了无数病患的生命。2021年张兰获得石家庄“十大工匠”称号。

“云顶”护绿人——戎喜民

戎喜民，1972年8月出生，平山县观音堂乡人，平山县驼梁自然保护区云顶草原巡护员。2009年戎喜民服从组织安排，和妻子一起到海拔2000多米的驼梁山从事护林员工作。每天天不亮就起床，简单用过早饭，洗把脸，戎喜民便走出云顶管理处住所，开始一天的巡护任务。他每天手持扩音器在云顶草原与驼峰之间往返几十趟，提醒游客保证防火安全，直到游客全部下山，才返回住所。驼梁山每年10月到次年5月为封山期，太阳一落山，温度就会迅速降到零度以下，冬天最冷的时候室外气温能下降到零下30℃。驼梁山护林工作条件艰苦，山上没有电，没有新鲜蔬菜，吃水要从远处的水井一担一担挑回来。13年来，戎喜民在驼梁山巡护过程中发现并及时消除多起火情隐患，他所管辖的区域没发生1起盗采狩猎、森林火灾和安全事故。他和妻子以“云顶”为家，克服了常人难以忍受的艰苦和孤独，用行动和爱守护着驼梁山的青山绿水。

小街小巷“改造师”——石家庄市小街小巷整治提升项目实施者（群体）

2021年石家庄市将推进市区1123条小街小巷整治提升作为践行以人民为中心发展思想的重要实践及贯彻落实《关于大力支持省会建设和高质量发展的意见》的重要抓手，和“六个专项行动”的重要内容，聚力谋划、精心组织、强力攻坚，实现小街小巷华丽蝶变，由过去的脏乱差变得整洁有序，从平淡无奇变成网红打卡地，做到了还空间于城市、还绿地于人民、还公共配套设施于社会，将群众的“门前路”“身边路”打造成为“舒心路”“暖心路”，城市品位得到大幅提升。东风路始建于1970年代，岁月侵蚀导致环境"老旧杂乱"，裕华路街道办事处以东风路整治提升与私搭乱建、违章建筑专项整治行动相结合，按照"拆＋建、拆＋绿、拆＋美、拆＋管"思路，多次修改设计方案，反复征求群众意见，将东风路建成集景观、文化、交通、业态为一体的新样貌，实现景观风貌、文化空间、公共服务配套设施等全面提升，成为饱含石家庄元素、令人过目难忘的街头博物馆。经过小街小巷建设者的辛苦努力，桥西区振岗路从"脏乱差"变成展示振头特色的精品街道；长安区建明小学西街变成观赏性极强的山水画与中国传统故事完美融合的网红打卡地；新华区新合街变成一条党建主题精品示范街；裕华区万达片区变成入则繁华、出则宁静，兼具商务、居住、旅游、休憩的特色街区……小街小巷面貌华丽蝶变，是石家庄这座城市精神与生机的展示，是城市可持续发展的重要见证，也是实施者们日夜研究、论证、设计、建设和辛苦努力换来的成果。

写大书的农家女——郝崇书

郝崇书，女，1956年出生，平山县古月镇刘家沟村人，曾做过15年教师，后在古月镇做过文秘工作。郝崇书很早立志要将平山县红色革命历史撰写成为文学作品的想法，用作激励后人。1995年她毅然回家务农，潜心创作。郝崇书住在一处简易的农家小院，没有收入，生活上比较贫困，唯一经济来源是库区移民发给的每个月50元国家补贴，一年收入600元也常常被她用于买书。为去北京中央档案馆查询资料、采访亲历者，生活拮据的她经常背着干粮上路，白天查阅资料完毕，夜晚就在北京车站候车室或空余地方休息。郝崇书在困境中始终坚守理想，用时近3年撰写完成手稿《毛泽东在西柏坡的日子里》，由花山文艺出版社出版，入选中国"百部农民作品"，并因此成为河北省首位女作家入选中国"百位农民作家"。郝崇书还撰写有《七月流火》《共产党之歌》《新中国水电之源》等6部文学作品，累计文字300余万字。2021年郝崇书撰写完成30万字《永远的白求恩》初稿。

特教夫妻——闫迎辉　马艳玲

闫迎辉、马艳玲，均为42岁，夫妻两人都是石家庄市特殊教育学校体育教师。2002年，闫迎辉、马艳玲从河北师范大学体育学院毕业后，一同来到石家庄市特殊教育学校任教，主要从事一线体育教学。闫迎辉在学校带的第一支队伍是市特教学校聋人篮球队，训练中遇到的第一个难题就是沟通，他耐心施教，坚持不懈，克服种种困难，带领这支球队参加河北省残疾人运动会取得第二名的好成绩。2014年闫迎辉执教河北省盲人门球队，他在训练中把每一名队员训练成"听声辨位"高手，更是把倒地防守动作、进攻动作训练成队员们的"看家功夫"。2021年9月3日，闫迎辉训练出的徒弟杨明源代表中国队参加在东京举办的第16届残奥会获得盲人门球比赛亚军。2021年10月18日，闫迎辉带领省盲人门球队参加在西安举行的第十一届全国残疾人运动会获得全国第八名的好成绩。妻子马艳玲主要负责河北省聋人篮球女队训练，队员取得好成绩同样困难重重。马艳玲与丈夫一样，热心教学，不怕辛苦，带领河北省聋人篮球女队参加第十一届全国残疾人运动会取得第八名的好成绩，这也是迄今为止河北省聋人篮球女队的最好成绩。闫迎辉、马艳玲夫妻二人在市特教学校从事体育教学近20年，培养残疾人运动员近200名、世界冠军3名，在他俩的严格训练下，学校盲人门球队、聋人篮球队多次获得河北省残疾人运动会冠军。

"团圆梦"圆梦人——石家庄市公安局"团圆"行动民警（群体）

2021年1月，公安部部署全国公安机关开展为期一年以侦破拐卖儿童积案、缉捕拐卖犯罪嫌疑人、查找失踪被拐儿童为内容的"团圆"行动。行动开始后，石家庄市公安局在全市设立免费采血点23个，公布举报电话，同时发动社会组织、民间机构、爱心人士等社会力量，支持和参与查找、寻亲工作。2021年10月20日，石家庄市公安机关在"打拐系统"分析研判时，发现栾城区长村村民牛某与天津市朱某军相关信息相似，于是紧急联系天津市公安机关协助，经过深入核查，确认朱某军为牛某失散30多年的儿子。11月2日，石家庄市公安人员赶赴天津将朱某军接回石家庄。时隔37年，80多岁的牛某终于和儿子团圆。2021年11月初，石家庄市公安机关开展打拐数据库比对分析时，发现走失儿童母亲、来石务工人员陈某某与邯郸籍胡某某相关信息十分接近。市公安局新华分局办案民警立即远赴浙江省温州市，找到陈某某前夫核查。经过比对分析和复核，确认胡某某为陈某某失散24年的儿子。11月17日，母子及家人在市公安局新华分局团圆相聚。至2021年末，石家庄市公安机关通过"团圆"行动找回历年离散被拐儿童92名，其中离散时间跨度最长达64年。2021年石家庄市公安机关通过多种形式举办认亲活动21场，帮助21个家庭实现"团圆梦"。

逝世人物

梁清璋（1922～2021），女，平山县人，初中文化程度，石家庄市第六届人大代表。1922年2月出生，1938年6月参加工作，1939年2月加入中国共产党。1953年3月起，历任石家庄市二区区长、区委书记，中共石家庄市永安区委书记，中共石家庄市桥西区委书记、桥东区委书记，河北省卫生厅妇幼保健处处长，石家庄市长安区革委会副主任，石家庄市红卫区革委会副主任、区委副书记，中共石家庄市桥西区委副书记，桥西区第七届人大常委会主任。1983年12月离休，享受地市级待遇。1984年2月，辞去石家庄市桥西区人大常委会主任职务。2020年享受副省级医疗待遇。2021年10月30日因病逝世，享年99岁。

薛浅翔（1924～2021），山西省临猗县人。1924年5月出生，1938年1月参加革命工作，1942年9月加入中国共产党，1985年4月离休。曾任中共石家庄市委常委、市政府副市长、市政府顾问、市委政法委书记。2021年3月18日因病在石家庄市逝世，享年97岁。

张计发（1926～2021），赞皇县都户村人，原中国人民志愿军第15军45师135团7连连长，电影《上甘岭》中连长张忠发的原型。1926年出生，1942年参加抗日先锋队，1945年7月参军入伍，1951年随中国人民志愿军第15军入朝作战，1952年10月30日参加上甘岭战役。2021年6月15日因病在河南省信阳市去世，享年95岁。

王志忠（1928～2021），平山县人，原石家庄地委巡视员。1928年10月出生，1944年2月加入中国共产党并参加革命工作。曾任井陉县教员，县委宣传部副部长、部长，西藏自治区曲水县委办公室主任，拉萨市政府办公室主任，达孜县委第一书记，拉萨市委常委、秘书长，石家庄地区纪检书记、地委巡视员等职务。1989年12月离职休养，享受副省（部）级医疗待遇。2021年2月23日因病在石家庄市逝世，享年93岁。

缑增福（1929～2021），平山县人。1929年6月出生，1945年5月加入中国共产党并参加革命工作。曾任建屏县（今平山县）县委委员、县委农工部副部长，平山县委农工部部长、县委委员、县监委委员、县委副书记兼县长，栾城县县委书记，获鹿县革委会副主任、主任、县委书记，石家庄地委常委兼获鹿县委书记，承德地委书记（因病未到职），石家庄地委常委、革委会副主任、组织部部长、农工部部长，石家庄地委委员、政策研究室主任、农工部部长。1989年6月离职休养，享受副省长级医疗待遇。2021年4月21日因病在平山县逝世，享年92岁。

赵明（1931～2021），天津市宁河县人。1931年12月出生，1949年2月参加工作，1964年10月加入中国共产党。1979年5月起，曾任原石家庄市建筑工程局副局长，市建筑总公司经理，市建筑工程局局长、巡视员。1992年6月离休。2021年8月因病逝世，享年90岁。

赵广玉（1931～2021），石家庄市人。石家庄市中级人民法院原党组书记、院长。1931年12月出生，1949年6月加入中国共产党，1950年2月到市税务局工作，1950年10月调入市法院。1965年在中国人民大学法律系学习。1993年12月退休。2021年10月24日因病逝世，享年90岁。

封秀慧（1932～2021），平山县人，平山县政协原主席。1932年1月出生，1948年2月参加工作，1950年6月加入中国共产党。1980年7月起，担任平山县人民法院副院长、平山县委副书记。1991年8月任平山县政协主席。1994年7月离休，享受正县级待遇。2021年2月23日因病逝世，享年89岁。

周景文（1932～2021），平山县人，高中文化程度，石家庄市第七届、第八届人大代表。1932年7月出生，1951年7月加入中国共产党，1951年9月参加工作。1983年1月至1985年11月，担任井陉县县长、中共井陉县委书记。1985年12月起，历任石家庄市桥西区第八届、第九届、第十届人大常委会主任。1993年2月退休。2021年7月21日因病逝世，享年89岁。

张丙谦（1955～2021），深州市人。1955年8月出生，1974年12月参军，1977年8月加入中国共产党，1984年2月转业到石家庄市原桥东区委组织部工作。1990年1月起，历任石家庄市原桥东区委组织部副部长、部长、区委副书记，区人大常委会副主任、主任。2015年11月退休，享受正县级待遇。2021年1月15日因病在石家庄市逝世，享年66岁。

王新芳（1962～2021），中共党员，石家庄市鹿泉区上庄镇庄窝村党支部书记兼村主任。1962年出生。王新芳担任村干部以来，工作兢兢业业、尽职尽责、无私奉献，在群众中树立了良好的党员干部形象。2021

年1月2日，石家庄市突发新冠肺炎疫情后，他始终冲锋在前，战斗在疫情防控最前沿，经常加班加点，全力组织群众做好群防群控。1月14日7时，王新芳在巡查村疫情防控工作时突然晕倒，后经抢救无效于1月20日去世，时年59岁。2021年3月，王新芳获评敬业奉献“中国好人”称号。

杨国芳（1963～2021），石家庄高新技术产业开发区党工委副书记（副厅级）。1963年8月出生，1984年7月参加工作，1989年1月加入中国共产党。曾任石家庄市委组织部组织史征编处处长，深泽县委常委、组织部部长、副县长（党政交叉）、常务副县长。2011年2月任高邑县委副书记、县长，2013年4月任高邑县委书记；2016年9月任石家庄市鹿泉区委书记；2020年9月任石家庄高新技术产业开发区党工委副书记（副厅级），2021年5月23日因病在石家庄市逝世，时年58岁。

李瑞芝（1965～2021年），女，宁晋县人，石家庄市新华区西苑街道国泰街社区居委会职员。1965年7月出生。1982年12月参加工作，原为石家庄市长征胶鞋厂工人，2015年退休后到国泰街社区工作。2021年1月6日，石家庄市确定对市域全员开展新冠肺炎筛查和核酸检测，李瑞芝主动请求参加社区核酸检测点人员信息登记和维护现场秩序。1月7日，她因在新冠肺炎疫情防控工作中连续劳累突发心脏病去世，时年56岁。1月13日，中共河北省委决定，批准追认李瑞芝为中国共产党党员；同日，石家庄市精神文明建设委员会追授李瑞芝“石家庄市道德模范”称号。2021年2月，李瑞芝获评敬业奉献“中国好人”称号。

李献忠（1965～2021年），辛集市人，河北医科大学医学系临床医学专业毕业，大学学历、医学学士学位，石家庄煤矿机械有限责任公司职工医院党支部书记、院长兼石家庄市长安区跃进路社区卫生服务中心主任。2021年1月12日凌晨，李献忠因在新冠肺炎疫情防控工作中过度劳累突发疾病去世，时年56岁（参见“人物”下“全国优秀共产党员”）。

张吉强（1974～2021），石家庄市裕华区方村镇方村党总支部书记、村退役军人服务站站长。1974年4月出生。2021年1月2日，石家庄市突发新冠肺炎疫情，张吉强自1月5～14日，连续奋战在抗击新冠肺炎疫情一线。1月14日晚，张吉强因劳累过度，突发疾病去世，时年47岁。2021年2月，张吉强获评敬业奉献“中国好人”称号。

光 荣 榜

全国五一劳动奖状

2021 年 4 月 27 日，石家庄市 1 个集体获得“全国五一劳动奖状”。

河北天山实业集团有限公司

全国工人先锋号

2021 年 4 月 27 日，石家庄市 3 个集体获得“全国工人先锋号”。

石家庄市新华区总工会职工服务中心

石家庄洛杉奇食品有限公司禽肉类加工车间

河北金隅鼎鑫水泥有限公司技术研发中心

全国先进基层党组织

2021 年 6 月 28 日，中共中央授予石家庄市域 3 个单位“全国先进基层党组织”称号。

石家庄以岭药业股份有限公司党委

国家电网河北省电力有限公司正定县供电分公司党委

河北华清环境科技股份有限公司党总支

全国最美家庭

2021 年 12 月，石家庄市 4 个家庭获授全国最美家庭称号。

高秀英家庭　行唐县龙州镇庄头村

崔达家庭　灵寿县北关小区

邢娟家庭　长安区建明南路 50 号

岳喜娟家庭　栾城区南高乡岳家庄村

河北省洁净城

2021 年 8 月 3 日，石家庄市 3 个县区获批命名为河北省洁净城。

井陉县

行唐县

井陉矿区

2021 年 8 月 3 日，石家庄市 2 个县（市）复核保留河北省洁净城荣誉。

晋州市

高邑县

河北省园林城

2021 年 9 月 13 日，石家庄市 3 个县区复核保留河北省园林城荣誉。

元氏县

深泽县

井陉矿区

河北省森林城

2021 年 10 月 16 日，石家庄市 1 个县获批命名为河北省森林城。

井陉县

2021 年 12 月 22 日，石家庄市 1 个县获批命名为河北省森林城。

元氏县

河北省卫生城

2021 年 12 月 24 日，石家庄市 2 个县获批命名为河北省卫生城。

无极县

赵县

河北省卫生镇

2021 年 10 月 28 日，石家庄市 11 个乡镇获批命名为河北省卫生镇。

井陉矿区（1 个）

横涧乡

井陉县（1 个）

秀林镇

正定县（2 个）

西平乐乡　新城铺镇

高邑县（1 个）

富村镇

赞皇县（1 个）

嶂石岩镇

无极县（1 个）

张段固镇

元氏县（2 个）

北褚镇　殷村镇

赵县（2 个）

南柏舍镇　新寨店镇

河北省卫生村

2021 年 10 月 28 日，石家庄市 97 个村获批命名为河北省卫生村。

鹿泉区（2 个）

鹿泉经济开发区申后村

鹿泉经济开发区南新城村

井陉县（4 个）

微水镇北良都村

微水镇罗庄村

微水镇微新庄

微水镇长岗村

正定县（30 个）

正定镇树林村

正定镇野头村

正定镇王古寺村

正定镇木厂村

正定镇五里铺村

新城铺镇北王庄村

新城铺镇东白庄村

新城铺镇北辛庄村

新城铺镇冯家庄村

新城铺镇东咬村

新城铺镇东平乐村
新城铺镇合家庄村
新城铺镇小邯村
新城铺镇西咬村
新城铺镇西白庄村
新城铺镇台上村
新城铺镇小吴村
新城铺镇中咬村
新安镇吴兴村
新安镇柳树科村
南岗镇东房头村
南岗镇西房头村
南岗镇平安屯村
南岗镇平安村
南岗镇南岗村
南岗镇雕桥村
南楼乡陈家庄村
南牛乡拐角铺村
南牛乡侯家庄村
三里屯街道东关社区

行唐县（1 个）

南桥镇东安太庄村

高邑县（9 个）

高邑镇王家庄村
富村镇西塔影村
富村镇王家村
万城镇西良庄村
万城镇东蒲底村
大营镇前王村
大营镇后方册村
中韩镇西韩庄村
中韩镇马村

深泽县（1 个）

深泽镇北中山村

赞皇县（18 个）

嶂石岩镇嶂石岩村
赞皇镇东高村
赞皇镇东白草坪村
院头镇大石门村
院头镇西会村
南邢郭镇西王俄村
南邢郭镇东风村
西阳泽乡梁家湾村
西阳泽乡牛山沟村
许亭乡北水峪村
许亭乡朝阳村
黄北坪乡东沟村
黄北坪乡西百草坪村
土门乡秦家庄村
土门乡寺峪村
西龙门乡东江洞村
西龙门乡尹家庄村
张楞乡西竹村

无极县（11 个）

郝庄乡东东门村
张段固镇耿家庄村
大陈镇小陈村
里城道乡东大户村
郭庄镇前北焦村
七汲镇大汉营村
无极镇东关村
南流乡西宋村
高头乡北虎庄村
北苏镇北苏村
东侯坊乡南朱村

元氏县（11 个）

马村镇当铺庄村
马村镇太平庄村
槐阳镇西韩台村
槐阳镇官庄村
槐阳镇陈村村
槐阳镇东韩台村
槐阳镇方中村
槐阳镇郭村村
槐阳镇李村村
槐阳镇王全口村
殷村镇南吴会村

赵县（10 个）

赵州镇西门村
赵州镇县前村
赵州镇东关村
赵州镇尉家庄村
新寨店镇赵刀寺村
新寨店镇北轮城村
新寨店镇范村
南柏舍镇曹柏舍村
范庄镇西花邱社区
北王里镇西正村

河北省双拥模范城

2021 年 12 月 30 日，石家庄市 7 个县区获批命名为河北省双拥模范城。

鹿泉区

藁城区

栾城区

赞皇县

井陉县

正定县

平山县

河北省人居环境奖

2021 年 12 月 23 日，石家庄市 1 个县获得河北省人居环境奖。

正定县

河北省人居环境进步奖

2021 年 12 月 23 日，石家庄市 1 个区获得河北省人居环境进步奖。

井陉矿区

河北省人居环境范例奖

2021 年 12 月 23 日，石家庄市 1 个区获得河北省人居环境范例奖。

鹿泉区

平安河北建设示范县

2021 年 12 月，石家庄市 3 个县获授 2017 ～ 2020 年度平安河北建设示范县称号。

栾城区

高邑县

赞皇县

河北省最美家庭

2021 年 5 月，石家庄市 10 个家庭获授河北省最美家庭称号。

苏书会家庭 晋州市福康街 12 排

栗娜家庭 灵寿县生产公司家属楼

李方家庭 赵县范庄镇秀才营村

王娜家庭 新华区合作路广场珺合府小区

白双霞家庭 市市容管理考评中心

石翠平家庭 井陉矿区北纬路 11 号

甄开香家庭 平山县平山镇隆域绿都小区

师素敏家庭 元氏县南因镇董堡村

齐贵敏家庭 藁城区九门回族乡禅房村

程广松家庭 晋州市税务局槐树分局

河北省最美绿色家庭

2021 年 8 月，石家庄市 10 个家庭获授河北省最美绿色家庭称号。

袁瑞彩家庭 晋州市桃园镇前里明甫村

王梅菊家庭 正定县正安花园小区

马九珍家庭 灵寿县学府名邸小区

刘新改家庭 赵县谢庄乡常信一村

殷淑芳家庭 长安区花园小区

杜素花家庭 新乐市化皮镇唐头村

刘风兰家庭 井陉矿区横涧乡东岗头村

段晓琴家庭 平山县南苑小区

戴丽双家庭 高邑县西关村

高素芳家庭 鹿泉区黄壁庄镇沿村

石家庄市最美家庭

2021 年 5 月，石家庄市授予 69 个家庭最美家庭称号。

刘虹家庭 晋州市绿色家苑小区
刘卫敏家庭 晋州市营里镇大尚村
杨茶家庭 晋州市东卓宿镇北彭家庄村
韩军永家庭 新乐市杜固镇前宣村
韩涛家庭 新乐市杜固镇前宣村
李红敏家庭 新乐市承安镇辛岸村
袁朋朋家庭 正定县金星世纪嘉苑小区
冯重阳家庭 正定县红珊湾小区
张小书家庭 正定县新城铺镇新城铺村
尹拴英家庭 井陉县苍岩山镇柿庄村
马敬禹家庭 无极县千山花园小区
田震宇家庭 无极县千山花园小区
王珊家庭 无极县张段固村
曹彦霞家庭 深泽县铁杆镇西三村
段丽平家庭 行唐县行中家属楼
刘会坤家庭 行唐县南桥镇北龙岗村
宇文珍家庭 行唐县龙州镇东新街
邸梅平家庭 行唐县翟营乡东寺村
高建娜家庭 行唐县城寨乡北城寨村
侯丽红家庭 行唐县城寨乡北城寨村
刘海霞家庭 灵寿县北关配件厂家属院
任志勇家庭 灵寿县灵寿镇食品小区
付会灵家庭 平山县和谐苑小区
王丽敏家庭 平山县岗南中学
徐新中家庭 平山县苏家庄乡上家庭村
刘杉家庭 平山县阳光花园小区
李巧敏家庭 赵县赵州镇北白尚村
王辉青家庭 赵县赵州镇新合作广场
李雪粉家庭 元氏县南因镇贾村
王巧芳家庭 元氏县苏村乡孔村
张素彩家庭 元氏县赵同乡东于科村
杜义家庭 高邑县御景园小区
胡丹芳家庭 高邑县万城镇万城村
李爱玲家庭 高邑县大营镇西大二村
郭彩彬家庭 赞皇县张楞乡葛沟村
韩俊贤家庭 赞皇县名仕嘉园小区
崔雪琴家庭 赞皇县土门乡刘家庄村
许捧娥家庭 井陉矿区杨家沟社区
刘锁平家庭 井陉矿区天户峪天苍街
刘军彦家庭 长安区柳辛庄聚鑫园小区
马丽家庭 长安区建华南大街
孟红艳家庭 长安区谈固街道瑞城小区
庞阿晶家庭 桥西区长兴街道翰林颐园小区
孙利北家庭 桥西区花溪畔小区
仝惠萍家庭 桥西区西五里五星花园东区
田岩家庭 新华区农机街 13 号义西小区
张金婷家庭 新华区和平西路 77 号
韩彤彤家庭 裕华区阳光新城小区
孙立盼家庭 裕华区东南智汇城南焦新村
王丽荣家庭 裕华区海天阳光园小区
李娴家庭 藁城区九门乡只都村
魏素琴家庭 藁城区廉州路廉材胡同
杨巧绵家庭 藁城区常安镇里庄村
张月礼家庭 藁城区廉州路廉华街
李秀敏家庭 鹿泉区大河镇邵营村
刘翠玲家庭 鹿泉区大河镇邵营村
赵金红家庭 鹿泉区石井乡栈道村
邢丛娜家庭 栾城区承翰世家小区
苏兰英家庭 栾城区楼底镇邵家庄村
薛志梅家庭 高新区太行街道大西帐村
马南南家庭 高新区长江街道留村
吴存彦家庭 高新区长九花园小区
苏嘉贞家庭 石家庄交通运输学校
刘海鹰家庭 石家庄装备制造学校
樊娜家庭 高邑县千秋小镇 C 区
靳刚家庭 正定县常山西路常山小区
王彦忠家庭 新华区西环北路 231 号
孙佳彬家庭 裕华区西京北村京环南路七巷
董立国家庭 鹿泉区寺家庄镇岗上村

2021 年 10 月，石家庄市授予 70 个家庭最美家庭称号

冯运巧家庭 晋州市新东方小区
刘玉果家庭 晋州市和平街春晓胡同 8 号
潘肖家庭 晋州市东里庄镇西里庄村
高会超家庭 新乐市承安镇三里铺村

谷彦会家庭　新乐市郭村向阳大街　　**马立立家庭**　新乐市承安镇三里铺
陈琳琳家庭　正定县新城铺镇新城铺村　　**李凤娥家庭**　正定县元件厂家属院
曹怡家庭　正定县正定镇四合街　　**印彦彦家庭**　井陉县北正乡北正村
单慧娟家庭　井陉县秀林镇南秀林村　　**许素贤家庭**　井陉县微水镇府南街
安彩霞家庭　无极县张段固镇西验村　　**苗亚茹家庭**　无极县幸福街云皓园
封书鹏家庭　深泽县南封庄　　**刘宝环家庭**　深泽县悦城小区
刘玉红家庭　深泽县新天地小区　　**孙慧家庭**　行唐县龙州镇赵七里峰村
苏丽蕴家庭　灵寿县松阳东苑　　**武娜娜家庭**　灵寿县马家庄村
赵慰家庭　灵寿县金鼎苑小区　　**崔春霞家庭**　平山县平山镇世纪花园小区
关会芹家庭　平山县农发行小区　　**曹丽敏家庭**　赵县赵州镇自强路碧水庄园
李聪家庭　赵县自强路书香门第小区　　**苗红娜家庭**　赵县谢庄乡北中马村
张雪芳家庭　赵县北王里镇付家庄村　　**冯新校家庭**　元氏县北正乡西台城村
梁军艳家庭　元氏县姬村镇姬村　　**李晓彦家庭**　高邑县中韩镇中韩村
平春素家庭　高邑县富村镇东塔影村　　**李丽敏家庭**　赞皇县赞皇镇育新南街香山巷
马双庆家庭　赞皇镇龙桥街龙桥一巷　　**路秀苹家庭**　井陉矿区红房街人事局宿舍
梁苏英家庭　井陉矿区横涧乡横西社区　　**丁智慧家庭**　长安区花园小区
于艳萍家庭　长安区煤机第一生活区　　**张珠家庭**　长安区北城国际 A 区
单磊家庭　桥西区景福悦庭小区　　**范美月家庭**　桥西区天滋嘉鲤北区
李红姐家庭　桥西区孔寨小区　　**马玉岗家庭**　新华区世纪康城小区
信宝颖家庭　新华区新苑社区　　**杨捷家庭**　新华区石岗街道柏林怡园小区
张朝英家庭　新华区钟强小区　　**李银丽家庭**　裕华区盛邦小区六区
杨栋家庭　裕华区亚龙花园小区　　**狄云钊家庭**　裕华区藏龙福地小区
韩雪家庭　藁城区南董镇韩辛庄村　　**梁月丛家庭**　藁城区工业东路紫御澜湾小区
齐贵敏家庭　藁城区九门回族乡禅房村　　**周青家庭**　鹿泉区中山西路 777 号
赵文娟家庭　鹿泉区公用事业局宿舍楼　　**韩会珍家庭**　鹿泉区寺家庄镇南龙贵村
聂惠敏家庭　栾城区冶河镇乏马村　　**郭苗家庭**　栾城区惠源小区东区
杨丽丽家庭　栾城区宏远花园小区　　**程瑞青家庭**　高新区郄马镇南郄马村
姜威家庭　高新区东方城小区　　**刘素珍家庭**　高新区宋营镇天然城小区
张暖家庭　辛集中学家属院　　**李靖宾家庭**　栾城区卓达太阳城 2008 小区
王金梅家庭　长安区瑞景华庭社区　　**周军波家庭**　长安区翟营北大街 51 号
王胜辉家庭　行唐县口头镇固山村　　**赵海礴家庭**　新华区文苑街高柱新村
李剑家庭　石家庄经济技术开发区康星家园小区
魏让让家庭　正定县恒州北街 36 号就业局家属院
吴焱家庭　鹿泉区上庄镇龙泉花园东区　　**吴永帅家庭**　新华区北郡小区 A 区

石家庄市最美绿色家庭

2021 年 5 月，石家庄市授予 4 个家庭最美绿色家庭称号。

吕海燕家庭　井陉县南障城镇吕家村　　**栾海英家庭**　井陉矿区涧底社区
邸芝静家庭　深泽县大桥头镇东小封村　　**乔晓琳家庭**　栾城区窦妪镇南赵台村

2021 年 10 月，石家庄市授予 6 个家庭最美绿色家庭称号。

祝梅玲家庭　行唐县只里乡白庙庄村　　**范才芹家庭**　行唐县只里乡只里村

程金英家庭　灵寿县三圣院乡同下村　　**吴燕丽家庭**　灵寿县南燕川乡北燕川村

聂淑萍家庭　鹿泉区获鹿镇下聂庄村　　**王新芹家庭**　鹿泉区上庄镇台头村

石家庄市百强企业

2021年9月24日，市企业联合会、市企业家协会公布2021年石家庄市百强企业名单。按照2020年企业营业收入排名，2021年石家庄市百强企业营业收入达到10亿元（含）以上61家，20亿元（含）以上35家，30亿元（含）以上23家，40亿元（含）以上22家，50亿元（含）以上19家，100亿元（含）以上13家，200亿元（含）以上6家，300亿元（含）以上4家，400亿元（含）以上3家，500亿元（含）以上1家，1000亿元（含）以上1家，2000亿元（含）以上1家。2021年石家庄市百强企业总营业收入6372.33亿元，同比增加1116.68亿元，百强企业入围门槛从2020年3.38亿元提高到5.1亿元。敬业集团有限公司年营业收入2244亿元，首次突破2千亿元大关，连续稳居百强企业榜首。

2021年9月29日，举办首届“石家庄企业家日”活动启动仪式并为石家庄百强企业授牌　（常山纺织集团提供）

表109　2021年石家庄市百强企业名单一览表

排名	企业名称	2020年营业收入（万元）
1	敬业集团有限公司	22444527
2	河北天山实业集团有限公司	4858162
3	石药控股集团有限公司	4035608
4	河北诚信集团有限公司	3105712
5	国药乐仁堂医药有限公司	2445926
6	中国石油化工股份有限公司石家庄炼化分公司	2326097
7	东旭集团有限公司	1718300
8	石家庄北国人百集团有限责任公司	1600702
9	石家庄君乐宝乳业有限公司	1446765
10	河钢集团石家庄钢铁有限责任公司	1355813
11	河北白沙烟草有限责任公司	1297284
12	华北制药集团有限责任公司	1233562
13	石家庄常山纺织集团有限责任公司	1049721
14	石家庄以岭药业股份有限公司	878248

续表

排名	企业名称	2020年营业收入（万元）
15	河北叁陆伍网络科技集团有限公司	782320
16	晋控金石化工集团有限公司	681047
17	石家庄鸿锐集团有限公司	590000
18	格力电器（石家庄）有限公司	558400
19	石家庄四药有限公司	503576
20	石家庄一建建设集团有限公司	457107
21	河北顺丰速运有限公司	450586
22	河北诺亚人力资源开发有限公司	447418
23	神威药业集团有限公司	375322
24	河北华宝塑机股份有限公司	274999
25	中车石家庄车辆有限公司	259274
26	河北金隅鼎鑫水泥有限公司	248561
27	河北兴柏药业集团有限公司	246934
28	河北远东通信系统工程有限公司	243039
29	中通建工城建集团有限公司	238940
30	河北常山生化药业股份有限公司	236379
31	石家庄新奥燃气有限公司	230414
32	河北威远生物化工有限公司	220699
33	河北西柏坡发电有限责任公司	210896
34	财达证券股份有限公司	204979
35	石家庄杰克化工有限公司	201875
36	中粮可口可乐饮料（河北）有限公司	190946
37	河北西柏坡第一发电有限责任公司	190416
38	石家庄印钞有限公司	188725
39	石家庄建工集团有限公司	180604
40	石家庄科林电气股份有限公司	175324
41	石家庄市曲寨水泥有限公司	155981
42	河北恒山建设集团有限公司	153415
43	河北远征药业有限公司	148800
44	河北鸿科碳素有限公司	146651
45	河北吉藁化纤有限责任公司	138944
46	河北汇金集团股份有限公司	135915

续表

排名	企业名称	2020 年营业收入（万元）
47	河北三元食品有限公司	135311
48	博深股份有限公司	129234
49	河北先河环保科技股份有限公司	124810
50	石家庄九州通医药有限公司	120121
51	河北华电石家庄鹿华热电有限公司	118479
52	石家庄安瑞科气体机械有限公司	117578
53	际华三五零二职业装有限公司	116447
54	赞皇金隅水泥有限公司	115058
55	河北翼辰实业集团股份有限公司	114205
56	中核第四研究设计工程有限公司	109377
57	石家庄新兴药房连锁有限公司	106203
58	中土城联工程建设有限公司	104558
59	石家庄市油漆厂	104438
60	河冶科技股份有限公司	104132
61	河北华泰纸业有限公司	102655
62	河北曲寨矿峰水泥股份有限公司	94220
63	河北鸿泽塑胶科技有限公司	93141
64	石家庄煤矿机械有限责任公司	90274
65	河北宏昌天马专用车有限公司	90263
66	石家庄联合石化有限公司	88338
67	河北博威集成电路有限公司	86380
68	河北普兴电子科技股份有限公司	83371
69	际华三五一四制革制鞋有限公司	82801
70	河北中瓷电子科技股份有限公司	81616
71	天俱时工程科技集团有限公司	79700
72	河北太行机械工业有限公司	78708
73	石家庄鸿业塑胶制品有限公司	78569
74	河北星宇化工有限公司	77501
75	石家庄双鸽食品有限责任公司	75476
76	河北前进机械厂	75305
77	丰梵新材料有限公司	74644
78	石家庄保安服务集团有限公司	74578

续表

排名	企业名称	2020 年营业收入（万元）
79	河北苹乐面粉机械集团有限公司	70000
80	河北中科朗博环保科技有限公司	69929
81	河北圣雪大成制药有限责任公司	69156
82	石家庄尚太科技股份有限公司	68192
83	河北冀铁集团有限公司	68123
84	石家庄白龙化工股份有限公司	67662
85	石家庄柏坡正元化肥有限公司	66022
86	高邑县力马建陶有限公司	65035
87	石家庄市宏森熔炼铸造有限公司	62359
88	河北汇力瓷业有限公司	61973
89	盛森科技集团股份有限公司	57330
90	河北翼凌机械制造总厂	56582
91	同辉电子科技股份有限公司	56567
92	石家庄工业泵厂有限公司	55816
93	河北浩锐陶瓷制品有限公司	55798
94	石家庄华燕交通科技有限公司	55375
95	建业电缆集团有限公司	55314
96	康旅控股集团有限公司	55162
97	石家庄市曲寨建材有限公司	54776
98	河北民安预拌混凝土有限公司	54587
99	石家庄常宏建筑装饰工程有限公司	54036
100	石家庄鼎盈化工股份有限公司	51062

石家庄市纳税亿元以上大户

2021 年石家庄市纳税额达到 1 亿元（含）以上纳税人单位 118 家，2 亿元（含）以上纳税人单位 52 家，3 亿元（含）以上纳税人单位 25 家，4 亿元（含）以上纳税人单位 19 家，5 亿元（含）以上纳税人单位 16 家，10 亿元（含）以上纳税人单位 7 家，20 亿元（含）以上纳税人单位 2 家，50 亿元（含）以上纳税人单位 2 家。2021 年石家庄市纳税额达到 1 亿元（含）以上纳税人单位累计纳税总额 470.97 亿元，同比增加 21.84 亿元。2021 年石家庄市纳税企业 50 强纳税总额 377.33 亿元，占全市一般公共预算收入 55.4%，同比增加 45.39 亿元；纳税企业 20 强纳税总额 299.23 亿元，占全市一般公共预算收入 43.9%，同比增加 19.74 亿元。中国石油化工股份有限公司石家庄炼化分公司继续保持第一纳税大户地位，纳税金额由 2020 年的 71.73 亿元上升到 80.13 亿元，同比增加 8.39 亿元。

表 110　　2021 年石家庄市亿元以上纳税人单位一览表

序号	纳税人单位名称	纳税金额（万元）	增长额（万元）	同比增长（%）
1	中国石油化工股份有限公司石家庄炼化分公司	801294.4	83947.9	11.7
2	河北白沙烟草有限责任公司	713823.3	107410.8	17.7
3	河北省烟草公司石家庄市公司	194945.3	15863.1	8.9
4	石药集团恩必普药业有限公司	127451.3	−23552.3	−15.6
5	渤海国际信托股份有限公司	117767.8	−52111.7	−30.7
6	石药集团欧意药业有限公司	105898.9	22207.4	26.5
7	石家庄以岭药业股份有限公司	103411.1	7864.5	8.2
8	敬业钢铁有限公司	91839	15087.5	19.7
9	国家开发银行河北省分行	90339.4	41.3	0
10	河北中烟工业有限责任公司	88021.1	143.9	0.2
11	国网河北省电力有限公司	83295.7	49330.7	145.2
12	石家庄君乐宝乳业有限公司	69852.9	6337.2	10
13	大秦铁路股份有限公司	63695.9	−34650	−35.2
14	河北高速公路集团有限公司	62113.8	27213.6	78
15	中国人民财产保险股份有限公司河北省分公司	54738.9	10709.7	24.3
16	河北银行股份有限公司	54518.4	4853.6	9.8
17	平山县盛泓源商贸有限公司	46412.4	4893.4	11.8
18	中移全通系统集成有限公司	43710.7	29237.9	202
19	中国移动通信集团河北有限公司	40935.1	−9255.6	−18.4
20	冀银金融租赁股份有限公司	38231	12985	51.4
21	中国工商银行股份有限公司石家庄分行	37343.2	9341.5	33.4
22	中国建设银行股份有限公司石家庄分行	37030.1	3672.5	11
23	河钢集团有限公司	34633.8	2332.4	7.2
24	河钢集团财务有限公司	32529.4	11044.2	51.4
25	河北京石高速公路开发有限公司	31808.9	23328.4	275.1
26	河北诚信集团有限公司	28923.1	−14871.4	−34
27	财达证券股份有限公司	28763.3	11527.4	66.9
28	石家庄四药有限公司	28284	5412.6	23.7
29	国网河北省电力有限公司石家庄供电分公司	28229.2	13617.8	93.2
30	京沪高速铁路股份有限公司	28124.6	6323.6	29
31	中国平安财产保险股份有限公司河北分公司	27884.8	2759.2	11
32	河北金隅鼎鑫水泥有限公司	27670.5	3128.8	12.7

续表

序号	纳税人单位名称	纳税金额（万元）	增长额（万元）	同比增长（%）
33	北国商城股份有限公司	26617.7	632.7	2.4
34	中国农业银行股份有限公司石家庄分行	26014.3	8262.2	46.5
35	中国光大银行股份有限公司石家庄分行	25912	1957.9	8.2
36	河钢股份有限公司	24296.2	5826	31.5
37	中信银行股份有限公司石家庄分行	23915.5	−1934.3	−7.5
38	格力电器（石家庄）有限公司	23145.6	3337.8	16.9
39	河北敬业中厚板有限公司	22639	13894.3	158.9
40	神威药业集团有限公司	22525.3	1708.5	8.2
41	石家庄滹沱新区投资开发有限公司	22436.4	−14908.2	−39.9
42	河北省农村信用社联合社	22351.2	13517.8	153
43	河北省金融租赁有限公司	22271.1	5620.6	33.8
44	河北天山睿铭房地产开发有限公司	21493.3	21775.5	7716.3
45	河北中宏置业房地产开发有限公司	21440.7	9298	76.6
46	石家庄市曲寨水泥有限公司	21323.8	−4699.8	−18.1
47	河北翰博房地产开发有限公司	21157.5	19097.9	927.3
48	中国电子科技集团公司第五十四研究所	20983.7	5387.5	34.5
49	中国民生银行股份有限公司石家庄分行	20869.1	−599.1	−2.8
50	石家庄万科润德翡翠房地产开发有限公司	20394.3	9586.7	88.7
51	交通银行股份有限公司河北省分行	20327.5	3250.4	19
52	河北荣商房地产开发有限公司	20123.8	−5699.1	−22.1
53	平安银行股份有限公司石家庄分行	19478.5	−2471.4	−11.3
54	国药乐仁堂医药有限公司	19118.6	2566.3	15.5
55	中国电子系统工程第四建设有限公司	19055.4	9127.9	91.9
56	河北银行股份有限公司石家庄分行	18882.5	−690.9	−3.5
57	石家庄市自然资源和规划局长安分局	18300.7	303.6	1.7
58	石家庄地益嘉房地产开发有限公司	17735.8	−15325.8	−46.4
59	河北旭远祥华房地产开发有限公司	17603.8	15374.3	689.6
60	中石化工建设有限公司	17486.7	760.5	4.5
61	平安普惠融资担保有限公司河北分公司	17368	14848.1	589.2
62	华夏银行股份有限公司石家庄分行	17095.5	3805.6	28.6
63	中国银行股份有限公司石家庄市裕华支行	17074.8	3932.3	29.9
64	河北省体育彩票管理中心	16612.8	793.5	5

续表

序号	纳税人单位名称	纳税金额（万元）	增长额（万元）	同比增长（%）
65	赞皇金隅水泥有限公司	16197.2	−285	−1.7
66	北京银行股份有限公司石家庄分行	16032.8	3855.1	31.7
67	河北省福利彩票发行管理中心	15684.3	3949.4	33.7
68	河北恒玖贸易有限公司	15546.7	15546.7	100
69	河北常山生化药业股份有限公司	15445.2	−3445.4	−18.2
70	华北制药股份有限公司营销公司	15302.4	6872.6	81.5
71	石家庄市巨邦房地产开发有限公司	15002.3	−1857.8	−11
72	河北凯荣房地产开发有限公司	14763.3	−3965.4	−21.2
73	招商银行股份有限公司石家庄分行	14601.7	2542.5	21.1
74	石家庄市新华区绿化大队	14490.8	14490.8	100
75	河北省省直纪元房地产开发有限公司	14275.8	2274.9	19
76	中国银行股份有限公司河北省分行	14249.4	121.6	0.9
77	兴业银行股份有限公司石家庄分行	14247	−1132.4	−7.4
78	石家庄联新房地产开发有限公司	14120.7	14575.3	3206.2
79	河北曲寨矿峰水泥股份有限公司	14079.9	2162.7	18.1
80	华北制药股份有限公司	13347.8	1313.5	10.9
81	平山县敬业冶炼有限公司	13282.2	−37259.5	−73.7
82	河北正定农村商业银行股份有限公司	13170.4	−5192.6	−28.3
83	石家庄汇融农村合作银行	13113.4	3636.1	38.4
84	华能国际电力股份有限公司上安电厂	13004.7	−5791.2	−30.8
85	河北沃车港智慧科技有限公司	12619.3	7703.4	156.7
86	石家庄国瑞房地产开发有限公司	12487.6	8508.5	213.8
87	中国人寿保险股份有限公司河北省分公司	12443.2	7287.1	141.3
88	石家庄四药有限公司开发区分公司	12419.3	−497	−3.8
89	河北西胜房地产开发有限公司	12304.8	10610.8	626.4
90	河北省金科冶金研究院有限责任公司	12250.7	12051.9	6062.3
91	石家庄鸿业塑胶制品有限公司	12175.5	8250.4	210.2
92	中国联合网络通信有限公司河北省分公司	12105	10196.8	534.4
93	石家庄金石房地产开发有限公司	12068.5	−4655.8	−27.8
94	平山县弘天物流有限公司	11936.7	2899	32.1
95	石家庄印钞有限公司	11884.2	−2955.5	−19.9
96	河北省保障住房投资有限公司	11839.6	−861.9	−6.8

续表

序号	纳税人单位名称	纳税金额（万元）	增长额（万元）	同比增长（%）
97	河北盈通房地产开发有限公司	11805.4	5694.9	93.2
98	石家庄市鹿泉农村信用合作联社	11738.2	2018.2	20.8
99	石家庄市藁城区南董镇人民政府	11627.2	11627.2	100
100	石家庄中海盈安房地产开发有限公司	11606.2	−6218.6	−34.9
101	河北领拓房地产开发有限公司	11478.8	732.9	6.8
102	渤海银行股份有限公司石家庄分行	11423	1693.4	17.4
103	河北鸿泽塑胶科技有限公司	11422.2	8522.1	293.9
104	石家庄万科嘉实盈泽房地产开发有限公司	11407.2	−1995.4	−14.9
105	河北银行股份有限公司本部	11394.7	310	2.8
106	中国电子科技集团公司第十三研究所	11328.9	−524.9	−4.4
107	石家庄供水有限责任公司	11143.9	22.4	0.2
108	南水北调中线干线工程建设管理局	11123.4	−309.5	−2.7
109	河北水务集团	11110.2	1645.1	17.4
110	石家庄市中央商务区开发有限公司	11003.1	−6898	−38.5
111	河北先河环保科技股份有限公司	10888.4	1950.9	21.8
112	石家庄荣泰房地产开发有限公司	10760.8	8496.8	375.3
113	石家庄尚太科技有限公司	10737.1	6713.3	166.8
114	上海浦东发展银行股份有限公司石家庄分行	10691.7	−2709.9	−20.2
115	石药集团维生药业（石家庄）有限公司	10664.2	−593.1	−5.3
116	华北制药金坦生物技术股份有限公司	10167.2	−1587.1	−13.5
117	中国电子系统工程第四建设有限公司石家庄分公司	10034	5404.5	116.7
118	石家庄玉晶玻璃有限公司	10033.1	5871.9	141.1

石家庄市纳税亿元以上楼宇

2021年石家庄市纳税亿元以上楼宇达到43个，同比增加12个；纳税金额129亿元，占全市一般公共预算收入19.72%，同比增加23.88亿元。其中，纳税超2亿元以上楼宇17个，纳税金额90.64亿元，占亿元以上楼宇纳税金额的70.26%；纳税超3亿元以上楼宇10个，纳税金额73.42亿元，占亿元以上楼宇纳税金额的56.91%；纳税超4亿元以上楼宇4个，纳税金额53.44亿元，占亿元以上楼宇纳税金额的41.43%；纳税超10亿元以上楼宇3个，纳税金额48.68亿元，占亿元以上楼宇纳税金额的37.74%；纳税超15亿元以上楼宇2个，纳税金额37.02亿元，占亿元以上楼宇纳税金额的28.7%。2021年石家庄市新增纳税亿元以上楼宇16个，分别为中交财富、宁洋商务、传媒大厦、旭冉商城、益中百货、沃车港、信息产业园、瑞城广场、东胜商务广场、天洲国际大厦、光谷科技园、金圆大厦、盈伴商住大厦、银泰国际、时代方舟、智同药谷；新增纳税金额27.45亿元。2020年石家庄市纳税亿元以上楼宇有4个在2021年纳税金额未达到亿元以上，分别为百川大厦、方北大厦、汇景国际、同祥城。

表 111　　2021 年石家庄市纳税亿元以上楼宇情况一览表

序号	楼宇名称	行政区域	纳税金额（亿元）	同比增长（%）
1	河北烟草	桥西区	19.50	8.9
2	双子座大厦	桥西区	17.53	−23.2
3	裕园广场	桥西区	11.66	−2.3
4	润德商贸城	桥西区	4.76	116.5
5	中交财富	桥西区	3.54	589.5
6	河钢集团	桥西区	3.47	7.6
7	民生银行大厦	长安区	3.35	3.1
8	庄家金融大厦	桥西区	3.34	70.1
9	御景半岛花园	长安区	3.14	−25.6
10	宁洋商务	新华区	3.13	—
11	勒泰中心	长安区	2.82	31.9
12	方亿科技园	高新区	2.63	1.4
13	中信大厦	桥西区	2.46	−6.6
14	传媒大厦	正定新区	2.46	—
15	开元金融中心	长安区	2.38	−14.3
16	万达广场	裕华区	2.25	21.6
17	天山工业园	高新区	2.22	69.4
18	报业大厦	裕华区	1.93	34.8
19	航空大厦	新华区	1.90	23.7
20	旭冉商城	新华区	1.90	—
21	泰丰大厦	桥西区	1.86	42.7
22	益中百货	长安区	1.83	—
23	沃车港	新华区	1.73	—
24	万象天成	桥西区	1.73	4.7
25	信息产业园	鹿泉区	1.69	108.1
26	方大科技园	高新区	1.57	−43.5
27	宏远大厦	新华区	1.56	−1.3
28	中铁商务广场	桥西区	1.50	33.3
29	润江慧谷大厦	高新区	1.47	19.4
30	瑞城广场	长安区	1.45	—
31	中银金融中心 1 号楼	桥西区	1.44	1.7
32	华润万象城	桥西区	1.43	−24.6

续表

序号	楼宇名称	行政区域	纳税金额（亿元）	同比增长（%）
33	东胜商务广场	长安区	1.41	274.6
34	天洲国际大厦	长安区	1.40	219.6
35	光谷科技园	鹿泉区	1.30	79.1
36	全圆大厦	新华区	1.28	757.8
37	先天下	长安区	1.28	22.3
38	软件大厦	高新区	1.22	7.2
39	盈伴商住大厦	桥西区	1.18	632.7
40	北方大厦	长安区	1.17	−18.2
41	银泰国际	长安区	1.07	19.7
42	时代方舟	长安区	1.04	89.2
43	智同药谷	高新区	1.03	1232.6

文件辑录

市委文件

表 112　　2021 年中共石家庄市委石发〔2021〕1 ～ 35 号文件目录一览表

序号	文件内容	文件编号	发文日期
1	中共石家庄市委、石家庄市人民政府关于全面推进乡村振兴加快农业农村现代化的实施意见	石发〔2021〕1 号	4 月 9 日
2	中共石家庄市委关于全面加强新时代少先队工作的实施意见	石发〔2021〕16 号	6 月 15 日
3	中共石家庄市委、石家庄市人民政府印发《关于落实〈省委省政府关于大力支持省会建设和高质量发展的意见〉的实施方案》的通知	石发〔2021〕17 号	7 月 3 日
4	中共石家庄市委、石家庄市人民政府关于印发《全力推进全社会节水工作的实施方案》的通知	石发〔2021〕22 号	8 月 16 日
5	中共石家庄市委关于印发张超超同志在市第十一次党代会上所作报告的通知	石发〔2021〕23 号	8 月 19 日
6	中共石家庄市委关于认真学习宣传贯彻市第十一次党代会精神的通知	石发〔2021〕24 号	8 月 19 日
7	中共石家庄市委印发《关于进一步加强市委常委会自身建设的意见》的通知	石发〔2021〕25 号	8 月 19 日
8	中共石家庄市委、石家庄市人民政府关于转发《石家庄市法治宣传教育领导小组关于在全市开展法治宣传教育的第八个五年规划（2021 ～ 2025 年）》的通知	石发〔2021〕28 号	9 月 18 日
9	中共石家庄市委关于印发《石家庄市法治社会建设实施方案（2021 ～ 2025 年）》的通知	石发〔2021〕30 号	9 月 20 日
10	中共石家庄市委、石家庄市人民政府关于印发《石家庄市青年发展“十四五”规划（2021 ～ 2025 年）》的通知	石发〔2021〕32 号	11 月 22 日
11	中共石家庄市委贯彻落实《中共河北省委贯彻落实〈中共中央关于党的百年奋斗重大成就和历史经验的决议〉的意见》的实施意见	石发〔2021〕33 号	11 月 29 日
12	中共石家庄市委印发《关于认真学习宣传贯彻省第十次党代会精神的工作方案》的通知	石发〔2021〕34 号	12 月 4 日
13	中共石家庄市委关于印发《对县（市、区）重点部门（单位）统筹巡察实施办法（试行）》的通知	石发〔2021〕35 号	12 月 31 日

备注：不含秘密以上等级文件

表 113　　2021 年中共石家庄市委石字〔2021〕1 ～ 49 号文件目录一览表

序号	文件内容	文件编号	发文日期
1	中共石家庄市委、石家庄市人民政府关于印发《深化要素市场化配置改革的若干措施》的通知	石字〔2021〕1 号	1 月 12 日
2	中共石家庄市委关于开展向李瑞芝同志学习活动的通知	石字〔2021〕2 号	1 月 13 日
3	中共石家庄市委关于追授李献忠同志“石家庄市优秀共产党员”称号的决定	石字〔2021〕3 号	1 月 15 日
4	中共石家庄市委、石家庄市人民政府关于表彰“4+4”现代产业体系建设、“效能十佳”工作先进集体和先进个人的决定	石字〔2021〕4 号	1 月 16 日
5	中共石家庄市委、石家庄市人民政府关于印发《有效应对疫情助力企业发展若干措施》的通知	石字〔2021〕5 号	2 月 4 日
6	中共石家庄市委、石家庄市人民政府关于进一步强化纪律作风建设坚定不移打赢疫情防控歼灭战的通知	石字〔2021〕6 号	2 月 5 日

续表

序号	文件内容	文件编号	发文日期
7	中共石家庄市委、石家庄市人民政府关于高质量建设人才强市的实施意见	石字〔2021〕7号	2月10日
8	中共石家庄市委、石家庄市人民政府关于印发《石家庄市空气质量综合指数“退后十”攻坚行动方案》的通知	石字〔2021〕9号	3月22日
9	中共石家庄市委、石家庄市人民政府关于2020年度市管领导班子和领导干部综合考核暨绩效考核结果的通报	石字〔2021〕10号	4月2日
10	中共石家庄市委、石家庄市人民政府关于印发《2021年度县（市、区）、市直部门、市委市政府派出机构领导班子综合考核评价体系和绩效考核评价体系》的通知	石字〔2021〕11号	4月7日
11	中共石家庄市委、石家庄市人民政府关于成立石家庄市优化营商环境专项领导小组和石家庄市精准考核专项领导小组的通知	石字〔2021〕36号	6月16日
12	中共石家庄市委关于表彰全市优秀共产党员、优秀党务工作者、先进基层党组织的决定	石字〔2021〕37号	6月25日
13	中共石家庄市委、石家庄市人民政府关于我市主要干道连续发生悬挂讨薪条幅造成不良影响情况的通报	石字〔2021〕38号	7月4日
14	中共石家庄市委、石家庄市人民政府印发《石家庄市空气质量综合指数“退后十”7～12月强化攻坚方案》的通知	石字〔2021〕40号	7月9日
15	中共石家庄市委关于桥西区十里尹村村民违规自建房监管失职失责问题情况的通报	石字〔2021〕41号	7月13日
16	中共石家庄市委、石家庄市人民政府关于表彰石家庄市创建国家卫生城市先进集体和先进个人的通报	石字〔2021〕42号	7月23日
17	中共石家庄市委印发《关于贯彻落实市第十一次党代会和市“两会”决策部署的责任分工方案》的通知	石字〔2021〕44号	9月14日
18	中共石家庄市委、石家庄市人民政府关于印发《石家庄市第三批“高层次人才支持计划”入选名单》的通知	石字〔2021〕45号	9月26日
19	中共石家庄市委、石家庄市人民政府关于对2021年主导产业进行资金奖补的决定	石字〔2021〕47号	11月22日
20	中共石家庄市委、石家庄市人民政府印发《关于推动中国（河北）自由贸易试验区正定片区人才集聚的若干措施》的通知	石字〔2021〕48号	12月5日
21	中共石家庄市委、石家庄市人民政府关于印发《推动高质量发展确保实现经济总量过万亿行动计划》的通知	石字〔2021〕49号	12月22日

备注：不含秘密以上等级文件

表114　　2021年中共石家庄市委石办发〔2021〕1～15号文件目录一览表

序号	文件内容	文件编号	发文日期
1	中共石家庄市委办公室、石家庄市人民政府办公室关于印发《石家庄市深化应急管理综合行政执法改革实施方案》的通知	石办发〔2021〕3号	3月17日
2	中共石家庄市委办公室、石家庄市人民政府办公室印发《关于统筹推进现代流通体系建设的实施方案》的通知	石办发〔2021〕5号	5月11日
3	中共石家庄市委办公室、石家庄市人民政府办公室印发《关于加强新时代工会工作和产业工人队伍建设的实施方案》的通知	石办发〔2021〕8号	6月28日
4	中共石家庄市委办公室、石家庄市人民政府办公室关于印发《石家庄市市属企业领导人员管理办法》的通知	石办发〔2021〕11号	9月22日
5	中共石家庄市委办公室、石家庄市人民政府办公室关于印发《石家庄市新一代电子信息产业发展规划（2021～2025年）》《石家庄市生物医药产业发展规划（2021～2025年）》等5个产业发展规划的通知	石办发〔2021〕12号	10月12日
6	中共石家庄市委办公室、石家庄市人民政府办公室印发《关于推动城乡建设绿色发展的实施意见》的通知	石办发〔2021〕13号	12月13日

续表

序号	文件内容	文件编号	发文日期
7	中共石家庄市委办公室、石家庄市人民政府办公室关于印发《石家庄市电动车综合治理工作方案》的通知	石办发〔2021〕15号	12月31日

备注：不含秘密以上等级文件

表 115　　2021年中共石家庄市委石办字〔2021〕1～26号文件目录一览表

序号	文件内容	文件编号	发文日期
1	中共石家庄市委办公室关于切实关心关爱疫情防控一线工作人员的通知	石办字〔2021〕1号	1月14日
2	中共石家庄市委办公室、石家庄市人民政府办公室关于印发《石家庄市2021年20项民生工程实施方案》的通知	石办字〔2021〕4号	3月11日
3	中共石家庄市委办公室、石家庄市人民政府办公室关于表扬市委党校迁建项目荣获“2020～2021年度中国建设工程鲁班奖”的通报	石办字〔2021〕5号	3月26日
4	中共石家庄市委办公室、石家庄市人民政府办公室关于印发《市容环境考评奖惩办法》的通知	石办字〔2021〕6号	4月8日
5	中共石家庄市委办公室、石家庄市人民政府办公室印发《关于支持新一代电子信息产业和生物医药产业率先突破的若干措施（试行）》的通知	石办字〔2021〕10号	7月7日
6	中共石家庄市委办公室、石家庄市人民政府办公室印发《关于进一步支持企业改革发展推动构建亲清政商关系的若干措施（试行）》的通知	石办字〔2021〕11号	7月7日
7	中共石家庄市委办公室、石家庄市人民政府办公室印发《石家庄市私搭乱建、违章建筑专项整治工作方案》的通知	石办字〔2021〕12号	7月16日
8	中共石家庄市委办公室、石家庄市人民政府办公室关于印发《石家庄市深化新时代教育督导体制机制改革的若干措施》的通知	石办字〔2021〕14号	7月20日
9	中共石家庄市委办公室、石家庄市人民政府办公室关于印发《“十四五”石家庄市档案事业发展规划》的通知	石办字〔2021〕16号	8月5日
10	中共石家庄市委办公室、石家庄市人民政府办公室印发《关于推进职业院校和技工院校融合发展全面提升职业技能培训质量的实施方案》的通知	石办字〔2021〕17号	8月13日
11	中共石家庄市委办公室、石家庄市人民政府办公室关于印发《房地产领域违规违纪违法行为追责问责暂行办法》的通知	石办字〔2021〕18号	8月13日
12	中共石家庄市委办公室、石家庄市人民政府办公室关于进一步规范市级公务用车管理工作的通知	石办字〔2021〕20号	8月25日
13	中共石家庄市委办公室、石家庄市人民政府办公室关于市领导包联督导县（市、区）的通知	石办字〔2021〕22号	9月2日
14	中共石家庄市委办公室、石家庄市人民政府办公室关于成立推进“五大产业集群”发展工作领导小组的通知	石办字〔2021〕23号	10月20日
15	中共石家庄市委办公室、石家庄市人民政府办公室关于印发《石家庄市商务活动管理办法（试行）》的通知	石办字〔2021〕24号	12月8日
16	中共石家庄市委办公室、石家庄市人民政府办公室印发《关于调整市自然资源和规划局藁城、鹿泉、栾城分局管理体制的实施方案》的通知	石办字〔2021〕25号	12月15日
17	中共石家庄市委办公室、石家庄市人民政府办公室印发《关于支持现代商贸物流业做大做强的若干措施（试行）》的通知	石办字〔2021〕26号	12月26日

备注：不含秘密以上等级文件

政府文件

表 116　　2021 年石家庄市人民政府石政规发〔2021〕1～7 号文件目录一览表

序号	文件内容	文件编号	发文日期
1	石家庄市人民政府关于印发《石家庄市居住区建筑风貌与容积率联动创新办法（试行）》的通知	石政规〔2021〕1 号	7 月 17 日
2	石家庄市人民政府印发《关于持续深化“证照分离”改革进一步激发市场主体发展活力实施方案》的通知	石政规〔2021〕2 号	8 月 5 日
3	石家庄市人民政府关于印发《石家庄市网格化环境监管“1+4”问责机制（试行）》等五个文件的通知	石政规〔2021〕3 号	8 月 8 日
4	石家庄市人民政府关于印发《关于开展石家庄立体园林建筑示范工程试点的实施方案（试行）》的通知	石政规〔2021〕4 号	8 月 14 日
5	石家庄市人民政府关于进一步规范市区国有土地上房屋征收和城中村改造安置补偿标准的意见	石政规〔2021〕5 号	9 月 11 日
6	石家庄市人民政府关于印发《石家庄市城市更新管理办法》的通知	石政规〔2021〕6 号	9 月 21 日
7	石家庄市人民政府关于印发《石家庄市全面深化服务贸易创新发展若干政策措施》的通知	石政规〔2021〕7 号	11 月 20 日

表 117　　2021 年石家庄市人民政府石政发〔2021〕1～13 号文件目录一览表

序号	文件内容	文件编号	发文日期
1	石家庄市人民政府、石家庄警备区关于 2021 年征兵的命令	石政发〔2021〕1 号	2 月 20 日
2	石家庄市人民政府关于印发《关于支持商贸服务业健康发展的措施》的通知	石政发〔2021〕2 号	3 月 29 日
3	石家庄市人民政府关于印发《石家庄市人民政府 2021 年工作要点》的通知	石政发〔2021〕3 号	4 月 15 日
4	石家庄市人民政府关于印发《石家庄市安全生产网格化管理规定》的通知	石政发〔2021〕4 号	4 月 16 日
5	石家庄市人民政府关于印发《石家庄市科技成果转化风险补偿专项资金管理办法》的通知	石政发〔2021〕5 号	7 月 9 日
6	石家庄市人民政府关于印发马宇骏市长在市十五届人大一次会议所作《政府工作报告》的通知	石政发〔2021〕6 号	8 月 30
7	石家庄市人民政府关于市政府领导班子成员工作分工的通知	石政发〔2021〕7 号	9 月 10 日
8	石家庄市人民政府关于批准马景全等 124 名同志为 2020 年度石家庄市政府特殊津贴专家的通知	石政发〔2021〕8 号	10 月 12 日
9	石家庄市人民政府关于印发《石家庄市第十五届人民政府工作规则》的通知	石政发〔2021〕9 号	11 月 1 日
10	石家庄市人民政府关于印发《石家庄市城市更新基金设立方案》《石家庄市城市更新基金管理暂行办法》的通知	石政发〔2021〕10 号	11 月 9 日
11	石家庄市人民政府关于 2021 年退役士兵接收安置工作的通知	石政发〔2021〕11 号	11 月 11 日
12	石家庄市人民政府关于规范土地一级市场的意见	石政发〔2021〕12 号	12 月 22 日
13	石家庄市人民政府关于印发《石家庄市城乡居民基本医疗保险实施办法》的通知	石政发〔2021〕13 号	12 月 30 日

表 118　　2021 年石家庄市人民政府石政办发〔2021〕1 ～ 7 号文件目录一览表

序号	文件内容	文件编号	发文日期
1	石家庄市人民政府办公室关于稳定生活必需品价格的六项措施	石政办发〔2021〕1 号	1 月 15 日
2	石家庄市人民政府办公室关于印发《落实石家庄市疫情防控指挥部通告的具体措施》的通知	石政办发〔2021〕2 号	1 月 29 日
3	石家庄市人民政府办公室印发《石家庄市关于支持完善社区便民服务网络的政策措施》的通知	石政办发〔2021〕3 号	8 月 22 日
4	石家庄市人民政府办公室关于印发《石家庄市市政建设工程质量保修管理规定》的通知	石政办发〔2021〕4 号	9 月 14 日
5	石家庄市人民政府办公室关于印发《企业家、市长恳谈会等三个制度》的通知	石政办发〔2021〕5 号	10 月 11 日
6	石家庄市人民政府办公室关于印发《关于加快发展保障性租赁住房的实施办法》的通知	石政办发〔2021〕6 号	11 月 19 日
7	石家庄市人民政府办公室关于印发《石家庄市网络预约出租汽车经营服务管理办法（暂行）》的通知	石政办发〔2021〕7 号	12 月 16 日

统计资料

表 119　　行政组织机构

行政区域	镇政府（个）	乡政府（个）	街道办事处（个）	居民委员会（个）	村民委员会（个）
石家庄市	125	76	60	967	3831
市区合计	35	8	57	797	509
长安区	4	—	12	172	—
桥西区	—	—	17	150	2
新华区	—	—	15	116	—
裕华区	2	—	11	149	—
井陉矿区	2	1	2	41	—
藁城区	13	1	—	90	164
鹿泉区	9	3	—	50	180
栾城区	5	3	—	29	163
井陉县	10	7	—	6	321
正定县	5	3	2	44	154
行唐县	4	11	—	14	322
灵寿县	6	9	—	5	279
高邑县	5	—	—	5	107
深泽县	4	2	—	4	125
赞皇县	4	7	—	11	211
无极县	6	5	—	10	213
平山县	12	11	—	22	717
元氏县	8	7	—	8	208
赵　县	9	2	—	10	281
晋州市	9	1	—	13	224
新乐市	8	3	1	18	160

表 120

户籍人口

行政区域	年末总户数		年末总人口	
	数量（户）	同比增长（%）	数量（人）	同比增长（%）
石家庄市	2905570	0.01	9880286	0.15
长安区	217496	2.18	682950	0.98
桥西区	205745	1.63	671829	−0.48
新华区	159140	1.42	508909	0.47
裕华区	199258	2.62	671566	1.58
井陉矿区	26060	−1.06	85657	−1.01
藁城区	235331	−0.03	866293	0.02
鹿泉区	125788	0.95	451850	0.76
栾城区	98615	0.55	365339	0.32
井陉县	106125	0.04	328043	0.02
正定县	127127	−0.01	516906	0.21
行唐县	160651	0.11	455964	−0.92
灵寿县	111536	1.07	350613	0.25
高邑县	56468	−2.19	203387	0.09
深泽县	96313	0.05	254493	−0.18
赞皇县	96208	−1.21	279740	−0.75
无极县	157810	0.17	534622	−0.06
平山县	167035	1.22	498530	−0.11
元氏县	109093	1.03	445692	−0.1
赵　县	158422	−9.15	617773	0.26
晋州市	156181	0.06	573153	−0.25
新乐市	135168	−0.04	516977	0.07

备注：户籍人口为市公安局户政部门数据

表 121

地区生产总值

行政单位	地区生产		第一产业		第二产业		第三产业	
	总值（亿元）	同比增长（%）	增加值（亿元）	同比增长（%）	增加值（亿元）	同比增长（%）	增加值（亿元）	同比增长（%）
石家庄市	6490.3	6.6	504.8	6.1	2107.1	3.5	3878.4	8.2
长安区	620.2	7.0	0.77	21.8	92.18	−1.5	527.22	8.5
桥西区	775.9	6.1	0.09	11.2	67.47	−10.5	708.33	7.9
新华区	493.7	6.6	0.45	6.1	41.34	−7.6	451.88	7.9
裕华区	428.9	9.5	0.08	6.7	43.6	−0.2	385.3	10.7
井陉矿区	58.8	−9.8	0.38	6.4	34.9	−23.3	23.5	9.1
藁城区	512.5	7.5	47.58	6.1	287.22	8.7	177.69	6.2
鹿泉区	350.3	7.6	19.55	1.1	142.91	7.2	187.8	8.6
栾城区	187.1	5.6	16.0	0.7	78.8	5.8	92.3	6.3
高新区	386.2	8.2	0.34	38.0	194.69	5.1	191.2	10.9
井陉县	109.0	7.4	12.2	7.3	38.0	2.6	58.8	10.3
正定县	303.4	4.8	36.78	0.6	76.17	2.9	190.4	6.6
行唐县	132.4	7.0	44.47	6.3	22.68	6.2	65.2	7.7
灵寿县	121.3	6.9	33.41	4.8	24.98	6.5	62.94	8.2
高邑县	78.2	6.6	16.99	10.8	24.88	0.7	36.33	8.0
深泽县	82.8	8.0	17.09	10.0	29.45	8.7	36.27	6.6
赞皇县	83.6	7.4	23.5	10.6	22.9	4.4	37.1	7.5
无极县	143.7	6.2	36.24	9.1	44.24	3.2	63.19	6.5
平山县	293.9	5.0	19.25	5.8	189.77	4.4	84.91	6.0
元氏县	175.6	6.7	23.18	4.2	53.92	5.6	98.51	7.8
赵　县	154.6	6.8	27.17	10.7	44.22	3.7	83.24	6.9
晋州市	171.5	5.3	36.79	4.0	49.36	3.7	85.35	6.8
新乐市	157.4	6.8	35.79	8.8	45.87	4.6	75.76	7.0

表 122　　财政收入和支出

行政单位	一般公共预算收入		一般公共预算支出	
	金额（亿元）	同比增长（%）	金额（亿元）	同比增长（%）
石家庄市	681.4	7.8	1152.7	0.9
长安区	59.37	17.0	44.74	12.2
桥西区	82.68	10.5	55.01	14.5
新华区	35.32	12.9	35.65	10.5
裕华区	40.01	14.1	30.4	8.6
井陉矿区	5.37	20.8	12.49	4.3
藁城区	34.88	6.8	53.54	3.6
鹿泉区	36.27	8.5	55.19	8.5
栾城区	19.01	8.0	29.1	−6.5
高新区	48.58	9.7	48.72	25.8
井陉县	10.49	10.2	24.26	−8.9
正定县	48.04	10.2	70.42	−10.7
行唐县	7.94	17.1	35.51	−5.3
灵寿县	7.73	11.0	29.78	1.7
高邑县	6.52	8.1	17.88	2.8
深泽县	6.05	8.3	18.39	2.6
赞皇县	5.55	15.9	22.73	3.9
无极县	9.16	10.0	33.53	1.4
平山县	22.95	10.6	44.9	−2.6
元氏县	13.55	17.6	30.01	0.02
赵　县	8.8	8.3	31.32	−11.3
晋州市	12.24	8.1	37.94	−2.6
新乐市	12.26	10.5	33.97	−4.5

表 123

农产品总产量

行政单位	粮食		小麦		玉米		油料		蔬菜及食用菌		园林水果		肉类		禽蛋		牛奶		水产品	
	总产量（吨）	同比增长（%）	总产量（吨）	同比增长（%）	总产量（吨）	同比增长（%）	总产量（吨）	同比增长（%）	总产量（吨）	同比增长（%）	总产量（吨）	同比增长（%）	总产量（吨）	同比增长（%）	总产量（吨）	同比增长（%）	总产量（吨）	同比增长（%）	总产量（吨）	同比增长（%）
石家庄市	4324218	0.4	1984899	1.3	2151167	1.2	90785	−5.04	4911671	1.64	1805988	4.59	500980	4.68	703494	0.84	801791	4.48	17597	0.77
长安区	14212	−28.23	8637	−8.12	5128	−48	111	3.74	2606	10.78	7190	171.62	139	−8.55	209	−49.15	3946	276.53	—	—
桥西区	286	6.91	155	−6.18	131	28.07	—	—	5127	16.26	—	—	—	—	—	—	—	—	—	—
新华区	5209	16.71	2085	3.65	3059	27.25	44	−56.48	10654	−1.02	865	13.23	11	255.13	9	94.73	—	—	—	—
裕华区	659	−2.0	324	−3.84	335	−0.16	—	—	2177	59.82	—	—	39	80.32	—	—	151	−36.41	—	—
井陉矿区	1267	13.33	30	—	1220	9.89	86	1340.5	3494	28.38	3127	24.9	930	−13.79	112	−54.59	—	—	6	−50
藁城区	487626	0.77	242577	3.16	224554	8.12	2091	−8.42	571071	−0.92	100730	16.36	71285	−3.62	114968	7.98	48211	5	—	—
鹿泉区	134620	4.35	61206	−1.76	63462	9.92	2619	5.46	407291	−5.34	17632	−4.88	6599	−19.94	17814	−17.88	42798	−20.55	5300	0
栾城区	222695	4.59	109163	15.25	102429	4.89	58	242.84	74156	283.2	8241	90.31	7343	−27.62	9133	−75.34	13947	−21.45	—	—
高新区	5305	1.37	2403	−15.33	2360	36.77	—	—	2372	2.61	306	−16.58	136	−18.1	1361	216.35	—	—	—	—
井陉县	52319	−1.09	4093	6.01	42355	−3.16	2303	4.46	83424	5.09	18545	3.92	13765	−2.49	26390	13.21	—	—	370	7.2
正定县	284526	0.08	131524	−5.64	137815	9.9	8803	−8.73	611898	2.65	9378	10.64	61628	−0.44	88998	−3.5	69629	−10.15	—	—

续表

行政单位	粮食		小麦		玉米		油料		蔬菜及食用菌		园林水果		肉类		禽蛋		牛奶		水产品	
	总产量（吨）	同比增长（%）	总产量（吨）	同比增长（%）	总产量（吨）	同比增长（%）	总产量（吨）	同比增长（%）	总产量（吨）	同比增长（%）	总产量（吨）	同比增长（%）	总产量（吨）	同比增长（%）	总产量（吨）	同比增长（%）	总产量（吨）	同比增长（%）	总产量（吨）	同比增长（%）
行唐县	353332	0.08	140864	−0.12	201322	0.32	15610	−0.53	282438	1.8	123239	−0.28	37218	3.82	72673	20.97	273255	12.75	805	15
灵寿县	167868	5.89	59513	12.88	94256	1.99	3724	4.78	379334	0.45	6309	5.04	39902	19.32	16431	−2.87	52389	34.68	5350	0.19
高邑县	165548	0.85	83908	1.54	77594	0.3	412	−9.01	447988	10.01	3651	9.41	9068	38.23	10940	−13.8	4110	−13.37	—	—
深泽县	213224	0.14	93627	0.02	114247	−0.31	2369	−6.37	212001	1.43	90420	0.47	18567	15.11	18986	1.01	12607	−15.3	105	0
赞皇县	72409	−0.08	22718	3.94	39966	−1.65	10617	3.03	126862	7.72	121820	−1.17	21959	−5.58	29111	17.24	—	—	—	—
无极县	353504	−0.4	188488	0.55	142441	−1.28	11359	−17.03	595000	1.71	7537	−12.09	41988	14.9	79723	0.78	83123	29.85	1	0
平山县	117479	−0.84	17071	−4.97	90184	0.13	8525	−1.16	121399	0.06	18532	8.64	21871	17.52	25292	58.13	5746	−24.65	5500	0
元氏县	368320	−0.77	171119	0.71	180830	−2.44	4585	0.35	112609	1.17	7375	0.16	31620	−8.2	40819	10.3	22528	−10.39	160	0
赵　县	568866	−0.55	290008	0.59	276799	−0.95	204	−55.7	86942	5.15	601459	8.91	13146	6.47	29561	29.48	10510	−10.99	—	—
晋州市	349705	−0.47	173229	0.78	163204	−2.15	5693	1.1	348131	1.01	653163	0.86	44037	1.47	55872	−3.35	15097	−2.67	—	—
新乐市	359285	0.17	168601	0.9	176311	−0.93	11557	−12.07	401683	−1.52	5706	3.86	56368	20.98	59177	−12.77	142048	1.46	—	—

表 124

农林牧渔业总产值

行政单位	农林牧渔业总产值（万元）	同比增长（%）
石家庄市	7310816	7.2
长安区	14722	19.51
桥西区	1495	8.75
新华区	6989	11.1
裕华区	1182	7.3
井陉矿区	6301	7.13
藁城区	768914	6.25
鹿泉区	302513	0.7
栾城区	321552	1.31
高新区	5011	—
井陉县	198784	8.09
正定县	585302	0.02
行唐县	759537	8.67
灵寿县	499933	4.98
高邑县	252018	14.03
深泽县	297389	10.93
赞皇县	376838	13.21
无极县	608617	10.1
平山县	354062	6.5
元氏县	372663	4.2
赵　县	414631	12.23
晋州市	507852	3.94
新乐市	600543	10.0

表 125　　规模以上工业企业营业收入和利润

行政单位	规模以上工业企业营业收入（亿元）	规模以上工业企业利润总额（亿元）
石家庄市	5102.8	345.7
长安区	151.3	−1.1
桥西区	107.1	8.8
新华区	13.8	0.5
裕华区	27.2	4.0
井陉矿区	141.9	2.9
藁城区	762.9	86.4
鹿泉区	465.6	24.2
栾城区	203.8	20.8
高新区	427.0	63.7
井陉县	94.7	−6.8
正定县	140.6	6.8
行唐县	53.6	3.5
灵寿县	39.1	0.2
高邑县	45.6	1.2
深泽县	49.9	7.6
赞皇县	51.2	7.0
无极县	96.9	6.2
平山县	1023.0	62.6
元氏县	181.3	32.8
赵　县	112.2	5.6
晋州市	180.6	2.0
新乐市	112.5	3.3

表 126　　社会消费品零售额

行政单位	社会消费品零售额（万元）	同比增长（%）
石家庄市	23924791	5.0
长安区	3802212	5.0
桥西区	4712377	4.4
新华区	2913263	5.0
裕华区	3145956	4.6
井陉矿区	129082	5.6
藁城区	901281	4.5
鹿泉区	1087432	5.7
栾城区	477731	4.7
高新区	1632260	4.8
井陉县	362820	6.6
正定县	835529	6.2
行唐县	306702	7.0
灵寿县	214530	6.7
高邑县	149387	6.9
深泽县	153077	4.1
赞皇县	125518	3.7
无极县	400856	6.3
平山县	440097	4.9
元氏县	523776	6.4
赵　县	429055	3.9
晋州市	727792	6.0
新乐市	369360	3.8

索 引

Index

说 明

一、本索引采用主题分析法，按主题词首字汉语拼音字母顺序排列，第一个字相同，按照第二字汉语拼音字母顺序排列，依此类推。数字开头主题词按照数字汉语读音排列。

二、类目采用黑体字，其他内容采用宋体字。主题词后的数字表示内容所在页码，数字后的英文字母 a、b、c 分别表示从左到右第一、二、三栏。同一主题词内容在文中多处出现，以不同页码标注。

三、本索引包含类目、分目、主要条目和部分内文，《特载》《大事记》内容未作索引。

D

E

F

H

J

K

L

M

N

P

Q

R

T

W

X

编　后　记

2022年12月，《石家庄年鉴（2022）》由河北人民出版社出版，在此谨向为本书提供支持和帮助的石家庄市党政军群、企事业单位及社会各界人士表示最衷心的感谢！

《石家庄年鉴》始终以为党立言、为国存史、为民编鉴为使命，坚持党委领导、市档案馆组织实施、社会各界广泛参与的工作体制，力争用通俗易懂的语言，真实记录石家庄地域的社会变迁和人文成就，努力为中外读者奉献出石家庄市最权威、最准确、最翔实的历史文献。“铁肩担道义，秉笔写春秋”，我们一直在奋斗、在追求，也期盼您提出宝贵的意见和建议。

信函地址：河北省石家庄市兴凯路219号4号楼529室

收 件 人：石家庄市档案馆年鉴编纂科

电子邮箱：sjznj@163.com

电　　话：0311-87851928